钱三强年谱长编

钱三强年谱长编

◎葛能全 编

科学出版社
北 京

内 容 简 介

本书遵循谱主钱三强"还我原来面貌"的冀望为宗旨，以翔实、可信和多视角的材料，纪录他的毕生历程，特别是作为一位原子核实验物理学家开始成长直到取得成就的沧桑岁月。本年谱分为谱前、正谱和谱后，展现了钱三强完整的人生轨迹，他出生于典型的中国传统文化世家，启蒙于"五四"新文化教育，执着追求科学强国的原子梦。由于处在特殊的年代，面临特殊的内外环境，担当起特殊角色，以及本人的鲜明个性，加以所触及事众面广、头绪纷繁等这些因素，钱三强的一生，真可谓丰富多彩，可歌可泣。本年谱记录下的，是那个年代的一个钱三强，是钱三强所经历的那样一个年代。

图书在版编目(CIP)数据

钱三强年谱长编/葛能全编．—北京：科学出版社，2013.9
ISBN 978-7-03-038680-9

Ⅰ.①钱…　Ⅱ.①葛…　Ⅲ.①钱三强（1913～1992）-年谱　Ⅳ.①K826.11

中国版本图书馆 CIP 数据核字（2013）第 226220 号

责任编辑：侯俊琳　牛　玲　刘巧巧／责任校对：钟　洋
责任印制：赵　博／封面设计：无极书装

科学出版社 出版
北京东黄城根北街 16 号
邮政编码：100717
http://www.sciencep.com
北京厚诚则铭印刷科技有限公司印刷
科学出版社发行　各地新华书店经销
*
2013 年 10 月第　一　版　开本：720×1000　1/16
2025 年　3　月第四次印刷　印张：52 1/4　插页：4
字数：1 020 000

定价：298.00 元

（如有印装质量问题，我社负责调换）

钱三强

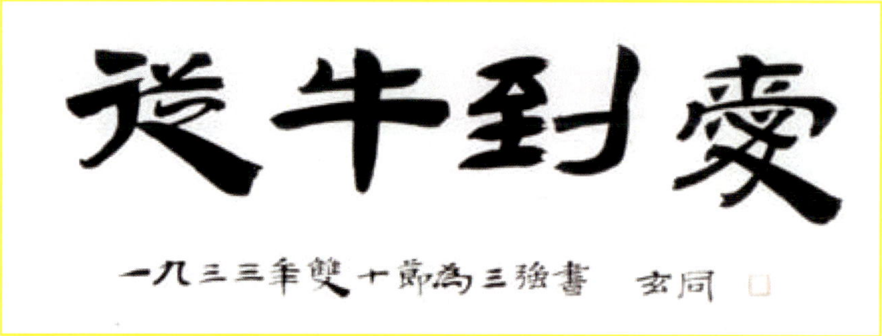

钱三强入清华大学物理系后父亲钱玄同书赠“从牛到爱”勉励向牛顿和爱因斯坦学习（1933年10月10日）

钱三强在清华大学实验室（1935年）

钱三强赴法留学前夕在北平家中与父母合影（1937年夏）

1946年7月，钱三强和何泽慧出席剑桥国际基本粒子与低温物理会议同中国物理学家合影（左起：胡济民、梅镇岳、胡宁、彭桓武、周培源、何泽慧、钱三强、吴大猷）

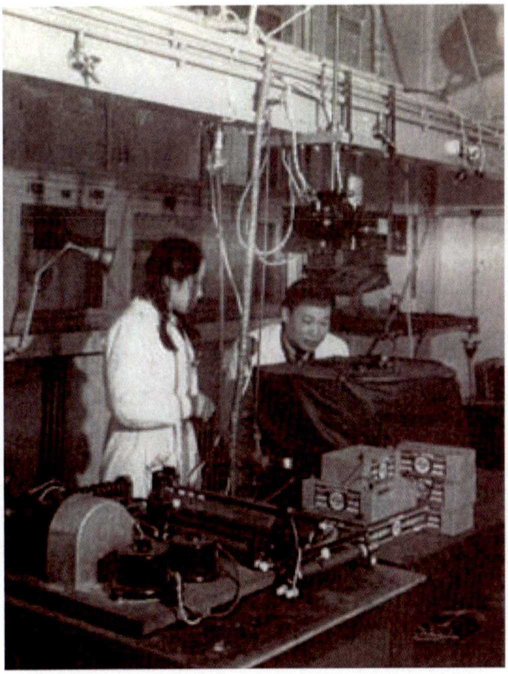

钱三强与何泽慧在居里实验室做铀核“三分裂”实验（1946年冬）

钱三强回国前夕与约里奥–居里夫妇合影（1948年春）

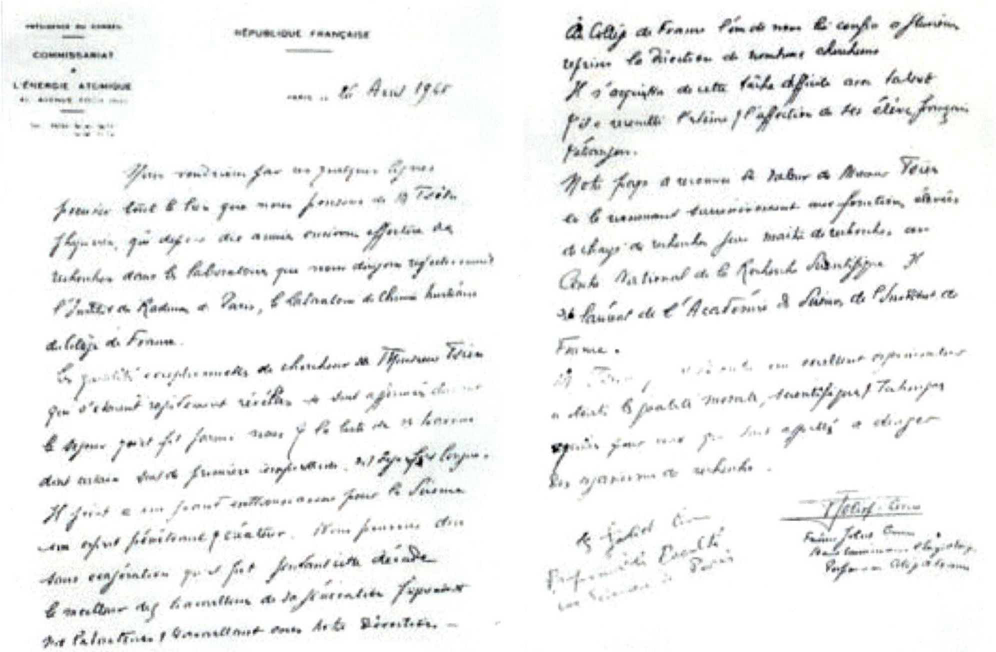

PRÉSIDENCE DU CONSEIL

COMMISSARIAT À L'ÉNERGIE ATOMIQUE

RÉPUBLIQUE FRANÇAISE

PARIS, le 26 Avril 1948

1948年4月26日，弗莱德里克·约里奥和伊莱娜·居里亲笔书写并共同签署对钱三强工作和精神的评语（法文）

钱三强与何泽慧回国在轮船上（1948年5月）

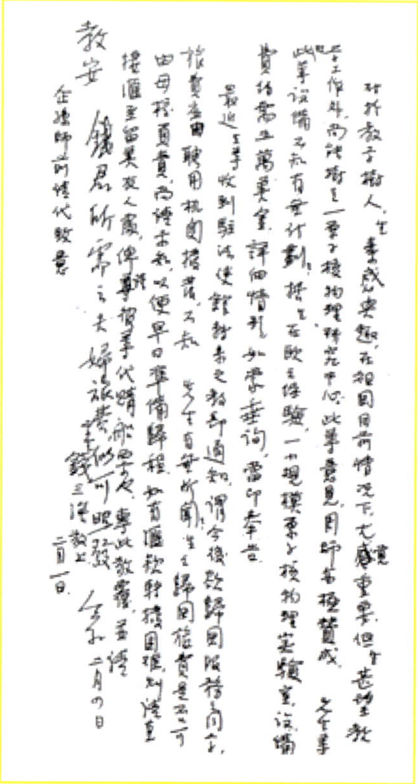

钱三强手迹（致梅贻琦信节录）

钱三强（右四）率中国科学院代表团访问苏联偕赵九章（右一）、华罗庚、（右二）、张文佑（左一）等在莫斯科参观（1953年4月）

编辑说明

一、《钱三强年谱长编》系以《钱三强年谱》（2002年山东友谊出版社出版）为基础，重新考据、修订、编撰而成的。

二、本书分谱前、正谱、谱后，正谱为全书主体，是关于谱主毕生主要言与行的实录。

三、谱主的年龄，因其填履历一向以实岁填写，《钱三强年谱》也以实岁记录，故本书仍采用实岁年龄计算，以资一致。

四、本书所录著述材料，均据原稿和正式出版物，并注明出处；刊出时经编者删节或“摘要”，不尽反映作者原意者，力求据原稿补全，以保留原貌；引文中除明显错字外，不作改动，错字、脱字补入（　）内；个别人名用隐语或××，以“引注”说明。

五、所引谱主著作、讲话、信札等，均以另体字（楷体）出现，加注引录出处。附录与谱主有关的引证材料，以不同字体（仿宋体）区别；必要说明重要事件背景的文字，加（　）并以不同字体（细等线）区别。

六、本谱条文中，有的时间前后不相连接，但内容有密切关系的，本条文前用“Δ”号表示。

七、所引材料中遇有讹误而须注出者，以按语说明。

目　录

谱 前

吴越国武肃王钱镠之后

许多钱姓，特别是江浙一带的钱姓，都把本支家族理所当然地归为吴越国的建立者——武肃王钱镠（852—932 年）的后裔，并辗转排上世系。按照民国时期钱文选所编涵盖了钱姓各支系的《钱氏家乘》（铅印本分十二卷，六册），浙江吴兴钱氏当属钱镠之孙、钱元瓘第九子钱俶（929—988 年）分出的穆文公尚书系的一支。

吴兴钱氏早前因为贫寒没有家谱。自钱振伦、钱振常兄弟多方搜集、整理和编写，历经 60 年到 1921 年，最终由钱恂完成了《吴兴钱氏家乘》（共分三卷），家族世系上溯到了明末清初计七世。《吴兴钱氏家乘》卷一中如是说："钱氏受姓老彭，至吴越建国而始，大江以南子孙繁衍类皆为后人，我家世业农，为浙湖乌程籍，理当为旁支。"

吴兴钱氏家族近代部分成员关系

吴兴钱氏家族近代部分成员世系关系如下图所示。

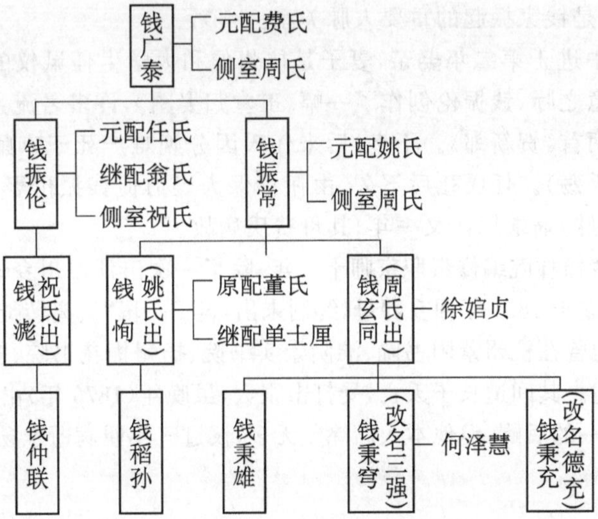

吴兴钱氏家族近代部分成员世系关系略图

据《吴兴钱家》(邱巍,吴兴钱家(浙江望族家族史研究系列丛书),浙江大学出版社,2009年)所考,吴兴钱氏在明末清初以后的前几代,都是以农为业,家境不怎么好,甚至有的家庭成员因贫穷而不能娶妻,有的孩子出生后送给渔户家寄养。第四世家族成员中有一叫钱允凤的,在妻子邹氏死后没有能力再娶,便迁出世居地鲍山钱家浜入赘到郡城南街一户境况较好的李姓家,为李家传宗接代,所出之后均应姓李。但其所生子女中有一个儿子在参加应试时,偶尔间改回了钱姓,他就是钱广泰。他本人多次乡试不得志,终生只取得初级功名,但他在乡间的社会地位和经济条件从此大有改变;更重要的是,他对他的后代有了强烈的功名冀望。

钱广泰在吴兴钱家重新崛起的过程中,起到了转折性的作用,并且初获成功。他后来因为两个儿子一个孙子升任京官,而被封赠奉政大夫、中宪大夫、光禄大夫。

伯祖父

伯祖父钱振伦(1816—1879年),原名福元,字仑仙,是吴兴钱氏"由农而士"的标志人物。他十九岁(1835年)乡试中举,主考官是后来成为他岳丈的翁心存;二十二岁(1838年)戊戌会试中进士,是同科中最年轻的。这科会试后来出了不少名人,如曾国藩、林汝舟(林则徐之子)、李文玕(李鸿章之父)及同乡钮福保等。戊戌会试的主考官更是名声显赫,总裁是三朝元老大学士潘世恩,其他考官有吏部尚书汤金钊、户部左侍郎文庆、礼部右侍郎吴文镕、刑部右侍郎邓恩铭,举荐钱振伦试卷的房师是季芝昌。钱振伦后来都与这些人保持交谊,有的成为姻亲,是钱家振起的重要人脉关系。

钱振伦中进士第二年娶亲,妻子是杭州仁和太学生任凤仪的长女任兰英。双喜临门得意之际,钱振伦创作了一幅《玉堂归娶图》,许多名流为之题咏,曾国藩一人写了两首《贺新郎》。不幸,后来任氏因分娩难产死于京师(所生之子钱观龄十七岁夭殇)。任氏死后不久,由钮福保为媒力促钱振伦娶了翁心存的次女(翁同龢之妹)翁端恩。又一年,其母费氏病故。

钱振伦授翰林院编修奉职京师十一年,除了一次出任四川乡试正考官,再无委任与升迁,遂于1851年回乡葬母,终制未出,过了一段"流离转徙"的日子,后以教书终生。他曾在杭州紫阳书院、淮阴崇实书院、扬州梅花书院、安定书院执教,同时专心著述。其间遭长子夭亡,受打击很大,虽晚年(1876年)由侧室祝氏生了钱滮,有了唯一的后嗣,但他本人已馀年无多,仅过三年便病逝于扬州。

祖父母

祖父钱振常(1825—1898年),字笣仙。初时在湖州府屡试不中,先后客游江苏、广东、长沙做幕宾;张之洞就任湖北学政后曾供职于张氏幕府。其妻姚玖,是两方父母订的娃娃亲,其时男女方都只有几岁。姚玖到了十六岁(1844年)便嫁到钱家,十年后生下钱恂,又十年(1864年)避太平军乱病逝于广东,时年三十七岁。姚氏贤德众口皆云,后来儿媳单士厘写有《懿范闻见录·姚太夫人》一文,其中写道:"先姑太夫人事姑费夫人疾,几及三年,不解衣带,事无必躬亲,不假手婢媪,始终如一日。"因感其贤德,钱振常一直未续娶,到了晚年才以四川周氏(1852—1902年)为侧室,1887年生下钱玄同,其时钱振常已六十二岁,十一年后过世。周氏没有正式的夫人名分,所生玄同又体弱多病,处境很是艰辛。后来钱三强兄弟在回忆父亲钱玄同文章(秉雄、三强、德允,《回忆我们的父亲——钱玄同》,《新文学史料》(第三辑),1979年)中写道:

> 他(钱玄同——引注)还看到在封建的旧礼教家族中,女子死了丈夫的处境是多么低下惨苦!经济当然不能独立,事事要依仗他人,看人的脸色行事。这些情况,父亲是看在眼里,记在心里,因此他对于他母亲特别怀念。

钱振常四十二岁(1867年)乡试中举,四十七岁中进士,时有劳乃宣、张佩纶及周福清(鲁迅之祖父)等同榜。其文辞获得好评,四位总考官给钱振常的评语分别是:"力厚思沈","志和言雄","气息渊懿","义蕴精深";其房师写的荐语为"看题极真,下语如铸,次三词清腴吐属名隽,非读书有得乌能雅令如斯,诗稳炼"。(据《清代硃卷集成》,台北成文出版公司,1992年)殿试得二甲九十九名,签分礼部主事。十年京曹,一直未得派用和升迁。于光绪八年(1882年)辞官南归,先后执掌绍兴龙山书院、常州乐仪书院。在龙山书院曾教导过蔡元培,蔡氏在《自写年谱》中如是说:"我的八股文是用经、子中古字义古句法凑成的,钱先生很赏识。"晚年居苏州石头巷,1898年病逝于此,四年后侧室周氏故世。

伯父母

伯父钱恂(1854—1927年),字念劬,十五岁入归安县学为秀才,但多场考举人未中,二十岁肄业国子监,随父居京,1882年又随父南归,开始独立游幕经历。业师许景澄曾邀其奉使日本,因守制未行。后为薛福成门生,1889年起随薛出使英国、法国、意大利、比利时四国。1890年奉调赴俄任参赞(时许景澄任大使)。其间,对中俄边界史地状况进行了系统研究,颇有建树,翁同龢日记中有这样的记载:"归念劬来,留饭,与谈泰西事,有识见,于舆地讲求有素,可用也。"由俄返国后再赴英伦,1895年奉张之洞调请回国,入其幕府,深得赏识,张之洞几次在上荐人才折中对钱恂有很高评价:

> 该员中学淹通,西学切实,识力既臻坚卓,才智尤为开敏。历充欧洲各国出使大臣随员、参赞,于俄、德、英、法、奥、荷、意、瑞、埃及、土耳其各国俱经游历,博访深思,凡政治、律例、学校、兵制、工商、铁路靡不

研究，晓其利弊，不同耳口游谈，洵为今日讲求洋务最为出色有用之才。(张之洞，《张之洞全集》第2册，河北人民出版社，1998年)

钱恂于1898年获光绪皇帝特旨召见，并以出使大臣记名，授二品实官，其祖父、父亲等亦获诰封。钱恂后在家乘中自言："以一分省知府超授二品实官，恂殊遇。"后告病回家开始归潜生活。1912年任浙江图书馆馆长，对古籍保护多有建树。1913年再赴北京，先后任职教育部社会教育司、总统府顾问、参政院参政、北京大学国史纂辑员等。1927年病逝。

伯母单士厘(1858—1945年)，1884年继配到钱家(钱恂原配董氏于1882年病逝)，作为清末外交官夫人，跟随丈夫出使日本、俄国、荷兰、意大利等国十余年，是中国近代最早从闺门走向世界的女旅行家、女作家，见识之广、著述之多，为同辈女性少见，著有《癸卯旅行记》和《归潜记》两书和一部《受兹室诗稿》。其作品题材多样，内容广泛，或描绘外境的风土人情，或讴歌祖国的山川名胜，或嗟叹世衰俗薄，或表达友朋情谊、抒怀寄慨，文学价值及史学价值兼具。她还是一位贤妻良母，对钱玄同倍加关照和爱护，真可谓嫂如母。晚年居北平，反对日军侵略，经常写出"此乱难去国"、"离乡不作无家别，失地仍为故国氓"等激情诗句。1940年端午节她还惦念巴黎围城中的三强侄。于1945年3月病逝于北平。

父母

父亲钱玄同(1887—1939年)，名夏，少字德潜，还用过许多笔名、别名和化名(这些名号大抵反映本人思想发展变化、社会环境及其性格特点)。其由钱振常侧室周氏生于苏州，乃父因年高(六十二岁)得幼子，加以长子科场失意，对晚出的幼子可谓属望极殷，命名为"师黄"(效法黄庭坚)，小名"德潜"(效法沈德潜)。自小督责极严，四岁开始读《尔雅》识字，五岁读《周易》，八岁读《尚书》《礼记》，十岁读四子书，十一岁读《左传》。《钱玄同自撰年谱》称："家庭教法极严，不许出外与市井群儿嬉。"十二岁丧父，十六岁丧母。年长三十四岁的兄和嫂成为如父和母的角色，教育及日常生活乃至婚姻、工作诸事，概由兄长酌定。1903年(十七岁)尊清思想发生动摇。其《三十年来我对于满清的态度的变迁》回忆说：

这年冬天某晚，我认识一位朋友方青箱先生，他送我两部书：一部是章太炎先生的《驳康有为论革命书》，一部是邹慰丹先生的《革命军》……。

一寸见方的三个红字——"革命军"触我眼帘，我顿然起了一种不能言喻的异感，急急忙忙辞别了青箱，拿了它们赶回我住的一间小楼上……先将《革命军》翻读，看它的序中将"同胞"二字照屁款式中之"皇上"二字例抬头写它,末行是"皇汉民族亡国后之二百六十年革命军中马前卒邹容记",本文第二行写"国制蜀人邹容泣述"(这"制"字与穿孝的人的名片上的"制"字同义,"国制"是说汉族的国亡了,现在给它穿孝)。种种特别的款式和字句,以及文中许多刺激的论调和名词,看了之后,很使我受了一番大刺激,此前的尊清见解,竟为之根本动摇了。

(引自钱玄同,《钱玄同五四时期言论集》,东方出版中心,1998年,300页)

1904年,钱玄同读章太炎的《訄书》和刘师培的《攘书》,反清主意愈坚。同年,他参与创办《湖州白话报》;读梁启超主办的《新民丛报》,剪了辫子。

1905年,钱玄同入上海南洋中学,读了刘师培的著作,学术眼界大开,同年12月随赴任留日学生监督的兄长旅日学日语。1906年,奉兄命回国与徐婠贞完婚(1904年冬由兄作主订婚),9月再赴日本自费入早稻田大学习师范,常往大成学校听章太炎的国学讲习会,始研国学,改名钱夏。1907年,加入孙中山的同盟会,主张变法推翻满清;同年,与许寿裳、周树人、周作人、钱家治、龚宝铨、朱希祖等在东京组织"国学振起社"。于1908年邀章太炎每星期日在《民报》社开讲《说文解字》及音韵、训诂课,开始学习世界语,受到过无政府主义的影响。1910年,与章太炎等办《教育今语》,其宗旨:保存国故,振兴学艺,提倡平民普及教育。同年5月回国,携家(三人)同兄钱恂居住湖州潜园,领代理湖州中学校长钱恂之命,于该校讲授国文。辛亥革命后(1912年3月)任浙江教育专署科员视学,携家住杭州大东门直街,时育有二子(即秉雄、秉弘,1911年所出一女秉工生后即夭)。

母亲徐婠贞(1886—1949年),出自绍兴名门闺秀。其祖父徐树兰(1838—1902年)是光绪二年(1876年)的举人,授兵部郎中,封一品官职,因母病归乡,热心社会公益,捐资创办以"存古开新,平等共享"为宗旨的"古越藏书楼"。这是他所做的诸多公益事业之一。据任继愈主编之《中国藏书楼》(辽宁人民出版社,2010年)记载:徐树兰捐银八千六百余两在绍兴城西古贡院,购地一亩六分,营造"古越藏书楼",开全国新式公共藏书楼之先。又用银三万二千九百余两购得经、史、子、集旧籍及辞书、文献等七万余卷,仅书目就有三十五卷;专辟公共阅览室,备有桌椅器具,除重要节日之外,日日对外开放;每年还捐银洋1000元以作藏书楼日常开销。《蔡元培年谱》(高平叔,中华书局,1980年)称:

同乡徐树兰藏书甚富,且喜校书印书。因六叔铭恩任徐家塾师之关系,被邀至徐氏"古越藏书楼",为其校订所刻图书。自一八八六年至一八八九年,均在徐家读书校书,遂得以博览群书,学乃大进。

徐树兰还捐资创办了一所新式学校——绍郡中西学堂(现绍兴市第一中学),自为堂董,邀蔡元培为监督(即校长),学堂按学生程度分为三斋(相当高小、初中和高中一年级),后来蔡元培在北京大学的助手蒋梦麟,是当时第一斋的学生。学堂设文科和理科，文科讲授哲学、文学、历史学，教员有马用锡、薛阆轩等；理科讲授数学、物理、化学，宣讲进化论、物竞天择，教员有杜亚泉、寿孝天等；外语设英语、法语、日语三种。由于新旧学派之争，学堂于 1900 年停办一年。

绍兴徐家与吴兴钱家素有交谊，徐婠贞的父亲徐元钊曾是钱玄同的父亲钱振常在龙山书院教过的学生。徐婠贞本人自幼在家读书习字，专聘有塾师指导，后又到上海读中学，接受新式教育，是一位知识女性，与钱家可谓门当户对。也许因为包办的缘故，钱玄同对自己的婚姻，开始就表现出某种冷淡情绪，但其坚守一夫一妻制，终未纳妾。有些朋友劝他纳妾，他拒绝说："《新青年》主张一夫一妻，岂有自己打自己嘴巴之理？"

正　　谱

(1913～1992年)

1913年(农历癸丑)10月16日

出生于浙江绍兴,初名秉穹。他是父(钱玄同)母(徐婠贞)1906年成婚后所生的第四个孩子,其有二兄一姊二弟,均以"东"韵得名,依次为秉雄、秉弘、秉工(女)、秉穹、秉东、秉充(其中秉弘、秉工、秉东年少时夭亡)。

(按:是年春,伯父钱恂离任浙江图书馆馆长,赴北京任职于北洋政府教育部社会教育司。同年被征为总统府顾问,居中南海别墅。他走前提出钱玄同应辞杭州职,携家眷赴京谋事,并先把五岁多的秉雄带到了北京,住西四北石老娘胡同一处大院中。)

同年秋　钱玄同辞去杭州教育专署科员视学公职,应聘到北京高等师范学校附属中学教授国文。同时,兼任北京大学预科文字学教员,讲授语言文字及声韵。在《独立晚报》(一五期)发表《中小学校改良国文教授并加课语言文字之学》。

1914年　一岁

是年夏　不到一岁的钱秉穹和三岁的二哥钱秉弘随同母亲由绍兴迁居北京,与早先到京的父亲及大哥住在父亲租定的东华门北河沿北箭亭子一处大院,共有十数间房子。

> 后院有三间是父亲的书房。他常在晚饭后,拿着一盏煤油灯走到书房中去看书编讲义,直到深夜才回来睡觉。他白天课毕爱找朋友谈话讨论问题或约稿。他喜爱晚间读书,常说夜深人静正是思考问题、写文章最好的时间。所以他不愿意把授课时间安排在上午第一、二节课。(钱秉雄,《片断的回忆——忆父亲钱玄同》,载《我的父辈与北京大学》,北京大学出版社,2006年,158页)

1915年　二岁

秋　其弟在北京东华门北河沿北箭亭子住地出生,以东韵得名钱秉东。

1916年　三岁

父亲钱玄同接受国立北京高等师范学校(1923年改名为国立北京师范大学)校长陈宝泉邀聘,任该校文科教授。

同时　钱玄同经常应邀到北京其他公立和私立大学(如北京大学、燕京大学、中法大学及北京女子高等师范学校等)兼课,讲授的课目主要有"音韵学"、"说文研究"、"经学史略"、"周至唐及清代学术思想概要"、"先秦古书真伪略说"等。

下半年　钱玄同加入国语研究会为委员,蔡元培任会长,张一麐为副会长。同时被推为国语教科书编辑委员会委员,首先着手创编白话的小学国语教科书,准备在师大附小等校先试用。

是年起　钱玄同受聘兼任北京大学文科教授,其讲授的"音韵学"、"说文解字"等,颇受学生喜爱,善于奖掖后进。例如,丁树声在北京大学的毕业论文由钱玄同指导,被称为"得意门生",判卷评分得到一百分,一时传为美谈。

> 丁树声在北京大学读书时,喜欢听钱玄同先生的"音韵沿革"和"说文解字"两门选修课。他是玄同先生的得意门生。他熟于《说文》,又于残本《切韵》以及历代韵书、字书有研究。他写的毕业论文,玄同先生给他一百分,一时传为美谈。丁树声先生的毕业论文虽然我们没有读过,以丁先生后来的学术成就看,那篇论文的水平很高是可以想见的。不过,文、史、哲各学科的论文要评为最高分,怕是少见的。这不只要看论文作者学术造诣的深浅,还要看评判论文的学者才识的高下。给丁树声的毕业论文评一百分这件小事,反映了钱玄同先生奖励后进,擢拔人才不拘一格——用今天的话来说,就是要"使拔尖人才能够脱颖而出。(曹述敬,《钱玄同年谱》,齐鲁书社,1986年)

是年　因避乱(袁世凯称帝),随母亲等家人往天津租界居住,房子乃外祖父徐树兰所租。半年后回北京,迁至宣武门外香炉营头条。

1917年　四岁

钱秉穹开始阅读父亲购回的连环画小人书,学识字。

1月　蔡元培就任北京大学校长。9日发表演讲,以延揽人才着手推行改革:"广延积学与热心的教员,认真教授,以提起学生研究学问的兴会。"并对学生发出要求:"大学学生,当以研究学术为天责,不当以大学为升官发财之阶梯。"(唐振常,《蔡元培传》,上海人民出

版社,1985年)

1月19日　陈独秀受蔡元培之聘任北京大学文科学长(现称文学院院长)。由陈独秀任主编的《新青年》(1915年创刊时名为《青年杂志》)自上海迁至北京。是月出版的《新青年》(二卷五期)刊发在美学者胡适的文章《文学改良刍议》,提出对文学改良的八条建议,后《胡适口述自传》(胡适口述,唐德刚译注,广西师范大学出版社,2005年)概述为:(一)须言之有物。(二)不摹仿古人。(三)须讲求文法。(四)不作无病呻吟。(五)务去烂调套语。(六)不用典。(七)不讲对仗。(八)不避俗字俗语。

随后一期《新青年》(二卷六期),刊发陈独秀的文章《文学革命论》,提出文学革命口号,后概略表述为:(一)推倒雕琢的、阿谀的贵族文学,建设平易的、抒情的国民文学。(二)推倒陈腐的、铺张的古典文学,建设新鲜的、立诚的写实文学。(三)推倒迂晦的、艰涩的山林文学,建设明了的、通俗的社会文学。

是年　钱玄同在《新青年》(三卷五期)发表响应文学革命的文章《论应用之文亟宜改良》,把提倡白话文同反对封建复辟联系起来。文章开头便说:"玄同自丙辰春夏以来,目睹洪宪皇帝之反古复辟,倒行逆施,卒致败亡也;于是大受刺激,得了一种极明确的教训。知道凡事总是前进,决无倒退之理。"而后抒发他反对文言文的决论:

那独夫民贼,最喜摆架子。无论什么事情,总要和平民两样,才可以使那野蛮的体制尊崇起来……对于文字方面,也用这个主义……好叫那些富于奴性的人可以震惊赞叹……凡是做到文章,尊贵对于卑贱,必须要装出许多妄自尊大看不起人的口吻;卑贱对于尊贵,又必须装出许多弯腰屈膝谄笑的口吻,其实这些尊贵卑贱的人,当面讲白话,彼此也没有什么大分别;只做到文章,便可以实行那"骄""谄"两个字。若是没有那"骄""谄"的文章,这些独夫民贼的架子便摆不起来了,所以他们是最反对那质朴的白话文章的。

钱玄同在《新青年》各期不间断地发表文章和书信,支持文学革命主张,声势激烈。例如,《新青年》(三卷六期)所载钱玄同《论文学革命致胡适书》写道:

此等论调(指陈独秀答胡适信中语——"……独至改良中国文学当以白话为正宗之说,其是非甚明,必不容反对者有讨论之余地,必以吾辈所主张者为绝对之是,不容他人之匡正"——而言)虽若过悍;然对于迂谬不化之选学妖孽与桐城谬种,实不能不以如此严厉面目加之。因此辈对于文学之见解,正如反对开学堂,反对剪辫子,说"洋鬼子脚直跌倒爬不起”者其见解相同;知识如此幼稚,尚有何种商量文学之话可说乎?

《胡适口述自传》如是说钱玄同对文学革命的支持:

这篇文章(即《文学改良刍议》——引注)于1917年在《新青年》刊出之后,在中国文化界引起了一场极大的反应。北京大学一校之内便有两位教授对之极为重视,其一则为陈独秀本人。另一位则是古典音韵学教授钱玄同。钱氏原为国学大师章太炎(炳麟)的门人。他对这篇由一位留学生执笔讨论中国文学改良问题的文章,大为赏识,倒使我受宠若惊。……

钱玄同教授则没有写什么文章,但是他却给陈独秀和我写了些小批评大捧场的长信,支持我们的观点。这些信也在《新青年》上发表了。钱教授是位古文大家。他居然也对我们有如此同情的反应,实在使我们声势一振。

……我们这些文章——特别是陈、钱二人的作品和通信——都哄传一时。陈独秀竟然把大批古文宗师一棒打成“十八妖魔”。钱玄同提出了流传一时的名句“选学妖孽”和“桐城谬种”。……这几句口号一时远近流传,因而它们也为文学革命找到了革命的对象。

鲁迅对钱玄同提出的“桐城谬种”、“选学妖孽”口号赞许说:

五四时代,“桐城谬种”和”选学妖孽”是指“载飞载鸣”的文章,和抱着《文选》寻字汇的人们的。而某一种人确也是这一流,形容惬当,所以这名目的流传也较为永久。除此之外,恐怕也没有什么还留在大家的记忆里了。(鲁迅,《论文人相轻——明术》,载《且介亭杂文二集》,三闲书屋,1937年)

是年 4月周作人、11月李大钊、年底胡适先后应聘为北京大学教授。

钱玄同以嫌家中孩子多、乱、不安静,不便专心写作和备课为由,常住高师教员宿舍。每发表文章、书信,文末常附记“于西北园北京高师教职员宿舍”字样,以此表示自己始终是高师一份子。其工作写作情景,秉雄兄弟有如下记述:

“五四”运动前一两年的时候。他晚间也不住在家中(那时我们家住在宣外琉璃厂西北园),而是住在北京高等师范学校教员宿舍。其实,高师宿舍离我们家也不远,只隔着一条胡同。有时,我们有事去找父亲,见他住的宿舍中除去床和书桌外,书架上满堆着书报杂志;书桌上除去纸墨笔砚外,有两个黄铜制的蜡烛台最引我们注目,插在烛台上的白洋蜡点得剩下很短的一截儿,四周还有流下来的蜡烛油。父亲曾说过:“夜深人静是读书写文章最好的时候。”那时他经常是在两支白蜡烛光下写文章看书到深夜。(秉雄、三强、德充,《回忆我们的父亲——钱玄同》)

下半年 其弟秉东因染上猩红热病夭亡,时年仅两岁,全家伤感无比,遂于腊月从宣武门外香炉营头条迁居至琉璃厂西北园。

1918年 五岁

1月起 钱玄同应陈独秀之约,兼任《新青年》编辑,与另五名编辑陈独秀、胡适、刘半农、沈尹默、李大钊负责轮流编辑《新青年》。从此,除了本人写文章发表,他还要策划和约邀他人撰稿。

3月 为扩大《新青年》的社会影响,打破一时新文化运动的沉闷空气,钱玄同假托“王敬轩”之名,在《新青年》(四卷三期)上发表洋洋数千言的致编者信《文学革命之反响》,故意扮演守古的顽固派,用一种令人生厌的旧文学体裁,对《新青年》及其主张的新文化运动发难,历数种种罪状大加指责。而同仁刘半农则以长达万余言的《复王敬轩书》刊于同期《新青年》,针锋相对地把假托的“王敬轩”批驳得体无完肤。这一精心策划的“双簧信”成为新文化运动一段值得纪念的事件,鲁迅1934年在《忆刘半农君》中如是赞誉:

> 譬如罢,答王敬轩的双簧信……现在看起来,自然是琐屑得很,但那是十多年前,单是提倡新式标点,就会有一大群人“若丧考妣”,恨不得“食肉寝皮”的时候,所以的确是“大仗”。现在的二十左右的青年,大约很少有人知道三十年前,单是剪下辫子就会坐牢或杀头的了。然而,这曾经是事实。

4月 经过钱玄同亲往约稿,周豫才(周树人——引注)写成白话小说《狂人日记》,并首次以“鲁迅”笔名发表于《新青年》(四卷五期)。后人评说,钱玄同是鲁迅《狂人日记》作品的催生者。关于此点,秉穹后来读父亲《我对周豫才君之追忆与略评》和鲁迅《〈呐喊〉自序》,朦胧印象清楚了。父亲文章说:

> 我因为我的理智告诉我,“旧文化之不合理者应该打倒”,“文章应该用白话做”,所以我是十分赞同仲甫(陈独秀——引注)所办的《新青年》杂志,愿意给它当一名摇旗呐喊的小卒。我认为周氏兄弟的思想,是国内数一数二的,所以竭力怂恿他们给《新青年》写文章。七年一月起,就有启明(周作人——引注)的文章,那是《新青年》第四卷第一号,接着第二三四诸号都有启明的文章。但豫才则尚无文章送来,我常常到绍兴会馆去催促,于是他的《狂人日记》小说居然做成而登在四卷第五

号里了。自此以后，豫才便常有文章送来，有论文、随感录、诗、译稿等，直到《新青年》第九卷止（十年下半年）。（原载《文化与教育旬话》第106期，1936年，转引自《钱玄同五四时期言论集》，东方出版中心，1998年，383页）

对于钱玄同登门约稿事，鲁迅更有生动的详述：

S会馆（绍兴会馆——引注）里有三间屋，相传是往昔曾在院子里的槐树上缢死过一个女人的，现在槐树已经高不可攀了，而这屋还没有人住；许多年，我便寓在这里钞古碑。客中少有人来，古碑中也遇不到什么问题和主义，而我的生命却居然暗暗的消去了，这也就是我唯一的愿望。夏夜，蚊子多了，便摇着蒲扇坐在槐树下，从密叶缝里看那一点一点的青天，晚出的槐蚕又每每冰冷的落在头颈上。

那时偶或来谈的是一个老朋友金心异（钱玄同别号——引注），将手提的大皮夹放在破桌上，脱下长衫，对面坐下了，因为怕狗，似乎心房还在怦怦跳动。

"你钞了这些有什么用？"有一夜，他翻着我那古碑的钞本，发了研究的质问了。

"没有什么用。"

"那么，你钞他是什么意思呢？"

"没有什么意思。"

"我想，你可以做点文章……"

我懂得他的意思了，他们正办《新青年》，然而那时仿佛不特没有人来赞同，并且也还没有人来反对，我想，他们许是感到寂寞了，但是说：

"假如一间铁屋子，是绝无窗户而万难破毁的，里面有许多熟睡的人们，不久都要闷死了，然而是从昏睡死灭，并不感到就死的悲哀。现在你大嚷起来，惊起了较为清醒的几个人，使这不幸的少数者来受无可挽救的临终的苦楚，你倒以为对得起他们么？"

"然而几个人既然起来，你不能说决没有毁坏这铁屋的希望。"

是的，我虽然自有我的确信，然而说到希望，却是不能抹杀的，因为希望是在于将来，决不能以我之必无的证明，来折服了他之所谓可有，于是我终于答应他也做文章了，这便是最初的一篇《狂人日记》。从此以后，便一发而不可收，每写些小说模样的文章，以敷衍朋友们的嘱托，积久了就有了十余篇。（鲁迅，《呐喊》自序，1922年12月3日）

Δ由此，鲁迅经常为《新青年》写文章，有时同一期发表三四篇之多，以至于后来便有人以其在陈独秀主办的《新青年》那里常做文章，来证成他是共产党的分子。

冬 钱玄同与吴稚辉、黎锦熙、王璞、马裕藻等创修以注音字母注定读音的《国音字典》,审定稿共 13 000 余字,于次年正式颁行。对其历史价值,《史纲序》有说:"民七公布了注音字母,民八令颁了《国音字典》,实行'国语统一'的政策,恰如二千二百年前秦始皇的'国字统一'政策远远相承。"从此,《国音字典》成了全国文字读音的标准(至 1932 年废止)。

钱玄同在《新青年》继续发表文章,先后有:《论注音字母》(四卷一期和三期)、《新文字与今韵问题》(四卷一期)、《尝试集·序》(四卷二期)、《中国今后之文字问题》(四卷六期)等。这些文字,以生力军的姿态投入时下的两大革命运动,即"国语运动"和"新文化运动",并成为众所公认的健将。

下半年起,《新青年》同人逐渐分化,李大钊率先歌颂十月革命和社会主义,开始对比资本主义更高一级的社会形态和文化形态的追求。次年一月二十一日,钱玄同日记写道:"《新青年》为社会主义的问题已经内部有了赞成和反对两派的意见,现在《每周评论》上也发生了这个争端了。"(《钱玄同日记》影印本,福建教育出版社,2002 年)

1919 年　六岁

5 月 4 日 钱玄同对学生游行"表示同情,始终陪着学生走"。是日,秉穹跟随大哥秉雄挤到胡同口看学生游行、喊口号,听到警车鸣叫……。这是儿时的他目睹载入史册的"五四"运动。

(按:是年 4 月,几个列强帝国一手操纵,在巴黎举行所谓"国际和平会议"〈即巴黎和会〉,名义上要"重建战后世界和平",实则是以战胜国的身份重新瓜分世界,享受更多特权。中国作为战胜国,同时以主权国家的地位,向巴黎和会严正提出,要求帝国主义放弃在中国的特权,取消 1915 年日本帝国主义霸占中国的秘密条款〈即"二十一条"〉,收回日本在山东占有的权利。但是,中国的合理要求遭到和会操纵者拒绝,并于 4 月 30 日做出决议,将战败的德国在山东的一切权利转让给日本,而中国军阀政府居然屈从,准备在和约上签字。丧权辱国的消息一传开,举国愤慨。5 月 4 日下午,以北京大学为首的 13 所学校数千名学生,在天安门举行集会、演讲,会后游行,高呼口号,要求"外争国权,内惩国贼"。游行队伍在赵家楼胡同曹汝霖宅遭到军警拘押,计 32 名学生被捕。爱国斗争迅速得到全国学生及工商界的声援,声势浩大。结果,斗争取得胜利,被捕的学生获得释放,卖国者曹汝霖、陆宗舆、章宗祥被撤职,中国代表团拒绝在"和约"上签字。)

夏末秋初 入北京高等师范学校附属小学读一年级。他 1986 年与科技界青年座谈时回忆说：

> 一九一九年我入小学的时候，读的是“人、手、足、刀、尺”和注音字母，父亲还为我订了中华书局和商务印书馆出版的《小朋友》和《儿童世界》作为课外读物。他很关心我们兄弟们的教育和成长。他的“学以致用”的教导，对我一生有重大影响。（钱三强，《锻炼身体 扩展视野 培养拼搏精神》，载北京大学中国名人丛书编委会，《中国名人谈少儿时代：风雨年代》，北方妇女儿童出版社，1990 年）

是年 父亲钱玄同兼任国语统一筹备会常驻干事，推动国语改革。

同时，钱玄同继续在各期《新青年》发表文章，力主反封建、反旧礼教，以新思想、新文化“解放”青年：

> “三纲”者，三条麻绳也，缠在我们头上，祖缠父，父缠子，子缠孙，代代相缠，缠了二千年。新文化运动起，大呼“解放”，解放这头上的三条麻绳！我们以后绝对不得再把这三条麻绳缠在孩子们的头上！孩子们也永远不得再缠在下一辈孩子们的头上！可是我们自己头上的麻绳不要解下来，至少新文化运动者不要解下来，再至少我自己就永远不会解下来，为什么呢？我若解了下来，反对新文化维持“旧礼教”的人，就要说我们之所以大呼解放，为的是自私自利。如果借着提倡新文化来自私自利，新文化还有什么信用？还有什么效力？还有什么价值？所以我自己拼着牺牲，只救青年，只救孩子！（黎锦熙，《钱玄同先生传》，1939 年 5 月；引自沈永宝，《钱玄同印象》，学林出版社，1997 年，74 页）

1920 年 七岁

秋 由北京高等师范学校附属小学转入位于东华门大街的孔德学校，就读二年级，与在该校中学部读书的兄长早晚同行。

（按：孔德学校，由蔡元培用中法庚款创办，以实验新的教育思想。蔡元培兼任校董，马隅卿任校长，李石曾和北京大学诸教授沈尹默、马衡、钱玄同、周作人、陈大齐等兼任校务委员，参与办学；众多北大子弟在此就读，俨然成为北大子弟学校。“孔德”取的是法国实证主义哲学家 Auguste Comte 的姓。该校系北京较早实行十年一贯制的学校。）

转入孔德学校后，对学校的办学特点留下深刻印象：

> 这个学校的特点是，最早提倡白话文、注音字母，实行男女同学，外语读法语，可以说当时是有革新精神的学校。它除德、智、体三育以

外,还强调美育的重要,对音乐、图画、劳作、体育的教学都很重视。学生比较活泼,不大读死书。”(钱三强,《锻炼身体 扩展视野 培养拼搏精神》)

9月 由于陈(独秀)胡(适)之争,《新青年》编辑部由北京迁至上海。其后,争论并未平息,反而日益激烈且更表面化了,冲突高潮发生在是年年底下年年初。在此争论中,钱玄同所持态度时与周氏兄弟大同,主张分裂为两个杂志,认为“统一思想”是“最丢脸的事”。他说:“至于《新青年》精神团结与否,这是要看各人的实际思想如何来断定,断不在乎‘新青年’三个字的金字招牌!”他于1921年1月11日致信鲁迅、周作人说:

初不料陈、胡二公已到短兵相接的时候!照此看来,恐怕事势上不能不走到老洛伯所主张的地位。我对于此事绝不愿为左右袒。若问我的良心,则以为适之所主张者较为近是。(但适之反对谈布尔什维克,这层我不敢以为然)……至于仲甫疑心适之受了贤人系的运动,甚至谓北大已入贤掌之中,这是他神经过敏之可以存而不论。……试作一三段式曰:研究系不谈共产,胡适之和北大亦不谈共产,胡适之和北京大学是投降了研究系。这话通吗!(《钱玄同五四时期言论集》,215～216页)

△至此,《新青年》的新文化启蒙使命结束。钱玄同之于《新青年》、之于新文化运动的特殊作用,同人黎锦熙在《钱玄同先生传》里有如下概述:

在《新青年》上,唯有钱先生的说话,最大胆,最不怕,最痛快淋漓,最使人兴奋,所以要推他为新文化运动揭幕的一人。(有些道理,到现在真是平凡无奇,成了老生常谈了,须知在二十年前,才是惊人的怪论呢!)其实呢,新文化运动最重要的概念,是把二千年来的一切旧的东西“重新估定价值”(胡适先生语),那么当然,那些旧东西都是有“历史的”价值的,但要适于现代,就不能不有所因革损益,而建设偏重“西化”的新文化了。这和二千年前大“史学家”孔丘的眼光见地,还不是差不多吗?不过当启蒙运动初揭幕时,总要说得特别激烈些,才有“革命”的力量罢了。(引自沈永宝,《钱玄同印象》,学林出版社,1997年,68页)

是年 二哥秉弘因患肺结核病死亡,时年十岁。全家从琉璃厂西北园迁至东城赵堂子胡同。大哥秉雄后来说:

我们家在北京住了二十多年,搬了七次家,原因总起来不外乎三种:一、逃难;二、子女因病死;三、为子女就近读书。(钱秉雄,《片断的回忆——忆父亲钱玄同》)

1921年　八岁

3月10日　中午从孔德学校回家(南小街赵堂子胡同),见到母亲已生下一个弟弟(即五弟德充)。

1924年　十一岁

9月　在孔德学校升入中学部学习。在各课老师教导下,受到德、智、体、美、劳均衡培养,兴趣广泛,成为新型少年。其1986年回忆写道:

> 学校聘请的中学教师多半是教高中的教师,因此教学质量比较好。当时教生物学的老师、日本留学生陶虞孙,她同时又教音乐课,她把世界名曲选了以后,请学生家长文学家周作人作词,比当时教会学校唱英文歌词更引起学生兴趣。下午课余有时我们听陶先生自己弹琴引吭高歌,声音很美,更引起学生对音乐的爱好。同学们课外三五成群,边玩边唱,使得学校气氛分外活跃。这些对学生们毕业后能欣赏音乐起了很好的作用。图画教师王子云、卫天霖除画静物以外,还带着我们到中央公园(即现在的中山公园)去自己选择风景写生,培养学生对自然美的欣赏。
>
> 体育老师王耀东、魏树桓都是参加过远东运动会的运动员,对学校的篮球运动起了促进作用,我们上几班的同学钱秉雄、金国光等人已在学校里创出打篮球的风气,他们与他校比赛时,我们去作拉拉队。我校化学教员张定钊,由日本留学回国,他在日本乒乓球打得很好,我们学校因而也掀起了乒乓球热潮。
>
> 我们的语文老师王品青也对我们影响很大,他选的文章有司马迁、李煜、李清照、鲁迅等的名篇,并且鼓励我们读《西游记》、《水浒》、《三国演义》、《呐喊》、《彷徨》等,我们也试着写散文、小说、诗歌。
>
> 理科课程方面,陈君哲老师教代数教得很清楚,我们很容易跟上,他讲课声音很大,样子却像很严厉,有的人背地里称他为"陈老虎",其实有不懂的地方问他的时候,他总是很耐心地解答。特别要提的是我们的物理老师吴郁周,他把物理真是教活了,电学和光学讲的特别好。他常常在家里画了一些图表,拿到班上边讲边指图表,比别的老师照本宣读有很大的差别。他把发电机的原理讲得很容易为学生理解,几何光学的成像、焦点、实像、虚像等基本原则由图表示的很清楚,使我一生都能在脑子里有个清楚的印象。(钱三强,《锻炼身体 扩展视野 培养拼搏精神》)

11月 父亲钱玄同与周作人、林语堂等发起创刊《语丝》，多登载杂文、短论作品，抨击封建思想及北洋军阀统治的恶行。鲁迅在该刊发表多篇小说和散文诗，后一并集为《野草》；徐志摩、胡适等亦常撰稿；钱玄同自己更是《语丝》长期撰稿人。

(按:1927年11月，《语丝》被北洋军阀政府查禁，同月起改在上海出版，鲁迅、柔石一度担任主编。1930年因其成员思想分歧停刊。)

1925年 十二岁

4月2日 跟随在北京大学哲学系就读的大哥秉雄一起步行到天安门，肃立在中央公园门口，与数以千计的各界民众，恭送孙中山灵榇由中央公园暂移碧云寺停放，等待在建的南京中山陵竣工。其时，心情沉痛，流下了眼泪。

(按:孙中山领导革命几经挫折后，于1924年1月在广州召开国民党第一次全国代表大会，通过宣言，实行联俄、联共、扶助农工三大政策。同年11月，为谋求全国统一应邀北上讨论国是，1925年3月12日病逝于北京铁狮子胡同临时行辕。)

春 在化学老师张定钊的影响和带领下，积极参加孔德学校组织的乒乓球训练与比赛，坚持下来以后，乒乓球技术居于校内前列，参加校际比赛也常取得好成绩。

6月下旬 读《北京孔德学校旬刊》第6期(6月16日出版)所刊父亲钱玄同所写《我所希望于孔德学校者》一文，与同学谈起，均感做学生之责任不轻，但心里以孔德为荣。该文先说“对于教职员有四个希望”，再说“对于学生也有四个希望”。对学生的四个希望是：

> (1)有科学的头脑。这所说的，不是专指自然科学而言(自然科学，当然应该有许多人来研究，尤其是青年学生们，因为研究自然科学，一层是为利用厚生之预备，一层是为科学头脑之训练，这两层都是今后中国极切要的)，非研究自然科学的人们对于一切事物，一样应该运用自己的理智，条分缕析地研求它的真相。这样的研究日积月累，知识日增，智慧亦日进，对于不根的传说，谬误的行为，不合理的组织等等，自然会感觉到改革之必要。道德的修正，社会的改善，全基于此。由这条路出发的修正改良，才是站得稳的真正修正，真正改良。否则凭一时的冲动或一己的玄想做出来的，所修未必正，所改未必良；即使偶正偶良，只能算做幸获，这是无根之木，无源之水，是靠不住的。可怜中国古人，最缺乏科学的头脑，所以二千余年以来，除了极少数的

几个学者(就是这几个人,也免不了常要胡说),都不肯把事物条分缕析地研究,老爱闭着眼睛,信口胡说,听的人的头脑也同样是错乱的,所以有人妄言之,他们便妄听之,而且妄行之,于是便糊里糊涂地定为神圣不可侵犯的金科玉律,谁碰它一碰,谁就罪该万死。这样胡闹了二千余年,所以现在道德卑污到了极点,社会腐败到了极点。挽救这个颓局,其责任全在青年学生的肩膀上。青年学生的头脑若再昏乱,中国便绝无挽救之可能了!但我看近来的学生的头脑,颇觉有些不能放心,尤其是有文学嗜好的青年,更不肯运用理智,考察事物,这是大错的!本校学生,有文学嗜好的很多,我恐怕佢们也误入迷途,所以有这一个希望。

(2)有文学的手笔。有一种人的议论最可笑。他们说:"我们是学科学的,文学与我们无干,我们不必会做文章。"于是他们不但不留意文学,连文理都不管了。结果,他人编译的书不但干燥无味,竟至文理不通,白字连篇,叫人读不下去。这个见解实在是很谬误的。我以为研究科学的人要是对于专门的文艺没有兴趣,自然无研究它之必要。但记述科学的文章,文理总是应该通顺的。而且因为科学的材料或过于高深,或过于枯燥,所以还应该看看文艺书,学得些美妙的文笔,来做关于科学的文章,才能引人入胜。试举我自己的经验为例。吴稚晖先生所做的《上下古今谈》和吊疋先生所译的《常识之基础》(登在《第一小报》上),同样是讲科学的。但我读前书,每读总不肯放手,读了内容很容易记得。而且读时感到很大的愉快;读后书,勉强看完数十行,便觉得昏昏欲睡,它讲了些什么话,我一些也记不得。其实吊疋先生的文章绝不至于不通,不过"非文学的"罢了。吴先生著作的好处,就因为是"文学的"。我最佩服胡适之先生一句话:"文学不过是最能尽职的语言文字,因为文学的基本作用(职务)还是达意表情。"本校的学生们大率都有文学的嗜好,似乎不至于犯这个毛病,但我恐怕有人中了"记述科学无须用到文学"这句谬论的毒(更有人以为"记述科学不应该用文学的手笔",这话更谬),所以这一点也列为希望之一。

(3)对于古书有历史的眼光。青年学生对于古书可看与否和应看与否,成为近来一个问题,我对于这问题的意见,曾经简单地写出几句,登在本旬刊的第二期上(《青年与古书》),可以不用再提了。现在要仿章实斋"《六经》皆史也"这句话的口吻,说"古书皆历史也。"用了历史的眼光去看古书,则对于制度的由来,文化的变迁,方能弄得明白。把这些弄明白了,可以得到两个好的结果:一是知道现在不适用的,在过去的某时代或者是很需要的,这样,便能够还它在历史上的价值,不至厚诬古人;一是知道在前代很有价值的,到了现在,时移世易,早已成为僵石了,无论它在历史上有过怎样的大功效,今天总是万万不可再请它来“复辟”的,这便不至陷害今人。本校学生,因为有文学嗜好的较多,所以前此研究历史的极少(或者竟可以说是没有)。讲到某人研究什么学问,我是主张完全要用自己的兴趣来决定,万不可由别人用了功利主义做标准来“指派”。但我却希望(不过希望而已)本校学生中有研究历史的人。要是有这样的人,前面这几句话便是对于伛研究历史时的希望。(研究历史并不限于古书,这里不过单就古书说说罢了。历史的范围大得很ㄋㄝ,研究它的范围大得很ㄋㄝ。)

(4)对于社会有改革的热诚。一个人的衣食住以至所谓精神上的需要等等,处处都离不开别人,所以ㄎㄦㄛㄆㄛㄊ丨ㄣ的互助论,实在是发明人类(不止人类)生存的真理。因为如此,所以个人对于社会是应该尽相当之义务。所谓尽义务者,便是用自己的聪明材力做出许多成绩来贡献给社会使用。成绩虽有种种之不同,而为造福于社会,帮着社会向着进化的历程上多走了几步则一。所以个人对于像样的社会,应该努力使它更好;对于糟糕的社会,应该努力使它日渐变好。中国现在的社会,可以说是糟糕到了极点了,努力将它推翻,改造,实在是咱们最重要的事业。这个事业虽在将来,但现在不可不豫立此志。现在所求的知识学问,都是为他日改造社会之预备(改造自己也包括在内,就社会全体言,自己也是社会之一员)。因此,所求的学问,应该是合于进化,近于真理的(绝对的真理,非吾人所能确知,故只可说是“近于”),而不是那谬误学问。近年来中国的青年们常被两种很误谬的见解能所惑。一是以为我们求学,专是为自己吃饭之用的。所以凡可以骗饭吃东西,便应该学习,他们恨不得把学校的学生都变为商店的学徒。他们听见别人讲几句有关于人生进化的话,便目为高调,因为这是骗不了饭吃的。这是所谓“职业主义的教育”。一是以为我们求学,专是为发挥狭隘的爱国心之用的,他们最崇拜日本和过去的德意志帝国那种血腥气的爱国主义。所以他们妄夸己国,厚诬他国。中国人本来就是患夸大狂病很深的民族,现在国货上面再加上这种劣等的洋货(这真是我们应该绝对排斥的“劣货”!),于是凶兽吃人的面孔更显露了。这是所谓“国家主义的教育”。青年们受了这两种教育的毒,实在是中国前途的大不幸,因为这是把中国人驱出进化轨道以外的教育。我希望本校的学生们别受他们的蛊惑。咱们应该向着进化的路程上努力干改进中国社会的事业。

(写于一九二五年五月十五日)

8月 平民文学研究会成立，父亲钱玄同任该会副委员长，胡适任委员长。林语堂、黎锦熙、刘廷芳、晏阳初等为该会同人。

Δ与同班两同学兴趣相合成为好朋友，交往甚密。三人中长相较文弱的名叫李志中(长秉穹两岁。孔德学校毕业后入上海复旦大学医学院，先后在延安中央医院、军委总卫生部、国家卫生部工作，1982年病逝)，因其年龄和个头排三友之首，常以"大弱"自诩；而另一同学好友周丰一(周作人之子)，则性格活泼顽皮，便戏称家中行三和个头较小、身体壮实的秉穹为"三强"。渐渐地这样的戏谑成了他们彼此间的习惯称呼。

是年冬 母亲徐婠贞所患多年的妇女病日益加重，父亲很着急，亲往杨步伟，(赵元任之妻)的诊所相询。

> 可是结结巴巴的说不出所以然来，在房内走来走去半天才对我们说他的太太要死了。我问是什么病请医生看了没有？他说妇人病不肯看，我笑说休息休息也许会好，钱一定说不会好的，他又说和他太太很早结婚虽无感情，可是多年在一道的伴侣了。(杨步伟，《杂记赵家》，中国文献出版社，1999年)

后杨步伟改了一首竹枝词取笑钱玄同。

1926年 十三岁

在父亲影响与支持下，开始广泛课外阅读。1979年，他作过以下回忆：

> 父亲把我们送进学校，教我们认真学好外语和科学知识，并且要我们参加体育运动，锻炼好身体，所以我们过的完全是学校的生活。"五四"以后，父亲给我们的课外读物，期刊有：《小朋友》、《儿童世界》、《小说月报》、《创造季刊》、《语丝》；旧小说如：《儒林外史》，《水浒》，《西游记》，《红楼梦》，《镜花缘》，《三国演义》；新小说如：《呐喊》，《彷徨》，《鲁滨逊漂流记》，《阿丽思漫游奇境记》等。这不仅丰富了我们的课余生活，也开阔了眼界，养成读书的习惯，对于写作也有一定的帮助。(秉雄、三强、德充，《回忆我们的父亲——钱玄同》)

是年 自告奋勇加入孔德学校的"山猫"篮球队，先做候补后卫队员，后成为球队主力，与中锋队员周丰一配合默契，创出"托盘"屡屡得分，为球队取得胜利起到作用。60年后，他如是忆述：

> 到我们十三四岁，以我们班为主成立"山猫队"，每星期练练篮球，对正在发育年龄的青少年的身体成长大有好处；同时对集体主义精神，特别是拼搏与创新精神的培养起了重要作用。当时山猫队的中锋

周丰一和我(后卫)配合默契,由我作长距离投篮,他很快跑到球篮附近,不等球碰着栏板,就接住球轻轻而准确投进筐去,外校球队称它为"托盘"。在关键时刻用上几次,对胜负起了作用,托盘就是我们队练习时创出的方法。约两星期举行一次篮球比赛,常常是全校欢乐的日子,这个传统不断延续下去。(钱三强,《锻炼身体 扩展视野 培养拼搏精神》)

上半年 母亲徐婠贞被诊断患宫颈肿瘤,紧急住北京协和医院,采用当时少有的镭照射疗法,费用昂贵,每天要二十大洋,但未见疗效,病情发展得很严重,一度被告知病危,连做寿衣等各项后事都作了准备,全家精神和经济受到莫大打击。后来,经过加大剂量照射,同时兼吃名医陆仲庵特配的两种中药,其中一种方剂吃后效果良好,结果脱离危险,母亲怕多花钱坚持提前出了院。

数月中 时常请假协助父亲(父亲曾向师大告假半年)和大哥陪护病中母亲,上学时断时续。同学李志中有时登门有时写信寄到家里,通报授课进度及学校的"新闻"。一次,李志中戏称"三强"、署名"大弱"的信,无意中被父亲钱玄同看到了,问明缘由,遂决定改"秉穹"为"三强"。关于改名一事,钱三强1986年写过如下回忆文字:

他(李志中——引注)比较有才华,会写诗,和我感情较好,我们有时通信,他自称"大弱",称我为"三强"。有一次的通信被父亲看到了,我解释他自称"大弱",因为他是老大,身体弱些;称我为"三强",因为我排三,喜欢运动身体强些。父亲听了以后说:"名字本只不过是一个符号。"我的名字是他起的,他自己是研究文字学的,所以把我们六兄弟姊妹都用"东韵"里的几个字:雄、弘、穹、工、东、充,其中弘、工、东都在幼小时由于医疗卫生条件差而病死。我们长大入学以后,父亲才发现名字起得并不好,打电话到学校找"秉雄",结果"秉穹"来听电话。他承认这是他取名时不实际,他很想在我们中学毕业前把名字改好。他看"三强"还不错,可以解释为争取德育、智育、体育都进步。当时他就决定大哥"秉雄"不用改了,我的名字"秉穹"改为"三强"以后,五弟将"秉"改为"德",就成了"德充"。这样,我的名字从此就改了。(钱三强,《锻炼身体 扩展视野 培养拼搏精神》)

1927年　十四岁

年初 被选为孔德学校乒乓球校队选手,时而代表孔德参加校际比赛。

上学期 所在孔德学校班级一度上课秩序不好,一些学生故意刁难老师,甚至搞些恶作剧,弄得课堂大乱。为首的是活泼顽皮分子周丰一,钱三强出于友情跟着起哄。领受学生刁难最多的是教地理和自然课的老师郁维民(又名士元,后任西北大学教授)。对于此举,周丰一后一直心觉愧疚。1987 年 3 月 19 日,年届七十五岁的他在致钱三强的一封信中,毫无隐讳地写出了他们的愧疚心情:

……其次一件事让我至今羞愧的。矿物老师郁维民先生他是最受班里欺负的老师,而我又是极突出的捣乱分子之一,你大约不会忘记课堂上的秩序有多乱了。五十年代郁先生从西安西北大学来京开会,我妹夫,即周静子的丈夫也在该校执教,托郁先生捎来了东西,要我到郁先生住处西安饭店去拿。我找上前去,一见认出郁先生,旁边是同来的西大校长。郁先生介绍我时说他在班上很活泼。这活泼二字岂非捣蛋二字吗?我不记得当时怎么对付过这种局面的了,事后心里总不是滋味……(原信存"钱三强年谱资料卷")

9 月　父亲钱玄同时值四十周岁,未料南方传出他亡故的消息,把全家搞得啼笑皆非。

(按:原来是钱玄同平时每因中年以上的人多固执而专制,与朋友议论中愤然讲过"人到四十就该死,不死也该枪毙"这样的玩笑话。他的几个幽默的朋友说他到了该死的年龄,要在《语丝》周刊里发一期"钱玄同先生专号",由胡适、周作人、刘半农等人写了一些挽联、挽诗、讣文之类的幽默稿子,圈内人一看便知都是玩笑之作。因时局关系,怕惹起误会,专号终未刊行,但《语丝》在南方的交换广告,已把这期专号的要目登出了,结果有些在南方的朋友和学生信以为真,把唁信、唁电寄到家里来。)

1928 年　十五岁

上半年　在李志中的带动下,钱三强开始和班上同学一起为《华北日报》副刊《迹》(周刊)写些小稿件,练习文学写作。李志中长于文学创作,被《迹》副刊聘为专栏通信员,他常有诗歌和散文发表,全班同学称他为诗人。

秋　北京师范大学改名为"北平师范大学",父亲钱玄同受聘为该校国文系主任。

冬　参加由欧美同学会举行的北平市第一次乒乓球比赛,场地设在米市大街基督教青年会。各校经过选拔,参赛选手男女各数十人,先分小组淘汰赛,钱三强一路过关斩将,进入男子单打半决赛,最后取得第四名(第一名为孔德学校同班同学周丰一,第二名为青年会的傅洵克,第三名为孔德同学金国光;女子单打前两名也都是孔德学生金琼英和陶凯孙),并获得欧美同学会颁发的奖牌,从而体会到集体荣誉的激励作用。

12 月 参加孔德学校网球比赛,获得颁发的纪念章。

1929 年 十六岁

夏 在孔德学校偶尔读到孙中山著作单行本——《三民主义》、《建国方略》。对孙先生在《建国方略》中拟定的"实业计划",倍受激发和鼓舞,准备报考上海交通大学学电机工程,以响应孙中山建设实业的号召。由于上海交大用英文教学,而孔德学校学的外文教学是法文,钱三强遂决心先报考北京大学理科预科,待英文水平提高后再考上海交大。其中曲折经过,在 1986 年撰写《锻炼身体 扩展视野 培养拼搏精神》—文中有详细回忆,引录如下:

> 正是在吴郁周老师讲电学光学和发电机原理课那阶段,北伐革命军已到达武汉,当时学校中也传阅着一些小册子。其中有孙中山先生的《三民主义》、《建国方略》等。在《建国方略》中把中国未来建设的蓝图辟划得很宏伟:以兰州为中心的几大铁路干线,北方、东方、南方大港,全国电气化等,这顿时使我感到要使国家摆脱多少年来受帝国主义侵略的屈辱,走向富强,非建立强大工业不可,因而决定要学电机工程!这说明了中学教师的引导和外界环境的需要相应时,对一个青少年志愿的选择起的作用是多么大啊!
>
> 我把我的想法向父亲讲了,他一贯主张孩子们的兴趣与志愿由自己决定,因而他很支持;但又反问我将来想考哪个大学。我回答想考南洋大学(即现在的上海交通大学的前身)。他说听说南洋大学都是用英文课本,你在孔德学校学的是法文,英文能跟得上吗?经过几天调查和考虑,我又出现在父亲面前,说:"听说北大预科可以允许用英、德、法、日语任何一种外语考试,我想用法语去考北大预科,在北大预科改学英语后再去考南洋大学。"并且请他去北大帮着了解这方面的情况。几天以后,他告我和北大预科主任关应麟谈了,关先生说文预科是可以用英、德、法、日任何一种语言应考,但理预科主要是用英文考的,偶尔也有少数用德文考,并且说预科中理科各课用的都是英文课本。这样,困难就来了。经过考虑后,我再次出现在父亲面前说:"我们同班有三人决心考北大理预科,将来英文跟不上,留一班也可以。"后来关先生知道了以后,向我父亲表示赞许地说:"这几个青年有这样决心,有出息,让他们考罢。"我们同学陶凯孙、卓励和我就以法文参加理预科的考试,结果都考取了。从此告别了我们可爱的孔德学校。

(按:《实业计划》乃《国际共同发展实业计划》的简称。孙中山辞去临时大总统后,准备投身于振兴实业活动。他认为第一次世界大战结束,各资本主义国家需要寻找新的投资场所和商品销售市场,因此乃设想利用外资来发展中国的实业。他用英文写了《国际共同发展实业计划》,并寄给各国政府和巴黎和会,后经朱执信和廖仲恺等译成中文在《建设》杂志上发表。孙中山提出开发中国实业分两路进行,一路是个人经营,一路是国家经营。他说:"凡夫事物之可以委诸个人,或者较国家经营为适宜者,应任个人为之,由国家奖励,可以法律保护之。……至其不能委诸个人及有独立性质者,应由国家经营之。"

《实业计划》分为六个部分:

《第一计划》包括:①在渤海湾建北方大港;②从北方大港起,建设西北铁路系统,达到西北边境;③移民蒙古、新疆;④开运河联络中国北部、中部河道和北方大港;⑤开发山西煤、铁矿,设立钢铁厂。

《第二计划》包括:①在杭州湾建东方大港;②治理从长江口至汉口一段的长江;③建设内河商埠;④改良长江水系;⑤创建大水泥厂。

《第三计划》包括:①在广州建南方大港,使之成为世界港;②改良广州水系;③建设西南铁路系统;④建设沿海商埠和渔业港;⑤建造船厂。

《第四计划》是,建设10万英里铁路的明细计划,包括中央铁路系统、东南铁路系统、东北铁路系统、高原铁路系统和创建制车厂。

《第五计划》是,发展满足衣、食、住、行需要的工业和印刷工业的计划。

《第六计划》是,开采铁、煤、石油、铜和特种矿藏,以及设立采矿机械厂和冶炼厂。)

秋 考入位于马神庙的北京大学理科预科第四班。是年,北大理科预科招新生四个班,其中第四班是用德文、法文应试考入,以及英文程度较差的。

1930~1931年 十七~十八岁

1930年初 预科第一学期结束时,英文期末考试成绩得到65分。他为英文及格而高兴,父母亦欣喜称赞。他记得:

> 北大预科开学以后,新生约二百人,从全国各地来的,分为四个班级。以外文(英文)程度先分三个班,第四班是用德文与法文考进的和英文程度比较差的,我们三人自然就在第四班了。当时一方面非常兴奋,有点长大了的感觉,另外也确实有点担忧——英文问题。开学以后英文有两门课:一是读本,学法兰克林自传;二是修辞学。
>
> 理科的课程数学、物理、化学、生物都是用英文课本,老师们可

能由于习惯势力或维护尊严(那时是半封建半殖民地的旧中国),直接用英语讲,这对我是很大威胁。幸亏第二星期起逐渐地改为以普通话为主,夹杂着英文的科学术语,这样我就能听懂大意,在课堂努力作笔记,下课后在图书室或在家里努力查字典,将英文课本的内容与笔记对照,获得科学知识。从此运动场也不去了,家中我的歌声也少了。总之头半年与字典结了不解之缘。到学期考试时,各门自然科学考得还不错,但是英文考试确实有点担心。等到收到学期考试成绩单时,英文得了六十五分,我高兴得跳了起来,赶快告诉父母,他们也为我英文及格而高兴,同时鼓励我要继续努力,父亲还同母亲说:“他是属牛的,倒真有股子牛劲。”(钱三强,《锻炼身体 扩展视野 培养拼搏精神》)

Δ除了英文之外,北大理科预科还开设有专业课,计有数学、物理、化学、生物诸科,通过努力渐渐适应下来,尤其对物理实验及化学实验课兴趣浓厚:

在北大预科中,物理实验和化学实验比较好,特别是物理实验室,多数仪器设备是国内自己造的,“五四”以后颜任光教授等为建立物理实验室费过不少心血,曾参加早期实验室建设的龙际云先生就是我们实验课的老师。我对实验科学的兴趣是从这时开始的。从这时起,我初步认识到课堂和书本上讲的原理是根据观测的实践,通过实验对原理就了解得比较清楚些。比如力学章节里,“加速度”的概念不大好懂,经过自己操作的实验,就比较容易懂了。化学老师虞宏正讲物理化学章节时,从化学当量到分子、原子,概念讲的清楚,开始引起我对物质结构的兴趣。物理老师张佩瑚是有经验的先生,他从真空放电、电子、X射线一直讲到放射性现象,把19世纪末到20世纪初物理学的革命都描绘得非常清楚;课外读物英国罗素著的《原子新论》,对原子构造给出一个简明扼要的叙述。这些都使我的兴趣逐渐转到物质结构上来了。同时动手作实验(物理的、化学的)我都非常高兴。在北大预科两年,物理与化学课教得好,使我对物质结构感到了兴趣。(钱三强,《锻炼身体 扩展视野 培养拼搏精神》)

1931年夏 改变考上海交大电机工程的初衷,从北大预科考入北大物理系本科。在回顾改变初衷时,他讲过另一个外部原因:

同时外界环境又是日本侵略东北,发动“九一八”事变,而蒋介石却不抵抗,当时的南京政府也没有按《建国方略》的蓝图来建设中国。内部与外部因素加在一起,使我放弃了学电机工程的初愿,决心入物理系了,同时对实验科学有了很浓厚的兴趣。(钱三强,《锻炼身体 扩展视野 培养拼搏精神》)

其时 孔德学校入北大预科的另外两名同学(女生陶凯孙和男生卓励)也都未按原计划实行。与钱三强一度关系较密切的陶凯孙(系孔德学校生物兼音乐老师陶虞孙的妹妹),于1930年考入北大地质系本科,同年加入中国共产主义青年团,后离开北大走上职业革命者道路,1933年加入中国共产党,1937年在延安被诬陷除了"奸",时年26岁。

在北大物理系,受校内自由学术气氛熏陶,对知识产生好奇心,高年级的课、名教授的课外讲演都去参加旁听。他说:

> 北大的教课自新文化运动开始,文科教授就常常采取自由讲学方式,除本校学生以外,根据教授的特长和声誉,校外的学员也来旁听,有时比本校的学生还多。理科的规矩比较严格,但除了本校本班学生以外,不成文地也允许旁听,偶尔还请有名教授作课外讲演。
>
> 我那时有好奇心,物理系高年级课也去旁听,课外讲演也去听,总之凡是能扩大知识范围的,我总是积极地去参加。我还记得当时清华大学物理系教授吴有训和萨本栋,都在北大兼课,他们都是实验物理学家,把近代物理和电磁学都讲得很清楚,并且在课上还有实验表演;李书华教授曾在课外讲过光的波动和粒子双重性。相比之下,北大物理系的本科教授就教得比较逊色。再加上"九一八"事变以后,北大学生活动比较多,我自己那时政治觉悟又不高,书不大好念下去,因而就产生了考清华大学物理系的念头。后来果然从北大念完物理系一年级后再考进清华大学物理系一年级,事实上留了一班。(钱三强,《锻炼身体 扩展视野 培养拼搏精神》)

Δ听课外演讲留下印象最深刻的,是吴有训讲"振动与共振":

> 有一次,吴先生还作了一次公开的课外讲演,讲的是"振动与共振"。他在讲演的大讲堂横拉一根很长的绳子,再等距离地垂下一根短线,短线上系着一节用过的大号电池(作为重物体),一共挂了八节电池(短线一般长)。他讲了一段时间后就作表演,首先在短线垂直方向推动第一节干电池,于是第一节干电池开始作单摆运动;不一会儿摆动逐渐减弱了,而第二节干电池开始自动地摆动起来。这些用最普通的试验器材作的形象讲演,非常生动地显示了简谐运动和共振现象。在刚学力学时,简谐运动和共振现象都是比较难懂的概念,但经吴先生讲解与表演后,道理就比较容易懂了。(钱三强,《我对吴有训、叶企孙、萨本栋先生的点滴回忆》,原载《物理》1982年第11卷第8期;引自《钱三强文选》,浙江科学技术出版社,1994年,290~291页)

1932年　十九岁

是年　上海“一·二八”事变发生后，章太炎到达北京，钱玄同当面请章手书《陆象山语录》中的四句话：“激厉迅奋，决破罗网，焚烧荆棘，荡夷汙泽！”。章以为言词太激烈，终未肯命笔。

4月1日　父亲钱玄同患急性扁桃腺炎，连日高烧不退，卧床数日，水食难咽。接着气管炎发作，终日咳呛不已……。经此一病，钱玄同身体大伤，写字看书几乎有些精神恍惚了。

夏末　放弃北京大学物理系一年的学历，考入清华大学物理系(八级)重读一年级。物理系八级招新生计28名，其中女生8名(苏州振华女校的何泽慧于其中)。时清华物理系有教授存在轻视女性思想，认为女生学物理有困难，劝她们考虑转系或转校。何泽慧等对此不服，询问校方为什么在考试成绩之外附加性别条件，遂坚持学物理不改。后有多名女生从物理系转出。

入学之际　恰逢中国物理学会在清华大学举行成立大会，李书华当选为首任会长，叶企孙为副会长，吴有训当选秘书，萨本栋为秘书。此事使钱三强感受到荣耀和鞭策。

(按:1931年设在瑞士的国际联盟派四位专家来华考察中国教育。其中法国物理学家保罗·郎之万应邀在北平研究院物理研究所、北京大学、清华大学、浙江大学作学术报告。在北平一次物理学者欢迎他的宴会上，郎之万建议中国物理学者应联合起来成立中国物理学会，促进中国物理学的发展，还建议中国物理学会应加入International Union of Pure and Applied Physics(国际纯粹物理和应用物理学协会)。稍后，迅即成立了中国物理学会筹备组织，推选清华校长梅贻琦为筹备主任，于1932年8月22～24日，在北平清华大学举行中国物理学会成立大会，亦为中国物理学会第一届年会。恰五十年后的1982年，钱三强当选为第五任中国物理学会理事长。)

其时　清华物理系教师力量充实及各具特点的教学，使钱三强一直记忆犹新：

> 我于1932年到1936年在此读书，教授与教师有叶企孙、吴有训、萨本栋、周培源、赵忠尧、霍秉权、任之恭、沙玉彦，助教有余瑞璜、张景濂、王谟显等。仪器设备比较好，管理员严先生自己动手制造和修理仪器。学校最大的特点是教师们除教学工作外，大多数还自己进行研究，这在当时旧中国是比较少的。我在学校期间，吴有训进行X射线对金属结构的研究；赵忠尧与霍秉权研究原子核物理，开始建立威尔逊云雾室；萨本栋与任之恭进行电路和电子学方面的研究，并准备试

制真空管;周培源进行理论物理方面的研究;叶企孙进行光谱学研究。(钱三强,《缅怀敬爱的叶企孙教授》,原载《物理》1987 年第 16 卷第 9 期;引自《钱三强文选》,295 页)

Δ第一学期开讲的普通物理课,曾经在北京大学预科和本科物理系听过,但他感觉清华老师的讲授清晰,便于记忆:

到了清华,首先普通物理课是萨本栋先生用自己编写的中文教本,这在当时还是比较少有的。他讲电磁学那一章时,基本概念也是讲得十分清楚。他有时一上课先用十分钟要学生作一道小考题,看看上一堂课讲的那些概念,学生们懂了没有。这种办法对促进学习,加强理解确是有作用的。(钱三强,《我对吴有训、叶企孙、萨本栋先生的点滴回忆》)

是年　首次听从美国返国并曾在加州理工学院发现重元素对硬 γ 射线的反常吸收的赵忠尧讲授原子物理学的发展近况,其中列举了英国物理学家查德威克(J. Chadwick)发现中子的事例。赵忠尧在介绍了中子的质量、性质和在原子核内部的作用以后,讲了一个小插曲。本来,这项发现应该由两位法国科学家获得。是法国的约里奥-居里夫妇对德国波特(W. Bothe)发现的“新 γ 射线”进行新的实验,他们发现该 γ 射线有很强的穿透力,能在石蜡、玻璃纸等含氢物质中打出能量很高的质子,它的能量大得惊人,其实这种“新 γ 射线”就是一种不带电的中性粒子流。但他们没有意识到中子的存在,而解释为 γ 射线对质子的一种散射。查德威克正是看到约里奥-居里夫妇发表的实验报告后,去进行重复实验,发现了同样的现象,并且做出了正确解释。这样,中子的发现权就落到查德威克手中。赵于此总结说:“科学研究就是如此,有遗憾,有幸运。对于每一个人,最要紧的,是要有勇气,要抓住机遇。”发现中子的这个插曲,留给钱三强的印象久未淡忘。

1933 年　二十岁

年初　承德失陷后,父亲钱玄同深觉国难危重,身心难安,其时的痛苦于同年 3 月 14 日致魏建功信中可见:

噫!国难深矣!不佞既无执干戈以卫社稷之能力,只因在过去读了四十年死书,到得现在,靠了做颜习斋所讥之“林间咳嗽病猕猴”之生涯以骗钱糊口,无聊极矣!可耻极矣!因二十余年来陷溺之深,神经麻木久矣,对于国事蜩螗,外寇侵凌,熟视无睹,虽辽宁之“九·一八”与上海之“一·二八”,尚不足以刺激我顽钝之神经。乃自本年献岁发春,榆关失守,承德再陷,才感到痛楚,镇日价“魂忽忽若有亡,出不知其所往”常常自问,“我究该做什么事才对呢?”……刘继庄曰:“人苟不能斡旋气运,徒以其知能为一身家之谋,则不能谓之人。”吾当以此为座右铭。(魏建功,《回忆敬爱的老师钱玄同先生》,原载《国文月刊》1946年3月第41期;引自沈永宝,《钱玄同印象》,学术出版社,1997年,102页)

4月 钱玄同致信友人谢绝饮宴称:“缘国难如此严重,瞻念前途,忧心如捣,无论为国为家为身,一念忆及,便觉精神不安,实无赴宴之雅兴也。”

上半年 听叶企孙讲授热力学课,留下深刻印象。1987年,在《缅怀敬爱的叶企孙教授》一文中写道:

我至今还记忆比较清楚的是叶企孙先生在1933年讲热力学时的情景。热力学是一门比较不好懂的课程,加之叶先生讲话又是上海口音,而且有点口吃,但这些并没有妨碍他把热力学这门课讲好,他把基本概念讲得非常清楚。在那些重要而关键的地方,他不厌其烦地重复讲解,直到学生完全记住弄懂为止,他的讲课特点使我过了四五十年之后,今天回忆起来,还记忆犹新,并且非常钦佩。他上课时有参考用书,但从来不按着书上内容宣读。他在两三年内,给不同班次讲热力学,每年所举的例子几乎从不重复,因此有时叫我们看看上一班同学的笔记。1948年我回国在清华任教,借住在叶先生家中,我才发现他备课非常认真,几乎都是用热力学最新发展方面的例子来作讲课内容的,有点与国外高水平的教授讲学相类似。虽然叶先生回国后发表的研究论文不多,但他教课的过程,就是他吸收国外最近研究成果并发挥他自己见解的过程。至今我们这些老学生们谈起来,仍觉得叶先生教课给我们留下的印象是很深刻的。(《钱三强文选》,295页)

7月14日 父亲钱玄同正在中国大辞典编纂处上班,与黎锦熙讨论音韵及译名问题,忽接电话告知刘半农于下午逝世。听到噩耗,他不禁怔住了,沉闷回至孔德学校住所。钱玄同于19日写成《亡友刘半农先生》(21日载于《世界日报·国语周刊》)。其中说:

半农是一个富于情感疾恶如仇的人,我回想十五年前他作文痛骂林纾、“王敬轩”、丁福保诸人时那种狂热的态度,犹历历如在目前,但他绝不是纯任情感的人,他有很细致的科学头脑,看他近十余年来对于声调的研究与方言的考察可以证明。这样一位虎虎有生气的人,若假以年寿,则贡献于学术者何可限量!不料忽被回归热这种传染病所害,因救治略迟,竟至不起,这实是学术界——尤其是国语界一件很大的损害!

经此打击,钱玄同精神上更添一层惆怅,头晕现象时而加重。一天,他在北师大授课时突觉头晕被扶下讲台,歇了片刻继续上台讲课,有人搬来椅子请他坐着讲,他不依,说坐着讲话就没劲了。在家人和朋友劝说之下,此后便向校方告了一段长假,并从孔德学校住所搬回家调养。

Δ升入二年级时,清华大学物理系由入学时 28 人,减少到 12 人。

10 月 10 日 接受父亲题字"从牛到爱"。初不解其意,父亲解说寓意有二:一为鼓励属牛的三强发扬那种牛劲性格;二是在物理学上努力奋进,向牛顿、爱因斯坦看齐。从此,视"从牛到爱"为座右铭,一直挂在举目可见的墙壁上。

1934 年 二十一岁

年初 加入清华大学合唱团,除了课余时间排练,每逢节日及一些庆祝活动都有演出。

郁钟正(后改名于光远)由上海大同大学转学到清华物理系八级,直至同期毕业。

上半年 被选为清华大学拔河队队员,并参加北平五大学校际拔河比赛,清华大学队获得冠军,钱为此次冠军队队员,获得纪念章。

7 月 同学何泽慧的二弟泽涌从苏州考入北平育英学校读高中。时其父何澄任国民政府行政院驻北平政务整理委员会高等顾问,在王大人胡同一号建有一座私宅,何自书"真山园"为其名。

(按:何澄(1888—1946 年),字亚农,自号两渡村人,别号真山,山西灵石两渡人。早年留学日本,先学农后改学军事,振武学堂毕业入日本陆军士官学校。1905 年加入同盟会,为"铁血丈夫团"成员。回国后先后在太原、保定传播民主革命思想,在上海参加辛亥革命,任沪军都督府二十三师(师长陈其美)参谋长。后退出军界定居苏州。其妻王季山(1875—1949 年),苏州人,系王颂蔚(晚清进士、历史学家)、谢长达(女权运动先导、教育家)夫妇所出之次女。)

暑假时 与兄秉雄弟德充陪母亲同往上海小住,客寓威海卫路中社,时有父亲友人到访。一日,友人荀目来叙谈中问起母亲:钱先生和鲁迅为什么发生冲突了? 母亲回答说不明原因。她对来人说到,有一次鲁迅去北平到家中访玄同,她去端一杯茶给鲁迅,发现二人因一言不合便争执起来,"竟至绝裙而去,从此隔绝往来"。

是年 父亲钱玄同在北京大学教授最后一班学生——中文系二年级,主讲"古音考据沿革",选修此课的学生有以下八人:侯寿祥、李菊田、王荣濬、方师铎、刘晋端、孙联义、王惠敏、丁贤瑰。

Δ升入三年级时,清华大学物理系由上年的 12 人减少到 10 人。

下半年 闻同学何泽慧一度想放弃清华的物理专业，转去协和学医，后因心情矛盾及协和每年800大洋的高学费等原因，转学之事作罢。现将1934年11月12日何泽慧写给在美国密歇根大学物理系读博士学位的大姊何怡贞的信附录于此：

父亲大人今日由苏州到北平，我进城了，与大侄女等谈及我的读书问题。他们——父亲、四哥哥、大侄女……都主张我改行学医，但是我自己觉得好像已经太晚了，你觉得我现在改如何？二年的物理不是白念了吗？而且在这两年，我对于生物一点也没有念，若是读医的话，至少在大学里再读二年，然后去考协和等等，你觉得如何？我现在真不知道应当如何是好，你快些给我一个指示吧，你快些给我决定吧！反正我今年又白糟蹋了。若是我立意学医，则我当立刻加油读读生物、化学，你说对吗？我现在觉得，我是太应当学医了，我为什么不早些觉悟？现在才想着？我今天已将"Advance Calculers"等退选，而去旁听"生物"了。你觉得我太不上算吗？白费了二年光阴！你说声老实话，快些快些。我究竟可以学医吗？太迟了？学医至少八年，八年下来，我不是老了吗？但是我现在想，我们物理系的几个同学一同如此想，四年物理毕业后又如何？外国去镀一层金回来又如何？至多至多当一个教授，太没意思了！你说如何？学医呢？还是继续读完了四年大学物理系后再讲？若是学医，以往的二年和现在的一年是白糟蹋了，你说究当如何？这是关于"我的终身大事"，请详为指示！我现在写信，我望你明天就收到，后天就给我回信，但事实上，一来一去，至少二个月，太使人不耐烦了！我发出这封信，就立刻希望收到你的信，请你于忙中抽出三分钟，写个回条来！(据葛运培提供原信手稿复印件)

1935年 二十二岁

春 选修吴有训从美国休假返校后开设的"实验技术"选修课，学会了吹制玻璃技术。(时清华大学制定有教授休假条例，凡连续服务五年可出国休假研究一年，用以进修专业，提高学术水平。休假研究期间，除享受半薪外，还给予来往旅费520美元和每月100美元研究费)几十年后，对吴有训开设"实验技术"课情形有清晰记述：

日本侵占我东北后，我国有不少爱国的知识分子到国外去学习能实用的技术。吴有训先生在1934年曾到美国去了一段时间，想为国家制造真空管作些工作。他从国外带回一些吹玻璃的设备、玻璃真空泵与各种口径的玻璃管等。1935年他就开了一堂"实验技术"的选修课,我们班中有五六人都参加了,我也是其中之一。他手把手地教我们,让我们掌握烧玻璃的火候和吹玻璃技术的关键所在,并随时指出我们的缺点,我感到得益不少。……1937 年我到法国作原子核物理研究,由于在清华大学时学过吹玻璃技术和选修过“金工实习”课,所以对简单的实验设备和放射化学用的玻璃仪器一般的都能自己动手作,比什么都求人方便得多。1948 年回国后,我也同样鼓励青年同志要敢于动手自己作仪器设备,这对他们后来成长大有好处。回忆这段事实,说明我在清华大学时受到的教育,特别是吴先生鼓励我们敢于动手的教育是非常重要的,对我一生是有意义的。(钱三强,《我对吴有训、叶企孙、萨本栋先生的点滴回忆》,引自《钱三强文选》,291～292 页)

上半年 参加清华大学校方组织的军事训练,与高一年级的彭桓武同编一班。一天夜间巡逻,突遇天空电闪雷鸣,正当电光才落、雷声骤起之际,只见彭抬腕看手表,眼睛盯着秒表,随口说出准确时间……。钱大为惊讶。

6 月 被选拔为清华大学男子乒乓球队主力队员参加北平五所大学校乒乓球表演赛,在 0∶2 落后的情况下,和王务义一起连胜三盘,获得团体冠军。清华校刊报道写道:“钱三强攻球稳固而锐利,守球落点准确;王务义出如炮弹,能在 0:2 落后的形势下连胜三局反败为胜;徐舜寿称为吾队小将,攻球猛烈,又善近挡。”(《水木清华》2012 年第 9 期,39 页)清华校队队员有:王世真、屠双、曹岳维、徐舜寿、胡鹏飞、熊秉信、王务义,稍后加入叶笃正。指导教师兼教练为黄中孚。

△一天,父亲钱玄同前往火车站送黎锦熙、汪怡等人去南京开会,回到家突觉一切光亮都有晕。从此,在本已有高血压、血管硬化、神经衰弱诸疾病之后,右眼患视网膜炎,日益加剧,看东西不清楚,写字歪斜,伏案工作每次不能超过一小时。

8 月 认识刚从南开中学考入清华大学的安徽青年叶笃正。谈起选择专业,听了钱的建议后,叶由想学物理改为学气象并成为毕生事业。后叶笃正回忆说,进入清华后,

第一件事是选系,我本来想进物理系,可是当时物理系四年级的学长钱三强劝我学气象(钱三强先生和我一起打乒乓球,这样就熟起来),他说气象也是物理的一部分,但比较实用,我接受了他的劝告,这就决定了我一生的事业。(叶笃正,《乒乓球桌旁友谊决定一生事业》,载《水木清华》,2012 年第 9 期)

10 月 父亲钱玄同与钱穆、顾颉刚等百余人同署,上书国民政府,要求早定抗日大计。

12月9日 日本帝国主义侵占中国东北后,又进一步控制了河北和察哈尔,并指使汉奸殷汝耕在冀东成立傀儡政权。当局反动派实行不抵抗政策,准备成立"冀察政务委员会",以适应日本提出的"华北政权特殊化"的要求,出卖华北。

是日 北平6000余学生举行示威游行,提出"停止内战,一致对外""打倒日本帝国主义""反对华北自治运动"等口号。当局出动大批军警镇压,打伤和逮捕许多学生。钱三强因正值考试,当时也不大关心政治,未参加是日学生游行示威,事后得知不少同学被打伤,特别当读到清华大学学生救国会连夜赶印的《告全国民众书》和次日散发的《平津学生宣言书》,发生的事实使他触目惊心,怒火中烧。

《平津学生宣言书》写道:

> 奠都以来,青年之遭戮杀者,报纸记载30万人之多,而失踪监禁者更不可胜计。杀之不快,更施以活埋;禁之不足,复加以毒刑。地狱现形,人间何世?"九一八"事变,三天失地万里,吾民岂不知尸责者谁,特以外患当前,不愿与政府歧趋。然政府则利用此种心理,借口划一国策,熬煎相逼,无所不至。昔可以"赤化"作口实,今复可以"妨碍邦交"为罪名,而吾民则举动均有犯罪之机会矣。杀身之祸,人人不敢避免,吾民何辜,而至于斯!北京大学学生组织"帝国主义研究会",清华大学学生组织"现代座谈会",此乃约法所许之权利,而政府则解散之,逮捕之……焚书坑儒之现象,不图复见于今日之中国,此诚吾民百思莫解者矣。(转引自王春江,《裂变之光——记钱三强》,中国青年出版社,1990年,9页)

12月10日 积极响应学生救国会号召,参加北平各校学生发起的总罢课。

12月16日 以校拔河冠军队员的强壮体魄站到清华学生队伍前列发动进城示威游行,反对成立"冀察政务委员会",在冲开城门时同军警发生冲突,衣服被扯破,腿碰伤流了血……。回到家获父亲暗中赞许:

> 在一九三五年"一二·九"运动时,三强曾在十二月十六日(星期日)那天参加了中国共产党领导的反对冀察政务委员会成立的游行。在城外的清华大学、燕京大学等校的学生队伍因城门关闭进不了城。各校队伍在城外绕到西便门,冲开城门而进,和城内各校队伍汇合起来游行示威。这天午后傍晚时刻,三强把衣服略事整理回家,父亲很快地就看出三强不是往常星期六从清华大学回家的样子。他在谈话中关心这次示威运动的情况,最后用赞许的口吻对母亲说:"他们干得对!"说话时就象他自己在五四那天同着学生游行队伍一齐前进时的

精神一样。(钱秉雄、钱三强,《〈钱玄同年谱〉跋》,引自《钱玄同年谱》,齐鲁书社,1986 年)

1936 年　二十三岁

年初　由系主任吴有训指导开始作毕业论文,内容为制作一个真空系统试验金属钠对改善真空度的影响。其时,清华物理系八级毕业班仅剩 10 人,指导毕业论文的老师几为一对一。对此,钱三强 1987 年总结认为:

> 这种环境使我们这一班以作毕业论文比较认真而著称。四年级时,除了几堂必修课外,我们主要精力都用在毕业论文上了。从先生指定题目,参阅文献,设计实验,制造设备,进行实验到写作论文,是研究工作一个全过程,与今天大学中进行的硕士论文差不多,这种训练对学生毕业后进行科学技术工作大有好处。我们后来在国外进行科学研究工作时,由于国内受过这种训练,因而很快能动手作实验,不差于同时工作的外国青年。(钱三强,《缅怀敬爱的叶企孙教授》)

△毕业论文的实验,起初进行得并不顺利——当自制的真空系统刚抽真空时,突然整个玻璃真空系统发生爆炸,扩散真空泵中的水银流了一地,所幸人未伤。钱三强慌忙中跑去报告吴有训,吴叫钱赶快把实验室门窗打开,人先不要进去,以防水银中毒。两天后总结出原因,是玻璃的结构存在机械应力不均匀。后吸取教训,重新制作,毕业论文终于完成,吴有训给予 90 分。

6 月　同八级物理系毕业同学一起,由助教任之恭带领先后到北平、南京、上海有关机构及大学作毕业参观,同时为就业寻求工作岗位。他后来回忆说:

> 清华大学当时的作法是将四年级收学费(每人每年 20 元大洋——引注)用于学生毕业前由教师组织和率领到京内外条件较好的单位参观。当时带领我们去的是较年轻的任之恭先生。我们在北平参观了协和医院及其研究机构、北平研究院及各有关研究所,南京的资源委员会和兵工署的科技单位和中央大学等。除了扩大视野以外,学校还负责为毕业生寻找工作岗位。我们那届毕业生一半以上找到了工作。在旧社会这也是对学生负责的一种表现。(《钱三强文选》,296 页)

赴南京、上海参观途中,眼见日本人和替日本人干事的朝鲜人对中国人的野蛮无礼,在火车座位上堆满了向中国推销的日本货,而不准中国人坐。他和同学只好挤到车厢的夹道里站到终点,心中气愤至极。何泽慧曾在 2002 年 8 月 17 日对葛能全说:"1936 年的南方之行使我感受很深,这就是我留学为什么选择了弹道学。当时只有一个念头,就是为了打败日本侵略者。"

是年 清华物理系毕业学生共 10 人。他们是:钱三强、王大珩、于光远、何泽慧(女)、黄葳(女)、许孝慰(女)、杨龙生、杨振邦、谢毓章、陈亚伦。其名列于浙江籍毕业学生登记册,所记内容为:"(民)二十五年六月毕业生 钱三强 吴兴 二十四岁 物理 八级"①。

毕业时 有两个就业去处,一是南京国防部兵工署,一是北平研究院物理研究所。其依自己的兴趣选去北平研究院物理研究所,得到父母和吴有训支持。吴师为他写了推荐信给该物理研究所所长严济慈。

(按:北平研究院于 1929 年 8 月 6 日通过设立,由李石曾作院长,李书华为副院长。总办事处设于中南海怀仁堂西四所。物理研究所和化学研究所设于购地新建的东皇城根理化大楼,物理研究所所长时为严济慈,研究工作注重光学与地球物理。)

Δ何泽慧没有找到工作单位。一天,她在与山西籍几位同学聚会时听同学说,山西阎锡山当局有一规定,凡国立大学毕业的山西籍学生都可申请出国留学资助金,三年为期,每年 1000 大洋。她又听到留校任助教的同班同学王大珩介绍,说德国高等工业技术学校克兰茨(C. Cranz)教授曾在南京兵工署当过技术顾问,对人热忱。8 月,何泽慧获得山西当局的三年留学资助金(据《何泽慧传》作者刘晓 2011 年查阅何泽慧个人档案记载,山西当局资助金实为 6000 大洋),于 9 月 3 日从北平乘火车经西伯利亚铁路赴德国求学,15 日晨抵柏林。

8 月 持吴有训手写信到北平东皇城根 42 号物理研究所报到,所长严济慈接待,定为研究助理员,月薪 80 大洋,另兼作无酬薪的所内图书管理员。(此前,物理所研究助理员有陆学善、钟盛标、钱临照、吴学蔺、方恒声、翁文波等,多先后被严济慈推介到外国研究机构学习深造,有的已学成回所任专任研究员。)

9 月 领到第一个月的薪金 80 大洋,为父亲的写字台配了一块玻璃板,其余悉数交给了母亲。

(按:9 月 15 日 何泽慧抵达德柏林后,先入柏林大学的"外国人德语学院"学德语,并同由美来欧的大姊何怡贞一起拜会了光谱学教授帕邢(F. Paschen),教授友好,主动邀请何泽慧在柏林求学时住到他家。后何泽慧决定攻读弹道学,她按照王大珩事先告知的情况,找到柏林高等工业技术学校(后改名为柏林高等工业技术大学)技术物理系主任克兰茨教授,陈述要求进技术物理系学习弹道学。对方告诉说技术物理系属于保密范围,现在该系的整个建筑都被隔开来,不能随便进出,系里没有外国学生,至于弹道学专业

① 参见清华大学档案——毕业学生名册

更属军事敏感领域……系主任直言不能接收她。何不得理解，便反问系主任："您当年到我们中国去当兵工技术顾问，我现在怎么不能在您这里学习呢？您也知道我的国家正受到日军侵略，我要学弹道学的愿望，相信您能理解。"结果何泽慧成为那时柏林高工技术物理系唯一的外国学生，也是学弹道学的唯一女生。）

年底 完成严济慈安排的第一个研究课题，对化学元素铷的紫蓝色光带的游离能量进行分析测量。这项分子层次的复杂实验，他利用物理所先进的德国进口光谱设备，获得数据充分，分析合理。严济慈要求写成文章发表，交待文章写好后应送请吴有训、叶企孙两位老师看看。

1937 年　二十四岁

年初 写成《铷分子离解的带光谱和能量》研究报告，并翻译成英文稿，经吴有训、叶企孙看过，与严济慈联署于 3 月 18 日邮寄美国《物理评论》[①]。

3 月 严济慈突然考察具有的法语程度。钱三强回忆道：

> 有一个星期六的下午，严先生找我去谈话，问我是不是学过法语。我说在孔德学校时学过。他就到图书室取来一本法文科技书，让我念给他听听。他听了一会儿，说我"法语程度还不错"之后，才告诉我为什么要考察我的法文，原来是想让我去考中法教育基金委员会到法国留学的公费生。（钱三强，《重原子核三分裂与四分裂的发现》，22～23 页）

春 参加中法教育基金委员会组织的公费留法考试，用法文答卷。当时恰遇刮起复古风，考试院院长戴传贤出文科考题，要求写一篇白话文之外，还写一篇文言文，因其文言文写得不好，整体成绩受到影响。但数学物理成绩较好，加之是法文答卷，遂被录取巴黎大学镭学研究所研究生，公费资助三年，每月 2000 法郎。

（按：中法教育基金委员会由法国退还庚子赔款而设立，会所在北京西交民巷甲 40 号。中法教育基金由中国代表团与法国代表团共同管理，用以办理中法教育及慈善事业。中国代表团由教育部代表李书华兼主席、行政院代表翁文灏、庚款机关联席会议代表陈剑修、外交部代表郑白峰、财政部代表李傥、经济部代表谭熙鸿、中央大学代表罗家伦、中山大学代表邹鲁、北京大学代表蒋梦麟、中法大学代表李麟玉组成，法国代表团由法驻华大使兼任主席，其秘书等成员由使馆职员兼充。该基金于 1939 年起停顿。）

---

① 该刊于同年 7 月 15 日第 52 卷 91～96 页发表

Δ考取镭学研究所研究生后的心情,钱三强1990年忆述称:

当我1936年离开幽静的清华园踏入社会的时候,系主任吴有训教授把我推荐给北平研究院物理研究所严济慈所长,任助理员,从事分子光谱方面的研究。约莫过了半年时间,经严济慈所长鼓励,我参加了中法教育基金会组织的留法学生考试,当时有镭学、流体力学和微生物各一个名额。我考取了镭学名额,而且是到世界上原子科学研究最先进的机构之一——巴黎大学居里实验室;指导我从事研究工作的导师,正好又是发现人工放射性的约里奥-居里夫妇。可以想象,这一切对于一个刚迈出学校大门,充满幻想的科学青年该是何等幸运!

(钱三强,《中国原子核科学发展片断回忆》,香港《紫荆》,1990年创刊号)

5月21日 严济慈乘船赴法出席法国物理学会年会和将在巴黎举行的世界文化合作协作会议。走前,他希望钱三强能于八九月抵巴黎,届时领他去见约里奥-居里夫人。

6月4日下午 前往北京大学理学院聆听丹麦物理学家尼尔斯·玻尔(N. Bohr)在北京的唯一一次学术讲演,讲题为“原子物理中的因果律”。其对原子核和原子结构研究的历史及现状作了明确而简洁的说明,并联系自己的研究心得作了介绍。听后引起极大兴趣,留下深刻印象。

随后 骑车赶回北平研究院物理研究所,陪李书华副院长邀请到所访问的N. 玻尔教授,参观所内物理实验设备后,一起合影以为纪念。

Δ1937年5月12日《北京晨报》关于N. 玻尔到访报道:

世界大科学家丹麦哥本哈根大学物理教授玻尔博士,前应美国学术界之请,赴美讲学完毕。复应日本教育界邀请,于上月15日由美抵日本东京,开始讲学一月,本月15日即行届满。平市清华、北大、师大、平大、国立北平研究院、中华文化教育基金董事会各文化团体,约十余处,特以玻尔博士来远东讲学之便,联合函请其于在日讲学之后来华。渠前已有函致清华大学理学院院长吴有训,表示首肯。据关系方面,昨天(11日)接玻尔由日来电称:渠于本月15日在日讲学完毕,稍事停留,即行来华。5月21日可抵沪,勾留二日,即行赴杭州游览,亦留两日即赴南京访吾国教育界各名流,晤谈一切。27日即搭沪平通车北上,决定于29日抵平。玻尔抵平后,即开始在清华、北大、国立北平研究院与各物理专家作物理问题研究之交换意见。其讲演题目,已规定为(一)核子物理,(二)原子之构造,两项问题。平市各文化教育领袖刻正组织筹备欢迎会,以便届时作盛大欢迎。

6月 在家中接待由广州来北平的于光远,交谈甚欢。临别时,于光远在钱三强的一个纪念册上写了赠言:“科学与民族解放都是我们所迫切需要的。民族解放事业需要科学的协助,科学也只能在自由独立的国土上开花。让我们将科学与民族解放事业紧紧地配合起来。”(钱三强《自传》,1953年2月20日,存“钱三强档案”引自葛能全阅档摘录,2002年)

Δ于光远2003年12月撰文说:

> 我去他家的目的除告别外,是想告诉钱三强我怎么会从广州回到北平。告诉他我把应考法国镭学研究所作为借口这样一件事。那天我简单告诉他,我在广州组织的革命团体被破坏了,“民族解放先锋队”总队部要我到北平工作,就谎称要到北平应赴法考试。到北平后,我又有了“我不愿意和钱三强争”,对别人讲作为借口。其实我从广州北上,故意在上海逗留很长时间,我为了看列宁斯大林的著作正在学俄文。我到北平时,钱三强已经被录取,正准备去法的行囊了。那天我对三强讲了这样的话。我对他说,“你出国深造,钻研科学,我在国内从事革命工作,等你学成回国,中国的革命取得了胜利,你用你学得的知识为革命胜利后我们国家的建设服务”。并把这样意思的话写在他的一本纪念册里。(引自于光远,《从〈钱三强传〉想到的》,《科学时报》,2003年12月11日)

7月7日夜 即将启程赴法之际,日本帝国主义为了发动大规模侵华战争,蓄意制造了“卢沟桥事件”。一夜之间,北平城处在了战火笼罩之下。因担忧突变的危急时势,父亲钱玄同的高血压病骤然加重,卧床难起。钱三强遂准备发电报给已在巴黎的严济慈,告知取消赴法计划。父亲不依:“弹丸之地的日本敢对偌大的中国发起侵略,不就是因为我们落后么?你此次赴法深造是极难得机会,你今日之所学,将来定对国家有所用。报效国家,造福社会,发奋之路远得很哩。至于我的身体虽不如你们的伯父和祖父,他们都活到了七十四五岁,但我想我活到六十多岁是能够的。”

7月15日 由父亲亲自操办,在中央公园“来今雨轩”为秉雄举行订婚仪式,并借以为三强饯行。父子两代好友(钱玄同称之为“旧雨今雨们”)百余人到场。仪式开始时钱玄同首先致辞讲到:“儿女们的婚姻诸事,我是向来反对包办代替的,应该由他们自己选择,自己去争取。”来宾周作人、魏建功先后致祝辞。仪式结束后,阖家六人在中央公园照了合影。

当晚 母亲徐婠贞将弄到的一点外钞缝进三强衣服的夹层内,叮嘱说:“这点钱防备万一,在那边发生不测,就用它买船票回来。”

7月17日 离北平去上海准备乘海轮赴法,航行近一个月,再从马赛坐火车于8月底抵达巴黎。途中,结识了中央大学数学系毕业生吴新谋,他到巴黎大学读研究生。两人一路同行,互有照应,解除了旅途思家、寂寞之苦。

9月初 在巴黎先见到严济慈,说起"七七事变"后北平的近况。严向钱讲了他在出席"世界文化合作协作会"大会上作的发言,他对各国代表指出:

> 请大家注意一个现实问题,此刻,就在我们神圣的会议正在讨论保护各国文物古迹时,日本侵略者已经威胁要轰炸北平。北平是闻名于世的千年古都,我提请世界舆论共同谴责日本侵略者这一毁灭文化的罪恶企图。(严济慈,《严济慈文选》,上海教育出版社,2000年,419页)

9月中 由严济慈陪领到达巴黎第五区皮埃尔-玛丽居里街11号"居里实验室"。这是一座不很高大的老式建筑(地面三层地下一层),正面一道四季常青的绿化带,楼背面有一个狭小的花园。在听了严济慈介绍后,实验室的新主人伊莱娜·居里(I. Curie)向钱三强伸过手:"欢迎你加入我们的实验室。"随即她提议一起到小花园谈话,说"在实验室工作的人最需要呼吸新鲜空气"。商定钱三强的博士论文以原子物理学为主,兼作放射化学实验。她要求钱住到巴黎大学城(即学生宿舍),既省时也省钱。

Δ关于居里实验室和"花园",居里夫人的次女艾芙·居里(E. Curie)在《居里夫人传》里有介绍:

> 实验室在施工时,她(即居里夫人——引注)常常亲自跑到建筑工地去,在那里拟定计划并且与工程师讨论。这个头发斑白的妇人有一些最新、最"近代化"的意见。她当然想着她个人的工作,但是她尤其愿意建筑一个可以用三十年、五十年的实验室,愿意这个实验室在她化为灰尘之后还可以用好多年。她要求宽大的屋子,要求能使研究室充满阳光的大窗户;她还需要一个升降梯,不管这种费钱的新设施会使政府派来的工程师如何气恼……。
>
> 至于花园(这个有农村妇女气质的人最关心的布置),她亲切地自己去安排。她热心地争取各建筑之间的每一米空地;一些要"节省地方"的人说了许多很好的理由,她完全不听。在建筑的基础还没有奠定之前很久,她就把她像鉴赏家一样一棵一棵选来的小树,亲自看着栽下去,并且对她的合作者说出她的心底话:"我现在买'我的'法国梧桐和椴树,是赶前了两年,等我们开始用这个实验室的时候,这些树就都长大了,而这些树丛里就会开满鲜花。但是,不要说出去!我没有告诉内诺先生!"
>
> 她亲自栽种攀援的蔷薇,挥动着铲子,用双手在没有盖成的墙脚下堆土。她每天浇水。当她立起身来站在风里的时候,她似乎是在看着那些无生气的石头和有生命的树木一起长高。(艾芙·居里,《居里夫人传》,左明彻译,商务印书馆,1984年)

初进居里实验室，而且在这里由伊莱娜·居里领导做博士论文，钱三强感触良多，时过几十年不曾淡忘：

> 大概没有人不知道居里夫人大名的，她是镭的发现者，是放射化学和原子核物理学的奠基人。更令人敬慕的是她的崇高品德。她一生的奋斗事迹，永远是青年的有益教材。
>
> 居里夫人即使在成名之后，很长时间内也还没有一个真正的实验室。直到她的晚年，法国政府才拨款在巴黎大学建造了一个镭学研究所，由她主持研究工作。居里实验室就是镭学研究所的组成部分。可惜时间太晚了，由于多年的劳累，加上早期放射性工作缺少必要的防护而受到的损伤，居里夫人身体日益衰弱，终于在 1934 年与世长辞。她逝世后，实验室主任由德比艾纳(A. Debierne)担任。德比艾纳也是一位放射化学家，是居里夫妇的老同事，曾在 1899 年发现第 89 号元素锕。居里夫人的长女伊莱娜和她的丈夫弗莱德里克·约里奥(F. Joliot)继承了前一辈的事业，在新的时期把原子核物理学及放射化学的前沿研究不断推向前进。(钱三强，《重原子核三分裂与四分裂的发现》，23～24 页)
>
> 我到法国去做研究工作时(1937 年)，居里夫人已经去世。但我在居里实验室工作了十年，我的老师正是居里夫人的长女约里奥-居里夫人。她的简朴的生活，对虚荣的蔑视态度和对青年的热情关心与指导，以及研究室里的浓厚的学术和民主讨论的气氛等，都继承着居里夫人的优良传统，使我荣幸地，又是间接地受到了居里夫人的学术和品德的教育。(钱三强，《〈居里夫人传〉中译本序》)

Δ在居里实验室的头一个月，除了熟悉研究室的工作环境，主要聆听伊莱娜亲自为青年科学人员开讲的“放射学”基础课，每周讲授两次，还安排交流讨论、阅读文献。

10 月 25 日 开始正式在实验室做研究工作，围绕导师指定的论文内容(用云室研究 α 粒子与质子的碰撞)作知识准备。工作中他“东问问、西问问”的好学态度，以及乐于助人的精神获得好评。钱三强回忆说：

> 在实验室，我尽量多干具体的工作。除了自己的论文工作以外，一有机会就帮别人干活，目的是想多学一点实际本领。我找到伊莱娜夫人，提出希望参加一点放射化学的实验。她把我介绍给化学师郭黛勒(S. Cotelle)夫人，我就协助她一起制备放射源。在清华学到的吹玻璃技术，这时也发挥了作用。由于我工作主动肯干，又比较虚心，所以郭黛勒夫人就对实验室的其他人说：“你们有什么事做不了，要人帮忙的话，可以找钱来做。他有挺好的基础，又愿意效力。”人家问我，你

为什么要这样干？我说我比不得你们，你们这里有那么多人，各人干各人的事。我回国后只有我自己一个人，什么都得会干才行。例如放射源的提取，我自己不做，又有谁给我提取呢？所以样样都得学会才行。(钱三强，《重原子核三分裂与四分裂的发现》，33页)

一天(星期日)　受邀与居里实验室几个同事到伊莱娜家中作客。在安东尼镇勒诺特大街76号老式别墅内，他第一次见到弗莱德里克·约里奥先生。约里奥先生穿一件白底黑条夹克，手里端一杯咖啡看钱三强教他小儿子打乒乓球，兴趣上来后他也一起玩。约里奥让钱参观了他家里的工作室，透过工作室的大玻璃窗可以看到在网球场打网球的同事。

△约里奥与钱谈话很关心中国的情况，他不理解中国一个大国遭受日本一个小国的侵占，政府为何不号召人民起来抵抗，赶走侵略者。这次初识让钱三强倍感亲切和开心。

11月　接大哥秉雄信，告8月8日日军进犯北平城实行禁街时，父亲从中南海中国大辞典编纂处下班回家被阻拦在一个街角，直到深夜回到家，极度气恼，血压急速升高，头晕目眩，几天不能下床，遂不能与师大同人南迁，但父亲告诉校方汪秘书："请转告诸友，钱玄同决不汙伪命。"

12月9日　接连寄出两封家信未得回信后再发信，打探父亲安危，急切伤感之情很重，以致流露出对未来前途孤独渺茫之感。

12月中　伊莱娜当面征询意见，说约里奥在法兰西学院想改建一台云室，需要人帮忙，问钱三强是否愿意去帮他，说如果愿意的话，博士论文即以改建云室开始做。欣然应诺。

次日　往法兰西学院面见约里奥，得知要对核化学实验室的现有威尔逊云室作两种改进：改进充气压力，并使其达到可以人为调节，测量粒子的能量范围能自由控制；改进云室的膨胀速度，放慢膨胀，延长有效灵敏时间，使每次实验可以得到尽可能多的记录数据。

冬　信中得悉，一天日本文化侵略者服部之吉派其子(人称"小服部")，登门邀请一些留北平的文化名人做亲善，钱玄同称病杜门，连见这些人都不见。又一次，日本文化特务武田熙门发函邀请各大学在北平教授到怀仁堂开见面会，那天钱玄同正开门遇上了送函贴者，他看也未看交还给送信人："钱玄同回南方去了，没有在家。"

是年起　父亲钱玄同恢复弃用多年的旧名"夏"，明言"故'掇献'之旧号，当复用之以自厉自警"，表示仍是原来的"夏"(据《说文》，"夏"乃"中国之人也")，而非"夷"(日寇占领下的顺民)。

年底　钱三强参观巴黎世界博览会，购得一张印有苏联馆建筑(两个男女青年手举镰刀斧头)的明信片，寄给清华大学物理系的同班同宿舍好友艾维超

（后转入清华电机系）。钱在明信片的背面写了一段寄语给艾：

这是巴黎1937年博览会的苏俄馆的外形。你看这建筑上的一对青年，多么朴实，多么勇敢，象征着复兴国家的精神。维超兄，希望你将来也这样勇敢的参加复兴我们可爱的祖国的工作！三强一九三七年底”。（《钱三强的一张世博明信片》，载于2007年11月21日的《解放日报》；艾维超之女艾大惠向2010年上海世博会捐赠了这张70年前的明信片的报道）

1938年　二十五岁

1月中　接父亲元旦写的四纸长信。此为钱玄同写给三强的最后一封信，同时也是他晚年思想回转的重要侧证。全信引录于此：

三强鉴：

你到法后寄来各信，均一一收到。去年十一月二十四日五弟寄你一信，内附我一纸，计旬日前可以达到，然否。十二月二十九日见你致令扬信，因久不得家信，向他转询吾家情形。昨日（十二月三十日）得十二月九日来信，一一均尘。我身体尚安，惟精神日见衰老。三年久病，血压日高。十一月中请德国医院及日华同仁医院两处检查，均云血压最高时至二一五，较低而头脑较舒适时则一九五。两处医生均切嘱摒除一切事务，绝对静养。最于病体有妨碍者，为受惊与发怒。为摄生计，已遵照医嘱，谢绝一切应酬，杜门不出，安心养病。偶有老友来访，必先告以只谈风月，或商量旧学，万勿以不相干之事相聒。欲期病体康复，不得不如此也。

你屡次来信，报告近来读书情形，知专心求学，蒸蒸日上，极为欣慰。惟云精神兴趣欠佳，思及家中，时形梦寐，且谓学成以后，未必便能谋得较优之职业，因此觉一身之前途甚为渺茫。此等忧虑，于少年人极不相宜。吾家三世业儒，故料量田产及经营米盐之事非所谙悉。我才尤短，更绌于治生之道，以致近年生活日趋贫困。你有志求学，作显亲扬名荣宗耀祖之想，自是吾家之孝子顺孙。数年以后，领得学位文凭，博得一官半职，继承祖业，光大门楣，便足以上对祖先，下亦慰我老怀，娱我晚景矣，何必鳃鳃忧虑耶。

你常有信来，固所欣盼。惟求学之时，光阴最可宝贵，以后来信，大可简单；我所欲知者，为学业之进度与身体之健康，其余均可不谈；不但家信如此，即与此间诸学友如沈、陈诸君通信，亦当如此。此乃时间经济之道也，切记切记。

大哥尚在其岳家,十二月二十六日尚得其十二月四日来信,云身体健壮如昔,湘君亦较夏间为肥胖。惟因其岳家迁居未定,寄信或恐遗失,你暂时可不必去信,俟得彼来信后,再写信去可也(去信亦以简单为宜)。五弟身体甚好,功课亦有进步。你母亲甚健康。苏郎早已离开北平,回乡过年矣。

我虽闭门养病,但自幼读孔孟之书,自三十岁以后(民五以后),对于经义,略有所窥知,故二十年来教诲后进,专以保存国粹昌明圣教为期,此以前常常向你们弟兄述说者。今虽衰老,不能多所用心,但每日必温习经书一二十页。有时卧病在床,则闭目默诵,此于修养身心最为有益,愿终身行之也。手此即问近好。

德潜

二十七年元旦

年初 学习调研一段时间后,对从未接触过的威尔逊云室设备的原理、结构及使用方法有所了解,为协助约里奥着手改进云室设备作了知识准备。他在《重原子核三分裂与四分裂的发现》文中记述当时了解的云室结构和用途:

简单地说,威尔逊云室是一个一面有块厚玻璃窗的密封容器,其体积可以迅速加以改变(例如用一个活塞)。容器内部充以一定气压的空气(或其他气体),并加入另一种蒸汽(例如水蒸气或酒精蒸汽)。正常状态下,蒸汽是稳定的,不会凝结。如果快速抽动活塞,使云室体积突然膨胀,室内温度骤然下降,就造成了蒸汽的过饱和亚稳状态。这时如果有凝聚中心,蒸汽分子就将凝结在中心上形成水珠或液滴。放射性射线(如α粒子)是带电的高能量粒子,在它通过的路径上,会引起气体分子电离,形成一连串的正、负离子对。这些离子正好是最好的凝聚中心。所以在它的路径上,就会形成一条由小水珠或液滴组成的径迹。液滴长得足够大,人的肉眼就可以很清楚地看到,也可以用闪光照相机把它们拍摄下来。

威尔逊云室也在微观、宏观之间架起了桥梁,使得人们能够观测到单个的微观粒子。它的作用,就是把微观粒子造成的痕迹放大了许多许多倍。……

4月 读到《祖国抗日情报》(巴黎爱国华人办的中文报纸)刊载的"台儿庄大捷"报道,写道:3月30日,日军第五、第十师团分布在一百多公里的战线上向台儿庄发动进攻,二十多个师的中国军力(12万人)英勇抗战,先是敌我展开拉锯战,进行五昼夜,4月3日台儿庄大部被日军占领。4月4日中国军队联合作战,以40万兵力开始反击,6日发动总攻,将士们人人怀着复仇怒火,冲向敌军阵地,喊杀声震天动地,围歼占据台儿庄的日军一万余人,缴获日军坦克三十余辆，还有大炮、机关枪等大批军用物品……

当看到另一中文报纸《三民导报》仅寥寥数语简单报道台儿庄战事时，他颇感困惑。

当日 几位中国同学相邀，每人出 20 法郎在“东方饭店”订餐，喝啤酒，为来自祖国抗日战场的胜利干杯。

就餐时，初识孟雨（又名孟稜崖，1893 年生，1919 年 3 月 7 日同蔡和森、陈毅等 89 名中国青年乘“因幡号”船赴法勤工俭学，入巴黎大学巴斯德研究所读细菌学，后在巴黎加入中国共产党，为中共旅法支部成员）。经孟介绍，又认识了《祖国抗日情报》主编雷子声，对巴黎中国势力的斗争开始有了接触和认识。钱三强 1953 年 2 月 20 日在《自传》中写道：

> 到了法国，巴黎的中国人的政治情况即是中国国内情况的缩影，在国内由于封锁看不到的消息，在巴黎反而看到了。《祖国抗日情报》及《三民导报》内容的对比，使我更清楚地知道“左翼”是抗日爱国。不久，由留英同学介绍订到英国“左翼书籍俱乐部”的书籍，其中有斯诺的《红星满中国》，在那里我第一次看到关于红区、毛主席及游击战等的记载，使我眼界一点点地展开了。由于常到《祖国抗日情报》的编辑处万花楼饭店去捐款作为报费与抗日捐款，即与雷子声同志有了接谈。不久，他即约我参加轮流编辑工作。几期以后，因为很费时间，同时材料又很难收集，怕耽误了科学研究工作，即辞去了编辑事，但仍与雷等常往来。不久国民党分子即造谣说我是共产党走狗，外围。其实当时我并不知雷是否是党员，只知道他是个爱国者，议论正确，生活不腐化，与我意见很合得来。（原件存“钱三强档案”）

初夏 接学友沈令扬寄自北平的信，写到父亲健康状况时称：“钱（玄同）右目患网膜炎，每见光就头晕目眩，一月二十日忽觉精神恍惚，伏案一小时，头重心悸手颤，暂时不能用脑……”

同时 在巴黎听到传言，国内有报纸登了“钱玄同在北平逝世”的讣告。当即发急信询问，后得复信称是“张冠李戴”了，转悲为喜。

（按：事出其时日伪古物陈列所所长钱桐于北平逝世，汉口英文《楚报》记者误以“钱桐”为“钱玄同”在报上发了讣告。一时间，南方一些朋友和学生信以为是，寄挽联唁函到北平钱玄同家，家人怕他见了难过，瞒着他都给烧了，唯有一名叫张凤举友人的唁信，没有来得及烧被钱玄同自己看见了，不禁引得大笑起来。）

秋 在居里实验室一次学术报告会上，首次听到伊莱娜介绍她和南斯拉夫学者萨维奇（P. Savitch）合作用快中子轰击铀的实验中，错过发现核裂变现象

的经过。当全世界纪念裂变发现50周年(1989年)之际,时为中国物理学会理事长的钱三强,留下了那段历史的经典文字:

我清楚地记得,1938年秋天,有一次,伊莱娜·居里夫人在居里实验室作报告。她走上讲台就说:"今天我讲的东西,开始你们大家都能懂得,但后来可能大家都不懂,报告结束时,你们大概会和我一样糊涂。照道理讲应该是什么元素,可实际上就不是。"在这次报告中,她介绍了她与南斯拉夫人萨维奇(P. Savith)合作的工作。原来,用快中子或慢中子轰击铀,都能产生与钡共沉淀的三种半衰期各不相同的放射性物质。它们的子体与镧共沉淀,相应的半衰期也都不一样。这说明,三种母体的化学性质与钡相似,而三种子体与镧相似。当时的理解是,铀-238的(n,2α)反应产生了镭-231。有三种半衰期,只能解释为三种同核异能态。它们的衰变子体则归之于锕-231的三种同核异能态。镭和锕分别与钡和镧属于相同的族,因而化学性质相似。伊莱娜·居里和萨维奇用精细的化学方法对这些放射性进行研究。她们发现,半衰期为3.5小时的所谓的"锕",其实更像是镧而不像锕。但是,中子与铀原子核发生反应,怎么会产生离得非常远的镧呢?所以她说,到头来大家都不懂。事实上,她的这项工作,离开裂变的发现,仅仅只有一步之遥了。当时她还没有考虑成熟如何解释这个矛盾。和中子发现前的情况类似,这决定性的一个台阶未能及时跨出,却被别人捷足先登了。

伊莱娜·居里和萨维奇的文章发表之后,传到柏林。当时柏林威廉皇帝化学研究所的领导人是奥托·哈恩(O. Hahn),他一直是与女物理学家梅特纳(L. Meitner,她曾是王淦昌的老师)合作的。可是此时,由于希特勒迫害犹太人,梅特纳被迫逃离德国,出走到瑞典的斯德哥尔摩。哈恩的合作者斯特拉斯曼(F. Strassmann)看到了伊莱娜的论文,把它送到哈恩面前,并说"这篇文章您一定要读"。哈恩一看文章,就坐不住了。他与斯特拉斯曼立即来到实验室,动手再做实验,对所谓的"镭"和"锕"放射性作严格的化学鉴定。镭的化学性质与钡非常相似。已经证明,不是镭就是钡。为了确定究竟是镭还是钡,哈恩和斯特拉斯曼设计了专门的实验,来区分它们。结果出乎意料,所谓的"镭",竟是跟着钡走的。中子轰击铀产生的这些放射性物质,并不是镭的同位素,而确实是钡的同位素。伊莱娜·居里的锕镧之谜,也真是镧而不是锕。

哈恩和斯特拉斯曼写了一篇文章,报导这一结果。看来,他们的心情是矛盾而惶惑的,因为不知道发生了什么事。因此,在文章结论中就出现了这样一段文字:"作为化学工作者,我们必须说,它们是钡而不是镭,至于镭和钡以外的元素,则更谈不上。可是,作为接近核物理学家的核化学工作者,我们很不愿意迈出与所有以前原子核物理的经验相抵触的这一步。"

哈恩把新结果迅速告诉了身在瑞典的老合作者梅特纳。梅特纳深信,哈恩的实验不会错。她与当时与她作伴的外甥弗立许(O. R. Frisch,也是一位核物理学家)讨论这一实验事实的含义,终于理解了:原来是一个重原子核分成了两块!这样就会形成两个中等质量的原子核(后来被称为裂变碎片)。根据原子核物理的基本知识,他们立即判断出,原子核分裂成两块时,应该释放出高达 200 兆电子伏的能量。弗立许很快用电离室观察到了裂变碎片巨大能量引起的高幅度脉冲信号,证实了这一推断。仿照生物中细胞分裂的概念,把这个新现象叫做"原子核裂变"(Nuclear fission)。

在这里值得一提的是,德国女物理化学博士诺达克(I. Noddack)1934 年曾对铀受中子打击后费米等得到多种放射性同位素的实验,提出新的设想——铀碎成更轻的小块。她做过一些初步的实验,没有引起核物理和放射化学家重视。由此可见,一个好的设想必须继之以细致严格的实验工作,这是我们应吸取的经验教训。

上面所述,就是裂变发现史上的意大利-法国-德国三部曲。居里实验室又一次起了关键作用,最后起决定性作用的则让给了德国的威廉皇帝化学研究所。(钱三强,《重原子核三分裂与四分裂的发现》,49～51 页)

Δ在化学师郭黛勒夫人指导下,首次制成 4 个钋的放射源。经检测,其中 3 个放射源的放射强度相同,一个略有差异,但在许可的误差限度之内。

11 月中 在法兰西学院核化学实验室协助约里奥改建成一台威尔逊云室,其有效灵敏时间由原来的 0.1～0.2 秒提高到 0.3～0.5 秒。接着,按照约里奥的新要求,钱三强在云室设备上制作了一个自动卷片的照相系统,能自动拍下瞬间出现的各种粒子径迹,避免或减少实验中因注意力不集中而漏掉观测。约里奥称这台改建的云室为"可变压力云室"。

冬 约里奥当面告诉说,其博士论文由伊莱娜和他共同指导;居里实验室和法兰西学院核化学实验室的设备都可以使用。

Δ一次,在巴黎东方饭店与中国留法学生聚会,初识雕塑家周轻鼎,得知其名姓三个字的写法后,钱三强突然灵感一动,想出一个谜语让大家猜:"庄王向王孙满提的问题——打一今在座者姓名。"(典出《左传宣公三年》,其意是:楚庄王为讨伐外族入侵者来到洛阳,在周天子境内检阅军队。周定王派大夫王孙满去慰劳,庄王借机询问周鼎的大小轻重。王孙满说:政德清明,鼎虽小也重,国君无道,鼎虽大也轻。周王朝定鼎中原,权力天赐。鼎的轻重不当询问。楚庄王问鼎,大有想取周王朝天下而代之的意思,结果遭到周定王使者王孙满严词斥责。)用此典恰好将“周轻鼎”的名字寓含其中,引得全场欢声笑语不断[①]。

1939年　二十六岁

1月30日　约里奥向法国科学院提交《铀和钍核在中子轰击下发生爆炸性碎裂的实验证明》报告。

2月初　约里奥用改建的“可变压力云室”作重复证明裂变的实验,首次用云室拍获裂变碎片的径迹照片,于2月20日发表于法国科学院《公报》。该云室成为有历史纪念性的设备,至今仍珍藏于巴黎“居里和约里奥-居里博物馆”(连同当时用它拍得的裂变径迹照片),介绍文字写道,“法兰西学院内由钱三强改建的可变压力云室(1938年)”。

2月　接大哥秉雄寄的家书并附讣闻,知父亲钱玄同已于1月17日在北平德国医院病逝,丧事已毕。信中写道:

> 父亲于一月十七日下午九时三刻逝世。是日午饭后父亲还出门,下午四时余归家,我在五点左右课毕回家,父亲还和我闲谈。六时余,正预备吃饭,父亲突然一阵头晕睡在床上,急往扶起已不能言语,只做手势命拍背部,吐出痰唾液甚多。我们即请德国医院史大夫来诊,注射一针,医嘱送医院救治。当就雇病车送往德国医院,经其内科主任伊大夫诊断为右脑部溢血,病势危急。当时又打了一针,仍不清醒,只是呼吸稍匀而带痰声。我当时以为还有希望,谁想得到不久呼吸便突然停止,脉搏也渐细了。唉!从那时候起,我们弟兄三个已是无父的孤儿了!
>
> 父亲病势危急时,我曾和德国医院方面接洽请协和医院医生共同诊断病况,刚接洽好,医生尚未到,父亲已离我们而去了。这次父亲的突然逝世,我无论如何也想不到。灵柩在家停了七天,现在移殡于法源寺暂厝。讣闻因路远不便寄。……这讣闻稿是兼士、静山、憩之诸先生代拟的。在此发的讣闻署名有大哥方面一系,今稿加上“丧主”二字,则只列我们这一支就行了,这是比较更合于父亲的意思。

钱玄同逝世后,北平的学界同仁和好友,在刑部街教育部内为其举行追悼会,在外地的朋友们闻讯后,有的写了悼念诗文发表,有的致电哀悼。

---

① 参见《新民晚报》2012年6月14日刊载的《钱三强出谜》,作者系周轻鼎之子周逢盛

Δ同年7月,国民政府发布明令褒扬钱玄同,令称:

> 国立北平师范大学教授钱玄同,品行高洁,学识湛深。抗战军兴,适以宿疾不良于行,未即离平。历时既久,环境益艰,仍能潜修国学,永保清操。卒因蛰居抑郁,切齿仇雠,赍志长逝。溯其生平致力教育事业,历二十余载。所为文学见重一时,不仅贻惠士林;实亦有功党国。应予明令褒扬,以彰幽潜,而昭激劝。此令!(沈永宝,《钱玄同印象》,182页)

2月一天 同约里奥在暗室冲洗用云室拍下的实验照片,有说有笑,气氛轻松中把配好的显影液、定影液放颠倒了位置,结果使一批照片报废。约里奥长叹:"唉!今天白干了。"转而安慰道:"这样的事我也干过。工作中难免出错,今天就算一段插曲吧。"这个教训一直深刻留在钱三强的记忆中。

年初 由伊莱娜指导在居里实验室做第一项实验——用中子轰击铀和钍观测其β射线能谱。先仿制了一台可变压力云室,用伊莱娜制备的放射源做实验,发现铀和钍受中子轰击后产生的镧β射线相同,就是说不同的裂变方式能得到同样的产物——物理学上首先支持裂变概念的成功实验。与伊莱娜共同署名的研究报告《铀和钍产生的稀土放射性同位素辐射的比较》,发表于同年10月法国《物理学与镭学学报》第10卷。

3月中 在法兰西学院核化学实验室听约里奥介绍自己和哈尔班(H. V. Halban,奥地利)、柯瓦斯基(L. Kowarskil,波兰)所进行的裂变过程中中子散射(释放能量)实验,证明一个中子引起铀原子核分裂,放射出的中子至少有11兆电子伏。据此判断,这样大的能量会有可能引起链式反应。稍后,他们首先实现了一次"递减的链式反应"(没有达到临界的链式反应)实验,预计如果用不易吸收中子的材料(如重水)作为中子慢化剂,就可能实现"递增的链式反应"(自持式链式反应)。这一实验结果,首先于同年4月7日发表。

Δ1989年钱三强把这次亲历,记录在他的《重原子核三分裂与四分裂的发现》一书(52页)中:

> 裂变发现之后,各国的核物理学家立即想到,根据有关原子核组成的规律,裂变过程中应该释放出中子,其数目可能还不止一个。如果释放的中子数目足够多(比如说,多于两个),那就有可能在一定条件下形成链式反应,从而使得在宏观规模上释放核能成为可能。
>
> 我们应该记得,1935年底弗莱德里克·约里奥-居里在诺贝尔奖金获奖演讲会上的预言。那时,他已经设想过这种链式反应的可能性了。所以一听到发现新现象,便和柯瓦斯基、哈尔班等人一起,马上就投身于裂变过程的中子发射问题研究中去。与此同时,费米(当时刚刚逃离墨索里尼统治下的意大利)在纽约、库尔恰托夫

(И. В. Курнатов)在苏联列宁格勒,都在赶做同类的实验。结果是,约里奥等1939年4月7日领先发表了实验结果:热中子(即平均速度为2200米/秒的慢中子)引起铀原子核裂变时,确实会发射中子,它们的平均数目是,每次裂变发射接近三个中子(后来更精确的测量得出,是2.4个中子)。也就是说,链式反应是可能的!仅仅三天以后,4月10日,库尔恰托夫就在列宁格勒技术物理研究所的讨论会上报告了类似的结果。4月17日,费米小组的同样结果也在美国物理评论杂志上刊出了。这又一次说明了,科学发现问题上竞争的激烈程度。

Δ1935年12月12日,弗莱德里克·约里奥在接受诺贝尔奖时第一次预言"链式反应"的演讲附录于后:

> 总结我们观察到的事物,我们认识到构成我们这个行星的若干种原子不应该看作是永恒不变的。我们能够观察到它们是因为它们一直存在到现在。其他不够稳定的就消失了,其中可能有几种在实验室里又重新出现了。到现在为止我们还只能获得一些半衰期很短的元素,短的远远不到一秒钟,长的不过几个月。如要创造出相当大量半衰期长得多的元素,我们就需要拥有非常强大的辐射源。这个梦想难道没有希望实现吗?
>
> 在回顾过去的时候,我们看到科学发展越来越快。我们有理由认为科学研究工作者,如能随意合成或分裂元素时就会知道将怎样引起具有爆炸性的转变,正像化学链式反应一样,由一种转变将引起更多的转变。如果物质里发生这种转变,我们可以预期将有大量有用的能量释放出来。不幸的是,如果我们地球上所有的元素都这样被传染,我们将忧心忡忡地看到这种巨变带来的后果。天文学家有时观察到一个中等亮度的星星突然大起来。肉眼不见的星星会变得非常明亮,不用仪器就能看见。我们说这是出现了新星。这个新星的突然发亮也许是由于爆炸性的嬗变而引起的。毫无疑问,科学工作者也在采取预防措施的同时要努力促进这种变化。(莫里斯·戈德史密斯,《约里奥-居里传》,施莘译,原子能出版社,1982年,59～60页)

4月24日　初步完成博士论文的实验,写出一篇概要,先以简报形式发表在《法国科学院公报》208期。

7月底8月初　在巴黎接待留学英国及爱尔兰外出度假的清华大学同学王大珩、彭桓武、夏震寰、卢焕章。因为欧洲战事风声渐紧,未应约同往柏林见何泽慧,留在巴黎作联络,一有意外即发电报返程。

8月24日　德国和苏联意外签订《苏德互不侵犯条约》及"秘密补充协

定”。消息公布后，英、法两国官方和民间惊呼战争即在眼前，而在德国则为战争松了口气。几位在柏林的清华同学正准备多逗留几天，意外中接到钱三强“见电速回”的急电，终得以乘禁行前最后一列火车平安返回。

Δ彭桓武在《钱三强与我》一文中，记载了他的这次历险旅游：

> 钱三强和我虽然是清华物理系只差一级的同学，但我结识他却是1939年暑假与王大珩等从伦敦到巴黎和柏林旅游的时候。那时局势和战不定。我们从巴黎到柏林时受到何泽慧的招待。在报纸上见到德苏签订互不侵犯协定，并受当地市民和平气氛的鼓舞，我们正想作多日停留的打算，却收到三强从巴黎发来的和我们事先约定的电报。我们马上乘车返巴黎，来时所住的巴黎大学，此时住满了军队，他督促我们立刻换车回伦敦。事后才知道这是最后一次直达车。如若没有钱三强的帮助，我当时就会被困在柏林，后果不堪设想。（彭桓武，《彭桓武诗文集》，北京大学出版社，2001年，77页）

9月1日拂晓 德国希特勒军队发起对波兰的“闪电式”进攻，迅即占领波兰。

9月3日 英国和法国对德国宣战，第二次世界大战全面爆发。

10月30日 约里奥将《用含有铀的媒介物造成一个无限的链式反应的可能性》的文件，封存于法国科学院，文件编号第11620号。文件由约里奥、哈尔班、柯瓦斯基共同签署。目的是防止链式反应成果落入希特勒之手，用它抢先造出原子武器。（该文件于1948年8月18日启封）

10月底11月初 为欧洲战事，巴黎大学城中国人中多次发生激烈争论，由于言辞激烈、态度鲜明，钱三强曾受到反共分子诬蔑，一次差一点被对方扔刀子，情绪大受刺激。他1953年写的《自传》中有如下一段话：

> 1939年9月德国开始战争后，国民党分子对于德苏订立互不侵犯条约，大作宣传，说苏联出卖西方国家，将来也一定要出卖中国，借此机会作反共宣传。我当时虽然对苏联的行动不能了解，但是国民党分子血口喷人，不合理，与他们在大学城（巴黎大学宿舍）争辩，最后有一个控制学生会的姓丁的（据说是蓝衣社的）拿着一把小刀子想扔我，被人拦住，他破口大骂：“这个共产党，当苏联出卖中国，他连祖国都不要了。”我当时气得很。因为我自己知道我不是共产党员，我比他们要爱祖国得多，他们的诬蔑增加了我对他们的蔑视。自那次起，一些怕事的人都不敢同我往来了，我的清高与孤僻也愈加加强了。“共产党骄傲”、“脾气大不要惹他”等变成了一般的对我的形容了。我借此也与一般的中国人断绝了往来。

11月底　在巴黎开始感觉到战争气氛:公交汽车明显减少,夜间街上行人稀落,有人甚至携带防毒面具外出,各家门窗被告知漆成蓝色,要求贴上胶布,以防夜间透光和爆炸时玻璃伤人。但实验室的研究还在继续进行。

1940年　二十七岁

年初　完成博士论文《含氢物质在Po-α粒子轰击下所产生的质子群》,经伊莱娜建议分成A和B两部分在《物理学与镭学学报》发表。同时,全文(含附件)提交法国科学院申请评审答辩。评审委员会组成为:①德比艾纳(M. A. Debierne,老居里夫人的亲密同事,曾于1899年发现锕元素,居里夫人逝世后接任居里实验室第二任主任);②伊莱娜·约里奥-居里;③奥热(M. P. Auger,巴黎大学教授,后任法国原子能委员会三名专员之一)。

4月11日　接受对论文评审和答辩。经委员会讨论,一致确认博士论文的科学性。伊莱娜并代表约里奥(其因应召入伍,为上尉军衔,主管陆军第一研究组,公开的头衔为驻国家科学研究中心特派负责人)向评审委员会对钱三强科学精神作介绍:勤奋,热情,具有领悟科学的天分。获得法国国家理学博士学位。

5月21日　德国军队集中148个师兵力从北部阿布维尔到莱茵河上游向法国发起进攻,此时法国军力不过几个师,无力抵抗,德军长驱直入很快逼近巴黎。居里实验室和法兰西学院核化学实验室里的许多外国及法国学者相继离开。

6月10日(端午节)　母亲徐婠贞偕秉雄、德充在北平向伯母单士厘拜节并一起家宴,叙谈娱欢中,不禁想起三强远在巴黎围城中,必遭危困和孤苦,感慨之下八秩有二伯母写下《庚辰端午家宴,忆三强侄,时在巴黎围城中》五言诗一首。诗云:“今岁天中节,阶兰得二雏。一家兼戚党(长孙外姑增田夫人同座),四代共欢娱。不尽樽前话,难忘海外孤。烽烟怜小阮,无计整归途。”

6月中　在居里实验室碰到准备外逃的意大利犹太籍同事庞德科沃(B. Pontecorvo,原为费米的学生,并与其共同发现慢中子活化反应),他提醒钱三强应赶快离开巴黎往南方去,否则要被德国人派去挖壕沟的。钱三强随即携带简单用物和少量干粮,跟随难民人群向南方逃亡。途中常遭遇德军飞机轰炸,飞机一来便同难民四处躲避,飞机飞走后又继续南逃。带的干粮吃完了,饿得走不动路,他只好跟难民到地里拔胡萝卜充饥,还向当地村民乞讨……。

一天　走到奥利阳大桥时,被守桥的法国士兵当作日本人,用枪口指着不许过桥,幸好巧遇中国同胞张德禄(其年长钱三强12岁,18岁时赴法勤工俭学学应用物理。时在法国一军工部门工作,奉命南行,带有过硬证件,有两名法国工人同行)证明身份,方得以放行。1953年在《自传》中写了这次异国逃难的经历：

> 1940年4月，我的论文刚通过不到两个月，德军占领了法国，为了不想替德国军队掘壕沟，我曾与法国人民一起步行十余日去逃难，最后还是被德国军队追过被迫的回巴黎了。一路上饱受饥饿与轰炸的滋味，思想上对人生起了一些轻视的看法，觉得死是那么容易，死了也不坏。1940年7月回到巴黎，生活一天天苦下去。

7月下旬 多次到法兰西学院和居里实验室门外探听约里奥-居里夫妇的情况，只见到荷枪实弹的德国兵把守，未遇认识的人。两个实验室的门上贴着内容相同的通告："没有获得特别许可，任何人不得入内。不准动用实验室内一切可能与军用有关的物资和设备。"署名为德军巴黎地区军事长官，通告时间为7月15日。

8月一天 无意中在巴黎街上遇见了约里奥，从此解决了走投无路的困境，并且在法兰西学院一起走过艰险而难忘的岁月。钱三强所述情况是这样的：

> 我回到巴黎之后，心情很是沉重。不但祖国被入侵，家园沦陷，法国也落入希特勒法西斯之手。进退乏路，报国无门。再有，就是现实的困难，到八月份，中法教育基金会的公费就断了。回国不能行，留下来也没有生计，怎么办呢？有一天，我在一条小路上散步沉思，突然抬头看见约里奥先生正向我走来。我立刻吃了一惊，因为我没想到他也没有走，竟然留在了沦陷后的巴黎。
>
> 事后我才知道，弗莱德里克·约里奥和伊莱娜·居里夫妇原来是决定要走的，并且已经离开了巴黎，到了法国南方的克莱蒙弗朗(Clemont-Ferrand)，准备上船。可是，临时他们想想，不能走。"我们走了，法国怎么办?"于是，他们把当时能够弄到的重水(重水是当时认为可能制造原子堆所需要的重要材料)托付给两个可靠的学生(哈尔班和柯瓦斯基)运走，自己却回到了巴黎。
>
> 当时我见到了约里奥先生，向他诉说了自己的处境。他听了之后说，既然是这样，那还是想法留下吧。只要我们自己能活下去，实验室还开着，就总能设法给你安排。当时居里基金约里奥-居里夫人尚可以支配，就把我留到他的实验室继续工作了。
>
> 上面说过，约里奥先生的实验室属于法兰西学院(法兰西学院并不是一所普通的高等学校，而是一个讲学的机构)，名叫核化学实验室，是巴黎市中心的一座高楼，地下有两层，最底下是欧洲大陆上第一台回旋加速器。到1940年，加速器就可以用了。而德国那时还没有可以工作的回旋加速器。巴黎沦陷后，德国人也占领了法兰西学院的

核化学实验室。名义上占领这个实验室的是那个德国的核物理学家波特教授，但实际上管事的是他的一个学生，名叫根特纳(W. Gentner)的。此人态度还好。也有盖世太保在实验室监视，但一般情况下不干涉约里奥-居里及其手下人的科学工作。只有要用回旋加速器的时候，需要得到德方的同意。因为德国的回旋加速器还不能工作，德国人也来用法国这台加速器。约里奥先生做学术报告时，波特教授也来听听。表面上似乎和平相处得不错。所以社会上有一种说法，说约里奥先生与德国人“合作”了，意思就是妥协投降了。

但实际上，约里奥先生却在从事地下救亡活动。法国当时国内的抵抗运动有两个组织。一个组织的主要成员是天主教会、农民和小学教师，国内领袖是比杜，这是戴高乐派。另一个组织的参加者主要是科学工作者、教授和其他高级文化人士，这个组织的领袖就是约里奥-居里先生。这些当然是不公开的，但我隐约也有一点感觉。而且，有一次我还偶然发现过他的假护照。约里奥先生的助手和学生中，许多都是法国共产党的党员，后来跟我一起工作的沙士戴勒(R. Chastel)和微聂隆(L. Vigneron)也都是法共党员。

就这样，约里奥-居里的实验室，表面上是处在德国占领之下，德国人根特纳是实验室的监督；实际上却是地下活动的据点。根特纳本人也是一个核物理学家，他用磁云室做实验。(钱三强，《重原子核三分裂与四分裂的发现》，35～37 页)

8 月 13 日　目睹了德国将军埃里希·舒曼(E. Schumann，柏林大学军事物理学家，作曲家舒曼之后)到法兰西学院核化学实验室约见约里奥。

约里奥传记作者关于这次约见，有如下记述：

全体工作人员都被召集起来了。舒曼将军以最令人作呕的措词说，他十分赞赏约里奥所进行的伟大的工作，他希望他们为了科学保证共同前进，并希望每个人都愿意有一个富有成果的合作时期。他没有提到要把科学设备迁到德国去。然后德国人到了约里奥的私室。气氛大大地变了：德国人粗暴、露骨、蛮横。根特纳担任译员。从他们的问题可以看出他们主要对四样东西感兴趣：

问：“重水哪里去了？”

约里奥：“在波尔多装到一艘英国船上去了。”

问：“船的名字叫什么？”

约里奥：“××号”(这是那次空袭中被炸沉而致使布鲁姆帕克号转移到别处的那艘船的名字。)

问：“你的铀哪里去了？”

约里奥:“军备部取走了。”

问:“送到什么地方去了?”

约里奥:“我不知道。没有告诉我送去的地方。”

问:“你是说你不知道铀被送到哪里去了吗?”

约里奥:“是的。”

问:“可是,别人不知道,你肯定知道。”

约里奥:“我不知道。”

德国人不相信约里奥的话。后来舒曼评论说:“我想他是为了让我消除疑虑才那样讲的,肯定都送到北非去了。我们应该派人到那儿去。”(莫里斯·戈德史密斯,《约里奥-居里传》,59~60页)

10月起 获得“居里-卡内基研究奖学金”资助。该奖学金由老居里夫人设立。奖学金继任主持者伊莱娜·居里,认为此时的钱三强符合该奖学金资助宗旨。

1907年,我得到安德鲁·卡内基(A. Carnegie,美国慈善事业家——引注)先生的同情和赞助,赠给我的实验室一笔钱,作为研究奖学金,使一些成绩斐然的学生和科学家可以全心致力于研究。这种帮助的确很有价值,可以使那些有志于研究和有研究才能的学者不会中断研究,从而完成他们的志愿。(《居里夫人自传》,杨建邺译,哈尔滨出版社,2004年)

Δ与萨鲁戈(J. Surugue)女士合作,研究天然放射性物质的γ射线的能量及其强度。其中实验证明钍的强度正常时,发现一束具有37千电子伏的锕的γ谱线;尤其在某些光谱中,发现有强度达50千电子伏的谱线,具有比理论数值低得多的内部转换系数值。合作完成的研究报告《射钍的γ射线》,1941年1月在《法国科学院公报》(第213卷)发表后,引起一些研究机构的重视。

Δ在法兰西学院实验室,多次听约里奥笑谈在底层地下室使用回旋加速器时同德国人巧妙斗争的情景。德国人急于想通过约里奥负责的回旋加速器获得有利于军事应用的东西,于是派了一名叫莫勒的物理学家参与调试和使用。为了不让德国人达到目的,约里奥暗中布置法国人用机智战胜德国人。每次开机后,法国机械师台尔曼找借口离开现场,随手迅即关掉冷却系统的某个开关,不出几分钟,莫勒便呼叫台尔曼来检查毛病,结果不是绝缘体烧坏了,就是整个线路阻断,只得一次一次停机检修。约里奥告诉钱三强,这样的“事故”,一直把德国人蒙在鼓里。

11月8日 背着约里奥(其不同意外国学者加入法国的抵抗运动)进入法兰西学院物理教室,聆听约里奥谴责德国法西斯逮捕法国物理学家郎之万的演讲。是日,原定由郎之万在此作电磁学系列报告第一讲,但 10 月 30 日夜间郎之万突然被盖世太保逮捕,物理教室被封了门。在听课师生的抗议下,教室的门终于打开,大家蜂拥而入,听了约里奥抗议法西斯暴行的演讲,约里奥当场宣布:“在郎之万获得自由之前,我的实验室对德国研究者停止开放。”听后深受教育。

11 月 11 日　在香榭丽舍大街目睹巴黎各大学数千名学生举行的集会和游行,以纪念第一次世界大战抗德阵亡将士,表达对德国纳粹入侵的反抗。其场面之壮烈,如同当年在北平抗议当局出卖华北一样让感同身受,当全场齐声高歌《马赛曲》中“让敌人浑浊的血液/灌溉我们的田野”时,感觉自己也成了抵抗者中的一员。

年底　读到《巴黎太阳报》刊出一篇攻击巴黎学术界抵抗运动的文章,诬其领导人约里奥是“犹太人的保护人”。接着,实验室来了荷枪实弹的德国兵,指名道姓要交出那位犹太学者(所指此人巴黎沦陷前已逃亡英国,留下一个妹妹在实验室做杂工,料到会有危险,由伊莱娜将其藏身于居里实验室)。当德国人凶狠询问钱三强犹太人藏在哪里时,钱回答:“你们要找的人已逃到英国去了,别的什么也不知道。”找不出破绽后,德国兵只好离去。次日,伊莱娜派人把这位犹太姑娘送到乡下去当挤奶员了,直到第二次世界大战结束。

(按:德军投降后,实验室一度传开钱三强保护犹太人的故事,巴黎的中国学者中传言更甚,而且增添了离奇色彩。直至后来(1950 年 1 月 9 日),巴斯德实验室的孟雨还向组织写材料称:“巴黎沦陷后,钱三强不顾危险藏匿了一个被德军追捕的犹太同事(亦是约里奥的学生),直至巴黎解放为止。”(引自“钱三强档案”))

1941 年　二十八岁

年初　开始用居里研究奖学金做课题,他后来忆述:

> 我留在约里奥先生的实验室里,继续进行实验研究。伊莱娜·居里夫人又给我一个课题,让我做一个氙气电离室,用以测量 AcK(即钫-223)的低能 γ 射线的强度。元素钫的发现也是居里实验室的一个贡献。德比艾纳在 1899 年发现锕元素后,在锕系放射性研究中做了不少工作,但直到 30 年代末,总觉得锕系中还有些不够清楚的地方。在德比艾纳和伊莱娜·居里的指导下,一位法国女科学工作者名叫佩蕾(M. Perey)的,经过仔细的研究,弄清楚了锕的一种衰变子体 AcK,其实是第 87 号元素。她们把这个元素定名为钫(Fr,Francium),意思是“法国素”,以纪念法国。这样,不但解决了

二三十年没有弄清的问题，而且在门捷列夫周期表中填上了一个空格。但她们同时还发现，AcK 会放出一种能量很低的 γ 射线。所以伊莱娜·居里就让我来研究这种 γ 射线。我通过这个工作，又掌握了电离室技术，并且研究了各种气体对电离室性能的影响。（钱三强，《重原子核三分裂与四分裂的发现》，37～38 页）

4 月　写成《放射反冲的扩散及其本性》研究报告，发表于《物理学与镭学学报》第 2 卷。

Δ 巴黎的恐怖气氛日益严重起来，听说一些熟悉的外国和中国朋友被盖世太保逮捕了，钱三强既担心遭人陷害，又对有些问题疑惑不解：

这个时候，雷子声等被德国人逮捕了，一些国民党分子反而作黑市发财。想到他们可能在这个时期来陷害我，因此更不与一般的中国人往来，成天在实验室内，偶然地与孟雨、袁葆华等少数人来往。我那时尚不知他们是党员，只是觉得议论上同调，他们都是辛辛苦苦的劳动者，使我觉得与他们在一起互相都很愉快，并且还可以交换一些反德的消息。这个时期，外国朋友们有许多被捕，特别是犹太族人，或者是共产党员，一方面我尽可能帮助这些朋友们，另一方面对于下面一个问题起了疑问：既然德苏已订约，为什么各国共产党员这样受迫害。（钱三强，《自传》，1953 年 2 月 20 日）

5 月 15 日　法国共产党号召建立争取自由独立的全国阵线，同德国法西斯开展广泛的斗争，约里奥被推选为全国阵线委员会主席。不久，他又担任全国大学抵抗阵线主席，领导法国知识界反法西斯斗争。但约里奥劝告钱三强不要参与抗德行动，因无法国籍安全更无保障。

6 月 29 日　盖世太保逮捕了约里奥，控告其三项罪名：一是共产国际成员；二是曾登记参加了第三国际；三是共产党内一个有影响的党员。由于约里奥在法国及全世界的影响，所有指控又查无实据，不久被释放了，但从此被禁止离开占领区巴黎。

10 月底　完成对射锕 γ 射线强度的研究，采用简明而巧妙的方法测定 γ 射线的能量为 ±2KeV，研究结果发表于 1942 年《物理学与镭学学报》第 3 卷。

11 月 8 日　伊莱娜·居里为钱三强离开实验回国书写，并签署对其工作成绩和知识、能力的评价文件（法文），全文汉译如下（钱祖玄译）：

钱三强先生从 1937 年起在居里实验室工作。开始他装配一架威尔逊云室，用这台设备他研究了 α 射线穿过含氢物质时产生的质子的径迹和分布。这项工作不但给出了非常好的实验结果，而且带动了理论分析。他用这项工作获得了法国国家更深博士学位。

通过这项工作他不但验证了用其他方法得到的结果，而且有了新的发现：他观察到6组H射线，每组被一个特定能量的α射线激活，与$^{5}_{3}$Li的核能组相对应。大幅度增值表明$^{4}_{2}$He与$^{1}_{1}$H之间有一个大约8×10^{-13} cm的活动距离；如果把它理解为共振，很难用现有的理论解释。

博士论文通过后，钱三强先生与我合作研究铀的裂变生成的放射性元素的能谱。以后他还接触了很多不同的课题，这使他有机会学到不同的技术。特别是他与Surugue女士合作的项目：利用放射性钍的β射线的能谱的磁偏差来解决一个有争议的问题。另外他做了一个氙气的电离室，用来测量锕系放射性元素发射的低能量γ射线的光(量子)数目。

在所有这些研究工作中，钱三强先生不但表现出他是一个很有才华的实验工作者，而且有很高的科学修养，这使他能够在与同行进行讨论时富有成效。

钱三强先生在法国期间熟悉了居里实验室使用的主要的物理和化学技术。他学会了检测矿石中的放射性元素的含量，制备和提纯各种放射性元素：镭D，钋，镭，射钍，锕X。他在这些化学工作中表现出在物理工作中同样的聪明，以至于实验室可以交给他一些需要大量的放射性物质的工作。

我坚信，钱三强先生有很高的科学水平，他能够在高等教育和科学研究方面服务于他的国家。他特别适合组建一个放射性和核物理实验室，因为在这个领域他有广泛的理论和实践知识，而且他同时拥有物理学家和化学家的能力，这些对这门科学来讲是绝对必要的。(原件由钱三强家人自存)

11月9日 接受约里奥-居里夫妇各自亲笔签名的单人照片，作为临别纪念。照片一直保存在相册里，至今签名仍清晰可见。

11月下旬 同张德禄一起离开巴黎准备经里昂到马赛乘船回国，但遭遇太平洋战争未成。其情形，1953年他在《自传》中写道：

1941年冬，因为中国驻法使领馆被德国占领军命令离开巴黎南下，我们中国侨民都可以一同离开巴黎。我那时即决定借此离法回国，到马赛乘船。但是刚到里昂不久，即得到日美开战的消息，一切与远东的海上交通工具都断绝了。不得已，我只好暂留里昂一年，借住在中法大学宿舍里。这一年生活更苦起来，借住的中法大学宿舍中的同学们，也因吃不饱，对于外来生客有时有些不痛快，这样使我更增加了孤独感。

一天 张德禄告知说往北美还有船通行，他准备改往美国找工作，问钱三强愿否同往。钱不改变回国想法，打算在里昂等候一段时间再说，遂未与张去美国。

1942年 二十九岁

年初 开始在里昂大学物理研究所做些临时性工作，有时到大学图书馆自学量子力学著作。后来他感言，这一段偶然自学对日后实验研究产生了作用，思路比以前开阔了，观察事物更清楚了。从此，他认识到理论物理的重要性。

Δ受里昂中法大学同学会之邀，担任“救亡歌咏团”指挥，身体力行向中国学生和旅法华侨宣传抗日救国。

时中法大学同学会负责人王振基在《里昂中法大学生活的回忆》文中说：

> 我们联合组织了一个有二十多人参加的救亡歌咏团，聘请当时在里昂的钱三强任指挥，音乐家陈义德为钢琴伴奏和指导。经过几个月的练习，于1942年4月举行了一场具有相当规模的演唱会。
>
> 这件事的举办鼓舞了大家的抗日情绪，加强了对未来胜利的信心，又增进了同学和华侨的团结。（载于《北京工业学院院刊专辑——中法大学校友专刊》，1986年6月）

上半年起 受里昂大学物理系教授莫朗委托，带领一名大学生做毕业论文，研究α粒子对照相底版胶片的作用，为后来开展核乳胶工作打下了基础。1989年写下这样的回忆：

> 里昂大学物理系有个物理研究所，我就到那里临时做点工作。有一位比利时的物理学教授，名叫莫朗（M. Morand），也留在那里。他问我有没有放射性物质带出来，我说只有很少一点。他就让我带一个大学生做毕业论文，并帮助我申请国家研究中心的经费。里昂大学条件还算可以，图书馆很好。可是，能做什么实验呢？我带有一点钋α源，寿命虽不长，还可以用一二年。可是探测器就不行了。想来想去，什么条件都不具备，制作云室、电离室、计数管、磁谱仪，都是几乎完全不可能的。那又怎么办呢？我想起来，照相底版恐怕是可以找得到的，是不是就先研究一下α粒子在照相底版上的作用。刚好里昂有生产照相底版的工厂，可以去弄到不同品种的照相版。我们做了一个扁的真空盒，让α粒子以比较小的掠射角平射到

底版上。实验结果发现,钋的α粒子能够在照相底版上留下八九个黑点。这已经有点像云室中的粒子径迹了。于是,用不同品种的片子来试验,发现含银量不一样,黑点的大小和数目也不一样。再有,改变底版的处理方法或条件,也可以改变点子的粗细程度。我在里昂物理学会报告了这一结果,照相版工厂的人也来参加听讲。当时世界上其他国家也有人进行类似的实验,水平都差不多。没有想到,我在里昂的这段工作,后来在原子核乳胶工作中起了作用。(钱三强,《重原子核三分裂与四分裂的发现》,38～39页)

下半年 回国无望,在里昂大学物理研究所工作条件受局限,一些想做的课题又无法进行,产生返回巴黎去的想法,便写信征询约里奥-居里夫妇意见。回信告,伊莱娜正在法国瑞士边境的结核病疗养院疗养,建议去那里会面。

初秋 到疗养院看望伊莱娜并陪伴数日。得知伊莱娜是因为年轻时帮助母亲到战争前线救护伤员,大量X射线侵入体内造成多种慢性病变,近时因巴黎被占领心情抑郁,病情加重了,连走路和呼吸都困难。钱三强到达时,伊莱娜病情大有好转,食欲好多了,体重亦有所增加。她很高兴钱的到来,有说有笑,说她在疗养院吃到了好久没有吃过的鲑鱼和食用蜗牛。当钱表示可以陪她在疗养院做完膈神经外科手术时,她谢绝说那只是一个小的常规手术。讲到回巴黎工作,伊莱娜说她和约里奥都欢迎钱回到实验室。德国人规定任何人去巴黎视为入境,必须有"证明文件"经占领当局批准,但她表示,只要有了最后决定,约里奥在巴黎办证明文件不会有问题。伊莱娜还对钱讲,约里奥现在的处境实际上是不自由的,他既不能离开占领区,和外界通信也受到暗中检查,连他们夫妻之间的来往信件也不例外。因此她在疗养期间写给约里奥的信,是通过德国人派在约里奥实验室的根特纳转交的,这样才躲过了检查。

12月12日 得到里昂大学物理研究所所长莫朗亲笔书写的"关于钱三强先生的1941～1942学年的工作报告"文件(法文,钱祖玄译)。全文如下:

钱三强科学博士在过去一年多的时间内作本所助理研究员,他(通过自己的工作以及指导别的研究人员的工作)参加了新的核物理方面的理化物理实验室的组建。钱先生分别指导了两个物理系学生:M. M. Cüer和Coche的毕业论文。前者的课题是"α粒子在照相底版上的作用";后者的课题是"用电解法分解重水"。钱先生亲自做实验,对这两个课题做了大量的研究。

钱先生积极参与学院的物理研讨会,他曾经作过一个很有意思的报告,是关于对其博士论文中的实验结果的理论阐述,该工作是与Beck

教授合作完成的。最近他作了题为“α粒子在敏感乳胶底版上的作用”的报告，对课题的研究结果做了全面、独特和准确的阐述。

钱先生具有高水平的从事科学研究及指导他人进行科学研究的素质。他对周围的人非常真挚，这是作为研究学者和教授应有的品质。里昂大学物理实验室感谢他无保留的合作。(原件由钱三强家人自存)

12月下旬 得到约里奥办好的“入境证明文件”回到巴黎，作为法国国家科学研究中心奖学金获得者，又开始“在居里实验室继续进行我的研究工作”。

是年 在法国《物理学手册》第8卷，发表研究文章——《α粒子同质子的碰撞及锂复合核的能级》；在美国《物理评论》第61卷，发表与贝克(G. Beck)合作完成的研究报告《锂复合核能级》。

1943年 三十岁

年初起 任法国国家科学研究中心副研究员。接受约里奥委托，开始在法兰西学院核化学实验室指导研究生。

重返巴黎后的情况，1953年在《自传》中忆述：

在科学工作方面，因为受到德国占领军的限制，有许多工作不能做，但是因为工作人员少了，我又有了比较长期打算，所以在实验室各个可能方面都去摸索了一下，因此眼界比较开展了，独立工作能力也一点点培养起来了。在生活方面与外国朋友比较接近，中国人方面只有孟雨同志常常往来，从他那里有时看到一些小册子，但是没有很认真的学习过，这时也接触一些法文的马列主义书籍，但觉得生硬，看不下去。从孟雨同志那里常常听到一些勤工俭学的中国青年的事迹，中国共产党刚组织时候的情况，这些故事使我明确地对中国共产党有了向往的情绪。那时因为苏联已英勇地给德国侵略军以重大的打击，所以对德苏约定的事情也有了答案，对于苏联非常倾爱。但是由于受反动宣传的影响及我父亲在五四时期对陈独秀的敬爱(他并不知陈后期的事情)对我的影响，由于我的思想是受着唯心的机械唯物论的影响，不懂辩证的过程，所以我主观地觉得共产党一切都好，但为什么有那些“不顾人情”的斗争？这里面是否是派系的争权夺利？若没有内部斗争，不是更能一致对外吗？我记得问过孟雨同志，这些斗争是否有绝对的是非？是否有“胜者王侯，败者贼”的看法，这个问题当时是在思想上没有得到解决。

但是另一方面，法国共产党的朋友们积极地参加爱国抗德运动，苏联红军一步步地将德军打退，使我对共产党的爱戴加深了，另一方面看到国民党一部分人在法国干的卑鄙无耻的事,更觉得其间是不可比的。在这个时期内,我除了继续研究工作外,对于政治问题有了比较浓厚的兴趣,但是仍是观点不清,没有远见。

上半年 第一次接到何泽慧通过国际红十字会从德国寄的一封短信,清华分别七年后从此有了联系。

1943年,我突然收到泽慧的一封简信(原来那时已经放松了一点管制,允许通消息了,但限制还是很严厉的,每封信最多只许写25个单词)。内容大意是说,她与国内的家人中断音信很久,问我有没有办法与国内通信,希望我能帮助她向亲人转达平安消息。这样,又开始了通信。

这时我才知道,她已经离开了西门子工厂弱电流实验室,到了海德堡。原来,在柏林的时候,她住在光谱学老教授帕邢(F. Paschen)的家里,教授夫妇待她非常好,像亲孙女一样。战争后期,教授担心柏林会遭到轰炸,设法给她找一个比较安全的地方,于是就把她介绍给海德堡的原子核物理学教授波特(W. Bothe)。她到了海德堡,就改而从事原子核物理的实验研究工作,与我成为同行了。(钱三强,《重原子核三分裂与四分裂的发现》,42页)

(按:1940年何泽慧获得博士学位后,进入西门子公司电机厂物理研究室弱电流实验室工作,结识了见证日军南京大屠杀的西门子公司驻中国总代理约翰·拉贝(J. Labe),她回忆与他的交往说:"我一到西门子就结识了从中国回来后不久的拉贝先生。他当时约60岁,他与中国关系极好,非常喜欢中国人,常请我到他家。有一次,他让我看了他的日记和他保存的南京大屠杀的照片。他还向我讲述了他所目睹的南京大屠杀的惨状。他说,日本侵略军没有人性。"《拉贝日记》记录了1937年9月至1938年2月拉贝在南京的所见,共有2117页,厚厚6本,还有他拍的实景照片80余幅。何泽慧看了日记和照片心如刀刺,深深痛恨日本侵略者,她念念不忘要打日本鬼子。直至1997年她还对着电视摄影机向国人明示:"我认识拉贝,我见过《拉贝日记》和他保存的照片。日本右翼分子企图否认南京大屠杀,但血写的历史是不容抹煞的,《拉贝日记》就是铁证!")

随后 按何泽慧短信提供的地址,给国内何家代写了信,转告何泽慧在德国平安。

同年7月27日,何泽慧接到国内父母的信后即由瑞士寄出回信,父亲何澄见信百感交集,以《寄泽慧二女瑞士》为题赋诗一首:"欧亚同遭劫火侵,是谁祸首恨难禁?达观似我头犹白,纯孝如儿感更深!只

以兵凶殃世界，亦曾俗扰到园林。七年不见音书少，消息平安老父心。”（苏华、张济，《何澄》，三晋出版社，2011年）

是年　在巴黎进行的科学研究工作有良好进展。例如，在罗森布鲁姆(S. Rosenblum)系统研究α能谱的基础上，他带领两名法国化学工作者用电离室与线性放大器相联接，测量了“原锕”的α能谱的精细结构；与γ谱仪专家弗里莱(M. Frilley)、β谱仪专家萨鲁戈(J. Surugue)等合作，完成了其他几项实验。先后在《法国科学院公报》、《物理学与镭学学报》、《物理学手册》发表了《RaDγ射线的复杂性》、《Ac和AcK的γ射线》、《RaD的内转换电子的绝对强度》、《RaB+RaC的软γ射线与X荧光的强度》、《射锕及其子代的γ射线与荧光的强度》等研究文章。

1944年　三十一岁

进入二三月　巴黎的恐怖气氛进一步加剧，巴黎大学、法兰西学院不少人被捕，其中有的是钱三强认识的同事。约里奥及其家庭的安全受到威胁，先在蒙贝利亚尔地区找了一个家庭住了一段时间，等17岁的女儿中学毕业考试后，5月伊莱娜和两个孩子由抵抗组织秘密送往瑞士，约里奥本人化名电气工程师让·皮埃尔·科蒙转入地下工作，致力于团结爱国者抵抗德国占领者。

此时　外界传言约里奥逃到瑞士去了，但有一天他突然来到实验室，这才知道约里奥并没有走，而是在残酷的恐怖面前不顾个人安危继续跟敌人斗争。约里奥还亲自起草了一份《我们不再屈服》的抵抗声明，号召所有的人为即将与敌人的决战做好准备。

一天　做实验时找一截电线，在实验室杂柜中无意发现了约里奥藏在柜中一个小纸包，里面藏着他的假身份证和他1942年秘密加入法国共产党的材料，顿时感到心情紧张，很为老师的安全担忧——这些材料万一落到德国特工手中，必遭杀身之祸！于是机警地把纸包放回原处后，作了进一步巧妙伪装，使外人更不易发现。钱还特别加以暗中看护，警惕有人进到实验室。

数日过后　当做完实验再查看材料是否稳妥时，发现杂柜中的小纸包没有了，而约里奥安然无恙，心里踏实了——肯定不是被外人窃去。对此，约里奥和钱三强都心照不宣，却一直守口如瓶，直到1952年3月两人在奥斯陆见面时，才言明这个秘密。

4月　给在瑞士旅游的何泽慧发信，托她与国内通信时转知北平家人在法国安好，请勿挂念。

8月　巴黎的抵抗运动进入白热化。一天，见到约里奥佩戴法国武装部队臂章，指导各个实验室特别是法兰西学院的三个实验室（包括核化学实验室）秘密制造炸药和燃烧瓶,这些炸药和燃烧瓶在 8 月 19 日对付德国坦克的一场大战中发挥了重要作用。

10 月 巴黎解放后,约里奥被任命为法国科学研究中心主任。

是年 完成多项科学实验工作。其中,根据贝特(H. A. Bethe)的高速带电粒子穿过物质阻挡慢化的理论,用云室仔细研究电子径迹末端的弯曲,并通过理论计算,首先求出 5 万电子伏特以下的中低能电子的"真射程"与其能量的关系,并由此得出电子射程与能量关系曲线。这一成果,既对实验工作具有参考价值,同时也验证了贝特关于带电粒子与物质相互作用的理论。该研究报告《中速与低速电子的射程-能量关系》,发表于同年法国《物理学年鉴》第 19 卷。

此外,先后在法国《物理学手册》、《法国科学院公报》、《物理学与镭学学报》上发表研究报告和论文 4 篇。

秋 早先通过孟雨认识的盖兰夫人(苏联籍,其与孟同在巴斯德研究所从事微生物学研究,偶尔一起去苏驻法使馆看过电影)在随意交谈中,对钱讲到希望他能帮他们(苏使馆)弄到约里奥关于链式反应的材料。钱三强听后即当着孟雨的面表示,我不知道这些资料,觉得不应该做此事。

> 孟雨也觉得不该做此事。我拒绝了他们的要求。在一九四八年春天我将离开巴黎回国时,曾把这件事告诉了约里奥-居里。一九五五年曾向薄一波、刘杰交待过,文化大革命中,一九六七年又向二机部军管会吕世英交待。(钱三强,1972 年 8 月 10 日《我的检查》,引自二机部《关于钱三强同志情况的报告及附件》,1977 年 4 月 7 日)

12 月 约里奥亲自改定"钱三强工作情况的记录",以此推荐其为法国国家科学研究中心研究员。现据约里奥修改的法文原稿汉译如下:

> 钱三强,1913 年 10 月 16 日生于中国浙江。
>
> ——国立清华大学理学学士(1936 年)
>
> ——国立北平研究院研究助理员(1936~1937 年)
>
> ——作为中法联合工作混合委员会研究奖学金获得者,在巴黎镭学研究所居里实验室和法兰西学院原子核化学实验室工作(1937~1940 年)
>
> ——获物理学博士,巴黎(1940 年)
>
> ——法国科研中心和居里-卡内基研究基金获得者(1940~1944 年)
>
> ——科研中心副研究员(自 1944 年起)
>
> 钱三强在巴黎从事的原子核放射性与核物理科学研究简介(居里实验室与法兰西原子核化学实验室)
>
> 1. 有关锂同位素$^{5}_{3}$Li 核共振能级的研究
>
> 在长期有效地利用威尔逊云室中得以较明显地证实了同位

素$_{2}^{4}$He与$_{1}^{1}$H发生碰撞后，$_{3}^{5}$Li表现出6种核共振能级。该反应进行的有效部位比目前的理论所预料的结果要强。在引入原子核"混合能级"的新观点后，使实验结果与理论描述取得一致成为可能。这项建议是可以和$_{1}^{2}$D的基本能级的四极矩阵的重要实验协调并存的，很可能在原子核理论中导致重要结果。

2. 关于在铀(U)和钍(Th)在裂变过程中形成的镧(La)的同位素研究

在与约里奥-居里夫人的合作中，钱三强研究了铀和钍被中子辐射形成的镧3.5h波段的β光谱，且获得证据证明了这两种同位素是相同的。这一结果与当时刚刚发现的重原子核裂变的概念完全吻合。

3. 关于天然放射性物体释放的γ射线的研究

钱三强用各种不同方法研究了天然物质释放的γ射线的能量和强度。钍的射线强度(RTh)正常，此外他强调指出一束具有37千电子伏(KeV)的锕的γ谱线。在弗莱利和萨鲁戈女士合作研究过的某些γ光谱中，尤其是锕放射强度(RAc)在50千电子伏的谱线，具有比理论数值低相当多的内部转换系数值。这种反常现象值得予以研究。

4. 在镭的放射线研究方面

自1942年起，钱三强进行了系统的关于镭的放射线研究工作。他的研究成果表明镭的γ光谱具有6条谱线，其中，主要的γA谱线为四极特征，且γE具有的能量正好等于γA能量的一半。L能级的激发概率取决于γ射线的内部转换情况(～0.1)，和L谱线强度减少的概率(～1)是不相容的。这种矛盾现象同样可在对锕的观测中看到，可以通过可能存在着具有弱能量的核β射线与L能级的电子产生了相互干扰得到解释。

5. 在碘和镤的α射线的路径和精细结构上的工作

对于碘和镤的α射线的路径的研究，他借助了一台相应的放大器，以更精确的角度观测了实验。结果碘和镤的α射线的精细结构被明显地展现出来，其相应的γ射线的能量完全与按电子交换理论计算得到的结果相吻合。

年底 升任法国国家科学研究中心研究员。

随着法国的解放，我的职位也升到了研究员，工作条件、生活条件亦改善了不少，那时想到好不容易熬到这一天，应该赶快做些研究工作，早些回国服务。

两颗原子弹结束战争的谣言，因为约里奥-居里了解其中一些情况，所以知道是一个政治阴谋，那时对苏联的强大力量有了比较正确的认识，同时对于美国禁止交换科学研究报道，有了强烈的反感，因为谁都知道原子弹的制造成功，是由于从前各国科学家研究的结果而成。现在美国有了原子弹，却将一切有关或无关的科学研究结果一概的不许与外国交流，这种垄断本身妨碍了科学发展。(钱三强，《自传》，1953年2月20日)

1945年　三十二岁

春　为恢复战后学术交流，英法两国合作成立了一个科学联络机构，居里实验室的罗森布鲁姆任该机构的法方主任。由此，英法之间的科学交流与合作渐渐恢复起来。

5月　被派往英国布列斯托尔大学威尔斯(Wills)物理实验室向鲍威尔(C. F. Powell)教授学习核乳胶技术，成为第二次世界大战后英法恢复学术交流的首批学者，同时是法国核乳胶工作的开创者。经过如是：

伊莱娜夫人听说英国布列斯托尔(Bristol)大学的鲍威尔(C. F. Powell)教授在研究一种新型的探测技术——原子核乳胶，打算派人去学习学习。她想起了我在里昂时期用照相底版记录α粒子的工作，自然而然地认为我是比较合适的人选。于是，就把我派去了。正是由于我有以前的工作基础，很快就学会了。鲍威尔教授对我很友好。当时专门生产核乳胶的依尔福特(Ilford)工厂还没有出正式产品，鲍威尔选了一些尚未出厂的乳胶版，给我带回法国试用。伊莱娜夫人和约里奥先生派了三个年轻人沙士戴勒(R. Chastel)、微聂隆(L. Vigneron)和法拉吉夫人(H. Faragi)跟我学。我们就成了法国核乳胶工作的开创者。(钱三强，《重原子核三分裂与四分裂的发现》，42～43页)

6月初　持约里奥-居里的证明信，拜会伦敦帝国学院物理学家汤姆逊(G. P. Thomson，即J. J. 汤姆逊的独生子，由于在晶体对电子衍射作用方面的成就，与美国物理学家C. J. 戴维森共同获得1937年诺贝尔物理学奖。时为英国原子能委员会主席，正领导Maud委员会研究铀作为爆炸物的用途。曾经跟约里奥作链式反应实验的哈尔班已在汤姆逊实验室工作)，希望到他的实验室学习工作一段时间。汤姆逊一方面友好地表示欢迎，一方面似乎态度犹疑。

6月4日，汤姆逊致信约里奥(抄伊莱娜)，婉转表达对钱三强到他实验室工作的某种担忧。全信汉译于下：

亲爱的约里奥：

钱三强先生通过一位朋友申请到我的实验室来工作。他出示了你和约里奥-居里夫人的证明信。他是一位相当有能力的人，我也十分愿意接受他。只是你们信中未曾提及他的个人品德，不知是否有意忽略。我们不时发现某人在科学上有重大成就，但他却不断与身边的同事发生矛盾。这样的事例你我都可在一些名人中找到。因为我们研究室将会有许多新人加入，并且重新开始研究活动，将会遇到许多困难，因此，我很不愿意使自己困扰在这类麻烦之中。很可能我的担忧是多余的，但是如果我有机会接受他来工作的话，我将会在这方面加以注意。

忠诚于您的 G. P. 汤姆逊(签名)

6月12日 伊莱娜亲自复信汤姆逊，对钱三强情况作如下补充证明[①]：

亲爱的汤姆逊教授：

您应当对钱三强先生的情况放心。他是一个十分和蔼可亲的人，而且他又是一个人才。他在我们实验室工作期间，约里奥和我本人同他相处得极其愉快。

伊莱娜·约里奥-居里(签名)

8月初 在伦敦接到何泽慧寄自海德堡的信，信中附寄了她刚刚用磁云室记录到的正负电子碰撞过程的径迹照片，以及实验说明文字(工作尚未正式发表)。看后，认为这项实验表现出何的敏锐和细心，过去用云室作正电子能谱实验的人很多，应该可以观察到正负电子弹性碰撞现象，但一直没有人注意到，而她首先观察到了。

9月10日 接受何泽慧信中要求，致信其在美国的大姊何怡贞，就两人打算发展婚姻关系一事转知何家父母。信为中文手写，内容如下：

怡贞女士：

我是从来尚未与您通信的人，请您原谅我的冒昧，并且请您原谅我对您的称呼。

我最近收到令妹泽慧的信，她叫我转写一信给您。

泽慧同我是在清华大学时的同学，一九三六年她到德国，一九三七年我到法国，在居里实验室从若利欧夫妇作关于放射学原子核物理的研究工作。因为战争的关系，我们于一九四〇年论文完结后，都不能回国。自一九四三年冬起她因柏林有受炸的危险，离柏林在海德堡从波特(Bothe)教授作原子核物理方面的工作，极得教授之赞扬。由她的信中知她对于这门物理非常之有兴趣。因为工作的范围相同及

---

① 两信原件存巴黎“居里和约里奥-居里档案馆”，由 P. Radvanyi 教授提供复印件

互相认识的清楚,我们最近决定将我们未来生活及工作完全连系一起。但是泽慧因为有点小孩脾气,所以叫我向您报告我们的决定,并且希望您能有机会时,代向堂上报告。我们现在尚处于异国,所以没有任何仪式,但是我们相信我们的决定已经如同有过仪式一般。至于将来的事情,尚希望您指教。

现在泽慧尚不能离德,我希望她今年底或者明年初能出德,出德后的事情尚未有具体计划。原则上她可以到法国,因为我是法国科学研究部的研究员,可以代她想办法(工作及生活方面),但是我现在被派到英国作数月的实习,不知将来情形如何?也许我预备在英住一个比较长的时间,若是这样的话,还是泽慧到英国来好,因为语言对她方便。另外在亚洲战事未完时,我们曾作回国前到美一年半载的计划,但是现在环境变了,我们似乎又觉得应该明年春夏回国,作点建设工作以尽我们数年来未参于(与)祖国战事努力的国民义务。你们二位也许对这些事情有类似的考虑,所以很想听听您的高见,并且对于现在美国原子核物理实验室现状也请告诉一些消息(因为以往有原子炸弹之军事秘密问题,听说对于外国人比较不如以前方便)。还有到美国手续及奖学金诸问题,希望您都能代为劳神打听一下。

您住在剑桥,不知认识汪德熙先生否?他也是我们清华同学,化学系的,如果有机会见到时,请您代为向他致意,并且告诉他的兄嫂汪德昭夫妇尚在巴黎,生活如常。

听泽慧说葛先生是个物理学家,曾在加大物理系作研究,我听了之后非常之高兴,第一多认识一个同行的先进,第二从此更可有地方请教了。若是葛先生不弃的话,希望他不吝加以指教。匆匆不尽

敬祝

俪安

钱三强敬上

一九四五,九,十日

我在英国的通信处为(引者略)

附:泽慧的意思是叫我将我的"情形"告诉您,请您转告堂上。我想不知应说什么好,只好写一点"历履"罢。

钱三强,浙江吴兴人,民国二年生。清华大学物理系毕业(1936)。国立北平研究院物理研究所研究助理(1936—1937)。考取中法教育基金委员会留法"镭学"公费生(1937)至法居里实验室作放射学的研究工作。法国国家博士(1940)。居里公费生(1940—1943)。法国科学研究部研究员(1943—),现在被研究部派在英国各实验室实习数月。

(按:何怡贞收到钱三强信第二天(10 月 24 日),即给在苏州的小妹何泽瑛发了一封附有钱三强 9 月 10 日信的航空信,让其禀报父母。何泽瑛 11 月 18 日收到何怡贞的航空信,先呈母亲王季山看后,当日转寄给在北平的父亲何澄。12 月 4 日何泽瑛回大姊何怡贞信说道:"关于小阿姊的事,我们都很高兴听到她的消息。但不知到法国后是否就打算回国?钱君的大名,在我第二次听到。第一次是去年五月,小阿姊由瑞士转来一信中说起他,叫我转告钱的家中说钱三强在法国安好等语,故知道钱的父亲就是钱玄同先生。现在你又提到他,当然在我似乎'早已认识了'。你的信写的曲折,或者钱的句子造的曲折,因此母亲,看了几遍也没有看出你们的意思。我至今没有解释给母亲,因为我想把这些令人喜欢的事慢慢地露出来,会使人得到长久和平衡均匀的感情。但一半是有些'捉弄'母亲的意思。当然,不久自然会忍不住心中的暗笑而大笑着告诉母亲的。想你不致责备我如此的顽皮(现在母亲似乎已明白了)。"

何澄在北平接读转寄的钱三强信,一看便明白了信中所表达的意思。他于同年 12 月 12 日回信小女何泽瑛称:"顷接十二月五日信,并汝大姊信,一切均悉,甚慰。慧总算有结果矣,使余减一责任矣……")

9 月下旬 在布列斯托尔出席英法宇宙线学术会议,代为报告了何泽慧关于正负电子碰撞过程的实验,当记录的径迹照片投影后,引起与会者很大兴趣。英国《自然》杂志在报道这次讨论会时,称何泽慧的这一发现是一项"科学珍闻"。钱三强后来撰写《重原子核三分裂与四分裂的发现》时,说这是他们的"第一次合作"。

> 我们两人的第一次"合作",是这样一件事:泽慧在海德堡用磁云室研究锰-52 的正电子能谱的时候,观察到一种奇异的现象。她发现一条近似于 S 形的径迹,形状奇特,与一般的正电子径迹都不一样。经过仔细分析,原来这是一个正电子与负电子相遇,但并没有像通常那样发生湮没作用(即如同英国物理学家狄拉克预言的那样,正负电子消失,变成两个能量为 511 千电子伏的 γ 光子),而是像两个粒子正面弹性碰撞那样,正电子把绝大部分能量都交给了负电子,自己只保留剩下很少的一点能量。这是一个很稀有的现象。她曾把这张照片寄给我。1945 年 9 月下旬,在布列斯托尔举行英法宇宙线会议时,我曾将这张照片投射出。英国《自然》杂志(1945 年 11 月 3 日)报道了这次会议,并谈到这件事,说是"钱先生介绍了由中国年轻的科学工作者何博士发现的一项科学珍闻"。正电子与负电子相遇而不湮没,出现这样的结果的概率非常小,确实可以说是一项"珍闻"(钱三强,《重原子核三分裂与四分裂的发现》,43~44 页)。

(按:是年秋,约里奥致信戴高乐强调发展原子能的重要性,随后两次受邀面见戴高乐。将军理解并欣赏这一建议的意义,认为建议对于法国的独立尤其意义非常。他劝约里奥举止要像一个神秘的、与人疏远的“领导者”,只偶尔出来给下属作一些指示。戴高乐甚至说:“约里奥,我信得过的人为数极少。但你,我是信得过的。”(钱三强,《重原子核三分裂与四分裂的发现》,43页))

10月中 在伦敦受邀拜会临时因公到英国的北京大学校长胡适和语言学家赵元任。其时,胡、赵代表中国出席在伦敦召开的联合国教育、科学及文化组织(简称联合国教科文组织,UNESCO)会议(11月1～16日),胡被推为会议副主席。胡、赵邀谈主要是代表北大邀请钱三强到北大任教和做研究,同时亦表示对旧友钱玄同之情谊及对晚辈的关怀。

10月18日 法国政府成立原子能总署,总理戴高乐担任委员会主席,约里奥被总理邀请担任唯一的高级专员,此外还有三个专员:伊莱娜负责化学上的问题;皮埃尔·奥热负责材料供应;弗朗西斯·佩兰负责第一所原子中心的工作。原子能总署直接向总理汇报工作,财政上不受政府财政部管辖。

10月19日 国民政府公布北平研究院组织条例,其中拟将镭学研究所改为原子学研究所,此事即引起各方尤其美国驻华使馆关注。随而在北平研究院报告中称:“惟原子物理研究设备需款甚多,本院拟将设备充实后再行改组。”改名未成。

秋 按照中共旅法支部孟雨的交待,如约前往伦敦海员工会,随后被领到一家旅馆,意外见到邓发和陈家康。第一次听到国内解放区的情况,并得到一份刊有毛泽东《论联合政府》的《解放日报》(1945年5月2日)剪报,读后的直觉反应毛泽东是“孙中山第二”。1953年在《自传》里写道:

> 正好这时候邓发同志及陈家康同志都到了伦敦,由孟雨的介绍我去找过他们,在他们那里知道不少的关于解放区的情况,并且看到了毛主席的《论联合政府》的剪报,这是我第一次看到毛主席的著作,使我感到文字内容非常有气魄有远见,并且科学性非常之强,当时我的直觉的反应是“孙中山第二”。在那里我第一次了解到中国新民主主义革命的性质及中国共产党对联合政府的温和与合理的政策,当时我感觉这样一个合理主张任何人都不能拒绝接受。邓发同志的气魄与果断,生活的朴素,对于许多事物的分析能力,使我对于中国共产党及他的负责同志的尊敬与爱慕大大的提高,并且可以说是一个新的发现。他曾问我为什么不入党,我的理由:第一,从来只参加运动不参加组织;第二,现在科学研究正在热头上,入党即不可能全力做科学工作;第三,从前对革命一无贡献,若入党总应该先做些工作,不然的话是拣现成;第四,感觉自己在留学生界还有些小名声,若无党籍,说共产党好容易起影响,若有党籍,影响反而不大。其实这些理由中最要

紧的理由是怕入了党耽误时间，耽误了科学研究，因为这个时期正是我的科学产量增加的时候，主要的根源还是脱不了个人打算，觉得参加政治工作占去时间，对我的科学工作来说是种损失，而没有想到政治工作对人群大众的利益。

Δ专程从伦敦往伯明翰约清华同学王大珩面晤，互道别后及战时经历，亲切相处数日，同游莎士比亚出生地斯特拉福镇，在埃温河上荡桨畅谈，谈到莎翁的剧作，谈了斯诺的《西行漫记》，阅读了毛泽东的《论联合政府》，从战争谈到科学技术，从国际谈到中国，从各自的科学研究谈到未来……。

11月 在布列斯托尔又接到何泽慧的信，告知她将要到法国巴黎见面。

12月 在巴黎接待何泽慧，这是他们1936年清华分别后首次重逢。钱三强记得：

我在英国布列斯托尔的时候，收到了泽慧的一封来信，说她将要到法国来。这年冬季的一天，我正在巴黎寓所，她突然来了，随身只带了一个小箱子。使我惊讶的是，打开箱子一看，里面除了许多邮票之外，就都是些云室照片和曲线图等实验资料。她这次是先来看看，在巴黎逗留的日子不多。第二年春天，她才真正离开德国，来到法国（钱三强，《重原子核三分裂与四分裂的发现》，42页）。

12月13日 同布依西艾(G. Boussieres)、巴什莱(M. Bachelet)合作，用电离室与线性放大器相连接，首次测出镤(Pa)的α射线的精细结构。其由射程为3.511厘米的主要部分（占80%～85%）同射程为3.23厘米（占8%～10%）、3.20厘米（占8～10%）两个次要部分组成，并且与电子内转换得到的γ谱线符合得很好。完成《镤α射线的精细结构》研究论文（该文发表于1946年6月15日出版的美国《物理评论》第69卷）。单独完成的《RaD的γ射线》研究报告，发表于同卷《物理评论》。

是年 个人或与他人合作发表研究论文《镭Dγ射线的光电子》（发表于《法国科学院公报》1945年第220卷）、《镭D的极低能γ射线的存在》（发表于《法国科学院公报》1945年第221卷）等。

1946年 三十三岁

年初 接通知参加邓发在巴黎召集的一个小型的中共党内会议，很受感动（邓发陪同董必武出席世界工会联合会成立大会后，准备离开巴黎回国）。1953年在《自传》中写道：

不久，邓发同志及陈家康同志即动身回国了（1946年年初）。他们回国前邓发同志还热情地同我照相,并且动身前夜向在巴黎的党员谈话,还邀我参加。当时我很受感动,觉得很惭愧,因为舍不得放弃科学研究而不能同吴新谋同志等一同入党。我还记得他说:"我们与蒋介石在抗日立场上是联合的,但是他反复不定,将来可能与我发生严重的斗争,因此同志们不要过分暴露,尤其是最近将来要回国的同志们。"邓发同志给我印象与教育非常之深,我思想的进步与转变与他很有关系。

2月 出席在伦敦召开的世界科学工作者协会筹备会议,被选为常务理事。这次会议的目的,是要把科学的应用和解决贫困、不安宁的世界问题结合起来,会议第一次提出"禁用原子弹"和"科学为人类谋福利"的号召。

春 何泽慧结束在海德堡的工作,离开德国到达巴黎。

4月8日 与何泽慧到中国驻法国大使馆办理结婚手续后,在巴黎近郊王守义的东方饭店举行婚宴,汪德昭和夫人李惠年、孟雨、李玮及巴黎大学和法兰西学院两个实验室的同事共30余人出席。约里奥-居里夫妇一起出席婚宴并致祝贺。约里奥-居里先生说:钱和何都是研究原子物理的,这种结合将来一定会在科学事业中开花结果。他还风趣地说,是皮埃尔·居里先生和夫人开了这样的先例,我和伊莱娜受到了"传染",我们感到这种"传染"对科学有利。约里奥-居里夫妇挽手走到初次见面的何泽慧面前致以良好的祝愿,欢迎加入到实验室来。

婚后 与何泽慧仍住原租住的巴黎近郊莫东镇。他们的生活如1948年何泽慧在苏州接受上海《妇女》杂志采访时所说,是"安闲而愉快"的。因为住所离法兰西学院有一定距离,每天要坐火车去实验室。午饭多数在实验室里吃买来的面包,晚上回去自己做菜。厨房设备很好,有电炉、煤气。每年暑假还有三个半月的假期可去旅行。

6月 蒋介石在国内继制造重庆较场口事件(2月10日)以后,大肆宣传煽动嫁祸于共产党,在各地组织反共游行,进而发动全面内战。消息传到巴黎,留学生和华侨受到震动,两派对立之势立见分明。

7月7日 积极参加中共旅法支部发起的"旅法华侨和平促进会成立大会",声援国内和平,反对内战,反对独裁。在会场充当"李逵式的人物"勇敢同敌对势力斗争,使一伙人企图把"和平促进会"变为"拥蒋戡乱会"的阴谋未能得逞。关于这一事件的当时情形及影响,有三位当事人说及。

Δ中共旅法支部成员孟雨(1950年1月9日)向党组织提供材料写道:

钱三强同志为人刚毅忠实,于1937年到法国约里奥-居里实验室研究原子能问题,多年来与之相知甚深,过往亦极多。他不但在原子能的物理上已有了贡献,即在祖国的抗日战争中,巴黎的沦陷中及胜利后，蒋介石不顾民意发动的内战中，均曾表现他对于反暴反帝反独裁的斗争精神。1937年他参加巴黎旅欧华侨抗日救国联合会所出版的抗日情报编辑工作，巴黎沦陷后他不顾危险藏匿了一个被德军追捕的犹太同事（亦是约里奥的学生），直至巴黎解放为止。1946年，又参加了巴黎的旅法华侨促进会，为反对独裁、争取和平而斗争，尤其是该年7月7日在巴黎召开的旅法华侨促进会成立大会上，他与蒋驻法使馆的特务头子龚叔英、陈楚平等所率领的浙江侨商400余人携带武器霸占会场的斗争，表现了他的大无畏的精神，他在紊乱的会场上，在特务势力的压迫下，曾正颜厉色、不屈不挠的揭露蒋利用美元发动内战，以图消灭进步力量迷梦，几有生命的危险，这是事实，这是为吾党在法的同志及在法的进步华侨所共知的事实。（原件存“钱三强档案”）

Δ声学家汪德昭（1969年4月6日）写材料称：

钱在巴黎的群众中，公认他的主流还是进步的，例如他为了争取国内和平事业曾出席过一个会，会上和国民党反动派作了针锋相对的斗争，会后巴黎小报有所反映，称赞钱是“李逵式的人物”，单刀直入，敌人望风披靡。在开会的前一天，我曾为了他的安全，劝他不要出席，我拖了他的后腿。（引自二机部上报“审查钱三强揭发材料”）

Δ钱三强本人1953年2月20日在《自传》中写到：

不久，国内及法国报纸上都登载了政协被破坏事（即较场口事件——引注），蒋介石动员打解放区，孟雨同志来与我商量组织留法华侨和平促进会，我即完全同意，并愿意积极参加。在开会时，敌人打手数百人已在场，而我们方面只有百余人。敌人一开始即主动包办会场，使当时情况有利于敌人，有可能通过敌人的议案：“打电报给蒋介石，要他剿共到底，因为中国之无和平就是因为共产党拥有武力。”那时我的正义感及愤怒使我用骂人的姿态扰乱了会场，使之散会。后来才知道那次打手们是带了六把手枪来捣乱的。那次事情过后，我受的刺激相当大，认识到了反动派的流氓手段，于是积极地参加了“和平呼声”的编辑，并且物资上也去支持它。

年中 受约里奥-居里夫妇委托领导一个研究小组，在法国首先利用核乳胶探测技术开展铀裂变研究。研究小组成员有R. 沙士戴勒、L. 微聂隆和H. 法拉吉夫人。先后发表《为测量α射线射程用的新型照相乳胶片的刻度》（发表于《法国科学院公报》第233卷）、《γ射线内转换的一些反常现象》（发表于《物理学与镭学学报》第7卷）等。

7月 偕何泽慧赴伦敦出席牛顿（I. Newton，1642年生）诞辰300周年纪念会(因战争延期举行),世界各国物理学家云集剑桥,与时在国外工作的中国物理学家周培源、吴大猷、彭桓武、胡济民、胡宁、梅镇岳等在剑桥相聚。纪念活动设有若干学术报告会,交流最新研究进展。钱、何参加基本粒子与低温物理会议,并宣读了正负电子碰撞不湮没的实验结果,引起与会物理学家重视。钱三强1989年撰文说:

> 1946年7月下旬国际基本粒子与低温会议在英国剑桥举行,泽慧和我都应邀去参加。泽慧以这个现象(正负电子弹性碰撞——引注)为题的论文要在会上宣读,她让我代她读。照片一放出来,观众都感到新奇。在240米正电子径迹中(能量在25到800千电子伏之间,最大强度约在200千电子伏)有178次弹性碰撞,其能量交换A≥0.1(其中$A=\frac{E^-}{E_0^+}$,E_0^+是碰撞时正电子的能量,E^-是反冲负电子的能量)与巴巴(H. J. Bhabha)和波特(W. Bothe)理论计算基本上符合。同时还观察到3个正电子湮没的事例,与贝特(H. A. Bethe)根据狄拉克正电子理论计算出来的2.8次湮没符合得很好。这说明云室作正电子的能谱比用磁场弯曲的β谱仪的方法可以得到更多的信息;另外,过去用云室作正电子能谱的工作者事实上都应该观察到正负电子弹性撞碰的现象,但一直没有被人注意到。而泽慧敏锐而细致的观察能力,在科学实验中不放过任何一点异常迹象的探索精神,以及对新现象作出正确分析的本领,在这件事情上已经显露出来了。
>
> 这次科学会议,是在原子核科学领域内,战后第一次规模较大的同行聚会。周培源、吴大猷和胡宁专程从美洲赶来参加,彭桓武、刚到英国的胡济民、梅镇岳也都参加了。剑桥在伦敦的东北,是一个风光如画的大学城。这里有穿城而过的清澈的剑河,宽广如茵的绿草坪,古色古香的建筑群,纹饰斑斓的学院大门,庄严肃穆的大教堂。更重要的是,有世界科学巨人牛顿和达尔文的遗迹。上文提到的卡文迪许实验室,也就在这里。选择这个地点来讨论原子核的秘密,是再恰当不过了。(钱三强,《重原子核三分裂与四分裂的发现》,44～45页)

Δ同一次会议上,英国两位青年学者报告用核乳胶研究裂变的实验,其中一张未作任何进一步说明的三叉形径迹的照片,引起了钱三强的兴趣,导致了后来"三分裂"的发现。当时情形是这样的:

> 英国的格林(L. L. Green)和李弗西(D. L. Livesey)两个年轻人,当时正在费瑟(N. Feather)指导下作博士论文。费瑟学术地位比较高,是卢瑟福的学生。格林他们用原子核乳胶研究裂变,他们观察了裂变碎片在乳胶里留下的浓黑径迹。裂变的两个碎片方向相反,径迹呈一

直线。中间部分黑而浓密，两个末端的银颗粒比较稀。这与α粒子不一样。α径迹的颗粒密度是头上稀，末端浓。在他们的照片中，有一张记录到一个三叉形状的径迹。他们在剑桥会议上把这张照片放映出来，说上面有一个射程比较长的α粒子，并没有作任何进一步的说明。我们看到后，感到这个现象很特别，认为非常值得研究。就想利用自己的条件，对它进行认真的实验。

为什么我们对它特别感兴趣呢？原来，这时已是1946年，一年前，由于广岛和长崎两颗原子弹的爆炸，整个世界都被核武器巨大的杀伤力震惊了。而原子弹的基本原理，就是利用了重原子核的裂变反应。裂变已成为影响人类前途的重大问题了。可是，裂变的物理过程，尽管经过许多人的研究，当时还有许多不清楚的地方。（实际上，即使到了裂变发现五十年后的今天，对于这一复杂核反应的许多方面，还是没有弄清楚。有人甚至这么说："关于裂变，我们知道得还很少。"）自然而然，人们对于有关原子核裂变的一切，都是十分重视的。我自己早在1939年，就参与了裂变的研究。所以，看到这张照片，萌发出想对它进行深入研究的兴趣，是不奇怪的。（钱三强，《重原子核三分裂与四分裂的发现》，45～46页）

会后　偕何泽慧在伦敦约王大珩相聚，交谈甚欢。分手时共同约定：随时做好回国准备，为将来建设一个强盛的中国一齐效力。

9月　在巴黎与到法国参加国际应用力学大会的周培源再次相聚，并和何泽慧陪同周参观自己在法兰西学院的实验室。晤谈时周告知，吴有训、赵忠尧离开清华大学去中央大学，清华大学实验物理现乏人负责，劝钱回母校服务，并说要发电报给清华大学理学院院长叶企孙，转请梅贻琦校长发邀聘函。

Δ何泽慧把在海德堡观察到的正负电子弹性碰撞云室照片，赠给周培源作纪念；后周培源再次到巴黎，何又赠周一张新发现的四分裂照片。这两张照片一直被周培源珍藏于家中。何泽慧撰写《缅怀周培源老师》一文（手稿）中对此甚为感慨：

……我们在巴黎的时候，他（周培源——引注）每次去法国或路过巴黎的时候总要到我们家或实验室来看望我们。周老去世后，我最近去看望师母时，她马上给我看周老一直珍藏的四十多年前在巴黎时我送给他的两张已有些发黄的照片，一张是在海德堡的正负电子弹性碰撞的云室照片，一张是在巴黎利用核乳胶第一次发现铀核四分裂径迹的照片。这使我十分感动。这两张小小的原始照片，既不是花卉美女，也不是秀丽风景，而他却那么珍惜地一直保留到临终！我请她把这两张照片还给我吧，可是她说"不能还"，因为这是周老珍惜地保存了四五十年的遗物,一定还要保留着。我真没想到周老这样重视物理实验,对这两张小小的照片,我自己一直觉得这种“新发现”是对一个科研工作者尤其是一个做实验工作的人的起码的要求。周老那么重视它,这表明周老对我们年轻人(我当时 30 岁左右)点滴的新发现那么重视,竟把那两张不显眼的小照片,终生保留着,叫我们作实验工作的人能不感动?!

9 月起 开始领导研究小组在法兰西学院用核乳胶研究铀裂变,捕捉到一些如同英国青年学者投影的三叉形径迹,然后分析其性质是何种现象。工作紧张而艰辛,取得成绩后的心情是兴奋的:

从剑桥回到巴黎之后,立即动手。开始,我和沙士戴勒、微聂隆一起干。后来,泽慧也来参加。我们选择了用原子核乳胶,而不是云室,来做探测器,理由是清楚的:因为看来这种事例一定是很稀少的(要不然,裂变发现已经七年,别人早就该看到了)。所以,估计要在大量的裂变径迹中去寻找。云室只有在它膨胀的一刹那才是敏感的,每次膨胀的灵敏时间很短,远短于 1 秒。一张照片上,只能有很少的裂变径迹,而用原子核乳胶,它是一直灵敏的。可以把铀“放进去”,”曝光”的时间可以很长。在很小的体积内,可以积累许许多多裂变径迹,这样才有捕捉到这种稀有的新事例的机会。

要研究铀原子核的裂变,就要把铀载入原子核乳胶中去。办法是把乳胶片在硝酸铀酰$(UO_2)(NO_3)_2\cdot 6H_2O$溶液中浸泡几分钟,然后再作进一步的处理。依尔福特工厂制造的原子核乳胶版,原来的灵敏度是比较高的。质子的径迹,银颗粒有些分开;而 α 粒子的径迹,颗粒就分不大开,几乎是连续的。我们要想观测的是铀的裂变,而铀具有天然 α 放射性。如果把铀引入原子核乳胶,则它将每时每刻不断地放出天然 α 粒子来。另外,在快中子照射下,乳胶里含有的氢将产生数量众多的反冲质子径迹(快中子在与氢原子核——即质子——碰撞时,把能量传递给质子,这叫做反冲质子),热中子照射时,乳胶里含有的氮也将通过核反应而产生质子径迹。尽管其形状、长度、粗细,与裂变径迹不一样,由于数量太多,这些质子和 α 粒子的径迹将会严重干扰我们对裂变的观测。所以,不但要尽量减少载入铀以后到中子照射再到乳胶显影之间的时间间隔,还要设法减低乳胶的灵敏度,使它对质子和天然 α 粒子的敏感度不那么高。碰巧的是,载入铀盐本身,就会使原子核乳胶减敏。问题是要找出最合适的条件。否则,不是减敏不够,就是减敏过度。要是减敏过度,裂变碎片或 α 粒子径迹就会缩短。这样,测量出来的粒子能量(以及据此推算得出的粒子质量)就不可靠了。合适的条件怎样才能求得？只有一个办法，就是实际试验。经过多次反复试验，我们终于找到了比较理想的条件（配方和操作流程，包括浸泡浓度、浸泡时间、处理方法、冲洗条件等等），使质子的径迹很不明显，不再成为妨碍，而 α 粒子的径迹形成略有间断的细线，裂变碎片则是粗而黑的连续线。并且，在整个乳胶层的各个深度处，灵敏度都很均匀，全都可以正常观测。

在暗室时把乳胶片准备好之后，用黑纸包裹，就送到回旋加速器上用中子照射。回旋加速器加速氘核，它可以把氘核的能量加到 7 兆电子伏，这样的氘核束流打在铍靶上，由于核反应而产生快中子。原子核乳胶片放在四周厚度为 5 厘米的石蜡慢化体（使快中子变成慢中子）中，外面再用 5 厘米厚的铅包起来，以吸收掉回旋加速器上产生的 γ 射线。（否则，原子核乳胶片将受到过多的 γ 射线照射而变黑，粒子径迹就看不出来了。）在用快中子进行照射时，就不用石蜡慢化体了。

照射以后，就是显影和定影。这与普通照相底版的处理大同小异。但如上所说，必须按照实际情况选择合适的配方和处理条件，严格地、一丝不苟地进行，才能得到满意的结果。

因为原子核乳胶里的径迹微小，一般情形下，径迹只有二十多个微米长，即一根头发丝直径的 1/3。所以，观测要在高倍显微镜（放大一千多倍，用油浸镜头）下进行。伊莱娜·居里夫人把实验室里最好的显微镜给我们使用。我们要观测的径迹，并不只在乳胶的表面或固定深度的某一层上，而是分布在乳胶层的整个厚度（当时用的厚度是 40 微米）之中。因此，对于每一个视野，需要精细地转动显微镜的旋钮，以调节镜头的垂直位置，把焦点对准乳胶层的各个深度，逐一进行观察。在水平方向，则是从左到右，用装在显微镜镜台上的类似于测微螺旋那样的机构，使载有原子核乳胶的玻片缓慢地平移，一个视野、一个视野地观察，然后再在前后方向移动一格，再逐个视野扫描。这样才能一点一点地把整个乳胶片内所有的径迹都观测一遍。

做这种观测工作是很辛苦的。长时间集中注意力于镜下观察，不但眼睛很累，引起头痛，而且由于身体固定在一种姿势下，时间长了，周身都会感到疲劳不堪。这确实是一种需要一点毅力的工作。在暗淡的视野里，搜索那些令人捉摸不定的径迹，没有足够的恒心和耐心，没有敏锐而细致的观察力，是不行的。

初次实验，我们就观察到大量的裂变径迹，其中也找到一些三叉形状的裂变径迹。两个法国青年耐心不够，找到的较少。泽慧参加之后，由于她的细致和耐心，孜孜以求，不放过任何一条径迹的精神，结果是她找到的最多。

这些三叉形状的径迹，大多数情况下，三条径迹都在同一平面上(几何上称为“共面”)，其中两条较短而粗黑，第三条则细而长，颗粒较稀。看来，前两个粒子与通常的裂变碎片差不多，应该是具有中等质量数的原子核，而第三个粒子的质量是比较轻的。如果它们是α粒子，那么这种α粒子决不是天然α放射性产生的。因为，尽管它们的射程有长有短，但大多数都比天然α粒子射程长得多(这就是后来把这种α粒子称为长射程α粒子的原因)，因而其能量一定高得多。我们观察到相当多的三叉，三条径迹共面，有共同的起点，这就不可能是偶然的碰巧了。

到这个时候，大家的心情是兴奋的。我们感觉到，这很可能是一种新的现象：原子核裂变时一分为三，即“三分裂”。但是，我们也清楚地认识到，这还不是作结论的时候。应该说，研究还只是刚刚开始。为了弄清楚究竟是不是真的三分裂，还要进行一系列严格的、更加艰苦的实验和分析。新的问题和新的工作等待着我们去解决。(钱三强，《重原子核三分裂与四分裂的发现》，55～59页)

秋 收到胡适代表北京大学签署邀聘为该校物理系教授的聘函，及附汇的二人归国路费800美元。

11月11日 清华大学理学院院长叶企孙致函梅贻琦校长，提议邀聘钱三强为物理系教授。

叶函(原函存清华大学档案馆)附录于后：

梅校长钧鉴：

敬陈者：本校物理系毕业生钱三强君于抗战前考取法庚公费，赴巴黎留学，迄今在法国师从Joliot教授夫妇从事原子核物理，六七年以来发表论文多篇，成绩斐然，实为留法学生中成绩最优者之一。查原子核物理占当代物理学研究之中心，本校虽有赵(赵忠尧——引注)霍(霍秉权——引注)两教授从事于此，尚嫌不强，拟请提出聘任委员会，准予添聘钱三强君为教授。

专陈敬请

钧安

叶企孙

十一、十一

11月18日 领导研究小组完成第一篇关于“三分裂”的实验报告《俘获中子引起的铀的三分裂》(附有5个三分裂径迹照片)。该文由钱三强、沙士戴勒、何泽慧、微聂隆联名发表于《法国科学院公报》第223卷(1946年12月9日出版)。

11月19日 作为中国代表团代表之一（中国代表团由教育部长朱家骅任团长，代表有赵元任、李书华、程天放、竺可桢、汪德昭、钱三强等共21人），在巴黎出席第一届联合国教科文组织委员会首次会议。会议在巴黎大学文理科大礼堂开幕，法国临时主席乔治·皮杜尔到会致辞，巴黎大学校长、法国教育部部长等先后演讲。会议持续20天（含参观及预备会议），于12月10日闭幕。

11月21日 接到梅贻琦发自北平的电报："清华大学聘任您为物理系教授，可否于1947年3月回国。请电复。"

11月22日晚 何泽慧首先发现第一个铀裂变四叉形状的径迹。研究小组经过讨论，判断这是铀核四分裂的实验证例。次日，和何泽慧把首次发现的四分裂径迹照片呈送给两位法国老师，并由钱亲笔法文书写：

> 俘获一个慢中子引起的铀的四分裂　献给我们的导师约里奥-居里夫妇。
>
> 钱三强、何泽慧　巴黎
>
> 1946年11月23日

随后 撰写"1946年11月22日法兰西学院的一项发现——铀裂变的新方式"一文，投稿法国《原子》杂志，开头便讲了四分裂发现的经过[①]：

> 直到1946年11月22日晚上，何泽慧在一张早前的底片上突然发现一个特殊事例。在显微镜的视野中发射出了四条组线：两条长径迹，两条短径迹。第二天，我观察和确定了这些径迹。经过很长时间的讨论，我们判断这是一个铀的四分裂。四条径迹几乎在同一个平面上。

11月25日 复梅贻琦电报："接受聘邀到清华物理系任教。"同月28日梅在钱电报上批："叶先生阅。"叶企孙于12月3日阅。

12月 以专家身份参加中国科学工作者代表团，并陪同李书华等在巴黎出席世界科学工作者协会代表会议和世界教育科学文化组织会议，兼作李的法语翻译。当选为世界科学工作者协会会员。

12月12日 与何泽慧陪同李书华、赵元任、竺可桢参观法兰西学院约里奥-居里实验室，介绍最新发现的三分裂与四分裂研究。

是日竺可桢日记附录于下：

> 晨八点半起。九点半偕李润章、赵元任乘车至柯通实验室(Lab. de M. Cotton à Bellevue)……实验室系柯通教授所创办，专作

① 文载1947年1月1日出版的法国《原子》杂志

强磁与低温之研究，蔡柏林(蔡元培之子——引注)即在此工作，余等先至蔡处。……今日有钱三强夫妇(何泽慧)及蔡陪同参观。十二点回。三点半偕润章、元任至法兰西学院约里奥-居里实验室，据云渠工作分三部分，一为原子核研究，二为镭，三为工业应用。在今日所参观都为原子核研究，首看回旋加速器，钱三强、何泽慧二人陪同参观，并至化学实验室工场与照相室。钱三强夫妇近得照片，证明以中子打(击)铀，可分成四瓣，已由钱太太证明，实为重大发现。最近将登法国科学院公报。(竺可桢，《竺可桢日记》(第二册)，人民出版社，1984年)

12月23日 《法国科学院公报》(第223卷)发表何泽慧、钱三强、微聂隆、沙士戴勒共同署名的研究报告——《铀四分裂的实验证据》，公布世界首例铀四分裂径迹照片，如下图所示(文略)：

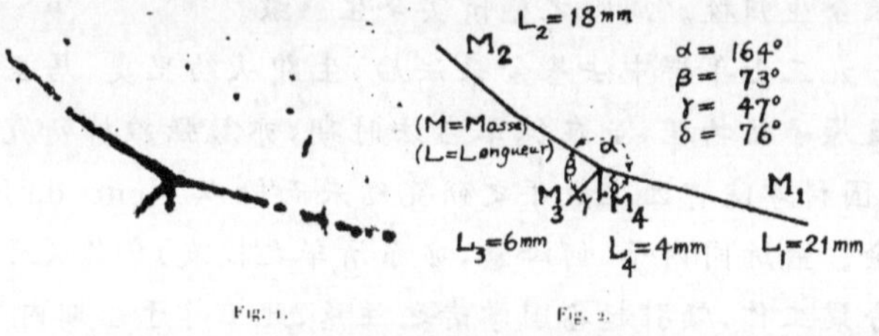

世界首例铀四分裂径迹

是年 中央研究院复员后第二次会议决定，尽速致函尚在国外的几位物理学家邀聘为中央研究院物理研究所专任研究员。随后收到总干事萨本栋发出的邀聘函，定月薪为520元(同时函邀的还有彭桓武、张文裕、吴健雄。均未到任)。萨信中云，准备购置设备，充实物理实验条件。

年底 获得法国科学院亨利·德帕维尔(Hen de Parville)物理学奖金(据法国科学院材料介绍，该奖是该院定期颁发的几个主题奖项之一，用以奖励在某一领域内的杰出科学工作)。

1947年 三十四岁

1月27日 以第一署名与何泽慧、沙士戴勒、微聂隆发表《铀三分裂与四分裂现象的能量与几率》(《法国科学院公报》第224卷)。该文根据物理学的基本规律(质量守恒、能量守恒和动量守恒等)，经过精密计算，求出第三个碎片的能量值约为10～25兆电子伏，概率最大的是18兆电子伏，远远高于天然放射性α粒子；三个碎片的动能总和比二分裂时高出几个电子伏；计算出三个碎片出现的概率(三分裂与二分裂之比)为1∶300，即1万次裂变中有30次三分裂事例，四分裂出现的概率则比三分裂小得多，小于万分之二。

同时 与何泽慧等联名发表《钍的裂变能量》研究报告(《法国科学院公报》第224卷)。

2月1日 致信清华大学梅贻琦校长(原信存清华大学档案馆),全文如下:

月涵校长尊鉴:

去年十一月底承蒙电约归校任教物理系,不胜荣幸,铭谢不尽。当时生因研究工作一时不能结束,故立即上电奉告,未能应命于三月归国,尚祈见谅。

去夏在英剑桥开物理学会时,母校物理系校友到者约十人,培源师亦参加,曾谈起母校吴正之(吴有训——引注)赵忠尧二师离校,实验物理乏人负责,劝生归校效劳。后培源师至法开实用力学会议,曾参观生等之研究室,又重诉母校之需要补充,故力主生应归校服务,并称将电校长令生归校。周师之盛情实令生感激。

自一九三七年得中法基金来法后,生即从约里奥-居里夫妇专攻放射学及原子核物理,虽在德军占法时期,亦勉强维持研究工作。去岁底,法国科学院曾因生数年之研究结果而给以 Henri de Parville 之物理奖金。最近同内子(何泽慧,亦系清华之校友)合作关于铀核三部及四部分裂工作,颇引起各国学者之注意,此工作于短期内不能完毕,放弃可惜,故预计于暑假前后始能回国。

对于教学树人,生素感兴趣,在祖国目前情况下,尤觉重要,但生甚望教学工作外,尚能树立一原子核物理研究中心,此等意见,周师亦极赞成。先生等对此等设备不知有无计划?据生在欧之经验,一小规模原子核物理实验室,设备费约需五万美金,详细情形,如蒙垂询,当即奉告。

最近生等收到驻法使馆转来之教(育)部通知,谓今后欲归国服务之同学,旅费应由聘用机关拨发,不知先生有无所闻?生之归国旅费是否可由母校负责,尚请示知,以便早日准备归程。如有汇款转拨困难,则请直接汇至留美友人处,俾请彼等代购船票也。专此敬复,并请教安。

企孙师前请代致意

学生　钱三强敬上

二月一日

(按:3月3日,梅贻琦收到钱信后批:"叶先生阅。"3月4日叶企孙阅后批:"钱君所需之夫妇旅费,似可照发。"3月7日,梅贻琦再批:"500元教授。")

2月初 领导小组在法兰西学院核化学实验室观察到第二例四分裂径迹,与前例(两重两轻)不同,此例中的碎片是三重一轻,更符合四分裂的假设。经过校正,得到慢中子引起四分裂的平均动能为约100兆电子伏,与玻尔和惠勒的理论预计倾向一致。

Δ关于四分裂的发现和当时测量以及后来各国的研究情况,钱三强于1989年作过以下总结:

继1946年冬泽慧发现第一个四分裂径迹后,第二天春天,又观察到第二个类似的事例。我们对它们也进行了详细的测量,并试图作一些分析计算。

第一个事例。四条径迹几乎是水平的(即平行于核乳胶片表面),基本上在同一平面上。对于这种情况,尽管测量了每条径迹的长度和彼此之间的夹角,却不能求出它们各自的质量和能量数值。因为从质量守恒和动量守恒规律导出的方程组,没有唯一的解,而是有无限多个解。不过,所有这些解中,有两个碎片的质量(M_1和M_2)的变化是不大的,另两个碎片质量之和(M_3+M_4)差不多是常数。从径迹的颗粒密度来看,第三和第四个碎片相差不多,比另两个碎片略小。从射程和颗粒密度综合判断,没有一个碎片是特别轻的。此外,尽管有无限多个解,但总动能(四个碎片动能之和)却变化不大,在115兆电子伏左右。

第二个事例。四条径迹不在同一平面上,第四条径迹的颗粒密度,与α粒子很接近。另外三条径迹则几乎在同一平面上。在这种情况下,我们取$M_4=4$,很容易计算出四个碎片的质量数分别为84、76、72和4,动能分别为51、42、7和2兆电子伏。总动能则等于102兆电子伏。

详细的分析表明,这不是由于短距离反冲形成的(裂变碎片在射程开始处把核乳胶中的原子核碰撞出来而形成的假象)。两个四分裂的平均总动能比两分裂时低50兆电子伏,这刚好与玻尔-惠勒理论给出的差值相同。

四分裂出现的概率,比三分裂还要小得多。根据观测,四分裂数目与二分裂数目之比小于万分之二,是一种稀有的现象。尽管观察到的事例极少,通过测量分析及与理论作比较,我们还是能够肯定了它的存在。

四分裂的问题,曾经有人怀疑过,当年除了泽慧和我们观测到的两个事例外,别人没有找到。在1951年,美国的艾伦(Allen)等人又观察到一个四分裂径迹。事隔三十多年之后,八十年代初,在重离子裂变过程的研究中,联邦德国的勃兰特(R. Brandt)等人利用固体核径迹探测器,却观察到相当多的四分裂变径迹。他们用了联邦德国GSI研究所当前国际上最先进的重离子加速器,产生能量为一千多兆电子伏的氩、氪、铅、铀离子,去轰击钍、铀靶,结果得到了许多三分和四分的裂变径迹。后来,用能量更高的铀离子(加速到近4000兆电子伏)去轰击金、铀靶,更看到了几十个五分裂变径迹。诚然,重离子裂变时发生四分裂的机理与中子引起裂变时有些差别,我们这里不作详细讨论。但是,一个原子核裂变时可以分成三个、四个甚至五个碎片,却是客观存在的事实。(钱三强,《重原子核三分裂与四分裂的发现》,72~73,87页)

2月13日 与何泽慧等合作完成并向美国《物理评论》寄出三分裂的研究

报告《铀核新的裂变过程》(*On the New Fission Processes of Uranium Nuclei*),该文发表于3月15日出版的《物理评论》(Phys. Rev.)第71卷。全文汉译如下(郭奕玲译):

铀核新的裂变过程

钱三强　何泽慧　沙士戴勒　微聂隆
(法国巴黎法兰西学院核化学实验室)

铀裂变现象早在1939年就为人所知,这个现象就是,铀核因俘获中子或受带电粒子或光子的轰击,激发而分裂成两个较轻的核,这一现象中释放出来的最大能量约为200MeV,其中150—160MeV用于投射那两个生成核沿相反方向运动,剩下的能量用于裂变碎片的内部激励,并变成裂变时发射的中子所携带的能量,这一众所周知的裂变过程也叫二分裂变。

理论物理学家们[1]曾指出分裂成三个带电核的可能性。他们预言释放出的最大能量可达210～220MeV,比二分裂还高10～20MeV。但直到现在尚未见明确的实验证据发表。

为了寻求分裂成多于两个带电碎片的裂变,我们用依尔福德(Ilford)核研究照相乳胶做了实验。那是在布利斯托(Bristol)大学的鲍威尔(Powell)博士指导下制造的[2]。底片浸在10%硝酸铀酰溶液中,经过干燥,放在法兰西学院的回旋加速器的铍(Be)靶附近受慢中子轰击。用适当的显微技术处理后,照片显示了若干深的裂变径迹,裂变径迹的主要部分都是直线,代表两个沿相反方向投射的核;无法确定裂变碎片的起点。偶尔,在径迹的末端附近,出现裂变碎片与乳胶所含原子核的碰撞(分岔和弯折)[3]。

(A)三分裂变。有确切的裂变径迹显示了一种特殊情况:三条径迹从一共同点发出,通常是两条重迹和一条较轻的长迹(图1和图2)。基于动量守恒进行的精确分析证明,不可能把它们全部都描述成是裂变碎片在其射程起点与乳胶所含之核的碰撞(这些核已知为H、C、N、O、Br及Ag等)。看来更合理的结论是:这些都是铀分裂成三个带电碎片的裂变(三分裂变)。

图1　三分裂变:第三碎片—m≈9,射程=17厘米(空气当量)

图2　三分裂变:第三碎片—m≈6,射程=44厘米(空气当量)。其中一重碎片有两个分岔,是核碰撞所致

考虑到测出的角度、射程和重离子的速度-射程关系[4],并根据动量守恒的要求,我们可以确定每一碎片的质量和能量。三个碎片的质量分布如图3。两个重量平均质量分别为99与131,第三片看来有两个可几值,其一约为5或6,另一约为9[5]。三分裂变的平均总动能为165MeV,略高于二分裂变,如二分裂变碎片和三分裂变碎片内部总激发能大约相等,可以认为动能的观测值与理论值的相符是令人满意的。

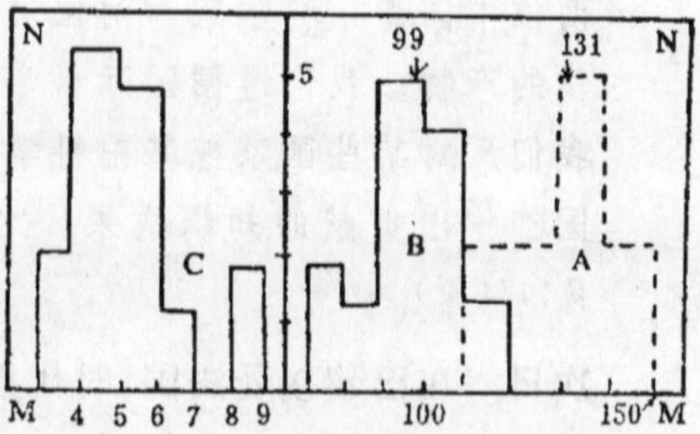

图3　三分裂变碎片的重量分布

三分裂变对二分裂变之比为0.003±0.001。这个值可看成是低限,因为有些情况第三碎片较重,可能是核碰撞所致。故在统计中略去。

(B)四分裂变。除了三分裂变,我们还观测到一些情况,不能作别的理解,只能解释成由于裂变分裂成四个带电碎片(四分裂变)。其中之一已作详尽描述(图4)[6]。有趣的是,观测到的三分裂变几乎是同一类型,即二重一轻,而四分裂变则可能出现不同形式:①两重,两轻(相对地)(图4),②三重一轻(图5)。如果二分与四分裂变碎片内部总激发能大致相等,四分裂变观测到的平均动能约110MeV,就与玻尔和惠勒估计的符合良好。四分裂变对二分裂变的比率为0.0003±0.0002。

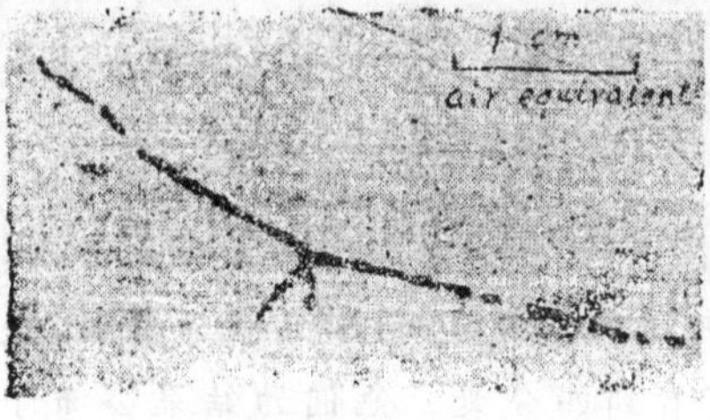

图4　四分裂变。尺度为1厘米(空气当量)

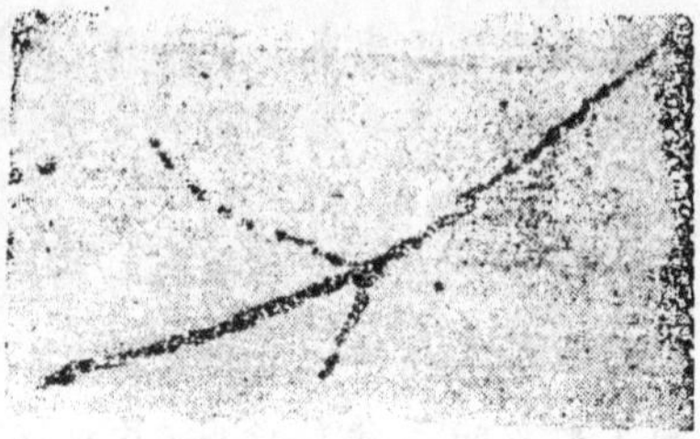

图5　四分裂变(尺度与图1相同)

此项工作的详细报告即将发表于《物理学与镭学学报》(*Journal of Physique et le Radium*)。

(参考文献略)

是年春　约里奥-居里在巴黎举行的一次国际科学会议上,宣布铀核“三分裂”的发现。他说:

这是第二次世界大战以后物理学上一项有意义的工作。它是由两位中国青年科学家和两位法国青年研究人员共同完成的，是国际合作的产物。我们遵循国际科学的准则和传统，决定立即公开发表它。我们反对某些国家把基础科学研究列入保密范围的做法，反对独占各国都作出贡献的知识成果！（引自钱三强，《重原子核三分裂与四分裂的发现》，74 页）

次日 在巴黎接受法国《时代报》、《人道报》和《人民报》采访，先后发表关于铀核"三分裂"研究工作的报道。

同时 接到英国布列斯托尔大学鲍威尔教授的电报，祝贺"三分裂"的研究成果。电文中说，他"分享到了反射过来的荣誉"。意思是：发现"三分裂"和"四分裂"的实验，使用的是原子核乳胶，而该项技术正是钱三强在他那里学习的。鲍威尔 1945 年发明的核乳胶技术，在一系列成功应用中，取得了包括"三分裂"在内的许多新发现，其于 1950 年获得诺贝尔物理学奖。

3 月 在巴黎接待杨承宗，并引领见伊莱娜·居里，由其指导从事放射化学研究。

3 月中旬的一天 突然接到英国卡文迪许实验室的电话，说要派人到巴黎来考察关于"三分裂"和"四分裂"的实验。钱三强记得情况是这样的：

英国的格林和李弗西，在得知我们的初步结果后十分感兴趣。他们打来电话，说想来巴黎实地看一看。我们回答说非常欢迎。他们动作很快，星期五打的电话，星期一早上就来了。我们也没有做什么准备。泽慧很有把握，一下子就把显微镜调整到原来的位置，将那个四分裂径迹找了出来。要知道，在显微镜下寻找一个特定的径迹，是非常困难的。只要有微小的变动，就不好找了。这说明泽慧的工作十分细致，记录也做得一丝不苟。英国人看了我们的资料，感到很惊讶。我们把自己所做实验的各种细节、径迹的测量、分析和回归计算方法，都原原本本详细地告诉了他们。回到英国之后，他们又做了实验，找到了更多的三分裂径迹，只是没有看到四分裂。他们的结果公布于 1947 年 3 月的英国《自然》杂志上，不过他们仍认为第三个粒子是 α 粒子。

在大西洋彼岸，加拿大乔克河（Chalk River）实验室的德谟斯（P. Demers）用了一个很聪明的方法，来研究铀核的裂变。他把一薄层铀盐放在两层铀乳胶的中间，三层紧密合在一起，像三明治那样。这样，裂变径迹的起始点一定在铀层处，可以在二分裂时把两条径迹清楚地分开。除了许多二分裂径迹外，他观察到有六个事例中发射出第三个碎片（他认为是 α 粒子）。根据发射点的误差，他估计 α 粒子的发射时间是在裂变发生后 2×10^{-14} 秒以内。德谟斯的论文与我们最初的文章发表的时间几乎相同(1946年12月),但他没有把工作做下去。

美国的法维尔(G. Farwell)、薛格雷(E. Segrè)和魏甘德(C. Wiegand)则利用了电信号探测器和符合方法,也得出了裂变时放出第三个粒子(他们也认为是α粒子)的结论。根据仪器的符合分辨时间,他们肯定,裂变与α粒子的发射时间差小于10^{-6}秒。法维尔等人的文章发表于1947年4月。

与我们的实验研究相比,上述几家的工作都比较简单,没有像我们的工作那样细微和完整。我们不但找到的数量和种类多,而且作了各方面的辅助实验和分析。但就可比的部分来说(如发生三分裂的概率、轻粒子的射程以及发射时间等),与我们的结果都是一致的。

格林和李弗西虽然最早看到了三叉径迹,但看来他们两人由于经验不足,或许又受到费瑟先入之见的影响,简单地把它看成为α粒子,而没有深入探究,把这一新现象放过去了。我们则抓住了新的苗头,利用当时所能有的条件,尽可能从各个方面作了详细的实验测量和理论分析,从而较好地阐明了这一现象的本质。三分裂首先也是观念上的突破。当时的传统观念是,裂变就是一个重原子核一分为二。在此之前,只有普赖深特一篇短短的理论文章提到过三分裂的可能性,但并没有受到人们的注意。我们自己也是在看到三分裂与四分裂事例后才查阅到它的。所以说,科学发现首先不能囿于传统的成见,要敢于打破旧观念。三分裂的发现史也说明,研究一个问题一定要彻底,浅尝辄止是不行的。我们之所以能够成功,还有几个原因是可以提到的,一个是过去工作的积累,另一个是工作的耐心细致,还有就是实验与理论相结合。(钱三强,《重原子核三分裂与四分裂的发现》,70~72页)

春 应约与到巴黎领导中共党的工作的刘宁一(时中共工、青、妇、学联欧洲中国工作组党组书记)及陈家康(时巴黎世界青年联合会执行委员)、陆璀(时代表解放区妇女联合会任国际民主妇联书记处书记)面晤,听取关于国内形势的介绍。钱向他们介绍了自己研究工作的新进展。

尔后 刘宁一委托孟雨问钱三强是否愿意加入中国共产党组织。钱回答孟:“暂时不参加,但所有一切要我做的工作,我都可以做。”其时所以这样回答,他在1953年2月20日写的《自传》中,作了如下说明:

刘宁一同志于春天又叫孟雨问我一次,是否愿意入党。我当时因为舍不得热头上的科学研究,知道巴黎支部人并不多,也不太强,若参加了,一定要做许多工作,因而必然要放弃科学研究。算盘打了好久,还是舍不得科学研究而同孟雨说,暂时不参加,但所有一切要我做的工作，我都可以做。

3 月 24 日 接清华大学梅贻琦电报："信已收到，欢迎 6 月回国，会为你的全家安排住所。"梅贻琦在亲拟的电文纸上批写："电钱三强先生　查前发函住址及姓名拼法。"

4 月 11 日 梅贻琦致电钱三强："允拨五万美元为原子核物理之设备。"

5 月 15 日 梅贻琦写好复钱三强信，并批注："送叶先生阅后抄发航挂号寄法国。"16 日，叶企孙阅后注："聘书已由重衡（霍秉权——引注）兄寄去。"

5 月 19 日 梅贻琦复钱三强信发邮。梅信全文如后[①]：

三强同学惠鉴：

月前曾发一电想已达览。嗣因校务繁忙竟未得作信，甚歉甚歉。

尊处二月一日来函所提，为供给原子核物理研究须有一小规模实验设备，校中企孙、重衡、培源诸先生均极赞成。盖原子核之研究，实今日科学上最重要之工作，而国内尚少推进。最近，中央研究院有在南京举办之计划，建筑新研所，费用颇巨，设备尚在筹划中。但即中央院计划成功，北平区域亦宜更有一研究中心，故清华在筹得美金五十万（除清华基金积存利息）作补充图书设备专款时，即决以五万元作原子核研究设备之用，此即前日电所言之数。至于如何支用，即希详为筹划。此种设备，在美国规模有甚大者，吾等初着手，又因经济不宽裕，故宜先从小规模做起。

尊处倘有详细计划，希即与叶、霍诸先生商酌，但倘有须即订购之件，即请示知，当通知纽约华美协进社孟治先生处照为拨款。

尊夫妇返国时，校中照规定（如无他方发给旅费）可支旅费六百美元，但因欲请绕道由美返沪，以便参观美国各方研究情形，故加给贰百元共为捌百美元。

尊处启程日订期时亦请示知，当通知孟治先生汇付（往法国汇款如何汇法最便，亦希函示）。前与李润章先生谈及足下聘来清华事，商量结果由北平研究院聘何泽慧女士，则两方皆可顾到，而于研究更可收合作之效矣。清华复校开学已逾半年，一切情形均甚良好，惟图书设备缺乏甚多，近自筹得五十万美金特款，已起始添购，而琦以为，欲维持清华在教育、学术上之地位，最重要者实为师资之罗致。十余年来，吾校物理系人才之盛、成就之大，恐系吾国近代学术史中重要之一点，而最近数年，因地方需要之迫切，先有萨先生之离校，继之吴、赵二先生去中大，今日系中虽良师尚多，确需补充，尤以原子核物理研究方

① 原件存清华大学档案馆，案卷号 183

面欲更求充实,故足下之来校最所期待者也。余不一一。

即颂

俪祺

梅贻琦　敬启

是年夏　由研究员升任法国国家科学研究中心研究导师,并接受约里奥委托指导三名研究生。此时,钱三强有和外国学者不同的想法:

1947年夏,我的职务晋升为"研究导师"。外国科学工作者如果得到了这样的地位,一般说来,都留下来不回自己的国家了。周围的人们也以为我们将会长期在居里实验室工作下去。

可是,我们有自己的想法。我和泽慧都很清楚,继续留在巴黎,对自己的科学工作当然是十分有利的;回到贫穷落后、战火纷飞(当时中国正处在解放战争将进入转折阶段之时)的中国,恐怕很难在科学实验上有所作为。不过,我们更加清楚的是:虽然科学没有国界,科学家却是有祖国的。正因为祖国贫穷落后,才更需要科学工作者努力去改变她的面貌。我们当年背井离乡、远涉重洋,到欧洲留学,目的就是为了学到先进的科学技术,好回去报效祖国。我们怎能改变自己的初衷呢?应该回到祖国去,和其他科学家一起,使原子核这门新兴科学在祖国的土地上生根、开花、结果。我们渴望着回到离开了十年之久的故土,决心为祖国的富强、进步,贡献自己的力量。在法国和英国期间,我们接触到一些中国共产党人,看到了新中国的曙光,也看到了中华民族的希望。那时,泽慧有孕了,我们两人商定,等孩子生下来一段时间后,就尽早回国。为此,要赶快把这项研究课题做完。我着手把有关三分裂和四分裂的全部工作,整理成一篇详细的综合论文。(钱三强,《重原子核三分裂与四分裂的发现》,74~75页)

6月7日　英国《自然》杂志(第159卷)刊发由钱三强、何泽慧、L. 微聂隆、R. 沙士戴勒联署的综合论文《铀核的三分裂与四分裂》。该文系统介绍了三分裂和四分裂的实验过程及对实验结果给出的科学解释。

Δ是日,叶企孙日记中记载:

偕培源、重衡进城访树人(饶毓泰——引注),谈北大、清华及北研(院)关于设备原子核物理实验之合作可能,发现树人与慕光(严济慈——引注)、润章颇有睽隔,三机关合作恐不易也。

6月10日　清华大学制"本年度被续聘待回国及新聘教师名单",物理系列,"萨本栋(在南京)、任之恭、钱三强(已另定)、彭桓武"。又,"新聘教授自欧美返国应发旅费津贴名单",其中列,"钱三强　物理系教授(已另定)。钱学森航空工程学系教授　US400”。

6 月　胡适以书信方式向国民政府国防部部长白崇禧(字健生)和参谋总长陈诚(字辞修)提出“一件关系国家大计的事”，拟集中全国第一流物理学者，在北京大学建立原子物理研究中心，专研最新的物理学理论与实验，以为国家将来国防工业之用。钱三强被列为名单之首。胡适致白、陈信(据《胡适书信集》，北京大学出版社)附录于此：

健生、辞修两位先生：

我今天要向你们两位谈一件关系国家大计的事，还要请你们两位把这个意思转给主席，请他考虑这件事。

简单说来，我要提议在北京大学集中全国研究原子能的第一流物理学者，专心研究最新的物理学理论与实验，并训练青年学者，以为国家将来国防工业之用。

现在中国专治这种学问的人才，尚多在国外，其总数不过七、八人，切不可使其分散各地，必须集中研究，始可收最大的成效。此七、八人之名如下：

钱三强　现在法国居利实验室，已接受北大聘约。

何泽慧女士(钱三强夫人，其成绩与其夫相埒)现在法国居利实验室，已接受北大聘约。

胡　宁　前在美国，现在爱尔兰国立研究院，已允来北大。

吴健雄女士　现在哥伦比亚大学(曾在美国战时原子能研究所曼赫丹设计工作)，已允来北大。

张文裕　现在美国普林斯顿大学，已允来北大。

张宗燧　现在英国剑桥大学，愿来北大。

吴大猷　北大教授，现在美国密歇根大学。

马仕骏　北大教授，现在美国普林斯顿研究院。

袁家骝(吴健雄之夫)现在美国普林斯顿大学，已允来北大。

以上九人，可谓全国之选，皆已允来北大。他们所以愿来北大之主要原因有三：一是他们都不愿分散各地；二是因为北大物理系已有点基础；三是因为他们喜欢北大的学术空气。

我们仔细考虑，决定把北大献给国家，作原子物理的研究中心。人才罗致，由北大负全责。但此项研究与实验，须有充分最新式设备，不能不请国家特别补助，使我们可以给这些第一流专家建造起一个适宜的工作场所。

我们想请两位先生于国防科学研究经费项下指拨美金五十万元，分两年支付，作为北大物理研究所之设备费。第一年之二十五万美金,由北大指定吴大猷、吴健雄在美国负责购备,并指定钱三强、何泽慧在欧洲与英国负责购备,其第二年之二十五万美金,则于明年度另指定专人负责购备。其购置细账,均由北大负全责随时报告国防部审核。

我知道此数甚巨,责任甚大,故甚盼两位先生便中报告主席,请指示裁定。

我写此信,绝对不为一个学校设想,只因这些国外已有成绩、又负盛名的学者都表示愿来北大作集中研究,故为国家科学前途计,不敢不负起责任来,担负这个责任。科学研究的第一条件是工作人才。第二条件才是设备。现在人才已可集中,故敢请国家给他们增强设备。此意倘能得两位先生的赞助,我可以断定,我们在四、五年内一定可以有满意的成绩出来。(耿云志,欧阳哲生,《胡适书信集》,北京大学出版社,1996年)

6月 上海《科学大众》二卷二期刊登吴澄渊署名文章《中国科学家对于原子能的新发现》,介绍法兰西学院在钱三强领导下和何泽慧共同发现“三分裂”和“四分裂”现象,共2页,并刊出“三分裂”、“四分裂”4图以作比较说明。(法国新闻处特稿)

7月 在巴黎接待代表云南大学出席比利时“国际大学教授会议”途径巴黎的彭桓武(尚未到任),并进行长谈,约定回国将为发展祖国的原子科学事业效力。因何泽慧有孕在身,遂决定晚于彭桓武成行。

7月 清华大学向国立中央研究院提名院士候选人提名表清单,其中数理组为姜立夫、熊庆来、李书华、钱伟长、张文裕、钱三强、萨本栋、翁文灏、严济慈、涂长望、钱学森等52人;人文组:赵元任、郭沫若、胡适等22人;生物组为张景钺、林可胜、蔡翘等18人。

(按:以上名单由全体教授、副教授通信方法互推初步候选人,再由校务会议确定以同人五人之推举为本校提名候选人之资格。钱三强获初步候选人提名者有:段学复、郑之蕃、张维等。钱三强寄达清华大学的“学科院士候选人拟提名单”(10人)为周培源、王竹溪、彭桓武、张文裕、钱学森、钱伟长、胡刚复、丁燮林、颜任光、王淦昌。)

7月10日 合作完成系统的关于“三分裂”和“四分裂”的研究论文——《铀裂变的新模式——三分裂和四分裂》,由研究组钱三强、何泽慧、沙士戴勒、微聂隆联署发表于同年法国《物理学与镭学学报》第6卷和第7卷(共26页)。全文分七部分,即:历史与导言、实验过程、慢中子得到的实验结果、用快中子所得实验结果、与其他作者的实验结果比较、理论考虑、结论。20世纪80年代,钱三强亲自将原文(法文)译成中文,现将此文“结论”转录于此。

《铀裂变的新模式——三分裂和四分裂》结论：

我们用照相乳胶技术得到了复合核$^{236}_{92}U$三分裂与四分裂的证据。

在三分裂情况下，两个重碎片的射程和质量同二分裂的相仿。第三碎片的质量常常小于10，但也可以高达32。第三碎片的射程在2cm与45cm空气等效之间变化，最可几值是28±2cm。它的发射方向优先指向与两个重碎片相垂直的方向。质量M_3似乎有一个谱，最可几质量很轻，M_3为5左右；考虑到实验误差，除了一个$M_3=32$的特例以外，所有事例与质量是在4到7之间某一单一值也不矛盾。三分裂的动能是154±10MeV，比二分裂的略高，定性地与理论预计一致。三分裂与二分裂出现频数的比例是0.003±0.001。

有一组低能（可能是1—2MeV）粒子似乎在裂变时发射。如果将它归入三分裂范畴，它的出现频数约为二分裂的1%。

记录到两个四分裂事例。一个相当于四块重碎片（M>20），另一个是三重一轻。平均动能约为100MeV，与理论预计一致。四分裂与二分裂出现频数比例是0.0002±0.00015。

对于复合核$^{239}_{92}U$的裂变，既没有观察到伴有长程第三个碎片的三分裂，也没有观察到四分裂。只记录到短射程粒子的发射。它的能量、出现频数以及表观现象同复合核$^{239}_{92}U$的相仿。

这些结果的一部分已为其他作者所证实。

这些结果的主要部分的讨论与原子核液滴模型推导出的三分裂机理满意地符合（三个碎片几乎同时分开）。伴有长程第三碎片发射的三分裂现象与复合核的不太高的能级有关系。

我们衷心感谢F. Joliot教授对本工作的支持以及他为我们的装置得以实现所提供的所有方便。我们同样感谢I. Joliot - Curie教授的友情，她将一台非常好的显微镜给我们观测片子。我们还感谢Savel先生和Suzor先生让我们在实验过程中用β计数装置。

我们真诚地感谢英国Bristol大学Powell博士，在他们的照相乳胶正式投产以前先给了我们乳胶片，还感谢他的好客，允许本文作者中的两位学习照相乳胶技术，这对本工作是必不可少的。

最后，我们感谢国家科学研究中心使我们的工作得以进行。

8月　北平研究院决议聘钱三强为该院镭学研究所专任研究员，定月薪600元。

是时，北平研究院以代复国民政府资源委员会关于上报铀矿和专门人才资料，其中写明："镭所钱三强先生在法国研究原子能学不久可返。"

8月9日　《法国科学院公报》首先刊载钱三强个人署名的研究论文《论铀

三分裂的机制》(第 224 卷)。该文系作者于同年 3 月 31 日提交法国科学院周会的书面报告,由约里奥-居里具名推荐发表。该文后被视为关于三分裂研究的经典文献,受到同行重视。现将钱三强 1987 年 9 月自译中文本及翻译此文时写的后记,一并录后。

论铀三分裂的机制

最近我和我的合作者利用照相乳胶的方法,证明在慢中子的作用下,铀裂变为三个或四个带电碎片的新方式①②。下述的实验结果提供了可能性来讨论比较多的三分裂现象的机制问题。

A. 质量的分布表示两个重碎片的平均质量 M_1、M_2 为 131 和 99;M_3 的质量从 2 到 32,其中最主要的一组 $M_3=5$ 或 6③④⑤。

B. M_3 的方向倾向与 M_1 和 M_2 成垂直方向发出。实验数据表示一般地 $\alpha_1>\alpha_2$,$\alpha=\alpha_1-\alpha_2$ 的平均值约为 20°(见图 1)。这表示 M_1 带有最大动量。

为了某种理由,有些作者想到第三碎片 M_3,特别是 $M_3=5$ 或 6 的主要组,由于实验误差,可能是 α 粒子;他们建议裂变为三个碎片可以用两个阶段的核作用解释,也就是说,裂变前放出 α 粒子,或者裂变后放出 α 粒子。

我们考虑:假如核裂变前放出 α 粒子,那么,按照 Bohr 的液滴模型,它的方向应该倾向于液滴变形的轴向,因为在这方向势垒高度最低,α 粒子比较容易射出。假如 α 粒子是裂变后被一个重碎片放出的,那么它的方向将是对这个重碎片具有任意性分布⑥。暂且不说其他论据,实验事实指出 M_3 发射方向倾向与 M_1 和 M_2 发射方向成垂直,表示用两阶段核作用的解释是不能令人满意的。

图 3 和图 4 非常形象化地表示正在分开前的三个碎片。M_1 与 M_2 的半径 R_1 与 R_2 差别不大,约等于 7×10^{-13} 厘米,M_3 的半径 R_3 约为 $(2\sim3)\times10^{-13}$ 厘米。图 3 相当于三个核在接触状态;图 4 相当于 M_1 与 M_2 之间隔开的距离约为 4×10^{-13} 厘米(约为 M_3 的直径)。

根据核的液滴模型,Present⑦ 曾预料到假如第四谐波的变形的振幅大,液滴有可能形成三个同轴的小滴,它们的大小根据第二和第四谐波的振幅与相位而定(**三分裂理论**)。我们的观测像是相当于中间的小滴比两头两个大滴要小的情况。根据这样图像来考虑,假如由于强烈振动的影响,或者某种反对称的影响,M_3 向上轻度移动(见图 2),形成独立的核,但三个核还保持接触的状态(见图 3 和图 4)。从这一瞬间起,三个核由于静电排斥作用,就猛烈地分开,

M_3 的方向将顺着排斥力 $F_{1\text{-}3}$ 和 $F_{2\text{-}3}$ 的合力方向，这里 $F_{1\text{-}3}$ 和 $F_{2\text{-}3}$ 与 M_1 和 M_2 的电荷 Z 成正比。作为第一次近似，我们取 $Z_{m_1}=50$，$Z_{m_2}=40$，则可以导致 $\Delta\theta=7^\circ$（见图 3）或 $\Delta\theta=15^\circ$（见图 4）。平均实验数据 $\Delta\theta=\frac{1}{2}\Delta\alpha=10^\circ$，正好处于这两个极限内（见图 1）。

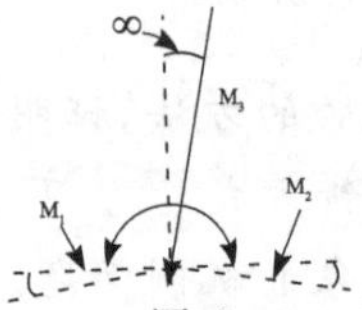

图 1

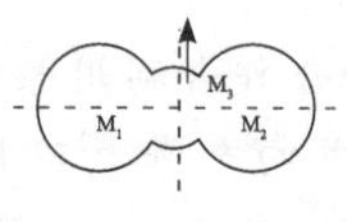

图 2

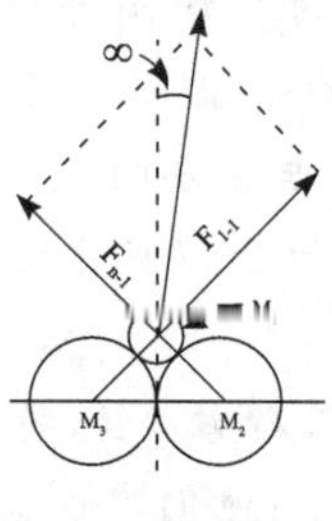

图 3

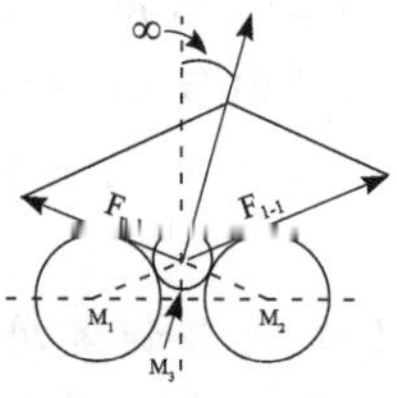

图 4

根据以上的讨论，用三分裂来解释我们的实验结果比两阶段核作用放出 α 粒子更加令人满意。特别是在极少数情况下，M_3 与 α 粒子的质量相差得很远（m=32）[4]。根据三分裂机制的设想，很自然地，M_3 与 M_1、M_2 一样，有一个质量谱。除稳定的 ^4_2He 外，估计 ^3_1H 或 ^6_2He 由于它们包括较多的中子，也可能存在。因此，利用一个很强的中子源（如铀反应堆），用质谱仪对轻原子量范围的核裂变产物进行分析，将可能对第三碎片的质量分布，得到更多的信息。（该文是作者 1947 年 3 月 31 日提交法国科学院周会的书面报告，由约里奥推荐发表）

①钱三强，Chastel，何泽慧和 Vigneron，Comptes rendus，232，1946，P. 986.

②何泽慧，钱三强，Vigneron 和 Chastel，Comptes rendus，223，1946，P. 1119.

③钱三强，何泽慧，Chastel 和 Vigneron，Comptes rendus，234，1947，P. 272.

④钱三强，何泽慧，Chastel 和 Vigneron，Phys. Rev. 1947，（三月份）

⑤钱三强，何泽慧，Vigneron 和 Chastel，Nature，1947（印刷中）

⑥Wheeler，私人通信.

⑦Present，Phys. Rev. 59，1941，P. 466

自译《论铀三分裂的机制》一文时，撰写的“作者后记”全文如下：

范登博施和休伊曾加的专著《原子核裂变》（1973 年出版。该书由黄胜年等翻译，中译本于 1980 年由原子能出版社出版）总结了 60

年代以前和70年代初的有关裂变的知识。在中译本第391页“三分裂”章的“轻粒子伴随裂变”节中，写道：

“自从发现‘长程’α粒子伴随裂变后，已获悉了确有这样的轻粒子存在。这些粒子在垂直于裂变碎片的方向上最多，因此它们不是从被加速的碎片里蒸发出来的。由于这些粒子主要在垂直方向发射，它们必然是在两碎片还紧挨在一起的时候从碎片之间的区域发射出来。虽然这些粒子相当稀少，大约每300～500次裂变事件中才有一个，然而由于它们可以作为断裂过程的探针，人们对于研究它们的特性一直很感兴趣。”

60年代发展了新型的半导体粒子探测器，对它们加以适当组合，可以测量粒子能量，同时又可以鉴别粒子的种类。1967～1969年间，苏联、美国等七个试验室，利用新的探测方法研究了从$^{235}_{92}U$+慢中子形成的组合核$^{236}_{92}U$而产生裂变和$^{252}_{98}Cf$自发裂变所放出的轻核谱进行研究，其结果载于《原子核裂变》中译本第399页上，现选择其有代表性的数据列于下表。表中U的工作是由苏联作的，其中^{1}H数值取自波兰作者；Cf的工作是由美国作的。

第三个粒子的相对产额表(以α粒子产额为100)

		^{236}U	^{252}Cf
氢	^{1}H	(1.2)[波兰]	1.8
	^{2}H	0.4	0.7
	^{3}H	6.3	8.5
氦	^{3}He	$<5\times10^{-3}$	
	^{4}He	100	100
	^{6}He	1.4	2.6
	^{8}He	0.033	0.09
锂	^{6}Li	$<5\times10^{-3}$	
	^{7}Li	0.036	} 0.13
	^{8}Li	0.014	
	^{9}Li	0.011	
铍	^{9}Be	0.02	} 0.21
	^{10}Be	0.30	

从这个表中，可以看出^{236}U与^{252}Cf放出第三个粒子的相对产额大致类似，Cf略大一些；$^{3}_{1}H$、$^{6}_{2}He$、$^{1}_{1}H$等约占$^{4}_{2}He$的10%上下。四十年前《论铀三分裂的机制》文中提出在轻核谱中可能存在$^{3}_{1}H$和$^{6}_{2}He$的估计，完全被后来的实验证实了。三分裂的观点现已被物理学界接受。

钱三强

1987年9月15日

“有关核裂变的大事记”(郭奕玲,《伟大的发现——钱三强的回忆》附件,北京科学技术出版社,1989年)附录于后：

年代	作　者	文　献	贡　献
1911	卢瑟福(E. Rutherford,新西兰-英)	Phil. Mag. 21(1911)669	由α粒子穿过金箔时产生的大角度散射确证原子核存在
1919	卢瑟福	Phil. Mag. 37(1919)581	发现α粒子可以从氮核打出质子,第一次实现轻元素的人工核嬗变,由此还证实质子是原子核的组成部分
1920	卢瑟福	Proc. Roy. Soc. A97(1920)374	提出原子核中可能存在中性粒子的设想
1925	布拉凯特(P. M. S. Blackett,英)	Proc. Roy. Soc. A107(1925)345	用威尔逊云室拍照,得到人工核反应的直接证据
1930	波特(W. Bothe,德)与贝克尔(H. Becker)	Zeit. f. Phys. 66(1930)286	用α粒子轰击铍,得中性射线,他们误认为是γ射线
1930	劳伦斯(E. O. Lawrence,美)	Science 72(1930)376	提出回旋加速器原理
1932	伊莱娜·居里(I. Curie,法)与约里奥(F. Joliot,法)	Comptes Rendus. 194(1932)273	用石蜡作试验,中性射线增强;误认为是某种康普顿效应所致
1932	查德威克(J. Chadwick,英)	Nature,129(1932)312	证实该中性射线即卢瑟福预言的中子
1932	尤里(H. C. Urey,美)	Phys. Rev. 39(1932)164	用分馏法证实氢同位素——氘的存在
1932	考克拉夫特(J. D. Cockeroft,英)与瓦尔顿(E. T. S. Walton,爱尔兰)	Proc. Roy. Soc. A136(1932)619	制成第一台倍压加速器
1932	安德森(C. D. Anderson,美)	Phys. Rev. 41(1932)405	发现正电子
1932	海森伯(W. Heisenberg,德)与依万年科(Д. Д. ИБАжджко,苏)	Zeit. f. Phys. 77(1932)1 Nature 129(1932)798	分别提出原子核由质子和中子组成的假说
1934	约里奥-居里夫妇	Comptes Rendus 198(1934)254	发现人工放射性
1934	费米(E. Fermi,意)	Nature 133(1934)898	用中子轰击重元素产生人工核反应,认为有可能产生原子序数大于92的超铀元素
1934.9	诺达克(I. Naddack,德)	Zeit. f. Chem 47(1934)653	对93号元素的可能性提出质疑

续表

年代	作者	文献	贡献
1934.10	费米等	Proc. Roy. Soc. A149 (1935)522	发现慢中子的作用
1935	哈恩(O. Hahn,德)与梅特纳(L. Meitner,奥)	Naturwissenschaften 23(1935)37,230,544	发表实验证据,支持费米的超铀元素假说
1936	哈恩与梅特纳	Naturwissenschaften 24(1936)158	继续发表实验结果,肯定第93、94、95号元素的生成
1936	波特(W. Bothe,德)与根特纳(Gentner,德)	Naturwissenschaften 25(1937)284	发现一种同位素可能有多种半衰期(周期),这一性质叫同质异能性
1937	梅特纳、哈恩与斯特拉斯曼(F. Strassmann,德)	Zelt. f. Phys 106 (1937)249	继续研究不同系列的"超铀元素",情况越来越复杂
1938	伊莱娜·居里与萨维奇(P. Savitch)	Comptes Rendus 206 (1938)906,1643	从中子辐照铀产生半衰期为3.5小时的放射性,判定它类似于稀土元素之一的镧,感到迷惑不解
1938.11	哈恩与斯特拉斯曼	Naturwissenschaften 26(1938)755	证实伊莱娜·居里的3.5小时放射性,仍以"超铀元素"解释
1938.12 1939.1	哈恩与斯特拉斯曼	Naturwissenschaften 27(1939)11,89	发表总结报告,宣布从铀和钍产生了钡的同位素,并测出了另一组产物——$_{38}$Sr和$_{39}$Yt
1939.1	梅特纳与弗利胥(O. R. Fr 奥—英)	Nature 143(1939) 239	用液滴模型解释核分裂现象,并取名为裂变(fission)
1939.1	弗利胥	Nature 143 (1939)276	用游离室测到铀裂变产生的脉冲,率先用物理方法证实了裂变
1939.2	考尔松(D. R. Corson,美)与邵恩通(R. L. Thornton,美)	Phys. Rev. 55 (1939)509	用云室法证实铀裂变
1939.2	麦克米伦(E. McMillan,美)	Phys. Rev. 55 (1939)510	用回旋加速器释放的中子轰击UO_3,用计数器测放射性吸收曲线,证实铀核裂变碎片的反冲
1939.1 1939.2	约里奥	Comptes Rendus 208(1939)341,647; J de Phys 7(1939) 10,157	用云室直接观测铀核裂变碎片径迹,并研究释放的中子和能量的分布
1939.2 1939.3	阿贝尔松(P. Abelson,美) 费瑟(N. Feather,英)等	Phys. Rev. 56 (1939)1 Nature 143(1939) 516	分别用X射线光谱法测出铀裂片的原子序数,确证裂片为$_{52}$Te及碘$_{53}$I

续表

年代	作　者	文　献	贡　献
1939	玻尔(N. Bohr,丹麦)与惠勒(J. A. Wheeler,美)	Phys. Rev. 56 (1939)426	全面论述裂变的机理
1939.3	布什(E. T. Booth,美)	Phys. Rev. 56 (1939)981	研究铀裂变碎片的能量分配
1939.3	哈尔班(H. von Halban),约里奥及柯瓦斯基(L. Kowarski)	Nature 143(1939) 470	研究铀核裂变中释放的中子,指出有可能产生“链式反应”
1939.3	安德森(H. L. Anderson,美)费米等	Phys. Rev. 56 (1939)797	研究“链式反应”
1939.3	西纳德(L. Szilard,匈—美)与金(W. Zinn,美)	Phys. Rev. 56 (1939)799	研究慢中子与铀相互作用后发射出快中子
1939	伊莱娜·居里与钱三强	J. Phys. Rad. 10 (1939)495	比较铀和钍形成的放射性同位素所辐射的β射线能谱,间接验证裂变碎片的生成
1940	麦克米伦与阿贝尔松	Phys. Rev. 57 (1940)1185	真正制成超铀元素镎(第九十三号元素)
1942.12.2	费米	Am. J. Phys 20 (1952)536	第一台链式核反应堆建成
1946	钱三强、何泽慧等	Comptes Rendus 223 (1946)986	发现三分裂
1946	何泽慧、钱三强等	Comptes Rendus 223 (1946)1119	发现四分裂
1947	钱三强	Comptes Rendus 224 (1947)1056	对三分裂的机理进行理论论证

是年　为北平研究院物理研究所杨承宗获得法国国家科研中心公费资助进行联系和落实。杨到居里实验室由伊莱娜·居里指导进行放射化学研究。

9月9日　中央研究院复函清华大学,请补送院士候选人(22人)证件,函中要求:钱伟长,补著作年谱;张文裕,同上;钱三强,补年谱简历(铅笔注:请叶企孙先生代填)。

9月　向约里奥推荐中国青年学者宋守信,并得以进法国国家科研中心从事研究,后学有所成,入法国籍。1992年7月9日宋致何泽慧信写道:“回忆于1947年承三强兄盛情介绍给约里奥-居里教授,因此我于该年10月1日起入了法国科研中心,惜三强兄于1948年5月赶回祖国参加新中国科学建设,我缺乏了他高明指导,在人事上遇到些困难。1978年他来法见了一面,决定我于1979年回祖国观光,他与严老(严济慈——引注)及科学院其他数领导在民族饭店宴我,之后1980年底我承科学院正式邀请在科学院工作三月,此情此景我无时或忘……”

10月 被列为中央研究院402名院士候选人之一,提交院士选举委员会遴选。

11月15日 中央研究院发布公告:兹将本院第二届评议会第四次大会依法选定第一次院士候选人,数理组四十九人,生物组四十六人,人文组五十五人,特为公告如后(名单150人)。其中,数理组列"钱三强,在法研究讲学即将回国。学术上贡献:物理——原子物理(实验)"。

11月20日 第一个孩子(女)在巴黎出生,取名"祖玄"(为纪念到法国一年多以后去世的父亲钱玄同,他与祖玄年龄差60岁)。写信向在美国的何怡贞、葛庭燧夫妇报喜,称孩子"非常饱满,非常成熟"。

12月15日 美国《物理评论》第72卷,发表钱三强个人署名文章《重元素的三分裂》。

年底 约里奥-居里夫妇将"三分裂"和"四分裂"研究成果列为实验室年度报告之首。

1948年 三十五岁

年初 开始准备回国事宜。先向中共旅法领导人刘宁一说明回国原因,征得其同意。1953年在《自传》中说:

> 1947年冬,我的第一个孩子出生了,同时因铀分裂的工作而被升为研究导师。研究所是希望我留下去,但是我想回国,我曾就此事与刘(宁一)、陈(家康)谈过。他们说,中国基本解放大概总要三年,最好等解放后回国。我因为怕留在法国越陷越深,责任一天天大起来(在这时已有四个学生归我指导),将来更不好走,再加上母亲老病,一再写信叫我回去。最后还有一个原因是想借尚未解放时,先用一批钱买些仪器以备将来使用。根据这三个原因,我决定48年春夏时候回国,并将此意见与刘宁一同志谈,他劝我不要立刻回去,因为他觉得我在巴黎已有点被人注意,怕回去有危险。我坚持我要看母亲,最后他劝我一回国什么会也不要参加,只讲科学,不讲政治,一回国就到北平,就是进步团体找,也不要去。叫我这样坚持到解放。我答应了他,并且后来是照着他的话办了。

3月7日 致信梅贻琦告知归期,并建议联合北平研究院、北京大学及中央研究院、中央大学建立原子物理研究中心。

> 校长尊鉴:
>
> 前接赐函,赞同生设立原子核研究之计划,深令生钦佩校长鼓励学术研究之精神。后又得周培源师函,知校方准备起始用五万美金,

以后逐渐增至十五万以完成此项计划。但去岁因内子生产前后行动不便，未能于十月前后归国。现小女已将四月，而法国船期现暂定一年三次(一、五、九月)，九月船期归国生等恐将赶不及开学，故决定提早订五月船位归国，六月底或可抵沪。如校方仍认为聘约有效，生当即来平服务，关于生等住所问题亦祈请校方于分配住所时代为设法安插。

去岁生寄还应聘书，生个人精神上即认为已与校方有约。故后来虽北大胡校长来电约生及内人二人至北大执教，并先母校寄下八百美金作为归国旅费，生等当即退还。校长及北大胡校长均为熟友，请见面时代生等解释，以免发生误会。生退还胡校长旅费时，极力拥护在北平设立一联合原子核物理中心之计划，在此计划未得实现前，如北大方面缺乏原子核物理教师，生等当可帮忙授课。

去岁暑假后，因生个人应将重原子三部分裂之理论检讨完成，且法国科学研究中心给生之"研究导师"新职务颇繁重，又加以内子生产关系，故无暇顾及买仪器等事务。至于转美归国，校方虽愿补助在美生活费，但全家开支由校方负但实属过分，故思之再三，决暂先归国，将来与校长、叶、霍、周师商定设备计划及组织方法后再决定实施办法。因设立一研究中心，主要在一重要仪器(如 Cyclotron——注：回旋加速器)之设备，若预备购买，则第一年之五万不够，似应将第一年及第二年之准备放在一起同时设计。故第一年已定之五万似乎不宜于先零星支用。再者既已决定用此巨款，当然希望其能发挥效用。生去年致叶师等函中即称，若此计划完成，充分利用，要供三十至四十人工作。因此对未来组织机构及聘请研究师生及技术人员等事，事先似亦应有一筹划。自原子核物理发展以来，学术研究规模亦远超于前。生因顾虑到将来，故决定先归国服务，以便与校长及叶师等请教此事，商得一合式发展方式，以免未思虑周全而浪费金钱。将来有所决定后，再托在美母校休假教授购买仪器，或必要时，生亦可出国(其时之旅费，生自当另行设法，只请校方发给在美生活费)。

在此一年中，中研院及中大萨(萨本栋——引注)、赵(赵忠尧——引注)曾数次来函相约，因生已与母校有约，故皆婉辞，惟为学术发展计，中央二机关之合作方式似可借鉴，如是则教学研究合而为一，同时聘请研究人员及技术人材问题亦可解决。以规模而论，二中央机关拟组织之中心与生预想中之计划亦颇相合。然母校胜于中央机关者乃已有一健全之物理系，培养后进，尤理论方面良师更多于中央，如此更可使理论及实验辅助发展。

前孟治先生曾得校长命，发给生八百美元旅费已转到，特此申谢。

为买试验之零星用品,生又支五百元,将来账单当奉至校方,若有余款当在美退还给孟治先生处。生等启程日期(因轮船公司不敢早期预定船期)确定之后,当再奉闻。匆此敬请

教安　　　　　　　　叶霍周师等均此

学生钱三强敬上

三月七日

△是年,国民政府文官处写就《研究铀元素与原子弹之报告》,印发各部委机构,要求重视原子能工业建设,强调生产原子弹的重要性。文中说:我们已有铀矿资源,有人才,有条件,在机构上设有原子物理研究所。报告列举了作为劳伦斯助手的吴健雄、中央大学物理系教授赵忠尧、王守恒等,都是对原子物理学有精深研究之人才。文中赞扬研究员何泽慧女士发现铀之"三分裂"、"四分裂"的新成就;指出这些条件为研制核武器建立了基础。

3月25～27日　中央研究院在南京举行最后一轮(第五轮)院士选举,对上轮遴选出的150名候选人进行终选,拟定选出100名首届院士。经过中央研究院评议会无记名投票,有69人(含钱三强)未获得过半数,当选者为81人,其中数理组28人,生物组25人,人文组28人。

数理组28人名单(公告时排序):姜立夫、许宝騄、陈省身、华罗庚、苏步青、吴大猷、吴有训、李书华、叶企孙、赵忠尧、严济慈、饶毓泰、吴宪、吴学周、庄长恭、曾昭抡、朱家骅、李四光、翁文灏、黄汲清、杨钟健、谢家荣、竺可桢、周仁、侯德榜、茅以升、凌鸿勋、萨本栋。

4月中　经约定往约里奥-居里夫妇安东尼住所,通报准备回国的决定并作辞行。

在决定以后,我曾找约里奥谈此事,起初他不同意。他问我到中国哪部分去,我说到北方,最后他转变了口吻说:"我个人是希望你多留一时,但是我完全能理解你的理由,因为假如我处于你的地位,我将采取同样的决定。你要记住,到北方去是完全正确的,不过你要有毅力克服困难,因为你已经不是科学界的小孩子了,所以自然而然地已树立了'敌人'。同时你十年来只是弄科学,到国内后情况不可能立刻顺利的做科学工作,所以一定要先从组织工作下手,组织好了以后才能工作。做组织工作时,一方面要与外面的敌人斗争,又要与你自己斗争,因此必须要有毅力,前途是光明的,但是艰巨的。"他这几句临别赠言使我很感动,同时紧紧地记着他的有预见性的指示与鼓励。(钱三强,《自传》,1953年2月20日)

△伊莱娜夫人准备了几样小菜款待,平时少言的她赠言道:"要为科学服

务，科学为人民服务。”在小花园中，钱三强同二师合影留念。

4月20日 约里奥-居里夫妇共同签名将他们1935年12月12日在斯德哥尔摩接受诺贝尔化学奖时的演讲稿（印刷单册，署名伊莱娜在先，约里奥在后），送给钱三强以作纪念。

4月26日 约里奥-居里夫妇共同签署评语——两页写满法文的纸，由伊莱娜亲笔书写，伊莱娜和约里奥各自签名交钱三强。译文（张麟玉译）如下：

> 物理学家钱先生在我们分别领导的实验室——巴黎大学镭学研究所和法兰西学院核化学实验室从事研究工作，时近10年，现将我们对他的良好印象书写如下，以资佐证。
>
> 钱先生在与我们共事期间，证实了他那些早已显露了的研究人员的特殊品格，他的著述目录已经很长，其中有些具有头等的重要性。他对科学事业满腔热情，并且聪慧有创见。我们可以毫不夸张地说，10年期间，在那些到我们实验室并由我们指导工作的同时代人当中，他最为优秀。我们这样说，并非言过其实。在法兰西学院，我们两人之一曾多次委托他领导多名研究人员，这项艰难的任务，他完成得很出色，从而赢得了他那些法国和外国学生们的尊敬与爱戴。
>
> 我们的国家承认钱先生的才干，曾先后任命他担任国家科学研究中心研究员和研究导师的高职。他曾受到法兰西科学院的嘉奖。
>
> 钱先生还是一位优秀的组织工作者，在精神、科学与技术方面，他具备研究机构的领导者所应有的各种品德。（原件由钱三强家人存）

5月 同何泽慧怀抱刚不足半岁的长女乘“Andre Lebon”号轮船离开马赛启程回国。其时紧张气氛，钱三强在《自传》中有所言及：

> 5月1日鼓着勇气离开了居住过十一年的法国。在上船前曾听到一些中国人说：“他要回国，叫他登得了岸才怪。”袁葆华也说过替我担心。其实我自己也是抓着一把汗，因为我还有妻子和六个月的小女儿一块走。但是最后还是走了。

船先后抵新加坡、西贡和香港时，他们受到一些不明身份的人查询和“采访”，有的自称是中央社的记者，而他们所关注的事情并非科学，令人啼笑皆非。

5月27日 船靠西贡停留。钱三强上岸给北平研究院李书华邮寄一信，抵沪时请帮忙“使海关勿过分留难”：

> 生等于四月三十日自马赛东行，昨日晚到达西贡，一路风平浪静。生等本颇为小女焦虑，恐其不能受热带气候，但结果颇仝。
>
> 生等离法时，行李除衣箱尚有书籍等共装九木箱，代研究院买之书籍杂志约装一箱共十箱。……最近在船上听其他曾代他人运寄书

箱归国之同学称,上海海关常常留难,非要清单及买书之书局货单不可,不然即可长期扣留。若有要人及机关证明,可变通取出。生等感到,书籍失去固已可惜,但尚有数年集得之放射物亦在内,虽在他人视为不值一文,可抛入海中之物,但对国内未来工作及生个人实为不可复得之宝物。至于代研究院购买之书籍及Geiger Muller管失去亦颇可惜。因此特望先生能个人或用研究院名义帮忙,使海关勿过分留难。(引自王甘棠、孙汉城,《核世纪风云录——中国核科学史话》,北京:科学出版社,2006年,76~77页;原件存于北平研究院档案)

6月10日　轮船抵达上海港,暂住陆学善主持的北平研究院(设沪)镭学研究所(时为法租界武康路395号)。陆夫人王守黎为何泽慧表姐。

Δ当何泽诚(何泽慧四弟,时在《时事新报·晚刊》实习)代取行李时,海关告,“钱三强的行李已被扣留检查”。后镭学研究所及中央研究院具证交涉,海关仍坚称“执行命令”,未果。两月后方放行。

6月11日　中央研究院总干事萨本栋代表朱家骅(时任教育部长兼中研院院长)到沪为钱何夫妇接风,并邀赴南京会晤。

6月17日　李书华在北平接钱三强西贡信后,即同上海海关联络,告钱“恐已无用矣”。

6月中　因等候被扣行李无法北上就职,遂陪同何泽慧往苏州何家——“灵石何寓”(苏州十全街151号)及网师园小住数日,为振华女校一个实验室建成剪彩。

(按:“灵石何寓”系何泽慧之父何澄所建所名。何系辛亥革命志士,曾在沪辅陈其美督师上海起义,光复后任沪军第二师参谋长(师长为黄郛,蒋介石、张群为团长),北伐时任国民革命军总司令部高级顾问,后退出军政。1912年定居苏州,在一片荒地里建起一处花园住宅,即苏州十全街151号(现苏州南园饭店内),门匾“灵石何寓”为何澄亲书。

“网师园”始建于南宋,为私家花园,历经频频易主,到1917年由张作霖购得赠与其师张锡銮,易名“逸园”,张本人并未入住,30年代其子张师黄邀请张善子、张大千、叶公绰在此居住多年,日见荒芜。喜书画、富收藏的何澄与张大千乃为至交,为免于此园继续衰败,其于1940年卖掉北平王大人胡同自建住宅“真山园”,从张氏名下购得“逸园”,复名“网师园”,并亲自指导修整,使园内假山、树木、屋宇及室内古董家什等面貌一新,还花巨资购得许多珍贵文物置于园内,既供人鉴赏,又免于流失。何澄向来的心愿,其上所有只暂作收藏维护而已,待将来政治安定,必还之于民。1950年代及以后,何泽慧等八位兄弟姊妹秉承父母遗愿,先后多次将“网师园”及大量珍贵文物献给了国家。

“振华女校”(现苏州市第十中学)系何泽慧的外祖母王谢长达创办于1906

年,它是苏州第一所由国人办的女校,以“振华”为校名,表示这位女权主义者以教育振兴国家的意志。除了创建振华女校,王谢长达一生还有两大伟业即:发起组织苏州放足会和苏州女子公益团。钱三强和何泽慧回国小住苏州时,振华女校已由何泽慧的大姨母王季玉执掌。振华培养的优秀人才遍及各界,除了王何两家众多学者,人们熟知的费孝通、杨绛也出于此。)

7月9日 在上海中央研究院物理所作回国后的首场演讲,主讲原子核科学的最新发展。次日《中央日报》发表消息:“负有国际盛誉之我国原子物理学家钱三强氏,顷自法返国,首次于中央研究院物理研究所作学术演讲。按钱氏曾发现原子核在中子轰击之下,能分裂成三部乃至四部,为一九四〇年以来物理学上之大贡献。”《申报》发文字消息并配发了钱三强的演讲照片。

7月初 何泽慧在苏州接受上海《妇女》杂志记者(志暄)专访。该刊同年第三期“人物介绍”专栏刊登访谈长文,题为“成长中的中国居礼夫人——何泽慧女士”。全文附下:

假使我们不太记得一年前,曾经轰动过整个上海的《居里夫人传》这部影片所给予你的深刻印象吧,你,一个封建社会压迫下的中国妇女,素来被卑视为低能者,只配做管家养孩子的“寄生虫”。对于这位全世界闻名的女科学家,卓越的天才,坚毅不拔的精神,和伟大的成就,是不是表示着无限的爱戴和钦羡呢。要是你是一个方兴未艾的学生或正埋头于实验室,做科学工作的职业妇女,你是不是更希望在中国或甚至于你自己,也能有这么一天在科学上能够创一个新纪录,给那些主张女子只能念念轻松的文学系,和回家去烧烧饭的市侩们一个有力的打击和讽刺呢,那么今天你应该庆幸的是我们正要介绍给你这样一位未来的,正在成长中的,中国居礼夫人——何泽慧女士。

正因为中国女子学科学的少,而对于今日掌握世界重心的原子有贡献的更少,我们才不嫌路远地专诚去苏州拜访了何女士。

“找二姐吗?好,请等一下。”一个中年的男子在看了我们的名片后,殷勤地进去通报了。

趁着这个空闲,笔者就瞻仰了何女士的寓居。这是一座并不太华丽的住宅,至少在外表看来是如此,可是在这尽是黑瓦灰墙平房的苏州,却是足够称雄了,这里的围墙虽然是灰色的,却点缀着青翠的爬山虎(地锦),黄色的木门上顶着“灵石何寓”四字,要是你没有开门进去,真想象不出这个园子的幽美雄壮,迎门不远的地方矗立着古老的雪松,两旁周围更陪衬着各种的松柏,绿荫阵阵、平坦而不太狭窄的通道,两旁栽着各种花卉树木由外而内,栽种的植物也由矮小华丽的花卉而至高大雄伟的松柏,因此当我们一跨进门就觉得里面是幽悠深奥不知道房屋是在哪儿。

"对不起二位,上次我们因为急于来苏州没有机会碰到。"当我们绕过松荫时,何女士推着她刚生七个月的孩子的车子迎将出来。

黑色小花的上装,青紫色的裙子,身材并不太高而约略有些胖,在温文静淑的举止里,蕴藏着聪明和机警。

"屋里热,我们就在院子里坐坐吧。"原来屋后面还有一块更大的园地绿树成荫,正是谈话的地方,何女士亲切地替我们倒了茶。

"我是民国二十五年离开祖国的,先到德国,到德国的时候起初是求学,后来在一个西门子电机工厂里做事,因为战争,一九三八年(应为1946年——引注),由钱先生介绍入法兰西学院原子核化学研究室做研究工作,在那里整整地十年,祖国一直陷于兵荒马乱的战祸中,我们在外国既没有去内地,又没有参加抗战工作,想起来真是惭愧。"

因为好奇和难得,我们很快地谈到他们怎样发明铀原子三分裂和四分裂的理论。何女士说:"这是很平凡的,和普通的发现情形一样,开头觉得铀原子的现象有些特别,继续的研究,在显微镜看出铀原子三分裂的现象,接着又看到了四分裂的现象,我们在实验室里自己摄影底片,然而当时还不敢相信这个结果是正确的,到一九四七年,英美加各国的实验室相继都有同样的研究结果报告后,我们才认为自己过去认为不正确的理论是证实了,并且也相信到中国人也的确能够创造一些事出来的。"她又说到中国人并不是不能有所发明的,而相反地在做实验或其他的工作方面只有比外国人聪明灵活,问题是在于政府没有给予很好的工作环境,和完备的试验室。

接着又想到何女士怎么会对今日轰动的原子能发生兴趣的呢?

"在中学的时候,我就喜欢数理,后来进了清华,专攻物理,当然更有兴趣了,我觉得物理念通了,有了一个理论探索的基础,念什么都容易,譬如说去读社会经济吧,只要化少些的时间,反而能比经济系社会系的同学考得好,至于说研究原子也完全由于逐渐的接触和环境兴趣所使然,当初也没有想到十年后的原子能是这样的时髦,并且竟做了杀人的武器,早知如此真是不该念了。"何女士直爽地加上这样一个结语。

谈到在法国的生活,她觉得是安闲而愉快的,他们的住所和法兰西学院有相当的距离,每天要坐着火车去实验室,中饭多数在试验室里买些面包吃,晚上回来再自己做些菜,因为设备好,有电炉、煤气等,自己做些吃的也并不感到麻烦。在外国雇用人是要讲钟点的,或者是做多少事,所以没有像在中国那样的长期雇佣人。每年的暑假他们有三个半月的假期,那是完全的休息,你可以去旅行、划船等来恢复一年中的疲劳。他们这次回国也正是趁着这个假期的。

因为本身是妇女,无形中又关心到法国的妇女情形了,据说多数是有职业的,政府对结婚的妇女也不歧视,同时因为人口少,他们是奖励生育的,妇女可以在产前产后有四个月的假期而薪水照给。并且如果生育得多,有增加薪水、少抽税的特权。她举了一个例子说,他们有一个同事一连生了几个孩子,四个月的产期假再加三个半月的休夏假,接连起来几乎是整年没有多少工作的时间,因此有一次她和法兰西学院主任尤丽奥主席说:“这怎么办呢?”主席毫不在乎地笑着说:“要是他的太太也能这样的话,现在他的儿女也许很高大,可以帮着他做很多事了。”他非但不以为然,反而认为他以他的太太不能如此而感觉遗憾,这和中国许多的机关不任用已婚女子简直是一个强烈的对比。

她又感觉到妇女学科学在能力智力各方面并没有什么困难,不过有了小孩比较麻烦,工作方面也有顾忌,所以这次如果没有真正的工作,也希望把小孩放在这里。

说到何女士的家世,是很幸福的,四十年前创办苏州很负盛名的振华女中,便是她的外祖母;她的母亲是振华第一届的毕业生,自小生长在充满教育气氛的家庭里,中学当然也在振华里念的了,她和钱先生在清华念书的时候就相识的,一九四〇(应为1946——引注)年,在法国结了婚,和居里夫妇一样,是真正事业上科学工作上互助合作的夫嫦。

他们这次回来,一方面是来省亲,一方面也想看看远离十数年的祖国,正如何女士所说的:“我们早知国内的情形,回来并不是来享受的,而是来吃苦的,希望在自己国家的环境里,领导本国的青年做一些事,创造一些工作。”

我们固然非常庆欣我们的科学夫妇在科学上的成就和努力,但同时进一步我们更希望今日的科学家,不仅仅是发掘许多新奇的事实,告诉人许多新的发明、新的理论,更重要的还要把自然界的真理告诉人民。科学是为人类社会谋幸福的,不是为少数人服务的,正如何女士所希望的,原子能应该是用于建设工业工厂和交通工具的动力上,以造福于人类,而不希望是作残害人类的武器。因此在这样的时代里,科学家除了本位工作以外,还要为争取科学成果的合理运用而努力。人民在期待着你们对科学一样的,以勇敢的态度、丰富的热情和坚毅不拔的精神,为达到造福人类的目的而奋斗。

7月18日 在上海市立科学馆和中国物理学会联合主办的学术讲演会上,主讲“原子能科学之近期进展”。

Δ在上海的这次演讲,给后来成为加速器高级专家的杨燧春留下难忘印象:“我当时正在上海交通大学读书,第一次听到钱先生作关于原子弹的科普介绍,留下了永久的印象。”

7月19日 美国驻中国大使馆一等秘书卡尔·H.勃林格致函中央研究院总干事萨本栋,查询将由钱三强在北平主持建立原子能研究中心一事,接着“多次询问究竟”①。

美使馆英文函汉译如下:

亲爱的萨博士:

有报告说,北方一组科学家要求中国政府允许在北平建立原子能研究中心。根据美国大使馆得到的情报,一位姓钱的先生将领导所提议的这个研究中心。据报告,钱先生是法国约里奥-居里夫妇以前的学生,他发现了一种产生原子能的方法。我将十分感激您对这一报告所提供的任何情况。

如蒙允许,你对这一事件发展为我提供的真实情况和您对任何相关进展的可能性所作出的评论,将受到重视。

美国驻中国大使馆一等秘书
卡尔·H.勃林格(签名)
1948年7月19日

当日 萨本栋即发密电给北平两校长——梅贻琦和胡适:

北平 清华大学梅校长 北京大学胡校长 研密,美大使馆函询北方科学家拟请政府准在平创立原子能研究室,并称已定由钱三强主办,查此事果系在平设置亦不应于此时即事宣传,因所需仪器待美方供给者尚多,随时均有冻结可能。为政不在多言,务请转告负责宣传者注意,以免事未成先遭忌而失败。栋

7月20日 萨本栋就美使馆查询钱三强在北平主办原子能研究室一事,再致函梅贻琦:

月涵校长函丈:

昨得美国大使来函,询问北方科学家拟请政府在北平创立原子能研究室,并云已定由钱三强主办一节,窃以此项宣传,似非其时,曾电

① 以下三封信函内容均引自清华大学档案馆所存“来往函电”,案卷号183。

请转促注意，兹敬将原电文附呈，至恳

赐办！　　敬候

铎安

受业萨本栋　谨上(钤印)

7月25日　梅贻琦复函萨本栋，说明拟在北平设立原子能研究室的商讨过程，及邀聘钱三强回清华任教物理系之经过情形。

7月25日下午　在上海出席中国科学社专门举行的座谈会，应邀作“欧洲研究组织的新动向”主题演讲。所作演讲以及会上各位的讨论发言，是年《科学》第30卷第10期刊有翔实报道，全文录后：

会议主席任鸿隽首先致辞：

中国科学落后，在现今原子时代，我们似乎还没有研究原子物理的适当研究人与研究机构。现在钱三强先生偕同何泽慧夫人回国，夫妇俩对铀原子核的三部与四部的分裂研究，在原子物理工作方面是一个重要发现，钱先生于一九三七年到法国研究原子核物理，现任法国法兰西原子核化学实验室的研究导师，在法国物理学方面也是领导的人物。今天科学社有机会请钱先生来此主讲“欧洲研究组织的新动向”，很是荣幸。我们知道研究与研究组织有极大的关系。我国科学研究的不发达，可能是因为研究组织不健全的关系。现在就请钱先生来讲。

钱三强主讲“欧洲研究组织的新动向”：

今天感到非常荣幸能参加中国历史最悠久的科学团体所举办的座谈会，借此与各位科学家相聚。今天座谈会的题目是“欧洲研究组织的新动向”。在过去十年中，本人大多的时间都留居在法国，所以今天所讲的也偏重于法国的动向。

法国在战前可称为富庶的小康国家，地理环境像我国的江浙等省，而科学历史却已久长了，出过不少的伟大科学家。在科学系统而言，法国以数学为主系。数学家在工作条件上并不需要特别的设备；同时，法国的国民性又是比较着重个人的“天才”工作。因此，一般人的观念，以为研究工作仅仅是少数教授们的业余消遣，无须乎社会全力支持的，同时也无须乎有系统的组织。

直到1930年左右，科学已进步到非有相当完备设备不能进行研究的地步；尤其深刻地感到科学应与工业有密切的联系。那时佩兰(Perrin)教授——巴黎大学之物理化学讲座教授及物理化学研究室主任，曾由研究Brown’s Movement证明分子的实在性，而获得诺贝尔奖金——即联合几位各科有地位的教授,向政府请求研究基金,成立一个国家科学研究基金会。目的是辅助科学研究者所需要的设备及给予有志青年从事科学研究的机会。起初,因为经费所限,辅助的范围仅限于数理化等科。在这基金会中,设立了一个与教育系统平行的研究系统,其职位可分为:

(1)研究生——相当于助教阶级;

(2)研究员——相当于教员讲师阶级;

(3)研究导师——相当于无讲座的教授阶级;

(4)研究主任——相当于讲座教授或实验室主任阶级。

研究生的起初两年为试习时间,由大学毕业成绩优良而有志于科学研究者充任;两年试习期满后,经指导人员认为可继续工作,则进为正式研究生,在他人指导下作研究工作。研究生的成绩可以作博士论文的材料。研究员的最低资格是有博士学位,这段时期是一个科学工作者最重要的时期。原则上研究员应该单独的做研究工作,同时还有辅助更年轻的工作者的义务。以成绩而言,这段时期是产量最大的时期。大部分科学人员的前途是看这个时期的工作而定。这个阶段中有优秀成绩的表现者,同时并且已表示有指导其他人员工作的能力者,可以进作为研究导师。研究导师的职务是除自己工作外,尚需组成一门学问的研究核心。研究导师中更有成绩表现,而且具有办事的才干,可进作为研究主任。研究主任常常就是一研究所的所长,在学问而言,不但在本国有地位;在国际的尺度上,也常常是立得住足的人物。

这个组织成立后,不过二三年,约里奥-居里(Joliot-Curie)即因受到研究基金会的设备辅助,而作出了中子的工作,约里奥氏因此而得研究导师的地位;不一年,他们又发现了人工放射现象,而获诺贝尔奖金。这个辉煌的成绩,使知识界了解了研究组织的主要。因此,佩兰便更努力的向政府请求辅助。这时正是法国组织人民阵线联合内阁的时候,一般的作风是对于有益社会的事业及其机构都大量辅助,因此佩兰教授的呼吁便促成了新内阁中的“科学研究部”的产生。部长即请约里奥-居里夫人担任,在法国以女子为阁员的,这还是第一次。一年后,约里奥-居里夫人科学研究工作因部职而受影响,她便辞去了部长职位,后来又将“研究部”改回为“研究会”,主任仍由佩兰教授担任,但规模却扩大了不少。到第二次欧战前,它的经费已超过了一个大学的经费,范围亦扩大到所有自然科学各部门,而且还涉及了一部分人文科学。

法国沦陷后,傀儡组织以为“科学基金会”是一个“反动”的组织,就派了一个矿物学教授Jacob去接收这个机构,作为结束的准备。不料Jacob接收时,发觉这实在是一个相当有效而健全的机构。因此,他建议保留了这个组织,而换了块招牌,称之为"国家科学研究中心"。但因为经费不增,而物价上涨,所以就不死不活地维持下来了。当时从事于工商业者,虽在物价高腾情况下,因水涨船高他们的生活就不大受物价威胁影响;社会上最受到影响的莫过于公教人员。这些公教人员,就是没有逃到英美去的法国科学工作者,大部分感到未来的责任,在艰难的情形下仍坚守着自己的岗位,尽可能的使工作前进,同时还训练了一批后进青年。光复以后,才看出这时期工作的重要来。

法国光复时,佩兰教授已去世,临时政府即派约里奥教授主持该中心,而且扩大职权而成为指导及组织全国纯粹科学研究的机构。其经费约相当于全国的高等教育经费,研究工作人员可以不限于法国国籍。它属于教育部,可是一个比较超然的组织,不受政治及政府人员更调的影响。在约里奥教授指导下的两年"训政时期",使该组织内部成了一个民主的及富有机动性的机构。他将科学分为若干部门;每部门中选了比较年轻而已有良好成绩表现的科学家们组织成该部门的科学委员会;这些委员会目的在审查成绩,决定升迁,拟议该部门研究发展的计划;各部门委员会又推选出一二人,共同合组为主席团,研究中心的主任为主席团的主任,主席团为该中心的决策机构。

现在科学研究中心的工作,大概如下:

一、辅助已有的教育及研究的机构,使它能发展科学研究。辅助的方式为增购必要的设备、图书及增加科学研究人员的名额。

二、在整个研究计划下,创设已存在研究单位以外的新的研究室。例如:(一)大分子研究室的设立,以往因限于经济关系,对于大分子的问题,许多科学家都各自为政地作些枝枝节节的小题目。现在研究中心鉴于近代科学之需要于合作有系统地合作,所以鼓励这部分科学家组成了一个联合研究大分子的研究室。这里面包括数学、物理、化学、生物等各科的人物。(二)关于原子核的研究,在法国原子能委员会未成立以前,法国拥有镭学院之居里实验室,内有世界纪录产量的放射原质;此外尚有比较新的法兰西学院之原子核化学实验室,内有回旋加速器(Cyclotron)。研究中心为完备研究原子核的工具起见,更设立一原子综合实验室,装有高压加速器。在行政方面,使这三者发生极密切关系,因此研究工作极为方便。(三)法国所特长的工作,使它充分的发展。例如磁学,除早期在英国俄人Kapitza设立的强大磁室外,法国磁学研究原占世界一重要位置。最近在Cotton教授指导下,我国之蔡伯林先生即以研究员的资格设计建造一个世界最强大的永久磁石。这不但对于磁学技术本身是一个重要的贡献,并且对于放射学及宇宙线研究都有密切的关系。由这里所举的几个例,可以看出他们如何有计划地进行新的集体合作的研究部门。

三、与实用科学取得联系——如国防科学、工业科学、医药科学等。

四、研究中心辅助性的工作及社会性的活动:

(a)派送留英学者:若研究中心感到在全盘计划中某几部门缺乏专家,它即选派有准备的研究者到外国,专对此部门进行学习及研究工作。去的时候,研究中心已事先接洽地点及研究导师,回来的时候也不必想到是否有出路问题。这班留学者的工作早已被研究中心安排好了,使他将所学的东西充分的利用及发展,同时又可以训练一批青年。这类有计划的派送留学生,使他们很快的就充实了所缺乏的部分。一次送留学者以后,即不必再在同行内送其他人了。这班人完全尽了"移植"的工作。

(b)交换教授及组织国内或国际的专门问题的讨论会:用这种方式,一方面输出法国的文化,一方面输入他国的文化,同时又提高了文化水准及青年工作者的研究兴趣。

(c)增加传播智识的方便:编辑各科科学的文献辑要及负责印制文献的小照片(Microfilm)以低价售给研究者,使之工作方便;另外还统买外国新出版的书籍杂志,除在大城设立图书中心外,还代发给各有关试验室。

(d)训练研究青年:从大学或专门学校毕业走到研究途中,其起始因准备不充分,常常有许多智识上不足及技术上的困难。现在研究中心与科学工作者协会合办研究预备班,以增加合理化及集体化的研究效率。比如照相技术、无线电的应用、吹玻璃、金工实习、近代力学所需要的数学等等,都有系统的由有经验的科学工作者给青年以切实的指导。这样可以省去了每试验室的人对新来者的义务;同时因为教的都是几方面的专家,所以青年得到的智识更准确。

(e)鼓励自制仪器:科学的分门别类越细,工作所需仪器也越来越复杂困难。仪器除普通及本国出者外,常常需要购自外国,或各试验室研究者各别的自制。研究中心为提倡自制及增加工作效率起见,特选某些试验室之某几位适当人员,使其专门负责自制或修理某些仪器。比如Geiger-Müller电子计数器已可以由原子核化学试验室制造,而且可供给其它试验室。又如我国的汪德昭先生即以研究员的资格,负责修理及监制灵敏之电流计,对于法国研究工作便利不少。

(f)鼓励研究者作有系统的学术讲学:研究工作人员若多年不教

书，便不大有讲解的机会，同时因为工作日益专精，渐渐地对于普通的东西及有关科学的全部，有荒疏的趋势。研究中心有鉴于斯，鼓励研究者间断地作专门学术的讲学，这不单使研究者有回省的机会，同时也与(b)项一般提高了文化水准及青年工作者的研究兴趣；另一方面亦使研究工作者与社会取得应有联系而获得了互相了解。

(g)出版专门书籍及集体科学著作：有些著作的或翻译的专门书籍，书店不肯承印，即由研究中心代理承印。有时研究中心感觉某些科门尚无完善的书籍，即拟定撰稿人物请他们各就所专，写某一部分的文章，然数集体的出版。这类的书籍本身，应该比一个或少数人写的有价值。

除去这些工作，研究中心又参加了全国的复兴计划，负责筹划复兴计划中的科学部门的工作。

经过两三年的“训政”以后，现在研究中心已开始走入“宪政”时期。从前各部门委员会的人员，是由研究中心的主任征询结果而聘请的，现在则由科学工作全体人员在研究主任到研究员中及教育界的教授中选举出来。新的各部门委员会选出后，再产生主席团。一切全国研究的大政方针，即由各科学界所选出，能够担负起科学研究责任的人来主持，教育部只就其主席团中选一适当人物聘为主任。这个机构，除去它的民主作风外，还可注意的是有机动性。它并无成法去限制它的活动范围；其目的是现代科学日新月异的进展中，如何使法国科学研究充分地走上一条合理化的集体发展的道路，选择它所应走的路，它有充分的自由及机动性。

法国之外，我要提起的是英国。英国研究组织所走的正与法国走着同一路线，其目的为(一)增加科学工作者之研究机会及设备，(二)增加工作人员之合作机会，(三)促使政治当局了解科学之重要。在这次战争时期，英国一个教授可能作为一个上尉，或只佩戴了一个肩章就去参加战时工作。英国战时有一行动单位(operation unit)，即由科学人员组成，派往前线或参谋总部观察军事设备或防御工作上有否可以科学方法来增强战斗效能，以达到科学辅助军事的境界。下面有三例可以证明科学对军事上的贡献：(a)雷达的应用——英国在大战时不曾受到致命的损伤及破坏，实与应用雷达设备有莫大关系；(b)磁性鱼雷——战时德国利用磁性鱼雷破坏英国舰队，行动单位的工作人员就在船底装上交流电圈，使磁性鱼雷不能发挥它的效用；(c)战时在大西洋海面由美国载运军器及粮食之英国舰船常受德国潜艇之袭击，为减少潜艇袭击之损害，数学家曾运用他们的知识，算出损失最少的舰船行驶时间及排列方式，结果成效昭著。

鉴于英国科学家战时辉煌成绩,战后政府仍旧尊重科学家的意见。近来在政府各层机构中都设有科学人员的职位,希望在和平建设时期,科学亦如战时一样的参加改进效率等问题,如最近的食粮问题,科学家正在协助政府谋得解决之道。虽然科学家的战时功绩那样大,但是政府人员总觉得科学人员应该是听命令作事的人,不应爬到发号司(施)令的阶层。至于全国科学人员之合理化的组织,似乎尚不及法国来得集中,来得有计划。这可以由各国所走的政治路线之不同而去了解这不同方式的发展。英国是唯一的特殊能演进的国家,因此现在科学虽然在要求着一个民主的、全国性的、集体发展性的研究机构,而演进的国家必须要有一相当时间才能达到这个目标。

美苏两个巨大而极端的国家,我们暂时不谈。西欧除英法外,比、意等中间的国家也都感到这种新趋势,有追赶上去的必要,而已经有了类似的组织。全世界的科学工作人员皆深深理解我们现在科学的成就已不是个人的荣誉,而是集体合作的表现。科学既然受了全社会的支持,它的最后目的也应该为全社会谋福利。

陆学善:

今天钱先生所讲的我想可以分为三点来说明:(一)有民政权才能有大规模的科学研究;(二)现代的科学研究已是一种有计划的集体工作;(三)科学工作者的态度,除其本身兴趣外,应不忘其对社会的责任。我们梦想着有一天,我们中国有一个科学研究中心,我们探讨真理,我们为全民谋福利。这样一个机会的到来,恐怕还遥远得很,坐着等待而能实现,除非是一个奇迹。这责任都在我们科学工作者本身,挺起身来,争取一个合理的社会。

卢于道:

由钱先生所讲,知道法国研究组织有全国性的单位研究大集体,但不知道与法国的复兴计划如何配合?

钱三强:

法国现行的外援复兴计划本来对科学工作不曾注意,因为执政者是些纸上谈兵的政治界人物;后由科学研究中心及科学工作者协会发动促起其注意,执政者才知道要实现复兴计划,必须要有许多受过训练的科学及工业人才共同合作。为了使复兴计划不变为援助者的奴化计划,就必须科学与复兴计划相配合。现在科学研究中心已担负起来复兴计划中的科学部分的筹划工作。

吴乾章：

据传外国研究工作甚为秘密，不知欧洲诸国是否如此？

钱三强：

在自然科学中可分为纯粹科学与应用科学二种，纯粹科学我们不如称之为基本科学。一般说来由研究基本科学所得之结果是绝对自由而公开的，如原子能之所以能应用乃是各国研究传布结果。基本科学是不能闭门自守的，它需要触类旁通。若基本科学之研究不能自由而公开的话，则犹如众人聚居一室，紧闭窗户，结果是连他自己也会窒息而死。至于应用科学在工业与军事上有些小秘密是常常保留的。现在一般学者所争者为基本科学结果发表的自由。根据自然科学本身原则，基本科学的研究结果应该绝对自由。至于国防部应用科学之研究，各国都不欢迎不信任的人去工作，但也并不绝对拒绝外人，要看研究者本身与其国籍而定。欧洲国家对于基本科学的研究是允许外国学者去学习的。

张鸿年：

要发动大规模的研究工作，须立基于人才，基础，经济三项。关于人才，我们每年有不少研究人员或大学毕业生，及归国人才；关于基础有中国科学社这样一个历史悠久而有国际盛誉的学术机构，此外又有中央研究院、北平研究院；我们所缺的乃是经费。在中国确实是收罗人才容易，征募基金为难。中国科学社当联合科工、技协等学术团体向政府争取工作及研究基金，俾达到科学为国家、为社会之目的。

陆学善：

说到经费，又使我感慨万端。我们现在研究仪器样样缺乏，竟是连一元美金的外汇也难以请得。

钱三强：

国内的科学工作好像是一筹莫展，要打开一条路方法有的是。方法是要用人力来争取的。我们并不太穷，可是我们糟蹋钱的地方太多了。就以留学政策而论，若办得恰当，可得良善的收获。但是现在无计划的任青年学子到外国去，结果容易造成一批学不得其用的份子。若是把每年留学的外汇用到本国研究工作，或是送真正的学者去留学像法国、日本一样，我想成效一定要远过于现行政策。一般来说，二三年的留学时间要得优良成就并不是容易的事；但社会的习向使青年盲目的走上出洋的路，结果有些有志的得不到适宜的发展机会，有些就靠着一个学位及特殊的个人关系在某机关里挂一个职衔,就这样自误误人地过了一辈子。我们实在不需要每年派这么多的留学生,尽可以在国内造就或训练人才。我们并不是没有专家,我国的量子力学专家彭桓武氏,可算是胜任的研究指导人物,他现在回到云南大学,从前在爱尔兰教书时,法国就派学生专到他地方研究,最后结果使他的学生回到法国得博士学位。我们每年有不少人去学量子力学,为什么不到云南去学,反而到外国?不论是公费或是自费,普通一个留学生至少费用是一百美元一月,可是在国内的教授只合十元美金一月。若是少派一留学生而以这笔外汇供养五位教授,使他们安心工作,实能造就更多的人才。我不是绝对地说不送留学生,我们仍是要有计划地送留学学者。日本送留学生至今有六十年的历史,可是现在他们只是偶尔派送一、二个学者去国外研究而已。中国派送留学生亦有六十年的历史了,可是现在还要每年费大量的金钱大批送留学生。这种现象很值得我们来思索。

张鸿年:

话是说回来了,我们再看一看在留学政策以外的外汇消耗吧,阔佬大官们,甚或是公子哥儿们在美国又要耗费多少外汇?或者甚至花一笔外汇来换一声妈咪。外汇都是由民脂民膏换来的。所以一定要争过来为人民谋福利。

张孟闻:

我可以补充钱三强先生的说话,同时并以回答吴、张、陆诸位先生的意见。全国性的科学研究计划中心,在并世列强都已存在。在英国有科学与实业研究部和国会里的科学政策顾问会,最近又拟议建立国家研究发展局;美国有科学研究发展局是蒲胥博士(Dr. Vannevar Bush)所领导的;德国最近在美国占领区里成立了一个总括科学一切部门的 Plank Society 以纪念浦伦克教授那位刚刚逝世不久的原子物理学权威,其范围足以比拟于战前德国威廉皇室研究院;苏联有其庞大无比的科学院而外,其著名的科学家且有被选为国家中央政府委员的,可以与其他党政人员一样有权力来决定国家政策方针;加拿大自去年起也有国会与科学委员会主持国家科学工作计划。从这里看,只有中国的科学工作者处在最可怜的境遇里了。要是等待集款或请求政府来组织这么一个研究中心机构,真是"俟河之清,人寿几何"。我以为比较可以做得到而无需大款的即是由民间科学界自己推选代表,集合起来成为中国科学界的决策机构,拟定政策与计划,讲我们所要讲，做我们所能做得到的；而听不听与做得到几许，则看社会政治的环境了。

黄宗甄：

要请教钱先生两个问题：(1)东欧与北欧诸国之科学情形如何？(2)法国之科学院有否像我国之中央研究院或北平研究院等之组织？

钱三强：

北欧诸国，科学前进，但常常是某一门学科有特殊发展。东欧诸国的科学并不十分成熟，不如法国、美国之科学已发达至成熟阶段；可是他们有意设研究机构，而指导人才不够。

法国科学院，我们应该译为科学博学院(Acadèmie des Science)。它在教育上有支配权，但因为院士们多半都是年老德高的科学家，对于新的科学不常常注意。因而现在已有点变成元老院了。法国科学研究中心，而是因为科学博学院不能负起实际筹划全国科学研究的责任，所以应运而生。它是一个比较年轻的机构，负责人也都是直接在做科学研究工作的人。

从我们上面所讲，就可看出，科学研究中心与我国的中央及北平研究院并不相同。这两个研究院只是一区域中的若干研究所的总合，并无筹划全国的研究经费职权，它们约相当于法国的法兰西学院(Collège de France)一类的组织，但是它们还没有讲学的机构。在某方面看来，我们的教育系统有些人为的脱节地方。

7月29日　应中国技术协会之邀，在上海向科学技术界主讲“国际科学研究之新动向及其组织和从事科学工作者的各种情形”，反响热烈。

7月29日　萨本栋为美国大使馆查询钱三强主办北平原子物理研究中心事，再致函梅贻琦和胡适，且附寄了美方的原查询函复制件，萨在英文函件上亲笔写了两处中文提示，一处竖书：“月涵夫子：赐函已奉悉，兹将美使馆函抄上，乞望收阅后付丙。适之先生处已另抄送矣。”一处横书：“对于此函，数处只用电话告B‘this agitate has been on and off for a long time’，来函者对于国内原子研究已多次来院询问究竟，此为第一次之书面询问。外此，尚有其他为外交秘密不便奉告。”

(按：1948年下半年，美国国务院官员向英国提出建议，采取实际步骤搞掉约里奥-居里。但英国人对此提出疑问，其论点是：既然法国有许多共产党员，“砍掉九头蛇的一个头不起什么作用”。巧得很，在华盛顿参加讨论此事的英国官员就是唐纳德·麦克林，他后来逃到莫斯科去了。伦敦也认为，考虑到约里奥的威望和他在原子能发展中的重要地位，当时让法国人自己搞掉他是不可能

的。(莫里斯·戈德史密斯,《约里奥-居里传》)

7月末 受中央研究院之邀前往南京,受到多方接待。

Δ由萨本栋陪同在行政院院长办公室拜会翁文灏,谈到搞原子能用不了很多钱,希望政府应该重视该项发展等。

Δ出席朱家骅接风宴,侍从室主任沈昌焕等多位高职人士作陪。言谈中,朱等许以中央研究院物理研究所所长职位(所长吴有训时在美国),挽留钱何夫妇在南边共事,不必北上。钱以母亲病居北平,这次是为了探望母亲而归国,加以婉辞。

Δ受交通部部长俞大维约见。交谈中,俞问及原子能问题,问从第一个原子反应堆发展到原子武器需要多长时间。钱回答中讲了一个概略的年数,说约需三四年,如果受到重视,进度顺利的话。

Δ一天,接到请帖,负责政府国防科研与发展任务的国防部第六厅厅长钱昌祚要在励志社设宴,并邀其无锡同乡、浙江大学物理系教授王淦昌(其去美国未到——引注)前来共同"讨论如何发展原子武器问题"。时任六厅处长葛正权1968年4月24日写材料称:"席间钱三强讲了话,他讲话的内容我已忘记,不过他的谈锋很健,钱昌祚就怀疑他是一个共产党员。因此就不敢留他在第六厅开会讨论原子武器问题,叫我把他们的车旅费送去了事。"

8月6日晨 在上海与由平抵沪的叶企孙晤谈,商定本月中乘轮船北上。

8月7日 叶企孙致函梅贻琦作情况通报:

涵师钧鉴:

受业已于三日下午抵沪,飞行情形甚佳。四日下午即至新华银行访问孙瑞璜兄,承托带沪之件已面交之。六日晨与钱三强兄晤谈甚久,彼仍定乘轮北上,约本月中左右可动身。受业曾于二日与李润章先生谈及北平三机关(清华、北大、北研院)对于原子核研究之合作问题(此次之谈系润章兄所约,可见彼现已认清合作之必要),结论为宜由三机关向政府合请外汇(以三年为期,每年美金九万元)。二日之会谈,润章兄并未约树人兄参加,但受业表示意见,谓宜邀请北大参加,倘北大对此合作计划不起劲,只由清华与北研院定一合作计划,亦无不可。吾师有便时,请再与润章兄一谈。京沪溽暑,迄未稍减。受业拟改迟至十五日后赴京。闻林伯遵兄言,孟真兄将于本月十八日到沪。专陈敬请

钧安

受业叶企孙敬启

八月七日

同日 梅贻琦亲拟电报稿,发至苏州何泽慧家,盼钱三强早日到校。电文

为:"苏州十全街151号何宅转钱三强先生 盼早日来校并示行期 梅贻琦麻。"

8月底 偕何泽慧及女儿乘船由上海经天津转抵北平,先暂住五弟德充家同母亲一起。先后有"世界科学社"及北平驻军司令傅作义设席接风洗尘。钱三强在《自传》中说:这是把他作"花瓶"。

9月初 到职清华大学任物理系教授。为备课上课方便,在清华的住所安排在叶企孙住的北院七号(北院七号位于图书馆北面,系平房,共有十多间房子,除了叶企孙住三间,所空余的房子实际上成为清华大学接待教授的客房,1947年钱学森回国探亲曾在此住了十多天。钱三强在此住了约两个学期)。周末进城,他与何泽慧住在北平研究院安置的月牙胡同,一度从五弟处接来母亲同住。后迁居大取灯胡同。

9月9日 出席北平研究院在怀仁堂召开第二次学术会议暨纪念北平研究院成立十九周年,会议由院长李石曾主席,甚为隆重。李书华报告,镭学所改为原子学研究所,聘钱三强为所长。何泽慧被聘任为研究员。(同年10月1日,北平研究院发出文件通知:"镭学研究所改为原子学研究所,设在北平,原设上海镭学所部分改为北平研究院物理研究所结晶室。")

9月中 在清华大学科学馆向物理系全体同学作首场演讲并回答提问。《中国新闻报》长篇报道:"在开会前科学馆的门口即挤满了同学,大家都以急切的心情,盼望着等待着一向景仰的钱先生的来临。钟声敲过了七点半,钱先生终于准时地来临了,中等的身材,穿着朴素的西服,满面的笑容,使人一见便泛起无限的钦仰。当主席略致欢迎辞后,掌声中他起立了,开始对同学们作下面的谈话。"钱三强演讲着重介绍欧洲科学技术发展及科学机构的建立,指出:第二次世界大战,在一定意义上可以说是一次科学的战争。人们进一步认识到发展科学的迫切性,大规模充实研究机构,充实研究基金,扩大实验室。研究机构开始成为独立的系统,以科学研究为中心,教育只是它的一个旁支。欧洲的科学研究开始走向集体化,互相配合,同时并进。研究人员可以很安心地致力于研究工作。在联系到回国后的短暂见闻时,他坦言自己的感受与希望:

> 这次,我回到祖国,看看国内科学界的情形与若干年前没有多大区别。各大学门户之见甚至各系之间的相互摩擦依然存在。诸位是未来科技界之后备军,我希望你们将来进入社会要根绝这种毛病,要打破为清华,甚至为清华物理系努力的观念,你们要努力的是为整个中国物理界!

Δ演讲结束,有学生问:"自然科学是不是超然的东西?目前科学工作者有两种态度,一种是,发掘自然界神秘的好奇心,以满足自己的兴趣和求知的欲望;另一种是,科学的研究是为了大众,把科学成果应用于人民的福利的增进上。请问这两种态度孰为正确?"

钱三强答:

当然后者是更正确,不过,也不要太功利主义。自然科学并非是超然的,但研究过程中多少要带着好奇的心情。科学的研究要给以相当的自由,并不是政治上所谓的自由,而是思想与心理上的自由。

Δ又有学生问:“自然科学的研究是否以人为中心?由于科学上一天天新奇的发明,以致政治家的疯狂利用,有一天,是否人类会因科学的利器而毁灭?”

钱三强答:

自然科学研究的对象是物,但研究的结果仍然会归结到人方面来。说人类会因科学的利器而毁灭,我想不至于。以火来譬喻,燧人氏发明火时,何尝不说它是杀人的利器,但经过人类好好地利用它,便使它成为人类生活必需的东西。人类一旦知道某种东西的厉害,便会害怕,不会妄自利用来残杀人类的(王春江,《裂变之光》,140~142页)。

9月起 任中国物理学会理事兼书记(至1950年3月)。

秋 在清华大学物理系招黄祖洽为国内研究生。北平解放后,钱三强因自己活动较多,建议黄改学理论物理由彭桓武指导。

Δ黄祖洽在《清华园的四年》[①]文中如是说:

1948年大学毕业,已是解放前夕。北平的政府机构和有钱人纷纷南迁,市场萧条,就业困难。我不愿放弃物理,又没能在北平的学校或研究机构找到合适的工作,唯一的选择是考研究生。

考谁的研究生?我找王竹溪先生咨询,他告诉我,钱三强先生已经从法国约里奥-居里实验室回国到了北平,并且应聘在清华大学做教授。他建议我报考钱先生的研究生,在核物理方面作研究。我采纳了王先生的建议,报考并考上了。

一开始,钱先生给我介绍在国外用核乳胶发现铀核三分裂的工作,教我如何用显微镜看乳胶中裂变碎片的径迹,又教我用他从国外带回的Ilford核乳胶片在暗室中浸入硝酸铀溶液中一段时间,让硝酸铀渗入乳胶,再经过显影、定影,晾干后,放到显微镜下观察,就可以看到一些铀核自发裂变的径迹。这些径迹的长度可以在显微镜下测量,测量结果有一定分布,可以在坐标纸上画出来,或者用数据处理法来分析,得出径迹的最可几值。

钱先生对我说,我们能否不依赖进口的Ilford核乳胶,自己研制出同样灵敏甚至更好的核乳胶来?他让我看一篇论述乳胶制作的文

① 载于《科学时报》,2011年4月1日

章，自己试一试。我看了文章后，便着手准备核乳胶的研制：修复整理清华科学馆最下一层北头实验室中的暗室；用一些在物理系库房可以找到的零件，装配出一台恒温器；上街采购原材料，包括胶片、硝酸银、显影剂和一些其他化学制剂。我也不记得经过了多少次尝试，终于初步制出了可以看出铀核自发裂变径迹的核乳胶。在整个试验制作过程中，何泽慧先生也和钱先生一起，关心、指导我的工作。

1949年5月，彭桓武先生由昆明来北京，在清华大学任教授。钱先生忙于学术组织管理工作，社会活动比较多，又知道我对理论物理感兴趣，便征得彭先生和我的同意，让我改跟彭先生做理论物理方面的研究生。那时彭先生刚34岁，已是国际物理学界的知名学者。记得他来清华后在物理系作的第一次学术演讲，是介绍海森堡散射矩阵理论。他的介绍深入浅出，使听众能随着他的讲解理解到，海森堡提出散射矩阵的指导思想，就是他主张理论应当联系可观测量的一贯思想。后来彭先生为研究生开讲量子力学，强调的也是这个思想。

10月 先后拜访梅贻琦、胡适和李书华，希望集中一下国内研究力量开展原子核科学研究，并在财力方面请求支持，以便购进必要的仪器设备，但希望未得实现。钱三强后来撰文说：

当初我任教于清华大学，就首先找到校长梅贻琦。梅校长表示理解我的建议，但无能为力。他说："你的意见何尝不对，可现在是各立门户、各自为政，谁能顾得上这些呢！"

接着，我又去登北京大学校长胡适的门。胡先生与我父亲多有交往，"五四"时期曾经轮流编辑过《新青年》。1945年我从法国到英国学习核乳胶技术，在伦敦见过胡，他还积极动员我回国。他现在既是名校长，又是可与最高层通话的要人，也许他比梅贻琦的作用大。在我讲明来意后，他摇了摇头，感叹道："门户之见，根深蒂固。北平有几摊，南京还有一摊，几个方面的人拢在一起，目前的情势下不易办得到。还是各尽其力吧。"

最后，我找到北平研究院副院长李书华，希望把北平的有关力量先联合起来，加强协作。他的回答是："在一定时期开开学术讨论会是可以的，其他恐怕难以办得到。"（钱三强，《中国原子核科学发展的片段回忆》，原载香港《紫荆》，1990年10月，创刊号）

10月 上海出版的《工程界》（三卷八期，十月号）杂志，刊文介绍钱三强在沪的两次座谈会上讲话辑录，文题为"从国际科学工作者的集体研究精神看中国的科学家和工程师"。全文如下：

从国际科学工作者的集体研究精神看中国的科学家和工程师

1. 从法国的例子谈起

目前的科学工作,已经不再是从前的旧观念,譬如有少量金钱的,就从事制造一些新发明来,赚更多钱的想法了。目前国际科学工作,已走上了集体合作之路。正如一个政治家的名言:"在未来的世界中,哪一个国家把科学研究和应用弄得最好,就是世界的老大哥。"所以,现在国际科学研究的趋向,已走上了有计划、有组织的道路了。

谈起欧洲的科学工作,先说法国。法国在战前可称得上是一个小康的国家,地理环境和我国江浙等省相似。就历史上说,科学界确曾出过不少人物。可是在这次大战前,法国的科学研究工作却是漫无系统。一向法国的科学研究系统是拿大学做中心的,然而各大学自是(各自)为政,研究工作也仅仅好像是教授们一种课余的消遣。主要的研究工作,仅及数学和物理;因为这一方面的研究工作,无需大规模的设备。但是这样的研究工作,一旦面临了重大的工作,如二次大战时,原子核能等研究工作,必须和工业研究打成一片,就不是各个教授散漫的研究所能胜任的了。

当时有一位贝莱(Perrin)教授,他已深深看到这一点,在别的国家,新的科学家人才辈出,而法国则相形见绌,原因就在这个研究组织上。法国的研究组织既在大学里,人员有定额,老人员又不易出缺,虽有新人才,也无从提升。贝氏早就有一个联合青年科学工作者设置另外的研究组织,从事研究的计划。

2. 成立了科学研究中心

直到1935年,法国政潮发生,人民阵线上台,成立了人民联合内阁;年青的科学工作者就成立了一个"国家科学基金"的组织,向议会请准拨基金,以贝莱教授为主任,培养大批有研究精神的副教授,助教,并做到津贴能造就而无机会研究的大学毕业生,使他们继续研究;期限为二年,如有成绩,再许继续。研究组织之系统分研究生,实际研究员,研究员,导师及主任等。当时因为基金有限,只设数、理、化三科。

后来约里奥-居里夫妇(居里夫人之女及婿)研究人工放射现象,得到很好的结果;贝莱高兴极了,认为如经费能再增加,研究工作前途未可限量。他就向政府提出。至1938年,规模已超过了大学,科目也扩充了,同时还出版刊物,派留学生等。

等到法国沦陷，维希政府曾认他们为反动组织，后来幸得保存，由一群科学工作者苦苦撑持而维持着。1944 年法国光复，那时贝莱教授已去世，临时政府授命约里奥-居里夫妇主持，成立“法兰西科学研究中心”。工作人员国籍不限，集为一体。主要工作方式有五，(一)增加研究人员。(二)创设新的研究室，如巨分子化合物；创设相互辅助的研究室，及别国注意尚少的，如磁室等。(三)与实用科学取得密切联系。如国防科学，医药科学。(四)派遣留学生，交换教授；普及科学工作，利用基本队伍作通俗科学的工作。(五)出版有系统之著述。用“全国研究中心”的姿态来从事全国复兴工作。现在，这中心组织的负责人选，已做到由全体研究员投票产生的地步了。

3. 在其他的欧洲国家

除法国而外，其他欧洲国家在科学研究方面已相当成熟的，要算英国。英国是个有理性的国家，他们曾在战时有不少成就，如雷达，对于英国空防上有莫大的贡献，战时的行动单位(operation units)就是由科学人员组成而派往前线后方各地辅助军事进行的。而在战后英国政府也不曾对战时有功的科学工作者忘恩负义，仍重视着科学工作人员。

不过，英国的科学工作者们还没有能如法国建立起一个“科学研究中心”那样的一个合理的研究组织。这样的组织在英国也许要等到政治组织改良以后，才能达到。现在的“科学工作者协会”就在争取这样一种合理组织的权利。

其它如北欧诸国，科学研究相当前进，但还不是全国性的集体研究。东欧诸国虽然在科学研究上还不如英法已至成熟阶段，但却都有一全国性的研究机构。

今天我们不谈美苏这两大极端的国家。一般地说，欧洲各国的科学研究组织，都已有这种新的趋向，觉得科学不再是个人的光荣，而是集体的合作了。

4. 中国还是面向着功利主义

可是，在目前中国的科学教育和流俗思想结合之下，科学在我们的出路是功利主义。

中国到目前为止，还没有全国性的研究组织。如中央研究院还只能代表一部分中央的或是南方的人士。而且即使在中国最好的大学里，工科教育也成了仅仅的职业教育。

工科教育实在不仅是职业教育，单就现在的东西拿来会用就算，像一部机器一样。真正的工程师,要能制造,还会应用,要应用由自己脑子综合出来的东西。

现在中国科学教育和社会所给予科学工作者的机会,仅仅能使人做到抄袭与模仿,没有创造的条件。所谓创造性的东西,是要从没有整理好的东西中"归纳"出来的。我们做惯学生的人,理解东西总是"演绎"的。实在好的工程师,就和好的政治家,或者有创造性的文学家完全一样。

5. 工科学生的基本态度

所以,补救之道,或者只是治标之法,应该在校时多注意点工科之外的功课,离校后,趁脑还未硬化时,多吸收点新的东西。第一要多看清楚,不要为初生的花微小而失望。

做得到这一点,我们就会知道所做到的一点结果,绝不是他一个人的东西,而是从许许多多人那里来的。如果他在孤岛上,他就决不会成功。

这样,就不会看不起人家,也不会盲目地崇拜人家。做到这样,就做到一个"独立的人"。

6. 科学工作始终是社会的一环

也许有人说科学研究仍带有功利性。譬如说研究原子弹,尽管科学家所抱了研究精神来从事,而他们的结果仍未能公开发表。

这也许要这样来看,科学研究分着基本科学和应用科学两种。尽管原子弹是一个秘密,而原子核分裂的理论是公开的。现在科学工作人员正要争取这种基本科学研究的自由。

本来做科学工作,仍是社会的一环。而社会又不能单独让科学家可以改变,因此有各种矛盾。这种矛盾,现在大家看得很清楚。科学工作者除了本身的工作外,必须注意他所从事的工作对整个人类社会文明的影响如何。这无疑正是世界科学工作者努力目标之一。

中国应该怎样走?

才入国门不久,不能拿外国东西搬到中国来,说中国应该怎样走。各种改革是不容易的,要像小孩长牙一样,发了半天烧才长出一点来。

事实上大战期内,世界整个科学研究都停顿了,战后大家都在赶上。中国并不落后得太远。即使说原子核能,研究设备亦不需千万美金,虽然多少钱不能说,但决不是我们国家担负不起这笔经费的。

现在国内年青人已比我这一代更走上了一步,只要向目标走去,中国的科学工作会走出一条具体的路来的。

10月起 开始在清华物理系授课，讲授普通物理和现代物理。同时，在中法大学每周讲授一次原子物理学，系公开课，除了学生，各方人员有兴趣者都可来听。其讲授颇受欢迎，对青年学生尤其有影响力。

Δ胡仁宇1992年回忆道：

我第一次听到钱先生的名字是在进大学后不久。当时我哥哥胡仁芝在清华物理系念书，而我在上海交大。在他给我的信中介绍了不少当时清华的情况，从校园环境、课程设置一直到同学和老师。他信里提到，清华物理系很重视普通物理课程，开课的必须是著名的教授，当时钱先生就开过物理系的普通物理。他说钱先生的课讲得真好，语言生动，深入浅出，引人入胜。同时他还向我介绍了钱先生发现铀三分裂等科学上的成就。当时我年轻、好幻想，听到这些类似传奇式的故事，就开始对钱先生产生景仰，也产生了对清华强烈的向往。1950年秋天，我从交大转学到清华物理系，跨进清华园，我对那里的读书环境、师生友谊都感到十分满意。但可惜那时钱先生已到中国科学院去工作，没有机会见到他，更没有听过他讲课。对此总觉得有些遗憾。(胡仁宇，《根深叶茂　功业长存——怀念我国原子能科学技术队伍的创业者钱三强先生》，引自《钱三强文选》，345页)

10月 在东皇城根甲42号着手组建原子学研究所(9月22日接到颁发的原子学研究所印章)。初时，研究所有六人：专任研究员兼所长钱三强、研究员何泽慧、研究助理员杨光中、技术员黄静仪、技工白国梁和工人毕会文。除了人员薪金(钱三强兼职得清华教授薪，何泽慧月薪980斤小米)，研究经费极少(中法教育基金项下一万元，尚存美国待用)，每月的经费仅够买十几只真空管，大的实验无法开展。可做的研究工作，是在原镭学研究所开始做的“二氧化铀之晶体结构”课题基础上，计划对各种氧化铀进行较系统探讨。他们从天桥旧货市场买回一台旧车床，自己动手制作一些简单仪器，开始做实验。

10月 被选为中国科学工作者协会总会理事。

11月底12月初 在清华大学人心混乱之际积极靠拢地下党组织，反对把仪器设备运往南方。孙佶，写材料介绍说：

钱三强到清华后，在解放前，他讲话里表示的是倾向我党的。当时同学认为他是进步的。在清华快解放时，一次教授会后他告诉我会上斗争很激烈，他讲有些反动教授发言很坏，我记的他讲冯××(引者省略)主张“不能表示迎接共产党，否则如果傅作义的军队再来怎么办?”他同时讲有人主张把仪器运走。我这时听了着急，我说：“那你应该坚决反对，无论如何不能动。”钱三强说：“如果说不管什么局面都要把仪器留下，人家会说你这是什么目的。只能给他拖时间，让他来不

及运。"我当时是感到钱三强是有些软,但觉得他的立场基本上还是站在我们方面的。(孙佶,1969年2月7日)

12月16日 因母亲病重卧床,由清华北院七号回到城里照看母亲。是日,北平研究院总干事杨光弼来到家中,告称:南京方面有电报,要接一批文化教育界人士南往,钱先生的名字列在其中,飞机已停候机场。钱对杨说:"家母病重在身,孩子又小,我不能在这个时候离家去南方,望能体察才是。"杨闻听后说:"先生如果决意不去,最好先找地方避一避,以免出现意外。"是夜遂骑车回到清华北院七号住所。晤叶企孙时,方知叶师亦接到"南往"通知,并且同样借故辞却。

(按:1948年11月至12月初,南京国民政府处在风雨飘摇时刻,朱家骅、傅斯年、杭立武、蒋经国、陈雪屏等在蒋介石授意下,于南京紧急磋商谋划出"平津学术教育界知名人士抢救计划",并据四类情形拟定了"抢救人员"名单。所列"四类"情形是:(一)各院校馆所行政负责人;(二)因政治关系必离者;(三)中央研究院院士;(四)在学术上有贡献并自愿南来者。

首机南往者为胡适、陈寅恪及家眷计25人,于12月15日晚六时半降南京,时有王世杰、朱家骅、蒋经国、傅斯年、杭立武等接机欢迎。翌日,傅斯年拟快函致北京大学秘书长郑天挺,要求再作努力动员"南往"。函曰:"空运队可即派两架机到平,兄前信中所开三批名单,作一次走,又中航机亦可能到平,其他可走者,应即准备勿延,与剿总联络,务即办好送斯年。

此页乞转北大郑秘书长天挺或清华梅校长!

一、今日(十六)中航五架大部空归,想校方未接头好,可惜之至,以后必须先集中,每人只能带随身行李,剿总协助,如协助胡校长是必须的!

二、通知时请千万勿犹疑,犹疑即失去机会。

三、必须事先集中,与中航联络好。

四、凡北大郑秘书长、或清华梅校长、或师大袁校长出征之搭客(教授及眷属)均不必在北平付款,在京由教育部直付。"

是日,继快函发出后,傅斯年和陈雪屏联名再发一急电给平津路局石树德:"急 平津路局石局长树德兄,请译转梅校长、袁校长、郑秘书长,筱晨,有一机到,如顺利当续有机到,名单包括四类:(一)各院校馆所行政负责人,如梅、李、袁、陈、胡、郑、贺、霍、褚、沈、汤、冯、舲、饶等。(二)因政治关系必离者,如朱、雷、刘、毛、梅、齐等。(三)中央研究院院士,如景钺、通夫、大绂、宗恩、宝騄等。(四)在学术上有贡献并自愿南来者,如今甫、莘田、廉澄、思亮、祖圣、三强、济慈、政烺、从文、廷祥、循正等,请会同分配列为数批,连眷属,约三百人,分次乘机,务须与剿总实斋兄、路局志仁兄切实联系,机到即走,不能观望稍有迟疑不决。"(岳南,《南渡北归——大结局》,湖南文艺出版社,2011年,16~17页))

12 月 因北平郊外战事发生以来交通隔绝，清华大学成立“留城教职员联络会”，负责为留城人员发放面粉等物资，规定：教职员 181 斤/人(其中本人 104 斤，眷属 77 斤)、工役 15 斤、学生 18 斤。物理系钱三强领取时盖名章，刘仙洲、娄成后、汪志华、李致中、朱自清、周培源、孟昭英、赵访熊等均在领取名册中。

12 月 27 日 被清华大学校制委员会推为教授会代表(共推出五人)。因时在城内照顾病重的母亲，其代表职务由周培源代替。

1949 年　三十六岁

出任至年初 主持北平研究院原子学研究所开展一些力所能及的研究工作。

理论研究方面有以下三部分：

(1)轻原子核(如重氢、氚、氦-3、氦)的结合能量的计算；

(2)原子核结合能量的新的半经验公式的推导；

(3)配合上述理论方面研究工作，组织参加工作人员学习有关量子力学、原子核物理学等基本理论知识及轻原子核理论、中子扩散理论。

实验方面，开始做的工作有下列五项：

(1)对于原子灵敏的照相板的研制；

(2)装置一个自制的威尔逊云室；

(3)自制一台直线电子扩大器；

(4)重原质的分裂法的研究；

(5)新原质表的制造。

2 月 3 日 继 1 月 31 日宣告北平和平解放后，人民解放军于是日举行进驻北平入城仪式，钱三强挤在市民群众中欢迎解放军，目睹威武军队的英姿和良好的军纪，心情异常兴奋——终于盼到了刘宁一在巴黎所言的“坚持到新形势到来”的日子。

△年初，清华大学受北平军事管制委员会委托组成新的校务委员会负责全校工作，叶企孙任校务委员会主任，周培源、吴晗任副主任。钱三强接受叶企孙、周培源邀请任清华物理系系主任。

2 月中 接北平文化接管委员会张宗麟书面通知，参加文管会讨论北平文教界事项会议。会后，主持人周扬对钱三强说：“你的情况，党组织都知道，欢迎你和我们一起工作。”钱“在那里第一次碰到了钱俊瑞、沙可夫、吴晗诸同志”。

2 月 25 日 母亲徐婠贞因突发心脏病在北平逝世，终年 63 岁。与父亲钱玄同合葬于福田公墓。

3 月 1 日 原北平研究院院务维持委员会三人小组成员杨光弼辞世后，北

平文化接管委员会安排钱三强为院务维持委员会三人小组成员。此事意外地遭到一些研究员的反对,使其一时感觉困惑:

北平研究院被接收,我被安排为院务维持委员会委员,受到研究员集体的反对。后来从吴征镒同志处知道,因为我回国时自高自大,不大理人,同时开研究员会时讨论如何办研究院,我在议论上太尖锐,使别人的方案没有被接受。这种种一切使我遭了众怒。听到这些话,当时心中颇不能接受,因为还没有认识自己。(钱三强,《自传》,1953年2月20日)

Δ当时反对钱三强参加三人小组的周发岐后来如是说:

1949年3月,原维持院务三人小组成员杨光弼死后,文管会任命钱三强为三人小组成员。我们化学研究所曾与历史、动物、植物等所,联合派出代表往访当时文管会教育科研处长李俊甫,表示对钱三强的任命不满,因为未经过酝酿讨论,表面上不满这次任命的不民主作风,实际上是反对钱三强的领导。过去我以为这是宗派性的斗争,现在认为这本质上是保守势力对进步势力的夺权斗争,它的目的是维护旧势力把持院务。在杨光弼死后,曾开过所长座谈会,决仍请原三人小组成员徐旭生、顾功叙二人仍照前维持院务,并定每星期一召开院务会议。可资证明。(周发岐,1969.2.23,为来访者手写材料)

3月18日 周恩来从西柏坡致电彭真、叶剑英并转李维汉。电称

中央决定响应国际民主妇女联合会等团体关于召开世界和平拥护者大会的倡议,请李在北平动员和组织二三十位社会人士、文化团体及文艺界、科学界代表人物前往参加。电报提出参考名单供李酌定,随后委请董必武赴北平,与李维汉一道开展此项工作。(中央文献研究室,《周恩来年谱1898—1949》(修订本),中央文献出版社,1998年,837页)

3月中 在清华大学接到文管会丁瓒从北京饭店打的电话,称四月将派中国人民保卫和平代表团出席在巴黎举行的"世界和平拥护者大会",拟定随团一起前往。

(按:丁瓒,心理学家,毕业于中央大学心理学系。1927年加入中国共产党,曾在蒋管区从事党的科学文化工作。后赴芝加哥大学学习,1948年回国,为中国人民保卫和平代表团副秘书长。)

两天后 找丁瓒谈自己的想法:这次去巴黎有机会面见约里奥-居里,如果带些外汇托他购买将来实验用的仪器设备(如中型回旋加速器的电磁铁和其他一些仪器、图书、资料等),既易买到需用之件,又能够打破封锁带回来,说了带

外汇的数额多则20万(购回旋加速器)少则5万美金。丁瓒听了很惊诧,但作了记录。

△其时 清华大学物理系部分学生对新形势热情高涨,要求弃学参加革命工作,根据校方意图以及自己对新形势的认识,亲自与物理系同学进行座谈,介绍形势,交流思想,稳定学习情绪,学成为国家服务。

时在清华物理系学习的何祚庥1992年撰文写道:

> 1948年底,清华园首先获得了解放。解放后的同学大多数不安心于物理的学习,或者要求转系,或者要求去从事革命工作。当时党中央的方针是,凡是理工学系的同学,一个也不准动。为做好学生的思想工作,于是请了系主任钱三强教授还有其他老师们来和同学们座谈。三强同志等老师除了讲到物理学是如何地"有用"之外,更重要的谈到中国的大好革命形势,中国建设的光明前途。在谈到这些激动人心的事情时,三强同志激动起来,慷慨激昂地说:"要知道,中共是人民政府。一个人民政府,如果是为人民谋利益的,对人民负责的政府,那么我认为就必然会发展原子能。到了那个时候,不要说你们班上这些数目有限的学生,那就再加10倍也不够!"这真"冒叫"一声!未想到他这一"预言",竟成为事实。1956年,我也就从宣传工作的一员,被三强同志网罗了去,参加到原子能的行列。(何祚庥,《回忆三强同志在原子能科学技术中的重大贡献》,载《自然辩证法研究》1992年,第8卷第8期)

3月起 经顾功叙推荐,何泽慧兼任辅仁大学讲师,讲授近世物理(每月教薪60斤小米)。

3月22日 中共中央副主席周恩来在西柏坡签发给北平的复电《关于参加世界和平拥护者大会的中国科技学术界团体及人员的意见》。据《周恩来文化文选》全文录后:

> (一)邀请团体,同意增加中国科学工作者协会。丁瓒、钱三强、卢于道、袁翰青均可去。曾昭抡已电香港邀请,尚未得复。
>
> (二)中国学术工作者协会,郭沫若、翦伯赞、侯外庐似均在内,望询伯赞便知。此团体亦可列在被邀请之内。
>
> (三)上海团联可以不邀。
>
> (四)被邀请的人,沙可夫、吕骥、范文澜、周建人、钱俊瑞、成仿吾可加入,但除钱、周外,均不可能去。艾青同级的人太多,不必加入。张志让尚在沪。宗教界同意加入沈体兰。
>
> (五)郭沫若为代表团长,必须去。如人多,茅盾可不去。
>
> (六)同意以钱三强代钱伟长。
>
> (七)全总宣言已发去。

(八)钱三强购买实验设备事,请先调查外汇如何汇去,实验设备如何运回。到之,具体情况待面谈。(中史文献出版社,1998年,477~478页)

(按:三月二十三日,七届二中全会的新闻公报由新华社向全国发表。同一天,毛泽东、朱德、刘少奇、周恩来、任弼时率领中共中央机关离开西柏坡,这时北平解放已经一个多月。他们离西柏坡的时间是二十三日上午。这个日子离他们从陕北杨家沟向华北出发,正好一年零一天。临行前,毛泽东和周恩来兴奋地谈笑着。周恩来对毛泽东说:"多休息一会儿好,长途行军坐车也是很累的。"毛泽东说:"今天是进京的日子,不睡觉也高兴啊。今天是进京'赶考'嘛。进京'赶考'去,精神不好怎么行呀?"周恩来笑着说:"我们应当都能考试及格,不要退回来。"毛泽东说:"退回来就失败了。我们决不当李自成。我们都希望考个好成绩。"(金冲及,《周恩来传1898—1949(下)》,中史文献出版社,1998年,916页))

3月24日晚 接通知往北京饭店参加出席巴黎世界和平拥护者大会代表团全体会议。会上宣布郭沫若为代表团团长,刘宁一、马寅初为副团长。

3月25日下午 同丁瓒、戈宝权等从北京饭店集体乘车同往西苑机场,和一百多名民主人士列队欢迎毛泽东等中共领袖进入北平,同他们握手问好,交谈甚欢,约半个多小时后听周恩来说了话:"朋友们,先生们,谢谢大家到这里来欢迎毛主席、党中央和人民解放军总部进驻北平。天快黑了,请诸位先生早些回去休息吧,以后有机会再谈,以后见面的机会多得很。"(金冲及,《周恩来传1898—1949(下)》,919页)

3月27日下午 同和平代表团全体成员在北京饭店受周恩来接见,周说:此行参加的是一个反对战争、争取和平的大会。因此,在会议期间要以我们的斗争经验告诉各国人民,帝国主义制造的战争危险是可以克服的;在中国,只有推翻国民党的反动统治,根除它的战争政策,才能实现彻底和平。这样,将是中国人民对世界和平的一大贡献。(中央文献研究室,《周恩来年谱1898—1949》,840页)

3月末 按通知骑车到达中南海,受中共中央统战部长李维汉约见,告知:

你想趁开保卫世界和平大会的机会,定购一些研究原子核科学需要的器材,中央很支持。你提的预算20万美元的数目,可能不是一次能用完;北平刚解放,国家经济还需要恢复,因此这次预备先在代表团带的费用中支付5万美元,以后再陆续支付。中央对发展原子核科学很重视,希望你们好好筹划。代表团副团长是刘宁一同志,你过去很熟悉,这次需要支付款项时和他商量办理即可。"(朱华,《为共和国建国作出杰出贡献的李维汉》)

Δ对此，在1990年撰写的《中国原子核科学发展的片段回忆》文中，钱三强描述此事的经过和当时自己的感想：

1949年，是中国历史上一个极不平凡的年头。我有幸亲身经历了那不平凡的日子。按我当时的感觉，周围的一切似乎在一刹那之间都发生了变化。变化之大和突然，简直让非身临其境者无法确信。

1949年3月的一天，人民解放军和平进入北京城不到两个月，我忽然接到通知，要我参加代表团去巴黎出席保卫世界和平大会。团长是我少年时就崇敬而从未见过面的郭沫若。

记得有一年，孔德学校排演郭沫若的《棠棣之花》，剧中姐姐聂莹送弟弟聂政去行刺奸臣的悲壮场面，深深打动了我的心。还有，父亲也常讲起过郭鼎堂（郭沫若的笔名）的著作，特别对其《中国古代社会研究》和《甲骨文研究》倍加赞赏，认为郭沫若在这方面的成就远非前人可比。

代表团里还有各界知名人士，如马寅初、张奚若、许德珩、钱俊瑞、翦伯赞、田汉、洪深、丁玲、许广平、徐悲鸿、萧三、程砚秋、李德全、裴文中、戈宝权等。我想这是我向各方面专家、前辈学习的一个难得的好机会。

我作为一名自然科学工作者，也还应该有自己业务方面的一份责任。于是想到这次去巴黎会见到我的老师约里奥-居里先生，如果请他帮助订购些原子核科学研究的必要仪器设备和图书资料，穿过封锁运回来，正是极好机会。可是转念一想，外汇拿得出来吗？我抱着成与不成试试看的心理，把以上想法当面跟一位组团的联系人提出了，并且说了大约要20万美元的数额。

此后数天未见信息。我心中忐忑不安。我埋怨自己书生气太重，不识时务，不懂国情。战争还没有停息，刚解放的城市百废待举，农村要生产救灾，国家经济状况何等困难！怎么可能在这种时候拨出外汇购买科学仪器呢！这不是完全脱离实际的非分之想么？

有一天，接到一个电话，要我到中南海去。有关什么事，没有说。

在中南海，等待我的是中共中央统战部部长李维汉。他热情招呼之后，便说："三强，你的那个建议，中央研究过了，认为很好。清查了一下国库，还有一部分美金，有这个力量，决定给予支持。估计一次用不了你提的全部款项，因此在代表团的款项内，先拨出5万美元供你使用。"还说："你是代表团成员，和代表团秘书长刘宁一又熟悉，用款时，你们商量着办就成了。"

此时此刻，我心如潮涌，眼前一片模糊……

这样的激动心情,在法国时曾有过一次。那是1938年4月6日,国内抗日战争会战台儿庄,取得了歼灭侵略军两万余人的第一次抗战大胜利。留法学生听到这个胜利消息时,真是感到扬眉吐气,大快人心,都情不自禁地激动得哭了。中国人也不是可以任意欺侮的!不过,那时的喜悦太短暂了。

当我得到那笔用于发展原子核科学的美元现钞时,喜悦之余,感慨万千。因为这些美元散发出一股霉味,显然是刚从潮湿的库洞中取出来的。不晓得战乱之中它曾有过多少火与血的经历!今天却把它交给了一位普通科学工作者。这一事实使我自己都无法想象。

由此往前不到半年,就是1948年下半年,也是在这个北京城,我曾经为了适当集中一下国内原子核科学研究力量,几番奔走呼号,可是每回都是扫兴而返。

当初我任教于清华大学,就首先找到校长梅贻琦。梅表示理解我的建议,但无能为力。他说:“你的意见何尝不对,可现在是各立门户、各自为政,谁能顾得上这些呢!”

接着,我又去登北京大学校长胡适的门。胡先生与我父亲多有交往,“五四”时期曾经轮流编辑过《新青年》。1945年,我从法国到英国学习核乳胶技术,在伦敦见过胡,他还积极动员我回国。他现在既是名校校长,又是可与最高层通话的要人,也许他比梅贻琦的作用大。在我讲明来意后,他摇了摇头,感叹道:“门户之见,根深蒂固。北平有几摊,南京还有一摊,几个方面的人拢在一起,目前的情势下不易办得到。还是各尽其力吧。”

最后,我找到北平研究院副院长李书华,希望把北平的有关力量先联合起来,加强合作。他的回答是:“在一定时期开开学术讨论会是可以的,其他恐怕难以办得到。”

几经碰壁,希望成为泡影。我苦思着,辗转反侧,夜不能寐。一个多世纪以来,中华民族落后挨打,遭蹂躏,受侵略,能够简单归咎于经济穷困,没有能力发展事业吗?能够说是中国缺乏仁人志士和中国人智力低下吗?自然不是。造成这种历史屈辱的根蒂,在于当政者愚昧、腐败、无能!

而眼下这些新的当政者,完全是另一种情况了。尽管5万美元对于发展原子核科学所需,不是过大的要求。然而,他们的远见卓识和治国安邦之道,一举之中昭然天下,让人信服,给人希望。(文载香港《紫荆》杂志,1990年10月,创刊号)

3月28日 世界和平拥护者大会筹备委员会主席团来电,征询中国参加一名该会副主席人选。中国代表团复电筹委会副主席戈登夫人,定郭沫若为中国参加筹委会的副主席人选。

3月29日下午 随中国和平代表团(共40余人)从北平乘火车启程赴巴黎。送行的有李维汉、邓颖超、周扬、冯文彬、李济深等。郭沫若发表讲话:"我们将团结全世界和平民主力量,以坚强的斗志消灭帝国主义集团的侵略战争。"火车经过天津时,郭向欢迎群众致简短演讲。抵沈阳,受到东北局高岗、林枫等欢迎,并随全团往铁路宾馆晚宴,郭团长即席致词,表示代表团将尽力向全世界传播中国人民的声音。宴毕,继续登程。

4月2日 所乘火车抵哈尔滨,随之代表团参加哈尔滨群众集会。郭沫若代表全团讲话,表示代表团将一心一意和全世界爱好和平的朋友携起手来,完成祖国人民交给的光荣任务(龚济民,《郭沫若年谱》,天津人民出版社,1983年)。

4月11日 随中国和平代表团抵莫斯科,得知法国当局拒发共产党国家代表团入境签证。世界和平大会筹委会和大会主席约里奥-居里决定在布拉格设立分会场,接纳不能前往巴黎参会的各国代表团。

4月17日 随中国和平代表团抵达捷克斯洛伐克共和国首都布拉格,受到该市市长和捷克出席和平大会代表团团长的欢迎。

4月20日 世界和平拥护者大会(后改称第一次保卫世界和平大会)开幕。主会场设在巴黎圣·奥诺雷城关大街的普莱耶尔礼堂。主席台上坐着约里奥-居里、画家毕加索、作家阿拉贡等,主席台中央挂着毕加索为大会创作的"和平鸽"。布拉格分会场设在布拉格大剧院,主席台上坐着世界和平大会主席团成员、中国代表团团长郭沫若等各国代表团团长。分会场与主会场之间的联络,大会时靠扬声器把无线电音量放大以听得到主会场的讲话。此外,约里奥派了伍斯特博士和恩纳斯特·卡亨,代表总会场到分会场作联络与指导,协调行动。

约里奥-居里在开幕大会上发表讲话,他首先谴责法国当局屈服于压力拒绝一些国家和平代表团来巴黎出席和平大会的不公正行为,激愤地说:"真理的旅行是不需要签证的!"他向全世界发出呼吁:

> 不能用消极的和平主义来表达他们的和平愿望。对那些还没有认识战争危险的人们,我们应向他们指出这种危险性;对于那些像我们一样愿意保卫和平的人,我们要给他们提供方便;对那些明知战争的危险而偏要战争的人们,我们要坚定而冷静地告诉他们:我们是要和你们清算的。我们呼吁一切善良的人们起来避免战祸。要充分认识到我们自己的力量,要相信,在这场斗争中,我们必将胜利。(莫里斯·戈德史密斯,《约里奥-居里传》,218页)

是日 于布拉格致信在美国芝加哥大学的清华校友、连襟葛庭燧(葛于

1943年获加州柏克利大学博士学位后,1945年参加芝加哥大学金属研究所筹建,时正进行金属弛豫谱内耗和金属力学性质的基础研究,已是副教授级研究员,多有研究成果),希望他尽快回国共同参加伟大工作。信如下①:

庭燧兄:

北平解放后,曾得一信,知道今夏要回来,高兴的要命,老人家更是高兴。……

新政权比较以前的好得多。想到我们十三四年前曾经共同奋斗所想达到的目标,现在来了。只要我们个人人生观仍旧,一切都觉得很自然。……中国现在就希望非个人主义者来为大众服务。在制度上有许多要改的,比如美国之不许夫妇共同作事,解放区相反地,特别为夫妇工作找方便。关于全盘科学建设,很需要新起的科学工作者来共同筹划,因此老兄回来是最好没有。现在南京上海一下,今年想怕广东都有希望了。所以全国建设立即要开始,请有志者共同来参加这伟大的工作。……

匆祝研安!大姐好。

弟　三强上

四月二十日

(“清华校友通讯”编者注:此信写于布拉格,葛当时在芝加哥大学。此信摘要发表于1949年5月28日纽约出版的《留美学生通讯》第一卷第七期上;原信复印件是由葛庭燧教授提供给本刊的。①)

4月23日　出席主会场(巴黎)和分会场(布拉格)同时举行的大会,郭沫若向两地与会代表发表演讲,介绍中国人民为保卫和平、反对煽动新的世界大战而与帝国主义所作的斗争,呼吁全世界爱好和平的人民更紧密地团结起来。

4月24日　布拉格分会场大会进行中,广播突然播出中国人民解放军攻占南京总统府的新闻,会场顿时响起欢呼声,与会各国代表纷纷向中国代表祝贺胜利:

就在“和大”会议期间,即4月24日,我人民解放军解放了南京。消息传到和大会场,顿时一片沸腾,欢呼声,鼓掌声,久久不能平息。坐在主席台上的郭老,表情异常激动,他一方面接受着各国朋友的祝贺、拥抱,一方面和大家一起不断高呼:中国万岁。晚上,在中国代表团住地,室外是成千的群众在欢呼“中国!中国!”室内代表团同志彼此交谈,互相鼓励。郭老和大家一样兴奋得睡不着觉,深夜还来到我们住室倾吐心中对党对人民的激情。他含着激动的泪水说:党中央多

① 参见“清华校友通讯丛书”第七辑,清华大学出版社,2001年

么英明的决策啊！没想到就在今天把红旗插上了蒋介石的总统府！真叫国际上震惊，使我们扬眉吐气！就在这次会上，郭老当选为世界“和大”副主席。当有人为此而向他表示祝贺时，他反复强调说：光荣属于党，光荣属于人民。（钱三强，《忆我尊敬的长者——郭老》，引自《钱三强文选》，277页）

当晚 世界和平大会组织方和捷克斯洛伐克及布拉格市有关方面，为庆祝中国人民的胜利临时安排了联欢会，各国代表团都演出节目。程砚秋参演秧歌剧，钱三强担任合唱指挥，都在这天晚上登台。

《程砚秋传》记载：

在布拉格大剧院，各国代表都登台演出，举行联欢会。中国代表团是唱秧歌剧，由钱三强任合唱指挥，表演者是程砚秋、曹禺、戈宝权等。仅仅准备了五分钟就上台去唱了，赢得掌声不少。这种现学现演，在戏班里叫做“钻锅”。程砚秋后来对夫人说他是有生以来还没有如此大胆，以往凡是他准备演出的戏，总是精镂细凿，演出时他总是提前化好妆，酝酿情绪，一出场就进入规定情境，故而塑造出许多生动的人物形象。……但是习惯归习惯，今天在国际舞台上，程砚秋为了呼吁和平，为了增进友谊，高涨的热情抛弃了各种顾虑而登台引吭高歌。（陈培仲、胡世均，《程砚秋传》，河北教育出版社，1996年）

是日 中国代表团不少人写了日记。钱三强后来说他那天的日记写得比平时的长，因为格外兴奋，但“文化大革命”中所有日记本被抄家抄走不知下落。引录女作家丁玲那天日记的片断于此，以见证中国代表们彼时的情感。

中国人民受了多少年的灾难才取得了这一天！我们该怎样来纪念这一天呵！我们从此解脱了帝国主义与封建主义的枷锁，我们要创造一个新的中国。我们回想着三十年来所牺牲的烈士，我们庆祝解放，我们感到幸福要来！

我们受够了痛苦，我们坚决斗争，我想着中国人民的欢欣，眼泪如泉涌，心怦怦跳动。我们沉重，虽愉快并不轻松，我们欢跃，但仍不能忘记国内斗争的紧张！

外国的朋友呵！你们拉我们手，用力抱我们，你们为我们感到愉快，你们一定也知道我们长期的斗争与痛苦的！……你们庆祝我们胜利，你们快乐，我想你们是懂得我们的，是懂得我们的笑与我们的眼泪的……（宗诚，《风雨人生——丁玲传》，中国文联出版公司，1998年）

4月25日 世界和平大会闭幕。同日，经与刘宁一商定，从中央批准的专款中支取5000美元现钞交付巴黎派驻分会场的熟悉人士转托约里奥-居里，代购小件仪器设备及图书资料。

4月27日 在布拉格致信美国《留美学生通讯》(纽约)编者,以自身的体会解答留美学生对归国存在的一些疑虑,鼓动学有所成者以自己的知识和技术回国为大众服务。此信刊于是年5月14日出版的《留美学生通讯》第一卷第六期,现据“清华校友通讯丛书”(第七辑)(清华大学出版社,2001年)转录于后:

××兄:

今天收到你寄到巴黎转来的信(四月十六日)。我们没有得到法国外交部无条件之签证,故在布拉格开了很狂热的,以中国为主的和平大会。正好南京在这几天打下,使得我们一群人民的代表也增加了不少的光辉。……以后我们要以建设来充实这个血肉换来的荣誉。因为实在忙,所以写不出报告。只好先回答你所提的几个留美同学所关心的问题。这些答案,是先问过中共朋友的。

一、中共并无一特别对留美学生的政策。凡是本身有用的人才,不是自私自利者,都欢迎回国,参加建设工作。但不像从前,只认头衔不认本领及工作经验。相反的,凡是真埋头苦干,不骄不躁的专家都受到尊重。更谈不到有什么对美国留学生特别实施的政治训练。主要应该想到自己是人民中享受过特别待遇的人。现在既然学有所成,应该从“为人民服务”着想。现在解放后的城市,并无任何特别政治训练,只有自动的学习及看有关书报,请留美同学不要以为回国后,应该受一次类似他们某一时期出国的“特别训练”。

二、留美同学在组织上的准备,与任何公民一样。A. 了解政策问题(现在是新民主主义阶段),内容及材料可由华侨日报得到。B. 人生观问题,放弃个人主义,想到自己是大众一分子,为人民服务。C. 在工作上,应该尽量提高自己的知识及技术水准,但同时要时时想到利用知识以及技术,为大众服务。

三、留美学生,从前既不应当特别受到重视,现在也不应当受到轻视。事实上歧视问题毫不存在。在北平的各校教授,大多数是留美的学生,一个也没有解聘。总之,自己不想受到特别重视的人(想受人重视这种人生观就是畸形的个人主义)决不会受到歧视。对于一般政策,中共欢迎批评及提出建议。在为大众服务的人生观下,学术研究及言论是自由的。

所以最后一句话,一切一切,都是自己人生观的问题。若是能够改变人生观,一切都自然。若人生观不能改过来,则需要从实际生活上,一点点的走向适应环境的路。举例来说吧,以小弟之无知,从来未走衙门，拜显要，中共来了以后，也不特别轻视。我觉得一切都很自然。重要的关键，还是在人生观的问题上。

……

后日午，我们飞莫斯科（将参加五一节）。将住十日，即行回国。五月底，我大概已回北平了。

祝好！

弟 三强上

四月二十七日

（“清华校友通讯”编者注：

①钱三强，曾留学法国，著名核物理学家，1948年春回国，在北平清华大学物理系任教授直到解放。1949年4月参加了以郭沫若为团长的中国人民出席世界和平大会的代表团。

②此信公开发表在1949年5月14日在纽约出版的《留美学生通讯》第一卷第六期上。从原编者按看，此信是写给该刊编者的，发表时即刊“××兄”。）

4月29日 随和平代表团乘飞机离布拉格抵达莫斯科。其间在莫斯科作了一般性参观游览，并应邀参加了五一劳动节庆祝活动。

5月6日 陪同郭沫若等访问苏联科学院，同C.И. 瓦维洛夫院长举行会见。瓦维洛夫就苏联科学院的组织情况作了扼要介绍。钱三强于1953年说：“这一次访问对于后来中国科学院的组织机构的建立有很大帮助。”（此间或稍后，钱得丁瓒私下告知：“中央有在新中国成立后，建立统一的科学院作为全国最高科学机构的意图，并说内定由郭老负责。”）

5月10日 随和平代表团乘飞机离莫斯科回国（13日抵齐齐哈尔）。

5月5～11日 中华全国青年第一次代表大会在北平举行，中华全国民主青年联合会成立，钱三强缺席被推为民主青年联合会副主席之一（廖承志为主席）。

5月14日 在齐齐哈尔闻约里奥-居里受到法国政府迫害，报告郭沫若。郭即致电慰问，同时还致电巴黎和平大会常设委员会秘书长，对约里奥表示声援。

5月25日 随和平代表团在齐齐哈尔、哈尔滨、沈阳、天津参加多项活动后抵达北平，受到周恩来、林伯渠、董必武、沈钧儒等欢迎。随即全团前往天安门广场参加北平市10万群众欢迎庆祝大会。叶剑英市长、郭沫若团长在欢迎大会上讲话。

6月4日 出席中国物理学会在北京大学理学院举行的欢迎会，并向会议报告了参观苏联教育和科学研究的情况。同年《新建设》第一卷第六期刊出了钱三强的讲话记录（张和生记录），题目为“苏联的大学教育与科学研究”，全文如下：

这是钱三强先生,出席在布拉格举行的世界拥护和平者大会,归来途中参观了苏联教育和科学研究,于六月四日在北大理学院的中国物理学会欢迎会的报告,为了使更多人听到这个报告,所以把其理论部分删去,刊载于此以飨读者。

苏联的教育制度,是中小学合起来十年,大学五年到六年。现有高等学校(包括大学、专门学校和师范学校)八百余所,其中综合性大学只有三十三所。高等学校的容量约一百万人,每年由中学毕业要进高等学校的有六十万人。但现在高等学校的容量还不够大,只能允许三十万人入学。

我们所访问的莫斯科大学,现有哲学、历史、法律、经济、语言文学、物理、力学与数学、化学、生物、地理、地质和技术科学十二个学院,学生九千余人。校舍在莫斯科城内,除开家庭不在莫斯科的学生有宿舍外,其余的学生都是走读。最近苏联政府正在计划在城郊建筑一座二十层大厦作为新校舍,预计可容纳学生四万五千人。

苏联大学里,男女受教育的机会完全平等。现在女生约占百分之五十。学校里只有共产主义青年团的组织,团员约占同学中的百分之六十。由于苏联从小便受社会主义的教育的缘故,所以青年团员主要任务,只在于提高同学的品质与增进读书的能力。学校行政并无正式学生代表参与,但是常有社团的代表参加,而这些社团常常是师生共同组成的。苏联卫国战争胜利以前,全部大学生都有公费,战后只对一般经济较好的子弟收很少的学费。现在他们的公费大约是三百卢布到四百卢布一月,但学费却只要四百卢布一年。

大学学习年限是五年或六年,其中物理学院每年收三百学生,第三年起即开始分组,分有原子核、无线电、物理等组,念原子核物理的同学占很大的比例数。大学毕业要经过所学的科学、马列主义的考试和该生的毕业论文。毕业生由教育统筹计划分配到各科学院、大学及政府机关的企业部门中去。现在人材仍感供不应求。中学学校的师资,不由大学毕业生担任,师范学校负有专门训练中学师资的责任。

相当多的大学毕业生,仍留在大学里继续学习。作为研究生,或者做助教,有的也可以到科学院去研究。大学研究三、五年后,可得到候补博士的学位,博士学位则需要毕业后作五年到十年的独立自立的研究后,方能获得。比起欧美国家的博士学位,水准要高些。博士学位要由科学院或少数的几个大学通过,最后还要国家最高科学委员会的核准。

下面是莫斯科大学的教授讲助的名额及平均薪金表

名称	人数	每人月薪(卢布)
助教(大学毕业)	480	1700
讲师(候补博士)	370	3200
教授(博士)	370	5000～6000

九千学生的莫斯科大学有1200位先生。任教二十年以上的老教授,可获得科学院的补助金。普通助教、讲师在校内除上课外,必须作研究工作。校内的研究,只是一些比较少耗费的研究,而且多半是给研究生及助教等作论文的工作。更进一步的研究和较好的设备,都放在科学院里了。

谈起联邦科学院,它的历史已经有224年,从前的中心在列宁格勒,十五年以前移到莫斯科。全国各大城市都有科学院所属的研究单位。有些共和国也有其独立的科学院。联邦科学院在莫斯科共有实验室天文台等二百多研究单位。科学院起初只包括自然科学,如今也包括了社会科学。现在它内部分八组:

一、数学与物理	二、化学
三、生物学	四、地质与地理
五、技术科学	六、历史与哲学
七、语言文学	八、经济与法律

科学院组织与人民委员会平行直属苏维埃最高机构。

苏联科学院的研究最大的特点是理论联系实际,可以说科学研究与生产已经紧密结合起来。生产上需要解决的问题,经过集中交到科学院,科学院马上把问题分为两类,一类是当年即可解决的,一类是需要长久计划研究的。这样使许多问题迎刃而解。同样地,如果科学研究的成果可以应用的话,马上就会应用到实际上去。譬如,苏德战争时,一位胚胎学家发现了一种使羊繁殖力加倍的方法,那时在俄罗斯的冰天雪地里作战,士兵衣服的耐寒否是决胜条件之一。最高机构见到这个研究的重要性,立即命令这位科学家和他的助手们组织一个队伍,到全苏各农场去实行这个特殊的种胎法。第二年的冬天每个红军战士都着了足够的羔羊皮内衣,把顽强的德寇击溃了。

有计划有组织地使科学成果与实际配合,同时实际的需要也能很快的反映到科学院去。使科学院的工作者们打破了孤芳自赏的情调,感到他们发掘自然界的秘密,最后一定会为全人类谋福利。这便是苏联科学研究的特征。

科学院中职位的等级及其每月平均薪金是

名称	平均月薪(卢布)
研究生	1000～2000
研究员(候补博士学位)	3000
研究员(博士学位)	4000～5000
实验室主任	6000
研究所所长	8000
通讯院士	外加3000 } 由研究员中选出
院士	外加5000 } 由研究员中选出

大学教授很少是专任的,普通的课程由讲师及老教授来担任。高深及新颖的课程,多半都由科学院的研究员资格以上的科学工作者来担任,这种密切的合作使苏联的教育与研究合理地联系起来。凡在研究中有特殊贡献者,可被选为通讯院士或院士。

我所看到的联邦科学院的"物理问题"研究所,有三个实验室:

一、低温物理与磁学

二、人造塑胶物的物理

三、宇宙线

低温实验室经常地产生大量液体空气,每小时产量可达二百公斤,实验室旁储有两吨液体氧气。液体氢气每小时可产生六公升。液体氦每小时可产生四公升。液体的氧、氢用来处理坏煤,可使煤质变佳,适于工业应用。因此也解决了一部分卫国战争中,因德寇占领煤矿区而发生的煤荒。最近工业上进展,产生了许多种人造塑胶体。这类新物质的物理性质有许多特点,为了解这些物体的个性,"物理问题"研究所特辟了新范围。我们看到他们正在作许多纯理论的研究。

另外,我还看到最近为苏联报纸所哄传的"变子"的发现者,青年科学家亚里哈诺夫及他的新建的实验室。还在卫国战争时期,鉴于宇宙线的研究对于物质基本构造的重要性,苏联政府仍留一部分科学家,在他们的实验室里,仍供给他们所需要的设备费。在这种条件下,亚里哈诺夫兄弟率领了一部分科学工作者,一九四二年建立了一个海拔四千公尺,世界上最高的实验室。经过两三年不断的研究,结果在一九四五年发现了电子与质子间,尚有不同质量的粒子存在。这些粒子叫做"介子",因为它们的质量不同,而且可以互相转变,所以又称之为"变子"。这个发现与一九四六年在英国鲍尔的发现"重介子"有同样的世界性价值,但是苏联政府重视科学,因为这个工作,特别给了这个只有四十岁学者科学院院士的荣誉,并且特别为他创设了一个实验室。相形之下,英国的鲍尔博士,虽有了这样重要的发现,只是升了副教授,在烟草老板供给的实验室经费下增拨了几百镑的研究费而已。

这个对照使我们了解了社会主义国家与资本主义国家对于科学态度的不同。

三十年来的社会主义的成就，使苏联生活条件逐渐提高。科学工作者们，都有舒适安宁的环境，从事他们的研究工作。他们有一些也在作极遥远的理论研究，但他们深信他们的成果，在社会主义的祖国，或早或晚是要用来为人民谋幸福的。他们以为在他们合理的组织中，不论做理论的或实际的工作，都不会走到"乌托邦"里去的。

苏联的科学工作者们对于中国的科学研究，是不太了解的。当我们拿出我们的科学工作报告送给他们的时候，他们先是很惊讶。但后来非常高兴。他们深深地感到，以前中苏两国联系不够，而愿意今后和我们密切合作，使中苏文化高度地交流。他们愿意尽可能地协助我们，植物学家阿巴林院士在欢迎会上说，深愿在茶树的研究上，和中国学者们携手。

今天，在苏联科学界最大的讨论中心是，李森科关于遗传学上的结论。以前孟德尔学说认为后天获得性不能遗传，但是李森科学派证明，生物为适应生活条件，可以逐渐改变它的性格。因此只要能适当的改变生物的生活条件，经过一个时期后，生物的遗传性会发生根本的改变。这个结论，与唯物论观点完全相合，与可以为唯心论者引为根据的孟德尔学说完全不同，在这里由科学上引出了唯物论与唯心论的斗争。

苏联新的生物学，极广泛地应用在农业上，成就很大。郭沫若先生的诗说"米丘林苹果大如瓜"决不是夸张。在我们参观农业科学院时，他们告诉我们，他们将有一年历史的苹果树的枝子和根剪下来，接在一起会种在花盆里，很小的枝叶上，一年之内便生出了三个大苹果。而普通的苹果树种下去，要五年后才能结果的，这里面也可以看到辩证法的观点的运用，他们没有把枝与根与它们的生产年代孤立起来看。

苏联农业生产上伟大的成就，证明了他们在农业生物学上的结论："没有不会生长的土壤，只有不会栽种的人。"

6月5日 出席北平市院校教授、研究员联合会举行的全体会员大会。听取周恩来到会报告，号召大家在反帝反封建反官僚资本主义的大目标下团结起来，建立大学教员的统一组织，共同担负起新民主主义大学教育建设的任务。

6月15～19日 出席中国人民政治协商会议筹备会议。会议一致通过《新政协筹备会组织条例》。选举出筹备会常务委员21人，常委会又推选毛泽东为主任，周恩来、李济深、沈钧儒、郭沫若、陈叔通为副主任。在常务委员会下设6个委员会进行各项准备，分别负责拟定参加新政协会议的单位及其代表名额；起草新政治协商会议组织条例；起草新政治协商会议共同纲领；起草中华人民共和国政府方案;起草新政治协商会议第一届全体会议宣言;拟定国旗、国徽、国歌等工作。钱三强参加国旗、国徽、国都、纪年方案审查委员会,工作认真,积极进言。

Δ《北京饭店的"科技档案"——为新中国揭幕》一文如是记述:

在大会筹备会上,委员们工作十分认真,气氛也紧张、热烈。特别是国旗、国歌、国徽的选定,因其意义深远,协商讨论的时间也就比较长。大会由郭沫若为首,起草了向全国人民征求国旗、国徽图案和国歌词谱的启事,周恩来在审阅后作了一些改动。这些改动虽然不多,却非常重要。如对国歌歌词的五点要求中,第三点为"毛泽东思想",周恩来将其改为"新民主主义"。

启事发出后,得到了全国人民的热烈响应。为了方便委员会选阅应征稿件,北京饭店在 413 房间特别设立了临时选阅室,陈列了所有的应征稿。在讨论国旗、国歌和国徽的方案时,会议的气氛非常热烈,也非常民主。大家把应征稿件的设计大样,一件件摆在地上,发表评论。梁思成指着一幅国旗设计方案说:"旗上的星可以再大一些,成适当比例。星靠角上好些,即便无风也可以看见。"钱三强指着一个图案说:"这个白地红星的徽很容易和其它国家的相混。"郭沫若拿出一个绘着蓝条和五星的国旗图案和大家商量:"这个怎么样?"钱三强想了想说:"改成黄色的好,我国长江、黄河就是黄色的嘛。"经过大家的反复讨论,一致同意,国旗上的五星应当是黄色的。

随后,为一条黄线的问题,各位委员又费了一番脑筋。许多人都认为,在旗上加一条黄色线确实很有意义,它代表中华民族的母亲河——黄河,可是又有代表觉得这条黄色的线把国旗分成两部分,不大妥当,而如果取消,又难以体现《国旗设计要求》中的"中国特征"。因此,国旗的方案一时难以定下来。9 月 25 日,毛泽东、周恩来召集政协筹备会部分委员座谈,毛泽东在听取了各方意见后说:"许多国家的国旗也不一定有那个国家的特点,苏联的镰刀、斧头也不一定代表苏联特征,哪个国家也有相同的镰刀、斧头。美、英的国旗也没有该国的特点。因此我们这个图案——"他举起一幅五星红旗的设计图案说,"表现我们革命人民大团结,现在要大团结,将来也要大团结,因此现在也好,将来也好,又是团结,又是革命。"

话音未落,会场上便响起了经久不息的掌声。

在讨论国歌时,有人提议以《义勇军进行曲》作为国歌。这个建议立刻得到周恩来同志的支持。梁思成先生兴奋地说,他在美国时,有一次走到街上,听见身后有人用口哨吹着这支歌。他回头一看,是一位骑着自行车的美国青年，说明这支歌的影响深远。大家一听，更是纷纷表示赞同，以《义勇军进行曲》为中华人民共和国代国歌。（边东子，载于《科学时报》，2004 年 10 月 29 日）

6 月 18 日 由中国科学社、中华自然科学社、中国科学工作者协会和东北自然科学研究会联合发起，全国自然科学工作者代表会议筹备会促进会在北京召开，被推选为筹备委员（共推选出 205 名筹备委员）。

6 月 19 日 出席在灯市口中国工程师学会会所举行的科代会筹备委员会第一次会议，当选为科代会筹委会常务委员（常务委员共 35 人，下设总务部、组织部、宣传部和计划委员会，其中后者组成人员最多，钱在该委员会为第一名），吴玉章为主任委员，梁希、李四光、侯德榜、贺诚、曾昭抡为副主任委员。到会的只有平、津、东北和华东的筹备委员 127 人（由于战争，华中和华南的筹备委员未及赶到）。朱德、陈云、林伯渠到会讲话。

7 月 13～18 日 出席在中法大学礼堂举行的中华全国自然科学工作者代表会议正式筹备会议，除 205 名筹备委员到会外，还有政府首长、各民主党派代表及各界人士。吴玉章主持会议，周恩来发表讲话，阐述了自然科学与政治、自然科学的理论与实践、普及与提高的关系，勉励科学工作者通过实践认识党、靠拢党。周恩来还讲到："不久的将来，我们必须成立为人民所有的科学院，希望大家参加筹划。"

会中，遵照丁瓒转达的意见，开始做些了解情况的工作：

> 中央研究院和北平研究院的研究机构重复，人力分散，要我趁筹备自然科学工作会议的机会，注意了解到会的各位科学家的专长、成就和学术见解，以备新的政治协商会议提出组织、调整全国统一的科学研究机构方案时参考。（钱三强，《筹建科学院前后我参与的一些事情》，载于《院史资料与研究》，1991 年第 4 期）

Δ参与讨论拟定以科代会筹委会名义，向即将召开的中国人民政治协商会议提出提案："设立国家科学院，统筹及领导全国自然科学、社会科学的研究事业，使生产及科学教育密切配合。科学院并负责审议及奖励全国科学创作、著作及发明。科学院为适应特种需要，得设立各种研究机构。此种研究机构发展至相当阶段时，为与生产取得进一步配合，得成立独立机构。"

7 月 21 日 周恩来出席新民主主义青年团中央举行的欢送会，欢送出席第二次世界民主青年代表大会和国际青年节的中国代表团。由周恩来提名，经毛泽东、朱德、任弼时同意，中国代表团将在世界民主青年大会上推出6～10 人为理事，1 人为副主席。拟出名单为：廖承志、冯文彬、肖华、韩天石、陈家康、钱三强、吴晗、区棠亮、李昌、张廉震，副主席由廖承志担任。钱后被推选为世界民主青年理事之一。

夏 在清华大学研究院做叶铭汉的研究生导师,告叶准备自己研制回旋加速器。近代物理研究所成立后,将叶调到所里搞加速器研制。

8月24日 出席中华全国自然科学工作者代表大会筹委会组织的在京科学工作者座谈会,座谈美国8月5日发表的《中美关系》白皮书,批驳美国干涉中国内政的阴谋。

8月29日 往前门火车站迎接去东北参观访问返平的竺可桢等,并转告竺:教育工作者会议推选竺可桢为出席新政协会议之代表。

9月上旬 约恽子强(因事未到)、丁瓒及黄宗甄到住所(泰安巷北平研究院宿舍)用午餐,餐后就拟建国家科学院的问题交换意见和想法,由黄宗甄作讨论记录。

Δ黄宗甄回忆情况如是:

> 在政协开会以前,有一天丁瓒约恽子强和我到泰安巷北平研究院宿舍钱三强家聚会,恽子强因另有事未能来,我和丁瓒去了,在钱家用了午餐,畅谈一个下午,有关新中国人民科学院的规模、组织、方针等,主要由钱三强提出,我做的记录。钱三强在法国多年,一直做研究工作,熟悉法国研究机构的情况。当时法国有以约里奥-居里为负责人的国家科学研究中心,包括许多做实际研究工作的机构。还有苏联科学院也是这样。可以说,我们筹建科学院的雏形是苏联、法国类型的,而且与中国原有的机构也相近,当时钱三强很强调这一点。
>
> 院领导人定了,办公厅也定了,其他机构怎么设?我们商量,专门机构的设置,大约也和苏联、法国相似。一个是计划处,我们搞科学研究要有计划,要把科研和实际结合起来,要搞个计划处。另一个是编译处,负责宣传出版。过去国内出的刊物都是各学会或研究所出的,有时没钱就出不来。想以后由国家出点力量补助,由我们统一出。由各学会或研究所出稿子,印刷这一套由我们办。再就是出书,当时准备大量翻译苏联科学著作。还要审订大量学术名词,出版普及性读物。第三个机构是联络处,对外联络方面主要是对苏关系。
>
> 我当时根据记录整理成一份草案交给丁瓒和钱三强,现在档案中还能找出这份草案和修改后的正式大纲。(《黄宗甄访谈录》,载于《中国科技史料》,2000年,第4期)

9月21日 作为全国民主青联的代表,出席在中南海怀仁堂举行的中国人民政治协商会议开幕式,第一次感受体现全国大团结的隆重场面,第一次聆听毛泽东的湖南口音:

> 诸位代表先生,我们有一个共同的感觉,这就是我们的工作将写在人类的历史上,它将表明:占人类总人数四分之一的中国人从此站

立起来了。……我们的先人指示我们，叫我们完成他们的遗志。我们现在是这样做了。我们团结起来，以人民解放战争和人民大革命打倒了内外压迫者，宣布中华人民共和国的成立，我们的民族将从此列入爱好和平自由的世界各民族的大家庭，以勇敢而勤劳的姿态工作着，创造自己的文明和幸福，同时也促进世界的和平和自由。我们的民族将再也不是一个被人侮辱的民族了，我们已经站起来了。我们的革命已经获得全世界广大人民的同情和欢呼，我们的朋友遍于全世界。(《人民日报》，1949 年 9 月 22 日，第一版)

9 月 23 日 何泽慧在北京协和医院生下第二个孩子(女)，为纪念正出席中国人民政治协商会议，取名为“民协”。

9 月 根据讨论拟定的《中华人民共和国中央人民政府组织法》，“政务院设立国家科学院”之精神，同丁瓒共同起草《建立人民科学院草案》(丁写院部机构部分，钱写各研究所的设置及布局部分)。初稿由黄宗甄手抄，后经修改并经恽子强看过送交陆定一。

《建立人民科学院草案》及说明附录于此：

(说明)当本草案拟定时，在客观环境方面我们正面对着下列的几个主要的事实：

(1)在过去国民党反动统治之下的国家科学研究机构，尽管是作为派系的地盘和政府的装饰品来办理的，但是，由于二十多年来的积累，无论在所团结的人才方面，图书和设备方面和所表现的所谓研究工作方面，都还是有相当的规模的，尽管这点规模是还存在着不少严重的缺点，但要是听其自生自灭，不唯足以打击一般科学界的希望和情绪，实际说起来，也实在是国家的一项严重的损失。

(2)由于中国人民解放革命的基本胜利和第二次世界大战后，国际科学界一般的进步政治的自觉，也使中国科学界在逐渐的改变他们的传统的观念，如科学的社会功能，科学研究和生产建设的配合，国家计划科学等概念，已经在中国科学界引起了热烈的讨论，特别明显的表现是在科代会筹委会的各种座谈会的讨论中。经过了这番酝酿，中国科学界都瞩望于政府对于整理国家科学研究机构能有新的进步的方案提示出来。

由于上述的事实，科代筹委会的计划委员会，经过了多次详尽的讨论，准备向人民政治协商会议提出下列提案：

“设立国家科学院，统筹及领导全国自然科学、社会科学的研究事业，使与生产及科学教育密切配合，科学院并负责审议及奖励全国科学创作，著作及发明，科学院为适应特种需要得设立各种研究机构，此种研究机构发展至相当阶段时,为与生产取得进一步配合得成立独立机构"。

这一提议可以说是具体的说明了中国科学界对于建立科学院的殷切的期望。

正如上述事实所显示的,新的科学院的建立,主要的将是就原有的国家科学研究机构加以整理和改组,而为了更广泛的团结中国科学研究人才,这些整理和改组的办法又不能不是逐渐的有步骤的有重点的来付之实施,因此在拟订人民科学院的草案以前,我们曾经直接间接的从正面或侧面调查了一下中国科学界对于过去国家研究机构的批评和意见。

(1)过去国家科学研究机构最大的缺点在于漫无计划,这个缺点的具体表现为下列的事实:

A. 研究院把目光只局限于自己设立的研究所,从未发挥计划和领导全国科学研究的机能。

B. 一切科学研究是自流的,只根据各单位主管人的兴趣而与整个国家政策脱节。

C. 同属研究院的各研究单位间也缺乏密切的联系,流弊所及乃至形成宗派主义,如北大和南高(即南京高等师范学校——引注)的对立。

D. 各研究单位的设立按照各科的形式排列,而一点不顾到客观需要和人才设备等条件以致有些研究所流为空洞贫乏和名实不符。如只有一二人作生理学的一部分研究工作而名为医学研究所等。

(2)大学和研究机构也没有密切的合作,于是,或则重床叠屋或则分散力量,直接间接都减低了科学研究的效率。

根据上述的事实,并考虑了上述的批评和意见,暂时拟订了建立人民科学院的草案。

(一)名称——人民科学院

(说明)(1)科学院将包括自然科学与社会科学,过去中央研究院的重点是偏重在自然科学方面的,新的科学院既就中央研究院改组,社会科学的一翼暂时可能很贫弱,但为了纠正过去"社会科学不算科学"的错误观念,科学院必得保留一部分社会科学研究机构,等将来客观主观的条件成熟而我们有把握采取主动时,不妨再把马列学院中一部分社会科学研究移植于科学院中。

(2)为了纠正"为科学而科学"的不正确的观念,同时强调"科学为人民服务"的观念,称为人民科学院,在现阶段中更较为适宜。

(二)隶属——人民科学院在现阶段中直接属于政务院领导而与政法,财经,文教,监察等委员会平行。

(说明)(1)照一九四九年九月四日印发的中华人民共和国中央人

民政府组织法草案规定，科学院系属文教委员会领导。但科学院将来的研究计划，将直接与财经委员会所属各部密切配合，如与各部平行，将不便于与生产配合的计划科学之推行。故应直接属政务院领导。

(2)苏联科学院直属斯大林元帅领导，是为了推行国策得有科学根据，国际科学界且认为系政府尊重科学之表现，而尤为中国科学界历年来所艳羡者，科学院直属政务院与各委员会平行，对于中国科学界将为一兴奋之鼓励。

(三)任务——人民科学院的基本任务在于有计划的利用近代科学成就以服务于工业、农业和国防的建设，组织并指导全国的科学研究，以提高我国科学研究水平。

(说明)(1)科学院将成为工农业及国防方面解决科学理论及技术上的问题的最高机构，这一点必须在基本任务上明白标示，以纠正过去科学研究与现实脱节和散漫放任的自流趋势。

(2)科学院必需负起计划并指导全国科学研究的任务，但科学院另一任务必须把重点放在提高方面，这一点如无明确规定，很容易使科学界误为政府只偏重应用科学而不注意基础科学或理论研究，这种误会在现在中国科学界已经存在。

(四)组织——人民科学院的组织系统如下图：

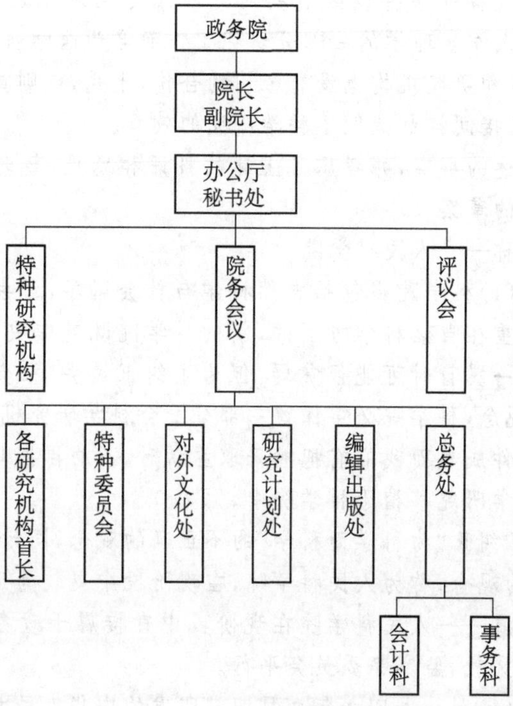

(说明)(1)院长综理全院行政,由副院长襄助一切。

(2)评议会:评议会除院长副院长、各处处长、各研究机构首长为当然评议员外,得聘请国内外科学界有代表性之人士若干人组织之,评议员之聘定必需照顾地区学科年龄等方面而作适当之配合。

评议会主要任务为(A)提供全国性科学研究计划,(B)审核科学院年度工作报告,(C)审核全国科学创作、著作及发明。

(3)院务会议在院长副院长领导下为全院行政最高机构,主要任务不仅在于领导全院工作,其下所设各处,均为负责计划并执行与全国科研有关工作之机构,此等工作均为历年来全国科学界所热望于政府能作通盘筹划统一实施者,同时,新的人民科学院和旧的研究机构之所以不同也在于此等新机构之设立,真正能对全国科学研究起计划指导作用,也在于此等工作的开展(如研究计划处等),所以更宜谨慎实施,兹将各处主要机能略述如下:

A. 编辑出版处——(a)搜集重要科学资料,成立资料室,(b)有计划的刊行本院重要论文,(c)扶助国内各重要专门学会刊行科学专刊,(d)按照刊行重要论文索引。

B. 研究计划处——(a)接收政府所交有关科学理论与技术之问题,通盘计划分别交由各相关科学研究机构进行研究,(b)执行评议会所交科学研究计划,(c)沟通各科学研究机构使之作适当分工与配合,(d)调查全国科学研究之设备及人才,并有步骤地补充与分配,(e)草拟并执行国内高级科学人才训练之计划。

C. 对外文化处——(a)沟通中外科学界,使之交流经验,(b)有计划的购买国外重要科学杂志并采购科学器材,(c)执行教授与留学生之交换。

D. 遇有事实之需要得设特种委员会,如基金保管委员会,补助费分配委员会,人才甄选委员会,考核委员会等。

(4)特种研究机构——根据国家建设之需要及国内设备人才之可能,设立各种研究所,暂时就前中央研究院北平研究院等机构改组或增设。

今后研究单位的设立应注意下列各原则:

(一)凡在各大学可以发展或已经发展者,科学院可以不另设机构。

(二)凡带综合性的研究范围,而非大学中一系所能负担者,科学院应设立机构主持。

(三)凡需要大量物力与人力集中的工作,科学院应设立机构主持。

（四）在可能范围内，研究机构的工作应与生产联合。

对于中央研究院及北平研究院合并处理的方式建议如下：

(1)数学研究所（中研）研究纯粹数学，纯粹数学的研究可以在各大学中实行，现在数学研究所的人员大多数与各大学有密切的关系，解放前数学所的图书已搬台湾，所长姜立夫（国内数学界老前辈，对于提携后进甚为有功，但现在已不研究）本是南开数学系的主持者，现在已回南开执教。代理所长陈省身是国内青年数学家，成绩非常优良，对于有计划的教育后进，甚有成绩，现在应美国聘，赴美研究及教书。

处理意见：可以暂不办理。

建议：我国应用数学专家甚多，在世界上应用数学界，外国学者认为我们青年应用数学工作者的成就仅仅次于犹太工作者，现在在国内国外的我国的工作者非常受人重视，数量亦相当多，在各大学中都没有适当的系使他们充分发展。同时他们的工作与未来的高度工业化的发展有密切的关系，譬如超音速的飞机的研究等。

因为这种种原因，建议成立应用数学研究所筹备处，除集中人材外尚需计划购买近代的计算机及必要的图书。

可以工作的人员：周培源、王竹溪、钱伟长、钱学森（在美）、陆士嘉、张维、林家翘（在美）、郭永怀（在美）等。

(2)物理研究所（北研、中研）

原子学研究所（北研）

这三所工作有重复的地方，人材都感到缺乏，物质基础都相当不坏，根据以往的发展及今后的远景，这三所应该合并为两所。

(A)近代物理研究所

(B)应用物理研究所

(A)近代物理研究所的工作范围将包括原子核物理、宇宙线及低温物理，物质基础可以用中研的物理所与北研的原子学研究所，这部分工作发展到某一阶段即将与实际的原子能的应用有直接联系，因此应该放在首都（注意：应在首都寻觅所址。）

研究人员：中研的施汝为不大能作研究，但对于维持研究所有功，如无其他适当工作，可请他担任所中的事务责任。兼任所长吴有训是国内物理界的老前辈，现任交大校务主任委员，他已不能做研究工作，但如他愿意在研究方面专任职务，可请他作未来所的所长。

北研原子学所所长钱三强、何泽慧，清华的彭桓武、浙大的王淦昌，在美国的张文裕、吴健雄、赵忠尧，在法国的杨承宗等皆可参加工作。

若有一年的安定状况，国外留学胜任工作者将有大批回国，据现在估计至少尚有二十人可以在这所中工作。

(B)应用物理研究所的工作范围将包括应用光谱学、应用光学、无线电固体物理等,物质基础可以用北研的物理所。

研究人员:所长似乎可以由北研的严济慈担任。

中研的钱临照本来是北研的研究员可以仍旧在这所中工作,另外光学玻璃专家王大珩(现在临时在大连大学),无线电研究者朱澜成(正在美国),固体物理研究者葛庭燧(即要归国,暂应清华聘)都可以参加工作。

注:(甲)北研在上海尚有一小单位,结晶室,研究员为陆学善,工作尚努力,处理办法(A)迁回北平或(B)属于交大,特为物理系的一研究室,陆为吴有训(交大主任委员)学生,关系尚佳。

注:(乙)北研在北平尚有地球物理部分,研究员顾功叙,工作甚佳,思想自解放后颇有进步,这一部门应与中研的气象研究合并,比较合理,工作效力亦可增加(见下章)。

(3)气象研究所(中研)

物理研究所地球物理门(北研)

气象工作可以分为两部,一为测候,一为研究,测候部门工作与国防、航空、航行、农业有密切关系,应当有一全国的测候管理机构,研究部门属于地球物理部门,大陆国家都将气象研究划为地球物理的一部分,现在在气象研究中只有赵九章一人作理论气象的研究,其余都属于地球物理的工作(陈宗器——地磁,傅承义——理论地球物理),因此改名为地球物理研究所比较合理。

气象的研究又应与测候管理机构(如气象署等)取得密切关系,因此这些应该放在首都(注意:应在首都寻觅所址)。

研究人员:中研的赵九章所长本可留任,但他已与清华有约,今年回清华,涂长望本甚为恰当作所长,但是若全国测候机构需要他主持,则北研的顾功叙颇可作所长候选人。

现在中研的陈宗器,办事颇有才干,可请其担任科学院中的事务责任。

按现在已有的人材,赵九章、涂长望、顾功叙、陈宗器、傅承义、秦馨菱、李善邦,再加上国外将回国的工作者,共同工作可以附立一相当完善的地球物理中心,人事方面亦是最简单"药与诊的集团"(拟将气象预报和气象学研究喻为"药与诊"的关系)。

注:中研院在南京的气象台,可以划归南京大学气象系。

(4)天文研究所(中研)

这所是中研院最弱的研究所之一,自从抗战迁移后,到现在尚未能将望远镜树立起来做工作，我国的天文人材非常缺乏，应该将该所合并于南京大学，使它成为南大的天文系，将来人材多时再成立一研究机构，该所已有的人员皆可到南大，组织天文系。

(5)心理研究所(中研)

这所亦是中研院最弱的研究所之一，所长汪敬熙尚在UNESCO(联合国教科文组织)供职，可将全部设备合并于南京大学的心理系。

(6)工程研究所(中研)

这所亦是中研院最弱研究所之一，按现代工业标准而言，这工程研究所中的工作不够水准，它只相当于属于一大工厂的研究室或者检验室，最恰当的办法，将它划归于上海企业部门。

建议：苏联科学院中有工程科学研究所，它的使命是提高工业化的标准。这样的研究所必须与一个好的理工学院联系起来，按国内情况，上海交大或北平的清华都可以作选择的候补者，一次选定后，这个理工学院就应该与其他的大学不同，它应该前数年着重理的基本训练，后数年再学工科的课程，毕业期限可以增加一二年。

现在可以在这选定的理工学院附近成立工程科学研究所筹备处，将来人才与环境成熟后，可扩充为一工程科学研究中心，如是将成为未来中国提高工业化水准的精神中枢。

(7)化学研究所(中研)

化学研究所及药物研究所(北研)(药物在上海)

这两所的工作多半都属于有机化学范围，从前因为派系的关系分为三处，为使得工作效率高，最好合并为一，以庄长恭担任所长，名称可改为有机化学研究所，地点可集中在上海。

研究人员：庄长恭(北研药)、赵承嘏(北研药)、吴学周(中研)、黄鸣龙(中研)、陈光旭(北研化)、蒋明谦(北研化)等，此外尚有中研医学研究所之汪猷与王应睐。

(8)动物研究所(中研、北研)

这两个所比较起来，中研的好得多，两个所相当多的工作都集中在水产动物的研究方面，因此名称可改为水产动物研究所，地点可集中在上海。

研究人员：王家楫、伍献文、倪达书、刘建康(中研)、沈嘉瑞(北研)等。所长可由现任所长王家楫或伍献文担任。

注：中研的陈世骧与北研的朱弘复都是研究昆虫的人，最后将他们集中在华北参加农学院的研究部门。

(9)植物研究所(中研、北研)

这两个所比较起来，中研的比较好，合并后可以集中在上海。

研究人员:罗宗洛、饶钦止、王伏雄(中研)、林镕、汪发瓒(北研)等。所长似乎尚可由罗宗洛担任。

注:中研的邓叔群及北研的所长刘慎谔都与东北有约,希望直接参加森林方面工作,将来等待条件后,可以在东北设一森林研究机构。

(10)生理研究所(北研)(在上海)

这个所很小,但是工作相当好,它可以改名为实验生物研究所,附设在一个大学中(如浙大或山大,因浙大的贝时璋、山大的童第周与本所的朱洗、张果都是成绩相当好的研究工作者)。

(11)医学研究所(中研)

这所的工作集中在生理部门,工作尚好,为增强教育与研究联系的关系,它可以算作上海医学院的一部分,改名为生理研究室,仍由冯德培主持,汪猷和王应睐合并到有机化学研究所中。

总结:有机化学、水产动物、植物各研究所与生理研究室四个单位可以成为生物科学的研究中心,集中在上海,与上海医学院相衬,可以得到教育与研究的密切联系。

(12)地质研究所(中研)(在南京)

可以不动,仍由李四光主持。

(13)社会研究所(中研)(在南京)

可以不动,但为增强实际社会调查的工作,应该增聘进步的胜任的工作人员,如费孝通(清华)等。

(14)历史语言研究所(北研)

史学研究所(北研)

中研院的历史语言研究所大部分已移到台湾,其中不肯去的,现在留在南京一部分到了北平,关于语言部分的工作人员可以并入北大,由罗常培组织一个语言学研究室。

历史部门,没有成为一个特殊单位的必要,可以并入各大学中。

两所中的考古部门,可以合并,由郭沫若主持之,地点集中在北平,名称可以叫做考古学研究所。

(15)建议设立仪器制造部

现在中国科学不能独立,其原因之一就是需要外国的仪器,从前中研院物理所曾制造过中学需要的仪器与训练了一批技术相当好的人材,但是因为仪器与"研究所"的性质不同,所以受了批评,最后将物理所改了组,这批有用的人材也分散在各处,现在我们需要自力更生,同时科学院的职权及范围比以前的研究院大了许多,因此很需要设立一个仪器制造部。为了工作方便起见及仪器标准化起见,它应该设在首都,与近代物理研究所离得近些。所长可由丁燮林担任,工作人员可以有王大珩(光学玻璃专家)、赵元(光学)、王学庄与齐荣瀞(金工与吹玻璃)、蔡金涛(无线电)等。

这个部门可以独立,也可以与应用物理所合并成为它的一部门。

(引自中国科学院档案[油印本],1950-2-1)

9月27日 出席政协全体大会。大会先后表决通过《中国人民政治协商会议共同纲领》(简称《共同纲领》)及《中华人民共和国中央人民政府组织法》,通过了中华人民共和国国都、纪年、国歌、国旗四个议案;同时制定并通过了《关于选举中国人民政协全国委员会和中央人民政府委员会的规定》。尤觉欣慰和鼓舞的是,政协会议通过的《共同纲领》中,科技界的认识和对发展科学技术的期望得到充分体现,内容全面而具体。其中,第四十三条规定:"努力发展自然科学,以服务工业、农业和国防建设,奖励科学发现和发明,普及科学知识。"第四十四条规定:"提倡用科学的、历史的观点,研究和解释历史、经济、政治、文化及国际事务,奖励优秀的社会科学著作。"在第四十二条中,把"爱科学"规定为全体国民公德的"五爱"内容之一,即爱祖国、爱人民、爱劳动、爱科学、爱护公共财物。

9月28日下午 参加政协会议小组讨论时,胡乔木(时任毛泽东政治秘书)突然找来,要钱三强做毛泽东的临时翻译。胡乔木告称,毛泽东和周恩来要接受意大利《团结报》记者采访,记者斯巴诺可讲法语。胡特别提醒说,这是毛主席进城后第一次接受外国记者采访,没有问题限制,没有文字稿子。

傍晚 毛泽东和周恩来在中南海一间小客厅接待斯巴诺采访,边吃饭边谈话,气氛轻松。斯巴诺问了新政府的组成问题、经济建设问题、土地改革问题、财政问题、外交问题等,毛泽东一一作出回答,周恩来伺机作补充,并帮钱三强翻译作提示。

Δ斯巴诺关心和担心新中国面临的安全问题,他问道:"你们成立人民共和国,把国民党打垮了,美国人被赶走了,他们会甘心吗?如果美国进行直接干涉,你们怎么办?"

这是个十分尖锐而现实的问题,钱三强如实翻译。毛泽东一边抽烟一边听,然后诙谐地笑着回答:"他们要干涉,就叫他们来吧!他们来了,就捅了一个马蜂窝了。马蜂被惹急了,会飞起来蜇他们的!"

毛泽东的回答,语言生动,充满自信,但翻译中出了一个小插曲。毛泽东的湖南话,马蜂读音为"马烘",钱不懂"马烘"是什么动物,停顿了一下,周恩来察觉后及时作了解释,钱恍然大悟,大家都乐了起来,毛泽东也笑了,对钱说:"我的湖南土话,给你添麻烦啰。"(王春江,《裂变之光》,150~151页)

9月30日 出席中国人民政治协商会议第八次大会,依制定的选举法规定,当选为第一届全国政协委员(共180名)。大会通过人民政府委员56名,主席 1 人,副主席 6 人(票选);讨论通过大会宣言。而后,同全体代表一起乘车前往天安门广场,参加人民英雄纪念碑奠基典礼,追念一百多年来为了新中国的到来而英勇献身的人民英雄。周恩来致词后,毛泽东宣读了由他起草、周恩来题写的碑文:"三年以来,在人民解放战争和人民革命中牺牲的人民英雄永垂不朽! 三十年以来,在人民解放战争和人民革命中牺牲的人民英雄永垂不朽! 由此上溯到一千八百四十年,从那时起,为了反对内外敌人,争取民族独立和人民自由幸福,在历次斗争中牺牲的人民英雄永垂不朽!"

下午七时广场纪念仪式毕,同全体代表乘车返回会场听取选举结果报告。会议闭幕时,全体首唱中华人民共和国国歌——《义勇军进行曲》。

10 月 1 日下午 同全国政协委员一起乘车经午门登天安门城楼,参加中华人民共和国开国大典,自三时至六时毕。

10 月 2 日上午 出席在中南海怀仁堂举行的保卫世界和平大会中国分会成立大会,被推为中国保卫世界和平分会委员,郭沫若为分会主席。

10 月 2 日下午 在北平研究院总办事处出席庆祝人民政府成立大会,并在会上发表演讲,表示衷心拥护人民政府,将加倍努力,为新中国服务。会议由徐炳昶主持,发表演讲的还有梁希、严济慈、竺可桢。

10 月 17 日 增补为政务院文化教育委员会委员,同时增补为委员的有许德珩等 10 余人(计 40 余人)。

10 月 19 日 中央人民政府委员会举行第三次会议,通过任命郭沫若为中国科学院院长,陈伯达、李四光、陶孟和、竺可桢为副院长。

10 月 22 日 出席郭沫若在北京饭店主持召开的讨论科学院组织问题会议。

10 月 25 日 政务院第二次会议讨论科学院建院方案,曾研讨科学院的命名问题。各部称为中央人民政府××部,各委员会称为中央人民政府××委员会。科学院和人民银行冠"中国"二字。决定名称为"中国科学院"(西文为 Academia Sinica),其任务为"有计划地利用近代科学成就以服务于工业、农业和国防的建设,组织并指导全国的科学研究,以提高中国的科学研究水平"。

10 月 31 日 中央人民政府主席毛泽东签署中央人民政府令,向郭沫若院长颁发中国科学院印信。

11 月 1 日 中国科学院发出通函:"中国科学院于十一月一日暂在东四马大人胡同十号开始办公,电话四一二〇七。中央人民政府颁发给中国科学院印信于十一月二日启用。"中国科学院自此成立,归政务院领导。

11 月 4 日 被任命为中国科学院研究计划局(次年三月更名计划局)副局长,竺可桢兼任局长。计划局当时的首要工作是接收旧有研究机构,提出调整工作方案,调查全国自然科学研究机构和专家情况(院本部机构另有办公厅、国际合作局、出版编译局)。

11月5日 中国科学院接收前北平研究院原子学研究所、物理学研究所、化学研究所、动物学研究所、植物学研究所、史学研究所，以及中央研究院的历史语言研究所图书史料整理处。

12月2日 偕陶孟和、竺可桢赴中南海勤政殿列席中央人民政府委员会第四次会议。先由陈云报告，称目前军政公教人员达700万人，明年将增至900万人。仅8～11月财政赤字达60%，现靠发行钞票，4个月中增加了5倍。本年度钞票增80倍，物价涨70倍。继由薄一波报告，说1950年预算以军事为主，需要养活900万人，每100个老百姓养活2个士兵或公教人员……(《竺可桢日记》)

12月3日 致信(手写法文2纸)约里奥-居里夫妇，通报近况及新中国发展科学的设想等。全文翻译(邱举良译)如下①：

尊敬的老师：

我从布拉格回国以后，所有的进步人士都被吸收到国家各个组织的重建工作中。我的工作主要是从事科学领域和青年方面的组织。有一阵我感到有些担忧，因为我不知道是否还能重新回到我的科研工作中，但另一方面，我知道人民的胜利不是件容易的事，为了能取得彻底的胜利，人人都有责任贡献出一份力量。有很多爱国同胞为此献出了自己的一切，如果我能够用我一生中的某个阶段来参加国家的重建工作，这将也是"为胜利而牺牲"(当年约里奥为抵抗德国纳粹入侵、拯救法兰西提出的口号——引注)，现在我们的政府已经建立，每个人都在一点一点开始做各自的本职工作。我被派到直属政府组织内的一个独立机构——中国科学院，负责筹建原子核物理研究所，这个研究所将包括一个核物理实验室、一个宇宙线实验室、一个核化学实验室和一个理论物理室，后者将面向宇宙线和原子核，将由彭桓武先生领导(Morette女士的论文就是由彭指导的)。另外，我还在中国科学院计划局兼职工作，这是一个负责科研组织工作的机构。

在最近闭幕的工会大会上，听说世界科学工作者协会打算下一届大会在中国召开，我们讨论了这个问题，一致表示同意。当我们向全国理事会主席转达对世界科学工作者协会的以上意见后，他立刻表示同意我们的计划。他还问了需要多少钱，包括旅费。为了与规定条文相一致，他建议我给您写一封正式的信，他还要请吴玉章(70岁，老共产党员，中国科协主席，是加香和保罗·郎之万的朋友)以个人名义给

① 钱三强法文信原件存巴黎"居里与约里奥-居里博物馆"，由P. Radvanyi教授向钱思进提供复印件

您写信,表达半官方欢迎你们来这个心愿。这两封信经过理事会秘书长过目,已托M. Saillant转交你们。如果世界科协做出决定,请给我们正式来函,表示在中国召开大会的意向。届时我们将一定表示赞成,实际上我们已经开始做这方面的准备工作了。

今后几年,我们的经济条件不可避免地还会遇到困难,在这种情况下,我们科学院计划明年着重发展原子物理研究所,其他的研究所将暂时维持战前水平。这也是为什么我们愿意把世界科协大会纳入计划,以便邀请到众多人士来中国,而这些人士大部分是在核物理、宇宙线、理论物理方面的科学家。我们初步考虑了一个名单:约里奥-居里夫妇、玻恩、海特勒、布莱克特、罗森菲尔德、莫勒、鲍威尔、奥基亚勒、T. H. 冯·卡门、沙普利、李约瑟(F. M. T. S. 的成员未在此列出)。我们请您考虑,如果可以的话,邀请的人士中除了参加此次大会,还希望有人能在中国做些系列性的演讲。

另外,可否请您问一下瑞士的厄利孔,了解一下在达拉尔(Dallars)像您法兰西学院里那台回旋加速器的电磁铁的价格是多少美元。

谨向你们表示最诚挚的敬意,我将再给您写信。

您诚挚的钱三强

12月初 在清华北院七号住所与彭桓武(彭于是年5月由云南大学到清华任教同住于此)商讨科学院物理研究机构的接收和调整,请彭一起参加筹建近代物理研究所,实现曾在巴黎说过的"好好一起干"的约定,彭欣然允诺。

12月中 致信浙江大学物理系教授王淦昌,诚邀其到拟建的中国科学院近代物理研究所一起工作。

12月18日 同竺可桢商谈建立专家委员会(即后称专门委员会)问题,提出可先由原中央研究院院士开具推荐名单,竺"赞同其说"。

12月19日 参加科学院工作讨论会,在讨论专家委员会筹备时,提出其人选可先由原院士推荐若干名单,然后再在新老解放区推荐若干人选,作为工作的开始。会议一致赞同。同时,提出"改气象研究所为地球物理研究所……意在与气象所分裂为二"。对此,竺可桢是日日记写道:"余甚怪三强得消息如此之速,因系实情而渠洞悉,较余为深远也……"改名颇有争议,气象学家涂长望、李宪之等不主张改名。

12月22日上午 同何泽慧在北平研究院原子学研究所接待竺可桢,一起商讨对原有研究机构的调整问题。同日下午,出席中国科学院中苏友好协会为斯大林70寿辰举行的庆祝会。

12 月 23 日 何泽慧的母亲王季山在苏州十全街住所“两渡书屋”被人杀害。时乱之际，案情不明。

12 月 26 日 偕竺可桢往北京大学面晤曾昭抡，就院内化学所的调整与设置问题，听取曾的意见。

12 月 27 日 与竺可桢、汤佩松一起，商讨中国科学院生物学各研究所的调整和设置问题。

年末 全家迁居地安门东大街中国科学院第一宿舍（此原为北平研究院院长李石曾的私家大宅，院内房舍众多且多有花圃，喜栽种月季，时称“月季大院”）。先有竺可桢、陶孟和、杨钟健等迁入，后吴有训、彭桓武亦迁来院中，尚有余房专作外地来京招待所，并辟有共用食堂和浴室及车库、门卫室等。

1950 年 三十七岁

1 月 7 日 同竺可桢商讨科学院 1950 年预算报告。计划科学院有 15 个直属单位，事业费为 5000 万斤小米，如平均分配，每个研究所可得 300 万斤，尚余 500 万斤作为补助各大学作科研工作之用。同时，商议起草向政务院文化教育委员会的工作报告，议定物理、工程、化学部分由钱三强拟稿，生物、生理、天文、地学部分由竺可桢拟稿，社会科学部分由陶孟和拟稿。据要求，报告稿限 1 月 10 日前交文教会。

年初 同何泽慧在科学院第一宿舍住所接待王淦昌。王收到钱的邀请信后即从杭州到上海自费购买硬板座火车票赶来北京面晤，表示同意来院，待商浙江大学后正式发函。

1 月 9 日 在科学院院部与竺可桢、吴有训商讨数学机构的筹组问题，首先提出设立数学及应用数学研究所筹备处，另外新设工程科学研究工作筹备处，以招徕尚在国外的钱学森、林家翘等回国筹组。

1 月 11 日 向竺可桢报告同吴有训的谈话结果，吴应允就任近代物理研究所所长职务，决定暑假便由沪来科学院。

1 月 14 日 中国科学院临时聘任委员会决定京区暂时薪给标准：助理员每月 400～600 斤小米，助理研究员 500～850 斤小米，副研究员 800～1000 斤小米，研究员 1000～1300 斤小米。原子学研究所与清华大学合聘钱三强、彭桓武为研究员，月薪分别为 1060 和 1040 斤小米，外加每人每月 70 斤小米的车马费；金星南、金建中为助理研究员。

1 月 15 日上午 到米市大街干面胡同 31 号科代会处，出席梁希主持的科协扩大理事会。梁报告称“科代”为政府机关，“科协”为民间团体。与会者严济慈之意，俟 8 月间世界科协到京开会时，再开科代与科协大会，商讨二者是否合并问题。

是日下午 出席竺可桢在其寓所主持召开的座谈会,通报拟设近代物理研究所和应用物理研究所,二所定于北京以及二所所长人选,前者人选为吴有训,后者人选为严济慈,听取意见。出席者为叶企孙、吴有训、周培源、严济慈、彭桓武、饶毓泰、丁瓒、陶孟和。大家对此项均未发言。在讨论科学院与大学合作问题时,周培源、饶毓泰发表了意见。

1月26日 参加竺可桢主持的气象研究所调整座谈会,出席者有叶企孙、丁西林、李宪之、涂长望、陈君衡、赵九章、李善邦、顾功叙、严济慈、陶孟和,决定气象所改名为地球物理研究所,总所所址设北京,所长为赵九章,另设副所长二人(陈宗器和顾功叙),要求以最快的方法迁移总所至北京。

1月28日 参加竺可桢与童第周、贝时璋一起研究动植物研究机构改组办法,拟设植物分类、水生生物、实验生物三所,以及三所所长人选(水生生物研究所所长王家楫,伍献文为副;实验生物研究所所长贝时璋,朱洗为副;植物生理研究所所长罗宗洛)。

1月底 主持自然科学各学科专家调查(此次调查分为两个阶段,此为第一阶段结束)。此次调查以中央研究院院士名单为基础,经过审查、选择、补充,决定35人为投票人,请其在本人所专长或熟悉的学科中推荐专家名单(最多为20人),收回推荐票30张,推荐的各科专家共计233人(含尚在国外者)。

2月1日 在院部与竺可桢、吴学周商谈化学所调整事宜。此事最为困难,所名、所址、人员搬迁等问题诸多。

2月4日上午 偕竺可桢至东皇城根化学研究所与周发岐、王序、陈光旭、蒋明谦、纪育沣五人座谈化学研究所调整问题,说明调整之经过,以及上海接收情形,准备将化学所迁沪各点。

同日下午 与竺可桢一起同有关人员(涂长望、杨克强、黄海平、王成组、胡焕庸、黄秉维、徐近之、周立三、曾士英等)讨论地理研究所调整问题。

2月5日 同竺可桢、陶孟和、吴学周、罗宗洛一起往六国饭店出席第二次文化教育委员会全体会议。“郭沫若主持,听董必武作最近军事和经济情况报告。称西南解放后士兵人数大增。……本年支出有18%的赤字,公教人员和士兵数目已达到970万人,将来必达1000万人以上,现在国家收入的60%要用于养公教人员和士兵。……去年台风和大水,造成4000万人无家可归,须救济……”(引自《竺可桢日记》)

2月8日 与竺可桢召开物理学家座谈会,讨论应用物理研究所分组和迁移问题。到会者有马大猷、赵广增、余瑞璜、葛庭燧、钱伟长、叶企孙、褚圣麟、王竹溪、严济慈、丁西林、周培源、顾功叙等。竺可桢报告缘由后,钱伟长提出:①人才调查;②与大学合作办法;③应用物理与工程科学之分野。周培源、马大猷、赵广增就科学人才训练问题发表了意见。

2月9日 出席竺可桢主持的科学家座谈会,讨论物理化学研究所问题,到会者:孙承锷、蔡镏生、张青莲、恽子强等。关于培养科学人才问题讨论热烈,多位发言均希望物化所搬至北京。

2月10日 应北京青年中学邀请到该校发表演讲,主讲新中国之发展与青年面临的任务。在从住所乘车赴讲途中"因地上落雪后成冰,故地上极滑,三强坐车行至地安门转角处时,所乘车被一卡车迎头重撞,所幸人无恙。"(引自《竺可桢日记》)演讲如期进行。

2月21日 偕竺可桢见郭沫若,呈报中国科学院首批自然科学研究机构调整设置方案,以及各研究所所长、副所长拟任人选名单,并作说明。其如下:

(1)近代物理研究所 北京 所长吴有训 副所长钱三强

(2)应用物理研究所 上海 所长严济慈 副所长陆学善

(3)有机化学研究所 上海 所长庄长恭 副所长黄鸣龙、曾广方

(4)物理化学研究所 上海 所长吴学周

(5)实验生物研究所 上海 所长贝时璋 副所长童第周

(6)水生生物研究所 上海 所长王家楫 副所长伍献文

(7)植物分类研究所 北京 所长钱崇澍 副所长吴征镒

(8)生理生化研究所 上海 所长冯德培

(9)地质研究所 南京 所长李四光(俞建章代理)

(10)地球物理研究所 南京 所长赵九章 副所长陈宗器、顾功叙

(11)地理研究所筹备处 南京(筹备员)竺可桢、黄秉维、曾世英、刘恩兰、黄国璋、任美锷、徐近之、李春芬、周立三

(12)数学研究所筹备处 北京(筹备员)苏步青、许宝騄、周培源、陈建功、江泽涵、姜立夫、钱伟长、张宗燧

(13)工学实验馆 上海 馆长周仁 副馆长周行健

(14)紫金山天文台 南京 台长张钰哲

2月 彭桓武正式由清华大学调至中国科学院,与钱三强开始着手筹建近代物理研究所,带领人员外出寻购器材,自己进行设计、制造仪器。其时,彭桓武由清华大学七号院迁至地安门东大街中国科学院第一宿舍。

3月2日 出席郭沫若主持的科学院院务会议,汇报第二次调查推荐各学科专门委员结果,以第一次推荐的名单为基础,决定推荐207名投票人。

3月6日 出席政务院文教委员会会议,听取郭沫若传达陈云关于本年度财政状况的报告。

3月11日 出席心理学专家会议,听取关于成立心理研究所筹备处事的意见。"此事似丁瓒主张,郭沫若已答应,所以势在必设。"(引自《竺可桢日记》)

3月20日 见郭沫若并进一步讨论商定拟设各研究所所长、副所长人选。

3月23日 参与拟定的《中国科学院1950年工作计划纲要》(草案)获文委讨论批准。其中:

纲要提出"关于中国科学院的基本任务"如下:

一、科学院研究方向的确立:

1. 确定科学研究为人民服务的观点,与实际密切配合,以矫正过去脱离现实,自流散漫的作风。

2. 根据近代科学研究发展的趋势,并吸收国际进步科学的经验作有计划的理论及实验的研究,以期赶上国际学术水平。

3. 强调科学研究的计划性与集体性以加强各学科研究间有机的联系。

二、科学研究人才的培养与合理分配:

1. 加强研究人才的政治学习,俾能把握马列主义的观点与方法。

2. 与各大学及其他专门人才训练机构联系,相互协调,全面的筹划专才的训练。

3. 调查全国科技人才,作有计划的分配和补充。

4. 号召并协助留学国外的科学研究人才返回祖国工作。

三、科学研究机构的调整与充实:

1. 暂以自然科学为重点,就原有基础,合并性质相同,而过去互不相谋的机构,并逐步加以充实。

2. 广泛的征求国家财经工作机构的意见,并与之建立密切的联系,以便随时按照国家当前建设工作的实际需要,厘定各学科研究工作的重点,集中力量,解决实际问题。

3. 于国家建设有急切需要,而当前尚无工作基础的学科,拟有计划的逐步加以研究。

"关于各研究所的调整与充实"中,拟定1950年物理研究工作分两大类:

1. 物理科学最近发展中最前哨问题的研究。如原子能、宇宙线等,本院正在开始筹划购买电子破裂机,建立研究条件。在这个筹备时期中,我们的工作重心将是训练青年的研究工作人员,研究原子核的构造,及原子能的理论;用比较简单的设备,作放射化学的工作,分析中国的铀矿、钍矿的成分并检定镭的含量。

2. 物理科学用于实际问题的研究,利用光谱、爱克斯线、磁性等探讨物体的构造;研究金属及晶体的特性;分析金属及矿物的成分。充实原有之光学工场,把光学仪器的设计和实际制造联系起来;现在已经可以制造显微镜、水平仪、经纬仪、军事望远镜、巴拿马式炮兵瞄准器和稳定无线电波的水晶振荡器等。(引自《中国科学院史料汇编》,1950年)

3月23日 出席郭沫若主持召开的院务汇报会,讨论各研究所所长、副所长名单(共31人)。在讨论用“有机化学研究所”还是用“应用化学研究所”名称时,意见分歧,钱三强赞成后者,恽子强等则赞成前者。后恽与郭院长洽谈,“始又改为有机化学研究所”(引自《竺可桢日记》)。

4月起 与竺可桢主持计划局拟定《中国科学院研究所暂行组织规程》、《中国科学院研究人员任用暂行办法》和《中国科学院技术人员任用办法》。以上三文均于8月1日文委厅字第609号准予备案[①]。

《中国科学院研究所暂行组织规程》

第一条 本规程依据中国科学院暂行组织条例草案第七条的规定制定,适用于各种专门学科研究所(其他同级研究机构准此)。

第二条 研究所设所长一人,副所长一人至二人(馆称馆长、台称台长),由院长呈请政务院任用,所长综理所务,并领导研究工作,副所长协助执行职务。

第三条 因工作需要,研究所内得设各种研究室,或其他机构,其组织细则另定之。

第四条 研究所设研究教授、研究员、副研究员、助理研究员、研究实习员及技监、技正、技师、技佐、技术员、练习生各若干人,视研究工作的需要,由所长提交所务会议通过,呈请院长批准任用,其办法另订之。

第五条 研究所需用行政事务人员,由办公厅或区域办事处商得所长同意,呈请院长任免调度之,其工作受所长及办公厅或区域办事处双重领导与督促。

第六条 研究所设所务会议,每月至少召开一次,由所长主席,副所长、研究教授、研究员、副研究员、技监、技正、技师全部及其他各职别代表若干人参加;遇必要时办公厅或区域办事处得派人出席。

第七条 所务会议讨论下列各事项:

一、本所概算、预算、决算及每月开支账目;

二、本所各项规程;

三、本所工作计划及工作报告;

四、所内工作人员加薪晋级及其任免事项;

五、所内人员工作成绩及其奖励事项;

六、所内著作品出版事项;

① 下文三附件均引自《中国科学院资料汇编》(1950年)

七、所内图书仪器之购置事项;

八、国内外进行学术联络事项;

九、院长及所长交议事项;

十、其他。

第八条　本规程经院长批准后施行。

《中国科学院研究人员任用暂行办法》

第一条　本院研究所及同级研究机构设下列各级研究人员:

(一)研究实习员;

(二)助理研究员;

(三)副研究员;

(四)研究员;

(五)研究教授。

第二条　凡有志研究之大学毕业生,经考试合格者得任本院研究实习员,工作期间在原则上为两年,但最多不得超过三年。

第三条　凡本院研究实习员或大学助教及大学研究院研究生经审定合格者得任本院助理研究员。

第四条　凡本院助理研究员,或大学讲师副教授在研究工作中成绩优异并开始表现有独立研究能力者得任本院副研究员。

第五条　凡本院副研究员或大学副教授,教授曾作有价值之贡献,切实具有研究能力者得任本院研究员。

第六条　凡本院研究员或大学教授曾作重要之贡献或继续不断作有价值之贡献,能领导研究工作者得任本院研究教授。

第七条　各级研究人员的任用,如有同等学力或同等研究能力者,在特殊情形下,可不受资历之限制。

第八条　各级研究人员之任用须经所务会议通过,由所长呈请院长批准,京外各所由区域办事处转呈。

各研究所呈请任用研究人员时,须该员之履历、自传、著作及其思想状况工作能力等之书面报告,送院审查。

第九条　各级研究人员按其研究能力及成绩升级,在特殊情形下,可不受资历之限制。

各级研究人员升级时,由所长征得同级人员以上之多数同意,经所务会议通过,呈请院长批准。

第十条　各研究人员解职或辞职,须所务会议通过,由所长呈请院长批准。

第十一条　本院技术人员有研究成绩并志愿转为研究人员者，须经所务会议通过，由所长呈请院长批准。

第十二条　本办法经院长批准后施行。

《中国科学院技术人员任用办法》

第一条　本院各研究所及同等机构，为配合研究工作的需要，设下列各级技术人员：

一、练习员；

二、技术员；

三、技佐；

四、技师；

五、技正；

六、技监。

第二条　凡其有中等文化程度之青年，经考试合格者得任本院练习生。

第三条　凡任本院练习生二年以上，工作积极而有显著成绩者或高中以上学校毕业程度，具有专门技术考试合格者，得任本院技术员。

第四条　凡任本院技术员三年以上，工作积极而有显著成绩者，或专科以上学校毕业程度，具有专门技术考试合格者，得任本院技佐。

第五条　凡任本院技佐四年以上，工作积极而成绩卓异者，或专科以上学校毕业，并从事专门技术工作四年以上成绩卓异者，得任本院技师。

第六条　凡任本院技师四年以上，工作积极而成绩卓异者或某种技术之专家，得任本院技正。

第七条　凡本院技正曾对于某种技术有特殊贡献或继续不断作有价值之贡献，能领导技术工作者，得任本院技监。

第八条　各级技术人员的任用，如有同等学力，或同等技术能力者，在特殊情形下，可不受资历之限制。

第九条　各级技术人员的任用，须经所务会议通过，由所长呈请院长批准，京外各所由区域办事处转呈。

各研究所提请任用技术人员时，须将该员之履历、自传、著作及其思想状况与工作能力书面报告送院判查。

第十条　各级技术人员升级时，由工作领导人推荐，所长征得同级人员以上之多数同意，经所务会议通过，呈请院长批准，在特殊情形下，技术人员的升级，可不受资历之限制。

第十一条　各级技术人员解职或辞职,须经所务会议通过,由所长呈请院长批准。

第十二条　本院研究人员若有技术成绩并愿转为技术人员者,须经所务会议通过,由所长呈请院长批准。

第十三条　本办法经院长批准后施行。

4月13日　偕竺可桢、简焯坡前往教育部,商谈大学办的研究机构同科学院研究所合作问题。

4月27日　向院务汇报会报告自然科学专家及专门委员调查推荐情况。计划局在第一次调查基础上,又用两个月作第二次调查(第一次请35人投票,分别选本人专门科目最有成绩的20人,收回31张选票,计233人)。第二次调查始于3月初,发出推荐表207张,收回158张(占76%),与第一次合为266票,14个专业科目共推出865位专家,其中174人尚在国外。

汇报所列各组推荐人数及情况附录于此:

	过半数者	尚在国外
1. 数学组 81人	19人	29人
2. 近代物理 42人	15人	20人
3. 应用物理 76人	9人	16人
4. 物理化学 38人	6人	9人
5. 有机化学 21人	7人	6人
6. 生　物 45人	9人	11人
7. 实验生物 108人	10人	28人
8. 水生生物 54人	5人	7人
9. 植物分类 71人	12人	8人
10. 心　理 67人	12人	11人
11. 地球物理 54人	13人	6人
12. 地　质 79人	13人	7人
13. 地　理 97人	12人	11人
14. 天　文 21人	18人	7人

同时　组织计划局对全国57所大学和政府产业部门所设的科学研究机构进行调查,上述两系统的科学研究机构计190个,其中工程方面32个,农业方面112个,地质方面17个,医药卫生11个,其他18个。

4月28日　迫于美国和英国的压力,法国时任总理乔治·皮杜尔宣布撤掉约里奥-居里的法国原子能总署高级专员职务(美英宣称,法国原子能总署由约里奥-居里把持是一严重威胁,必须采取实际步骤搞掉他,否则,法国与美、英及北大西洋同盟之间的关系将可能破裂)。消息传出,世界哗然,纷纷谴责这是

“约里奥-居里因为反对战争挑唆者而在国内受到迫害”。据《约里奥-居里传》(作者莫里斯·戈德史密斯)披露,事发后一个多月,法国政府收到世界各国和法国国内寄送的抗议信(电)计 6767 件。

翌日 致信约里奥-居里表示慰问和敬意。郭沫若代表中国保卫世界和平委员会向约里奥发慰问电,并代表全体爱好和平的中国人民向其致敬。

(按:许多西方国家的喉舌借以对约里奥-居里进行攻击和诬蔑。法国《震旦报》以“内阁会议罢掉了约里奥在原子能总署的职务,继此第一个措施之后,应该将所有的共产党员从重要岗位上撤掉”为题,发表综述消息报道说:“约里奥被撤职的消息一公布,在美英两国军界极受欢迎。不明朗的局面结束了,人们认为这是令人满意的……总的说来,华盛顿人士认为此项决定将加强美国与法国之间在原子能方面的合作。伦敦人士说:这一步已经等待很久了。”)

5月1日 冒雨从午门入口登上天安门城楼,观看“五一”国际劳动节庆祝游行。毛泽东、朱德、周恩来等下午三时开始检阅游行队伍和人民解放军部队。初时小雨,后大雨,检阅至下午四时结束。

5月6日 往正阳门车站迎接一路坎坷由英国转道瑞士、意大利、马尼拉,经香港返国的李四光。当晚,出席郭沫若为欢迎李四光举行的宴会。

5月 为准备中国科学院第一次院务会议工作报告,要求院属各单位向院报告 1950 年上半年度(1949 年 10 月～1950 年 5 月)主管的业务概况。主持写出计划局呈院务会议的报告,报告内容为:

(一)本年的工作重点是在于准备并拟订调整与充实本院接管的前中央研究院及北平研究院各研究机构的计划。所根据指导原则如下:

(1)健全组织,加强内容,采取重点主义。

(2)强调科学研究的集体性和计划性,本局拟定了计划,将本院接管的各研究所调整为二十个研究单位,并拟定了各单位负责人选,这一计划经多方讨论修正后已由院长批准。

(二)从一月十五日到四月一日,召集了八次座谈会,分别邀请在京、沪、宁等地工作的专家六十六人就近代物理、应用物理、物理化学、动植物、心理、地球物理、地理和数学等科学的研究问题作了讨论。

(三)半年来作了两次自然科学专家调查,经由群众投票方式,选出了数学、近代物理、应用物理、物理化学、有机化学、生理化学、实验生物、水生生物、植物分类、心理、地球物理、地质、古生物、地理、天文等科的专家共八六五人,从这批专家中遴选出一百一十一人,作为十五个科目的专门委员的人选,负责协助本院计划各科目的研究工作。专门委员会名单,经过修改后,已经院长批准。

(四)为配合着全国的计划性科学的发展,进行了各大行政区科学研究机构调查,各大学研究所及其研究生情况调查,全国科学工作者的普遍调查(与科代会合作)和本院所属各单位工作人员著作,工作经验与论文单行本的收集。

(五)除关于本局业务有关例外,本局尚拟定了全院性的专门委员聘任暂行规程,研究所暂行组织规程、研究人员任用暂行细则和技术人员任用暂行细则,经过讨论修改后,已经院长批准。(引自《中国科学院史料汇编》1950年)

5月19日 中国科学院近代物理研究所正式成立,钱三强受政务院任命为该所副所长(仍兼任计划局副局长),吴有训任所长。研究员有来自原中央研究院的赵忠尧(当时尚在美国)、来自浙江大学的王淦昌、来自清华大学的彭桓武和来自北平研究院的何泽慧,以及金星南、金建中、杨光中、李寿枬等10余人,终于实现了有关科研力量的统一组合。近代物理研究所所址暂定于原北平研究院原子学研究所所在地——东皇城根甲42号。

5月下旬 接弗莱德里克·约里奥-居里和伊莱娜·约里奥-居里分别发来的贺电,祝贺中国科学院近代物理研究所成立,祝贺新中国发展核科学事业。约里奥-居里的电文是:“为科学服务,科学为人民服务——祝贺中国科学院近代物理研究所的成就。”伊莱娜的电文是:“致中国科学院近代物理研究所,它将发展新中国的放射性科学。”这是唯一来自西方科学家的致贺。

5月30日 前往正阳门车站迎接由东北考察返京的竺可桢,并一同前往教育部出席高等教育预备会议,听取教育部长马叙伦有关会议筹备报告。

6月14日上午 郭沫若以中央人民政府政务院文化教育委员会主任的名义,发布关于中国科学院基本任务的指示,明确科学工作的总方针是:“发挥科学的功能,使之成为思想改革的武器,培养健全的科学建设人才,使学术研究与实际需要密切结合,真正服务于国家的工业、农业、保健和国防建设。”据以明确中国科学院的基本任务为:①确立科学研究的方向;②培养与合理分配科学人才;③调整与充实科学研究机构。

同日下午 在中南海怀仁堂出席人民政协第一届全国委员会第二次会议。会议先由毛泽东致词5分钟,说明此次会议以土地改革为中心议题;接着,陈叔通作会务报告约15分钟;再由刘少奇作土地改革报告,说明土地改革的意义,基本理由是发展农业生产,为中国工业化开辟道路,阐明土地没收和征收办法,以及对于富农采取保护政策而不采取清算政策等。会中(下午五时余),忽闻响声如雷,顷得知朝阳门外一药库起火爆炸。会议至晚八时十五分结束(引自《竺可桢日记》)。

6月18日 组织计划局以郭沫若院长名义,向165名各学科专门委员发出聘函(政务院文教委员会于7月2日对受聘165名专门委员会准予备案)。

6月20日上午 出席在北京举行的中国科学院第一次院务扩大会议。出席者为所属各研究机构负责人和各专门委员。是日会议先后听取李四光关于个人思想体会的讲话,陶孟和关于院的条例、规程及细则、办法的解释,竺可桢关于建院六个月来的工作报告。

6月20日下午～22日 中国科学院第一次院务扩大会议举行分组讨论。在参加物理组讨论中,就中国科学院的基本任务及制订有关条例、规程和细则等作介绍发言。

6月24日上午 出席院务扩大会议分组讨论总结报告会,听取严济慈代表物理组、吴学周代表化学组、赵九章代表地学组、钱崇澍代表生物甲组、冯德培代表生物乙组、周仁代表工学组、陶孟和代表社会甲组、罗常培代表社会乙组所作的总结发言。

同日下午 出席院务扩大会议闭幕会。参先后听取朱德、周恩来和陆定一的讲话,最后由郭沫若作会议总结报告。

Δ朱德讲话记录整理稿附录:

郭院长,各位先生,各位同志:

我有机会参加中国科学院所召集的这样一个科学家的大会,和全国著名的科学家们相处一堂,实在是很欣幸的。诸位科学家过去在国民党反动统治之下,虽然发展科学的条件很少,但仍能坚持岗位,辛勤工作,使贫乏的中国科学,也获得了若干成果,这是值得钦佩的。

科学是人类从事生产斗争和社会斗争的果实。具有悠久历史和耐苦耐劳克勤克俭的中国人民,对于科学,曾经有许多贡献。远的如指南针和火药的发明,近的如中国人民解放战争二十几年的斗争经验,都充分说明了这一点。人民解放军从几乎一无所有的状况开始,经过了无数艰辛的斗争,以落后的装备,终于战胜了美蒋的近代装备,获得了伟大的胜利,创造了许多史无前例的事绩,这是和千千万万人民的创造和发明,不可分离的,虽然那些创造和发明,还不是近代化的。

中国人民既是有悠久文化的民族,而拥有的资源又很雄厚,为什么科学总是落在人家的后面呢?这是因为以往的中国,长期受封建统治,近百年来更受帝国主义的压迫,发展科学的条件,都不能具备,纵有优秀的科学家,也无法发挥他们的作用。因此,中国的科学,只好长期停滞在奄奄一息的状态之下。这个道理,今天是被无数的事实所证明了。

现在,由于中国人民革命的伟大胜利,我们已经推翻了压在我们头上的帝国主义、封建主义和代表二者利益的官僚资本主义的统治，中国人民已经站了起来，成为自己的主人，决定自己的命运，中国科学的发展，也已开始具备了条件。中国的科学研究工作的前途，是很光明的。

但是我们不可忘记，由于我们的民族一切物质条件都十分落后，目前尚有美蒋联合在台湾作最后的挣扎，国家的财政经济，还只有初步的稳定，因此，一切建设，还不可能百废俱举，科学工作更不是一朝一夕就可以希望其达到完满的目的。目前，我们的任务是应当不分畛域，通力合作，有重点有计划地配合国家经济建设的需要，进行各种专门研究。同时把过去那种不为人民利益着想的观念，彻底的改变过来，使科学成为服务于人民的而不是危害人民的知识。

中国人民是有创造能力和抵抗困难的优良传统的，今后的科学，在新民主主义的最高原则下，一定有大的成就。中国科学院是全国最高的研究机关，有郭院长和四位副院长以及诸位专家的领导，我相信在不久的将来，中国的科学，就可以走入世界先进国家的行列。敬祝中国科学前途无限光明。

△周恩来讲话记录整理稿附录：

各位同志，各位朋友：

听说科学院已经开了几天会，商量工作，而且商量出很多办法来，这是很好的事。郭院长请我到科学院院务会议上作报告，借这个机会与大家见面，并贡献几点意见。

对于科学，尤其是自然科学，我个人懂得的很少，现在只就通力合作与团结问题谈一谈。在这次人民政协第一届全国委员会第二次会议上舒舍予先生说“过去的时代，文人相轻，现在的时代，文人相爱”。这句话很切实，很合乎我们的要求。在近代科学上说，近一百年来中国从欧美和日本学来很多的东西，一个落后的国家向欧美学了一些东西，就容易妄自菲薄，总觉得自己不成，要靠人家。但是中国并非没有科学。我们有落后的地方，但是也有优良的传统，我们的优点是可以发扬的。中国人民的翻身历史是依靠人民大众自己的力量来创造的。我们从西方学来了马列主义的普遍真理，把中国的革命道路找对了，西方的文化对于我们是有帮助的。我们不可以自高自大，但也不可以盲从外国，过去的学术界是表现得很明显的。这种现象阻碍了自己的进步，妨碍了团结合作。

西方国家的文化是资产阶级的文化。产业革命推进了科学的发展，但资本主义发展到后来又阻碍了科学发展。李四光先生说过：在资本主义国家中的科学工作者，由于政治和经济制度的压迫，已经失掉了自由。例如，爱因斯坦现在就后悔他发明的东西被资本家利用为战争的工具。又如，马克思主义本来产生在德国，但后来受到法西斯主义的极端摧残，资本主义无限制地扩张，无论自然科学和社会科学都受到莫大的阻碍。另一方面，由于资本主义社会中大鱼吃小鱼，大资本家并吞小资本家，大帝国主义并吞小帝国主义，反映到科学家之间，也是互相排挤，发生宗派主义，因此也阻碍了科学的进步。

如何发扬我们的优良传统呢？首先就是把我们所受到的坏的影响去掉。在毛主席领导下中共一九四二年到四四年的整风运动，在思想上起了决定作用。我个人深受到这个运动的好处。大家有时间的时候，可以看毛主席关于整顿三风的报告。

我们要想团结与通力合作，首先要谦虚，不要对人看不顺眼，显得自己特别强，年轻人容易有这种作风，是妨碍进步的。但是所谓谦虚，不是笼统的，而是有分析的。科学家首先就注重分析，讲逻辑也必须要分析。我们都在人民的队伍里，为人民服务，对自己队伍中的人要有基本的信任。因为我们彼此都是朋友，大家在方向上是一致的。因此基本的信任是必需的。我们必须首先确定这种态度，而不要对人采取怀疑的态度。

首先要看到人家的长处，对人家的长处要有适当的估计，恰如其分。从人家的长处去学习一些东西。毛主席之伟大，在于他能够善于集中别人的长处，加以分析和发扬，并且承认这些长处是从别人那里采取的。一个研究所或一个研究单位的领导者也要善于采取工作人员的长处，承认其他研究所优点，承认人家的长处发扬人家的长处，这样可以容易提高。因为新生的积极的因素，是正在生长，正在发展；而缺点，有的是正在枯朽，正在消灭的。例如，一个好的医生给病人治病时，首先就对病人说你身体上其它的器官都很健康，这样就能安慰病人，使他精神强健。相反地，一个坏的医生就不会这样说。所以发扬人家的积极的因素是很重要的。

一个人都是有短处的，我们要首先检讨自己。共产党就是在不断克服自己的缺点中求进步的。毛主席在这次全国委员会聚餐的时候说："希望明年我们的错误少犯点。"连毛主席都不敢说我们不犯错误，而只说少犯错误。我们对于自己的错误，要实行自我批评。但是也不要把自己看成一无是处。不然我们怎么能奋斗呢？能善于分析的人，也不致失掉自信。我们应该在别人面前诚恳地承认自己的短处，这是极需要的。要敢于向大家打开自己的错误实行批评和自我批评。但是首先不要失去自信，今天大家能在这里见面，表示我们都有一定的长处的。

人生不能脱离两种关系,一种是自然关系,另一种是社会关系。社会关系中第一就是要善于与别人相处。个人如此团体也如此。能从分析别人的长处,检讨自己的缺点开始,互相尊重,互相学习,就能够达到团结与通力合作的目的。

中国科学院今年才是一个新的开始。目前工作是把全国的科学人才组织起来,在岗位上安心工作。至于全面的发展科学还须等待几年。明年的经济情形可能好转,后年的情形可能更好,我们要建立发展的基础,一步一步发展。最后我特别提到东北,东北经济的发展是全国工业建设的基础,愿科学院以东北为出发点,有步骤地发挥力量,团结全国科学家,走向新时代新科学的发展的道路。

Δ陆定一讲话记录整理稿附录:

各位先生:

方才朱总司令、周总理讲了很多话,给以很多的指示。此次中国科学院开的院务会议,大家都很兴奋,过去八个月中,科学院在郭院长及四位副院长的领导下,从事调整各所的工作,把科学院组织起来,为一很大的工作,表现在今天的会上,今天全国科学英雄豪杰们,聚在一起,各所均加以调整了,科学院以后要做整理的工作,这次会议也即为科学院正式成立的大会。

今天,藉此机会,把经费问题,简单报告如下:

政务院为了避免国家财政困难,曾节省了国家费用的支出,对于所属部门的预算,予以核减。科学院的预算,本来就不多,所以仅减去预算总额的一半。比较其他部门的预算核减的少。因此在过去八个月中,科学院用的费用很少,妨碍不少工作。这个问题,方才周总理说过,俟国家经济状况好转后,经费便可多用,工作即可多做。

现在,我对于科学研究与实际建设问题,贡献一点意见:

一、科学研究工作应联系实际,密切结合起来

科学院的各研究所都加以调整了。对于各所的中心工作,要加以规定,最主要的,就是要打破国民党时代的关门主义。各部门要取得联系,成为新的气象,在共同纲领第四十三条提到:“努力发展自然科学,以服务于工业、农业和国防的建设。奖励科学的发明和发现,普及科学知识。”第四十四条:“提倡用科学的历史观点研究和解释历史、经济、政治、文化及国际事务,奖励优秀的社会科学著作。”科学院关于方针的指示,有一很好的开头。

科学建设要与实际问题结合起来。我们的国家面积很大,应恢复

的工作很多。至于恢复的力量,首先从科学研究方面去做。例如,全国矿产有多少我们无有资料,我们的工作,要从头做起。关于此点,我有两个要求:

(1)目前的要求:即就现有基础,目前能解决的问题。

(2)实际建设问题:如原子能应用的问题,即为长远的要求,将来要应用的科学研究与建设结合问题,若发生了矛盾,这是亟好的现象。因为,有了矛盾,才能有改进,科学才能为独立国家的应用科学。例如,中国人口死亡率很大,我们要解决这个问题,今天太行山区,冰雹灾问题,许多麦子被毁了,我们要用科学方法解决它。在文化方面,语言研究所,从明年起要解决文盲问题。全国要扫除文盲,举行消减文盲运动。要求语言研究所对于消减文盲事项定出方案。此外,如棉花的蚜虫问题,也为必须解决的问题。解决了这些问题,科学才有高度的发展。国家经济走向好转。否则,科学的发展,要有障碍的。我们要集中力量,解决当前的问题。

二、科学研究工作应有计划

为了长远的利益与建设问题,各位对于科学研究要有计划地去做,目前为准备的工作。新中国要有科学部门人才,每个部门都要有科学专家,希望以后,考虑研究计划,并希望在十五年到廿年内能培养许多青年科学干部,使四万万七千五百万人能够独立,有全部的科学研究人才。科学为人民的科学,为国家服务的科学。中国共产党对于科学完全重视。马列主义即为科学。科学就是革命,把旧的打倒,建立新的东西。

三、科学研究工作方法的改进

我们研究科学的人,要学习马列主义,每个人都要把马列主义,当做思想学习,联系实际,以改革我们的科学。苏联的科学进步非常快,已超过其他国家的科学,我国为落后的国家,我们的科学应向苏联学习。

此外,我们大家要团结起来,展开自我批评,以求思想的改造,这也是亟重要的事。

四、科学建设工作与通力合作

科学家要团结起来,使团结一天比一天紧密。把科学当做人民的事业,我们的科学工作是为人民的,为人民解决问题的,科学工作要由大家来办的,科学才有前途。

过去,各所均不相联系。此次会议后,各所都要互相了解,建设部门也要多采纳科学家的意见,互相团结,例如,太行山区的冰雹问题,我们科学家对此事要关心。解决他们的问题,使工农认为科学为不可少的事,只有这样,才能与广大的人民结合。我们若能如此做,中国科学在国际上,一定有很高的地位。最后,祝大会成功。(以上均据《中国科学院史料汇编》(1950年))

是年上半年 与竺可桢共同主持科学院计划局接收、调整、组建研究机构和调查全国现有学科专家情况取得初步成功,在当时工作人员少、时间要求急的情形下,实属不易。

△简焯坡在《往事片断——从北平研究院到中国科学院》一文中有如下回忆:

1949年11月1日科学院成立时,我在植物所任助理研究员,党的组织关系在北大。年底,钱三强让人找我(忘了是谁找我的),要我到研究计划局工作。我就到北大向党组织请示去还是不去,支部的决定让我去。我本来就对钱三强有好感,组织上又支持,就于一月中旬到研究计划局开始工作。三月底四月初转组织关系,我自己拿了支部的信到东交民巷北京党组织的一个办公的地方,把组织关系转到科学院。科学院那里刚成立不久,党务工作由人事处兼管,我把关系交给了副处长孙桐。我的组织生活在近代史研究所范文澜的党小组里过。

当时,计划局局长由竺可桢先生兼任,钱三强先生兼任副局长,局里只有我一个人协助他们工作,我是兼代处长。竺先生和钱先生,一个南方来的,一个北方来的,合作得非常好。后来逐渐加人,如最先增加了处理信件等工作的人,其后胡金麟来了,再后来何成钧处长也来了,计划局才算有了一个班子。

50年代初期,竺先生和钱先生召开了不少座谈会,并征求了许多科学家的意见,讨论确定的北京、上海、南京各所的合并、改名、迁所(室)等问题。例如,植物方面中央研究院和北平研究院各有一个所,怎么办呢?经调整,就把北京的叫植物分类研究所,上海的改为实验生物研究所的植物生理研究室;动物所也有两个,就把北京的撤销了,人员到青岛去成立了水生生物研究所的海洋生物研究室,上海的改了名。这项工作不太容易,谁都不愿意动,动起来很麻烦,但过了一段时间也就习惯了。(载《院史资料与研究》,1991年,第2期)

7月3～5日 在北京饭店出席第三次文教委员会全体会议。郭沫若主任报告后,先后听取东北行政区文教会刘芝明、西南区文教会楚图南、华东区文教会唐守愚、中南区文教会潘梓年以及各组委员的报告,计有马寅初、陈鹤琴、沈雁冰、胡愈之等,然后进行了分组讨论,了解到各地工作大有起色,尤其东北区的报告更具启发性。

7月21日 同李四光、竺可桢一起讨论制订科学院学术审议会章则。

7月25日 偕丁西林、向竺可桢建议设立仪器制造厂。后经研究决定先设立一个筹备委员会负责筹建工作，名称为“仪器馆”。钱三强推荐王大珩负责仪器馆的筹建工作。

7月25日～8月15日 中国科学院首次为北京市中学教师举办暑期自然科学学习会，组织他们学习物理、化学、生物、数学等科学知识。期间(8月14日)，钱三强主讲原子能及其在工业上的应用。主讲的专家还有周培源、王竹溪、赵广增、黄子卿、孟昭英、葛庭燧、赵访熊、曾昭抡、周家炽、朱光亚、诸圣麟、袁翰青、乐天宇、王寿仁等。

8月1日 往故宫至端门与午门间参加“八一”建军23周年纪念大会及随后举行的反对美国侵略台湾和朝鲜的群众示威游行。

同日 组织计划局拟订的《中国科学院各种学科专门委员聘任暂行办法》，经文委厅字第609号准予备案，“暂行办法”全文如下：

第一条 中国科学院依本院暂行组织条例草案第八条的规定聘任各种学科专门委员。

第二条 各种学科专门委员具有中国科学院学术顾问的性质，依照学科的性质，可分为若干组，得被商请研讨下列事项：

(一)中国科学院各研究部门的工作计划、执行经过及其工作报告；

(二)中国科学院各研究部门的高级研究及技术人员的聘任和升级；

(三)中国科学院与院外研究工作的合作；

(四)中国科学院对院外的各种学术补助；

(五)科学发现发明和著作的审核；

(六)国际学术合作的策进。

第三条 中国科学院进行上列学术商讨时，得依其性质，随时向个别专门委员征求意见，或召开某一组专门委员会议或几组专门委员的联席会议。

第四条 各专门委员主要由本院征请国内成绩卓著的各种学科的专家提名，由院长聘任之；其未被提名而确有成绩表现者，亦得遴选聘任。

第五条 专门委员为名誉职，但因工作的必要得酌送补助费或旅费。

第六条 本办法经院长批准施行。

8月4日 鉴于近代物理研究所初创，事务繁忙，加以个别人际关系不顺，当面向竺可桢提出可否不再担任计划局领导职务，并向竺推荐曹日昌接替。竺“告以此时三强尚不能离局，虽然渠离开原子能所时间太多，是一桩可惜的事，但不妨两方兼顾,即一半时间在所,一半时间在局。幸简焯坡甚能干,而何(成钧)亦不弱。”(引自《竺可桢日记》)遂服从安排。

Δ关于这段时间工作及个别人际关系方面发生的问题,于1953年向党组织写的《自传》中,有如下认识和检讨:

在这个时期里,我心中主观的觉得可以将一些不合理的现象打破了,在国外所见到的一些比较进步的科学组织情况也可以用在中国了。就是在这种心情下,参加了中国科学院计划局的工作。当时没有经过完整的调研,更不懂什么叫“统战工作”,也不知道什么叫做“群众路线”,就凭了一些国外所见及自以为是的改善办法,与丁瓒同志拟定了中研院、北研院的调整计划。后来经过少数的修改就执行了。因为上级希望赶快办好,办公厅又不管此事,于是我就打起精神来,依仗着政府与党的威信,快刀斩乱麻的方式就执行了调整计划。其中最发生错误的是化学两所的调整,事先对化学界了解不够,事后又没有及时补救,执行时又非常生硬,结果将北研院的化学研究所等于打散了,而上海的有机化学研究所亦并未能加强。由于此事,与恽子强同志意见有了相当的距离。以后又作了专家统计与推荐的工作,成立了专门委员制度,目的是团结全国科学界,扩大科学界的统一战线,但是后来领导上不同意这种做法,结果使得专门委员成为空名,而科学界的团结并没有由科学院把它做好。这一点又使我与领导方面意见有了矛盾。对于调整工资与名义,树立各种制度,树立学位法等问题,我主张严格与急进,这里又与领导上有了分歧。由于我是由经验与个人体验出发,提出主张,而这些重要事情都与领导党员同志的意见相左,那时自己觉得不能再胜任担任计划局的工作了,同时也看出领导党员之对我疏远与希望事权集中,作事方便。因此即于出席二次和大(1950年底)后提出专任近代物理所的工作,这个请求最后是得到了批准。这个初次参加行政的工作,给我的印象是不太有鼓励性。我虽然知道这里与我的急躁、主观作风有关系,但是不明白的是这样一件重大责任落在我身上,事先也没有人来指导,事后亦没有从工作出发好好的检讨,以便下次不犯同样的毛病。在科学院中工作将近一年,我本来很热情地与党接近,希望学习到一点东西,结果是逐渐地受到冷淡。从群众观点来说,这一年中我没有学到可学的榜样。事实上工作上是有错误,但是每件事我都是与恽(子强)丁(瓒)二同志商量,结果是他们有时有点厌倦,不愿多谈,不愿多指示。这一次的合作结果,使我重新感到了“少数人感”。

这个时期以后,我即努力认真的学刘少奇同志的《论共产党员的修养》及全国委员会发的各种学习材料，目的是想给我的苦闷找到一个解释。结果我一点点的体会到，主要的错误是自己的理论水平低，自高自大的作风，盛气凌人的态度，急躁、主观等毛病。从这时起，知道应该先检查自己的错误，为了能检查自己，必需要学习，同时亦有了改造自己的要求。

8月8日 与李四光、竺可桢、陶孟和商讨科代会事项，研究将由李四光向科代会作的报告内容。

8月16日 与竺可桢研究物理化学所迁往东北事宜。

8月23日 与竺可桢、恽子强商谈与东北区合作事，议定两项原则：①物理化学所人员迁至大连，将大连科学研究所物理部分全归物化所管理；②东北科学研究所与大连科学研究所归中国科学院领导。

8月18～24日 同何泽慧出席在清华大学举行的中华全国第一次自然科学工作者代表会议，到会代表含理、工、农、医各科共468人。当选为中华全国自然科学专门学会联合会委员。周恩来在闭幕时发表讲话，题为"建设与团结"，一是讲建设，二是讲团结。报告时指出：为了在满目疮痍的旧中国的破烂摊子上进行建设，"现有的专家不是太多而是不够"，"现在愈接触各种事实，愈使我们感到这个问题的严重性"。他没有文字稿，随口讲来，思路、语言清晰。会中，毛泽东接见了全体代表。此次会议提出了"全国科学工作者大团结"的口号。

会议闭幕时，全体代表发出抗议美国侵略朝鲜和我国台湾的宣言，号召全世界爱好和平、追求真理的科学家们一致奋起，制止美国侵略，保卫世界和平。

8月25日 出席政务院招待会议全体代表的宴会。

9月20日 中国科学院成立学术评审委员会，被定为该委员会秘书长。学术评审委员会主席李四光，副主席陶孟和、竺可桢、吴有训。委员有科学院及各高校专家21人，分别是陈伯达、严济慈、丁瓒、恽子强、李亚农、杨钟健、曹日昌、吴玉章、马寅初、范文澜、陈寅恪、姜立夫、周培源、叶企孙、侯德榜、曾昭抡、张锡钧、秉志、陈桢、戴芳澜、张景钺。以上连同《中国科学院学术评审委员会暂行规程》一并报文教委员会备案。根据该规程，学术评审委员会负责评审并审查：①中国科学院高级研究与技术人员（研究教授、技监、研究员、技正）的学术标准；②有关科学的发明和发现之奖励的学术标准；③其他院长交议的有关学术标准事项。

9月21日 代表计划局向郭沫若主持的中国科学院行政工作会议，报告拟向德意志民主共和国订购科学仪器，及与北京农业大学合作研究我国病虫害事项。报告要点如下：

(1)向德意志民主共和国购买仪器事，在八月二十四院务汇报时李副院长曾提到过，周总理是很关切科学院的，并告以有向东德订仪器的可能，因此我们即将各所预备添购仪器项目加以整理，将大件并且估计可以从德国买得到的提出一货单，经副院长们阅后，将仪器单交政务院转对外贸易部。二天之内德国商务代表团整理后将我们所要买的东西分为三大类：①机器工具；②电器；③光学仪器。这仪器目录单现正在呈请中财委批准中，德国是否能全部供给尚待中德商约签订后方可得知。

(2)与农大合作研究病虫害的问题，最近因向农大合聘三位教授(汤佩松教授等)，农大并向我们提出意见，谓有大部分教授除教课外，均愿意从事研究工作。并望科学院能扩大扶助农业研究，采取全面合作办法。研究分为四部分：①昆虫病害；②植物生理；③植物病理；④植物分类。如同意则双方可进行具体合作办法。

院长指示：可扶助农业科学研究，甚为重要，请计划局进一步拟定办法。(引自《行政工作会议记录》(摘要)，院档办永，50～39页。)

9月23日 主持拟定《中国科学院研究人员技术人员任用试行办事细则》，呈文教委员会备案。该办事细则如下：

一、各研究所经所务会议通过之拟任用人员，由所长提请院长任用，京外各所由区域办事处转呈。

二、各研究所提请任用研究与技术人员时，须送院审查下列各附件：

(1)拟任用人员的履历及著作品；

(2)关于拟用人员的研究或技术成绩，思想状况(自传)及所长推荐的书面报告；

(3)所务会议及所长对于拟用人员等级及工资的建议。

三、来文到院由秘书处将所内意见及各附件转计划局及办公厅分别签注意见(办公厅主要由人事处提意见)呈送各副院长指示后，最后由院长作初步决定。

四、关于研究员、副研究员、技正、技师的任用，计划局得邀请专门委员审查，以供签注意见的参考。

五、经院长初步决定任用之人员皆为暂用。暂用期间至多一年。

六、暂用人员暂用期满，经院长批准后，改为正式任用人员，研究员、技正改正手续，在院长批准前须经学术委员会之审查。

七、研究教授与技监不经过暂用期间，直接由学术审议委员会自院内外研究与技术人员中推选，作为院长决定任用时的参考。

八、正式任用之研究教授与技监任期为五年，研究员与技正任期为三年，副研究员、技师、助理研究员与技佐任期为两年，研究实习员、技术员与练习生任期为一年。

九、每年升级跃等事项于八月份实行，其有特殊情况时，得于二月份实行。

十、关于任用人员的科学著作及成绩等文件应由计划局存档，思想状况等文件应由人事处存档。

十一、经院长批准任用之人员，由办公厅主任转人事处(京外经办事处)通知该所及本人。

十二、新任用人员到人事处(京外到办事处)报到后，由人事处(办事处)通知本院负责首长及各有关部门。

十三、本办事细则经院长批准后施行。(引自《中国科学院史料汇编》(1950年))

9月30日 参加首都科学家、教授联名抗议美国当局无理扣押中国科学家钱学森和赵忠尧等四人(同年8月25日，中国航空力学家钱学森博士在由美归国前夕，被美国当局非法扣留；9月12日，中国原子物理学家赵忠尧及理工科学生罗时钧、沈善炯三人，由美国返国途经日本横滨时遭驻日美军非法扣押)，并向全世界控诉这一侵犯人身自由的暴行。联署签名的科学界、教育界人士共189人。抗议书载次日《人民日报》。

(按:9月24日，中华全国自然科学专门学会联合会主席李四光致电联合国大会主席安迪让和世界科学工作协会书记克劳瑟，同时直接致电美国总统杜鲁门，提出严重抗议:“我们对于美国政府这种摧残学者，蹂躏人权，蛮不讲理的行动，表示无比的愤怒。我们向美国政府提出严重抗议，要求立刻恢复他们的自由。我们将联合全世界进步的科学家来制裁战争贩子的这种暴行。我留美的教授和同学，必因此更能认清美帝的狰狞面目，坚决从速回国，和我们全中国的科学工作者一起，为解放了的祖国和人民而服务，为保卫世界持久和平而奋斗。”

9月25日，中国保卫世界和平大会委员会主席郭沫若致电保卫世界和平大会主席约里奥-居里博士，吁请号召全世界的科学家谴责美国的暴行:“我国航空力学专家钱学森博士于申请回国时被美警拘捕，物理学家赵忠尧教授和学生二名在返国途中，在日本横滨为驻日美军拘捕。此等蹂躏人权、摧残科学家的暴行，已激起中国科学界及中国人民的普遍愤怒。请你和贵会号召全世界科学家对美帝国主义暴行加以谴责，并要求立即释放被捕之科学家。”)

是日 同吴有训联名以近代物理研究所聘用赵忠尧工作名义致信郭沫若，说明由于赵忠尧被驻日美军扣押后，其家庭断绝经济来源，申请院方核定赵每月薪金1300斤小米(为当时教授最高薪)，并按70%发给其在宁家眷生活补助费,直至赵到所工作为止。此申请迅即获得郭院长批准,并于10月7日由院人事处通知科学院华东办事处南京分处自10月起将生活补助费按月发给赵忠尧在宁眷属。

9月30日下午3时 偕何泽慧在中山公园音乐堂出席政协全国委员会举行的报告会,听取周恩来关于一年来军事、政治、财经、建设及文化教育上之成就的报告。报告会由李济深主持。

晚7时30分 偕竺可桢、陶孟和往北京饭店,出席毛泽东为庆祝中华人民共和国成立周年而举行的招待宴会。

10月初 主持计划局着手调查全国各大学理、工、农、医及各研究机构研究工作人员的科学研究工作情况,发出第一批调查表共1979件。

10月17日 与吴有训共同主持中国科学院近代物理研究所第一次所务会议,出席者有王淦昌、彭桓武、何泽慧等,吴有训介绍了刚访问东欧获知的各国发展原子能情况;钱三强报告了赵忠尧在日本被美军扣押的情况。经过讨论,会议决定近期工作主要分为四部分,即实验原子核物理、放射化学、宇宙线、理论物理。其中以实验原子核物理为重点,准备建立两种粒子加速器,并进一步配置回旋加速器。科研组织暂分为理论物理组、云室及照相版组、计数器电子学组、放射化学组。吴有训提出,为使实验物理在中国生根,要求科学研究人员多参加仪器设备的建立工作。"一切从零开始","自己动手,丰衣足食",是建所初期的共同口号和决心。

10月 邓稼先在美国普渡大学获物理学博士学位后回国,到中国科学院近代物理研究所任助理研究员(1952年提升为副研究员),在彭桓武领导的理论物理组从事原子核理论研究。

10月25日 与竺可桢等同往中南海怀仁堂,参加欢庆兄弟民族代表晚会。

10月26日 在北京饭店出席中国保卫世界和平大会委员会举行的在京委员与中国人民反对美国侵略台湾、朝鲜运动委员会的各人民团体代表联合会议,郭沫若主席报告一小时,彭真、陈叔通、黄炎培、马寅初、章伯钧先后发言。以上两个组织合并为中国人民保卫世界和平反对美国侵略委员会,被推为该委员会全国委员,并通过为出席第二次世界保卫和平大会中国代表团(48人)成员之一。郭沫若为代表团团长,代表团成员还有马寅初、严济慈、周培源、涂长望、钱俊瑞、袁翰青、丁瓒等。

10月30日 同代表团乘火车启程赴欧洲出席11月16日～22日原定在英国谢菲尔德召开的第二次世界保卫和平大会。由于英国政府拒绝给和平大会主席约里奥-居里发放入境签证,会议临时改在华沙举行。各国代表共2065人(实际到会代表1750人)。得悉全世界有5亿多人已在约里奥禁止核武器的宣言书上签了名,感到很自豪。这次会议强烈反对美国发动侵朝战争。会议通过成立一个新的机构——世界和平理事会，并一致选举约里奥-居里为世界和平理事会主席。宋庆龄、郭沫若被推选为世界和平理事会执行局委员。（宋庆龄于11月25日致电约里奥-居里，祝贺第二次世界保卫和平大会成功。电称："二次和大集八十个国家的人民代表一千七百五十人于一堂，通过了告世界人民的宣言胜利闭幕，我以无限的热情向大会和您致以最热烈的敬礼。"）

11月26日 陪同郭沫若赴匈牙利出席匈牙利科学院成立125周年纪念及学术讨论会等有关活动。顺访了波兰、捷克斯洛伐克、罗马尼亚和匈牙利，对其科学研究现状及有关科学机构进行考察。

12月20日 参加世界和平大会和匈牙利科学院院庆活动后乘火车返国途中，与丁瓒暂留沈阳，以对有关科学机构作短时考察，于23日回京。

12月29日 在科学院计划局会议上报告东欧四国（波兰、捷克、罗马尼亚和匈牙利）的科学发展状况，并结合中国情况谈科学发展的建议与思考。说到东欧四国，"设备以波兰为最佳，华沙大学物理系胜于清华、北大两校，唯人才缺乏，仪器设备亦多来自英、法；捷克则工程底子好，但科学甚差，以人才而论，则相形之下，中国不多让也"（引自《竺可桢日记》）。

12月31日 同何泽慧、竺可桢、陶孟和等出席在怀仁堂举行的除夕京剧晚会，毛泽东、朱德、周恩来均到场观看。先为京剧院演出《龙潭鲍骆》，系唐朝骆宏勋大闹嘉兴府；次为梅兰芳京剧团演出《金山寺》（带《断桥》），由梅兰芳饰白蛇，梅葆玖饰青蛇，姜妙香饰许仙，王少亭饰法海，萧长华饰小沙弥。演出博得热烈掌声。晚十一点散。（引自《竺可桢日记》）

是年 先后从国外回来到近代物理研究所工作的分别有核物理学家赵忠尧，理论化学家郭挺章，理论物理学家金星南、邓稼先，实验物理学家肖健等。从国内各方面来的科学工作者有金建中、王树芬、肖振喜、许槑、忻贤杰、胡文琦、孙念贻、张继恒、陆祖荫、叶铭汉、黄祖洽等。年底，全所工作人员增加到36人。

是年全所科研工作，实验方面主要为研究工作准备条件，如开始了宇宙线研究用云室、原子核研究用云室、直线放大器、核乳胶、盖革计数器等的研制。理论方面利用介子学说，开展了比较轻的原子核的结合能问题的研究。

1951年　三十八岁

1月1日晚 同竺可桢、陶孟和往中南海勤政殿参加新年团拜宴会，毛泽东、刘少奇、朱德、周恩来等出席，共32桌，每桌10人。晚八时结束。

1月4日下午6时30分 在苏联驻华大使馆（东交民巷37号）出席罗申大使举行的招待会。招待会招待北京文教界人士。中方出席者有周恩来、郭沫若、李立三、陆定一及文化科教界人士。罗申多次起立致词,苏联哲学家尤金、周恩来、郭沫若、陆定一等亦先后致词。最后罗申报告汉城克复消息,大家为前方将士致敬,尽欢而散。回时天降大雪。

1月5日 与竺可桢、黄宗甄、曹日昌小会讨论出科学论文选集事,议定科学论文应由科学院和各学会共同商量决定人选,而做文摘则由各学会主其事。

1月10日 出席科学院行政工作会议,讨论修订《中国科学院刊行中国科学论文选集条例草案》。该草案由竺可桢、钱三强、杨钟健、黄宗甄四人负责拟定,开过两次专门座谈会。行政工作会议由陶孟和、竺可桢主持,讨论了编审刊印论文选集的经费问题和编审工作的机构人员问题。

1月12日 出席中国科学院在北京协和礼堂举行的国外科学演讲会,并主讲波兰和奥地利的科学状况;周培源、严济慈分别主讲英国和匈牙利的科学状况。

1月17日 出席中国科学院行政工作会议,研究关于招考研究实习员问题。定在北京、南京、上海招考研究实习员,考试科目为政治、业务、外语三科,有三人达到录取标准,可办聘任手续。

1月20日 中国科学院向文教委员会汇报年度工作计划,于其中提出优先安排近代物理研究所建科研楼计划,急需落实建楼用地。

1月23日 出席中华全国自然科学专门学会联合会、中华全国科学技术普及协会联合会举行的欢迎赵忠尧宴会,计有郭沫若、李四光、竺可桢、陶孟和、吴有训、曾昭抡、丁西林、裴文中等40余人出席。赵忠尧席间讲话称,美国政府压迫科学家如此厉害,加州理工学院若干物理学家不愿做物理工作而改做生物工作,说美国科学经费用于原子物理的9/10在造原子弹(引自《竺可桢日记》)。

1月24日 出席郭沫若主持的科学院行政工作会议,听取吴有训赴华东地区考察一个多月的情况汇报;讨论竺可桢提出的建立中国科学史编审委员会的建议,均予支持。会议决议由竺可桢、李四光拟出意见和计划,并由竺邀集对科学史有兴趣的人士开座谈会,听取意见。

同日 推荐曾在英国伯明翰昌司公司从事多年光学玻璃研制、既有理论基础又懂得与生产结合的王大珩负责仪器馆的筹建工作。经院务常务会议研究批准,任命王大珩为仪器馆筹备委员会副主任(丁西林为主任)。次年,决定成立东北分院,由东北科学研究所仪器工厂同北京应用物理研究所的光学工厂合并,在长春设立仪器馆,王代理馆长主持全面工作。

年初 邀请由英国回国的理论物理学家朱洪元到近代物理研究所工作。

2月3日 中国科学院院长会议决定在批准的北京西郊大泥湾以北、成府以南4500亩科学院用地范围,修建近代物理研究所大楼和应用物理研究所光学工厂楼。

是年起 国家每年分配给近代物理研究所10名大学毕业生。亲自到一些大学选调，连一些青年助教和研究生也被选来了。例如，他到北京大学物理系看了助教于敏的材料，认为是有望做出好成绩的尖子人才，点名把他要到了近代物理研究所在彭桓武领导的理论组做助理研究员，从场论改研原子核理论。

2月12日 列席科学院院长会议，并报告计划局原拟的“研究技术人员工资标准草案”。会议原则同意，取消“甲等”、“乙等”、“丙等”名义，由办公厅进行文字修改后提交下次会议决定；关于各所聘任新回国研究技术人员的审查问题，同意所提在时机迫切急待延揽情况下，可由各所提出经副院长同意、院长批准先行聘任，然后再补办手续。

2月13日 吴有训辞去近代物理研究所所长职务(其于1950年12月26日被任命为中国科学院副院长)，中国科学院呈请政务院任命钱三强为该所所长。3月2日，政务院第74次政务会议通过，任命钱三强为中国科学院近代物理研究所所长。

春 核物理学家杨澄中和夫人陈奕爱从英国回国并到近代物理研究所工作。杨回国时，带回钱三强于1949年转交约里奥-居里外汇购买的一些图书资料。

3月14日 出席郭沫若、马叙伦主持的“高等学校与科学院联系合作问题座谈会”，应邀出席者共35人：钱伟长、严济慈、钱三强、罗常培、金士宣、陆志韦、汤用彤、王鸿祯、陈康白、吴有训、胡锡奎、陈凤桐、林砺儒(丁浩川代)、傅种孙(程熙代)、李四光、陈垣(赵光贤代)、钱崇澍、陶孟和、曾毅、叶企孙、竺可桢、周培源、叶笃庄、戴芳澜、钱俊瑞、简焯坡、吴伟彤、石盘、周钟歧、曾昭抡、丁瓒、汪志华、华罗庚(田方增代)。

Δ郭沫若首先说明：

> 今天的座谈会是文教委员会召集的，邀请了教育部、科学院、各大学负责同志参加，主要在讨论今后高等学校与科学院的联系合作问题。过去教育部对科学院在干部调用上帮助极多，科学院也注意和教育部的合作问题，例如科学院对大学专家研究补助、研究员去大学中担任课程、科学院与大学合聘专家等都定了方案，做了一些工作。但我们仍感觉做得不够。教育部与科学院的联系是分不开的。“三年准备”的期间剩下的已经不足两年，必须更使联系周密，才能在短期内将工作做好，迎接文化建设的高潮。我们的准备工作，有些是已经就绪，但需要我们努力的仍旧很多。因此召集今天的会议，请各位尽量发表意见。本人今天下午二时因有会议准备，现在请马叙伦主任主持会议。

Δ先后有李四光、曾昭抡、钱俊瑞、吴有训作了发言。马叙伦小结说：“今天听取了很多宝贵意见，因时间关系，下次再请诸位来谈谈。研究工作应密切联系实际，和财经部门联系也必须加强，这是大家一致的认识。但今天还谈到制度、领导、研究、训练师资、供给干部、研究所内容及研究分科、研究生招考、研究生分配等问题，都还没有得到具体的解决，应由科学院与教育部再研究一下。”①

4月15日 出席在北京航空署街7号召开的第一届中国气象学会代表大会。会议主席竺可桢讲话希望大家团结一起，使气象业务、教育、研究三部分统能搞好。指出这三部分正如人身上的消化系统、血液循环系统和神经系统相似，没有消化系统人身体不能发出热力来，没有循环系统不能吸收新的营养，没有神经系统就不能有知觉。最后讲到过去半殖民地状况、为帝国主义压迫的情形，例如，1930年爪哇太平洋科学会议时，龙相齐神甫阻止大会印中国代表所提出的论文。香港远东会议时，中国代表和英美法殖民地列为一桌，经中国代表商榷后全体退出会议。过去海关不供给全部气象材料与气象所，只供与徐家汇气象台，该台遂垄断天气预报，而国民党政府亦无能为力。去年12月，科学院和中央气象局接收了徐家汇气象台，遂终止了外国人在气象上对中国的文化侵略。接着，钱三强讲话谈个人对全国气象学会代表大会的感想，深信气象学必有大发展，定对国家建设做出贡献。最后赵九章发表讲话。全体代表拍照。

4月17日晚 前往北京前门火车站，为吴有训为团长、恽子强为副团长的科学院代表团赴东北考察自然科学研究机构和重要厂矿送行。

5月17日 偕王大珩亲赴西郊现场勘测，选定新建近代物理研究所大楼地址，及仪器馆地址。时中国科学院办公厅修建科科长黄山立5月19日笺文报总务处长严希纯称：“五月十七日钱三强所长、王大珩先生会同中国建筑公司冯工程师等赴西郊勘测新院址，近代物理大楼已择定保福寺以北之基地，东西长一百六十米，南北一百米；仪器馆择定清华园公路以南、车站以西之基地约四十亩。附呈划界图一纸，拟请孙永刚科长向都委会办理一切手续。”

上半年 向中国科学院的党组织提出入党要求，分别向丁瓒、关肇直和孟雨谈过，表现得很急切。

6月15日 以中国科学院名义书面报告北京市人民政府并获得审核批准，西郊保福寺以北中关村用地17亩，作为新建中国科学院近代物理研究所所址。

Δ近代物理研究所从建所之初起，就提倡全所上下学习延安“自己动手，丰衣足食”的精神，自己创造工作条件，带领大家跑天桥、东单旧货市场，收购用过的电子元器件、废铜线、钢筒、计算尺……，这些东西经过“自己动手”变成了有

① 参见院史文物资料征集委员会办公室《中国科学院史事汇要1951年》，1994年

用之物。留下许多故事，邓稼先曾经用一把糖果换得路边孩童手中的一段铜丝；彭桓武穿着旧西装在天桥转悠找破烂，曾经被公安人员盯上梢……

Δ同时，在所内加紧培养干部，“除组织大家从事研究外，还在所内讲课。作为共同基础课，三强亲自讲原子核物理课，大约每周一次。”（彭恒武，《钱三强和我》）

7月初 根据上级部署在近代物理研究所开展“忠诚老实”学习运动，带头交心，检查思想，1953年在《自传》中写道：

> 1951年来到研究所工作，由于研究所中突然的扩大，每个人的个人英雄主义思想都很浓厚，因此工作上发生了小摩擦。我没有了解到群众的要求，只是希望大事化小，小事化无，没有从根本解决，因而反增加了分歧。另外方面，希望每位能工作的专家都能专心作研究，所以将所有行政与事务都包在自己身上，自己还觉得是个牺牲，但是事实上犯了很严重的包办代替的不民主作风的毛病。研究所的计划也放在自己肚子中不与大多数同人商量，没有群众观点，总的一句话是由“我与所不分”的家长作风思想，个人英雄主义思想出发的想把研究所搞好。1951年夏天，经过忠诚老实学习及研究所的工作会议，更看出研究所的问题所在。于是在院务会议以后，即决定由所务会议发动一个所的工作检讨会。在那里我比较认真地检讨了自己的脱离群众、个人英雄主义思想，辛辛苦苦的事务主义，包办代替的作风，以及盛气凌人的自高自大（我在清华时开系务工作分配会议时，曾声色极厉的说过一个讲师，在科学院也曾声色极厉地说过一个助理员）。在这次检讨会中，看到所内党员李××（引者隐其名）同志毛病与我类似，但他尚不自觉，并对我打击（虽然我在到所后，曾经主观的希望依靠他——党员），使我更联想到科学院的党对我不公平。当我看到他代表一部分人来要求所中聘请人员必须由一个委员会来决定时，我那时感觉到是利用群众来要挟，反感非常之盛。看到一批有深厚个人英雄主义思想的人扬扬得意，心中很不服气。自此以后，主人翁的态度渐渐淡起来，有时感到：“何苦来哉”。我也不是完全为自己，现在你们要来取得领导权，特别还有共产党员在撑腰，好罢，由你们去罢。这种放弃领导权的自暴自弃想法有时在作怪。虽然如此，但是当心情冷静时，面对自己的错误，对自己提出严格改造的要求，我自己认为这是最大的收获（虽然后来群众认为我丝毫没有收获）是初步了解了群众观点及群众智慧。过去对这两个名称的内容完全没有了解。另外一个收获是明确了这些错误思想与作风，是与我的出身及历史有很大关系，同时知道这些东西必须经过尖锐的斗争，才可以克服改善的。第

三点收获是了解了批评与自我批评的重要性。这个时期(12月初),我身体感觉很疲乏,想休息而不可得,紧接着就是1952年的计划的制订,由于时间不够,体力不支,计划并没有按照检讨会中所提出的原则一样,并没有很周密的与群众多次商量过的制定,匆匆忙忙地于年终日送到院中去了。

元旦后,立刻即是三反运动,虽然身体很累,仍旧打起精神来搞。由于1952年计划作的不周密,过去又有些积压物资及所中工作不上轨道,缺乏计划性,这一连串的事实,使我相当彻底清算了我的官僚主义与个人主义,基本上自己否定了自己的一切,这可以说我的思想的真空阶段,过去许多有把握,能判断的事,现在都很迟疑与无把握了。我急切要求找到一个新我,一个新哲学来充实自己,于是学习马列主义变成一个追求的要求了。

8月12～17日 出席在近代物理研究所召开的首届中国物理学会会员代表大会,被选为副理事长,周培源为理事长,陆学善为秘书,毛鹤龄为会计。此次会议到会代表59人,列席代表16人,代表全国20个分会1226名会员。这次会议标志着在全国解放新形势下我国物理学事业的变化。会议除邀请葛庭燧、施汝为、程开甲、陆学善、龚祖同等作专题报告外(这些报告强调物理学在生产和国防上的应用),还邀请于光远作了题为"物理学工作者怎样为祖国服务与应该学习马列主义和毛泽东思想"的报告,王振铎作了题为"关于古代中国物理学的伟大成就"的报告。

会议通过的新会章明确其宗旨是:"团结全国物理学工作者从事学术研究,交流工作经验,谋物理学知识之普及、提高与应用,为新民主主义文化、经济及国防建设服务。"继续出版《物理学报》,决定出版《物理通报》,目的是"帮助改进中学和大学物理教学,阐明物理学和实际的联系,加强物理学的应用,以使物理学更好地为人民服务"。此后,物理学会的日常工作,经常由周培源、钱三强、陆学善或面晤或电话商议定夺。

8月20～23日 主持召开近代物理研究所第一次科学工作会议。所内外84名科学家参加会议,其中有吴有训、叶企孙、周培源、胡刚复、郑衍芬、赵忠尧、张宗燧、彭桓武、何泽慧、胡宁等(时王淦昌、朱洪元赴西南参加土地改革工作)。钱三强报告近代物理研究所成立以来的工作;听取所外专家对本所工作的意见,讨论今后工作方针和加强合作问题;邀请所内外专家报告原子核物理及宇宙线(包括理论、实验与技术)领域的最新进展。

8月27日 经与科学院主管部门讨论后决定,在中关村建近代物理研究所大楼,正式委托中国建筑公司设计部设计。

下半年 一天,找到中国科学院支部书记反映自己的想法,要求加入中国共产党组织。支部书记在与钱的交谈中讲到，不入党作一个民主人士也好。钱遂于“一天下午找到孟雨家，伤心得流了眼泪。这件事孟向丁瓒、关肇直反映过”。

9月13～24日 在北京出席中国科学院第二次院务会议（出席者有中国科学院各研究机构、各高校、各部门的社会科学、地质地理气象、化学化工、动植物及农林、机械电机及机器制造、数学物理化学和生物医学等领域的高级专家200余人）。会议先后听取郭沫若的讲话和吴有训代表数理化工、陶孟和代表社会科学四所、竺可桢代表生物地学作的工作汇报；听取文化教育委员会秘书长胡乔木作题为“科学为国家建设服务”的报告；中央财经委员会副主任李富春作的关于经济形势的报告；听取文化教育委员会副秘书长邵荃麟作知识分子思想改造问题的报告。进行了若干次分组讨论，在讨论会上作多次发言。

9月24日 郭沫若向第二次院务会议作总结报告，题为“为人民科学的发展与祖国建设的胜利而奋斗”。报告强调“理论与实际联系”问题，关于“学院式”的“为学术而学术”问题，加强调查研究，克服消极等待问题，以及加强科学研究工作的组织和计划问题等。

Δ在出席中国科学院第二次院务会议分组讨论会上，首先提出应考虑建立学位法的建议，强调这是标志国家能够自己培养国际上承认、有相当水平的科学人才的基本措施。有人支持该项建议，主张由院提出报告报政务院文化教育委员会；但也有人表示反对建立学位法。由于意见不一，未形成决议。

10月6日 在近代物理研究所接待应邀来访的匈牙利科学院院长伊斯特万·鲁斯尼亚克，并陪同参观本所及陪同郭沫若会见和宴请。双方讨论了进行科学合作及互派人员访问等问题。

10月8日 根据院长办公会议决定，参加起草关于科学院内部改组办法的7人小组，小组成员还有吴有训、曹日昌、恽子强、罗常培、严济慈、汪志华，吴有训负责召集。

10月中旬开始 在中国科学院的统一部署下，组织近代物理研究所全所科研人员参加工作检讨会（前后进行约一个月）。据总结说，这次检讨会发扬了民主，加强了团结，提高了对旧中国半封建半殖民地办科学的道路的认识，提出了科学在中国生根的口号；批判了学院式研究的旧学风，明确了科学研究必须理论联系实际，为人民服务的观点；明确了科学研究既要有明确的目的性、计划性，又要照顾到科研工作特点的认识，强调了为加速发展我国科学事业必须大量培养青年科技人员，必须打破那些束缚手脚的培干方法上的旧框框。这次检讨会对于统一全所同志的认识，为1952年制订第一个“五年计划”和本所后来的工作起了积极作用。

10月 放射化学家杨承宗由法国回国并到近代物理研究所工作。离法前，约里奥会见杨时对他说：“你回国后请转告毛泽东主席，你们要反对原子弹，就要有原子弹。原子弹也不是那么可怕的,原子弹的原理也不是美国人发明的。"杨回国后即把这些话告诉了所长钱三强。随后,钱将约里奥的话先后报告了丁瓒和胡乔木。

Δ杨承宗口述:

> 见到约里奥-居里先生之后,他对我讲了一番很重要的话,我的印象很深。他一边在空中挥动着左臂,一边慷慨激昂地大声说:"你回去转告毛泽东,你们要保卫和平,要反对原子弹,就要自己有原子弹,原子弹也不是那么可怕的,原子弹的原理也不是美国人发明的。你们有自己的科学家,钱呀、你呀、钱的夫人呀、汪呀……"回国后,我就向钱讲到约里奥-居里先生让我捎给毛主席的话。他听后严肃地对我讲:"这几句话很重要,要绝对保密,千万要保密,就是对自己家人,妻子、孩子也不要讲。"三强对我讲过之后,等于打了一个预防针,我这才知道保密是个大问题。从此,约里奥-居里的话我就绝对不讲了。(边东子整理,《从居里实验室走来——杨承宗口述自传》,湖南教育出版社,2012 年)

Δ杨承宗带回用钱三强 1949 年转交的外汇购买的一些原材料和一台 100 进位的计数器等,另有约里奥-居里夫人赠送的 10 克含微量镭盐的标准放射源,以支持中国的核科学事业。

10 月 17 日 参与组织和主持部分专门委员及有代表性科学家参加的座谈会,就对科学院的组织机构加以适当调整听取意见,以共同提出调整方案。院决定先在北京听取意见,而后再在上海、南京分别座谈,进行讨论。

10 月 亲自勘定的近代物理研究所大楼,在中关村开工建设。

11 月 核物理学家戴传曾从英国利物浦大学获得博士学位后回国,到近代物理研究所工作。

11 月 6 日 何泽慧在北京生下第三个孩子(男)。起先为其取名"思改",以纪念正在参加的思想改造学习活动(据丁瓒说,他曾提醒取此名会有对运动抵触和不满之嫌)。后于 1961 年改名为"思进",寓意为思想进步。

12 月 7 日 与竺可桢、吴有训、严济慈等同往教育部,约教育部副部长曾昭抡、刘皑风一起至西郊建筑工地实地商讨(因划定给中国科学院的 4000 余亩用地中,北京大学想以原燕京大学就地扩充占其中一部分)。次日,与吴有训、丁瓒参加吴晗副市长召集的科学院、教育部首长协调会,决定原计划给中国科学院的用地中,划出 1000 亩给北京大学。

12 月 8 日 中国科学院内部改组办法起草 7 人小组,经过多次讨论和多方听取意见完成院中组织措施,拟将邀聘的专门委员分为 6 组,即数理组、化学组、生物学组、地学组、工程组和社会科学组,设组务会议,由组务会议选人出席院务会议。

12月18日 出席中国科学院思想改造动员会，听取郭沫若《为科学工作者的自我改造与科学研究工作的改进而奋斗》的动员报告，讲以下七部分内容：①思想改造的重要性；②为什么知识分子的思想必须首先改造；③科学工作者有了怎样的思想准备；④科学工作者中错误思想的一些实例；⑤自我教育和自我改造；⑥学习与业务并不冲突；⑦改造，改造，再改造。

12月起 参加中国科学院组织的研究人员分区学习，并定为东区学习委员会召集人、院研究人员学习委员会委员。学习时间定为4～6个月，并制订学习计划和学习纪律，要求甚严。学习计划附录于后：

中国科学院研究人员学习计划

（一）学习目的：在本院原有的政治学习基础上，进一步学习以马克思列宁主义和毛泽东思想来武装自己；提高自己的政治水平，展开批评与自我批评，以继续改造我们的思想；肃清帝国主义与封建主义的反动思想的影响，批评自由资产阶级和小资产阶级的一些错误思想，确立革命的、科学的人生观，从而使我们的科学研究工作能根据国家建设和人民的需要来进行改革。

为了达到上述目的，学习时须防止教条主义，反对学院式的研究方式，要联系自己的思想，联系实际工作；同时要防止零星琐碎的技术批评，应实行有高度原则性的政治批评，这样才能提高自己，帮助别人。

总之，我们这次学习的目的在于改造思想，加强团结，改进科学研究工作。

（二）学习时间：暂定四个月到六个月。先从北京各所开始，取得初步经验后，再推广到沪宁及东北各所。

（三）学习组织：

(1)设立中国科学院研究人员学习委员会，简称院学委会，领导本院研究人员学习。由郭沫若院长任主任委员，李四光、陶孟和、竺可桢、吴有训四位副院长任副主任委员(全部委员名单附后)。

(2)院学委会下设办公室，办公室为领导学习的办事机构。由丁瓒、恽子强、刘大年、汪志华、何成钧、萧佛先、简焯坡七人负责。丁瓒任主任，并添设秘书和工作人员。办公室定期向主任委员、副主任委员汇报情况和工作。

(3)本院在京各单位，除中区(院本部)及遗传选种实验馆各设立直属小组由院学委会直接领导外，分为三区，各区设区学委会，在院学委会领导下，分别负责领导各区学习，东区为近代物理与应用物理两所,东南区为社会科学四所,西区为植物分类、数学、心理三所,昆虫研究室和动物标本工作委员会(区学委与直属小组长名单另附)。区学委会设学习干事若干人,负责本区学习日常工作,并与院学委会办公室联系(各区学习干事名单另附)。

(4)小组由十人至二十人组成(得按实际情况酌量增减)。每小组设组长一人,副组长二人,小组又分成若干互助小组,每组三人至五人,设互助小组长一人。分组办法,分组名单及组长、副组长、互助小组长人选由区学委拟订送院学委会核定。

(四)学习方法:

(1)听报告必须做笔记。

(2)阅读文件时应随时做笔记。笔记内容不要是分段分节的图解或大纲,而应是随时记录自己的思想活动(例如,读到一个地方,那被批评的不正确的看法和自己的思想有类似之处,就应该记下来;或者阅读时对文件中的某一点不能接受时,也应该记下来)。阅读文件的时间不规定,但必须认真阅读。

(3)互助小组在适当时期,根据院学委会的大纲,进行漫谈,准备在小组会上发言。互助小组的漫谈应不拘形式,采取"谈心"方式,彼此互助,尽量暴露思想。互助小组的漫谈会,每周至少三小时。互助小组长应及时向小组长汇报。

(4)小组长召开小组会时,必须充分了解小组的思想动态,进行必要的准备工作,提出普遍存在的问题;在小组讨论中应该细致地启发同志们的思想活动,掌握讨论的发展;充分发扬民主,联系具体事情;不宜过早地、空泛地作出结论;小组会后应及时向区学委汇报。小组会定于每星期六下午举行。

(5)区学委至迟必须在小组会后的第一个星期二以前,作出区小结。每次学习前,各区学委必须首行讨论,研究报告和文件的精神,依据各区具体情况拟出讨论要点,供大家参考,要及时了解本区同志的思想情况和学习情况,研究分析,提出办法和意见,及时地,简要地向院学委会办公室汇报。如有必须及时反映的情况,由区学委会学习干事随时向院学委办公室汇报。

(6)院学委会在学习过程中应及时推广学习经验,传播典型情况,纠正学习过程中可能发生的偏向。在每阶段结束时,作出全院学习小结。

(7)全部学习完成后,每个参加学习的人员应写出个人总结,在小组会内通过,交区学委;区学委作出全区学习总结后,连同该区个人总结交院学委。院学委作全院学习总结。

（五）学习纪律：每个参加这次学习的同志必须认清这次学习的目的，自觉地、认真地进行学习。为了保证学习的顺利进行，下列几件事必须完全做到：

（1）听报告时不得无故缺席、迟到或早退。不能出席时必须向小组长请假（但应尽可能好好安排时间，避免请假）。

（2）互助小组会及小组会必须准时出席，不得无故不到。

（3）指定参考文件不能以工作忙或其他藉口而不认真进行阅读。

（4）以小组为单位，互相检查督促，保证严格遵守学习制度与学习纪律。

中国科学院学习委员会及各分区学习委员名单

主任委员：郭沫若

副主任委员：李四光、陶孟和、竺可桢、吴有训

委　　员：严济慈、丁　瓒、恽子强、杨钟健、钱崇澍、吴征镒、朱弘复、陆学善、钱三强、曹日昌、华罗庚、李薰、王大珩、罗常培、范文澜、郑振铎、梁思永、巫宝三、夏鼐、乐天宇、刘大年、关肇直、严希纯、汪志华、萧佛先、张克明、何成钧、简焯坡

办　公　室：丁瓒（主任）、刘大年（副主任）、恽子强、汪志华、何成钧、萧佛先、简焯坡

各区学委会及干事

东区委员：钱三强（召集人）、陆学善、王淦昌、向仁生、彭桓武、朱洪元

干　　事：李寿枬、许少鸿、黄有辛、林念芸

西区委员：钱崇澍、吴征镒（召集人）、华罗庚、曹日昌、朱弘复、吴新谋、张肇骞、林镕

干　　事：田方增、刘静和、崔鸿宾

东南区委员：范文澜（召集人）、罗常培、郑振铎、梁思永、夏鼐、巫宝三（严中平代）

干　　事：刘桂五、汪敬虞、王伯洪、王鋆、尚爱松

中区直属小组：杨钟健（组长）、严希纯（副组长）张沛霖（副组长）

遗传选种直属小组：冯兆林（组长）

（以上据《中国科学院院报》1951年第7期）

12月29日　接院长郭沫若签署的任命通知，兼任重新成立的中国科学院

计划局局长,副局长为丁瓒(原计划局曾于同年2月撤销)。

是年 为发展原子核科学研究,国家拨款在北京东皇城根建成新物理楼,由近代物理研究所和应用物理研究所合用。

年底 近代物理研究所发展到50人。

近代物理研究所该年的科研工作,理论研究方面主要有以下三方面:

(1)探讨核子间的作用力。曾作过三个研究题目:氘核的光致蜕变;用忽鲁登变分法求核子间的散射相移;用两种不同势能计算氘的结合能。前两个题目均于本年年底结束,后一个题目则因殷鹏程调往浙大而中断。

(2)关于介子场的问题。曾作过中性π介子的衰变,核子的非正常磁矩及中子与电子间的作用以及β衰变的理论等。

(3)正电子与负电子散射问题,开始了计算,预计1952年度可以结束。

实验物理方面主要有以下工作:

(1)为原子核物理研究用的云室已于年底基本完成,所照的电子轨迹清晰,没有干扰。

(2)乳胶片看到了质子轨迹。

(3)做出第一只盖革计数管。

(4)开始研制闪烁计数器。

(5)探测宇宙线穿透簇射的12寸转型云室已拍过几百张照片,性能逐渐提高。

(6)电子线路已经完成:各种进位器共3套,鉴别器一套,为探矿用的手提式盖革计数器4套,为闪烁计数器用前置放大器、直线放大器各两套,符合线路一套。

(7)范得格拉夫静电加速器的研制,在逐渐进行中。Zinn型离子源及附件已设计加工,加速器本身开始试装。

(8)放射化学方面开始拟定计划,购置仪器药品。

本年度 研究工作的组织和领导又作了调整,分为七个小组,分工如下:

第一组(高压静电组):赵忠尧(组长)、叶铭汉(秘书)、金建中、李寿枬、陈耕燕、徐建铭、叶龙飞。

第二组(乳胶组):何泽慧(组长)、陆祖荫(秘书)、王树芬、肖振喜。

第三组(电子学组):杨澄中(组长)、许槑(秘书)、忻贤杰、赵佩珩、林传骝、孙良方。

第四组(探测器组):钱三强(组长)、李德平、蒋铮、卢竹轩、杨桢。

第五组(理论组):彭桓武(组长)、邓稼先(秘书)、胡宁、朱洪元、程开甲、郭挺章、金星南、黄祖洽(在苏联)、于敏。

第六组(宇宙射线组):王淦昌(组长)、肖健(秘书)、胡文琦、郑仁圻。

第七组(放化组):杨承宗(组长)、郭挺章、林念芸(秘书)、朱润生。

1952年　三十九岁

1月4日　同严济慈、丁瓒、恽子强、曹日昌、陈宗器联署报告呈郭沫若院长,汇报办公厅、计划局首次联席会议情况:

> 元月二日办公厅、计划局召开了首次联席会议,兹将会上根据院长会议的指示,拟定的各事项报请鉴核并批示:
>
> (一)办公厅工作自本日起正式由前届主任严济慈及副主任丁瓒、恽子强,移交给严济慈及曹日昌、陈宗器两位副主任。
>
> (二)计划局本日起正式成立,钱三强局长、丁瓒副局长正式到职。
>
> (三)拟将现任秘书处处长严希纯调任计划局第三处处长。现在的秘书处的工作划分为秘书、行政二处。秘书处长在未有适当人选前仍暂由严希纯担任。行政处长拟调上海物理化学研究所副研究员余柏年担任。
>
> (四)关于办公厅的工作、机构与人事等问题,由曹日昌、陈宗器两同志拟一计划,经严、丁、恽、钱、曹、陈各同志讨论后,呈院长核示。
>
> (五)办公厅由吴副院长领导,严济慈主持全面工作,曹日昌负责人事及对外关系等,陈宗器负责行政工作。在严赴东北工作,曹、陈直接由吴副院长领导。
>
> 此呈
>
> 院长
>
> 六人署名
>
> 一九五二年一月四日
>
> (引自薛攀皋、季楚卿编,《中国科学院史事汇要1952年》,1994年)

1月　根据上级部署,近代物理研究所基本停止科研工作,全力投入“三反”(即反贪污、反浪费、反官僚主义)运动,后又有人员参加社会上的“五反”(即反行贿、反偷税漏税、反盗窃国家资财、反偷工减料、反盗窃国家经济情报)运动,前后约半年时间。

1月6日　出席中国科学院召开的陶孟和、竺可桢、吴有训“三反”检讨会。陶检讨发言40分钟,后与会者提意见;竺检讨发言30分钟,“述本位主义和敌我不分两个缺点……。钱三强指出余的本位主义说,关于南高、中研、气象、地理的人不能动,其余部分我就置之度外。”①

1月28日　与竺可桢个人谈心,讲到过去在计划局初期工作中自己存在

① 参见《竺可桢日记》

的缺点急于求成……。竺日记称:“但余则谓一人要有勇气,我自己已觉暮气沉沉,不能有所作为。”

2月2日 列席科学院院长办公会。会议先讨论院刊,决定将原24种减至17种,次讨论北京大学提出进一步要西郊用地问题(西郊拨给中国科学院的用地已商定让出1500亩给北京大学,但北京大学还提出再加给800亩地)。

2月6日 在中国科学院院部与竺可桢谈起“急于改造思想,几乎要限期完成。实在令人焦急”的心情时,向竺反映说:“近代物理所年轻人亦莫知适从,正如一群鸡鸭但闻四处呼声,遂致彷徨歧途。当然,我们可以学习,但是思想改造是一件缓慢之事。”

2月16日 列席院长会议。讨论通过中国科学院成立建筑委员会时,郭沫若指定:吴有训任该委员会主席,陶孟和、竺可桢为副主席,钱三强、曹日昌为秘书,委员有李四光、梁思成、金涛、郑振铎、杨廷宝、林徽因、吴良镛、张开济等25人。

> 2月21日,周恩来为中央军委致电彭德怀、邓华、甘泗淇并高岗、贺晋年:“据许多征候看来,敌人最近在朝鲜所撒放的各种昆虫,显系进行细菌战的行动,应引起我各级领导同志的高度注意。”
>
> 周恩来为毛泽东起草致金日成并告彭德怀、李克农电:“敌人自一月二十八日起,连续在朝鲜前线以飞机撒放毒虫细菌,经化验业已证明其中含有鼠疫、霍乱及其他病菌,现除令前方进行动员随时扑灭焚毁外,已于今日起以飞机赶送三百四十万人份的防疫苗、五千磅杀虫粉剂及喷射器材到安东转运前线,并加派若干防疫队前往。除此,我们应在世界人民面前进行控诉,并动员舆论进行反对。”(中共中央文献研究室,《周恩来年谱1898—1949》)

2月下旬 中国获悉美国入朝部队先在朝鲜伊川东南平原,接着在朝鲜整个北方和中国东北的重要城市及交通要道施放细菌武器,发动细菌战,但美国不承认。在上述地区亲身调查后的一些国际团体知名人士,如国际民主法律工作者协会调查团和世界知名人士文幼章、法奇、约翰逊教长等,都先后发表讲话和文字报告,证实美国发动细菌战的事实,然美国以这些人士不是科学家,没有能力辨别证据的真假为由,予以否认。

2月22日 “三反”运动中作第二次检查。检查后,仍纷纷提出意见,说检查不彻底,没有检查思想根源。

2月23日 中华全国自然科学专门学会联合会和中华全国科学技术普及协会联合会发表宣言,抗议美军撒布细菌武器的罪行。

2月25日和3月10日 中国人民保卫世界和平委员会主席、中国科学院院长郭沫若,先后向世界和平理事会提出对美国的控诉,并转附中国各民主党派的联合抗议书，要求组织一个公正和独立的科学家参加的国际团体，调查美国进行细菌战的事实。世界和平理事会主席约里奥-居里将中国各民主党派的联合抗议书转送各国和平理事会分会，并发表声明号召世界舆论谴责美国使用细菌武器。根据中国和朝鲜的要求，决定举行一次世界和平理事会执行局特别会议。

2月29日～3月26日 美国出动军用飞机计177批865架次，对中国东北地区进行轰炸，同时投掷大量细菌弹，把携带病菌的老鼠、苍蝇、蜘蛛、土蜂、臭虫等撒布到田野村庄，造成20余个城镇和村庄迅速流行起霍乱、鼠疫、天花、伤寒、黑死病……。危急之际，毛泽东立即批准速办四件事：①东北已成疫区，华北特别是京津地区已成监视区，急需成立中央防疫委员会，请周恩来主持，以及时解决问题。②京津迅速进行防疫注射，厉行卫生运动。③成立铁路防疫委员会。④积极筹备疫苗药品。（周均伦，《聂荣臻年谱》（上卷），人民出版社，1999年，547页）

3月7日 竺可桢、吴有训在《人民日报》分别发表署名文章，声讨美国发动细菌战罪行。竺文题目是“声讨美国侵略军撒布细菌的罪行”，吴文题目为“和危害人类的恶魔斗争到底”。

同时 朝鲜前线急报：“敌人撒放昆虫细菌仍在进行中，送到前方的鼠疫疫苗已开始在部队中注射。前方需要多种疫苗，可在3月10日前往前方运送200万份五联疫苗、300万份四联疫苗、80万份赤痢疫苗，加上以前计划送前方的鼠疫疫苗、霍乱疫苗等，以及21万多份防毒面具，可以满足前方需要。”（周均伦，《聂荣臻年谱》（上卷），546页）

3月8日 世界和平理事会主席约里奥-居里发表声明，谴责美国军队使用细菌武器的残暴行径，号召世界舆论一致予以声讨。

3月21日 参加郭沫若为团长的中国和平代表团（团员还有沈雁冰等），乘飞机取道莫斯科赴奥斯陆出席世界和平理事会执行局特别会议。

3月28日 同中国和平代表团飞抵奥斯陆。苏联世界和平理事会执行委员法捷耶夫、爱伦堡等同机到达。

3月29日 陪同郭沫若在挪威奥斯陆出席和平理事会执行局会议。会议由世界和平理事会主席约里奥-居里主持。郭沫若做了题为“关于美帝国主义细菌战罪行的报告”的演讲。朝鲜代表团团长李箕永接着发言。他们陈述美军在中国东北和朝鲜广大地区发动细菌战的事实，并要求世界和平理事会主持正义，组织一个公正和独立的科学家参加的国际团体，到中国和朝鲜进行实地调查。

（按：会前，美国国务卿艾奇逊发表声明，否认施用细菌武器，说是中国和朝鲜故意捏造的，而中朝两国代表团向与会执委们提供了从现场获得的资料，用事实驳斥艾奇逊的抵赖。会中，美国代表针对中朝的调查要求，提出由国际红十字委员会做出结论,没有必要组织国际科学调查团。中朝代表团反对美国的提议,认为此时的红十字委员会不能充分摆脱政治偏见,难以保证调查结果公正客观,要求由超脱而独立的科学家组成国际调查团进行调查。

美国反对中朝两国的提议,并在会议期间对一些国家的执委进行拉拢、欺骗,甚至威胁;对约里奥-居里更是施加政治压力,开动宣传机器进行恶意攻击,诬蔑他是"共产党的阴谋组织者"。)

Δ会议表决中国和朝鲜提议之前,约里奥-居里主持召开一个没有中朝代表和美国代表出席的小型会议,他说:"理事会支持不支持被侵害的中国与朝鲜的要求,是关系到世界和平理事会存亡的问题。若不能主持正义,还有什么理由让世界和平理事会存在下去。"在付诸执委会议表决时,他又向全体与会者做了讲话:

> 大家选我为世界和平理事会主席,我很荣幸。我们受着同一个信念的鼓舞,为消除战争工作。我们要尽一切办法,使我们的孩子们不再经历新的战争恐怖,使科学为其正当目的而不为罪恶目的服务,使世界上劳动者不断努力创造幸福,而不致造成破坏。只要危险没有消除,我们就要坚持做下去。没有任何东西可以阻挡我们。(莫里斯·戈德史密斯,《约里奥-居里传》)

Δ中国和朝鲜的要求,终于以"决议"形式获得世界和平理事会执委会通过。此时此刻的情景,钱三强有记述:

> 大会进行辩论和表决,会上气氛非常紧张。会议终于在约里奥-居里坚持下通过决议:组织"调查在朝鲜和中国的细菌战事实国际科学委员会"。在胜利的时刻,我们每个人的脸上都像一束绽开的花,然而却不是在笑,而是流出了兴奋的泪水!郭老听完决议,忍不住内心激动,他一动不动地坐在座位上,长时间用手捂住眼睛,不想让人看出他在流泪。一到休息室,他就对我们说:"总算没有辜负党和人民的委托啊!"他这简短而充满深情的话语,充分表达了郭老对人民事业的忠诚。他的这种精神,当时以至后来一直深刻地教育着我。(钱三强,《忆我尊敬的长者——郭老》)

4月1日 在奥斯陆出席世界和平理事会执行局会议,各国代表联合举行记者招待会。郭沫若和朝鲜代表李永箕向记者陈述了美军发动细菌战的事实,并散发了提交执行局会议的证明文件及照片副本。

4月2日 参加约里奥-居里和郭沫若等签署联名发表世界和平理事会执行局会议通过的《反对细菌战——告世界男女书》(该宣言书,后经同年7月1日世界和平理事会柏林特别会议批准,重新发表)。

4月3日 美国驻联合国代表沃伦·奥斯汀写信给约里奥-居里，指责他作为世界和平理事会主席向全世界呼吁要求对美国在朝鲜使用细菌武器问题进行独立调查，是"滥用科学"。

Δ一个月后，约里奥给奥斯汀回公开信。信中说，他对奥斯汀信中无理的侮辱性的语气感到震惊。他愤怒而据理地回敬了他的指责。公开信首先提醒奥斯汀，关于细菌武器，有一项国际协议（即1925年6月17日《禁止在战争中使用窒息性、毒性或其他气体和细菌作战方法的议定书》）。但在所有大国中，只有美国和日本拒不批准这个条约。接着，约里奥公开信写道：

> 你指责我滥用科学，因为我反对罪恶地使用伟大的巴斯德的发现，因为我号召公众反对发动细菌战。我认为滥用科学的人，正是在广岛和长崎用毁灭20万居民的手段而开创了原子时代的那些人。……
>
> 不能因为朝鲜人和中国人选择了和你们国家不同的制度，也不能因为他们不是白种人，就认为用凝固汽油弹或用细菌来大规模地消灭他们是合法的。……因为我知道科学能给世界带来什么，所以我将继续努力，利用科学造福人类，不管他们是白种人、黑人还是黄种人，而不是在某种天赋使命的名义下利用科学消灭人类。（莫里斯·戈德史密斯，《约里奥-居里传》，271～272页）

4月初 奥斯陆会议结束后，受命转往布拉格，在那里协助国际和平理事会并代表中国保卫世界和平委员会主席、中国科学院院长郭沫若邀请有关科学家组织国际调查团，调查美国发动细菌战事实。经过一个多月不懈努力，排除种种人为障碍，终于邀请到以下独立科学家组成"调查在朝鲜和中国东北的细菌战事实国际科学委员会"。

关于委员会的组成经过及委员名单，"调查报告书"中有如下叙述：

> 1952年3月29日，在奥斯陆世界和平理事会执行局会议上，郭沫若博士在随行的中国代表们的协助之下，并有朝鲜代表李箕永先生在场，向执行局的委员和其他国家的代表们提供了许多有关本问题的资料。郭博士声明中国与朝鲜两国政府认为红十字国际委员会不能充分摆脱政治偏见，以进行现场的公正调查。但是，两国政府完全希望邀请一个由公正而独立的科学家所组成的国际团体到中国亲身调查控诉所依据的事实。不论他们与争取和平的机构有无关系，但他们当然是以献身于人道事业而知名的人士。这个团体的任务是证实或否定这些控诉。经过仔细讨论之后，执行局一致通过决议，组织这样一个国际科学委员会。
>
> 奥斯陆会议之后，立刻努力邀请相当数目的自欧洲、南美洲与印

度的、尽可能征求有关部门中有名的科学家们，在他们初步接受邀请之后，中国科学院近代物理研究所所长、兼中国人民保卫世界和平委员会委员、并在奥斯陆会议后留在欧洲负责组织委员会工作的钱三强博士，即以中国科学院院长兼中国人民保卫世界和平委员会主席郭沫若的名义发出请柬。六月中旬，委员会人数达到了不可少的最低限度，他们就起程到中国来。

国际科学委员会的委员们在6月21日及28日先后抵达北京，他们在北京受到中国科学院与中国人民保卫世界和平委员会的热烈欢迎。委员名单如下：

安德琳博士(瑞典)，斯德哥尔摩市立医院管理处中央临诊试验室主任。

马戴尔教授(法国)，格利农国立农学院动物生理学研究室主任，曾任联合国善后救济总署牲畜专家。意大利及西班牙畜牧学会通信会员。

李约瑟教授(英国)，皇家学会会员，剑桥大学生物化学系威廉·邓爵士讲座的讲学者，曾任重庆英国大使馆(科学)顾问，联合国教育、科学及文化组织自然科学部主任。

欧利佛教授(意大利)，布罗尼大学医学院人体解剖学教授。前土伦大学普通生物学讲师。

贝索亚教授(巴西)，圣保罗大学寄生生物学教授，前圣保罗省公共卫生局长。罗西佛及拍拉巴两大学医学院名誉教授。

茹科夫·维勒斯尼科夫院士(苏联)，苏联科学科学院副院长兼细菌学教授，曾任伯力日本细菌战犯审讯的首席医学专家。

葛拉求西博士(意大利)，意大利罗马大学微生物研究所助教。因他只能在委员会最后几周的工作中出席，所以他的地位是“列席顾问”。

这个团体还包括：

可华司基先生：系茹科夫·维勒斯尼科夫院士的翻译秘书。

贝索亚夫人：贝索亚博士的翻译秘书。

4月 周恩来召集王稼祥、陆定一、刘宁一、章汉夫等商讨统一和加强反细菌的对外宣传，决定成立反细菌战宣传委员会，陆定一为主任，章汉夫为副主任。

5月 郭沫若获报国际调查委员会组成后很兴奋，即报告周恩来和陆定一，并于5月21日致信钱三强：

三强兄：

您这次做了很好的工作，总理、定一、同志们都表示满意，把您辛苦了。我们的意见，望您待国际委员会组成后一道回国，望您把这一任务彻底完成。居里先生处我已有电慰问，今天李一氓动身，我写了一封信，托他带去。您多留二三星期，我想对于居里先生也当是一种安慰。余由长望同志面详。

敬礼！

郭沫若

五．廿一．

5月31日～6月2日 参加以涂长望为团长的中国代表团，从布拉格出席在维也纳召开的世界科学工作者联合会第十一届执行理事会，又一次和约里奥相处并通报了邀请有关科学家组成国际调查委员会的情况。约里奥以世界科联主席身份同贝尔纳(J. D. Bernal)共同主持了第十一届执行理事会。会上曾讨论建立区域性中心问题，意向提到建立“北京中心”。

6月22日 陪同部分国际科学调查委员会成员抵达北京。其余委员由各所在国先后抵京，入住北京饭店。当晚，陪同各国委员出席郭沫若在北京饭店举行的招待会。

同日 陪同周恩来等邀请维勒斯尼科夫院士参观“美帝国主义细菌战展览会”，并听取其对展览的意见。

6月23日 陪同郭沫若在大院胡同宴请李约瑟教授，畅谈中国科学文化之发展，知其所著《中国科学技术史》已完成4卷(共7卷)。陪同的还有吴有训、竺可桢、梁思成、冀朝鼎、曹日昌等。双方交谈至夜间十一点。

△接受中央领导委派，并根据国际科学调查委员会的一致邀请，钱三强(博士，世界和平理事会理事)定为国际科学委员会联络员，规定在国际科学委员会讨论时可以发言，但没有投票权。

为协助国际科学调查委员会工作，中国方面成立一个接待委员会。委员会由下列人士组成：

主　　席：	李德全夫人	中国红十字会主席暨世界和平理事会理事
副 主 席：	廖承志先生	世界和平理事会理事
	贺　诚医师	中华医学会名誉理事长
秘 书 长：	宫乃泉医师	上海医学院院长
副秘书长：	计苏华医师	中华医学会秘书
专家联络员：	钟惠澜博士	北京人民医院院长、中国协和医学院内科临诊教授
	吴在东博士	南京大学医学院病理学教授
	方 纲 教 授	中央卫生研究院微生物学系副研究员
	朱弘复博士	中国科学院昆虫研究室副主任

严仁英博士　北京大学医学院妇产科副教授
杨士达博士　上海震旦大学医学院公共卫生学教授兼院长

6月底　因陪同国际科学委员会赴东北和朝鲜调查需时较长,向郭沫若院长请示,提议由尚待任命的王淦昌、彭桓武两位副所长共同主持近代物理研究所全所工作,获得准允。次年4月10日,政务院正式任命王淦昌、彭桓武为副所长

亦由于以上原因,主动向叶企孙、周培源提出,要求辞去清华大学物理系主任一职,并与周培源一起邀王竹溪出任清华大学物理系主任。

7月10日晚　陪同国际科学调查委员会成员(接待委员会成员同行)乘火车离京赴东北进行实地调查。首先在丹东、抚顺等地看到美国飞机用“不爆炸的细菌炸弹”撒布的含有多种毒菌的大量昆虫和其他实证。

7月16日　陪同国际科学调查委员会成员乘苏式吉普车进入朝鲜战争现场(钱三强与李约瑟同乘一车),冒着美军飞机轰炸的危险(一次安德琳和钟惠澜所乘车被炸翻,当场晕倒),夜行昼止,深入战壕、山洞、野郊和医院,调查了数以百计的人证(包括询问被俘的4名投掷细菌弹的美国飞行员和1名美军空降到北朝鲜后方收集细菌情报的朝鲜籍特务等),获取大量实物和施放的有毒细菌造成人畜危害的资料。

7月下旬　陪同国际科学委员会成员在平壤郊区的水泥地下建筑里会见金日成,听取朝鲜方面关于美国施用细菌武器情况介绍,并与金日成等一起合影留念。

8月9日　陪同国际科学委员会成员从朝鲜、沈阳返抵北京(接待委员会成员同返)。

8月10日起　以联络员身份协助国际科学委员会整理调查报告书。经过反复讨论、认真推敲,各位委员共同努力和中国接待委员会专家的配合,以事实为依据写成书面调查报告及各种附件。书面调查报告包括序言、委员会的组织与工作、文件、第二次世界大战时日军进行细菌战的有关资料、委员会分析事件的方法、有关昆虫学方面的资料、有关撒布昆虫的医学注释、植物病理学的资料、朝鲜事件(鼠疫)、甘南事件、宽甸事件、辽东辽西事件(呼吸道炭疽病)、大同事件(霍乱)、容器或“炸弹”的种类、被俘的特务们的供词、美空军俘虏供词、新中国的卫生、概论和结论等,共约45万字,一并译成法、英、俄、汉、德、意、朝、日等8种文本印刷(法文本为正本)。

报告书的结论写道:

> 自1952年初以来,在朝鲜北部和中国东北,发生极反常的现象,使朝中两国人民和政府指责美国军队在进行细菌战。为调查有关细

菌战的事实而组织的国际委员会，在现场进行了两个多月的工作之后，现在结束工作。

有大批事实摆在委员面前，其中，有一些事实，首尾连贯，富有高度说明性，足以例证。所以，委员会特别集中力量来研究这些事实。

委员会已得出下面的结论：朝鲜及中国东北的人民，确已成为细菌武器的攻击目标；美国军队以许多不同的方法使用了这些细菌武器，其中有一些方法，看起来是把日军在第二次世界大战期间进行细菌战所使用的方法加以发展而成的。

委员会是经过逻辑的步骤而后达到这些结论的。这种遭各国人民一致谴责的灭绝人性的手段，竟见诸施用，此为本委员会的委员们过去所不易置信，现在本委员会迫于事实，必须下这些结论。

现在，全世界的人民都应加倍努力，使世界免遭战祸，并制止科学的发明被用来毁灭人类。(《科学通报》反细菌战特刊，中国科学院，1952 年，第 43 页)

8 月 25 日 被定为中国科学院首批特级研究员(共 8 人)，其余 7 人是：华罗庚、庄长恭、赵承嘏、贝时璋、钱崇澍、冯德培、赵忠尧。一级研究员 12 人：王淦昌、彭桓武、周仁、罗宗洛、陈世骧、王家楫、伍献文、童第周、赵九章、罗常培、杨钟健、周赞衡。特级研究员薪金为 900 分〈1 分约 2 斤小米〉，一级研究员为 820 分，二级研究员为 760 分，三级研究员为 700 分。

8 月 31 日 出席在北京饭店举行的调查美国在朝鲜和中国东北的细菌战事实国际科学委员会报告书签字仪式和记者招待会。出席的还有郭沫若、李四光、陶孟和、竺可桢、吴有训等。

△陪同毛泽东、周恩来、郭沫若、廖承志在中南海会见调查细菌战事实国际科学委员会全体成员，并担任现场翻译。毛泽东代表中国人民对科学家不顾压力，主持正义的精神表示敬意。

9 月 15 日 国际科学委员会调查确认美国在朝鲜和中国东北使用细菌武器的事实的报告书，正式发表。科学家爱好和平、主持正义的立场，受到中国、朝鲜和世界各国人民的赞誉。

9 月 18 日 作为团员在北京出席亚洲及太平洋区域和平会议中国代表团首次全体会议。代表团共 29 人，宋庆龄为代表团团长，郭沫若、彭真为副团长。

10 月 2～13 日 随中国代表团出席在北京举行的亚洲及太平洋区域和平会议，宋庆龄为大会执行主席并致开幕词：

这次会议是一个伟大的，具有史诗意义的事件。它再一次充分证明，人类是一定能够创造和平的。”她号召，亚洲、太平洋区域“更坚定地掌握一个基本真理：民族独立与和平是从同一个斗争中产生出来的。只要亚洲和全世界人民团结起来,坚决地保卫和平,我们有充分的信心,相信我们一定会胜利地达到我们的目标”。(尚明轩,《宋庆龄年谱》,中国社会科学出版社,1986年)

10月16日 列席中国科学院院长会议,讨论扩大中苏科学家合作事,拟定中国科学院短期内派一小型代表团赴苏考察工作。代表团由计划局局长钱三强、副局长丁瓒、专员汪志华、东北分院秘书长武衡、文委科学处长赵沨及何祚庥组成(后该代表团未成行,次年改派一更高级别更大规模的代表团访苏)。

10月 开始同王淦昌、彭桓武一起主持制订近代物理研究所1953~1957年发展核科学的第一个五年计划,目标是在核科学技术上打下基础,为进一步开展核物理实验和建造反应堆创造条件。发展方向是以原子核物理研究为中心,充分发展放射化学,为核能的应用准备条件;使宇宙线研究获得发展;通过科研实践培养人才,为发展核科学技术准备力量。

(按:在讨论制订计划时,所内有人(主要是一位李姓党员干部)出于某种原因,反对在所里设立一直由彭桓武负责并且力量较强确有成绩的理论组,他一再主张取消这个组,并且把意见反映到了中央宣传部;为了增加反对的分量,这位党员又动员所内一位有影响的科学家向中宣部领导反映意见,后胡乔木找钱三强谈话了解情况。钱不同意这种近视观点,坚持认为理论组不能撤掉,甚至说出很生气的话:“让他们管管图书也好嘛!”后来,彭桓武真是兼任了图书委员会主任,于敏兼任图书委员会秘书。理论组终得以保留下来。)

10月24日 出席中国科学院扩大院长会议。郭沫若主持会议,并做出《关于加强学习和介绍苏联先进科学的决议》①。

决议内容如下:

(一)中国科学院所属各研究所应加强研究苏联科学成果,举行关于苏联科学的讨论会,并负责向有关的国家行政部门提出在实际工作中采用苏联科学成果的具体建议。

(二)中国科学院即行着手出版《苏联科学丛书》,翻译获得斯大林奖金的科学著作和其他优秀的苏联科学著作。中国科学院的刊物《科学通报》有系统地介绍苏联科学的最新成就。

(三)协同“中华全国自然科学专门学会联合会”、“中华全国科学技术普及协会联合会”及社会科学各协会,在中心城市举办介绍苏联科学和苏联科学家的展览会和讲演会。展览会和讲演会的工作本年十一月(中苏友好月)中开始。

---

① 参见薛攀皋、季楚卿编,《中国科学院史料汇编(1952年)》,1994年

（四）组织代表团访问苏联科学院，学习苏联科学工作的先进经验，并商讨进一步加强中苏两国科学工作合作的具体办法。

10月25日 出席中国科学院为纪念抗美援朝两周年举行的大会，并在会上作亲历朝鲜前线和在国际会议上感受爱好和平力量同美国侵略政策斗争情形的演讲。在会上演讲的还有陈世骧。

12月3日 随同宋庆龄团长、郭沫若副团长赴维也纳，出席第三次世界和平大会（12月12日～19日）。代表团成员还有梅兰芳、袁水柏、常香玉等共59人。

12月12日 出席世界和平大会开幕会。到会共有85个国家的1875人（其中代表1604人，来宾105人，列席120人，各国团体和国际组织代表46人）。大会选出3位合作主席：约里奥-居里、爱因斯坦（因故未出席会议）、宋庆龄。在16日会议上，郭沫若作题为"停止现有战争"的演讲，着重陈述停止美国发动朝鲜战争，指出，停止今天的战争，就能制止明天的战争。

△巴西寄生生物学家贝索亚，代表国际科学委员会，宣读国际科学委员会的调查报告书，陈述美国在朝鲜和中国东北使用细菌武器的事实。世界和平大会发表宣言，要求促进世界各国间科学文化交流，使科学为人类的幸福和进步服务。

其间 陪同郭沫若在维也纳与约里奥-居里会见，就发展世界和平事业交换意见，兼作双方翻译。郭沫若提出："我们认为和平运动应该打出反殖民主义的旗帜，以争取亚洲、非洲、拉丁美洲的广大人民。"约里奥-居里表示同意郭沫若的意见。

12月22日 同代表团离维也纳途经布达佩斯，游览该市中心市区，并登布达山，参观苏军纪念塔。后应苏联对外文化协会邀请，随中国代表团（还有朝鲜、越南、澳大利亚及太平洋区域其他国家代表团）前往苏联参观访问。在莫斯科参加若干活动后，钱三强旋被决定暂留莫斯科陪同宋庆龄、郭沫若拜会斯大林（斯大林表示要见宋和郭，但尚未定时）。

△在陪同等候会见的时间里（斯大林于次年1月13日会见），同郭沫若多次长时间交谈，从中受到鼓励。1982年，钱三强回忆文章记述：

> 在回国的途中，斯大林同志要会见宋庆龄同志和郭老，所以留下少数几个人陪他们两位等斯大林约定时间，我也被组织决定留下陪郭老，在这几天中经常谈话。他讲过早年参加革命和在日本学习马列主义，还用辩证唯物主义的观点研究甲骨文、中国古代史，他自己认为他最关心的是他关于中国奴隶制社会与封建社会划时期的问题，他认为党内还有一部分学者用旧的观点看待这个问题。另外，还说他为曹操翻案写文章或剧本。同时还不止一次讲到我党的领袖毛主席、刘少奇

同志和周总理是非常理想的互相配合的领导集团,还提到毛主席告诉他,胡乔木同志已是很成熟了,文化教育工作要郭老经常和乔木同志谈谈等。同时还很关心我的进步,认为解放后我也受了些锻炼,希望多学习马列主义、毛泽东思想,争取入党。(《钱三强文选》,277~278页)

Δ1953年1月13日,斯大林会见宋庆龄、郭沫若的情形如下:

一九五三年一月十三日晚,当时时钟正指着十一点一刻,斯大林接见了宋庆龄和郭沫若,接见的地点是克里姆林宫的斯大林的办公室。这是一间朴素、庄重、肃穆的长方形房间,房对侧右手角上放着一张办公桌,桌上堆满文件。斜手角上是一座旧式的大壁炉。内侧壁上并排着四位历史人物:帝俄名将苏沃洛夫和库图佐夫的油画像、马克思和列宁的照片。此外,居室中没有别的装饰,地板上也没有地毯。据郭老回忆:"斯大林是非常健康的……完全像对家里人一样,他和我们握了手。他坐在苏沃洛夫像下,对着我们讲了将近两个小时的话。"斯大林询问有关中国的一些情况,他说:"中国人是好人,勤劳朴实。"他希望中国妇女能够发挥伟大的潜在力量。他希望中国青年除重视技术之外,也要注意教育的学习,博得做人民老师的光荣。为了不使斯大林因长时间谈话而产生疲劳,宋庆龄、郭沫若向他告别,他却说:"你们要使我疲劳,是很不容易的。"没想到,仅隔这次谈话五十来天,一九五三年三月五日,斯大林竟溘然长逝。(卜庆华,《郭沫若研究札记》,湖南大学出版社,1986年,301页)

12月31日 郭沫若在《科学通报》反细菌战特刊发表署名文章——《把粉碎美国细菌战作为基点而再努力》。文章写道:

今年四月世界和平理事会执行委员会在奥斯陆开会时,我曾代表中国人民将美国进行细菌战的事实提出控诉;鉴于这一事件对世界和平的严重威胁性,并建议由世界和平理事会发起,组织一个公正和独立的科学家参加的国际团体到中国与朝鲜进行调查。这一建议,很可庆幸地受到了执行委员会的采纳。会后,在约里奥-居里主席的亲自主持下,各国保卫世界和平委员会积极地争取本国公正而勇敢的科学家参加这个国际委员会。在组织委员会的过程中,美帝国主义曾一再地施用压力企图阻挠并破坏这项工作的进行。但最后,由瑞典、法国、英国、意大利、巴西、苏联等六国科学家组成的"调查在朝鲜和中国的细菌战事实国际科学委员会"终于组织成功了。……他们的工作是非常艰巨的。他们曾冒着被细菌传染及被美机轰炸的危险到我国东北及朝鲜进行深入的直接研究,询问了人证,视察了现场,检查了物证,而且亲自进行试验。在极其大量的物证和事例中,他们重点地选择了东北甘南县带鼠疫菌的小田鼠、宽甸的特型细菌弹、辽东辽西的呼吸道传染霍乱等事件作为研究对象。同时他们还亲自询问了四个投掷细菌弹的美国空军俘虏和一个美军空降到北朝鲜后方收集细菌战情报的朝鲜籍特务。……最后他们经过逻辑的步骤而终于达到结论:"朝鲜及中国东北人民,确已成为细菌武器的攻击目标;美国军队以许多不同的方法使用了这些武器,其中有一些方法,看起来是把日军在第二次世界大战期间进行细菌战所使用的方法加以发展而成的。"……国际科学委员会的工作,对于人类将有重大贡献。他们的具有高度科学性的报告书,证实了美国侵略者进行细菌战的罪行,使美国侵略者已不能再以调查者不是科学家的藉口来抵赖了。美国侵略者尽管还可以用别种无耻的方法来进行狡赖和诬蔑,然而他们的罪行铁证如山,他们的任何狡赖和诬蔑手法,在全世界人民面前,已经完全的、彻底的破产。这些大公无私的、回国后继续英勇奋斗的国际科学委员会的委员们,我们向他们致以崇高的敬礼。

年底 胡乔木为迟迟不解决钱三强入党问题批评中国科学院党组,认为中国科学院党组有宗派情绪①。

是年 在近代物理研究所首先实行所务会议制度,规定副研究员以上的科学家和所务秘书出席所务会议。

全所因较长时间停止科研搞运动,研究工作进展很少,本年度计划大部分未完成,7个研究小组,只有个别小组工作上有一定收获。最有成绩的是探测器组,计数管研制工作,已经安装了3套具备扩散抽气装置的充气设备,对以石油醚作淬火气体的盖革计数管,已经取得实验室中生产的经验,有把握使每批制造的计数器具有同样的性质,并已生产计数管100支供所内外需要。其他组工作也有个别取得进展。

近代物理研究所全所职工共76人,其中科学研究人员51人。

1953年 四十岁

1月17日 陪同郭沫若从莫斯科回国抵京,受到彭真、陈叔通等迎接。

1月起 和张稼夫等一起筹备中国科学院访苏代表团工作计划、人员组成及考察访问日程等。周恩来主持政务院会议批准访苏代表团三个任务:①了解和学习苏联如何组织和领导科学研究工作,特别是在十月革命后,苏联科学院

① 参见丁瓒1967年8月22日谈钱三强记录稿

如何从旧有基础上发展和壮大的经验;②了解苏联科学的现状及其发展方向;③就中苏两国科技合作交换意见。全团在北京学习有关政策达一个月有余。

年初 根据中共中央提出的过渡时期的总路线和总任务,主持近代物理研究所开始制订和实施第一个五年计划,并落实1953年全面工作计划;同时,推动加强全所行政管理,建立和健全工作制度和必要程序。

2月4～5日 出席政协全国委员会第一届第四次会议,听取周恩来作的政治报告,参加分组讨论。在5日政协会议上,简要报告了即将成行的访苏代表团情况。

2月14日晚 到竺可桢住地拜访,谈院内工作及访苏准备情况,听取意见。

启程访苏前,和张稼夫听取胡乔木工作交代:代表团在苏期间有需要请示者,可经驻苏大使向李富春同志汇报(其时李正在苏谈判中苏合作)。

2月20日 写出向党组织的思想汇报材料——自传,陈述自己的政治历史、求学经历、在法国11年的工作、回国前后经过,以及各个时期的思想认识和采取的态度,计1万余字。"自传"存于中央组织部管理的钱三强本人档案。

2月24日 以代表团团长身份,和代表团支部书记张稼夫及秘书长武衡,率中国科学院代表团乘火车从北京启程赴莫斯科。代表团由理、工、农、医和哲学社会科学各学科知名专家共26人组成,分成数理、医学、生物、地质、化学、技术科学、历史六个组,其中成员有:华罗庚(数学)、张钰哲(天文学)、赵九章(地球物理学)、宋应、张文佑(地质学)、马溶之(土壤学)、刘咸一、彭少逸(化学)、吴征镒(植物学)、朱洗(动物学)、贝时璋(生物物理学)、沈其震、冯德培(生理学)、梁思成(建筑学)、曹言行(土木工程学)、于道文(机械工程学)、陈荫壳(电机工程学)、刘大年(历史学)、吕叔湘(语言学)等,外加工作人员和翻译16人,全团共为42人。

△一天,列车行驶中大家说说笑笑间,素有诗文雅兴的华罗庚突来灵感,要大家对对联,他用钱三强的名字组成上联"三强韩赵魏",征对下联。大家冥思苦索,谁也没有对出。华罗庚自己给出解答,他用代表团中赵九章的名字给出下联"九章勾股弦"。大家惊叹其对联构思巧妙有趣。

2月28日 代表团所乘火车进入苏联边境站——希瓦斯托堡尔,偕张稼夫、武衡一起会见苏联科学院派来迎接的联络处处长。办理入境手续后,代表团全体换乘苏方准备的一节专用车厢向西继续行驶。一天,代表团从广播中得知斯大林病重,震惊中担心此次访苏活动会受到影响。

3月5日 率访苏代表团抵达莫斯科。尽管全苏沉浸在忧虑不安中,但苏联科学院院长A. H. 涅斯米扬诺夫和学术秘书长A. B. 托普契耶夫率领一大批院士和主席团成员到莫斯科雅拉斯拉弗里车站迎接。

涅斯米扬诺夫致欢迎辞:“我们来欢迎你们,是很高兴的,因为我们欢迎的是伟大的胜利的中国人民的代表。但是不幸的是,斯大林同志在重病中,我们的心情是沉重的。斯大林同志一直教导我们,要巩固和发展中苏两国的友谊,要帮助中国建设,中苏两国牢不可破的友谊是世界和平强有力的保障。在这个时候,我们更体会到欢迎你们的重要意义。”

钱三强致答辞,首先对斯大林的重病表示亲切慰问,并衷心祝愿斯大林能早日康复。向苏联科学界致以崇高敬意,同时指出这次中国科学家代表团访问苏联,是中国人民和苏联人民牢不可破友谊的最新见证。代表团入住莫斯科民族饭店。

当晚 获悉斯大林逝世。

3月7~9日 以团长身份先后率领访苏代表团往莫斯科工会大厦瞻仰斯大林遗容;与我驻苏大使张闻天陪同率团参加吊唁活动的周恩来、郭沫若为斯大林护灵十分钟;在红场参加盛大的斯大林葬礼仪式。

Δ其间,在张闻天、李富春安排下,就苏方安排代表团参观科研机构中没有原子能方面的研究所一事,向周恩来当面汇报个人意见,希望苏方增加有关参观机构。周恩来同意钱三强的想法,并且在他在莫斯科期间同苏联新领导人会谈时便中作了说明。遂得到特殊批准,增加了5个物理学领域的保密研究所,其中有库尔洽托夫领导的科学院列宁格勒物理技术研究所。

3月10日 同到苏联参加吊唁活动的郭沫若及代表团全体,出席苏联科学院主席团举行的招待茶会,在涅斯米扬诺夫院长致欢迎词后致答谢词。

同日 同苏联科学院代表在代表团住地莫斯科民族饭店,讨论代表团在苏联的访问计划和日程安排,“钱三强教授代表全体成员表示同意苏联科学院主席团提出的计划,同时建议增加参观苏联科学院以外的科学机构的数量”。

苏方排定的日程表及说明如下:

中国科学院1953年访苏代表团日程表

地点	日期	访问时间
莫斯科	3月5~24日	20天
列宁格勒	3月25~4月2日	9天
莫斯科	4月3~5日	3天
乌克兰加盟共和国	4月6~16日	11天(包括路上)
莫斯科	4月17~5月5日	19天
乌兹别克加盟共和国	5月6~16日	11天(包括路上)

由于斯大林同志的逝世,代表团实际上是从3月10日开始工作的,而不是计划中的3月5日。这份由领导部门批准的计划是整个代表团访苏期间的指导性工作文件。(吴艳等编译,《中苏两国科学院科学合

作资料选辑》，山东教育出版社，2008年)

Δ访苏开始。为了了解苏联科学院的全面工作情况，率全团出席苏联科学院主席团组织的几次座谈会。苏联方面分别出席座谈会的有：科学院院长涅斯米扬诺夫院士、学术秘书长托普契耶夫院士、В. С. 涅姆钦诺夫院士、Г. Ф. 亚历山德罗夫院士、Т. Д. 李森科院士、А. И. 奥帕林院士、В. В. 维诺格拉多夫院士、齐钦院士、Д. С. 韦梁金院士、М. М. 杜比宁院士、А. М. 潘克拉托夫通讯院士、Н. М. 西萨基扬教授和其他苏联著名科学家。

3月10日 全团出席关于苏联科学院组织结构的座谈会。

3月12日 全团出席苏联科学院从建院至今的发展史座谈会。

3月13日 全团出席关于生产力研究委员会和共产主义伟大建设促进委员会的工作座谈会。

3月15日 以代表团团长身份和代表团党支部书记张稼夫，应邀出席在克里姆林宫举行的苏联最高苏维埃主席团第四次会议的开幕式。

3月17日 偕全团出席关于苏联科学院、学部和研究所的科学研究规划工作，以及关于科研工作与生产任务结合的问题，关于综合性问题的计划与实施座谈会。

3月19日 偕全团出席关于苏联科学院的研究生班、博士生班等科学干部培养体制座谈会。

3月22日 偕赵九章，应邀参加苏联科学院主席团学术秘书处的工作会议，听取苏联科学院通讯院士维诺格拉多夫所做的关于 В. И. 维尔纳茨基地球物理和分析化学研究所使用同位素方法解决地球化学问题的报告，以及 А. А. 米哈伊洛夫通讯院士关于普尔科沃天文台建设情况的报告。

4月4日 代表团听取苏联科学家掌握并在具体工作中应用马克思列宁主义方法问题的介绍。

4月7日 于光远向中国科学院党组织提交关于钱三强在清华大学求学时的政治表现材料称："钱三强同志在清华时是不问政治的学生，没有参加过什么政治组织，但有些正义感，对反动学生的行为有时不很满意，有时也偶然参加全校性的群众运动。家庭对他的影响我不清楚。"[①]

4月中 在莫斯科向苏联科学界作题为"中国近代科学概况"的演讲，系统简明介绍"五四"运动以来中国各科学领域的发展历程及主要成就。演讲全文录后[②]：

① 原件存"钱三强档案"

② 全文载于1953年7月的《科学通报》

中国近代科学概况

钱三强

（中国科学院访苏代表团团长）

我们——中国科学院代表团到苏联来学习苏联先进的科学工作经验，受到苏联科学院热诚的帮助和招待。我们全体代表对于此种崇高的友谊和良师益友般的关怀表示衷心的感谢。

在过去的一个多月当中，我们参观了莫斯科、列宁格勒和基辅的很多研究单位，与苏联科学家有了广泛的接触。我们深深地感到苏联的科学是世界上最先进的科学，它在各个主要方面都已经达到了世界的最高的水平。这个事实给我们以无比的兴奋和鼓舞，因为这是世界和平的强有力的最大的保证。

现在为了便于苏联科学家了解我们的情况，从而有效地提出可贵的批评和指导，加强中苏而大国在科学工作上的合作，我们特在这里把中国科学工作的情况简单介绍于下。

我国科学工作的基础十分薄弱，比起苏联在十月革命后初期的科学状况还要落后，这是由于长期的封建统治与近百年来帝国主义的侵略，束缚了中国的生产力所造成的结果。

在第一次世界大战时期，中国的民族工业得到了一些发展，这是在我国建立近代科学工作的社会条件和历史条件。从那时算起到现在亦不过三十年的历史。在伟大的十月革命影响之下，1919 年在中国爆发了反帝反封建的“五四”爱国主义运动。五四运动的口号是要求民主和科学，反对封建礼教，反对迷信、盲从等独断的封建哲学。这一运动本身在思想上为我国科学工作的建立扫除了一些障碍。

“五四”运动以后，留学资本主义国家学习近代科学以及回国从事教育工作的人日渐增多。其中虽然有些人带来了资本主义文化思想上的有害影响，但同时也带来了近代科学技术知识。从“五四”运动到1949 年全国解放以前，中国的科学工作在当时半封建半殖民地的政治经济条件下，自然不能得到充分的发展，但就是在这种情况下，也已经建立起数学、天文学、物理学、化学、药物学、气象学、地质学、动物学、植物学、生理学、心理学、农业科学、技术科学……等等科学研究部门。这些部门分布在历史较长的大学里，也分布在国民党政府设立的中央研究院、北平研究院以及由帝国主义津贴的研究机构里。在这个时期内，某些科学方面研究工作所以能够进行并获得若干成就，主要是依靠科学家自己的努力。

现在按照不同的学科分别叙述于下:最早在中国发展的是地质学和生物学。当时地质学家着重研究的是古生物学和地质的理论问题。在这方面苏联古生物学家的贡献会对中国地质划分工作有过不少的帮助。1929年至1939年间中国地质工作者展开了比较广泛的调查工作,通过这些调查对于中国许多地区的地质情况有了初步的认识。其中南京宁镇山脉地质的研究是比较有系统的工作;李四光关于中国山岭区域冰川地质的详细研究,给中国新生代地质工作开辟了新的道路;同时,也推翻了资本主义国家地质学者固执而错误的见解。在中国地质构造的研究上,李四光作了很多工作,他引用力学方法来进行研究,提出解释中国地质各种构造类型的新见解,如山字形构造等。其次黄汲清曾对于中国地壳构造单位的划分作过研究。1929年裴文中在中国周口店发现北京猿人头骨,在人类学的研究上起了很大的作用。中国地质工作者对矿床的研究工作作得较少,在这方面谢家荣曾做过综合性的研究。在古生物学方面,孙云铸对古无脊椎动物化石特别是三叶虫化石及下古代地层,杨钟健对中生代、新生代化石,斯行健对古生代中生代植物化石,都做过系统的研究。在矿物岩石方面,何作霖对岩组学,及使用弗氏旋转台的方法上有过研究。抗日战争发生后,地质工作在困难条件下仍继续进行。在这期间,广西、四川、江西等处的详细地质图的编制工作,大部完成。在土壤方面,中国的土壤学工作者对中国土壤的分布与发育也曾进行比较全面的概测,但对于结合农业生产来改良土壤的工作则注意不够,并且忽略了生物对于土壤的重要性,仅仅偏重于土壤化学成分的分布研究。

生物科学研究的开始比地质学较迟。在秉志、陈焕镛、胡先骕、戴方澜等人的倡导下,先后开展采集和调查。与此同时,动物学和植物学的研究工作也逐渐建立起来。在植物学方面,分类的工作占主要地位,生态学的工作只是在分类工作中附带进行一些关于植物分面的概略观察。生理、形态的研究比较零星。分类工作由于缺乏明确的目的性,流于单纯追求新种、新属。在动物学方面,分类工作所占比重也比较大,其中鱼类和昆虫工作比较有系统,哺乳类工作则最少。实验动物学方面的工作亦不多,主要的有贝时璋关于卵黄粒与生殖细胞的重建、朱洗关于人工成熟和单性生殖的研究。生理学的研究大半在医学院中进行,在消化系统、神经系统、内分泌等方面都有些工作。在肌肉与神经接头方面,冯德培曾进行过比较系统的研究。在整个生物学部门研究工作中,材料的收集是比较多的,但它和农业与医学缺乏联系,同时也缺乏正确的指导思想,特别在遗传与育种方面,孟德尔-摩尔根思想占着支配地位。

继续地质、生物研究工作之后，化学方面的研究工作也逐渐开展。1923年开始了盐硷方面的工业化学研究。其中侯德榜制碱的研究，突破了当时为国际资本家垄断的制碱工业技术的秘密。在有机化学方面，主要有庄长恭关于甾族脂环化合物及荷尔蒙的研究，赵承嘏关于贝母和麻黄素的结构及药理的研究，曾昭抡研究关于有机合成的工作。物理化学方面，吴学周曾研究分子吸收光谱；此外，在化学热力学和联苯的立体化学等问题有些工作。在生物化学方面，近十年来仅仅开始了酵素的研究。至于在近代工业上起了很大作用的关于高聚分子化合物和接触剂化学的问题则还没有开始研究。

数学、物理学、地球物理学、地理学这几方面的研究以及天文的观测都开展得比较晚。数学研究的早期工作是在富利埃级数、微分几何方面，并且一直继续发展。其主要工作中有陈建功关于三角级数处处收敛的充分与必要条件的求得；苏步青关于仿射旋转曲面的研究等。在中国受苏联影响最深的是解析数论。这一方面的工作由华罗庚开始，并获得了不少的成就。他把苏联科学院维诺格拉多夫院士的工作推展并应用到数论的各个有关方面。许宝騄开始了数理统计方面的研究。此外，中国数学工作者近十多年来关于拓扑学、近世代数学、复变函数论等也陆续有研究的结果。但关于和其他科学如物理学、气象学、技术科学等有关的数学研究从未进行。天文学方面，近代的观测到1928年才开始建立起来，抗日战争时设备遭受了损失，而且由于人才缺乏，过去只进行过关于太阳黑子与小行星的观测，研究工作还没有开始。

物理学方面的研究工作，在1926年以后，才渐渐展开。主要工作有：早期的吴有训关于X射线的研究，他的关于康普顿效应中变线与不变线强度分配的研究，对于康普顿效应的确立有密切关系；赵忠尧进行了硬γ射线在重物质中的反常吸收的工作，他测定了吸收过程中放出的辐射的波长，这辐射就是现在所熟悉的正负电子转化为光子时的特殊辐射；在原子核反应方面有钱三强和何泽慧首次证明铀原子核三分裂及四分裂现象，并对三分裂现象作了初步解释；在理论物理学方面，有彭桓武利用辐射阻尼理论以核子力介子来解释宇宙线中的现象，使宇宙线中硬射线部分的分布得到了一个初步的解释。此外，严济慈在光谱学与压电晶体方面，饶毓泰在光谱学方面作过系统的研究；周培源开始了流体力学的研究。过去光谱学和理论物理学方面的工作较为发展，最近原子核物理学方面工作较多。固体物理学研究比较分散，电子学的研究尚未开展。和其他科学一样，物理学方面也偏重于理论的研究，对于应用问题注意很少。地球物理学方面，气象观测工作开始较早。二十多年来在中国的天气学、大气环流都有了初步的研究工作。动力气象学和大气物理学也开始进行。其中主要的工作有竺可桢、涂长望关于中国气候区域的划分,气团的分析;赵九章关于信风主流的热力学研究等。地震、地磁物理探矿方面工作较少。海洋物理学到现在还是一个空白部门。地理学方面的工作开展很迟,主要是进行了地形、水文等自然地理学方面的调查。经济地理学方面没有什么工作,同时反动的地缘政治学过去对中国地理学界有相当影响,今天已开始对之进行批判。

技术科学方面的工作是最薄弱的一个部分。在本世纪初期,詹天佑在修建京绥铁路及改进机车接头方面,李仪祉在陕西的水利建设方面皆有贡献。但由于过去社会条件和工业基础的限制,技术科学的研究工作一直做得很少。当时的工业试验所做过与轻工业有关的化学方面的研究,有皮革、酿造、窑业等以及检验与分析工作。关于冶金、陶瓷和玻璃的试验等研究,也有人做过一些。此外,中国营造学社曾系统地调查中国古代建筑。

随着研究工作的开展,科学刊物的出版方面也逐渐发展起来。最早的科学刊物是中国科学社出版的一般性期刊《科学》,随后各门科学的学会也陆续出版了专门性的学报。到解放前为止,主要的学报有23种,其中历史较久而且办得比较好的有《中国地质学会会志》、《中国生理学杂志》、《中国物理学报》和《中国化学会会志》等。上述各种学报与期刊由于经费的困难,大部分时出时辍,不能经常出版。

到解放以前为上,全国除大学外,稍具规模的研究工作单位只有40家上下,专门从事科学研究试验工作的人员约有600多人。很多科学研究的基本设备还没有建立;很多重要的近代技术还没有掌握;绝大部分的仪器药品的供应还不能自己解决。以至于只是地质学、植物学、气象学等带有地域性质的和可以不依靠近代实验设备而进行工作的部门如数学和理论物理学,在中国才获得了适当的发展。某些新发展的科学部门,如原子核物理学、实验生物学虽吸引了我国科学工作者的注意,但得不到充分的发展条件。技术科学部门,如冶金、机器制造、应用电子学等都没有基础。就科学研究工作本身来说,以往多偏于学理的探讨,实际问题接触很少,系统的研究工作不多,好些工作还在单纯的搜集材料阶段,不能很好地说明问题。在研究的目的与工作方法上缺乏正确的思想指导,带有很大的盲目性。自觉或不自觉地受着资产阶级唯心观点的支配,所谓超政治的、为学术而学术的思想普遍存在。

以上就是长期封建统治与帝国主义的侵略和压迫下的中国自然

科学方面的研究工作的基本情况。

至于社会科学方面的工作,在十月社会主义革命的影响下,马克思列宁主义的著作大量地介绍到中国,使马克思列宁主义得到了广泛的传播。一些先进的共产主义的知识分子对马克思列宁主义进行了学习,并且运用马克思列宁主义的基本理论,来分析与研究近代中国社会以及中国历史上的若干问题。这里首先应该提到的是中国人民的伟大领袖毛泽东主席和中国共产党中央,他们根据马克思列宁主义的普遍真理,创造性地解决了中国革命实践中的一系列的具体问题,正确地指导了中国革命,并且取得了革命的胜利。毛泽东主席的《实践论》、《矛盾论》、《中国革命战争的战略问题》、《新民主主义论》,及对于中国革命问题的其他著作,是马克思、恩格斯、列宁、斯大林学说结合中国实际的杰出范例,它们发展了马克思列宁主义的理论。在历史学、经济学、哲学方面,郭沫若、陈伯达、范文澜等曾做了较多的有价值的工作。至于整个社会科学方面有系统的、深入的研究工作,应该说还没有真正开始。

1949年中国人民在中国共产党的领导下,取得了解放战争的伟大胜利。中国人民推翻帝国主义与封建势力的统治,解放了社会的生产力,为中国的科学研究工作开辟了无限宽广的道路。新中国大规模的经济建设与文化建设对科学研究有着迫切的要求,同时科学工作本身在新的社会制度下开始有可能而且也必须与人民的需要相结合。过去与人民群众相隔离的、没有明确目的的科学研究工作,现在已经成为整个人民事业必不可少的一部分了。这就必然地使得中国的科学工作不论在规模上、性质上,以及方向和方法上都开始了根本的变化。

1949年在有科学工作者代表参加的中国人民政治协商会议上,通过了共同纲领。在共同纲领的第43条规定了:“努力发展自然科学,以服务于工业、农业和国防的建设,奖励科学的发现和发明,普及科学知识。”第44条规定:“提倡用科学的、历史的观点,研究和解释历史、经济、政治、文化及国际事务。奖励优秀的社会科学著作。”在42条上还把“爱科学”规定为国民公德的“五爱”之一。同时在中央人民政府下面设立了中国科学院。1950年8月,全国自然科学工作者代表大会在北京召开,会上广泛地讨论了有关科学工作如何与各方面生产建设相配合的问题,通过这次会议成立中华全国自然科学专门学会联合会与中华全国科学技术知识普及协会。

中国科学院成立后,在1949年和1950年内先后接收并改组了中央研究院等旧的研究机构,先调整为17个研究单位,计有:近代物理研究所、应用物理研究所、地球物理研究所、物理化学研究所、有机化学研究所、生理生化研究所、实验生物研究所、水生生物研究所、植物研究所、古生物研究所、地质研究所、紫金山天文台、冶金陶瓷研究所、近代史研究所、考古研究所、语言研究所、经济研究所。继又成立了数学研究所、药物研究所、昆虫研究所、植物生理研究所、土壤研究所、地理研究所、心理研究室、动物研究室、古脊椎动物研究室等。由于中国科学院的成立和研究机构的调整,初步地改变了过去科学工作无组织、无领导的局面以及机构骈枝、人力分散、工作重叠的严重情况,为今后科学工作的开展打下了初步的基础。

1951到1952年,全国的科学工作者响应毛泽东主席的号召,进行了规模宏大的热烈的自我教育与自我改造运动。在这以前,由于参加了抗美援朝、土地改革、镇压反革命以及“三反”、“五反”运动,科学工作者在认识上已经有了不少的提高。在这些运动中,又反复进行了“分清敌我,站稳立场”的学习,展开了批评和自我批评;批判了各式各样的崇拜英美资产阶级的错误思想,同时也批判了相当普遍存在着的脱离实际、脱离政治和为学术而学术的错误观点。这样,就使得科学工作者进一步明确了“理论联系实际”的方针和研究工作必须密切地结合国家建设的方向。经过这次运动,中国科学工作者的政治积极性,有了很大的提高,迫切要求学习马克思列宁主义,学习苏联的先进科学经验。为了更好地学习苏联的先进科学经验,许多科学工作者集体地进行了俄文专业书籍阅读速成的学习。

在中国共产党和人民政府的关怀下,随着国家经济与文化的发展,科学工作的队伍正在不断地扩大中,1952年内中国科学院在东北科学研究所的基础上建立了东北分院。中国科学院已经从原有的17个研究单位扩充到28个研究单位,新建立了长春综合研究所、大连工业化学研究所、金属研究所及仪器馆。中国科学院所属研究人员已达1500多人,比初成立时增加3倍以上,其中副研究员以上的高级研究人员有301人。与中国科学院扩大和发展的同时,工业、农业、卫生等部门的科学研究机构也在陆续建立和发展,目前主要的机构计有20多所,从事研究工作的人员大约在1000人以上。在高等学校内,由于院系调整,课程改革和目前教学任务的繁重,科学研究工作还没有很好的展开,但由于高等教育的迅速发展,必然将给今后科学工作培养很大的后备力量。

三年来在我国的水利、运输和基本建设的工程中,在自然条件与资源的调查勘测中,在工业、农业生产技术的改进以及和自然灾害作斗争中,科学工作者大都积极地贡献出自己的力量。例如,巨大的治淮工程与荆江分洪的工程中,有许多不同专业的科学工作者和工程技术人员都参加了工作。许多地区都组织了各种性质和不同规模的调查队,调查了和正在调查着各种地下的和地上的资源。在西藏解放后不久,一个包括地质、农、林、水利各方面科学家的工作队即到西藏高原去进行调查研究。在美帝国主义灭绝人性地进行细菌战的时候,中国的细菌学家、昆虫学家、病理学家,从各方面踊跃地参加了反细菌战的斗争,并在科学上提出了使美帝国主义无可抵赖的证据。同时,在国家工业、农业生产恢复与发展的过程中,不断涌现了工人、农民和技术人员的许多发明与创造,这些发明和创造,无疑问地将是一种推动科学前进的巨大的力量。

在上述情况下,各部门的科学都有了一定的进展,有些在解放前停顿了的研究工作也恢复了,有些被搁置得很久的科学成就和资料也被应用到建设上去了。特别是地质学、气象学、土壤学、物理探矿、工业化学和冶金等部门获得了空前的发展。

解放后三年来中国科学院工作的重点,主要是放在科学机构的调整和科学队伍整编方面,所以在组织准备与思想准备上的成就,较之科学研究工作还更大一些。但科学研究工作也是有成绩的,兹将三年来各门科学研究工作的情况,概括说明如下:

数学方面,矩阵几何的研究有新的发展,最近已把这方面的结果归结在任意体做基域的情况上并与线性群论有了密切的联系。单叶函数的研究,在运用苏联加鲁净的方法上有一些结果。此外还有将联络论推广到K展空间去的工作,主要是对芬斯拉空间与加当空间杂差论的研究。关于多元复变函数论方面的研究也开始在进行。

物理学方面,主要是进行了原子核物理学研究所需的各种准备工作。在理论方面对轻原子核的结合能作了一系列的计算,对核子间的作用力的性质做了初步的探讨。另外,籍内耗峰的观察,证明了金属中有原子脱节的存在,同时在X光分析方面发现了一种新综合法,较之通常的综合方法更为精确。

地球物理学方面,首先是在全国各地区普遍地建立了气象观测站,并由于气象学家的努力而提高了大气预报的精确度,并进行了中期预报的研究。全国重要地区地震台的建立已开始了准备工作,在物理探矿方面,配合了地质勘查进行金属矿和石油的探测。

化学方面,获得较大发展的是工业化学,工作集中于国家资源的利用。如利用油母页岩的重油加氢成为高级汽油,由水煤气合成汽油。关于这方面的工作,苏联专家给了我们很多帮助。研究了丁苯橡胶、氯丁橡胶及多硫橡胶。纤维化学方面研究了造纸的问题。无机化学方面研究了硫酸合成用的钒触媒,提炼了钍、铈、钼等稀有金属。在染料、单宁、炭黑、杀虫剂、配尼西林铝盐、氯徽素、维生素的制造与合成等研究上均获得一些成绩。在有机构造方面,研究了橘徽素的构造。

生物学方面,植物学家和土壤学家就防护林带的营造、荒地利用、水土保持等问题与政府的农、林部门配合开展了调查研究。关于植物资源包括橡胶植物与单宁植物的调查工作和栽培试验已有了初步的收获。河北与华东的植物志已着手编制。植物生物学方面,研究了微量元素对植物生长的关系,发现了微量元素与生长素有类似的作用。关于实验动物学的研究,在人工单性生殖、混精杂交、生物原刺激素亦继续获得了新的结果。昆虫方面,在棉蚜防治上提出了新的有效的防治方法,并在华北地区推广;解决了蓖麻虫的越冬问题,使得蓖麻虫的大规模的饲育成为可能。水生生物学方面,解决了太湖地区鱼病防治的问题。生理学方面,肌肉和神经的研究有了新的发展。此外,土壤微生物学家,还解决了大豆根瘤菌的培养和接种方法,增加了大豆的产量。必须指出,米丘林生物学和巴甫洛夫生理学的学习已经在生物学界广泛地开展。无疑的,在生物学者掌握了正确的指导思想以后,中国生物科学会有迅速的发展。

关于地质学方面的工作,全部地质人员已经组织起来,在国家统一计划下进行了空前规模的调查与勘探。使有些地区的煤田、金属矿的储量扩大了5倍到10倍,并发现了好些新矿。在矿藏勘测的同时也进行了地层的鉴定与研究。此外,配合各地重要工程进行基地的勘探。古生物学者在山东莱阳地区发现了成窝的完整的恐龙蛋,在西南发现了旧石器时代的人类化石。

地理方面,配合铁路线的勘查进行了调查工作;配合治淮进行了地形的调查与测量。在黄河上游进行的调查勘察工作,亦获得了不少有价值的资料。

技术科学方面,三年来有较大的发展。主要有球墨铸铁的制造及其使用方法的研究;硬质合金的试制;铝镍钴热处理的研究;黄赤铁矿、贫锰矿、钼砂、石墨选矿方面的研究。此外还有水晶振荡片的制造,磁力探矿仪的制造,瓦斯干涉仪的试制,超音波探伤器的试制等工作。关于耐火材料的改进与化学瓷的制造也配合有关工业部门进行了研究,获得了一定的结果。但是由于过去我国技术科学没有基础,短暂的三年来虽获得了一些发展,但还远不能满足国家建设的需要。三年来我国生产事业的恢复与发展,在技术方面,主要是由于苏联专家赤诚无私的帮助,在冶金、地质勘查、机器制造、农林、畜牧等方面都给我们解决了许多极为重要的问题。

在社会科学方面，除中国共产党的领导同志们发表了许多重要著作外，在历史方面1951年出版了《中国共产党三十年》。史学家们还写了一些揭露帝国主义侵略中国和说明中国人民反对侵略压迫的英勇斗争的著作。语言学家们进行了中国语法的研究和少数民族语言的调查，并替彝族、僮族、苗族、仲家族制订了较大规模的发掘，提供了许多研究古代社会的材料。

在出版工作方面，中国科学院成立后，即刊行了《科学通报》，1952年又刊行了向国外介绍中国科学工作的外文版《中国科学》。为了使科学出版工作能更有计划起见，中国科学院会同各专门学会调整了各种科学期刊，目前由中国科学院与各专门学会共同出版的专门学报有16种；此外对科学名词的翻译与审订工作也已经完成了一部分。科学知识普及的工作三年来也在全国范围内逐渐展开，中华全国科学技术知识普及协会在1950年到1951年两年间组织了各地科学工作者举行了11 000多次科学演讲，放映了4 500余次的科学幻灯片，组织了近400次的科学展览。

斯大林同志的经典著作《马克思主义与语言学问题》和《苏联社会主义经济问题》的发表，标志着马克思主义发展的新阶段，在中国科学工作者中间已经展开了热烈的学习。毛泽东同志的《实践论》和《矛盾论》也先后重新发表，《毛泽东选集》的刊行，对于中国科学工作者都产生了极大的影响。

在我国科学工作的改造与发展过程中，苏联先进的科学对于我们有极重大的作用。1949年郭沫若院长访问苏联科学院，当时瓦维洛夫院长曾就苏联科学院的情况作了扼要的介绍，这一次访问对于后来中国科学院的组织机构的建立有很大帮助。瓦维洛夫院长所写的《苏联科学三十年》在解放之初即译为中文，为中国科学界所传诵。苏联学者们根据斯大林《马克思主义与语言学问题》的著作里那些创造性的思想所写的关于自然科学的性质和作用问题的论文，都对我们有极大的启示。米丘林、巴甫洛夫和勒柏辛斯卡娅的学说以及最近苏联科学界批判共振论，批判物理学中的唯心论，都对我国科学界起了很大的影响。《米丘林选集》、李森科院士的《农业生物学》、威廉士的《农业原理》以及其他重要科学著作，都已经译成中文。中华人民共和国成立以来，苏联学者先后来华，如尤金博士、奥巴林院士等都给了我们极大的帮助。

不久以前，毛泽东主席在中国人民政治协商会议全国委员会第四次会议的讲话中强调地指出，我们“要认真学习苏联先进经验。无论共产党内、共产党外、老干部、新干部、技术人员、知识分子以及工人群众和农民群众，都必须诚心诚意地向苏联学习，不仅要学习马克思、恩格斯、列宁、斯大林的理论，而且要学习苏联先进的科学技术。我们要在全国范围内掀起学习苏联的高潮，来建设我们的国家”。目前中国科学界已普遍地认识到在马克思列宁主义的指导下，在斯大林同志关怀下，苏联科学已成为世界上最先进的科学，它不仅有优良的科学传统，而且有三十多年来丰富的经验和卓越的成就，特别是在科学与生产创造性的合作上树立了最好的范例。这次我们中国科学院代表团来到苏联，能够当面向许多苏联科学家领受教益，无疑地，会大大地帮助中国科学工作的发展，并使中国的科学能够循着正确的道路前进。我们也相信通过这次访问，对中苏两国文化科学的合作与交流，将会有更进一步的发展。

中苏两国人民牢不可破的友谊万岁！

中苏两国科学的繁荣与发展万岁！

4月21日 偕代表团部分成员出席苏联科学院的出版工作座谈会。

(按：在各次座谈中，代表团科学家提出了许多问题，主要有：苏共中央第十九次大会决议对苏联科学院工作的影响？1925～1930年苏联科学院如何选拔科学干部？如何协调科研工作与日益增长的生产和经济需求之间的关系？选拔干部的方法是什么？对副博士和博士论文有哪些要求？召开科学理论辩论会前应做好哪些准备工作？成功举办辩论会的条件是什么？为什么近年来举办辩论会的次数增多了？如何成立、由谁领导马克思列宁主义大学？还有其它许多问题。

苏联科学院主席团的领导、成员和主要科学家解答了中国科学家提出的问题。(吴艳等，《中苏两国科学院科学合作资料选辑》，山东教育出版社，2008年))

Δ期间，经特别批准单独或带少数人参观了苏联物理学领域一些保密研究所。这些研究所是：①苏联科学院Л. Н. 列别捷夫物理所；②宇宙射线研究平流层观测站；③苏联科学院列宁格勒物理技术所；④苏联科学院С. И. 瓦维洛夫物理问题研究所；⑤莫斯科国立大学第二物理研究所。

在参观上述研究所时，钱三强分别与Д. В. 斯柯贝尔琴院士、Г. С. 兰茨贝尔格院士、Г. И. 斯卡纳维教授、Н. А. 多布罗金教授、А. Л. 科马尔教授、曼德施塔姆等苏联物理学家进行了交流，观看了红外全息光谱仪、钢的碳含量光电分析仪、大气脉冲放电时的电极过程、灯泡和荧光粉及其使用方法、用共振器测量超高频介电损耗和介电常数，还有研究所研制的其他装置和正在开展的其他研究。

(按:在参观斯柯贝尔琴的研究所时,鉴于斯在苏的特殊地位和影响,又曾在法国相识能讲法语,钱三强直接用法语问斯:“中国要建原子反应堆的话,你认为苏联能给以帮助吗?”斯亦用法语答:“这……恐怕应由最高领导决定。”“那么回旋加速器呢?”“这件设备,情况有些不同,说不定是可以的。”但斯补充说:“不过,研究所作不了主。你知道,这些设备对于发展原子科学技术上都是很敏感的。”谈话简短,因有苏方派的中文翻译随行,怕引出麻烦。(葛能全,《钱三强年谱》,山东友谊出版社,2002 年))

4 月 24 日 偕张稼夫、武衡应邀出席苏联科学院主席团会议。会上总结了花勒子模考古和人种学考察工作,讨论了生物和技术学部工作局的人员组成及其他组织事项。

会后 在苏联科学院主席团与苏联科学院院长涅斯米扬诺夫和学术秘书长托普契耶夫,就中苏两院的科学合作等举行会谈,涉及以下几个问题:①共同开展地质学,特别是中国西北地区地质学研究;②共同研究各种大气环流现象;③合作编写中国植物志;④中国科学家参加在苏联举办的各种学术讨论会。

5 月 1 日 率代表团全体成员作为贵宾,观礼红场举行的阅兵式和游行活动。

5 月 4 日 偕代表团有关人员出席苏联科学院主席团机关、局处工作的组织问题座谈会。

5 月 5 日 代表中国代表团在莫斯科举行告别宴会并作讲话。在感谢苏联科学院时说:“在和我们的老师——苏联科学家分别之前,我们非常高兴地告诉我们的老师:‘我们发现了自己的不足。’认识到这一点后,中国的科研人员就能更好地为国家建设事业服务。我们一定会把这种认识落实到工作中去,这是对我们老师最好的报答。”

5 月 6 日 率代表团离开莫斯科赴乌兹别克加盟共和国继续访问。在塔什干参观了各类研究所、大学、工厂、集体农庄等十几处,回国途中还参观了位于新西伯利亚城的苏联科学院西伯利亚分院。

5 月 9 日 刘宁一向中央直属机关党委写钱三强在法国时期的证明材料:“关于钱三强同志在法国学物理学,为人正派。我和他的接触是 1947 年开始的,那时在法国他积极参加爱国运动,反对美蒋集团,在留法学生和华侨中有些影响。他之所以未加入党,据我了解不是由于政治关系,而是由于他本人的技术观点,而且个人英雄主义的毛病也相当重。但对党一直是同情,并不断的进步。”[①]

① 原件存“钱三强档案”

5月24日　率访苏代表团乘火车经西伯利亚回到长春。此次历时两个多月共考察访问了98个各类研究机构、11所大学，以及多处厂矿、集体农庄、博物馆等。次日起，代表团在长春进行总结，并由有关人员着手撰写全面总结报告。

6月11日　袁葆华向中国科学院党组织写关于钱三强在法国时期的政治表现材料："1943年秋，我与钱三强在东方饭店相遇，他骂德国法西斯，从此一直争取他。这个人有正义感，对国民党不满意。1946年他是发起成立华侨促进会的，每次开会他都参加发言，一次大会上他公开骂国民党祸国殃民。1948年曾争取他入党，孟雨与他谈过多次。"①

6月17日　率访苏代表团在长春进行为期三周的总结后乘火车回到北京(华罗庚已先期回国，沈其震在苏联生病治疗一个多月后同团回国)。

6月20日　在郭沫若主持的中国科学院常务会议上，代表访苏代表团作全面情况汇报，内容分五部分，即访苏日程及基本情况；苏联科学院的发展历史；苏联科学家对中国的友好态度；代表团的主要收获；总结后提出的建议。在介绍苏联科学院的发展历史时认为其主要经验是：

> (一)中心环节是培养干部。……苏联培养科学干部的主要方式是研究生院及博士生院，前者于1921年成立，后者于1947年成立。各专业科学院及高等学校亦根据条件设立研究生部及博士生部。此外，任何科学工作者均可利用业余时间准备论文，取得科学院的帮助，通过考试及论文答辩获得学位。研究生的专业学习在各研究所进行，共同必修的辩证唯物主义与历史唯物主义和外国语的学习，则由科学院研究生处统一领导。目前苏联许多有成就的科学家和苏联科学院的领导干部，多数是1929年以后培养出来的。直到现在苏联科学院仍把培养干部当作自己的最中心的任务之一。
>
> (二)有目的地、有计划地、有重点地发展科学研究工作。……科学计划首先是根据国民经济建设的需要，同时也是以本门科学发展的必要性为基础，找出每门科学发展的"生长点"，集中力量进行研究。因为这些关键性的问题解决了，许多相关的问题也就随之解决，或为本门科学的发展开辟了新的道路。所以有目的、有计划、有重点地发展是苏联科学院科学的重要特点之一。
>
> (三)各学科机构之间的明确分工与互相配合汇总为一个有机的整体。苏联科学院与其他科学机构有明确的分工，苏联科学院的任务是解决带有普遍意义的、综合的、理论的问题；各分院及各加盟共和国

---

① 原件存"钱三强档案"

科学院的任务是结合当地资源、历史、文化及国民经济的需要进行科学研究。政府各部的专业科学机构,主要负责各该部门有关理论的及实际的研究工作,其计划由各部批准,因为苏联科学院的计划既包括各部交来的任务,又送请有关各部提出意见,所以各部所属研究机构的研究计划与苏联科学院计划是有机地配合的。……

(四)培养健康的学术风气。苏联领导科学的重要方法之一是经常举行各种学术讨论会,开展批评与自我批评。科学家把学习与运用马克思主义、列宁主义方法当作是自己的光荣职责,每个研究所都有科学家自愿组成的哲学讨论会,讨论如何将辩证唯物主义世界观具体运用到本门科学中去。苏联科学院的学者们无论担任多么繁重的行政工作,没有一个人是完全脱离科学研究工作的;就是苏联科学院院长、学术秘书长都实际参加研究工作或在大学中任教。……

苏联科学的先进经验,对于改进我国科学工作,一般地说是全部适用的。有些可以立即实行,如培养干部和制订科学计划的精神及方法等;有些则需经过相当时间,当我们创造了条件之后才能实行,如研究机构的分工和院士的选举等。苏联科学院在十月革命后12年才开始全面的改造,中国科学院虽然由于历史条件不同,全面的改造可能提早开始,但仍必须随时防止急躁情绪;另一方面,由于目前国家建设,若干科学上的问题迫切需要解决,这个改造又必须积极进行。因此,认真学习苏联的先进经验就会使我们少走弯路,稳步前进。……

(吴艳等编译,《中苏两国科学院科学合作资料选辑》)

Δ与此同时,访苏代表团其他科学家先后在北京、上海、南京、沈阳等地向科学界进行传达和宣讲,推动了全国科学研究机构和高等学校学习苏联科学技术的热潮。

7月13日 访苏代表团党支部对钱三强率团访苏期间的表现,做出如下鉴定:“这次出国一般表现很好,对工作有热情,学习苏联经验很努力。担任团长的职务也还认真,对党所提的意见,对党的领导,也还能接受和尊重。缺点是政治上不成熟,在一些较大场合的发言和个别行动中都表现出这一点。性情急躁,有强烈的个人自尊心,另外对党或个别同志所提的意见当面表示接受,背后又不同意。有时情绪波动,忽冷忽热。”(原件存“钱三强档案”)

7月 与丁瓒一起向国家计委主任高岗汇报访苏情况,陈述争取苏联援助发展我国原子核科学的意见。谈到如果不能从苏联引进,就必须组织自行研制回旋加速器和实验性反应堆,就要动员地质、冶金、化工、机械制造等工业部门和科研设计力量共同协作来完成。高岗表示,国家经济还很困难,发展原子能事业是大事,意见将向中央反映。

7月 在《科学通报》全文发表同年率科学院代表团访苏期间向苏联科学界所作的《中国近代科学概况》演讲。

8月22日 出席第27次中国科学院院务常务会议,并代表计划局向会议报告:“中山大学植物研究所、广西大学经济植物研究所……藏有丰富的植物标本。因高教部无力兼顾,两年来曾由中山大学植物研究所所长陈焕镛先生提出,希望由科学院接收,但因条件不成熟,拖延至今。……配合此次华南三个研究单位要求接收的问题,建议本院考虑成立华南综合研究所。”讨论认为:“从国家发展的全貌和科学的需要来看,华南热带植物的研究工作非常重要,计划局提出接收中山大学植物研究所研究单位的意见是正确的。如高教部认为研究非大学的重点工作,不能加强而同意科学院领导,本院可考虑接收。”对在广州成立华南综合研究所则“认为条件尚不成熟”。(1954年中国科学院接收后改名“华南植物研究所”,所长为陈焕镛。)

下半年 核物理学家梅镇岳回国到近代物理研究所工作。

10月6日 经中国科学院第31次院务常务会议决定,中国科学院近代物理研究所更名为中国科学院物理研究所,钱三强仍任所长,王淦昌、彭桓武任副所长。

Δ院务常务会议同时决定:为集中力量,重点发展电子学研究工作,将陈芳允负责的“电子学研究所筹备处”和由数学研究所闵乃大负责的“电子计算机部分”,合并到更名后的中国科学院物理研究所。

10月10日 参加中国科学院召开的所长会议。会议对科学院四年的发展与成绩作了总结,分析了存在的问题,讨论和提出了当前的方针与任务,以及实现的措施。

10月19日 在讨论、学习苏联经验和所长会议的基础上,参加《中国科学院党组关于目前科学院工作的基本情况和今后工作任务给中央的报告》的起草和讨论。报告对于中国科学院现有科学基础和科技力量作了估计;分析了团结现有科学家和培养新生力量方面存在的问题,认为对科学家的创造发明缺乏物质和精神奖励;提出了在具体贯彻理论联系实际方针上存在的问题,指出在一些干部中,存在着急于求成的情绪和片面强调联系实际的倾向,少数人甚至把“实际”理解为单纯的直接的生产任务,甚至把阅读理论书籍也指责为脱离实际,引起了科学家的不满;对当前科学工作提出了6项重点工作任务,以及为实现这些任务的必要措施,来改善领导机构和领导方法。其中在加强中国科学院的领导方面,提出在院务会议下成立学术秘书处,着重于学术领导。中国科学院对各所分学部领导,拟设物理数学化学、技术科学、生物地学和哲学社会科学四个学部,由各所所长和有关专家组成,只管学术领导,不管行政事务;改进研究所的领导,各所设立学术委员会,较大的所设专职党及工会干部,加强党的政治领导。

11月1日 前往保加利亚驻中国大使馆，参加彼特罗夫大使代表保加利亚科学院授予郭沫若名誉院士仪式。中国参加仪式者还有竺可桢、范文澜、赵沨、陶孟和、吴有训、钱伟长、周培源、涂长望、华罗庚、沈其益、林镕、陈世骧、曹日昌、叶企孙等，仪式结束后同往和平餐厅用中膳。

11月 在《中国青年》杂志（1953年第21期）发表署名文章《向苏联学习，更有效地为祖国服务》，向全国青年介绍访苏三个月的体会，全文近万字，分为"伟大的友谊""马克思列宁主义照耀着苏联科学发展的道路""记住苏联科学家的话"三部分。于此摘录文章的开头语和"记住苏联科学家的话"。

文章开头语写道：

> 在逐步实现我国的社会主义工业化、逐步过渡到社会主义社会的艰巨而伟大的事业中，热爱自己祖国的每一个人都在认真考虑着，在这样一个空前壮观的建设行列中，我将如何把自己的劳动和智慧无保留地贡献出来！我们科学技术工作者也同样抱着这样的心愿。但是，过去我们时常感到工作做得不好，或者做得太少。我们知道这是因为在我们的思想上、方法上存在着问题，这些问题妨碍着我们更有效地为祖国服务。但究竟是什么问题呢？我们却还不能清楚地说出来。当我们想到：社会主义的苏联在十月革命胜利时，科学水平也是较低的，阵营也是薄弱的。但在短短的三十多年中，苏联的科学在很多主要方面已占世界第一。他们在建设社会和共产主义事业中，建树了卓越的功绩。这一无可置疑的事实挑动着我们向往苏联、学习苏联的希望和心愿。
>
> 我们中国科学院访苏代表团就是带着这种心愿和希望，离开自己的祖国，到苏联去访问的。
>
> 在这里，我想通过在访苏期间的点滴回忆，谈谈学习苏联的一点体会。

以下是"记住苏联科学家的话"：

> 在我们访苏期间，苏联科学家给我们的教益是很多很多的。我想在这里把苏联一些老科学家嘱咐我们的话，转告给新中国的青年科学技术工作者们。
>
> 苏联学者一再告诉我们，他们对于一个青年科学工作者，一个研究生，不但要求他们努力学习本门科学，同时，还要结合本门科学，自觉地、勤劳地学习马克思列宁主义理论。……老科学家勒伯辛斯卡娅院士一再叮嘱我们告诉中国的青年们，要勤勤劳劳地学习马克思列宁主义，首先要学习毛主席的著作，使自己成为一个以马列主义理论武装起来的科学工作者。……

苏联的学者告诉我们,学习他们的先进科学,主要要学习精神和方法,不是机械地搬用。苏联科学院副院长巴尔金院士给我们举了一个例子。他说:现在苏联的冶金工程,已经需要重点满足高温高压机械上需要的合金,或者适应极低温度的材料。但是你们应该结合中国目前生产的需要和中国的矿产的特点,使冶金工业所出产的材料,达到中国机械工业所需要的最好的标准。又如苏联的科学家告诉我们,苏联各地区的建筑工程,都有自己一定的规格,这是因为苏联地质勘察与地震观测已有的基础,因而材料规格可以有自己一定的标准。中国的工程就不能照抄苏联的建筑规格,而应该学习确定这些规格的方法,再根据中国当地地质构造和材料规格来制定自己的标准。这就是说,我们学习苏联,应该注意中国的实际情况,离开了具体情况的分析,生硬地搬用一些结论,不去学习得出这些结论的方法,本身就是不科学的,违反马克思列宁主义的方法。

苏联科学家也告诉我们,应该重视自己本国的文化遗产和劳动人民的实际经验。当我们把一些中国的旧农书赠送给李森科院士的时候,他非常珍爱这些书,他说:虽然我不读不懂这些书,但我一定要在别人的帮助下,很好地来读这些书。并且我也希望中国的科学家能够好好地读这些书,因为中国人民四千年来农业生产的经验是非常丰富的,将这些经验总结起来,一定有世界上任何国家所没有得到的结果。

苏联科学家要求青年科学工作者养成踏实地系统地进行科学研究工作的习惯,不拒绝做细小的工作以及在科学工作面前不怕困难的精神。苏联学者常常给予研究生很小的一个专题,但是要求他们系统地完整地进行工作。因为他们认为只有有了这样踏实的和严肃的作风,才能真正进行科学研究工作。在苏联时,我们看到一个科学工作者在做关于小麦营养问题的博士论文,他的研究工作从小麦选种开始,研究在什么条件下生产出来的小麦产量大、营养价值高。他不但研究这种小麦的化学成分,并且把小麦磨成面粉,做成面包,再研究面包中的营养价值。他认为只是在小麦中证明营养成分还不够,还必须看制造面包过程中是否这些营养成分还保留下来。苏联的科学工作者就是这样踏踏实实地在工作的。苏联的科学家不止一次地告诉我们,苏联科学从十月革命前的落后状况,一直到能有今天这样的成就,是经过苏联科学家们忠实的辛勤的劳动和在不断克服困难中才获得的。我们青年科学工作者要学习苏联,也必须学习苏联科学工作者的这种工作精神。

△一天 亲自找第一机械工业部副部长，向他介绍访苏时了解到苏联正在“拼命搞半导体”，提请注意这个动向。但副部长对钱说：这一套不忙，现在我们制造真空管还没有过关，等到真空管过关了，他们那边半导体发展到工业生产时，那时我们再跟他们“要”好了[①]。

11月14日 张稼夫代表中国科学院党组签署推荐钱三强为全国人大代表的表格[②]（绝密）。其中个人表现内容填写如下：

> 解放前靠拢组织，参加过一些进步活动，对国民党不满，反对学校南迁，等待解放。
>
> 在科学院表现精明强干，眼光远大，对近代物理所的建立有一定贡献，但个人英雄主义很强，群众关系不好，现在有改进。
>
> 在法国时随国民党李书华当秘书参加联合国文教委员会。在学术上有地位与贡献，政治进步，表现积极，贡献大。
>
> 意见栏填写：应当选为全国人大代表。

12月1日 填写入党志愿书。

12月9日 到竺可桢寓所结合访苏所见商谈加强我国农业科学研究问题。

12月16日 参加中国科学院举行的时势政治学习会，并就个人对人民民主专政的认识发言。吴有训、郁文、杨克强就过渡时期的任务及人民民主专政问题发言。

是年 物理研究所在过去工作基础上，年度工作计划完成较好，平均达到90%以上。静电加速器初步实验，得出28万电子伏的离子束；对铀的化学、矿石分析已有初步结果，电解法浓缩重水已开始方法研究，光谱分析已掌握定性分析；核乳胶经过大量筛选，已找到一些放射性本底低的明胶，并初步做出质子灵敏乳胶；修复了氡气发生器，并提取了氡气，制成了氡铍中子源，初步开展了中子物理工作；电子学方面完成了两种放大器、三种稳压器、单道脉冲分析器、16进位定标器等；宇宙线方面已装好多板云室，照了约200张照片，其中有50个穿透簇射及核作用，磁云室已设计完毕，并已选好在云南落雪山海拔3222米的优良高山上筹备建站；理论物理方面开始对原子核理论进行全面调研。

年底 物理研究所发展到156人，其中研究员13人，副研究员10人，助理研究员（含技佐、技师）19人，研究实习员46人。

---

① 参见张柏春、张久春，《苏联援华项目中的技术》，《中共党史资料》，2004年第1期

② 原件存“钱三强档案”

1954年　四十一岁

1月13日　出席在北京饭店由竺可桢主持的欢迎日本生物学家拓植秀臣晚宴，出席的还有涂长望、华罗庚、曹日昌、曾昭抡等。拓植秀臣时为日本民主主义科学者协会理事长，东京法政大学教授。

1月24日　同竺可桢、吴有训一起前往河北师范选区，投票选举北京市东四区人民代表。

1月26日　孟雨(时任北京天坛生物制品研究所所长)再次向中国科学院党组织写介绍钱三强的材料①：

> 据我认识的钱三强，有很多优点亦有很多缺点。优点方面：热情、诚恳、纯洁、朴素，有正义感，有责任心。缺点：政治不开展，没有树立正确的无产阶级人生观和世界观，如他认为陈独秀、胡适等办《新青年》和提倡新文化运动有功，后来陈、胡等虽然走错了路，中国共产党对他们的批判似乎应当宽恕一点，不应该过于严格。这种没有观点立场的想法是明显没有树立无产阶级世界观的表现。……第三，他怀疑中共是不是也懂得科学或者也重视科学，这种不科学的想法，也是他当时不愿意加入组织的原因。在巴黎党组织就争取他入党，1945年有邓发，1946年有刘宁一，1947年有陈家康和陆璀等。
>
> 1946年7月7日，同反动头子张南、黄益、刘全福等率领300余人冲会场，他表现坚决斗争。

Δ另纸介绍钱三强对入党的要求称：

> 要求入党坚决，三次申请：1950年他要孟雨、于光远介绍，未成，失望，要辞去一切行政职务去教书；1951年下半年，支部书记告诉他让他作一个民主人士好了，他一天下午找到孟雨家，伤心得流了眼泪。这些事孟雨向丁瓒、关肇直反映过。第三次是1953年，孟雨路过莫斯科，钱找到旅馆告诉他还想入党。

1月27日　郭沫若得悉钱三强已填写入党志愿书即将接受党组织的讨论，看到后进成长进取，心中喜悦，遂于是日夜亲笔书赠马克思语录以为勉励：

> 在科学领域内，没有平坦的道路可走，只有那在崎岖小路上攀登不怕劳苦的人，才有希望达到光辉的顶点。
>
> 右为马克思资本论法文译本序文中的一句话。一九五四年一月

---

① 原件存“钱三强档案”

二十七日夜录奉三强同志座右，以为纪念。

郭沫若（钤印）

1月28日 列席周恩来主持的中央人民政府政务院第204次政务会议，并代表中国科学院访苏代表团向政务会议作题为“中国科学院关于访苏代表团工作的报告”。郭沫若向会议作题为“关于中国科学院的基本情况和今后工作任务的报告”。会议同意中国科学院建立4个学部和学术秘书处的设想。

钱三强在政务会议上的报告如下：

总理、副总理、各位委员：

一

中国科学院于一九五二年十一月提出并经政务院批准组织了访苏代表团，任务是：（一）了解和学习苏联如何组织和领导科学研究工作，特别是十月革命后苏联科学如何从旧有基础上发展和壮大起来的经验；（二）了解苏联科学的现状及其发展方向；（三）就中苏两国科学合作问题交换意见。

代表团由二十六人组成，包括数学、物理、天文、地球物理、化学、地质、生理、动物、植物、土壤、农业、医学、电机工程、机械工程、土木工程、建筑、历史、语言、教育等十九个学科的专家，于一九五三年二月二十四日出发，在苏联访问时间为三个月。此次访问由于上级指示的明确具体，在莫斯科期间曾向总理及郭院长请示，并经常取得李富春同志及驻苏大使馆的帮助。同时苏联科学院对于此次访问异常重视，加以全体团员的努力，其收获远较预期者为大。代表们不仅对苏联科学有了概括的认识，在政治思想上亦有程度不同的提高。

苏联科学院主席团特为代表团组织了七个全面性的报告，其中有关于苏联科学院发展的各个阶段，苏联科学院的组织机构及干部培养，怎样制订科学工作计划，苏联科学家如何学习和运用马克思、列宁主义的方法论和生产力研究委员会及共产主义建设协助委员会的工作任务和内容等。各代表还分别参观了各研究机构，先后访问了九十八个研究单位，其中包括苏联科学院在莫斯科及列宁格勒的研究所、西伯利亚分院、乌克兰科学院、乌茨别克科学院、苏共中央社会科学院、列宁农业科学院、医学科学院、建筑科学院、乌克兰建筑科学院及其他专业部门的研究机构。此外还访问了十一处大学以及许多工厂、矿山、集体农庄展览会和博物馆等。

二

苏联科学院是在俄罗斯科学院的基础上建立与发展起来的，已有二百多年的历史,对世界科学曾有过光辉的贡献。由于沙皇政府的腐朽,十月革命前它的发展很慢,基础也不大,但它所遗留下来的科学遗产却是相当丰富的。十月革命后,列宁即注意到这古老的科学院并希望把它发展成为苏维埃的科学中心,虽在极端困难情况下也保证了科学工作者的物质条件,并亲手制订了《科学技术工作草案》,委托科学院研究和拟定改组工业及发展经济的计划。但当时的苏联科学院并没有能够迅速克服理论与实际脱节和依个人兴趣选择题目的传统,工作的进展是很慢的。一九二九年苏维埃政府首次检查苏联科学院的工作,审查了全部成员,批准并颁布了研究生条例,吸收了大量的青年科学工作者到科学院中来,从此苏联科学院真正开始了其历史性的转变。一九三三年苏联科学院正式改隶人民委员会管辖,使它的工作与社会主义建设更加密切结合。一九三四年苏联科学院由列宁格勒迁莫斯科,于是苏联科学院便成为全苏联科学工作的实际的领导中心。一九三六年将共产主义学院合并,大大加强了苏联科学院的马克思主义水平,增设了有关社会科学的研究机构。

一九二九年以前苏联科学院还没有专门的技术科学领导机构,由于工程技术在国家建设中的巨大作用,一九二九年开始成立了一个小组,在这个基础上逐渐建立了动力研究所、燃料研究所等,到一九三五年才正式成立技术科学部。五年计划开始后,在政府各部之下,都先后成立了专业的科学院,如农业科学院、建筑科学院等,和专业的研究所,如中央机械制造及技术研究所、人造橡胶研究所等,以适应国家建设的要求。

一九三三年到一九三五年苏联科学院采取分区发展的方针,先派遣考察队,以考察队为基础先后在各地区成立分院,随后并先后在各加盟共和国分院的基础上成立加盟共和国科学院。

目前全苏大约有三千个研究机构,十万以上的研究人员。苏联科学院现有物理数学、化学、生物、地质地理、技术科学、历史哲学、文学语言及经济法律等八个学部,分别领导五十七个研究所、二十一个独立实验室、二十个博物馆,此外,并设有十六个分院;总共有三万多工作人员,其中约有二万研究人员,一二〇位院士,二四〇多位通讯院士。另有十二个加盟共和国科学院和若干隶属于各部的专业科学院及研究所。此外,全苏有八百五十所高等学校,其中有八万多科学工作者,除教学工作外同时广泛地进行着科学研究工作。他们认为教学是必须建筑在科学研究的基础之上的。

这就是苏联科学及苏联科学院发展的历史及其目前的状况。在短短三十多年内,其所以取得如此巨大的成就,主要的经验是:

(一)中心环节是培养干部：十月革命时俄罗斯科学院全部研究人员只有一百五十四人，一九二九年后才开始在科学院内培养大批青年科学干部。到一九四一年科学院的研究人员已达到一万人，十多年间就增加了六十四倍，目前则比一九四一年又增加了一倍。此外，科学院还给加盟共和国科学院及政府各部的科学机构培养高级研究人员，尤其注意培养各民族的科学干部；目前科学院四千多研究生及五百多博士生中，俄罗斯民族以外的其他各民族的干部占二分之一。

苏联培养科学干部的主要方式是研究生院及博士生院，前者于一九二九年成立，后者于一九四七年成立。各专业科学院及高等学校亦根据条件设立研究生部及博士生部，此外，任何科学工作者均可利用业余时间准备论文，取得科学院的帮助，通过考试及论文答辩获得学位。

研究生的专业学习在各研究所进行，共同必修的辩证唯物主义与历史唯物主义和外国语的学习，则由科学院研究生处统一领导。

目前苏联许多有成就的科学家和苏联科学院的领导干部多数是一九二九年以后培养出来的。直到现在苏联科学院仍把培养干部当作自己最中心的任务之一。

(二)有目的地、有计划地、有重点地发展科学研究工作：目前苏联科学院正在进行着的研究计划中共有五百个问题，包括三千个题目。每一科学家在选定自己的研究题目时，首先就必须考虑到研究这一问题的科学意义与对国民经济的意义，其目的性是非常明确的。最近几年科学院的题目中，有百分之六十五是由部长会议、政府各部及共产主义建设中所提出来的，每一题目都有其实际应用的意义。就是其他一般探索性的理论问题及社会科学的问题，也都有其明确的目标。

苏联科学院于一九三〇年第一次制订全面的科学研究计划，起初除了政府所交下来的一部分题目外，其余均先由科学家提出题目，然后由科学院加以调整和汇总，最近已逐渐改变为由上而下和由下而上相结合的办法；这就是先由科学院根据国民经济和科学发展的要求，向各所发出指示，结合科学家的建议，然后据以制订计划。计划制订后交部长会议，由国家计划委员会会同有关部门审查，提出批评及意见，然后交科学院修改，再交部长会议批准执行。

科学计划首先是根据国民经济建设的需要，同时也是以本门科学发展的必要性为基础，找出每门科学发展的“生长点”，集中力量进行研究。因为这些关键性的问题解决了，许多相关的问题也就随之解决，或为本门科学的发展开辟了新道路。所以有目的、有计划、有重点地发展是苏联科学院科学的重要特点之一。

(三)各科学机构之间的明确分工与互相配合汇总为一个有机的整体：苏联科学院与其他科学机构有明确的分工，苏联科学院的任务是解决带有普遍意义的、综合的、理论的问题；各分院及各加盟共和国科学院的任务是结合当地资源、历史、文化及国民经济的需要进行科学研究。各加盟共和国科学院的计划由各该共和国部长会议批准，并由苏联科学院下设的加盟共和国科学院协调委员会予以调剂，使之既能因地制宜又收互相配合之效。政府各部的专业科学机构，主要负责各该部门有关理论的及实际的研究工作，其计划由各部批准，因苏联科学院的计划既包括各部交来的任务，又送请有关各部提出意见，所以各部所属研究机构的研究计划与苏联科学院计划都是有机地配合着的。

苏联科学院的许多学者都在大学任教或兼做产业部门的研究工作，大学教授及产业部门的科学家同样地也可以被选为科学院的院士、通讯院士和担任各所学术委员会的委员，因而工作的配合就更加密切。在研究工作中，常常运用各门科学的成就综合地研究解决一个共同的问题。如乌兹别克的二十多个研究所，大多数进行着有关棉花问题的研究。为了完成一个特定的任务，常常所不同系统的研究机构或人员组织在一起进行工作，苏联科学院生产力研究委员会和共产主义建设协助委员会就是采取这种组织形式进行工作的。因此，苏联的科学工作就真正能够全面地、系统地解决当前国家建设中所提出的一切问题。

(四)培养健康的学术风气：苏联领导科学的重要方法之一是经常举行各种学术讨论会，展开批评与自我批评。科学家把学习马克思、列宁主义方法论当作是自己光荣职责，每个研究所都有科学家自愿组成的哲学讨论会，讨论如何将辩证唯物主义的世界观具体运用到本门科学中去。苏联科学院的学者们无论担任多么繁重的行政工作，没有一个人是完全脱离科学研究工作的；就是苏联科学院院长、学术秘书长都实际参加研究工作或在大学中任教。在学术上有重大贡献的学者可以得到斯大林奖金及国家勋章，苏联科学院主席团设有六十二种以著名学者名字命名的奖金，各学部、各研究所每年都有评奖。院士及通讯院士是学术上最高的称号，由院士大会选举，凡取得这种称号的人都受到国家和人民的尊重，这种学术风气在鼓励着科学的不断向前发展。

苏联科学的先进经验，对于改进我国科学工作，一般地说是全部适用的。有些可以立即实行，如培养干部和制订科学计划的精神及方法等；有些则需经过相当时间，当我们创造了条件之后才能实行，如研究机构的分工和院士的选举等。苏联科学院在十月革命后十二年才开始全面的改造，中国科学院虽然由于历史条件不同，全面的改造可能提早开始，但仍必须随时防止急躁情绪；另一方面，由于目前国家建设，若干科学上的问题迫切需要解决，这个改造又必须积极进行。因此，认真学习苏联的先进经验就会使我们少走弯路，稳步前进。

三

苏联科学家对中国科学事业的发展，寄以极大的期望，他们曾向代表团提出许多很好的建议。他们一再谈到中国科学家应加强马克思、列宁主义的学习，加强对毛主席著作的学习。李森科院士建议中国生物学者应总结农民的经验，他认为："中国人民中的生物学知识，如果总结出来，一定会比现有生物学书籍上的知识还丰富得多。"乌克兰农业机械研究所所长瓦西林科院士建议："研究所不应脱离实际，一个农业机械研究所不应与农庄脱离，也不应与制造农业机械的工厂脱离。"苏联科学院副院长巴尔金院士建议："目前中国冶金方面高温和低温材料的研究尚不是主要的，应先研究一般的合金钢和它们的焊接问题。研究方法上应尽量采用新方法。"苏联科学院物理研究所所长斯柯贝尔琴院士建议："中国在第一个五年计划时必须要注意到电子学工业和仪器工业的建立。"苏联科学院学术秘书长托布契也夫院士在研究了中国科学院的工作计划后，建议中国应研究遗传学、畜牧学、微生物学及东南亚的历史。乌克兰结构力学研究所所长别列金院士建议："建立研究机构不是立刻把所有的部门同时都建立，应先从重要的部门做起；中国应先设立重工业的研究所，农业的研究所，设立一个普通力学研究所。"苏联科学院动力研究所所长克立然诺夫斯基建议："中国应该开展动力的研究，以全国电气化为中心。"此外，代表们听到次数最多的，就是几乎每一个研究所都要求我们多派遣研究生到他们的研究所去学习，他们甚至很惋惜地说："我们这里各人民民主国家的研究生都有，就是没有中国的研究生。"

在代表团临别之前，苏联科学院赠送我国一万多册科学图书，许多标本、图片和一册永乐大典。在一次谈话中，涅斯米扬诺夫院长表示，如经正式外交手续可以赠送我国一套或两套一九一七年以后出版的全部科学期刊，同时苏联科学院及莫斯科大学也愿意帮助我们推荐最新的科学仪器设备。至于谈到互相委托研究，互派学者讲学及互派代表参加对方的学术讨论会等，他都表示只要经过两国的正式外交手续，都可以办到。

四

代表团返国后，曾向北京、上海、南京、沈阳等地科学界进行了传达,组织了各学科的座谈会,并发表了访苏报告。根据一般反应,主要的收获是:(一)对于苏联科学的全貌和基本特点有了初步的认识,特别是比较深刻地体会到苏联科学的先进性和优越性,因而鼓舞了学习苏联科学的热情;(二)认识到马克思列宁主义理论对科学工作的指导作用,推动了学习马克思列宁主义理论的积极性;(三)认识到苏联科学明确地为共产主义建设而服务的目的性和"全面发展,重点使用力量"的政策,使在制订一九五四年工作计划时,初步纠正了对理论联系实际的片面的与不正确的了解和不切合实际的铺摊子的趋向;(四)对于培养干部的重要性的认识有了提高,对于科学工作中展开批评与自我批评的必要性有了初步的认识;(五)认识到苏联科学的统一的整体性,因而初步地加强了各部门与各研究单位间的联系。

总的来说,对于访苏代表团的工作,一般反应都是比较好的,但还存在着一些问题:首先是由于了解了苏联科学院的先进性而产生的急躁情绪,觉得认识了原则但不知如何具体改进自己的工作;其次是觉得代表团报告对于苏联科学工作经验的介绍还不够深入具体,典型实例举述太少;有些地区因代表团没去传达感到不满意。最后对于代表团向苏联介绍了中国科学工作情况的文章的部分内容有些意见,认为不够全面,对于有些科学工作估计不足。

根据代表团所介绍的经验,各方面提出了不少建议,最主要的是希望能逐步将全国科学研究的力量统一与组织起来,有领导地有计划地开展全国的科学研究工作;同时认为应适当地集中力量,以改变目前科学力量分散的状态。

五

为了进一步学习苏联的先进科学经验,加强中苏两国的科学合作,我们建议:

(一)聘请若干苏联科学专家,参加中国科学院的学术领导工作。

(二)出版科学译文期刊,介绍苏联科学的成就与经验;组织学习与研究苏联的先进科学理论的会议,如巴甫洛夫学说、米丘林学说讨论会等。有重点地、成批地选送留学生到苏联学习。继续派遣比较专业的科学访问团,有目的地有计划地逐渐解决我国当前科学工作中的某些重大问题。

(三)经正式外交手续请苏联科学院赠送我国一套或两套一九一七年以后的旧科学期刊,请苏联科学院及莫斯科大学代为推荐新式科学仪器设备。

(四)由中国科学院选一批我国的图书及地质、土壤、生物等学科的标本图片送给苏联科学院,向苏联推荐一批值得翻译的中国科学著作及论文。

(五)由中国科学院每年派遣研究人员若干赴苏联科学院各所进修,年限人数由双方酌定。(中国科学院办公厅编,《中国科学院资料汇编》(1949—1954))

1月 在北京中关村建成中国科学院第一所现代化的研究大楼(物理研究所大楼,习惯称原子能楼),物理研究所从东皇城根迁入此新址,为开展原子核科学研究创造了必要条件。迁址后,物理研究所单独建立党支部,并开始在科技人员中培养和发展新党员。

1月30日 出席中国科学院第四次院务会议,会议初步通过设立学术秘书处及各学部任职名单。并在会上报告了全院人员情况:到1953年年底,全院共有7760人,其中科学研究人员1875人,1954年可增加大学毕业生150人,1955～1957年可增加大学毕业生2000人;预期到1957年年底,全院将达到11 430人,其中科学研究人员将达3870人①。

1月 在《物理通报》(1月号)发表署名文章——《对于苏联物理学的认识和体会》。全文如下:

对于苏联物理学的认识和体会

钱三强

苏联的科学接受了旧俄罗斯科学的遗产。在列宁、斯大林的亲切的关怀下,在社会主义建设和共产主义建设的日益高涨的巨大的要求下,苏联科学发展得异常迅速、阔广,在许多部门上,它已经占据世界第一位。

在物理学方面的情形也如此。苏联科学院的前身是彼得第一创办的圣彼得科学院(1725年),创办后不久,就有天才的罗蒙诺索夫在那里工作。他是个多方面的天才,在物理学、化学、天文学、仪器制造、地质学、地理学、语言学及历史学各方面都有辉煌的成就;他比法国拉瓦谢更早地证明了化学反应中物质不灭的定律,断定了金星周围有大气层,作了关于雷电的试验。十九世纪中波波夫发明了无线电,楞次在经典电磁学中奠定了基本定律——楞次定律,门德雷业夫发明化学元素的周期表。十月革命前十年,儒可夫斯基在气体动力学方面,列别节夫在超短波和光压电方面都有很重要的贡献。那时年青的约飞在光电效应的研究上已是很出名了,他的工作与菲奥得罗夫在结晶学方面的工作,使得伟大十月社会主义革命后的苏联在固体物理学方面

① 参见《竺可桢日记》

的研究进展得较快。

在苏维埃政权下，虽然初期物质条件困难，但是由于党和政府对于科学事业的重视，很快地就组织了莫斯科的物理学研究所，以光化学专家拉察列夫院士为所长。它是在列别节夫实验室的基础上发展起来的，因此，这个研究所以列别节夫命名。以后又在列宁格勒成立了以约飞院士为首的物理技术研究所和以罗日杰斯芬斯基院士为首的国家光学研究所。不久以后，在莫斯科又成立了中央流体动力学研究所，由儒可夫斯基院士任所长。1930年以后，在莫斯科又成立了物理问题研究所，由低温物理学家卡皮查院士领导，现在为了纪念1951年逝世的科学院院长物理学家瓦维洛夫院士，这个研究就以瓦维洛夫命名。最后于战争时期内由地质学研究所分出结晶学部分，于1944年成立结晶学研究所，由舒布尼可夫院士领导。除去这些中央一级的物理学研究所外，差不多每个加盟共和国科学院都有自己的物理学研究所，各个综合性大学的物理学系也都附有物理学研究部门，由此可以看出苏联物理学研究工作的规模是巨大的。

在苏联，物理学的发展是与化学的发展有些不同的。化学常常是按化学部门分立研究所，如物理化学、有机化学、无机化学等，但在物理学方面，除去几个专业的如光学研究所、结晶学研究所、流动力学研究所以外，其余的不管它的名称是什么，内容都是综合性的，其中有若干部分范围是重复的。各研究所的重点，根据需要与人的专长而有所分工。总的来说，各大学的物理学研究部门是全面发展的，不但包括物理学中近代正在迅速发展的部分，并且也包括经典的或者是比较成熟的部分；在科学院的研究所中，重点多半是放在发展最快的物理学部分，因此，随时代的演进，各研究所的重点也逐渐转移。从苏联大学与科学院在物理学研究的分工上，我们具体地体会出苏联科学工作中“全面发展，重点使用力量”这一特点。大体来说，“全面”主要是在大学中，“重点”是在科学院。若没有大学中的“全面发展”，则在苏联会有许多物理学的空白部门，这是不健康的、不合理的；若没有科学院中的“重点使用力量”，则应该迅速发展的部分就得不到发展，因而会影响物理学的其它部分和其它科学的发展。事实上，它们之间的分工不是很机械的，大学与科学院有许多性质重复的研究部门，人员也常是兼职的。就每个单位而言，仍然是贯彻“全面发展，重点使用力量”的政策。并且经常地有一部分成熟了的科学家由科学院转入大学任教，同时另有一批青年由大学中进入科学院从事研究。大学固然是培养干部的中心，但科学院除去担任科学研究工作以外，同时也是高级科学工作人员培养的基地。

十月革命以后，苏联物理学的重点是在光学、光谱学、固体物理学方面，到了第一个五年计划时，电子学与低温物理学逐渐发展起来，以后宇宙线与原子核物理学的研究也就开始了。从第二次世界大战到现在，苏联物理学的主要发展方向是原子核物理学、电子学与固体物理学，其中以原子核物理学为最突出部门，它不但是物理学方面的“生长点”，并且它与巴甫洛夫生理学成为苏联科学发展的两个巨大“生长面”，因为这两门学问的发展不但在本身范围有它重要意义，并且它们的发展已带动或者将带动其它科学与生产进入新的阶段。因此，物理学与生理学的研究机构成为苏联科学院的两个最大的部门。

马林科夫同志在苏联共产党第十九次代表大会上关于联共(布)中央工作的总结报告中这样提到：“我们的科学在促进技术的进一步发展方面起着巨大的作用；它正以它的发现来帮助苏联人民更全面地了解和更有效地利用自然的富源和力量。在战后时期中，我们的科学家已经成功地解决了许多具有巨大国民经济意义的科学问题。在这个时期中，苏联科学的一个最重要的成就是发现了生产原子能的方法。因而，我们的科学与技术就结束了美国在这方面的垄断地位，给了战争挑拨者以严重打击，这些战争挑拨者会妄图利用制造原子能的秘密和占有原子武器作为讹诈和恐吓其它国家人民的手段。苏维埃国家虽然掌握了生产原子能的实际可能性，但亟愿把这种新型的能量用于和平目的，为人民谋幸福，因为这样利用原子能可以无限地扩展人类对自然界自发力量的控制，使人类有巨大的可能来提高生产力，在技术和文化上求进步，并增加社会财富。”

最近他在苏联最高苏维埃第五次常会上演说，又说道：“大家知道，国外的战争拥护者，长期地以美国垄断着原子弹生产的幻觉来安慰自己。但是，现实证明，这里发生了极大的错误。美国老早就已经不是原子弹生产的垄断者了。最近，大洋彼岸的和平敌人又给自己找到了新的安慰。他们说什么美国拥有比原子弹更厉害的武器，美国是氢弹的垄断者。如果这种说法符合事实的话，那倒还是对他们的一种安慰。但是事实并非如此。政府认为有必要向最高苏维埃报告，美国在氢弹的生产方面也不是垄断者了。”

这两段话说明了苏联在原子核物理学方面的巨大成就。事实上不管是在原子核物理学的应用方面，或是高能的原子核物理学方面，苏联的实验工作有不少在质的方面已经超过美国。问题是理论赶不上实验，因此苏联物理学家除去大力研究原子核构造、关于原子核的能级的资料、基本粒子的形成与相互作用等等实验的或理论的问题以外,他们还注意解决近代理论物理学的一系列基本问题,如场论等。这些问题得到解决,不但使物理学的发展推进到新的阶段,并为一系列的科学打开新的眼界。

在宇宙线方面,苏联有光荣的历史,现在的物理学研究所所长斯柯贝尔琴院士,就是第一个证明宇宙线簇射存在的人。苏联宇宙线研究的工作网是全世界最大的,他们用着各种技术配合着作研究,他们有不只一处的高山观察站,同时还经常放气球到35公里的高度和用高空飞机飞到8~9公里高度作各种观测。这样一个巨大组织的工作网统一成为世界上最大的一个宇宙线学派,它不单对新的质点、各种高能质点与物质的作用、宇宙线的强度分布、原射线的性质等问题有很详尽的研究,最近还将宇宙线原射线的研究与天体演化学研究联系起来。这个全新的两门科学的交界点是天体物理学中的新的生长点,它将使唯物的天体演化学说得到重要的发展。

原子核物理学的重要副产品是放射性同位素。在苏联,各种科学的研究中现在已广泛地使用放射性同位素。例如在巴甫洛夫生理学研究所中藉助于放射性磷的使用,阐明了在休止条件下和兴奋状态下脑的新陈代谢的情况。在维尔纳德斯基地球化学与分析化学研究所中,以铅的同位素成分的研究为基础,鉴定了地球的年龄约为50亿年。在研究各种化学反应中,同位素元素的使用,起了并将起更大的作用。在机器制造与其它许多技术科学方面,已经广泛利用放射性同位素技术。乌兹别克是苏联的主要产棉区,全区有100万公顷的棉田,乌兹别克的科学研究因而也是以棉花增产为主要对象。他们的物理学家与植物学家合作,以放射性磷作指示,共同研究已到达成熟期的棉花的追肥法,最后证明每年从七月到八月底,若用飞机在叶上每两星期追肥一次,结果不仅可使叶子肥大,棉桃加重,棉铃早开一星期,而且棉花纤维的长度与韧度也大大增加。1952年使用这种施肥法,曾提高棉产量12%,1953年乌兹别克政府已批准在13万公顷的土地上推广这种先进施肥法。从这个例子生动地说明了苏联科学家是如何重点使用力量的,他们的各门科学研究工作彼此是怎样紧密联系着的,他们是何等热情而又有效地为国民经济发展而服务的。我们参观化学、生物学、地质学、冶金学等研究所时,时常看见光谱仪,X射线摄谱仪、质谱仪等苏联制的崭新的物理仪器。其中探测放射线用的盖革计数计差不多每个单位都有,这说明在苏联同位素的生产已经是大量的与多式多样的,同时它是作为一个最新研究方法向各门科学推广的。苏联科学院主席团有意识有计划地推广这个方法,他们认为放射性同位素对于各门科学的作用,至少可以和过去显微镜对于生物学以及望远镜对于天文学所起过的作用来相比拟。

与放射性同位素的利用同样的重要,也许从工作方法上看来是更重要的,是电子学仪器。我们看到不但在物理学研究所,就是其他各种研究所中,电子学仪器也是广泛地被应用着。苏联电子学的技术是世界上头等的。电子学的发展,一方面由于交通事业与国防上的需要,另一方面也是由于机械的自动化与远程控制的要求而来的。在这里值得提出的,由于近十年来原子能研究的发展,使得苏联电子学得到更突出的发展。在苏联,这两门学问——原子核物理学与电子学——被看作为姐妹科学,因为它们是互相辅助发展着的。原子核物理学的应用与进一步的发展,若没有电子学是不可能的,同时若没有原子能事业的需要,电子学也不可能得到今日的发展。苏联电子学现在正向着超短波方面迈进。苏联的科学家告诉我们,在计划经济建设开始时,电子学的工业与仪器工业是必须先树立起来的,由此可以看出,在苏联,电子学是如何地受重视。

苏联在固体物理学的理论与实验两方面都有光荣的传统,约飞院士在这方面起了巨大的作用。除了结晶学仍作为一门独立科学以外,固体物理学中发展最迅速的部门是半导体的研究。它不单在科学院的各研究所中进行,在各大学中也都广泛地在进行。半导体在温度升高、吸收光能或者受到外来快速质点的撞击时,它的价电子就从束缚状态中解放出来,使它变成了电子导电体。由于这个特征以及由此导出的其它性能,半导体可以用来解决动力工程、无线电工程、电流转变、自动控制与远程控制中的许多问题。苏联学者们正在系统地研究含杂质的半导体的热电动势及光电动势的现象。他们已经研究出不用外加电压而由光照即可直接转化为电流的半导体线路,这对于自动控制起了极大作用,并且为太阳能的有效使用开辟了一个极有希望的方向。他们还制造了容积极小的半导体,用来代替真空管,使得日益繁杂的电子线路得到简化。这方面发展的前途目前还很难加以估计。半导体的另一个重要现象就是固体发光现象。当它与少量杂质混合后受到光的刺激,自己可以产生发光现象,有时这种现象可以在外来光线的刺激终止后继续几分钟。这种现象对于各种仪器,特别是阴级线示波器技术有很大的帮助。但固体发光最主要还是应用在各种各色的“冷光灯”上,我们现在常用的日光灯消耗的电能与同样光度的普通灯光消耗的电能之比为1∶3,因此发光现象的研究对于国民经济起了很大的作用。这工作曾由已故苏联科学院院长瓦维洛夫院士领导,现在仍在继续进行。最近的发展是研究出来含有两种发光中心(不同颜色的)的发光材料,其中一种受了强光后才起作用,因此由发光颜色可以测定外来光线的强度。现在苏联的物理学家和化学家们正在合作着制造具有各种特性的半导体,为满足科学的与生产事业的需要而努力。值得提起的,大部分化学工业制造中使用的接触剂也是半导体,因此半导体的理论与实验的进一步研究,对于接触剂作用的理解可以提出新的论据。

结晶学研究的中心是莫斯科的规模不大而很紧凑的结晶学研究所。在苏联,结晶学不只是作为物理学的一部分被研究着,而同时,它也作为一个有关物理学、化学、数学、矿物学、金属学、石油学、生物学、技术科学等的综合性的边缘科学被研究着,因此,它研究的范围有结晶物理学、结构分析、结晶形成、数学结晶学、结晶光学、压电晶体、晶体力学等。最近的发展是使用电子衍射方法测量微小的晶体构造。在世界上开始只有两三处用电子衍射来研究结晶,而苏联学者们在这方面已居最先进的地位。他们首先系统地研究各种原子的电子散射规律,肯定了除去极重的元素外,电子散射可以用波恩近似理论来解释。然后,他们制造了世界上最大的电子衍射器:①可以研究十万分之一到百万分之一毫米的小晶体;②可以研究轻元素化合物的构造,如尿素、石蜡等,也可以研究化合物中原子量相差很远的元素的分子结构,如钢中的碳铁化合组织,这些特点都是X射线分析法所没有的;③可以研究高分子的结构;④可以观测热处理过程中相的变化,如锑的由结晶状态转入非晶的状态。现在已在这个研究结果的基础上,大规模制造电子衍射器的工业出品,供给苏联各工厂与研究所的需要。

固体物理学各方面实验的进展,使得苏联学者在结晶学理论上获得了新的见解。他们证明在英美盛行的赛茨-莫特的理论不符合于许多实验结果,如发光现象、半导体、F中心等问题。他们认为在晶体中不是电子在自己活动,而是极化子在活动。关于这个学说的讨论,目前正在进行着。

除了上述的研究范围以外,必须提起的是低温物理学与光学。苏联的低温物理学是居世界第一位的。它在第二次世界大战期间和战后已经应用到化学工业上去了。苏联物理学家现在仍在进行接近绝对零度时的各种物质特性研究。特别是超导性与超流性。在理论上,朗道院士仍在领导这方面的研究。特别有兴趣的是He^4和He^3在接近绝对零度时有全然不同的性质,这说明了在接近绝对零度时有些现象是与原子核构造有关系的。低温现在已经变成各科科学研究的条件了,在这种特殊条件下,有许多新的现象产生,譬如固体在平常温度下是没有特殊吸收光谱的,但是在液体氮的温度下,一片半透明的薄的氧化铜半导体就呈现出若干条明晰的吸收光谱线。不同的固体薄片产生数量与位置不同的吸收光谱线。从这个现象,苏联的物理学家建立了“固体光谱学”。它的理论解释已初步地由不久以前故世的弗伦克尔通讯院士指出了,但还值得进一步探讨。在低温下,高分子有机结晶体的吸收光谱,对于晶体构造的研究有着重要的作用。最后还应该指出,现在光谱学的研究着重在于联合散射光谱与红外线光谱,特别是后者,苏联学者自制了红外线光谱仪,能将3000Å到15μ范围内的光谱自动地记录下来。这种自动记录的红外线光谱仪使用了极高度的电子学技术,它对于高分子的构造和石油分析起了很大作用。此外,在国家光学研究所的指导下,苏联革命后十年即可以生产光学玻璃,第二次世界大战后,光学仪器的制造更是大大推进。现在苏联科学研究所用的各种光谱仪在质的方面都超过了德国与英国的出品。

上面所述的是这次我们接触到的关于苏联物理工作的一部分。从这里我们体会到苏联物理学的几个特点:

(一)工作有明确的目的性。这个目的就是一切的工作都是为共产主义建设服务的,不管是原子核物理学、电子学、固体物理学或其他,所有工作都是结合到目前与今后的国民经济的需要。以低温物理学而言,这个技术掌握在苏联科学家手中后,很快地就与化学工业结合起来。另一方面,苏联科学家也非常重视基本的与理论性的工作,因为这些问题得到解决后,一系列的科学与生产的问题都可以大大推进。从而就有可能更有效地利用自然增加社会财富。这正是在最根本而又最广泛的范围上联系着实际。

(二)各项工作组成为一个有机整体。所有科学工作都围绕着一个共同目标,因此都必须协调地在国家的统一的计划下进行自己的工作,因而使各项工作形成一个有机整体。原子核物理学与电子学,电子学与半导体,结晶学与其他各门科学,都是非常紧密配合并互相渗透着,这样使得很多工作都成为综合性的研究。自然界的各种现象,本身就是互相联系的有机整体,孤立地分割地去研究科学上的问题,本身就是不科学的,因此就不可能正确有效地去认识问题,解决问题。

(三)全面发展,重点使用力量。在物理学的广泛科学战线上,苏联学者并不是平均使用力量,而是采取全面发展、重点使用力量的方针。这个特点在前面已经讲过了,在这里我们再提一下,现在苏联物理学的重点是原子核物理学,其次是电子学和固体物理学。在固体物理学中,半导体的研究又是重点。他们在仪器、人力、经费等方面的分配也不是平均主义的。重点使用力量的具体表现就在抓住科学“生长点”。除去已说的以外,两门或者两门以上科学的交界点常常是科学的生长点,譬如在低温物理学、半导体与光谱学的交界点就产生了固体光谱学。这个特点又是与各项工作组成为一个有机整体的特点分不开的。

(四)踏实的作风和批评与自我批评的精神。苏联物理学所以有这样辉煌的成就首先因为他们有踏实的作风,不论什么工作他们都从基础、根本作起。当基础稳固后才可以作进一步的发展。当苏联科学在某一方面居高峰时,它是在雄厚可靠的基础上达到高峰的,因此它是不可动摇的。同样原因,苏联学者要求青年科学工作者必须养成踏实地系统地进行科学研究工作的习惯,不拒绝作细小的工作,要具有在科学工作前面不怕困难的精神。在另一方面,苏联学者又都是非常谦虚的,他们没有丝毫骄傲,在研究工作中,批评与自我批评的方法是经常地使用的。斯大林说过:“如果没有不同意见的争论,没有自由的批评,任何科学都是不可能发展,不可能进步的。”这句话的意思,苏联物理学家们是深深领会了的。大家都知道,他们正在量子力学、相对论等领域中对唯心主义思想进行着严肃认真的批判。

苏联物理学所以能够成为先进的物理学,能够获得如此伟大的成就,能够具有以上所举的这些特点,这是与马克思列宁主义世界观的指导分不开的。我们知道,在十九世纪末二十世纪初,随着原子物理学和相对论的发展新的各式各样的唯心哲学也伪装地穿起“科学”的外衣大大活跃起来了,它们把新物理理论的真正意义歪曲了,它们迷惑了许多物理学家,从而使物理学中创造性的研究碰到了严重的障碍。因此,为了使物理学能够在正确的道路上积极发展,就不能不与唯心主义作斗争,把它们从物理学的领域中清除出去。伟大的列宁在这方面作出了光辉的贡献,他所写的《唯物论与经验批判论》无情地打击了形形色色的唯心哲学,给物理学工作者指出了正确的道路。正如瓦维洛夫所说:“虽然物理学有着年复一年的发展和不寻常的改变,但是列宁在四十年前发表的关于这门科学底哲学前提和结论以及这门科学底主要发展途径,在今日依然充分保持其意义与价值。”

瓦维洛夫正是遵循着列宁所指出的道路而进行工作的,他反对自然科学家们对哲学的冷淡态度,热情地宣传马克是宁主义方法论对于科学研究工作的重要性。从三十年代起,他发表了一系列的论文驳斥了光的波动性与颗粒性、质量与能量等方面的唯心主义的见解,提出了唯物主义的见解。同时,他还直接用马克思的辩证法作为自己进行研究工作的武器,因而在光学研究中获得了重要的结果。

今天的苏联物理学家们正在为扫清物理学中的唯心论,为继续在唯物主义的基础上发展物理学,使它更好地为人民服务而进行斗争。

无疑地，由于有正确的马克思列宁主义世界观的指导，列宁、斯大林所教养出来的物理学家们，将在与共产主义建设相结合的科学研究工作中，继续不断地获得新的胜利。

2月7日 中国科学院学术秘书处党支部会议讨论钱三强的入党申请。支部书记许良英主持会议介绍所填入党志愿书，入党介绍人张稼夫、于光远分别介绍各自了解的申请人钱三强，张主要介绍钱自法国回国特别是筹建中国科学院和访苏的表现，于主要介绍与钱在清华同学及留学法国的政治表现。钱的入党联系人范岱年介绍他多次与钱谈话转达党员意见及钱本人的认识态度。最后支部大会通过吸收钱三强为中共党员的决议，报请上级党组织审批。许良英代表支部大会在钱三强入党志愿书中签署："支部大会1954年2月7日讨论通过。"

2月17日 经院常务会议通过，被任命为中国科学院学术秘书处秘书长(陈康白同为秘书长，但基本未参与工作)。被任命为副秘书长的有秦力生、武衡。贝时璋、叶渚沛、钱伟长、张文佑、刘大年、张青莲、叶笃正、汪志华为学术秘书(时经与彭桓武商议，钱三强调物理研究所的邓稼先任学术秘书处副学术秘书)。学术秘书处是院务会议加强学术领导的助手，主要任务是负责联络院内及国内科技权威人士，并进行有关科研的组织工作。学术秘书处成立后，首先抓了学部的筹建。

2月26日 往竺可桢住所讨论关于钱伟长著《我国历史上的科学发明》一书的翻译问题。

3月3日 中国科学院党总支批准钱三强入党，候补期一年。报上级党委批准。

3月6日 向院务常务会议报告《学部和学术秘书处暂行组织条例(草案)》并经讨论得以通过，拟报请政务院文化教育委员会批准施行。

3月8日 中共中央对《中国科学院党组关于目前科学院工作的基本情况和今后工作任务给中央的报告》做出批示，并转发全国有关单位。

中央批示关于科学工作对国家建设的重要意义时指出：

我国科学基础薄弱，而科学研究干部的生长和科学研究经验的积累，都需要相当长的时期，必须发奋努力，急起直追，否则就会由于科学落后而阻碍国家建设事业的发展。

中央批示明确党在科学工作中的重要政策和对科学家队伍的基本评价：

我国科学家绝大多数都愿意接受党的领导，在科学工作上做出一番成绩，贡献给国家。……党对科学事业的领导，首要的任务便在于发挥科学家在科学研究上的积极性，关心与帮助他们的研究工作，为他们的研究工作安排顺利的条件。

批示同时强调对科学家要进行思想教育,指出:

这种思想教育必须是长期地耐心地来进行的,必须是在尊重他们的科学工作、发扬他们的科学研究的积极性的前提下,而不是以损伤他们的自尊心的方式来进行的。

批示强调,大力培养新生的科学研究力量,扩大科学研究工作的队伍,是发展中国科学事业的重要环节。批示首次提出以中国科学院为全国科学研究的中心(《当代中国》丛书编辑部,《中国科学院》,当代中国出版社,1994年)。

3月25日 出席政务院文教委员会全体会议。会议就党内外人士的团结问题大家发表意见,发言者有李达、潘光旦、沈志远等。

3月30日 出席中国科学院常务会议。会议讨论学术秘书处成立后要开展的各项工作,并决定院领导行政工作分工。李四光副院长分管学术秘书处,吴有训副院长分管科学器材基本建设,陶孟和副院长分管编辑出版委员会和图书馆,竺可桢副院长分管科学史委员会,张稼夫副院长分管人事局。

4月8日 出席郭沫若主持召开的第一次学部主任会议,并就《中国科学院学术秘书处暂行组织条例(草案)》和1954年上半年工作计划要点在会上作说明;同时汇报以院名义拟出的筹组学部的书面文件,其中提出遴选学部委员的三个条件,即:①对于本门科学有比较重要的贡献者;②对于本门科学在过去或现在起了推动作用者;③忠于人民事业者。其中第一条为首要条件。

Δ关于学部设置,拟分四组:自然科学中数学物理化学部主任吴有训,副主任庄长恭、华罗庚;生物地学部主任竺可桢,副主任许杰、陈凤桐;技术科学部主任严济慈,副主任茅以升。另设置社会科学一组,社会科学部主任郭沫若,副主任张稼夫。

Δ学术秘书处下设若干专业组。一组组长苏子蘅、副组长邓稼先;二组组长简焯坡、副组长张克明;三组组长杨联奎;四组组长刘桂五;综合组组长汪志华;《科学通报》许良英。

4月17日 应约同竺可桢商谈学术秘书处地学组中层干部事宜,商定增加合适人选,由竺推荐决定。

4月23日 出席生物地学部主任副主任会议。会议讨论根据学部委员三条件拟订本组学部委员的产生办法。竺可桢主持会议,许杰、陈凤桐、贝时璋、张文佑、叶笃正、简焯坡、张克明等到会。

5月12日 与竺可桢、吴有训、陶孟和商讨出席中国科学院学部座谈会的人员名单及其他有关事项。

5月 根据组织要求提交"自我鉴定"书面材料(原件存"钱三强档案")。自我鉴定如下：

一、优点：

1. 能接受组织所分配的任务，并能真诚地去完成任务；

2. 积极热情，有责任心，有事业心；

3. 具有一定政策水平和思想水平，并愿意考虑问题；

4. 一年来进步比较大。

二、缺点：

1. 政策水平与工作水平不高，不能很好的掌握与贯彻关于科学工作及团结科学家的政策。缺乏锻炼，不够深入，对业务钻研的不够；

2. 有个人主义思想，还存在着急躁情绪，不够沉着；

3. 马列主义政策学习的不够。

三、今后努力方向

1. 加强组织观念的锻炼；

2. 加强马列主义政策学习；

3. 合理地安排时间，加强业务学习。

（鉴定小组负责人：武衡（签名））

6 月 25 日 出席第一次研究生条例起草委员会会议，并对主持起草的“研究生条例”和“科学奖金条例”作逐条解释说明。会议讨论认为，要提高学术水准，设立研究生学位制度和科学奖金制度是正确的，但应循序而进。会议由竺可桢主持，杨石先、胡锡奎、陈凤桐、李范五、涂长望等应邀出席会议并参加讨论。

7 月 3 日 出席竺可桢主持的第二次研究生条例和科学奖金条例起草委员会会议，再作情况说明。此次邀请参加讨论的有：黄松龄、曾昭抡、曾毅、周培源、钱伟长等。会议议定，由钱三强、钱伟长、周培源、曾毅、贝时璋、尹达、沈其益组成 7 人小组讨论决定，提出正式草案。

7 月初 主持学术秘书处以郭沫若院长名义向中国科学院各研究所、全国高等院校及产业部门有代表性的科学家发信 454 件，请其就自己了解的专业学科，在国内推荐学部委员。

夏 出席在北京怀仁堂举行的世界民主青年大会，并在大会上作反对使用原子武器，维护世界和平的演讲。

7 月 当世界上第一座原子能发电站于苏联首先建成发电之际，在《中国青年》杂志发表署名文章《人类进入了原子时代》，藉以向全国青年系统介绍神秘的原子能知识。这篇文章引起青年们对原子能的热情向往，并从此对钱三强与原子能的关系留下记忆。《人类进入了原子时代》全文录后：

人类进入了原子时代

一九五四年六月二十七日，世界上第一个原子能工业电力站开始发电了。这是人类第一次不是用燃料的化学能,也不是用水和风的机械能来转动动力机,而是用人工解放出来的原子能来转动工业机械,这是人类历史上一件大事情。

什么是原子能?为什么原子核中储藏着这样巨大的能力?我们怎样解放原子核中的能力来为和平工业服务?原子能工业为人类创造幸福的前景怎样?很多青年提出了这样一连串的问题,下面我们就来概略地谈谈这些问题。

1. 原子——微小的太阳系

世界上有各种各样的物质,像水、树木、各种石头、泥土、生物……。如果我们用化学的方法来分解它们,例如把木头烧一烧,把水放在电解槽里电解等,最后,可以得到氢、氧、碳、铁、铀等九十二种基本物质,我们就叫它们九十二种"元素"。组成每种元素的最小单位,就叫做"原子"。

用我们的肉眼当然是看不出物质中的原子的,因为原子非常小。原子的直径大约只有一厘米的一亿分之一。如果我们把一个原子放大一百亿倍,它就像一个直径一米的球那样大。如果我们把直径是一毫米的小滚珠放大同样倍数,那就会比地球还大一些。因此,只要我们眼睛看得见的芝麻粒大小的东西,就包含有约万亿亿个原子。

一直到十九世纪的大半个世纪,科学家还是认为原子是物质的最小单位,意思就是物质分割到原子,就再也不能分割了。但是最近五六十年来科学家们研究的结果,知道原子虽然是元素的最小单位,本身又很小,但是还可以分割,而且它的构造还相当复杂,像个小"太阳系"。每个原子中间有个微小的"太阳"——原子核,外面有许多围着它旋转的"行星"——电子。电子的数目在各种元素的原子中是不同的。氢原子只有一个电子,而氧原子有八个电子,最重的铀原子有九十二个电子。所有的电子,不论它是属于哪一种元素的原子,都是相同的,每个电子都带有一个最小电量单位的负电。原子核则带有正电。一般情况下,原子是不带电的,那是因为原子核所带的正电和电子所带的负电刚好相等,因而从整个原子来看,原子是中性的。

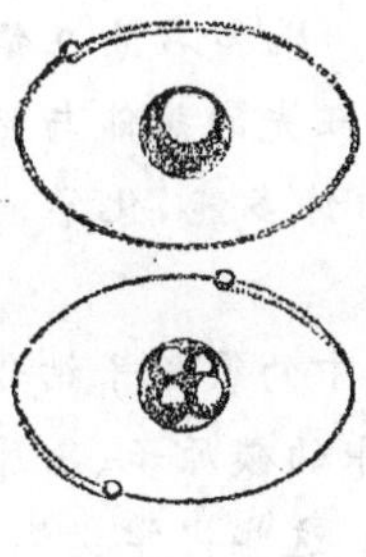

上面是氢原子的图　原子量为1　电子数为1
下面是氦原子的图　原子量为4　电子数为2

原子核里面是些什么呢？是若干个“质子”和“中子”的微粒，紧紧地结合在一起。质子就是氢原子的原子核，带有一个最小单位的正电荷，电量与电子的电量相等。中子则不带电，重量和质子差不多，质子与中子比电子重得多，约重一八四〇倍。所以原子中百分之九十九点九以上的质量集中在原子核。

原子核的重量占原子重量的百分之九十九点九以上，但是原子核的直径，只有原子直径的万分之一，所以原子中间还是有很大的空隙。如果我们设想把一千立方米的铅里的原子核集中起来，那么它的体积不到一粒芝麻那样大，但是重量却有一万一千多吨。不过这样的实验很难在地球上实现。

原子周围的电子的数目和质子的数目总是相等的。当我们知道了一种原子的原子重量和电子数，就可以知道它的核是由多少中子和质子组成的。例如氢原子重量和质子差不多，周围只有一个电子，原子核就是一个质子。氧原子比氢原子约重十六倍，有八个电子，因而原子核就由八个质子和八个中子组成。铀原子重量约是氢原子的二三八倍，有九十二个电子，因而原子核内就有九十二个质子和一四六个中子。

各种元素的化学特性，是由电子的数目的多少决定的。科学家们发现有些原子的化学性质几乎完全相同，但是质量却不同，这是因为这些原子中电子和质子数目相同，而中子数目不同。我们称它们为“同位素”。例如氢原子除了常见的原子量为一的以外，还有原子量为二的重氢（或称为氘）和原子量为三的超重氢（或称为氚）两种同位素；铀则有原子量各为二三八、二三五和二三四几种同位素。

我们简略地知道了原子内部的构造情形，然后再来看看原子内部巨大的原子能是从哪里来的。

2. 化学能和原子能

自从我们的祖先知道取火，开始去支配自然界的动力，一直到上一个世纪，人类掌握自然界动力资源的方法，除了用水力和风力的机械能，主要是用木柴、煤和石油等资源的化学能。煤和石油在锅炉或汽缸燃烧的时候，亿万年前被植物储藏起来的太阳光的热能与光能就被解放出来。为什么煤和石油燃烧时，能够放出许多能，化学能是哪里来的？

原来，煤的燃烧主要是煤中的碳原子和空气中的氧原子结合成为二氧化碳分子；石油燃烧时，是复杂的石油分子中的碳原子、氢原子和空气中的氧原子结合成为二氧化碳和水的分子。这些化学变化，从原子的变化来看,主要是原子外圈电子运动的轨道起了变化。煤中的碳原子没有和空气中的氧原子结合前,碳和氧原子中的外圈电子,只受各自原子核的吸引而运动着;当这两种原子结合时,碳原子和氧原子的外圈电子运动的轨道起了变化,它们同时受到碳和氧原子核的吸引而运动。改变原子的外圈电子轨道,就需要吸收一些能,或者放出一些能。这些能,一般是以热能的形态表现出来的。所以物质起化学变化时或者吸收热能,或者放出热能。由此可见,我们从烧煤或石油取得化学能,主要还只是和原子中的外围电子打交道。一个电子能发出的能当然是很小的,但万亿亿个以上的电子发出的能,就能为我们转动机器做工作。

但是我们知道,能是物质的一种运动形态。物体的质量愈大,蕴藏的能和可能产生的能也愈大。上面说过,原子中百分之九十九点九以上的质量集中于原子核,如果我们不是和原子中的电子打交道,而是和原子核打交道,那么岂不是给人类找到一个更大得多的能量源泉吗?五六十年来,科学家们就在这方面寻找解放原子核中的能力的方法。

以前人们一直认为世界上各种东西变来变去,只是原子间的组合,在起着合并或拆散的变化罢了;至于原子本身并不能从这一种变到另一种。这种想法现在是打破了。一八九六年法国的物理学家伯克莱尔首先发现了一个奇异现象。他把铀化合物和照片底片放在一起,结果底片感光,像是受了日光感光一样。后来经过著名物理学家居里夫妇等不断研究,发现铀能够自发地放射出一些射线,这些射线是从原子中出来的。这种自发地发射出射线的现象,叫自然放射现象。其他元素如钍、镭等也有自然放射现象。这些有自然放射现象的元素,称作放射性元素。铀、钍、镭这些放射性元素不断地放射出东西来以后,本身也逐渐蜕变,最后变成铅。

科学家发现放射性元素之后,曾以为只有放射性元素的原子,才能蜕变为其他元素的原子。但是到一九一九年,英国物理学家罗瑟福发现用人工的方法也可以使原子核发生变化。他用镭蜕变物发出的高速度的一种射线(带阳电的氦原子核),打入氮气,使氮原子核变为氧原子核,并且放出高速度的氢原子核来。这个现象说明我们可以用人工的方法破坏一种原子核,变成别的原子核。我们叫这种现象为“人工突变”。

当原子核自己发生变化,放出射线,就放出能力。用人工方法使原子核发生变化,在变化时也要或者吸收能力或者放出能力。不管是自然放射或者是人工突变,若是能放出能力,那么这种能力就叫

"原子能"。

以后科学家又发现中子是打击原子核使它破裂的最好的炮弹,因为它们不带电,就不会被原子核的阳电荷排斥。到一九三五年,科学家已经发现有五六十种元素的原子核,用中子打击,可以发生蜕变现象,因而可以得到一些原子能。但是,用这些方法使较少数的原子发生破裂,得到的能力毕竟有限。要想得到大量的原子能,必须使很多原子在短时期内连续发生破裂。

到一九三九年科学家们发现用中子打击铀的原子核,可以使它破裂为两个差不多大小的原子核;在这个破裂过程中核的一小部分质量变成巨大速度飞开去的裂片的增补质量,换言之,铀核内部能力的一部分转变为动能,那也就是说蕴藏在核内的能力大量地被解放出来了;同时还放出两三个中子。法国著名物理学家约里奥-居里和他的助手们,很快地证明这些放出的中子又可以去击破其他铀原子核,再使它分裂,又放出两三个中子。这样继续下去,就会不断地有许多的铀原子核被分裂,释放出大量能力来。这种铀原子连续分裂的现象,称作"链锁反应"。一公斤的铀分裂时放出的能,可以发二千万千瓦小时的电力,相当于烧二千五百吨优质煤。同样质量的物质,它所能发出的原子能,要比化学能大百万倍至千万倍。

3. 怎样迫使原子做工作

目前利用原子能的方法,主要有两类,一类是把最轻的元素氢的同位素原子核——重氢(或者称为氘),在高温下合成为氦原子核的同位素(氦三)或者合成为超重氢(或者称为氚)过程中取得;另一类是在最重的元素铀等原子核的分裂时取得。氢弹就是利用前一种原理,这种作用也被称为热核反应;普通的原子弹是利用后一种原理,原子能工业电力站主要的原料也是铀。

那么为什么用铀来制造原子弹,就会在百万分之一秒的时间内,骤然爆炸,而用铀来作为原子能工业电力站的燃料,能够持续不断地慢慢释放出原子能呢?

前面提到过,铀有三种同位素,原子重量各为氢原子的二三八倍、二三五倍和二三四倍,我们称作铀二三八、铀二三铀五和铀二三四。铀二三四数量太少,可以不考虑它。在自然界中铀二三八与二三五的比例差不多不变,铀二三八比铀二三五要多一四〇倍。铀二三五的原子核碰到中子就分裂。铀二三八的原子核要被速度很大的中子击中,才会分裂。但是用某一定范围速度的中子打击铀二三八的原子核时,它虽不破裂,却能变成另一种人工造出来的新元素,即第九十三种元素——鎿二三九。鎿是不稳定的,它又变成第九十四种新元素——钚二三九,钚是相当稳定的,它和铀二三五同样容易分裂。当中子速度慢的时候,打在铀二三八上不起核的变化。

原子弹是用纯粹的铀二三五或钚二三九制造的。纯粹的铀二三五或钚聚集到一定的体积就会骤然爆炸。这是因为虽然中子遇到铀二三五和钚的原子核会使它分裂,但原子的内部是很空的。虽然一个一个原子碰在一起,但是原子核还隔得很远,一个中子要打中原子核是很不容易的。正像一个足球在足球场里滚,如果场上的人不动,不一定能碰到人身上,要想一个球踢出去一定碰到人,就要使人数加多,要使一个中子打入铀二三五或钚一定碰到原子核,就必须使铀二三五或钚块足够大,那就是说铀二三五或钚的体积必须要有一定大小,任何一个中子才都能击中原子核,使铀二三五或钚起链锁反应而骤然爆炸,这种大小是有一定的。原子弹的原理,就是将两块比能够爆炸的体积小一点的铀二三五或钚很快合并,合并以后超过了能够爆炸的体积,而骤然爆炸,在百万分之一秒的时间内放出大量的原子能。

用骤然爆发的方法放出的大量原子能,一般只能用来作爆炸物。苏联在一九四九年七月就已利用这种方法来开发河道。西伯利亚的鄂毕河和叶尼塞河,因为有巨大岩石的阻拦,不能引水向南流,用原子爆炸物炸开了岩石,使这两条大河的水南流,这就能够使土耳其斯坦的广大沙漠变成肥沃的土地。但在工业应用上很难控制用这种骤然爆炸而放出的大量的原子能。因此就要用其他的方法,使得铀既能起链锁反应,又不是骤然爆发,便于控制。原子堆的方法就能符合这种要求。

原子堆的方法是一九四二年冬,由一个意大利流亡到美国的科学家发现的。所谓原子堆,就是由铀矿中提炼出来的纯铀做成铀条,用石墨的条块做成的格栅作间隔,堆砌起来。当快速中子打入堆中时,假如碰到铀二三八或者二三五,就产生原子核的破裂,同时放出两三个中子来。这些中子,若速度在某一定范围时正好碰到邻近的铀二三八原子核,则可使铀变为鎿,以后再变为钚。更多的可能性是这些中子碰到堆中的石墨。中子几次碰到石墨的原子核,速度就要逐渐减低,但是速度低的中子碰到铀二三八不起作用,因此最后还是碰上铀二三五,使铀二三五破裂又放出新的中子。这样,只要打入堆中的中子碰到铀条或石墨都是有利的。另外,中子还有两种遭遇的可能性:第一,就是经过几次碰撞后,中子已达原子堆的边缘上,最后是跑出原子堆;第二,中子被石墨或者铀中的杂质吸收了。这两种遭遇都是不利于我们的工作。

因此要使这种反应自动地持续不断，那么就必须使石墨、铀或者其他原子堆所需要的材料都提炼的很纯，不含有吸收大量中子的杂质，铀安排得很适当，同时原子堆还要有一定的大小。这些都是可以控制的。

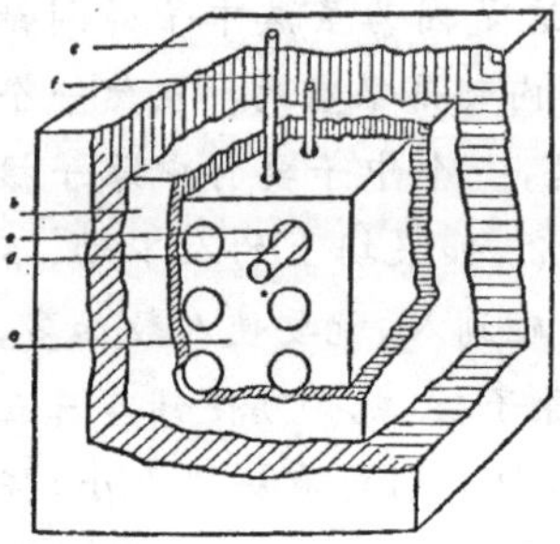

一个铀原子堆的最重要部分的构造图
a. 纯炭精(碳素)做成的立方体，用做调速剂。
b. 炭精做的外套，用做反射器。
c. 混凝土做的防护放线的外壳。
d. 用最纯的铀做的圆棒(调速剂的每一个圆洞中应放一根)。
e. 圆洞，里面用一种冷却剂来冷却放在里面的铀棒的周围。
f. 用镉或硼制成的控制棒。

原子堆中间，铀二三五或钚分裂的时候，就会释放出原子能，发出热来，同时放出的中子，当遇到石墨，减低它运动的速度时，它失去的一部分能力，也转变为热能。这些热能，就可以利用来烧热锅炉，转动涡轮，发出电力。原子堆还可以用来制造钚，我们知道提炼铀二三五是很困难的，因为在普通铀矿中提炼出来的铀是几种同位素的混合物，铀二三八占的成分很大，铀二三五占的成分很少，它们的化学性质又完全一样，很难把它们分开。在原子堆中铀二三八可以变为钚，钚和铀二三五一样容易分裂，而钚的化学性质又和铀不一样，我们就可以把钝钚用化学方法提炼出来，作为原子工业的燃料。

当然建造一个原子堆动力站，要解决许多技术问题。例如要避免工作人员不受原子堆辐射线的灼伤，一切设备的装卸修理和操纵都必须自动化等等。这些问题苏联的科学家都一一解决了。

4. 原子时代的宏伟远景

人类掌握了原子能，就进入了一个崭新的时代。今天科学家们使一公斤铀发出二千万千瓦小时的电力，还只是掌握了储藏在原子核中的能的千分之一。科学还证明了，任何物质都含有原子能。任何一块小石头储藏的原子能，如果解放出来，就可以代替第聂伯水电站十年以上的工作。我们掌握了原子能，就无限地扩充了动力资源。

在沙漠里，没有水，运输很困难，一个原子工业电力站不用经常给它运送大量的燃料，就能不断发出强大的电力，抽水灌溉，把沙漠变为良田。

如果我们要让原子能开动车辆、船只和飞机，那就把原子堆做得轻些，放出的能力集中些。我们可以把原子堆里铀棒中的铀二三五成分加大些(叫浓化铀的方法)。当然由于浓化铀做成的原子堆能量比较集中地发放,温度高,压力大,因此一切设备都要能承受高温高压,又要有防止辐射线的设备,这些都是困难,但在科学家的面前,无疑地,这些问题的解决,只是时间问题而已。

让我们设想一下用原子堆发动的飞机吧。它可以作几乎无限制的不着陆的远航程飞行,因为铀的消耗量很小。原子能发动的飞机可以高飞入离地十公里以外的同温层,在那里空气很稀薄,阻力小,这种飞机飞绕地球一圈将不是需要几昼夜,而是不到一昼夜。

总有一天,用原子燃料的火箭将用每小时超过四万公里的速度,冲破地球的大气层,飞向太空,到别的星球上去。这是今天使用化学能的燃料火箭所不能办到的。

对于未来的世纪,我们还可以作其他各种设想。我们知道,地球上的一切生命,都是太阳给与的。太阳使地球上有冷有热,太阳使地球上刮风下雨。太阳对地球所以这样有威力,就在于太阳不断地向地球发射出巨大的辐射能。为什么我们不能这样设想呢?总有一天,我们可以利用原子能,用人工做两个小太阳,放在地球的南北极,使得南北极巨大的冰山融化,改变地球上的气候,使得许多生物的生长线向南北两极扩展;总有一天我们聪明的头脑将会利用原子能去支配自然界,改变气候,调节雨量,不让寒流、热风侵袭庄稼、牲畜。那时,我们将成为自然界的真正主人。

当然,要凭我们今天的头脑,清楚地勾画出未来应用原子能的宏伟远景是不可能的。正如当第一架发电机制造出来的时候,人们很难想像到今天我们这一代人如此广泛地使用着电器设备。

要让我们这一代人更多地运用原子能来创造美好的生活,我们还必须坚决反对美帝国主义利用原子能来制造大量的杀人的武器。美帝国主义正在将原子科学上的成就,将今天人们提取出来的很有限的核子燃料,去制造原子武器,热核武器,威胁着全世界人民的幸福生活,也大大阻滞着原子能和平工业的发展。只有社会主义的苏联,运用他们在原子科学上最新成就,为人类的和平幸福作着巨大的贡献。我们应该为苏联第一个原子工业电力站的建造成功而欢呼;我们也应该团结全世界爱好和平的人民,坚决反对美国一小撮的战争贩子为了高额利润而制造最残酷的原子武器和热核武器的罪恶行为。

要想在这样短短的一篇文章中,把关于原子世界的各种知识都介绍出来,那是不可能的。我想一定有许多青年读者想知道更多的关于这方面的知识,下面这几本关于原子世界的通俗读物,也许可以满足一下青年们的要求。

《我要知道原子问题》,中国保卫世界和平大会委员会编译,世界知识社出版。

《原子世界旅行记》,伊林著,王汶译,中国青年出版社出版。

《原子能的原理和应用》,勃洛达著,景林译,商务印书馆出版。

《原子世界》,席斯曼著,滕砥平译,开明书店出版。

钱三强

一九五四年七月

8月6日 中央直属机关党委批准钱三强入党,后补期为一年,从8月6日算起(后钱填写自己的入党时间为"1954年8月"有误,应为支部大会通过日即"1954年2月7日")。

8月7日 就筹建学部工作代表学术秘书处,向中国科学院院务常务会议作情况汇报。会议委托学术秘书处根据科学家的推荐,参考各方面意见提出各学部的学部委员名单。

是年 伊朗派人来中国推销铀产品,周恩来将分析化验样品的任务交托给钱三强,并强调要注意保密。这是中国核科技工作者首次接受有关铀产品的实际任务,钱于是亲自组织有关人员同时采用物理方法和化学方法进行测定。王淦昌用云室、何泽慧用核乳胶观测铀-235及其子体的α径迹;杨承宗带领朱润生用放射化学方法测量铀-235和铀-238的子体,从而确定母体中铀-235与铀-238的比例。10天后,两种测量方法的测量结果表明,伊朗推销产品中铀-235含量低于天然铀。

8月20日 受国防部部长彭德怀之邀前往彭住地中南海永福堂,介绍有关原子弹、氢弹的原理和构造等情况(彭即将率军事代表团赴苏参观核爆炸试验)。在回答彭德怀提出:"中国要搞原子弹,怎么搞?最关键的技术、设备是什么?"时,钱三强说:"生产原子弹原料,反应堆比气体扩散法省力,但应先建一个实验性原子反应堆准备条件。"他强调当前最重要的是要研制实验性反应堆和回旋加速器,培养人才,聚集力量,为建设原子核工业和研制核武器作准备。在座交谈的有粟裕、陈赓、许光达、刘亚楼、邓华等。

9月4日晚 在郭沫若家陪同郭院长招待罗马尼亚科学院主席团尼古劳院士,一起作陪的还有竺可桢、洪深等。

9月9日 彭德怀率领军事代表团(代表团中有刘伯承、粟裕、陈赓、许光达、刘亚楼、邓华等)参观苏联核爆炸试验时,同陈赓一起向苏联方面试探援助研制反应堆和回旋加速器的可能性。次年5月,彭德怀参加华沙条约国会议顺访苏联时,又亲自向赫鲁晓夫、朱可夫等请求苏联帮助研制这些关键设备。

9月22日 鉴于国庆五周年活动,各方面邀请来华外宾很多(共2000余人),科技界邀请了苏联科学院代表团和苏联文化代表团等,由中国科学院、科联、科普协会共同成立一个接待委员会,协调安排,由钱三强为接待委员会召集人,成员有华罗庚、涂长望、袁翰青等。

9月27日晚 偕吴有训、陈康白、陆学善、曹日昌、周培源等宴请应郭沫若邀请来华访问的英国科学家、科学社会学奠基人J. D. 贝尔纳。

10月 赫鲁晓夫、布尔加宁、米高扬等苏联领导人来华参加新中国成立五周年庆典,并于10月3日在北京中南海颐年堂举行中苏最高级会谈。此时,彭德怀仍关注着钱三强曾建议的反应堆和加速器的事,亲自给负责中苏合作谈判的李富春说:“要把建造反应堆和加速器问题,提请苏联帮助。宁可削减别的项目,这个堆和器一定要争取尽早建起来。”

10月 针对物理研究所电解法重水浓缩实验室发生爆炸事故的情况,亲自组织对事故进行典型分析,对青年科学工作者工作作风不严谨踏实和缺乏集体主义精神进行检查、教育,发动全所进行讨论,“什么是正确的科学工作态度与方法”,“什么是科学工作者的集体主义精神”,以达到普遍接受教训,把坏事变为好事。

冬 向中共中央宣传部科学处派到物理研究所作调查研究的何祚庥、龚育之、罗劲柏反映关于大力发展核科学研究,加紧培养人才,在较短时间内建立我国核工业,研制原子弹的建议。随后,中宣部科学处根据在物理所的调研和许多科学家的意见,向中央写了大力发展原子能科学技术的书面材料,为中央及时决策起到促进作用。

11月2日 偕张稼夫、陈康白、曹日昌、秦力生等就“英国科学团体”、“英国科学发展方向”、“学术自由问题”、“对苏联科学的态度”和“科学家对和平工作”等问题同贝尔纳进行座谈。贝尔纳还了解了中国科学院的基本情况,并对科学院的工作提出几点意见。后在贝尔纳遗存档案中有他制作的一个名录,他在一些名字上打有勾号或星号,如李四光、梁思成、马寅初、陆学善、钱三强、涂长望、柯俊、钱宝琮等,表示这些是他留下印象深刻者。

11月27日 参加讨论解决科学院永久性地址问题,会议提到多处待选地,如黄寺以北固然好但能否迁移问题甚多……。到会者有郭沫若、李四光、吴有训、张稼夫、陶孟和、钱三强、秦力生等。

12月5日 陪同郭沫若、李四光、竺可桢、张稼夫现场考察和规划科学院永久性地址,并一起登上中关村物理所新楼(即原子能楼)楼顶平台察看各处在建待建工程实况。

12月 中国科学院接到周恩来指示:组织在北京的科学家和教授向中央、国务院各部门负责人以及各省市负责人宣讲原子能的科普知识,让大家知道原子能的应用(力平,《周恩来年谱1949—1976(上)》,240页)。

12月26日 出席中国科学院、中华全国自然科学专门学会联合会和中华全国科学技术普及协会联合会召开的社会科学与自然科学政协委员座谈会。张稼夫、李四光讲话,强调扩大国内外团结的重要性。

是年 中国科学院掀起学习苏联高潮，号召物理研究所科研人员都制订学习计划，大部分人员结合自己专业，学习一本俄文专业书，部分同志进行俄文专著翻译工作，例如，黄祖洽翻译的经典场论，郭挺章、杨承宗等翻译的同位素化学等。全所全年共翻译了50万字以上的俄文书刊。

Δ中国科学院开始组织学习马列主义哲学，邀请艾思奇讲授辩证唯物主义和历史唯物主义。物理研究所全所人员都坚持业余学习。

本年度，物理研究所科研工作主要进展：

(1)低气压静电加速器：在1953年已出束的基础上，迁到新址后重新安装，并作了改进和配套工作，开始调试。

(2)高气压型静电加速器研制开始，进行了准备工作。

(3)开始高压倍加器的研制。

(4)开始回旋加速器高频系统和磁铁系统的设计和研究。

(5)开始金属铀扩散泵研制。

(6)开始磁镜式β谱仪设计。

(7)开始重粒子能谱仪研制。

(8)质子灵敏乳胶已能提供使用，核乳胶实验加氨和有机增感灵敏度达到对100千电子伏电子灵敏(电离能耗为最小值的两倍)，减少了颗粒聚结，解决了雾点问题。

(9)卤素计数管生产技术稳定，并少量生产，对计数管特性开展了深入研究。

(10)电子学仪器方面，研制成功4000伏高压稳定电源(稳定度1%)32位定标器，计数率表，喇叭放射性检查器等。

(11)继续研究从铀矿石提取铀和铀的纯化工作，进行定性定量分析了U、Ce、Th等分离工作。

(12)建立试验室电解法重水浓缩装置，开始重水浓缩和分析方法研究。

(13)开展了石墨原料普查筛选工作，堆用石墨制造的电炉等设备建成，开始堆用石墨研制。

(14)云南落雪山海拔3222米的高山宇宙线实验室建成，安装好50厘米×50厘米×25厘米的多板云室，并开始工作。30厘米×30厘米×10厘米、磁场为7000高斯的磁云室，仪器的装置、加工和设备研制正在进行。

(15)原子核理论研究，在1953年集体调研基础上分别开展了具体的课题研究。

(16)开始了分米波的产生、接收测量的研究。

(17)开展用示波管作单线和多线计算机储存的试验。

年底 物理研究所全所工作人员为170人，其中科研人员90人。是年没有分配新大学毕业生。

1955年　四十二岁

1月14日下午　应周恩来之约，与李四光分赴中南海西花厅汇报我国开展原子能科学研究的人员、设备条件和铀矿资源勘探情况，薄一波和地质部副部长刘杰在座。

周恩来先讲当前所处的核威胁形势。讲到自朝鲜战争以来美国不断推行核讹诈政策，先是杜鲁门，后又艾森豪威尔都动辄以原子弹作威胁。例如，1953年，美国国务卿杜勒斯想先通过印度总理尼赫鲁给中国带话："如果不能安排停战，美国将不再承担不使用核武器的责任。"当尼赫鲁拒绝传递任何核威胁的信息后，美国通过板门店谈判，把"诉诸核战争"的信息散布开来，扬言如果谈判没有进展，战争可能升级；美国有可能使用核武器攻击中国本土，甚至包括北京。在刚过去的1954年中，从4月越南奠边府告急，到9月我国人民解放军开始炮击金门，直到11月中国宣布对13名被俘美国飞行员以间谍罪判刑，核威胁一次接着一次出现。

李四光讲铀资源勘探情况，李因牙痛只作了简要说明，由刘杰详细汇报。钱三强介绍西方国家和苏联的核科学发展概况，以及我国研究进展和人员培养情况，特别讲了大家要充满信心，加快发展。周恩来一边听一边做记录，还不时提问、插话，详细询问了反应堆、原子弹、氢弹的原理和基本构造，以及发展这项事业的必要条件，特别讲了如何加快培养人才，要采取得力措施等。然后他说："明天毛主席和中央其他领导同志要听取这方面情况，你们做点准备，简明扼要，可以带点铀矿石和简单仪器作作现场演示。"

当晚　周恩来致信毛泽东①：

主席：

今日下午已约李四光、钱三强两位谈过，一波、刘杰同志参加。时间谈得比较长，李四光因治牙痛先走，故今晚不可能续谈。现将有关文件送上请先阅。最好能在明(十五日)下午三时后约李四光、钱三强一谈，除书记处外，彭、彭、邓、富春、一波、刘杰均可参加。下午三时前，李四光午睡。晚间，李四光身体支持不了。请主席明日起床后通知我，我可先一小时来汇报下今日所谈，以便节省一些时间。明日下午来谈时，他们可带仪器来，便于说明。

周恩来

一·十四晚

---

① 参见力平，《周恩来年谱1949—1976(上)》，中央文献出版社，440～441页

1月15日 按通知列席毛泽东在中南海丰泽园主持的中共中央书记处扩大会议，讨论发展原子能问题。出席会议的有刘少奇、周恩来、朱德、陈云、彭德怀、彭真、邓小平、李富春、薄一波等。钱三强后来称这次会议为“最高决策”，他有以下回忆文字：

这天，我和李四光等按时到达中南海的一间会议室，里边已经围坐着许多熟悉的领导人，有毛泽东、刘少奇、周恩来、朱德、陈云、邓小平、彭德怀、彭真、李富春、陈毅、聂荣臻、薄一波等。

这是一次专门研究发展我国原子能的中共中央书记处扩大会议。

毛泽东主席主持会议，开宗明义：“今天，我们这些人当小学生，就原子能有关问题，请你们来上一课。”

李四光拿出一小块黄色的铀矿标本，说明铀矿资源与发展原子能的密切关系。我国1954年上半年，第一次在广西发现了铀矿资源。

领导人一个一个传看着铀矿标本，对它那神话般的巨大能量感到新奇。

我汇报了几个主要国家原子能发展的概况和我国近几年做的工作。为了加深直观印象，我把带去的自己制造的盖革计数器放在会议桌上，把铀矿石装进口袋里，然后从桌旁走过，计数器便立刻发出嘎、嘎、嘎的响声，这时全场都高兴地笑起来。有的领导人兴趣正浓，还亲自作了试验；有人提出那样这样的问题，询问国内国外的情况，气氛十分活跃。

毛泽东点燃一支烟，开始作总结性讲话：“我们的国家，现在已经知道有铀矿，进一步勘探，一定会找出更多的铀矿来，我们也训练了一些人，科学研究也有了一定的基础，创造了一定条件。过去几年，其他事情很多，还来不及抓这件事。这件事总是要抓的。现在到时候了，该抓了。只要排上日程，认真抓一下，一定可以搞起来。”

“你们看怎么样?”毛泽东看了看大家，接着强调说：“现在苏联对我们援助，我们一定要搞好。我们自己干，也一定能干好！我们只要有人，又有资源，什么奇迹都可以创造出来。”

会议一致结论，对大力发展原子能表示了极大兴趣和决心。

毛泽东突然语气一转，以哲学家的见解向我提出关于原子的内部结构问题：

“原子核是由中子和质子组成的吗?”

“是这样。”我随口回答。

“那质子、中子又是由什么东西组成的呢?”

他的问题并不离奇，要回答准确却使我作难。只好照实说：“这个问题正在探索中。根据现在研究的成果,质子、中子是构成原子核的基本粒子。所谓基本粒子,就是最小的,不可再分的。”

毛泽东略加思考,然后说:“我看不见得。从哲学的观点来看,物质是无限可分的。质子、中子、电子,也应该是可分的,一分为二,对立统一嘛!不过,现在实验条件不具备,将来会证明是可分的。你们信不信?你们不信,反正我信。”

到了吃饭时间,大家从会议室来到餐厅,摆有三桌饭菜,一桌六样普通的菜,多带辣味。我同毛泽东在一桌,坐在他的对面;他左边是彭真,右边是李四光。李四光改用湖北话同毛泽东交谈,无拘无束,十分开心。

席间,彭真向毛泽东提起了我的父亲:“三强的父亲钱玄同原是北大教授。主席那时也在北大,见过面没有?”

“知道,但是没有见过面。”毛泽东回答了彭真,然后微笑着对我说:“最近我读过你父亲一篇文章《〈新学伪经考〉序》。”

“父亲写这篇文章时我正读高中(时在读北京大学理科预科——引注),曾经听他说过,花了不少功夫写成的。”我说。

毛泽东又说:“钱先生在他的文章里,批评了他的教师章太炎。《新学伪经考》是康有为的著作,他说许多古书都是经过后人篡改过的。章太炎对这本书持反对意见。钱先生为这本书作了长序,反驳了他的教师章太炎。有这种勇气,是很不容易的。”

最后,毛泽东举起酒杯,大声说:“为我国原子能事业的发展,大家共同干杯!”(钱三强,《中国原子核科学发展的片段回忆》)

(按:《新学伪经考》(共十四卷)系康有为1891年所著,时具有较大影响。其认为:历代所推崇之古文经传,原系出自刘歆伪造,故当称“伪经”;而刘歆造伪之目的,是用以帮助王莽夺取政权建立“新朝”,故所谓之古文经学,只能称为“新学”。康有为以此反对“恪守祖训”的封建顽固派和古文经学的旧学。但章太炎对于今文经学和古文经学持与之相反的见解。1931年钱玄同为重印《新学伪经考》作了长序,后改题为《重论经今古文学问题》。文中写道:“过去学者凡研究经学的最大的缺点就是所谓家法师说。犯此病的,尤以汉人为甚。汉以后学者比较好一点,但依然不免也会有这种意味。虽以清儒之‘实事求是’,亦有所不免。在清末有两位学者,可以说集千年来经学派别的大成,一是康有为,一是章太炎。他们两位都是经学大师,但他们的见解是极端相反的。康偏于微言大义,而太炎先生则特别偏重于训古名物……。我曾经说过,刘逢禄、龚定庵是新今文学派。其实他们不过是康有为的先驱,而真正足以称为新党派的,则唯康有为一人而已。他第一步不过阐明了经学的微言大义,但在第二步他借着微言大义，以发挥自己的思想。至于太炎先生，他恰与康相反，他特别尊信古文。在过去学者，只不过偏于古文，或偏于今文，决没有如康有为之专信今文，而认为古文为全非；同时也没有如太炎先生之专信古文，而认今文为全非者。所以他们两个可以说是两个极端……”）

1月17日　苏联部长会议发表“关于苏联在促进原子能和平用途的研究方面，给予其他国家以科学、技术和工业上帮助的声明”。

1月　计算机和真空器件专家范新弼回国，被邀到物理研究所工作。

1月　主持物理研究所所务会议，讨论通过本年度工作计划，确定以“加速器装置、铀的制备和原子核实验用各种探测器（包括电子学线路）的研制为重点”的工作方针，“着重通过工作培养有集体主义精神和独立工作能力的科技干部，作为进一步开展研究工作的骨干，特别是要注意使他们掌握科学工作方法，对本门科学有广泛而坚实的基础”。

1月31日　周恩来主持第四次国务院会议，通过《中华人民共和国国务院关于苏联帮助中国研究和平利用原子能问题的决议》。决议指出：中国人民在苏联的帮助和合作下，将同全世界爱好和平人民一起，为反对原子战争、禁止使用原子武器和氢武器、为促进和平利用原子能而奋斗不懈。决议强调：由于帝国主义和封建主义的长期压迫，中国的科学和技术发展是落后的。但是，我们深信，在解放了的中国，它的科学家、工程师和工人们，在苏联的帮助下，一定能够迅速掌握原子能的技术。

在讨论“决议”时，周恩来讲话指出：

> 这是一件很好的事情。过去我们在这方面没有基础，科学院懂得一些，我们就不懂。曾经请李四光部长、钱三强所长给我们讲过几次，也只能看懂文件上的名词。现在对于苏联部长会议的声明和斯柯贝尔琴院士答记者问，比较能看懂了。对中国来说，这是新问题。现在是原子时代，原子能不论用于和平或者用于战争，都必须懂得才行。我们必须要掌握原子能。在这方面，我们很落后，但是有苏联的帮助，我们有信心、有决心能够赶上去。
>
> 从积极方面说，我们要使广大人民了解原子能，要进行广泛的教育和认真的工作。从消极方面说，的确有可能造成一种力量来反对使用原子武器，因为现在美国和苏联都掌握了原子武器……你用我也用，战争就无法进行了。所以，现在也有可能禁止使用原子武器。
>
> 为此，我们要进行几项工作，一是开展“拥护苏联帮助中国和平利用原子能”、“反对制造和使用原子武器”的签名运动；二是进行有关原子能的科学教育，注意对现有的物理学家的使用，科学院录用留学生

有优先权;三是认真进行原子能的研究工作。要把现在的原子物理专家逐渐从行政工作中抽出来。物理专家的组织才能都很强,钱三强是科学院的秘书长,又是青联的副主席,钱伟长是清华大学的教务长,周培源是北京大学的教务长,在浙江大学有个物理专家,叫胡启(济)明(民)担任副教务长,调了好久调不来,这次要下命令调来,从行政部门把他们"解放"出来。如果找不到适当的人选做教务长,当个名誉教务长也可以嘛。总之要号召专家归队,各位如果知道有专长的人可以推荐,不要瞒起来。(《周恩来在国务院第4次全体会议上的讲话记录》,《党的文献》,1994年第3期,19～20页)

2月2日 出席中国科学院和平利用原子能座谈会,张稼夫主持会议,郭沫若报告国际形势和中苏拟开展和平利用原子能合作,传达周恩来指示"让大家知道原子能应用"。会议决定成立以吴有训、钱三强、周培源、钱伟长、严济慈、王淦昌、于光远、袁翰青、曹日昌9人为组织委员的"原子能通俗讲座组织委员会",向中央和各地领导干部、学生、工人、战士宣讲原子能科学知识。

2月4日 在北京西皇城根市干部学校礼堂作原子能和平利用通俗讲座首场讲演。竺可桢当天听演讲日记记载:"听钱三强讲原子能,听众极为拥挤,直至5点半始散。演讲极为成功。"

Δ尔后,还到部队、学校、机关、工厂等作过多场讲演。讲演稿经何祚庥、秦浩、汪容加以文字整理,以《原子能通俗讲话》为书名出版,发行20万册(据《周恩来传》记述,包括其他科学家所作的讲演,原子能和平利用通俗讲座共进行了132场,听众达16万人之多)。从而全国出现了"认识原子能、支持发展原子能"的热潮。

2月16日 前往北京南苑坦克兵部队,向官兵作"反对使用原子武器"的报告,报告后参观坦克兵武器并一起座谈。

2月17日 出席中国科学院、中华全国自然科学专门学会联合会和中华全国科学技术普及协会邀集的首都科学工作者反对使用原子武器签名大会,响应世界和平理事会所发表的《告全世界人民书》,并在《告全世界人民书》上签名。郭沫若在大会上讲话指出:科学家们,无论是自然科学家或社会科学家,他们的崇高的努力就是要为人类造福。为了保障人类的进步,我们就必须作两条路线的斗争:一方面我们必须加紧研究,使科学成果进一步为和平服务;一方面我们必须努力进行斗争,使科学的成果不至于为战争服务。这是全人类必须共同担负的斗争任务,而尤其是科学家们崇高的使命。吴玉章、竺可桢在大会上讲了话。

2月 在《中国青年》杂志发表署名文章《为什么我们要反对使用原子武器》(文载该刊1954年第4期)。文章分列以下几个部分:和平使用原子能的重大意义何在;原子能是怎样被利用来制造战争武器的;原子能在和平使用上有些什么成就;为什么要和平使用原子能就必须禁止使用原子武器;反对使用原子武器,是不是我们害怕原子弹;为什么要开展反对原子战争的签名运动等。引录其中三节于后:

1. 和平使用原子能的重大意义何在

早在19世纪末的时候,科学家们已敏锐地感觉到,随着工业生产的不断发展,人类社会对于动力资源的要求愈来愈多。现代化工业的动力来源主要是依靠地下储藏的煤和石油。虽然目前这些矿物的蕴藏量很多,但毕竟是有限的。根据有些科学家的估计,全世界石油储藏量,只能供人类几百年的使用。而且煤和石油是可以制造许多种合成品的珍贵原料,例如利用煤的产品煤焦油就可以合成阿司匹林、糖精、玫瑰香精和阴丹士林等,石油可以用来合成人造橡胶等。把煤和石油当作燃料来使用是极为可惜和浪费的,因此就需要科学家们去寻找更大更多的动力源泉,补充和代替现在的煤和石油。

1896年法国科学家伯克莱尔发现自然界中一些重的元素如铀和钍等,会经常不断放射出一些穿透力很强的射线。20世纪初,科学家们继续研究这现象,并量得了这些放射元素释放出的能,要比同样多的物质平常发出的化学能大上几十万倍到百万倍。这启示科学家们想到,假使把这些物理内部蕴藏的巨大能力不断地释放出来,不是可以取得巨大的动力来源来补充和代替煤和石油吗?科学家们肯定了这个方向,并集中精力于这新现象的研究上,即原子核科学的研究上。

从开始工作到现在已50多年了。这期间,依靠了科学家们辛勤的劳动,特别是后15年中苏联科学家们的努力,终于在1954年6月27日那天,世界上第一个原子能工业电力站发电了。这是人类第一次不用燃料煤和石油,不用风和水来转动涡轮,而是用人工解放出来的原子能转动涡轮发电,并且能不加燃料地工作上若干年。从原子核中取得大量的能,这将帮助人类大大改变生活面貌。以后,原子能定将帮助我们改变气候,炸开山岳,改造河道,把沙漠变成良田;可以实现多年来梦想的宇宙飞行;而放射性同位素的"示踪"作用,给各门科学的研究工作,开辟了崭新的途径,将促进各门学科迅速猛进。

但是,今天使用原子能问题,在全世界人民面前摆着两条不同的道路:一条是帝国主义所走的道路,它为了要奴役全世界,就利用原子能科学的成就,制造各种原子武器,准备原子战争。这是把全人类投入毁灭性灾难的绝路。一条是社会主义所走的道路,它为了世界和平和人民的幸福,主张利用原子能科学的成就,通过国际合作的办法,把原子能用于和平建设的目的;并反对把原子能用于战争的目的,禁止制造和使用原子武器。这是促进人类繁荣和文明的道路。

2. 为什么要和平使用原子能就必须禁止使用原子武器

为了回答这个问题,我想再介绍一下上面提到过的为什么原子堆既能用于发电,又能用于制造原子弹的道理。

我们知道,原子堆中的铀-238受到一定速度的中子的打击,就会先变成镎-239,再变成钚-239;钍-232受到一定速度的中子的打击,会先变成镤-233,再变成铀-233。作为和平使用的原子堆,是把生成的钚或铀继续留在原子堆内,那钚或铀-233就会像铀-235一样,受到中子打击后分裂,放出两个到三个中子和大量的能,供给我们使用。作为战争使用的原子堆,是把生成的钚和铀-233拿出来,做原子弹的原料。因此,同一个原子堆,既可以用于和平建设的目的,也可以用于制造原子弹的目的。

懂得了上面的道理,我们就可以知道,要是和平利用原子能的设备在全世界各国普遍采用以后,钚和铀-233的生产量就会源源不断地增加。但假使不禁止使用原子武器,就必不可免地大家都要生产原子武器。假使没有一个国际公约来禁止使用原子武器,那么就会有更多的钚或铀-233可能被用来制造大量的原子弹,把大量的原子能浪费掉。而且大家为了研究制造原子武器,就会使原子能和平应用的研究工作发展迟缓。更不要说原子武器的使用会带给和平居民生命财产的灾难了。因此,今天我们要和平使用原子能,必须禁止使用原子武器,这样才能保证和平使用原子能的实现,才能保证原子能为人类创造幸福。

3. 为什么要开展反对原子战争的签名运动

上面已经简单地谈了原子能问题上的两条路线的斗争,原子武器的破坏性,和平使用原子能对人类的好处,以及要和平使用原子能必须禁止原子武器的道理。但是,这些道理是不是已为全世界人民都懂得了呢?并不如此,到现在为止,不要说今天还受到蒙蔽和欺骗的资本主义国家的人民不清楚,就是在我们国家里也还有很多人不知道原子能是怎么回事,原子能使用在和平建设上有些什么好处,原子能要是用来制造战争武器将会带给人类多大的灾难;也有人知道了原子武器的破坏性,又把它夸大了,产生了盲目的恐惧心理;而资本主义国家有些人民还不知道原子战争对他们会有多大的危害性。因此,他们还没有积极起来反对使用原子武器。反对原子战争的签名运动,就是要再一次向全世界人民广泛宣传这些道理,使全世界人民清楚地知道,为什么必须禁止原子武器;要告诉他们,以原子战争来作为讹诈的手段,是美国最大的赌注,我们制止了原子战争,就是打破了这种侵略计划。因此,反对原子战争,是今天全世界人民保卫世界和平,反对侵略战争的斗争的中心环节。同时也要让全世界人民知道,由于苏联已经掌握原子能的科学技术,原子武器已经不为美国所垄断,制止使用原子武器是完全可能的。对于资本主义国家的人民,要通过签名运动,让他们知道,如果一旦进行原子战争,受害的是广大人民,特别是人口集中、工业集中和地域窄小的国家的人民,因此,必须起来坚决反对本国的统治者发动原子战争。如果全世界人民知道了为什么签名的重大意义而签上了自己的名字,就会产生巨大的物质力量。而几万万人民签名反对使用原子武器,也是给企图发动原子战争的统治者的一个沉重的打击。

反对原子战争的签名运动,不是不起作用的事情,1950 年斯德哥尔摩宣言征集签名运动,普及世界 70 个国家,教育了各国的千百万人民,使他们懂得了保卫和平、反对战争的善良愿望必须用自己的力量来斗争才能获得。经过那次签名运动后,千千万万人觉醒起来了,脱离了帝国主义侵略集团的影响,站到了全世界爱好和平人民的一边。曾任美国制造第一枚原子弹的洛沙拉摩斯实验室主任、美国物理学家奥本海默终于起来反对制造氢武器,就是很好的例子。

六亿中国人民团结一致反对原子战争的行动,是对全世界爱好和平人民的正义斗争的极大的支持和鼓舞,每一个中国人都应该重视这一件事。

3 月 31 日 毛泽东在中国共产党全国代表会议上讲话指出:“我们进入了这样一个时期,就是我们现在所从事的、所思考的、所钻研的,是钻社会主义工业化,钻社会主义改造,钻现代的国防,并且开始要钻原子能这样的历史的新时期。”(《毛泽东文集》第六卷,人民出版社,2009 年,395 页)

4 月 2 日 偕刘杰(团长)、赵忠尧等七人组成政府代表团赴苏联,就促进原子能和平利用进行谈判。代表团于 4 月 27 日在莫斯科签订《关于苏维埃社会主义共和国联盟援助中华人民共和国发展原子能事业以及为国民经济需要利用原子能的协定》。协定内容包括由苏联为中国援建一座 7000 千瓦的重水实验反应堆和一台磁极直径为 1.2 米的回旋加速器,初步估算金额为 4300 万卢布,并接受中国工程技术人员和核物理研究人员到苏联进行培训和实习。协定由国务院第三办公室副主任刘杰代表中国政府签字。

4 月 13 日 和刘杰联名书面报告国务院副总理兼第三办公室主任薄一

波,就“一堆一器”选址、培养科技人员、加强领导力量等提出建议。7月4日,该建议获中共中央批准。刘、钱书面建议如下:

我们于4月3日到莫斯科,4月5日与苏方会谈,苏方负责人为苏联人民民主国家经济联系总管理局局长兼科学技术合作事业管理局局长拉甫里舍夫,科学家有阿里哈诺夫院士及维克斯勒通讯院士等。

完成这两项设备的时间,苏方希望越快越好,以便及早能大量训练人才,我们曾提出1957年完成,苏方尚以为太慢,后来认为20个月是恰当的。建议地点以在北京以西50公里左右的山区为宜,面积约需要5平方公里(实验室及附属建筑面积约3万平方米,宿舍及办公室不在内),用水量要每小时1000立方公升,电力要有2500千瓦。为维持这些设备需要科学技术人员200人,为了充分发挥它的作用,这个中心应该容纳500人以上的科学技术人员。(王甘棠、孙汉城,《世纪核风云录——中国核科学史话》,科学出版社,2006年,92页)

5月 为加快培养原子能科学技术专门人才,在周恩来的指示下,代表中国科学院邀请东北人民大学的朱光亚、浙江大学的胡济民、北京大学的虞福春等在物理研究所组建一个培养原子能科学技术力量的机构——近代物理研究室(代号为6组,对外亦用北京大学之名),同时向中国科学院申请经费在原子能楼附近兴建教学实验楼,订购仪器、图书。翌年3月开始从全国少数重点大学选拔第一批(97名)高年级学生,9月授课,进行原子能专业培训(新楼建成前,借用化学所四楼作临时教学、工作用房),培训一年参加工作。下半年该室正式划归北京大学,更名为技术物理系。

5月31日 主持完成的《中国科学院关于筹组学部的经过及召开学部大会的报告》和《中国科学院学部委员名单》,获国务院第12次全体会议批准。首批选聘学部委员233人,其中物理数学化学部48人(钱三强被选聘为该学部学部委员),主任吴有训,副主任庄长恭、华罗庚、恽子强;生物学地学部84人,主任竺可桢,副主任许杰、陈凤桐、童第周、黄汲清;技术科学部40人,主任严济慈,副主任茅以升、赵飞克;社会科学部61人,主任郭沫若、副主任潘梓年。

6月1日 出席在北京饭店举行的中国科学院学部成立大会。到会学部委员199人,中国科学院各研究机构、高等院校,以及有关单位负责人共500余人列席会议。应邀参加会议的有中央政府领导、民主人士,以及苏联、波兰科学院代表团,捷克、匈牙利等国科学家。

郭沫若致开幕词,说明成立学部的意义。陈毅向大会和中国科学家致贺,代表党和政府感谢中国科学家对国家建设事业的支持,勉励科学家要用自己的劳动和智慧来回答国家和人民对科学家的要求。李济深、董必武、陆定一先后发表讲话，苏联科学院副院长巴尔金院士、波兰科学院代表团团长维日比茨基院士致辞。动物学家秉志、历史学家陈垣、数学家陈建功、化学工程学家侯德榜分别代表各自学部发言。

6月2日 出席学部第一次全体会议，听取郭沫若关于中国科学院工作的报告。报告对今后科学工作提出五点建议：①加强科学工作的计划性，研究并制订我国科学发展的远景规划。②充分发挥科学家的作用，积极培养新生力量。③建立学位制度、院士制度和学术奖励制度。④加强国际间的科学合作。⑤加强学术领导。

接着，听取张稼夫关于中国科学院第一个五年计划纲要草案的说明，提出10项重点任务：①原子能和平利用的研究；②配合新钢铁基地建设的研究；③液体燃料问题的研究；④重要工业地区地震问题的研究；⑤配合流域规划与开发的调查研究；⑥华南热带植物资源的调查研究；⑦中国自然区划和经济区划的研究；⑧抗生素的研究；⑨中国过渡时期国家建设中各种基本理论问题的研究；⑩中国近代、现代史和近代、现代思想史的研究。同时提出拟在第一个五年计划内，在各个领域开始建立与发展的若干薄弱与空白学科。为了配合这些学科的发展，中国科学院需要进行相应的机构调整和发展，包括改变研究机构地区分布不合理的现象，如拟在兰州、西安和成都建立科研机构。对高等教育部所属一些有基础的大学，提出了协助计划。

△讨论中，许多学部委员提出建议，希望迅速制订发展全国科学的长远规划，并把中国科学院的第一个五年计划同长远规划结合进来。鉴于长远规划涉及面很广，中国科学院建议由国家计划委员会主持，根据国家远景计划的要求来制订。

6月3日 周恩来签发国务院令，公布中国科学院学部委员名单："中国科学院学部委员名单共233人，已由1955年5月31日国务院全体会议第十二次会议批准，现在予以公布。"

同日上午 出席学部大会第三次全体会议，听巴尔金院士和维日比茨基院士先后所作的学术报告，并在报告后和吴有训一起同巴尔金就中苏科学合作和培养科技力量等问题交换意见。

同日下午 听取陈毅作国家经济形势和政府经济政策的报告，其针对部分科学家提出的意见，对首批学部委员人选作出说明，提出科学院将在两至三年内建立院士大会制度。

6月7日 出席学部大会，先后听取陆定一作"关于批判资产阶级唯心主义思想的报告"和周恩来的讲话。周恩来讲到知识分子的思想改造，号召科学家热爱祖国，老老实实为人民服务。对于中国科学院的工作，周恩来表示"政府愿给你们全力支持"。

6月10日 参加数学物理化学部全体学部委员会选举学部常务委员，当选为该学部 17 名常委之一。另 16 名常委分别是江泽涵、吴有训、吴学周、周培源、庄长恭、陈建功、黄子卿、曾昭抡、恽子强、彭桓武、华罗庚、杨石先、葛庭燧、叶企孙、赵忠尧、苏步青。

6 月 11 日 在中国科学院领导邀请全体学部委员谈话会议上，就《中国科学院暂行组织章程(草案)》作说明，解释其中第十条的原因(因会议期间，有的学部委员对此点提出质疑，认为院务会议中行政人员成分更大)。在学部会议上，陈毅在讲话中也对此点代表国务院作了说明。

7 月 1 日 根据中共中央政治局会议决定，国家建设委员会成立“建筑技术局”，被任命为该局副局长(刘伟任局长，副局长还有张献金、牟爱牧、陈一民、罗启霖、冯麟、邓照明)，负责新的核基地主要是反应堆、回旋加速器等重大工程的筹建工作，并与刘杰、刘伟等亲自踏勘通县、十三陵、南口等地选址，最后选定北京西南郊房山坨里为反应堆和回旋加速器建设基地(后为中国科学院原子能研究所所址)。

同时 负责组织实习考察团，挑选科技人员准备前往苏联接受培训。经周恩来批准，与蒋南翔共同负责，开始在苏联和东欧的中国留学生中挑选与核事业相近专业的学生 300 余名，改学原子核科学和核工程技术专业，以解决急需人才。

8 月 5 日 经支部大会讨论通过，自即日起转为中共正式党员。

8 月 加速器专家谢家麟回国后到物理研究所工作。

夏 在薄一波主持下，同刘杰、白文治、吴际霖一起拟订《关于我国制定原子能事业计划的一些意见》，其中强调科学技术“是发展原子能事业的杠杆”，必须加强科学研究。同时指出，“一切研究工作，应尽可能地配合当前为建造原子弹，加速发展原子能工业的迫切需要。”“核科学研究要有重点地全面发展。”

是年暑期 物理研究所新接收大学毕业生 118 人(其中代建筑技术局培训 110 人)，全所科研人员大为增加。

9 月 与刘杰、吴际霖等调研美、英、法的情况，并结合中国实际情况，起草《关于我国制定原子能事业计划的一些意见》。同年 12 月修订成《关于 1956—1967 年发展原子能事业计划大纲(草案)》。该大纲提出的方针是：“在苏联大力援助下，积极地建设我们自己的原子能工业，使我国以近代的科学技术，发展国民经济，巩固国防。”提出以研制一批生产和动力两用反应堆为中心，建设中国核工业的设想。该大纲在中央领导层讨论过，虽没有形成决定，但它实际是后来中国和苏联谈判核合作的蓝本。

9 月 27 日 陪同郭沫若接待应邀来华访问的波兰物理学家、世界和平理事会副主席、世界科学工作者协会理事费尔德(他是根据中波文化合作协定 1955 年执行计划，并应郭沫若邀请来华访问和讲学)。

10 月 10 日 在物理研究所首先实行所务会议制度，并主持召开该所第一次所务会议。根据中国科学院的批准，所务会议成员为：钱三强、李毅、王淦昌、彭桓武、何泽慧、杨澄中、杨承宗、陈芳允、马俭、刘书林、岳起。所务会议对各研究组和组长人员进行以下调整：

10组（原子核物理组）：组长赵忠尧，副组长杨澄中、何泽慧（何因公出差时，梅镇岳代理）。

下分3个小组：

11组：赵忠尧（组长），杨澄中（副组长）；

12组：戴传曾（组长）；

13组：何泽慧（组长），梅镇岳（副组长）。

20组（放射化学组）：组长杨承宗，副组长郭挺章。

30组（宇宙线组）：组长王淦昌，副组长肖健。

40组（理论物理组）：组长彭桓武（因公出差时由胡济民代理），金星南为秘书。

50组（电子学组）：组长陈芳允。

下分3个小组：

51组（直线加速器及微波组）：组长黄武汉；

52组（物理仪器及脉冲技术组）：组长陈芳允，副组长忻贤杰；

53组（计算机组）：组长闵乃大，秘书夏培肃。

10月19日 同彭桓武率领“热工实习团”19人先期赴苏联，参加重水反应堆和回旋加速器的设计审查；待11月其他人员到达莫斯科后，再在苏组织集中培训和实习。参与培训和实习的共有40余人，钱三强任团长，副团长为冯麟、力一、彭桓武、何泽慧。其中，学习反应堆理论的有彭桓武、黄祖洽、范迪之等，学习反应堆工程运行的有冯麟、连培生、芦荣光、左湖、屈智潜、籍孝宏、符德璠、沈俊雄、李乐福、胡华旦等，学习加速器工程和运行的有力一、王传英、谢羲、吴铁龙、黄兆德、申青鹤、顾润观等，参加核物理实验的有何泽慧、杨桢、钱皋韵、项志遴、吴治华、罗安仁、黄胜年、顾以藩等。另有5名俄语翻译，还请来在莫斯科大学化学系获得副博士学位的刘允斌（刘少奇之子）既当俄语翻译，又分配他参加反应堆工程实习，并与朱培基、顾国英等到地球化学与分析化学所实习核燃料后处理及铀、钚和裂片分析。他们第一次接触到有关钚的资料，并动手操作和分析铀、钚和裂片元素，作了大量实习笔记。

Δ“热工实习团”前后在苏联学习数月（时间长的近一年），顺利完成钱三强要求的“弄懂学会”任务，为后来工作开展打下了基础。

黄胜年参加“热工实习团”的自述：

> 1955年，我在苏联列宁格勒大学物理系学习，正进入五年级，还差一年毕业。暑期后得到通知，把我们几个留学生调到莫斯科，参加

一个原子能方面的实习团。

实习团在离高尔基大街不远的一家名叫“十月”的简陋的旅馆里。我们到达时，实习团的同志们都在研究所里，晚上才回来。我们先见到的是何先生，出乎我的意料，她的外表和一个普通的家庭妇女没有什么差别，穿了一件棉背心，非常朴素，笑嘻嘻地和我们谈话，介绍实习团的情况和我们的任务，一点也没有架子。我们在她面前很快就没有拘束了。不久钱先生也回来了，他给我的最初印象是面带红光，精力充沛而又十分和善。能够在他们领导下参加到最先进的科学工作中去，我心中感到十分的高兴。

实习团中除了反应堆和加速器两个组外，还有一部分人是做物理实验的。这些人原来的专业各不相同，有分子光谱、超声波、光学、微波等，多数人对原子核物理都知之甚少，要很快跟上工作，必须在短时期内补上核物理的基础知识。这时钱、何两位先生想出了一个培训我们的好方法，就是利用业余时间自学，加上讨论，互教互学，一起提高。把我们几个人组织起来，系统地学习核物理基础理论。每周开一次讨论会。每人分一个专题，自己阅读文献，然后在组内作报告，讲给大家听，随时进行讨论。两位先生每次都从头至尾参加，跟大家一起提问题，一起寻求答案。记得罗安仁给我们讲了α衰变，钱皋韵讲γ谱学，杨桢、项志遴和吴治华讲中子物理，我则分到了β衰变。当时我们这些二十多岁的年轻人都不甘落后，学习很刻苦。几个月过去了，自学加讨论的培训方法取得了巨大成功。很快大家都掌握了基本的知识，跟上了各自所在组的工作，并在里面起了明显的作用，受到苏方的好评。

另一个提高年轻人的重要方式是学术活动。那个研究所里当时几乎每星期都有报告会，涉及的范围很广，大部分报告我们都不懂。两位先生向我们强调了参加学术报告会的重要性，要求大家一定要去听。“听不懂的话，硬着头皮也要去听，时间长了逐渐就会听懂了。”

我见过一些在报告会或工作讨论时爱讲话的科学家，总爱打断别人，随时发问并阐述自己的判断，滔滔不绝，常常把报告人弄得下不来台。钱先生和何先生却不是这样。他们总是注意引导和鼓励年轻人自己去讨论。即使发言，也是出以普通听众的身份和平等的态度。这种态度，使与会的人思想放开，积极考虑问题。讨论在多数人之间展开，更加活跃。有时争论得面红耳赤，疑难问题易于得到解决，而每个人都在这种讨论中提高了科学水平。(《未湮没的径迹》，黄胜年自述油印本，1998年)

杨桢对参加“热工学习团”的回忆：

> 我和钱先生再次相遇，是1955年在莫斯科理论实验物理所。这里只提一件事。很多追忆钱先生的报告，都提到他作为实验物理学家却能十分重视理论工作这一特点。然而，很少有人提到，钱先生曾一再强调实验物理领域中物理和工程技术相结合的重要性。这是他在实践中，尤其是考察了列宁格勒的物理工程研究所成功地培养了大量近代物理工作者的情况后得出的重要结论。他一再告诫我们，现代物理已不是那种凭几块黄腊或几面镜子就能做实验的物理，物理工作者必须具备现代工程技术知识，至少要和工程专家有共同的语言，能相互结合，才可能大有作为。在他这种思想指导下，建立了清华大学的工程物理系和中国科学技术大学。从这些摇篮里，新的、能建造像正负电子对撞机这样巨大设备的整整一代科学工作者成长起来了。我国的尖端科学脱离了早期的“手工业”方式，达到了高度现代化，在这点上，钱先生的功绩也是不可磨灭的。（杨桢，《纪念钱三强老师》，1994年1月11日高能所纪念四位前辈会上的讲话，载于《现代物理知识》，1994年第4期）

10月20日 中国科学院设立科学奖金委员会，郭沫若为主任委员，钱三强为35名委员之一。委员会的任务是对各学部评选、通过的科学研究工作报告或科学著作，作统一的审核，提请中国科学院常务会议讨论通过后授奖。

11月26日 选定的房山坨里研究基地破土动工，代号为“601厂”。厂区占地面积486亩（约324 000平方米），总投资4720万元人民币。厂区东南侧2公里处的小山坡背后，设有生活区（1958年郭沫若将其命名为“和平村”）。

12月10日 以核物理学家诺维柯夫率领的苏联和平利用原子能科学代表团抵达北京，他带来苏联政府准备给中国核工业建设以全面援助的信息。26日，周恩来接见了该代表团。此后，中苏高层开始就核工业发展进行书信协商。

本年度 物理研究所科研工作主要进展：

(1)低气压静电加速器建成，电压达70万伏，电压稳定度达到～0.5%。

(2)完成高气压静电加速器的装配工作。

(3)高压倍加器完成电源部分设计及模型试验。

(4)质子灵敏核乳胶核-2，核-3，核-2载硼，核-2载锂乳胶定型，性能与英国依尔福C2核乳胶相当。载硼乳胶载硼量比依尔福的载硼量高一倍。

(5)BF_2计数管研制成功。

(6)研制成快速32定标器和双脉冲产生器，并与长春光机所合作，成批生产64定标器，提供国内使用。

(7)开展了1000兆周/秒和3000兆周/秒的凹入式同轴输送线振荡器研制以及脉冲调制等研究。

(8)磁云室加工和设备研制基本完成;利用多板云室开展重介子研究。

(9)铀的制备,掌握了分析技术,获得了克级较高纯度的氧化铀,开始溶剂萃取方法的研究。

(10)继续进行堆用石墨的研究。

(11)制成99%以上浓度的重水。

(12)开始电子计算机磁鼓存储器的研究。

(13)开展中子扩散性能的研究。

1956年　四十三岁

1月起　中共中央和苏共中央以书信方式,就苏联援助中国建设核工业问题交换意见。

2月初　在苏联(通过驻苏使馆)获悉中共中央召开知识分子问题会议(1月14日至20日),并仔细阅读了《人民日报》于1月30日发表的周恩来代表中共中央作的《关于知识分子问题的报告》。该报告系统阐明了中国共产党的知识分子政策。对于把知识分子问题、发展科学技术问题,作为全党上下必须密切关注的重大工作着重地提出来,感到欢欣鼓舞。周恩来讲到,"我国的知识界的面貌在过去六年来已经发生了根本的变化","他们中间的绝大部分已经成为国家工作人员,已经为社会主义服务,已经是工人阶级的一部分","科学技术新发展中的最高峰是原子能的利用。原子能给人类提供了无比强大的新的动力和泉源,给科学的各个部门开辟了革新的远大前途","只有掌握了最先进的科学,我们才能有巩固的国防,才能有强大的先进的经济力量,才能有充分的条件同苏联和其他人民民主国家一起,无论在和平竞赛中或者在敌人所发动的侵略战争中,战胜帝国主义国家",发出"向现代化科学进军"的号召。

同时　获悉毛泽东在中共中央召开的知识分子问题会议闭幕会上作的指示:"现在我们要文化革命,革技术的命,要革愚蠢和无知的命。没有他们(指知识分子——引注)不成,说'没有他们也行'是愚蠢的话。现在是超音速、原子能……没有他们不成。我们必须要有大批知识分子,大批红色专家。"(逄先知,金冲及,《毛泽东传1949—1976》(下),中央文献出版社,2004年,469页)

3月14日　被任命为国务院规划委员会委员(委员有自然科学和社会科学专家共35人)。该委员会主任为陈毅,副主任为李富春、郭沫若、薄一波、李四光。秘书长为张劲夫,副秘书长有范长江、张稼夫、薛暮桥、刘皑风、谷牧、周光春、张国坚、李登瀛、徐运北、杜润生、于光远、武衡。该委员会的任务是加强对科学规划工作的领导。

3月14日　在法国时的博士论文导师之一伊莱娜·居里,因患白血病在巴黎居里医院逝世,享年59岁。闻讯后即于莫斯科发出唁函向弗莱德里克·

约里奥致以亲切慰问，表示自己同样受着最痛苦的打击，并将永远铭记伊莱娜·居里的教益。

3月 参加刘杰、刘伟、冯麟、白文治组成的中国政府代表团，应苏方邀请就苏联帮助中国原子能工业和确定援建项目进行谈判。

3月17日深夜，周恩来召集薄一波、刘杰商谈中国出席关于成立联合原子核研究所问题国际会议的有关事宜。随后，致电我驻苏大使刘晓："苏方通知，人民民主国家的代表将在三月二十日在莫斯科举行讨论建立东方核子研究院问题的会议。我国决定由刘杰（地质部副部长）、钱三强、彭桓武、赵忠尧四人组成代表团参加会议。""会上将讨论的问题，国内已给他们原则指示。""这个会议结束后，苏方有可能同我们继续商谈援助我国发展原子能事业的问题。"中央决定由刘杰、钱三强、冯麟、白文治和刘伟参加会谈。（《刘杰传》，未刊印本）

3月20日 作为副团长同刘杰（团长）、彭桓武、赵忠尧一起出席在莫斯科召开的成立"东方核子研究所"（亦称杜布纳联合核子研究所）问题国际会议。决定由阿尔巴尼亚、保加利亚、中国、匈牙利、德意志民主共和国、朝鲜人民民主主义共和国、蒙古人民共和国、波兰、罗马尼亚、捷克斯洛伐克、苏联等11国联合成立东方核子研究所，签订协定，所址在杜布纳。3月26日，刘杰代表中国政府在协定上签字。根据协定，中国推派赵忠尧、王淦昌、胡宁为联合核子研究所首任学术委员会委员。

3月 何泽慧在物理研究所领导研制的核乳胶和在戴传曾、李德平领导下研制的卤素计数管，达到国际同类型号的水平，获得中国科学院（即国家）自然科学奖三等奖。

3月28日 郭沫若致信约里奥-居里，表达全体中国科学家对其夫人逝世的深切悼念，邀请他"随便什么时候"，"无论带什么人"，"愿意住好久就住好久"到中国来访问。信全文①附后：

亲爱的约里奥-居里同志：

这一次因为国内正在从事制定十二年科学研究的远景规划，我不能来参加斯德珂尔摩会议，谨向您请假。

中国代表团人数虽不多，但是是相当有力的。团长是我们人民代表大会副委员长陈叔通，还有几位人民代表大会的代表，现任的部长和省长，他们是可以充分代表全中国人民保卫和平的意志的。

世界科学家协会四月初要在北京开理事会并举行十周年纪念大

---

① 原件存巴黎居里研究所档案。转录自"清华大学百年校庆展览"，2011年5月

会,中国科学家都很感到兴奋,我们将努力协助,使会议能够顺利地进行。请您放心。

最近你夫人逝世,是全体中国科学家和我个人所深切悼念的,我们认为这是世界的一个损失。我们大家都很关心您的健康,衷心地希望您为了和平事业和科学事业,特别保重您的身体。您的健康是关系着我们全人类的幸福的。

亲爱的主席同志,您有好几次曾经表示愿意到中国来访问。您想像得到,我们中国人民和中国科学家是怎样恳切希望您真正能来,把您的卓越的智慧给予我们以建设性的指示呀!

今天我同我们的总理周恩来同志谈到您,他要我特别写一封信来向您慰问,并欢迎您到中国来。

亲爱的主席同志,我知道您是不适于坐飞机的,您来的时候可以坐火车,也可以坐船由香港入境。

您如果肯来,随便什么时候都好,随您带什么人都好,您愿意在中国住好久就住好久。中国可能没有法国,特别是巴黎,那样的美丽和方便,但我们要尽我们力量安排,使您感觉到就像在家里一样。

亲爱的主席同志,请您务必来吧。只要您决定了,就请通知我们,我们就可以安排一切。当然,我们也是遗憾的,没有能在生前把您的夫人也迎接到中国。

您所关心的中国的科学研究工作,目前正在进展中。您的高足钱三强博士现在在莫斯科,当您来到中国时,他可能已经回到中国了。

明天我们的代表团就要动身由苏联到斯德珂尔摩去了,我赶着写这封信托他们带去。不再多写了,谨向您致衷心的慰问和致意。

郭沫若

一九五六.三.廿八.于北京

4月2日 根据规划委员会的要求,物理研究所所务会议决定组成以王淦昌为组长,李毅、杨澄中、郭挺章、肖健为副组长,王树芬任秘书的"和平利用原子能规划组",着手编制我国《和平利用原子能科学远景规划》。规划草案写成后,即于4月4日由王淦昌带交正在苏联的所长钱三强,并组织在苏的有关人员讨论定稿。

是月 为加强对培养和调集原子能科学技术人才工作的组织领导,国务院成立专门领导小组,被任命为该领导小组成员。领导小组成员还有刘杰、张劲夫、黄松龄、李元相、唐宗愚、蒋南翔、江隆基等。

4月 中共中央组织部发出书面通知,要求各有关机构为原子能工作和铀矿地区建设抽调干部和工人。

4月23日 在莫斯科主持讨论修订《和平利用原子能科学远景规划(草

案)》。参加讨论修订的在苏科学家有:赵忠尧、王淦昌、彭桓武、何泽慧、力一、杨承宗等。规划中,除了建造重水反应堆和回旋加速器外,还包括低能核物理、应用核物理、宇宙线、高能物理、放射化学、辐射化学、同位素制备等研究领域。该项规划成为物理研究所有计划大发展的重要依据。

Δ在苏联期间,参观研究所时偶然见到曾在巴黎居里实验室共事过的意大利物理学家庞德科沃,感到意外(因庞离开巴黎后不知去向,曾引起西方舆论哗然)。庞向钱表示希望访问中国,说要去南方(海南岛)洗海水浴。后苏联有关方面批准其访华,但不同意其去中国南方。

4月25日 毛泽东在中共中央政治局扩大会议上发表讲话说:"我们现在比过去强,以后还要比现在强,不但要有更多的飞机大炮,而且还要有原子弹,在今天的世界上,我们要不受人家欺侮,就不能没有这个东西。"

5月 中国科学院实行内部机构调整,撤销学术秘书处,钱三强改任(兼)中国科学院副秘书长,秘书长为裴丽生,副秘书长还有杜润生、秦力生、谢鑫鹤、陈康白、武衡、郁文。

5月19日起 参加中国代表团同苏联经济联络局局长郭瓦尔、副局长斯米诺夫,原子能利用总局局长斯拉夫斯基等组成的苏联代表团进行原子能工业援建问题的谈判。参加谈判的还有中国代表团顾问王淦昌、胡济民、朱光亚、杨承宗、葛庭燧、韦斌、吴际霖、李杭荪、朱培基、邓佐卿等。谈判至5月28日基本结束,形成了《关于苏维埃社会主义共和国联盟为中华人民共和国在建设原子能工业方面提供技术援助的协定(草案)》。

5月25日 实验性重水反应堆和回旋加速器工程在选定的北京市房山坨里开工兴建。

6月11日 根据组织要求,写出"自我鉴定"材料:

> 思想上的主要问题。最近五六年来脱离了业务,业务荒疏不少,同时原子核科学发展得又非常迅速,因而很想能有一段时间允许赶上学业务;但是,组织行政工作又需要做,时间精力上不容易兼顾,因而产生了矛盾。在过去数年的条件下,主要去做组织工作,完全是对的;对现在党要求要多做业务工作,也有足够认识,但不是没有困难。(原件存"钱三强档案")

6月13日 中央内部决定将改变研究员和教授薪金制度,特级薪金增加至每个月450元,中国科学院享受特级薪金的共16人,即钱三强、华罗庚、钱学森、赵忠尧、赵石民、周仁、庄长恭、严济慈、钱崇澍、秉志、戴芳澜、杨钟健、冯德培、贝时璋、何作霖、邓叔群等。一级研究员拟加至每个月300元。

7月上旬 从苏联回国。在苏联学习考察的"热工实习团"科技人员先后回到物理研究所。同时,一批留学美国、欧洲的科学家陆续回国到物理研究所,其中包括核物理学家李整武、郑林生,放射化学家肖伦、冯锡璋;稍晚,还有高能物理学家张文裕、理论物理学家王承书等。物理研究所力量充实,充满生气,呈现一派朝气蓬勃景象。

7月中 同刘杰、刘伟等向周恩来及陈毅、薄一波、宋任穷汇报与苏方谈判援建原子能工业的经过、成果及若干项目的规模、完成时间等。

夏 交给彭桓武一本美国教科书《核反应堆工程原理》,并焦急地说起新来的大学生要等待一年才能去新建的工厂,即接受彭建议用这一年时间为他们补基础课的意见,《核反应堆工程原理》作为课本,在北京大学技术物理系和近代物理所都用过。

7月24日 同刘杰等出席周恩来主持的原子能委员会会议,汇报在苏联谈判的情况,审定中苏两国代表团共同商议起草的《关于苏维埃社会主义共和国联盟为中华人民共和国在建设原子能工业方面提供技术援助的协定(草案)》和中国方面的备忘录等。

参加《中国科学院第一个五年科学工作计划纲要》和《1956～1967年全国科学技术发展远景规划》的制定工作,根据"重点发展,迎头赶上"的方针,积极组织对"原子核物理、原子核工程及同位素的应用"提出详尽的计划和措施。

7月28日 周恩来就原子能工业建设问题书面报告毛泽东及中共中央。报告对原子能工业建设速度与投资问题、技术干部问题、保证完成任务应采取的措施和成立原子能工业部等提出具体建议。中央批准"谈判协定",由李富春代表中方签字。

8月17日 李富春代表中国政府同苏联签订"关于苏联援助建设原子能工业的协定",协定规定援建的项目包括铀矿开采、冶炼、铀浓缩、钚生产堆及后处理等。

9月 正在兴建中的房山坨里实验基地与物理研究所(中关村部分)合并成为一个原子核物理研究中心,名称仍为"中国科学院物理研究所",中关村部分为一部,坨里部分为二部。钱三强仍任合并后的物理研究所所长,副所长有李毅、赵忠尧、郑林、王淦昌、彭桓武、罗启霖、力一、梁超。

Δ经研究,物理研究所决定聘请部分科学家兼任或专任物理研究所的有关工作。其中有葛庭燧(全时)、李林(全时)、何怡贞(全时或半时)、王竹溪、贝时璋、刘静宜、洪朝生、吴乾章等。同时,决定对合并后的物理研究所研究组织和研究力量,进行必要调整,以便适应工作任务需要。决定设8个研究室,2个工程技术单位,分别为:

第一研究室(低能核物理),室主任:赵忠尧(兼),副主任:梅镇岳、李整武、谢家麟。主管自制的静电加速器和其他加速器,以及在加速器上的实验工作。

第二研究室(中子物理),室主任:钱三强(兼),副主任:何泽慧、力一、朱光亚、连培生。主管使用反应堆、回旋加速器进行中子物理、裂变物理和反应堆物理的工作。

第三研究室(高能基本粒子),室主任:王淦昌(兼),代理主任张文裕,副主任:肖健。主管宇宙线和高能物理工作。

第四研究室(理论物理),室主任:彭桓武(兼),副主任:胡宁、王承书、胡济民、朱洪元。进行理论物理的研究。

第五研究室(放射化学),室主任:杨承宗,副主任:郭挺章、刘静宜。进行放射化学研究工作。

第六研究室(金属物理),室主任:葛庭燧(未能到职)后改为王竹溪兼任,副主任:李林、吴乾章。

第七研究室(放射生理学),室主任:贝时璋(兼),副主任:孙琦。主管放射生物和卫生防护工作。

第八研究室(同位素应用),室主任:杨承宗(兼),副主任:冯锡璋、张家骅。

101室(反应堆),总工程师:连培生,副总工程师:籍孝宏。负责反应堆的建造、维护、运行和发展。

201室(加速器),总工程师:力一(兼)、王传英。负责加速器建造、维护、运行和发展。

另外,为适应长远发展和合理布局需要,决定成立兰州物理研究室,室主任为杨澄中。

9月 被中共中央组织部直接提名为中国科学院参加党的八大代表候选人,并被选为代表出席中国共产党第八次全国代表大会。16日,听取周恩来作《关于发展国民经济第二个五年计划的建议报告》,报告中讲到,在党中央和国务院的直接领导下,集合了全国几百名优秀科学家草拟的《十二年全国科学技术发展规划》和哲学社会科学发展规划,是保证我国许多重要的科学方面在今后12年内能够接近世界先进水平的极重要的措施,应该早日完成这两个规划,并将组织全国科学研究的力量,有步骤地和有重点地实现这两个规划所提出的任务。

其间 在党的八大会议上作了个人发言,从回顾原子能的发展历史,提出科学技术发展要注重四个环节:基础科学研究、技术科学研究、工程设计和工业生产。为了使我国的科学技术迎头赶上,必须考虑四个环节的力量生长并互相配合。他呼吁不能并且也不应该长期依靠兄弟国家,为了使能在兄弟国家帮助的基础上独立地向前发展,必须要考虑到设计工作、技术科学和基础科学研究,培养年轻力量,建立自己独立的科学技术。不然的话,中国将永远走在工业先进国家的后面,除了模仿制造以外,不能提出新的设计,更不能有根本性质的进步和革新。发言全文如下:

我曾经长时期在国外做科学研究工作,在解放前的一年回到祖国。经过几年来党的教育、实践体验,我的思想认识有了一些提高,我的工作也逐渐地从在科学的个别领域内进行专题研究,转变为在党的领导下组织科学力量向国家急需的科学方面进军。这个转变使我感到奋斗有了个目标,生活更加丰富,工作勇气更大。这次能参加党的第八次全国代表大会,我感到极大的光荣和兴奋。

现在正是人类历史上科学技术发展最快的时代,原子能的利用,电子学技术的应用,生产过程全盘机械化和自动化和其它重要的科学技术的新发展,使人类劳动生产率达到前所未有的水平。党号召我们要在一个不太长的时间内改变我国科学技术落后状态,在科学技术的重要和急需方面接近世界水平。这是我们科学技术工作者的光荣而艰巨的任务。我想就这一个问题提出一点意见,请各位同志指正。

原子能的发现和实际利用,到现在还不到20年,这段科学技术的发展过程对我们很有教育意义。1896年铀和钍的放射性发现以后,经过居里夫妇、卢瑟福等科学家的研究,认识了原子核的存在和它的可变性。1930年以后中子的发现提供了破坏原子核的有力武器;约里奥-居里夫妇发现人工放射现象,给研究原子核又提供了有力的方法。在这些基本的研究成果上,才有可能在1939年初证明铀原子核受中子冲击以后产生分裂现象,同时放出巨大的能量,这就是原子能的发现。1940年以后,特别是1945年战争停止以后,原子能工业很快地在一些工业先进国家里发展起来。

上面叙述的几个基本的研究成果只是原子核物理发展中的几个重要里程碑,实际上引导原子能的发现是经过了一系列曲折复杂的过程,它包括了各国科学家多次的失败和成功的探索性的研究。这些探索性的研究是为了了解物质结构的内部规律,它与当时生产实践关系不大,它也并没有直接地预料到会引导出这样重要的发现。但是遵循着科学本身发展的规律,经过四十多年的探索,最后发现了原子能的应用原理,以后发展的速度就飞跃地加快。

在这里应当指出的是,基础科学中探索性的研究若没有现代工业和技术的条件,也是不可能进行的。原子能发现以后,所以能首先在工业先进国家发展大规模原子能的利用,这是因为原子能的工业需要各种已有的现代工业和技术的大力支持与协作;现在大规模的原子能工业建立起以后,又带动了一系列的新的工业,为其它科学技术提供了有力的工具和方法,为自己的原子核物理的发展又创造了前所未有的有利条件——巨型的粒子加速器,高中子流的实验性原子堆都是在这个基础上获得的。这个例子明显地说明在现代工业所提供的各种条件下,探索性的科学研究产生了新的技术,促进了全面工业和技术的提高,科学自己也在新技术的基础上获得迅速发展的条件,为下一新阶段的探索性的研究准备了有利条件。这就是科学与生产、理论与实践的关系。

除去基础科学中的探索性的研究可以引导出工业技术的飞跃发展以外,与工业技术密切联系的技术科学也有它的理论研究,这些理论研究并不是针对着目前一个个具体工业上的要求,但是经过一个相当长的时期的研究后会解决许多工业技术中所存在的共同性的问题,这些理论的研究也同样可以引导出工业技术的飞跃发展。

从基础科学中的探索性研究或者技术科学中的理论性的研究,得到带有普遍意义的可应用的原理以后进入到工业生产,一般的要经过四个步骤:基础科学研究,技术科学研究,工程设计,工业生产。就原子堆来说,当原子能的可应用原理发现以后,首先要了解中子对各种物质的作用,这就是基础科学研究的部分;下一步是如何得到耐高温、耐中子流的纯铀,这属于技术科学研究范围;具体地设计原子堆内的铀棒的结构,是属于工程设计工作;按照具体设计进行制造和安装,以后运转而发电,这就是工业生产的工作。这四个步骤一环套一环紧密地结合在一起,各种环节间不是截然分开的,次序间也可以改变的。

为了使我国科学技术能迎头赶上,我们必须要考虑到四个环节力量生长与互相配合问题。周总理在关于知识分子问题的报告中已经正确地指示过:“为了有系统地提高我国科学水平,还必须打破近视的倾向,在理论工作和技术工作之间,在长远需要和目前需要之间,分配力量应当保持适当比例,并且形成正确的分工与合作,以免偏废。”最近几年来和今后若干年内,各个兄弟国家特别是苏联无私地帮助了和将帮助我们建立许多重要工业,我们的工程技术将突进一大步。但是我们不能并且也不应该长期地依靠兄弟国家,为了使我们自己能在兄弟国家大力帮助的基础上独立地向前发展,建立自己独立的科学技术,我们必须要考虑到设计工作、技术科学和基础科学的研究力量的培养。不然的话,我们将永远走在工业先进国家的后面,除了模仿制造以外,不能提出新的设计,更不能有根本性质的进步和革新。在这里要特别提出的是,技术的学习可以在短时期内收到效果,而科学研究力量的生长是需要比较长的时间,因此为使我们的科学技术达到接近世界水平的目标和为了加强我国的近期和远期的建设力量,除了加强工程技术力量以外,还要及早地重视和加强科学研究工作,积累科学储备,也就是说需要一定力量来加强理论的队伍,建立理论的科学中心,使得基础科学中的探索性的研究工作和技术科学中的理论工作都能相适应地发展。

我们有信心在党的正确领导下,在各兄弟国家特别是苏联的无私的帮助下,我国的科学技术、我国的原子能事业,一定会按发展需要地、理论与实践相结合地迅速地前进。(《钱三强在八大会议发言草稿》,存中国科学院档案,卷号0087)

Δ党的八大会议盛况空前,有58个国家的兄弟党派代表团出席会议。大会期间,根据部分兄弟党提出的要求,毛泽东决定会见一些代表团团长。由胡乔木推荐,担任会见时法语翻译。他记得:

在这个小型的内部座谈会上,各代表团的团长抢着发言。他们对苏共"老大哥"有意见,认为各国共产党不应该只有一个中心,应该有多个中心。他们还说,在经济关系上,由于老大哥要求太苛刻,他们吃了不少亏。

毛泽东同志听了大家的发言,最后说:"社会主义各国应该有一个中心,这个中心的头只有苏联配当。它是在列宁领导下第一个建成社会主义的国家,力量也最强,对各国革命也起过一定的作用。红花需要绿叶扶,一根篱笆三根桩,一个好汉三个帮。我们可以向老大哥提意见,帮助他改进。你们都说吃了亏,我们也吃过不少亏。但是为了维护团结大局,我们现在不说……"(钱三强,《自力更生、大力协同发展尖端技术》,应中央文献研究室编辑出版《回忆毛泽东》多卷本文集约稿,1991年3月手抄稿)

10月13日 率先在物理研究所成立副博士论文考试委员会,并兼任论文答辩委员会主任委员。赵忠尧任原子核考试委员会主任委员,施汝为任经典物理考试委员会主任委员,由哲学所担任哲学考试委员会主任委员。

11月16日 根据周恩来7月28日的提议,第一届全国人民代表大会常务委员会第51次会议通过决议,设立中华人民共和国第三机械工业部(简称三机部),组织领导我国核工业的建设和发展工作,宋任穷任部长,钱三强被任命为三机部副部长,副部长还有刘杰、袁成隆、刘伟、雷荣天。

12月9日 国家建设委员会建筑技术局被撤销,该局工作大部分归到新成立的三机部,一部分归到钱三强领导的中国科学院物理研究所。

12月11日 中共中央政治局批准中国科学院关于机构调整后的干部任命,为中国科学院副秘书长。

12月12日 出席在北京举行的世界文化名人——美国科学家及政论家本杰明·富兰克林、法国科学家皮埃尔·居里、波兰科学家玛丽·居里纪念大会。钱三强在会上作题为"居里夫妇生平"的讲演:

今年在世界各地的很多国家中,都在举行对法国科学家皮埃尔·居里逝世五十周年的纪念,同时也纪念他的夫人玛丽·居里。皮埃尔·居里和玛丽·居里在科学工作上是如此密切地共同合作,在纯洁的品德和高尚的理想抱负上是如此的一致,要分开来谈论是困难的。他们都是以毕生的精力勤奋地献给了科学,在科学上的贡献是很广的,当然其中最重要的是,紧接着贝克勒尔发现了铀盐的放射性之后,居里夫妇共同的研究发现了具有高度放射性的新元素钋和镭,并且广泛地奠定了放射性规律的基础。可以这样说,他们是替人类打开了原子能时代的大门。但是我们尊敬和怀念居里夫妇不仅是由于他们在科学工作上有了巨大的成就,而更由于他们坚定的相信科学必须为人类谋幸福的崇高的理想。他们深信科学与和平终将战胜人类的愚昧和战争。……

居里夫妇毕生为科学事业开辟新途径的信心和毅力,以及他们坚定地相信科学必须为人类谋幸福的愿望,将永远被人们所怀念所崇敬。他们的科学工作正由全世界千百个优秀的科学家予以继承和发扬,其中包括不久前在为科学而忘我地工作着的岗位上逝世的,他们自己的女儿伊莱娜·居里,和目前世界和平运动杰出的领导人之一,伊莱娜的丈夫约里奥-居里。科学必须为人类谋幸福的愿望,一定要在人类社会中彻底地实现。

吴有训在会上作了题为“富兰克林的生平和他在科学上的贡献”的讲演。

郭沫若致开幕词中指出:

他们三位不仅是伟大的科学家,而同时更是伟大的人道主义者。在纪念伟大的科学家——富兰克林和居里夫妇的今天,我们一定要将一切科学成果贡献于人民,坚决地反对殖民主义,反对战争,反对使用原子武器和热核子武器。我们一定要为保卫世界和平进行坚持不懈的斗争。

周培源宣读了世界和平理事会主席约里奥-居里向大会发的贺信;宣读了郭沫若致美国富兰克林250周年纪念会主席约丹、世界和平理事会主席约里奥-居里和波兰科学院院长杨·邓波夫斯基的贺电。

纪念大会由中国人民保卫世界和平委员会、中国人民对外文化协会、中国科学院、中华全国自然科学专门学会联合会、中国文学艺术界联合会主办。纪念大会主席团为郭沫若、米歇尔·郎之万(法国原子核物理学家——P. 郎之万之孙)、海伦·郎之万-约里奥(法国原子核物理学家——约里奥-居里夫妇的女儿)、依格纳西、兹沃托夫斯基(波兰物理学家)、阿尔民·泰斯开(波兰物理学家)、阿培·查佩克(美国作家)、陈叔通、吴玉章、楚图南、赵毅敏、老舍、欧阳予倩、吴有训、周培源、叶企孙、严济慈、钱三强。科学界、文学艺术界约1200人出席纪念大会。

Δ纪念大会前,陪同郭沫若等会见应邀来华出席纪念会的约里奥-居里夫妇的女儿海伦·郎之万-约里奥和她的丈夫米歇尔·郎之万,并进行了亲切的交谈和回忆。海伦告诉钱三强,当年(1949年)约里奥拿到从布拉格带到的5000美元后,很注意缜密行事,生怕发生意外,亲自把美元包好埋藏在自家花园的树下,还多次出去看仪器,或在法国托人购买,还写信请英国的朋友代购。而他这样做时,都以自己需要为由。听后感激不已:从不隐瞒真相做事的老师约里奥,为了支持新中国的科学发展,他不惜破例了。

12月28日 三机部和中国科学院党组联席会议决定,物理研究所由中国科学院和三机部双重领导,以三机部为主;决定物理研究所设立"分党组"性质的"党员干部领导小组",统管全所方针、政策、干部、计划等。由钱三强任该领导小组组长,李毅任副组长,成员有郑林、罗启霖、力一、梁超、马俭;同时决定,物理研究所在双重领导方面,如有需要共同研究解决的问题,由宋任穷、张劲夫、刘杰、杜润生、钱三强五人小组会议讨论解决。

在联席会议上发言强调:由于人力物力条件和理论与实际的密切联系上考虑,不应该把科学研究与原子能事业分开。

12月29日 在聂荣臻主持的国务院科学规划委员会第三次扩大会议上,就原子能的和平利用问题作汇报讲话。会上,先后讲话的还有范长江、张劲夫。会议传达了经国务院和中共中央批准规划委员会的结论,根据"重点发展,迎头赶上"的方针,从57项重大科学任务中综合提出12个重点,即①原子能的和平利用;②无线电电子学中新技术(超高频技术、半导体、电子计算机、电子仪器等);③喷气技术;④生产过程自动化和精密仪器;⑤石油及其他特别缺乏的资源勘探,矿物原料基地的探寻和确定;⑥结合我国资源情况建立合金系统并寻求新的冶金过程;⑦综合利用燃料和发展有机合成工业;⑧新型动力机械和大型机械;⑨黄河、长江综合开发的重大科学技术问题;⑩农业的化学化、机械化、电气化的重大科学技术问题;⑪危害我国人民健康最大的几种主要疾病的防治和消灭;⑫自然科学中若干重要的基本理论问题。

会上,聂荣臻对今后的科研工作指示说:中国科学院、高等学校和产业部门之间要加强协作,协作内容不仅应注意研究任务的分配和研究经验的交流,还要在人员和图书设备等方面充分协作。

本年度 物理研究所原定科研计划66项,增定7项,取消7项,因分所带走5项,全所执行计划共61项。年内各主要项目都取得较大进展,比较重要的成果20项,已发表或将发表论文19篇。主要进展:

(1)高气压型静电加速器(V_2),最高电压已达2.5兆电子伏(无束流情况下)。

(2)Zinn型离子源改用了高频离子源。完成了可用于V_2和H.T.的高频离子源，V_2 的离子源达 300 微安，H. T. 的可达 800 微安。

(3)重粒子能谱仪已装配完成，磁场达 14 000 高斯。

(4)磁镜式β谱仪装置已完成，分辨率 1.5%，透射率 20.4%，最大能量可没到 9MeV。

(5)完成 4 英寸和 9 英寸两种金属油扩散泵，4″的抽速 120 升/秒，最高真空 7×10^{-7} 毫米汞柱。9″的抽速 1500 升/秒，最高真空 4×10^{-6} 毫米汞柱。金属扩散泵的研制成功，填补了我国高真空技术的空白，使我国真空发展，进入一个新的阶段。

(6)电子直线加速器设计完成，建立了精加工和精密测量条件，制成了电子枪和小功率磁控管振荡器。

(7)初步制成电子灵敏乳胶。

(8)已制出低压 BF_3 充气计数管，坪长 200 伏。并制成强流管和钟罩型β计数管。

(9)“低能电子经过物质由于极化作用影响能量损失”的工作已完成。

(10)制成 1009A 型定标器，分辨时间为 1 微秒，制成±30Kv 高压稳定电源，长时间稳定度为 0.02%，3000V 高压稳定电源，长时间稳定度<0.05%。

(11)重介子和超子研究取得重要进展，多板云室获得 700 个奇异粒子事例。分析了 8 个特例及一个衰变后继续有 π-μ 衰变的事例，对 80 个一般事例，进行了分析计算，确定 8 个为 θ^0，15 个是 Λ^0。发现簇设粒子与铅的平均自由程比用几何截面计算出来的长。发表了《在云室中观察到一个 K^- 介子的产生及其核俘获》和《一对同生 $V^0V^\pm$ 的分析》等 3 篇论文。

(12)磁云室制造已完成，仪器安装于落雪山宇宙线站，开始工作，并已获得重介子及超子事例 15 个。

(13)得出利用 PBΦ 从矿中萃取铀的合适条件(萃取铀损失量<0.01%，杂质量 $10^{-4}\sim10^{-6}$，已写出总结。设计制成公斤级脉冲萃取柱，得出合适的操作条件。

(14)高压倍加器总体联合装配完成。

(15)(Ⅰ)型磁旋管研制成功，并发表了论文。

(16)下半年开展了核磁矩工作。

(17)理论方面完成了《关于 P_b^{208} 附近一些原子核的能级》等文章，从而填补了我国核物理理论研究的空白。

(18)我国从苏联进口第一批放射性同位素，由本所负责保管和分发，上半年完成同位素储藏室的建立，全年分发 120 次，总强度为 580mc。

本年度 物理研究所招收第一批研究生 9 名(其中 1957 年报到 4 名)。下半年开始，本所举办反应堆理论训练班，时间一年多。由彭桓武和黄祖洽任教，学员近 20 人，这是我国培养的第一代反应堆理论工作人员。

年底 物理研究所全所总人数为638人,其中科学技术人员377人,内含归国高级科学技术专家19人。

1957年 四十四岁

1月2日 主持物理研究所党员干部领导小组第一次会议,根据部、院党组联席会议决定,进一步明确各领导小组成员的分工,钱三强除了和李毅负责物理研究所的全面工作外,着重负责全所的学术领导。建立各项会议制度:领导小组会议,两周一次;所长办公会议,一月一次;所务会议,不定期(约每季一次);科学家茶会(中关村一部),每周一次。

1月26日 主持物理研究所所长办公会议,提出1957年全所工作应注意的几个问题:①1956年是本所大发展的一年,1957年应注意如何巩固提高;②要提倡勤俭办所;③要解决好技术保密与进行学术交流的关系问题;④1957年的工作计划的制订与下达问题。

2月21日 在物理研究所主持召开"中国留美学者李政道、杨振宁证明宇称守恒定律不是普遍的定律"的学术报告会,在朱洪元介绍李、杨这项被国际物理学界极大关注和重视的新发现后,钱三强就李、杨新发现的意义作了发言,指出他们合作提出的在弱相互作用过程中宇称不守恒的假设,称得上是原子核物理学中的一个重大发现。赵忠尧、彭桓武、张文裕等在报告会上也作了发言。

(按:1956年夏,杨振宁和李政道发现原子核物理学中一个重大问题:宇称守恒定律不是普遍的定律。接着,另一位中国留美学者、哥伦比亚大学女副教授吴健雄和另一位美国物理学家,分别用不同的实验证明了杨、李的新理论。)

2月 物理学家汪德昭从法国回国,到物理研究所工作。汪曾是P.郎之万的学生,在法国时钱汪交往甚密。

2月28日 在物理研究所会见帮助建设回旋加速器的苏联专家组组长阿列克谢耶夫,并与其讨论工作安排及进度。

3月11日 理论化学家、五室副主任郭挺章英年病逝(终年40岁),不胜悲痛,遂同邓稼先、李寿枬撰文悼念。文载《科学通报》同年第4期,录于后:

哀悼郭挺章同志

郭挺章同志于本年3月11日因患慢性肾脏症合并尿毒症,不治而逝世。挺章同志对于祖国的科学事业和革命事业都作出了有价值的贡献,但是才刚刚40岁就离开了战斗的岗位,这对于我国的原子核科学和化学,对于我们的党都是一个十分沉痛的损失。

挺章同志是福建莆田县人,生于1917年3月,1943年毕业于成都金陵大学化学系，毕业后任助教兼研究生，于1946年毕业得硕士学位，以后继任母校讲师。1947年经组织同意去美国留学，先后在俄亥俄州立大学及尤塔大学进行理论化学的研究，1949年获得博士学位，经过了一年的斗争，终于1950年10月回到祖国。回国后就参加了中国科学院物理研究所的工作，先后担任副研究员、研究员的职务。从1956年起兼任物理研究所第五研究室的副主任和北京大学化学系的一个教研室的主任。

挺章同志从幼年时起，家庭的经济条件一直是比较困难的。在旧社会里，穷人读书是很艰难的，但他以优异的成绩和百折不挠的精神，终于在断断续续，辗转流浪，半工半读，贫病交加之中，渡过了中学，念完了大学，他的学习过程是艰苦而辛酸的。1939年他开始得了肾脏病，十八九年来无时无刻不为病魔所纠缠，但是疾病并没有使他沮丧，却反而使他领悟人生的意义，使他变得乐观而坚强了。在抗日战争初期的年月里，在黑暗的反动统治下，就开始有追求进步的理想。挺章同志在历经了许多艰难困苦之后，最后终于找到了中国共产党，并在1946年2月参加了党。

挺章同志是一个优秀的青年理论化学家，他在"利用绝对反应速率理论研究极谱波"这一项工作中推广了著名的海洛夫斯基——尤考维奇方程，使之能适用于不可逆的极谱波，为用极谱法研究氢超电势和电极反应的活化能等问题提供了线索。他的博士论文"旋光度的理论"是他最出色的研究工作，在这项工作中，他简化了量子力学的单电子跃迁理论的计算方法，制作了许多在研究分子结构理论方面有用的积分图表，并具体应用到安息香的旋光度的计算，得到与实验数值相接近的结果。在这些工作中显示出了他的科学工作的才能。他的导师美国化学家爱林教授想留他作为自己的合作者，但他不愿意留在美国，因为他学习科学的目的是为了祖国科学的发展，祖国的科学必须要在祖国的土地上生根。所以他克服了美国政府的各种阻挠，终于在他的坚决斗争下回到了祖国。

挺章同志回到祖国不久，肾脏病又复发了。休息了一段时间以后，仍然抱病参加工作。那时正讨论我国科学应该根据什么路线发展的问题。在党的领导下，他积极支持了科学应该满足国家人民大量需要这条路线，也就是"为人民服务"的路线。根据这个观点，当他感到祖国发展原子能事业和建立放射化学这门学科需要人力的时候，他就毅然决然放弃了自己一向所熟悉的理论化学，抱着从头学起的精神，热情地参加了有关放射化学的工作，并且在这方面作出了有价值的贡献。在制订放射化学十二年远景规划时，他提出了很多有系统的建议，这些建议的大部分经大家讨论后,都被采纳在科学十二年发展远景规划内。

挺章同志一直关心培养青年干部的工作,经常劝诫青年们,要他们刻苦钻研,严谨踏实,想法帮助青年们提高业务水平,帮助他们学习进行科学研究的工作方法。挺章同志对新生事物的感觉是非常敏锐的,对新生力量和年青人的正确意见是积极支持的。在物理研究所学习苏联先进经验时,他也是积极的提倡者和组织者。他和杨承宗先生共同组织研究室内青年们阅读和翻译苏联学者所著的"同位素化学"等书籍。青年们翻译出来的文字,他一字不苟地仔仔细细地去校对。正因为他是这样的关心青年们的工作,他就与青年们建立起亲密的师生间的感情与同志间的友谊。

挺章同志是革命的乐观主义者,虽在病中他也经常关心党的工作。近年来,他的病愈来愈深了,可是他从来就很少想到自己,他知道自己的生命不会延长多久了,总想为党多做一点工作,总想把自己的全副精力都用出来。在逝世的前几天,虽然已躺在病床上,他也不曾为自己的不治之症感到悲哀和沮丧,倒是总挂念着工作中一些未解决的问题,直到把有关的青年同志召集在他病床周围研究解决之后,才感到安心。挺章同志热爱党,对党有深厚的感情,凡是党的号召和要求,无不积极地响应和执行,党分配给他的工作他总是愉快地接受,并且努力去完成。在临去世时,他还很仔细地把党的文件交给组织,把最后一次党费交到党的手中,他这种为党工作到生命的最后一刻的共产党员的高贵品质,永远是我们学习的榜样。

今天正是我国的原子能事业将要全面地蓬勃地发展的时候,原子核物理、放射化学和其它有关的科学技术的力量都赶不上国家的需要。正当这个时候,挺章同志和我们永别了,我们感到格外地哀痛与惋惜。他的未完的事业将由他的亲人、他的同志和学生们来完成。他对同志对朋友们热忱而诚恳的态度,对党和人民的事业严肃认真负责到底的精神,将永远留在我们心里。我们将永远地记忆着挺章同志。

3月 刘允斌辞去在苏联的工作,离开妻子和孩子回国,到物理研究所负责筹备后处理化工研究工作。

3月 主持物理研究所论文答辩委员会会议,通过对黄祖洽、于敏、陆祖荫、肖振喜4人的副博士论文答辩(他们的副博士基础考试已于1956年通过)。

4月4日 陪同郭沫若、张劲夫、竺可桢、吴有训,以及童第周、恽子强等科学院领导视察重水反应堆建设现场,并会见苏联援建专家。

4月24日 参加并共同组织物理研究所领导干部学习毛泽东的《关于正确处理人民内部矛盾的问题》,并联系实际分析所内情况,研究如何保证基本建设的质量和进度，同时抓紧科研生产的准备工作；研究如何适应科研单位的性质，改进体制、机构与领导方法；设法解决科技人员和技术工人待遇、职工福利等。

4月27日 中共中央发出《关于整风运动的指示》，物理研究所一部决定于4、5两个月进行整风。

5月4日 出席物理研究所二部党委会议研究整风学习。提出：①全面考虑，适当安排，长期着眼，当前着手。②由上而下，有步骤地分批进行，对不同人有不同要求。③要做到整风与工作（特别是基建）两不误。④整风应与增产节约和解决急需问题相结合。

5月16日 物理研究所全所开始整风运动。

5月 驻三机部苏联总顾问扎吉江向部领导（包括钱三强等）及有关人员谈生产准备工作。

摘记要点：

(1)按设计任务书，所需人员要配齐，应有后备人员，从工厂调来有经验的至少占10%～20%。

(2)不仅作质量检查，要参加安装工作（不仅会按电钮，还要知道电钮起什么作用）。

(3)总工程师与设备主任，应对设备了如指掌。

(4)要全力以赴地参加安装，每周五六小时学习，请专家讲课等。

(5)操纵人员在设备开动前两个月要经过考试。

(6)各种操作规程的编制，对自己的工作岗位和操作规程，要求背诵如流。

(7)开工的各种材料准备。

(8)技术安全处应马上把人配齐，一方面负责技术安全，一方面负责剂量防护、测量，实验堆的剂量测量比工业堆要求更高。

(9)卫生检查站对每个参加工作人员先进行体检，以后要经常检查。

(10)铀棒与重水的准备和储藏工作。

(《中国原子能科学研究院大事记》，1991年)

5月23～31日 出席在北京召开的中国科学院第二次学部委员大会，根据安排于5月27日在学部委员全体大会上作《关于参加联合原子核研究所的报告》，介绍11国共同签订的协议及联合研究所的组成和研究方向。报告如下：

关于参加联合原子核研究所的报告

中国科学院副秘书长　钱三强

一九五六年三月由于苏联政府的倡议，在莫斯科举行了关于成立联合原子核研究所问题的国际会议,参加会议的有苏联、中国、阿尔巴尼亚、保加利亚、匈牙利、德意志民主共和国、朝鲜、蒙古、波兰、罗马尼亚和捷克斯洛伐克等十一国政府的代表。

出席会议的各国代表认为和平利用原子能有重大的意义,各国科学家有必要在原子核物理学的理论和实验研究工作中进行合作,以便扩大和平利用原子能的可能性。各国代表缔结了一项关于成立国际性的科学组织——联合原子核研究所的协定。研究所的地点设在莫斯科附近的加里宁州。

根据这个协定,各个缔约国是联合原子核研究所的平权会员国。将来其他国家愿意参加联合原子核研究所者,声明同意所签订的协定的条款,经研究所大多数成员国同意后即成为原子核研究所的平权会员国。一九五六年九月越南人民共和国政府就根据这项条款参加了联合原子核研究所。

研究所的基础是配备有能把质子加速到能量达6.8亿电子伏的同步回旋加速器的苏联科学院原子核问题研究所和配备能把质子加速到能量达100亿电子伏的同步稳相加速器的苏联科学院电物理研究室。这两个单位的一切设备都由苏联政府无偿地移交给联合原子核研究所。为了进一步发展原子核的研究,研究所还要修建:(甲)设有计算部和电子计算机的理论物理学研究室;(乙)拥有中子流密度很高的实验性反应堆的中子物理研究室;(丙)加速多电荷离子的回旋加速器;(丁)放射化学研究室和其他试验设备的实验室。这些实验室建立起以后,联合原子核研究所将成为世界上最先进的原子核研究中心。

联合原子核研究所设所长一人,副所长二人,由会员国以多数票从这些国家的科学家中选出。所长任期三年,副所长任期两年。第一任的所长是苏联著名科学家、列宁奖金获得者、原子能发电站的主持人布洛欣采夫教授,副所长是波兰宇宙线专家丹尼什教授和捷克斯洛伐克理论物理学家沃特鲁巴教授。

研究所设立学术委员会讨论和批准研究计划、执行计划的结果,以及其他有关研究所科学活动的问题。学术委员会的委员由各会员国从本国的科学家中任命,每一会员国任命三人。第一任学术委员会中国的委员由我国政府任命赵忠尧、王淦昌、胡宁三人担任。研究所还设立财政委员会制定预算和监督研究所的财政事务。每个会员国派一个代表参加,我国的代表是物理研究所副所长李毅。研究所的经费按照协定规定的比例由各会员国分别负担。

一九五六年九月联合原子核研究所召开了成员国全权代表会议、

学术委员会和财务委员会，讨论了章程和有关条例，批准了编制和预算，并且通过了各研究室的室主任和学术委员会的名单和听取了各研究室的工作计划的报告。

研究所分为四个研究室，它们的室主任是：

甲）高能粒子研究室主任　维克斯勒通讯院士

乙）原子核问题研究室主任　契列波夫教授

丙）理论物理研究室主任　包果留波夫院士

丁）中子物理研究室主任　弗兰克通讯院士

我国的王淦昌参加了高能粒子研究室学术委员会。胡宁参加了理论物理研究室学术委员会。

在这次会议上，布洛欣采夫所长做了关于研究所远景计划的报告，其中最引起大家注意的是关于建设脉冲式原子堆的建议，脉冲式原子堆在世界上还是第一次提出，在脉冲的瞬间内，它的中子流密度非常大，它的建成将对中子物理大大地推进一步。此外还要添建1.2亿电子伏的多电荷粒子回旋加速器，它将对于人工制造原子序数在100以上的元素有很大帮助。同时还要建立一个有600个技术工人的实验工厂，将来除去为联合原子核研究所制造仪器以外，还可以有一部分时间为会员国研究机构制造一些仪器。

在去年开会期间，100亿电子伏的同步稳相加速器还在调整阶段。今年四月布洛欣采夫所长曾打电报通知，这个世界上最巨大的加速器已经开始运转，质子能量已经可以达到100亿电子伏。我们可以预料在最近(的)将来联合原子核研究所将在基本粒子物理方面做出卓越的贡献。

现在我国参加联合原子核研究所工作的有王淦昌、胡宁等十人，由于时间仓促去年来不及向各单位征求意见推荐工作人员。今年希望各单位及早踊跃地推荐人员，经国务院批准后参加工作，联合原子核研究所一再表示希望我国多派科学技术人员去充实研究所。

联合原子核研究所的成立，是继1955年1月苏联部长会议宣布在促进原子能和平利用的研究方面给予中国和其他各国家以科学、技术和工业上的帮助以后，在世界科学研究工作的新型国际合作上又树立了一个范例。中国科学家热烈拥护联合原子核研究所的成立，我们不仅将承担一切应有的义务，在这个国际组织中贡献我们的力量，而且还将从这个国际组织的理论工作和实验工作取得帮助，推动我国向现代科学进军。(中国科学院办公厅，《中国科学院年报》，1957年)

5月31日　第二次学部委员大会增聘21位学部委员(其中自然科学方面

18人,他们是吴文俊、汪德昭、张文裕、张家燧、钱学森、郭永怀、赵宗燠、蔡镏生、王善源、冯兰洲、刘思职、汤飞凡、张香桐、王竹泉、冯景兰、傅承义、吴仲华、汪菊潜)。生物学地学部分开成立地学部和生物学部。中国科学院举行1956年度科学奖金颁发(自然科学部分)。会上通过关于声援台湾同胞爱国反美斗争的通电。

6月5日 接待并陪同贺龙、罗荣桓、徐向前,以及谭政、许光达、王树声、刘亚楼、苏振华等视察物理研究所,并汇报讲解原子能研究工作的进展情况。

6月13日 出席聂荣臻主持的国务院科学规划委员会第四次扩大会议。聂荣臻就我国科学体制问题发表了讲话,会议讨论后,对争论已久的科学体制问题取得一致看法,同意聂提出的"我国统一的科学研究工作系统,是由中科院、高等院校、中央各产业部门的研究机构和地方研究机构四个方面组成的。在这个系统中,中国科学院是全国学术领导和重点研究的中心,高等院校、各产业部门的研究机构和地方所属的研究机构是我国科研的广阔基地"。(引自周均伦,《聂荣臻年谱》(上卷))

6月15日 接待并陪同彭德怀视察物理研究所,在汇报近年工作情况时,特别介绍了重水反应堆和回旋加速器工程建设进度和苏联援助情况,并回答了彭德怀关心的工作进度和安全保密问题。

6月19日 向首都报界发表谈话,支持世界和平理事会科伦坡会议的决议,呼吁立即缔结停止核武器试验的国际协定,并尽速禁止生产核武器。同时向报界发表谈话的还有赵忠尧和医学家方石珊、李铭新。

6月25日 接待并陪同叶剑英、肖劲光、许世友、杨成武、张爱萍、陈锡联、廖汉生、陶诗岳、董其武等高级将领视察物理研究所,汇报讲解众所关心的原子能科学技术研究进展情况。

7月10日 在上级部署下,物理研究所开始进行反右派运动。

7月18日 主持召开物理研究所所务会议,为保障职工健康决定在坨里二部成立保健站,健全医务所,将其明确为独立的所属基层单位。

7月25日 出席三机部党组扩大会议,听取宋任穷作整风总结报告。

8月15日 物理研究所二部党委研究整风整改问题,对于整改的各类意见共分为9类,共410条,并据以确定整改方案。

△同时,支持并与蒋南翔共同努力,促成清华大学组建工程物理系,并亲自与苏联方面联系解决教材及接待参观等。

9月7日 中国派出以聂荣臻为团长,陈赓、宋任穷为副团长的政府代表团到莫斯科进行国防新技术协定谈判。

10月10日 接待并陪同陈毅、刘伯承等视察物理研究所,汇报讲解原子能科学技术和反应堆工程进展情况,回答了他们所关心的问题。

10月13日 和周培源等向中国科学院竺可桢等有关领导提出建议,认为应该尽力组织对苏联发射的人造卫星进行观测。“当晚即组织观测队，计光学组张钰哲（召集人）、陈遵妫、郭永怀、李珩、程茂兰、戴文赛，无线电组钱文极、吴朔平、陈芳允”进行观测①。

Δ为庆祝苏联首先制造与发射人造卫星成功，在《科学通报》发表署名文章《苏联的榜样指出只有社会主义制度才能保证科学事业的迅速发展》。同期，发表有赵九章署名文章《苏联的人造卫星是在宇宙空间升起的一颗福星》。

10月15日　陪同董必武、林伯渠、谭震林、胡乔木、陈赓、粟裕、黄克诚、肖华、肖克、李克农、甘泗淇等高级将领和中央领导视察物理研究所，汇报讲解原子能科学技术及反应堆工程进展情况。

同日　聂荣臻代表中国政府在莫斯科苏联国防部大楼签署《中华人民共和国政府和苏维埃社会主义共和国联盟政府关于生产新式武器和军事技术装备以及在中国建立综合性的原子工业的协定》（简称国防新技术协定，共5章22条），国防新技术协定明确，苏联政府承诺，在建立综合性的原子能工业、生产与研究原子武器、火箭武器、作战飞机、雷达无线电设备，以及试验火箭武器、原子武器的靶场方面对中国政府进行技术援助。根据该协定，苏联将向中国提供原子弹教学模型及有关图纸资料。

10月22日　主持物理研究所领导小组会议，讨论解决的问题：①所的体制机构与科以上干部配备。②第二个五年计划基建项目的投资。③二、四室搬家的准备工作。④反应堆的开动与科研生产准备工作。⑤今年来所新大学生分配原则。⑥1958年事业费概算。⑦培养干部与派出国研究生问题。⑧1958年科研计划问题。

10月30日　物理研究所结束反右派运动。中关村一部经中国科学院党组批准定为右派分子的11人。（1960年以后，按照上级指示精神，大部分摘掉右派帽子。1979年党的十一届三中全会以后，按照党的政策，全部彻底平反、恢复名誉。）

同日　出席首都科学界庆祝苏联十月社会主义革命40周年大会报告会，并在会议上作“学习苏联先进科学”的报告。郭沫若致开幕词（发表时题为“我们必须向苏联看齐！”）。范文澜作“十月革命对中国革命的影响”、苏联专家组组长萨莫伊洛夫作“苏联自然科学40年的主要发展方向和成就”、吴有训作“苏联对我国科学事业的巨大帮助和影响”、钱学森作“苏联发射人造地球卫星在科学技术上的意义”、茅以升作“武汉长江大桥的建成是中苏友谊的光辉结晶”报告等。

11月1日　与吴有训、周培源共同署名代表中国物理学会并以个人名义

---

① 参见《竺可桢日记》

致电李政道、杨振宁,祝贺他们由于对原子核和基本粒子理论的研究——对宇称定律的深入研究导致有关亚原子粒子的重大发现——共同获得本年度的诺贝尔物理学奖。电文中说:“中国物理学家对这一可喜的事件感到自豪。”

11月中 参加以郭沫若为团长的中国访苏科学技术代表团,赴苏联访问和会谈。代表团的任务是:征求苏联科学家对我国12年科学技术发展远景规划的意见;同苏联政府商谈进一步加强中苏两国科学技术研究合作的协议。

11月 物理研究所杨澄中、金建中、王树芬、叶龙飞等兰州物理室人员全部搬迁到兰州,成立新的科研机构——兰州近代物理研究所。同时,物理研究所二室从中关村一部迁坨里二部。

11月21日 陪同郭沫若、竺可桢等在莫斯科卡鲁日大街拜会苏联科学院主席团。苏联科学院院长涅斯米扬诺夫根据中国政府提出的科学技术合作项目103项中有56项与苏联科学院有关的情况,两院领导人进行了初步会议,议定两院会议将成为协定,五年为期,以后每年接洽一次,以会议或通信方式均可。参加会议的还有杜润生、冯德培、吴学周、于光远、刘导生等。

11月30日 同郭沫若率领的科学技术代表团参加苏联政府为欢迎彭德怀率领的中国军事代表团举行的鸡尾酒会及音乐会,地点在克里姆林宫。膳后,钱三强陪同竺可桢等数人在零下10℃气温下到高尔基街步行,一刻钟便众觉气促。

12月18日 同中国科学技术代表团回到北京。

是年 因整风和反右派运动,物理研究所一部各研究室停止工作近半年,科研计划完成较差。一年中全所取得的主要成果有:

(1)高压型静电加速器(V_2)于年底前出束。束流能量达2兆伏(稳定在180万伏),流强为几个微安。这台加速器的建成,是自力更生、艰苦奋斗的产物,是我国实验物理和加速器技术发展的一个里程碑。

(2)核反应实验进行了一系列准备,γ闪烁谱仪对Cs^{137}的0.661兆电子伏γ射线分辨率达8%,能测15兆电子伏,重粒子谱仪基本建成,分辨能力已达5×10^{-3},尚待进一步改进。完成第一个利用静电加速器(70万伏)进行的核反应实验(利用核乳胶探测Li(P+X)反应)。

(3)电子灵敏的核乳胶核-4最后定型,达到英国依尔福G_5的水平。

(4)二室核谱学组,在郑林生领导下,从1956年10月成立后,进行了两个β谱仪的设计,加工准备工作,磁镜β谱仪基本建成,开始进行校准。

(5)核电子学方面开始了100道脉冲分析器、不过载放大器的研制。5年内已完成25种核电子仪器研制,其中20种左右已经或正在推广生产。

(6)宇宙线研究方面,用云室研究了高能核作用、奇异粒子的产生及其性质的研究。高山站建立后共收集700多个奇异粒子事例,其中有些属于稀有事例。较大量地研究了Λ^0与Ks^0质量,寿命与质心系内动量分布和角分布。在弱作用中，宇称不守恒的现象发现后，在测量Λ^0衰变时，明显地看到由宇称不守恒所引起的角分布的不对称。实验还得到两个能区(3～5吉电子伏和十几个吉电子伏能区)产生的Λ^0超子和Ks介子的数目比($N Ks^0/N\Lambda^0$)随能量的变化，其比值约增加三倍。

(7)年内在北京和广州分别建立了宇宙线强度观察站。

(8)铀矿提取，石墨、重水制备工作陆续转移到有关工业部门。

(9)放射性同位素应用工作逐步开展，并为开办同位素训练班准备讲义。

(10)电子直线加速器研制取得较大进展。

△自1950年至1957年，物理研究所科研人员共写出原子核方面的研究论文和总结报告50篇，其中公开发表40篇。

本年度 基建竣工面积59 891平方米，国家拨给事业费计611万元。

年底 全所职工800余人，其中科学技术人员560人，含高级科技专家20人。

1958年 四十五岁

1月20日 由苏联援助建设的实验性重水反应堆在物理研究所二部进行首次试运转。

1月30日 应邀向中央军委会议汇报去年年底前赴苏联谈判原子能科学规划和参观苏联原子能科学研究、设计机构及有关物理工程学院等方面的情况。彭德怀、聂荣臻等听取汇报。

2月11日 第一届全国人民代表大会第五次会议决定，第三机械工业部改名为第二机械工业部，具体组织领导我国核工业的建设和发展工作。钱三强仍被任命为二机部副部长(副部长还有刘杰、袁成隆、刘伟、雷荣天)，部长为宋任穷。

2月13～15日 出席中国科学院在北京召开的研究所所长会议，并在14日会议上发表讲话，向会议报告物理研究所正在重点建设中的加速器和重水反应堆等。郭沫若、张劲夫、杜润生、郁文，以及所长冯德培、赵九章、赵石民、侯德封、黄培云、王家楫、刘慎谔、钱学森、张大煜、龚祖同、周立三等先后在会议期间发表了讲话，吴学周、傅懋勋、李薰、尹赞勋等所长作书面讲话。

2月15日 根据部署，二机部开展“双反”(反保守、反浪费)运动。参加19日二机部司局长会议，听取宋任穷作动员讲话，强调通过反保守、反浪费来推动工作，提出反掉官气、暮气、骄气、娇气。

2月21日、23日、25日 在二机部党组会上接连受到有组织的批评。钱三强被批所谓错误有：说过“部领导不重视科研，错误地认为党不能领导科学”；“用行政办法领导科学研究”；“部里有衙门作风，办事效率低，派头大”；“不站在党的一面,站在科学家一面","实则站在资产阶级科学工作者立场"。等等。经过大家发言"帮助"后,在25日会议上让钱三强作表态发言,据会议记录照录于下:

上次何(何克希——引注)讲,站在科学家的一面,站在党的一面,考虑自觉受党的训练不多,9个与1个,站在党的一面,并不表示对科不正确就不提意见。在今天,从前做过点科工作的,站在这场合,我是少数,对立面,我是这对立面。可能我本身有毛病,分析起来,9与1或8与2,非完全站在资级科工者立场,在今天,过去,工业部门对科研不重视,有。宋(宋任穷——引注)过去也说过,开始没有那样重视。这个意见,可能不对,可争论,现也认为不全错。

党做工作从不懂到懂,又红又专,红的再专。工业部门,看科,一般讲,过去工业部门研究所,想搬到科学院,支持有,气氛不对。过去与刘(刘杰——引注)扯过,参加工业部门工作,实际上(两个字认不清——引注)。我在其中始终是少数,工作困难,有点怕,有自己问题。两种干部碰在一起,不顺当。我们的资级的一面,在已红的人里面,有些骄气,是障碍。两种干部的会合,总希望顺当一点。过去锻炼不够,到党内,工作也难,今天这问题未解决。暮气有。与资级科工斗,勇气有。同党内讨论,总觉得语言难通。又好,又红又专。科学院24条,主要科技结合,综合性发展,以物理代头。强调高级知识分子改造,老干部专,研,技,行,有机整体。培养学术秘书,起桥作用干部。几种干部的不够深透,你里有我,我里有你,又红又专,过去深透不够,结果易形成格格不入。不能说主要是科的资思。自到技术局(建筑技术局——引注)工作后,心里有些苦闷。(刘:请求,讲具体例子)。老何头一炮,科学工作,科与工业结合,地质部与科工,在科学院角度来看(刘:总理有结论。),是一个好榜样。石油部是好榜样。我们这里介于其中。技术局开始思想上是衙门,是工厂,提出计划(去年财务计划)1300万—1200万,不知,何,摆牌,未经讨论,生产问题是器具,软任务取消。在那时,指导思想是个展览品,例一。其次,到苏时看研究所,请刘去看,看了头痛。想说服领导,刘做得比较好,虽说水平低,但是部门事业一部分。宋、伟(刘伟——引注)到苏去看了研究机构没有,对科研到底……,宋部长对业务的学习不够。对事物,本身性质很好理解。在此我是少数,不是站在资立场讲。提出又红又专,是好转变,互相渗透。在刘杰同志看来,科与工业关系,体会不是自今日始。801(酒泉原子能联合企业代号——引注)、901(兰州扩散厂——引注)、三局(地质局——引注)常常调干部支持。党组成员,不知科与工业干部,调干机械,不利,科研不是一个厂子，一边穿在。不是资级科工者，我们也自己改造，是党的事业的一部分。如何支援，801放在那里几年，有何提高，献金（张献金——引注）与干部局可考虑，隔开对事不利。一、二部统一问题，党组看法如何，下面许多困难由此产生。特别财，新部门。601（原子能所——引注）的关系上，部里并未抓得很紧，互相应检查。两兼，思想负担大。

对伟提，技局成立，展开这一工作，中关村，器材、图书，困难，费用问题，刘伟很紧，12月一下出去，钱皋韵买了一批，捡破坏，大机修，精密机械一点也没有，过去消掉，只能从新订货。不理解内容，又不学习，对事物本身不够理解，不能一年一年水平不够。例子就是这些。

器材，机械器该抓，另一方面抓否？在苏订的东西有浪费，刘杰同志支持，错是我们的。何还说：你这些东西是大浪费，就是这些东西。这钱未花出去，求人求不来。财务方面，缺的，帮了没有。601，指做这些都做错了，变成天文馆。党组怎样看法，是否重工业，轻科，是轻它。本可不讲，有副作用。

3月9日　主持物理研究所所务会议，讨论和部署加速器技术近期、中期和远期发展问题；研究并采取措施加快探测技术和电子学技术的发展，以及培养干部问题等。

3月13日和21日　在二机部党组会上继续受到有组织的批评，除了2月会议批判的内容外，加批钱三强"骄傲自大"错误，打掉骄气。对于这一系列"帮助"，钱尽管想不通，精神上极感苦闷，但他仍顾全大局，努力工作。几次挨批的事，连对何泽慧也从未说起。

3月15日　回旋加速器在物理研究所二部安装完毕。

3月16日　实验性原子反应堆开始进行综合调整。

3月16日和20日　先后出席并主持坨里二部和全所所务会议，研究为适应发展需要，计划加强实验原子核物理、加速器、同位素应用、理论物理等方面的工作，并相应对研究室的工作任务和发展方向，进行重新明确以作必要调整。

①关于原子能动力和射线及同位素应用的研究项目和情况。会议认为分离同位素U^{235}和放射化学工艺Pu^{239}是原子能动力研究的核心问题，当前最尖锐的问题是铀、钚合金的金属学与冶金学的研究。苏联专家的意见是到1962年要求成立5个研究室，有100个科学研究人员，200个实验员和技术人员。

②关于六室（由王竹溪兼任主任、李林任副主任）的工作，主要是铀、钚合金的金属学和冶金，堆材料负责联系检验。下设核燃料元件制造和性能测试两个研究组。

③关于七室的工作，方针是应用与基础并重。工作方向是射线对细胞机制和对人体的影响，以及防护原理方法的研究。

④关于八室的工作相当于同位素应用委员会的中心实验室。开始阶段着重在协助推动各方面开展同位素的应用,现在应重点帮助某一单位发展同位素应用,以取得经验。应促进部、院尽快成立同位素应用委员会、委员名单,本所可考虑赵忠尧、杨承宗、汪德昭、李整武、肖伦参加。

会议还讨论决定成立器材委员会和图书委员会。

5月中 学习和领会毛泽东5月16日对二机部党组《关于团结苏联专家共同执行总路线的报告》的批示:"就共产主义者队伍说来,四海之内皆兄弟,一定要把苏联同志当作自己人。……根据总路线同他们多谈,政治挂帅,尊重苏联同志,刻苦虚心学习,但又一定要破除迷信,打倒贾桂!贾桂(即奴才)是谁也看不起的。"钱三强感觉深受教益。

5月 中共中央提出"鼓足干劲,力争上游,多快好省建设社会主义"的总路线。随后,全国各条战线掀起"大跃进"的热潮。二机部先后提出"全民办铀矿","大家办原子能"的口号,出现了许多不实事求是,不遵循客观规律和盲目浮夸的情况。在这种气氛下,钱三强曾提出建议,"各省市都搞一个反应堆和一个加速器",并得到批准。

5月30日 在物理研究所全所"七一"献礼跃进大会上发表讲话,动员以总路线精神,发奋工作,实现全所工作大跃进,以优异成绩迎接中国共产党建党37周年。

6月2日 参加会见并宴请到访的老朋友、英国科学家李约瑟及鲁桂珍。席间,李约瑟谈了他对中国古代科学成就和西方科学及17世纪近代科学起源的关系的见解,认为近代科学起源时代(即17世纪),这时东西方科学已合为一炉,所以近代科学不能称为完全西方的产品(其于6月6日应邀在北京大学发表以上内容的系统讲演)。参加会见和宴请的有竺可桢(主持)、钱三强、冀朝鼎、侯外庐、华罗庚、周培源、叶企孙、钱宝琮、李俨、夏鼐、楚图南等。

6月13日18时40分 我国第一座原子能反应堆在物理研究所二部开始临界试验,其热功率为7 000~10 000千瓦。

6月23日 主持召开物理研究所党员干部领导小组会议,传达二机部和中国科学院五人小组会议决定:①对物理所实行部院双重领导,以部为主。②"中国科学院物理研究所"改名为"中国科学院原子能研究所",反应堆建成和研究所改名于"七·一"见报。③在中国科学院成立两个委员会,原子能科学委员会和同位素应用委员会。前者待聂总在中央书记处研究后,再在中国科学院院务会提出通过。④为了推动大家办原子能科学,拟向省市委书记会议(8月10日)提出,关于建立原子能研究机构及其主要设备的建议方案。由物理研究所提出"全民办原子能科学、全民办同位素应用"的规划,由二机部向中央提出报告。

7月1日 《人民日报》在头版刊发新华社公告,配发建成的原子反应堆和回旋加速器的简介及4幅照片。同时公布"中国科学院物理研究所"改名为"中国科学院原子能研究所"的有关消息。

公告主要内容摘录于后：

> 在社会主义建设全面大跃进中，我国第一座实验性原子反应堆已经正式运转，回旋加速器已经建成，正在准备进行科学研究工作。这两项设备是苏联为了促进我国原子能科学技术的发展所给予我国的伟大的珍贵的援助，它们的建成标志着我国已经开始跨进了原子能时代。……
>
> 这座原子能反应堆是重水型的，它的热功率是七千到一万千瓦，设计是世界先进的。参加建设这个原子反应堆的我国工人和科学技术人员，在党和全国人民的关怀和支援下，在苏联专家的热情指导下，经过紧张的劳动，已于6月13日下午四时，反应堆开始发生链式反应。现在正在逐步提高功率，进行科学研究工作。
>
> 这个回旋加速器，可以把α(阿尔法)粒子加速，使它的能量达到二千五百万电子伏特。3月初进入调整阶段，现在粒子束已经引出真空室。……
>
> 与原子反应堆和回旋加速器同时建成的，还有我国科学技术人员自己制造的高气压静电加速器。这个加速器能把质子加速，使它的能量达到二百五十万电子伏特。利用这个加速器，科学工作者正在进行科学实验。……
>
> 这些设备都设在中国科学院原子能研究所(前物理研究所)里。全所工作人员正以欢欣鼓舞的心情，把这些设备的建成和其他科学技术的成果作为向伟大的党的37周年的献礼。

7月 出于与苏联专家协同工作的需要，向二机部主要领导推荐理论物理学家邓稼先到九所(即核武器研究所，后称九院。其时正准备接收苏联按协定提供的一件原子弹教学模型)工作。得到同意后，即在原子能所找邓稼先谈话：

> 一天，二机部副部长兼原子能所所长钱三强教授把邓稼先找去了。
>
> 邓稼先曾于1954年起做数理化学部副学术秘书，而学术秘书长就是钱三强先生。邓稼先对钱教授很尊敬，彼此之间也十分熟悉。对于决定这么一件大事，有关核心内容的谈话虽然很简单，但钱教授的心里十分在意，谈话时相当谨慎和费神。在邓稼先来到办公室之前，钱教授就盘算着怎样将这个利弊双关的消息告诉他。对搞原子弹研制工作给个人带来的损失，他相信邓稼先是能够承受的，但对于这副重担他有些担心邓稼先不敢接。因此，他想给邓稼先思想上留下一段

缓冲的余地。于是他装作漫不经心的样子说了一句半是哑谜而略微有些幽默感的话。

"稼先同志,国家要放一个大炮仗,调你去做这项工作,怎么样?"说完了,钱三强的目光掠过邓稼先的面颊。

"大炮仗?"邓稼先马上明白这是原子弹,心里咯噔了一下。一时他来不及细想,接着便半是自言自语地说"我能行吗?"

钱三强副部长慢慢把工作的意义和工作任务告诉他,一向机灵的邓稼先很快就懂了。不过担任这项工作给自己的后半生带来什么变化,他一时想不清楚。但是合乎领导的估计,服从了组织的调动。(葛康同、胡思得,《两弹一星元勋传——邓稼先》,清华大学出版社,2001年,269页)

7月 一次在原子能研究所与刘允斌交谈中,向刘谈了在二机部党组会上挨批的情况,以及自己一些想不通的事情。后刘向上面反映了情况,结果钱招致又一轮挨批。

7月15日 同宋任穷、刘杰、袁成隆、吴际霖等听取涅金等三位苏联专家关于原子弹的原理、结构及设计的情况介绍,并作了记录。这次介绍对我国原子弹研制的初期工作是有益的。

(按:1958年7月15日,苏联专家涅金和加弗利洛夫、马斯洛夫到西北考察之后,曾给二机部领导宋任穷、刘杰、袁成隆、钱三强及九局副局长吴际霖、郭会英等讲一次介绍原子弹的原理、结构和设计技术课。苏方专家组组长涅金交代,不要作记录,将来不仅要运来模型,还会提供有关资料,派专家来帮助造原子弹。他们一边在黑板上写,一边又飞快地擦掉。但能记的还是抢着记了。1960年6月,这些笔记本由朱光亚找李嘉尧工程师借来进行整理。由于当时只有钱三强和吴际霖能听懂,讲得又快,记录内容很零散,后由朱光亚、邓稼先、李嘉尧进行整理。三天时间,整理出一份初稿,最后由朱光亚核审补充,形成一份较为完整的资料,作为工作参考。)

Δ关于涅金这次报告对中国研制原子弹所起的作用,宋任穷在他《毛主席指导我们创建原子能事业》一文中,作过以下概述:

一九五八年六七月间,苏联派三个搞核武器的专家来华考察和工作。先到青海看了核武器研究基地厂址,七月十五日回北京做报告,从教学的角度讲了原子弹的一般原理和大概结构,我和刘杰、袁成隆、钱三强、吴际霖、郭会英等都去听了。这次报告对我们研制原子弹初期工作是有益的,使我们在一开始就能从理论、实验、设计、生产几个方面齐头并进地同时展开,起了引路的作用,加快了研制进程,争取了一些时间。可是他们讲的,虽然不假,但毕竟是一种教学概念,不是工程设计，而且有的数据根本不对，我们用了两年左右的时间，经过反复计算才完全弄清楚。后来的研制工作，主要是靠我们自己的科技人员，刻苦钻研，反复实验，逐步过关，最后达到一九六四年核爆炸试验成功。（王甘棠、孙汉城，《核世纪风云录》206页）

7月23日 参加首都科技界声讨美国出兵黎巴嫩、英国出兵约旦大会，并在会上发言声讨帝国主义的侵略行径。在声讨会上发言的还有茅以升、林巧稚、侯外庐、陈世骧、傅鹰、王葆仁、郭永怀等。会后发表宣言声讨书。

8月初 根据国内工作需要，亲自动员胡仁宇放弃在苏联继续学习的机会，转而从事核武器研制的技术工作，后由于胡参与爆轰实验工作做出重要贡献，与王淦昌、陈能宽等获得国家自然科学奖一等奖。再后，胡仁宇接替邓稼先担任核武器研制机构的主要领导工作。

Δ1992年9月，胡仁宇撰写怀念钱三强的文章如是说：

1958年夏，我回国探亲。钱先生仔细询问了我学习和生活的情况并嘱咐我临回去前一定要去找他一次。8月初假期将满，我去向他辞行，他（当时除了担任我们所所长外，还担任二机部副部长职务）告诉我一件十分意外的消息，说组织上已决定把我留在国内，去参加一项紧要的国防科研任务。叫我立即把票退掉，不必再返回苏联了，那边遗留下的事可托别人处理，第二天去新单位报到。

从他家回来后，心理极不平静。对于自己没有完成研究生的学业总有一些惋惜，但有机会参加国防重要科研工作又感到高兴。到新单位报到以后，才知道这是一个刚开始筹建的单位，当时几乎还一无所有。领导让我和王方定同志一起带着几个当年毕业的大学生到钱先生担任所长的原子能研究所去实习，利用那里的人才、技术、设备等条件尽快开展工作，科技工作的领导由钱先生和原子能所负责。在完成任务的过程中，逐步培养人才，建立必要的设备，创造条件建立自己的实验室。

从领导的谈话中我逐渐明白，新的任务是十分繁重、艰巨的。说实在的，对于完成任务所需要建立的实验室具体应开展哪些科研工作，我心里并不清楚。当时我从大学毕业才6年，研究生的学业才完成一半，科学研究工作实在做得太少，更谈不上组织领导一批人围绕某项重要任务去从事一个领域的研究工作了。我对自己能不能胜任这项任务并没有信心，也把这想法向领导反映过。得到的回答是，钱部长和整个原子能所都会大力支持的，你们大胆去干吧！那个时候，整个社会和舆论都充满着鼓足干劲、力争上游的气氛，我就在这种历史背景下接受了这样一件任务，真没想到至今一干就是三十多年。

接下任务后，我就到原子能所去找钱先生，并向他诉说自己的顾虑和胆怯心情。他一再鼓励我大胆工作。并说，原子能所会大力帮助我们工作的。工作中遇到疑难问题可直接向他汇报。他让我先在二室(中子物理实验室，当时由何泽慧先生任主任，朱光亚先生任副主任)实习，跟着旁人做点裂变物理实验。没有多久，钱先生把我找去亲自交代任务。要我一方面利用原子能所已有的工作基础和设备条件做实验外，更重要的是要赶快设计建造快中子发生器并筹建快中子物理实验室(当时这方面的工作从中子源、探测器技术到物理实验，原子能所都还没有做过)，并立即决定由二室抽调几位年轻人和我们一起干。当时大家热情都很高，夜以继日地工作，由于九院和原子能所同志齐心协力，又有原子能所雄厚的技术保障条件作后盾，到60年代初，我们在原子能所里先后建成了100千伏和400千伏高压的快中子发生器，同时也创造了初步能开展快中子物理实验的各种条件。(《钱三强文选》，346～347页)

8月3日　出席国务院科学规划委员会首次举行的和平利用原子能座谈会，会议就全民办铀矿，大家办原子能科学技术，放射性同位素应用等问题，进行讨论，交换意见。

8月5日　建成并正式运转的原子反应堆，进行首次提高功率运行。

8月14日　主持原子能研究所所务会议，研究反应堆正式运转移交生产典礼的筹备工作，决定由马俭、朱光亚、魏跃川、路青云、孟昭师、任大明、张寿通等7人组成筹备小组，进行各项准备工作。

8月15日　获悉法国导师约里奥-居里于14日下午6时在巴黎圣安东尼医院逝世(终年58岁)，深感悲痛，立即向其亲属发出唁电表示哀悼。郭沫若代表中国人民保卫世界和平委员会同时发了唁电，并于次日在《人民日报》发表署名文章《献身精神的榜样》，称约里奥-居里"是世界进步科学家的一面旗帜"，"同时又是世界和平运动的一面旗帜"，"真可以说是'功在人类'"。

(按:8月19日，在巴黎大学校园里举行了对约里奥-居里的国家吊唁活动，弗朗西斯·贝兰代表法国原子能总署、法国科学院、法兰西学院、巴黎大学理学院和国家科学研究中心致悼词。其遗体被送至索镇的一处公墓安葬在妻子伊莱娜·居里墓旁，离玛丽·居里和皮埃尔·居里墓不远。成千上万冒雨送葬的人们挤满了通往公墓的条条街道。)

8月20日　二机部向中央上报《关于发展原子能事业方针和规划的意见》，提出"以军事利用为主，和平利用为辅；自力更生为主，争取外援为辅；中央与地方并举、土洋并举，大中小相结合"的方针。同时提出"苦战三年，基本掌握"；"边学边干，建成学会"；"抄、改、创相结合"等口号，为了"超英赶美"，还提出一些其他的高指标。

8月22日 接待并陪同周恩来、贺龙、陈毅及诺罗敦·西哈努克视察、参观原子能研究所，以及建成的原子反应堆、回旋加速器等，并亲自作情况汇报和介绍。

8月起 原子能研究所又得到新的发展。在原研究室和技术单位的基础上，逐步发展成为16个研究室和4个技术单位。新发展的研究机构分别是：

(1)稳定同位素分离研究室，主任先汪德昭，后戴传曾；

(2)铀钚化学研究室，副主任刘允斌、刘静宜(兼)；

(3)直线加速器研究室，主任先李整武，后谢家麟；

(4)反应堆工程研究室，主任连培生，副主任孟戈非；

(5)电子学探测器研究室，主任刘书林，副主任黄英伟、李德平；

(6)受控热核反应研究室，主任先王承书，后李整武；

(7)分析化学研究室，主任陈国珍(后兼任)，主任助理朱培基；

(8)放射性同位素研究制备室，主任肖伦；

(9)重水堆运行，总工程师籍孝宏，副总工程师陈维敬、符德番；

(10)回旋加速器运行，总工程师力一，主任工程师王传英；

(11)三废处理，负责人刘清怀；

(12)技术安全室，主任董汉雄，副主任李德平。

Δ与此同时，既为所长又兼中子物理室室主任，由于做到以身作则，大度无私，知人善任，全所形成了通力合作的局面，科学技术工作不断取得重要进展，科技骨干迅速得到锻炼和成长。

中子物理室科研骨干黄胜年回忆当年说：

> 说到钱先生当所长，有一件事给我印象特别深刻。五十年代中，当时经费很有限，而且由于外国封锁等原因，往往有钱也买不到设备和仪器。实验所需的各种器材，都十分紧张。偶然来一点，各个课题组都想要，以便进行自己的研究工作。钱先生当时是所长，兼任室主任，还是我们课题组的组长。他当着全室的同志宣布说："正因为我又是所长，又是这个室的主任，今后凡是遇到分配经费、分配器材等问题，我们这个室，一定不能与别人争，只能吃亏，不能占便宜。"他确实是这么做的，每次分配给自己所在室的，总是最少的一份，尽量先让给别人。至于我们这个组呢，那就更可怜了。开始时连工作场所都没有，三个人分别寄居在另两个组的房间里。记得我们当时没有电子仪器，只能自己动手制造。但连一台起码的示波器也没有，只好用其他办法来调试，瞎子摸象似的，实在不行了，就到二楼别的组去借一下，抬到四楼，接上线路看一下波形，马上又抬下去送还。1958年以后，

由于进口了一批苏联仪器，情况才有了好转。(《未湮没的径迹》，黄胜年自述油印本，1998年)

9月15日 中共中央批准成立中国科学院原子核科学委员会，被任命为该委员会副主任委员，主任委员为李四光，副主任委员还有张劲夫、刘杰。委员有竺可桢、吴有训、严济慈、童第周、赵忠尧、王淦昌、彭桓武、何泽慧、张文裕、杨承宗、钱学森、施汝为、贝时璋、钱信忠、蒋南翔、杨石先、陈凤桐、尹赞勋、李毅、郑林、周培光、佟城、黄松龄等。同时批准成立属于该委员会的同位素应用委员会，由吴有训任主任委员，赵忠尧、严济慈、陈凤桐、杨承宗任副主任委员(委员10人)。

下半年 从苏联引进建于兰州的气体扩散厂，因苏方强调保密不能接受中方人员实习培训，经亲自与苏方协商，决定在原子能所由苏方援建一个气体扩散实验室，用以对兰州气体扩散厂进行技术培训。该项绝密工程代号称"615"。9月20日在荆棘丛生的原子能所大院西北角破土动工，仅用一个月完成基建任务。

9月18～25日 中华全国自然科学专门学会联合会和中华全国科学技术普及协会合并为中国科学技术协会。钱三强出席举行的第一次全国代表大会，并在会上当选为第一届全国委员(全国委员共149人)。全国委员会选举李四光为主席，梁希、侯德榜、竺可桢、吴有训、丁西林、茅以升、万毅、范长江、丁颖、黄家驷为副主席。

9月23日 再次在二机部党组会上受到集体批评，主要批钱三强右的思想和对错误"口服心不服"的态度(因为7月通过刘允斌向刘少奇反映了几个问题)。

党组书记宋任穷在批钱会上作总结发言(会议记录转抄)。

宋:对三强同志，特别是七一以后有很大进步，劲夫同志讲许多问题有提高。现在的问题是要过一关，指出方向很重要。党领导科学问题，实际是对中央问题。凡是新事叶(物)来，总有一批人不相信，毛主席几次下台，这是毫无例外地，军队如此——一长制为什么吃得开，就是不懂，还是苏联那一套。过群众这一关，劲夫讲要接地线，钱学森就是通不过，在工人中坐也不是站也不是。不解决群众问题，接天线问题也解决不牢靠。让群众监督我们，混若干时候。同群众有了感情，对阶级对党就有了感情。三强同志要下决心过这一关，一起打仗、吃饭、睡觉，究竟如何搞法要好好研究，党校不如农村，过基层支部生活。不能每次都斗，斗到好。

宋:最重要的是党委集体领导。将来是什么方法要研究，军队党委领导下首长负责制，重要问题党委会，把日常工作不要搞到党委来啦！

郑(郑林——引注)第一书记可以，钱当第一书记不适当，讲明白，其实不是不可把书记、所长统一起来，这一段有错误。次序应是：郑、李、三(钱三强——引注)、梁、罗(罗启霖——引注)。罗要好好批判一下，澄清澄清，诚诚恳恳帮帮忙，力一也要帮帮忙。

9月27日 亲临现场，组织原子能研究所坨里实验基地落成暨我国第一座实验性重水反应堆和回旋加速器正式移交生产典礼。陈毅、聂荣臻、林伯渠、张闻天、吴玉章、徐特立、谢觉哉、李济深、郭沫若、黄炎培、陈叔通、宋任穷，以及苏联在华有关专家、各国驻华使节、首都科技界人士等近2000人出席。张劲夫主持典礼仪式，聂荣臻代表国家验收委员会签字验收并讲话，郭沫若和苏联原子能利用总局副局长叶夫列莫夫先后讲话(讲话均刊于次日《人民日报》)。

郭沫若说：

大家可以看到，原子能科学技术在我国已经奠定了坚实的基础，它今后的发展将会同生产建设的跃进相适应，是十分迅速的。一九五六年制定的发展科学技术十二年远景规划草案，包括原子能的研究在内，能够提前五年至七年基本上完成。

叶夫列莫夫说：

苏联人民怀着热爱和骄傲的心情注视着中国兄弟的成就。现在已经没有任何力量能够把历史的车轮倒转。苏联人民完全拥护赫鲁晓夫同志向艾森豪威尔提出的警告——对中国的进攻就是对苏联的进攻。……今天投入生产的原子反应堆和加速器是象征着苏中不可摧毁的友谊和进一步发展宏伟远景的许许多多重大事物中的一个。

Δ典礼仪式后，陈毅剪彩，大家分批参观原子堆和加速器，部分来宾观看新闻电影制片厂出产的纪录影片《向原子能时代跃进》，介绍原子能科普知识。此片由朱光亚参与制作。中午，来宾在图书馆大厅用餐，饭菜、酒和饮料，全由北京饭店提供。30年后，这一天被定为改名后的中国原子能研究院院庆日。

9月28日 《人民日报》头版发表移交生产典礼消息，并配发社论《大家来办原子能科学》。社论说，科学技术的高峰并不是高不可攀的，只要我们下定决心，专家、青年科学技术人员、技术工人和广大群众一齐发动，大家办原子能科学，原子能科学就会蓬蓬勃勃地发展起来。

同日 我国第一座实验性原子反应堆生产出33种放射性同位素。33种同位素中，有钴-60、钠-24、磷-32、钙-45等。放射性钴-60，在医学上可用来医治癌症,在工业上可用于探测金属内部伤痕;在农业上正在研究用来照射农产品,使之防止发芽腐坏,以利储存。放射性磷32,可作为示踪原子,用来研究植物如何吸收营养等复杂问题。其他各种放射性同位素,在工农业生产和医药卫生等方面都有各种不同的用途。放射性同位素是经过反应堆照射之后,由原子能研究所科技人员,因陋就简,在简陋的工棚里制备出来的。

10月4日 出席中国科学院在北京召开的"献礼祝捷万人大会"。会上各所献礼科学成果计2152项,其中超过世界水平的有66项,达到世界水平的有167项。这些献礼科学成果诸如"人造小太阳""天有可测风云""化冰雪为甘露""燃料直接发电"等。钱三强代表原子能所作献礼讲话,比较之下稍显"逊色"。

参加祝捷大会的黄胜年1998年记忆:

> 实事求是,是一个科学工作者的基本品质。但要始终一贯地做到这一点,有时是很不容易的。"大跃进"后期,人们迫于各方(尤其是来自上面)的压力,不得不说一些违心的话。有的著名科学家,也发表了一些很不科学的谈话。我记得有一次科学院召开大会,发言者大都提出了事实上难以达到的高指标,而且像竞争似的,一个比一个讲得"宏伟"和"鼓舞人心"。轮到钱先生上台了,出乎许多人的意料,他平静讲了能够做到的事。在那次大会上是被认为"保守"的。我心中明白,他这样做,要承受多么大的压力。现在回想起来,更觉得难能可贵。
>
> 坚持一个科学工作者的良心,坚持实事求是,对于不合理的事,即使是一时的强大潮流,钱先生也不愿稍稍苟合附和。这种刚直耿介的性格,曾经给他自己带来过不少麻烦。不过这也许是一切善良正直的人们在那种不正常年代里的共同遭遇。(《未湮没的径迹》,黄胜年自述油印本,1998年)

10月5日 出席原子能研究所全体党员大会。根据二机部指示,原子能研究所成立党委会,确定全所领导体制为党委领导下的所长分工负责。会上,李毅代表前届党委向全体党员作工作报告。部机关党委书记张献金代表部党组和部机关党委到会作指示。原子能研究所共青团和工会向大会致祝词。

会议经过无记名投票,选出钱三强、李毅、郑林、梁超、罗启霖、力一、赵斐钦、马俭、胡国春、连培生、王一(女)、梁玉来、刘书林、陈泽邦、苏振芳、范玉庭、刘允斌等17人为党委委员。王金才、钱皋韵、王传英、李寿枬、程绍英、任大明等6人当选候补委员。党委会召开第一次会议,决定郑林为第一书记,李毅、钱三强、罗启霖、梁超为书记,并组成书记处。

10月9日 接待并陪同朱德参观视察原子能研究所一部(即中关村原子能楼),汇报原子能科技工作的新进展,对宇宙线室的研究工作作详细介绍。

10月 带队到华东大区各省市进行调查研究和宣传工作(同行的有何泽慧、杨承宗、戴传曾、谢家麟等),在江西看了几处铀矿,还一起上井冈山参观革命根据地,为期近两个月(同时,宋任穷带队到中南大区各省进行调研和宣传;袁成隆带队到西北和西南各省进行调研和宣传)。任务是检查落实"大家办原子能科学","全民办铀矿"和"各省建反应堆加速器"的工作。后发现所提建议脱离实际,自觉教训深刻。1972年钱三强对这件事写出如下检查:

> 1958～1960年大跃进时,在部党组提出"大家办原子能"的口号下,我不顾实际需要,曾建议各省市都搞"一个反应堆和一个加速器",这种貌似很极"左"的意见实际上办不通时,就转化为大部分下马的右的结果(形左实右),打击了群众的积极性。(钱三强,《我的检查》,引自二机部《关于钱三强同志情况的报告及附件》)

10月 重视核安全,预见到辐射防护对发展核工业的重要性。在放射生物研究室(七室)研制成黄土去污装置后,亲自将该项成果推荐给中国科学院自然科学成果展览会展出,并向参观展览会的毛泽东等领导人作讲解,引起领导人的浓厚兴趣和重视。

下半年 李林离开上海的家正式调入原子能研究所,从事反应堆材料辐照损伤研究。

11月 原子能研究所开展的"受控核聚变"研究进入小型试验阶段——"直线放电"。为此决定在二部新组建第十四研究室,参加该项研究的主要人员有王承书、李整武、钱皋韵、忻贤杰等。

12月11日 主持所长办公会议,讨论决定以下事项:

(1)基建方面,确定1959年第一季度施工项目有设计大楼、热工水力、金工厂、加速器大楼和同位素仓库等。

(2)剂量防护方面,确定由梁超分工负责领导技术安全室的工作。并将十二室的剂量仪器研究试制组和七室的防护衣具小组并入技安室。

12月16日 建成运行的原子反应堆在中午12时15分发生重水泵漏水事故。事故于当日13时30分左右消除。事故所造成重水损失约为15公斤。重水泵经卸拆检查,判明是内部镍铬合金套筒破裂,裂缝长度约50毫米,在垂直方向,裂口处稍微向定子腔突出。事故原因系设备缺陷所致。

12月21日 陪同邓小平、彭真参观视察原子能研究所新建成的原子反应堆和回旋加速器,并汇报介绍所关心的情况和问题。

12月30日 中国邮政发行一套(2枚)特种邮票,纪念我国第一座原子反应堆和第一台回旋加速器建成运行。一枚为反应堆图照,面值8分;另一枚是回旋加速器,面值20分。

黄胜年曾撰写《邮票上有一个我》一文,节录于此:

下面可以谈谈邮票上的人。自右至左是:黄胜年、叶宗垣(女)、杨惠风、最后坐着的是王豫生(女)。前两人正在安装调整中子探测器,后二人正在调整电子线路。总起来说,我们四个是一个研究小组,由钱三强和何泽慧先生指导,当年正在筹备做裂变物理,特别是裂变中子的实验。反应堆初开时,只有很低的功率,但中子的强度比以前(没有反应堆时)用"钋铍中子源"已经大得多了。利用反应堆的水平孔道,尤其是我们那个零号孔道(热柱)的中子束来做探测器的调整试验是很合适的。照片上记录的就是我们当时实验筹备阶段的一个画面。
(王甘棠、孙汉城,《核世纪风云录》)

本年度 原子能研究所全所共写出研究论文和报告计39篇,其中公开发表19篇,20篇内部刊印。

是年 原子能研究所在仪器设备的研制与现有设备的改进方面做了以下工作:

(1)采用断绝缘的办法,基本上解决了反应堆大厅吊车刹不住车的问题。

(2)反应堆操纵台降温问题,是按苏联气候标准设计的,但在中国温度太高,34～35℃即会烧坏,现用冷泵将地下水气放进去,使操纵台温度降低。

(3)改进液体氮的倒罐办法:以前每罐一次要损失液体氮四分之一左右,现在只有少量损失。

(4)冷水辅导器:抽真空的附属设备,原来用液体氮,现在用蒸馏水即可以。

(5)不阻塞放大器:原子物理试验用,粒子出来后通过它放大,特点是不阻塞。

(6)单道脉冲振幅分析器:用来数清放大出来的脉冲有多少,一般通用。

(7)自制直线变化振幅脉冲产生器:电子学测量校正用,参考美国资料。

(8)试制毫微秒示波器:观察高能粒子变化晶体情况。

(9)自制10 000定标器:参照英国线路。

(10)自制放射性检查器:手提式,一种带喇叭,一种带仪表。

(11)自制了一些中国原来没有的计数管:

1)卤素β计数管,测量β射线是同位素应用的重要工具,封结云母窗效果好,寿命长,而且方便。

2)卤素热水瓶式计数管,放射物可放入管内测量。

3)卤素流体计数管,液体流动过程放射性的测量。

4)鼓型计数管,测β射线。

5)大口径β计数管,测β射线。

(12)自制中子选择器,用途:测量各种中间中子对各种物质的截面,以提供设计堆防护的重要参考数据,效率为13 000转/分,可以得到十万分之二秒的中子脉冲,分辨率达0.1微秒。

(13)晶体谱仪:用以从反应堆中子流的多种能量中选择一种能量,机械性能要求精密,基本上自己制作,参照美法资料。

(14)自制多极电子束拨动管,用以电子学脉冲技术线路的记录。优点:运转快速、可靠、经济。可用在军事通信、电子计算机遥测遥控、核子物理学仪器等方面。

(15)中子谱仪:测量堆内各种材料对中子吸收程度(参照苏联代表团在日内瓦会议报告资料仿制)。须量每秒测500回,每回为178次,每2%万秒测一次。

(16)初步研制成功两台2兆电子伏电子静电加速器,并作进一步调试。

年底 原子能研究所大发展,全所职工达1753人,其中科学技术人员840人,内有高级科技专家15人。

Δ杨桢亲历钱三强领导原子能研究所大发展的回顾附录于后:

我于1951年参加工作。如果把时针倒拨到那个时候,我们就会发现,如今的高能物理所、原子能科学院、兰州近代物理所、上海原子核所,乃至物理所、半导体所以及长春、安徽光机所等诸多庞大的科研机构,都将追溯到一个共同的起点:北京东皇城根甲51号,原"北平研究院"旧址。那里有两座灰砖楼,是当时"近代物理所"和"应用物理所"的所在地。另有一个小四合院,我们叫它"光学工厂",当时厂长是王大珩。该厂是现在的长春和安徽光机所的前身。

钱三强先生当时任近代物理所所长。他主张的宗旨是:"我们不只是培养几个杰出的学者。我们的目的是建立一支科研队伍。"

在建国初期的困难条件下,近代物理所,"麻雀虽小,五脏俱全",钱先生历尽艰辛,使今天浩大的近代物理大军在那里都有了"根";高能物理方面,王淦昌先生带个学生开始了云雾室宇宙线的研究,王先生还给我们开了"原子核物理"和"宇宙射线"两门课;肖健先生刚从美国回来,就马上用云雾室积累"V-粒子"事例;理论物理组,有朱洪元先生和彭桓武先生,还有在五十年代就不幸去世的郭挺章先生,而于敏、邓稼先和黄祖洽等后来为祖国的核事业做出重要贡献的人,当时都是这个组里的"小青年"。赵忠尧先生克服重重阻挠和困难一回到国内,就用他好不容易带回来的少量器材,领着叶铭汉(我们的团小组长)等几个青年,为我国的第一台加速器VDG"奠基";按照钱先生"首先要建立探测设备"的要求,除了何泽慧先生研制乳胶之外,戴传曾、李德平先生和我这个"小毛头"在一个组,他们每人建了一套真空系统试制盖革-米勒计数器,而我则忙于调试钱先生从居里实验室带回来的“居里静电计”,用以试测放射性。钱先生承袭了居里实验室的优良传统,非常重视化学。在化学组里,从法国回来的杨承宗先生带着朱润生和林念芸等几个年轻人,开始了最早的“摸老虎屁股”即铀化学的研究。就这样,在钱先生的精心组织和安排下,中国的近代物理:高能、基本粒子、核物理、原子能乃至放射化学的雏形,就在这小小的灰楼里得以形成。

建国和建所之初,物质条件之差是难以言喻的,当时还很贫穷落后的中国,更加帝国主义的严密封锁,真是要什么没有什么。正如钱先生当时所说的“你想吃面包,就得从开荒做起”,整个所的器材供应,只有相当于现今住宅一小间居室那么大的房子,里面坐着顾功叙先生的夫人,我们尊称她“顾太太”。一开门,四壁货架上摆的几件东西一目了然。没有,就自己想办法到市面上,到卖破烂的地摊上去寻。李德平先生为他那一套准备作计数管的真空系统操尽了心。没有真空封蜡,没有测量仪器,就连测定 $10^{-1}\sim10^{-3}$ 这种低真空的设备也没有。李先生花了很多时间摆弄几个从北京灯泡厂弄来的装了钨丝尚未抽气的灯泡,设法把它们接到真空系统上,再用一个惠斯登电桥连接灯丝,想通过真空度、温度及电阻率间的关系来测定前级真空;而刻度它则用的是一种玻璃吹制的,靠水银面的高低来定真空的装置,今天的年轻人大概没有几个人见过。那年秋天,传来了美军准备在朝鲜战场上使用原子弹的消息。彭德怀司令员亲自到东皇城根向钱先生和赵先生请教有关问题。我军首先得有一些能探测放射性的设备,而困难的是,我们当时不仅盖革管还在试制阶段,就连盖革管淬灭电路上急需的阻值在 10MΩ 以上的淬灭电阻,竟然跑遍北京的无线电商店加旧货店也寻不着!没有办法,连这也得自己做:截取一段玻璃棒,两端绕上裸铜丝,用真空蒸发法在中间蒸上一层薄薄的金膜,再用石蜡封上。连赵忠尧先生也亲自参与试制。真是“为了吃上面包,要从开荒做起”!值得回忆的是当时那种贯彻全国上下的团结奋斗精神。举个例子,我被推荐为留苏预备生,派到俄专学俄语。为保证留苏生能有健康体质,经得起紧张的国外学习生活,规定所有学员一律“小灶”待遇,每月伙食30元。当时0.8元就能买只鸡。我们学员整天牛奶鸡蛋大鱼大肉吃不完,可是为我们日夜操劳的全校的管理干部,上至校长,下至教员职工,却一律青菜豆腐而毫无怨言。试想,在这种环境下,你能不拼命吗!正是这种精神,使我们在钱先生的领导下,克服重重困难,为今天的大发展打下了基础。

再引一句钱先生常讲的话,“甘当无名英雄,十年不发表文章”。这些先辈们用自己的行动,实践了他们的诺言,为我们铺了路,培养了一支浩浩荡荡的科学大军。我们不能忘记他们。(杨桢,《纪念钱三强老师——1994年1月11日高能所纪念四位前辈会上的讲话》)

1959年 四十六岁

1月15日晚 出席苏联驻华大使尤金举行的招待会,纪念中苏两国签订科学合作协定,气氛热情友好如常。应邀出席招待会的还有周恩来、陈叔通、黄炎培、邵力子、竺可桢、谢鑫鹤、钱学森、侯德封、张大煜、潘梓年、范长江、秉志、韩光、吴有训、周培源等,另有民主德国、巴基斯坦驻华大使。

1月 为了迎接新中国成立十周年,回顾十年来原子能和平利用的发展历程,在《原子能科学技术》杂志发表署名文章——《我国原子能的和平利用正在大踏步迈进》。钱文就实验原子核物理;宇宙线和高能物理;原子核和基本粒子理论;同位素化学和同位素应用四方面的主要成就做出归纳和叙述:

我国原子能的和平利用正在大踏步迈进

钱三强

一、实验原子核物理

加速器和反应堆是发展原子核科学技术不可缺少的重要设备,解放后我国在建立这些设备方面作了很大努力。1958年6月在苏联帮助下,建成了现在亚洲最大的、功率为7000～10 000千瓦的重水型研究性反应堆,能加速α粒子到2500万电子伏特的回旋加速器。它们的性能非常良好。反应堆的中子流的强度和回旋加速器的离子流强度达到了国际上的先进水平。我们自己设计和制成的250万电子伏特的质子静电加速器、高压倍加器和苏联供应的电子感应加速器了正在在运转着。此外,电子静电加速器、电子回旋加速器等其它类型的加速器也正在设计和制造中。通过这些加速器和反应堆的安装、操纵和设计,一批新生的从事反应堆和加速器的研究、设计和制造的干部生长起来了。高度真空是加速器和其它许多科学技术不可缺少的重要技术。在这方面我们已经能设计和制造合乎要求的大体积的金属扩散泵。在反应堆和这些加速器上正在紧张地进行着原子核物理、辐射化学、同位素制备、放射生物等方面的工作。大量的青年科学工作者正在成长中。

与上面叙述的粒子发生器相适应,我们制成了重粒子谱仪和几种β谱仪。在反应堆和回旋加速器建成了几种中子谱仪和晶体谱仪。

在这些谱仪上正在进行着原子核的β和γ能谱、原子核反应、中子能谱和裂变物理等方面的研究工作。此外还对轻原子核的质量作了系统的整理与探讨。

在探测仪器的研究方面,我们也获得了成就。在原子核乳胶和盖革计数管方面进行了系统的研究。了解了乳胶制备过程中各种因素之间的关系,从而制成了对质子、电子灵敏的以及对探测中子效率比较高的乳胶。研究了计数管的放电机构,从而制成了中子计数管和性能良好的各种有机气体的和卤素气体的β、γ计数管。这两方面工作都获得了中国科学院1956年的科学奖金。

此外还进行了云雾室、闪烁晶体、游离室、磁旋管和光电倍加管等特种电子管的研究、制造和改进工作。

在原子核电子学方面,进行了多方面的工作,现在已经不但能解决放射性测量、同位素应用、原子核物理等方面所提出的一般的电子线路问题,并且在原子核物理和高能物理最近所需要的多道脉冲分析器和毫微秒脉冲技术等方面也打下了良好的基础。

二、宇宙线和高能物理

在中国南部海拔3185公尺高度处,我们建造了一个宇宙线实验室,终年很少有雪,工作和生活条件比较方便,在那里装置了多板云雾室和有磁场的云雾室。利用这些设备,共拍摄了十万多对立体照片,测察到奇异粒子衰变的700个事例,研究了重介子θ0和超子A0的质量和寿命。它们产生率的比值和它们衰变与产生时的角分布问题。这些结果同别国用其他方法得到的结果很吻合。在这些整合中还找到了几个比较稀少的事例,作者们对这些事例作了分析并且给了适当的解释。比如 其中的一个有兴趣的事例是:一个多板云雾室内铅板中发生的高能核作用里发射出一个重介子。这重介子停止在铅板中后又如射出一个Λ超子和一个高速带电粒子,这个重介子被解释为K-介子。在产生这K-介子的同时,还产生了另一个不稳定重粒子,并且这不稳定重粒子也在云雾室内衰变。

另外还建立了观测宇宙线强度的设备,其中有立方形μ介子望远镜,中子记录器和大体积的电离室,在这些设备中,大体积电离室是苏联国际地球物理年委员会赠送的。

除去在国内进行宇宙线的研究以外,我国的科学工作者还参加了在苏联杜布纳城的十二个国家组成的联合原子核研究所的工作。利用了世界上最大的100亿电子伏特的同步稳相加速器和性能、效率都很好的6.8亿电子伏特的同步回旋加速器产生的粒子,用气泡室,乳胶和契伦科夫计数器等进行高能介子和高能质子的核反应等的研究。在这些工作中，我国的科学工作者和社会主义各国科学工作者有很好的合作。最近在基辅召开的第九届高能物理会议上，曾就以上合作的成果作了报告，其中有高能 π 介子与质子发生作用后产生 A 粒子和中性 K 介子的作用截面比例和角分布等的新数据，有关高能 π 介子与质子间的弹性散射的新结果，除此以外还宣布了在杜布纳找到有可能是新的不稳定粒子的迹象。这个粒子被命名为 Д 粒子——Д 指杜布纳城的第一个字母，又是俄文“友谊”的第一个字母，这是友谊的结晶。这些成就是在苏联科学家的领导下社会主义各国科学家们共同努力获得的。

三、原子核和基本粒子理论

在原子理论方面，利用了壳模型观念，改进了计算方法。对满壳层原子核铅附近的原子核能级进行了系统的计算。已计算的六十多个能级的数值与实验的数据符合的很好。这表明在原子核内两个核子之间的相互作用强度大致上与核力相接近。

在核力方面，曾对低能唯象理论方面进行过系统的工作。最近改进了试算波函数。指出由有心力与张量力混合的两体力有可能解释轻原子核结合能问题。

此外在核结构的综合模型方面，壳模型方面，也曾进行了比较系统的探索性工作，为进一步研究打下良好的开端。

在基本粒子理论方面，首先是围绕盖尔曼和范曼所提出的普遍费米弱相互作用理论展开了关于基本粒子衰变和俘获现象的研究：应用于 Λ 超子衰变产物角分布分析的结果，指出 Λ 超子可能是自旋为 1/2 的粒子；探讨了 μ 介子为质子所辐射俘获现象。其次是在联合原子核研究所中，在苏联科学家指导下，中国和苏联的科学工作者合作进行了比较系统的关于如何在实验上测定奇异粒子的自旋和相对宇称的研究。由于尽量应用运动学的考虑，避免用动力学假说。因而讨论自旋和宇称的结果是比较可靠的。

另外还进行了量子场论的数学形式的工作，最近由于色散关系理论的发展。散射函数的解析性质也引起了中国理论物理工作者的注意。

四、同位素化学和同位素应用

在放射化学分离方法中离子交换法用的比较普遍，例如：用强酸型交换树脂以盐酸为流洗剂，曾从常量的钡中分离出微居里量的镭或新钍。用羟基型强碱性树脂作过滤沉淀剂。很快地从新钍Ⅰ中分离出新钍Ⅱ。在萃取过程和同位素交换等方面也作了一系列的研究。

在稳定同位素方面,系统地进行了各地水中重水成分的分析,证明有些油田中重水含量较高。进行了硼、氧等同位素分离的研究,得到了探测技术所需要的浓缩硼。

重水反应堆开动一年来。我们已经试制出了磷32等同位素三十多种,并且试制成了若干种在生物和医学研究工作上应用的标记化合物。

同位素的应用普遍地引起工业、农业、医学、科学技术研究各方面的注意,这门新技术正在迅速地渗透到国民经济各个部门,科学技术的各个方面,并且已经取得了有益的效果。

首先是在工业方面,放射性测井的方法已经应用于石油、煤炭等地质勘测工作。这些测井方法对于确定油区的石油构造和确定煤层帮助很大。机械探伤方法的应用比较普遍。上万次的检验证明,经过检验合格的新设备没有发生过质量的事故,它已经成为若干部门生产和安装工程所不可缺少的检验工序。利用放射性测定和检查高炉炉衬的损坏的方法也已经开始应用。在化学工业方面,研究工作已经取得成果的有:用γ射线的照射,使农药666的有效杀虫成分(六氯化苯的γ体)从用通常方法的14%~16%提高到22%;用反应堆作辐射源,证明苯乙烯的聚合是比较容易的。此外,在水泥工业等方面也都开始应用。

在农业方面,开展了利用射线进行农作物贮藏的系统研究;利用射线照射各种植物的种子以研究对于植物生长发育的影响工作,也已取得了一定的效果。此外还进行了土壤水分的测定等方面的应用。

医学部门对于同位素应用,不管在诊断、治疗或者医学研究方面都非常重视。得到成果的工作有:用碘和磷临床诊断,用钴和磷治疗癌症,用碘治疗甲状腺机能亢进患者,用锑进行了治疗血吸虫病锑剂解毒剂的药理研究。

这十年来,我们虽然有了进步和获得了一些成就,但是还远远赶不上我国社会主义建设中日益增长的科学技术的需要。社会主义工农业的高速发展,对动力的需求日益增加,苏联原子能电站的建成和在研究可控制热核反应方面不断取得新的进展,都为我们展示了开辟新能源的无限广阔的前景。基本粒子的研究为人类进一步认识物质世界和利用物质资源探索着途径;同位素应用范围的日益扩展,显示了这门尖端科学技术巨大的潜力。这些也都给我们原子能科学技术人员提出了光荣而艰巨的任务。

在庆祝我们伟大的祖国建国十周年的前夕,苏联的宇宙火箭准确地到达月球,原子能破冰船正式航行,这些震动全世界的消息更加给了我们莫大的鼓舞。我们一定在党的鼓足干劲,力争上游,多快好省地建设社会主义的总路线照耀下继续奋勇前进,学习苏联的先进经验，作出更多更大的贡献。

2月20～28日 出席二机部在北京召开的"跃进献礼积极分子代表会议"。陈毅到会讲话，周恩来、朱德等接见会议代表。刘杰代表二机部党组提出1959年三大任务，即完成计划、掌握技术和培养干部。

2月24日 在苏联顾问指导下，由朱光亚等主持设计、建造的第一座零功率装置在原子能研究所建成，并顺利达到临界进行实验工作，获得预期结果。同时，在原子能研究所还建成中子谱仪、磁镜型绝热压缩等离子体实验装置等重要仪器设备共50余件。从此，我国核科学研究的技术装备和实验手段，有了比较显著的改善。

3月2日 建成并运行的原子反应堆，在上午8时30分意外发生重水泵(甲)漏水事故，漏出重水约100克(当时收回)。事故原因为薄膜破裂。

3月10日 出席在北京前门饭店举行的中国科学院原子核科学委员会第二次会议，并就和平利用原子能工作的进展情况作主题报告。

3月 在苏联专家谢尔巴柯夫(组长)、茹因、瓦利柯夫指导下，原子能研究所"615"(铀同位素分离)完成设备安装，70多台真空扩散机组整齐地镶嵌在实验大厅地板上。钱三强强调保密需要，要求"615"院内实行特许出入证，并正式成立实验室。随后，亲自请苏联专家(普札耶夫、叶络欣、谢明诺娃等)为该室科技人员讲课，为后来的工作开展做了必要储备。

3月20日 委派王承书、钱皋韵前往苏联学习受控热核反应，为将来需要作准备。

3月27日 主动写报告请求停止享受每月100元的学部委员津贴。报告如下[①]：

院办公厅：

我请你们将我的学部委员每月津贴一百元自四月起停发。关于此事，我已曾写信给张副院长。希望你们批准，并且通知有关部门执行。敬礼！

钱三强

1959.3.27日

4月7～13日 在北京饭店参加中国科学院所长会议，到会360人(包括26个分院及筹备处)。根据安排，在4月9日全体会议上作发言，钱三强主要报告原子能研究所重点工作进展及本年度工作计划。4月11日，会议听取陈毅作的关于我国外交形势和外交政策的报告。

---

① 原件存中国科学院院档，案卷号1959-02-19-13

4月16日 主持原子能研究所所长、室主任联席会议,研究讨论所内的体制改革。会议决定将原有的研究室和技术单位,大体上按学科分成"线",即物理线(业务领导人何泽慧,总支书记刘书林);化学线(业务领导人汪德熙,总支书记赵雯钦);堆工线(业务领导人孟戈非、连培生,总支书记靳新柯);生物防护线(业务领导人梁超,总支书记董汉雄);物理化学线(业务领导人吴征铠、王承书、钱皋韵,总支书记武连魁);另设中关村片(业务领导人赵忠尧,总支书记苏振芳)。

4月 在苏联专家指导下,兰州铀浓缩厂厂区全部工号的施工图设计基本完成。核燃料元件工厂一期工程21个子项全部施工图的设计,仅48天完成。各个辅助工程项目的设计也都相继提前完成。

5月23日 国家科学技术委员会原子能专业小组进行调整,组长为宋任穷,钱三强被委任为该小组副组长。

5月30日 作为中国政府全权代表,出席在苏联召开的联合原子核研究所成员国政府全权代表会议。同时看望了在联合所工作并担任副所长的王淦昌等,相互交流有关情况;同一些中国青年学者见面,介绍国内及原子能研究所主要科学工作的进展。

6月20日 苏共中央致信中共中央,以苏联正与美国、英国谈判核禁试条约为理由,提出暂缓提供协议规定的原子弹教学模型和有关图纸资料,两年后看形势发展再说。同时,一些在中国国防技术部门工作的苏联专家,开始奉命以休假为名相继回国,并借故不再来华。

7月4日 针对苏方来信,出席二机部党组临时会议研究提出应对方案,由宋任穷向聂荣臻报告。

7月14日 根据聂荣臻的安排,二机部宋任穷、刘杰和万毅赶赴中央政治局扩大会议所在地江西庐山。在聂荣臻听取汇报后,就关于要否复信苏方事请示周恩来,周指示说:"中央研究了,我们不理他那一套。他不给,我们就自己动手,从头摸起,准备用八年时间搞出原子弹。"(周均伦,《聂荣臻年谱》(下卷))

7月 受宋任穷委托,物色核武器研究所业务负责干部人选。经过全面了解和酝酿,推荐原子能所中子物理室副主任朱光亚,得到批准,遂将朱调往核武器研究所任副所长,主持业务工作。1983年,钱三强在谈到培养和选拔科学技术带头人的体会时,欣慰地回忆起这件事(其时保密原因,文中未点出朱光亚的名字):

> 记得二十多年前,我国原子能事业起步不久,急需一位负责最后产品的科学技术领导人。当时任二机部部长的宋任穷同志要我推荐。经过酝酿,结果选中了一位中子物理研究室的副主任,他还属于当时科技界的"中"字辈,仅三十五六岁,论资历不那么深,论名气没有那么

大。那么,为什么要选他,他有什么长处呢?第一,有较高的业务水平和判断事物的能力;第二,有较强的组织观念和科学组织能力;第三,能团结人,既与年长些的室主任合作得很好,又受到青年科技人员的尊重,因而他可以调动整个研究室力量支持新成立的研究机构;第四,年富力强,精力旺盛。实践证明,他不仅把担子挑起来了,很好地完成了党和国家交给的任务,做出了重要贡献,而且现在已经成为我国国防科学技术工作的能干的组织者、领导者之一。现在他还不到六十岁,还可以为发展科技事业和培养人才继续显身手。这是我了解并亲身经历过的一个例子。这个例子,既说明培养和选拔科学技术带头人的重要,同时也说明,选拔人才必须破除陈规旧习。(钱三强,《科技队伍建设的一个重要问题》,原载《人民日报》,1983 年 5 月 12 日;引自《钱三强文选》,218 页)

8 月 25 日 国务院第 91 次全体会议通过:刘杰接替宋任穷任二机部部长,钱三强仍为 4 名副部长之一。是日,周恩来总理签署任命书(第 11427 号),任命钱三强为中华人民共和国第二机械工业部副部长。

下半年 组织原子能研究所黄祖洽、郑绍唐、孙绍麟、吴翔、陈乐山等开展原子弹理论研究。根据钱三强的要求,黄祖洽等从研究快中子堆入手开展这一工作。他们首先调研各国,重点是美国快中子反应堆的发展情况和实验数据。通过调研,对于快堆达到临界要用多少铀-235 或钚-239,心中大致有了数。为了自己进行计算,同时还研制了快中子反应堆的单群参数,并分头调研快中子反应堆临界度的计算方法;接着,着手研究枪法原子弹的理论问题。此后,该研究小组到核武器研究所同邓稼先、胡仁宇、胡思得、王贻仁、徐迪新、陈小达等,进行不定期研讨和交流,钱三强、彭桓武、何泽慧、朱光亚等经常参加研讨会并发表一些指导性意见。

9 月 2 日 在北京新侨饭店出席祝贺留法天体物理学家程茂兰(1925 年 20 岁时赴法勤工俭学,在法研究 32 年,获数学硕士、天文学博士学位,是 1945 年法国科学院奖金获得者和 1956 年法国科学骑士勋章获得者,专长恒星光谱光度学、夜天光等光谱研究。)的婚宴。赴宴致贺的还有郭沫若、张劲夫、竺可桢、吴有训、赵九章、周培源、杜润生、张钰哲、李珩等。

9 月 7 日 会见到原子能研究所参观的法国物理学家维基埃。

9 月 参加原子能研究所党委会,党委书记传达学习中共中央"关于鼓足干劲,反右倾的指示"。根据二机部党组和部机关党委的部署,所党委做出开展反右倾运动的安排。

9 月 21 日 钱三强前往飞机场迎接应郭沫若院长邀请来华讲学,并参加十周年国庆典礼的苏联科学院通讯院士、联合原子核研究所所长勃洛钦采夫。

9 月 25 日 接待并陪同勃洛钦采夫在原子能研究所参观,举行学术座谈会。

9 月 30 日晚　出席毛泽东、周恩来在人民大会堂宴会厅举行的国庆十周年招待会。赫鲁晓夫在宴会上作演讲。

是年　经过何泽慧主持在所内多年的研制,核乳胶技术达到国际先进水平,并正式在天津感光胶片厂投入生产。此前,钱三强曾亲自带领几个人到天津考察,而后抽调 10 名大学生先在原子能研究所学习,再搬回去由天津感光胶片厂投入生产。产品有核-2 型乳胶,主要用于能量在 70 兆电子伏以下的低能 α 粒子的探测和能谱测量,以及能量为 0.4～4 兆电子伏的质子或快中子的探测及其能谱测量;核-3 型乳胶,主要用于能量在 700 兆电子伏以下的 α 粒子的探测,以及能量为 0.4～50 兆电子伏的质子和快中子的探测及能谱测量;核-4 型乳胶,主要用于 β 粒子的探测。生产的各类乳胶,均有核乳胶片和液体乳胶两种规格,使用核乳胶的单位达到 140 余家。后来,此项工作因"运动"干扰被迫停顿,本已达到国际先进水平的核乳胶技术,被后起者日本超越了。

10 月 1 日　陪同苏联科学家勃洛钦采夫登天安门观礼。扩大后的天安门广场有 70 万人之多,但整齐有序,令外宾惊叹,从上午 9 时起直到 12 时 40 分结束。晚上,钱又陪外宾在广场观看焰火。毛泽东陪赫鲁晓夫等到场。

10 月 5 日　出席原子能研究所举行的迎接新中国成立十周年科学技术成果献礼报告会,会上提出报告 96 篇。其中被评为第一类的(即报告质量好,达到一定水平,在国民经济或科学上意义较大,而工作方向和方法也都正确的)有 46 篇,占总数的 48%;第二类的(即工作有一定成绩,达到一般水平的)有 41 篇,占总数的 43%弱;另有 9 篇是工作刚开始,需要继续进行或尚存在一定问题、不够完整的,占总数的 9%强。

10 月 16 日　主持原子能研究所为庆祝新中国成立十周年举行的科学技术成果报告会和科学家、室主任座谈会,在会上畅谈了这十年中原子能研究所发展的历史和个人的心得体会。

10 月 22 日　与彭桓武一起接待联合原子核研究所科学访问团代表、苏联科学院通讯院士马尔柯夫、彭德哥尔沃,并陪同参观原子能研究所,交流两所有关的科学工作。访问期间,苏联物理学家索罗哥、罗马尼亚物理学家维尔可夫,分别作了有关基本粒子同位旋守恒不守恒问题和 π 介子实验问题的学术报告。

11 月 6 日　接待出席全国群英会的各省市代表团团长及省委书记(150 人)参观原子能研究所,并亲自陪同参观,作情况介绍。

11 月　参加讨论制订我国《原子能事业八年规划纲要》,根据中央的方针,该规划纲要提出"三年突破,五年掌握,八年适当储备"的奋斗目标。

11 月 13 日　主持原子能研究所所长办公会议。会议讨论研究物理、化学、反应堆、生物防护四个主要部分的科研工作计划;根据工作发展需要,成立五个科技小组，由所长副所长直接分工领导，即乳胶小组（钱三强）、腐蚀小组（李毅）、反应堆材料性能小组（彭桓武）、真空技术小组（梁超）、放射性去污小组（梁超）；决定组派四个小组（同位素小组、金属小组、放射卫生小组和放射化学小组）赴苏联参观考察；派郑林出席11月25日联合原子核研究所全权代表会议，派张文裕出席11月20日联合原子核研究所学术委员会会议。

11月16日 同苏联科学顾问瓦尔比尧夫讨论原子能研究所今后科研工作，及双方科技合作交流问题。

11月21日 出席二机部在北京召开的五级干部会议，内容为进一步反右倾，鼓干劲，总结1959年的工作，安排1960年工作。刘杰代表部党组作报告，指出：我部职工要树雄心立大志，使我们的事业完全建立在自己科学研究的基础上，建立在自己独立发展的基础上。宋任穷讲话强调：党委领导，政治挂帅，大搞群众运动，是无产阶级领导企业的根本路线。

12月8日 主持在北京西苑旅社召开的原子能研究所所务扩大会议，讨论决定1960年全所科研工作计划。

是年 原子能研究所由1957年的6个学科，15个学科分支，发展到22个学科，60个学科分支，填补了我国一批学科空白。研究技术单位由1957年的10个，发展到22个。如反应堆设计、堆物理、堆工程技术、材料腐蚀、元件工艺、受控热核反应、高能加速器的研究、大云室的设计建造、计算数学、钚化学、分析化学、放射性同位素制备和同位素应用、放射生物、卫生防护等。

Δ重水堆和回旋加速器已经由我国自己的工程技术人员安全运转了一周年，对堆器的性能和设备进行了初步研究，还作了某些改进。建立了两座零功率堆装置。完成了“49－2”反应堆的全部设计。利用反应堆和回旋加速器测量中子能谱和中子截面的两台晶体谱仪、一架机械选择器、一台飞行时间选择器，已调整完毕，有的已经开始了实验工作。100千伏高压加速管“十一”前已安装调整完毕，开始出束。

Δ裂变物理与堆理论、堆物理、堆工程技术等方面都开展了工作。1958年建成的两台电子静电加速器，已先后于今年“十一”和年底调整好。低能核物理理论和实验工作都做出了较好的成绩。受控热核反应实验室已初步建立起来，一个等离子体装置（“小龙”）已经建成并开始实验研究工作。真空技术、探测技术方面，都取得进展和提高。两台质谱仪已经调好，进入正常工作。射频质谱仪已试制成功。在修理后的工棚里，“十一”前又开始放射性同位素的制备生产。利用射线解决粮食贮藏问题的研究也做了大量系统的工作，有几项已经取得较好的结果……。

年底 原子能研究所全所职工3586人，科学技术人员1493人，其中高级科学技术专家25人。

1960年　四十七岁

1月3日　出席二机部党组扩大会,刘杰根据中央指示精神,提出“三五八”的设想,即“三年突破,五年掌握,八年适当储备”。要求各单位一手抓当年工作,一手抓“三五八”规划。开展两大运动:一是学习毛泽东思想,高举毛泽东思想伟大红旗;一是猛攻科学技术关。

1月　中共中央批准从全国各部门、省市选调一批高中级科技干部加强核武器的研制工作。从此,中国科学院开始调动全院1/4的精锐力量和最先进设备,从事有关原子能的关键技术工作,通力合作,共同攻关。根据中国科学院和二机部党组的安排,钱三强负责组织部院重大任务的协作。

1月12～16日　参加原子能研究所第一次党代表会议。李毅代表所党委作题为“高举毛泽东思想红旗猛攻原子能科学技术,为胜利完成一九六〇年任务而奋斗”的工作报告,提出:“高举毛泽东思想的红旗,进一步加强党的领导,大搞群众运动,猛攻原子能科学技术,更好地完成一九六〇年的任务,为实现‘三年系统配套,五年全面掌握,八年攀登高峰’打下良好基础。”张劲夫、刘杰到会讲话。

1月19日　游泳池式轻水反应堆工程(工号49-2)在原子能研究所破土动工。该工程以普通水作慢化剂和冷却剂,功率为3500千瓦。为生产堆和潜艇核动力堆设有两个元件辐照试验孔道,中子通量与生产堆的中子通量同一量级。它既是为生产堆元件考验的需要,也是为设计建造大元件堆积累经验。

2月7日　获悉多次晤面的苏联原子能研究所所长、领导苏联原子物理研究的库尔恰托夫在莫斯科逝世,即代表中国科学院原子能研究所并以个人名义致唁电。随后撰写《悼念杰出的苏联原子能科学家库尔恰托夫院士》一文,发表于《原子能科学技术》(1960年第3期)。全文录后:

悼念杰出的苏联原子能科学家库尔恰托夫院士

钱三强

1960年2月7日世界闻名的苏联原子能科学家、苏联科学院原子能研究所所长伊·华·库尔恰托夫院士,在长期患病后逝世了,他在研究有关利用原子内部能源以造福人类的重大任务方面有着杰出的贡献,在苏联原子能科学技术研究工作方面起了重要的作用,他和约里奥-居里一样,是当代最杰出的保卫和平的科学家之一,他的逝世不但是苏联科学界的重大损失,并且也是社会主义阵营科学重大损失。中国的科学工作者对这位伟大的科学家和中国人民的忠诚友人的逝世表示衷心哀悼。

库尔恰托夫院士生于1903年,1923年毕业于克里米亚大学数理系,1925年到列宁格勒在约飞院士领导的物理技术研究所工作,初期的研究工作是在固体绝缘体的导电性方面。他首先在酒石酸钾钠结

晶中观察到介质常数在一个轴心的方向中有反常现象——即饱和现象,感应电流与电场强度间有特定的关系,从而说明在这些晶体中能产生分子电轴的自变定向,并且发现它们和铁、镍等物质磁特性类似。对于这些特性的研究和解释引导到一个新的科学部门——铁电学——的建立。

1933年库尔恰托夫开始从事于原子核物理的研究,这时候正是处在继中子的发现与人工放射现象的发现以后,原子核物理进入蓬勃发展的阶段,库尔恰托夫先从中子引起的核反应着手,进而研究了由中子冲击而产生的人工放射性,他和他的同事勃·华·库尔恰托夫、鲁西诺夫和梅索夫斯基在1935年发现溴原子核俘获中子后产生了不同的放射性,而这不同的放射性是由一种原子核放出 的,他们进一步的研究证明同一种原子核可以有两种能态,一种是基态,一种是亚稳态,引用了有机化合物的类似现象的名称,同一原子核具有不同能态被称为同质异能素。这一发现丰富了人工放射性研究的范围,现在知道同质异能素在人工放射性原子核中是相当普遍的。这个工作引起了当时原子核物理学界的重视。他的有关中子的共振吸收和中子与氢核的相互作用的工作也是很有意义的。继1939年中子引起的铀核分裂的重大发现以后,在他的领导下,他的实验室也作了不少关于铀核分裂工作,其中比较突出的是1940年别特查克和弗利罗夫发现了铀核自分裂的现象。在近十年的原子核物理研究中,他显示出了在科学研究中的敏锐性和对研究工作的组织能力,在当时被认为是优秀的原子核物理学家。

在伟大的卫国战争时期,当德国法西斯在斯大林格勒被打败逐渐后退的时候,苏联共产党和政府英明地看到铀核裂变现象的发现使人类有可能从原子内部解放出巨大能量为人民造福,决定建立新的原子能科学技术的中心,大力开展原子能的研究。壮年的库尔恰托夫被选来组织这个研究中心。从这个时期起,在苏联共产党的领导下,他负责组织起原子能研究所,团结了一批优秀的科学家,培养了大批青年干部,根据需要建立起一系列实验室,创建了许多新的科学部门,担负起解决苏联独立发展原子能事业所提出的科学技术问题的主要部分,同时又敏锐地和及时地发现科学中的新生部门,给以大力发展。这个研究中心在近二十年来已经成为世界上最完整、最全面、最先进的原

子能科学技术的研究中心,资本主义国家很少有几个研究所可以与它相比。在组织这个研究中心的工作中,库尔恰托夫显示出他那种科学界少有的卓越的组织才能,他除去担任这个研究中心的领导责任外,还是全苏原子能科学技术研究方面的主要负责人之一。苏联科学院院长涅斯米扬诺夫院士曾经说:"苏联科学院原子能研究所是苏联科学界理论联系实际作得最好的单位。"库尔恰托夫善于团结广泛的科学界力量去迅速解决国家迫切需要解决的科学问题,在实践的基础上高度的发展理论,并且及时地能动地用理论去指导实践。由于他一贯地表现忠于党、忠于祖国、忠于人民,自觉地在科学研究和组织工作中运用唯物辩证法的方法,在1948年他被批准为的苏联共产党党员。

在他的直接参加或者在他的领导与关怀下,苏联科学院原子能研究所解决了原子堆建造和原子能发电的问题,从那里分出并且建立了实验与理论物理研究所和研究基本粒子物理的原子核问题研究所(现在与电物理研究室合并扩大成为十二个社会主义国家组成的联合原子核研究所);在五十年代里,又在全世界最早开始受控热核反应的研究工作。这些成就使美国与英国的科学家感到敬佩,特别在理论工作方面远远地超过了资本主义国家。1956年在全世界受控热核反应研究方面还处在极端保密的阶段,他与航空动力学专家图波列夫院士随同赫鲁晓夫同志到英国访问时,在英国哈威尔原子能研究中心报告了苏联在受控热核反应方面的成就和在用水作慢化剂的反应堆的成就。这个报告震动了当时英国、加拿大和美国,英国的科学家反应:"想不到苏联的原子能科学技术有这样高的发展。"这些报告迫使美国和英国不得不在1958年第二次在日内瓦举行的和平利用原子能的会议上同意公开一部分受控热核反应的文献。在苏联共产党第二十一次代表大会时,他又代表苏联科学家表示要力争在七年计划期间解决受控热核反应问题的决心。

库尔恰托夫不但对苏联科学的发展起了重大的推动作用,并且对社会主义阵营原子能科学技术的发展也起了重要的推动作用。1955年苏联政府决定对我国发展原子能科学加以帮助以后,他派遣了他的优秀的同事和学生到中国帮助我们组织科学工作、指导研究、培养干部,同时又接受我国的科学工作者到他的研究所去学习。1958年在第二次日内瓦会议召开的前夕,他派遣了他的学生到中国详细地报告了苏联原子能研究所在受控热核反应方面的最大设备——奥格拉和最新成就,大大地鼓舞了我国科学工作者,促进了我们在这方面的工作。去年在病中,他还接见了我们的代表团,并且对我国科学发展方向提出了重要的与中肯的意见。我们还记得他热情与亲切地说:"从我的朋友们和学生们那里知道，中国科学发展的速度非常之快，你们一定能在很短时期内全面地赶上世界先进水平。我很愿意到中国去看看，只要我的健康允许，我一定去。”他直接和间接地对我国原子能技术的发展起了重要的推动作用。

由于他在科学研究方面的杰出的成就，在原子能科学技术组织工作方面的卓越贡献，在1943年他被选为苏联科学院院士，并且多次获得斯大林奖金、列宁勋章和其他奖章。他是苏联科学院主席团团员，一直担任苏联科学院原子能研究所的所长。库尔恰托夫同时还是积极的政治活动家，热情的和平战士，他曾多次当选为苏联最高苏维埃代表。

近几年来，他得了重病，时好时坏，虽然他的领导让他休息或者少作些工作，但是他在健康允许条件下，还是不懈地、紧张地工作，以致不幸在二月七日在一日的工作完毕后突然逝世了。这个当代最杰出的原子能科学家、卓越的科学研究工作的组织者一生中对于祖国，对于社会主义阵营，对于和平作出了重要的贡献，我们同苏联人民一样，对他的逝世表示衷心哀悼，并且感谢他生前对我们的热诚和友谊的帮助。他的一生是一个光荣的共产党员科学工作者的典范，我们一定下决心学习他的榜样，在中国共产党的领导下，向又红又专的道路迈进，学习毛泽东思想，猛攻原子能科学技术，使我国原子能科学技术在不远的将来攀登世界高峰，并且以此来报答我们敬爱的同志和朋友生前对我们的亲切关怀。

库尔恰托夫同志永垂不朽。

2月12日 铀浓缩试验室(工号615甲)在原子能研究所建成并正式移交生产。该工号主要承担铀扩散厂技术人员培训和作试验用。

2月15日 出席中国科学院党员所长会议，听传达聂荣臻对上海市科委报告的批示：原十二年科学规划项目，可否提前完成。可否设想1963～1965年赶上国际先进水平，1966～1967年与它们并肩前进。张劲夫代表中国科学院提出，尖端科学现在主要是为了军用，同时也是为民用作储备。两三年内方向任务明确之后，最关键的是攻技术关。

2月24日 在二机部的精神和要求下，参与拟定原子能研究所《1960～1962年科学技术研究发展纲要》(第三稿)。该纲要明确原子能科学技术发展总的任务是：“三年系统配套，五年全面掌握，八年攀登高峰。”拟定原子能科学技术发展的重点和主要标志有：原子能动力、受控热核反应、原子核物理(包括基本粒子物理和高能加速器)、原子能化学等4个方面。

根据以上三年五年八年总任务，拟定原子能研究所1960～1962

年各个方面的发展纲要如下：

(1)反应堆及原子能动力的研究，1961 年建成小元件堆，1962 年开始建大元件堆和可移动式电站，完成 4 个堆的设计。

(2)原子核物理和基本粒子物理的研究，要在 1962 年前在原子核结构和核反应机制方面的若干带根本性的问题上重点突破，取得丰收，基本上解决核内的多体运动问题，争取在后 5 年根本解决统一的原子核理论。

(3)受控热核反应的研究，1960 年利用已建磁塞装置进行实验研究，并建成第二架等离子体装置(注入磁镜式)和进行第三架装置(磁面式)的研究设计。1962 年基本掌握世界上现有各种类型装置，后 5 年要求在研究途径上有所独创，争取在 8 年左右实现自持的受控热核反应。

(4)原子能化学的研究，核燃料元件的处理和热铀钚化学的研究，是反应堆和原子能动力发展的重要环节之一，必须加速成长。1960 年可建成简易放射性实验室，1962 年前可建成高水平放射性实验室，这样到 1962 年要求基本配套，开展正常工作。

(5)射线和放射性同位素应用的研究。射线同位素示踪和放射性自动化仪表在农业、冶金、机械、石油等方面的应用，1962 年和有关单位协作，解决生产中有关实际问题。

(6)放射生物和放射卫生，放射防护的研究，应大力加强剂量监督工作，1962 年前全面解决一般放射性剂量测量的技术和设备，保证原子能事业发展的需要，配合国家计量局，在 1962 年前全面建立放射性国家基准，并达到国际水平。(《原子能研究所大事记》，1990 年打印本)

3 月 6 日　出席位于北京文津街 3 号中国科学院院部由国家科委原子能小组和科学院原子核科学委员会举行的联席会议，讨论“十二年原子能科学规划执行情况”和“1960—1962 年原子能科学规划”，为中国科学院 5 月第一次和平利用原子能会议作筹备。钱三强在会上作报告，提出以后原子科学的发展将在下列八方面：①铀矿地质学和勘探；②铀矿采选及冶炼；③反应堆；④原子核物理；⑤受控热核反应；⑥原子能化学；⑦放射生物学、医学；⑧同位素应用。以上详细分为 56 个题目。会议由张劲夫主持，李四光、竺可桢、赵忠尧、钱学森、张文裕、杨承宗、童第周、谷羽，以及一机部、地质部代表等到会。

3 月 8 日　同宋任穷、刘杰率领中国政府代表团赴苏联，商谈和解决有关原子能科技合作(如提供六氟化铀原料等)方面的问题，以作最后努力。为了利用机会多争取到一些收获，特别在代表团里安排几名科技骨干(刘允斌、钱皋韵、张永禄、屈智潜、胡仁宇)，并交代他们多与苏联专家主动接触，多学多问，尽可能收获大一些。

胡仁宇在1992年写下的回忆：

1960年2月的一天，钱先生在电话里通知我，二机部要准备组织一个代表团到苏联去。要我总结前阶段的科研工作，明确主要关键，查阅苏联文献，看看哪些苏联科学家曾做过类似工作。同时把开展工作所急需、而国内一时还难以解决的设备器材也列出一分清单。让我作为代表团的随员也到苏联去。在临行前，他亲自检查了我们准备工作的情况，并向我们传达了中央关于"自力更生为主，力争外援为辅"的指导方针。要求大家积极主动，通过学术讨论和谈判，取得科技知识和物质上的收获。但到苏联后，谈判并不顺利。经代表团努力争取，苏方才勉强安排我们去参观一些研究所和工厂，组织少数科学家和我们座谈。在这种情况下，钱先生总是鼓励我们多问多学，多结交几个学术界的朋友，争取多有收获。每天活动后，他都在百忙中听取我们有关学术交流方面的汇报，指导我们下一步如何深入，使我们在当时可能的范围内取得更多的收获。

1960年夏天后，中苏关系正式破裂，苏联单方面公开撕毁协议、撤退专家，这种形势迫使我们不得不加强自己的科研工作。九院领导带领我们到原子能所去拜会以钱先生为首的所领导。希望他们能大力支持我们有关中子物理和放射化学的实验工作。钱先生明确表示，原子能所是整个部里科研工作的"母机"。有什么科研任务交来，所里一定作为重点来安排。不但这样，只要对加强这方面工作有利，向原子能所要人可以调人，要研制仪器设备也可以安排完成。因此，从60年代初直到"文化大革命"，每年制订科研计划时，我们都向原子能所提出一大批科研协作任务。每次交任务时，钱先生都从百忙中抽时间亲自参加听取汇报，审查任务的目的意义和要求，然后他逐个向所里承担单位安排交代，每隔一段时间还亲自询问工作进展情况和存在问题。遇到比较大的困难时我们去找他，总会很快得到解决。在这段时间里，他还反复教育我们，我们国家的底子薄，现在也还很困难，各方面的条件还不具备，而任务时间要求又很紧，咱们的工作虽然是国家重点，但我们应注意严格要求自己，千万不要大手大脚，要因陋就简地把工作搞上去，他还对我们讲了当年在国外的实验条件也是很简陋的。在他的亲自领导和教育下，我们遵循"自力更生、艰苦奋斗"和"土法上马"的精神较快地开展了初期的工作。为了加强九院核物理实验工作的科技力量，先后又从原子能所调唐孝威、吕敏、吴当时、李嘉梁、周眉清等同志到九院来，再加上从全国各地调来的科技骨干和大学生的共同努力,我们以较快的速度筹建了快中子实验物理、临界安全和放射化学等实验室。这为后来胜利完成突破两弹(指原子弹和氢弹——引注)所需要这方面实验工作奠定了良好的基础。(胡仁宇,《根深叶茂 功业长存——怀念我国原子能科学技术队伍的创业者钱三强先生》)

3月 根据形势发展需要和中央要人可以"点将"精神,向二机部领导推荐南京大学核物理教研室教授程开甲到核武器研究所工作。同年夏,经批准程调北京任该所副所长。

(按:在20世纪50年代动员各大学开展原子核研究大力培养力量时,钱三强与程开甲和施士元在南京大学有过多次讨论,并且程主动放弃自己组建的金属物理教研室,与施士元一起重新筹备,很快组建了南京大学核物理教研室和江苏省原子能研究所,既教学又搞科研,还自己动手建成一架双聚焦β-谱仪。钱对程较为熟悉)

4月14日 原子能研究所建成的我国第一座重水反应堆,在技术革新运动中,"开堆自动化"初步试验成功。这一重大改革,使我们在掌握反应堆技术方面向前跨进一步。同时,为我国研究设计反应堆提供了经验。

4月17～26日 出席在上海锦江饭店召开的第三次中国科学院学部委员大会(会议开幕前日,陶孟和在上海华东医院逝世)。出席会议的有自然科学方面学部委员131人(由于哲学社会科学部正式划归中共中央宣传部领导,故该学部的学部委员未出席此次会议),还邀请各大学、分院、企业部门代表及劳模等列席,共为386人。会议除了听取郭沫若的报告和聂荣臻的讲话外,还讨论了"全国自然科学理论研究的三年规划和八年设想"。各学部举行多次分组讨论会。

4月 为加强原子能研究所放射化学的领导力量,经主动提议并报请有关方面批准,调天津大学汪德熙来所负责放射化学方面的工作。

4月 亲往约见钱学森,请其推荐一位合适的人选负责核武器研制中的工程力学问题。钱学森先自荐:"我去。"钱三强说:"不成,五院那一摊离不开你。"于是,钱学森推荐郭永怀,并说:"我看郭永怀完全可以胜任。他学术上造诣很深,而且作风正派,工作扎实,现在又担任力学所副所长。"

Δ亲自登门找郭永怀谈话。郭表示:"这个工作虽然没有搞过,经过努力我想还是可以的。"但他说,"不过,我的力学所副所长工作如何安排?"钱说:"可由二机部和中国科学院协商解决。"郭永怀于5月到了核武器研究所,一半时间还在中国科学院力学研究所负责工作。次年,郭正式任命为核武器研究所副所长,主管核武器的力学部分和武器化工作。

5月 自1959年7月首次在武昌召开超声学术会议后,一场全民超声波化运动席卷全国,声势无比浩大。是年5月5日,中共中央发出文件《超声波神通广大要大力推广》,并随文转发北京市和上海市化工行业在技术革新、技术革命运动中,自制各种土超声波发生器用于化工流程,促进化学反应,生产效能大大提高的两个报告,要求一切部门,一切地区,都应当大力推广,人人实验,到处实验,及时总结,不断提高。

落后于全国形势的中国科学院急忙于5月18日召开党组扩大会,要求北京地区所有研究所自即日起停止原有的研究工作,投入到超声波化运动中去。对此,钱三强深感忧虑,担心这样发展下去势必严重干扰原子能所面临的紧急攻关任务,同时也不利于培养科学作风。于是,对在所内发生的一些违反科学态度的做法,冒着风险加以力所能及的说服和抵制。

亲历者何祚庥对此事撰写过以下文字:

> 一件事是在1959～1960年时期出现的所谓"超声波产生放射性"。事件起始于某研究所的工作人员,发现非放射性样品经过超声波"吱吱吱"以后,就"活化"为带有放射性的源。其时,由于国内正在开展一个超声波的运动,这一发现就不仅被当作"重大成果",而且还提到"路线"的高度——要走出中国式的发展原子能的道路!有些理论家也从"理论"上来加以支持,说这可能是"多声子吸收"的结果。因为单个声子的能量太低了,远不足以激发起原子核的放射性。然而熟悉声子理论的同志们都知道,这种多声子效应属于极高次的微扰的费曼图,在事实上是不可能实现的。问题是人们不仅从理论上加以鼓吹,还要上升到"道路问题"来加以推广,作为原子能研究所所长的三强同志这就不得不表态了。
>
> 作为原子物理学的专家钱三强同志当然知道超声波不可能产生出放射性。但问题并不是一个简单的科学判断,这就要考验一个共产党员的党性了。三强同志顽强地反对、抵制这一"中国式的道路",竭力不让这一"道路"干扰原子能研究所的主要工作,最后还是在他支持下,组织了某些研究人员做了一个精细的实验,从而最终否定这一"新生事物"。
>
> 我记得三强同志在全所大会上总结发言中指出:那些竭力将"超声波产生放射性"吹嘘为党的路线的光辉成就的同志们,不是在那里提高党的威信,而是败坏党的声誉,实实在在地给党的路线抹灰涂黑。
>
> (何祚庥,《回忆三强同志在原子能科学技术中的重大贡献》)

5月 原子能研究所接受上级下达的合成氘化铀(又称点火中子源)的任务。氘化铀小球是原子弹起爆装置的核心部件之一,研制它约有100多道工序,包括氘化铀的制备、分析,无氧操作的建立,包装成氘化铀球体,以及制成高精度的密封外壳等。任务由钱三强直接布置给年轻的助理研究员王方定,并将自己1948年从法国带回的放射源铅-210(其中含铋-210、钋-201这些衰变产物)交给王,说放了这么多年一直没有用,现在可以用到最需要的地方了。

5月 为贯彻自力更生的方针,确保重点任务过关,代表原子能研究所,决定选调十四室的王承书、钱皋韵负责"615"室铀同位素分离工作。

6月 在原子能研究所帮助"615"工作的苏联专家根据苏方指令,陆续撤离回国,并自此停止六氟化铀的供应。同月,宋任穷亲临原子能研究所,下达研制生产六氟化铀的紧急任务,要求用简法上马,半年内拿出产品。钱三强决定该紧急任务由"615"承担,并提出建议得二机部同意,即调来复旦大学的物理化学家吴征铠(20世纪30年代曾在英国剑桥大学做过铀酰化合物研究)担任"615"主任,王承书、钱皋韵任副主任。

7月6日 主持召开原子能研究所中子物理小组会议。根据核武器研究所提出的要求,经过讨论,逐项研究落实加速管、离子源、氚钛靶、四π计数管、钋铍中子源、多道毫微秒时间分析器、快速示波器、快中子零功率堆筹建等仪器设备完成的进度,同时汇报检查了物理实验(全截面、弹性散射截面、非弹性相互作用截面、快中子相互作用产生的次生中子能谱等)工作,以及脉冲快中子堆的理论计算,准备完成的情况。

7月16日 苏联政府照会中国政府,单方面决定自7月28日至9月1日,撤走全部在华苏联专家。其实,在中国国防尖端技术部门工作的苏联专家,在上述照会之前已经开始撤离。到8月23日,在中国核工业系统工作的233名苏联专家,全部撤走回国,并带走重要的图纸资料。与此同时,一切设备、材料的供应也随之完全停止。

7月 出席二机部党组扩大会议讨论"09"(即核武器)任务。会上,宋任穷指出:我们的指导思想,全部立脚点应放在自力更生上,今后最艰苦的工作是搞实验研究,要轻、重、缓、急排队,要扩大协作面。

7月12日 和原子能研究所党委书记郑林一起找钱皋韵、常友交代任务,立即开展对扩散分离膜的调查研究,决定重新组建一个研究组,由钱皋韵负责。两天后,经过亲自挑选,来自所内4个研究室的14人小组很快开始工作。钱三强对组长钱皋韵说,这个组能不能不用数字代号。钱皋韵随口回答说,就叫"真空阀门"吧。

8月23日 为了加强协同攻关,做到关键技术不挡路,亲自在北京约见中国科学院上海冶金研究所领导和专家,代表二机部和中国科学院下达研制"甲种分离膜"(即管状分离膜)的攻关任务:

> 就在1960年8月,冶金所党委书记、副所长万钧带两位党员室主任、粉末冶金专家金大康和金属材料专家邹世昌来到北京原子能所。二机部副部长、原子能所所长钱三强亲自向他们下达了研制"甲种分

离膜”的任务。钱三强说:“二机部的苏联专家已全部撤走,有人扬言,苏联专家走后,中国的浓缩铀工厂将成为一堆废铜烂铁,更不用说制造原子弹了,其中关键之一就是我们不会制造分离铀-235的分离膜的元件。这个技术是绝密的,不可能得到任何资料。组织上决定把研制分离膜的任务交给你们去完成。”接着,钱三强把原子能所参加此项目的人员请来介绍有关分离膜元件的具体技术要求。根据他们的分析,分离膜元件应该是耐六氟化铀腐蚀的、具有均匀微孔的粉末冶金制品,但到底用什么样的粉末,又如何做成元件等一系列具体工艺,大家就一无所知了。

钱三强继续鼓励说:“你们是粉末冶金和物理冶金专家,又都是党员,所以请你们来,这项任务一定要尽快完成,价格不要超过黄金。任务非完成不可,不能让我们的浓缩铀工厂因为没有分离膜元件而真的变成废铜烂铁,也不能让我们的原子弹没有浓缩铀而造不出来。”听了这些话,大家深感肩上责任之重大。回到上海后立即组织人力,开展“甲种分离膜”的研制,从制粉、成型、烧结和建立性能测试设备等几个方面开展工作。(宋健,《“两弹一星”元勋传——吴自良》,清华大学出版社,2001年,467页)

8月25日 出席二机部党组扩大会。会上,宋任穷讲了苏联毁约停援后,二机部的形势和任务,指出工作进入了“全面自力更生的新阶段”,必须从思想上、组织上、工作方法上都来个转变,以适应新的形势。刘杰说,从当前来看,确有困难,从长期来看,则是大好事,形势逼着我们脚踏实地、自力更生,必须以围攻技术关为今后工作的重心,要求各单位认真贯彻上述精神。

9月21日 为加强对科技工作的领导和组织协调,使有限的科技力量发挥更大作用,二机部决定成立科学技术领导小组,组长是袁成隆,钱三强任副组长。

9月22日 代表二机部和冶金部联合召开北京钢铁研究院、中南矿业研究院、东北工学院、北京航空学院有关领导和专家参加的专门会议,正式下达“乙种分离膜”(即片状分离膜)的研制任务。

10月1日 经国务院批准,卫生防护局成立,由二机部和卫生部实行双重领导(在卫生部称工业卫生局,在二机部称十七局),和钱信忠共同主管该局工作。该局的主要任务是:领导和管理全国核安全防护卫生工作,调集和培养核安全防护卫生专业人才等。1961年起,二机部所属各单位先后成立了安全防护卫生机构,配备了专职安全防护人员;同时,有关省(自治区、直辖市)根据具体情况也相继成立了卫生防护管理机构,加强对核安全防护卫生工作的领导。

10月11日 聂荣臻同罗瑞卿、陈赓、刘亚楼、张爱萍等一起,听取宋任穷、刘杰关于二机部工作安排的情况汇报时,特别指出:苏联专家已撤走,今年要完全靠我们自己干。要鼓励科技人员的干劲,要争口气,也要注意劳逸结合。要给科技人员看书的时间,要严格执行八小时工作。要改变会议过多的现象。让老专家、科技人员长时间去锄草、锄地,让知识分子去参加平息叛乱,这些做法在当前情况下是很值得注意的。关于知识分子参加劳动的问题,需要向中央写个报告(周均伦,《聂荣臻年谱》)。

10月13日 出席中国科学院党组召开的"04"单位所长会议,听取张劲夫题为"力争分担国忧"的讲话。张针对当前形势,动员大家今后工作要做得更好。为此,张又提出了"五更"要求,即要求大家决心更大,劲头更足,重点更突出,工作更踏实,协作更紧密;并强调"三性",即计划性、战斗性、纪律性;要求大家在国家困难时,要发"愤"图强,更加努力,做好工作。

10月14日 在原子能研究所传达二机部的要求:在金属方面要采取革命的办法,有意识地先搞生产堆内的燃料元件。

10月 在六氟化铀简法生产经过多次冷试验之后准备进行正式试验时,曾多次到试验现场,一次鼓励大家说:"只要生产出一克就是成功!"结果首次试验竟获得合格产品3公斤。群情激奋,士气大振。

10月26日 出席二机部党组扩大会。会上,刘杰(9月30日被任命为部长和党组书记)传达了国家机关党委扩大会议精神,要求:①认真贯彻周总理报告;②精简机构,下放干部。刘杰表示接受对我部精简工作的批评(指决心不大,进度迟缓)。指出:这是关系到能否维护总路线的问题。决定:事业单位必须精简现有人数的45%,一个不能少。另抽调干部468人,其中原子能所抽162人(17级以上15人)去农村支援农业第一线,并要求绝对保证质量。

11月中 以中国政府代表身份,赴苏出席在杜布纳举行的联合原子核研究所12个成员国政府全权代表会议。会上,全权代表委员会对全权期届满即将离任的副所长王淦昌等成功的工作表示感谢(12月24日,王淦昌在杜布纳工作结束后回国)。

会后 在杜布纳访问部分中国学者,并向他们介绍了党中央对发展核武器的有关决策,以及目前国内正组织各方面力量进行技术攻关的情况。一天,在莫斯科住地接待在杜布纳联合所工作的三位中国学者周光召、何祚庥、吕敏(他们是中国学者党支部的书记和委员),递交请缨回国参加实际工作的报告。钱三强心里为这些急国家所急的有志青年感到喜悦。

11月25日 在对周光召的情况作仔细了解和考察后,从莫斯科发电报给刘杰,推荐周光召到核武器研究所做理论设计工作,电文①如下:

---

① 原件存二机部档案,复制件由张纪夫提供

刘杰部长：

来信收悉。九局理论组我认为周光召较适宜，但需在国内解决调干问题。此复。

钱三强

十一月二十五日

Δ从苏联回国后，又经与刘杰商定并亲往周光召原工作单位北京大学做说服工作，终于实现了周的工作调动，并在日后做出了突出贡献。

何祚庥关于钱三强推荐周光召到核武器研究所工作的情况回忆：

1960年，中苏关系全面破裂，这对我们的震动是很大的。其时，在苏联杜布纳的联合核子研究所里有50～60位中国学者，都为这一巨大的转折所震惊。1960年3月（应为11月——引注），三强同志代表中方来到杜布纳参加各成员国代表定期召开的例会。周光召同志、吕敏同志和我向三强同志递交了一份报告，要求回国参加实际工作，以填补由于苏方撤退专家而造成的科技人员的空缺。三强同志十分高兴地接受了我们的报告，说他回去后设法安排。当晚即找我讨论如何实现这一件事情。吕敏同志是原子能研究所的助理研究员，他的父亲是我国著名语言学家吕叔湘教授。这不论从家庭出身、社会关系来考察以及实现工作调动等角度来说，都不会有什么困难。我是曾进入“共产党的小学”的“小学生”之一，并在二机部系统内工作，实现这一调整也不会有太大的困难。光召同志当时是北京大学的讲师，重新安排工作就必须和北京大学协商，这并不容易实现。更重要的是，光召同志有极为复杂的社会关系，按照当时的准则，是绝对不可能接受的。他向我详细了解了光召同志的业务能力，工作成绩，思想志趣等方面的情况，最后做出判断说：“这是一位少有的、在理论物理方面功底十分深厚的杰出人才，我无论如何也要促其实现。”三强同志回国后，即向当时的核工业部部长刘杰同志大力推荐了周光召同志，经过奋斗，最终实现了光召等同志的调动。（何祚庥，《回忆三强同志在原子能科学技术中的重大贡献》）

周光召本人如是说：

我是1961年2月奉召归国从事“两弹一星”研制工作的。此前我在前苏联著名的基础理论研究基地杜布纳“联合原子核研究所”从事高能物理学的研究。当时中苏关系已破裂，去留问题很现实地摆在了我们面前。恰在此时，著名物理学家钱三强先生赴苏，与我进行了一次长谈，就我国如何发展核武器谈了自己的观点。这次谈话对我影响很大，使我知道了党中央发展核武器以加强国防建设的紧迫性和重要性。我决定回国,将自己投身到"两弹一星"的研制中去。

我记得回国以后不久,聆听过周总理的一次报告,是在核工业部的一次大会上讲的。周总理语重心长地讲了中国自己制造原子弹的重大意义。我深切地感受到一名科研工作者的重任。中国有100多年遭受屈辱的历史,所以中国人对主权、独立的意识非常强烈。解放以后,我们又面临着西方的封锁,如何维护中国的独立、主权是中国人民普遍关注的问题。我们这一代人刚从那个黑暗的时期过来,亲身经历过列强统治中国的痛苦,所以如何使中国尽快富裕、强盛,在全民族中已达共识。我们都有一个信念,一定要靠中国人自己的力量,造出"两弹一星"。(周光召,《大协作和科学精神是成功的关键》,载《请历史记住他们——中国科学家与"两弹一星"》,暨南大学出版社,1999 年)

12 月一天 和刘杰坐到一起谈论氢弹话题,这是他们不约而同想到的。于是,他们决定在原子能研究所先组织点力量在氢弹理论方面先行一步作些预研究。刘杰对钱三强说:"这事由你直接领导,可以不告诉所党委。"钱还是告诉了党委书记,他认为这样于工作有利。

Δ在征得彭桓武的支持后,先亲自找来理论组黄祖洽,告知领导决定:为了早日掌握氢弹理论和技术,我们要组织一个研究组,先行一步,对氢弹的作用原理、可行的结构等进行预研究,让你来负责。你原来带的那个反应堆理论组代号为 47 组,现在这个轻核理论组就叫"470 组"吧(又称"乙项任务")。还嘱咐黄,工作要特别注意保密。稍后,刚从杜布纳联合所回到原子能所的何祚庥,亦被钱"点将"到轻核理论组。后来,轻核理论组逐渐加人。多时全组达到 40 余人,学术气氛好,工作有成效。

黄祖洽如是自述:

50 年代后期,我在原子能研究所理论室带领一大组年轻人从理论方面研究各种类型的反应堆。60 年代初,为了加速核武器的研制,在核武器所集中力量研制原子弹的同时,按照有关领导的指示,在原子能所成立一个由我带领着十来个年轻人所组成的"轻核理论小组",来承担氢弹的预研工作。不久,原先作β衰变理论研究的何祚庥从苏联杜布纳研究所回来,参加了这个小组;后来,本来带领另一大组年轻人作核理论研究工作的于敏也转过来和我们一起工作。于是,我们便有了在当时来说力量相当强的一组人,齐心合力地进行着氢弹原理的探索。当时正值三年困难时期,但是我们都风华正茂,意气风发,为了祖国的尊严,为了尽快打破霸权主义的核讹诈,大家日以继夜地从各个角度分别探索着、思考着,又不时在一起讨论着突破氢弹的途径。我们从基本原理出发,研究在有核反应条件下,计及中子和热辐射的输运时，由轻核材料组成的高温高密度等离子体的流体力学运动，以及系统中产生热核聚变反应的条件，分析可能会出现的各种物理过程和它们对热核反应可能产生的影响，并在数学组的配合下进行数值计算。1961年底，为了加强原子弹研制和氢弹预研工作的联系，我被要求用一半时间到核武器研究所兼职工作。一方面参加研究原子弹研制中所需的“状态方程”，探索中子源部件结构的设计；另一方面仍继续参加氢弹的预研。这样的安排虽然加重了我在体、脑力两方面的负担，但确有利于核武器研制工作的加速进展，所以我精神上很愉快，总想多做一些工作。实际上，那时我还负责指导四名中国科技大学学生毕业论文，由于平时找不到时间，只好在星期天请他们到我家里来讨论。当时我家和两个工作地点分三地，要花许多时间乘公共汽车来回奔跑。有时在公共汽车上脑子里也在想着某个疑难问题，而有些问题也确实是在这种场合下，忽然得到触发而想出来的。其实，在那些年，许多参加这工作的同志都是这样一心一意、废寝忘食扑在工作上的。正因为有了他们的努力奉献，我国终于在1964年成功地试验了第一颗原子弹。不过，过度的疲劳终于影响到他们中有些人的健康。我也在过累和过度紧张的情况下，得了腰痛、胃溃疡和高血压等毛病。（中国科学院学部联合办公室，《中国科学院院士自述》（黄祖洽），上海教育出版社，1996年）

Δ与此同时，为实现理论与实验相配合，又决定在所内成立一个“轻核反应实验组”，以轻核反应实验数据来配合和支持轻核理论组的工作。小组初成立时由蔡敦九担任组长，后改由丁大钊任组长。为了业务对口和工作方便，该组由何泽慧主持的中子物理室归口管理。

丁大钊、周德邻、蔡敦九、谢滋撰文回忆：

记得1960年冬，钱所长叫我们到他办公室，对我们说，找你们来是让你们转向一项艰巨而光荣的事业——参加氢弹预研的有关工作，要尽快了结手头工作，展开轻核反应调研和筹建实验测量等工作。

一听说参加氢弹预先的轻核反应实验研究工作，我们就很兴奋、激动，心就被这项新的任务吸引住了。但是，那时我们都很年轻，丁大钊26岁，全组十几个人大都比他小，个别比他大的也超不过30岁。我们科研经验缺乏，而工作难度大，任务复杂艰巨，都感到有些犯难。钱先生还把轻核实验组的领导人（组长、副组长）的担子交给我们，心里更是忐忑不安。

钱先生看出了我们心里的秘密，一再鼓励我们：人家能搞出来，我们也一定能搞出来；相信大家团结协作，实验与理论结合，会取得较快较好进展的。在钱先生的鼓励和精心指导下,轻核实验组的工作一步步开展起来并取得了良好的进展,我们的犯难情绪消融了,信心增强了。

钱先生是二机部主主管科研工作的副部长兼原子能所所长,他在原子弹研制和核工业建设中承担的任务十分繁重。但他在百忙中经常挤出时间参加我们的课题研究讨论,提出他的构想,引导大家深入研究。例如,他说:可以设想氢弹装置是一个裂变燃料和轻核材料的组合体,在裂变和聚变过程中产生大量的中子、γ射线并释放大量的能量。据说,美国第一颗氢弹实际上只能说是一个氚装置;而由苏联氢弹爆炸中测出了6Li。到底起主要作用的反应机制如何?用到哪些材料和如何组合最佳?要认真研究,搞清反应机理、材料组分和关键数据。

当工作初步开展,他及时指示:这一段你们开展工作的思路对头。苏联《原子能杂志》出版的《轻核反应》专集,你们翻译出来了,这是启蒙学习,快送出版社出版;要系统调研《轻核反应国际进展》,弄清轻核反应数据现状,尽快拿出总结报告,我安排出版;要理出关键课题,例如n,p,d,t……轰击H至Be的靶核,产生中子和氚等的重要反应道;抓紧建立实验室,配套仪器设备,开展重点课题的测量研究。

钱先生的多次谈话,为轻核反应实验组指明了研究方向、目标任务、重要课题、工作步骤和方法。按照他的要求,我们小组第一步翻译了反映苏联20世纪50年代轻核反应实验工作的文集,两个月内即把定稿送《原子能译丛》发表。第二步,我们组在轻核理论组于敏、萨本豪等的配合下,进行轻核反应调研,用不到一年的时间,完成了《轻核反应调研报告》。接着,我们又经过三年的努力,研制和建立了必要的实验设备、方法和技术;开展了d+Li、n+Li各反应道数据的实验测量,取得了初步结果,有的数据被轻核理论组和核武器研究所选录参考。(丁大钊、周德邻、蔡敦九、谢滋,《钱三强先生指导我们进行轻核反应实验研究——献给钱三强先生诞辰九十周年》,2003年)

是年 原子能研究所全所职工达4263人,其中科学技术人员1971人(含高级科技专家44人)。除完成各项研究任务以外,作为研究基地和培训基地,为二机部内和部外培养和输送了大批科技力量。截至1960年年底,为全国各高等院校和各省市培训科技人员1185人,向二机部内兄弟单位输送科技人员937人,其中高级科技人员34人,中级科技人员181人。

1961年 四十八岁

1月初 主持召开原子能所所务会议，确定全所本年度工作方针和任务。全所科学技术研究按轻重缓急分为12个方面，即①分析技术；②中子物理与探测技术；③放射化学与化工；④反应堆科学技术；⑤剂量防护与放射卫生；⑥同位素分离；⑦计算数学；⑧原子核物理；⑨高能物理(包括宇宙线)；⑩加速器科学技术；⑪可控热核反应与真空技术；⑫同位素制备与应用。首要的、必须确保的，是二机部交本所的各项攻关技术。提出总方针是“奋发图强，埋头苦干，勤俭办所，增产节约，全面贯彻自力更生，抓实抓细，确保质量，为完成和超额完成1961年任务而奋斗。”

1月12日 亲自找于敏到办公室谈话，告诉他轻核理论组的任务，并让他参加和黄祖洽一起负责这个组的工作。

对此，于敏在《自述》中说：

> 1960四季度钱三强先生已经组织黄祖洽、何祚庥带领一些年轻同志开始工作。一天钱先生找我，希望我也参加。过去我一直从事基础研究，也深知自己性格适合集体性不那么强、比较自由的基础研究，这次谈话改变了我的一生。三十年中，我一直深入实际，日夜思虑，全力以赴地进行氢弹原理的研究。“中华民族不欺侮旁人，也决不受旁人欺侮，核武器是一种保障手段”这种朴素民族感情、爱国思想一直是我的精神动力。
>
> 我对这个领域完全陌生，抓什么课题？我一直以《矛盾论》的“内因是根据，外因是条件，外因通过内因起作用”作为研究工作的指导思想。氢弹内因是以氚-中子循环为核心的热核反应动力学，循环在高温高密度等离子体条件下进行，辐射起重要作用。掌握内因创造外因必须研究这些领域的现象和规律。在原子能研究所，有40多人先后参加，工作历时四年。我和何祚庥对科学研究观点、方法、思想一致，工作作风相辅相成，合作很好。我至今仍怀念当年热烈愉快、富有成果的工作气氛。我们的研究工作条件并不好。氢弹现象复杂，没有电子计算机辅助，工作很难进行。当时我们只有一台每秒万次的104电子计算机，我们每星期只有十几个小时上机。就是在这种条件下，大家共同努力，解决了大量基础问题。实践表明，当时所抓方向是正确的，发现的现象和规律是可靠的，奠定了许多探索氢弹必不可少的基础。氢弹物理设计包括原理、材料和构形三个要素，它们是建立在核武器物理基础之上的。只有重视应用基础研究，才能根深叶茂、源远

流长。钱三强先生受二机部党委委托,在突破原子弹过程中,组织了氢弹原理研究,确实是富有远见之举。我们在研究基础的同时,也不断探索实现氢弹的途径,解决了其中某些基本问题,提出了一些可能的技术途径并建立了相应的模型。(中国科学院学部联合办公室,《中国科学院院士自述》(于敏),上海教育出版社,1996年)

Δ其时,指派于敏负责氢弹理论预研任务承受着政治压力,在所内颇遭非议。后来,更是被批判为宣扬"个人奋斗"、"只专不红"、"白专道路"的典型。

何祚庥1992年关于此事的回忆:

三强同志"知人善任"的另一个事例是于敏同志工作的调整。于敏同志是另一位优秀的理论物理工作者,他有非凡的物理的理解力或领悟力,又有极强的数学上的"硬分析"能力,还有极其娴熟的计算能力,也是不可多得的人才。1960年我奉调回国后,即去参加在当时的原子能研究所由三强同志负责主持的"乙项任务",亦即氢弹理论的预先研究的任务。但这项任务是太大了,太需要有更多的优秀人才来参加工作了,于是就又想到应该请于敏同志来参加这一工作。但是,于敏是原子能研所里有名的"老运动员",是"道路"问题,亦即"于敏的道路"的代表人,这样的"代表人"能否请来参加这样的工作,在当时"以阶级斗争为纲"的形势下,这又成为疑问。又是三强同志承担起政治责任,拍板定案,决定调于敏同志来从事并参加领导这项工作。

事实证明,于敏同志在氢弹理论的开拓和奠定上也做出极重要贡献。这是由于三强同志竭力排除来自"左"的思潮的干扰,知人善任的结果。(何祚庥,《回忆三强同志在原子能科学技术中的重大贡献》)

Δ关于"于敏的道路",此处援引当年原子能研究所汇编的《红专辩论文集(关于于敏道路的批判)》中几段文字。

这是曾经有千千万万人走过的道路,也就是向上爬的道路。

当然,这些年来,于敏同志表现了一定的进步,例如,他对政治也不是那样地不过问,对于各种运动也还参加,也担负了一点轻微的工作,也表现了一点积极性。因此,再加上他的业务知识相当好,有研究能力,也有较精辟的见解。这样,于敏同志就再一次成为我们所内被人学习的榜样。……于敏道路的特征就是外表上看起来,于敏同志也有些进步的倾向,然而究其实质,他就是一条只专不红,追求个人成名成家的资产阶级个人主义的道路。

于敏的名字曾经拨动过一些青年的心弦。北大物理系六组以及其他地方的一些同志和同学，他们都晓得原子能所有个于敏，业务很棒，思想也不落后，曾经出席过社会主义建设积极分子大会。而来原子能所的一些同志，也觉得于敏既不十分落后又不十分进步，既参加运动又是不积极，因而有更多的时间钻研业务。（转引自王甘棠、孙汉城，《核世纪风云录》）

2月2日 主持原子能研究所本年度第一次所长会议。根据工作发展的需要，会议研究并决定了所领导的工作分工：钱三强主管全所工作，着重全所学术领导方面的工作；郑林负责全所党的工作，并负责联系中国科学技术大学原子能、放射化学两个系党的工作；李毅负责全所学术组织领导工作和二办、三办、干部处工作；赵忠尧主管中关村一部的业务工作，并负责中国科学技术大学原子能、放射化学两个系的业务工作；王淦昌负责高能物理（包括宇宙线）方面的工作，并与力一共同负责中能加速器及“613”的工作，这两项工程的科学研究以王淦昌为主，工程技术以力一为主，力一另负责电物理工作；彭桓武负责全所理论工作及反应堆的工作；罗启霖负责全所行政工作、基建工作和动力室；梁超负责生物防护工作，并与罗启霖负责全所行政工作；汪德熙负责全所化学方面的工作。

2月8日和9日 同原子能研究所党委书记处共同主持审查反应堆工程工作计划。会议研究认为：本所堆工程技术研究工作今后在全国和二机部配套中，应为重点试验研究基地之一，在考虑任务和补缺配套时，注意不能处处求全；有些任务可以向所外提出协作；此外，要大抓工程质量和安全，猛攻技术关，大抓现有设备的充分利用和运行管理，广泛开展学术活动，大抓培干，以提高现有人员的技术、业务水平，树立良好的科研工作作风。

2月 根据二机部“厂所结合”的决定，原子能研究所元件实验室张永禄等76人合并到包头核燃料元件厂，成立核燃料元件研究室。钱三强并和裴丽生共同主持研制生产堆核燃料元件会议，确定由包头核燃料厂与中国科学院金属研究所进行联合攻关，在金属研究所成立了两个研究室（后因“缩短战线”一度放缓）。

3月初 学习《红旗》杂志第5期社论《在学术研究中坚持百花齐放百家争鸣的方针》，颇受鼓舞。社论指出：当客观的科学真理还没有为我们所掌握的时候，就必须允许人们从各种不同的方面，经过各个不同途径进行探索，进行各种不同的试验，提出各种不同的假说，并且进行自由争论。在任何一个学科中，有了争论，有了相互交换意见，相互批评，就有了活跃的空气。这种活跃的空气对于科学的发展，对于科学工作水平的提高，特别是对于青年一代的科学工作者的成长，是极为有益的，是十分必要的。

3月4日 同原子能研究所党委书记共同主持审查生物防护工作计划。

会议研究确定本所生物防护工作要缩短路线,放慢步子,要认真抓住几项成果,巩固提高,投入使用。要提高干部的业务水平和基础知识。

3月上旬　和何泽慧联名致信《文字改革》杂志,支持用汉语拼音字母标读科学符号中拉丁字母的意见。联名信载于该刊同年第3期[①]:

> 看到很多从事科学工作的同志,热烈讨论关于科学符号中拉丁字母的读法问题,我们基本上同意各位主张用汉语拼音方案的字母来读科学符号的同志们所发表的意见,并认为这种作法是比较合理的。一个国家有自己发音方式的字母,一定是用自己的发音方式来读科学符号的。过去我们没有全国统一的拼音方案,所以每个人根据不同历史条件所形成的习惯来读科学符号,因而形成了用英文、俄文、德文等发音方式混乱不定的局面。现在我国已经有了全国统一的拼音方案,我们就应该坚决使用这种方案来读科学符号。已经用惯了这种或那种读法的人,应该努力改掉历史条件形成的习惯。这些人毕竟是少数。为了发展科学的长远利益,我们认为用汉语拼音方案的字母来读科学符号,作的越早越好。

3月9日　为加强原子能研究所各研究室的学术领导,主持所长会议讨论决定,将该所各科学技术单位,按"线"成立科学技术领导小组,并确定组长、副组长及成员名单:①物理线科技领导小组,组长何泽慧,副组长刘书林,成员有陆祖荫等8人;②反应堆线科技领导小组,组长彭桓武,副组长连培生、靳新柯,成员有屈智潜等11人;③中关村分部科技领导小组,组长赵忠尧、副组长王淦昌、张文裕、苏振芳,成员有李整武等9人;④化学线科技领导小组,组长汪德熙、副组长赵斐钦,成员有吴征铠等9人;⑤电物理线科技领导小组,组长力一,副组长王承书,成员有左湖等4人;⑥生物防护线科技领导小组,组长董汉雄,副组长孙琦,成员有李德平等6人。

3月　请王承书到办公室谈工作安排,钱先问道:"承书同志,你愿意不愿意隐姓埋名一辈子?"王承书明白所长的意思,干脆地回答:"我愿意!"从此她进入保密单位"615"实验室从事铀同位素分离工作。王承书组建了理论组结合实际投入研究,举办了第一期铀同位素分离理论培训班,用10个月既教学又研究,培养了我国第一代(20余人)铀同位素分离理论队伍。后来,我国第一座铀分离工厂的启动,王承书进行了若干理论课题的研究,参加了级联的定态、动态的计算及分析。1964年,她担任4号机的总设计师,主持了参数的选择等工作。她还参与和指导了有关扩散机的改进,新工厂的级联设计等。可以说,王

---

① 同期《文字改革》,刊发有钱学森的表态信:"关于科学符号中拉丁字母的读法问题,我愿在此表个态度:我看用汉语拼音字母名称的读法比较好。"

承书为铀同位素事业隐姓埋名了一辈子。

王承书八十岁时在《自述》中写道：

虚度八十春秋，回国已36年，虽然做了一些工作，但是由于主客观原因，未能完全实现回国前的初衷，深感愧对党、愧对人民。我的生命也许不会太长了，对于每个人来说，生命本身就是一种消费。我这一生中，事业占据了我整个生命的三分之二，为此，我失去了一个女人应给予家庭的一切。但是，我并不后悔，因为，作为一个女人，事业和家庭是很难两全的。（张玉台、葛能全、郭传杰主编，《中国科学院院士自述》（王承书），上海教育出版社，1996年）

3月23日 参与主持原子能研究所书记处会议，审查电物理线工作计划，并对该领域的发展提出要求。

3月28日 主持并同副所长李毅、力一、赵忠尧、王淦昌，以及张文裕、苏振芳、朱良、李寿枬等共同审查原子能研究所一室（低能核物理）、三室（高能基本粒子）和十一室（直线加速器）的工作计划，对各室的重点工作分别做出安排。

3月下旬 经过主持筹备和拟定规划方案，并经二机部批准，决定以原子能研究所放射生物研究室和技术安全室的部分工作及人员为基础，成立工业卫生研究所。此后，或者亲自前往，或者派人先后到上海、苏州、包头、银川等地选定所址。

3月末 向二机部党组推荐本所副所长王淦昌和彭桓武到核武器研究所加强领导，组织技术攻关，获得批准后并于4月3日与刘杰一起先同王淦昌谈话，听取本人意见。

那天谈话的情况王淦昌记得清楚：

到了刘部长的办公室，副部长兼原子能研究所所长钱三强也在那里。刚一坐下来，刘部长就开门见山地说："王先生，今天请您来，想让您做一件重要的事情，请您参加领导原子弹的研制工作。"刘杰部长向我传达了党中央关于研制核武器的决定。随后，他坚定地说："有人要卡我们，中国人要争这口气。"我静静地听着，心里很不平静。党的信任，人民的重托，自己几十年来的追求、期望，都落实到我将要接过的这一副沉沉的担子上。我有很多话要说，但当时我只说了一句话："我愿以身许国！"（王淦昌，《无尽的追忆》，湖南少年儿童出版社，1997年）

次日 王淦昌到核武器研究所报到，任副所长，改名为"王京"，主管核武器实验研究。

4月4日 到原子能研究所彭桓武的办公室，先向彭说了个人想法和组织上的意见："桓武，有件重要的事情要告诉你，中央决定派最好的科学家加强原子弹的攻关,我推荐了你,决定调你去核武器研究所那边顶替苏联专家的工作。有什么困难吗?""没有,没有什么困难,"彭桓武回答:"三强,这件事总要有人来做,国家需要我,我去。"彭被任命为核武器研究所副所长,主管核武器的理论设计与研究,在他身边有一批能力很强的骨干力量。

后来,彭桓武回忆这段经历说:

> 1955年中央下决心搞原子能后,各方面形势发展加快。核工业的建设,先是取得前苏联的一定帮助,苏联专家加中国青年,所以我们这些专家的主要任务是培养大量青年。随后,苏联撤退专家扔下乱摊子,我国决定自力更生,我们又去顶替苏联专家。……老实说,我也觉得我比我顶替的苏联专家干得好,自己的事没限制么。当然还有些年轻一点的中国专家比我干得更好。干事,人才很重要,每个先行的人都带动几个年轻一点的后来的人,而有些后来的人发展和贡献比先行的人还要高大。"后来居上"是个规律,是可持续发展的保证,也是未来的希望所在。(彭桓武,《我们是怎样合作搞原子能的》,载于《彭桓武诗文集》,北京大学出版社,2001年,75~76页)

Δ还向二机部党组推荐过原子能所另外两位核物理学家——副所长赵忠尧和室主任何泽慧。赵因年龄大未获准去核武器研究所;推荐何泽慧,则被视为想通过她去控制核武器研究所。一位知情人士告诉说,部里对这件事是看得很重的,甚至被认为是"搞非组织活动"。钱三强逝世后,这位知情人士向彭桓武说起此事,彭听后说:"钱三强是完全对的,何泽慧很适合到九所,这有什么问题,这不是私心。"

4月20日 参加原子能研究所党委扩大会议,讨论整风、科研等问题。会议明确该所整风的要求是:树立以科研为中心的思想,排除一切不利于科研的消极因素,一切为了保证科研任务的完成。

5月12日 根据国务院"关于在科学研究机构中坚持八小时工作制和保证科学研究时间的通知"精神,以及中国科学院、二机部党组的有关指示,在原子能研究所主持制定了下列八条规定(《原子能科学研究院大事记》,1991年):

> 1. 科学研究人员与工程技术人员必须保证每周以5/6的时间(即每周40小时),用于业务工作。兼任室主任、党支部书记、室主任助理或学术秘书等工作的科技人员必须保证4/6,争取5/6。
>
> 2. 每周星期一到星期四的工作时间内,一律禁止在科技人员中召开各种非直接业务性的会议或作非直接业务性的活动。
>
> 3. 每周自星期一到星期五的工作时间内,科技人员一律不接电话。各研究室应指定专人专机接听电话。
>
> 4. 各科学技术单位对外接待来访、协作,严格限在星期五进行。

5. 党委各部门和行政职能部门，找研究室或技术单位洽谈工作，应尽量找各室专职的党务、行政干部联系办理。与科技人员联系工作，应事先约定，尽可能不妨碍他们的工作。

6. 各室向外单位联系器材、加工或接洽工作，应尽量由职能部门办理。

7. 各研究室的科技人员出席所外召开的会议或学术出差，一律由二办归口。

8. 在所领导与各职能部门设法保证研究工作时间的同时，要求科技人员在工作时间内，有效地进行科技研究活动。

5月21日 聂荣臻提出，为了加强二机部、国防部五院与中国科学院协作工作的组织领导，及时解决协作中的问题，国防科委应分别主持成立中国科学院与二机部、中国科学院与五院两个协作小组，以便充分发挥中国科学院有关研究所的力量，更密切地为"两弹"服务，真正做到中国科学院、二机部、五院三家拧成一条绳。同年7月，国防科委根据聂荣臻的指示发文，成立两个协作小组。二机部与中国科学院协作小组，由刘杰、钱三强、张劲夫、裴丽生、刘西尧组成。在部院协作小组统一部署下，钱三强和裴丽生等亲自组织落实原子弹的技术攻关任务。

6月5日 聂荣臻在听取刘杰汇报二机部工作时指示说：

无论如何二机部的工作不能松劲，有些厂、矿的人员可以减少，可减一些。科学技术战线现在面临着攻坚，在坚固堡垒面前，万不可退缩。现在作些调整，我们不是退，是巩固阵地，为了稳步前进。我们不能在困难面前投降。要给钱三强任务，请他直接抓研究所，带徒弟。政治工作和行政工作的任务是为科学家服务，当好勤务员（周均伦，《聂荣臻年谱》（下卷），783页）。

6月20日 代表二机部出席聂荣臻委托国家科委韩光邀请公安部（杨奇清）、国防科委（安东）、中国科学院（张劲夫）、二机部（钱三强）、三机部（方强）、教育部（蒋南翔）、中央保密委员会办公室（孙振）等进行科技保密工作座谈。会议商定，要先从国防尖端方面下手，特别要狠抓军民两用的结合部分的科学技术保密问题；选择若干有代表性的单位进行重点调查，查明原因，找出解决办法；在典型调查基础上对科技保密方面的文件、指示进行清理、补充和修改。

7月16日 中共中央发出《关于加强原子能工业建设若干问题的决定》，指出，为了自力更生突破原子能技术，加速我国原子能工业的建设，有必要进一步缩短战线，集中力量，加强有关方面对原子能工业建设的支援。

7月19日 中央同意国家科委党组、中国科学院党组《关于自然科学研究机构当前工作的十四条意见（草案）》（通称"十四条"）作为草案试行。中央批示指出：

做好知识分子工作，至关紧要。我们党历来很重视知识分子工作，规定了一系列正确的政策和细致的工作方法，取得了巨大的成绩和丰富的经验。在反右派斗争以后，各单位对一些知识分子进行的批判，要加以清理。戴错了帽子的要摘掉，以利于解除思想疙瘩，发扬民主，增强团结。一定要使知识分子敢于讲真话，畅所欲言，言者无罪，闻者足戒。在学术工作中，一定要百花齐放，百家争鸣，不戴帽子，不拿棍子，不抓辫子。这样才能造成一种又有统一意志，又有个人心情舒畅、生动活泼的政治局面。要切实保证他们的工作时间，要求和帮助他们踏踏实实做出成果。

7月 在原子能研究所向全所干部传达"十四条"，并组织讨论汇报。结合所内实际情况，重点讨论了"学术民主与责任""任务与学科""成果与文章""精兵简政""树立一切为科研服务的思想"等。为了树立科研工作的"三严"作风，钱三强安排由彭桓武、汪德熙、何泽慧、吴征铠等向中青年科技人员进行专题讲座，先后讲了实验数据处理、研究方法等专题。通过学习贯彻"十四条"，所内工作有比较明显改进。

7月12日～31日 和裴丽生带领中国科学院、二机部工作组到沈阳、长春、哈尔滨，协调金属研究所、应用化学研究所和土木建筑研究所，安排二机部有关金属铀冶炼、核燃料化学、反应堆结构力学的研究任务。要求金属所解决金属铀工厂生产工艺流程中的科学技术问题，一年之内提供工业堆用的合格铀棒；要求应化所解决核燃料前处理过程、后处理过程的化学问题和腐蚀问题，以及铀、钚的化学分析工作；要求土建所承担核工业反应堆大直径承重板(承托反应堆全部重量的底板)挠度的研究，使承重板在安装后达到要求的水平度。这次带队安排任务，采取双方技术交底，共同讨论，明确技术关键，确定任务方案，改变了国防部门向技术单位简单"交题目"的办法，承接任务方心里有了底，效果甚好。

8月14日 和裴丽生就前往东北安排二机部任务后，向聂荣臻写出书面汇报[①]：

7月12日至31日，我们带领科学院和二机部工作组，到沈阳、长春、哈尔滨等地，与科学院金属研究所、应用化学研究所、土木建筑研究所，共同磋商，分别安排了二机部的有关任务。现将这一段的工作情况，简要汇报如下：

---

① 打印署名稿存于中国科学院新技术局文件档案，1965年10月28日立卷

(一)这次首先安排了当前的研究任务,并对各所有关这一方面的长远的研究工作也作了适当的部署。

二机部向科学院金属所、应化所、土建所提出的研究任务,概括地说来:主要是金属铀冶炼,核燃料化学和反应堆结构力学等三个方面的研究工作。

金属所:负责研究金属铀工厂的生产工艺流程中的科学技术问题,用四氟化铀精炼出金属铀,加工制成工业堆用的铀棒。具体进展:九月份开始小量的四氟化铀还原试验,十一月底提炼出若干公斤粗铀,年底一面进行压力加工、热处理试验和物理性能的研究,一面进行精炼和扩大试验,在1962年6月底前制出几根合格的铀棒,交二机部鉴定。并初步解决金属铀冶炼的主要技术问题,提供工厂用的主要技术条件。该所远期任务,是以铀合金的研究作为主要发展方向之一。

应化所:主要担负核燃料化学处理的三项工作:①研究核燃料前处理过程(四氟化铀)的化学问题及燃料问题。从铀矿石经过浸取、离子交换、萃取纯化、沉淀还原,制成二氧化铀,再经过氟化制成四氟化铀。这是水法冶金工艺过程的基本化学研究,系水冶厂、金属铀厂生产前必须解决的技术关键,计划在1962年完成。②研究核燃料后处理过程(金属铀)的化学问题及辐射和腐蚀问题,从经过反应堆照射过的铀棒中,将铀和裂变产物分离掉,取出其中的钚。这个任务,因研究周期较长,亦作了适当安排,于明年开始工作。③铀钚化学的分析工作,主要分析产品的杂质,保证产品的纯度对二氧化铀的分析,在年底基本完成;金属铀的分析,在1962年上半年完成;钚的分析在1962年开始。今后,随着核燃料工业的需要,该所将向铀钚化学的基本研究方面发展。

土建所:院部拟改为力学所分部。首先承担工业堆大直径承重板(承托反应堆全部重量的底板)挠度的研究,使承重板在安装后达到水平度。这是安装设计的前提,安排在1961年底前得出理论计算数据和研究报告。其次,担负原子××动力堆结构力学的研究。先研究动力堆受冲击震动(如原子爆炸)的影响和抗爆、减震的安全措施,今年内提出合理计算和模型试验的方法,制成冲击装置,明年开始作研究工作,争取1962年底提出计算报告和减震装置的设计。然后再对动力堆部件的应力、结构形式、动力装置管道的热膨胀系数和压力窗口的应力等方面进行研究,在1962年初陆续开展工作,1963年初拿出研究成果。该所今后的主要方向,将集中力量进行原子能工业的结构力学和抗爆抗震、屏蔽材料的研究。

从这三个所的情况看来,安排的任务与原来的学科基础及研究人员的专业是紧密结合的,有少数人的专业需要转一转,距离亦不太大。金属所和应化所担负这方面的工作人员,均占到全所工作人员的百分之四十;土建所在机构适当调整之后,将全面结合二机部的任务。这些所,由于任务明确了,使研究所的方向,也进一步明确了。大家认识到:掌握和发展原子能科学技术,不仅是国防建设和国民经济建设的迫不及待的任务,而且通过这些任务的完成,会积累大量而宝贵的科学技术资料,极大地丰富学科内容,为各门学科开拓无限广阔的领域和新的天地,大大促进学科的发展。

(二)这次任务安排,我们具体地贯彻执行了聂总和国防科委关于"国防五院、二机部、科学院三家扭成一股绳,共同完成任务"的指示精神,并且摸索出一些具体而有效的方法和步骤。

在"共同完成任务"这样一个新的观念的基础上摆情况,提问题,双方技术交底,通过共同讨论,明确技术关键,确定任务方案,彻底改变了过去的向研究所简单地"交题目"的办法。过去国防尖端部门,因保密关系向研究所交任务未能从一定的工艺流程上将前后左右的问题进行说明,亦未介绍已经进行的工作和技术经验,只提出具体题目与要求;研究所被动地接受任务,一切从头摸起,从自己原有的学科知识与经验去了解,国防部门已有的经验不能吸取,可利用的资料得不到,而且由于双方未能进行认真的技术交底与学术探讨,所提交的项目有时不够准确,轻重缓急和指标要求也不尽恰当,以致辛勤努力的结果常和实际的需要有距离,积极性也受到影响。这一次安排任务,首先向双方主要参加工作的同志说明共同完成任务的意义及国家任务的重大与迫切,然后由二机部技术领导人向研究所的核心组(所的主要领导人和经过审查批准的主要技术骨干),介绍有关方面的全面情况,说明设计的要求、工作的进度、存在的问题。然后双方技术骨干进一步从工艺流程中的各个技术环节上,共同商讨,找出关键问题所在。这样研究题目,就不是过去简单的一方提出,一方接受,而是发挥了双方科学技术人员的智慧,"共同讨论,共同提出,共同完成",比过去就落实的多了。为了使研究所进一步了解实际情况,并充分利用已有的技术资料,在初步方案确定之后,又规定各所的技术核心组,可到二机部有关工厂和设计单位,进行现场了解,再核实一次。有的工作分头去做,有的工作结合进行,并定期进行技术碰头和学术会,保证双方在完成任务过程中及时交换情报,交流经验。

这样做的好处,真正体现了"扭成一股绳,共同完成任务"的精神,极大地调动了科学研究人员的积极性,保证了任务的落实,和工作的顺利进行。应化所的情况,就充分说明了这一点。在我们未到长春前,二机部的一部分同志已就有关任务与应化所交换了意见。这次工作的进行,双方都认为比过去有很大的进步。但由于所的核心组尚未成立,二机部一些具体工作同志的思想尚未完全解放,技术交底不够;同时,研究所的同志对“共同完成任务”的新的精神也领会不够。因此,对二机部提出的题目,仍然是根据自己的情况去选择,致使对当时急需解决的水法冶金部分的萃取纯化过程及从二氧化铀制备四氟化铀的工作,犹疑不定,安排不下来,而对要求不急的后处理部分、裂变元素的分离、铀钚化学的研究则很感兴趣。对于已经安排下来的题目,是否抓住了技术关键?而这些工作在完成以后,是否都能应用到工艺流程上真正解决问题?双方均没有把握。应化所同志因为对实际情况了解不够,表示只能对题目负责,别的无从考虑。二机部同志也感到对自已归纳出来的科学问题,准确程度有怀疑。如分析工作,虽然题目定了,二机部负责分析工作的朱丕基同志还是坐卧不安,感到有些心里话没有说透,她反映:“在目前分析工作大大落后于生产需要的严重情况下,我们是否抓住了重点?是否将国家仅有的科学技术力量真正用在刀刃上?万一题目出的不对头,就浪费了国家人力,耽误了国家大事。我认为最理想的办法是把我们的需要和过去的工作以及碰到的问题和想法,全面向应化所交底,在充分讨论之后,两家的力量揉在一起,在已有的基础上共同前进,这样对事业最有利!”我们到所后,即根据这些情况,进一步将共同完成任务的精神向双方主要负责同志作了介绍,二机部工作同志又向应化所进一步全面交底,经过充分讨论后,问题和困难更清楚了,任务的轻重缓急也更明确了。大家一致认为应该把任务包下来,尽最大的力量,首先完成最急需的任务,先安排好前处理部分的工作。应化所五室主任钟焕邦和室内同志,主动提出先进行萃取、纯化的工作,待任务完成后再作后处理部分。四氟化铀的制备,虽然在人力困难、专业不对口径的情况下,也得到安排落实,该室工作同志表示:只要任务需要,专业转一转也愿意。结合任务讨论,把以前安排的项目重新作了审核,对那些距离较远实际作用不大的题目,有的去掉,有的推迟,这样更利于共同集中力量,攻关键问题。同时,题目的准确性也提高了。例如:从二氧化铀抽取四氟化铀的研究,过去认为主要技术关键有四个,即:含铀络合物体系的研究;氧化还原问题;四氟化铀的结晶化学;四氟化铀的脱水问题。现在一致认为,要主攻四氟化铀结晶沉淀的生成条件,从而得到质量合格的产品。氧化还原问题是次要的问题,络合物体系及脱水问题,可以先不考虑。经过最近应化所同志到二机部研究所实际了解之后,就更清楚了。双方同志都反映:"这次打仗,可打准了。"回想过去交题目的办法,真是"隔靴搔痒"。二机部同志特别感到心情舒畅,认为有了共同攻坚的同志,"一块石头落了地"。大家对完成任务的信心,都百倍地增加了。

经过这样的部署,所的主要研究技术人员,特别是老科学家,对国家将这些最机密、最重要的任务交给他们,大受感动。认为这是党和国家对他们最大的信任。他们政治有了底,技术有了底,于是思想大解放,反映"一切问题都好考虑了"。金属所所长李薰,在未进行技术交底之前,还表现犹疑不定,技术交底之后,就感到有了办法,三日内拟出完成任务的详细而切实有效的计划。应化所科学家在技术交底之后,对于苏联学者为什么要作铀化合物与硝酸、草酸及氟化物的体系研究,有了实际意义的了解,认为他们也是从结合着国防尖端需要来进行工作的,而不仅是纯学术性的,因而解除了过去怕担负任务多了,影响学科发展的思想顾虑,对提出的任务,用最积极的态度去承担完成。虽然任务很重,但信心十足。

根据任务的需要,各所均适当调整了组织,集中了力量。核心工作,一般均组织了专门研究室;中层工作,基本上放在原来的室、组进行,只在人员、设备上加以掌握和调整;不涉及国家机密带有远期性、理论性的工作,一般均由原来的室、组结合原有的工作进行。

(三)这次任务安排也具体地贯彻执行了聂总向中央关于自然科学工作中若干政策问题的报告中,充分调动一切研究技术人员的积极性,拿出研究成果的总精神。科学工作十四条,在各所均有所酝酿和讨论。我们每到一处均将聂总向中央报告的主要精神,在党内外研究人员中分别地作了传达,并在这次二机部任务的力量组织、人员的审查、密级的修定等方面,力求具体实现。

为了迅速组成队伍,保证工作的及时开展,我们出发时,即由公安部、二机部、科学院保卫局组成了一个工作组,随同我们一块工作。每到一个所,即由工作组协同省、市公安厅(局)和研究所保卫部门,组成人员审查组,对于需要参加此项工作的研究人员进行审查排队。在人员审查上,贯彻执行了在确保国家机密的原则下,尽量满足完成工作任务的人员需要,特别注意了发挥老科学家的作用问题。历史问题看现在,社会关系看本人,具体人,具体分析。这种几级保卫部门上下结合,共同审查,当场确定的办法,不仅可以避免过去逐级批准,辗转费时,使一些紧迫的任务,迟迟不能开展的缺点;而更重要的是,有大量的活的材料作依据,更利于区别问题的性质和情节的轻重,正确掌握条件,作出结论,使审查工作更深更细。同时,由于大家根据聂总向中央报告的总精神统一了标准与认识，也克服了过去人员审查偏严的现象。如应化所八室主任陈琪（副研究员）搞铀化学分析，需参加核心工作，因有海外关系过去未曾批准。经过这次具体了解，是因有两个大学同学在美国，其中有一个同学的爱人曾给何应钦当过秘书而陈本人则一贯表现很好，和上述同学也早已没有联系。二室主任钱保功（研究员）搞高分子物理辐射化学，是一般的政治历史问题，已经查清，因其兄是历史反革命和右派，未能同意。本人一贯表现很好，在历次运动中的“中左”，立场坚定，能与其兄划清界线，最近提出入党。这些人有真才实学，又确系尖端工作所必需，没有发现可疑情节，一贯靠拢我们，经这次研究，均同意参加保密工作。还有金属所龙期威（党员，助理研究员）有很好的研究能力，过去因其父亲被镇压，从保密工作调出去，现经调查，本人八岁时，父亲娶了小老婆将他的母亲及他自己都抛弃了，本人历次运动中立场坚定，能与他的父亲划清界线。现在都正式批准参加保密工作。同时，又重新修定了密级，确定了保密范围。在尖端任务中，也分绝密、机密和一般三部分。凡是涉及国家最大机密的技术关键及有关总体研究定为绝密项目；凡不涉及上述两项，分到各室进行的具体项目，可视情况分为机密与一般项目；属于一些基本性能分析与理论性工作，则均作为一般研究项目。如：金属铀的精炼是绝密项目，而铀中的杂质分析为秘密项目，铀的物理性能的测定则可列为一般项目。

根据工作的机密程度，又分核心部分，中层部分和外层部分。按密级的不同分别吸收符合条件的人来参加工作。一定范围的人了解一定范围的工作情况和问题，既便于保密，亦有利于交流。

我们要在科学技术上自力更生，就必须依靠我国自己的科学研究力量，尽可能多地调动有经验的科学工作者来参与工作。在过去的一段时期中，各研究所虽也十分注意了老科学家的安排和使用，但在国防尖端任务力量的组织上，仍束手束脚，顾虑重重。这次我们根据聂总报告和“十四条”的总精神，及二机部科学院党组的具体意见，坚决贯彻了上述措施，使研究所的“生产力”大为解放。经初步审查，绝大部分均可服务于尖端工作。三个所已确定参加二机部有关机密工作的大学生以上研究人员 170 余人，加上辅助人员，共约 300 人（间接为这些工作服务的人员尚未计算）。从数量上讲，相当于二机部本项工作参加人员的一倍或一倍以上；从质量上讲：有相当一部分高、中级研究人员。170 名大学生以上研究人员中，助研以上 71 名，约占百分之四十二。应化所在确定的 85 人中，助研以上研究人员 38 名，占百分之四十四。这些人员都有一定的理论水平和实验经验。而这些所基础较好,设备比较齐全,资料积累比较丰富。可以设想:这部分力量如充分发挥,对原子能科学事业和国防建设,无疑将起巨大的促进作用。

上述各所的任务和力量的组织情况,我们均亲自向东北局和辽宁、吉林、黑龙江省委主管科学的书记及省科委领导同志,作了汇报,均得到了他们的积极支持。

(四)通过这次任务安排,我们一方面看到:原子能科学技术,是极其艰巨复杂的事业,它所碰到的问题,都是我国当前科学技术高、大、精、尖的问题。涉及学科很广,所有重要基础学科与各种新技术均有密切关系。另一方面,我们也看到:经过三年来的科学战线上的大跃进,从二机部来说,已经接触到许多实际的科学技术问题,有的已经解决,有的已摸索到一些解决的途径,有的已摸索到问题的关键所在。从科学院有关所来说,有许多学科领域的研究与专业人员,已奠定了一定的基础,并且有一定的学术水平。如果双方能够密切结合,并能充分运用苏联已给我们的一定资料与设备,我们是可以迅速地突破尖端的技术关的。从这三个所的任务安排中,双方有关科学技术人员在结合起来之后,感到有信心有办法,就可证明这一点。

我们准备依照这次的办法,对二机部其他方面的工作,如地质、选矿、自动控制、物理、原子能光学材料、生物防护等,再作进一步的安排。

分院的有关研究机构,也可以适当组织,加以运用。

我们认为,这次任务的安排和做法,是比较成功的,希望能在今后科学合作中,予以推广。

裴丽生　钱三强

1961年8月14日

8月18日　参与讨论和制定《中国科学院自然科学研究所暂行条例》(通称"七十二条")。"七十二条"规定:研究所必须在党的领导下,实行专家与群众相结合,坚持科学为社会主义建设服务和有计划发展的方针,执行百花齐放、百家争鸣的政策,完成提供科学成果和培养研究人才的根本任务。"七十二条"还规定了所务委员会、学术委员会的具体职责和工作任务。

9月　偕裴丽生率领工作组到湖南铀矿厂考察,并到中国科学院矿冶研究所布置协同开展采矿、选矿、化学冶金等方面的技术攻关任务。决定在该所成立铀采矿研究室、选矿研究室、铀水冶研究室,以及5个铀矿分析化验小组,所开展的这些工作,为我国重点铀矿山峰铀水冶厂的顺利投产,发挥了重要作用。

是年秋　又一次在原子能研究所阶梯教室向青年科技人员作报告,讲又红又专,提出"红专矢量论"。先在黑板上画一个直角坐标,横坐标为"红",即社会主义方向，纵坐标为“专”，沿45°角一条动径，箭头标明“矢量”，说矢量的模代表专业能力，矢量在横坐标上的投影就是对社会主义的实际贡献，矢量方向与横坐标夹角越小，越红。这就是又红又专。讲完，丢掉手中的粉笔，拍拍粉末灰风趣地说：你们看，我成三角学家了。

当年听过钱三强红专报告的何祚庥回忆道：

另一件事，是三强同志不仅指导青年同志们的科学研究，也抓青年同志们的思想工作。他多次向原子能所内青年同志做报告，要他们又红又专。他以物理学工作者熟悉的语言向青年同志们指出：在迈向社会主义道路上，每一个人都应该出一份力，大家都推它一把，这就是红。用物理学的语言来说，“红”是一个矢量，即有确定指向的一个矢量，而“专”是这一矢量的长度。仅仅方向对头，而长度太小，那么推力不大。如果长度很大，但方向不对头，甚至偏向另一边，那就适得其反。这就是三强同志所发明的“红专矢量论”。正是三强同志在这一比喻中把政治和业务，红与专，用这样一个“矢量”而形象化地说明了两者之间的关系。应该说，这是政治思想工作的很好的一个创造。遗憾的是，在“文化大革命”中，三强同志的“红专矢量论”，竟成为他“肆意放毒”的“铁证”，是“反动学术权威”放出的“大毒草”。在一些大字报的笔下，这一“红专矢量论”被描绘成为“以专代红”，鼓吹“白专道路”等。这的确是混淆是非，颠倒黑白！（何祚庥，《回忆三强同志在原子能科学技术中的重大贡献》）

10月　偕吴有训到湖南二矿进行现场检查和技术指导，并应邀在该矿办公楼的走廊过道里为全矿技术人员作报告，除了讲授有关专业知识，还利用数学中的“勾股弦”定理作比喻，讲了红与专的关系，鼓励科技人员努力学习科学技术知识，提高工作水平。当时听过钱三强报告的张桂芝回忆说：“在那个年代里，我们能够听到这样的报告，确实是难得的。”

10月30日　出席二机部召开的卫生防护会议并发表讲话。在讲到研究室的业务工作和室党支部的关系时，如是说（会议记录）：

专业应由专业人员来领导，支部起保证作用，不要瞎指挥。支部的主要工作是政治思想工作，调整人与人之间的关系，发挥他们的积极性，要使他们有职有权，要建立技术责任制，同时发挥技术的民主，有技术问题要找支书共同商量，最后由技术负责人拍板，支书如有不同意见可以向党委提出。基层党的工作要有所不为，不应该管的不要管，不要当“法海”。总之，支部的工作是起督促、检查、组织作用，调整人与人之间的关系。

下半年　在与何泽慧讨论后,亲自找原子能研究所十室副主任刘允斌,布置他对核爆炸中放射化学的诊断方法问题做些调研。刘即安排郭景儒、魏启慧等开展调研工作,崔凤吉还对日本人在广岛核爆炸的测试方法做了调研,并利用重水反应堆的裂变产物核素进行了实验和推算。后刘允斌和郭景儒带着调研材料向何泽慧汇报,何打断汇报说:“你们搞错了,不是测别人的,是测自己的。”(后来当我国核武器试验所研究急需时,十室便有条件接受了燃耗分析任务)

11月起　提出要求并亲自督促,在原子能研究所首先普遍建立科技人员业务档案制度,做过什么工作,取得哪些成绩,发表过什么论文著作,有过些什么发明创造,都要记录在案,既备职称考核、工作调整使用参考,又起到促进、鼓励钻研业务的作用(此项工作于1963年被迫停止)。

11月　一天晚上,在北京和平饭店向来京的兰州化学物理所申松昌、金振声、徐康等布置攻关高能炸药的任务,随后并带领他们一起赴西安204所参观,看了用10克炸药进行的一次试验,钱三强对参观者说:“这就是10克炸药的爆炸,没什么可怕的。”鼓励大家放心攻克难关的信心。

11月　偕裴丽生在上海衡山宾馆主持会议,调整落实“甲种分离膜”(管状)的研制任务,决定此种分离膜在上海冶金所集中攻关(片状分离膜集中到北京钢铁研究院攻关),原分别从事这项研究的北京原子能所、沈阳金属所、复旦大学的有关人员集中到中国科学院上海冶金研究所成立第十研究室,由副所长吴自良兼室主任,技术总负责,下设三个大组:第一大组负责研制分离膜的原料——超细镍基复合粉并小批量生产,由金大康、姚汉武任正副组长;第二大组负责成膜工艺并制成分离膜元件,由邹世昌任组长,陈文秀、桂业炜任副组长;第三大组负责分离膜的性能检测、分析和后处理工艺,由李郁芬任组长。上海冶金所总结称:“这样调整后,组织健全有力,任务明确落实。四支队伍(60余人)集中在一起分工合作,联合攻关,确实起到了1+1>2、2+2>4的作用,为及时圆满完成任务提供了有力的保证。”

△根据周恩来指示,在上海亲自向市委书记柯庆施通报情况,要求组织协调帮助解决工作的条件问题。在上海市委领导下,成立了甲种分离膜攻关领导小组,由市科委、市冶金局、纺织局和上海冶金所、复旦大学的领导参加。还组成科学技术领导小组,以加强研制中情况沟通与合作。

年底　直接组织并经常参与讨论,轻核理论组和轻核实验组工作有初步进展。

是年　参与部院五人协作小组的协调,与张劲夫、裴丽生等共同配合,经过一个所一个所的具体布置,在中国科学院各研究所共安排二机部任务83项,计222个研究课题。由于共同努力,各项任务完成及时,保证了工作需要。

1962 年　四十九岁

1 月 5 日晚　持陈毅、聂荣臻、陆定一三位副总理联署的请柬，赴人民大会堂出席新年宴会，与周培源、钱学森、竺可桢等坐主桌。宴会共设有 475 桌，首都科学技术界 4000 余人应邀出席。周恩来简短致辞，号召科技工作者为了祖国的富强，为了世界人民革命斗争的胜利，为了世界和平，树立雄心壮志，埋头苦干，发愤图强，自力更生、奋勇前进。陈毅发表了讲话。席间，安排有歌舞节目。

1 月初　读到竺可桢访问英国时李约瑟赠予的《中国科学技术史》(印好尚未装订成书)第四卷关于物理分册。李约瑟在该书英文版的扉页上写道："谨以本卷献给两位友人：北京大学物理系教授、前中央研究院总干事叶企孙——1942 年昆明和重庆黑暗时期最诚挚的朋友；中国科学院物理研究所所长钱三强——1952 年北京和沈阳当需要的时候就会出现的儒士与骑士。"

(按：1 月 4 日晚竺可桢阅读所赠书稿后日记写道："我昨晚曾匆匆翻阅一遍，觉其中关于比重部分，提到孙权送大象给曹操，操命大臣聚宴，问道，象有多重？无人能答。时曹冲只六岁，出应曰，可置象于大船上，说其水平线，然后移象，而置相当数目的砖石到同一水平，即可知其重云云。这是我所向未想到的。")

1 月　在湖南衡阳主持召开技术攻关现场会，请来中国科学院新技术局、中国科学院上海有机化学研究所、中国科学院长沙矿冶研究所、中国科学院长春应用化学研究所等有关科技骨干参加，进行"群医会诊"，就衡阳铀水冶厂生产准备中存在的大小 148 个技术问题提出研究方案和措施，重点审查纯化车间的试车方案，为纯化系统顺利投产作技术准备。

1 月 18 日　主持本年原子能研究所第一次所务会议，传达二机部决定，批准本所行政组织体制，即在党委统一领导下，实行所长负责制，副所长协助所长进行工作；中关村一部改为"分部"，坨里二部各"线"改为"研究部"；决定设立波谱学研究室。

Δ 根据二机部工作会议精神，结合实际情况，原子能研究所确定了 1962 年基本任务是：正确认识国际国内形势和当前财政经济困难情况，贯彻中央"调整、巩固、充实、提高"八字方针，贯彻"十四条"和"自力更生，过技术关，质量第一，安全第一"精神，缩短战线，集中力量，攻科学技术关，确保"一线"任务完成。

1 月起　在原子能研究所贯彻二机部工作会议精神："1962 年一线各厂过技术关是关键的一年，又是攻坚的一年。应将"615"甲的技术力量集结到工厂，共同完成热处理，调整试验和启动运行的任务。"此后，原子能所负责"615"任务的吴征铠、王承书、钱皋韵经常带科研人员下厂调研,每次下厂都带着问题回所,进行试验和理论研究。其中,王承书负责的理论组工作量最大,持续时间最长。

2月15日 出席聂荣臻在广州羊城宾馆主持召开的全国科学技术工作会议(通称"广州会议")。这是继1956年1月中共中央关于知识分子问题会议后的又一次重要会议。会议制订1963~1972年科学技术发展规划,广泛听取科学家的意见,总结我国科技事业发展的经验。与会代表共453名,其中各领域科学家301人。

2月16日下午 听取聂荣臻在广州会议上的讲话。在讲到会议的开法时,聂荣臻说:

> 开头的几天,大家敞开思想,议论科学工作的形势,讲问题,谈经验,包括正面和反面的经验。有什么见解,有什么批评,有什么建议,都可以提出来。提意见要尊重事实,要说老实话,过去做得不对的,要反省改正。要敢于提出争论问题。这一段议论要充分一些。只有经过广泛的民主讨论,才有可能提出比较实事求是的比较正确的方针和做法,才能提出若干加速我国科学事业发展的措施。制订长远的科学规划,是非常复杂细致的工作,如果不走群众路线,不同科学家们充分商量讨论,是订不出好规划来的。在讲到大家议论问题时他说:要贯彻百花齐放、百家争鸣的方针,允许人们发表不同的学术见解。我们提倡"三不",在讨论工作问题的时候,对于不同的意见,一不戴帽子,二不拿棍子,三不抓辫子。我相信,凡是爱国的科学工作者,都会关心国家的建设,关心我们的科学事业。提出的意见,提得对,当然好。提得不对,也不要紧。作为一个科学家,应该追求真理,坚持真理,改正错误,改正缺点。这就是科学的态度,这也是一个革命者应有的态度。在我们科学组织领导工作中,最重要的经验教训就是不够实事求是,听取各种不同意见不够。(周均伦,《聂荣臻年谱》(下卷),813页)

Δ听取中南局和广东省委第一书记陶铸讲话。陶铸要求大家畅所欲言,把这三年"大跃进"回顾一下,到底有多少错误有多少正确。他并且带头向科学家道歉,说:"这几年我们搞了些瞎指挥。丁老(指农学家丁颖——注)赞成多植,但不赞成植那么多,我们反而跟他作斗争,现在证明他的意见是正确的,我已经作了三次检讨了。需要时还可再检讨。你们工作中的瞎指挥比我们少,我们做了许多蠢事情。"他坦率承认,前面一些年,"我们对科学家的供应物资很少,精神鼓励又差,甚至虐待""我们的缺点是民主不够";他还说:"工作有缺点会改的,我是有决心改的,党内许多同志也是有决心改的"(薛攀皋,《科苑前尘往事》,科学出版社,2011年)。

2月17日 参加广州会议物理组讨论聂荣臻和陶铸的讲话。马大猷发言说到:现在讲“三不”,不扣帽子,可是我们头上就有一顶大帽子——资产阶级知识分子。如果凭为谁服务来判断,那就不能说我们还在为资产阶级服务。如果说是有资产阶级思想,或者是思想方法是资产阶级的,所以是资产阶级知识分子,那么脑子里的东西,不是实物,是没法对证的。谈到无产阶级知识分子,那标准又太高了。可是,中间又没有别的。这个问题谁能从理论上说清楚?(薛攀皋,《科苑前尘往事》)听后,与同组许多物理学家颇有同感。

2月19日 出席陶铸代表中南局和广东省为招待广州会议代表举行的元宵节招待会,共56桌。聂荣臻、薄一波、郭沫若及广东省省长陈郁等到场。膳后齐往文化公园参观花灯会。

2月20～24日 参加广州会议物理组讨论。在会议领导的鼓励下,大家响应号召,推心置腹发言,小组讨论非常热烈,许多尖锐批评的话都讲出来了,物理组的讨论更是活跃。“科学家对‘大跃进’、大炼钢铁、大办水利、教学改革、科学工作中大搞群众运动等,提出过若干疑问”(周均伦,《聂荣臻年谱》(下卷))。

Δ钱三强在小组会上提了对“教改”和“拔白旗”的意见:

> 认为“大跃进”时代大学的所谓“教学改革”,许多是令人啼笑皆非的。说:“在一些大学里,让一二年级的学生写讲义,大学教授靠边站。既然你能编写大学讲义,何必还来上大学呢!”“在那种老师要听学生的话的狂妄年代,怎么能培养高质量的学生?”“这样下去,后果简直不堪设想!”他同意马大猷提的“资产阶级知识分子”帽子问题,同时说,“白专道路”、“知识私有”这些帽子也不能随便戴,否则,“这样下来,没有人再敢业务上冒尖了,因为那样被看作‘专而不红’”。(原子能研究所《红专小报》,1966年6月28日)

2月25日 聂荣臻电话向周恩来汇报会议情况时,针对广州会议各小组讨论中提出的一些情况和问题,如会议简报中反映的,有人提出对于资产阶级知识分子这一顶帽子不服气等,请周恩来到会讲话,希望讲讲形势,党和知识分子的关系,精兵简政、缩短战线、集中力量、克服困难三方面的问题。

同日 周恩来致信毛泽东汇报政府工作报告起草情况,并告:准备和陈毅一起去广州,“谈军队转业十万干部的安置问题和科学机构的精简问题。同时也准备同科学家见见面,听听他们意见”(力平,《周恩来传 1949—1976》(下),668页)。

3月1日 周恩来在广州召集聂荣臻、陶铸、于光远、张劲夫、韩光、范长江、林默涵、齐燕铭开会,要求与会者挨个表态赞成会上增加知识分子属性问题的讨论,由周恩来作知识分子问题的报告。周恩来说:从总体上讲,知识分子不能再说是资产阶级知识分子,肯定绝大多数知识分子属于劳动人民的范围,这是今天参加讨论的同志一致的意见,我们大家共同负责啊(参见《竺可桢日记》)。

3月2日 听周恩来在广州会议和同时在广州举行的全国戏剧创作座谈会代表作《论知识分子问题》的报告:①解放以后十二年知识分子改造情况,旧知识分子有其两面性,一定要改造。是不是小资产阶级知识,要看他改造得如何而定;②知识分子的改造到最后要做到阶级的消失。和知识分子联盟有非对抗性矛盾,与改造民族资产阶级对抗性矛盾不同。直到现在知识分子极大部分已适合于社会主义过渡时期;③如何团结知识分子。党的领导范围,不是个人领导,要分上下级,要集体领导,外行只能领导政治思想,不能领导业务。要团结知识分子;④知识分子自我改造问题,靠自觉,要和风细雨;⑤希望大家提意见。讲话中,周恩来强调党组织要改进领导作风,做好团结知识分子的工作,首先要解决信任他们的问题;要求"过去对同志们批评错了的、多了的、过了的,应该道歉"并代表中央"利用这个机会,再作个总的道歉"。

3月初 在羊城宾馆住房同于光远谈心。于问钱在二机部的处境怎么样,钱告诉于说处境不怎么好。后来于光远在回忆文章里说,三强当时说处境不怎么好,我能理解,对中国的官场三强是很难适应的。(于光远,《告别三强》,载《自然辩证法研究》,第8卷第8期)

3月5日 听陈毅受周恩来嘱托在广州会议上发表讲话,听后激动流下眼泪,说是肺腑之言。

陈毅讲到:

> 周总理前天动身回北京的时候对我说,建国以来,我们已经有一支爱国的、人民的、社会主义的、无产阶级的科技队伍。你们是人民的知识分子,革命的知识分子,是为无产阶级服务的脑力劳动者。不能经过十二年的改造、考验,还把资产阶级知识分子这顶帽子戴在所有知识分子头上。今天,要给你们"脱帽加冕",就是给你们脱掉资产阶级知识分子之帽,加上劳动人民知识分子之冕。十二年改造,十二年考验,大家还是不抱怨,还是愿意跟着我们走,还是对共产党不丧失信心,这至少可以看出一个人的心。十年八年还不能考验一个人,十年、八年、十二年还不能鉴别一个人,共产党也太没有眼光了!共产党不尊重文化,共产党不尊重知识,共产党不尊重科学这类的话,不晓得马克思讲过,还是列宁讲过?毛主席讲过?谁也没有讲过这个话。愚昧是很大的敌人。帝国主义是个敌人,封建势力是个敌人,愚昧——几万万人没有知识,没有科学知识,也是很大的敌人。(中央组织部,中央文献研究室编,《知识分子问题文献选编》,人民出版社,1983年,240页)

陈毅在讲话中，对少数“不认真执行党的政策，工作有毛病，起码是官僚主义、死官僚主义”，喜欢乱扣帽子、乱整人、“比较恶劣”的领导干部提出了批评，并要求他们“会后检查自己”。

3月6日下午 参加物理组会议讨论陈毅的讲话，并听取中国科学院秘书长杜润生到会作检讨（同时间，中国科学院党组书记张劲夫在生物组会议上作检讨。检讨发言内容印发在同日的《广州会议简报》上）。杜润生在物理组所作检讨，主要是检讨中国科学院党组几类“瞎指挥”行为。

据薛攀皋《科苑前尘往事》择录于下：

(1)我们自己出了些坏主意，如1958年5月间，“大跃进”时，中关村开跃进大会，实际上是用了摆擂台方法。会议是我发起的，从此助长了浮夸作风，说大话，说做不到的事情。物理所的“小太阳”也是那个时候提出来的……

(2)学习别人的经验，不问具体情况乱搬……

(3)对下面的工作情况不明，一些不正确的做法，没有及时发现、纠正。有些甚至默许、支持……

(4)还有，没有很好体会与执行好党的政策……

在中关村设跃进擂台一事，我可以下次再详谈。在这里，只简单说两句。那个时候，各研究所都不得不上擂台说出自己的宏伟计划，想法一个比一个狂妄。物理所提出要制造“小太阳”，用它把祁连山、天山等处的冰川融化，进而使大西北的沙漠变成亿万亩良田。那个时候的中国科学家够浪漫吧！（熊卫民整理，《追忆广州全国科学技术工作会议——薛攀皋先生访谈录》；载于薛攀皋，《科苑前尘往事》，科学出版社，2011年，124页）

3月7日 阅读张劲夫在生物组会议上作自我检讨的“发言摘要”[《广州会议简报》(62)]，钱三强感触很深。

张劲夫着重讲了以下两个问题：

第一，执行政策有片面性，没有把科学上的社会主义道路和资本主义道路的界限划清楚，致使下面出现了较大的偏差。比如某些青年被错误地戴上“白专”帽子，微生物所曾错误地用“科学工作中两条路线道路斗争”的提法来批判老科学家（邓叔群）。中国科学院党组对这些偏差负有责任。

第二，工作中的“浮夸”和“瞎指挥”。在“大跃进”期间，党组不该给各研究所施加很大的压力。“胰岛素”人工合成、有机半导体，组织大兵团作战，是“浮夸风”与“瞎指挥”的坏典型，院党组要直接负责。1960年的技术革新技术革命运动，在北京地区是我亲自督战的，要各单位几天内改变面貌。这类事情很多，这些都是我们直接领导的。至于各所工作中的缺点,有的虽未直接过问,也应由我们负主要责任。

张劲夫对产生以上缺点的原因,检查总结为"二无二不"。"二无",是无知识、无经验;"二不",是不虚心、不民主。如果说1958年的"浮夸风"、"瞎指挥"是由于无知识无经验,尚情有可原。1960年重犯1958年的错误,教训是最沉痛的。我们决心改,请大家多帮助。(同上)

3月12日　广州科学技术工作会议闭幕。是日,陶铸、陈郁代表中南局和广东省举行招待会欢送全体代表和各部门、省、市领导。根据聂荣臻的点名安排,钱三强在招待会上作即席发言,讲一讲大家最关心的一个问题:中苏关系破裂后,中国依靠自己的力量发展原子能事业进展如何,能不能搞得成?聂荣臻指示钱三强说:"你可以放开讲,给大家鼓鼓劲。"于是,钱三强发言中在扼要介绍了在党中央、国务院直接领导下,近几年原子能科技攻关情况后,充满信心地说:"在全国大力协同下,我国原子弹的总体设计和研制,已经开始走上轨道。我们一定能够通过自己的努力,在预定的时间内把原子弹搞出来!"他补充说:"这个预定时间,就是聂总曾经提出的,国庆十五周年前后。"(钱三强,《科技工作者的知心领导人——回顾聂荣臻同志领导科技工作的成功经验》,载《聂荣臻同志和科技工作》,光明日报出版社,1984年)全场受到鼓舞,响起热烈掌声。

△参加广州会议期间,相机同华北局有关领导商妥,拟将自己分工负责的北京工业卫生研究所与所址在太原的华北原子能研究所合并,成立辐射防护研究所,初步定所址于山西太原。

3月24日　向原子能研究所全体干部传达"广州会议"精神。主要传达周恩来、陈毅和聂荣臻的讲话,并且讲了自己参加会议和听了几位领导人讲话的体会,说到当时听完讲话后,感情激动,流下了眼泪。

4月　与秦力生共同召集中国科学院大连化学物理研究所、兰州化学物理研究所、上海有机化学研究所、力学研究所等科研骨干协作会议,落实高效炸药的化学合成任务,决定抽调人员集中到兰州化物所进行攻关。为此,在该所组建了包括炸药合成、分析测试、装药成型、放大试验、爆轰理论等一整套完整的研究体系。在无文献资料可供参考的情况下,经过共同攻关,兰州化物所终于1965年9月研制出样品,性能超过原提指标,并向二机部提供批量生产,后作某些改进,用于第一颗氢弹。

5月　在位于北京玉泉路的中国科技大学与在校同学进行座谈,回答同学们提出的问题。同年7月5日《中国青年报》第一版刊出题为"应该有所而有所不为——记物理学家钱三强与科技大学学生的一次座谈"报道(作者李总成、金吾伦)。全文录后:

5月的一个黄昏,在中国科学技术大学的一间宽敞明亮的教室里,不时传来掌声和笑声。这里,中国科学院原子能研究所所长、著名科学家钱三强正在和一个班的同学座谈。当钱三强同志建议由同学们提问题来决定座谈内容以后，同学们提出了一个接一个的问题：

“依您看，一个人在大学阶段应该怎样学习呢？”

“一个立志从事科学事业的人，目前应该在学业上做怎样的准备呢？”

“搞我们这个专业的，将从哪方面对祖国科学事业有所贡献呢？”

“……”

针对同学们提出的问题，钱三强同志开始了热情、深刻而又风趣的谈话。

1. 不要做”书呆子”、“活字典”

“对于大学的生活，我是过来人了。根据我的体验，青年时代是学习的好时候，大学阶段对你们今后的工作很重要。你们在大学阶段应该怎样学习，要不要读很多书？我的看法是，读书是好的，但不必读很多书。我觉得青年人不要做‘书呆子’、‘活字典’。一个人的精力是有限的，不能要求一个人把样样都搞得精通，你们在学习上应该有所为而有所不为，有一些东西，只要基本上了解了就行了。可是对于若干门主要课程，就必须认真下功夫，搞精、搞透、搞深，不但要弄懂是怎么回事，而且要了解这些科学发展的历史，主要问题解决的过程。前人研究和弄清事物的过程，常常也是我们认识事物的过程，只要弄清这样几个问题，你们就好像找到一把开启科学之门的钥匙，掌握了这把钥匙，就能够比较容易地揭开其它学科的奥秘。”

“假如我是教师，我并不要求你们门门功课都得一百分。一百分的学生一般来说将来是会有成绩的。但在科学上有所建树的人，他在学生时代不一定都是门门一百分的学生。我们要求什么样的科学工作者呢？我想，他们不应该只是一本‘活字典’，或者是学校里‘老师喜欢的孩子’，而是头脑灵活，勇敢坚毅，主动性强，富有生命力的人，他不但能学，更重要的是他能干，能解决问题。你给他一个问题，指出一个方向，给他一定帮助，他就能够自己往前走，接触实际，反复深入，找到关键所在，自己动手把它解决。不像有些人那样，肚子里虽然装了很多书，思想却不活泼，工作上不主动，靠别人推一把走一步”。

2. 学好基础课　重视做实验

“有同学问，要在学业上作怎样的准备？说到‘准备’，我觉得你们现在主要是要把基础课程学好。大学课程的分量是针对一般水平安排的，但是同学中水平的差别总是存在的，有些人感到吃力，有些人就感到有余力。对于那些确有余力的同学(注意,我说的是确实有余力的同学)当然可以看一些课外的东西,特别是学点外国语,老实说,要搞科学工作,一门外国语是很不够的。你掌握了一门外国语就好像在你脑袋左边添了两只眼睛,再掌握一门,右边又添了两只眼睛。不懂外国语的人,只能看一个方向,多掌握几门外国语,就可以'眼观四方,耳听八面'了。所以我说,正课之外,确有余力的同学,可以搞一些外国语和其它的东西;没有余力,就集中力量搞好课内的东西。现在你们功课很重,能把课内功课搞好也不太轻松”。

“有一点我要提醒你们的,就是要特别重视实验。不要怕麻烦、怕费事,觉得一次实验就花半天时间,不上算。将来你们出去工作了,交给你们一个任务时,并不是把一切条件都准备好了,有些时候要你们自己去创造条件,甚至白手起家,建造实验室、制作仪器和设备。科学工作者是离不开实际的。毕业后专门看书的机会不多了。所以你们在学习的时候就应该准备好做实验的本领,学会作科学上的'粗活',真正科学上的发明创造都是在无数'粗活'中做出来的。”

钱三强同志还特别关注我们的文娱体育活动:“你们将来要为国家工作几十年,没有好的身体是不行的。青年人应该有各种爱好,游泳、打球,不要老玩扑克。劳逸结合的原则,什么时候都得强调。散散步也是好的。”钱三强同志在学生时代就喜欢打篮球和乒乓球。只有好的身体,才能胜任繁重的工作。这一点上钱三强同志也给我们做出了值得学习的榜样。

3. 热爱专业,做一枚结实的螺丝钉

“你们都已经选了专业,有些同学问到将来学什么、做什么、工作怎样分配。我觉得对待专业问题,应当有个正确态度。比如谈到专业,就联系到'兴趣'的问题。一个人干他有兴趣的事,劲头自然更大一些。可是兴趣是什么呢?难道你们在入大学以前就对现在所学的东西预先有了兴趣吗?真正的兴趣是在接触那件东西之后培养起来的。有的人喜欢物理,往往是因为高中有个比较好的物理教师,物理教得好一些,他的兴趣就转向了物理。过去我们这一代人在选专业的时候是没有明确目的的。那时就凭'兴趣',什么科学时髦,就学什么,给个人搞点名堂,至于跟国家建设就毫无关系了。那时候政府也根本不想搞什么科学,搞什么建设,弄一些人搞搞科学,不过是装装门面,做个点缀。现在不同了,你们在选择专业时都有明确的目的。对社会主义建设有用的都是重要的。根据需要,接触了实际,也是培养了个人'兴趣'。我想,个人兴趣要是能以国家利益为前提,就能够处理好这个问题”。

“有的同学问到怎样为祖国科学事业做出贡献。现在的重要科学技术常常是许多科学技术的结晶体。它是建立在许多科学技术的基础之上的。我觉得从现在起，你们就要有这样一种思想准备，就是要在复杂的科学技术的一支上的一个环节上起推动作用，也就是说要做科学事业这部机器上的一枚螺丝钉。一枚螺丝钉，不出名，不显眼，可是它在它的位置上起着不可缺少的作用，没有这枚螺丝钉，或者它出了问题，整个机器就要出毛病，这就足见螺丝钉是重要的。一个人应该把他自己融化在集体之中，在集体的创造中发挥他的力量；按着党的需要，在他自己的专业方面，埋头苦干，做一枚出色的结实的螺丝钉的工作，这样他就能为祖国科学事业做出实际的贡献。有些人希望别人作很多基础工作，而他去很容易地搭个塔尖，出出风头，这种思想是不正确的。”

最后，钱三强同志勉励我们说：“祖国科学的高峰正等着你们这一辈人去攀登。我们这一辈人都受过帝国主义的欺侮，尝到过半殖民地的滋味，那时候的科学被压抑得无法生长。现在中国人民站起来了，祖国科学事业的发展有着无限的前途，这是党领导我们争得了这个可能性。但是，我们今天还不够富强，敌人还占据着我国领土台湾，要想让中国人民真正能够扬眉吐气，就非得有强大的经济基础，非得有高度发展的科学事业不可。这个日子一定会来到。同学们！责任在我们身上上，也在你们这辈人身上。大家干得好，这个日子就可能早几年来到；干得不好，这个日子就可能晚几年来到。但是，我相信幸福的毛泽东时代的青年，在党的领导下，一定能干得好的，这个日子的到来不会是什么遥远了，希望大家加倍努力，为祖国争光！”

座谈会结束了，我们和钱三强同志一起走到校园里，晴朗的夜空中，群星闪烁着。天空是这样的广阔，我们真想展翅飞翔啊！

6月2～7日　在原子能研究所分别与反应堆工程室、分析化学室、稳定同位素分离室的领导和科研骨干，座谈讨论为配合协同攻关的科研任务，明确工作重点和需要解决的问题。要求反应堆工程室同实验性反应堆、工程物理实验堆紧密配合，总结经验，加强交流；要求分析化学室确保完成二氧化铀、四氟化铀、六氟化铀的分析检验任务，金属铀分析任务至迟在1963年完成；决定稳定同位素分离室化学分离法暂时不搞，主要搞铀、锂的分离，同时搞一些钚的分离。座谈讨论中，钱三强强调指出，原子能研究所有任务，也有学科，当前应以任务为主；并且再次强调，全所要树立一切为科研服务的思想。

6月　为了落实将北京工业卫生研究所与华北原子能所（太原）合并，成立辐射防护研究所，亲自赴太原实地考察。随后，双方讨论起草了两所合并报告。报告 7 月 13 日得到聂荣臻批准。

6 月 28 日 和副所长李毅一起，召集原子能研究所理论物理室领导和科研骨干座谈研究工作，明确当前任务是抓好数据处理(截面)和裂变物理理论，还应该加强场论、原子核物理，应用物理不宜截然分开，要求氢核反应在 1963 年重点突破。

夏 经过了解并得到张劲夫支持，推荐中国科学院沈阳金属研究所副所长张沛霖，调任二机部生产局冶金总工程师；推荐厦门大学校长助理兼化学系主任陈国珍，调任二机部生产局分析化学总工程师。他们胜任其职，做出了重要贡献。

7 月 12 日 在原子能研究所所务会议上，提出建立工程技术人员业务档案，以便进行业务考察，并委托力一副所长与有关人员共同研究。还强调了制订明年计划应注意的事项。

8 月 23 日 主持原子能研究所所务会议，强调该所应继续贯彻科研“十四条”。下半年抓好下列各项工作：

(1)保证集中精力于科学技术研究工作。

(2)抓成果鉴定、成果管理。同时加强技术档案工作。

(3)抓干部考核、干部培训。

(4)抓“三定”(定方向、定任务、定人员)试点，并总结试行“研究室组织体制和工作职责实施细则(草案)”的经验。

(5)所务委员会与所技术委员会，一俟二机部和中国科学院批准后尽早开始工作，以便进一步发扬民主，加强责任制。

(6)行政部门(包括医务、基建、生产等单位)以贯彻为科研服务为中心。进一步提高自觉性，实行精简机构，提高工作效率，加强业务的“基本建设”，建立和健全各项基本制度。

9 月 11 日 参与讨论以二机部名义上报的《关于自力更生建立原子能工业情况的报告》，提出争取在 1964 年或 1965 的上半年实现第一颗原子弹爆炸试验。据此，罗瑞卿于同年 10 月 30 日写给中共中央的报告中，提出 1964 年爆炸试验第一颗原子弹的设想，并建议成立以周恩来为主任的中央专门委员会(15 人)，以加强对核工业建设和核武器研制的领导。11 月 3 日，毛泽东对该报告批示：“很好，照办。要大力协同做好这件工作。”

9 月 19 日 分别召开原子能研究所部分高级科技人员和部分助理研究员、工程师座谈会，就进一步贯彻科研“十四条”听取意见和要求。

10 月 6 日 同秦力生、吴峰桥在上海共同主持召开扩散分离膜协调会，各参加技术攻关单位交流工作经验，解决问题，检查落实，并进一步明确上海冶金所和北京钢铁研究院为两种分离膜的总承担单位，要求其务必按时完成任务。

10月10日 刘杰、朱光亚到国防科委向聂荣臻、罗瑞卿、张爱萍汇报爆炸第一颗原子弹的规划设想。聂荣臻听后指出：二机部的工作，要放到1964年国庆十五周年响的目标上，要力争。有这样一个目标有好处，可以更大地调动各方面的积极性，协调各方面力量。他还说：对于协作问题，一方面抓紧同三机部、一机部的协作，另一方面请钱三强亲自抓紧同中国科学院19个所的协作。协作问题，各有关部门应有专门机构抓，这点很重要，应提出建议。同意最近几天再开一次会，对有关问题进行具体研究，提出解决方案，报中央批（周均伦，《聂荣臻年谱》（下卷））。

10月16日 应邀出席张爱萍主持的国防科委办公会议，共同研究技术力量补充和核试靶场开展技术工作的措施等，并在会上发言讲到：原子弹试验是一个十分复杂的、集多学科为一体的高科技试验。仅就核试验靶场可以开展的技术项目就有几十个上百个，而这一个个的项目都需要研究、定题，并在靶场进行技术工程的建设。这样，就需要很强的技术力量，要立即着手研究立项。后由朱光亚起草《关于迅速组织核试验基地所属研究所并安排国家试验各项准备工作的建议》。

10月18日 亲自向张爱萍推荐由核武器研究所副所长程开甲负责靶场测试技术工作，即获准。程于10月30日报到并出席张爱萍召集的会议。会上，朱光亚就所拟“建议”作说明。会议决定在核试验基地技术部基础上组建核试验研究所，由程开甲负责。后选调20名技术骨干，原子能研究所给以有力支援。

10月26日 接待丹麦物理学家奥格·玻尔（A. Bohr）参观原子能研究所，并安排作学术报告，由于敏担任翻译和陪同，玻尔对于敏印象颇佳，说他“出类拔萃”。奥格·玻尔主持其父N. 玻尔创建的哥本哈根玻尔研究所，在其访华期间促成了丹麦和中国长期学术交流协议。这是我国同西方国家进行学术交流的第一个协议。

Δ在奥格·玻尔访华即将结束的前一天，突然得到N. 玻尔在丹麦逝世的消息。钱三强随即赶到奥格·玻尔下榻的北京饭店，当面表示对N. 玻尔这位科学伟人和中国科学界的忠诚朋友的深切悼念。

11月 亲自布置和检查原子能所十六室503组对钋的提取，要求提取100居里钋-210，并风趣许愿说：完成任务后请你们吃冰淇淋。次年5月，503组苏峙鑫、蒲以同、孙树正、冯百川等冒着强放射性危险提取钋，并研制出各种几何开关的毫居里级α源，姚历农进行计算设计和α谱纯度分析。在二室何泽慧的指导下，由孙汉城、张焕乔分别测量中子能谱和α源强度。于1963年12月制成以居里级钋为基础的中子源。

11月 根据国防科委和二机部调人支援核试验所开展工作的精神，推荐本所三室的吕敏、二室的陆祖荫、一室的忻贤杰三位骨干，协助程开甲挑起新所组建并迅速开展工作的任务。

陆祖荫回忆:

1962年11月的一个上午,我正在原子能所快中子物理实验室内工作,忽然钱三强所长来电话说,有一个重要任务要我参加,明天上午立即去报到。我怀着兴奋的心情,第二天一早就到新单位报到。到那里一看,连我只有四个技术干部,挤在一间办公室里。技术负责人程开甲教授转达了国防科委领导的意见,我们的任务是要在很短的时间里建立一个核试验研究所,在一年半内,从人员和仪器设备上作好上场的准备。我的任务是建立核测试及放化分析研究室。(陆祖荫,《亲历我国第一次核试验》(打印稿))

11月16日 程开甲主持,吕敏、陆祖荫、忻贤杰等参加,以二机部九局原提出的《关于第一种试验性产品国家试验项目与准备工作的初步建议》为基础,提出《关于第一种试验性产品国家试验纲要》及《急需安排的研究题目》,送交钱三强,经审阅后报国防科委。

初冬 在二机部办公室打电话给原子能研究所理论室金星南,告诉包头锂同位素分离遇到困难,请立即组织支援,可采取协作方式,地点在北京或包头均可,任务详细内容由工厂派人面谈。

金星南回忆:

不久,包头核燃料厂负责锂同位素分离理论计算任务的周修铭来到办公室。原来周修铭是从原子能所调去的,本来就熟悉。

周说当他接受分离锂同位素任务后,就按照具体分离锂同位素的交换机制,从一般分离同位素理论出发,推导出一个较复杂的非线性偏微分方程,边界条件也是非线性的,形式亦甚复杂,但不知道这些推导是否有问题。另一个急等解决的问题是对这复杂的非线性偏微分方程,如何能求得一个比较正确、可靠的解。三周后,到了包头工厂了解情况,在那里重新推导并肯定周建立的方程是正确的。但同位素分离方程是抛物线偏微分方程,求解的困难是所含非线性项。后来,建立起求解同位素分离级联方程的"迭代追赶法",利用中国科学院104电子计算机进行计算,终于攻克了理论计算的难关,为验证设计和指导生产做出了重要贡献。钱三强听说后非常高兴,说理论组最后一人金星南也用上了,真是"满门忠孝"。(王甘棠、孙汉城,《核世纪风云录》)

12月4日 列席周恩来在中南海西花厅主持的中央专门委员会第三次会议,审议二机部拟订的《一九六三、一九六四年原子武器、工业建设、生产计划大纲》(简称"两年规划"),到会专委成员有贺龙、聂荣臻、李富春、薄一波、罗瑞卿等。会议首先听取刘杰、钱三强汇报“两年规划”的制订及对关键技术问题的攻关情况。朱光亚作补充汇报，着重介绍原子弹理论设计和《原子弹装置国家试验项目与准备工作的初步建议及原子弹装置塔上爆炸试验大纲》。会议一整天，最后周恩来指示，要实事求是，循序渐进，坚持不懈，戒骄戒躁。中午在周恩来处吃饭，摆了两张大圆桌，每桌一大盆白菜煮豆腐、肉丸子，四周有几碟咸菜和烧饼。

12月15日 经中国科学院第七次院务常务会议批准，原子能研究所所务委员会成立，由钱三强、赵忠尧、李毅、郑林、王淦昌、彭桓武、罗启霖、力一、汪德熙、何泽慧等42人组成。所务委员会第一次会议决定，钱三强等14人为所务委员会常务委员，负责全所工作（中国科学院全院共有42个研究所成立所务委员会）。

12月 经中国科学院第八次院务常务会议批准，原子能研究所正式成立学术委员会，被任命为主任委员，副主任委员为赵忠尧、王淦昌、彭桓武、张文裕、力一、汪德熙、何泽慧、吴征铠。委员有丁渝、王承书、王竹溪、刘允斌、朱洪元、吴有训、周培源、肖伦、金星南、郑林生、柳大纲等61人（中国科学院全院共有18个研究所成立学术委员会）。

1963年 五十岁

1月初 主持原子能研究所本年度第一次所务会议，讨论修订并通过全年科研、生产计划。计科研项目213项，其中近期“一线”任务42项、“二线”任务31项，其他任务23项；应用基础研究项目48项，基础研究项目38项。在213项任务中，服务于国家建设需要，具有明确目的性的研究项目175项，占全部科研项目的82.1%。

1月14日 在北京饭店出席中国科学院党组扩大会，并在会上作我国原子核科学发展情况的报告。钱学森也在会议上作了报告。

1月26日 应邀出席刘少奇、邓小平、董必武、彭真、李富春、谭震林、陆定一、陈伯达、康生、薄一波、杨尚昆等党和国家领导人的接见。被接见的科学家还有丁颖、竺可桢、吴有训、金善宝、华罗庚、钱学森、黄家驷、蒲辅周、侯宝璋、翦伯赞、冯友兰、吕叔湘，以及青年科学工作者邓稼先、孙超等。刘少奇发表讲话，高度评价了我国科学家在为农业现代化、工业现代化、国防现代化、科学技术现代化建设中起到带头作用。

3月11日 参加二机部党组会讨论二机部“两年规划”问题。在雷荣天讲到“规划是不是订得太紧了点，没有留余地，将来可能出问题，不安全，那样可能就成了十年规划了”时，钱三强说，过去的规划、计划都没有按期实现的。会议借此批钱。挨批后，钱作了两次检查发言。下面是他会上发言记录照抄：

几年来,修养很差,主观片面,不从实际出发,常常做些行不通的事情。体谅别人不够。

党组成了习惯,宋、刘一说就通过了。一揽子会,民主集中制就实行不好。大事没有做多少,小事倒不少。说了多少次,未改是决心不大。

工业是人家帮助,这两年进步是有一点,但是否认识到根子(自力更生),扎到自己科研的基础上。有些人表面上承认,实际上不是那样。615丙过去不同意搞,现在应该检查。

有些事物的所以然,总之是估计得容易了些,现在证明,我们的计划没有一件是提前了的。要检查主观主义不是没有的。九局排计划是倒排年月,所以节节退后。快一点并不错,但欲速则不达。615丙成隆同志说不要退到三季度过关。高指标过头了压不出东西,事物走向它的反面。

郑刚来时,我们关系还是不错的,以后,什么都党委管,好象我这个人不存在似的,连个办公室都没有。做什么,过程都不和我说。王允智说,我这个所长什么事都不办,就跑到坨里去了。郑很能干,好象无所长存在的必要。

五八年郑林带头写布告搞党委制。我这个人刚入党,不知什么是党委制。实际上实权都在他手,党委、书记处,都他们酝酿,我是不配的,就给我按了一个。实行党委制我也不懂,那时形成一人一片。李毅同志对郑的一些做法不是无意见的。那时和郑顶的就是梁超。我是没有资格的。李毅有意见,和翻脸不认人有关系。原来党委制就是这样。运动搞臭一个人的想法,我现在还是不同意的,苏振芳、杨承宗说,我实在待不下去,这与把人家搞臭是有关系的。那时郑是不可一世,盛气凌人。戴传真怎么样?对澄宗(杨澄中——引注)谈过没有?

与其说党委制,勿宁说第一书记挂帅。黄祖洽烧了九次,为什么不敢讲话?就是什么都支部书记(黄的学生)说了算。

所里的主要文件不给我,都在郑、李、梁那里。我在所受歧视。

外边有人叫一声副部长,郑林就提意见。不做副部长非常同意,但不做所长,在这样书记下不成。如非受管制,只好做研究员,到地方,到其他研究所都成。

年初 获得上海冶金所报告,甲种分离膜攻关组第一大组首次制成符合要求的粉末,为研制分离膜元件奠定了基础。

4月 审阅二机部生产局报送的关于高浓铀部件技术攻关情况报告。

4月18～20日 原子能研究所召开第二次党员代表大会(正式代表188

人，列席 170 人），再次当选为 19 位党委委员之一。经二机部批准，决定为原子能研究所党委会七名常委之一，被任命为副书记，仍排第三的位置。

5 月 13 日 偕朱光亚出席国防科委办公会议，听取试验基地司令员张蕴钰关于地面核爆炸试验区工程定点问题的情况汇报。经过比较研究，在所报三个方案中确定以第二方案为基本方案具体进行工程定位。会后，钱三强委托朱光亚提出试验计划方案。

5 月 17 日 根据二机部党组部署，原子能研究所开展"五反"运动，分两阶段进行。第一阶段为反对官僚主义，反对铺张浪费，反对分散主义的"三反"运动；第二阶段为反贪污盗窃，反投机倒把的"两反"运动。运动要求首先党员所长"洗澡""下楼"（即自我检查，相互批评）。

5 月 21 日 审阅程开甲、朱光亚拟出的《第一期试验大纲草案》，同意后报国防科委。

5 月 24 日 同国防科委张爱萍、西北核试验基地司令员张蕴钰等一起，听取核武器研究所董寿莘关于地爆区定点方案和试验区布置方案的报告，听取工程兵科研设计院杨士明关于铁塔工程设计方案的报告和朱光亚对铁塔工程设计指标的意见，共同审查并确定了试验区布置等方案。上述方案经修正、补充后，由张爱萍书面报告中央专委和中央军委，并得到中央专委批准。

6 月 核武器试验测试所通过二机部下达给原子能研究所两项关键性任务，即中子链式反应动力学研究和中子增殖系数 α 的测量，并要求提供仪器设备；开展燃耗分析，并提供方法。根据任务即安排十三室和十室分别负责以上核物理诊断和放射化学诊断，前项由席德明组织小组研制快速示波器及其照相系统，由王承博组织小组研制光电倍增管作为 γ 射线探头，由四室裴鹿成组织小组负责 γ 射线在介质中散射的蒙特卡罗模拟计算。后项由十室郭景儒组织小组负责建立燃耗分析方法。两项任务，在核武器测试所配合下均取得成功。

年中 获报上海甲种分离膜攻关组第二大组攻克制膜和元件成型过程中的两大技术难题，首次制成合乎要求的分离膜元件。

6 月 29 日 接待以朝鲜科学院院长姜永昌为首的朝鲜科学家代表团，并与张劲夫一起陪同代表团参观原子能研究所的有关设备和开展的工作，进行座谈。

7 月 3 日 陪同周恩来，在北京人民大会堂会见从莫斯科辍学（攻读副博士学位）归国的刘道玉等 5 人。这 5 人在苏不满当局的反华政策，被苏外交部宣布为不受欢迎的人，限定 48 小时离境，国内誉其为"反修能手"。

夏 当面向聂荣臻提出回中国科学院工作的要求。"当原子能工作大体安排就绪以后，我曾考虑可以离开工业部门回科学院工作，于是向聂总提出了这个要求，聂总表示不能同意。他说，等到原子弹试验成功以后，再谈工作问题。"（钱三强，《科技工作者的知心领导人——回顾聂荣臻同志领导科技工作的成功经验》）

7月30日 原子能研究所共生产出500克氘化铀,完成3个铜壳包装小球提交使用单位试验。至此,第一阶段任务完成。

8月《自然辩证法通讯》复刊号发表日本名古屋大学教授坂田昌一的研究文章(俄译汉),以实证研究为依据,建立和阐述其"坂田模型",其中心议题与结论是"基本粒子并非最后不可分"。毛泽东读后很高兴,于同年8月18日在北戴河同龚育之等、8月24日找周培源、于光远等谈坂田的文章及"物质是否无限可分"问题。

8月19～27日 出席中国物理学会会员代表大会,选为副理事长并致闭幕词。周培源为理事长,在大会上作报告。副理事长还有施汝为、王竹溪,丁西林、胡刚复、颜任光,饶毓泰为名誉理事。

8月27日 出席在人民大会堂河北厅召开的中国科学院第七次院务会议,讨论中国科学院设立名誉学部委员一事,及赠与印度尼西亚共产党主席艾地以名誉学部委员称号。在京60余位学部委员应邀到会。郭沫若主持并说明情况,张劲夫作情况补充说明。关于名称,会上有人主张给以"院士"名称,讨论后认为"院士"系新创名称,不甚合适,而"学部委员"自1955年选出后已有8年历史,在外国已译成"Academician",所以不必另称院士。李四光赞成英文名称为"Honorary Member of Academia Sinica"。一致通过设立名誉学部委员和赠给艾地名誉学部委员称号(次日,艾地将率印尼共产党代表团访华抵京)。

9月3日 偕刘杰、刘西尧、朱光亚向聂荣臻汇报第一颗原子弹研制工作进展情况及有关问题。刘西尧先汇报以下情况:

两周以前,周恩来总理令秘书周家鼎到二机部传达请研究两个问题:①鉴于法国爆炸第一颗原子弹后很久,核武器并没有装备部队,因此,考虑一下,我们可否不忙于爆炸第一颗原子弹,希望做到从爆炸到装备部队不要太久。②能否一开始就搞地下核试验。

聂荣臻说:

①看来中央的意思是不要过早地暴露我们在发展核武器。我们装备部队的核武器,应该以导弹为运载工具作为我们的发展方向。飞机很难在现代战争条件下作为运载核武器的有效工具。②同意你们当前研制第一颗原子弹所作的部署,就按你们布置的计划去办,地面核试验、空中核试验、地下核试验,这三手都要准备。地面核试验正在搞,空中爆炸核试验已在准备。进行地面核试验,容易拿到基本的测试数据。地下核试验可以开始准备。③第一颗原子弹炸响以后的安排要及早考虑,计划安排要跟得上。要考虑核装置的小型化和氢弹的问题,以及与运载工具相结合等问题。总之,不要锣齐鼓不齐。④现

在要抓紧反应堆的建设。⑤技术干部的成长还是靠大学生。原子能专业的毕业生,二机部要包下来。免得现在不注意补充,将来又不够,临时想办法就有困难。⑥二机部为研制核武器所需电子计算机,请与张劲夫谈一谈,把上海正在安装调试的那一台搞出来后,给二机部使用。(周均伦,《聂荣臻年谱》(下卷),903～904页)

9月5日晚 出席在人民大会堂三楼小礼堂举行的授予艾地名誉学部委员称号仪式。周恩来、朱德、聂荣臻、邓小平、彭真、陆定一、吴玉章、康生、陈伯达、刘宁一、廖承志、周扬、伍修权,以及在京学部委员、部分研究员、大学教授等共600余人出席,李四光主持会议,郭沫若致词并授予艾地名誉学部委员证书,艾地致答词。休息20分钟后,参会人员观看京剧《三打白骨精》。11时结束。

9月13～14日 主持原子能研究所第一次学术委员会会议,所内外学术委员到会。钱三强就原子能研究所近五年来科学技术发展和培养科技干部工作做系统报告,并听取意见。张劲夫应邀到会并作讲话。

9月25日 出席在友谊宾馆大剧院举行的庆祝世界科学工作者协会北京(亚洲)中心成立大会。出席大会的科学家有法国的比格诺尔德(时任世界科学工作者协会秘书长),日本的拓植秀臣、井上清,澳大利亚的克里斯琴森,以及阿尔及利亚、缅甸、蒙古、尼泊尔、马里、尼日利亚、加纳、几内亚、墨西哥、巴基斯坦、索马里、朝鲜科学家和工程师等。周培源主持大会,李四光致词,张维作报告。

秋 经过协同攻关,甲种分离膜元件终于在上海研制成功。试验结果表明,该元件性能达到实际应用要求,结束实验室试制,交由根据中央专委决定在嘉定建成的上海钢铁研究所第三试验厂中试生产。钱三强要求,联合攻关小组分别进行总结。

10月 主持召开第二次生产堆核燃料元件会议,布置研制攻关任务。会议明确由张沛霖负责,组织原子能研究所、金属所、二机部设计院、酒泉原子能联合企业、包头核燃料元件厂,以及冶金部101厂等单位参加的联合攻关(直至1965年生产出合格的核燃料元件)。

10月15日 向二机部党组会议汇报原子能研究所轻核理论组近期研究进展情况,说:轻核反应理论工作已初步过关。

11月15日 决定在原子能研究所成立物理领导小组。领导小组成员为何泽慧(组长)、刘书林(副组长)、李寿枬、胡仁宇、胡国春、王金才、程兆坚、许延宝、王传英、国防科委一人。小组秘书:杨克贤。该小组主要职责代表所领导对核物理研究部:①安排任务;②检查进度;③保证条件;④组织鉴定和验收。

12月 “615”乙和丙在原子能研究所提前和超额完成任务,生产出六氟化铀18.5吨。

12月19日 二机部向原子能研究所发贺信:

12月6日,报告收到。六一五乙丙已超额和提前完成了今年生产计划,按时完成了技术过关任务,并有培养了一批生产队伍,这对一线生产起了很大的保证作用,你们的成绩是很大的,特向你们表示祝贺。这是你所全体职工高度负责、艰苦奋战的结果,是科研生产紧密结合的良好体现,是我部贯彻自力更生方针的一次重大胜利。(王甘棠、孙汉城,《核世纪风云录》)

12月下旬 原子能研究所王方定小组在所内工棚实验室进行反复实验,经过上百道工序,在11月中旬首先研制成两颗氘化铀小球(点火中子源),经核武器研究所进行缩小尺寸的整体模型爆轰试验,探测系统测到了脉冲中子,验证小球合格。接着,又制成四颗氘化铀小球,由王方定和核武器研究所人员一起带到西北核试验基地。

12月28日 二机部党组给钱三强和原子能研究所党委发专函祝贺:

钱副部长并原子能所党委:

你们试制的点火中子源,经过初步试验,效果很好。这是你们坚决贯彻自力更生的方针,奋发图强,埋头苦干,创造性的劳动,在科学实践上取得的重大成果,特向你们表示热烈的祝贺!希望你们再接再厉,精益求精,严格安全防护措施,为更好地完成党和国家给我们的任务而奋斗!(王甘棠、孙汉城,《核世纪风云录》)

年底 上海钢铁研究所第三试验厂生产出几千只甲种分离膜元件,经气体扩散厂装机运行试验,结果表明元件性能良好,成本仅为黄金价格的百分之一。

这项攻关任务取得成功的情形,张劲夫记忆犹新:

1960年,苏联单方面撕毁协议撤退专家。当时受影响最大的是浓缩铀厂,关键材料苏联不给了,整个厂就停顿了。…… 没有"真空阀门"(即铀扩散分离膜),原子弹的气体原料就不能一步一步浓缩,最后把铀—235浓缩起来。要攻这个关,搞"真空阀门"。我对三强说,科学院哪个所能承担什么任务你都清楚,让哪个所承担什么任务你提出来,我们安排,都选最好的人为你工作。……在上海冶金所集中力量攻这个关,结果这个关攻破了!攻克这个项目,除科学院冶金所、金属所外,还有复旦大学、上海有条件的工厂等。这样,我们的浓缩铀厂才能生产。这时宋任穷调走了,刘杰同志当二机部部长。他一见我的面,双手紧紧地握住我的手说:"感谢你呀!我的工厂能生产了!"当时,刘杰非常激动地感谢我们,帮助他解决了关键问题。这项成果在原子弹爆炸成功以后得了特等奖(获国家发明奖一等奖——引注)。所幸的是，这些我们早就有准备了，是钱三强出的题目，出题目很重要。(张劲夫，《中国科学院与"两弹一星"》，载于《请历史记住他们》，暨南大学出版社，1999年)

12月 兰州铀浓缩厂准备启动投产，原子能研究所"615"扩散实验室吴征铠和王承书被派到现场。启动后是否能拿到高丰度的产品，关键是级联系统的启动和运行的动态计算，如果"干扰"在级联中得不到衰减，会直接影响产品的丰度。

王承书记忆当时：

我们带着电子计算机的计算结果到工厂，绘制了一套在级联几个取样点丰度随时间的变化曲线。启动后等在计算科，分析实验室对取样分析的报告一到，我们就把一个小针插到绘图纸的相应位置上。随着时间的推移，小针的位置逐步上升，而且它们似乎是沿着曲线向上爬。这使我们悬着的心随着小针的上升而逐渐落下来。有一次小针的落点偏离曲线较多，大家不禁有点焦躁不安。然而下一个取样分析的结果又回到曲线附近了，分析室也报告前一个结果有误，大家也放心了。我们就是这样白天守在计算科，晚上在招待所等电话。1964年的元旦也是这样在工厂度过的。(王甘棠、孙汉城，《核世纪风云录》)

是年 原子能研究所完成科研、生产任务174项。占原计划的87%；全年写出科学研究论文和报告251篇，其中发表71篇。

1964年 五十一岁

1月1日 在中国科学院院部参加院领导与各研究所所长、各分院院长新年团拜会。张劲夫致新年贺词后，郭沫若朗读了他即兴作的一副春联："坚持八字方针又红又专要以先进帮助后进，贯彻三大革命不骄不躁长使东风压倒西风。"团拜会气氛极为热烈、轻松，心情愉快。

1月 参加并共同主持原子能研究所党委常委会和所务委员会联席会议，全面审查并批准全所本年度科研计划。计划项目共329项，其中应用研究143项，应用基础研究107项，基础研究40项，发展研究39项。会议强调：今年是完成"一线"任务决定性的一年，计划的重点要保证第一颗原子弹所需的一些技术攻关收尾项目和现场测试、燃耗测定等工作。

1月14日 兰州铀浓缩厂一次投产成功，浓度高达90%以上的浓缩铀源源不断流入容器。这是中国核计划里程碑意义的成果。其成功得益于原子能研究所"615"气体实验室的理论与实验研究基础，得益于我国自己专家的才智和勤劳。"615"实验室被称为"中国铀浓缩的摇篮"。

2月21日 代表二机部以特急任务下达原子能研究所进行中子源制备(代号为“9503任务”)。要求在当年4月20日前提供强度为$\geqslant 0.5\times10^6$中子/秒模拟裂变谱中子源一个,强度为10^5中子/秒小钋-铍中子源两个;要求在当年7月20日前提供$\geqslant 0.5\times10^6$中子/秒模拟裂变谱中子源一个,强度为$(1\sim2)\times10^6$中子/秒钋-铍中子源一个,强度为2.74×10^6中子/秒,小钋-铍中子源一个。后经在原子能所组织攻关,分别于4月9日和6月29日完成中子源制备任务,经检验合格,交付核武器研究所使用。(2月25日,二机部党组决定,撤销九局、核武器研究所,成立九院)

3月27日 参加原子能研究所党委常委会议。经讨论,为确保二机部重点项目按时按质按量全面完成,决定采取以下措施:成立重点项目领导小组,除经常了解情况外,每月15日对重点项目进行一次全面检查;各有关研究室对重点项目制订严密工作计划,安排月进度,明确每个人的具体责任;要求各研究室对部交重点项目每月一次书面汇报,对研究所交的重点项目每季度一次书面汇报,全面计划执行情况每半年一次书面汇报。

4月6日 前往新组建的辐射防护所北京部分(即七所)调研考察,鼓励全体人员:“你们七所是我国核防护的第一批骨干,大家要团结起来作贡献。到太原要建立一个崭新的研究所,将来很可能成为我国的辐射防护基地。要培养好风气、好作风、好风格。”

5月4日 聂荣臻在听取王秉璋、刘有光汇报五院工作时,发表意见提出:我们要采取各种办法,加速培养年青一代。我国的尖端技术希望寄托在他们身上。培养的办法,除一些老专家可以选择自己的“得意门生”作为助手,采取师傅带徒弟的办法;也可以采取分任务、分课题,让他们大胆去钻。要充分信任,热情帮助,严格要求,大胆使用,充分发挥他们的积极性。他还说,原子弹头的设计工作,钱学森、钱三强都要参加。二机部与五院在这项任务中是相互服务的关系,不是谁帮谁。五院和二机部应分别指定人共同组成总设计室,要互通情况,大力协作。①

5月21日 出席原子能研究所受国防科委委托研制测量高强度裂变γ电子倍增管技术指标讨论会,并作出相应修改。该任务于同年7月4日通过技术鉴定验收,提供使用,没有误时。

6月8日 同赵尔陆、张劲夫、刘杰出席聂荣臻召集的小会,研究我国与朝鲜在原子能和平利用方面开展合作的有关问题。研究的意见由聂荣臻于12日向周恩来作书面报告。

7月 报请中国科学院常务会议批准,原子能研究所新任命6位副所长,

---

① 参见周均伦,《聂荣臻年谱》(下卷)

他们是汪德熙、张文裕、何泽慧、马俭、刘书林、苏振芳。

8月21～31日 率原子能研究所力一、何泽慧、朱洪元等参加国际北京科学讨论会。来自亚洲、非洲、拉丁美洲、大洋洲44个国家和地区的367名学者参加了讨论会。会议共收到有关自然科学和社会科学方面的论文299篇，分别在理、工、农、医、政治与法律、经济、教育、语言与文学、哲学与历史等学科委员会中进行了宣读和讨论。会前，毛泽东、刘少奇、朱德、邓小平、彭真、陈毅等先后接见会议代表。

Δ8月19日，毛泽东在见到日本学者坂田昌一时，对其运用唯物观点和辨证方法进行科学研究而取得的科学成果给予肯定和重视，说"你的文章写得很好"。

会后，偕于光远陪同坂田昌一游颐和园，坐在大船上喝茶聊天。钱三强向坂田昌一谈起1937年于光远在钱赴法学习前临别说的话，坂田听得很有兴趣。他回日本后写了一本《中国科技界的新面貌》(日文)的书，里面记录了钱三强和于光远交往的这段故事。1937年于光远临别给钱三强写下的原话是："科学与民族解放都是我们迫切需要的。民族解放事业需要科学的协助，科学也只能在自由独立的国土上开花。让我们将科学与民族解放事业紧紧地配合起来。"(引自钱三强，《自传》)

9月16～17日 列席周恩来主持召开的中央专委第九次会议。会议听取张爱萍(第一颗原子弹爆炸试验现场总指挥)关于试验准备工作情况汇报。研究讨论在美国舆论鼓吹对中国核设施搞突然袭击形势下，爆炸时机的选择问题，提出两种方案，即1964年10月试；推迟两年或更长时间试。两种方案报中央政治局常委决定。不久，毛泽东、刘少奇、周恩来等共同研究决定：按原定计划，1964年10月试。

10月4日 经中共中央批准，二机部党组改为党委。钱三强被任命为11名党委委员之一。刘杰任党委书记，刘西尧、刘伟任副书记。

10月16日午后 刘杰在向核试验前线指挥部张爱萍、刘西尧用保密电话传达完周恩来的指示(下午三时起爆)后，准备告知其他副部长。这时，钱三强正好到刘的办公室，刘告诉钱说："三强同志，时间定了，今天下午三时。快了，还有个把小时，看来是会响的，但也不排除万一的可能。"钱听了很激动，连声说："会响的，我相信一定会响。"

10月16日15时 中国在本国西部地区爆炸了第一颗原子弹，成功地进行了第一次核试验。中国政府为此发表声明①：

一九六四年十月十六日十五时，中国爆炸了第一颗原子弹，成功

① 全文转录自10月17日的《人民日报》

地进行了第一次核试验。这是中国人民在加强国防力量、反对美帝国主义核讹诈和核威胁政策的斗争中所取得的重大成就。

保护自己,是任何一个主权国家不可剥夺的权利。保卫世界和平,是一切爱好和平的国家的共同职责。面临着日益增长的美国的核威胁,中国不能坐视不动。中国进行核试验,发展核武器,是被迫而为的。

中国政府一贯主张全面禁止和彻底销毁核武器。如果这个主张能够实现,中国本来用不着发展核武器。但是我们的这个主张遭到美帝国主义的顽强抵抗。中国政府早已指出:一九六三年七月美英苏三国在莫斯科签订的部分禁止核试验条约,是一个愚弄世界人民的大骗局;这个条约企图巩固三个核大国的垄断地位,而把一切爱好和平的国家的手脚束缚起来;它不仅没有减少美帝国主义对中国人民和世界人民的核威胁,反而加重了这种威胁。美国政府当时就毫不隐讳地声明,签订这个条约,决不意味着美国不进行地下核试验,不使用、生产、储存、输出和扩散核武器。一年多来的事实,也充分证明了这一点。

一年多来,美国没有停止过在它已经进行的核试验的基础上生产各种核武器。美国还精益求精,在一年多时间内,进行了几十次地下核试验,使它生产的核武器更趋完备。美国的核潜艇进驻日本,直接威胁着日本人民、中国人民和亚洲各国人民。美国正在通过所谓多边核力量把核武器扩散到西德复仇主义者手中,威胁德意志民主共和国和东欧社会主义国家的安全。美国潜艇携带着装有核弹头的北极星导弹,出没在台湾海峡、北部湾、地中海、太平洋、印度洋、大西洋,到处威胁着爱好和平的国家和一切反抗帝国主义和新老殖民主义的各国人民。在这种情况下,怎么能够由于美国暂时不进行大气层核试验的假象,就认为它对世界人民的核讹诈和威胁不存在了呢?

大家知道,毛泽东主席有一句名言:原子弹是纸老虎。过去我们这样看,现在我们仍然这样看。中国发展核武器,不是由于中国相信核武器的万能,要使用核武器。恰恰相反,中国发展核武器,正是为了打破核大国的核垄断,要消灭核武器。

中国政府忠于马克思列宁主义,忠于无产阶级国际主义。我们相信人民。决定战争胜负的是人,而不是任何武器。中国的命运决定于中国人民,世界的命运决定于世界各国人民,而不决定于核武器。中国发展核武器,是为了防御,为了保卫中国人民免受美国发动核战争的威胁。

中国政府郑重宣布,中国在任何时候、任何情况下,都不会首先使用核武器。

中国人民坚决支持全世界一切被压迫民族和被压迫人民的解放斗争。我们深信,各国人民依靠自己的斗争,加上互相支援,是一定可以取得胜利的。中国掌握了核武器,对于斗争中的各国革命人民,是一个巨大的鼓舞,对于保卫世界和平事业,是一个巨大的贡献。在核武器问题上,中国既不会犯冒险主义的错误,也不会犯投降主义的错误,中国人民是可以信赖的。

中国政府完全理解爱好和平的国家和人民要求停止一切核试验的善良愿望。但是,越来越多的国家懂得,核武器是为美帝国主义及其合伙者所垄断,核战争的危险就越大。他们有,你们没有,他们神气得很。一旦反对他们的人也有了,他们就不那么神气了,核讹诈和核威胁的政策就不那么灵了。我们衷心希望,核战争将永远不会发生。我们深信,只要全世界一切爱好和平的国家和人民共同努力,坚持斗争,核战争是可以防止的。

中国政府向世界各国政府郑重建议:召开世界各国首脑会议,讨论全面禁止和彻底销毁核武器问题。作为第一步,各国首脑会议应当达成协议,即拥有核武器的国家和很快可能拥有核武器的国家承担义务,保证不使用核武器,不对无核国家使用核武器,彼此也不使用核武器。

如果已经拥有大量核武器的国家连保证不使用核武器这一点也做不到,怎么能够指望还没有核武器的国家相信它们的和平诚意,而不采取可能和必要的防御措施呢?

中国政府将一如既往,尽一切努力,争取通过国际协商,促进全面禁止和彻底销毁核武器的崇高目标的实现。在这一天没有到来之前,中国政府和中国人民将坚定不移地走自己的路,加强国防,保卫祖国,保卫世界和平。

我们深信,核武器是人制造的,人一定能消灭核武器。

10月18日 从北京乘火车出发,被派往河南信阳农村张家湾参加“四清”(后称“社会主义教育”)运动,参加农业生产劳动,接受“接地线”教育。“四清”运动期间,改名为“徐进”。

11月30日 原子能研究所传达二机部决定,将原子能研究所先行一步组织开展的“轻核理论”研究工作及其主要研究骨干,全部合并到核武器研究所,以集中力量突破氢弹理论和技术。

(按:“轻核理论组”在原子能研究所4年的预研究,先后写出69篇研究报告和文章,主要在以下两个方面进行了探索研究:

一是对氢弹中各种物理过程的探讨与研究,包括各种有关核反应截面的调研、整理、分析和估算;探讨了中子在氢弹爆炸过程中所起的作用;研究了高温介质(氘化锂)中韧致辐射和康普顿散射在辐射能量损耗和传递上的作用以及引起电子与轻核温度分离的可能性;研究了铀层绝缘作用和装置中温度变化的临界点,给出了反应延续时间的数量级;研究了辐射波和冲击波的相互作用以及等温介质中有关冲击波和简单波的规律;从广义玻尔兹曼方程出发导出辐射流体力学中子方程组,为进行精密总体计算准备了基础。

二是对氢弹作用原理和可能结构方面的探索研究。由于计算机条件限制,只利用简单模型进行了探索和计算。在作用原理和结构方面已经认识和发现点火点和燃烧点是两个临界点;为解决点火问题,首先必须使热核反应能源大过能耗;已经认识到提高氘化锂-6燃烧的关键所在;认识到氢弹设计的关键在于设法使氘化锂-6压缩成尽可能高的密度;如果要使热核反应直接进行,就要有足够高的反应速率等。(黄祖洽、于敏、何祚庥,《关于氢弹理论预研工作的回忆》,手抄稿))

是年 原子能研究所共写出科学研究论文、报告219篇,其中上报55篇、发表92篇。全年生产各种核电子学仪器141台、各种计数管159只、各种晶体158块、光电倍加管40个、核乳胶4200毫升、放射性同位素14种72居里等。

1965年 五十二岁

1月1日 出席(从河南信阳返京度假)中国科学院高级研究人员与院领导新年团拜会。会上,张劲夫致辞后简述1964年科学技术战线重大成果:第一颗原子弹爆炸;胰岛素甲组乙组分别与天然的甲乙两组能配合起来;激光去年年初尚只到50焦耳,年底已达2000焦耳等。接着,郭沫若讲述周恩来向全国人大作的报告,称所昭示一片大好现象,3037名人大代表中,科技人员占860多人,而主席团115人中,单科学院占了13人之多,可知国家之重视科学技术。裴丽生在团拜会上介绍了他带队到山西洪洞县搞"四清"运动的情况,说搞两三月后知道该县23个人民公社中,有8个完全被地富坏分子所占有,其余公社也多少有问题,只有两个公社基本是好的。

年初 原子能研究所轻核理论组黄祖洽、于敏、何祚庥等31人及全部文献数据,正式并入核武器研究所,与原该所相关力量汇合一起,共同突破氢弹技术。

Δ黄祖洽、于敏、何祚庥在《关于氢弹理论预研工作的回忆》中写到:

> 一九六〇年第四季度钱三强同志根据二机部党组的委托,在原子能所四室组织了一个轻核反应装置理论探索组(简称轻核理论组,也称"乙项任务"),以便配合二机部九所在氢弹原理探索方面先走一步。

人员有黄祖洽、于敏、何祚庥、蔡少辉、萨本豪、王德熵、叶宣化、任庚未、刘宪辉、卓益忠、李泽清等。数学组相配合的有陶大堃、龙世达、莫俊永、陈克娜、李柯仁等同志。朱洪元先生虽在中关村一分室,也用部分时间参加了这项工作,每周到坨里一次,共同研究讨论。还有一分室的汪容、韩文述同志也参加了部分工作。一九六一年四季度起,何祚庥和蔡少辉调二机部九所参加原子弹的研究工作,一九六二年何祚庥又调回(原子能所)。黄祖洽却以一半时间去九所工作。一九六三年前后还有一些新同志刘恭樑、沈天海、张国平等参加。一九六五年初,这个理论组决定并入九所,绝大部分同志和所有研究成果(其中包括已印成国家科委原子能科技文献)和其它大部分专文,以及各项计算结果的全部资料均转至九所。

Δ黄祖洽自述:

1965 年,原子能所的"轻核理论小组"被合并到核武器研究所,我也和小组中大部分同志一样,被正式调到这个所。合并后,大家协作,发挥各自的长处,在原有对原子弹研制和对氢弹预研认识的基础上,共同探索实现氢弹的具体途径。果然只经过一次含有热核材料的加强型弹核爆的试验,便在 1967 年,即原子弹爆炸后仅仅二年零八个月,更成功地爆炸了我国第一颗氢弹,创造了世界上从原子弹试验成功到氢弹试验成功最快的纪录。(中国科学院学部联合办公室,《中国科学院院士自述》(黄祖洽))

Δ轻核实验组丁大钊、周德邻、蔡郭九、谢滋回忆当年:

轻核实验组工作的成果进一步显示其对氢弹研制的推动作用,还在 1965 年 6 月。

1965 年 2 月,核武器研究所在氢弹理论设计中受到国外公布的轻核反应数据的困扰,急需一批可靠的轻核反应实测数据。这项工作,在一般情况下要两三年才能完成。但原子能所 30 来名科研人员在何泽慧先生率领下鏖战 4 个月,于 1965 年 6 月便提交了第一套最急需的可靠的轻核反应实测数据。核武器所理论部对此十分满意,认为这"为研究选择氢弹装置的技术路线提供了重要数据,起到了探路定向的作用"。

为什么这项工作做得这么快,这么好,一个很重要的原因就是轻核反应实验组前几年的工作为之做好了一定的物理准备和技术储备。轻核反应实验组人员在完成紧急测量任务过程中都是技术骨干;他们研制和建立的试验设备、方法和技术,以及初步测得的一些轻核反应数据,无疑都派上了用场。这再次验证了这条真理:凡事预则立,不预则废。

我国继1964年10月16日第一颗原子弹爆炸试验成功,到1967年6月17日氢弹空爆试验成功,其间相距只有两年零八个月,速度之快超过美、苏、英、法,为世界之最。这里面包含了钱先生直接领导的和指导的轻核反应组的一份贡献。同时也证明了钱先生的科学构想和科学组织领导工作是及时的、正确的和卓有成效的。(丁大钊、周德邻、蔡郭九、谢滋,《钱三强先生指导我们进行轻核反应实验研究——献给钱三强先生诞辰九十周年》,2003年,由张纪夫供稿)

春节期间 先后登门向郭沫若、李四光拜年,并向郭提出回中国科学院工作的要求:

我在二机部工作已完成了,大批干部已成长,我回科学院工作是否可以。他听了以后非常高兴,说1955年你主要精力用在原子能事业上,做出了成绩,现在已快十年了。若是二机部可以放你回来,我是很欢迎你回科学院来的。后来经郭老向聂总转达了我的要求,最后聂总决定我暂时还维持现在工作,但可以分出部分时间参加科学院党组。"(钱三强,《忆我尊敬的长者——郭老》)

△在信阳农村"四清"中,钱三强坚持与贫下中农实行"三同"(即同吃、同住、同劳动)有了新体会:"'三同'不是那么可怕,那么困难,只要有革命化的决心,咬咬牙就过去了,习惯了,反而会觉得城市的生活会厌烦。"

他帮助"五保户"挑水,初时走步不得法,水桶的水溅出来,把鞋袜打湿了,后接受老乡指教,合着节拍走步,水不再溅出来了。

晚上开社员大会搞"社教",实行记工分,男女老少都踊跃到会,对此钱三强深有感触:"因为开会有工分,不仅男社员积极来开会,连妇女也带着孩子和针线活来开会了,工分激发了大家的积极性。"这话传到原子能研究所,后被揭批为"鼓励物质刺激"。

有一次,看到两个邻居的小孩打架,一家的老人出来把自家孩子拉走,矛盾就化解了。钱三强认为这是朴素的辩证法。他告诫青年同志要学会这样处理问题:"同志间闹矛盾不好,闹矛盾比如两个小孩子打架,要像那个老太婆,什么也不说,把自己的孩子带回家,问题就解决了。这是劳动人民最朴素的辩证法,你们应该学会。"这一体会,后在原子能研究所被批为"宣扬调和、折中"。①

① 参见原子能研究所《红专小报》,1966年6月

5月29日 中共双河工作队支部对钱三强"四清"中表现做出鉴定[①]：

(1)掌握贯彻党的社教运动各项政策比较稳当,"二十三条"下达后,能坚决贯彻执行,积极宣传。如在掌握经济退赔工作,坚持做到了既不马马虎虎,又能合情合理。在贯彻团结95%以上群众、干部的政策上思想明确。

(2)立场观点明确,对敌斗争坚决,坚持依靠贫下中农路线。

(3)工作积极、热情,认真负责,考虑问题周到,工作细致,坚持蹲点。

(4)坚持了"三同",积极参加力所能及的劳动,在生活上对自己要求比较严格。

(5)密切联系群众,关心群众疾苦,给群众送药、治病,关心青年成长,积极支持建立生产队文化室。关心同志,对同志热忱,善于启发教育干部。

(6)坚持学习主席著作,注意联系自己的思想实际进行自我思想改造。

缺点:有时态度不够冷静,容易激动。

5月30日 中共潢新分团政治部对钱三强"四清"表现签署审查意见,"该同志在整个社教运动中工作细致,认真负责,所蹲小队搞得不错"。

6月 从河南农村结束"社教运动"返回北京。读到六月号《红旗》杂志以加注形式全文刊载的日本学者坂田昌一的文章——《新基本粒子观对话》[②]。

7月 中国科学院党组改为中国科学院党委,钱三强被任命为院党委委员。张劲夫任党委书记,裴丽生任副书记;党委委员还有郭沫若、杜润生、秦力生、郁文、李德仲。

8月 原子能研究所收拆法国个人寄给钱三强的信和资料,并于20日附函转报"科委八局":

前些日子,我们收到法国营养学校前秘书、督学P. 巴杭德(P. Parandel)寄给钱所长的一封信,信中只附了一些剪切的资料。其中有一小块"公报",提到我原子能发展经费等问题。此件已送力一所长看过。根据他的意见,随函转去这些资料,请处理。

此致

敬礼!

8.20。

8月27日 二机部七局留下信中所附其他资料,将法文"公报"(剪报),批

---

① 原件存"钱三强档案"

② 《人民日报》、《光明日报》等转载全文

转时任钱三强秘书张振德:“张振德同志:收到原子能所转来资料。其中关于膳食营养等资料已交我局二处存。兹将‘公报’转去,请您考虑是否需要送钱部长一阅。部七局 8.27。”

Δ 下图为法国报纸对 1965 年 6 月号《科学与生活》刊载的关于钱三强与中国原子弹的“公报”的介绍的剪切原件。

Communiqué

QU'Y A-T-IL DERRIERE LA SCIENCE CHINOISE ?

Sept milliards de francs actuels ont été consacrés par la Chine à son programme atomique et de missiles.

C'est l'Academia Sinica (on appelle ainsi l'Académie chinoise) qui dirige la recherche scientifique chinoise. A la tête de l'Institut atomique de Pékin se trouve un physicien ayant fait ses études à la Sorbonne, le docteur Ch'len San Chiang, qui est le véritable père de la bombe A chinoise. Telles sont quelques-unes des révélations que fait *Science et Vie* dans son numéro de juin où, pour la première fois en France, le dossier de la science chinoise est ouvert.

法国报纸对《科学与生活》(月刊,巴黎出版)刊载的关于钱三强与中国原子弹的“公报”的介绍的剪切原件

6 月号《科学与生活》是“1965 年的中国科学”特刊,其中有关核科学研究的章节是:

在中国科学的后面是什么?

中国用于发展她的原子能计划和导弹的费用是七十亿法郎。

中国的科学研究工作是由中国科学院(l' Academia Sinica,人们也称它 l' Academia chinoise)领导的。北京原子能研究所的领导人是曾在巴黎大学 Sorbonne 部学习过的物理学家钱三强博士。他才真正是中国原子弹之父。这是六月号《科学与生活》披露的几点信息,在法国第一次公开有关中国科学的资料。

Les Russes partis, les Chinois vinrent néanmoins à bout, et tout seuls, de leurs projets. Ils procédèrent par paliers, mobilisant des quantités sans cesse accrues d'énergie, et produisirent de l'uranium enrichi, non seulement pour les cœurs de réacteurs, mais aussi pour leurs bombes. Ils apparaissent donc comme complètement indépendants des Russes pour ce qui est du combustible nucléaire et l'on suppose aujourd'hui qu'ils sont actuellement en train de monter des réacteurs nucléaires.

Impressionnant succès.

Qui en est responsable ? A l'Ouest, on en est aux suppositions. On cite souvent le brillant D[r] Ch'ien Hsueh-Sen, qui a fait ses études aux Etats-Unis. Toutefois, c'est un ingénieur d'aéronautique et un technicien des fusées, et non un physicien nucléaire; peut-être a-t-il organisé l'ensemble du programme atomique chinois, mais il demeure que l'expert nucléaire le plus important, selon un expert également chinois, le Dr Chu-Yan Cheng, de l'Université du Michigan, est le D[r] Ch'ien San Chiang, éminent physicien qui fut reçu docteur ès sciences à la Sorbonne en 1943 ; c'est le chef de l'Institut de l'Energie atomique de Pékin.

Autre personnage-clé, le Dr Wang Kan Chiang, ancien directeur adjoint de l'Institut de Recherches Nucléaires de Doubno, en U.R.S.S., est l'adjoint de Ch'ien.

Il est notoire que les physiciens nucléaires chinois ont fait merveille à Doubno, que la Chine a contribué pour un cinquième environ aux frais des travaux qu'ils y effectuèrent, et qu'à la fin de 1960 et en 1961, un tiers environ des travaux publiés à Doubno l'était par des Chinois. Il n'est pas négligeable que sur 58 000 Chinois faisant des études de science, 1 000 environ se spécialisent dans la physique nucléaire.

De cette analyse des progrès nucléaires chinois se dégagent les points suivants : les Russes ont fourni une aide précieuse ; leur départ a été un choc ; les grands savants chinois actuels sont ceux qui ont été formés à l'étranger, principalement à l'Ouest ; la Chine possède de brillants jeunes techniciens d'avenir, dont la plupart ont été formés en Russie et atteindront leur maturité dans dix ans environ ; la science chinoise ne s'intéresse, en gros, qu'à la puissance militaire et au développement économique, sachant que la grande force aujourd'hui en termes de budget et de main-d'œuvre repose sur la science appliquée plutôt que sur la science pure, bien qu'il s'effectue quand même un certain nombre de recherches fondamentales.

《科学与生活》报道原文影印件(法文)

《科学与生活》报道译文：

俄国人走了，中国人自己继续已定的计划。他们把项目分成阶段，全力以赴，生产的浓缩铀不单用于反应堆芯，也用于原子弹。看来他们在核燃料方面完全独立于俄国人。可以看出他们正在建造核反应器。

令人印象深刻的成功。

谁是项目负责人？西方猜测。人们经常提起很著名的曾在美国学习的钱学森博士，但是他是位航空工程师，火箭技术员，不是原子能物理学专家。他有可能组织了中国的核计划，但是最重要的核专家，根据密歇根大学的中国问题专家郑竹园分析，是钱三强博士，杰出的核物理学家。他 1943 年(应为 1940——引注)在巴黎 Sorbonne 得到理学博士学位，现任北京原子能研究所所长。

另一位关键人物是王淦昌博士，曾经是苏联杜布纳核子研究所的所长助理,现在是钱三强的副手。

众所周知,在杜布纳工作的中国核物理学家非常优秀。杜布纳的五分之一的经费由中国提供,1960年末至1961年期间杜布纳所发表的文章中,有三分之一由中国人完成。一个不可忽略的数字是,在中国的58 000名理科学生中,有约1000人的专业是原子能物理。

从以上分析可以得出:开始时俄国人提供了珍贵的帮助;俄国人的撤离是一个冲击;目前重要的科学家都是在国外培养的,主要在西方;中国拥有一批非常优秀的年轻技术人员,其中大部分是在杜布纳培养的,十年后他们将是主力;总的来讲,中国科学只对增强军事力量和经济发展有兴趣,尽管中国有一些基础科学研究,但是大部分经费和人力还是投入到应用科学。

9月　接受张劲夫代表中国科学院、教育部、中央宣传部和对外文化联络委员会的委托,在北京组织中国科学院原子能研究所、数学所和北京大学的粒子物理理论工作者,学习毛泽东物质无限可分的哲学思想,开办基本粒子讨论班,借鉴"轻核理论组"开展氢弹原理预研的经验,着重探讨基本粒子的内部结构。

何祚庥《层子模型建立的前前后后》一文如下忆述:

1961～1965年间,我国有许多理论物理工作者均一直参加当时国家指派下的"乙项任务",亦即从事氢弹理论的预先研究。"乙项任务"是一项没有"先例"可援,必须由我国科学工作者独立开拓的工作,许多工作都要从"第一原理"出发,我们许多参加者都在这一工作中得到锻炼。在参加"乙项任务"的同时,曾多次和前辈科学工作者朱洪元教授等共同议论过:如果有朝一日再回到粒子物理的研究,就必须注意发扬这一宝贵的经验,必须坚持工作的独创。

由于原子能所的研究人员,在过去一段时间或多或少都兼任着某些实际任务,对于粒子物理的最新发展不免有些生疏,于是另一位前辈科学工作者北京大学胡宁教授提议原子能所、数学所、北京大学三个单位合办一个讨论班,也就是北京基本粒子讨论班。

11月　出席国防工办会议,研究核工业三线工程建设。随后,遂同二机部其他领导一起赴三线考察和安排工程建设任务。

1966年　五十三岁

1月　在酒泉原子能联合企业主持召开金属钚生产工艺攻关工作会议。二机部生产局总工程师曹本熹、张沛霖,九院和酒泉原子能联合企业有关科技人员参加会议。

1月30日～3月8日 出席二机部在京西宾馆召开的工作会议和政治工作会议。会议提出用毛泽东思想统帅一切，突出政治，赶超世界水平。同与会代表一起，受到刘少奇、周恩来等领导人接见。

3月 同刘杰等赴三线检查和考察核工业三线建设工作。

3月 向《原子能》推荐北京粒子物理讨论班初步建立的研究成果《强子结构的层子模型》，首先刊载于该刊同年第三期。由北京大学、中国科学院数学研究所做的部分工作发表于同年5月《北京大学学报》（自然科学版）第二期。

5月上旬 二机部党委向上级组织部门报送了他们做的钱三强思想情况鉴定，从中可见钱在二机部的处境。摘录如下：

> 钱三强同志来二机部十年，做了许多工作，对许多问题有一定见解，有些组织能力。主要问题是资产阶级个人主义，患得患失。凡是不触及他的个人利益的问题，他的认识就比较清楚。但只要触及他的个人利益，无论在个人与党，个人与群众，党员与专家，党内与党外等等这些关系上，他就摆不正了。
>
> 十年来，他的思想情况，大体可分为三个阶段：在原子能事业发展初期，有严重的权威思想，在党内以专家自居，想搞什么技术委员会，实际上向党争权，自以为只有他能搞，对党的领导不放在眼里；在苏联专家撤走以后，对原子能事业实行全面彻底自力更生缺乏信心，有悲观失望的情绪，后来事实证明我们完全能够自力更生，他就比较老实一些；态度也就好一些，目前分配他的工作，一般都能积极地去干，思想还比较活，在方法上接受新的事物也还比较快。
>
> 部党委遵循党的原则，对钱三强同志的错误思想和错误行动一直是有批评有斗争的。所党委对他也是有批评有斗争的。每一次斗争以后，他就比较警惕一些，但过了一段时间，往往又老毛病重犯。
>
> 总的看来，钱三强同志这几年思想有进步，工作还积极，但他对自己思想改造的自觉性还是不够的，容易骄傲自满，世界观问题基本没有解决，目前基本上还是资产阶级个人主义世界观，今后还应对他进一步进行帮助教育。（中国科学院院部档案，案卷号1966-11-1）

5月11日 原子能研究所党委传达二机部政治部关于“文化大革命”的指示，在所内成立文化革命领导小组，所党委书记郑林其时由党校去202厂搞“四清”，文化革命领导小组由副书记刘书林任组长。党委副书记、所长钱三强未被列入文化革命领导小组内。

5月18日 原子能研究所党委（即文化革命领导小组）召开党总支书记、支部书记会议，传达二机部的指示精神，要求全所各级党组织立即行动起来，积极参加“文化大革命”运动。会后,各总支、支部组织传达学习,动员群众参加运动。

5月24日 原子能研究所文化革命领导小组召开行政17级以上干部会,传达学习中共中央通知(即“五一六通知”),要求贯彻“五一六通知”,“高举无产阶级文化革命的大旗,彻底揭露那批反党反社会主义的所谓‘学术权威’资产阶级反动立场,彻底批判学术界……的资产阶级反动思想,夺取在这些文化领域中的领导权”。要求写大字报揭发批判。

6月17日 根据二机部的部署,原子能研究所党委召开全所“文化大革命”动员大会,党的负责人作“高举毛泽东思想伟大红旗,横扫一切牛鬼蛇神”的动员报告。会后,钱三强被作为“资产阶级权威”的“靶子”抛出来,全所进行揭发批判,迅即动员贴出数千张大字报。所党委以至二机部有的领导人,亲自出面动员所内了解钱三强的科学家,都要站出来写揭发钱的大字报。彭桓武的经历是一例。

一天,二机部某领导(彭口头告诉说这位领导是副部长刘××——引者隐其名)点名要彭桓武写大批判稿,批判的对象是钱三强,彭桓武不写,便在批判会上被叫到这位领导面前。

这位领导说:“大家都在批钱三强,你是钱三强的朋友,对他更了解,更应该带头。你为什么不批?”

彭桓武说:“钱三强是党员,对我的生活关心,对我的工作帮助很大,我找不出他有什么毛病。”

“别人怎么批你也怎么批,这总该行了吧?”

彭桓武说:“我不会写。”

有人质问彭桓武:“支持革命的夺权运动的大字报总会写吧?”

彭桓武说:“不会写。”

那些人不信:“堂堂一个大物理学家,难道连篇文章也不会写么?”

彭桓武说:“不错,搞物理,我能行,离开物理就无理了。你们如果不信,就去我家调查。在家里我听夫人的,去公园我听孩子的,到单位来,我听大家的。”

众人被他的话逗得哈哈大笑。

彭桓武以为一笑就没事了,谁知他们搬出“大棒”高高举在这位不谙世俗的科学家的头上:这是一个严肃的政治态度问题!

彭桓武万般无奈,只好大声朗读毛泽东的一首词:“独立寒秋,湘江北去,橘子洲头。看万山红遍,层林尽染……”(宋健主编,《“两弹一星”元勋传——彭桓武》,清华大学出版社,2001年)

6月28日 原子能研究所党委出版《红专小报》(专刊),刊登《彻底揭露钱三强反党反社会主义的反动言行——大字报选编》(共4版,四〇一厂印刷)。

引录其“前言”于此:

十几年来,钱三强利用自己的一切职位,挂着“专家”、“学者”、“权威”、“党员”的牌子,打着马列主义、毛泽东思想的旗号,通过报告、谈话或“指示”等一系列活动,大肆放毒,抵制和反对毛泽东思想,做了许多反党反社会主义的坏事。

从数千张大字报的揭发来看,钱三强所竭力宣扬的是“个人奋斗”、“十年成名”、“只专不红”等反动腐朽的资产阶级思想和资产阶级知识分子道路,即所谓“钱三强道路”,并为之涂脂抹粉,逐步地使其系统化、理论化,为实现资本主义复辟做舆论准备;钱三强所竭力反对和抵制的是伟大的毛泽东思想,是党的领导,是大跃进,是群众运动;钱三强所竭力推行的是一整套资本主义和修正主义的科研路线、干部路线,为资本主义复辟鸣锣开道;钱三强所采用的手段,是依仗他的权势,要弄资产阶级的花招,企图实行资产阶级专政。对钱三强的揭露和批判是一场资产阶级复辟和无产阶级反复辟的斗争,是一场贯彻执行与抗拒抵制毛泽东思想的你死我活的斗争。彻底地批判、彻底地肃清,不获全胜,决不收兵。

在这次毛主席和党中央亲自领导的社会主义文化大革命运动中,我所广大革命群众用数千张大字报揭穿了钱三强的反动面目,我们根据革命群众的部分大字报,有重点地进行了归纳整理,编成下面的材料,供大家在批判时参考。

7月1日和5日 《红专小报》续刊《钱三强反动言行大字报选编》(共2版)。

列举几例对钱的批判于后:

讲的“红专矢量论”,被批为“和毛主席提出的‘又红又专’的教导相对抗,竭力鼓吹反动的‘红专矢量论’和‘个人奋斗论’,煽动青年走只专不红的道路”。

要求在阶梯教室挂居里夫人、爱因斯坦、卢瑟福、库尔恰托夫的画像,被批为“吹捧洋人、美化资产阶级知识分子,引导青年迷信洋人。鼓吹‘外行不能领导内行’,‘专家决定一切’,与党唱对台戏”。

1962年3月传达“广州科技工作会议”领导人讲话,被批为“借传达广州会议精神之机大演摘掉资产阶级知识分子帽子的丑剧,妄图以资产阶级立场改造党。”

接受二机部党组委托,组织“轻核理论组”对氢弹原理进行预研,被揭批为“不经过党组织系统,径直向四室黄祖洽等人布置一项国家重大任务,不仅四室党支部不知道,甚至所党委、保卫部、计划处也不知道。工作进展情况,经常是何祚庥等星期日到家中汇报。这项任务长期由钱三强个人主管,和四室理论组的三个'专家'(指黄祖洽、于敏、何祚庥——引注)独断专行。"

组织的"轻核实验组"(即2—9组——二室九组——引注),被批为"利用非法手段收罗了一批自认为'得力'的干部,特别是对从苏修回国的大感兴趣,把丁大钊等反党急先锋亲自点名拉入二室,亲自导演了丁大钊篡夺2—9组领导权的丑剧"。

7月上旬 经二机部有关领导人启发与鼓动,二机部九院一位负责人贴出一张署名大字报,揭批钱三强曾经提名何泽慧到核武器研究所工作,是"非组织活动"。大字报标题为"钱三强同志的非组织活动搞的是什么鬼"。该大字报以及钱当年推荐何到核武器研究所工作一事,在二机部一直"看得很重",认为是钱三强要通过何泽慧"控制九院"。因此,该大字报即被列为二机部上报《关于钱三强的材料综合》中的一个附件(附件十)。

"钱三强同志的非组织活动搞的是什么鬼"全文附录于后:

一九六二年我部编制了两年规划,我们的工作进入了更加紧张的阶段,这时,钱三强同志不通过部党组,一而再地要把一位资产阶级"权威"、"学阀"硬塞到我们九所的领导岗位上来。事情的经过大致是这样的:

当时,由于工作上的需要,我们组织了几个专题性质的技术委员会。其中一个技术委员会(指中子点火委员会——引注),与四〇一所(即原子能所——引注)的协作关系极为密切,经请示部领导同意,我们邀请了当时担任四〇一所二室主任何泽慧参加。正是由于这一情况,钱三强同志不久即向我提出,藉口说:"为便利工作,你们九局党委应当研究并提出请何泽慧兼任你们九所副所长。"我随即将钱三强同志的这一非组织活动向局党委主要成员作了汇报,对于这一不通过部党组,无原则的要求,当即受到局党委的坚决抵制并向部党组书记作了反映。但是事情并没有完。过了一个时期,钱三强同志听不到回音,又在和我研究工作时候再次提出这一问题,除了"便利今后工作"等理由外,还说什么"四〇一党委已决定提升何泽慧、汪德熙、刘书林等几人为四〇一所副所长,部里已同意。"(据当时了解,并未见部里正式批示)"如果九局党委不同意提,你可以自己写报告给部。"

钱三强同志身为我部副部长、党组成员,要派什么人到我们九所来担任副所长这样的大事情,你不向党组提,而九局党委既有明确表示,为什么还要再次提出要我个人写报告呢?你这样的非组织活动,究竟目的何在?

7月23～31日 被安排作为中国代表团成员,出席北京1966年暑期物理讨论会,团长为周培源,共有36名成员。参加讨论会的外国代表有来自亚洲、非洲、拉丁美洲和大洋洲国家及一些地区性学术组织的144人,共收到99篇学术论文。曾经组织北京粒子物理理论工作者提出的"强子结构的层子模型"的主要思想报告后,受到国际理论物理学界的重视。

时"层子模型"研究参与者何祚庥回忆:

> 1966年7月在北京召开的北京科学讨论会1966年暑期物理讨论会上,曾公布了其中的主要结果。这一理论本来是称为相对论的强子结构模型的,其中的"元强子"显然可以用"夸克"作为示例,但不一定非"夸克"不可。因为我们所发展的方法可以适用于任何性质的"元强子"。至于"元强子"是"夸克",还是别的基础粒子将由实验来做最后判决。相对论强子结构模型所表明的是:强子必然具有内在的结构。后来又进一步考虑到构成强子的"元强子",也不是什么"物质的始元",只不过是认识的总的长河中的某一"层次",因而钱三强同志就提议,是否可以命名为"层子模型"。这一提议为所有参加工作的同志们所接受。于是便正式命名为"层子模型"。
>
> 遗憾的是,北京科学讨论会1966年暑期物理讨论会的举行正值我国发动"文化大革命"的初期。这一会议也不可避免地深受当时极"左"路线的影响,有不少参加本工作并起了重要作用的研究人员,被排斥在这一国际讨论会之外……甚而曾对层子模型工作不断加以关心和鼓励的原子能所所长钱三强同志也被排斥在会议的领导工作之外。(何祚庥,《层子模型建立的前前后后》,载于《院史资料与研究》,1994年第6期)

7月31日 同中国科学家代表团和北京物理讨论会各国代表一起参加接受毛泽东、刘少奇、董必武、朱德、周恩来等的接见。次日,《人民日报》套红刊登毛泽东接见的大幅照片。钱三强发现自己碰巧被照进照片中,形象清晰,联想到正遭批判的现实处境,心情复杂,遂将该报纸留存了下来,作为纪念。

当晚 出席周恩来举行的宴会。周恩来祝酒时说:参加物理讨论会的各国科学家们,本着民主协商、团结合作、相互学习、共同提高的精神,就基本粒子物理、原子核物理、固体物理等当代物理学的前沿问题和大家共同关心的物理教学问题,广泛地交流了研究成果,进行了富有成效的讨论。他相信,科学文化繁荣昌盛的新时代必将到来。

会后 同世界各国出席北京物理讨论会的110位科学家一起,联合发表关于越南问题的声明。声明指出:在听取了越南科学家代表团所作的关于由美帝国主义疯狂的战争升级所造成的越南严重局势的报告之后,我们无比愤慨地强烈谴责美国的罪恶侵略战争,并热烈支持越南人民为保卫自己的民族权利而进行的抗击侵略者的正义斗争……

8月15日　二机部部长、党委书记刘杰出席原子能研究所职工大会,宣布撤销所文化革命领导小组,立即成立文化革命筹备委员会并派出部联络员驻所。

8月16日　原子能研究所文化革命筹委会成立,由41名委员组成,常委11人,段存华任主任,马腾才任副主任。原子能研究所文化革命筹委会,直接受二机部党委领导。

冬　被原子能研究所派出的一些人到中关村住所抄家。抄家时,钱三强本人及儿女(何泽慧不在家)被隔离在厨房内,几人翻箱倒柜了好长时间后装了两旅行袋东西拿走,其中有钱个人几十年的日记本、笔记本、照片及其他私人资料、信件等。

12月6日　二机部系统造反派进驻二机部大楼,刘杰开始被批执行"资产阶级反动路线",靠边站。

12月28日　中国在西部地区进行第五次核试验,即氢弹原理试验成功。当晚,钱三强受周恩来点名邀请,同刘杰等少数几人在中南海西花厅,一起庆贺中国核武器发展史上有里程碑意义的一次成功试验。

> 周总理高兴地对我们说,群众都在庆祝胜利,我们也在这里庆祝一下。庆祝方式极简单:只备有一小碟鱼冻作为下酒菜,破例少许让喝几口酒。总理为祖国富强而兴奋的心情和他那取得成绩首先想到下边同志的一贯谦虚谨慎的作风,使我们受到莫大鞭策和鼓舞;那种简单的庆祝方式,代表他平日生活朴素的作风,对我们都是极大教育"。(钱三强,《我国现代科学技术的组织者、领导者——缅怀周总理对我国科学技术事业的关怀和对科技工作者的教诲》,《人民日报》1979年3月10日)

1967年　五十四岁

年初起　在二机部被隔离审查,交待问题,不能回家,不能写信,不能打电话。主要审查政治历史,敌特嫌疑,以及社会关系等。

6月17日　从隔离室外广播中听到我国第一颗氢弹在中国的西部地区上空爆炸成功的消息,并聚精会神听了新华社播发的"新闻公报":

> 毛泽东主席早在一九五八年六月就指出:搞一点原子弹氢弹,我看有十年功夫完全可能。
>
> 在我国无产阶级文化大革命取得决定性胜利的凯歌声中,我们向

全国人民和全世界人民庄严宣布：毛主席的这一英明预言和伟大号召已经实现了，在两年八个月的时间内进行了五次核试验之后，今天，一九六七年六月十七日，中国的第一颗氢弹在中国的西部地区上空爆炸成功了。

……

中国共产党中央委员会、国务院、中央军事委员会、中央文化革命小组，向从事核武器研制和试验的中国人民解放军全体指战员、工人、工程技术人员、科学工作者和一切有关人员，致以最热烈的祝贺。他们在党中央、毛主席和他的亲密战友林彪同志的正确领导下，高举毛泽东思想伟大红旗，突出无产阶级政治，活学活用毛主席著作，坚决捍卫以毛主席为代表的无产阶级革命，坚决反对党内最大的一小撮走资本主义道路当权派的修正主义路线，抓革命，促生产，群策群力，大力协同，以"只争朝夕"的革命精神，克服了各种困难，闯出一条自己的道路，保证了这次氢弹试验的圆满成功。

……

中国有了原子弹，有了导弹，现在又有了氢弹，这就大长世界各国革命人民的志气，大灭帝国主义、现代修正主义和各国反动派的威风。中国氢弹试验的成功，进一步打破了美帝国主义和苏联修正主义的核垄断地位，沉重地打击了它们的核讹诈政策。中国氢弹试验的成功，对于正在英勇地进行抗美救国战争的越南人民，对于正在反抗美英帝国及其工具以色列侵略的阿拉伯人民，对于全世界一切革命的人民，都是极大的鼓舞和支持。

人是战争胜负的决定因素。中国进行必要而有限制的核试验，发展核武器，完全是为了防御，其最终目的就是为了消灭核武器。我们再一次郑重宣布，在任何时候，任何情况下，中国都不会首先使用核武器。我们说的话，从来是算数的。中国人民和中国政府，将一如既往地继续同全世界一切爱好和平的人民和国家一道，共同努力，坚持斗争，为全面禁止和彻底销毁核武器的崇高目标而奋斗。

6月18日　向隔离室看守人员要到一张《光明日报》(4版)，在隔离室一遍一遍地阅读，心情激动。这张套红印刷的报纸成了钱三强终生保存的纪念物。

(按：是日《光明日报》头版套红大标题"我国第一颗氢弹爆炸成功"。副标题："我们伟大领袖毛主席在一九五八年六月指出：搞一点原子弹、氢弹，我看有十年工夫完全可能。"整版为大号字"新闻公报"。二版整版刊发署名"《解放军报》记者"的长篇通讯，标题为"响彻云霄的毛泽东思想的凯歌——记我国第一颗氢弹爆炸成功"。四版通栏标题为"最热烈欢呼我国第一颗氢弹爆炸成功"。

刊发新华社综合消息“北京上海广大革命群众千百遍高呼：毛主席的英明预见和伟大号召实现了”。另有署名“北京地质学院东方红公社”、“北京航空学院革命委员会红旗战斗队”、“国家科委革命委员会主任张本”的欢呼文章和“铁道兵文工团革命联合造反团”的诗作“六亿神州喜讯传”。)

6月19日 新华社《参考资料》下午版，译刊英国《星期日泰晤士报》文章——《中国不惜一切代价研制氢弹》和法新社就中国氢弹爆炸成功编发的电讯(作者塞尔日·贝尔)。其时及后来，钱三强均未见过这些文字。《星期日泰晤士报》文章《中国不惜一切代价研制氢弹》引录于此：

> 中国在一心一意成为核国家的努力过程中，有两件事很突出：它速度快得异乎寻常；这样做的背后有一个明显的决心，要尽快地爆炸一枚氢弹，不管对国民经济有什么后果。
>
> 中国每试验一次都使西方专家不得不缩短他们对于中国成为一个十足的核国家(这种十足的核国家必须有洲际弹道导弹和热核弹头)所需要的时间和估计。昨天的爆炸也不例外。这离中国在1964年10月16日的第一次原子爆炸还不到3年。没有哪个国家进展得有这样快。法国爆炸第一颗原子弹比中国早4年，但是仍然没有试验氢弹。
>
> 能不能说中国的这种惊人的成就是由于苏联的帮助？这是非常不可能的事情。在1960年，即在爆炸第一颗原子弹以前，苏联技术专家就从中国撤离了；而两国关系在这以前很久就开始恶化了。苏联从来没有表示把它的核秘密告诉它的盟国。
>
> 中国在核方面第一次使西方大为震惊的是在1964年试验后的一两天。试验本身并不是出乎意料的，这已经猜测了好几年了。但是，在试验后不久，一架高空飞行的美国飞机搜集到含有放射性碎片的空气样品，并且把它拿回进行分析，后来证明在炸弹中使用的核爆炸物是铀—235。
>
> 在原子弹中可以用两种核爆炸物(铀—235和钚)的任何一种，而在这两种中，取得铀—235的困难要大得多。钚能够在一个大的核反应堆中比较便宜地取得，可是铀—235必须在一个庞大的、技术非常复杂的、花费巨大的气体扩散工厂中从天然铀中提炼。据传，法国人在皮埃尔拉特已经为此花了3亿多美元，但是它还是不能完全使用。
>
> 但是比较容易取得的钚不适宜于作爆炸氢弹所需要的原子引爆装置。因此，中国在核武器计划中这样早地决定建立一个气体扩散工厂，就表明他们决定尽快地取得氢弹。每个核国家都是先发展一颗铀弹的，只有在战时的美国人除外，因为他们对于究竟哪一种起作用没

有把握。

……

中国科学家能够使西方科学家感到惊讶的还不仅仅在武器方面。去年一批中国化学家宣布,他们已经研制蛋白质胰岛素成功,这是许多高级科学家还在尝试的一个非常重大的成就。这是在一个非常不同的领域内的成就,这就表明并没有把中国所有最优秀的科学家都投入核计划。

关于参加这项计划的人物,外人知道很少,但是这个计划很可能是钱三强领导的。他和他的妻子何泽慧曾经同法国主要的核物理学家约里奥-居里工作多年。他们在1948年回中国,后来钱三强担任中国原子能研究所所长。

自从中国人进入第一次令人注目的试验后,他们又进行了两次令人惊讶的试验。在1966年10月进行的试验是一个由导弹运载的原子弹头。即使导弹的射程很短,这也有重大意义,因为这表明中国人已经能够使他们的核弹头缩得很小。昨天又试验了氢弹,这比连那些知道中国能够作出这种惊人之举的人预料的时间还早6个月到1年的时间。

这次试验的可能不是一个炸弹而是一个装置,它的体积很大,因此不能由飞机或导弹运载,正如美国1952年在埃尼威托克岛爆炸的第一个热核装置一样。但是据报道,当时在印度的无线电广播都停止了,这毫无疑问地证明,这是一次真正的热核爆炸。没有什么原子装置能产生这种广泛的影响。(《星期日泰晤士报》1967年6月18日)

法新社1967年6月18日电讯:

人民中国爆炸热核炸弹所取得的惊人成就,再次使全世界专家感到吃惊,惊奇的是中国人取得这个成就的惊人速度。

中国人在核方面的成就,使世界震惊不已。

1964年10月16日中国第一次核爆炸使人吃惊,因为中国人试验的炸弹,不是一颗钚弹——其他核大国遵循的老路,而是一颗浓缩铀弹。

1966年5月9日中国的核爆炸是另一次吃惊,因为试验的炸弹包含有热核材料。是一颗加强型的原子弹。

1966年10月27日第四次爆炸又是一次惊奇。这是一颗原子弹,爆炸前由一枚中程火箭运载。

……

最后,中国在6月17日试验的第一颗热核炸弹,甚至使美国最有经验和最了解情况的专家感到惊奇。

人们认为钱三强是中国“核弹之父”。在朝鲜战争结束后，中国开始召回在美国、英国、法国等外国实验室工作的中国物理学家，他们在中国工业发展和研究中起了主要作用。

1958 年，北京的第一个原子反应堆投入生产。也是 1958 年，中国政府提出了科技发展的 12 年计划，这个计划提出优先发展核能力、电力和推进技术三个方面。

人民中国在 10 年之内建立了好几座核反应堆。

特别是中国将致力于(将获得成功)建立一个同位素工厂。

作这么巨大的努力并不是没有考虑的。人民中国在最近 10 年期间建立 40 个核研究中心，特别是中国召回了它在西方培养的出色的物理学家，著名的至少有 15 名。原料、核装置、出色的物理学家，所有这些，毛的中国 10 年来按照明确目的，都坚决地顽强地通过各种办法获得了。这是昨天新华社广播的政府公报透露了的，这就是中国核成功的秘密。

(按:2013 年 7 月初，钱三强之子钱思进及家人回访当年父亲在巴黎近郊租居多年的莫东住所，房东后人看了带去的老照片和当年在法国刊物上刊登的文章，回忆告诉说:中国第一颗氢弹爆炸后，法国一些报刊记者还专门到这里来访问。房东后人见到老住户的后人，很喜悦，很激动，他们为这里曾经住过钱三强感到荣幸。)

1968 年　五十五岁

是年　在二机部继续被隔离审查。

3 月 15 日　二机部军事管制委员会向粟裕并周恩来、李先念、聂荣臻、谢富治报送《关于专案调查钱三强政治历史问题的请示报告》(打字印刷机密件)。报告所列“有必要进行全面彻底地审查”的四个方面的问题，即一、与国民党的关系。二、与敌特的关系。三、和黑帮黑线的关系及里通外国嫌疑。四、社会关系极其复杂。报告最后要求:“以上问题需尽速查清，但因钱身为副部长，国内外又有虚名，搞清这些问题需要中央专案组、中调部、公安部等部门配合。因此，请求中央批准列为专案调查，并通知有关部门予以协助。”

“请示报告”所列各项嫌疑和问题，都是不顾历史、捕风捉影的。举例如，1952 年钱三强留在布拉格筹备组织细菌调查团与约里奥-居里的联络，被列为“里通外国嫌疑”；1953 年钱三强率团访问苏联“单独参观原子能方面的单位，并多次与库尔恰托夫等专家私访”，被列为“在很大程度上有里通外国迹象”;1949 年钱三强不做“自愿南来者”而留在北平,是否与台湾方面的特别安排有关,“很值得怀疑”;1958 年钱三强受到批判后,通过刘允斌向刘少奇“告状”,被列为“黑线关系”;等等。“请示报告”未见批复。

12 月起 三个子女先后到山西、陕西农村插队落户,接受再教育。

1969 年 五十六岁

9 月 被解除隔离审查,到二机部印刷厂劳动,接受监督,继续交代问题。晚上可以回家。

10 月 27 日 接到二机部口头通知,令三天内离开北京前往二机部设在陕西郃阳的“五七干校”劳动。曾提出要求,鉴于年龄和身体状况,希望组织上能让何泽慧也到同一干校劳动(时何拟安排到湖北干校),以便互相有个照应。要求当时未获准许。

10 月 31 日 从北京坐硬座火车抵达陕西郃阳干校,并开始从事农业生产劳动,同时继续接受审查。

11 月 1 日 从郃阳干校写信给尚未离京的何泽慧:

> 我于三十一日晚六时左右到达了干校,中午到渭南车站,在车站附近饭店吃了汤面,后来乘卡车连同一车行李到干校。路上在大荔县休息一下,可以上厕所。四个半小时汽车有些冷(路上以少喝水为好,免得要上厕所)。
>
> 到干校后,一切尚好。这里条件比想像的好,有水,有开水,有厕房。
>
> 房子不错(平房),一屋可以摆六个床,我们屋里连我住了五个人,比我们四清时条件好不少,更有集体生活的气氛。现在干校分为南北两个点,我在北点。我的通信地址是:“陕西,郃阳,二机部五七干校,一连一排艾正斌同志转老钱同志。”今早我开始参加劳动,我属于一班,分配的任务是运马粪积肥,一共运了四趟。……

11 月 10 日 在郃阳干校给何泽慧写第二封信:

> 我到这里正好十天。这里十天一休息,今天是第一个休息日。我们的生活是非常规律的,早六时半起身,上早操有跑步,7～8 时天天读,8～8 时半早饭(玉米粥、馒头+咸菜),8 时半～12 时半劳动(中间休息一刻钟),中饭(馒头+白薯,菜,经常是萝卜,有时有点土豆,白菜,1/4 时间有些肉片),下午 2～6 时劳动(中间休息一刻钟),6 时半吃晚饭(馒头,玉米粥或面片汤+菜,类似午饭,但量少些),9 点睡觉。定量是三十六斤,我大概吃三十斤就够了。劳动我参加积肥,打铁,收

萝卜,挖地窖。我是在一连一排一班,这班是农活班,也作些木、铁工。体力劳动开始有些吃力,十天下来也慢慢习惯了,我想坚持下去是完全可以的。身体一切都好,请勿念。每天劳动都是在场外,因而脸目晒得红而要转黑了。……总之,比我在四清时,劳动量更大,生活更加与普通劳动者一样。这里大家都叫我老钱。为了方便,我的通信地址和名称是:陕西,郃阳,二机部五七干校,一连一排"徐进"。通讯又用了1964年的老名。

12月1日 何泽慧被批准到达郃阳"五七干校",分配在一连三排九班。初时,钱、何分别住集体宿舍,吃饭时才能见一面。半月后,被通知二人住进一间刚盖好,墙和地都潮湿的平房,得以生活团聚,也有了取暖的土炉子。

△何泽慧离京去干校时,把家中的房门钥匙交给邻居贝时璋,向其交代说"家中出了事不负责"。

1970年 五十七岁

1月9日 参加干校组织的"拉练",早晨七点半出发,攀登北面的山顶,到下午五点半步行回到干校。是日,何泽慧写信告诉插队的孩子们:"他们还要演出,爸爸学会了打快板,今天去和老乡们联欢,宣传毛泽东思想,跳舞、唱歌,还要打快板,恢复了三十年前的青春,心情很舒畅。我没有去,在家摘棉桃。"

4月5日 得信知思进到山西农村插队对环境不适应,因而情绪不佳。锄麦一天后,遂与何泽慧连夜复信开导:

……你们到农村,和别人生活在一起,是经风雨、见世面的好机会。头脑要冷静,胸怀要宽广。无产阶级文化大革命四年来,总的形势比以前好多了,好人是越来越多了,按毛泽东思想办事的人也越来越多了。要胸怀全球,放眼本职工作。你现在就应该心情舒畅一些……。

前信谈起的彗星见到了没有?现在只要天气晴朗,每天早上天亮以前(大概是早晨五点以前,最好在四点到五点之间看,在东偏北方向)还可以看到。(若睡眠不足,可以不看)

5月 参加种棉花,打农药,种玉米,进行棉花田间管理。

5月24日 在郃阳干校得悉,于东北插队劳动的侄女钱祖同(五弟德充之长女)提出入党申请,便写长信予以鼓励。信如下:

祖同、祖蕙:

我刚寄出了一封信,就收到了你们父母的5月19日信。知道祖同回来了探亲,我们听了很高兴,听到祖同进步很快,更是高兴。关于你的入党申请的问题,你父母曾写信告诉我,我总想写一封信给你,但总是事情一多把它拖下来了。另外行李中还保存在你们父亲小时的照片三张,我想最愿意保存这像片的人,一定是你们二人了(当然还有你们的母亲),这三张都是大伯拍照的,有的是四十多年了,有的将近四十年。拿石榴那张可能是1923年,骑自行车那张可能是1925年,戴帽子那张可能是1936年。现在寄给你们,和你们父母商量如何保存妥!

关于入党申请的问题,我想祖同应很好考虑这问题,若自己的表现使组织上认为可以考虑,那应该主动争取,以便更好接受党的教育。伟大的中国共产党是毛主席亲手缔造的,经过文化大革命,党组织应有一发展,发展的对象应按新党章的要求,严格要求自己。完全合乎党章要求是不大容易的,但是必须基本上合格。合格不合格,党组织是心中有数的,因而希望你不要辜负了党组织的期望,应努力争取,更严格要求自己。在党内与党外,进步是不完全一样的,因为组织训练也是不一样。不是由于入党就没有"自由"了,因为完全按自己个人愿望的所谓"自由"是没有的,也不应该的,因而考虑问题不应该从这点出发。响应毛主席的号召,走与工农兵相结合的道路,这是过去青年就应该走的道路,更是每个青年今后应该走的道路,因而在这点上不应有任何犹疑。希望你在我们三家的孩子中作出一个好榜样。

你们父母信中说你问我为何黑一点,这是相对而言的。小玄刚从北京休息了一两个月回来,没有参加田间劳动,我是参加田间劳动,并且渭北高原日光也强些,因而更健康了。医生过去希望我的体重最好落到130斤左右,但是十年来也没有作到,现在差不多正好是这个分量,这不是又一次说明下放干部参加体力劳动对干部恢复体力上的青春也是很好的吗?

我现在对于农业已有了感情。今后有空将再给你们写信。

祖蕙进步很大,很好,我们为你的进步高兴。

三强、泽慧

1970.5.24

6月初 参加棉田间苗、定苗、除草和保墒等农活。

6月中 参加"看青"(即住在麦地的帐篷里,夜里巡逻麦田,保卫已熟但尚未收割的麦子)10天。然后参加割麦。何泽慧参加割麦和脱粒。农忙时节,每天工作十四五个小时。

6月26日 写信给在山西插队劳动的儿子思进:

今天接到你短信，很好，以后忙时写几个字就可以了。知道你很忙，又很累，但你的劳动一定会在全国工农业生产中起到一个螺丝钉的作用。

我们从十五日到昨天，整整忙了十天，把一千多亩的麦子收到场了(今年比去年可能欠收30%)。我在麦地住了十天，前天回来，昨天又参加了最后一天的突击割麦，休息了半天，今天下午又要开始参加棉花追肥工作，大概又要十天左右。妈妈也参加了几天割麦，然后大概要有半月的场上脱粒工作，要作到颗粒归仓还要作不少工作。我们可能比你们时间控制得好一点，但是也是早起晚睡。吃东西，伙房有些改善，吃到一些杏。望你多抓紧时间休息，那怕半小时。我们看场时，别人说我倒下就打呼，一会儿就醒。这就是最好的忙中休息的办法。

9月18日　写信给侄女祖同：

祖同：

谢谢你给我们寄来的电池。信也收到了。

知道你已提出入党申请书，很高兴。不管何时批准，或者暂不批准，都不要管。最重要的是自己以党员的五项标准要求自己，使自己逐步达到共产党员的标准。我们为你的进步感到高兴。

寄上这本书(《毛主席著作选读》——引注)，希望你好好地学习，特别是第一和第二两篇。作业务工作的人，或者想作专业工作的人，特别要重视这个问题。我们这一代不少搞业务工作的人，包括我在内，在不同程度上都在这个问题上没有摆的正确，走了“业务第一”的道路，因而希望你特别注意。

我们都很好，勿念。匆此祝你进步

三强、泽慧
1970.9.18日

9月下旬　为了迎接国庆，参加干校所在排的一个摘棉花舞蹈节目演出。“我这个从来没有跳过舞的老头，也被指定参加，练习了几天也觉得还可以”。[①]

9月　在干校被分配下地摘棉花。何泽慧抽调到干校办事组，负责敲钟出工和收工，兼在水房收水票。

10月16日　在干校用收音机听早间新闻，听到郭沫若赴伊朗访问途中得病，不能前往伊朗。当日致五弟德充信中，对郭老表达挂念之情：“听了以后颇为担心，他已79岁了，身体虽健但也不是铁打的。”

---

① 9月29日致德充信

12 月 9 日 “拉练”一天，走了 60 里路，爬山。与路途上的群众联欢、表演节目。

1971 年 五十八岁

1 月中 往棉田里运粪肥。

3 月中下旬 给小麦追肥、平整土地。何泽慧育红薯秧。

4 月初 参加锄麦地的工作，十天的任务五天就完成了，受到干校的表扬。

4 月起 干校开始春耕，参加追肥、平整土地种棉花、锄小麦。干校伙食由每人每月 11 元提高到 13 元，“因此伙食有了些改善。同时又生了五只小牛（四只是小母牛），牛奶产量（可能会）增长，校里负责人口头号召喝牛奶，每天可以保证有两斤牛奶，对于身体大有补益”。（4 月 20 日致德充信）

6 月中下旬 参加“看青”、值夜班。何泽慧参加脱粒。

7 月 在五七干校被宣布恢复党的组织生活。从该月起，自愿每月交纳党费 100 元。

7 月 4 日～8 月 5 日 在陕西临潼医院住院作直肠手术。术后仍回到郃阳干校继续参加生产劳动。

10 月 3 日 接读在农村插队劳动的思进来信，连夜复信。信中写道：

> 很高兴接到你的 9 月 27 日信，知道你与队长的关系有了初步的改善，这是好事。……
>
> 你说“干起活来，也就不想得那么多了”这句话倒是对的。今夏你说过要干活就干好，这都是对的。希望你终身守着这条准则。我们这一生也无其他长处，也只有“做什么，就好好地去做”一条。虽然做错了不少的事，但总的来说“干啥，爱啥”“要干就干好”，还是干好工作的重要原则。希望你好好汲取这方面的经验教训。……
>
> 祝你进步，并心情开朗。
>
> 爸、妈
>
> 10 月 3 日夜

1972 年 五十九岁

4 月 11 日起 因患冠状动脉硬化症和高血压，在陕西临潼四一七医院治病疗养，于 6 月 2 日返回干校。

诊断证明书称：“冠状动脉硬化性心脏病、高血压病Ⅱ期晚、炎症反应血像、双鼠溪疝。出院后全休二周。继续用药，定期检查心电图、肾功能。”

夏 经写信向组织要求,并由于周恩来的过问被批准回北京治病,偕何泽慧一起回到北京家中。家里厨房的米生了虫,虫变成了蛾,一代一代繁衍,室内成为蛾子的王国。

冬 科学出版社向钱三强约写一点他自己熟悉的关于原子核科学方面的文字,“当时‘四人帮’横行,精神不易集中”,未成。

1973年 六十岁

1月至3月 经过研究协商并得到批准,双重领导的二机部原子能研究所中关村部分划归中国科学院,原副所长赵忠尧、彭桓武、张文裕、何泽慧一并转到中国科学院,并以此为基础成立中国科学院高能物理研究所,张文裕为所长。

原兰州320所划归中国科学院,成立兰州近代物理研究所,杨澄中为该所所长。兰州近代物理研究所的研究方向,主要是重离子核物理的基础理论与应用研究。

其时,有些访华的外国科学家要求会见钱三强,经周恩来或李先念批准,可以接待外宾。

4月 以中国科学院原子能研究所所长名义(未免所长职,但不行使职权),接待丹麦物理学家A. 玻尔再次访华,安排其作了关于原子核中集体运动和粒子运动之间的联系的学术报告。A. 玻尔正是因为该项研究成果,与莱因瓦特(L. J. Rainwater)、莫特森(B. R. Mottelson)共同获得1975年诺贝尔物理学奖。

5月27日 陪同周恩来、郭沫若会见美国科学家代表团。见到了六年多未曾见面的周恩来,心情难以言状。会见外宾前,周恩来走近钱三强,热情招呼握手,说:“三强,听说你生病了,瘦了一些,要注意身体呀!”

9月中 开始在原子能研究所上半天班。9月18日写信告五弟德充说:“有点像逃惯了学的孩子,坐下来需要有点耐心,慢慢就会纳入新的轨道。”

10月10日 陪同吴健雄、袁家骝参观原子能研究所,交流了学术研究情况。赵忠尧、张文裕、王承书、力一等陪同参观和座谈。

10月15日 陪同周恩来在人民大会堂会见并宴请首次到祖国大陆访问的美籍物理学家吴健雄和袁家骝。周恩来的会见谈话,久久铭记未忘。周恩来和钱三强握手时说:“你气色比上回见面时好了一些,还要注意啊。可是总理自己却抵抗着严重的病魔,一边吃药,一边接待外宾。”(钱三强,《我国科学技术的组织者、领导者——缅怀周总理对我国科学技术事业的关怀和对科学工作者的教诲》,《人民日报》,1979年3月10日)陪同会见的还有郭沫若、吴有训、周培源、钱学森、张文裕、王承书、赵忠尧、施汝为、林兰英、刘西尧、武衡、罗青长等。

是年 与何泽慧一起开始查找有关文献资料,断断续续着手写出一些回顾原子能科学工作的材料，并共同讨论和修改，准备时机成熟时定稿发表。

1974年　六十一岁

4月26日　在原子能研究所接待德国马克斯·普朗克学会主席罗·吕斯特（R. Lust）和副主席沃·根特纳（W. Gentner）率领的联邦德国科学代表团，并陪同参观该所，进行学术交流。在一次交谈中，根特纳说起曾经在法兰西学院约里奥实验室见过钱三强。钱记起此事——那是1940年巴黎沦陷后，约里奥的实验室被德国人占领，而根特纳则代表德国物理学家波特常驻约里奥实验室。那时虽然彼此无多交流，但见面的机会不少。根特纳有时还在实验室做些实验，有时也和波特一起来听约里奥的学术报告，他们不像侵略者那样敌视在实验室工作的非德国人。但此次北京相晤，出于当时所处"文化大革命"中的情势，与根特纳未单独多作交谈。

9月27日　在原子能研究所接待以J. S. 托尔为首的美国高能物理学者代表团，并陪同参观，进行座谈。

9月30日晚　前往人民大会堂出席周恩来主持的国庆二十五周年招待会。后给五弟德充信中写道："今年国庆最使人高兴的事是周总理出席了宴会，并且声音仍是那样有劲，不但中国同志们连声鼓掌，就是外国人也都热烈鼓掌，甚至有人站在椅子上看，这说明大家对总理是多么热烈爱护。"

1975年　六十二岁

4月30日　陪同郭沫若会见并宴请意大利原子能研究委员会主席埃齐奥·克莱蒙尔和意大利全国物理协会主席克劳迪奥·维利（K. Villi）为首的意大利科学家代表团。陪同会见的还有吴有训、施汝为、顾功叙等。

8月　离开二机部回到中国科学院开始上班工作，和恢复工作的秦力生同在三里河院部一间办公室，坐公交车上下班，冬天戴盖耳朵的棉帽子，腰间系一条围巾。其9月8日写信给五弟德充称："我这个星期开始在科学院上半天班，总算结束了文化大革命以来停止工作的阶段。特告以慰远念。"

Δ中国科学院关于调钱三强到院工作的报告及经办情形如下：

国务院：

因工作需要，经商得二机部领导同志同意，拟请该部钱三强同志到我院数理化学部工作。妥否，请批示。

中国科学院

一九七五年八月二十三日

经办人于在茹1976.1.7注:关于钱三强同志的调入是核心小组同意的。国务院尚未批。在1975年9.2日钱三强同志即把全部关系转来我院,后经请示同意收下。(原件存中国科学院院档,案卷号:1975-10-0004)

8月27日 受约到胡耀邦(时任中国科学院党的核心小组第一副组长)的办公室,接受委托组织并主持"百家争鸣"座谈会。胡对钱说:8月25日下午,华国锋副总理找了一些科学工作者开座谈会,座谈在科学研究方面怎样贯彻执行毛主席的"百花齐放,百家争鸣"的方针,怎样把科研搞得更好些。最近华副总理出差到外地(率中央代表团赴西藏——注),委托科学院继续召开。请你来帮助组织这件事。还说:科学院开的一些座谈会,国务院很重视。如有一次会谈找富铁矿的问题,谷牧同志看了这次会议的简报很注意,很快召开各有关部门的会议,立即行动,采取措施。

△自1966年8月被二机部作为"靶子"抛出揭发批判,整九年时间未被任用,且迄未作审查结论,突然获得胡耀邦如此信任和重托,抑制不住内心激动,当场流泪难止,几近泣不成声,在场而不知内情的林文澄一时惊异,不知何故。

9月1日 在中国科学院院部主持召开第二次(继8月25日华国锋主持第一次)"百家争鸣"座谈会。应邀出席座谈会并作发言的有吴文俊、侯学煜、管惟炎、何祚庥等。钱三强先作主持讲话:

八月二十五日下午,华国锋副总理找了一些科学工作者开座谈会,座谈在科学研究方面怎样贯彻执行毛主席的"百花齐放,百家争鸣"的方针,怎样把科研搞得更好些。最近华副总理出差到外地,委托科学院继续召开,胡耀邦同志让我帮助组织这件事。耀邦同志说,科学院开的一些座谈会,国务院很重视。如有一次会谈找富铁矿的问题谷牧同志看了这次会议的简报很注意,很快召开各有关部门的会议,立即行动,采取措施。

华副总理在上次座谈会上要大家不要拘束,采取对党、对国家、对人民负责的态度,提出意见。

接着,钱读华副总理在上次座谈会上的讲话记录:

四届人大提出,今后25年,即20世纪要把我国建设成一个现代化的强国,实现四个现代化,农业、工业、国防和科学技术现代化。搞现代化,与科技现代化关系极大。工业发展快,要靠科学技术水平提高;农业现代化,也得靠科学技术水平提高;国防也一样。科学技术是三大革命运动的一大革命运动。这一大运动在中国怎样开展得好些,请大家来谈。请的人不多,怕人多拘束,可以随便些。一个人可以讲一小时、两小时,也可以三言五语,不要拘束,怕说错了怎么办,采取对党、对国家、对人民负责的态度,使这方面工作做得好点。谈谈怎样把科研搞得更好,怎样贯彻"百家争鸣"方针,现在情况怎样。

请大家本着这个精神,畅所欲言。

数学家吴文俊在座谈会上发言,提三点意见:

(一)毛主席的五七指示讲到,学生以学为主兼学别样,要有主有从。科学院是否也要有主有从?科研人员以研为主,是不言而喻的,好像是废话,但多少年来对兼学别样很重视,兼工、兼农、兼这样、兼那样,对以研为主却不很注意。把"主"忽视后,变成喧宾夺主。现在情况不同,但是否还有这个倾向?

(二)周总理指示,科学院要在广泛深入实际的基础上往高里提,很重要,但很少在比较广泛的范围传达讨论。所谓往高里提,据我体会,就是往理论上提,把感性认识提高到理性认识,把实践经验提升到理论。科学院应该重视理论工作,也是不言而喻的,但过去很怕提到理论工作。现在情形不一样,李昌同志到数学所讲话时讲了理论工作的重要性,还可以再提一下。

(三)教育方面从报纸上经常看到一个提法,对学生的培养要重视分析问题、解决问题的能力,这比只强调学死的知识有很大的进步。还可以补充一点,除分析、解决问题的能力外,还要提一下发现问题和提出问题的能力。如数学方面,提出问题过去多是从书本、外国来的,都是多少年留下来的。我们的工作应该主要不是从书本、洋人那儿来,要从中国自己的实际情况,从实践基础上提出问题。数学要发展,不能老提一百多年前的问题,主要问题来源不能局限于此。总要自己提问题,才能走出自己的道路。不仅要赶,而且要超。应该提出更高的要求,而且是可做到的。

(何祚庥插话:法国19世纪时,巴黎科学院公布十大问题要求解答,这样做很能推动科学前进。我们可以参照这种办法,如找富铁矿,各方面征求意见。当然要提得合适,要分析事物的矛盾,做大略的分析,这作为领导推动科学前进的方式之一是可以的。不一定带有行政效力,如带行政效力就变成计划了。)

9月3日 主持召开第三次"百家争鸣"座谈会。邀请出席座谈会并发言的有吴仲华、邹承鲁、周秀骥、刘静宜。

工程热物理学家吴仲华就发展燃气轮机发言:

问题大的是技术科学方面,它和生产部门联系紧密,比较结合生产中的理论工作。热力发动机是1956年搞的,搞的时候没几个人,后来把这部分人并到力学所。那时受陈伯达的影响,全所搞激光。结果力学所搞激光搞不过上海光机所,有一支很强的力量,比力学所晚上一年,超过好多倍。

所里动员我搞激光,我说我50多岁了,改行搞不了啦。我过去搞的理论叫三维燃气轮机流动理论,从1949年开始搞,发表论文,1954年回国一直到1963年在各种刊物上发表过文章。有了这个理论喷气式飞机才搞出来。美国50年代开始用,英国1964年开始用,日本用在民用飞机,比利时1970年也用了。1964年我国派代表团去英国考察时问,他们是用什么搞的,他们说是根据吴仲华的理论。我们国家也开始搞了。1969年冬天我们去沈阳三机部410厂开始用,还没有设计出来。我自己的工作在国外用,自己的工作自己评价不了。

航空发动机,1956年提出想走在世界前面,现在还在后面,仍仿制苏联的。现在还在花11亿买英国的飞机。1960年以后想扭转过去的局面,但自己设计的还没有成功。1970年我们在410厂搞,三机部和院里都重视,作为院里二十几项重点之一,但所里仍然要把重点放在激光上。三机部同意搞,院里同意搞,所里还是不同意搞。

(钱三强插话:你看现在这个工作,要摆脱向外国伸手,依靠独立自主,你这部分工作放在院里搞好,还是放在工业部门搞好?真正从国家考虑,摆脱一点想象,放在哪里好。)

透平机械包括三大部分,一是燃气轮机,二是空气透平压缩机,三是蒸汽轮机。燃气轮机是其中最主要的一种,目前我国和国际上差距最大。燃气轮机的研究带有普遍性。基础性研究工业部门不搞,三机部有一套设备花了两三个亿,重点研究型号,部分应用研究。基础性的工作希望科学院承担,海军也希望基础性工作由科学院承担。这是全国性的工作,不是哪一个部门的工作。我向院里讲过,应向三机部汇报,把我们这部分工作放在他们的规划中,三机部在四川搞一个模拟实验花几个亿,给我们一小部分就够用了,他们买英国一个发动机专利就是10亿。院里最好与二、三机部联合调查一下,大家在一起讨论讨论。我们只建一个3000平方米的实验室就够用了。

大气物理学家周秀骥发言说:

“百花齐放,百家争鸣”方针是发展文化科学的重要方面,近几年从来没有人提过,党委已经忘了。路线问题和双百方针问题有时闹不清楚。要不要搞大气物理观测站,有不同意见,有人说这是新生事物,谁提出不同意见,就是反对新生事物,有意见不能说。大气消雹,一直在大寨搞，几年来成果不大。北京地区冰雹也不少，可以在所里用雷达进行观测，研究冰雹变化规律。党委说大寨是毛主席树立的一面红旗，谁不愿意去就是不愿意学大寨，决定将北京的雷达关闭。结果大寨没有去，北京地区的资料也没有取到，争论也争不起来。

生物化学家邹承鲁发言：

1. 就个人经历谈谈"百家争鸣"问题。今后二十五年要在若干重要领域为四个现代化作出贡献，我感到很受鼓舞，也很着急。我认为毛主席、党中央对科学院的指示是明确的，但很受干扰。七一年七二年总理对科学院的指示没有贯彻。下面有人说对总理的指示要重新理解。特别是近二三年科学院的工作比以前抓的更差一点。原因不在下面，正是在上面，在院里。如上海生化所，在基础理论上中央点头的搞，中央不点头的就砍掉了。

所里的规划没有跟群众见过面，我是规划小组成员只看到一二稿，以后就再没找过我，不知现在到第几稿了。……

生物科学应重点突破带动一般，没有重点就带动不了一般，没有一般也就没有重点。人工合成胰岛素现在进展不太好，虽然是重点，但带动不了一般。生物科学有些是从学科发展到一般的。从国际发展看，必须从数、理、化学中吸取营养，在国内还有阻力。不从生命现象认识物质本质，有些重大问题还是解决不了，还得跟着人家走。肿瘤是最引人注目的课题之一，不用现代手段很难解决。……

2. 关于细胞起源的研究。在细胞的研究中，有蛋白体和酶的作用，关键放在哪？有人主张从现有材料出发对细胞进行研究。我认为，这个作为主要研究途径不合适。地球发展中第一个细胞是怎么出现的，与现在已隔了几十万年，用现有材料进行研究经过了很多演化，所以不能作为主要途径。……现在有相当一部分人没有工作做，有些人不到点就去买菜去了，而真想干点事的倒有了问题，发表不同意见都不行。有的同志工作有经验，但看领导眼神说话。……

9月5日 主持第四次"百家争鸣"座谈会，邀请出席并发言的有张文佑、高庆狮、李启斌、黄志镗等。在传达华国锋和胡耀邦的讲话后，强调说：

每次座谈会大家的发言，我们负责原原本本反映到院里，再集中反映给华副总理，作为一个方面的材料。最近，国务院几位副总理在不同场合都谈到科技工作的重要性，实现四个现代化，科技不先行一步，搞不上去。领导的原则已定，还要靠下面提出应该怎么搞好，靠从事科学工作的人提。有人说过去提了没有用处，现在时机已到了，应该积极提供意见。

地质学家张文佑发言:

现在都不搞提高的工作。写文章有顾虑,说写文章不如找矿。不敢进图书馆,说到图书馆是洋奴哲学。"政治统帅业务",如何统帅是个根本的大问题。……"百家争鸣"如何贯彻,现在有问题。地质学包括地质力学中有不同学派,有不同观点。有人认为地质力学的核心是地质构造,不谈地质构造就是反对地质力学。要"百家争鸣",才能有所发展,有所创造,有点不同意见就是反对,这样能发展吗?地台、地槽学说都是唯心主义吗?板块学说都是唯心的吗?马克思主义还吸收黑格尔哲学中合理的部分。应该根据"百家争鸣"方针,继承和发展各个学派,而不是把它固定、僵化、片面化。

科学院应该搞宽一点、远一点的工作,要高屋见瓴。……我们曾提过能否通过石油报地震,地震局反对,说是"挂羊头,卖狗肉。"最近有情报资料说,苏联在中亚搞石油、天然气,通过油气水的变化预报地震,辽南地震跟油气水变化也对应得很好。

地质所工程地质室搞的就是生产任务,今天接受一个任务,明天换一个任务,任务完成了,理论没有拿出来,培干没有搞,没有相对稳定性。稳定很重要。大庆、大港、胜利、下辽河、四川、新疆等油田的总地质师,都是解放后高中毕业再念两年书的一批人。为什么快?搞得好?就是在一个地区搞二十年没有动,他们对采油、勘探等了如指掌。科学院各研究室缺这种人,因为不稳定,不利于提高。不能脱离实际是对的,要实行两个服务一个结合,但要有提高。

计算机专家高庆狮说:

我们计算所七年没出成果。我们一提这是林彪路线的干扰,有人就说是要否定文化大革命。我们提出搞巨型机,搞百万次的,以后要搞三百万次的、七百万次的,还要搞千万次、亿次的,有人说等着吧,两年后就要批你们。……出版社征稿,约我们写文章,他们说是知识私有;发表文章,就说是向无产阶级要资本,争名夺利;一讲学科,就说是脱离实际。

9月10日　在中国科学院三里河办公室向胡耀邦汇报"百家争鸣"座谈会情况,问是否还要继续开。胡告知钱,每位科学家的发言,他通过会议简报都细读了,颇有收获;并说,这样的会议组织形式很好,可以延长一段时间继续开。这是一个很好的听取意见的渠道,便于听到各种意见,特别是科研一线同志们的意见。通过这样的座谈会,还可以学到知识,可以调动科技人员的积极性。

他特别交代:邀请参加座谈会人员时,既要有年龄大一些的,也要有年轻一点的,每次请来的人不要多,让大家畅所欲言,把话说完。

9月13日 接待欧洲核子中心(CERN)到访的第一个代表团参观原子能所。代表团成员有:CERN 时任总主任 W. Jentschke,候任总主任 L. van Hove,前任总主任 V. Weisskopf 和实验物理学家乔治·夏帕克(G. Charpak)(后因发明并发展高能物理的探测器于1992年获诺贝尔物理学奖)等。交谈中,钱三强表达了中国物理学家对与 CERN 联系的兴趣。

9月20日 主持召开第五次"百家争鸣"座谈会,请来座谈的孙艾玲(古脊椎动物与古人类研究所)、钱忠泰(计量技术研究院)、陆德如(微生物研究所)、汤懋竑(遗传学研究所)等都是科研一线较年轻的业务骨干。发言提出的问题是,科学研究现在缺乏交流,情况不了解,希望开点学术会议,开展学术争鸣,搞科学不能乱扣帽子;希望领导对科研方针要稳定下来,注意对科研的规律性作些调研;希望科学业务方面创造点学习的条件,过去在学校学的基本用不上了,但没有学习条件,不抓业务组织管理,说党的领导是空的。

10月16日 主持召开第六次"百家争鸣"座谈会,参加座谈的有黄秉维、王绶琯、胡含、郎一环。

天文学家王绶琯发言:

> 这些年的工作,感到在战略上会对科技工作有些影响。一是科技队伍的成长问题。现在的科技队伍,平均年龄四十多岁,小的也有三十五岁以上。搞观测的人,年龄大眼花了,观测不准,无人接班。有的认为这种工作作用还不肯定,要不要接这个班?渠道也是个问题,如都是大学毕业回原单位,科学院就分不来几个。
>
> "百家争鸣",人少了不行,没有一个庞大的队伍,没有为祖国科技事业奋斗的人,"争"不起来。因为科技的语言无法沟通。如观测恒星问题,是现在搞,以后搞,还是孙子搞?对这个问题由于都是一般性的了解,也就不能精辟地讨论。无人钻研就提不准,任务就摇摆,搞了也会流于形式,或者分兵把口,形成无政府主义,结果无人争鸣。一般单位应有一批二三十岁肯钻研、有科学见解的人,学术思想应该很活跃,这才"争"得起来,现在可以说没有。天文台可能影响一二十年。
>
> 第二个影响"百家争鸣"的是缺乏全局统筹观点。基础理论研究在学科发展中起什么作用,没有向下讲清楚,科学研究在全国各项工作中占什么地位,没有考虑清楚,缺乏战略思想。应该考虑科技队伍的全面培养和科研上的战略部署,否则将来要吃亏的。

遗传学家胡含发言说:

> "百花齐放,百家争鸣"方针很重要,怎么贯彻?有许多历史经验

值得研究。遗传学方面,苏联在 1948 年开了个学术会议,李森科作报告。斯大林当时想加强领导,用唯物主义作指导,留下后遗症。政治思想与学术思想、政治问题与学术问题混在一起,有一些持不同学术观点的后来死在牢里,如瓦维洛夫。后来虽然给他平反了,但搞遗传的人一直情绪很大。

我们解放初期一边倒,倒向米派,这是历史条件的限制。我在苏联学习过,回来后也是以米派来压别人,当时年轻气盛,现在看起来不一定对。摩尔根派有他的长处。把学术问题简单化不行,影响学术争鸣。

苏联前一阵搞扶植天才,消灭非天才,希特勒也搞过。法国得诺贝尔奖金的蒙诺提出调节控制理论,与唯物论、认识论矛盾,公开宣扬神秘主义。科学研究发展到一定阶段是有世界观问题,但在我们没有弄清楚以前简单下结论说是政治问题,把学术问题、学术争论简单地引到政治上去不好。学术上的两派,如米派和摩派,有的强调这一面多些,有的强调另一面多些,如果都弄成政治问题就影响了学术的发展。

我们学术界不够活跃,这可能跟研究不够有关,也跟界限不清、产生顾虑有关。现在,研究工作时间不能保证,好的时候一周能有三天搞科研,经常在工作时间安排其它活动,或者看电影。

地理学家黄秉维发言说:

过去搞专家路线,往往把苏联专家的话拿来压别人,别人多半不再提意见。但也有的是由于有人拿马列的词句压,别人也就不敢讲话了。这些都对"百家争鸣"不利。我搞过一个自然区划,最初跟着苏联顾问走,跟了两年,后来发现他的意见不对,才推翻了他的。如果当时搞"百家争鸣",早点听取别人意见,就不会跟着他跑偏了。

另一方面,如果在理论上搞不清,没有争论的论据,也"争"不起来。现在的问题是没有积极性,有人搞理论有顾虑,所以很多人不讲话。很多工作处于无人过问状态,过去的有些工作不系统,后来又一下子取消了。我们自己的资料少,知道别人的也少。所以先要发挥积极性,然后才是争鸣的问题。……研究所现在年轻人少,又无来源。现在的任务总是变,年年从 ABC 开始,今年搞这样,明年搞那样,没法培养对本行熟悉的人,也就没法提高。……现在好多事情是为搞而搞,匆匆忙忙搞,如下放科研单位,说是为了发挥两个积极性,结果两个积极性都没有发挥。

综合考察委员会郎一环发言说:

积极性是个问题，原因是多方面的。如政治和业务的关系处理不好，政治干部往往以自己的标准、马列主义水平要求业务人员，处理不好红专关系。有的专业人员负担其它工作较多，党支部工作、行政工作、劳动、服务性工作等，从领一件东西或买一件东西，都要业务人员自己去跑。一般说，一周只有三天时间搞业务。

耀邦同志昨天去讲话，我们议了一下，自然资源利用方面存在不少问题。资源的利用和科技发展关系很大，苏（联）、日（本）都在争夺别国资源，所以这个问题还和反霸连着的。我们解放后组织了二十几个考察队，但现有资料不全。综考会在摸清资源上做了些工作，而资源的利用、改造就做的少，有些意见甚至是错误的。现在我们的方向是资源研究，国外有许多资源研究机构，美、苏都在搞南、北极、海洋调研，搞到别人门口了，斗争很激烈，澳、墨西哥等国也在搞。

资源的充分、合理利用是很重要的，如土地的利用，山区的发展，以及找富矿等，都和资源研究有关。过去搞的一些研究没有拿出成果，如南水北调资料还在个人手里。我国还有好些可以开发利用的地方，如能把土地资源挖出来，再把太平洋的资源挖出来潜力就更大了。存在问题是，技术力量薄弱，缺乏新生力量，目前青黄不接。

10月25日下午　陪同华国锋会见丹麦科学代表团。会见前，同武衡一起向华汇报接待丹麦科学代表团的情况，华对一些问题作了如下谈话①：

当汇报讲到代表团团长对某些政治问题无知时，华国锋讲到：对科学家这个问题要注意。对陈景润当然他有缺点，但总的是拥护社会主义、拥护党，工作相当艰苦，这就要肯定。象我们一样什么都研究，批林批孔、评水浒，国际知识样样都通，那么他就研究不出什么名堂。牛顿弄了个大猫走大洞，小猫走小洞，好象很无知，因为他的思想集中在别的问题上。能拥护社会主义、拥护毛主席、拥护党，戒指拴在裤带上，扣了给他父亲寄钱的邮费，那算什么问题，还不是人民内部问题。他对研究工作思想高度集中，我们有时研究问题也无时间，要他们象搞政治工作的干部一样，那怎么行。又红又专，红是指拥护社会主义、拥护党。大的问题站得住，戒指拴在裤带上算什么问题。有缺点要热情帮助他。科学家的特点是有些问题钻得很细，而有些问题又实在无知。

当汇报丹麦代表团团长说再过一代，老的死了，工资差距就缩短了时，华国锋讲到：社会主义实行按劳分配，是属于资产阶级法权，但在社会主义社会是受到保护的。既限制资产阶级法权，又实行各尽所能，按劳分配。缩短差距，不是一代人死了就能解决。我们要讲得适当。毛主席思想，一是资产阶级法权和货

① 据记录整理打印稿，原件存中国科学院外事局档案

币交换、商品生产、八级工资制，在无产阶级专政下加以限制；二是我们还是没有资产阶级的资产阶级国家，对资产阶级法权还是保护的。这是去年毛主席对丹麦前首相哈特林讲的。

当汇报到农业学大寨时，华国锋表示：科学院的大问题是今后二十五年怎么办？二十五年时间实现四个现代化，科学技术现代化是本身的工作，但对其他三个现代化也要作出贡献。当然不完全是科学院的工作，但是整个科学的工作，二十五年怎么办？办农业具体了，普及大寨县，把阶级斗争、生产斗争、科学实验三大革命运动扭在一起。

10月25日、11月1日、11月15日 先后主持召开第七、第八、第九次“百家争鸣”座谈会，出席的有崔徵、胡启德、龚坤元、曾呈奎、叶笃正、田波、郭敬辉、何希吾、马世骏、魏兆麟等。择录叶笃正、马世骏发言如下：

大气物理学家叶笃正在11月1日座谈会上发言：

今年初，四届人大会议提出在本世纪末实现现代化，是非常兴奋的事情；科学院新领导人来，也是很兴奋的。凡事中央一抓就一定能上去。

看了《万水千山》戏，有很多感受，党是从那样艰苦的情况，建成这样的国家，看了很受感动。这回看《万水千山》是给科学院专演了一场，一张小小的戏票含意非常重，它是知识分子政策的具体体现。

学大寨，应首先从人学起。现在这种思想情况学大寨是学不起来的。坦率地讲要首先从人学起，要各种各样的人一起学，一起搞。有的人说“老的就不用学了，这些老家伙就算了，还是养一养吧”。我在想今后该怎么个过法，一种办法是工资不算低，吃喝过得去，可以凑合。一种是不安于现状，人虽老还能干点事，这也是一种生活。我个人应该走后一条路，舒舒服服的学不了大寨。说我这种活法的不是一个人，领导听了应该高兴，不要嫌这些话不好听。但我们感到有劲用不出来，学大寨首先是这一点，发挥各类人员的积极性。

落实政策问题，首先是应给这些人一个正确估价，没有一个正确估价，发挥积极性就困难。我们是从国外回来的，一解放就回来了，我们为什么要回来，回来干什么来了，主流思想是什么？不要看他有这样一点毛病，那样一点毛病，而叫他们是臭知识分子，老资产阶级知识分子，有时心酸。说我们是无所作为的，那些回国探亲的人回来说几句好话倒成了爱国的。正确的估价很重要，我们个人并不是想安逸的过生活。把各方面积极性都调动起来做好工作。

毛主席说“老九”不能走，听了心情非常激动，说明毛主席没有忘记我们，听了这话大家信心都在增加。

钱三强接着插话：

刚解放回来的，尼克松来访之后回来的，都应该欢迎。最近听到汇报传达，中央领导说绝大多数人是为国家做出了贡献的。这些话一年前还不能讲，现在能讲出来，说明新领导正在贯彻。我听了和两年前心情也不一样了。

生态学家马世骏在11月15日座谈会上发言说：

支农综合措施、综合防治怎么搞，国际上还在讨论，我们五十年代就开始应用，但没有总结。去年在广州开会，初步交流意见，今年又在河南开了个会，对什么是综合防治，理解得深了些，是符合辩证法的。与国外比，我们的科技人员少得可怜。首先要把工作做起来，大家都希望安定下来开展些工作。山东的一个女同志坚持八年，解决了一个花生的病毒病问题，大家很欢迎。

我回国参加工作时三十几岁，现在六十来岁了。我们十多年没做工作，落下很多。六十年代我们与国际上没大的差别，现在差别大了。二、三十岁积累经验的时期没搞，三十几岁的没成长起来。

支农问题，到底安排在什么地位，是明确长远布局，还是应急？二十几年来我搞过支农，有时来几个题目，一个时期提出来，过不久又变了。

钱三强插话：

过去院里着重新技术，现在搞国民经济的长远性、综合性工作。新技术，过去主要是“两弹”，现在要搞新的，再就是基础科学。现在农业学大寨，接下去是工业学大庆，怀疑是可以的，还要抓起来。应该相信新的领导。

（“百家争鸣”座谈会的各人发言内容，均引录自座谈会记录稿，记录人宋振能）

11月22日　主持召开第十次“百家争鸣”座谈会(最后一次座谈会)。此时，政治风云突变，11月15日根据毛泽东指示，中央政治局召开打招呼会，指名要胡耀邦、李昌参加，并对中国科学院的“整顿”作检查。随后，全国掀起“批邓、反击右倾翻案风”运动。

11月下旬　根据胡耀邦说的“把开过的‘百家争鸣’座谈会总结一下，整理出一个东西”，主持起草了《关于“百家争鸣”问题》，此文未及定稿印发即被批为“没有出笼的毒草”。据钱三强修改稿《关于“百家争鸣”问题》引录如下：

关于“百家争鸣”问题

一个时期以来，在自然科学领域里，毛主席倡导的“百家争鸣”方针没有得到很好贯彻,学术气氛相当淡薄。造成这种状况,原因是多方面的,而关键在于领导。

(一)不少科学工作者对争鸣有顾虑

一种情况是有些领导压制不同意见和学术上的自由讨论,使科学工作者产生顾虑。长春光学精密机械研究所第一把手单××(引者隐其名——注),提出十年内只搞一种新型号的经纬仪,原所长王大珩(著名科学家)提了一些不同意见,单因此不满,对王进行了多次批判,说他是"光机所最大的反动学术权威","牛鬼蛇神的总后台","光机所的孔老二"等,使王的工作遇到困难。李四光同志的地质力学过去长期受压,近来又倒过来,地质部门有的领导提出"干地质靠地质力学"的口号,强制推行地质力学观点。有的省不是用地质力学找到的矿,一定要人家说是用地质力学观点指导找出来的,使赞成板块学说和地槽、地台观点的人受到压制。与此相反,地质力学研究所有的领导怕压制了别人,又走到另一个极端,不让所里的同志对其他学派发表评论,使持地质力学观点的同志也不敢自由表达自己的看法。

另一种情况是由于有些领导混淆问题的性质,使科学工作者怕把学术上和具体工作上的意见被当作政治问题处理。上海植物生理研究所研究员汤玉玮(党员),带一篇研究棉花蕾铃脱落的论文到日本参加学术会议,文中原来有用赤霉素处理棉花可以增产20%的一段话,他根据已有的实验资料,感到增产效果还不稳定,把这段话删掉了。所领导认为推广应用赤霉素是文化大革命的成果,批评他这样做不仅是复辟回潮,而且是不为国争光,是投降卖国的行为。微生物研究所一些人对顾滨源同志走与工农相结合的道路表示怀疑,对他的工作支持不够,这当然是错误的。但一部分同志提出他搞的"大寨新曲种"(一种发酵猪饲料的菌种)缺乏实验数据,科研工作不够严谨(例如饲料发酵是新曲种的作用,还是自然界中微生物的作用,顾没有作试验证明),却被院某些领导人认为是压制新生事物,否定文化大革命的成果。这样,有些人再也不敢提意见了。

(二)缺乏研究工作基础

学术争鸣没有很好开展,主要原因之一是研究工作开展不够,特别是缺乏深入的、长期不断的工作。近几年虽然在少数科学领域进行了一些学术讨论,例如人类学上关于人猿如何划分的讨论,物理学上关于相对论的讨论,医学针麻研究方面关于经络观点和神经观点的讨论等,但由于缺乏科学材料或研究工作没有跟上去,就难以把讨论引向深入,收不到应有的效果。

自然科学上许多学术问题的争论,往往在理论研究领域中展开,而我国的理论工作却十分薄弱。基础科学方面,中国科学院有十个化学研究所,研究人员约三千八百人,从事理论研究的不到5%;天文方面的研究人员近千人,搞理论工作的只有五六十人。应用科学方面,无论是技术科学、农业科学和医学,研究理论的人也都很少。理论工作薄弱,不仅对开展"百家争鸣"不利,而且影响了生产的发展。日本现在大规模集成电路生产的成品率是十分之六,我们却连千分之一或万分之一都说不上,一个重要原因就是对半导体结构和机制的理论工作没有研究。由于遗传学的理论研究比较薄弱,杂交育种工作从亲本选配到杂种后代的选择,都带有相当程度的盲目性,直接影响了育种工作的成效。

(三)科学工作者的个人主义、门户之见等错误思想影响了争鸣

物理学上关于相对论的讨论,双方相互攻击,说对方是唯心主义、先验论等。在医学领域中,有人批评用经络观点研究针麻是"复古、倒退","七十年代骑老牛,今人反向古人求",反过来又有人批评用近代神经生理学等方面的知识和技术研究针麻是"洋奴哲学、爬行主义",说研究和发展针麻"只能走东门,绝不能走西门"。这种状况,既直接影响了争鸣的正常进行,也使有些人怕引起不必要的麻烦和纠纷而不愿参加讨论。

此外,学术讨论会很少召开,科学书刊不足,对"百家争鸣"也有一定影响。

为了贯彻执行"百家争鸣"的方针,当前应着重抓好以下问题:

(一)加强研究工作

要全面落实党对知识分子团结、教育、改造的政策,把一切愿意为我国社会主义革命和建设服务的科学工作者的积极性调动起来,使他们为发展和繁荣我国的科学事业贡献力量。

要鼓励科学工作者为革命钻研科学技术,朝又红又专的方向努力。对辛勤劳动的科学工作者要给以关怀和支持,有成绩的要给予表扬。科学院福建物质结构研究所有个青年研究人员,利用业余时间研究提出"离子基团理论"的模型,是一项在国际上领先的新成果。一九七四年在科学院召开的会议上发表论文,得到与会者的好评。但在所里却有人说他搞"自留地"、搞"复旧",所领导对他的工作也不支持,这是不对的。

要正确贯彻理论联系实际的原则。应当以大量的工作研究当前国家建设需要解决的问题,同时,对理论研究,包括探索性的理论研究(如基本粒子、天体演化、生物高分子的结构与功能等)也要给予足够的重视,安排一定的力量去进行。把应用研究看成低级的工作,或者认为搞理论研究就是脱离实际,都是错误的。

要认真组织好综合性的研究工作,并加强领导。还有一些工作只需要少数人或一个人进行研究,对这种工作也不要忽视,更不能加以歧视。

现在研究工作中不必要的重复很多(如半导体、激光等等),造成人力、物力、财力的浪费。要加强组织协调工作,搞好分工协作。

(二)以辩证唯物主义指导学术批判和讨论

要提倡以辩证唯物主义为指导,批判自然科学中唯心主义和形而上学的思潮,不断加强马克思主义在自然科学上的领导地位。

开展学术批判,既要有正确的哲学分析,又要有充分可靠的科学依据。只摘引经典著作的某些词句,不作分析,不提出说明问题的科学材料,这样不能推动科学的真正进步。

马克思、恩格斯批判了黑格尔的唯心主义哲学,还吸取了它辩证法的合理内涵。自然科学方面更应如此。在批判其错误部分的同时,要把一切正确、合理的东西吸收过来,为我所用。

以辩证唯物主义指导研究工作,并通过长期艰苦的科学实践,以求逐步形成和建立我国自己的学派。

11月10日 在原子能研究所接待由法国原子能总署高级专员泰雅克(J. Teillac)率领的法国原子能和平利用代表团。

11月12日 以原子能研究所所长名义会见到访的美籍物理学家丁肇中,并陪同参观原子能研究所的有关工作和设备,进行学术座谈,与会者反映甚好。

中国科学院接待小组"情况简报"第五期(1975年12月12日)总结称:

丁肇中这次来华,在四次报告和五次座谈中,利用大部分时间讲述了他发现这个新粒子的全部过程:从选择实验的物理思想,设计实验时考虑的问题,可能导致的误差以及实验仪器的挑选、制造、安排,直到实验结果反复的检验和分析等,都做了极为详尽的介绍。例如:

一、在实验的布局中,如何排除本底(即假事例)是一个重要的问题。本底不排除,实验结果的准确性就无从判断。丁的这个实验的特点是,真正的事例很少很少,而假事例却比真事例大一亿倍以上,因此这个实验的难度是很大的。丁详细介绍了，他们如何利用一套既具有高灵敏度又具有高选择比的双臂谱仪排除本底的经过。他利用的这套谱仪是由一系列探测器和磁铁组成的。这个谱仪的主要性能是：对强子的排斥比小于 10^{-8}；质量精确度为 5MeV；质量可测范围为 2GeV。为达到这种性能，对谱仪中一些仪器的指标是要求很高的。丁在报告中一步一步地讲述了如何达到这些指标以及如何检验这种指标。讲的细致深入。这种具体的过程在文献中是不可能看到的。

二、介绍了契仑柯夫计数器上用的大型聚光镜的制造方法。这种直径为 1.5 米，厚度仅为 3 毫米的抛物镜的制造是一种难度较大的技术。丁在座谈中具体地介绍了这种抛物镜的制造方法和注意事项。这对我们今后制造这样的设备很有用处。

三、介绍了多丝正比室充气的经验。多丝正比室中充什么样的气体，对室的性能有很大的影响。一般需要经过很多次试验才能找到最理想的气体。丁把他在实验中，经过反复试验的数据、理想气体的成分和比例等，都告诉了我们。

四、讲述了不少新的实验数据。例如，质心系能量从 4.5 到 5.5GeV 的强子对产生的实验数据，和一个电子与一个强子共同产生的截面的实验数据等。

五、在介绍他过去实验经验的同时，还详细介绍了他将于明年在欧洲核子中心进行的一个大型实验（通过 μ 介子对产生的研究，寻找其他新粒子）的设计和装置。最后他还说，如果中国派人到欧洲核子中心或西德 DESY 去实习，他完全可以帮忙，可以到他的实验室去。他可以教我们如何动手或者直接在他的装置上动手做实验。

丁在学术活动中，态度热情、直爽。在讨论中坦率地阐述自己的观点和介绍自己的经验。据参加报告和座谈的我国科学工作者反映，丁的这次学术活动，是我们邀请的同类学者中，讲的较多和深入，收获比较大的一次。

1976 年　六十三岁

春　同何泽慧合作将 1973 年起陆续写成有关原子能科学发展的回顾文字，整理修改定稿为《原子能发现史话》（1984 年发表），全文约 18 000 字，分为三部分：一、什么是原子能。其中，1. 元素、原子、原子核；2. 化学能与原子能。二、怎样发现和开始掌握原子能。其中，1. 放射性的发现；2. 原子核的发现和玻尔原子模型；3. 人工嬗变；4. 中子和人工放射现象；5. 中子引起人工放射；

6. 裂变的发现,超铀元素的产生;7. 铀的链式反应;8. 原子堆、原子弹、氢弹。三、认识与体会。

文首导言写道:

过去我们曾在不同时期作过有关原子能和它的利用的讲话,但系统讲原子能发现过程和其它方面的关系,特别是科学研究和工业生产的辩证关系,以及认识论方面的问题没有怎么涉及过。出版界出的一些有关书籍,或者是关于原子核物理系统叙述,显得比较专业化;或者是根据国外普及著作翻译、摘用其某些章节,显得比较零散。我们在青年时期曾经历过原子能发现过程的一些片断,愿在此略述我们的回忆,以供读者参考。

文后附言:

我们从1969年到陕西郃阳干校参加农业劳动,长期没有进行专业工作。一直到1972年夏天我因为得了病,在周恩来总理的关怀下,我们才于同年秋回到北京治病。科学出版社的同志曾约我们有空时写一点有关我们熟悉的科学情况,当时"四人帮"横行,精神不易集中,1973年以后,我们开始断断续续作了些回顾,查了一些文献,参考了一些科学著作和科学史著作,逐渐写出这篇不成熟的文字,直到1976年春季才算初步定稿,现在予以发表。

9月末 同何泽慧在中关村寓中,接待突然到访的周培源和夫人王蒂徵,并一起长谈,彼此诉说对时势的忧心和关切:

1976年秋一个夜晚,周先生和夫人王蒂徵突然来访,周先生长长地叹了口气说:"这些日子真苦闷,心里有话不能说。"周师母说:"你这位老师快憋死了,今晚一定要我陪他到这儿来,现在只有和你这样的老朋友还能说几句话。"周老说了下面一系列的话:我是研究理论物理的,他们(指造反派)却要立竿见影,要做出东西能跳能叫的,如果都这样要求,世界上就不可能有爱因斯坦,不可能有玻尔了。有的同志一气之下干脆放弃了理论研究,参加手工操作去了,这等于放弃了基础。50年代周总理领导我们搞12年科学规划时说:"要结合实际,但也要有打基础的科学。"这些年来,我们亲眼看到理论物理学所发挥的巨大作用。为什么1964年我们的原子弹能够上天,我们的氢弹能够那么快爆炸?如果建国初期我们不建立理论物理组,没有彭桓武、邓稼先、周光召、于敏、黄祖洽等这些有才华的科学家埋头苦干,那会是什么样子啊!1962年广州会议,周总理为知识分子脱帽加冕,那可看出他的卓识远见。有了总理和聂荣臻元帅的领导,才能把今天和明天结合起来呀！有一次总理很客气地找我说："周老我来将你一军，有人不重视理论物理，你能不能写一篇文章，讲讲理论物理的重要性。"我找了几位党员又有理论物理修养的，进行多次讨论，写出文章在报纸上发表了，公认是有水平的。现在也要批，他们是想陷害总理呀！我们总不能睁着眼睛说瞎话。我70多了，你也60多了，我们总不能说瞎话呀。

彭桓武是周老的学生。周老说："1947年他去云南大学教书，那是熊庆来校长请他，尊重他；1949年他来北京，因为你了解他，尊重他。这些年，他工作得十分出色，许多人都佩服他，称他是奇才，解决数学难题的本领也很强，与同事的关系也处得很好，这次运动也冲了他，这样搞下去，对谁有好处！"最后周老说："物极必反，现在作恶已经到头了。总有一天党的正确领导会树立起来的。"（钱三强，《记周培源老师几件事以志应向老师学习的精神——祝贺周老九十寿辰》，引自国际流体力学和理论物理科学讨论会组织委员会，《科学巨匠　师表流芳》，中国科学技术出版社，1992）

10月9日　私下听到粉碎"四人帮"（即王洪文、张春桥、江青、姚文元）的消息后，迅即骑车赶到北京大学周培源住所互相表达兴奋的心情：

一个星期以后，"四人帮"被粉碎的消息突然传来，我高兴得老泪满面，跨上自行车，来敲周先生的门，周老几乎跳起来迎接我："这场噩梦总算过去了！"王蒂徵师母说："你看你这位老师前几天那个样，今天是这个样，简直发疯了！"周老和我互祝保重，还想再为祖国做些工作。

阻碍国内科学发展的障碍终于被拔除，周先生领导中国物理学会，在黄山、庐山、桂林召开大会和座谈会，讨论粒子物理理论，在这方面起了积极推动作用。在李政道、杨振宁两教授的支持下，中国科学院、高等教育部和中国科学技术协会联合发起，于1980年1月在广东从化召开了"广州粒子物理理论讨论会"。（钱三强，《记周培源老师几件事以志应向老师学习的精神——祝贺周老九十寿辰》）

12月26日　为纪念毛泽东诞辰，应中央人民广播电台邀请发表广播讲话，题为"毛主席指引我们不断攀登科学技术高峰"。"讲话"在回顾我国科学技术在党的领导下不断前进的同时，对"四人帮"充满憎恨，对未来满怀信心：

"四人帮"对我国的科学技术事业肆意破坏，对科技人员横加打击。你讲四个现代化、他们就给你扣上"唯生产力论"的大帽子；你钻研科学技术，他们就给你扣上"白专"的大帽子；你重视理论研究，他们就说你是"脱离实际"；你学习外国先进经验，他们就说你"洋奴哲学"。一顶顶帽子给你戴上，一根根棍子朝你打来，弄得人们无所适从，无法工作。"四人帮"既破坏了我国的科技事业，也阻碍了我们知识分子的思想进步。

粉碎“四人帮”,扫清了历史前进的障碍。最近,我国又胜利地进行了新的氢弹试验;接着,再一次成功地发射和按计划回收了人造卫星,把我国核武器和空间技术的水平提到一个新的高度。在党的领导下,我们决心为早日实现四个现代化,为把我国建设成为社会主义现代化强国而贡献全部力量。(文载《原子能科学技术》1977年第8期)

1977年　六十四岁

1月16～28日　在南京主持召开毫米波射电望远镜方案论证会。会议就主要技术方向、急需解决的问题及组织领导、工作计划等进行充分讨论并落实。

其间　约请南京大学天文学家戴文赛商讨发展我国天体物理研究,听取意见。由于时间较紧,交谈尚不充分,同年3月1日戴文赛写书面意见寄达,提出发展我国天体物理的系统建议。

戴文赛致钱三强信全文:

三强同志:

这次你来南京,很高兴有机会和你谈。有些话还未谈完,所以写在这封信里,主要是关于发展我国的天体物理工作问题。

天体物理和高能物理都是国际上较注目的基础科学部门,一方面在比加速器、望远镜的威力和现代化程度,另一方面比提出的新理论、新学说。美国的天文工作,在人力物力的分配上,75%以上用于天体物理。我国天体物理和美、苏、英、法、德、日等国家比起来,设备落后三十年以上,理论上也很落后。设备方面,大型光学望远镜和射电望远镜、红外技术、空间探测器都须落实。这次赴美考察团带回来美国天文界大量使用电子计算机控制的光电成象技术和各种最新的电子技术(如二极管阵)的情况,望能集中在一两个天文台,并安排临近的有关工厂,研究最新技术在天体观测上的应用。听说上海星火玻璃厂经过上千次的试验,最近已浇铸成功直径1.5米的微晶玻璃,以后制更大的便成为可能的了。上海两三个单位最近也研制成功天文照相底片,这也是二十年来一直未能解决的一个问题。望院给以支持、鼓励,使得天文单位今后不必再从国外进口天文底片。

关于天体物理(不包括太阳物理)的研究方向,我认为主要有两方面:第一是研究天体的起源、演化。既要研究与天体演化有关的一系列尚未解决的问题,尤其是一些关键性的问题,例如,整个太阳系到底是不是一个星云形成的,热核反应到底是不是恒星的主要能源(一直到今天仍有人认为不是)，星系核的结构和能源为何，爆发机制为何，红移的本质到底为何；也要以辨证唯物主义为指导，总结国内外的研究成果，描绘出各层次天体的演化体制，编写出高水平的天体史。

第二是把天体和宇宙当作天然实验室，使天体物理为一些基础科学部门，主要是地学、原子核物理和高能物理这三个部门服务。通过太阳系的起源和早期演化的研究，可以帮助地学解决地球整体的化学组成，化学元素何时进行重力区分，初始的温度分布(天文原因)如何转化为今天的温度分布，大气的起源和组成(为何N最多，O次之……，已开始有较详细说明)，自转的形成和演化，冰期是否由于天文的原因。关于原子核物理，目前多认为核聚变是恒星的主要能源，重元素主要是在恒星内部形成的，有些爆炸性的核反应(如$^{16}O+^{16}O$，$^{12}C+^{12}C$)可能是超新星的一种能源。磁星(A型特殊星)上可能进行着核反应。在地球上，陨星上，月球上，行星上，某些恒星的大气中都在进行着天然的核过程，包括中子或宇宙线引起的诱发裂变和自发裂变。至于高能物理，那它同天体物理的关系也越来越密切。具体课题包括天体的中微子的辐射，中微子在超新星爆发中的作用，物质和反物质的湮灭在星系核活动和类星体中的作用，在宇宙物质分布和天体形成中的作用，是否存在着层子星，星系谱线红移是否由于基本粒子的质量在增加着，真空不稳定性和弥漫物质的聚集，中性流在超新星爆发中所起的作用，等等。

前年九月天体物理讨论会中，提出先强调星系的研究，因为这方面未解决的问题最多，同高能物理的关系最密切，两种宇宙观的斗争最激烈。一年半以来，转到这方面进行研究的天体物理、物理、力学工作者已有三十多人，除了已发表和即将发表的研究成果以外，正在进行中的研究课题有十多个。今后希望能集中力量于一些较重要的研究课题。今年秋季美国天文代表团来我国时，希望天体物理方面能提出一些水平较高的报告。

目前正在提倡基础科学研究。毛主席曾经指示要研究基本粒子、天体演化、生命起源，也提过天体史、地球史、生物史、人类史。1965年哲学研究所于光远同志等提出了编写一部《自然界的辩证法发展》的计划，在大连开了一个会。到会的，地球方面有地质所张文佑等，生物有贝时璋同志和北大生物系沈同等，人类学有吴汝康等，天文有我和南大天文系另两人，此外还有农、医、工等方面的人。1974年底我在北京曾经对龚育之同志建议，为了写好《自然史》这种科学的哲学的书，必须以科学研究为基础。目前科学院一定在考虑如何发展基础科学，如何使基础科学为社会主义、为工农兵、为三大革命运动，为无产阶级政治服务。我认为可以考虑,由科学院领导,组织院内有关单位和一些综合性大学理科,联合以几年时间在科学基础上编写出一部《自然史》,以辩证唯物主义观点来总结国内外有关的研究,宣传辩证唯物主义宇宙观,批判唯心主义和形而上学,指出存在的问题。事实上,我们天体物理工作者正在做的工作绝大部分可以纳入这个计划,胰岛素研究、生物物理、生物化学、遗传学、细胞学、生物进化、地学的许多方面,考古、古动物、人类学都可纳入此计划。物质结构研究成果也将在这样一部书中处处出现。这样的书在国际上将产生极大影响。国外有过以《自然史》为名的书,如法国G.L.L.布丰1745年出版的《自然史》。但我国有可能出的书在质和量上将大大超过之,因为是以马列主义和毛泽东思想为指导的,是集体创作,是包含大量现代科学成就的。较专门、较详细的以外,可另出通俗本。1965年我在《自然界的辩证发展》书中所承担的部分,约十万字,在一年内写完了,但今天看来,大部分不能用,因为当时在这方面未有多少研究实践,三年来我们在太阳系、星系、恒星方面都有些研究实践,以后参加编写天体史、自然史,就会较有把握。这项工作当然需哲学工作者参加。

天体物理也可以为检验、改进一些重要的科学理论服务,例如相对论、引力理论、磁流体力学、等离子体物理。赴美考察团回来说,美国最大天文台——基特峰国家天文台(NAO),原来研究方向为太阳、恒星、行星,现改为①银河系和河外星系,②太阳系两个方向。星系研究已成为天体物理最前线;但我国对太阳系研究,重视很不够,应当重视起来。(原信存"钱三强年谱资料卷")

2月23日 向中国科学院地震局(时为中国科学院直属机构)全国局长会议与会人员,印发自己起草和署名的书面声明——《纠正我讲话中的一个错误》:

二月十日上午,我在地震局长会议上作过个讲话,曾说到傅承义同志认为地震不可预报,现接到傅承义同志来信,说明他对地震预报的态度。证明我的讲话错了,应该改正。我在此声明,我当时那个讲法是道听途说,不可靠,特向傅承义同志表示歉意。

傅承义同志来信说:

1. 一九五六年他在长远规划的第33项任务书中,第一次写出了我国的地震预报规划,后并带着几个人进行工作。

2. 他对于当前所用的许多预报方法,有些是不相信的。对于某些预报方法不同意,和地震能不能预报是两个不同性质的问题。

3. 在前几个星期,他还在地震局的会议上作过一次报告,重申他

对地震预报的信念，这个报告据说起了一个好作用。（据打印散发稿）

2月23日 前往北京机场迎接以奥地利科学院副院长、物理学家埃里希·施米德(E. Schmid)为团长的奥地利科学家代表团。次日，他陪同方毅（时任中国科学院院长）会见代表团全体成员，进行友好交谈。

2月26日 陪同奥地利科学家代表团参观原子能研究所。在介绍中国原子能科学技术发展情况时，向外宾讲到中国的发展也有两个"反面教员"的作用，施米德接着钱三强的话说："这两个反面教员的教训对我们很深刻，你们坚持独立自主、自力更生的方针，实践证明你们是非常正确的。从你们爆炸第一颗原子弹到氢弹的时间比世界任何国家时间都短，这是你们贯彻执行毛主席制定的方针、政策的结果。"①

3月15～28日 出席高能加速器方案论证会和基本粒子理论座谈会。会议讨论和审查了"七五三"工程总体方案和预测模型加速器初步设计方案，交流基本粒子理论研究成果，商讨研究工作的组织措施。鉴于工程复杂，尚无经验，又在选型等问题上意见分歧，会议遂决定借鉴外国经验，以中国科学院名义邀请外国专家来访，听取意见。该决定获得高层领导支持。

4月13日 在合肥检查落实受控热核反应8号工程的工作进展，并组织中国科学院安徽光学机械研究所有关领导和研技骨干就8号工程的有关问题，向安徽省委汇报，争取地方支持。安徽省委书记王光宇出席会议听取情况汇报，并表示尽力予以支持。

4月27日 就中国科学院制订长远规划考虑的几个问题，偕李昌、秦力生、郁文等，约请国防科委钱学森、朱光亚、张震寰到中国科学院座谈，听取意见。关于中国科学院的主要任务，都认为应侧重抓好基础科学和理论研究，要负责组织好全国的科学技术工作，包括大学、产业部门和地方的科学研究。要注意抓关键性的东西，要想得远一点。

关于长远规划项目问题，钱学森结合当前国际国内一些新技术和理论工作的发展情况，提到几个值得注意的方面：

1. 光学测量。这是跟武器直接有关的。光学这部分工作完全靠科学院，许多任务在大邑光机所。导弹发射、进入大气层、轨道校正，都得靠光学测量仪器。现在看，进行比较近距离的测量，它很重要。

2. 卫星方面有个遥感技术。搞这项工作的单位大多集中在科学院和国防科委。从照相机、红外、雷达，一直到短波、微波，这一套恐怕得由科学院承担起来。

3. 附带还有个卫星为地震预报服务的问题，华主席特别提出过。

---

① 引自《情况简报》第三期，中国科学院外事局接待组，1977年3月5日

这又牵涉到照相机问题。卫星服务于地震预报这些东西目前重视不够,忙着去搞临震、短期的。最近武汉的方俊同志找我谈他的地球引力场,我说这和地震预报不矛盾嘛。地震预报,氡气、地磁、地电当然要搞,但不搞些基本的东西不行。地球形态与引力场是地震预报的基础工作,对提高战略武器的精度也很重要。

4. 还有个大的方面,激光研究。激光还在发展中,将来出个啥东西还不一定。这方面过去的教训,我们有点单打一,长远一点的东西考虑不够。起先抓住个红宝石,后来抓钕玻璃;钕玻璃不行了,又抓气动激光器;气动激光器不行,又抓住化学激光器。这个工作是要科学院抓的,要注意搞点探索性的东西,要考虑X射线激光器和伽玛射线激光器。美军空军已在搞X射线激光器。这些问题都与高能量、高强度的电子束有关。这方面值得查一查,它与什么东西有关系,围绕这个我们可以做些什么。

5. 从前说过,科学院搞天文卫星和资源卫星,这个问题,我们感到很惭愧,现在还不敢答应,到一九八〇年我们还拿不出运载火箭,即使有个把,也都排队在等着。当然我们还可以努力。

6. 还有一个问题,气候控制。大气所过去做过这方面工作,是不是还在工作?这个工作还值得注意。一些资本主义国家在搞,弄不成,这个地方要雨,那边不要,尽打官司。而我们社会主义国家有条件,可以搞。当然还有军事方面的需要。(《钱学森、朱光亚同志关于科学院长远规划的一次谈话》(记录整理稿)。)

关于"科学技术走在生产前面",钱学森谈了自己的一些想法:

总的提一个问题,从前也想过这个问题,"四人帮"一打棍子,我不敢说了。(从推动社会生产力发展这点看)奴隶社会的发展,奴隶主主要是抓了商业,封建社会封建地主阶级是抓农业的,资本主义发展起来是抓大工业的,我们无产阶级建设社会主义,应抓什么呢?恐怕得要科技。

一九六九年六月六日毛主席对空军部队技术革新情况报告的批示说:对每一具体技术改革说来,称为技术革新就可以了,不必再说技术革命。技术革命指历史上重大技术改革,例如用蒸汽机代替手工,后来又发明电力,现在又发明了原子能之类。毛主席的批示很重要,应很好理解。技术革命与整个生产发展的关系是很密切的。这对我们理解科学技术走在生产的前面是很有道理的。

科学院要抓大的,抓什么?抓技术革命,这是要害。抓了这个可以带动很多东西。那么要研究一下,哪些是属于技术革命的东西。

原子能，毛主席已经指出了是技术革命。

电子计算技术，我想是技术革命。没有计算技术，自动化搞不起来。发展计算技术，重点在什么地方，好象是从硬件转到软件。最近我给阎沛霖同志写了封信，建议把"软件"改称为"文书技术"。建议考虑科学院的计算所把抓软件放在第一位，而不是把造机器放在第一位，造一点机器也是检验"文书技术"，证明机器的结构设计是否可行。因为现在我们到处都可以造机器，已经不在话下了。

遗传工程，叫创作技术，这个是不是一个技术革命？要研究，有点像。它对生产将会有普遍的影响，是生命科学的很大突破。当然要真正控制物种还远一点，但我们要想得远一点，将来是会要做到的。这个工作有苗头，最近几年的事情，这个事情很大。马克思、恩格斯讲过，自然科学三大结构，物种起源、天体演化、生命起源。生命起源是不是包括遗传工程啊？这是个大问题。四届人大时，谈家桢对我说了两句话：你们搞国防科研，也要注意遗传，遗传学最近有大事情。过了几个月，知道了有个遗传工程。搞这个工程，群众的劲头很高，要好好组织一下。

再说一点，这可能更远一些。自然科学发展到现在，我们怎么对它有个总的评价。恩格斯讲过，十九世纪前的自然科学是记录性的科学，只是观察、记录或作一些试验。真正做点工作，综合起来，那是十九世纪的下半叶，出现了三大发明。到二十世纪初自然科学有了大的革新，相对论、量子力学的出现，对十九世纪自然科学体系有很大的突破。从此以后，哲学、自然科学有了很快发展，从前分裂的东西，更紧密联系在一起了。

现在又过去五十多年，又累积了很多矛盾，基本粒子理论越来越复杂。是不是又该清理了。这个就是基础理论，自然辩证法。搞基础理论和现实阶级斗争很密切。要通过这个来证明马克思主义的伟大真理，用唯物主义批判唯心主义，批判改造资本主义国家流行的理论体系。这方面工作"文化大革命"以来做了不少，但不要怕，可能错，错了不要紧。我们在这方面取得胜利，对两霸是很大打击。这个工作是不是由科学院来管。可在各种刊物上开展对唯心主义的批判。《物理》比较活跃，《高能物理》比较保守，可能老头子多了点。搞基础理论，我总觉得除了平时讲的那些理论之外，对唯心主义的批判这方面的基础理论工作不能放松，这就是阶级斗争。要树雄心，立壮志，管你洋大人多大。如能在这方面搞出点我们的东西来，也是很大的鼓舞。(《钱学森、朱光亚同志关于科学院长远规划的一次谈话》(记录整理稿))。

关于组织工作,钱学森说:

我在科学院工作过,有个感觉,科学院太“文气”了,要动点武的,就是组织工作,要加强计划性,调度要服从,要统一,计划总是有变化的,年度计划不一定管一年,季度计划不一定管一季,这就要调度。

关于学科,钱学森说:

学科就是总结提高。以学科为主的研究所,还得要。一个大的学科,还得有相应的研究机构,起个总结、交流、提高的作用,还要写书。力学还是有搞头的,不象林家翘说的,力学的黄金时代已经过去了。(《钱学森、朱光亚同志关于科学院长远规划的一次谈话》,记录整理稿)

关于农业科学,钱学森说:

农业的问题,基本还是学大寨。大寨的条件并不好,他们的产量比全国各地高得多。粮食问题从科学上来讲,可以用新方法。如用树叶(含叶蛋白)造粮食,至少可以喂牲口嘛,从前好多所都搞过的。再就是用光合作用发酵,合成粮食。可以派点综合性的科技队伍到大寨去,一起搞出样板来,便于推广。我曾经建议搞一个样板农场,把各种学科都用上。现在看,这个点已经有了,就是大寨,只要我们去搞就是了。对于新技术的推广,也要有韧性。

钱学森、朱光亚都强调,情报资料在科研工作中有着重要作用:

目前我国科技情报资料工作问题很多,管理分散,方法落后。外国人的科技情报资料工作是很先进的,坐在屋里一按电钮,情报资料就来了。我们也有条件,但不行,太落后了。科技人员大量时间花在找资料上。他们建议科学院成立情报中心,成为全国科技情报的汇总地。(《钱学森、朱光亚同志关于科学院长远规划的一次谈话》,记录整理稿)

6月初 收到杨福家(复旦大学物理二系)5月27日信,告上海接待美国固体物理访华代表团情况,附该代表团“对我国大学教育和科学研究的一些议论”(打字油印稿)摘要:

……现在训练学生内容十分狭窄,物理学内容只偏重器件本身,而极少注意在微观基础上对物理现象深入的理解。物理课程与工程课几乎没有什么差别。这样有一个极大危险:科学的发展使得学生学到的东西过时了,当他缺乏基础知识时,就会对更新的技术难以适从。

美国在第二次世界大战后,特别是在晶体管发明后,接受到的经验,使我们走相反的方向:宁愿少讲一些新技术,而着重训练广阔、较深的基础科学知识。

大学新教员的主要来源是本校毕业生,从一所大学分配到另一所大学的毕业生是罕见的。这样将导致大学的空气沉闷、闭塞。

要使一所大学(或研究所),在教学、科研上有生气、有活力,常需新思想的刺激,而这些新的思想常常来自不同领域的人,在不同环境受训练的人,用不同的方法培养的人。

在上海光机所,我们看到了中国最先进的仪器设备,它与美国差距只有3～5年。但是他们只是仿制中国国外的先进技术,而不着重原始性的研究。

许多研究只是做器件,而不是为了深入理解物理现象。这可以说是目前中国激光研究的总的特点。

中国在某些有实用的课题方面付以极大注意,显然是可以理解的,但重复工作似乎太多,应注意的某些方面都被忽略了。目前没有直接或明显的技术应用的重要领域,都被忽略了。例如费米表面、能带结构、各类谱仪(象X射线、穆斯堡尔谱仪,紫外,红外,核磁共振)、高真空表面工作、氦超流。这些工作对于在原子水平上了解实际现象极为重要。

……中国科学工作者极为注意自己的专业,但极少注意其它领域的进展,例如低温工作者对半导体及磁学均不感兴趣;文章常在私下交流,而不发表;结果只在专业会议上报告,而不是在大型的物理会议上;大学和研究所都缺乏主题宽广的讨论会。

物理有数不清的例子可以说明,不论实验或理论,重要的成果常常是借助了另一领域的知识而取得的。把一个领域中的方法用来解决另一个领域中的困难问题。

激光的发现,是来自对气体微波谱的基础研究,而不是来自对光辐射的研究计划;用核聚变得到能量的可能性是来自爱因斯坦的努力,来自许多科学家对核进行的基础研究,而不是来自任何新能源计划。(引自钱三强自存1977年6月4日"工作日记")

6月29日 中共二机部核心小组(刘伟签发)向国务院、中央组织部上报《关于钱三强同志情况的报告及附件》。"报告"正文签署时间和编号为"一九七四年十月十四日(〔74〕二党发字37号)",文后有"注":"《关于钱三强同志情况的报告》于一九七四年十月十四日已报国务院、中央组织部,因时间紧未报附件。现补报。一九七七年六月二十九日。"所补报附件分三部分"(一)关于钱三强同志历史情况证明材料"7件9页(证明人提供材料时间均为"文化大革命"动乱最高潮时——1968年3月至1969年4月——引注);"(二)对于党领导科学技术错误认识的材料"9件10页(其中钱三强1961年10月30日讲话(记录稿摘要)1件、1969年8

月21日"交代"1件；其余为证明人提供的证明材料，时间均为1969年11月至12月——引注)；"(三)我的检查——钱三强一九七二年八月十日"。

《关于钱三强同志情况的报告》正文如下：

在党的领导下，钱三强同志在科技活动和发展我国原子能科学技术上做了一些工作，有一定的成绩。但在"文化大革命"前，对待党领导科学技术上缺乏正确的认识，并说过错话，做过错事，错误地认为党不能领导科学技术。

经过无产阶级"文化大革命"运动和"五七"干校的锻炼，世界观的改造和路线觉悟有所提高。

在无产阶级"文化大革命"中，审查了钱三强同志一九三七年至一九四八年在法国期间和一九四八年六月由法国回国后到解放时一段历史。经查钱三强与当时国民党驻法使馆及国民党交通部部长俞大维有过一段接触未发现有其他的政治问题。

我们认为钱三强同志在国际核物理学术上有一定的影响，有一定的工作能力，虽有轻微的心脏病，身体还好，能坚持工作。建议在中国科学院安排工作(现已在科学院上班)，仍兼任中国科学院原子能研究所所长。

当否，请指示。

6月12～30日 以中国科学院副秘书长名义率中国科学院代表团访问澳大利亚(代表团成员有童第周、王应睐、王守武等)。代表团先后访问了布里斯班、悉尼、墨尔本和堪培拉，参观考察了澳大利亚联邦科工组织的12个研究分部、6所大学和矿产资源局、新南威尔士州农业部、卡路娜污水处理厂、澳大利亚无线电公司等数十个机构，对生物学、化学、植物遗传、工程技术、计算机，以及畜牧业、农业、环境保护、射电天文学等领域进行了广泛的调研与交流；同时，注意考察了澳大利亚科学政策的制定与实施，基础理论、应用基础和新技术研究之间的安排与布局；进一步商谈了中澳两院之间的学术交流项目。

Δ访澳期间，童第周以"细胞质在动物发育过程中对细胞核的作用"为题，王应睐以"用胰岛素类似物研究胰岛素的作用原理"和"从长沙马王堆一号汉墓尸体的肌肉及其组织的细微结构看保存情况"为题，王守武以"平面型耿氏器件中的雪崩驰豫振荡"为题，分别作了学术报告。

回国后 主持总结并撰写"出访情况报告"，提出开展中澳两国和两院学术交流的7条建议：①我国农林部门应组团考察澳大利亚治理沙漠的经验。②可与澳方在生物固氮、光合作用、植物遗传方面开展学术交流。③天文学方面扩大和加深合作与交流。④学习澳大利亚联邦科学工业组织的管理经验，建立大型设备(如计算机)共管共用中心。⑤打破部门界限,开展科研仪器(如光谱仪、X射线衍射仪、质谱仪、核磁共振仪、电子显微镜等)和科研工作内部协调,减少盲目购置和课题重复。⑥借鉴澳大利亚重视开发太阳能的工作。⑦澳大利亚的同位素地质工作很有特色,可派人考察,开展学术交流。

7月12日 偕童第周、王守武向方毅等汇报访问澳大利亚的收获和建议,受到重视,起到对外交流的促进作用。

钱三强谈访澳感想:

> 澳大利亚这个国家,地域很大,比我们国家小不了多少。可是四分之三是沙漠地带。好的地方只有一个东南沿海地区。这么大的地方,人口只有一千三百万,大有发展前途。原来是英国殖民地,后来独立了。但与英国关系还很多,特别是第二次世界大战后,受美国影响很大,许多大的公司,如钢铁公司等等,都是美国的子公司。重要的国民经济被人控制。基础科学研究不多,主要在大学里搞一些。但对本国资源的开发、发展方面,他们是很重视的。这方面对我国各省很有参考价值。为了某个目的,通过科学实验,摸清事物的规律而后解决问题。举一个畜牧业的例子:澳大利亚的畜牧业是他们国家很重要的经济来源,主要出口奶、肉、皮毛等等。据说最早的时候,英国人带去三头母牛,两头公牛,因为太热,气候不适合,活不长。很早很早,澳大利亚与大陆分开后,环境和生物都向着自己独特的方向发展,那里的生物有特殊的地方,袋鼠很多,但很干净。因为有一种屎克螂会把袋鼠的粪弄松,运走,作为草原的肥料。后来从外国引进牛,这些牛多了以后,牛粪也很多,逐渐把草地给盖上了,弄得很脏,苍蝇很多,牛还得瘟疫等等。他们就研究,为什么袋鼠的粪可以化掉,牛粪则不行呢?后来研究结果认为,这里的屎克螂只适应袋鼠粪,而不适应牛粪。于是他们就跑到南美洲、非洲、亚洲气候相近的地域去找各种屎克螂,让它们在澳大利亚生长,观察哪一种屎克螂可以适应牛粪。最后确实找到有几种屎克螂能把牛粪变成团,推到附近的洞里去。于是他们就大批放养这种屎克螂,运走了牛粪,分散在草原各处,松了土地,养肥草地,减少了牛瘟。经过几十年,现在他们的草原非常好。这里主要是抓了屎克螂这个关键。
>
> 最近我们去了,为了两国交流,他们要求到我们长江流域来考察屎克螂。开始我们感到奇怪,后来知道了屎克螂的作用之后就理解了。现在他们西北部的问题已经解决了,东南部环境比较好,但还没有解决。东南部相当我们长江流域的气候,他们希望到我们长江流域来逮点屎克螂,拿去培养,看看能不能适应当地的条件,用来改造草

原。他们就是通过这样细致的观察,找到内部的关键,而后解决问题。所以他们说,他们五十年来一项重要科学成就就是引进和培养屎克螂,最后达到改造草原的目的。我们现在才懂得,真有道理。他们现在畜牧业出口占出口总量的20(%)~30%,他们如果没有好的草原,畜牧业大量出口根本办不到。

还有他们把欧洲奶牛与非洲公牛交配,经过二三十年的实验,遗传学研究作得很细致。现在已经培育出一种特别品种,又能抗热,又能抗病,产奶量很高。过去说什么也不肯卖的,现在跟我们关系好起来,据说可以卖给我们,这就是几十年培养出来的"采布"新品种。

澳大利亚的羊毛,同巴基斯坦的卡什米尔羊毛都是世界上最好的品种。据说到现在,他们不肯让一头有生殖能力的羊出口,他们就卖羊毛、羊肉。这是人家狠下了点功夫培育出来的。他们有一个蛋白质研究所,就是专门研究羊毛性能的。我们西北地区有一种鼠害,危害草原,产生瘟疫等等,如果我们学习他们的工作精神,那我们也可能找到消灭鼠害的办法。据说澳大利亚有一种兔害,他们经过种种科学研究后,给兔子注射进去一种病毒,这种病毒只对兔子有作用,对别的动物没有作用,然后在兔子中间互相传染,最后把兔害给根除了。我们能不能也在老鼠身上做点工作呢?

还有,他们剪羊毛花费了很大人力,工作量很大,现在他们正在研究一种办法,让羊在快要卖的时候,吃一种什么东西,或打一针,能使羊毛长得不结实了,用手一搓就可以搓掉。最近他们还在研究,给羊打针或者吃点什么药,能使羊毛自然脱掉。这要成功了就省工多了。看人家的研究工作做得多细致。假如我们能在生产上用一定力量作相应的科学实验,那将会对我们的生产带来多大的作用。

再举一个例子就是太阳能的利用。他们经过分析研究,用一种铁的化合物涂在玻璃管上,做成厚度约为太阳光波长四分之一的薄层,这样吸收太阳光的热能使水温升高到200℃。他们不求太阳能一次解决很广泛的能源问题,能解决什么就解决什么问题。使水温升到200℃,可以用于食品工业,那就在食品工业大力推广。

澳大利亚电子计算机使用工作比我们做得好。人家一个城市一台大的计算机,另外有几个小的作中间联系,这样可以把一个城市、甚至几个城市,充分利用一台高性能的计算机来解决问题。毛主席说,国家不分大小,各有长处。澳大利亚在科学上是二等国家,也有值得我们学习的地方。(在北京市国内外科技水平与发展动向报告会上演讲,1977年9月28日记录打印稿)

7月27日 由北京乘飞机抵南京，住西康路33号西楼（此原为美国大使司徒雷登驻地），晚间与紫金山天文台、南京大学和江苏科技局领导分别晤谈。

7月28日 中午乘车抵芜湖住铁山宾馆小楼。次日晨，瞻仰毛泽东住过的铁山宾馆纪念室（1958年9月13日毛住此，曾说：“芜湖是个好地方，明年我还要来。”于是重建了这栋小楼准备迎接毛住，但未来），得知住了毛主席未住的小楼，颇觉荣幸。

7月29日 在泾县吃午饭，品尝得名于李白诗句的龙潭酒（李白诗句“桃花潭水深千尺，不及汪伦送我情”）。参观宣纸厂，应厂方之邀题写“向科学大进军”以为纪念。下午六时半抵达黄山，住黄山宾馆（何泽慧同高能物理研究所与会人员于次日抵黄山同住此）。

8月2日 周培源陪同杨振宁抵黄山住黄山宾馆。晚饭后，与周培源一起同杨振宁商谈基本粒子会议日程，原拟安排杨报告半天，杨告诉钱他准备了三个报告，需要三个半天。杨说听到要开全国科学大会，很高兴。

8月3日 以中国物理学会和中国科学院名义，同周培源共同主持基本粒子座谈会，由杨振宁作学术报告。

杨振宁开场白说：

> 周先生、钱先生，各位开会的物理学者：
>
> 我又一度和大家见面，非常高兴，尤其是这一回发现到中国的各个方面，尤其是科技方面，我所接触的科技工作者，都有一个新的精神、新的面貌，是大家对前途有沉重的责任感，又是有高度的乐观主义态度。这些情形对我讲起来，使我想到没有别的事情会使得我更高兴。那么，从我个人讲起来，另外有两点，我也可以向大家提一下，使我特别高兴的，能在这里看到一百多位基本粒子工作者。第一方面是，我在中国的物理学界、数学界有很多的老朋友，这几年又碰见了些新的朋友。那么通过这个机会，没有问题的，我会比较多的认识一些年轻的新的朋友；第二点是，黄山是有名的地方，是闻名已久的，能够有这个机会到黄山来，玩一趟，我自己是很高兴的。（据录音整理记录）

同日下午 杨振宁继续作准备好的第二场学术报告和第三场学术报告。

8月4日 杨振宁同与会的部分物理学者游黄山，住北海宾馆，穿棉大衣看日出。杨振宁爬上了天都峰，峰顶飞雪花。

8月5日下午 主持小型座谈会，邀部分国内学者（50余人）同杨振宁举行座谈。据“会议简报”记载，杨振宁发表以下意见：

> 1. 这次在东京碰到好几位有影响的日本物理学家，问到中国是否愿意同日本、印度、东南亚等亚洲国家联合起来，搞一个亚洲高能物理研究中心，就像欧洲的核子研究中心。杨认为，中国、日本、印度有

一些共同点,这种可能性是有的。目前条件可能不成熟,以后也许可以。

2. 杨认为中国发展高能物理应双管齐下。一是发展自己的高能加速器,一是在自己的加速器建成之前派一些人到国外去工作,如派人到欧洲核子研究中心去做一两年实验,既了解国际动态,沟通讯息,又能更有效地发挥国内的研究潜力。

他说,日本就是双管齐下。东京大学每年花250万美元资助一个实验小组,带着仪器设备到西德核研究中心作实验,已达三四年之久。这组人将是欧洲核子研究中心1979年投入工作的大对撞机实验组的骨干力量。日本每年高能物理总经费为1600万美元。

3. 杨说,训练人才可以采取短期训练班形式。如中国1956～1958年发展半导体,把谢希德调到北京办训练班,两年训练出200人,对中国发展半导体技术起了很大作用。

4. 杨建议,加强国内的消息交流。如美国出版的《物理评论快报》,北京订了航空版,到得很快,外地没有航空版,要晚到两个多月,他建议是否由北京的同事把重要文章复印寄给外地。他还建议,国内的科学刊物要出得及时些,《中国科学》最好每月一期,审稿也不必过严,有利于科学新思想交流。

8月6日晨 到杨振宁房间道别致谢。杨即由周培源陪同离黄山往南京。

8月6～20日 在黄山主持召开天体物理会议。全国37个研究单位、127人出席会议(何泽慧出席会议)。经过讨论,会议制订了太阳与太阳系物理、恒星物理、星系物理与宇宙学、天体物理光学仪器、射电天文学、大气外天文学、理论天体物理等分支学科发展规划,并拟定了13项重点研究项目。

8月11日晚 出席粒子物理学者和哲学工作者(20余人)自发举行的"自然辩证法座谈会",由中国科学院哲学研究所查汝强主持。发言者思想活跃,不乏"争鸣"之势,如:物质如何无限可分?怎么分法?分下去的形态是什么?又如:世界上各个流派,包括国内的层子模型,怎么看法?《科学通报》发表基本粒子文章50年,下边的看法很多。

会议结束时钱三强讲了话:

> 基本粒子理论工作者应该自觉学习和宣传自然辩证法,很高兴许多人现在已经这样做了。我记得清楚,毛主席1955年1月在问到原子结构时,说到都是对立的统一,问到质子、中子怎样呢?当时我回答不了。毛主席笑嘻嘻说:它们将来也是可分的,只不过现在条件不具备,将来实验条件发展了,一定是可以认识的(据会议记录)。

8月12日晚 召集部分粒子物理工作者座谈杨振宁的三个学术报告。议论热烈，认为杨的报告给闭塞了很久的粒子物理界带来一股新气息，特别他的规范场理论令人鼓舞。但也有人（如阮图南）说：杨的主要点在于他如同海森伯和爱因斯坦的晚年一样，脱离实验，搞纯理论，因此表现出他的暮气。这里有一个问题，为什么资本主义国家的一些科学家，都走上这条道路？我们的一些人将来怎么样，是不是也这样？这是值得我们认真考虑的。

8月14日　接受徽州地委书记到黄山当面邀请，向徽州地区干部（1000余人）作题为“向科学大进军”的报告，讲科学技术发展现状和未来趋势，时间达两个半小时。

8月15日晚　在黄山宾馆召集粒子物理和天体物理两会工作人员总结座谈，用从徽州自费购买的水果、糕点、糖、烟招待大家（花销80余元），亲自到会讲话，对全体人员的热情工作、周到服务，使两会开得顺利、圆满，表示诚心感谢。

8月16日　偕何泽慧游黄山观瀑亭，并与中国科学技术大学几名工作人员在观瀑亭合影留念。

8月19日　与何泽慧乘中国科学技术大学派的伏尔加车由黄山往故乡湖州。于宁国吃午餐。在邮局发电报给方毅，祝贺他当选中共中央政治局委员。

8月21日　参观父亲钱玄同任教过的湖州中学。适逢暑假又是星期天，校中时无知情人，校史资料室等找不到管钥匙者，只在校园看看那些显出有年头的建筑。随而寻访父亲居住过的陆家花园（又名潜园），亦未得其踪。转至“王一品”湖笔店购笔几支，说返京后连同前购新茶一斤（14.20元/斤）呈送郭老。

8月22日　由湖州乘车抵何泽慧出生地苏州，住南林饭店。次日，参观拙政园和虎丘塔，未往十全街故居、网师园和振华女校，原因是不想打扰人家。

8月27日　同周培源等陪同华国锋和邓小平会见杨振宁。根据华国锋和邓小平希望对我国科研事业提出意见和建议的谈话，杨振宁提出两点总的看法和八条具体建议。

杨振宁提出的两点总的看法和八条具体建议如下：

> 第一，他在西方生活三十年，对资本主义社会有些了解。世界资源缺乏、能源缺乏的问题，到二十世纪末，将是非常尖锐的问题。到那时，资本主义国家想争夺资源，很可能变得极端富于侵略性，苏联的侵略性也是大家都知道的。所以，中国军事现代化是关系到中华民族生死存亡的问题，对此，必须给予极大的注意。
>
> 第二，中国科学技术的发展还有很多困难，但比起解放前已好很多，今天已达到从“无”到“有”粗具规模。今后应该是从“有”到“精”，从“有”到“多”的问题。

八条具体建议是：

一、由于过去受“四人帮”的干扰，现在必须把教授、各阶层的教师和科学工作者的社会地位恢复到一个正常的状态。待遇还是次要的，重要的是使他们能够发挥其特长。这样，大家就会精神振奋，作出贡献。

二、立刻着手训练新的一代科研人材。现在二十五到三十五岁之间，几乎很少有科研人材。这个训练应以大学新生为主，比如大学一二年级的学生，年轻，训练比较容易。对于过去十年的大学毕业生，给予一定的辅导训练，从中选拔好的，这是次要的，可以把剩下的力量放在这上面。

三、科研和高等教师人材，必须进行相当严格的选拔。科研工作，高等教师工作，是要选了又选的。从高中到大学，要选出成绩比较好的，还要广泛实行，这些人到了三十多岁，就可以做领导研究的工作了。

四、目前中国研究所的人员不大调动，这个问题值得讨论。研究所里不能作研究工作的人就要调出，否则，不仅做不了工作，而且还起阻碍作用，即不仅是零，而且是负值。同样，不能促进研究工作的行政人员、后勤人员也应调出研究所。

五、目前研究所所长和研究室主任权力太小，需要增加，否则会引起严重后果。杨以丁肇中和他自己为例，从人员的调动、实验项目，到经费的支配，他们都可以决定。研究所所长、研究室主任权力很大，责任也很大，不能履行责任的就要换掉。

六、为了鼓励科研工作，尤其是鼓励青年人做科研工作，要大大加快和扩大中国科技专门期刊的印发和外国期刊的复制、印发工作。这两项工作，虽然过去都有，但太慢。与此相关的，还要加速科研情况的全国性交流。

七、大工厂内必须设立研究所和设计室。在美国的大工厂中，研究所和设计室都是相当大的，比如IBM的研究所一年的经费就达六千万美元。中国的石油工业对国家的经济发展和前途都是很重要的，假如中国一年出五亿吨石油，其产品如能增加百分之一就是很大的成就。所以，要尽快搞研究室，以提高效率和增加新产品。研究机构最好设在工厂附近。与此有关的，这些机构应与科学研究单位、理论科研单位进行密切交流。

八、理论高能物理方面，中国已经在作国际水平的工作，情况比较好。只要对现在有理论高能物理基础的人，给以秘书和材料的帮助，促进科技情况的交流，不需要花很大的力量，两年内赶上日本，五年内赶上苏联是完全可能的。如果再能派三十岁到四十岁的人出国一年或半年更是有利的。在实验高能物理方面，十五年内中国要赶上世界水平是很困难的。最近在高能所，大家提了一个办法，就是派人到丁肇中的实验室去做实验，这是非常好的，他完全支持这个想法。因为根据目前的实际情况，中国自己做比较难，而丁现在所作的实验是在最前线，那里的仪器又很大，如果中国能派人去，就可以一下子把经验吸收过来。杨还建议我可先做二十亿或三十亿电子伏特的质子加速器，因为一方面可对制造技术吸取经验，另一方面将来对制造探测器也有利。他说，根据目前中国的经济条件，要花很多钱造一个与美国现在差不多的大加速器，不必要，不是最合适的办法，因为造成以后，也还不是世界最大的。是不是现在不做大加速器对中国今后二十年科学的发展就会有很大影响呢？不见得。纯粹数学方面，比理论高能物理方面要落后一些，这完全是动脑筋的事。不过，中国人聪明，如吴文俊、华罗庚、陈景润、杨乐、张广厚等，他们所做的工作是非常了不起的，只要加以鼓励，增加秘书方面的帮助，在短时间内可以有很好的成绩，五年赶上日本是可能的，但要赶上苏联比较困难。（中国科学院办公室，《情况汇报》第 94 期，1977 年 9 月 19 日）

9 月 17 日　在北京会见并宴请法国核物理学者代表团。该团由法国原子能委员会和法国国家科研中心联合派出 22 位核物理学家组成，团长为法国原子能委员会萨克莱核研究中心核物理学部主任助手万·吉莱(V. Gillet)教授。代表团有关学者在中国科学院物理研究所和原子能研究所先后进行了学术报告和座谈，对促进两国核物理基础理论的交流起到积极作用。

9 月 19 日　会见并宴请欧洲核子研究中心(CERN)总主任阿达姆斯(J. B. Adams)和该中心加速器部主任米林(M. C. C. Milling)，并就建造高能加速器的有关问题听取意见，双方进行广泛的讨论，如探讨加速器的能量、所需费用以及 CERN 可能提供的帮助等。

9 月 24 日　根据中共中央 34 号文件通知，被任命为中共中国科学院党组成员。党组书记为郭沫若，第一副书记方毅，副书记有李昌、武衡、胡克实。

9 月 26 日　陪同邓小平会见阿达姆斯夫妇、米林及其一行。邓小平说：我们的目的是在本世纪末使我们国家的科学技术长足发展。为了实现这个目标，我们必须认清这个领域被落下很远，这样我们才能进步。我们必须诚实谦虚地学习一切先进的科学技术。阿达姆斯说：你们有很好的目标，有信心，又有巨大的潜力，你们一定能达到目标。陪同会见的还有李昌、张文裕等（据中国科学院外事局记录整理打印稿）。

9 月 28 日　应北京市邀请，在由该市科学技术情报研究所举办的“国内外科技水平与发展动向报告会”上,作题为“向科学进军”的报告。报告指出,9月18日中共中央发出关于召开全国科学大会的通知,标志着一场向科学技术现代化进军的伟大革命群众运动,正在迅猛兴起。我国社会主义科学技术事业开始进入一个新阶段。该报告经整理,由北京市科学技术情报所于1978年3月印出单行本内部发放。

10月 参加在北京召开的全国自然科学规划会议。在10月6日举行的理论物理规划座谈会上,作题为“加强基础理论研究也是一项战略措施”的发言(摘要):

建国初期,中国科学院近代物理研究所(原子能研究所前身)开始只有十几个人,有两三个人是搞场论和宇宙线理论的。每隔一些时候,就有人说这种理论研究没用。当时我们顶住了,队伍逐步壮大。以后发展成原子能的理论骨干,从原子核理论、反应堆、同位素分离、加速器,到应用目的性很强的理论,都是从这个队伍扩大、培养出来的。在原子能事业中,理论工作没有拖后腿,是走在前面的。若没有那时理论物理的储备,我国的原子弹和氢弹的实现可能要推迟几年。

回顾28年的过程,路子走对了,但当时还不够自觉。总结过去的经验,现在搞四个现代化,应该自觉地把加强理论研究作为一项战略措施来考虑,这样我们就可以促进现代化的进程。化学所一个同志说,科学技术现代化内容的一方面,要有理论现代化,这个提法好。抓什么理论?我看当前应该着重抓理论物理、应用数学和理论力学。要自觉地把理论物理的概念、方法向其他基础学科渗透。比如量子化学就是一个有发展前途的例子。把量子力学、统计物理、数学与生物学结合起来,可能促进生命科学的新发展。澳大利亚有两位理论物理学家,转到生物学方面,与生物工作者合作,做出了世界领先的工作。同时要注意把应用数学、理论物理和理论力学的概念、方法向其他自然科学,特别是工程技术领域渗透,充分运用计算数学和计算技术的成果,将会有力地推动科学技术和工业现代化。

前不久在黄山召开了粒子理论会议,通过这个会议作个引子,强调整个理论物理的重要性。当然不是要大家一窝蜂地都去搞粒子物理,各个高等学校可结合自己的特点,开展特定的理论课题。如吉林大学可以搞原子核理论,还可以与量子化学结合搞原子、分子物理。

加速理论研究,关键是培养大批觉悟高,知识面宽,有开创精神的干部。一辈子钻在一个窄小的领域里,不见得一定能作出突出成绩。我们要培养一批真正能打硬仗、能解决实际问题的队伍。国家有需要,马上能拉上去。理论的某个方面造诣深了,转搞别的方面的工作也比较有基础。

上海有条件，可考虑搞一个生物科学方面的中心；北京可搞一个数理中心，可考虑建一个理论物理研究所，这将是一项重要措施，对培养干部，沟通各个理论物理分支，加强国内和国际交流都很重要。（理论物理研究所）只搞少量固定编制，鼓励兼任人员参加部分工作，主要是国内各研究机构、高等学校派人来短期工作，培养研究生。要造成活跃的学术空气，互相交流，得到营养。还可以请国外有真才实学的人来讲学、工作。各个研究所要成立自己有关专业的理论室，如物理研究所应有固体理论室，半导体研究所应有半导体理论室（至少也要先有半导体物理室，其中应包含半导体理论部分）。有条件的高等学校应恢复理论物理专业，建立理论物理研究室或研究组。高等学校是一支重要的研究力量，也许用不了多少年，人数就会比科学院多，我们希望这一天早日到来。物理学会要恢复活动。可由科学院、教育部（各高等学校）、学会出面联合或分别组织各种类型的学术会议。理论工作就是要经常举行学术活动，如乒乓球要经常比赛一样。这一点希望各级领导要有正确的认识，才能作促进派。（《钱三强文选》，169～170页）

10月10日（上午9:40～10:00） 同方毅、吴有训、张文裕，向邓小平汇报接待美籍高能加速器专家邓昌黎及讨论建造高能加速器情况。

谈话记录摘录于此：

邓小平：他是哪里人？

方　毅：福建人。

吴有训：文裕先说说吧。

张文裕：他来了之后，作了十来次学术报告和座谈，很积极，反映很好。他有经验，是搞设计的，搞建设的。提些建议，比阿达姆斯在业务方面熟练。

邓小平：为什么一定要五年？可以缩短吗？

钱三强：四到五年吧。

张文裕：这与工业水平有关。

邓小平：我看了简报，第一步搞300亿，第二步搞10000亿。（查阅简报第二期）这样就接近当时世界水平吗？

张文裕：他与阿达姆斯两人的意见的精神是接近的，两个人都不主张搞10亿的。

邓小平：他不赞成搞小的吧。

张文裕：是的。

方　毅:玉泉路上马,是练兵的过程。这个学费是要好好花的,实际上比一个汽车厂或一个钢铁厂还要大。

邓小平:一面搞,一面积累经验。

钱三强:我们(指高能所)没有实践过,有点怕。真正搞起来,也没有什么了不起。

方　毅:今年开工,争取快。

邓小平:自己搞,还可引进。

张文裕:所里还有的人主张小的还是要搞(指 10 亿),大的同时进行。

邓小平:平行进行,10 亿和 400 亿同时搞。

张文裕:他(指邓昌黎)提 300 亿电子伏。

邓小平:300 亿、400 亿有什么不同,哪个合算?

钱三强:原来 400 亿是第一步,10 亿是第一步以前的练兵。因为世界上已经有了 4000 亿了。

方　毅:还有个质子反质子的碰撞,是搞中子武器的。

邓小平:军事科学带动其他工业。这是归哪个行业的?

钱三强:电子工业。

方　毅:最主要的是一机部、四机部,有磁铁、真空等等。

钱三强:他(指邓昌黎)看了广播器材厂,认为水平是高的,但是面窄一些。

邓小平:南京还有个最重要的厂(指××厂)。

方　毅:可以叫他看看重型机械厂。

邓小平:他提的面要宽,怎么宽?我们要提高,采取具体措施,创造条件,抓住了就解决问题。怎么广?广到什么范围?什么条件?这个意见很好么!否则,不抓措施,过了两年,还是那个样子。现在科研要有具体措施,否则说了没有用。

方　毅:最近有个报告给邓副主席,把一机部、四机部都召集起来开个会,分个工。更多的是工程方面的问题。

张文裕:四机部的何华生说,不用发射管,大功率管就可以没有困难了。一机部对邓昌黎的方案未表态。

邓小平:4000 亿电子伏花 5 亿美元,我们工资低,3 亿美元够了吧?

方　毅:大致要十亿美元。还有个时间问题。

邓小平:我们七亿美元够了吧?

方　毅:时间呢?

钱三强:十到十二年。

张文裕:美国买地很贵。

邓小平:他们是一个地皮,一个工资。还有,他们竞争。

方　毅:我们可以搞得快,时间省。

钱三强:他一来,就希望我们派人去。

邓小平:可以派人去。就是派不出人吧?

方　毅:现在有个中美关系问题。

邓小平:这个和正常化没关系,派四到五个人去,派几个人去。有没有台湾的呢?

钱三强:他说没有台湾的。

邓小平:他与丁肇中不同吗?

钱三强:他是搞设计的,丁是搞实验的。

邓小平:去多久?一年?二年?回来搞我们的建设。

方　毅:到丁肇中那里去实验的,到他那里去的,两方面的人回来,正好赶上建设。

邓小平:这不涉及中美关系正常化。学一年半就接上了,加快我们的建设。派人,人总可以选得上吧。

方　毅:面可宽一些,不限于所里,大学也可选。

钱三强:他们正搞一个新的,就是在他的领导下。

邓小平:尽快地派,回来顶用。搞这个建设,去过一次的,以后还可以派出去。这个不在年龄,要有点水平,有点基础的,容易拿回来。一年半,两年可以了,中间可以回来看一看,赶上预制。

方　毅:他申请过十次,不让他来。

张文裕:他昨天说到这个事情就哭了,流了眼泪。

钱三强:昨天他请了吴老、张老、周老和我们几个人吃饭,席间表示离开祖国三十年,对祖国没有贡献,感到惭愧,今后愿意效力。

邓小平:要有具体措施,要抓住。

钱三强:关于图纸的问题,原来商量由他送到我们的驻美联络处,后来感到不大方便,怕给他找麻烦。后来商定改为所与所之间的关系,由张文裕同志和他联系。

邓小平:给联合国代表团,我们已派两个人去了,这样方便。

10月10日(上午10:00~11:05)　和方毅、吴有训、张文裕陪同邓小平会见邓昌黎及其家人。

谈话内容摘要如下:

邓小平:我们发展科学的方针,已经定了,这在中共中央关于召开全国科学大会的通知上都有了。现在需要的是各项具体措施。

西欧中心主任阿达姆斯教授曾经问我,你们中国为什么不多投资搞工业生产,而投向搞加速器的建造呢?我把我们的看法回答了他,他满意了。建造加速器是很花钱的,又得费时间。但是从长远来看,它很有意义,应及早准备着手。可以通过加速器的研究去带动其他研究和工业生产。

邓昌黎:加速器对于直接推动工业生产,对搞空间科学都有好处,是很有成效的。阿达姆斯教授对此是很了解的。三年以前,在他那里,曾经开了一个全欧工业讨论会,欧洲各国领袖都到会了。

邓小平:他对我讲了这些,他对我们是很热心的。

钱三强:邓先生刚才提到的十年为期,是邓副主席对阿达姆斯教授讲的。

邓小平:我们希望科教方面的整顿五年见初步成效,十年见到中效,十五年见到大效。当然,十五年以后还要不断进步。现在我们是以世界先进水平作为赶超的起点。我们是采取拿来主义态度,凡是世界上先进的科学技术成果,我们都要"拿"过来。但是,我们现在财政力量还不够,拿一二千万吨石油出口,搞些设备。东京大学前任校长茅诚斯教授过去我见过,这次未见到他。他说日本就是采取拿来主义。你看日本的商品,像一只手表,质量好,价格又便宜,用了一段时间,可以另换新的。记得一九二八年上海报纸上登有一篇文章,说当时上海一块光洋可以买一块表,一年一个,从一岁时买起,到将来就可以开一个展览会。

邓昌黎:国内石油一年输出多少?

邓小平:一年一千万吨左右。

邓昌黎:国内铀矿资源也不少吧?

邓小平:够我们自己用的,反正我们也不输出。现在重要的是把科学发展的远景规划好,把各种措施一一落实。

只要你时间安排上允许,可以随时回来,在国内住多久都可以。你们夫妇一起回来。你过去为要求回国参观探亲,申请了十次之多,我不知道。我已有很久不管事了。现在"四人帮"被打倒,事情就好办了。你回国来是吃苦的,国内条件不如国外的好,我们为什么不欢迎呢?有的人愿意回来,周总理过去说过,二年为期,欢迎你们回来,但是被"四人帮"干扰了。

邓昌黎:我除了回国来提些建议以外,在国外还可以做一些联络工作。

邓小平:我们总的是希望把加速器的建造工作搞得快一些。

邓昌黎:最近国外有两篇报导,不知副主席看到没有?加速器可以用到解决能源方面去。建造加速器,一是可用来做实验,还可以把加速器应用搞生产。这在建造加速器第二步、第三步时应该考虑到。可以用加速器生产原子反应堆用的燃料。把钍变成铀作原子堆的燃料。

邓小平:是否可以不用铀?

邓昌黎:用钍,金字旁加一个土字的钍。

邓小平:这种钍我们多得很,就在华北地区。

邓昌黎:加速器可以把钍变成铀。

邓小平:这样就可以避免污染了。欧洲目前正在召开节约能源的会议。

邓昌黎:十年内,世界上将发生能源的恐慌,一些国家都注意研究加速器,也是为了解决能源问题。

邓小平:你是主张国内的加速器从三百亿一下子提到到一万亿。国内一些同行和丁肇中教授也有类似的意见。丁先生认为四千亿和一万亿在技术上差不了多少,只是投资上多了些。

邓昌黎:两者的困难度差不多,建造的时间也不会增加多少。

邓小平:美国想搞一万亿电子伏,得花十亿美元吗?

邓昌黎:四千亿那一个,只花了二至三亿美元,我们这个比西欧中心那一个便宜些。

邓小平:在我国,开支恐怕还会少一些。我们征地不花钱,工资又低,可以集中优势兵力打歼灭战,建造的时间可以缩短。其中某些一时难以解决的部件可以向国外买。可以买到吗?

邓昌黎:在国外买,既快又便宜。有的部件对工业生产也无多大用处。

邓小平:这个办法也是省的办法,不仅是快,而且省。这在其他领域也是这样。一九七五年,我们想从美国买一台一千万次的电子计算机。我与基辛格谈判,我说,你们整天讲要搞什么交流,为什么这台千万次计算机不卖给我们。基辛格辩解说,由于未卖给苏联,也不便卖给我们。还说,要卖,也得通过政府途径。他想通过两国关系来干预这件事情。我们宁可不要,也不能这么干。最近又发生这类事情,我们同美国商界做生意,公司同意了,但是政府又出来干预,我们当然不干。他们想通过这使我们在政治上让步。

邓昌黎:要买计算机,也可以到西欧去。

邓小平:同一类东西,可以到法国去买,只是价格稍贵一些,但是法国和我们的关系不错。这不是一个单纯的商业问题,还是一个政治问题。

邓昌黎:我希望国内将来能建造世界上最大的加速器。

邓小平:什么样的算最大?

邓昌黎:按现在的说法,一万亿电子伏就算是最大的了。

邓小平:到了本世纪末,科学发展又不知会怎么样了。

(《邓副主席会见美籍高能加速器专家邓昌黎一家的谈话纪要》,1977年10月20日,中国科学院办公室印发)

10月 和于光远、周培源等发起建议成立“中国自然辩证法研究会”。该建议由中国科学技术协会上报。

11月4日(晚8:00～10:30) 带领中国科学院院部和高能物理研究所有关人员,在北京饭店同西德电子同步加速器研究中心(DESY)主任朔佩尔(H. Schopper)进行小范围非正式会谈,听取对联邦德国科技组织及12个研究中心的情况介绍;探讨派人去12个中心参观和工作的可能性;了解DESY的组织结构情况;征求对中国建造高能加速器及选址的看法。

关于向联邦德国12个中心派人问题,朔佩尔回答①:

去参观及派人,原则上有可能,没有困难,但具体去什么人,去什么所、什么专业,要同有关的所长联系。现在我正好是12个中心的联合会主席,我可以替你们介绍联系。这次来,不知道你们对12个中心都有兴趣。这方面我可以提供资料,回去后可以寄来。你们要去参观,通知我一下,我就可以安排好。

对中国建造高能加速器的看法,与朔佩尔作了详细讨论。关于建什么样的加速器,朔佩尔说:

究竟搞电子的还是搞质子的,这个问题很难回答。现在欧洲和美国都在讨论,下一步究竟做哪一种加速器。大部分物理学家认为,做电子的比做质子的好些。原因是美国的斯坦福直线加速器中心(SLAC)和DESY,都用电子加速器取得了很好的成绩。基础理论方面,要着重找新的东西。但今后10年内,也许质子加速器会取得更好成绩,眼光不能短浅。你们先从电子开始还是从质子开始,并不是最重要的问题,重要的是造的加速器必须是当时世界上前沿的。举例说,美国当初造了一个70亿电子伏的质子加速器,同时欧洲中心在造280亿电子伏质子加速器,这样显然美国的无法同西欧中心竞争,所以后来就关门了。像美国这样,是错误的做法。总之,必须在造成后

---

① 以下所引用的朔佩尔的言论均引自《钱三强同志与朔佩尔教授谈话主要内容》(记录整理稿,1977年11月4日晚8点至10点半)

是世界的前沿。至于西德当初造70亿电子伏的电子加速器,因为那时世界上这种能量的电子加速器还没有,造出来后就是世界上的前沿。这样才有自己的特色。

中国如果造质子加速器的话,能量最起码应当是2000亿电子伏以上,如果能量比这低,就没有什么意思。

关于加速器的选址,朔佩尔说:

各人标准不一样,我的意见不一定适合你们的需要。但我可以谈谈我的意见。关于地质条件并不重要。西欧中心选址时选了12个地点,最后选岩石地基,这没有必要。DESY所有加速器都建在沙子上。美国费米实验室条件也不很好。所以地基并不是最重要的。但是要注意,不能建造在沼泽地区,这会下沉。最重要的是选交通方便的地方,必须离飞机场很近,这样物理学家来去就方便。像西欧中心和DESY,下飞机到中心只要20分钟,很方便。DESY位于汉堡中心,总面积是1000到1200米见方。DESY周围都是居民。选址应离电网近,还要有冷却水源。DESY位于25万电网附近,付的电费很贵,每年1000万马克,这是平均值。DESY用电最高负荷是4万千瓦,平常维持在2万千瓦。

关于DESY同中国合作问题,朔佩尔表示:

我们同许多国家有合作。DESY和法国高能中心之间直接签有协议,同日本则比较正式,通过政府签协定。

有些问题需要一个信确认一下,例如要保证做完一个实验(因为通常一个实验组总有许多国家参加,如果一个国家的人员没有做完就中途走了,会影响整个实验工作)。另外,安全问题、辐射防护问题怎么办理;如果一个人病了,由谁来负责;如果一个人突然出了车祸,由谁负责,都要有一个协定,明确定下来。我们的合作可以从小到大,这样牢靠些。

如果你们对DESY的计算机软件、计算机接口有兴趣,也可以派人去DESY参观学习。

11月5日 同李昌等在北京饭店与朔佩尔举行正式会谈。围绕以下三个问题听取意见,进行讨论:一是西德12个研究中心的情况;二是西德同步加速器中心的情况;三是学术和人员交流问题。在双方开展合作和学术交流方面达成共识。

11月6日晚 根据我国拟建高能加速器的初步设想,再次带领中国科学院和高能物理研究所少数有关人员,在北京饭店与朔佩尔进行商谈,征询对我

国建造高能加速器的若干具体意见。钱三强向朔佩尔提出以下三点及对方所谈意见:

一、关于建造高能加速器的组织工作

朔佩尔认为,要建造高能加速器有一件事非常重要:不要搞许多委员会,不要许多人都抓,而要二三个人全力以赴;加速器的成败,由他们负全部责任。这样才能搞成功。如果设太多的委员会,有时会变成官僚主义。

二、关于建造产生同步辐射的电子加速器的费用估计

朔佩尔讲到,为了产生紫外光区域的同步辐射,最好建造一台能量800兆电子伏的电子同步加速器。建造这样一台加速器的费用估计要1500万西德马克(折合约1200万元人民币),但是这只包括加速器本身及房子,至于引出束的设备和实验设备等都不在内。

为了产生X射线区域的同步辐射,要建造一台能量25到30亿电子伏的电子同步加速器,建造费用估计要5000万到6000万西德马克(折合约4000万到5000万元人民币),这也是指加速器本身。至于引出束的管道及实验设备的费用,估计每个管道约100万马克(80万元人民币),管道之所以贵,因为需要抽到高真空。

三、关于对中国建造高能加速器的看法

朔佩尔认为,不应当做10亿电子伏的质子加速器。如果做快脉冲的,质子束流的强度做不强。而在这种能区,流强又不强,就完全没有用。美国布鲁海文实验室300亿电子伏质子加速器,能量不高,但是束流强度大,所以丁肇中才能发现新粒子。

总之,朔佩尔反对搞10亿电子伏质子加速器。前几天在个别交谈中提出建议,中国做一个两万亿电子伏的质子加速器达到世界最前列。另外,在个别交谈中多次强调,挖加速器隧道时,应把隧道挖得尽可能的大,这样以后就可能加进许多的东西进去,如超导磁体、双环或多环等。(《钱三强同志与朔佩尔教授谈话主要内容》记录整理稿,1977年11月6日晚7时)

12月1～29日 率中国科学院代表团先后访问罗马尼亚和南斯拉夫。访问考察了两国15个城市的32个有关计算技术、化学、原子核物理、冶金等科研机构、大学和工厂。签订了中国科学院和罗马尼亚科学技术委员会及科学院1977～1979年科学合作计划;就中南两国科学院的科学合作与交流问题交换了意见。

Δ在南斯拉夫期间,见到曾在居里实验室工作过的同事萨维奇(P. Savitch)教授(时任塞尔维亚科学院院长),十分亲切友好。钱三强代表中

国科学院邀萨方便时到中国访问。

1978年　六十五岁

1月7日　出席中国科学院党组会议。会议决定成立业务领导小组，由秦力生同志牵头，郁文、钱三强参加。钱在秦力生生病期间代管外事工作，并继续分管二局工作。为加强学术领导，会议还决定成立院学术委员会筹备小组，由李昌、钱三强负责，经过一段时间工作后，待条件成熟后成立院学术委员会。①

1月25日　中国科学院党组通过院学术委员会筹备小组名单，1月28日提交院务会议通过。筹备组由李昌、严济慈、钱三强、顾德欢、吴文俊、王绶琯、郑哲敏、钱人元、贝时璋、胡含、张文佑、黄秉维、王守武、钱志道等14人组成。该小组主要由钱三强领导，顾德欢任办公室主任。院学术委员会筹备小组开展了恢复科技人员技术职称的工作，并组织各业务局组建各局学术委员会。1979年1月恢复学部活动后，中国科学院学术委员会的职能由学部继承，中国科学院学术委员会筹备小组即为学部办公室，开始重建学部和增选学部委员等工作。

1月　出席中国科学院自然科学期刊工作座谈会，就如何办好学术期刊发表讲话，鼓励破除"紧箍咒"，抢时间把各种学报和期刊办好，促进学术著述和交流。钱三强讲到：

> 科学要大上。然而发展科学，办好刊物是很关键的一个环节。这个环节抓得好，会促进科学发展；反之，也会阻碍科学发展。科学工作总是从低到高的。现在的年青一代，还不太会做科学工作，今后几年不成熟的东西会不少，你要求全责备，就很可能什么也出不来。杨振宁教授说过，日本原来的科学出版还比较严格，到了五十年代初期，就不那么严格了，有些不很成熟的东西也发表了。日本这样做的目的，是让青年勇于多写，做了之后就登出来；写出来经大家讨论，就知道应从哪里提高。后来日本的水平高了一点，就逐渐严格了。这种意见值得参考。在这样的时候，我们刊物是鼓励人家多发表呢，还是保持我们的"严肃性"呢？我主张多让人写东西，年纪大一点的、成熟一点的人，在可能范围内多给青年同志一些帮助；有些文章，只要文字上和推理还合适，就让它发表。以我个人的经验，年青时不爱看美国的杂志，它不如英、德、法的杂志严谨。但现在讲物理，就要看美国的杂志了。再看那些有名的科学家，平均一生发表三五十篇文章吧，一般也不过

① 参见中国科学院院档．1978－1－5

只有几篇东西还有意义,大多数是普通的,没有什么显著意义;还有些东西甚至是错误的,但这并不妨碍他后来成为名家。既然事物是这样,何必卡得那么紧呢。卡得紧,许多人吓得不得了,做了工作也不敢发表。从量子力学的发展过程看,二十年代末到三十年代,那时刊物上的各种怪论多得很,假如那时有像我们现在一些编辑者做编辑,恐怕好多意见就发表不出来。理论工作发展过程中,照例有许多不同意见,绝对荒谬的东西也有。绝对荒谬的东西发表出来以后,第一人家不理它,第二人家驳它,也就不再提了。因此,我看可以放宽一点,可以多发表一点,还可干脆辟一栏,就叫"讨论栏",开个口,让他"民主"一番,但对这种文章的正确性不负责任,文责自负。隔一两个月,编辑部再写一个编后语也就完了。在这样大量的东西中,可能有那么百分之一、二、三、四确实是好的,是平常人想不到的,这就不错。中子存在的设想,就起源于英国著名物理学家卢瑟福在圣诞节给青年人讲话时说到的。当时很多人认为仅仅是一种臆想。结果接受了这种设想的查德威克,很快就从当时不可解的实验现象中得出中子存在的结论。要使科学兴旺发达,没有创劲是不成的。创的过程不成熟的思想,肯定是有的。

学报要有各种文章。全国性的学报、期刊一年至少要出6期,争取12期,宁可薄一些,不要一年出两期。在现阶段,要注意组织对外国科学的评论性文章。这对我们整个科学发展会起作用的。今后外籍华人来华演讲,好的讲稿也可整理刊登,甚至外国写得好的总结,偶尔翻译一篇也可以,把学报的气氛搞得活泼一些。要破除我们自己给自己套的"紧箍咒",提倡只要对我们的事业有利,就拿来为我所用。科学上要抢时间,写作和出版方面也非要有这个时间观念不可。(钱三强,《科坛漫话》,知识出版社,1984年,231~232页)

1月16日 参与倡议经批准成立"中国自然辩证法研究会筹备委员会",与于光远、周培源同为筹委会召集人。期间,参与讨论制定了《一九七八——一九八五年自然辩证法学科发展规划纲要》(初稿)和出版《自然辩证法通讯》杂志方案(草案),拟定了《中国自然辩证法研究会试行章程》等。

年初 应邀在中国科学院共青团委员会举行的报告会上发表讲话,回顾中国科学院和新中国科学技术发展的历程,鼓励有志青年要树立信心,鼓起勇气,在新的大好时期做出高水平的工作。

2月 在天津市当选第五届全国人民代表大会代表,并出席在北京举行的第五届全国人民代表大会第一次会议,为大会主席团成员。

3月 被任命为中国科学院副院长,郭沫若为院长,副院长还有方毅、李昌、周培源、童第周、胡克实、严济慈、华罗庚。

3月14日 在全国科学大会前夕，接受新华社记者采访，畅谈新中国如何自力更生发展科学事业。

3月18日 出席全国科学大会开幕会，为大会主席团成员在主席台就座。与会代表共5586名。华国锋主持大会，邓小平发表讲话。钱三强对邓讲话中提出的"科学技术是生产力"的论断，以及脑力劳动者的绝大多数已经是无产阶级的一部分的精神，尤其印象深刻。

邓小平讲话摘录：

> 第一个问题，对科学技术是生产力的认识问题。在这个问题上，"四人帮"曾经喧嚣一时，颠倒是非，搞乱了人们的思想。科学技术是生产力，这是马克思主义历来的观点。早在一百多年以前，马克思就说过：机器生产的发展要求自觉地应用自然科学。并且指出，"生产力中也包括科学"。现代科学技术的发展，使科学与生产的关系越来越密切了。科学技术作为生产力，越来越显示出巨大的作用。
>
> ……
>
> 大家知道，生产力的基本因素是生产资料和劳动力。科学技术同生产资料和劳动力是什么关系呢？历史上的生产资料，都是同一定的科学技术相结合的；同样，历史上的劳动力，也都是掌握了一定的科学技术知识的劳动力。我们常说，人是生产力中最活跃的因素。这里讲的人，是指有一定的科学知识、生产经验和劳动技能来使用生产工具、实现物质资料生产的人。石器时代，青铜时代，铁器时代，十七世纪，十八世纪，十九世纪，人们使用的生产工具，掌握的科学知识、生产经验和劳动技能，都大不相同。今天，由于现代科学的日新月异，生产设备的更新，生产工艺的变革，都非常迅速。许多产品，往往不要几年的时间就有新一代产品来代替。劳动者只有具备较高科学文化水平，丰富的生产经验，先进的劳动技能，才能在现代化的生产中发挥更大的作用。在我们的社会里，广大劳动者有高度的政治觉悟，他们自觉地刻苦钻研，提高科学文化水平，从而必将在生产中创造出比资本主义更高的劳动生产率。
>
> 承认科学技术是生产力，就连带要答复一个问题：怎么看待科学研究这种脑力劳动？科学技术正在成为越来越重要的生产力，那末，从事科学研究的人是不是劳动者呢？
>
> 在剥削阶级统治的社会里，有各种各样的脑力劳动者。有些人是完全为反动统治阶级服务的，他们同从事体力劳动的劳动者处在对立的地位。但就在那个时候，也有很多从事科学技术工作的知识分子，

如同列宁所说,尽管浸透了资产阶级偏见,但是他们本人并不是资本家,而是学者。他们的劳动成果为剥削者所利用,这一般是社会制度决定的,并不是出于他们的自由选择。他们同那些绞尽脑汁直接为反动统治阶级出谋划策的政客是截然不同的。马克思曾经指出,一般的工程技术人员也参与创造剩余价值。这就是说,他们也是受资本家剥削的。

在社会主义社会里,工人阶级自己培养的脑力劳动者,与历史上的剥削社会中的知识分子不同了。在我国社会主义改造的过程中,毛泽东同志曾经指出过,从旧社会过来的知识分子,有一个依附在哪张"皮"上的问题。在社会主义历史时期中,只要还存阶级立场的问题,知识分子就需要注意解决是否坚持工人阶级立场的问题。但总的说来,他们的绝大多数已经是工人阶级和劳动人民自己的知识分子,因此也可以说,已经是工人阶级自己的一部分。他们与体力劳动者的区别,只是社会分工的不同。从事体力劳动的,从事脑力劳动的,都是社会主义社会的劳动者。随着现代科学技术的发展,随着四个现代化的进展,大量繁重的体力劳动将逐步被机器所代替,直接从事生产的劳动者,体力劳动会不断减少,脑力劳动会不断增加,并且,越来越要求有更多的人从事科学研究工作,造就更宏大的科学技术队伍。……

正确认识科学技术是生产力,正确认识为社会主义服务的脑力劳动者是劳动人民的一部分,这对于迅速发展我们的科学事业有极其密切的关系。我们既然承认了这两个前提,那么,我们要在短短的二十年中实现四个现代化,大大发展我们的生产力,当然就不能不大力发展科学研究事业和科学教育事业,大力发扬科学技术工作者和教育工作者的革命积极性。(《邓小平文选》第二卷,人民出版社,1994年,86~90页)

3月24日 出席全国科学大会全体会议,听取华国锋作题为"提高整个中华民族科学文化水平"的报告;大会宣读郭沫若的书面讲话《科学的春天》;大会通过《1978—1985年全国科学技术发展规划纲要(草案)》;大会表彰先进集体826个、先进科技工作者1192人和7675项优秀科技成果。

△于是日大会主席台给邻座的钱学森写一便条,请其对关肇直的有关工作写一评价意见。便条写道:"学森同志:关肇直同志与你部(即七机部)工作有过一定联系,能否请你对他工作作一点评价?"钱学森在同一便条纸的下方空白处回复:"三强同志:关肇直同志和他研究室同志十多年来一直深入到国防武器系统的设计中,学习了工程技术人员研制困难之所在,提出了比较系统的理论,理论和实际的联系比较好。但由于过去这几年在科技战线上普遍存在的问题,工程技术人员能真正运用他们理论的人很少,以致未发挥其应有的作用。再一点

就是这个研究室的工作还未能推广到其他方面，如民用工业。总之，关肇直同志和他的研究室的工作是很有成绩的，应该得到鼓励。”

4月25日 应《人民日报》社邀请，在该社作关于科学技术现代化问题的长篇谈话。记录稿题为“漫谈科学实验的重要性”，全文分四节：

毛主席早在1937年写《实践论》时，就提出了科学实验是一项伟大的社会实践的光辉思想。以后，毛主席又进一步阐明了阶级斗争、生产斗争和科学实验，是建设社会主义强大国家的三项伟大革命运动。这是毛主席对马克思主义哲学和科学社会主义的一个重要贡献。我最初看到《实践论》是在1951年。我觉得，毛主席在《实践论》中讲的许多道理同我们搞自然科学的从科学实验中自发地摸索出来的道理是一致的，从而体会到哲学确实是社会科学和自然科学的概括和总结，马克思主义哲学是指导科学研究的强大思想武器。建国以后，在毛主席和周总理的亲切关怀和直接领导下，我国的科学技术事业得到了迅速发展，特别是通过两次制定和实施科学规划，我国的科学技术水平同世界先进水平的差距日益缩短。但是近10年来，由于“四人帮”的干扰破坏，致使本来缩短了的差距又拉大了。粉碎“四人帮”，扫除了发展科学技术的障碍。党中央刚刚召开了全国科学大会，邓小平同志在会上明确指出，在20世纪内，全国实现农业、工业、国防和科学技术的现代化，把我们国家建设成为社会主义的现代化强国，是我国人民肩负的伟大历史使命。他特别强调，四个现代化，关键是科学技术现代化。应该说，对科学实验的重要意义的认识已经达到了一个新的高度，比之过去有了重要发展。现在我想联系科学、技术和生产发展的历史情况，谈谈自己对这个问题的一些体会。

一

为什么科学实验具有重要意义呢？让我们回顾一些生产的历史发展过程，就可以说明这一点。

现在一说起电气化，我们就知道要造电机、建电站等等。抓这个行业当然很重要，但电气化这一行业是从哪里发展来的呢？其起源应追溯到100多年前英国的法拉第等所作的电磁实验，即1831年，法拉第通过实验发现了电磁感应规律。正是他们在实验室里一点一点地摸索出电与磁、电磁与力的关系，并且在掌握了这些原则的基础上又慢慢地搞出了发电机的模型。因此说，现代化的电的工业，正是从科学实验发展而来的。没有100多年前法拉第这一代科学家进行的电磁实验并取得成功，人类就不可能进入电的时代。

现在像人造地球卫星转播站等这些现代化的设备的应用，已经是相当普遍的了。大家都知道,这些现代化设备的基本原理,是无线电波带着信息进行的传播。而无线电波也是通过科学实验发现的。1864年,英国科学家麦克斯韦根据法拉第的电磁规律和力学原理进行综合,把全部电磁现象描绘成一组数学方程,由这组方程进而推论出自然界存在有电磁波。这个结果发表后,引起当时世界上不少学者的重视。后经过不少实验,终于由德国的赫兹在1884年发现了电磁波。也可以说,世界现在进入无线电时代,这是因为早在100多年前科学家们做了大量科学实验的结果。

再说说原子能吧。原子能是怎样被认识和利用的呢?记得我年轻的时候,还没有"原子能"这个概念。到了1938年,法国的伊莱娜·居里同现任南斯拉夫塞尔维亚科学艺术院院长的萨维奇,证明铀受中子打击后产生一种非常像镧的放射性同位素;德国的哈恩和斯特拉斯曼知道这个结果后,很快地进行试验,证明铀受中子打击后产生出一种放射性钡,他们的化学工作做得很细致。镧与钡在化学元素周期表里,都是居于中间位置的元素。因此这些实验说明,铀受中子打击后可以分裂为两个重量差不多的元素,这就是裂变现象的发现(1938年底)。到了1939年,世界上有10多个实验室用不同方法验证了他们的结果是正确的。对原子核的这个新性质的认识是很重要的,因为从此人们知道了原子核裂变能产生很大的能量;同时在裂变过程中还有可能释放出中子,这些新放出的中子,又可能引起别的铀原子产生核裂变。如此类推,便可能产生连锁反应。这样连续不断地反应下去,就能放出大量的能,这就是原子能的来源的机理。

现在原子能的利用已成为时代的象征,而原子能时代的启蒙,始自1896年法国的贝克勒耳发现的放射性现象。从那以后两年,即1898年,居里夫人等发现钋和镭两种放射性更强的新元素,在科学上打开了一个新局面。又经过40年,到1938年底,首先认识到原子里面有原子核,原子核能产生裂变,裂变的结果产生了原子能。可以说,原子能是经过了40多年的科学实验的历程产生出来的。从历史上看,一个电气化,一个无线电,一个原子能,都是先有科学实验,然后导致有关工业生产部门的出现。由此可以深刻理解邓小平同志说的实现四个现代化,科学技术现代化是关键的论点的正确性和科学性。

二

现代科学技术,以原子能的利用、电子计算机技术和空间技术等新技术的发展为主要标志,正在经历着一场伟大的革命,引起一系列新兴工业的诞生和变革,广泛推动生产技术的飞跃发展。什么是新技术?所谓新技术,就是通过科学实验得出来的规律逐渐应用并取得最新成就,促进生产重大发展的诀窍,这种东西就叫新技术。老技术如钢铁、化工、煤炭等部门都有二三百年的工程技术史了,当然它们本身也在不断地现代化。1962年,我国制订第二次科学规划时,激光技术刚刚开始发展,我们抓住了这个有发展苗头的东西,当时世界上一些技术先进国家也不过比我们早起步二三年,现在激光技术已经成为一种非常重要而普遍应用的技术了。原子能利用、电子计算技术和空间技术,这些东西,都属于新技术的范围。原子能技术经历的时间长一些,因为认识它的规律的过程比较复杂一些。电子计算机是匈牙利科学家冯诺依曼在前人的基础上发展起来的。他到了美国,提出了内存贮程序式计算机的概念,后来就逐渐发展成为现在的计算机,成为现代化的标志之一。空间技术包括两方面:一个是喷气技术,另外就是电子学技术。电子学技术包括了计算机技术。卫星上天,一方面要进行发射,这就需要喷气技术;一方面又要受地面的指挥,就需要电子技术。空间技术则是从制造导弹和洲际导弹开始的,它在军事上当然是很重要的。但当这些技术发展起来以后,还可以用于其他方面,如放卫星。同步卫星,可以做到和地球的转速同步。这样,地面无线电把信息发到卫星上,卫星就可以在一定范围把信息发到地面。空间技术还可以用于勘测地下水的资源,等等。为什么说科学技术正在经历着一场伟大的革命呢?举例说,需要计算某个复杂的问题,用计算机每秒钟可运算几百万几千万次,无论你算盘打得怎么快也是望尘莫及,这就充分显示出电子计算机技术的巨大作用。如果每个省都有一个计算中心,并且下边有相应的管理和应用机构,许多经济数据通过计算机就可以很准确、很快地送到政府的计算中心,使政府对国民经济情况一目了然。现在有一些国家已经做到了这一步,人家可以在几天内就把全国的情况了解清楚。现代科学的发展还要求高速度,自动化,要求能量的集中。原来的远洋货船要装载大量的煤作燃料,后来改用石油,还占了很大部分的装载量。随着原子能利用的进一步发展,消耗比较少的核燃料,就可以供给船只很长时间的动力。现在陆地上可以搞原子能电站,远洋搞原子能动力船和核潜艇等等。这些都象征着科学技术正在经历一场伟大的革命,将引起一系列新兴工业的诞生,广泛推动着生产技术的发展。

三

为什么科学技术必须走在生产建设前面呢?道理很简单,因为科学技术能够广泛推动生产的发展。要提高产量,改进质量,革新技术,都得靠科学技术。不然,生产只能维持在原来的水平上,若干年还是个老样子。可是我们有的生产部门的某些同志对这个问题还认识不清。有的人一提起要成倍地提高产量,改进质量,就只习惯在增加人力、物力上打算盘,不习惯去考虑改进技术。我们现在许多厂子的设备,多半是从国外引进的,有的是50年代的东西。现在是80年代了,还拿人家的东西来翻版,这怎么行呢?当然,从国外引进先进设备是必要的。可是人家货分三等,一、二等的不卖,前五年的不卖,卖给你三等的,十年前的货就算不错了。人家给你设计一个厂子,总要把先进的技术留一手。这样即使你怎么大力搞,花多少钱,也还是比人家要差十几年。如果我们自己搞科研,注意消化,情况就会不同了。多了不说,假如一个厂子能拿出二十分之一、三十分之一的力量来搞科研,一般的技术问题是不难解决的。技术这玩艺好比是一张纸,一捅破了,就觉得没什么了不起,你若不下一点功夫那是捅不破的。所以我们除了注意引进人家的东西,同时一定要依靠自己搞科学实验,搞技术攻关,这样进口了一个厂子的设备,等到再建时自己心里就有了数,就可以进行技术革新,就可以在原来的基础上提高一步,就能不断地走向现代化。

实现生产技术的不断改进,就要靠应用科学。应用科学指的是把一些已经成熟并经过验证的原则进行目的性很明确的用于改造自然、提高生产的工作。无论民用工业、国防工业都有大量这样的工作。比如从前用黑色火药,后来用无烟火药,现在是原子核材料。这都是多年来通过科学实验积累的知识加以应用的结果。所以从这个意义上说,只有实现了科学技术现代化,才有国防现代化。

再拿农业来说,艰苦奋斗精神当然是重要的。但仅仅如此不够,还要搞科学种田,要懂得农业生产的规律。施肥也有规律,化肥是好,但施多了,施的不是时候,都会适得其反。我们现在肥料品种不多,科学知识不够普及,常常会发生由于施错肥而妨碍作物正常生长的情况。黑龙江是我们的粮食产地,但是掌握霜冻期很重要,如果霜冻早来10天,又缺乏科学的预防措施,就要造成严重减产。假如通过科学方法培育出比一般作物早熟十天半月的种子,那就可以抵御自然灾害,使黑龙江成为粮食的保收丰产区。显然,这里边的关键就是需要搞科研,摸规律。遗传工程所以要搞,就是因为它可以人为地改造生物的一部分遗传性。我们现在吃粮食多,部分原因是因为要从粮食里吸取身体所需要的蛋白质,其实这里有浪费。如果通过科学研究能增加粮食里的蛋白质含量,那末粮食的消耗量就可以大大节省。由此可见,科学实验对农业的发展也是十分重要的。

科学技术本身也是不断发展的。原子核科学从1896～1938年是属于量变(也包括部分质变)的阶段,但到1938年发现了原子核裂变,引起了工业、国防等各个方面科学技术的大发展。这就是从缓慢发展阶段到突变阶段。科学就是这样由量变到质变，再从质变到量变不断发展的。因此，科学实验也要不断进行，不断深化，不断积累，不能主观地要求科学实验不经过缓慢的量变过程而达到突变阶段。那样是违反科学发展规律的，事实上也是不可能的。

四

自然科学大致可以分为两类：一是研究、发现自然规律的基础科学；一是应用科学。搞基础科学的人数当然不一定太多，但必须要有，并且非有不可。“四人帮”摧残、破坏整个科学技术事业，但受干扰、破坏最大的是基础科学。他们胡说什么，搞基础科学不能吃、不能穿，最多写几篇文章，搞个人名利。还说什么学生物的，搞遗传的，有本事同农民比种地吗？你种地种不过人家，可见你那玩艺没有用。“四人帮”就是用这套胡说八道的谬论把基础科学一刀砍掉了。

粉碎“四人帮”，使科学“翻了身”，特别是基础科学翻了身。这个问题很关键，我们搞工业生产，只搞翻版，不搞科研，不能适应现代化建设事业的需要；同样，如果只抓应用科学，不抓基础科学，也不能适应现代化建设的需要，因为没有科学储备，不能掌握新的规律，只能用现成的人人都会应用的规律，这样搞来搞去顶好是跟人家差不多，难以搞出新玩艺，特别是不能实现技术革命。不抓基础科学，就不可能进入电的时代。为什么在17、18世纪英国成了世界科学技术的中心？原因之一是他们最先摸出了电磁规律，造出了电机。结果谁要买电机都得到英国去，自然，英国就成了科学技术与工业生产的中心。美国的发展，是由于第二次世界大战大批欧洲科学家流到美国去。当时美国科学技术并不特别发达；科学杂志数量虽然不少，质量并不怎么高。美国走上世界科学高峰大致是在1945年左右。在流入美国的科学家中，有意大利的科学家费米，他当时在欧洲工作很突出，与约里奥-居里有类似声誉。在美国就是由他领导最先应用原子能原理，造出世界上第一个原子反应堆。与此同时他还培养了一批学生。这批学生现在大多60岁出头，正是成熟的时候，他们每个人又都带出了一批人。正是由于这样，基础科学在那里开花结果，美国的整个科学技术发展了。

可以预料，随着时间的推移和社会的发展，越接近2000年，科学实验的重要性将越充分显现出来。那时各家都旗鼓相当，水平接近，如果谁能更快更多地摸出新的规律，并且善于应用它，使它开花结果，谁就能处于领先地位。

对我们来说，目前基础科学和应用科学都应大力发展。如果说应用科学投入八倍、九倍的力量,基础科学则应投入一倍或略多一点的力量。如果这必不可少的力量得不到保证,又可能要耽误多少年。早在1956年周总理就指出:如果我们还不及时加强对于长远需要和理论工作的注意,那末,我们就要犯很大错误。没有一定理论科学作基础,技术上就不可能有根本性的进步和革新。周总理的这段话是十分严肃而明确的,我们应该牢牢地记住。

为了未来,为了早日实现四个现代化,我们应该十分重视科学实验。(《钱三强文选》,162~168页)

4月末 会见并宴请应中国科学院邀请来华访问的英国皇家学会会员、英中了解协会会长李约瑟博士及其工作助手鲁桂珍,进行十分广泛而友好的交谈。在叙述到曾在朝鲜前线两人险遭美国飞机轰炸时,更觉友情难忘(5月2日,陪同方毅再次会见李约瑟及鲁桂珍)。

5月 钱三强接受上海《自然杂志》记者专访,就加强基础科学研究、普及现代科学知识、广泛进行科学交流及办好自然科学刊物等问题发表谈话。"谈话"刊载《自然杂志》1978年5月创刊号,题为"迎接科学的春天"。摘录如下:

全国科学大会的胜利召开,标志着我国科学技术的发展进入了一个新的历史时期。科学技术和科学技术工作者在国家建设中的地位和作用,重新得到肯定。特别是邓小平同志阐明的科学技术是四个现代化建设的关键和科技人员是工人阶级的一部分,以及科研工作必须走在生产建设前面的思想,为我国科学技术的繁荣和发展重新奠定了可靠的基础。……

现在先谈一个尚未被人们普遍认识的问题,这就是理论现代化。自觉地把加强理论研究作为一项战略措施来考虑,把理论现代化作为科学技术现代化的一个重要方面来对待,能更好地促进科学技术现代化的进程。抓什么理论?遵循先搞当务之急的原则,应当抓理论物理和应用数学。我们要自觉地把理论物理和应用数学的概念和方法,渗透到各有关学科以取得突破。从现代科学发展的历史来看,理论物理、应用数学的概念和方法已渗透到化学、生物学、天文学、地学等基础学科的研究中去,形成了许多活跃在自然科学前沿的边缘学科,并取得了不少进展。现代许多大型工程和国防尖端项目,也都需要采用物理的、数学的方法进行理论设计。随着大型计算机的发展和推广应用,使复杂方程的计算结果越来越接近实际情况,从而大大加强了理论预测的可靠性,使自然科学理论计算日益成为人类认识自然、改造自然的有力武器。

现代科学发展的一种普遍趋势是人们对微观世界的认识越来越

深入。“原子物理”、“量子化学”、“分子生物学”、“量子光学”等科学名词，都象征着现代自然科学深入物质结构的更微观层次的程度。在大量实验工作基础上，提高到用数学工具表达物质运动规律的理论物理学，把物理学各个分支学科对物质运动规律的研究成果作出综合概括，建立起统一的深刻的理论体系，说明和预言新的物理现象，指导着人们认识自然、改造自然的实践。当前，除了要加强粒子物理学以外，对凝聚态物理、核物理、原子和分子物理、等离子体物理、激光物理、表面物理、统计物理等与实际联系较密切领域中的理论问题，要予以特别的关注。这些领域中许多理论问题的解决，不仅有重大的实际价值，而且很可能孕育着新的突破。例如，对非平衡态统计物理的研究虽然为时不久，但有人预言，它在最近的将来会有很大的发展，可能在多粒子体系中非平衡过程的研究上会取得重大进展。无生命物质和生物运动的大多数过程都是非平衡态，因此，非平衡态统计物理的突破，必将对物理学、化学、生物学等发展起很大的推动作用。

加强理论研究的关键是培养大批觉悟高、知识面宽、创新精神强的研究骨干。作为自然科学家，当然要“专”一门自然科学，专家不“专”，就不成其为“专家”了。但是，现在搞科研的自然科学家，应当是“一专多能”的专家，具有较广泛的知识和兴趣，能把“专”和“博”有机地结合起来。例如，现在一位生物学家，如果不更多地学习一点现代物理学、生物化学和应用数学的知识，便很难适应现代生物学发展的需要。当然，并不要求生物学家去证明某个数学定理，但他应该知道如何运用数学方法去解决生物学问题，至少他能告诉数学家，他在生物学研究中遇到的数学问题是什么，以取得数学家的帮助。

科学工作者需要扩大自己的知识面，工程技术人员、农业科技人员、医务人员等从事实际工作的同志，也同样需要开拓自己的视野，加强自己的自然科学素养。……在现阶段，科学上没有搞清楚的事，要想在技术上去实现是越来越困难了，有时甚至是不可能的。五十年代初，一些国家曾各自独立地秘密进行受控热核聚变的研究，并提出过许多实施受控热核聚变和利用聚变能量进行发电的技术方案，但由于当时对热核反应的载体——等离子体的物理性能缺乏了解，因此，在实验和理论两方面的进展都不显著。研究情况表明了这一课题的长期性和复杂性。1958 年解密以后，开始对等离子体作系统深入的研究，并进行广泛国际性交流，等离子体物理学得到蓬勃发展，受控热核聚变的研究也因此迈进了一大步。

现代科学技术的管理是一门学问。从一些现代大型科研项目来看，一方面各协作的生产或科研部门为了提高工作效率，分工越来越细而趋向高度专业化;另一方面这些重大的科研项目越来越带有高度综合性,不实行大协作是不能完成的。而要沟通这两个极端,就必须实行高度科学化的组织管理工作。因此,在实现我国科学技术现代化的过程中,就要求担负科学技术组织管理工作的同志,具有比较广泛的现代科学知识。

世界各科技先进的国家都有综合性的自然科学杂志,我们自己创办这样一个《自然杂志》很有必要。针对现代科学发展日新月异,互相渗透交错的特点,《自然杂志》应当努力办得活泼一些,以新颖充实的内容,生动多样的形式,深入浅出的语言,向广大读者介绍现代自然科学知识,给人一种清新的感受。在横的方面来看,对现代自然科学各学科及其分支都应该有介绍,不要偏废,当然也要有所侧重;就纵的方面而言,对各学科的历史、现状和今后发展趋势作些综合评述介绍,也是完全必要的。

5月30日 出访法国、比利时之前,书写中、法文信各一件,托转即将应邀到访的居里实验室同事、南斯拉夫塞尔维亚科学艺术院院长萨维奇,谨致祝愿并为不能在北京接待他表示遗憾。中文信为:

亲爱的萨维奇院长同志:

我们中国科学院代表团1977年12月在南斯拉夫访问时,受到你们国家科学家们的热情接待,特别是受到你老同学式的亲切接待,使我难以忘记,当时听到你说可能不久将来再见,我更是无比的高兴。现在果然你和你的同事们不久将来到我国了,我们是多么高兴啊。南斯拉夫和中国在战斗中互相支持,在建设中也要相互帮助。你们的到来将进一步加强我们两国的科学交流。

遗憾的是,我受中国科学院的委托将于6月份率领代表团访问法国和比利时,因而这次你到中国时我不能亲自接待你,请你原谅。我的同事们一定会热情接待你们,并且一定为今后我们两国加强科学交流作出必要的安排。

祝愿你和你的同事们在我国的访问愉快,身体健康,祝愿南斯拉夫联邦共和国的科学繁荣昌盛。

你的朋友　钱三强

1978.5.30

6月初 前往北京医院看望病重的郭沫若。

“那天,我怀着难以抑制的心情走近他的病床,告诉他我即将出访法国,特来看望和辞行。他马上说:好啊!他支撑着衰弱的病体,谈了许多，最后又谈到了约里奥-居里，并且说，凡是对中国友好并为之作过贡献的友人，都不要忘记。谈到了科学技术未来的发展……他殷切憧憬着又一个光辉灿烂的科学春天的到来”。(《钱三强文选》，279页)

Δ郭沫若于6月12日在北京逝世，终年86岁。

6月初起 率中国科学院代表团先后访问法国和比利时。在法国，受到原子能总署和国家科研中心的隆重接待，访问了阔别30年的巴黎大学居里实验室和法兰西学院核化学实验室等研究机构，会见了科技界的老朋友和负责人，进行了广泛的交流与考察。

访法期间 最为感人的一件事发生在巴黎郊外“梭镇”墓地：那里长眠着两对居里夫妇——老居里夫妇和他们的女儿女婿约里奥-居里夫妇。钱三强以个人名义献上花圈(此事先由中国科学院报告外交部西欧司，并经请示中央领导批准)，然后伫立在恩师约里奥-居里夫妇墓前，良久未曾挪步，低俯着头，眼泪直滴落到地上。在场中法人员都为之动容。

在比利时 由我驻比国大使馆安排，以代表团名义邀请1977年诺贝尔奖获得者普利哥津(H. Prigogine)教授座谈并宴请他，两人用法语交谈，气氛融洽。普利哥津详细介绍了研究非平衡态热力学，特别是提出耗散结构理论的情况，从而了解到耗散结构理论，不仅对自然科学、社会科学，而且对数学理论的发展都将起促进作用。交谈中，钱口头邀普访华，普愉快地接受邀请，准备在秋季成行。

Δ普利哥津邀请中国参加第17届索尔威物理学会议。后经钱三强联系和安排，同年11月由中国科学院的郝柏林、于渌和北京师范大学的方福康三人参加了在布鲁塞尔举行的索尔威物理学会议。

6月16日 应邀从法国往日内瓦对欧洲核子研究中心(CERN)进行为期一天的考察访问。在该中心主任阿达姆斯和丁肇中的分别陪同下，参观有关工作，并同阿达姆斯和丁肇中等讨论了未来双方的合作计划。钱三强提到中国科学院高能物理研究所希望派出三位理论物理学家作为一个小组到CERN工作几个月；另外还可能派一个小组学习研究建造大型加速器装置及其相关问题，如土木工程、地下隧道工程和安全；如可能，中国科学院将计划派一个由第一流管理者组成的小组考察对大型国际性的加速器装置的运行管理。阿达姆斯表示有同样的愿望和信心。陪同参观CERN的有驻日内瓦大使安志远和方守贤等。代表团成员有汪德昭、章综、范新弼、李载平、陆绶观、宋振能等。

7月25日 应中共中央宣传部邀请，在北京向宣传干部作关于科学技术现代化的报告。讲题为“国外科技考察随感”，讲考察法国和比利时后的一些体会：

最近，科学院根据科学大会的精神，派代表团到外面去看看，学习学习。第一,要知道世界上的先进水平是什么。第二,有没有信心赶上去。不久前,我曾同一个代表团到法国和比利时去进行考察,有了一些感性的认识,现向同志们介绍于下:

看过之后,我们有这种感觉:第一,我们的确是落后了。第二,我们确实从感性上增强了信心。只要路子走得对,赶上去是完全可能的。我们同他们的差距到底在哪里?人家有什么特点?我1948年回国,整整30年了,再看看人家科学到底跟那时候有什么差别,特点又是什么,我们能不能干好。也许我有点乐观,我认为还是可以干得好的。他们的优点我们看到了,他们的缺点我们也清楚。我们看完之后还是满有信心的。

人家是怎样干的呢?我们能不能赶上?我不讲制度问题,这方面我们的社会主义制度要优越得多。那末,就是在那种制度下,他们是怎么干的呢?

(1)重要的一条,是选人,人必须选好,在他们的社会里,各个方面都是择优。在科研方面,大学毕业以后,能不能做研究工作并不肯定。做两年看看,不成的话,干脆换到别处。换出去工资也并不少。科研部门工资低,干这一行开始就要清苦一点。同样的人到工业部门工资常常要高50%,这样形成习惯。现在,我们有的人离开科学院,就好像一辈子都抬不起头来,这是封建思想在作怪。科研人员的结构总是"金字塔",军队里人员也是"金字塔"。保持这种结构,他们靠择优。入了研究机关给你三五年时间,那时候真要下功夫。其实只要用功并不太难,用了功夫,最后总要显示出来,当你对所研究的自然规律慢慢有了一套,懂得做研究工作了,就给你一个学位。得了学位,也并不是每个人都留下,在这里面也还要选择更适当的留下,其他又是从横的方面分配。工业部门很欢迎这种人,因为他们懂得研究工作的规律,可以担任起工业方面的应用性研究工作。因此,没有人以为当了博士不再做过去的研究工作就丢人。我们这儿的研究生如不能再做研究工作了,就以为没出息。做研究工作的,就一直做到胡子白。其实这对科学技术的发展并不有利,是不应该提倡的。

他们科技队伍,大体是"四级制",第三级的年龄是四五十岁。三十多岁的是骨干,可以指导一个方面,组织一个方面,带领一个方面,是主力。主要抓这批主力。到最高级研究主任一级年岁大,精力不足,最好是三十七八岁,正是精力充沛的时候,达到他们的第二级,这些人是他们科研工作的真正命根子。以前我们做青年学生时,对某一个方面工作特别出色的,有的得了诺贝尔奖金,大家就服了,不然不服。总是论资格,谁的胡子白点,长点,大家就尊敬,这是第二次世界大战前的观念。现在他们采取的作法实际有效。老院士还放在那里，实际没多大发言权。抓骨干，抓四十岁上下的。除了有专才，还要有通才，还要有组织能力。发现了这种人很快提拔。最近30年是择优，尽管二三把手有资历，空位让年轻的上。我们参观了一个相当大的，法、德、英三国联合办的欧洲第一流研究所，有1000多人，是用高中子通量的反应堆研究固体物理、生物物理、材料科学和核物理等的，3年前老院士告老，把一个39岁的拔了上去（经过各方面的考验，发现他有才，有能力，一下子拔上来，任期5年，好就再任，不好可以随时换）。我们去时，他刚任3年。听他1小时介绍，又领我们参观，讲过去怎样，发展前途如何，一听头头是道。他后边没有“二排议员”。是这样一批人掌握着领导权。最高的是科学国务秘书。法国有个科学国务秘书是搞半导体出身，五十一二岁，相当能干，到中国来过。再下边是原子能委员会、空间中心、海洋中心、太阳能委员会、石油中心、电子计算机信息中心、医药、农业中心，这一层里没有一个像我这么大岁数的，都是50多岁，个别有40多岁，都不带“二排议员”。讲政策也好，具体业务也好，都清清楚楚。我们提出要了解科学研究的组织管理方面的经验，他给我们安排了10多次会议专门介绍。他们废话很少，最多带几张纸，我们随时可以问，他们大部分都能答出。老院士担任实职的现在很少，多半是荣誉职务，顾问性质。真正工作过10年、15年左右的人，先专后通，对于显示出有一定组织能力的，就让他领导。现在的领导，学问和影响方面比以前的也许不如，但有组织能力，有效率，精力充沛；并且不是终身职，一般任期5年，不成就换。而我们在一个岗位上就不能动，动了就感到不光彩，这是封建思想残余。他们这一套，在那种社会能起到有效的作用，随时随刻新陈代谢。他们的社会是一个古老的社会，许多社会现象是颓废的，但在科学技术方面能不断更新，选拔干部是很重要的。

(2)他们提倡学术民主。法国“国家科学研究中心”有一个500人的“科学议会”，大体上一半是选的，一半是由各级领导机关包括国务秘书推荐和指定的。这些人凑起来，除了分块交任务，还掌握了3%～5%的经费，看到哪儿需要就支持哪儿，他们叫“汇合行动”。这是我们没有的新玩艺。他们看到国家需要，形势需要，或科研本身需要，包括科学的新发展，别人没看到，他们就抓住，就发信征求意见，找一部分“议员”进行讨论，要求如何，怎样去做，调动什么力量，用多少钱等等，议完之后就办。如果被支援的单位，一年、两年、三年还做不出成绩来，支援就撤销；根据需要也随时可以扩大。

戴高乐上台后，亲自抓了这个科研中心。另外抓了原子能，搞了汇合行动,后来又抓了空间技术。电子计算机上去了,海洋科学也上去了,各个方面都带起来了。需要搞大机构的,就搞个大机构。比如说仪器工业,我们认为仪器要自力更生,他们10年前也提出了自力更生。买仪器他们比我们方便,有些仪器我们买不到,他们却是美国仪器充斥市场。他们考虑到要在经济上、质量上与美国竞争,就建立了仪器委员会,给了一定的钱,找了几个不大不小的工厂(加上科学技术人员、教授)搞汇合行动,搞出了美国做不出的仪器武装了自己。我们问他们的仪器是怎样搞上去的,他们就找了仪器委员会的主席,谈了两小时。科学也好,科学组织工作也好,凡是对科学有利的,看准了就行动,每年抓好几项行动。

他们发展科学也有五年计划,但更重要的是及时抓薄弱环节,国务秘书有钱也有权,可以调动各方面的力量组织协作,这套办法看来比我们有效。最主要的是人家碰上薄弱环节随时可以补上去,不是发现了等10年、5年才去补,这样就赶得快。

(3)这次看了有点体会,什么叫科技现代化,原来有点模模糊糊,只有理论的认识,没有感性的认识。以后还有代表团出去,凑起来最后就可以懂得多一点。到人家那儿看到,房子是干干净净,宽宽敞敞,设备多于人,计算机到处都是,这是头一个印象。再进一步了解,他们还有很重要的一条就是"课题现代化"。比如生物学,我们建国以前绝大多数都是做描述性的工作,植物有什么科,什么属,什么性质,可以做药的植物有什么药性等等,这些都是经过多年的调查研究得到的规律,写成了多少本植物志,这是宝贵财富。但光是这样不够。建国初期,我们用当时比较进步的主要是物理和化学的方法进行生物研究,建立起实验生物学。从描述性的科学进到实验性科学,总算是进了一步。

他们现在搞生物大分子,可以研究一个具有几千个基本原件的大分子,把那些原件的排列顺序弄清楚。这方面我们只能做到几百个。世界上能弄清楚5000个原件以上大分子的有两个单位,欧洲就一个。我们在1958年以后搞胰岛素人工合成,一度在世界上占领先地位。后来我们又搞胰岛素结构,基本弄清楚它的空间结构,也是世界先进的工作。但近年来,关于胰岛素结构功能的研究,他们有些工作走在我们前面了。为什么一个生物大分子会形成一定的空间结构,并且只有在那样结构的情况下才有活力,这要从量子力学等的角度进行深入研究。我自己不懂生物科学,因此讲话中有关生物性方面的内容,可能错误很多,敬请批评指正。

法国研究微生物的最高机构巴斯德研究所的所长,对我们把遗传工程的研究列为科学技术发展的重点之一很佩服。对搞遗传工程,他们科学院同意,医学界不同意。他说:"你们居然算作全国科学的发展重点之一,有眼光。"他们那里受约束,保守势力大。他碰到他们卫生部的女部长,和她讲了中国的情况,她也支持,称赞我们有眼光,表示法国也要这样干,并说我们的科学大会提的要点对他们有帮助。我们科学大会的文件他们都有,在国外起了作用。在生物学方面,美国认为他第一流的得诺贝尔奖金的工作就是在细菌中培养出高级动物的一种东西。这次我们到欧洲看了,他们可以把鸡蛋白基因移植到细菌里,结果一个细菌可以长出鸡蛋白5000倍。这种工作属于比较初级遗传工程的一种方式。假如把这些规律和方法摸清楚了,可以让细菌工作,生产出原来只能从动物或植物中提取的有用部分,例如制药。他们还研究出细菌是有性别的,雄性的和雌性的,只在几个基本原件上有所差别。繁殖也有适当的安排。过去就不知道。听了以后感到,现在的生物学已经不是我们习惯说的那种生物学了。

在比利时,给我们看了培养植物单倍体繁殖实验。假如农业生产的粮食蛋白质含量比现在大5倍,那就是一次革命性的发展。现在需要吃3碗饭,那时吃1碗半或2碗就差不多了,等于吃了肉,有了足够的蛋白质。假如粮食的蛋白质含量提高相当倍数,食用的粮食数量就可以减少若干,这对我们有很大好处。他们的工作做得相当巧,拿某一种麦种泡在一种溶液中(含某种蛋白质的),很多种子往往受不了就坏死了,但是如果还有能生长的,那就有了抵抗能力,产生出一种抗素,结果表现出来不是减少而是增加了蛋白质。他们刚做了不久,我们看到若干棵活下来的麦子,在暖房里用红外灯照射着。他们已经证明麦叶中含的蛋白质比普通的多5倍,最后总会有一部分集中到颗粒里,可以期待,长到穗子上不一定是5倍,可能是3倍或少一点。他们已经接近用这一类的人工方法(不用杂交,杂交费时间)增加蛋白质,这是科学上的新思想。真正的研究,就是要有新方法、新思想。他们的想法对头,当然是不是真对头,还要看实践,实践是检验真理的标准。

创造性的工作当然不是爱干什么就干什么,要经过大家讨论,认为是可以做的。现在大多数的单位不是只做"定向性"的工作,也不是完全做创造性的工作。两者大体上有一定的比例。科学院的系统,应该说创造性的研究要多一些,医学科学院、农业科学院等,"定向性"研究多一些。现在法国医学科学院提出创造性的研究要占50%,强调分子生物学,有远见。他们把日常的临床工作也都算作"定向性"的研究。我们在50年代,特别是有人卡我们脖子时,强调以任务带学科,先完成任务,在那时的情况下是对的,但完成大批紧急任务以后,就应该进行调整,不调整,也没那么多任务,搞来搞去老是那么一套,水平就是那样。我们中央领导同志说过,建国以来,我国科学研究有很大发展,到60年代中期,已经缩短了和世界先进水平的差距,可惜后来距离又拉大了。我们体会到,不但要重视应用科学,同时也要重视基础科学。这样进展才快。

(4)再一个特点,他们现在已经不是什么物理研究,化学研究,而是所有的重要研究工作都是几种学科联合作战。比如在法国,研究光合作用,就是由物理、化学、生物化学、电子计算机等许多学科的科学技术人员联合起来做的。再说个例子,人家要检查脑子里长有什么东西,如有个小孩子,生来笨头笨脑,不知什么原因,父母很发愁,看起来脑子里有点毛病,又不能打开来检查,他们就把经专用回旋加速器照射而产生的短寿命的(周期约为20分钟)标准试剂,让病人吸进鼻子里。试剂吸进去后进到脑子里就附着在癌细胞或其他病细胞上。小孩躺在那里,脑袋上的仪器慢慢往下降,每降一下做一次测量,一层一层地把脑子里的同位素的分布记录下来。这是无损伤的。结果都记录在计算机里,大夫看后找出哪些地方和普通人不同,可以试着打针,吃药,进行针对性的治疗。这类工作就把原子能科学技术、电子计算机、医学、药理学等综合在一起了。这项工作在我们这儿还没有开展。研究课题现代化的一种表现就是多种学科的互相渗透,最后有机地结合共同解决问题。

(5)最后一个特点:从前做实验,一种设计只达到一个目的。一种自然现象有多种表现,常常是做这个试验,观察这方面的结果;再做另一个实验看另一方面的结果。好像一只大象,要懂得它,这次摸鼻子,那次摸尾巴,多少次实验统计的结果,大概才知道象是怎么回事。这是过去科学试验的方法,受的限制很多。当然它对新事物的认识也起过很大的作用。现在也还有若干细致的工作在这样进行。现在他们用的叫第二代仪器,用仪器设备做一次实验,就像摸象,一次这边可以找到象鼻子,那边可以摸到象腿,同时解释很多现象。最后记录下来,不但有平均记录,还可以有不同角度的记录。如中子引起裂变,一次就出几个中子,这边出一个重一点的裂片,那边出个轻一点的裂片,还有伽马射线,能力是什么,有多大,方向是什么,都可以得出来。一次搞好了就都记录下来了。速度快,互相关系清楚,人类对自然的认识速度快多了。我们现在只能算头一代科学工作者,用的是头一代的科学仪器,一次用一个仪器得一个结果。现在正走入第二代,多种仪器,多种探测,多种数据同时得到并且保存下来,随时可以用。内部联系从前是推论，现在可以明确说出来，对规律的认识深入得多了。过去几年几个人的工作，现在几星期几天一下就完成了。这就叫做科学技术的实验条件现代化，实验方法现代化。

(6)除了以上各点外，还有理论现代化。过去自然科学的理论多半是初级的，如物理学，研究固体的就是在固体范围之内，多年不变。最近20年有一派理论，如比利时科学家普利哥津，现在他的体系在欧洲很有名，是搞非平衡态热力学、统计力学的。这个工作很重要，固体本身有不同的相，有甲相，乙相，在冶金学上固体不同相的变化用处很大。对物体从固体到液体、从液体到气体的变化都可以描述。更重要的是逐渐从无生物走到有生物。比利时搞得非常热闹，那里各国人都有，本国有四五十人，外国人有四五十，是个国际研究单位，思想很活跃。今后重要的研究是从无生物走入有生物的过程。最后结果物理、数学、计算数学、化学、生物统统包在一起。这一行过去几年我们不大熟悉。非平衡态的理论有它的重要性。普利哥津最近得了诺贝尔奖金。秋天他预备到我国来讲学，在这方面可以填补我们理论方面的不足之处。

看看人家也都是15年左右，把自己的落后状况改变了，到本世纪末还有22年。我们过去在15年中，原子弹响了，卫星能上天了，还能收回来。我们有成功的经验，也有“四人帮”干扰破坏的教训，应该说比建国初期要聪明多了。在这种情况下，只要我们认真贯彻小平同志在全国科学大会上的讲话精神，明确四个现代化的关键是科学技术现代化，在党中央有效的组织措施之下，我们到2000年时达到国家的要求，进入先进行列是完全可能的。(《钱三强文选》，190～199页)

7月27日 代表中国科学院赴合肥协调等离子体研究所的领导班子问题，并听取安徽省委的意见。

7月28日 在合肥光明电影院向出席“787工程”(即托卡马克-8号装置)试制、生产技术交底和落实会议代表作报告。当晚，由芜湖乘船至九江，赶赴庐山出席并主持中国物理学会年会。

8月1～6日 和周培源等共同主持在庐山召开的中国物理学会年会，并代表中国物理学会理事会作工作报告。王竹溪代表理事会作修改学会章程的报告。江西省委书记江渭清专程到庐山看望会议代表，并应邀在开幕会上作革命传统报告。

物理学会年会期间，举行了4个学科领域的学术会议(即固体物理会议，第三次核物理会议，基本粒子会议，统计物理会议)，共收到学术论文和报告436篇。这是“文化大革命”后第一次物理学会年会，也是新中国成立以来物理学界的一次空前盛会。

8月3日上午 在庐山参加基本粒子会议,听取杨振宁作的"关于p-p碰撞理论新进展"和"关于晶格规范理论简介"。在前一个报告中,杨振宁介绍了他和吴大峻等在p-p碰撞方面的最新工作,指出他们的许多预言已为实验所证实,现在他们的理论又向实验提出了新的挑战,即预言p-p散射将出现有第二谷(second dip)的现象,而很多人的做法是多方设计从理论上将第二谷给填起来。杨在晶格规范理论简介中,介绍近来值得注意的一种新理论,即将时空看成是不连续的格点。由于这一理论和通常固体理论研究中关于晶体的热力学性质的研究有惊人类似之处,因而有可能从统计理论中学习一些技巧并移用到场论研究上来,特别是在固体理论研究中的相变现象可能在规范场中以类似的形式出现,这一点尤其值得重视。

同日下午 听林家翘向基本粒子会议作的题为"关于星系结构和密度波理论介绍"的学术报告,林介绍了他近十年的工作。

△该届年会,经过理事会全体会议民主协商,增补和调整了中国物理学会常务理事、副理事长。理事长仍为周培源,钱三强仍为副理事长,副理事长还有施汝为、王竹溪、甘柏、王淦昌、张文裕、汪德昭、谢希德。

8月8日 由江西省邀请和组织,偕王淦昌、赵忠尧、张文裕、彭桓武、胡宁、朱洪元、何泽慧、王承书等,出席南昌市举行的"青少年学科学、爱科学报告会",同青少年见面。

8月23日 经教育部和中国科学院联合报请党中央、国务院批准,浙江大学改为中国科学院和教育部双重领导,以中国科学院为主。次年初,经党中央批准,钱三强兼任浙江大学校长。

9月18日 代表中国科学院在北京签署同南斯拉夫科学艺术委员会的科学合作协议。

9月26日 致信法国原子能总署高级专员泰雅克,对6月访法期间给予的热情接待表示谢意,提出中法基础科学方面加强合作的前景,并试探性地询问奥尔费(Orphee)型高通量反应堆的合作问题。信中代表中国科学院邀请法国原子能总署基础研究所总所长霍洛维茨(J. Horowitz)访华。

10月10～13日 在桂林主持召开"微观物理学思想史讨论会",出席会议的有老、中、青三代知名物理学家、数学家和自然辩证法理论工作者卢鹤绂、彭桓武、胡宁、朱洪元、周光召、戴元本、何祚庥、李华钟、黄涛、冼鼎昌、郭汉英、李小源、谷超豪、夏道行、李宝和、林万和等40余人。通过讨论,会议明确近一两年的主攻方向是:①强子结构及其动力学机制的场论研究,包括强子结构及其内部动力机制的场论研究,处理强子结构及其动力学机制的新计算方法的研究,以及强子结构模型谱和现象性研究。②若干可能具有重要发展前景的新现象、新问题、新概念、新领域的研究,如轻子谱、层子谱的研究和对几种相互作用统一起来的试探。

在讨论会上作了总结性讲话。讲到理论研究的教训时，钱三强说：

> 过去，在学习和运用马列主义问题上，林彪、"四人帮"形而上学猖獗，动不动就打棍子、扣帽子，竭力破坏，制造混乱。我们一些同志也受了影响，打语录仗，把毛泽东思想搞得支离破碎，把毛主席针对不同情况讲的一些话，不顾客观情况和具体条件，当作普遍性的东西加以搬用。这次会议，在全面地准确地理解马列主义、毛泽东思想的基础上，对基本粒子理论研究中如何处理好哲学与科学、贯彻"百花齐放、百家争鸣"方针与集中主要力量攻重点，学习外国与自己独创，理论与实验，数学与物理等关系，都展开了讨论，提高了认识。
>
> 过去，在学术领导工作上，我们有成功的地方，也有失败的地方，往往用行政的方法干涉学术讨论。如遗传学问题，解放初期我们受了苏联的影响，有片面性，有形而上学，支持米丘林学派，反对摩尔根学派。不过，当时毛主席和我们某些同志不同，他极力保护摩尔根学派的谈家桢同志。二十几年科学实践证明，基因是客观存在，基因学说是唯物的；当然也不是说米丘林学派就没有若干合理的因素。总之，用行政命令的方式强行推行一种学派，只允许一种学派存在，是不利于科学发展的。这方面我们有深刻的教训。(《钱三强文选》，221～222页)

针对会议提出并讨论的一些问题，就其中两个问题发表以下意见：

> 第一，关于"百花齐放、百家争鸣"方针与集中主要力量攻重点的关系。这次会上能够畅所欲言，得出了一些一致的意见，当然是不是对，还要接受实践的检验，还要继续研究、讨论。要找到一个相对真理，要能够站得住，是不容易的，要经过辩论。高能物理理论是探索性很强的基础性的研究工作，现在各国关于这方面的探讨十分活跃。在这个过程中，必然会出现不同学术见解的争论，这不是坏现象。矛盾突出了，才能逐渐找到解决的办法。如量子力学中曾经争论过"波"是什么？起初人们提出了很多看法，但都没有超出宏观世界的波的概念，争论到最后，才有几率的概念出现。……发扬学术民主很重要，没有学术民主，没有反复的讨论，就不能发展科学真理，就没有科学。所以要提倡百家争鸣，反对旧的文人相轻的恶习，反对互相贬低、嘲笑。要尊重别人的意见，允许保留不同意见，不要搞强迫命令。自然科学发展有它自己的客观规律。发扬学术民主，开展百家争鸣，就是为了依靠集体智慧，及时准确地把握科学发展的规律，抓住新的苗头，明确一个时期的主攻方向，并在思想认识一致的基础上，集中必要的力量，形成重点，抓紧抓好，这样会更有效地取得较好成果。

既要贯彻"百花齐放、百家争鸣"方针,又要集中力量攻重点,表面上看似乎有点矛盾。集中力量会不会妨碍"百花齐放、百家争鸣"?我认为不会。这是因为,首先,如果我们集中的是正确的意见,我们的概括符合实际,抓住了"牛鼻子",多数同志是会同意的;其次,我们说的集中是相对的集中,不是绝对的集中,并不排斥别的研究方案和计划。而且,我们现在的集中也不是一成不变的,要根据情况的变化,不断调整。不但要看到第一步,而且要看到第二步、第三步。所以,贯彻"百花齐放、百家争鸣"方针,同集中主要力量攻重点是不矛盾的,它们之间的关系,也就是民主与集中的关系。没有充分的民主,就不可能有正确的集中;集中应该有一个过程,在大家充分讨论的基础上,找出正确或比较正确的意见,并且尽可能地集中力量贯彻下去,使我们的工作少走弯路。

第二,关于学习外国和独创的关系。科学是全人类的共同财富。这些年来,由于林彪、"四人帮"的破坏,我们基本上处于封闭状态,同国外先进水平的差距拉大了,在自然科学理论方面也是如此。为了实现四个现代化,必须强调向外国学习。当然,对外国的经验也要一分为二,并不是一切都好,并不是所有的东西都值得我们学习。既要看到长处,也要看到短处,要经过分析,把学习外国与自己独创结合起来。我们50年代学习苏联时,机械地搬过来,消化和发展不够,所以到了70年代多数仍停留在别人当时的水平。

我们学习外国,不只是一般地学习人家的技巧、办法,而且还要搞清楚为什么他要研究这个问题?他们是怎样研究这个问题的?是以什么理论、观点为基础的?经过分析,形成我们自己的一套看法,同我们自己的工作结合起来,学习是为了独创,既能钻进去,也能出得来;钻进去是手段,出得来才是目的。也就是说,要取各家之长,走自己的路。我们要提倡独创,搞自己有特色的东西,不是光做"科学练习"。在座的中年同志较多,过去基础不错,应该抓紧时间进行创造性的工作,不要怕失败,创造过程中必然会碰到失败。……要把培养新生力量的工作提到我们的议事日程上来,引起足够的重视,要用战略眼光来看待这个问题。年轻人精力旺盛,没有包袱,不怕丢丑,不怕名家。正因为他们知识不太多,所以他们受旧规律的束缚也少一些,敢于创新。各级组织千万要保护他们的"创"劲,鼓励他们不要怕失败,遇到失败不要泼冷水,更不要打击。有特色的东西一下子是不会完整的,但它对人类知识的积累有贡献。应该允许某些似乎怪里怪气的东西存在。现在看来怪,将来可能是正确的。如玻尔提出的原子模型,电子围绕原子核转,按照古典力学的原则,电子会越来越靠近原子核,最后轨道不能维持了。但玻尔原子模型提出时没管这些矛盾,以后才进一步从理论上进行了阐述和解释。所以,学术领导人要注意培养小老虎,要提倡"创",要给青年创造点"创"的条件,要勇于承担责任,即使不成功,也没有关系。如果不允许失败和错误,正确的东西就出不来,这也是个辩证法。……(《钱三强文选》,222～225页)

10月26日 偕何泽慧、汪德昭夫妇在北京饭店宴请原巴黎东方饭店主人、旅法华侨俱乐部常委王守义①。席间畅叙当年,亲切非常,1946年4月8日钱与何在东方饭店的婚宴,成为他们共同的美好回忆。

(按:王守义1898年生于河北高阳,与发起勤工俭学者李石曾同乡。于1920年11月7日乘法轮"博尔多斯"号赴法,此为第十八批勤工俭学学生,同往者197人,其中有周恩来、郭隆真、傅钟等。王边做工边学习,毕业于巴黎航空专科学校并获得飞机驾驶证,"七七事变"后,曾与一些爱国侨胞准备驾机返国抗日,受到特务组织阻挠,险遭杀害,临时改飞瑞士方免于难。王在巴黎近郊开一中餐馆,名为东方饭店,经营中式饭菜和中国土特产品,以其收入赞助在法的困难国人,如画家潘玉良、同乡王毓湖等。潘玉良在国内的丈夫潘赞化1959年去世后,王与潘晚年于巴黎结为伴侣,直至潘1977年9月辞世。为实现潘临终嘱托,1978年10月王守义回国向潘前夫后人转交遗物,其中有与前夫结婚送的项链和一块银壳情侣表等。王返国到京时向接待方提出一份要求会见的友人名单,除钱三强外还有邓小平、聂荣臻、黄镇、王冶秋等。有报道称,邓因外出,由聂荣臻并代表邓会见宴请,钱三强亦参加陪同。王守义于1981年5月病逝于巴黎。)

11月3日 国家科委党组和中国科学院党组联席会议,听取王应睐全面汇报关于胰岛素人工合成工作。经过讨论,一致认为该项研究成果可通过杨振宁(杨曾于同年9月再次向邓小平提到他可以提名人工合成胰岛素成果申请诺贝尔奖)向诺贝尔奖委员会推荐。中国科学院党组决定此项工作由钱三强主持研办。

11月6日 给纽约石溪分校杨振宁发电报,通报同意人工合成胰岛素申请诺贝尔奖的意见,征询是否愿意提名及有关手续和材料准备。8日,杨回电同意提名,告即有信寄到。

11月6日 出席中国科协和北京市科协举办的"四个现代化宣讲报告会",在政协礼堂首场宣讲会上作报告,茅以升主持并致开幕词。钱三强在报告最后发表四点个人意见:

---

① 王于10月18日通过中国旅行社欧美处电话联系科学院外事局西欧处要求会见钱,次日钱告:同意会见,并在北京饭店便宴,请外事局通知汪德昭同志一起见

第一,四个现代化中,关键是科学技术的现代化。光凭“翻版”思想不行,翻版只能保持过去的水平,而不能创新。科研工作就是要掌握事物本身的规律,在别人尚未发现这种规律时你就能够发现和掌握,这样才能谈得上赶超。要花力量去进行摸索、研究。当前应用科学的规律应该是科研的重点,但是随着2000年越来越接近,基础科学的比例应该是逐渐加多。要赶超世界先进水平,创新思想特别重要,否则,你就走不到别人的前面。比如打乒乓球,我们先是靠近台快攻打败了日本,获得了世界冠军;经过几年发展,别人掌握了快攻技巧,我们又拿出抛高球和别的几手,再次取胜。可见要有新招,搞科学研究赶超世界先进水平也得这样。创新要不怕失败,特别是领导上要多给以支持、鼓励,给以时间、物资、资金等方面必要的保证。要特别重视大专学校毕业后工作过几年的人才,这种年龄正是解放思想、敢于创新的时候。但是由于现在青黄不接,目前有十年到十五年工作经验的人员是我们队伍的重点力量,我们要很好地组织安排,充分发挥他们的作用。

第二,高等学校的科研力量发挥得很不够,这不能完全推到“四人帮”身上。在以前,高等学校的改革工作一直比较注意教学方面的改革,但对如何组织和发挥高等学校的科研力量是注意不够的。这方面应该加强。

第三,散在全国各地的科学技术人员相当多,这是一支很大的潜在力量。比如有的学工程物理的人现在食堂卖饭票。“单位所有制”很起作用,这种状况一定要迅速改变,把科技潜力调动、发挥起来。

第四,在军民结合搞科研方面,我们做得并不是很好。搞两弹上天时做得很好,是民支了军,科学院调动了四分之一的力量搞原子弹,四分之一的力量搞导弹。如果不是科学技术人员的大力支持,卫星是上不了天的。在美国也是这样。可是美国在原子弹、导弹上天以后,军用科学技术马上转于民用,带动了整个经济的发展,而我们不是这样,只能用于军,不能用于民,被一个“保密”卡住了。形象地说,我们这儿好像是“直流电”、“半导体”,而不是“交流电”。这种情况很值得考虑、改进。

最后,必须有一定的物质条件。有人提议成立一个仪器制造部,对这个建议我第一个表示赞成。(引自外交部政治部《学习动态》第13期,1978年11月20日)

11月9～16日 出席中国科协第一届全国委员会第二次扩大会议,听取周培源代主席的工作报告,讨论中国科协章程和第二次全国代表大会代表产生办法。

11月16日 就人工合成胰岛素申请诺贝尔奖问题致信李昌，商谈向中央报告的三人名单事。信如下[①]：

李昌同志：今晚我因有外事活动，不能到院里来了。有关诺贝尔奖金问题，附上党组成员和副院长们的意见。其中主要的是南翔同志和稼夫同志的意见应该考虑。我因没有参加那次两科党组会，所以看了会议记录和问曾参加会的人，根据他们的谈话，我在你已批示的改正稿又作了一点修改，请你斟酌，是否得当。至于南翔同志说，应把这件工作先作了(即先定哪三个人)之后再向中央报告，我意还是现在报比较好。请你与南翔同志当面谈谈。修改稿送上请阅示。

钱三强

11.16日

11月26日 乘三叉戟飞机于下午2时抵合肥，住稻香楼东三楼。抵达后即与合肥分院领导谈此次两项任务：一是参加分院成立大会，了解分院建设中的情况和困难；二是到中国科学技术大学了解目前情况和困难。代表中国科学院与安徽省领导协商如何把一院(分院)一校(科大)办好。

晚上 拜访安徽省委副书记顾卓新，初步商谈分院拟设研究机构的方向任务、干部配备和后勤服务，以及解决中国科学技术大学“人心思京”，稳定发展等。

11月27日 杨振宁复信钱三强电报所询。

三强先生：

电报一周前收到，回电想你已收到。

提名人数不能超过三位。

①提名要有一“Citation”，如1961年化学奖金给Calvin，Citation是“for his research on the Carbon Dioxide assimilation in Plants”。

②另外要有一简单说明工作为何重要，约一二段文字即可。

③要有references和复印本。

如果赞成我提名，请速将①②③项所需寄下。因为我对生物化学无多了解。

提名截止时间在二月一日，请于一月十日前付邮。即问

近安

杨振宁

1978年11月27日

---

① 参见中国科学院档案，1979-36-2

11月28日 出席在合肥董铺岛举行的中国科学院合肥分院成立大会，并代表中国科学院发表讲话。顾卓新到会发表讲话。(1978年中国科学院合肥分院经国务院批准成立，由中国科学院和安徽省双重领导，以中国科学院为主。)

11月29日 出席合肥分院及各所负责人座谈会，首先介绍拟建在合肥的高通量中子反应堆的谈判引进的进展情况，中国科学院党组对新建合肥分院的期望及支持态度。分院蔡承祖和光机所、科学仪器厂、八号工程等单位负责人介绍建设进展和存在的困难，如基建工程任务重、董铺岛基地没有总体规划、技术力量缺乏、几个机构的业务领导人应尽快明确并到位。钱三强听后表示：

来时院里(李昌)交代，合肥分院的总体规划中的几个所先定下来(智能所暂缓定)，按此抓紧工作，缺干部(主要是业务干部)的问题，请开一个单子我带回去，院里通盘研究。关于工程技术人员和技术工人缺乏问题，准备和省里顾书记再讨论一次，要求省里给予支持，调一部分来补充，特别是关于无线电、机械、电机方面的技术工人；自己也要培训力量。提出个人两点意见：一是处理好与中国科学技术大学的关系，要密切一些、主动一点，都是院里的单位，要相互支持。二是可否从现在开始就抓紧酝酿组织分院的学术委员会(或科学委员会)，组织起来作为分院党委的参谋机构，最好比咨询机构多一点权力。除了老一点的，要以他们为中心搞一点中年的、年轻的，同时合肥以外的单位真正与我们业务有联系的专家，也可邀请来参加学术委员会。方毅同志曾说过，党委成员中要有三分之一的科学家。

11月30日上午 出席中国科学技术大学党委常委会，听取工作汇报，校党委书记杨海波主持会议。听完各方面情况汇报后讲了个人的意见：把力量放在自己的基点上，但院里应强调一点给以支持，全院办校，所系结合。对同志们谈的一些实际问题(如北京的户口问题)要合情合理地给解决。中国科学技术大学能办成这样，一是没有散，二是坚持上课。这是突出成绩。

同日下午 在中国科学技术大学干部、教师和工人、学生代表会议上发表演讲，讲述了新中国的四大科学成就(1964年爆炸原子弹；1970年发射人造卫星；发现大庆油田；人工合成牛胰岛素)，对与会人员给以精神激励。还讲了自己的经历，说：我的经历说明，过去上学考试，我不是考的第一名，当然也不是最末一名，主要是靠年轻时的一种精神，就是为了祖国富强，下决心干，不挑不拣，叫干啥就干啥。

12月1日 带领合肥分院和中国科学技术大学主要领导，同顾卓新副书记讨论落实合肥分院和中国科学技术大学有待解决的问题，计十件具体事项，顾卓新代表省委作如下表示：

1. 关于科大明年的基建(钱三强:明年解决新生宿舍和无房职工,初定19 000平方米)没有问题,我们按2万平方米安排,保证八月交工,只要材料保证就行。没问题,这个能保证。

2. 两个校外临时工要动员他们搬出去。

3. 明年来两名外籍英语教员的住宿,可以安排住在稻香楼。

4. 李××同志的工作问题,我们再考虑一下,你们回去也商量一下,如不行我们可以调出。

5. 关于钱临照、杨承宗的副校长任命,我们觉得可以,希望尽快催着批下来,这对安定人心是有作用的。

6. 关于组织学术委员会问题,你的想法我赞成,这个好。(钱三强:如果你同意,回去我再向李昌同志汇报,如他同意将再来个信)。

7. 分院我看不一定要政治部,什么理论、处长,又不是党校,要那个干什么。配个副书记是需要的,我们将随着工作开展,给配。

8. 关于工程技术干部缺乏的情况,这个省里可以帮助抽点人(钱三强:还有一些有经验的老工人),这个可以。

9. 为解决科研技术骨干力量,可以个别解决三户五户农村户口家属,个别的可以,多了有困难。

10. 几个所的所长如不能马上定,可否请几个副所长先来,如葛庭燧等先来,搞规划、搞仪器订货。陈春先、李吉士他们可先来一个。

(据中国科学院合肥分院整理的谈话记录)

当晚 受邀往稻香楼安徽省委书记万里住地晚餐,顾卓新作陪,交谈亲切,无拘无束,对万里的朴素作风和实干精神留下深刻印象。万对钱说:省委省政府一定要尽一切努力把中国科学技术大学和合肥分院建设好,配好热心的干部,解决好后勤服务,解除科学技术人员和教学人员的后顾之忧。他承诺,要给中国科学技术大学配一位行政副校长,既热心又善于打通关节,保证副食供应,要让大家每天能喝上豆浆,还要争取有牛奶喝。

12月7日 回信杨振宁:"振宁先生:你的电报和11月27日的信收到,谢谢。你热心关怀中国科学事业,你愿意提名,我们感谢。我们正在按你的意见作必要的准备工作,在一月十日以前将资料寄上。"

是日 致信方毅、蒋南翔、李昌(据手写信札原件):

①一周前我曾打电报给杨振宁,问关于申请诺贝尔奖金的候选人人数问题,他回电称最多三人。今天已收到他的信(附上),经与李昌同志商量后我写了回信。内容如下:(略)请查阅。

②有关奖金的准备工作,我们正在做下列几件事:

A请上海生化所、北大、上海有机所有关工作人员约30人于十二月十日到北京友谊宾馆开会。十一日～十二日由有关单位和人员作人工合成胰岛素先后经过和科学成就的报告,初步推荐有较大贡献的科研人员,总结经验以利于在当前的核酸合成的大协作中取得更大的胜利。

B组织评选委员会:童第周(主任)、周培源、严济慈、华罗庚、钱三强、杨石先、贝时璋、冯德培、于光远、黄家驷、王应睐、汪猷、柳大纲、张龙翔、邢其毅、梁植权、过兴先等十七人。

十三日由评选委员会无记名投票进行评选。

大家都非常重视这件事,都盼望方毅同志能在十三日(上午或下午)任何时间与大家见见面,鼓励鼓励,希望南翔同志和李昌同志一齐参加,共同照相以留纪念。希望方毅同志能够同意。我将在十二日向方毅同志汇报情况,时间由方毅同志定。

(附上初步日程安排表)

钱三强

12月7日

下半年起 多次接受哲学社会科学部(后改称中国社会科学院)文学所张炯采访,细谈自己的经历和对科学春天到来的感受。张炯据以写成第一篇关于钱三强的长篇报告文学《向着光明的中国前进——记核物理学家钱三强》,多家报刊刊载①。

12月10～12日 同评选委员会有关专家一起,出席在北京友谊宾馆召开的人工合成胰岛素总结报告会,听取当年协同攻关的科技人员介绍情况,了解工作重点和主要解决难点的人员。

12月13日 参加评选委员会无记名投票评选,选出人工合成胰岛素研究成果成绩突出者4人,分别是钮经义、邹承鲁、季爱雪、汪猷。

12月14日下午 陪同聂荣臻、方毅等在人民大会堂会见与会的人工合成胰岛素研究人员和评选委员会委员。陪同出席的有张劲夫、蒋南翔、李昌、胡克实、郁文、童大林等,并一起合影留念。

12月25日 改定并签发(发前李昌已阅)中国科学院报国务院的《关于向诺贝尔奖委员会推荐我国人工合成胰岛素研究成果的请示报告》[(78)科发学字2044号]。如文:

今年九月,邓副主席会见美籍物理学家杨振宁时,杨再次提出,他准备向诺贝尔奖金委员会建议,授予我国胰岛素人工全合成的科学工作者以诺贝尔奖金。十月间,杨又向到美国访问的周培源同志提起此

---

① 1979年7月,该篇文章收入北京出版社出版的《科学的春天》报告文学集,发行10万册

事，并希望提供论文摘要和对该项工作的评价以及获奖人名单。最近，瑞典皇家科学院诺贝尔化学奖金委员会主席B. 马尔姆斯特洛姆等六人写信给我院生物化学研究所所长王应睐，要他在一九七九年一月三十一日前，推荐一九七九年度诺贝尔化学奖金候选人名单。

十一月三日，国家科委、中国科学院党组联席会议进行了讨论，一致认为我国胰岛素人工全合成工作者可以向诺贝尔奖金委员会推荐。十二月中旬我院召开了胰岛素合成的总结评选会议。现将有关情况报告并请示如下：

（一）

中国科学院生物化学研究所、北京大学和中国科学院有机化学研究所的科学工作者，紧密合作，于一九六五年九月十七日和十月四日人工合成了两批牛胰岛素的结晶。结晶形状、电泳、层析、酶解图谱及免疫性能等性质均与天然胰岛素完全一致，活力相当于天然胰岛素活力的百分之八十以上。一九六六年四月国家鉴定结论："可以认为已经通过人工全合成获得了结晶牛胰岛素。"牛胰岛素合成成功，是人类第一次用人工方法合成蛋白质，标志着在合成具有生命的物质的长途中跨进了一大步，为探索生命的秘密、批判唯心主义做出了重要贡献，无论在自然科学上和哲学上都具有很大意义。

人工全合成胰岛素的过程极其复杂，必须经过近二百步的反应。当时，世界上只有我国、西德和美国进行这项研究。我国胰岛素人工全合成是在天然胰岛素拆合成功的基础上进行的。先分别合成A链（由二十一个氨基酸连接起来的肽链）和B链（由三十个氨基酸连接起来的肽链），然后再通过两个硫硫键结合成一个胰岛素分子。一九六〇年，我国和加拿大几乎同时把天然胰岛素的A链和B链拆开，又重新接合，但恢复的活力我国比加拿大高。美国和西德曾先后报道了人工全合成胰岛素，但合成活力都在百分之一以下。一九六五年，我国在A链和B链的合成技术上有了新的改进，六、七月间先后两次合成的胰岛素，提纯后活力可稳定在百分之十点七，九月中旬首次获得人工全合成胰岛素结晶，活力达百分之八十以上，在国际上遥遥领先。

（二）

我国首先人工全合成胰岛素，这是我们社会主义国家在科学研究工作中贯彻执行大协作和群众路线的重大胜利，得到国际上许多著名科学家的高度评价和赞赏。一九六六年三月三十日，瑞典乌普萨拉大学生物化学研究所所长、诺贝尔奖金委员会主席蒂斯尤利斯到我生物化学研究所参观时说:“你们第一次人工合成胰岛素十分令人兴奋,向你们祝贺。美国、瑞士等在多肽合成、有机合成方面有经验的科学家未能合成它,也不敢合成它。但你们在没有经验的情况下第一次合成了它,使我很惊讶。”一九六六年四月二十六日,法国科学院院士、巴黎大学物理及电子学教授特里亚到我生物化学研究所参观时说,“这是很好的合作的例子”,“可以获得诺贝尔奖金”。一九六六年四月,我国代表在欧洲生物化学学会联合会第三次会议上做了结晶牛胰岛素全合成的学术报告。这个报告成为与会科学家议论的中心。美、英、法、荷、意、比、挪威、瑞典、芬、奥等国科学家热情祝贺中国科学家取得的重大成果,认为这是非常重要的贡献。去年,澳大利亚科学家还热情地对我院访问考察团说:“你们人工全合成胰岛素的工作是应该获得诺贝尔奖金的,问题在于你们愿不愿意接受。”

(三)

关于向诺贝尔奖金委员会推荐我胰岛素人工全合成研究成果事,杨振宁教授曾于一九七二年向周恩来总理提出过,由于当时情况,周总理婉言谢绝。现在我国正进入建设现代化社会主义强国的新时期,我们正加强同国际上的科学技术交往,对诺贝尔奖金似不宜长期持拒绝态度。

我们认为,当前向诺贝尔奖金委员会推荐人工全合成胰岛素这一研究成果是适当的。我国人工全合成胰岛素迄今已十三年了。通过十三年来科学实践的检验,证明这一科研成果的数据是可靠的,技术路线是科学的,工作扎实,重复性好。加之,有我国日益增长的国际声望,获得诺贝尔奖金的可能性是很大的。

诺贝尔奖金自一九〇一年开始颁发以来,我国科学工作者还没有获得过。如果人工全合成胰岛素的工作获奖,将进一步扩大国际影响,有利于鼓舞我国科技人员的斗志,调动积极因素,增强信心,克服困难,加速向科学技术现代化进军的步伐。

(四)

诺贝尔奖金只发给个人。起初每项获奖者均为一人,后每项获奖人数虽不限一人,但至今尚未超过三人。

我国人工全合成胰岛素的研究成果,是集体共同努力的结晶。最后一二年直接参加研究工作的科学工作者共三十余人(其中生物化学研究所二十余人,负责天然胰岛素A、B链的拆合和人工合成B链;北京大学和有机化学研究所各六七人,共同负责人工合成A链)。经过这次总结评选会议初步选出成绩较突出者四人，他们是：钮经义（生物化学研究所）、邹承鲁（原生物化学研究所、现生物物理研究所）、季爱雪（北京大学，女）、汪猷（有机化学研究所）。但是，如以四人申请，难以被接受；出三人，又牵涉到各方面矛盾较多，内部工作难做；而且西德、美国在胰岛素合成方面，也取得较好成就，有可能此奖由两国或三国科学家同时获得。据此，我以一名代表申请获奖为宜。北京大学和有机化学研究所表示，如出一名代表，应由生物化学研究所选出；生物化学研究所推荐钮经义为受奖代表。钮经义同志自始至终参加了胰岛素合成研究工作，在B链合成过程中成绩突出，有一定学术水平。评选委员会表示赞同。

为此，我们建议，以钮经义同志一人名义，代表我国参加人工全合成胰岛素研究工作的全体人员申请诺贝尔奖金，拟由杨振宁教授和王应睐所长分别推荐。为促进内部团结协作，调动一切积极因素，对在胰岛素合成工作中做出贡献的单位和人员，将由国家给予荣誉和物质奖励。

以上当否，请批示。

12月下旬　在中国共产党第十一届三中全会公报发表后，接受新华社记者采访，发表谈话时讲到："把工作的着重点转移到现代化建设上来，这使我们科学界有一种迫切感。科学必须走在工农业生产前面。科学院正在规划怎样更好地训练我们的科学家，使科研课题和设备现代化，把高等院校建成科研基地，并积极开展国际科技交流。我是乐观的。"

12月29日　应《北京科技报》约稿，在"向四个现代化进军"专栏发表文章《重视应用科学，加强基础研究——谈谈实现科学技术现代化的几个问题》。全文录后：

四个现代化，科学技术现代化是个关键，许多外国的经验和我们以往的事实，都证明了这点。

在科学中，有一种叫应用科学，一种叫基础科学。探讨直接为发展农业、工业和医学等服务的规律的，叫做应用科学研究；探讨更基本、一时还不能马上应用的自然规律的，叫做基础科学研究。我们应对这两方面的研究给以恰当的地位，不能偏废，更不能把应用研究和基础研究互相对立起来。所谓科学技术现代化，也就是要运用已知的科学规律和先进的实验手段解决发展国民经济中提出的关键性问题，进而研究各个学科发展中未曾解决的最重大、最尖端、最前沿的理论和实验方面的课题。

应用科学研究是大量的，很重要的。首先要注意选好课题，要把国民经济、国防建设、医学等方面遇到的用一般方法无法解决的问题作为重点课题来研究,解决了这个课题,就会促进生产等方面迅速发展。例如,澳大利亚的科学家研究用屎克螂搬运牛粪,解决了草原被污染、被覆盖所造成的困难,从而促进了本国畜牧业的发展;他们还研究在收羊毛之前给羊施以特殊药物,使羊毛自然脱落,节省劳力,提高了劳动生产率。这些例子给我们有益启发:不但要有苦干精神,更要致力于摸清自然规律,找"窍门"巧干。其次,要有创新精神。为了加速实现我国的四个现代化,需要从国外引进先进技术和设备。要很好地掌握和消化人家的先进技术,并加以创新,这就需要我们注重科学研究,特别是加强应用科学研究。否则就只能照人家的东西搞翻版,这样翻来翻去,产量是增加了,但水平还是停留在原来的基础上。北京维尼纶厂从日本引进了成套设备,经过消化,加以改造,最后搞出的成绩超过原来的设计。我觉得这种路子是对头的,值得提倡的。总之,近期内,就整个安排而言,我们的重点应放在应用科学研究上,同时要大力培养和不断扩大基础科学的队伍。

根据现代化科学技术发展的特点,愈接近2000年,基础科学的比例愈要相应地逐渐增大。当我们和国外先进水平接近时,掌握了更多的基本规律,就更有主动权。如同我国的乒乓球保持世界先进水平一样,一个重要原因就是比人家摸到了更多的规律,总有新招,因此尽管比赛时双方实力接近,往往就能胜人一筹。科学技术也是这样。我们如果重视基础科学研究,多掌握一些规律并善于运用,有更多的科学储备,就为实现四个现代化提供了可靠保证。

应用科学和基础科学的研究中都有一个创新的问题。我们要鼓励青年人个个成为"小老虎",在扎扎实实地掌握了大学知识的基础上,经过5年、10年的工作,努力创新,做出成果。搞科学研究不要怕失败,不能讥笑失败,要鼓励青年人败而不馁,勇往直前。现在40多岁的人也要有这股闯劲,成为"中老虎"。应该看到,"小老虎"能不能培养出来,这在于这些"中老虎"的榜样。我们应该给这些人创造点条件和机会,以发挥他们的作用。

重视应用科学和基础科学的研究,还有几个方面的问题要重视。首先是要重视高等学校这个重要的科研基地中的科研力量;其次是要认真花上几年功夫解决好科技人员归队的问题;还有军民关系问题,应该寓军于民,以民养军,互相支援,互利互助,共同提高。

只要正确执行党中央制定的方针政策,认真解决存在的问题,加强团结,密切协作,在本世纪内实现包括科学技术现代化在内的四个现代化是有可能的。从训练干部开始,我国原子弹搞了15年,卫星也是搞了15年，当时的人力物力条件那样差，都搞出来了，现在，我们的底子比过去厚多了，队伍强大多了，今后一定能比过去的30年发展得更快。

1979年　六十六岁

1月6日　中共中央组织部发文（[79]干任字2号），党中央批准兼任浙江大学校长，同时任命校领导成员。文如：

党中央一九七八年十二月三十日批准：

钱三强同志兼任浙江大学校长；刘丹同志任浙江大学副校长、党委第一书记；

张黎群同志任浙江大学副校长、党委第二书记；

王正之、邱清华同志任浙江大学副校长、党委副书记；

黄固、胡玉兰同志任浙江大学党委副书记。

1月8日　应《南方日报》约稿，在该报发表署名文章《同青年科学爱好者谈谈心》：

全党工作重点转移，对青年们提出了更高的要求。

首先，要求我们有远大目标，有雄心壮志。我从自身经历中有一个深刻体会：一个人，特别是在他的青年时期，有抱负、有雄心壮志，这一点很重要。也许有的同志会说，你那个时候条件好，理想易于实现。其实不然。在我年轻时候，我们的祖国是一个半封建半殖民地社会，对于青年人来说，那是一个压抑抱负，扼杀理想的黑暗社会。想当初有多少有志之士怀才不遇，潦倒一生，甚至许多青年就因为怀有"富国强民"的理想，而惨遭杀害。我就是在这种情况下，怀着为祖国富强而奋斗的决心，离别故土，寄身异国他乡，从事科学研究和实验。当时，我只是一个普普通通的学生，在国外的工作条件也是比较普通，大型与精密仪器设备很少。可是现在，无论我们国家和整个社会条件，或者个人的学习、工作条件，比较过去不知要好多少倍！新长征的大好形势，为青年们施展抱负，发挥聪明才智，开拓了更广阔的天地，创造了更加优越的条件，真可以说是"海阔凭鱼跃，天高任鸟飞"。现在的关键就看我们主观努力如何。我们每一个人，尤其是青年同志，都要胸怀大志，在自己的工作和学习中，争上游，攀高峰，努力为祖国、为人类作出贡献。

当然，一个人有无雄心壮志，不光凭他的宣言和计划，更要看他的实践。因为只有实践才能够检验和证实一个人言行的真与假,也只有通过实践才能够实现自己的雄心壮志。古往今来,凡成就事业,对人类有作为的,无一不是脚踏实地艰苦实践的结果。列宁说过:"谁怕用功夫,谁就无法找到真理。"以认识物质结构及其运动规律为例,正是因为一二百年来,一代一代、一批一批的物理学、数学、天文学、化学、生物学、地学等科学工作者通力合作,辛勤研究,反复实验,精心观测,精确计算,科学分析,点滴积累,层层深入,才攻克了一个又一个堡垒,在探求科学真理的道路上不断前进,取得了对物质结构从原子到原子核到层子(或夸克)等层次的正确认识。同样,如果没有富兰克林等这些电学研究的先驱们冒着生命危险研究闪电的勇敢实践,就谈不上真正认识电并使之造福于人类。鲁迅先生还赞赏过第一个吃螃蟹的人的大胆行为。这些例子,概括起来说明同一个道理,就是:一个人,特别是青年要想有所作为,就需要有一股子创劲和闯劲,需要有一种持之以恒的精神。在新的长征中,这种创劲和闯劲尤其要大大发扬,因为建设社会主义现代化,是一项极其壮丽的伟大事业,是一场深刻的革命,而它对于我们许多人来说,又是一桩陌生的事物,这就更需要我们有大胆的、不屈不挠的实践精神,从实践中不断丰富自己的知识,增长才干。

建设社会主义现代化,还要求我们狠下功夫学习。学习,是新时期的突出任务。青年人要成为建设社会主义现代化的突击力量,不学习不成。除了学习革命理论外,要努力学习文化,学数、理、化基础知识,学科学技术,做到既有比较广的知识面,又有比较坚实的专业基础,还要争取学会一门以至几门外语,这也是建设社会主义现代化必不可少的。要使我国科学技术尽快登上国际舞台,还要认真地、虚心地学习外国的先进经验,以世界先进科学水平作为我们学习的起点。从这个意义上说,多掌握一门外语,就好比多长了一双眼睛。排列起来,要学的东西定会很多。时间不够怎么办?要注意做到两条:一是分别主次、难易、缓急,作好时间的科学安排,有条有理,有始有终,有劳有逸,不打乱仗;二是要发扬雷锋的钉子精神,善于挤时间。希望青年同志记取前人"少壮不努力,老大徒伤悲"的教训,当你精力充沛的时候,要特别珍惜时间,把时间看得如同生命一样宝贵,一分一秒也不要白白浪费掉。经验告诉我们:一生中某个时期下功夫学到的知识和技术,常常在以后某个时期或某个场合发挥作用。记得在中学时代我曾学过一点法语,当时感觉不到有什么特别用途,就放下了。过了八年,到1937年出国考试时,以及后来在法国从事科学研究中,正是由于有了中学时期的法语基础,才较顺利地克服了语言上的困难,给学习和工作提供了有利条件。又如，我在30年代学过的分子光谱知识，到40年代从事原子核结构研究时，正好用上了其中许多分子方面的概念。今天的青年，处在社会主义制度下和新的长征中，更是生逢其时，更有人尽其才的优越条件。只要我们真正下功夫学到了知识本领，并决心为四个现代化服务，我想总是会开花结果的。

1月3～15日 接待代表中国科学院邀请来访的法国原子能总署代表团。从1月6日起，同率团来访的法国原子能总署基础研究所总所长霍洛维茨和原子技术公司董事长安德里厄等举行多次会谈，并于15日共同签署中国科学院和法国原子能总署科学合作备忘录。双方议定：组织高级科学家互访和讲学；交换研究人员从事研究；组织共同研究项目；必要时，一方可以委托另一方帮助制造或代为订购科研仪器和设备。参加会谈的有章综、杨桢、邓述慧、邓照明等。

1月17日 为纪念父亲钱玄同逝世40周年，与兄秉雄、弟德充发表纪念文章《回忆我们的父亲——钱玄同》(文载《新文学史料》1979年第3期)。全文分三节：第一节五四运动；第二节文字改革；第三节生平。第一节和第三节于前多有引录，现将第二节附录于后：

二、文字改革

父亲一生中另外一件重要工作是积极地参加了“国语”运动。他1917年加入国语研究会为会员，1919年他兼任教育部国语统一筹备会常驻干事。1918年冬，吴稚晖从上海带着他亲自编写的《国音字典》稿本来北京，共有13 000多字，是根据1913年教育部读音统一会全国代表和专家多数表决的字音规定的。当时在陈中平家中邀请了吴稚晖、黎锦熙、王璞、马裕藻和父亲开审查会，经过两天就修正决定了。1919年，《国音字典》出版，东南方面的教育界大不以为然，说《国音字典》不应该用多数人表决的普通字音，应该一律照北京本地人说话的字音。父亲当时认为不可变更原来审查时的原则，只可逐字复审，稍加修订。《国音字典》到1920年才由教育部正式公布。从此《国音字典》成了全国文字读音的标准，直到1932年才正式废止，另由教育部公布《国音常用字汇》。这部《国音常用字汇》却是完全改用北京本地人说话的字音为标准了。这个转变，父亲是起着主要作用的。因为通过一个时期的实践，检验出原来《国音字典》审查原则是不符合字音实际的。从此“国语”运动的语音标准问题才确定了一条合理而有效的路线。从这里可见父亲的“实事求是”的精神。《国音常用字汇》是怎么样编成的呢？1925年，由《国音字典》增修委员会推举黎锦熙、王璞、赵元任、汪怡、白涤洲和父亲六人为起草委员，逐字逐音逐日会议，到1926年才写成12大册稿本，父亲认为字数太多，有些不常用的字，其音又一时难以决定。1929年，经国语统一筹备委员会第二次常务委员会决议，改名为《国音常用字汇》，就原稿本删定，共得9920字，加上异体异音的字，合计12 220字，再由父亲作最后的审查，黎锦熙和白涤洲参加意见，到1931年，《国音常用字汇》的全稿才定下来，整整经过了7年。这本《国音常用字汇》中有一长篇例言，题目是"本书的说明"，是父亲亲自写的，是一篇精细、简明、切实的作品。此外，关于注音符号的论著，他还写了《十八年来注音符号变迁的说明》和《国音声符略说》，均发表在《国语周刊》上。

1923年，《国语月刊》出版了一期"汉字改革号"。在这期上，父亲发表了长篇论文:《汉字革命》。他说:"汉字的罪恶，如难识，难写，妨碍教育的普及，知识的传播，这是有新思想的人们都知道的"，汉字不便编号，检查，排印，打电报，打字等，"处处都足以证明这位老寿星的不合时宜，过不惯20世纪科学昌明时代的新生活!"他又从汉字"由象形而变为表意，由表意而变为表音"的演变历史，证明汉字自身走着"离形就音"的道路，只要表音的假借字"百尺竿头再进一步，则拼音文字就可以出世"，所以"汉字革命，改用拼音，是绝对可能的事"。他用进化观点肯定拼音文字是比汉字更加进步的文字。他不否定注音，但是不满足于注音字母。他说:"注音字母虽然是改革过了的汉字，虽然是拼音的字母，但和世界的字母——罗马字母式的字母——还隔了一层。"他是主张"汉字革命"将来一定要改用"拼音文字"，并且主张用罗马字母。在"汉字改革号"这期中，黎锦熙发表了《汉字革命前进的一条大路》，这篇文章中，强调"词类连书"对汉语拼音文字的重要性，使"连写"问题初次得到比较系统的研究。赵元任也在这期中发表了《国语罗马字的研究》，提出详细的"国语罗马字的草稿"。这都给后来拟定《国语罗马字》方案奠定了基础。就在这年，父亲在国语统一筹备会第五次常年大会上，提出请组织"国语罗马字"委员会的议案，由大会主席指定会员黎锦熙、赵元任、林语堂、汪怡和父亲等11人为委员，但是由于当时北洋军阀混战，时局不安定，工作无法进行，只是在北京的几个委员彼此讨论研究。到1925年，刘复从欧洲回国，发起一个"数人会"，专谈语言音韵之学，后来就在这会中专门讨论"国语罗马字"的问题，由赵元任主持写稿，经过了一年的商讨，开会二十多次，稿子换了九次，拟定了一个"国语罗马字拼音法式"，在1926年9月14日，由研究委员会开会，全体通过。但是当时北洋军阀专政，凡事都"开倒车"，因此教育部当局不肯用部令公布。1926年11月9日，就以教育部国语统一筹备会的名义直接布告，把"国语罗马字拼音法式"正式公布。过了两年，直到1928年9月26日才由教育部(当时称大学院)把它正式公布，作为"国音字母第二式"。所以"国音罗马字"是经过两次公布的。当时父亲很有几篇关于"国语罗马字"的重要文章，如《为什么要提倡国语罗马字?》,《历史的汉字改革论》,《国语罗马字的字母和声调拼法条例》,《关于国语罗马字字母的选用及其他》等，都发表在《新生周刊》上。

关于"汉字改革"，父亲的主张，改用"拼音"是治本的办法，"减省现行汉字笔画"是治标的办法。但是改用"拼音"文字非短时间所能成功，需要百年以上。当前治标的办法却也需要去做，父亲在1922年，国语统一筹备会第4次常年大会上，提出一个"减省现行汉字笔画"案，是一篇又痛快又充实的提案文章，连署人有：陆基、黎锦熙、杨树达。当时大会通过，也组织了一个委员会。但以后研究"国语"的人都去干"国语罗马字"去了，没有注意这件事。事隔十多年，到1934年，上海出版界铸造了几百个所谓"手头字"印在当时的杂志上。父亲那时正在休病假中，就发愤动手搜集，以"述而不作"为原则，拟编一部"简体字谱"。在1934年国语统一筹备会第29次常务委员会上又提出一个"搜采固有而较适用的简体字"案，请教育部施行。教育部也答应了。到这年6月，父亲的"第一批简体字表"起草告成，计2300多字，送到当时南京的教育部中讨论了三天，通过了1230多字，最后由部长圈定了324字，在1935年8月21日先行公布。这就是建国前由当时政府的教育部正式公布的"第一批简体字表"。

全国解放后，简体字运动从群众的自动推行发展为在党和人民政府领导下有组织地进行和设计，结果产生1956年的"汉字简化方案"，长期以来，广大人民迫切要求简化汉字的愿望终于达到了。1958年，全国人民代表大会又通过了《汉语拼音方案》，肯定了"国语罗马字"的历史作用。

以上是父亲在"国语"运动方面所做的三件事：(一)参加"国音常用字汇"的编定；(二)参加"国语罗马字"的制定；(三)搜集固有而较适用的"简体字"。另外，他也参加了"中国大辞典编纂处"的工作，他和黎锦熙分任总编纂，虽定了计划，但因"七七事变"，未能完成。

1月26日 出席在人民大会堂举行的中国科学院学部委员春节茶话会，王震、方毅、邓颖超等出席并讲话。次日，《人民日报》报道中刊布了到会的学部委员名单。中国科学院学部正式恢复活动。经中国科学院党组会议决定，由钱三强全面负责恢复学部活动、筹备增补学部委员和重建学部工作，并决定先行设立学部办公室,处理学部的日常工作。

2月2日 应《体育报》约稿,在该报发表《浅谈学习与创新》一文。此文以自己曾经擅长的乒乓球打法为例主谈创新精神之重要:

50年代我国曾进口了苏联一百多项重点项目,引进了许多技术,但由于有不少单位缺乏创新精神,工作搞得是不很理想的。当前根据各方面形势的发展,我们又要大量引进外国的设备和技术,这就更有必要吸取过去的经验,搞好今天的引进。如果我们还像50年代那样照搬照抄,只搞翻版,那么翻来翻去,翻到80年代搞出来的东西,可能还只是人家60年代的水平,所以要想真正实现四个现代化,光靠翻版是很不够的,必须有创新才成。

这个道理很简单,我们国家已经有一个方面给做出了榜样,就是体育方面的乒乓球。在这方面可以说,我们已经达到"现代化"了。我年轻时也喜欢打乒乓球。过去欧洲人打乒乓球是用横拍,日本人用直拍,日本的直拍在50年代曾处于领先地位。我们也是用直拍,经过一段摸索,在26届世界乒乓球锦标赛时,终于打败了日本队。其中一个重要原因是我们比日本掌握了更多的打直拍的规律。日本人抽球是甩大胳膊,我们则是用前臂和手腕子使劲,结果在速度上就压倒了对方,日本人一时就没有办法,木村、荻村都输了。如果只是照搬日本的打法,不动脑子加以消化、改进和创新,是不可能超过他们的。也就是说要有"新招"。创新精神在各项工作中都要大大提倡,在从事科学研究中尤其重要。当然,创新往往不是一次就能完成的,而如果你创十次、八次,有一次灵了,你就比人家走在前面了。

在乒乓球方面,人家说我们有什么秘密武器,这当然是作为打不过我们的理由。其实,真正的原因只不过是我们掌握了点新的规律罢了,如拉小弧圈、发高抛球等等。这个道理告诉我们,在双方实力接近的时候,只要你能比人家多掌握一点规律,有点新招,你就能取胜。这也说明,在今后我们愈向世界先进水平逼近的时候,我们愈是要重视基础科学的研究工作,到那时候就看你手里有没有一两手"绝招",也就是看你掌握规律的比分是否比别人多。你掌握得比别人多,你就能胜,不然的话,你就只能是跟。所以我认为关键的关键在于摸规律。没有创新就谈不上胜,就谈不到技术革命。

创新的工作不是轻而易举的,是要掌握了若干的规律之后才能创新。所以创新要有一定的基础知识,还要有一股子冲劲。所谓初生之犊不怕虎,就是要不怕世界"名将"。老实说,名家、名将在某种意义上讲是最容易落后的,因为他已经有名了,就不大愿意再去创新了,怕拿不出新东西会丢面子。"初生之犊"就是失败了也没关系,因为他没有包袱,而且吃一堑长一智,经过失败就有可能取得成功。杨振宁、李政道他们出重要成果的时候,也就是在三十岁左右,那时,他们上头也有很多名家。我们鼓励青年人敢于创新,当然绝不是象林彪、"四人帮"那样胡说八道,鼓动中学生去推翻相对论,批判这个批判那个。青年人创新还是需要有一定的基础的,要有自己的刻苦钻研。既要创新,就会有失败。我们的领导要懂得没有失败就没有成功。你要想取得成功,前边就可能经过若干次失败。所以,搞科学研究要允许失败,如果不允许失败,青年闯将是出不来的。

现在刚入学的大学生,要让他们在学校里扎扎实实地掌握大学的全部知识,再让他们搞上五年、十年的工作,这一段时间是最容易出成果的。现在四十多岁的人也要有这股闯劲,成为"中老虎"。将来"小老虎"能不能培养出来,关键也在于他们。所以这批有十年到十五年工作经验的人,对我们的事业是非常宝贵的,他们起着承前启后的重要作用,我们应该着重培养提拔他们,给他们创造条件和机会,不断鼓励他们的创新精神,让他们在新长征中发挥更大的作用。

2月20日 主持中国科学技术协会、中国物理学会、中国天文学会在北京联合举行的"爱因斯坦诞辰100周年纪念会",1000余名科学工作者出席。周培源、于光远先后作报告。联邦德国驻华大使魏克德、民主德国驻华使馆参赞昆茨、瑞士驻华使馆临时代办杜克莱、美国驻华联络处副主任芮效俭等出席。

3月10日 应《人民日报》约稿,署名发表纪念周恩来诞辰81周年的文章《我国现代科学技术的组织者、领导者——缅怀周总理对我国科学技术事业的关怀和对科技工作者的教诲》。文如下:

在纪念伟大的马克思主义者、敬爱的周恩来总理诞辰八十一周年的时候,回顾周总理对发展我国科学技术的关怀,缅怀他的亲切教诲,我激动不已,永不忘怀。

我在法国从事科学研究的时候,还是一个政治上无知的青年。那时,曾经和周恩来同志同时在巴黎勤工俭学,后来留在法国工作的孟雨同志等人,常常向我们讲述周恩来同志和邓小平、陈毅、李富春、聂荣臻等同志胸怀大志,从事革命活动的事迹。正是通过这些事迹的熏陶,我开始对中国共产党产生了钦佩和景仰的感情。

我第一次见到周总理,是北平解放不久,在北京饭店举行的一个会议上。会上,周总理向各界人士作形势报告。他当时手无片纸,而所举的各项数字是那样准确,条理又那样清晰;他精力充沛,语言亲切、中肯,整整讲了四个钟头,听者的心自始至终紧紧地被吸引住。我是有生第一次听到这样引人入胜、令人信服的报告。周总理的言谈风貌给我留下了不可磨灭的印象。新中国刚成立后的一次政协学习会上,周总理又来给我们作报告。他讲的是反对主观主义,但一点也不觉得空洞和生硬。他以自己的亲身经历,讲述他如何从一个渴望祖国富强的青年知识分子,经过革命实践的锻炼,逐渐成为无产阶级战士;他还毫不掩饰地讲了自己在成长过程中和工作中所犯的错误;他强调一个革命者学习革命理论的重要性,并深刻指出:经验主义者往往成为教条主义的俘虏。这个报告既使我认识了周总理的坦白胸怀和水晶般的高贵品质,也是我作为自然科学工作者学习马列主义、毛泽东思想的一次启蒙。

一九五二年,美帝国主义在朝鲜和我国的东北地区进行细菌战。郭沫若同志率领代表团前往挪威奥斯陆出席世界和平理事会特别会议,以揭露和控诉发动细菌战的罪恶行径,争取国际声援。我参加了这个代表团。行前,周总理对可能发生的各种情况都作了明确的指示。我们按照周总理的指示,经过尖锐激烈的斗争,同时由于会议主席约里奥-居里等主持正义,终于通过决议,成立“调查在朝鲜和中国的细菌战事实国际科学委员会”。决议通过后,郭老心情激动,我们大家也都久久不能平静,感到没有辜负党和人民的重托。约里奥-居里,是我在法国的老师,一起相处约十年,彼此都很熟悉和了解。根据工作需要,会后我被留在布拉格,同在巴黎的约里奥-居里联系,具体进行科学委员会的组织工作。由于周总理英明的判断和及时明确的指示,艰巨的组织工作得以顺利完成。委员会由英、法、意、苏联、巴西、瑞典等国科学家组成,委员们来到北京,周总理指定廖承志同志负责有关这个委员会的一切工作,包括到朝鲜和我国东北的调查工作,同时也决定让我作为联络员参加委员会的工作。在激烈的战争气氛中,委员会和朝中两国专家不止一次遇到生命危险,但是承志同志胆大心细,遇事妥善安排,最后使委员会进行了广泛的实地调查,作出了明确的结论,为保卫世界和平和正义事业作出了贡献。毛主席、周总理在北京亲自接见了委员会成员,对他们主持正义表示赞赏和感谢。经过这场斗争的锻炼和考验,我政治上有了进步,觉悟有了提高,不久光荣地加入了中国共产党。我的进步中浸透了周总理的心血,是他的身体力行给了我师长般的启示和教育,是他给了我实际锻炼的好机会,我将永志不忘。

周总理对发展我国科学技术,真可以说是关怀备至。早在一九五〇年八月,他亲自出席中华全国第一次自然科学工作者代表会议,鼓励大家“为人民服务,为建设独立、民主、和平、统一和富强的新中国,把中国由一个农业国变为工业国而奋斗”。中国科学院成立后，根据社会主义建设的需要，对旧有的研究机构实行了改组。周总理大力支持发展新兴科学，如原子核科学、实验生物学等。一九五五年一月上旬，周总理通知我到他办公室去开会，在座的有薄一波同志和地质部刘杰同志，周总理仔细地询问了我国原子核科学的研究状况、人员、设备等，问了铀矿地质的情况，还详细地了解了原子反应堆、原子弹的原理和发展原子能技术所需的条件。最后，周总理告诉我们，不久中央要研究这个问题，到时要我们带些铀矿石和简单的探测仪器进行汇报表演。第二天，毛主席在中南海亲自主持会议，通知李四光同志、刘杰同志和我参加。毛主席、周总理和在座的中央其他领导同志观看了表演，听到盖革计数器探测铀矿石发出的嘎嘎声，大家都高兴地笑了。接着，毛主席询问了发展原子能的有关问题，周总理坐在毛主席身旁，一边作解释，一边不时地提醒我们哪些地方应汇报得详细些。听完了汇报，毛主席十分高兴地宣布，我们国家要大力开展原子能的工作，并说：我们有人，又有资源，什么奇迹都可以创造出来。会上，毛主席还问到原子核的内部组成情况，提出中子、质子也是可分的观点。会后吃饭时，毛主席、周总理为鼓励科学工作者奋发努力，为我国原子能事业的发展而举杯。

在我国当时情况下，发展原子能事业当然不是件轻而易举的事，技术力量、设备条件、组织协调等方面困难不少。但是，这些困难，周总理都想到了，并且亲自筹划，采取措施，逐一加以克服。技术力量不够，周总理首先想到从在国外的留学生中抽调三百余名专业接近的学生参加原子能工作，或转入同原子能有关的专业学习；又批准抽调全国各大学物理系一批学生转到北京大学专攻原子核科学，办起了“技术物理系”。接着，清华大学也办起了“工程物理系”，源源不断地每年输送一二百名毕业生，参加原子能事业。周总理还及时地提醒我们：开展任何工作，宣传工作要先行。他要求中国科学院组织在北京的有关科学家和教授，宣传原子能科学技术知识，首先要向中央和各部委的领导干部作宣传，造成一个全党全民关心原子能事业的气氛。我们很快组织起了宣讲团，在北京和各地进行宣讲；出版了《原子能通俗讲话》，发行二十万份。我国原子能事业，在完全空白的基础上得到迅速发展，仅用了不到十年的时间就成功地爆炸了第一颗原子弹，接着又只用了两年零八个月，第一颗氢弹也试验成功；尔后，在宇航事业方面，人造卫星上天又准确地返回地面，等等。这些重大成就的取得，都是由于党中央的决心和广大人民群众的积极行动，以及科学、工业、国防、地质、教育、卫生等各部门协同努力的结果。这些科学技术成就，每一项都记录着周总理亲自组织和领导的艺术,都凝聚着周总理辛勤培育的心血。

生产资料所有制的社会主义改造基本完成后,为了改变我国在经济上和科学文化上的落后状况,迅速达到世界上的先进水平,一九五六年,周总理亲自领导我们制订我国第一个科学技术发展十二年规划。规划制订过程中,周总理多次听取汇报。他特别注意听取各方面科学家的意见,尤其是不同的意见。经过充分酝酿和讨论,确定了规划的方针:重点发展,迎头赶上。选定了57项重点任务。根据国际科学技术发展趋势和我国具体条件,周总理还在规划中果断地、正确地对原子能、喷气技术、计算技术、半导体、电子学、自动化技术的发展采取了紧急措施。实践证明,这个规划是先进的,也是合乎实际的,成为向科学进军的强大动力。十二年规划的提前实现,使我们在全国建立起一批重要的科研机构,形成了一支自己的科研队伍和科研体系。一九六三年,在周总理的关怀和聂荣臻同志的主持下,又着手制订第二次科技发展长远规划,刚露苗头的新兴学科——激光,及时地被增列为重点项目,取得了较好的进展。

周总理在注重新兴技术和应用科学发展的同时,非常关心基础科学和理论研究。早在一九五六年,他就针对性地指出:如果我们还不及时加强对于长远需要和理论工作的注意,那么,我们就要犯很大的错误。没有一定理论科学作基础,技术上就不可能有根本性的进步和革新。在周总理的正确思想影响下,一九六五年,我国生物化学和有机化学工作者在世界上首先实现人工全合成牛胰岛素,受到各国生物学界的高度赞誉。一九六六年,我国理论物理工作者提出了强子结构的“层子模型”,达到当时世界比较先进的水平。

科技界的同志们都难以忘记不平凡的一九六二年。这一年的初春,我们正集中在广州参加全国科学技术工作会议。一天,周总理专程到会作关于党的知识分子政策的重要报告。总理深察广大知识分子的所想所虑,报告中进一步发展了一九五六年中央知识分子会议的思想,坚持实事求是的基本原则,精辟地、全面地阐述了党的知识分子政策,旗帜鲜明地批评了一九五七年以后执行党的政策过程中出现的宁“左”勿右的倾向。周总理还委托陈毅同志和聂荣臻同志作专门讲话,对当时我国知识分子队伍作了历史的、科学的、正确的评价,给予了广大知识分子以政治上的最大信任和关心,我们听者无不感到这些话语深刻、亲切,感人肺腑。总理的那次报告,至今仍有极大的现实意义。

周总理对于我个人的关心和爱护,更是无微不至。“文化大革命”

开始后的一九六六年十一月，我国导弹核武器试验成功，周总理特地找第二机械工业部的负责成员去他的办公室，高兴地对我们说，群众都在庆祝胜利，我们也在这里庆祝一下。庆祝方式极简单：只备有一小碟鱼冻作为下酒菜，破例少许让喝几口酒。总理为祖国富强而兴奋的心情和他那取得成绩首先想到下边同志的一贯谦虚谨慎的作风，使我们受到莫大鞭策和鼓舞；那种简单的庆祝方式，代表他平日生活朴素的作风，对我们都是极大教育。

十年动乱中，林彪、“四人帮”在猖狂迫害老干部和知识分子的时候，丧心病狂地把矛头集中指向周总理。黑云翻滚，我们敬爱的周总理泰山屹立，临危不惧，关心革命，心怀他人，使许许多多干部和群众享受着他贴心爱护的温暖。我也是其中之一。那时我被作为“反动学术权威”的活靶子抛了出来。周总理知道后为我辩护说，钱三强没有推行资产阶级反动路线，使我免遭更残酷的迫害。一九七二年夏天，我在陕西合阳干校患了病，正是由于当时总理作出了要给老同志及时治病的指示，经我写信要求和第二机械工业部负责同志批准，才得以回到北京进行治疗。一九七三年，有外宾提出要会见我，周总理和李先念同志亲自批准我接待外宾；同年夏天，在接待美国科学家代表团时，我又见到了五年没有见面的周总理。看到总理比以前瘦了，头发更加花白了，我心里阵阵难受。他热情招呼我，和我握手，亲切地对我说：三强，听说你生病了，瘦了一些，要注意身体呀！秋天，他见到我时，又说：你气色比上回见面时好了一些，还要注意啊。可是总理自己却抵抗着严重的病魔，一边吃药，一边接待外宾。

敬爱的周总理离开我们三年多了。周总理一生的光辉事迹和高尚情操是我们中华民族的宝贵财富。只要我们坚持不懈地认真学习，努力实践，我们就可以把这笔财富继承下去，扩展开去。特别是当前，在实现四个现代化的新的长征中，我们更要以周总理的不朽精神来激励自己，为党为人民做出贡献。我坚信，在党中央的领导下，周总理关于四个现代化的遗愿一定能实现。

3月20日 参与讨论并写成《关于中国科学院学部工作和院长、副院长等有关问题的请示》(由李昌签发)报国务院。文件请示四个问题：①增补学部委员，充实健全学部机构；②修订学部章程，充分发挥学部的作用；③建议由学部委员推选中国科学院院长、副院长；④筹备召开第四次学部委员大会。

“请示”对学部重建及其指导思想是：①更加强调发挥学部委员和科学家的创造精神和集体智慧，使领导的决策能适应科学发展的形势；②实行民主选举增选学部委员；③由学部委员推选中国科学院院长、副院长。

3月22日 率代表团离京赴澳大利亚,应邀出席澳大利亚科学院成立二十五周年纪念会。受邀参加纪念会的还有英国、法国、美国、苏联、印度、荷兰、希腊、新西兰等九国科学院院长、副院长及若干特邀人士。庆祝活动共四天。第一天(26日)为隆重庆祝仪式;第二天为科学及科学院的作用讨论会;第三天是物理科学讨论会;第四天是生物科学讨论会。参加所有讨论会,并于3月27日在科学和科学院的作用讨论会上作演讲(英语)题为"中国科学院和它的作用",介绍中国科学院近三十年来的工作及发展情况。会后反映说,中国的演讲很朴素,说明中国在发展科学上进行的工作和取得的成功[①]。

会中 英国皇家学会会长托德问钱三强,是否赞成多国科学院建立经常的固定形式的联系和合作?钱表示,苏联科学院已经十多年不和中国科学院来往了,各国科学院之间以建立双边联系为好。在澳大利亚科学院为东道主召集的各国科学院代表会议上,主导意见不赞成各国科学院之间建立固定形式的联系。

Δ在澳期间,还与澳大利亚科学院商谈了两院科学合作协议,达成协议稿,待到北京签署;访问了澳联邦科学工业研究组织总部,与该组织主任就今后发展交流进行商谈;会见了澳外交部科学顾问和澳国科学部长。于4月6日率团自悉尼回国。回国后,建议派一两名科学工作者到澳大利亚的南极工作站工作,参加工作,了解情况。

4月11日 方毅(时为副总理分管科技并兼任中国科学院院长)首先对《关于中国科学院学部工作和院长、副院长等有关问题的请示》签批:"拟同意,这是一整套改革工作,请总理、副总理批示。"邓小平、李先念、徐向前、纪登奎、余秋里、陈锡联、耿飚、陈永贵、王震、王任重、谷牧、康世恩、陈慕华一一圈阅。时任总理华国锋在"由学部委员推选院长、副院长,报请人大常委会任命"文字旁批注:"方毅同志任命是否是人民代表大会上选举或通过的,请查一下。"在文件传批单上,华国锋又批示:"院长、副院长补选的手续请研究。"

4月19日 首次以校长身份到达浙江大学短时工作和调查研究。午后,出席校领导及校部各部门负责人集体见面会,并简单致辞讲对浙江大学的印象和要求:①总的讲,浙江大学是有光荣历史和重要贡献的第一流的大学。新中国成立初期成立中国科学院时,支持了中国科学院的几个主要的学校,其中就有浙江大学,当时好多位有名的科学家调到了中国科学院,如贝时璋、王淦昌、黄秉维、钱人元、崔徵等。②今后要加强教学与科研的联系。③要适当支持省里工农业发展的需要。随后,同校党委常委班子交谈,听取校党委书记刘丹的情况介绍。

---

① 引自中国科学院院档:1979-4-83

4 月 20～22 日　参观浙江大学各系、教研室、实验室和校办工厂，听取有关情况和问题的汇报。

4 月 24 日　参加校党委常委会，讨论研究浙江大学的办学方向、发展规模及专业设置、研究生培养等事项。在讨论时，传达了中国科学院党组的原则精神，发表了个人意见。

4 月 25 日上午　出席全校正副教授，教研室、实验室、研究室正副主任，校部正副科长、党支部正副书记会议，作简短讲话。下午，在全校师生员工大会上作报告，时近两小时。

4 月 26 日　与浙江大学党委书记（刘丹）、副书记（张黎群）一起，约见浙江省委副书记薛驹、宣传部长王家杨、教卫部长商景才，商谈院和省如何共同办好浙江大学。钱三强先介绍科学院党组的精神：①办好浙江大学的指导思想是，互相照顾，统筹安排。②院和省加强对浙大的共同领导，搞好协调。③浙江大学要继续加强同各部门的关系，"吃百家饭"。④学校的中层干部的任命，由省里进行，校党委把关，名单报院即可。⑤建议学校加强技术系统，重视实验员的培养和晋级。薛驹代表省表示同意中国科学院的意见，希望院省今后多多协商。

△浙江大学《简报》第十期（5 月 9 日编印）刊发了《对钱三强校长来校后的一些反映》一文，附录于后：

> 钱三强校长这次来校检查工作时间虽短，但已经走遍了学校十五个系、实验室和机械工厂、化工厂、机关各部、处、室，向全校师生员工和党支部正副书记、正副科长以上干部作了两次报告，给全校师生员工留下了深刻的印象。普遍反映，钱校长作风深入，平易近人。报告原则性强，顾全大局，内容丰富，坦率生动，实事求是，他没有带给学校多少钱，而带给我们的是好思想，好作风。受到很深的教育和启发。钱校长在向全校师生员工报告以后，很多同志说，这样的好报告已十多年没有听到过了。由于钱校长身传言教，故大会虽然开到下午六点多钟，但会场纪律仍然严肃认真，大家自始至终精神饱满，几乎没有人中途走掉。报告后很多同志说，钱校长不仅是一位科学家、学者，而且政治水平很高，是一位又红又专的科学家、领导者。
>
> 现将师生员工在听了钱校长的报告和在各次会议上的讲话以及观看实验室、工厂过程中的谈话的主要反映整理如下：
>
> 1. 关于浙大的性质、专业方向的问题。对于这个问题，总的说工科受到鼓舞，情绪比较高。很多教师，尤其是工科教师认为明确浙大的性质是一所工科大学，今后逐渐发展走向理工结合，这个问题非常重要。否则人力、物力分散，势必削弱基础，影响教学质量的提高。

理科有的专业教师则有些思想混乱,如物理系不知今后专业方向到底怎样搞好?方向不明确。因此有些教师特别原来由工科调到理科的老师不大安心。也有的理科教师认为浙大理科师资力量是强的,钱校长不了解理科的实际情况。

地质系教师听到钱校长讲到科学院对地质方面人材需要不会太多,办专业要照顾到地方需要,引起不安,学生中也有些议论,感到地质学系在浙大呆不下去了,有些波动。

有的教师说,钱校长讲办专业名称不要吓唬人,要保持浙大的特色,既要实事求是,又要有创新精神,这是办校的指导思想。我们要很好学习钱校长讲的办校思想,不能用现代化的名词掩盖自己的不足。既要办好尖端专业,又要办好一般专业,不能赶浪头。

系一级有的领导怕变,希望相对稳定,这样有利于稳定教学秩序和提高教学质量。

2. 对"求是"学风和"创新"的问题讲得好。大家反映,过去激励只讲"求是"学风,但对"创新",攀登科学技术的高峰讲得少。这次钱校长对创新的问题讲得很深刻、很生动。钱校长举了澳大利亚科学家研究"屎克螂"的成绩的例子受到很大的启发。只有开动脑筋,勇于创新,才能赶上和超过世界先进水平。

另外,对于钱校长讲到要发扬艰苦奋斗,自力更生,勤俭办校的精神,在简陋的条件下也可作出好的成绩,培养出高水平的人材,并表扬了材料力学实验室的一台材料试验机还是抗战时期在贵州用的至今保存很好并发挥作用的问题,受到了深刻的教育。

3. 吃百家饭的问题。大家认为钱校长对这个问题讲得很客观,符合浙大的实际情况。但有些教师反映,浙大归科学院领导后有的部不愿和浙大挂钩了,有的断线了,反而吃亏,而且中国科学院缺乏办校经验,还是归教育部领导好。

4. 对研究生和大学生数字的比例问题。普遍反映,原来学校的规划到1985年研究生和大学生数字的比例是1∶3,达到3000人,不切合浙大实际情况,办不到,这次钱校长讲的比例为1∶10,这个比例数比较符合浙大实际。

5. 对工农兵学员的看法问题。一致反映,钱校长几次讲了对工农兵学员的看法问题很受教育和启发。认为钱校长的报告对工农兵学员有阶级感情,看得远,有政治眼光。工农兵学员确是一代人的问题,他们也是受害者,我们要正确对待他们,不能歧视他们,要相互同情,搞不好要影响安定团结。学校要为他们的培养提高创造更好的条件。工农兵学员听了报告非常感动,心情舒畅,反响强烈。有的流下了热泪，他们说，钱校长的报告是在满腔热情的鼓舞我们，给我们撑腰鼓气，说出了我们的心里话。表示今后要奋发学习，努力工作，报答党的关怀。很多教师决心为工农兵学员的教学工作作出更大的努力，三部各专业都在重新制订七六级的教学计划，让他们学得更多、更好、更扎实一些。

另外，也提出了一些看法和意见：①不少同志认为钱校长在俱乐部向干部所作的报告对有些问题话还没有讲完，没有敞开，比如规划、体制的问题、民主集中制问题等。②办好浙大光靠钱靠物不行，要有好的领导班子。光靠钱校长遥控不行，关键是在校的领导，钱校长走后希望学校领导也要深入基层，深入群众，把工作着重点真正转移到教学、科研上来，不要钱校长走后讲的事也无从贯彻执行。③希望钱校长今后多来浙大至少每年两次，以解决重大方针、政策、方向性问题。

4月27日 由杭州到达上海。同胡克实一起出席上海分院各研究所所长、党委书记会议。听取情况介绍后，钱三强就科研工作尽快走上正轨，恢复正常管理，抓住重点课题，加紧培养青年骨干人才等作了讲话。

4月28日上午 同胡克实在上海光机所调查研究，先听取邓锡铭全所情况介绍，参观了两个实验室。交谈中，钱三强强调目前光机所的研究课题应围绕主要任务（强激光），要缩短点战线，集中一点。指导思想是既要有科学意义，又要考虑实际应用，还要有经济效益观念，这就逼得我们要学会经营管理。在上海光机所职工食堂用午餐。

同日下午 参观中国科学院上海原子核研究所，听党委韩书记介绍：建所20年，全所现有1400余人，业务人员占51%，党政干部占13.6%，工人占36.4%。全所占地419.5亩，建筑面积5万余平方米，全年经费400余万元。主要问题是，研究所的方向任务尚没有定下来。钱三强听后颇觉意外和惋惜：这么好的条件，方向任务不明确怎么办。你们组织大家讨论过没有？要主动提出可行方案报到院里，不能等着院里来定方向任务，时间都浪费了。

Δ上海原子核研究所党委书记安排看特异功能表演（该所长期请来专做“研究”用的所谓特异功能具备者），希望获得支持。在看完吃足牛肉的汉子对着仪器发功，党委书记当场解释“新现象”后，钱三强表情严肃，一言未发。离开时，他提醒所党委书记：要让科研人员集中精力搞科研，不要赶时髦，凑热闹。

4月29日 在上海科学馆出席上海物理学会举行的物理界老中青同仁（30余人）见面座谈会。卢鹤绂主持时讲客气话，钱三强就此笑着提出：①卢先生讲到“指示”二字，我看在物理学界应取消这两个字，我今天是来拜望各位的，不是来当先生的，是来当学生的。②也不能说“指导”，我到上海来出差是以中国科学院副院长的职务,对上海物理学界没有领导关系,因此谈不上指导。③我了解卢先生年轻时是爱唱戏的,所以今天讲话一板一眼,满有一股子唱戏的调子(众笑)。

座谈中 有人提到上海拟建理论物理研究所时,表示:对建理论物理研究所的正式机构,可考虑慎重一些,不宜这里搞个所,那里也搞个所,全国有个把就成了。我们可以注重质量,扎扎实实做点工作,一两个礼拜或者个把月召集到一起开次讨论会,互相交流研究心得,写点东西发表。这样效果不错,不要编制,不花多少钱。

下午 接中国科学院外事局国际会议处方钧电话告:微分方程会议,陈省身希望1980年8月召开,院与有关方面研究,同意陈的建议于明年8月开。但据说,苏步青希望推迟开,让大家再做点研究工作,可考虑安排在1981年或1982年开微分方程会议。

当晚 前往复旦大学第九宿舍二号小楼探望苏步青:①通报浙江大学由院省共同领导及今后发展的设想,听取意见;②通报学部委员恢复活动,拟增补学部委员,筹备学部大会情况;③商谈陈省身建议1980年开微分方程会议事。还通报了中国科学院数学研究所的机构调整(一所分三所),苏对此表示有所担忧,认为这是于中国数学界不利的事,但现实情况也清楚,不分也难办。

4月30日 参观上海昆虫研究所,对介绍的灭蚊采取"定捕法"和"迷向法"效果显见,颇有兴趣,认为科学研究结合解决现实问题会受大众欢迎。

5月1日 由葛能全陪同游城隍庙,在街旁餐馆吃小笼包。

5月2日 由上海返回北京。

5月4日 国务院批复中国科学院关于学部工作的请示时,方毅签批:"请李昌同志遵华主席指示办。"(后改由学部委员大会选举中国科学院主席团,由主席团推选院长、副院长)

5月上旬 在北京陪同方毅会见CERN总主任阿达姆斯夫妇,重点讨论双方合作和就中国建造高能加速器问题听取意见。陪同会见和参加讨论的还有赵东宛、林宗棠等。

5月17日 在北京友谊宾馆北工字楼主持各学部常委联席会议(时有学部常委40人,到会25人)。首先传达5月4日国务院批准的关于学部工作的请示报告,请常委联席会议着重就增补学部委员发表意见,进行讨论,以便制定增补办法。顾德欢代表学部办公室作联席会议开法和目前学部工作的说明(会议至21日)。下午,分两组(数理化和生物学部一组,技术科学和地学一组)进行讨论。

5月18日 和李昌陪同华国锋在北京人民大会堂福建厅会见李政道一家(见前向华汇报李讲学情况半小时)。交谈时,特别谈到发展高能物理和培养人才问题，以及准备在国内召开粒子物理理论讨论会，欢迎李政道参加会议，同时欢迎吴大猷回来参加这次讨论会。

华国锋接见李政道一家谈话记录摘要①：

华国锋：我们是七七年见的面，一过就是两年多了。你这次来太辛苦了，在美国还没有这样过吧？这次讲学是七个礼拜？听说每周要讲十五个小时，很辛苦。一共要讲一百多个小时。

对你来讲学表示感谢，这次你还亲自选了些研究生，还为我们的加速器建造做了很多准备工作，我代表中国人民向你表示感谢。明天是最后一天课，讲完后要好好休息一下。

李政道：要听一下同学们的批评。

华国锋：你这次讲学反映很好。讲完后出去参观，要去延安、西安？听说还要去敦煌？去一下新疆？然后去成都、西藏？能去下西藏很好。我七五年去了西藏。那里飞机场的海拔是 3600 米，拉萨的海拔是 3700 米。开始去时不太适应。年纪大一些的，反应小一些，年纪轻些的，反应反而大。什么道理？也许是年轻人活动多，需要氧气多，所以要多吸些氧气。晚上睡觉也感到心跳得厉害些。不过汽车上和家里都备有氧气袋。听说你只去很短时间？

李政道：是的，只计划去二至三天。七五年你去了多久？

华国锋：待了十多天。拉萨飞机场在两山之间，有个小平原。能见度要求很高。西藏天气变化很大，为了选择进西藏时间，耽误了几天。以九月份天气最好。

那次是庆祝西藏自治区成立十周年，要开大会，讲话，很紧张，但还是坚持下来了。在西藏我一下飞机，走路走得快了些，人家就告诉我要走慢些，走快了会有反应，上二层楼上一半得歇一下，有心脏病就反应强些。上海人去了三个月还没有适应。

去西藏看看，那里情况很特殊，与内地不一样，地方人喜欢种花，有青蛙也不叫，桃子、苹果都特别红，紫外线照的人皮肤也黑些。现在吃的没有问题了。群众吃藏粑，是青稞炒熟磨成面粉做的，还有酥油茶。我去了都可以喝。有点咸味，但也不太咸。到群众中间去了要喝青稞酒、酥油茶。藏族人对汉人很好，感到翻身了。叫解放军“金珠玛米”。献哈达，送东西都很恭敬。

布达拉宫规模很大，塑像有好几米高。宫壁上画得很精致。大昭

---

① 据中国科学院外事局整理《华主席接见李政道教授一家谈话记录》，报送铅印件，存中国科学院院档(2)

寺、××寺都很大,可住很多人,有很多喇嘛。

铁路修到格尔木,要过5200公尺高山,5200米上去就有反应。还有经云南,从南路进藏,那里矿产木材多,从横断山过,要比经过高山区好修些,我们打洞有本领,一个洞出去接一座桥。

新疆与西藏不同。维吾尔族多,棉花、水果产得多,沙漠地区靠天山雪水。戈壁不是沙,而是石头,新疆有很多地没有开垦。

李政道:水利也很重要。

华国锋:地下水很高,南疆我没去过,整个新疆面积很大,有170万平方公里,人口一千多万。

李政道:这次来听课的,有几位还是从新疆大学来的,科学院组织得很好。

李　昌:全国各地的学校都来听你讲学。

李政道:西藏没有来人吧!

华国锋:西藏没有大学,西藏地区文化落后,受压迫很厉害,生产率真太低,有个西南民族学院,主要在那里学习。达赖想派他的官来,还没有来。

李政道:他是否想回来?

华国锋:他说先派人来看看,要给他些好处他就回来,我们说可以。

77～78年这两年变化很大,去年开了十一届三中全会,揭批基本结束,从今年开始,重点转到建设上了。去年粮食××亿斤,工业产值××亿元,今年提出指标农业增长4%,工业增加8%,用三年调整、改革、整顿、提高。比例上存在问题,农业要特别重视。解决吃、穿、市场。可以给国家提供商品粮,改善人民生活。农业发展了,就好了。中国与日本不同,自己有原料,有市场。工业内部先搞轻工业,投资少,见效快,提供给人民日用品。有一个厂总投资19亿元,去年就收入10亿,还满足了人民生活需要。重工业内部几年来也失调,发展不平衡。燃料主要是煤。我老家山西煤打了400～500米深就查出有××亿吨,如能打到1千米就加倍了。但这不等于开采出来了。美国很多公司来谈要合作在南海勘探石油。电力增加了,去年是××千亿度,煤到××亿吨。电力主要是靠煤和水力。水力潜力很大,现在利用才2%。核电站原想搞,但成本太高。

今年年底要在广州开个理论物理会。请你来,你也建议请杨振宁来。

李政道:是的。

华国锋:听说吴大猷在加拿大退休,他有点顾虑,说他自己和国民党有点关系。没有联系他能站住脚吗？上次从福建前线派船送去了一些人，他们收了一些，但也有的去美国了。

这次你出去参观，要注意身体。脑子要放松些，要看看古迹。

李政道：看看祖国的伟大。

华国锋：不要太疲劳了。

秦惠箬：他这次讲学开头一两周有点不习惯。后来渐渐就习惯了。

李政道：现在是同学们比较紧张了。

华国锋：中国科学水平要提高。

李政道：大家一块学习，相互提高。

钱三强：这次讲学的成效可能现在还看不明显，过几年就明显看出来了。

李政道：这还只是第一步，大家互相交流，这也不是一个人的事。

钱三强：你还是主要的。

华国锋：中国要提高全民族的科学文化技术水平。要培养技术骨干力量。还要经过艰苦的努力。

李政道：是的，这是很重要的问题。

华国锋：既要看到成绩，也要知道存在的问题。不看到存在的问题就要自满，不看到成绩就没有信心。

日本发展得很快。日本买进美国的专利，消化改进，又卖给美国。电子计算机还比不上美国，但电视比美国好，汽车也销给美国很多。

李政道：华主席也管过科学院？

华国锋：分工嘛，都搞过。

李　昌：七五年我和胡耀邦就是华主席派去科学院的。

华国锋：那时，找了几位科学家开了会，不得了啦，“四人帮”反对，反得厉害，周培源根据周总理的意见写了文章，要加强基础理论研究。他们反对，批得很凶，上海写了很多文章。那时只找了几位科学家开了一个会，与高能所的张文裕、半导体所的王守武谈了谈，以后我就走了。

李政道：七五年那时周总理还在医院里。

华国锋：总理在他们反总理，后来小平主持工作反小平，我主持工作就反我。九月四日光明日报写文章写我们是“修正主义头子”，说什么没有好下场！我主持工作后，张春桥在一月三号就写诗有感，说什么“要把新桃换旧符”。

李政道：以前不清楚。“四人帮”下台后，才慢慢清楚的。

华国锋：毛主席去世才一个月，再迟几天他们就要动手了。“四人帮”在上海人们也反对他们。上海的死党马天水、王秀珍等也去参加游行,群众就不要他们。

李政道:那时有很多外国人在上海,Panofsky就正好在上海,他说才开始时,标语上只写××,等他出去又回到上海时,就点出名来了。

最后,有两个问题,想以后跟方毅副总理谈谈,在这里只提一下。

一个是高能的事。国外的所有加速器都是用高能物理推动的。最先进的技术都是在高能物理实验方面做出来的。第一个样品都是高能物理自己做出来的。如果想去买别人的,搞不好要被敲竹杠。要贵十倍以上。国外最大的一台五百亿电伏的加速器总费用也不过是五千万美元。

是先进科学带工业?还是工业带先进科学?国外曾有争议,现在承认是先进科学带动工业生产。加速器是先进科学中的先进。它带动了工业的发展,国外在过去也有过一段弯路。我国现在如果不小心也会产生同样的问题。

另一个问题是培养人才,这是不简单的事,是绝对重要的。人才要选得好,要送得对头,否则就起不了很大作用。就像鲁迅说的,吃牛肉不一定要去美国。尤其是先进科学方面,送出去人一定要慎重考虑,不能答应别人很多条件。否则反而被别人利用。我们的加速器就要受到别人的控制。

华国锋:方副总理现在出去了。以后可以再研究。总之搞四个现代化很艰巨。

打仗还要靠老将,我们建设也才二十、三十年经验。搞四个现代化我们还有很多问题没有认识。谈起科学我是门外汉。

人才培养派人出去也可能走些弯路,也可能有些不回来了,这些都考虑过了。我们尽可能多听听朋友们意见,减少盲目性。

∆在李政道讲学期间,先后两次同李商讨召开一次请若干华裔理论物理学者参加的粒子物理讨论会的可能性,得到热情支持,李表示返美后可推荐与会者。随后,再致信杨振宁,听取他对召开粒子物理会的意见,杨很快回信亦表示支持。

5月19日 主持学部常委联席会全体会议,由李昌传达中央工作会议精神,并对科学院的调整及学部工作发表讲话。常委讨论说,关于学部所应起的作用,李昌同志这次的调子又高了一点,即学部对院起学术领导作用;对全国的科技工作,特别是一些重大政策问题,可以发表意见。至于学部是否管全国,李昌说,这不能自封,而且由中国科学院去干涉其他部门的工作,也不合适。如何搞法，大家可以提意见，将来提交两科党组讨论。

5月21日 严济慈主持学部常委联席会议总结会，杨石先、张大煜、吴学蔺、王文熙、尹赞勋等学部常委先后发言。钱三强就几天会议的讨论情况作总结发言。

5月28日 亲笔致信方毅，汇报同李政道交谈及陪同华国锋见李谈话情况。信称：

在您离开北京期间，我曾与李政道谈过一次，五月十八日华主席接见李政道时我也陪同参加了。现将有关情况报告于后，以作参考。

1. 您离开北京前，曾叫秘书两次打电话给我，要我注意只听李讲，不要表态。我遵照您的指示办了。

李当时对我说了培养干部的方式问题，他主张培养有全面观点的干部，对丁肇中所采取的培养方式有不同看法，关于这方面的内容比外事局(即我曾经交给您的那份材料)含蓄一点。

同时，李交给我一份我国高能物理代表团(以林宗棠为首的代表团)在美国与能源部有关各研究所商谈的会议纪要，并说他为了组织这方面工作花了几个月的时间。但是，我国对执行这个纪要所记载的内容抓得不紧。他为了培养干部特别是计算机、自动控制方面的干部，专门与有关学校商量好，要每个学校为中国培养一至二名具有全面观点的干部。他特别强调，一般地来说，计算机与自动控制方面，美国不大愿意全面教，因为这方面的技术与军事和商业有互通之处，美国也是先因高能方面需要而发展，以后又用在通讯、宇航和军事方面的。因此，为了这方面的联系，他是花了功夫的，但是我们的反应不如他想象的积极。他还说，选人可以不单从高能所选，还可以从全国甚至国防部门选，回国后除去完成高能所的任务外，还可以回到各单位去，这样就可以利用高能任务为全国(特别是国防部门)培养人才，提高水平(他为了此事也和朱光亚同志谈过)。

2. 在华主席接见时，李政道也谈到这两个问题，没有那么详细，也没有提丁肇中的名字。华主席说，李回美以前，您还要接见他，有关问题还可以与您细谈。

另外，华主席对于李讲学积极和努力表示了感谢；还欢迎他参加明年一月份在广州举行的粒子物理理论讨论会，并且表示欢迎吴大猷(李政道和朱光亚同志的老师，过去曾作过台湾的科委主任，现在是哥伦比亚大学退休教授)回国开会。华主席讲了我对与台湾有关系的学者的政策，以解除吴的顾虑。李政道也表示愿意代为邀请吴回国参加粒子物理理论讨论会。

6月20日　组织起草并向国务院报送《关于中国科学院学部委员增补工作的报告》和《中国科学院学部委员增补办法》。"报告"在请示增补工作的有关事项后,提出因划"右派"撤销学部委员职务的处理意见:根据中央有关文件精神,中国科学院院务会议确定,凡属错划为"右派"的,经本单位复审改正结论后,即恢复其学部委员职务;已故者则宣布恢复其学部委员名誉。凡不属于错划者,不予恢复其学部委员职务,但可重新当选。

6月21日　托访美的吴文俊带亲笔信给陈省身,代表中国科学院邀请其到中国科学技术大学研究生院授课。

7月9日　陈省身亲笔回信钱三强:"承邀在科大研究生院授课,深感荣幸。明年(1980年)大约于4月下旬返国,住到9月底国际会议以后。前已建议北京大学授一课,相当于第一年研究生程度,似两者可以合并授课,名拟定为'流形论',从多元微积分讲起,到最近微分几何的进展。由于统一场论及规范场的应用,这些数学概念在理论物理也很要紧。是否合适,请指示为感。"

7月10日　国务院批准并转发中国科学院关于增补学部委员的报告(拟定增补之后学部委员总人数达到300人左右,其时在世学部委员为118人)。随后,主持起草以中国科学院名义向全国自然科学研究机构、高等院校、中国科协所属学会和全体学部委员,发出推荐中国科学院学部委员候选人的通知,增补学部委员工作自此启动。

7月11日　出席在北京举行的第一次全国科学学学术讨论会。会议讨论了科学技术发展的特点及其规律、科学现代化的标准、科研体制、提高科研效率、系统工程学在科研管理中的应用、科技人才和科技管理人才的培养等问题。钱三强在开幕会上发表题为"解放思想,发扬创新精神"的演讲,强调科研人员管理上,破除"我管你"的思想;人才培养上,树立科学民主空气,鼓励发表创见;人才使用上,不要忌讳某些缺点。演讲主要内容如下:

> 发展科学技术,首先要求领导和管理科学研究的人具有革新思想。那种因循守旧,墨守成规,不求上进,甘当外行的精神状态,是做不好科研管理工作的。担任领导工作的同志要做科技人员的思想工作,鼓励他们的创新精神,促进他们的发展。可惜有少数的同志,还是抱着"我来管你"的态度。这个"管"和"促"有很大差别。"管"是管不出有创造性的人才来的,"促"才能促出有创造性的人才来。鼓励、促进中年和青年科学家充分发挥自己的创造能力,现在是刻不容缓了。不这样,就不可能高速度发展我国的科学技术。创新精神不是很短时间就能促成的,要有一段培育过程,逐渐形成风气。
>
> 有创见的科学人才十分珍贵,就像在运动员中选拔各方面基础好且有创见的人一样不容易。对这些有创见的人,到底应怎样要求,怎

样估计？目前，一些单位里还严重存在吃大锅饭的平均主义思想，这就不利于创新精神和科技人才的培养。有些单位的领导同志心目中总是喜欢那些百依百顺、唯唯诺诺的干部，觉得这样的人用起来顺手。可是，那些工作中刻苦钻研，有独创精神的人，往往不那么盲从，不那么俯首帖耳。当然有创见的人往往也有某些缺点。一个人的优点常常又和他的缺点联系着的。对优点和缺点要具体分析，要发扬他的优点，帮助他改正缺点。我们一般"管人"常常是强调管他的缺点，很少考虑到促进和发扬他的优点。这是应该引起我们大家注意的事，它关系到能否出来有创造性人才的重要问题。

现在对老科学家落实政策是完全必要的。但从国家四个现代化的长远着想，在发挥老科学家作用的同时，要把各方面的注意力放在中年科学工作者身上。现在40岁左右的一批人很需要各方面的支持，要大力帮助解决他们的工作条件和生活条件（如住房条件等）。他们之中有的工作做得很好，满可以做教授或副教授，可是由于平均主义思想作祟，难以择优。这些都是不利于科学发展的。我们应当作为战略措施来考虑如何关心、培养、提拔、使用中年科学工作者了。对将来青年一代培养的责任，也主要落在他们身上，实现四个现代化他们起着极其重要的作用。我们现在的任务就是要选拔他们中的优秀者，使他们青出于蓝胜于蓝，培养我国科学技术事业的接班人。

60年前的"五四"运动，举起了科学与民主的旗帜。现在进入新的历史时期，我们还要提倡科学与民主，当然有新的时代内容。科学与民主，是进行四个现代化建设、发扬创新精神所必需的。……创造性和科学民主密切不可分割。在那些缺乏科学民主空气的地方，科学人员的创造性不会受到鼓励，也不可能受到启发。哪里缺乏科学和民主，哪里愚昧和独断的东西就会多一些。一个科学部门，究竟是不是多出优秀人才，关键在于鼓励创造性，摒弃墨守成规。

发展科学技术，物质条件是非常重要的，精神的条件也很重要，当具备了一定的物质条件之后，精神的条件更会显示出它的巨大作用。（《钱三强文选》，205～208页）

Δ在全国科学学学术讨论会闭幕会上再作讲话，讲题为"科学学的研究对象和内容"。会后，积极倡议成立"科学学全国联络组"，并参与指导，使科学学研究不断发展起来。

7月12日　应《我们爱科学》杂志社约请，在该刊发表署名文章《让科学春天的花朵开得更加绚丽》，鼓励青少年学科学、爱科学、用科学。

7月13日上午　在三里河中国科学院办公室继续阅改《光明日报》记者理由10日送来的报告文学《科学与爱情》(一万余字)清样稿,并同作者讨论稿件作些必要修改(理由时为《光明日报》记者部记者,同年5月持介绍信在办公室多次对钱三强进行访谈写成此作)。钱从头至尾阅读,亲笔修改文字和内容达120余处,并一处一处向作者说明修改的理由。他对作者表示,稿子写得不错,但情爱方面的写法不合我们科学技术工作者的习惯,特别那时的战乱环境下,不能以今天年轻人的想法来理解,因此标题改为"科学伴侣",并用铅笔在稿子原标题下写了"科学伴侣"。作者说,《当代》总编很欣赏"科学与爱情"这个标题。于此钱即又手写一函致编辑部:"编辑部同志:理由同志写的稿子我改了一点,请考虑。我希望题目改为'科学伴侣'比较恰当,少遭非议,请你们能考虑我的意见。钱三强,7月13日。"希望作者考虑改题目。作者重复了以上意见后说,我不能决定,由编辑部最后定。钱听此言怒火爆发,认为作者对人不诚恳,自己写的稿子不应把改标题的事情推给编辑部,一气之下把清样稿撕了(后《长江文艺》刊出改前稿,但钱三强、何泽慧的名字统统隐去)。撕稿事很快由《光明日报》处传到《人民日报》编辑部,并且添加了钱"政治上有不当言论"的内容,进行了一番核查。

7月17日和21日　先后两次同随法国工业部长访华的法国原子技术公司董事长安德里厄举行会谈,进一步探讨引进奥尔费型反应堆的合作问题。参加会谈的有姜圣阶、章综、邓述慧、邓照明、周永茂等。

8月　《科普创作》创刊,应约为该刊撰文《谈谈科学普及工作》①,文中写道:

> 在目前,科学普及工作还没有被各方面所重视;不少科学技术工作者脑子里还没有挂上普及科学的号;科普作品从数量到质量,从内容到形式都还远远不能满足广大工农兵群众和青少年的需要。科学普及工作形成这种落后状况,原因是多方面的,要改变它也需要做多方面的努力。
>
> 首先,对科学普及工作的重要性有进一步加以宣传的必要。这种宣传实际是为科学普及作"科普",虽然是老生常谈,却忽视不得。记得在我国原子能事业发展初期,1955年周总理曾及时地提醒我们:开展任何工作,宣传工作一定要先行。在周总理的亲自关怀下,当时中国科学院组织了在京的有关科学家和教授,进行原子能科学技术知识的普及和宣传,派出宣传团到北京、天津、上海和其他各地进行宣讲,许多领导同志带头听科普报告。在报告的基础上出版了

① 载《科普创作》试刊第1期,1979年8月

科普小册子《原子能通俗讲话》，印刷20多万份发行全国，造成一种全党全民关心原子能的气氛，为我国原子能的迅速发展起到了推动作用。科学普及，对于科学技术本身的发展和真正体现它的社会作用，都是必不可少的。从根本意义上来说，科学技术的重大作用，主要是通过科学普及活动使广大群众掌握科学技术知识，并使之应用于社会生产的各个方面来体现的。可以说，每一种新的科学技术的应用和推广，都是科学普及的结果。比如激光这项年青的新兴技术在60年代初刚刚出现的时候，人们对它是陌生的，需要解释的。那时我们国家及时地作为重点列入科技发展规划，并组织有关科学工作者着手研究；同时，也较为重视激光技术的宣传工作，如开办激光技术讲座，出版激光基础知识的书刊，办宣传栏，搞展览模型等，人们对它由生疏变得熟悉起来，为激光技术的迅速发展和广泛应用打下了良好的基础。

其次，要切实支持和鼓励科学技术工作者积极从事科普创作。这里既有保证必要时间，提供一定条件的问题，也涉及一些规章制度问题。比如，我就很赞成把科普成绩作为对科技人员进行考核的内容之一，这样有利于克服"额外负担"思想。……当然，对于科技工作者本身来说，也有一个正确认识和处理科学研究与科学普及的关系问题。应该认识到，科学普及是科技工作者份内的事，是责无旁贷的，这既是建设社会主义现代化的需要，同时也是自己科学工作的一个组成部分。很难设想，一个对人类有贡献的伟大科学家，他创立的科学理论和科研成果，始终只有他一个人或少数几个人懂得。据说爱因斯坦创立的相对论理论，最初确实只有少数几个人能理解。然而爱因斯坦的伟大不是在于他的理论为别人所不懂。正相反，他不满这种状况，并身体力行地加以改变，他极力反对把自己的工作说成耸人听闻，主张用简明的语言和比喻向"外行人"说明情况。不仅如此，他为了宣传和论证他的理论，他还亲自主持相对论讨论班，使得更多人认识和接受他的理论，又能听到更多的人的意见，吸取科学的丰富营养。

还有，我觉得要树立起科普创作的光荣感。不是说人民教师是人类灵魂的工程师吗！我看科学普及工作也差不多。记得爱因斯坦曾经有这样一句话："由于读了通俗的科学书籍，我很快就相信，《圣经》里的故事有许多不可能是真实的。"可见科学普及的作用之大！大家可能都有一种体验：当你在中学或大学念书时，如果有老师讲课讲得特别透彻、精彩、深入浅出、引人入胜，往往就能激发起和吸引住青年学生对那门课程的特别兴趣，甚至可能成为他后来的发展方向。这在某种程度上,就可以说是那位教师出色地进行科学普及工作的结果。我自己就有亲身体会,大学时的先生吴有训,大学毕业后开始做研究工作时的严济慈,后来丹麦的玻尔和法国的约里奥-居里都是对我有着深刻影响的。

科学普及工作还有一个效果问题。要使科学普及收到好的效果,就要根据不同的对象,利用不同的条件,采取不同的形式开展科学技术知识的普及活动。科普创作和文艺创作一样,也要贯彻"百花齐放、百家争鸣"的方针,作到生动活泼,喜闻乐见。无论采取什么形式,作为科普创作我想最基本的一条,就是要给人以科学的知识,说话让人懂。这就是科普创作所要达到的效果。

8月中旬 在教育部主办的《人民教育》第八期(总第二十三期)"大学校长论坛"专栏,署名发表题为"同心同德搞好教学和科研"的长文。文前《人民教育》编辑写有编者按:"中国科学院副院长兼浙江大学校长钱三强同志,最近在浙大对教学、科研、生产、思想政治工作和后勤工作等进行了调查研究,同师生员工进行了广泛的接触与交谈,并就如何贯彻调整、改革、整顿、提高的方针,进一步办好浙江大学,发表了讲话,受到浙大干部和师生员工的普遍欢迎。本文系钱三强同志多次讲话的摘要。"

同心同德搞好教学和科研

钱三强

发扬所长 补其所短

浙江大学是一所具有悠久历史的学校。它的前身是"求是书院",创立于一八九七年;一九二八年正式改称浙江大学。原来是一所包括有理、工、农、医、文、法、师范等七个学院二十四个系的综合大学。解放后,特别是一九五二年实行院系调整,有的院、系划出或停办,有的归并到其他学校。浙江大学以原有的工学院和理学院的一部分为基础,又吸收了之江大学、厦门大学工学院的一部分,成为一所多科性的工业大学。一九五七年起,浙大又重建了一些理科系,逐步开始向工科和理科相结合的方向发展。但就目前浙大的主要特点来说,它所以在国内外享有一定声誉,正是由于它的工科基础。应该说,浙大的理科还是比较弱的,还不能说已经是一所理工科大学。浙大今后发展方向应该是发扬工科的特点,以工为主,理工结合,即在进一步提高和发展工科的基础上,采取措施,加强基础,加强理科,逐步发展,走向理工结合。这个原则符合浙大目前的实际情况,符合当前调整、改革、整顿、提高的方针,也是适应现代科学技术发展需要的。特别是对科学院系统,浙大这样有基础的多科性的工科特点,正好弥补自己这方面的不足,取长补短。人家说科学院是“吃素”的,就是说多数人是理科出身,不大会搞工程设计。而现代科学技术的发展越来越需要工程技术与科学相结合,所以从长期发展来看,我们一定要强调理工结合,不能搞理工分家。在目前条件下,如果我们不从照顾现有特点出发,发扬浙大的工科基础,而硬要急于办成理工大学,势必分散人力、物力和财力,打乱教学和科研秩序,削弱原有基础,不利加速培养建设人材。另一方面,如果我们只考虑工科本身的发展,不适当注意基础,不逐步加强理科,创造条件走向理工结合,工科的发展也会受到限制。我们在考虑浙大的发展方向、规模和培养什么样的建设人材的时候,一定要既照顾到学校的现有基础和特点,又要考虑国家的长远需要,着眼全局,以适应形势的发展。

着眼基础　要求实不慕名

系和专业的设置,要强调一个原则:专业面不能太窄,基础一定要打好,名称要朴素,体制要相对稳定。过去我们是有教训的,一开始把学生的专业知识面搞得很窄,在他们正成长求知的时候,就给戴上面罩,不让他们向四面看,结果造成畸形发展。林彪、“四人帮”搞什么“以典型产品带教学”,搞得那么窄,分得那么细,更是弄得学生知识贫乏。青年学生好似小马,应该让他们在广阔的领域奔驰,使他们有较广和较坚实的基础知识。在大学里至少要有两年或两年半的时间用来打基础。加强基础课教学是提高教学质量的关键。要安排最强的老师教基础课。为了保证基础课的教学质量,合理掌握研究生的比例是必要的。目前国外一些学校,大学生和研究生的比例达到三比一。培养研究生最主要的条件是师资水平,还要有较好的仪器设备和基础条件。根据我们目前情况,就难于照外国的比例来招收研究生。否则,我们的老师都得拖垮,基础课根本顾不上,研究生的水平也无法保证。我们的比例,今后一段时间内能达到十比一恐怕就是上限了。我们培养的研究生,不应只是多读两年书的大学生,应该按照博士学位的水平去要求,有较系统的基础知识,在导师指导下完成一项研究工作的全过程,开始具备独立进行研究工作的能力,会动脑,也会动手。光有数量,没有质量,会拖四个现代化的后腿。

系和专业的设置和变更,要持慎重的态度,要保持相对的稳定。总之,浙大的工作要提高,理科要加强。我赞成在工和理的结合方面,试办有特色的、体现创新精神的科系,如生物、医学和工程的结合,这个方向是有发展前途的，浙大搞这个还可以请杭州和上海的一些兄弟单位支持；但开始不要贪大贪多，要踏踏实实，一步一个脚印。对于一些条件尚不成熟的理科系和专业，不要急于搭架子，挂牌子，要逐步创造条件，使之水到渠成。有的如力学方面，不一定要先设系的架子，可结合原来的条件搞研究室，先招些研究生，逐渐发展起来。科学研究对教学又会起促进作用。研究机构也不要尽搞大牌子，动不动就是什么“研究所”、“研究室”，其实研究组同样也可以做出象样的工作，关键不在名称，要讲求实际。

对一些原有基础较好的专业和浙江省、各部门需要相结合的通用专业，不管与科学院的发展是否直接有关，都要继续支持办好，不能因为浙大的领导关系改为科学院与浙江省双重领导，就只“吃”科学院“一家”的饭，为科学院一家服务；应该继续提倡吃“百家”饭，为“百家”服务，而科学院是其中比较大的一家。

当家理财　艰苦创业

办成第一流大学，最主要的体现在培养的学生的水平，这包括：学生入校时的实际科学文化水平，在校的学习成绩和毕业后的工作能力与贡献。当然一定的物质条件是必要的。但是，好的人材不一定要在完备的设备条件下才能培养出来。我的老师约里奥-居里就曾经对我说过，在简陋条件下做出好的工作，这才是出色的。至今我认为这还是对的。据当时在校的学生李政道先生的回忆，抗日战争时期，浙江大学连固定的校舍都没有，十六个人挤在一间草屋里，可是当时培养出来的学生质量并不比美国的差。关键是有一种勤奋好学，艰苦奋斗的精神。艰苦奋斗，在浙大是有光荣传统的。在我们的力学实验室里还有三十年代在贵州遵义用过的机器，至今保养得很好，还在为教学和科研发挥作用，也在对我们起着教育作用。我们不要一提第一流大学，就首先要求有第一流的设备，第一流的图书馆，第一流的校舍；而首先要有创第一流大学的雄心壮志和刻苦精神。我们既要积极创造更好的物质条件，又不能被物质条件束缚住思想和手脚。历史上许许多多重大科学发现与发明，往往是在比较简陋的物质条件下做出来的，这就更显示出它的意义。比如大家熟悉的居里夫妇，在简陋条件下发现钋和镭以后，就是在借来的一间阴冷潮湿的破厂棚里，经过几年的辛勤奋斗，终于从数吨沥青铀矿中提炼出约一百毫克氯化镭，第一次精确地测定了镭的原子量，使原子核科学迈进了一大步。艰苦奋斗，应该成为我们的一种校风，不仅现在需要它，即使将来各方面条件大大改善，国家大大富足起来了，艰苦奋斗的精神也万万不能丢掉。

我们还要有经济观点，要学会理财，要研究“生财有道”。外国动不动就是专利，我们一些确实搞得好的、有特点的东西，也未尝不可以卖专利。过去有种错觉，一说赚钱就认为是不好的，其实为国家赚点钱，为社会主义积累资金，有什么不好呢！我们不单要注意节约开支，勤俭办校，而且要利用自己的条件，在保证教学和科研的前提下，有些产品要不断提高、创新、争取出口换外汇，减轻国家负担，逐步增加学校新仪器设备。学校利用锅炉余热烤面包，既节约了燃料，又方便了职工生活，这种作法应该表扬。

办好学校，师资是关键。我赞成聘请一些校外甚至国外的专家来讲学，这对提高教学、科研水平是有好处的。个别确实需要和可能的，请来兼主任或当个名誉主任，我也不反对。但是，我不大赞成眼睛尽盯着“名人”，因为：第一，“名人”都兼职不少，都很忙；第二，他们年岁都比较高，身体又不怎么好；第三，所在单位往往不同意放。所以，不如干脆采取自力更生，自己培养，自己选拔。我主张系主任要实干，不要挂名。浙大有这样久的发展历史，有这么大的教师队伍，我不信就没有当系主任的人材。千里马是有的，问题就在有没有伯乐。只要真正解放思想，破除框框，不受那些资历、规格的限制，就可以到处发现人材。现在四五十岁的教师不是一大批吗？他们中许多人有教学经验，有成绩，科学研究也搞得不错，如果再给他们压点责任，压力就会变成动力，更能促其钻研和发奋，这样可能就干得很好。回顾我们自己，不也是从三十多岁起被任务压出来的吗。如果只看资历、辈份，那就要一层压一层，优秀人才总也上不来。

又红又专　勇于创新

“实事求是”可以说是浙大的“祖传”，因为浙大的前身就叫“求是书院”，到今天我还感觉到浙大这方面的特点仍保持下来了。办教育，搞科研，就是要老老实实，实事求是，从实际出发，提倡说老实话，办老实事，做老实人，这是非常可贵的。但是，从面临的新情况和将来的任务出发，我们还应该提倡在“求是”的基础上，勇于创新。从现在起，我们就应该在青年学生里、教职员工中树立创新精神，用创新思想去鼓励他们，这是我们的责任。不然将来他们会骂我们这些校长、党委书记没有及时提醒这一点。创新精神对青年人尤其重要。作为学生，学习书本知识、了解前人摸索到的科学规律，是很重要的，一定要把这方面的基础打扎实，把主要课目学好。但这样做还不够，还要有股冲劲，有一种“初生牛犊不怕虎”的精神。所谓创新者，就是动脑筋找新规律。我先后两次到澳大利亚访问，看到那里的科学家通过对“屎克螂”

的研究,掌握并应用其规律解决了牛粪覆盖破坏草原的难题,大大促进了畜牧业的发展。“屎克螂”不是希罕的东西,大家都经常见到,但是应用它来为建设服务,这是科学家动脑筋的结果。我们要鼓励的就是这种精神。学校各级领导和老年教师,要善于启发和鼓励青年教师和学生的新想法,新创见;同时,自己也不能墨守成规,也要有创新精神。我们国家的乒乓球队所以总是能处于世界的先进水平,就是因为经常研究并及时掌握各种打法的规律,不断创出新的“绝招”。在目前进行四个现代化建设的过程中,越来越需要有创新精神,没有创新精神,就谈不上“超”,最多是“赶”。创新精神不是一朝一夕就能形成的,为了这一代青年能在走向2000年时为祖国四个现代化大显身手,从现在起就要培养他们的“创”劲。到1990年才开始提倡,那就太晚了。

要处理好政治与业务的关系,坚持又红又专的方向。各行各业和每一个同志都必须朝又红又专的方向前进。做政治工作的同志,不能因为自己的本行是从事政治工作,就放松业务上的学习和要求,甘当外行;从事教学和科研工作的同志,也不能因为自己是业务干部,就可以不问政治,不抓思想政治工作;学校的工人同志、实验技术员同样要坚持又红又专的标准;特别是正处在长知识长身体时期的青年同学,坚持又红又专,坚持德、智、体全面发展,尤其重要。据了解,在校同学中目前视力普遍有所下降,这是应该引起重视的,要采取必要措施。同学们一定要在勤奋学习、刻苦钻研的同时,加强体育锻炼。希望每一个同学都树立起远大的共产主义理想,都有比较扎实的基础知识和实干能力,都有一个强健的身体。只有这样,才能承担起建设社会主义现代化强国的重任。

全校协同　团结奋斗

总起来看,浙江大学各方面工作还不错,比较安定团结,广大师生员工的精神状态比较好,教学、科研、生产、后勤等都比较有秩序。这是浙江省、教育部和中国科学院的正确领导和全校师生员工共同努力的结果,是今后办好浙大的良好基础。我们应该珍惜已经取得的成绩,跟上当前形势,抓紧工作,进一步巩固和发展安定团结的大好局面,调动一切积极因素,为办好浙江大学作出贡献。

为适应现代科学技术发展的需要,我们培养的人材应该是既掌握基础科学知识,又掌握技术,会动手的全面发展的人材。根据这个要求,我们应该重视技术系统的建设,要使科学与技术紧密地结合起来。浙大有校办工厂二个,系办工厂四个,仅生产工人就有八百多人,实验技术员二百多人。长期以来,他们为教学和科研做出了重要贡献。有的同志干了二十多年，已具有了一定的水平和能力，年龄也四五十岁了，还是个实验技术员，这就影响积极性的发挥。对他们不能搞唯学历论，要视其实际贡献和能力，经过一定的技术考核，合格的就应予以承认，给以适当的技术职称，如工程师、高级工程师等等。否则，人材压抑，技术水平也没法提高。

现在普遍反映干部多，浙大机关科长以上的干部占三分之一。"官"多了怎么办呢？重要一条，"官"也要做"兵"的事，要亲自动手，不要坐在办公室划圈圈，尽指挥别人，要能上能下，能文能武，既有"官"的水平，又有实际工作能力，能跑腿，深入教学、科研和后勤第一线，抓具体业务，这就能避免官僚主义作风。

我还要特别说一说正确对待"四人帮"横行时入大学的学生的问题。由于林彪、"四人帮"的干扰破坏，这些学生，多少年没有机会念书，一般说基础知识比较差，这是客观事实。但这不是他们个人的过错，他们是受害者，不应该歧视他们，要满怀热忱地同情他们，支持他们，帮助他们，给他们提供方便条件，使他们在学习和工作的实践中赶上来。对于这些学生本人来说，要正视现实，树立信心，加倍努力，打好基础，学好本领，做出贡献。

让我们在以华国锋同志为首的党中央领导下，充分发挥自己的聪明才智，发挥自己的创造精神，同心同德，团结一致，为实现四个现代化，为进一步办好浙江大学而努力奋斗。

8月20日　主持接待应邀来华访问的比利时物理学家、诺贝尔奖获得者普利哥津及夫人和幼子，并就中比科学技术交流与合作进行商谈，安排在北京科学会堂作了学术报告。随后，普氏至西安出席全国非平衡统计物理会议并向会议作演讲。普氏及家人感谢钱三强的邀请和周到安排，甚觉访问愉快。普氏回国后，亲自撰写了《中国与科学的春天》访华报告，结尾写道：确信中国人民必将对人类未来作出伟大贡献。

8月27日～9月3日　在青岛主持"生物学未来"学术讨论会。会议由中国科学院学部办公室、生物学局和《自然辩证法通讯》杂志社共同筹备并主办，邀请中国科学院有关研究机构及部分高校生物学家出席，与会者40余人。其中，出席讨论会并作专题报告的有：谈家桢（《从分子生物学发展的历史看分子生物学发展的未来》）、张香桐（《大脑科学和我国生物学》）、殷宏章（《光合作用的一些问题》）、曾呈奎（《海洋生物学在新时期的主要任务》）、熊毅（《我国土壤学的未来》）、马世骏（《生态学中的生克原则》）、鲍文奎（《谈创造作物的新物种》）、曹天钦（《也谈生物学的未来》）、吴旻（《肿瘤与生物学的未来》）、汪堃仁（《肿瘤生物学的发展》）、陈德明（《生物学发展的若干问题》）、徐京华（《生物分子的手性与物理学的时空》)、方宗熙(《海洋生物学和人类的未来》)、徐浩(《微生物与食物和能源》)、徐克学(《生物数学的发展》)、沈淑敏(《生物学的前沿——生物物理学》)、徐联仓(《现代生物学的发展与行为科学》)、王亚辉(《生物学正面临新的理论综合——发育、遗传和进化的统一》)、周俊(《天然产物的研究与植物学的未来》)、黄友谋(《关于社会生物学的评价问题》)、徐克椿(《对生物学未来的几点看法》)、王发珠(《生物固氮的应用和基础》)、李佩珊(《从历史上看生物学重大突破的某些必要条件》)、杜若甫(《生物学的发展应有我国自己的特色》)等。

Δ会议"争鸣"气氛热烈,对我国生物学的发展历史和现状提出不少问题。针对所提问题,先后于 8 月 27 日和 9 月 2 日的座谈会上作了发言[①]。例如:

讲到如何促使各方面对生物学加以重视时说:

中国是一个从半封建半殖民地过来的社会主义国家。对科学技术普遍缺乏认识;发展科学技术对整个国民经济的重大作用,缺少实际体验;愚昧、保守思想、小生产方式、私有观念、封建割据的习惯……等等虽然是残余,但却很顽强地在许多方面起着作用。不能估计得简单和轻易。要改变这种状况,一是需要宣传,不厌其烦地宣传。要起到宣传的作用,要说服人,需要我们用深刻的道理、生动的事实、通俗易懂的语言进行宣传,使更多的人逐渐认识到生物科学的重要性;二是需要做好工作。光喊叫不行,要用我们自己的工作成果(包括理论的和应用的),来体现生物科学对生产和社会生活的巨大作用,使人们亲身感受到发展生物科学的好处。

讲到总结我国生物学发展进程中的经验教训,研究学科发展的方针政策时,说:

建国 30 年来,我们生物学有了很大发展,也走了不少弯路。这次讨论会的主题是探讨"未来",不必去着重回顾 30 年来的生物学全部工作。但是花一点时间总结一下历史的经验教训,包括组织管理工作中一些带有方针政策性的问题,以发扬成绩,避免重复过去的错误,这对今后生物学的发展会有好处的。

多年来,特别是"四人帮"横行时,我们周围的禁区很多。……尤其在我们生物科学这个领域,应该说过去设置的禁区比之自然科学的其他学科领域,可能更多些,影响更深刻些。我们的思想上要更解放一

① 讲稿存于"钱三强年谱资料卷"

些，要敢想过去那些不敢想的问题，不要被这样那样的框框套住。比如，有的同志这次发言中讲到恩格斯在《反杜林论》中那段关于生命起源的科学概括（“生命是蛋白体的存在方式，这种存在方式本质上就在于这些蛋白体的化学组成部分的不断的自我更新。”），如果生命科学工作者限于这种固有的发现，以它为框框，不去研究和发展比蛋白质更基本的东西，核酸是不可能被认识的。因此，任何理论，即使是马克思主义的经典理论，也只能作为科学研究的一种指导，不能成为一种不能逾越的界限，更不能成为禁区。那样，世界就不能发展和前进了。

讲到要大胆创新，不要怕失败时指出：

生物科学涉及的领域很广泛，探索性、理论性很强，这就更需要有创新精神。没有创新精神，要在科学上有重大建树是不可能的。学习外国的东西，也要有自己的独创，不能搞“翻版”。各级领导，对从事科学研究，一定要允许失败，没有这一条，科学技术的发展和出色人才的培养都成问题。

讲到科学研究的交流与协作，重点和一般时说：

国外科学界非常重视相互交流。我们往往习惯各把一摊，老死不相往来，甚至彼此“保密”的情况还普遍存在。有这样的情况：本组打交道，不如和外组打交道方便；本所打交道，不如和外所打交道方便；本国打交道，不如和国外打交道方便。这是极不正常的，需要共同努力去改变它。

所谓交流与协作，包括：学术思想及时通气；研究课题彼此协调；科学仪器共用；各种资料的交换；等等。我们要特别强调一个研究单位和广大科技人员有活跃的学术思想，及时掌握本学科的发展动向。

为了有计划地实现赶超，在一个时期里，根据各方面条件，确定一些研究重点，集中一定力量进行工作是必要的。过去的实践证明，这种方法对发展科学技术是行之有效的（如 1956 年搞科学规划时，看准当时情况，抓了四大紧急措施）。但是，不能走到极端，好像只有重点才是工作，用重点代替一般，这就有问题。我们应坚持“全面安排，突出重点”的原则。如果不顾条件，不顾地区特点和本单位的历史情况，统统转向去搞重点项目，那就会出现新的“一窝蜂”，一定要吃亏的，过去吃过不少这方面的亏。千万不能搞“一窝蜂”了。“一窝蜂”的出现，固然有组织管理、长官意志的问题，但从我们科学工作者自己来要求，也要接受教训，不能赶时髦，要扎扎实实，刻苦钻研。

9月 经与李政道、杨振宁书信商定初步邀请名单,并以广州粒子物理理论讨论会组织委员会主任名义向在美国、英国、澳大利亚、新加坡、联邦德国及中国香港、台湾的粒子物理学家发出邀请函,邀请参加1980年1月在广州从化举行的会议,提交论文或报告。

9月13日 接受中国新闻社记者采访,并就30年来我国科学事业的发展和重要成就发表谈话。

9月25日 和方毅陪同华国锋在北京人民大会堂会见应邀来华讲学的丁肇中,特别听取丁近期工作情况的介绍。会见后,钱三强与丁肇中进行单独交谈,听取丁关于胶子工作的详细介绍。

9月26日 致信方毅,希望促成从法国成套引进"奥尔费"反应堆(研究用堆):

方毅同志:

昨天华主席接见丁肇中后,您向华主席提到中子反应堆对制造半导体元器件的重要性。华主席也提到和法国作的生意比德、英两国少些。我们有关奥尔费反应堆的请示报告也提到了与法国的关系方面的考虑。

我们的报告已于九月二十日送出,听说您那里尚未收到。经向国务院办公室了解,知道该报告已送国务院引进办公室了(余秋里同志或谷牧同志那里,该办公室负责人之一就是甘子玉同志——计委副主任)。

听说这次随华主席出国访问有余秋里同志和甘子玉同志。甘子玉同志十天以前曾让计委工作人员口头通知我们,若科学院愿意列入计划,由科学院外汇和基建项目内解决。

我写这封信为了使您了解这件事的经过,以便考虑能否作一些促进的工作。我们的要求就是这样几点:

①允许我们继续与法方进入贸易谈判。

②躲过明、后两年困难阶段,1982年开始建设(开始用外汇)。

③由科学院年度计划内难以解决,希望能戴帽下达。

为这件事麻烦您多次,有些不安。请原谅。

(附上报国务院文件,以兹参考)

钱三强

9月26日

10月3日 出席中国科协、教育部、国家科委和共青团中央联合举办的"全国青少年科技作品展览"开幕式。邓颖超致开幕词并剪彩。邓小平、叶剑英、宋庆龄分别为该展览题词。

10 月 4 日 应“全国青少年科技作品展览”主办单位约稿，撰写《既能动脑又能动手》一文，发表于是日《中国青年报》。文中写道：

创新精神对青年人尤其重要，应该大力提倡。有创新精神，就能不断进取；墨守成规，就要落后。创新要有较坚实和广泛的基础知识，要遵循科学规律，不能胡乱来。譬如有些青年人，热衷搞什么“永动机”之类的东西，还宣称是“重大发明”。须知这完全是违反科学常识的，这不叫创新。所谓创新，就是创造性地运用前人的知识，善于提出一些有意义的、符合科学规律的新思想、新见解，并努力在实践中加以检验。当然，创新过程中难免会遇到失败，这没关系，失败了就总结教训，继续改进。只要有一股子锲而不舍、坚忍不拔、不畏艰辛、勇于攀登的劲头，总是会取得成功的。

青少年的共同特点，是既富于幻想，爱动脑筋；又喜欢摆弄个玩艺儿，爱动动手。这些特点的结合，正是获取知识的重要前提，对从事科学研究和科技制作是十分重要的。动脑与动手缺一不可。可以这样说，没有想象，就没有科技制作和科学研究的目标；若不踏踏实实动手制作，不经过辛勤奋斗，就不能在科学的道路上前进。郭沫若同志曾在科学大会上勉励青年们说：“既异想天开，又实事求是，这是科学工作者特有的风格。”

冬 在中国科学院三里河办公室接受沈阳鲁迅艺术学院画家袁耀锷采访，并当场作肖像油画（半身），集于 1982 年香港商务印书馆出版的《袁耀锷画集》，画集还收有周恩来、周培源、童第周、陈景润、顾功叙等的肖像画。

11 月 1 日 出席中国科学院在人民大会堂举行的纪念建院三十周年茶话会。邓小平、李先念、邓颖超、胡耀邦、谷牧、薄一波等应邀出席，邓小平、胡耀邦发表讲话。邓小平讲到：人才难得，要认真地注意培养和发现人才，对人才要使用得当。方毅主持茶话会，严济慈代表中国科学院作回顾 30 年发展历史和取得成就的报告。

11 月 任新成立的中国科学院工会筹备委员会主任。

11 月 30 日 接台湾“清华大学”理学院院长沈君山从东京发邮的信，称“在目前，尚不方便来广州参加科学会议”。“无论如何，谢谢您的邀请”。信尾附言：因出差东京用了随身带的信纸，上有“中华民国”字样，顺作说明并致歉意。

12 月 7 日 出席北京猿人第一颗头盖骨发现五十周年纪念会，在会上致开幕词。会后进行一周的学术讨论，共收到 100 余篇学术论文。

12 月 11 日 会见南斯拉夫马其顿科学艺术院副院长格菲利波夫斯基院士，并进行学术交流。

1980 年　六十七岁

1 月 2 日　在广州流花宾馆主持召开国内代表和工作人员全体会议，提出开好广州粒子物理理论讨论会的要求：

(一)在学术上，要认真准备，反复推敲，讲出水平；但要谦虚谨慎，留有余地，不说过头话，切忌浮夸。把研究结果讲出来，让人家去评价。既不妄自菲薄，认为国内什么都不行；更不要夜郎自大，故意不看国外的成就。总的原则是：尊重事实，尊重历史，尊重科学。(二)在学术与政治关系上，要明确这次会议是由几个部门联合发起，由中国科学院主办的一次学术会议，要以学术活动为中心，围绕着学术交流去做团结国外学者，特别是团结国外华侨、华裔学者的工作，在整个会议的进程中，在报纸、电台、刊物的宣传工作中，在会上会后的外事接待工作中，都要贯彻这个精神。(三)要搞好团结。既要搞好内部的团结，又要搞好外部的团结，还要搞好各类人员的团结。所有与会人员都要搞好团结，为把会议开好做出贡献。对来宾，要坚持热情友好，多做工作的方针。估计这次来自海外的华侨和华裔学者，占分布世界各地的中国血统的粒子物理理论学者总人数的一半以上。可以说，这次会议是海内外中华民族粒子物理理论学者的第一次大集会。对这些来宾，即使其中学位不太高的中青年学者，都应从各方面给予重视和方便，这样对开展学术交流和加强团结友好工作，都是具有重要意义的。对内部，要处理好各方面的关系，提倡互相体谅，相互尊重，密切协作，主动承担任务。不能"文人相轻"，"同行是冤家"，特别不允许在会议上，在同来宾的交往中反映出这种坏的作风。(四)在同来宾的关系上，既要相处自如，又要做到内外有别。在学术问题上，提倡解放思想、各抒己见、自由发表自己的见解。在其他某些问题上，还有个纪律性问题，有个该说不该说，这样说和那样说的问题，有的还有个保密问题。

1 月 4 日晚　在从化温泉宾馆出席广州粒子物理理论讨论会顾问委员会第一次会议，杨振宁、李政道同时出席并对会议日程和有关事项提出建议。接着，主持组织委员会会议，研究落实会议各项准备工作，宋之光、杨康华、王顺桐等出席。

1 月 5 日上午　主持广州粒子物理理论讨论会开幕会。周培源致开幕词，广东省副省长杨康华致欢迎词。顾问委员李政道、杨振宁、张文裕、彭桓武、朱洪元、胡宁和宋之光、王顺桐在主席台就座。出席会议的有国内有关研究机构、高等学校学者119人，来自美国、联邦德国、英国、澳大利亚、马来西亚、新加坡及中国香港学者44人。

杨振宁即席讲话，全文附后：

钱教授，各位朋友：

刚才周培源先生说，这是一次空前的盛会。我想“盛会”确实是描述我们所召开的会议的恰当的名词。我看了一下150篇论文题目的一部分。没有问题，在以后的五六天之内，我们将通过讨论的方式，进行许多学术上有价值的交流。不过，我想，今天开始的会议的意义远超过了普通的学术交流。从海外来的物理学家，从立场上讲，没有问题地在我们心情里有一个很深的感情的成分。我想这个感情的成分，是不可能也不必要隐瞒的。任何一个跟格拉肖(Giashow)谈过话或听过他的演讲的人，都会深深体会到他多么的为了他是犹太血统的人，是犹太文化传统的人而感到骄傲。

一千三百多年前唐朝的初年，在南昌有过一个盛会，它遗留下中国文学史上一篇相当有名的文章，就是王勃写的《滕王阁序》。在它的很多美丽的词句之间，有这样八个字“物华天宝，人杰地灵”。我想王勃当初所讲的这几句话是说的南昌附近的情形，也表示了当时唐朝初年中国的潜力。而以后的100多年间的历史事实告诉我们，这个潜力是受到发扬光大的，结果造成了当时世界上最高峰的文化。我想王勃的这几个字，“物华天宝，人杰地灵”，在今天二十世纪的时候，仍然是对中华民族的潜力的一个很恰当的描述。我希望这个会议能够为发掘这个潜力，发展这个潜力，能为中国的四个现代化作些小小的贡献。谢谢。(引自《广州粒子物理理论讨论会简报》(第五期)，中国科学院学部办公室档案80-36-12)

同日下午　出席全体会议听取朱洪元代表何祚庥、戴元本等39人作《关于层子模型的回忆》报告(该理论是20世纪60年代中由钱三强接受委托，组织中国科学院原子能研究所、数学所和北京大学粒子物理理论工作者，根据物质无限可分的哲学思想，开办讨论班，吸收“坂田模型”和盖尔曼“夸克模型”的物理思想提出来的，曾于1966年北京科学讨论会报告，在国际上产生一定影响。但限于当时的种种情况，国际物理学界，特别是年轻些的学者都不大了解)。“层子模型”理论报告后，受到海外与会学者重视。

会议简报第七期所载：

李政道教授称这个报告是“很重要很有价值具有历史意义的回忆”。美国休斯敦大学助理教授胡班比说：“层子模型”在当时确实是一个很有意义的工作。六十年代西方在粒子物理方面的思想比较乱，有忽视物理内容,只注重数学形式的倾向。在这个时候中国强调基本粒子还有结构,宣传“坂田模型”,后来又提出了“层子模型”,重新强调要有物理思想,这确实是有指导性意义的。他还认为,用物质无限可分的哲学思想指导物理研究,这个方向是对的,不应该否定。哈佛大学赖曼物理实验室的胡比乐认为,不能说“层子模型”和“夸克模型”完全等同,夸克刚提出来时并不是作为物质的一个层次,仅仅是数学上处理的方法。把夸克做为比基本粒子更深一层的粒子是后来的事情,具体点说是“层子模型”提出来之后,所以“层子模型”比“夸克模型”进了一步。美国加里福尼亚大学的瞿树元也说:“层子模型”在当时的意义确实很大,不能用现在的成果要求“层子模型”。

在讨论中,许多学者反映,在国外找不到“层子模型”的资料,强烈要求提供有关“层子模型”的原始论文。美国特拉华大学的郑文魁说,我在美国只听盖尔曼讲演时提过一句,中国还有个“层子模型”,具体内容完全不知道。美国麻省理工学院著名教授黄克孙也反映,在美国根本看不到“层子模型”的材料,他还是从萨拉姆嘴里听说中国提出了一个“层子模型”。他们说,根本都不知道,怎么能得到公认呢?鉴于这种情况李政道教授提议,将 1966 年“层子模型”的论文重新整理用英文向国外发行。这个建议得到了普遍的赞同。

当晚 代表中国科学院在从化温泉宾馆举行招待会,招待与会海内外学者,并致辞[①]:

现在,世界开始跨入 80 年代的第一个春天,元旦佳节刚刚过去,我们中华民族海内外粒子物理理论学者能够欢聚一堂,真是“不亦乐乎”!在远道而来的学者中,有我们熟悉的老朋友,如杨振宁教授、李政道教授等,曾多次来华探亲、参观、讲学、进行学术交流,对祖国科学事业,特别是为高能物理的发展和培养科学人才,做了很多工作。这次会议,李政道教授、杨振宁教授也同样积极支持,花了很多精力。还有许多学者和朋友虽然初次来华,抱着为加强科学交流和发展祖国高能物理事业的热忱来参加会议。今天是老朋友、新朋友的一次团聚,也是我国粒子理论学界的一次联欢,希望大家像在自己家里一样开怀畅饮,叙旧谈新。

李政道兴致勃勃在招待会上即席讲话:

---

① 各次讲话、致辞,均引自《广州粒子物理理论讨论会简报》(1～12 期),存中国科学院学部办公室文档,80-36-12

参加这样一个空前的盛会，我自己深深觉得荣幸和兴奋，尤其是对国内现在的发展，更觉得高兴和骄傲。想来，在座的从海外来的同胞们心中也都有此感，近几年来一个众口交谈、经常讨论的问题，是关于国内科学工作者的年龄分布问题。我趁这次会议的机会，作了一个极为粗糙的估计。我划了一下子(指着用笔架起的坐标架)，横标是年龄、纵标是人数。假如把在座的所有学者们按年龄划一下，不分国内国外，看一下这个图的分布是怎样的。(指着坐标架)这是28岁，这是80岁左右，这中间是40岁到50岁的样子。海外来的都在很窄的区域里。很可能杨先生和我是在年龄最大的里面。很明显，在这次会议上国内学者的年龄分布，从28岁到80岁都有，平均说是很正常的，而海外的是很不平常的，是很奇怪的。这就表示说在国内的学者是主流，而我们在海外的仅是一支小小的旁支。没有主流就不会有旁支。让我代表海外的支流向主流表示衷心的感谢(全场热烈)。尤其是向国内的物理学界的前辈致敬，没有你们的教导，就没有我们的今日(向旁边的周培源先生和钱三强先生致意。钱三强指着周培源说，周老是中国理论物理学界第一代的代表人物)。谢谢我们同年龄级的同胞们，谢谢你们多少年来在远地方对我们的支持和鼓励。更感谢国内年轻的学者和同学们，因为由于你们的存在，才使我们对将来觉得有希望和意义。最后向这次会议的组织委员会、科学院外事局和其他工作人员及国内各位学者表示非常的感谢，感谢你们使我们一起来参加这样的大盛会。让我们一块干杯。

1月6～8日 出席报告会，先后听取杨振宁与邹祖德的《强子碰撞的几何模型》，彭桓武的《衰减中的谐振子的量子力学的处理》、周光召的《论封闭时间路程格林函数方法》、吴大俊的《量子场论与统计物理》、颜东茂的《新粒子》、姚若鹏的《因子化与重正化群》、李华钟等的《关于古典规范场论若干研究》、霍安祥的《宇宙线高能现象的研究》，以及丁肇中小组代表报告的《高能正负电子对撞束流的物理》等。

1月8日晚 与周培源在从化温泉宾馆主持召开第二次顾问委员会，讨论对会议的学术评价。李政道、杨振宁、张文裕、彭桓武、朱洪元、赵忠尧、胡宁等出席，6位学术秘书列席会议。引录第九期会议简报所载于后：

经过认真讨论，顾问委员会认为，一九八〇年广州粒子物理理论讨论会开得很成功，不低于一九七四年和一九七七年在日本召开的同类讨论会的学术水平，在粒子物理理论的绝大部分主要领域中，都有高水平的学术报告，出现了百花齐放的好局面。

杨振宁教授和李政道教授认为，通过这次讨论会，发现国内粒子物理理论方面有工作能力的人,比原来估计的要多,其中有些人能力很强,有一批年龄在四十岁左右的粒子物理理论学家很不差。工作的面也比原来估计的要广。三年来,中国粒子理论研究工作发展是可观的。但是和实验联系比较密切的粒子物理理论工作,还是比较少,希望加强这方面的工作。

关于出版会议论文集英文版问题,顾问委员会商定将在六至八个月内发行英文版论文集。杨振宁、李政道教授一致认为,这个论文集没问题足够国际水平的。李政道教授还提出,在这次会上所作的三个实验物理的报告也不错,可以列入论文集。对此,杨振宁教授也表示同意。

关于宣传报道问题,杨振宁教授强调,要注意到面,对海内外的学者,双方都找人谈谈,听听他们的意见。可报道那些在大会上作报告和在小组会上报告反应热烈的人。报道时,要尊重被报道者的意见,涉及某位学者的报导内容,一定要让本人审阅修改,取得同意后,方可发表。

对会议的学术报告,报纸不要进行评价,被采访的个人,愿意怎么讲都可以,个人负责。

顾问委员会自始至终充满着热情、团结的气氛,杨振宁、李政道教授在会上进行了直接对话,杨还两次称呼"政道",李政道也是喜笑而谈。

1月9日晚 同周培源、张文裕、彭桓武分别主持四个有国内外学者参加的座谈会,征询对我国科学、教育事业,特别是粒子物理研究工作的意见。四个座谈会结束后,海外学者又自己组织了一个座谈会,交谈对国内科研、教育等方面的意见,发言踊跃,进行到凌晨方散。

1月10日 主持广州粒子物理理论讨论会闭幕会,并致闭幕词:

这次会议,在全体代表和有关方面的共同努力下,取得了圆满成功。会议期间,不仅在粒子物理理论比较广泛的领域里进行了学术交流,开展了有益的讨论,互相得到启发;同时,也增进了海内外学者的彼此了解,加深了友谊,加强了团结。这次会议,有近八十人在大会和小组会上作了报告,取得了令人满意的成功,有些工作达到了国际上比较高的水平。会下,海内外学者进行广泛的接触与交谈,互相帮助,出现了许多生动感人的事例,特别是不少海外学者,为了赶来开会,克服了种种困难。把自己的教学和科研工作做了重新安排,以至放弃一年一度圣诞节与家人团聚的机会,来到广州同大家团聚。这充分表明了对进行学术交流和发展祖国科学事业的责任感,也是对会议的有力支持。

胡宁教授代表顾问委员会作学术总结性报告。他列出一张本次讨论会学术报告分类表，在78篇文章中，国内的44篇，海外34篇。文章内容，国内的偏重于结构(11篇)和规范理论(9篇)，海外文章则偏重于强作用唯象理论(8篇)、量子色动力学(7篇)和规范理论(8篇)。其他还有弱作用、多重散射、阶化群、磁单极子、瞬时子、相对论方程、对称性及例外群等方面。胡宁最后指出，中国很早就在科学上有许多发明创造，所以科学的根在中国。中华民族在基本粒子物理方面最大的成就，是李、杨的宇称不守恒理论。这是他们二位合作的结晶。祝他们继续合作为世界科学做出贡献。

Δ闭幕会上，宣读了朱洪元、李政道、杨振宁、彭桓武、胡宁五位教授的倡议书，倡议定期举行夏令或冬令讲习班，以提高国内的学术水平。时间为三周左右。钱三强与周培源当场商议，表示支持该倡议，并将向中国科学院反映。会后，海外学者分别往上海、杭州、桂林参观旅游。

1月15日 陪同邓小平在北京人民大会堂会见并宴请参加广州(从化)粒子物理讨论会的海外华裔学者。会见前，钱三强与周培源向邓小平汇报会议情况，邓听后说："你们开了一个好会。会议开得很成功嘛。"

席间 邓小平问坐在左右两旁的杨振宁、李政道："我们国内这批中青年科学工作者怎么样？他们的水平呀，素质呀，同先进国家相比怎么样？你们在一起开会了，是同行，是自家人。我希望听听你们的评价，实事求是的评价。"

杨振宁说："国内粒子物理理论方面，有一大批40多岁的科学家，他们很能干。实事求是说，他们的能力很强。"

李政道补充说："有几位相当优秀，他们的研究水平是一流的。"

邓小平问钱三强："中青年科学家今天来了多少？"

"来了约有半数。"回答后，立刻从另席找来周光召等几位，并一一向邓小平作简单情况介绍。在介绍周光召时，钱说："他50年代在苏联和国内作出了很好的工作，起了关键作用(指在我国原子弹理论方面)，可算是国内新一代理论物理方面的佼佼者。"

李政道接着插话："他不仅在国内同行中是佼佼者，包括我们在内在所从事的粒子物理理论领域，他也是佼佼者。"

邓小平听后欣喜，站起身和周光召等握手。他举杯对大家说："你们辛苦了，你们为国家为人民作出了贡献，我敬你们一杯酒。预祝你们继续努力，把失去的时间抢回来，为国家的现代化建设作出新贡献，使我们国家和民族真正有希望。"

1月16日 邓小平在中共中央召集的干部会议上发表《目前的形势和任务》长篇讲话，在讲到培养专门人才时，讲了广州从化粒子物理会议展现的我国中青年人才情况：

我们需要有越来越多的专门人才,但是,是不是说,我们现在就没有人才呢?不是,是我们的各级党委,特别是一些老同志,在这方面注意不够,没有去有意识地发现、选拔、培养、帮助一批专业人才。前几天,在广州开了个粒子物理理论讨论会,有个消息很值得高兴,我们的粒子物理理论水平,大体上接近国际先进水平。就是说,我们已经有相当先进的水平,而且有一批由我国自己培养出来的取得了成就的年轻人,只是人数比一些先进国家少得多。这就说明,我们并不是没有人。好多人才没有被发现,他们的工作条件太差,待遇太低,他们的作用不能充分地发挥出来。我们一些老同志要有这样的觉悟,不要看不起年轻人,总觉得年轻人不如我们行。其实,我们过去干工作多大岁数?还不是二十几岁就做大工作了。现在的人就比我们蠢一些呀?我看还是要开明一点,要从大局着眼,要从我们事业的前途着眼。有能干的人,要积极地去发现,发现了就认真帮。我们要逐渐做到,包括各级党委在内,各级业务机构,都要由有专业知识的人来担任领导。(《邓小平文选》(第二卷),人民出版社,1994年,264~265页)

△广州粒子物理理论讨论会后,见到由李政道等42位海外华裔学者(无杨振宁)签名的《海外粒子物理学者对国内建造加速器的意见》(简称《意见书》)。《意见书》全文如后:

我们完全赞同国内四个现代化的宏伟计划。衷心希望八大项目的成功,并对国内发展高能物理的计划表示支持。但是,从科学大会的召开算起,于今已是第三年,中美高能物理协定附件的签字,也已经过去了半年,在此期间,在海外的学者看到一些问题和一些不健康的现象,令我们十分关心,并深感忧虑。藉此广州粒子理论会大家聚会的机会,我们交换了一下对国内建造高能加速器的意见,整理如下:

(一)高能所的力量是充实的,这是所有美国和欧洲访问过中国的专家们,如Rau,Wilson,Panofsky,Adams等人的结论。他们认为,高能所的技术力量,已臻成熟。去年五月原费米研究所的所长Wilson访华,在他的指导下高能所很短的时间便造出第一块加速器用的磁铁,我们在海外听到这个消息都很高兴。但使我们不解的是,直到如今,听说这块磁铁还是唯一的一块,似乎从此之后,一切又停顿下来。

中国对于拟建的加速器设计方案,论证已够充分,亦经与世界所有大实验室的专家再三讨论。但是,最近又派设计人员到世界各地去论证,什么事都停留在纸上,这个现象使海外的学者十分奇怪。

高能所派到美国与西欧各实验室去长期工作或学习的人员是努

力的，成绩是大家很满意的。但令有关的中外专家们十分迷惑与费解的是为什么又有大批与专业无直接关系的人员，不断到各实验室去反复调查询问并不紧要的问题。在国内百废待兴，经济调整、紧缩的条件下，这是在人力、时间与外汇方面很不必要的浪费。

（二）从国内的基础与条件出发，我们认为对加速器建造计划作些调整，订出一个确实可行的方案是十分关键的、迫切的事情。我们具体的建议是：立即动手，认真实干，杜绝浪费，三年内建成一个流强为十兆（10^{13}）左右的增强器（booster）。从技术上讲，国内肯定有实力做得到，并为将来的高能加速器发展打下基础；从科学上讲，在这个增强器上就可以做一些有意义的物理实验工作；从规划上讲，三年内紧缩，保证此增强器的建成，三年后再从国内当时的经济状况出发，对下一步的计划作出更具体的决定。

（三）我们认为高能物理计划的领导，是整个问题的关键。我们了解方针问题，应由政治上的领导决定，但是在路线确定后（这在科学大会上已经明确），这种大规模的科学建设，应当由科学专业方面有能力、肯干的人员规划，决定的责任。唯有如此，才能把一个极其复杂与要求尖端科学技术水平的建设计划，脚踏实地地做好。

此外，我们必须指出，加速器是为了研究高能物理的工具，如果不幸把它仅仅当作一项工程项目，以为建成一台机器就达到了目的，而不注重长远及充分的实验计划，这将是一个极其严重的错误，其结果不但要贻笑于世界科技学界，更将是对国家人力与财力的极大浪费。

最后，我们强调，加速器是做高能实验物理整体的一部分，所以物理学家必须负起决定性的责任。目前，除建造增强器以及派往国外学习的科技人员的费用外，应坚决紧缩其他的开支，马上动手，全力以赴，脚踏实地，为国内发展高能物理打下牢靠的基础，并与其他重要科技的发展同时并进。

后来，见到杨振宁3月12日在美国给参加广州粒子物理会议的海外华裔学者发出的一件个人署名的英文信。译文如下：

亲爱的朋友们：

我听说我没有在广州会议的文件（指《意见书》——注）上签名已被会议参加者视为奇怪的事情，这里仅作简略解释。

我们每个人对于中国社会、中国高能物理发展的历史和问题，以及首先对于中国人民的需要和热情，当然都可以从他/她的理解出发持有他/她的看法，在中国有非常强烈的意见反对建造500亿电子伏特加速器的计划，把它叫做超级大国，而其它领域则为“第三世界”。

我自觉不能在此文件上签名，因为我相信所需要的不是我的签名，而是中国人民的签名。

我决意不参加广州会议的领导小组，因为我知道这项任务是非常复杂的，而且有许多事情我是不明瞭的。我觉得我不想极力去影响其他人们的意见，无论如何，我的意见已为中国各领导人和科学家所知晓。

1月 应《图书情报工作》杂志约稿，撰写并发表《大家都来重视和关心图书情报工作》[①]。全文录后：

图书情报，是人类文化智慧的结晶，它既是过去经验的积累，又是未来发展的向导，各行各业都离不开它。科学研究与图书情报的关系更为密切。可以说，古今中外一切有成就、有贡献的科学家，没有一个不是在广泛吸取前人、旁人的知识，并加以消化、利用和创新而达到的。科学研究的重要性，经过大力宣传，总算是开始被越来越多的人有所认识了。可是图书情报工作至今还处于不受重视和被挤掉的地位，包括一些从事科学研究的同志，甚至少数从事图书情报工作的同志，也不能正确对待图书情报工作。这种状况的形成，我想原因之一，是没有真正认识科学研究与图书情报工作的关系。

有人说，图书情报是科学研究的先行官，这是符合客观实际的，我完全赞同。过去兵书上有一句名言，叫做“兵马未动，粮草先行”。这个道理用来说明科学研究与图书情报的关系，我看也是恰当的。我们每开展一项科学研究，很自然一开始就要掌握和分析有关情报，了解国际国内已取得的成果、研究水平和发展动向，然后确定搞什么课题，攻哪些关键。科学技术现代化的关键是研究课题的现代化，而课题是否选得准，又取决于对科技情报的掌握和分析是否准确可靠。如果没有必要的情报，就情况不明，难下决心，甚至选定了过时的研究课题，重复别人已做过的工作，造成人力物力财力的浪费。随着科研的逐渐深入，科技情报也在不断积累，不断丰富，又进一步给科学研究提供新的给养。而科学研究所取得的新成果，又成为科技情报的重要资料。因此说，科技情报工作本身就是整体科学研究工作的一个组成部分。搞科学研究离不开科技情报，离开了就无从着手；科技情报也只有密切结合科学研究才能得到发展，才能充分发挥作用。

目前，我们的图书情报工作，面临着一个适应新形势，创造新水平，更好地为四个现代化服务的迫切任务。怎样才能完成这个任

① 文载《图书情报工作》，1980年第1期

务呢？

首先，大家要关心和重视图书情报工作，特别是各级领导要把这项工作摆到议事日程上，不仅要经常开会研究，日常工作要有专人分管，还要切切实实解决一些可能解决的实际问题，为图书情报工作创造点条件。比如经费分配上，若能稍许给图书情报方面一点照顾，花钱并不多，解决问题不少，对科研的作用也会很大。许多部门对于图书情报与仪器设备是科学研究的两个主翼这一点，认识得还很不够，仪器工作现在开始注意了，但对图书情报的作用仍然认识很不够。希望各级领导切实重视起来，给以应有的支持。在这方面，即使是少量给点投资，也是很快能见到实效的。

其次，要加强图书情报队伍的建设。目前，我院直属、双重领导的研究单位有一百多个，而图书情报人员加起来才两千多人，占科研人员总数还不到百分之一。同一些国家比较起来，我们的图书情报队伍实在太薄弱，与现代科学技术的发展很不相称。我们的图书情报队伍不仅要扩大，更重要的是要提高质量，图书情报人员除了胜任日常工作之外，还要能胜任图书情报的研究，这是创造新水平的一个关键问题。在这个问题上，各级领导要有战略眼光，要舍得下点本钱。

再就是，图书情报工作本身要有高标准，要有明确的目的性。从我们科学院的特点说，就是紧密围绕以科研为中心，不单能为各个学科的发展提供战术情报，而且还能提供长远的、综合的和有关科研组织管理方面的战略情报，既为科研人员解决了问题，又担当起了领导的参谋和助手。这样，也就用自己的实际行动，为图书情报工作做了最出色的宣传。图书情报是一门很有发展前途的科学，真正做好了，深入进去，领域很广，学问很深。我相信，这门科学的重要性，将来一定会越来越被人们所认识。

为适应四个现代化的需要，图书情报工作本身的现代化的建设，也是个很重要的问题。目前我们的图书情报工作基本上还没有摆脱手工操作的落后状况，劳动强度大，工作效率低，实在不适应“四化”建设的需要。在这种情况下，图书情报人员不怕吃苦，主动延长开馆时间、送书上门等等，受到各方面称赞，这种精神，是应该提倡、发扬和奖励的。但是，光靠增加劳动强度，总不是解决问题的根本办法。最根本的办法是要逐步实现图书情报工作本身的现代化，这个问题是到了应该认真考虑和解决的时候了。

总之，搞好图书情报工作，要求是迫切的，任务是艰巨的。我相信，只要我们各方面重视起来，互相配合，努力工作，兢兢业业，不断提高，图书情报工作大有希望，一定会为四个现代化作出新贡献。

2月14日下午 出席华国锋在人民大会堂接待厅主持召开的科学家座谈会,并就发展教育培养"四化"建设所需人才问题发言。(张光斗就三峡工程和能源建设,张文佑就地质石油勘探,侯学煜就农业生态,吴仲华就发动机设计制造,陶亨咸就机械工业,黄昆、陈三智就集成电路生产成品率问题,王燕就建筑材料,余贻骥、张永春就轻工业和纺织品加工问题发言。)方毅、李昌、武衡等陪同华国锋出席座谈会。

华国锋讲如下开场白(据铅印记录稿《华国锋同志在科学家座谈会上的讲话和插话》,1980年2月14日):

> 我们搞四个现代化,农业现代化、工业现代化、国防现代化、科学技术现代化,实际上前面三个都离不开科学技术。我问过王任重同志,中国农业现代化,究竟是什么样子?比如到公元二〇〇〇年,我们的农业到底会成为什么样子?中国这么大,情况这么复杂,长江流域和西北东北不一样;华东地区人口密,土地少;东北地区人口少、土地多。有的地区雨水多,有的地区雨水少。现在各个地区发展是不平衡的,肯定到二〇〇〇年时也是这样。但究竟到那个时候,我们的农业会变成什么样子呢?要想农业现代化,除了政策要定得合适外,很重要的一条就是靠科学。……
>
> 农业现代化离不开科学技术,那么工业现代化大家就更熟悉了,更加需要科学技术。中国的工业,现在有了初步的基础。全国有四十万个工交企业单位,也可以生产导弹、飞机、火车、汽车了,好多东西都能生产了。但是水平还低,同先进水平比较,还有差距。工业需要科学技术,那是看得很清楚的。……国防现代化,也很需要科学技术。飞机,我们还比较落后的。从无到有,从螺旋桨到喷气式,是很大的进步,但整个说水平还低。
>
> 科学技术本身也要现代化,要从现有的基础上提高。
>
> 所以在全国科学大会上讲过,四个现代化,除科技本身外,另外三化都离不开科学技术。
>
> 我们知识很少,所以想分别请科学家给我们上课,请领导干部来听讲。不是要求一下子把各方面科学学懂了,不是精通,而是增长点知识,使自己知识面有所开阔,在工作中避免一些盲目性,避免由于无知或者知识太少而发生的缺点和错误。这件事请方毅、李昌同志组织。愿意听的来听,我是要听的。我们深深感到要实现四个现代化,自己科学知识太少,水平低。知识太少,工作中感到困难。将来要请各方面的科学家上上课。要搞四个现代化,就一定要增长科学知识。在全国科学大会上讲了要提高全民族的科学文化水平,首先就要把我

们这些领导具体工作的同志的科学水平提高。在这方面学一点，增长点知识，也会使思想更开朗一些。

2月22～28日 出席中国核学会首次代表大会和原子能科学技术学术讨论会，被推选为中国核学会名誉理事长，王淦昌为理事长，朱光亚、张震寰、张文裕、赵忠尧为副理事长。在大会闭幕会上，钱三强发表题为“温故而知新”的讲话，着重就核科学的军民结合和关于科学储备作了回顾与展望：

温故而知新

钱三强

建国30年来，我认为1955到1966年，这12年是值得回顾的。这个时期，在党中央、毛主席的关怀下，周总理亲自过问和主持，我国原子能科学技术得到迅速发展，从组织力量，培养干部，调研资料，购置仪器设备做起，逐步建起一支多学科(如核物理、放射化学、反应堆、同位素分离等)的研究技术队伍，和从地质、矿山到武器试验的科研生产体系。主要依靠自己的力量，攻克了一个个重大的理论难关和技术难关，于1964年、1967年先后爆炸了第一颗原子弹和氢弹。核技术在国民经济上的应用也取得了初步的成绩。如果我们把这个时期作为我国原子能事业创业阶段的话，在座的绝大多数同志，包括管理干部，都是做出了贡献的。现在60岁左右的人，当年正是年富力强，现在的中年科学工作者，当时正是风华正茂。回顾这12年的经验教训，为的是在新的历史条件下，加速发展我国原子能应用科学技术和核科学有所借鉴。例如关于正确处理好军民关系，加强军民结合的问题；关于正确处理好任务与科学储备；关于工业和科学研究的关系等问题，很值得总结回顾。

首先，关于军民结合问题。

过去讲军民结合，是以军为主的军民结合，也就是以民支军。这是非常必要的。否则，我们的核燃料、原子弹、氢弹等都搞不出来。但是，在军用已经有了一定基础的今天，民用方面显得落后了。我很赞成这次会议上提出的想法，即在今后一个时期内，在继续抓好军用研究的同时，要把相当一部分力量转到直接为国民经济服务上来。这也是一种军民结合。方毅副总理已经强调了这一点。持久的正常的军民结合应该是互利的。我们要加快发展我国的核动力，建造核电站；要普及核技术在工、农、医等领域的应用；要注意基础研究；特别要注意核科学和其他学科的结合，开辟新的研究领域，如中子衍射等，美、法等国都非常注意这几方面的工作。

军民结合的内容很广泛:重大科研成果的互相推广、应用;具体生产任务的协作;专业干部的兼职与交流;大型仪器设备的共用等等。

其次,关于科学储备问题。

回顾刚建国时,为什么原子能还提不到日程上,而直到1955年1月上旬,党中央、毛主席才决定发展原子能事业。当然有很多原因,比如有军事的、政治的、工业的、财力等方面的原因;还有另外的原因之一是我们经过五六年的在原子核科学方面的准备,有了一批有训练的人和自力更生造了一批设备,地质方面发现了一批铀矿,也就是说有了一定的科学储备,才能开动原子能的工业。先有了科学研究、地质调查,才能促进工业的发展。今天在座的一部分业务骨干,就是那时候的青年。今天我们学会的理事长王淦昌同志,那时就是中国科学院近代物理研究所的副所长。这个阶段是科学研究促进了工业,学科促进了任务。等到工业逐渐展开,特别是有人背信弃义,撕毁协议以后,不少工业上需要解决的问题,国内许多研究单位分头担负了不少责任,仅科学院就以1/4以上的人力、物力支援了这方面的工作。那时,是任务带学科,工业的需要刺激了科学研究。我们为什么在原子弹爆炸以后仅仅两年零八个月时间,就爆炸了氢弹,而法国却要经过六年多时间?法国的原子弹比我国先爆炸,但我们的氢弹却比他们先爆炸。在这个问题上,除了我们在原料问题及早准备以外,就是因为在专业设计机构抓原子弹的同时,在二机部党组委托下,原子能研究所有一部分理论骨干集中精力摸索氢弹原理,等到原子弹爆炸了以后,这两支队伍一会师,就比法国快得多地把氢弹关突破了。

同样,关于同位素分离的特种元件,是在科学院和冶金部有关研究单位大力协同,用四年时间研究出制备工艺,使得我们取得了自主权。这又一次说明科学研究、科学储备的重要性。

如果现在我们在国家关于核电站的任务定下来之前,早一点把核电站的科学技术研究工作抓起来,假想一个不太大的规模,在一些必要的性能和一些关键部件上早下一点研究的功夫,将来一旦任务定下来,立刻就可以上马。核燃料元件也可以多路探索。现在我们的人力很多,比1955年时要多百来倍,发挥大家的积极性,开动脑筋,用不太多的经费,多做点科学储备,一旦有了任务,就可以有多一点的选择余地。

在论述如何取得战争胜利的时候,毛主席曾经引用过一句古人的话"凡事预则立,不预则废"。无论做什么事情,有事先的计划和准备,就能成功;如果没有事先的计划和准备,就要失败。科学研究对工业生产来说就有个“预”的关系，并且越往2000年发展，各个核国家的水平差距越来越小，那时谁掌握多一点规律，谁就领先，也就是科学储备越来越显得重要。总之，早作科学准备，总比临渴挖井好。（引自《钱三强文选》，180～182页）

3月8日 根据中国科学院院长办公会议决定，为加强科技出版和图书情报工作，钱三强兼任新成立的中国科学院出版图书情报委员会主任委员。

3月 为《广州粒子物理理论讨论会论文集》撰写前言（中英文）。中文版前言如下：

在中国科学院、教育部、中国科学技术协会等单位的赞助下，广州粒子物理理论讨论会于1980年1月5日至10日在广东从化举行。为了避免翻译所带来的困难，采用中国普通话作为讨论会的正式语言。国内粒子物理理论学家和海外华裔同行举行这样的盛会，这还是第一次。会议中的报告和讨论以及会议外的交流非常成功。经邀请在讨论会上做的三个粒子物理实验的报告，也引起与会的粒子物理理论学家很大的兴趣。

在新中国诞生的时候，国内的粒子物理理论工作者屈指可数。在以后10年中参加这方面研究工作的人数略有增加，但是研究工作主要是沿着当时国际上流行的研究方向进行的。1955年1月上旬，毛主席在一次会议上向我提出“质子和中子又是什么东西组成的?”这样一个问题的时候，我和当时国际上绝大部分物理学家一样，认为质子和中子是“基本粒子”，是物质的最基本的单元。毛主席微笑着说：“我看不见得。质子、中子、电子，也仍然是可分的。现在实验上虽然还没有证明，将来实验条件发展了，将会证明它们是可分的。你们不信？反正我信。”这个问题的深度显然超出了当时粒子物理理论研究的深度，自然也超出了当时国内粒子物理理论工作者研究和探讨的深度。

1964年北京科学讨论会在北京举行。在这期间毛主席会见了日本学者坂田昌一教授。毛主席很重视坂田运用唯物的观点和辩证的方法进行科学研究而取得的重要成就。1965年《红旗》杂志翻译和刊载了坂田的文章:《新基本粒子观的对话》。这鼓励了一些国内粒子物理理论研究工作者去学习方法论，并用之于分析粒子物理的实验结果和探讨粒子物理理论发展的方向。他们这才意识到，10年前毛主席的预言正在开始实现。于是他们发挥集体智慧，经过9个月的工作，提出了强子结构的层子模型。之所以将组成强子的成分称为“层子”，是想强调这样的观点:即层子也不是物质的最基本的单元，只是物质结构的无限层次中的一个层次而已。这是国内粒子物理理论工作者第一次自己开辟新的研究方向并沿着这个方向进行工作。工作的成果在北京科学讨论会1966年暑期物理讨论会上报告。

可惜紧接着,国内粒子物理理论研究工作和自然科学其它领域中的基础科学研究一样,中断了许多年。从1971年开始,杨振宁教授多次来华讲学,对国内开展规范场的研究工作起了推动作用。从1972年开始,李政道教授也多次来华讲学,对于在国内开展关于孤粒子和口袋模型的研究产生了重要的影响。很多国外的粒子物理学家也陆续来中国讲学,其中既有理论学家,也有实验学家;既有华裔学者,也有外国学者。所有这些都有利于国内的粒子物理理论研究工作的恢复。1976年阻碍国内科学发展的障碍终于被拔除,这样才有可能在1977年夏在黄山召开粒子物理理论座谈会。1978年夏在庐山举行中国物理学会第三次大会,全国粒子物理理论研究工作者再次得到机会进行讨论和交流。同年秋,又在桂林举行了粒子物理理论座谈会。所有这一切都表明,国内的粒子物理理论研究工作开始恢复。

1979年4月到6月,李政道教授再次来华讲学,受到热烈欢迎。我们和李政道教授探讨举行一次国内粒子物理理论学家和海外华裔同行参加的讨论会的可能性,立即得到李教授的热情赞成和支持。我们又写信征求杨振宁教授的意见,也同样得到杨教授的热情赞成和支持。于是我们向其他海外华裔粒子物理理论学家发出邀请,也得到热情的响应。几位海外华裔粒子物理实验学家也欣然接受邀请,派代表在讨论会上提出报告。正是由于海外华裔粒子物理学家的普遍的、热情的支持,广州粒子物理理论讨论会才开得如此成功。在此,我谨向所有来广州参加讨论会的海外同行表示衷心的感谢。

这次会议之所以能够成功地举行,也是由于国内多方面的支持和帮助。特别是广东省对我们的支持,使得这次会议能在风景优美的从化举行。这次讨论会是在顾问委员会直接领导下召开的,讨论会的科学秘书和论文集的编辑,做了大量的、复杂的科学组织工作和讨论会论文集的编辑工作。正是这些同志的不懈努力,才使讨论会论文集早日和读者见面。我谨代表组织委员会对这些同志表示深切的感谢。

3月15~23日 出席中国科学技术协会第二次全国代表大会,在第二届全国委员会第一次会议上当选为中国科协15名副主席之一,中国科协主席为周培源。胡耀邦到会发表讲话,他代表党中央号召全党认真学习现代科学技术知识,推进四个现代化建设。他说:我代表中央书记处正式向在座的科学家报名,准备邀请你们中的一些同志当我们的老师。

3月 应约为《现代科学技术词典》作序。该词典分上下册,由上海科学技术出版社出版,编辑顾问为马大猷、卢鹤绂、汪德熙、胡济民、郑华炽、秦仁昌、袁复礼、钱伟长、褚圣麟,编审王同亿。钱三强"序"如下:

> 《现代科学技术词典》出版了!这是我国科技界和出版界的一件大事。一本收词达十万六千余条,包括一百零九个学科,二千六百余幅插图,七百五十余万字的科学技术词典,能在短短三年时间里出版发行,是值得庆贺的。
>
> 在向四个现代化全面进军的今天,人们越来越需要科学技术的武装,如果有一本能适用于各方面读者参考的有关科学技术的综合性的工具书,是会受到欢迎的。《现代科学技术词典》综合了十几本最新科学技术词典的内容,收词比较新而广,并有简明的释文。它的出版和发行,将对我国四个现代化建设起到一定的促进作用。
>
> 褚圣麟、龚祖同、钱伟长、庄圻泰、鲍国宝、汪德熙、胡济民等同志,是编译这部词典的发起人,他们都是科技界、教育界的老前辈,深知工具书籍的重要性及目前国内甚为短缺的状况,他们不把这种工作看成份外之事,积极发起,亲自参加,这种精神是值得提倡和学习的。还应该特别提到的是,对本书作出重要贡献的王同亿同志,他主编的《物理学词典》出版以后,又再接再厉,继续努力,同几百位编译、审稿者和上海科学技术出版社的有关同志一起,为《现代科学技术词典》的出版,进行了忘我而有效的工作。他们的辛勤劳动,反映在这部词典的字里行间,而将为历史所保留,为人们所纪念。

3月28日~4月2日 出席并参与主持"文化大革命"后第一次中国科学院学部委员全体会议(出席共84人),对推荐的996名学部委员候选人进行分学部讨论评审,按差额选举的原则遴选出正式候选人196人(规定应选180人左右)。评审会议上,许多学部委员认为原定应选名额180人少了一些,而且从进入正式候选人名单年龄看,优秀中青年科学家太少,不利于适应科学发展的现状,建议扩大增补名额。会议还讨论了中国科学院学部的性质、任务和新起草的中国科学院章程。

4月28日 应约为重庆市中小学校举办爱科学活动月(五月)给全市中小学生一封信,希望他们勤奋、刻苦、踏实、富有创新精神而又坚持不懈,成为未来的攀登科学高峰的尖兵。

5月20日 致信方毅,感谢安排在北京医院作全面身体检查,并从此医疗关系定于北京医院;信中还谈及成都电讯工程学院沈庆垓申请调浙江大学任教给予关照事。信全文:

方毅同志：

1. 首先感谢您，在您的关怀与支持下，我才能得到在北京医院全面检查身体和进行治疗的机会。北京医院很负责，工作很细致。我的身体状况已有好转，五一前夕出院休息，现在断断续续的开始作一点院里的工作。目前抓了向中央书记处作科学汇报(讲课)的准备工作和青藏高原科学讨论会工作。

2. 王淦昌同志最近来信，为四机部的成都电讯工程学院沈庆垓请求希望您能帮助沈离开成都到浙大(浙大已同意，成都电讯工程学院不肯放)。现将王淦昌的信及沈庆垓给您的信转上，请阅示。

钱三强
5月20日

王淦昌4月28日致钱三强信：

三强我兄：

兹有成都电讯工程学院(属四机部)教授沈庆垓同志因在该校不能发挥他的专长，很感遗憾。他的好友都劝他回到浙大，而浙大领导也表示欢迎。我和沈同志很熟识，素知他在电子光学方面很有造就，若长此不能发挥作用，实是国家的损失。为此建议他向方毅副总理请求调至浙大，并请你向方副总理解释，并代为转达沈教授致方副总理的信。若蒙慨允实为德便。

王淦昌
1980.4.28

5月 国务院决定设立国家自然科学奖励委员会，武衡任主任，钱三强被任命为该委员会副主任，副主任还有黄辛白。委员会共由34位各学科专家、学者组成，其职能是负责统一审核由中国科学院、教育部、中国科协和其他有关部门和单位经过初步评选通过的科学研究工作报告或著作，评定奖励项目和奖励等级，处理自然科学奖励工作中所提出的异议等问题。国务院于1979年11月22日制定并颁发《中华人民共和国自然科学奖励条例》，附录于后：

第一条 为鼓励科学工作者的积极性和创造性，加速我国科学事业的发展，促进社会主义现代化建设，特制订本条例。

第二条 凡集体或个人的阐明自然的现象、特性或规律的科学研究成果，在科学技术的发展中有重大意义的，可授予自然科学奖。

第三条 自然科学奖分为四等：

奖励等级	荣誉奖	奖金
一等奖	荣誉证书和一等奖章	一万元
二等奖	荣誉证书和二等奖章	五千元

三等奖　　荣誉证书和三等奖章　　二千元

四等奖　　荣誉证书和四等奖章　　一千元

第四条　凡属本条例第二条所规定的科学研究成果中有特别重大意义的，可给予特等奖。由国家科学技术委员会（以下简称国家科委）报国务院批准，另行奖励。

第五条　各研究机构、高等院校、全国性学术团体和由副研究员或相当于副研究员以上水平的科技工作者十人以上联名，均可推荐请奖项目。

第六条　请奖项目分别由中国科学院、教育部、中国科学技术协会、国家农业委员会、卫生部、国家经济委员会以及国防科学技术委员会、国务院国防工业办公室等单位归口组织初审。初审时应通过同行审议，进行评选，并对奖励等级提出建议。

第七条　国家科委统一领导自然科学奖励工作。

国家科委设立自然科学奖励委员会，负责评审奖励项目和奖励等级，然后由国家科委核准、授奖。

第八条　自然科学奖，属于个人得的，荣誉证书、奖章和奖金，授予个人；属于集体得的，荣誉证书授予集体，奖章授予集体和对该项科学研究工作贡献最大的人员，奖金根据参加该项科学研究工作人员的贡献大小合理分配。

第九条　凡旅居国外的华侨和外国人士从事自然科学研究，获得优异成果，对中华人民共和国科学技术事业发展有重大贡献的，也可以按照本条例的规定，授予自然科学奖。

第十条　推荐和评审请奖项目，应当实事求是，严肃认真。对营私舞弊、弄虚作假的，应当根据情节轻重，严肃处理。

第十一条　本条例自颁布之日起实行。过去颁布的有关自然科学奖励的条例或规定，凡与本条例有抵触的，以本条例为准。

5 月 25～31 日　在北京主持“青藏高原科学讨论会（国际）”，并在开幕会上发表讲话，参加会议的我国科学工作者 180 余人，来自澳大利亚、加拿大、荷兰、印度、孟加拉、意大利、日本、尼泊尔、巴基斯坦、新西兰、瑞士、瑞典、南斯拉夫、土耳其、美国、英国、法国、联邦德国等 18 个国家的 77 名外国学者参加讨论会。会上宣读论文 252 篇，其中中国学者 184 篇，外国学者 68 篇。这是首次在中国举行的讨论青藏高原的形成、演变及其对自然环境和人类活动的影响的国际性学术讨论会。陪同邓小平会见了全体与会人员。会后，外国科学家和中国部分科学家赴西藏进行为期 14 天的科学考察旅行。会议开启了青藏高原的国际合作研究。

通过中国科学家集体总结讨论,签发中国科学院文件(〔80〕科发地字1349号)向国务院报送了《关于"青藏高原科学讨论会"情况及几个问题的报告》。其中通过国际学术交流看到自己的不足,报告如是写道:

从外国科学家所宣读的论文和彼此交谈中,使我们比较全面地了解了他们在高原外围的喜马拉雅、喀喇昆仑山等地区的研究成果,发现了我们工作上的差距,主要是①我们过去对青藏高原的考察研究工作不平衡,有薄弱环节,如在构造地质和地球物理方面的工作开展得不够。②我们的论文涉及的范围多限于青藏高原本地,未能论及更广的范围,眼界比较狭窄。③我们的科研工作分工太细,科研人员的知识面太窄,这大大限制了我们更深入地进行综合研究。④研究手段落后。如在西藏进行人工爆炸地震所用的计时、记录仪器不仅数量小,而且陈旧落后,精度太低,外宾认为仅靠拉萨的一个地震台想去研究地壳上地幔是不可能的,至少需要六个长期台站和十二至二十四个短期台站。

报告对今后青藏高原科学研究提出以下几点:

(一)抓紧做深入的研究。由于过去青藏高原的考察研究工作一直是我国自己进行的,没有外国学者参与,所以,目前我们的研究成果居于领先地位。但是随着中法合作考察喜马拉雅地区和更多外国科学家进入西藏,国外对青藏高原的研究会很快取得进展,我们若不认真采取措施继续努力,今后很可能丧失领先地位。因此,我们准备继续将青藏高原的考察和研究列为重点科研项目,在现有工作基础上继续深入开展一些重大的专题研究。还准备组织力量对青藏高原东部的横断山脉和北部的羌圹高原进行多学科的综合考察,探讨自然资源合理利用的方向、途径。

(二)有计划地开展与外国科学家的合作研究。我们拟通过已经建立的我院与美国科学院、英国皇家学会、法国科研中心、西德马·普学会、日本学术振兴会、意大利科学委员会等学术交流关系,在对我有利的前提下,有选择、有计划地就青藏高原的一些生物、地学方面的基础理论研究与他们进行合作研究。如有可能,还拟与尼泊尔合作进行喜马拉雅山的考察研究。为了对青藏高原外围有所了解并同世界其他高山地区进行对比研究,我们也准备派一些人出去考察研究。

(三)注意保护自然资源。西藏自然资源虽然还没有大规模的开发,但是已经现出了相当严重的破坏现象。每年有将近六十万立方米的木材当作燃料烧掉,凡是公路所到之处,天然森林所剩无几,居民比较集中的地方天然灌丛被连根挖出当做燃料;一些草场放牧过度,草场严重退化;各种鸟兽大大减少;水土流失现象也相当严重。在西藏这样一个自然条件比较严酷的地方,生态平衡一旦破坏,势将很难恢复。中外科学家对西藏资源破坏严重的情况非常重视,并建议要加强合理利用与保护自然的研究,并且建立自然保护区。地理、生物方面的中外科学家建议将喜马拉雅山(包括喀喇昆仑山)若干地区开辟为自然保护区,如从聂拉木到樟木的一条沟,海拔高度由四千四百米直下达一千七百米,植被类型从高山草甸到常绿阔叶林,又恰在中尼公路线上,交通方便,目前森林已遭到很大破坏,美丽的自然风光大为减色,亟待加强保护,可与旅游事业结合起来开辟为自然保护区。

(四)改善装备。现在我们野外考察的仪器设备、物资装备十分陈旧落后,我们希望拨出一笔专款(包括外汇),尽快改善这一状况。

(五)人员补充和待遇。目前从事高原考察的人员的年龄多数在四十五岁至五十岁之间,由于连续多年进藏,身体健康状况下降,有的已不能继续从事高原工作。希望有关大专院校重视培养生物、地学方面知识面较广的专业人才,输送后备力量。

目前野外考察津贴标准低,尤其科学院过去的规定更低,已经到了非解决不可的程度了。建议国务院批准,第一步把野外考察津贴标准和福利待遇提高到和地质、体育部门规定的标准。

5月31日 根据中国科学院院长办公会议讨论精神,布置学部委员增选办公室起草,并亲自改定报国务院的《关于学部几个问题的请示报告》。请示事项有三项:

(一)关于扩大学部委员增补名额,由180人扩大到330人。

(二)关于明确学部的性质:1. 学部委员只是工作职称,不是学术荣誉称号;2. 学部是中国科学院的学术领导机构。其任务是:①加强对所属的中国科学院研究单位的学术领导;②依靠、团结我国的优秀科学家,促进中国科学院和高等学校、各业务部门之间的联系与合作,共同推动我国科技事业的发展;③对我国社会主义现代化建设中的有关方针、政策和所要解决的重大科技问题,提出报告或建议,对党和国家起参谋、咨询作用。

(三)关于学部的设置。拟将数学物理化学部分成数学物理学部和化学部,加上原有的生物学部、地学部和技术科学部,共设五个学部。此外,为提高科技管理水平,拟在增补总名额(350人)中保留20个名额,以后增补这方面的科学家,先成立一个小组,推动这方面的工作。(引自中国科学院办公厅,《中国科学院年报》(1980))

5 月起 接受向中共中央书记处讲首课的任务,此讲要求让领导人比较系统地了解古今中外科学技术发展的全貌。遂亲自邀请中国科学院自然科学史研究所仓孝和、许良英、李佩珊、杜石然作为合作者,共同讨论和撰写讲稿。主持几次讨论后先确定框架:第一部分讲古代科学技术(16 世纪以前);第二部分讲近代科学技术(16～19 世纪);第三部分讲现代科学技术(20 世纪);第四部分小结——讲科学技术发展的几个特点。强调总的指导思想和要求是:科学技术是怎样发展起来的?科学技术发展经历了哪些历史阶段?科学技术对人类社会发展起过怎样的作用?科学实验和生产之间存在着怎样的关系?在科学技术发展历史中,有哪些规律性的东西应该记取?分工撰写,集体讨论,主讲人定稿。

7 月 1 日 主持中国科学院出版图书情报委员会第一次会议,会议讨论并确定了"侧重基础,侧重提高,兼顾普及"的出版方针。

7 月 5 日 会见美国康乃尔大学代表团,并代表中国科学院与该校签订了合作备忘录。

7 月 24 日 在中南海向中央书记处和国务院领导作首场科学技术讲座,主讲《科学技术发展的简况》。万里首先来到课堂,他先向钱三强打招呼:"你是给我们讲课的第一位老师。"谷牧到场后握着钱三强的手,说自己甘当小学生。出席听讲的领导人还有胡耀邦、方毅、韦国清、彭冲、乌兰夫、康世恩、陈慕华、姬鹏飞、杨静仁等。讲座开始前胡耀邦首先讲话,他说:"党中央号召向科学进军。要把这个号召变为亿万人民扎扎实实的自觉行动,要动员我国人民大踏步地向科学进军,发展科学事业,首先我们书记处带个头,老老实实学习科学技术。我们都感到自己的科学知识太少,很需要向专家们学习。今天是个开始,以后要不断拜专家为师。"

新华社《半月谈》1980 年第七期刊发《中央书记处的同志听课侧记》一文(记者于有海),如此记述这天讲课情景:

> 7 月 24 日,我去中南海采访中央书记处和国务院领导同志听专家讲课的活动。回来以后,朋友们对于报纸上发表的消息感到不很满足,打听现场的情景,还问我有什么感受。事实上,在这些日子里,我脑子里也总象过电影似地浮现那些令人难忘的情景,思索着一些与此有关的问题。
>
> 那天下午,我们同行的同志都早早地赶到了设在中南海的课堂,希望能快一点看到,中央书记处和国务院领导同志是怎样当小学生的。
>
> 课堂是一个会议室。中间安放着长条桌,上面铺着白布,两排椅子分列两旁。每个座位前,给听课的同志准备了一份讲稿,几支铅笔,

一杯白开水。

第一个来到课堂的是万里同志。这位来听课的小学生，已是满头银发了。可是，他依然是那样的精力充沛。他走近钱三强教授，边说边笑地打招呼："你是给我们讲课的第一个老师。"谷牧同志一到场，就紧紧握着钱三强教授的手，说自己"甘当小学生"。其他听课的领导同志，来到课堂，也都向钱三强表示了求教的心情。

邀请专家给自己上课这件事，是中共中央书记处成立后不久，胡耀邦同志在全国科协二次会议上讲话时提出来的。在那次讲话里，胡耀邦同志强调干部学科学对于实现四化的紧迫意义，然后对到会同志讲：我代表中央书记处正式向在座的科学家报名，准备邀请你们中的一些同志当我们的老师。当时，人们为书记处的同志学科学的决心拍手叫好，同时又担心，那么多党政军大事排着队等他们去处理，哪还有时间听专家讲课呢？胡耀邦同志宣布的计划，今天开始实现了。他们把学习科学，听专家讲课，当作重要而紧迫的大事，安排在自己满满的日程表上。

胡耀邦同志来到课堂以后，环视了一下来当小学生的领导同志，说了两句简单明了的开场白。他说：党中央号召大家向科学技术现代化进军，我们书记处带个头。我们都感到自己的科学知识太少，很需要向专家们学习。接着，钱三强教授就开始讲课了。

这堂课讲题是：《科学技术发展的简况》。钱三强把世界科学技术的历史，分作16世纪以前、16世纪到19世纪、20世纪三个阶段，讲古代、近代、现代科学的发展及其对社会所起的作用。他指出，科学和技术"已经成为社会发展的一种强大的动力。它极大地改变着社会的生产面貌和人的生活条件、精神面貌以及相互关系。"曾几何时，"四人帮"不是曾经对"科学技术是生产力"这一正确论断横加挞伐吗？今天，钱三强教授在讲解那些雄辩的历史事实的时候，使我深切地感到，现在书记处的同志带头学科学，必然给中国的四个现代化增加推动力量。而"四人帮"那种反科学的倒行逆施，既毒害了一代人，延误了历史的发展，也暴露了他们对科学的无知。

钱三强在讲课中提出了一个问题：中国古代科学技术在一千数百年间处于世界领先地位，但是近代科学并没有在中国产生，我国由领先变为落后了，这是为什么呢？他从几个方面分析了发生这种变化的原因。在讲到封建统治者大兴"文字狱"的时候，有的领导同志问道：封建帝王搞"文字狱"，好象是在文史方面，不是对自然科学的吧？钱三强说："是这样。"但他又指出："文字狱"的恶劣影响不限于文史，而是遍及知识界，它使人们思想禁锢，不敢大胆地想问题，当然也就会阻碍自然科学的创新和发展。这时,听课的一些领导同志点头称是。

在课堂上,听课的领导同志始终听得很有兴味。他们除了偶尔提问和议论几句以外,一直聚精会神地听讲,可以说同小学生听课的情形没有多少差别。他们一面听讲,一面翻看讲稿,还不时用红铅笔在上面圈圈点点,划着各种符号,标明重点,加强记忆。当墙上映出配合教学的幻灯图片时,他们又把视线转移到图片上,力求掌握讲授的内容,把那些自己还不懂的东西弄明白。

在这堂课的末尾,钱三强归纳了科学发展的几个特点,其中一点是:"科学是全人类共同创造的精神财富,它本身没有国界,也没有阶级性。"根据这个特点,他提议:我们在学习、引进国外的先进科学技术时,要博采各国之所长。

这时我看了看手表:时针已经指向6时10分,讲课将近3个小时了。然而这些大部分是60岁以上的学生们,却毫无倦意。一些领导同志对钱三强教授提出的博彩各国之所长的建议很有兴趣,又你一言,我一语地谈论起来。……

课后,钱三强教授告诉我,25年前的1955年1月,他曾经给毛泽东、刘少奇、周恩来和中央政治局的其他领导同志讲过一次原子能科学。这次重进中南海,使他感到现在的中央书记处和国务院领导同志不仅继承了我们党重视科学、学习科学的好传统,而且把这个好传统发扬光大了。他说,在中央工作的领导同志能够带头学科学,特别是已经作出计划以后要系统地坚持听课,下面的各级领导同志能不能也照着做呢?

在主讲《科学技术发展的简况》中,所概括讲述的五个方面的特点,颇引起听者的兴趣,现据讲稿照录于此:

1. 科学来源于生产和对自然现象的观察,它的发展取决于生产和社会的需要。当它发展到一定程度以后,反过来,它能对生产起直接的指导作用,"变成了直接的生产力"(马克思《政治经济学批判大纲(草稿)》)。因此,"科学是一种在历史上起推动作用的、革命的力量","是最高意义上的革命力量"(恩格斯《在马克思墓前的讲话》)。在很大程度上,科学已成为对人类历史发展前途和现代国家兴亡起决定作用的一种力量。

2. 科学的发展需要一定的社会条件(包括经济、政治、意识形态等方面),尤其在现代,科学已成为国家的重要事业,科学的发展也日益依赖于社会经济的发展和国家的支持。在处理科学-技术-生产的相互关系上，各国决策上的差异，直接影响了科学和经济的面貌。一般来说，不重视科学的发展，将使技术和经济永远落后；而不重视科学研究成果的应用，不重视技术，经济就不可能有长足的发展，从而也妨碍了科学的进一步发展。

3. 科学的发展有自己的相对的独立性，它的发展的内在动力是实验和理论的对立统一。它的基础是实验和观察，它的"发展形式是假说"（恩格斯《自然辩证法》）。在新实验事实同旧的理论出现不可调和的矛盾时，科学理论就不得不发生革命，但这种革命是以知识和经验的继承与积累为基础的。因此，科学发展的形式是继承和革命的对立统一。没有继承，没有知识和财富的积累，也就不可能有科学的创新和革命。目前，由于电子计算机和信息科学的发展，对物质更深层次的认识和对生命奥秘的探索，科学又酝酿着新的重大的发展。

4. 科学的发展是人类对自然规律认识的不断深化的过程，这突出地表现在历史上多次出现的理论大综合上。科学是不断创新，不断前进，永不停步，永无止境的。在科学中没有禁区，没有绝对的权威，也没有千古不易的定论和所谓"终极真理"。因此，科学上的是非只能通过自由讨论和争论来解决，必须排除外来的干预和习惯势力的阻挠。政治上的民主和学术上的百家争鸣是科学繁荣的必要保证。

5. 科学是全人类共同创造的精神财富，它本身没有国界，也没有阶级性。科学技术的成果任何阶级都可以利用，所不同的只是在于是否善于利用，以及用来达到的目的。世界各国在几百年的历史发展中，有其不同的经验。我们在四化建设的过程中，除引进各国的先进技术而外，还有必要博采各国之所长，为我所用。但是，要取得科学成果，任何阶级都必须遵守历史上形成的科学工作的共同原则，例如：一切以事实为根据，实践是检验真理的唯一标准；在真理面前人人平等；要求科学的概念和理论在逻辑上是正确的；尊重前人的研究成果，剽窃和弄虚作假被认为是不道德的行为。

7月31日　由数学物理学部代理主任改任主任。

8月1日　同访华的荷兰教育科学大臣派斯举行会谈，并共同签署中国科学院和荷兰教育科学部的科学合作备忘录。会后，陪同方毅会见派斯及其一行。

8月5日　致信美国加州大学圣迭戈分校吴家玮（时任热裴尔学院院长），推荐竺玄到该校学习科研管理。后获该校接受。

8月7日 经与于光远(代表社会科学院)、武衡(代表国家科委)多次研商,并经方毅、胡乔木、李昌同意,由国家科学技术委员会、中国科学院、中国社会科学院向国务院上报《关于建立院士制度问题的请示》及《中国科学院、中国社会科学院院士条例(草案)》。报告提出:"学部委员是一种工作职称,院士是一种终身的最高荣誉称号,在我国建立学部委员制度和院士制度,可以同时存在。这有利于加强学术领导,推动科技事业的发展,同时也是表示国家对科学的重视和对科学工作者的鼓励。"

9月上旬 偕何泽慧在青岛八大关休假,每天下午在海滨浴场向何学习游泳。其间,应青岛市人民政府邀请向全市科技、教育骨干和管理干部作《关于我国科学技术发展与世界未来》的演讲。

9月 接周光召是月12日从美国来信(其应邀时在弗吉尼亚大学和加州大学作客座教授),反映他见李政道后所谈的一些情况。

附周信:

我来SLAC后见到李政道,他讲了几件事,现向您汇报如下:

1. 中国送来的留学生,都是说好由国内付钱的,现在有的访问学者公开向美方同事要钱(此句钱阅时用红铅笔划了杠——引注。下同)。据他讲在Colombia大学工学院就有人当着许多人质问领导他的教授为什么做一样的事,给美国人钱而不给他钱,不给钱他以后不干了,使得别人下不了台。李讲这种事有些可以私下商量,不能公开要,失掉中国的尊严(此句阅时划了红杠)。每一个出来的人都代表国家,像个商人一样不好。事先已说好是中国出钱才收下的就不能这样办,至少要等说好的期限过了再提出,不然人家以后不会再收。

2. 在中美高能协作,李几年一直亲自抓一件事,即要SLAC图书馆帮助中国建一个完全一样的图书馆(此句阅时划了红杠)。李讲SLAC图书馆是美国最好的,计算机内存有很多美国的工业和科学情报。SLAC曾答应帮助建立的图书馆,只要今后SLAC有什么情报中国的图书馆就有什么情报。李讲搞高能是为了通过高能打开局面带动其它方面,而这个图书馆他认为能起很大作用(此句阅时划了红杠)。这个项目前两年中国方面却砍掉了,他问了高能所的人说是没有经费,同时认为许多情报不是高能的不必花这笔钱。李坚持在今年的计划中又写上了,他希望向科学院反映一下,不要把这件事看成是高能的事情(此句阅时划了红杠)。

3. 有些美国人希望选一个中国人作为美国科学院国外院士,他准备提名张文裕。李讲他提张文裕只是因为这几年张代表中国在美活动,大家认为他是中国的代表,因而有可能通过(此段阅时划了红杠)。

我将于15日去东部，在VPI安定下来以后，将设法了解思进的情况（钱思进从1980年8月开始在伊利诺斯理工学院攻读博士——引注）。

向何先生问好。

9月 为《天体物理学报》创刊号撰写“发刊词”（中英文）。中文发刊词为：

天体物理学，是应用物理学的理论、方法和技术，研究天体的物理状态、化学组成及其深化规律的一门科学。它不仅是天文学的主要分支，而且在物理学的广阔天地中，也占据了显赫的一席。

回顾天体物理学发展的历史，一般都认为，从古代目测恒星光度到十八世纪后期初创恒星天文学，是天体物理学的孕育时期；十九世纪中叶开始对太阳和恒星的光谱进行日趋精密的研究，是天体物理学的童年；二十世纪以来，恒星结构与演化理论由初具规模而渐臻完善，则是天体物理学走向成熟的重要标志；二次世界大战以后，从射电天文学崛起到全波天文学的奠基，更是带动了天体物理学的蓬勃发展，并展现出它的无限广阔的前景。

象任何一门自然科学一样，天体物理学也包含着“实践”与“理论”两个部分，所以有“实测天体物理学”和“理论天体物理学”之分。由于其研究对象的差异，人们还习惯于把天体物理学区分为太阳物理学、太阳系物理学、恒星物理学、星系物理学、宇宙学等几大门类。或者按其观测与理论方法的不同而划分为射电天体物理学、高能天体物理学、相对论天体物理学、空间物理学等若干领域。当然，这些范畴的分野，有时也并不是十分明确与固定的，这正是现代科学技术既有精细分工，又以高度综合为特征的具体表现。

今天，人们的视野已经扩展到了远离我们达一百五十亿光年的宇宙深处，相应地可以看到一百五十亿年以前的早期宇宙现象。整个宇宙，不仅是一个天体生死兴衰、纵横驰骋的场所，而且是一个无与伦比的巨大物理“实验室”。在这个宇宙实验室的天然环境中，普遍地、大量地存在着地面实验室中无法实现的条件，如超高能、超高密度、超高温、超高压、超强引力、超真空、超强磁场……。这些条件为物理学家去揭开微观世界的奥秘提供了诸多方便，这正是越来越多的物理学家对天体物理学的兴趣与日俱增的重要原因。

二十世纪六十年代以来，随着观测技术的改进，带来了天体物理学的迅速发展。天文学家们接二连三地观测到一系列全新的天文现象和新天体，如类星体、脉冲星、微波背景辐射、星际有机分子、γ射线暴、X射线暴等。同时，也使得天体物理学界的学术空气空前活跃。目前，国际上每年在这一领域发表的学术论文数以千计，各种学术会议的规模和次数以及进行探讨的深度和广度,都是过去所不可比拟的。

我国古代天文学是世界科学文化宝库中的一颗灿烂的明珠。然而,由于历史的原因,近代天文学在我国却发端较迟。旧中国,在天体物理学方面的研究工作,可以说是凤毛麟角;新中国成立后,尤其是五十年代后期到六十年代中期,随着研究工作的逐步扩大,我们不仅形成了一支初具规模的天体物理学的研究队伍,而且在若干方面取得了可喜的成绩。七十年代后期以来,我国的天体物理学研究工作取得了更大的发展,产生了越来越多的有意义的研究成果。为了使这些成果能及时得到发表,以有利于促进国内和国际间的学术交流,经过筹备,《天体物理学报》现在正式创刊了。它将与《天文学报》共同承担起开展天体物理学领域的百家争鸣,繁荣和促进我国天文事业发展的责任。

希望新诞生的《天体物理学报》成为一个在国内外都受欢迎、受重视,作者争相投稿,读者争相阅读的刊物。祝愿《天体物理学报》在实现我国天文学现代化的进程中,发挥出重大的作用。

9月22日 在北京主持召开在京学部委员会议,提请讨论全国自然科学奖的评审工作,听取意见。

10月 接周光召当月8日由VPI(Virginia Polytechnic Institute and State University,弗吉尼亚理工大学)写的亲笔信,反映莫伟三次谈话提到的几个问题。附周信:

钱院长:

我到VPI已经20天。在这期间莫伟找我谈了三次,谈了一些情况和意见,他意思是希望我把这些意见转告国内。他说他自己不会直接写信给中国领导,他不赞成那种作法。综合起来,他讲了以下几个问题:

1. 有些美籍华人随便向中国领导提意见,有些人不了解中国情况,有些人有私心,中国政府不要轻信他们。莫举了几个例子,如广州会议上有些年轻人提不要外行领导内行,完全不对。在美国也是外行领导内行。另外如邓××要中国接受他设计的方形加速器方案是出于私心,这一方案在美国被否决,因花钱太多,邓就想到中国去试。莫讲据他看只有李和杨没有私心,热情希望把中国事情搞好,但不幸他们意见不一致。丁有私心,丁在中国吹他每年要花几百万美金。莫讲丁是他的好朋友,他的经费不可能有那样多。莫讲如果中国听邓和丁太多了,就会出问题。(此句阅时划了杠——引注。下同)

2. 他认为中国科学院应主要和 NSF 打交道。NSF(美国科学基金会)下有一组管 program,另一组管 grant,前者是科学家,后者是行政人员管财务,和国外协作是前一组管的。应当提出合作方案,就可以从 NSF 得到支持。过去中国和能源部、政府机关打交道,每次谈判订文字协议,这样事情反而难办。协议经过律师,弄得没有活动余地。不如和 NSF 的科学家达成口头协议,顶多写备忘录就够了。过去日本和台湾都得到过 NSF 长期资助,都是这种方式。现在主管 NSF 的是 D. N. Langenberg(acting directory)是学超导的,很年轻。要想法和这些人打交道。

3. 莫认为 Marshak 在美国科学界有重要地位,今年可能选为美国的物理学会副主席,他同时是 UNESCO 的主席。过去美国和俄国的关系是由 Marshak 带领一个小组(其中有 Panofsky、Wilson 等人)和苏联科学院谈判才打开的。1974 年美国政府要求 Marshak 带一个小组去中国打开科学界的关系,但 Marshak 不同意去而作罢,他不同意是因为 1972 年 Marshak 在纽约市立大学做校长,有一批中国血统的学生组成类似红卫兵的组织,把校长办公室包围起来,其中有一个女孩当面骂 Marshak 为畜生,使得 Marshak 当场晕倒,心脏病发作,送医院急救。在那以后一段时间,他对中国印象不好,直到"四人帮"倒台。现在 Marshak 对中国血统的人很好。他有很多国际联系和组织工作经验。莫认为应当重视 Marshak 明年访华(此句阅时划了杠),可以加强和美国科学界的关系。

4. 有些送来搞高能实验的同志主动性差(此句阅时划了杠),还有个别的人自称是李政道请来的学者,影响不好,在美国人中间成为笑话,他认为派研究生也许更好一些。另外他希望派来之前要学一些美国的礼节和风格。不修边幅,美国人不会说,但心里有看法(此句阅时划了杠),现在有的地方接收中国人的积极性比以前差了,可能是由于这种原因造成的。

我因对莫谈的许多事情不了解情况,因此未表示任何意见,只在最后同意向国内有关方面报告一下。他一再声称他不愿干涉中国的事情,像有些人那样到邓副主席那里去讲,他认为这样做法有很多坏处,他的意见只和下面的科学工作者讲。他从来没有以后也不会写信给中国领导讲这些事情。

来了以后接到思进的信,和他通过电话,看来他情况很好。

向何老师问好。

10月 接杨振宁自美国来信(周培源亦收到同样内容的信),杨倡议建立

“亚洲太平洋物理学会”,希望获得中国物理学会支持。随后,经与周培源商议分别复信杨振宁,对其倡议表示原则支持,考虑到其中可能涉及台湾问题、南北朝鲜问题等,待有恰当方案后再作决定。

10月12日 会见并宴请意大利原子核物理研究院院长齐吉基(A. Zichichi)教授,进行广泛的学术交谈,并共同签署了科学合作会谈纪要。

11月2日 经国务院批准,浙江大学的领导关系改由教育部与浙江省双重领导,钱三强仍暂兼任该校校长。

11月14日 中国科学院成立国家自然科学奖评审委员会,任该委员会副主任(严济慈为主任)。

11月26日 参加数学物理学部对该学部候选人投票选举。其他学部同时分别进行无记名投票。结果选举产生新的学部委员283人,其中数学物理学部51人,化学部51人,生物学部53人,地学部64人,技术科学部64人。选举结果经各学部主任、副主任、代主任联席会议确认有效。

是日 致信纽约杨振宁,推荐高能物理研究所姚蜀平到美国学习和研究科学史主要是近代物理学史。后经杨帮助,姚得以如愿。

12月1日 同梅益(副团长)率领中国科学院和中国社会科学院代表团启程赴美国访问考察,并拟与美国国家科学基金会(NSF)签订合作议定书,签订中国科学院同美国史密桑宁学会的科学合作协议。

12月3日 在旧金山地区先后参观劳伦斯·利弗莫尔国家实验室和SLAC。在劳伦斯实验室,由西博格(G. T. Seaborg)教授亲自陪同参观并作介绍,讲了该实验室新的研究进展及新设想,时间长达一个半小时。午餐时,西博格亲手将他自己保存的钱三强当年在法国发表的《铀三分裂的机制》及《γ射线内转换的一些反常现象》、《钍的裂变能量》三篇文章的复印本,转送给作者钱三强,说:“对你的这篇文章,我一直留有深刻印象。”

在SLAC,主持人潘诺夫斯基(Panofsky)教授因事外出纽约,未能亲自接待中国代表团,他在代表团到达前特意从纽约发来电报,表示热情欢迎,并向钱三强致意。

同日 在加利福尼亚大学伯克利分校数学研究所拜会陈省身教授。陈见面便说:“很高兴在这里见到你。十天前李政道来我这里,商量了一些事情,正要同你谈。”陈先陪同看他的办公室,随后在一间教室,坐在学生上课的椅子上交谈。陈向钱谈了以下两件事:

> 1. 关于在国内招研究生问题。
>
> 陈省身教授说,看了李政道这次招物理研究生的名单,第一名是兰州大学的,前十几名都不是名牌学校的,感到很高兴,很吃惊,这是不得了的事,说明国内人才到处都有。因此我们开了一个会,想把李

先生的这个办法,推广到物理以外的其它科目去。但是,我们考虑,其它科目都象李先生的那种办法考试,太复杂了。可以采取GRE的考试办法,即由考试服务中心印发一个全国各大学招研究生的表册,写明招生人数和取多少分数的考生。考生根据自己的志愿选择学校,填写申请表,连同学位证书和大学成绩单送报考学校。考试课题分两类:一是智力测验,一是专业测验。由考试服务中心评分,按评定的成绩通知各大学,由各大学通知入学。

陈教授说,去国内进行口试时,考虑不派华人去,由完全的美国人去。他说,现在的问题是,我们这些具体建议,不知道到底应该向国内哪个单位写信。我们想在做这件事之前,希望国内给一点表示,才好去做。

陈说,我们希望国内出来念书的人,花国家的钱越少越好,争取录取的学校给足够的资助。只要考得好,我相信考生想去的学校是会考虑的。同时,出来学习的人,将来回去还有个工作条件和生活待遇问题,如果得了博士学位,回国后还只给七八十元,那是荒谬的。

2. 关于数学方面的问题

陈省身教授说,1980年夏天在国内开了一个双微会。那时我们向方毅副总理报告,希望每年开一次这样的会,他表示同意。我们考虑,以后开这样的会,外国人不要那么多。美国二人,日本一人,顶多三至四人。现在已经决定了两个题目:①1981年8月底9月初开微分几何会议,在上海复旦大学开。类似暑期讲习班,包括国内参加者,总共不超过50人,其中要有20%的研究生,不能光是老头子。我现在正为美国去的人筹划路费。②1982年开微分方程会议,想在吉林开。

钱三强对陈教授为国内培养人才的热情关心和积极筹划,表示了感谢,并说明除了物理、数学、化学、生物等学科外,还希望可能时加强些工程和应用科学方面的联系,以便更全面地培养人才。

陈教授说,对,现在工程和应用的问题,很重要。在美国,学工程的也是很吃香,一个工程方面的学生毕业后,只要成绩一般可以,一个人可以同时找到几个工作。(引自代表团《访美报告》,打印稿存于中国科学院院档)

12月5日　在华盛顿参观史密森博物研究院(原汉译“史密桑宁学会”)博物馆,并初步交谈双方合作意向。

12月6日　和梅益率两院代表团拜访美国国家科学基金会负责人,双方交流业经多次磋商的合作议定书文本,对版权和专利条款,及交流项目的费用负担问题等,进行最后商定。下午,由美方基金会安排,两院代表团参观白宫。

12月8日 在我驻美大使馆与明尼苏达大学理学院代表举行会谈。该校得知中国科学院代表团访美消息,即与接待方美国科学基金会联系,要求插进他们的日程,得允后派理学院院长二人到华盛顿。明尼苏达大学早有同中国科学院开展合作的意愿,理学院院长带来初拟的13个合作项目。根据此先在国内确定的原则,会谈中钱未对合作项目具体讨论,原则表示同意与明尼苏达大学建立合作关系,并口头邀请明尼苏达大学可适当派代表团访华,根据对方要求,就明尼苏达大学访华代表团中专业组成提出建议。

12月9日晚 出席我驻美大使柴泽民欢迎两院代表团访美举行的招待会,美国几个主要科学技术(含社会科学)机构的领导人和华盛顿地区的华裔科学家代表,以及时任总统科学顾问普雷斯应邀出席,来者达数十人。钱三强与柴泽民同普雷斯进行小范围交谈约10分钟,普氏重申中美科技交流的重要性。他讲到,根据美国历来的情况,尚未到任的里根在竞选时发表的一些对华言论,同他将来执政时的主张可能不完全一致。他透露,里根上任后,他将不再接任总统科学顾问,已被提名为美国科学院院长候选人。

12月10日 代表中国科学院、梅益代表中国社会科学院同美国国家科学基金会签署"基础科学合作议定书"。美国科学基金会代理会长强调:"我们签署的这个协议,对美国科学基金会来说,是同中国签订的第一个政府间性质的协议,是第一个同外国签订的包括了社会科学的协议。"

12月11日 应时任美国科学院院长汉德勒约请,前往华盛顿宪法大街科学院院部举行会谈,交谈30分钟。汉德勒对钱三强表示欢迎后,愉快地回顾了他1973年访问中国的美好印象,说那次访问达到高潮和最使他不能忘记的,是受到周恩来总理的接见,至今保存着那次会见的照片。

同日晚 在华盛顿签署《中国科学院、史密森博物研究院科学合作协议》。该院院长接受钱三强的建议,将原汉译"史密桑宁学会",改译为"史密森博物研究院"——因为它有很强的研究机构和研究人员,中文称"学会"不如"研究院"更合适。

Δ 在华盛顿期间,为1981年拟在国内举办"力学及应用数学讲习班"事,同倡议者林家翘、主讲者易家训进行电话商谈,并向主讲者易家训、吴跃祖、梅强中三位教授寄发正式邀请信。

12月12日 抵纽约,由杨振宁派聂华桐接至石溪大学杨的办公室。交谈中,杨首先说明他倡议建立"亚太物理学会"的想法和收到各地回信的情况,他特别将台湾"清华大学"阎爱德支持信的复印本交给钱三强,热切希望中国能积极支持。杨表示,这个物理学会建立后,不从属于国际纯粹与应用物理学联盟(IUPAP)这个世界组织之下。这个物理学会,要有中国参加,中国将占主要地位。他谈到，至于台湾问题，里根上台后，美国与中国台湾关系上虽然会有一些变化，但是，我想不会有大的麻烦。至于其他一些关系问题，只要处理得好，是会得到较好解决的。钱三强就几个问题作了说明：①台湾问题，为不出现“两个中国、一中一台”的情况，我们用“中国物理学会”，他们用“位于台北的物理学会”这样的名义是可同意的。②我们与南朝鲜没有来往，他们来我国的签证，我不能事先估计没有问题，当然，我们也是不会去南朝鲜开会的。③杨希望钱推荐一位朝鲜民主主义人民共和国的物理学家，杨准备向他寄信。钱答应回国查出名字，即告杨。

在石溪，由杨振宁安排并陪同，会见了石溪大学新任校长，出席校方举行的欢迎午餐会，餐后，由杨振宁陪同会见了中国在核校学习和进修的留学生和访问学者，作了介绍国内发展近况的即席讲话。

是日 应邀赴李政道家晚餐，李夫人秦惠䇹亲自下厨做菜，盛情至极。长谈中，李政道讲了以下几点[①]：

1. 这次在国内招考物理研究生（指参加 CUSPEA 程序考试的研究生）的成绩之优秀，远远超过了他的估计，现 132 名名单中，将被录取的可以达到 120 人以上。他说，这些人到美国报到后，第一个月的生活费需要国内支付。

2. 他希望这一批研究生三五年回国后，能在国内有相应的物质条件和生活条件，使他们在国内安心工作，发挥作用。他说，台湾去美的研究生 90%是不回去的。而我们的不同，我们在美国的研究生取得学位后一般都是要回国的，除非经过国内派出方的要求，方可延长，而最多只能延长十八个月。因此，他希望为他们及早作好准备。

3. 他本想把招考物理研究生的办法扩大到数学、化学、生物、工程等方面，他曾专为此事到美国各地有华裔学者的大学（如陈省身所在的伯克利）去进行联系，但最后他感到很难办。因为办这件事，第一，要有有威望的学者出面；第二，有威望还要有一定的精力；第三，他还要有一些得力的助手。一般华裔学者很难同时具备这样三个条件，比如陈省身，他有一定威望，但精力与助手这两个条件就不大具备，因而陈提出采用 GRE 的考试办法。据李政道说，采用 GRE 的考试办法，每个报考学生要收考试费 100 美元。

4. 他从高能所来美的几十人中，听到了高能所最近的一些情况，心中很焦急。又听说方毅同志要辞去科学院院长职务，更不知将来如何联系。当告他方毅同志即使不当院长，仍是副总理兼科委主任，并分管

---

① 据代表团《访美报告》

科学技术和教育时,他才放心。他总感到与高能所联系不是很通畅。

5. 他谈到牛满江在国外声誉不很好,最近到中国开会的 Walter Gilbert(哈佛大学教授,一九八〇年诺贝尔奖金获得者)在报纸上公开批评了牛的工作。加州大学理学院教授 Davidson 在给邹承鲁的信中也对童第周与牛满江的工作提了意见。他说,Gilbert 和 Davidson 两个人都是著名的生物学家,他们的意见对我们中国科学的名誉有不利的影响。

12月13日 在我驻联合国代表团住地会见吴健雄和袁家骝,并应邀同赴其在纽约一家中餐馆订好的私人晚宴,席间交谈甚欢。

12月15日 偕杨承宗在芝加哥参观费米国家加速器实验室。全天由邓昌黎(时值其夫人患子宫肌瘤住医院手术)陪同参观费米国家加速器实验室和加速器工程,并作介绍。邓结合费米国家加速器实验室建设中的经验教训,再次强调,国内在进行这类工程建设时,一定要着重考虑能源和动力问题。费米国家加速器实验室目前总人数达到1800人(外来学者300余人),可同时进行10个实验,一年最大限度可作40个实验。但因动力问题有些时间设备不能运转,所以一年往往只能作20来个实验。费米国家加速器实验室全年经费一亿美元左右,60%~70%用来开工资,真正用作科研的钱并不多,只有30%~40%,而这些用作科研的经费中,有1/3要花在电力上。现在,费米国家加速器实验室正在建造一个超导装置,建成后,束流对撞能量可以增加4倍。

同费米国家加速器实验室新任主任在其办公室举行了会见,并在其陪同下参观工作园区。

12月16日 偕杨承宗访问芝加哥大学。该校理学院院长陪同参观物理系和化学系,出席校方为欢迎中国科学院代表团举办的教授午餐会(到会者中有4位诺贝尔奖得主),彼此自由交谈,热情友好,对芝加哥大学开展与中国科学院的合作,抱有浓厚兴趣。与中国(包括台湾)在芝加哥大学进修、学习的青年学者进行座谈,听取意见和建议,并就大家关心的国内情况作了介绍。

12月17日 由董无极教授安排并陪同,访问伊利诺伊理工学院,见到在此攻读博士学位的思进;参观在费米领导下于1942年建成的世界上第一座自持链式反应的原子反应堆旧址,并在反应堆纪念碑雕塑前留影。

12月20日 回国后见王应睐11月27日信及复王浩推荐人工合成胰岛素候选下年度诺贝尔奖的函,即电告王,因其时在美迟复,同意再由王浩推荐。王应睐说预计会同意,信函已寄出。

12月22日 组织、策划并担任顾问委员会主任的“北京国际核物理冬季讲习班”开班,并陪同方毅会见参加讲习班的国内学者和主讲的部分华裔科学家。该讲习班邀请12位华裔学者和12位国内学者分别讲授核力、核壳层结构、核多体方法、核集团理论、重离子反应、电磁相互作用与弱相互作用、远离β稳定线的核、新的巨共振及小加速器的应用等，正在中国科学院高能物理研究所访问的日本核物理学家有马教授和德国物理学家费斯勒教授，应邀到讲习班作了学术报告。国内各高等学校和中国科学院有关研究机构的300余位核物理研究人员参加讲习班。讲习班为期半个月，至次年1月9日结束。

1981年　六十八岁

1月11日　访美归国后偶觉胸闷，睡眠不好，遂往北京医院进行心电图连续录像检查，发现冠状动脉供血不足。

1月15日　住北京医院复查，心电图形表现为急性心内膜下心肌梗死，即住院治疗。北京医院于1月19日报中国科学院、中央保健委员会办公室的“病情报告”称：“钱三强同志，心电图检查发现急性心内膜下心肌梗死于本月15日住院。入院后血压曾偏低，仍有心律不齐，室性期前收缩，但尚无心力衰竭等严重并发症。已加强医疗及护理，并严密观察病情变化。目前虽自觉尚好，但如心肌梗死继续扩大，或出现严重并发症，即有可能随时发生危险。”1月19日，李昌嘱：将三强同志病情报方毅同志。

1月18日　应《浙江日报》约稿发表署名文章《写给故乡的话》。文中写道：

> 我出生在浙江绍兴，这是一个著名的文化古城。这里曾出过许多志士仁人、学者名流。我从九个月起，就被父母带到北京，以后几十年来，由于学业繁忙，工作紧张，在一九五九年才因公第一次回故乡。然而，不论是在他乡学习的时候，还是在异国飘泊的日子；不论是在法国居里实验室里，还是在回国后领导科研的工作中，故乡总是时时牵动着我的心。我还清楚地记得孩提时代父母讲的一个个发生在故乡的感人肺腑的故事。其中秋瑾女扮男装干革命，视死如归，英勇就义的故事；蔡元培在我曾外祖父的藏书楼里刻苦读书的故事，至今还在脑海中留下深刻的印象。我在故乡生活的时间是短暂的，但故乡的一切都熏陶着我。我现在的生活习惯，甚至口音，仍保留着故乡的特点。
>
> 我的父亲钱玄同是湖州人，早在日本留学期间，就在章太炎先生的鼓励下，参加了反清的斗争。五四时期，他又和陈独秀、胡适、刘复、李大钊等人一起编辑《新青年》杂志，投入反帝反封建的运动。鲁迅的第一篇小说《狂人日记》就是经父亲屡次劝说，在《新青年》上发表的。五四运动以后，他专门从事语言学和文字改革的研究与教学工作。日本人占领北平以后，父亲拒不教书，以示抗议，直至过世。父亲在世

时,总是教我要爱国,要爱故乡。他的所作所为,他的谈吐,对我思想和性格的形成是很有影响的。我一九七七年才借出差之便,第一次到父亲任湖州中学教员时住过的陆家花园去看过故居。

……一九四八年五月,我终于告别了旅居十一年的法国,启程回国了。八月,回到北平,在清华大学任教。

在我们祖国的大地上,人民解放战争正在胜利进军,国民党反动派已濒临全面崩溃。反动当局预感末日的来临,千方百计抢、拉一批科学家去台湾。我的名字也上了他们的名单。有一天北平研究院总干事还拿着电报到我家来催促。在这种情况下,我不得不躲藏起来。

一九四九年初,北平解放了。我也熬出了头。这时,我才三十六岁,可党却要我参加中国科学院的筹建工作。这在当时是有一定困难的。美帝国主义又处心积虑地搞封锁,但是我们没有气馁,坚持把我们自己的科研工作从零开始搞起来了。原子核研究工作是从五个人开始搞起来的。

到一九五五年,我们的科技力量有了很大发展,原子核研究的几个方面都有人搞了。这时,毛主席提出,要大力发展原子能,我又进行了这方面科技力量的组织工作,开始向原子能科学进军。我们没有靠苏联人,也没有靠外国犹太籍科学家,而只靠中国人自己,其中绝大多数是新中国培养出来的技术力量,仅仅用了十五年时间,就在一九六四年爆炸了第一颗原子弹,又花了两年多时间,把第一颗氢弹也搞出来了。从原子弹到氢弹,发展的速度是世界上任何一个国家都无法相比的。……

现在,我已经六十七岁。可是我亲眼看到新中国的原子能科技力量在实践中成长起来了,一九五五年时培养出的一批人才已成了我国能子能事业的骨干。因此,我从心里感到莫大的欣慰。再看看我国的整个科技队伍,水平大有提高,数量比解放初期增长百倍以上。凭借这支队伍,只要路线端正,搞马列主义而不搞"左"倾机会主义;扎扎实实按科学规律、经济规律办事,而不按主观主义、行政命令办事;那么,不要太长的时间,我们的科学技术一定能大步前进。中国是大有希望的,中国的科学技术发展是大有希望的!同样,我的故乡也是大有希望的。

这些,就是我写给故乡的话。

1月24日　上报多次讨论修改过的《关于呈请审批中国科学院学部委员增补名单的报告》[(81)科发学字0067号,李昌签发]。1月29日,中共中央书记处讨论中国科学院以上报告,方毅代表书记处签署意见:"书记处今日讨论过，请科学院遵照讨论意见研究再报。书记处的意见是：在学部委员中要增加一些有真才实学的中年科学工作者，学部委员的名额还可以多一点。”

2 月末 在医院审定由学部办公室拟稿的《关于呈请审批中国科学院学部委员增补名单的报告》（二次报批件，3 月 2 日李昌签发上报）。报告中写到：在这次增补工作中，我们虽然注意并努力解决学部委员的年轻化问题，增补了一批 55 岁以下的中年科学家，但他们的人数仅占新增补学部委员总人数的 14%，比例太小。此外，这次增补学部委员的名额，比预定的还少 40 余人。有些学科领域的候选人没有当选；已当选的，各学科人数不平衡，也需要陆续补选若干学部委员。报告还写道：中央书记处的指示，我们完全同意。但是按照国务院批准的增补办法所规定的程序，增补学部委员需要较长时间，而且不通过全体学部委员协商，意见很难集中。因此，拟在今年 4 月召开的学部委员大会上，讨论增补一些中年科学家当学部委员的问题，并切实落实，逐步使学部委员年轻化（3 月 23 日，国务院批准此报告及增补的 283 名学部委员名单）。

3 月 为筹备学部委员大会的中国科学院人事安排（主要是院长人选），方毅亲往北京医院向主治大夫了解钱三强的病况，是否还能承受正常工作负担。医生告：心肌梗死非同一般病症，即使出院了切不可过度劳累，不能承担繁重的工作，最好不再离京出差外地，更不要出国，或者坐飞机……。

Δ 1980 年 11 月 30 日，李昌亲笔致信方毅商量中国科学院人事问题，提出院长可能还是三强，以及考虑几位副院长的人选问题。李信如下①：

方毅同志：

在这次院部小型座谈会的过程中，了解到严东生同志和其他三位同志（冯德培、李薰、叶笃正）都只能抽出一半或稍多一点时间到院工作，而且除李薰同志外，其他三位明年都安排好出国讲学或作研究工作。卢嘉锡同志不久前也和我亲自恳谈了这个意思。这就是说，几位有威望的科学家是愿意做院的领导工作的，但最近期间全部脱产还不可能。

因此，从现实情况出发，院长可能还是选三强了，下一届可再考虑卢或严（东生）。

严济慈同志这次表示他年纪大了，要减少在院的领导工作，可考虑他担任主席团或院委员会的执行主席之一。

还有，吕东同志问我胡克实同志是否调走？因他了解到中组部向薄一波同志商量要从一机部调一副部长把克实同志顶出来。这样郁

① 原件存于中国科学院办公厅文书档案，王扬宗提供复制件

文同志的工作又如何安排?几位科学家提他担任副院长兼秘书长。

总之,院的人事安排,请你多考虑。

至于我的工作,管虚的比较主动,我身体有病,不能再搞繁忙的行政工作了。

敬礼!

李昌

1980 年 11 月 30 日

同日,方毅在李昌信的首页批:人事问题再面量(商)一下。

年初 在中国科学院创办的《计算机与图书馆》(第 1 期)上,发表署名文章《图书情报工作必须现代化》。文如:

在"四化"建设的事业中,图书情报工作将产生一种重大的变革,变革的中心环节就是逐渐地广泛应用电子计算机,即通过电子计算技术、现代通讯技术和光学缩微技术相结合,达到建立图书情报工作的全新技术和科学的管理方法。这就是图书情报工作的现代化。

图书情报工作现代化,在我国已经到了应该引起重视和给予支持的时候了。我们的图书情报工作,目前基本上还是采用传统的手工作业方式,而在国际上,特别是一些先进国家,则基本上实现了联机检索。自六十年代起,国外就开始应用电子计算技术于图书情报工作,到目前已经建立了一系列的联机检索系统。如美国洛克希德公司的 DIALOG 系统就是较大的一个,现在它已拥有 120 个文献数据库,存有 4000 万篇文献,系统终端遍及 50 个国家和地区。图书情报实现了联机检索以后,科学研究人员从浩如烟海的资料中,查找自己适用的文献,是轻而易举的。图书情报工作现代化,既可以提高服务质量,又可以大大延长科研人员的有效工作时间。这是一项重大的节约!

目前,我国图书情报工作的现代化水平,还很落后。但是,据最近召开的全国首次计算机检索学术交流会上的情况看,这方面工作也有了一定的开展。据统计,我国已有 36 个单位开展了计算机情报检索的试验和研究,有关单位已引进了 19 种国外文献数据库,有 6 个部门已进入定题情报服务工作阶段。如邮电部情报所和化工部情报所共有几百个用户,千余个课题。而这些用户中,据说很大一部分是我院京内外各研究所的科研人员。这种情况说明两个问题:第一,说明广大科研人员迫切要求用现代化的手段,迅速、准确地获得新而全的情报资料;第二,说明我院图书情报工作的现代化建设,也落后于国内一些兄弟单位。

我院是全国情报检索的主要用户之一。从客观条件讲,我院京区科研单位和科研人员比较集中，技术力量较强，图书情报资源较雄厚，而且起步又较早，应该是实现联机检索比较好的地区。然而目前的情况则是相反。我院图书情报工作这种与面临的新任务不相适应的状况，必须有计划地、逐步地加以改变。否则将直接影响科学研究工作的效率。

要加速我院图书情报工作的现代化建设，我想还是几句老话。首先，各级领导同志要充分认识这项工作的重要性。图书情报和仪器设备，是科学研究的两张翅膀。要把科学研究搞上去，图书情报工作少不得。其次，要给以支持和恰当组织。图书情报工作现代化，根据目前国家经济情况，固然不能开又大又全的仪器设备单子，伸手要这个，买那个，这不现实。但是，必要的人力、物力条件，应该给予支持。从长远看，在图书情报方面下一点本钱，将来会是大家受益的。其三，要扎扎实实行动起来。我院从一九七六年就开始情报检索的试验，四五年过去了，目前仍停留在规划试验阶段，进展不大。现在是不是各方面共同配合，选择一个适当的点（比如中关村地区），集中力量先搞起来呢？依我看，只要大家积极创造条件，逐渐提高，全院以至全国的图书情报工作现代化是大有希望的。

3月15日　应约为《环境科学学报》创刊出版写“发刊词”：

消除污染、保护环境，创造一个优美的、清洁的环境，是社会主义现代化建设的一项极其重要的内容。这项工作不仅是为了保障全国人民的劳动和生活，而且是为了保护大自然的生态系统，为社会主义建设提供物质资源，为人类创造美好的生存条件。

为了实现这一目标，我国从事环境科学研究和环境保护工作者进行了大量工作，一支年青的环境科学和环境保护的工作队伍正在成长，一门新兴的学科——环境科学正在形成。

从任何一个学科的发展历史来看，一门新学科的产生和发展必须广泛地吸取其他相邻学科的营养，争取其他相邻学科工作者的支持。广泛的学术交流是推动科学发展的必要条件。《环境科学学报》就是为此目的而创办的。

《环境科学学报》是属于每一个从事环境科学和环境保护工作者的一份综合性学术刊物。我希望她始终坚持贯彻“百花齐放，百家争鸣”的方针，发扬实事求是、理论联系实际的学风，成为环境科学和环境保护工作者进行研究、讨论与交流的一个活跃阵地。

3月　为《北京国际核物理冬季讲习班文集》撰写序言（“文集”于同年下半年出版）：

1911年卢瑟福在α射线散射实验中证明了原子核的存在,为原子结构提供了正确的物理图像,使之成为原子物理理论发展的基础;同时也为物理学开辟了一个新的研究领域:原子核物理。在三十年代初期,中子的发现使人认识到原子核的实际组成部分。之后,由于实验的进展,特别是对中子引起的核反应的实验研究,促使尼·玻尔提出“复合核”的新概念,成功地解释了部分实验事实。遂即他的原子核的液滴模型为原子核的裂变提供了一个合理的物理解释。在五十年代初,由于在实验上发现了幻数,梅逸-琼逊提出了原子核的壳层模型,解释了另一部份实验事实。不久以后,阿·玻尔和莫特逊综合了壳层模型和液滴模型的优点,提出了综合模型,使原子核物理的理论向前迈进了一大步。在六十年代前后,实验上发现了诸如对关联、巨共振、同位旋相似态、裂变同质异能态、高自旋态等一系列新的激发方式。在理论上发展了比较系统处理多体系统的方法,从而使人们对核结构和核反应有更深一步的了解。近年来,随着实验手段的发展,开辟了中能核物理和重离子物理的研究领域。此外,粒子物理的研究显示出核子由层子(夸克)组成,因此原子核也是由一大群层子组成的。这方面的研究,在未来的几年中,可能为原子核研究提供一些很有兴趣的课题。自从上世纪末贝克勒耳发现放射性到现在,已经八十五年,作为物质结构的一个层次的原子核的研究,不论在广度上和深度上,都仍然在向前发展,而且对于天体物理的发展已经并将继续产生重要的作用。

在我国革命刚胜利的时候,原子核理论研究在国内还是一个空白的领域。在五十年代初,当时的中国科学院近代物理研究所(即中国科学院原子能研究所的前身)鼓励理论研究室的一些青年研究人员开始在原子核结构理论方面进行探索。与此同时,又陆续从国外回来一些科学家进入各大学,在教学之余从事原子核理论的研究。这方面的工作一直得到国家的支持,因而人员也不断得到扩充。全国这方面的力量汇合在一起,逐步形成了一支原子核理论的研究队伍。随着我国原子能事业的开创和发展的需要,一部份原子核理论研究人员转到原子能科学的其它领域工作。对他们说来,这些领域是全新的,但是他们成功地在我国开辟了这些新的理论研究领域,并且取得了重要成绩。同时另一部份人继续从事原子核理论的研究,并作出了可喜的成果。正当研究队伍不断壮大,研究水平不断提高的时候,中国遭到了十年浩劫,和其它自然科学基础研究一样,原子核理论的研究受到严重摧残。直到一九七二年以后,才有少数核物理工作者能够在极其困难的条件下恢复部分研究工作。一九七六年粉碎“四人帮”以后,原子核物理的研究象其它学科一样,也得到了恢复和发展,做出了一批成果。到目前为止,已开过五次全国性的原子核物理方面的学术讨论会。在这里,我要特别提到我们的老朋友阿·玻尔教授。他早在一九六二年就来中国讲学,以后在一九七三年,正值中国原子核理论研究处于非常困难的时刻,又一次来中国讲学。他对促进中国和国外的理论物理界之间的交流作出了可贵的贡献。

这次冬季核物理讲习班,是郭子斯和王肖明两位教授在一九七九年回国讲学时倡议的。他们的建议得到了国内核物理学界的响应,因此中国科学院决定举办这次讲习班。经郭子斯和王肖明两位教授联系介绍,一共从国外邀请了十二位学者回国讲课。国内各高等院校及中国科学院各有关研究所等单位,有三百多位学者和研究人员参加了讲习班。为了避免翻译所带来的困难,这次主要是采用中国普通话作为讲习班的语言。讲习班上讲课的内容主要有:核力、核壳层结构、核多体方法、核集团理论、重离子反应、电磁相互作用与弱相互作用、远离β稳定线的核、新的巨共振以及小加速器的应用等九个方面。与此同时,国内外学者还在原子核理论方面进行了广泛的交流和深入的讨论。在这期间,两位核物理学家,日本的有马教授和德国的费斯勒教授应中国科学院高能物理研究所的邀请也正在北京访问。他们应邀在会上做了学术报告,受到了讲习班的热烈欢迎。所有这些都使得我国核物理研究工作者受益不少。

最后,借讲习班文集出版的机会,我代表中国科学院向倡议和参加讲习班的海外学者表示感谢,感谢他们为讲习班做了很好的报告并提供了较完整的讲义。这次讲习班是在顾问委员会直接领导下进行的,为此向顾问委员会及有关单位致谢,他们做了大量复杂的学术组织工作,他们有效的工作和各方面的互相配合,使这次讲习班得以圆满成功。向文集的编者及有关编辑人员致谢,没有他们的辛勤努力,这本文集也不能这样快地与读者见面。最后要感谢德国的凡登米勒教授,他对文集的出版给予了很大的支持。相信这本文集对各国核物理学家都将起有益的作用。我希望这次讲习班是一个良好的开端,今后这种交流形式将继续扩大和发展,以促进核物理学科的发展和海内外核物理学者的共同提高。

3月29日 新华社播发中国科学院新增补的283名学部委员名单,以及健在的原有117名学部委员名单,同时播发钱三强审阅定稿的《中国科学院负责人就增补学部委员事答记者问》。至此,由钱分工主管进行的学部委员增补工作(历时16个月)结束。

时任增补学部委员办公室负责人薛攀皋回忆如是:

经国务院批准的增补学部委员名单公布后,我满以为可以暂时松口气,稍事休整。没有料到在第四次学部委员大会召开前的一个月里,我不断接到来电、来信或接受来访,查问某某人没有当选学部委员的原因,有的态度好些,有的气势汹汹。这些人或单位,多数是不了解情况,不明白民主选举的意义。经我们耐心解释,并说明以后增选学部委员绝不会二三十年才进行一次,国务院已批准今后每两年进行一次,有的科学家这次没选上,下次还有机会。他们绝大多数都表示理解。

最伤脑筋的是个别大的单位、部门,由于他们推荐的人选有的落选,他们通过新华社《国内动态清样》,通过他们主管的学会并以发动科学家联名写信等方式,向国务院领导"告状",历数由原来的学部委员选举增补学部委员办法的罪状,如不合理、不科学、不慎重、不公正、不准确等,指责中国科学院不尊重主管部门的推荐意见,要求立即采取补救措施。类似的单位虽然只是少数,但在处理过程中也足以令人心力交瘁。

为此,在这里我有必要回溯在我受命负责增补学部委员办公室日常具体工作时,钱三强副院长多次向我传达中国科学院党组和院长会议的有关精神和指示。主要内容是:①充分相信学部委员集体能够认真、公正、负责地做好增选工作;②中国科学院主持增选工作,绝不允许"近水楼台先得月";③尽一切可能保证学部委员不受外来(包括来自中国科学院的,或来自其他部门的)干扰,充分行使民主权利。这些都没有见之于文件,我也不可能按原话复述,但意思是不会错的。

关于中国科学院绝不允许"近水楼台先得月",院领导严格地把中国科学院系统的推荐遴选工作与其他部门一样置于同一起跑线上竞争,没有开方便之门,一切按国务院批准的《中国科学院学部委员增补办法》办。

关于尽量保证学部委员在不受外来干扰的情况下,充分行使民主权利的问题,我稍微多说几句。

所谓"外来干扰",主要指有些部门、单位从局部利益出发,为争名额对在本部门、本单位工作的学部委员施加压力;个别科学家为谋求当选,向学部委员游说,或通过领导同志写信或批条子给中国科学院等。应该指出这种现象是个别的,而且完全杜绝是不可能的。但是中国科学院的领导旗帜鲜明,秉公办事,说到做到;同时绝大多数部门单位对增补工作的正常进行是积极支持的,尊重学部委员的选择,这些都是使原有学部委员能够充分行使民主权利的保证。

院领导对于某领导同志或上层人士为某科学家说项而写的信或批转的条子，他们都只转给我看后存档，不许我们向有关学部的负责人或学部委员通报，去干预学部的工作与学部委员的独立思考。钱三强副院长指示说：如果有人来催促或查问如何办理时，就直截了当地告诉对方，谁能当学部委员谁不能当学部委员，最后由原有学部委员民主选举无记名投票来决定，这是国务院批准的办法。在这之前任何人说某某可以当学部委员一律无效。他又特别补充说，如果对方纠缠不休，你们就直言相告，这是钱三强说的，让他找钱三强交涉。（薛攀皋，《科苑前尘往事》，60～61页）

4月26日 在清华大学校友总会理事会(81～82)届理事投票选举中，以获票率98.9%(总有效票1643票，获得1625票)，在106名被提名人中居当选者(25人)之首。其依次为赵访熊(1596票)、夏翔(1587票)、钱伟长(1585票)、何东昌(1583票)、刘达(1569票)、施嘉炀(1556票)、陈岱孙(1545票)、艾知生(1491票)、林宗棠(1491票)、梅祖彦(1455票)、罗征启(1425票)、裴毓荪(1417票)、饶慰慈(1415票)、陆慈(1413票)、汪健君(1410票)、林克(1403票)、何介人(1399票)、王松声(1385票)、张立华(1380票)、王浒(1355票)、陈立基(1348票)、吴观张(1329票)、任彦申(1315票)、彭顺生(1299票)。

5月11日 从医院赴人民大会堂出席中国科学院第四次学部委员大会开幕式，为大会主席团成员在主席台就座。应邀出席大会开幕式的领导人有邓小平、赵紫阳、彭真、邓颖超、乌兰夫、王震、韦国清、王任重、薄一波、陆定一等。方毅作中国科学院工作报告。

后几天的会议议程为：审议中国科学院的工作报告；讨论《中国科学院章程》(草案)；选举中国科学院主席团，并由主席团推选院长、副院长；听取各学部的工作报告，选举各学部的常务委员会委员和主任、副主任；讨论增选一些中年学部委员问题。《中国科学院章程》草案中根据国务院常务会议精神写的“学部委员是一种工作职称并且实行任期制”，在学部会议讨论中被否决。

5月20日 在第四次学部委大会上，当选为第一届中国科学院主席团成员、中国科学院副院长和数学物理学部主任。大会通过成立“管理学组”，钱兼任该组代组长。当选的主席团执行主席是严济慈、李昌、吴仲华。院长为卢嘉锡，副院长依次为钱三强、胡克实、冯德培、李薰、严东生、叶笃正。

(按：主席团会议推选时，副院长名单排列顺序，钱三强在胡克实之后——是日《北京晚报》即按此报道。当晚，中央组织部按照中央领导的意见电话通知，改为钱三强在胡克实之前——次日《人民日报》等均按此序报道)

是日 应中共中央书记处邀请，同与会学部委员出席在中南海怀仁堂举行的学部委员座谈会。胡耀邦主持会议并首先讲话,他说:中国科学院第四次学部委员大会,是我国科学史上的一件大事,是我国人民向"四化"进军中的一件大喜事。他号召全国科学家要在深入"四化"建设的实际中找任务,深入到新的科学技术领域中找课题。宋任穷发言,强调要重视教育,这是科学事业发展的基础。姚依林发言,表示经济计划部门要和科学界密切合作,使今后的经济工作建立在更科学的基础上。新当选的中国科学院主席团执行主席严济慈代表学部委员发言。

5月25日 根据李政道的倡议,亲自组织的暑期粒子物理讲习班在合肥举行,但因病未出席,于是致信向参加讲习班的中外粒子物理学家(共160余人)表达谢意与祝贺。其间,美国物理学会主席马夏克(R. E. Marshak)应邀专程到讲习班作学术报告。

6月5日 陪同邓小平会见语言学家赵元任及其家属。

6月9日午 在北京北海仿膳宴请赵元任一家,邀傅承义和杨若宪作陪。席间,赵元任回忆同钱玄同致力中国文字改革结下的友谊,亦有过某些歧见,但主张相同。谈话欢愉。此为赵元任最后一次回国。

7月 中国科学院工会成立,被委任为主席,副主席有王道、张成海、洪朝生、王云章、郑哲敏等九人。

8月17日 出席中国科学院首次"科研管理学术讨论会"。到会代表221人,来自全院117个科学技术单位;另邀请国家科委、中国科协及《人民日报》、《新华社》、《光明日报》等部门人员参加研讨。同日,以"建立中国特色的管理科学"为题在会上发表讲话。

Δ8月14日,将演讲稿送党组书记李昌审查,并附手函:

李昌同志:

葛能全同志为开幕词起了草,经书麟、敏熙同志看了,修改了以后,送到我这里。我看大体尚可,改了几个字。现送上请审查,决定是否可用。

钱三强
8.14

8月15日,李昌退回讲稿并复信:

三强同志:

我来不及看了,这两天日程都排满。昨晚克实同志(刚从长春回来)到我处谈到11点钟,今早八时院里还有人等我。特别是,学术性的讲话,不必"审卷",也不应"审卷"。参谋是应该的,是否讲了之后,请小葛约若干位同志征求意见再修改更好。我大会一定到,听你的讲话,有意见自然会向你反映的。采取这个方法是否更合适些。

8月17日在"科研管理学术讨论会"上的讲话[①]，全文如下（据原稿）：

今年三月，党中央批准了《关于中国科学院工作的汇报提纲》，进一步明确了中国科学院的性质、任务和办院方针，给我院的整个工作提出了更高的要求。同时，党中央还向我院提出，科学院应"加强管理科学的研究，促进科研管理及国民经济管理的现代化"。这次会议就是为了贯彻落实这一精神，加强这方面工作而召开的，是我院第一次科研管理学术讨论会。为了召开这次会议，今年四月院发出通知，全院各单位都非常重视，进行了认真的准备，到今天为止，会议收到论文、报告达到近百篇。这些论文、报告，涉及内容相当广泛，包括科研体制、学术领导、科技政策、干部考核、管理与评价、课题选择、成果鉴定、计划制订、图书情报、科技档案，以及国外科研管理介绍等。可以说，这次会议本身，标志着我院科研管理的研究工作，开始进入一个新的发展阶段。这是十分可喜的，是值得庆贺的。

科研管理作为一门科学，它是伴随着科学技术的进步与发展而出现的。对于它的重要作用，尽管目前还有一部分同志未能充分认识它、了解它；甚至还有人根本不承认科研管理有什么科学可言；对于它的一些理论概念，也还众说纷纭，看法不一。但是，大家都热切希望尽快提高我们的科研管理水平，促进我国的科学技术现代化，这一点是共同的。那么怎样去提高科研管理水平呢？从根本上来说，最重要的是要去认真探讨、研究和掌握科研管理工作中的客观规律，把感性的东西上升为理论，真正懂得它的"道理"，并在实际工作中加以运用，不断地提高。过去，我们再三强调说：管理工作要"少管多理"。这个意思就是说，我们在科研管理工作中，要更多地按照科学规律办事，采取科学的方法去促进科学的发展，促进出成果出人才。过去有些人习惯形成的那种管理就是"我来管你"的状况，一定要切实改变过来，真正把科研管理作为一门科学去研究，去运用，去发展。不要把它当成一种简单的行政权力。

科研管理水平的高低，很大程度上取决于管理干部的水平高低。我们一些多年从事科研管理工作的同志，他们热心于科学事业，在各自的岗位上做了大量工作，积累了丰富的经验，在中国科学院的建设历史上立下了功劳。但是应该看到，随着现代科学技术的迅速发展，现在对科研管理工作的要求越来越高了。它要求每一个从事科研管理的干部，不仅需要具备某门科学业务方面的基础知识，熟悉科学技

① 后经亲自修改定稿载于《科研管理》1982年第1期

术发展的特点和一般规律,而且需要掌握管理科学方面的知识和方法,熟悉党的方针政策;还要善于做组织工作,善于总结工作中的经验教训,从理论上加以提高。因此,为了适应客观形势不断发展变化的需要,光有一般的工作经验和工作热情是远远不够了。我们每一个从事科研管理工作的同志,都必须努力学习,用心钻研,不断用新的知识武装和提高自己,减少盲目性,克服被动应付局面,为我院的科研管理现代化继续作出贡献。

目前管理科学要研究的问题很多。因为时间关系,我们这次会议不可能去讨论和研究所有的问题。根据大家做的工作和收到的论文报告情况,会议准备就以下三个方面的问题,作为研究、讨论的重点。

1. 关于科学院的体制问题。中央10号文件指出:"中国科学院是国家自然科学的最高学术机构和综合研究中心"。前不久召开的第四次学部委员大会,进行了我院领导体制的重大改革,初步地适应了学术机构的性质和特点。当然,改革仅仅是开始,还要不断实践、探讨与改善,使科学院真正成为国家自然科学的最高学术机构,发挥综合研究中心的作用。这个问题需要我们好好下功夫研究。

2. 根据我院的性质、任务和办院方针,怎样提高我院的科研管理水平,当前、近期以及长远,应该研究哪些问题,怎样找突破口。

3. 关于科研管理队伍的建设问题。确定以上三个方面的讨论重点,不是说别的问题不要涉及,大家可以利用这个机会进行广泛交流,深入讨论。不过,要强调的是,这次是学术讨论会,不是工作会议,不是情况汇报会。因此,会上所讨论的问题,交流的观点,主要着重于学术上、理论上的研究讨论,以实务虚,着重于提高认识,以推动我院科研管理的研究工作深入发展。我们的科研管理既要有我们国家的特点,还要联系我院自己的实际。这几年我们陆续翻印了不少外国的科研管理材料,这对了解情况,开阔眼界是有必要的。但是,我们不能把自己的工作和思想局限在这些外国材料里边,不能从概念到概念。我们研究管理科学的目的,是为了解决我们中国的问题,为了解决我们科学院的问题。因此对于外国的经验,我们既不盲目照搬,也不一概拒绝,一切要从实际出发,为我所用。科研管理也要提倡一种创新精神。只有这样,才能解决我们面临的问题,提出自己的理论,建立起具有中国特色的管理科学来。我相信,这是完全能够做得到的。

9月16日 陪同方毅会见李约瑟及鲁桂珍。李谈及拟筹建东亚科学图书馆,希望获得中国支持。会见后,即根据方毅意见致函中国科学院党组,提出支持建议:

有关李约瑟要我们去一位同志到香港帮助他募捐建造图书馆(东亚科学图书馆)事,今天早上方毅同志见他以前告诉我们(包括朱永行同志),他就此事曾与赵总理、万里同志、廖承志同志在火车上谈话时研究过,赵总理认为可以派一个人去。今早方见李时,最后李婉转提出这个问题,主要是有一位中国负一定责任的(或有名望科学家)去一下,表示中国对这募捐工作的支持。方毅同志当时表示支持并预备派一位同志去。会后,朱永行与我向方毅同志提了几个可能的适当人选,最后倾向于请上海生化所曹天钦同志去一下。曹既是科学家,与李也很熟,并且属于又红又专的组织家,比一般书生气的科学家不同,对做这些工作,尚较合适。方毅同志也表示赞成,请外事局写报告报院批准。现特将此事报告,请党组考虑。(后建议获党组同意——引注)

钱三强
9月16日

9月17日 致信中国科学院党组书记李昌、党组副书记胡克实、郁文、秦力生,就简化高龄学部委员祝寿纪念形式提出个人建议:

数理学部委员王竹溪同志找我商谈一件带有普遍性的问题,现在报告于下,请党组研究如何处理为宜。

王竹溪去年与美国的林家翘商量明年周培源同志八十大寿,他们建议周老的学生们发起出一本论文集,多数写科学论文,少数人可以写诗词,短文,叙述周在教育与科学方面的贡献。这种作法在国外是很普遍的,但在我国尚属新遇到的事务。现学部委员中八十左右有名望的科学家已不在少数,因此很可能会引起连锁反应(如严济慈、杨石先、苏步青、贝时璋、汤佩松、伍献文等)。在国外,六十岁有名望的科学家就有人出纪念论文集,听说明年杨振宁六十岁,已传来有人要为他作寿的风声。

为了简化起见,我建议以周老为例,可在八十岁生日左右期间,在物理学报上出一期由王竹溪或与其他人合写一篇有关周老在教育上与科学研究上的成就和他对科学界(如科协、物理学会、北大、清华)组织工作方面的贡献(带周老的像片)。另外也可以由王竹溪等组织一些与周老有关学科如相对论、流体力学等科学家写的科学论文,有多少算多少,不够的篇幅也可以登其他方面的科学论文。

这样既有纪念的意义,也不夸大纪念的形式。这期物理学报也不称纪念××专集。

这样做法既起了对老一辈科学家尊敬的作用,也比资本主义国家开祝寿会、学术纪念会、出纪念专集等朴素、简单些。

对周老这样一做,对严老也应该同样做一下,时间或者可以选择严老81岁生日的那个月出一期物理学报。

以上建议是否可行,请党组研究,给以指示,以便有所遵行。

9月22日 李昌复函,不赞成为祝寿出专集,可出一本论文集。复函称:

党中央和毛主席过去就一再申明我们不搞祝寿活动,对科学家特别是党员科学家恐怕也要包括在内,不搞祝寿活动。再者,此例一开,以后都要照办,恐怕也不好办。物理学杂志也是如此,将来杂志也是难于应付的。我觉得出一本论文集,真正有学术价值的,还是有意义的。书的扉页上可写上献给年满××高龄的××。这样是否可以?当然论文的主题是什么,要和献给的学者的学术活动有关。至于诗词等可不要了。另有人在报上写一篇传记式的文字,对青年也是有教育意义的。请酌。

(同意此意,并将李昌手函批请各位院领导及地学部涂光炽主任阅——引注)

10月8日 出席国务院学位委员会第三次会议,讨论研究关于审定我国首批博士和硕士学位授予单位及如何做好学位授予工作的有关问题。会议讨论决定,我国第二批学位授予单位的审核工作将在1983年进行。

10月11日 出席全国科学学理论讨论会闭幕会,并结合本人经历作回顾近代科学发展历史的长篇演讲,题为"谈谈科学学和科研管理",详录于后:

我接触科学学这项工作,还是三年前的事。那时候,科学学研究在我国刚刚开展起来,有同志就动员我来听听大家的发言。结果听听就听得有点意思了。我想,我回国33年了,干了点什么事呢?不就是科学研究的管理,参与决策和组织领导工作么!30多年来,我干的基本上就是属于科学学的工作,不过,当时在国内还没有科学学这个名词,只是盲目地在做科学学的工作,是一个不自觉的科学学工作者。因此,工作中盲目性就不少。过去没有想过。随着我国科学学研究一点点地发展,现在可算找到老家了,就是科学学这个范围。尽管我的工作专业范围是属于物理学与核科学技术,但是,总起来看,真正的活动领域,还是比较接近科学学方面。

科学学的理论研究一定要为我国社会主义现代化建设作出贡献。这是党对我们的期望,国家对我们的期望,人民对我们的期望。我们并不是因为国外有了科学学这个名称而非要研究它不可,我们之所以要加强这方面的研究,完全是为着解决我们中国的实际问题,为着探索我国科学事业发展的规律,一句话,要为我国现代化建设作出贡献。

从另一方面来说，科学学理论研究，只有结合本国科学事业发展的实际，才能有根基，才能有所建树，有所创新。

今天，在我们国家的现代化建设中，有许多与科学学研究密切相关的课题，如科学技术与经济、社会发展的关系，科学与技术的关系，基础研究、应用研究和技术开发的关系等等。我希望同志们在选择研究课题和确定研究方向时，一定要把这个关系处理好。

一、加强应用研究和技术开发，是实现工业现代化的关键

我国是一个社会主义大国，又是一个从半封建半殖民地社会脱胎而来的，没有经历过资本主义社会发展阶段的发展中国家。从孙中山起，并由此上溯到19世纪上半叶，当时先进的人们都想让可爱的祖国富强起来，并且开始奋发图强。尽管时间上比日本明治维新晚不了多少，但是，由于种种原因，到现在我们与日本比较，在经济发展和科学技术方面都显出了较大差距。清朝政府特别是它的末年，内部十分腐败，以慈禧为首连改良派的意见都不能接受，因而就逼出了一个辛亥革命。我国的历史，既不同于日本，也不同于欧洲各国。

欧洲是近代自然科学的发源地，或者确切地说，用数量表示规律和关系的自然科学是从欧洲发展起来的，当初创始人即有伽利略等人。在此之前，即距今400多年以前，欧洲并不比我们先进，英国学者李约瑟的那部《中国科学技术史》所记载的许多史实，就充分证明了这一点。但是，自文艺复兴以来，差距便拉大了。文艺复兴是欧洲资本主义文化思想的萌芽，是新兴资本主义生产关系的产物。它提倡以人为本位，反对以神为本位的封建宗教思想。比如，以伽利略为代表的意大利人就摆脱了许多束缚，达到了高度的个人发展，再加上古希腊文化的传统影响，于是他们的思想就转向外部世界的发现，并表达于语言记叙和观测数据间的数学化的关系之中。他们制造这个，搞搞那个，一点一点地形成了以观测现象为主的近代意义上的科学研究，最后抽象归纳出数学化或逻辑推理化的科学规律。今天在座的同志们，在中学里都学过物理，初学物理时概念最难懂的是头一章力学，力学中最难的一个概念便是加速度。一般生活的经验只有力和速度，加速度概念的确立是很不简单的。是伽利略经过多少年的观测研究才得到的。正是在伽利略前后这一代的科学家天文观测和实验研究的基础上，才最后被牛顿归纳成为著名的“牛顿三大定律”和“万有引力定律”，为各门科学和工程技术奠定了牢固的基础。随后，资本主义产业革命的兴起，使自然科学被资本家用作发财致富的手段，科学也就具备了大规模变成直接生产力的历史条件。从此，开始了科学和工业紧

密结合的新时代。科学大规模进入物质生产领域,大大提高了资本主义社会的生产力;反过来,资本主义社会生产力的发展也大大加速了科学劳动社会化的历史进程。因此,我常说,资本主义国家重视科学技术是有漫长的历史发展作为其认识背景的,他们已经形成了这么一套习惯。一个资本家不论怎么无知,最终也懂得要依靠科学技术专家。因为没有科学家、工程师,没有熟练的技术工人,不搞工业科学研究和发展研究,他的产品就会失去竞争能力,钱就赚不来。所以,倒不是资本家对科学技术专家有什么特别好感,而是资本家向"钱"看的必然结果。拿荷兰来说,正是利用了光学研究的成果,推动了眼镜制造业的发展。要知道,那是在17世纪中叶,当时造出眼镜同现在造出录音机一样地吸引人,许多人年纪大了,眼睛看不清了,戴一副眼镜就解决问题了,这就收到了社会效果。结果是,资本家发了财,同时,光学也跟着更迅速地发展起来。

到了近代,工业发展和科学研究的关系就更为密切了。比如,大家都知道德国货精巧而且结实,日本"丰田车"尽管到处卖得很多,但是德国"奔驰车"还是使用得很广泛。因为德国有它历史上的传统,注重工业发展中应用研究和发展研究的传统。据40年代初期曾在德国西门子工厂研究室工作过的同志回忆,西门子工厂的精密仪器所以一直以质量过得硬遍销各国,关键的关键就是有西门子工厂在生产和不断提高产品质量问题上,对设计所用材料的各种性能(如物理、化学性能等)都首先经过严格的科学实验。据那位同志讲,不仅西门子工厂是这样,而且几乎所有德国大工厂都有相应的工业研究实验室。这恐怕是德国工业所以能够在世界总是处于比较领先地位的重要原因之一。又比如美国的贝尔电话公司,它的实验室也是举世闻名的,拥有像朗格密尔那样多才多艺的科学家。美国大多数大学的实验室是允许人家参观的,但贝尔实验室一般是不让人家参观的。他们做的工作常常是走在目前生产需要的工作前若干年。我说这些话,目的是想说明,在二次世界大战之后,美国资本家对科学研究也变得越来越重视了,许多地方就在大学旁边,搞些小的工厂,小的设计室,以吸引和方便大学教师来兼搞应用研究和发展研究。

再拿日本来说,大家一致公认的看法是日本对应用科学、对工业部门的应用研究和技术发展是十分重视的。在我们年轻的时候,那时对日本货是很看不起的。说东洋货质量不好,用用就坏了。然而,日本产品经过三四十年的努力,现在就大不相同了。它可能迫于国土小、资源少、人口多的自然历史条件,所以走了依靠发展科学技术的路子。否则,它的产品就进入不了世界市场,更不可能同发达国家竞争角逐。因此它的应用性的科学研究就多一点。当然,日本对科学研究的重视也并非从二次世界大战后开始的。当时磁学专家本多光次郎去过德国留学。当他回国以后,首先着手建立了一个冶金研究所。正是这个研究所,形成了后来日本钢铁工业发展的科学技术基础,好多东西,从基础研究到发展研究、工艺流程等科学技术,都是从这个研究所出来的。因此,日本的工业发达有今天,是与本多这一代老科学家开始重视应用研究和发展研究分不开的。日本对基础科学也是很注意的,因此才有汤川秀树等那样优秀的科学家出现。

总而言之,资本主义国家在其发展过程中从其自身的利益出发,都有这么一个传统,工业发展中都比较注重应用科学技术成就,都比较重视为本部门适用和需要的应用研究和发展研究。

对比之下,我们对科学技术促进国民经济发展的重要作用,则比较缺乏实际体验,对工业部门中的科研工作的重要性认识不太够,没有真正摆到应有的位置上。我国50年代初期开始,接受过人家的援建项目,这对我国现在有一个主要的工业布局是有重要影响的,这是应该充分肯定的。现在看来,也有些值得总结的教训,就是没有很好把这些项目若干技术上的道理都弄明白,尔后,相应的工业应用研究和发展研究又没有跟上。结果是,你可以搬一个工厂来,也可以运转,必要时还可以搞测绘、翻版,但是,你就形不成创新能力。没有创新能力,要在国际上与人家竞争,那就不大能胜任了。所以说,建国以来一方面我们取得很大成绩,特别是工业部门,其相当重要的基础工业已经大体上形成了一个完整的体系。但是从另一方面来看,也有考虑不够周到之处,就是有一些工业部门对应用研究和发展研究没有给以应有的重视,没有形成促进和推动我国工业不断向前发展的工业科学研究能力。而缺乏强大的工业科学研究能力,正是当前我们向现代化前进的一大障碍。这个教训是我们应该牢牢记住的。

实践证明,一些工业部门的科学研究,首先是基础工业部门的应用研究和发展研究十分重要,这是实现我国工业现代化的关键所在。否则整个工业就没有爬坡能力,缺乏自力更生、自立于世界先进工业之林的能力。因此,一定要克服单靠引进、不加消化、专搞翻版的思想障碍;也要改变只给引进设备的费用,不付消化、改造所需经费的不合理的做法。科学大会上邓小平同志讲话中指出,四个现代化,关键是科学技术的现代化。这是很对的。希望我们工业部门下定决心为加强和提高我国工业科学研究能力而采取有效而得力的措施。

二、无论基础研究,还是应用研究,都需要加强

最近一个时期,许多人又在议论我国科学研究的布局问题。有的说,现在对基础研究投入的资金多了,应该减少;又有的说,现在太过于强调应用研究了,应该压缩。其实,这两种看法都有片面性。依我看,无论基础研究或应用研究,我们现在都还不能说已经投资过多了,而是都不够,有的地方则是非常之不够。因此,我认为根本不应该互相争论,互相排斥,而应该加强组织,互相补充,全面安排,共同发展。当然,我不是说,不存在某些布局或分配上的不均衡的问题。这是应该在具体工作中加以注意的。

众所周知,所谓科学乃是关于自然、社会和思维的知识体系。科学史研究表明,科学是从人类生产和生活的实际需要发源的,它和人类自身进化一样源远流长。因此,科学,特别是自然科学,本质上说来,乃是关于人类认识自然、改造自然的学问。而基础科学研究则既是人类对自然界客观规律认识的前沿,又是开拓新技术领域的出发点。显而易见,基础科学是现代科学结构的基础,基础科学研究则是现代科学发现、发明的思想"发动机"。有一位荷兰化学家叫做阿累尼乌斯的说过:"理论是科学知识领域中最重要的推动力……理论研究可以指出应当把今后的工作引向什么方向才能获得最大的成就"。这是说得很中肯的。就我个人亲身经历来说,我国原子弹、氢弹成功的经验中的一条,确确实实是与我们及早抓了理论物理这一基础科学研究工作分不开的。

1980年1月在广州粒子物理理论讨论会上,不少华裔科学家让我们谈谈新中国建国以来的科学发展情况,他们问得也十分直截了当。他们问,你们当初第一颗原子弹的设计是不是苏联人搞的?我们说,不是。既不是苏联人,也不是犹太血统的人,是我们自己搞的。说完这句话,他们大家都笑了。因为,美国第一颗原子弹有不少犹太血统的人参加的,氢弹则是匈牙利的犹太血统的科学家泰勒带头参加搞的。而我们中国的原子弹氢弹都是我们中国人自己搞的。50年代那时候,来过一个外国顾问,说是帮助我们搞原子能的,但是他什么也不说,我们叫他"哑巴和尚"。那时帮我们搞的设计院不像他们本国自己的那样,周围还建有许多研究室和实验室。他们开口就是要盖非常漂亮的大楼,让你在里面画图纸。根据什么画呢?那时我们有句形象化的话来形容它:脑袋在他们那里,手在北京。设计院就成了他们伸在北京的手,要是脑袋一不指挥了,手就只好停工了。我们当初曾指出,是否要配建一些实验室和研究室。他说,不用不用,你们有需要的话

就站在我们肩膀上往上爬嘛！这话说得多么漂亮！从人家的肩膀上往上爬，多省事啊！可是，一旦人家把肩膀撤了，结果你不就什么也抓不住，跌了下来。历史事实证明，就是这么一个结果嘛。我之所以今天又重温这段历史，就是说，国家的重大科研和工程项目，都要有自己的研究基础，靠别人终究是靠不住的。

大家知道，我国科学技术在不少领域还很落后，但是，在理论物理方面，特别是在原子能理论干部方面，却硬是在建国后，在党的领导下，自己培养起来的，并且胜利地完成了上级交给的任务，为国家立下了功劳。我前几年到法国去，他们认为我国自力更生发展原子弹、氢弹很了不起。他们说，造出第一颗原子弹我们法国比你们早，可是第一颗氢弹你们中国却比我们早。法国第一颗原子弹之后过了六年多才搞出氢弹，我们则只用了二年零八个月。这是什么原因呢？法国人当然心里有估计。我们靠自己力量，能在第一颗原子弹后短短两年零八个月，接着搞出氢弹，除了党的正确领导以外，应当说，我们的科学家们及早抓了理论物理研究，作了必要的科学储备，这是很重要的一条。从科学学的观点看，这是符合科学战略决策的，也是符合了在座同志们研究的科学学一般规律的，尽管当初还没有科学学这个名称。当然，我们强调重视基础研究，并不是说，它和应用研究（包括发展研究）所占的比例是半斤八两，平分秋色。根据先进工业国家的情况和我们自己的历史经验，基础研究和应用研究相比，在科学布局上总是所占比例不大的。拿建国后50年代开始的原子能事业来说，搞理论物理研究的大约只占小于5%，搞应用研究和实验研究的，则约占90%以上。当时搞理论的开始只在一座四合院的平房里占了一小部分地方。可就是因为是保留了这个小于5%的基础理论研究队伍，并且不间断地工作和补充，所以，我们在第一颗原子弹爆炸成功之后，就能迅速地进入氢弹研制，并很快地获得了成功。我们之所以比法国快，也许就是我们在科学策略的运筹方面比人家看得远一点。

如果我们把科学研究作为一个整体，即放在全国各省市、高等院校、工业部门、国防部门和科学院这个全局上来考虑，那么，应该说，在我国开展应用科学研究也是远远不够的。比如对各省市来说，最要紧的是多搞点应用研究，尤其是结合本省市需要的应用研究。不能因为全国开过一次粒子物理理论讨论会，于是乎各省市都来搞它。全国范围内有几个大学的部分同志搞搞是可以的，但是，作为各省市则应该把本地区与国民经济关系最密切、最紧迫、最重要的应用研究抓起来。在一些发达的或部分发达的工业国家是不乏这方面的事例的。比如澳大利亚对牛粪成灾和“兔灾”的处理，都是生物科学工作者和医学科学工作者共同协作研究就地解决的，结果大大推动了农业和畜牧业的发展。我国50年代在微山湖一带治蝗成功，同样也是一个很好的佐证。建国前，三年两头听说有蝗害，蝗虫黑压压地铺天盖地飞来，把大片粮食都可以吃光。建国后，在党的领导下，我国生物科学工作者和当地几个方面的科学工作者协同配合，把蝗虫的发生地和生活习性搞清了，治理消灭它的办法也创造出来了，最后在三五年里蝗虫灾害就被基本消灭了。像这样一种应用性研究工作，在地方上作科研工作的同志就应当特别注意。同样，工业部门则应当重视与它本部门有关的工业应用研究；农业部门则应当重视农业方面的应用研究。至于大学，我看应当基础研究和应用研究两者都搞。我们的大学过去强调了教学，却对科研重视不够。我想，大学的科研，一是抓与自己所在省市工农业生产提出的问题有关系的应用研究，二是适当地发展探索性基础研究。再加上中国科学院，根据全国科研布局等具体情况，按照中央关于加强中国科学院在促进国民经济发展中的作用的精神，把它的科研任务调整好。这样，我觉得我们全国，作为科学事业全局来说，基础研究和应用研究就能有机地结合起来，我们国家四化的宏图大业是大有希望的。

中国古语说得好，凡事预则立，不预则废。我们要实现科学技术现代化，现在就应该对我国科学事业的全局好好分析一下，不能人云亦云。毛主席说，"分析好，大有益"嘛。现在我国科学事业的实际状况是，无论基础研究、应用研究、发展研究或者产品研究，都需要很好加强。今天在座的同志们，许多是科学学和管理科学方面的理论家，希望你们把这一点带回去，在各地做些宣传工作，让各级领导都能重视这件事情。我们是社会主义国家，又是大国，只要各级领导都认识到了，并且都认真去抓，那么，就一定能稳操技术现代化的胜券。

三、党的领导和好的学风是科学技术现代化的基本保证

回国三十多年来，我一直在做科学技术的组织管理工作，虽然取得了一些成绩，积累了一些经验，但是，也犯过不少错误。应该承认，科研管理对我来说，还是一个未被完全认识的必然王国。

正如有的同志研究指出，科学学的一个基本原则就是要按照科研特点和我们国家特点来管理科学。以我亲身经历看，实现科学技术现代化，关键应在于要坚持党的领导，要有一支思想解放，发扬创新精神和优良学风的科研队伍。回想1953年到1955年那阵子，一直到十年动乱之前，我的体会就是因为有正确的党的领导，比较整齐一致的领导班子，再加上有热心于科学事业的主要领导同志。领导同志又有这

样一种风度，对科研人员十分放手，使大家都感到心情舒畅，安定团结，真是一心一意搞科研，群策群力献才华。所以说，党的领导，好的干部，就在于能够充分调动科学技术人员的社会主义积极性，他们有了缺点、错误，要批评帮助，但总是要如毛主席说的“惩前毖后，治病救人”，要从爱护的观点出发，因为批评帮助的目的还是要让他们在科研工作中发挥更大的作用嘛。

另外，科研人员要又红又专，也要考虑到科学研究这种劳动的特点，不能光追求形式，不能要求每个人都今天这里开会，明天那里发言。有的人就是总不爱说话，但工作得很好。

1980 年广州粒子物理理论讨论会上，许多华裔科学家谈到学风时，一致认为，对科学劳动来说，最要紧的是创造性。某种意义上说来，没有创造就没有科学。创造性是科学研究的灵魂，创造力是一个国家科学能力的核心和精髓。因此，坚持党的领导，开展政治思想工作，就要为科研人员创造这样一种生动活泼的工作气氛，以有利于他们创造性才智的充分发挥和涌现出来。

当然，一种良好的科学学风的形成，同样有赖于学术空气的民主化。众所周知，科学事业的关键是人才。世界科学史表明，大批能干科技人才，以至杰出科学家的成长和造就，也只有在深厚的学术气氛中才有可能。而培养人才，当前在我国，就是在老一辈科学家指导下，充分发挥中青年科学家的作用的问题，他们现在正是我国科学研究的骨干和中坚。因此，一方面我们要提倡解放思想，特别是要提倡中青年科学工作者发扬年轻人所具有的创新精神，另一方面，又要提倡学术民主，正确对待有创造性的学术思想，避免科学史上曾屡次出现的压制新生力量的现象。我觉得，在任何时候，在任何国家人民中间，都可能出现这样的人，他们开始知识基础浅薄，但是他有一股子闯劲，不怕权威，被一种不可抗拒的冲劲所驱使，走上了科学研究的道路，并由于他的勤奋与才能获得了非常突出的成就。可是等到他知识多了，在某个方面也确实大有专长了，在一定时期成了一个权威性人物，于是常常就如刚才有同志谈到的，他的知识体系对新知识的发展就有排斥或阻碍作用，新生事物在他那儿就有被压制或受不到鼓励的危险。在近代物理学史上一个比较出名的例子就是 J. J. 汤姆逊拒绝年轻的丹麦物理学家玻尔的事。大家知道，J. J. 汤姆逊是英国物理学家，作过相当多的真空放电实验，证明所有的物体里都有电子，并且在 1897 年通过阴极射线的研究，测定了电子的荷质比(电荷 e/质量 m)，从而在实验上发现了电子的存在。那时的实验物理学中心的确在英国，并且在英国的剑桥卡文迪许实验室，而这个实验室的领导人就是 J. J. 汤姆逊。尽管在汤姆逊手下培养出了一代优秀物理学家，但是，正如中国古语说得好，“智者千虑，必有一失”，正因为他对电子的研究很有成就，并且电子在任何原子中都存在，因而在他的思想中电子应该在原子中占重要地位。而他的大弟子卢瑟福对原子结构看法不同。后来，年轻的玻尔来找汤姆逊，谈了他关于原子模型的想法，汤姆逊听了大不以为然，并且拒绝接受玻尔在他那里工作。后来，玻尔找到卢瑟福，那时卢瑟福已经不在剑桥了。他们对原子的结构有类似的看法，卢瑟福留玻尔和他一起工作，不久终于创立了卢瑟福-玻尔的原子模型，也就是我们现在用的以原子核为中心的、外面有若干电子绕转的原子模型，玻尔后来成了世界著名的第一流的物理学家。据说J.J.汤姆逊在他70岁寿辰的时候，说过一句忏悔的话。他说，他一生中最大的遗憾，就是没有把玻尔收作他的学生。这个故事说明，一个人学问多，权威大了之后，有时会对新生事物不那么容易接受的。因此，我们除了坚持党的领导之外，还要大力宣扬提倡好的科学学风。好的学风，犹如好的作风一样，它是一种无形的力量，它能推动和促进我国科学事业沿着正确的道路健康地发展(文载《自然辩证法通讯》,1982年第1期，引自《钱三强文选，235～245页》)。

10月17日　在中国科学院三里河办公室听取曹天钦赴港参加为李约瑟筹募东亚科学史基金会活动的情况汇报，闻知进展和反响甚佳，嘱曹写一书面材料。22日见到打印材料即批转中国科学院有关领导并报方毅。

曹天钦报告摘要附录于此①：

这次衔命赴港参加为李约瑟博士筹募东亚科学史基金会举办的招待会，行前先后向中国科学院外事局朱永行同志，钱三强副院长及方毅副总理请示机宜，心中稍定。在港活动五日，日程很紧。总的情况是：①这次派代表前往的决策是英明的，说明中国政府对李约瑟博士为华多年实地宣传并向西方介绍中国古代及现代科技成就的贡献是赞赏的。此次如中国不支持，香港各界也不好推动。为此，李约瑟及东亚科学史基金会香港分会董事们一再表示感谢。②这次派代表的时机是合宜的，早了不成熟，晚了即错过时机，不起作用。③筹款的事进行很顺利，两日之间，已募集了60多万英镑，相当于目标的1/3。

1. 募捐情况：英国、美国、香港各有一东亚科学历史基金会分会，迄今英国分会只募得57镑，以致《泰晤士报》也著文说英国人不识货。美国对李约瑟1952年在朝鲜调查细菌战，在世界面前揭露美国使用

① 材料由中国科学院外事局存档

细菌武器一事，迄今耿耿于怀，对他不甚欢迎。美国的基金分会还未正式行动，美国有些人想出钱，但是想把书弄到美国去。港澳大有潜力，主要是同胞侨胞爱国；估计新加坡也有潜力，下次李约瑟等预备在新加坡也进行募集。

2. 日本人插手：日本多年来一再邀请李约瑟访问，演讲中国科技史成就，李约瑟已出版的11本《中国科学技术史》日本都已全译出版。我在剑桥李的图书馆见到过。今年花了12亿日元专供李约瑟和鲁桂珍在日本旅游演讲，并为此准备了6个月，事事安排得极为周到。日本人并先捐2亿日元给东亚科技史图书馆，但条件是所有发表的文章书籍，都要送日本一份或几份。他们还想打入东亚科技史图书馆，主要有下列原因：①他们已看出李约瑟的《中国科学技术史》的价值，对人类文化的重要性越来越明显，他们想插手这个成果。②日本有许多研究中国科技史的学者，但英文不好，对中国以外世界其他各国科技史的素养又不够，写出的文章质量又不高，别人不要看，很想通过李约瑟打入东亚科技史图书馆，以李之长补彼之短。③日本人提出想派人去李的图书馆工作，研究中国科技史，读博士学位等等。据悉李已婉辞。估计他也看出日本人在这方面，像在经济上一样，是非常利己、会打算盘的。日本人预计还会再多捐钱，不过他们是有目的的。

曹天钦的"几点感想"：

(1)资本家唯利是图，但港澳的资本家爱国的心情，使我很有感触，相比之下，我们有些小青年，反而心无祖国。应该进行一些爱国主义教育，华侨爱国，不自今日始，辛亥革命他们也是大力支持的。

(2)中国古代科学史，以往竺可桢副院长在世时，科学院还有一委员会抓此事。李约瑟的书只翻译了4本，还是节译，台湾已出版了11本，全译，我也在剑桥李的图书馆见到。"四人帮"当权时，江青送书，包括李约瑟的《中国科学技术史》，她搞的是影射史学，把科技成就贴上"法家"标签，用以批"儒"，打倒敬爱的周总理，那时还组织了全国各地分行业自己撰写中国科学技术史，也为同一不可告人的目的。但目前，国内对李约瑟的著作有不同看法，翻译工作停辍。更可惜的，是中国对古代科技成就，自己进行研究的力量不大，队伍不强，工作不多。近年来考古新发现为中国古代科技发展的光辉历史提供了许多宝贵的实物证据。如我们自己不加以研究，或研究之后发现了新的结果，不能气势磅礴地、融贯中西地、科学地进行总结综合，写出像样的巨著，那我们的零星成果也只能为别人提供材料而已。我们应赞助支持李约瑟写中国科学技术史，我们更应该有志气自己写出更好的中国科学技术史才对。

(3)四化是当务之急,国家富强了,一切才有希望。港澳同胞和各国华侨都看着祖国,祖国富强了,他们在外面的腰杆子也更硬。我们几年来多次出国访问,中国人受人尊敬,不再是以前那种“支那人”、“猪啰”。别人尊敬我们悠久的文化传统,希望“四化”早日实现,让别人也尊敬我们的现在和将来。

10月19日 出席中国自然辩证法研究会成立大会,当选为该会副理事长。理事长为于光远,当选为副理事长的还有卢嘉锡、李昌、钱学森、周培源、钟林。

10月23日 致信钱临照(时任中国科学技术史学会理事长),就为严济慈出纪念论文集和推荐李约瑟的《中国科学技术史》候选国家自然科学奖事通报情况,提出个人意见。信如下:

临照兄:

多日不见,我身体状况允许我现在又开始作一点事了。兹有两事相商,请考虑后赐复为荷。

①王竹溪、彭桓武、林家翘、胡宁等同志最近一个月曾酝酿明年周培源老先生八十大寿,是否可以开个祝寿式的学术活动。这在外国是普通的事,但在我国尚属不常见的事。竹溪兄本来预备在北大举行,但遇到一些阻力。为了此事我即写信给院党组,请示原则和办法。十天前党组正式给了回信,内容略述于下:(一)毛主席与党中央长期以来主张不举行祝寿的各种形式,因而科学家,特别是党员科学家似乎也不应该例外。(二)为了像周老这样在教育与科研工作上作了不少工作的老年科学家,在他寿辰前后能出一本科学论文集,由他的学生和同行在他所专长的业务方面(如理论物理、力学等方面)写出比较有水平的论文,集在一起,在封面内扉页上说明几句祝贺的话就可以了。这样,既出了一本有学术意义的专业论文集,又有了祝贺的意思。(三)可以请一位(或几位)与他历史上最熟悉的科学家在那个时候左右写一篇有关周老学习过程、学术成就、对教育与科研、物理学会与科协等方面的贡献,实事求是地写一篇文章,对青年科学工作者既有教育意义,也是鼓励。这方面工作对科学家过去是作的不够的。

我曾建议在学报上出一专集,但党组觉得还是专门出一本论文集为好,不然的话各学报的编辑也不胜其烦。我为此事专门向党组请示,因为这类事情会不断产生,带有普遍意义,因此早点有个原则,将来大家好办理这类事情。

我已将党组批示通知院出版办公室,他们很积极,并预备借此机会出一系列专集，印刷装订等工作，他们大力支持。昨天我已告诉王竹溪、彭桓武兄，他们与林家翘、胡宁等负责向有关科学界征稿。

②有了这个例子开头，我想对严老似乎也应该作一下，既然不是祝寿活动，当然年龄也不一定要正数（严老明年八十二岁）。我兄与钟盛标是最早即与严老一起工作过，对他前后工作与贡献知之甚深，因此我大胆向我兄建议，可否在光学（包括光谱、应用光学等）或其它有关方面，请我兄发起找几位同志（如承宗、大珩、庭燧等同志）一齐商议一次，成立一个小组，在严老有关的科学事业各方面征稿，以备明年出一本有相当水平的论文集以示庆贺。至于在报上写一篇与严老有关的情况与成就，我兄对之知之最全，写起来定能实事求是，对青年也是有一定教育意义。

我甚望老兄能登高一呼，作为论文集的发起人，有如竹溪兄负起对周老的论文集一样的责任。我想对物理界尚健在的二老能有类似的表示，也是我们后学后辈应作的事，同时也打破了一种社会上不够重视科学的顽固努力。不知我兄肯否带头，请考虑见告为盼。同时也可以与竹溪兄联系一下，以便参考。如能同意，我在院内尽力推动。因已有周老之例在先，作起来可能阻力不致过大。周老的事，竹溪已与周老透露过，周老未表示反对。严老的情况待我兄决定后，当然也应该向他透露一下，看看他的反应。

③这次李约瑟以 81 岁高龄又来我国一次。过去听自然科学史所李佩珊谈起，我兄对李的科技史认为有不够正确之处，或者观点不一定恰当。现在又有人推荐以他的科学史作为我国自然科学奖金候选人。按奖金条例规定，对我国友好并有成就的外国科学家可以经过推荐给予奖金。现在正在进行这方面的工作，有人也赞成第一次发奖能有一个外国友好科学家也好。李在旧中国时期对我国即有友好的关系，新中国成立后又一贯主持或参加中英友好协会，特别在 1952 年反细菌战作了相当重要贡献，那次反细菌战调查的报告书，他的手笔占了主要地位，毛主席与周总理为此事曾接见了这个代表团，并对他们主持正义表示感谢。回国后一直没有翻悔过，因此，还在一定程度上受到了美国的歧视（数年中不给他入境签证）。以后就一直搞中国科学技术史，在世界上也起了一定宣传中国文化的作用。作为一个外国人，写中国科技史一定不如我们自己写的好。从友好的角度来说，他对中国做过好事，又有一定水平（不能以我国自己的水平来要求他），如果能不太苛求，他得奖金也是对他后半生的工作一种鼓励。最近他希望在英国建一个科学史图书馆，中央同意我院派人陪他去香港华侨界募款，结果数日内即得到爱国华侨支持，募捐 64 万英镑，他非常感

谢我国领导和爱国华侨的支持。我谈这些情况,希望我兄对李约瑟得奖事能表示支持,当然最后衡量权重尚需我兄自己决定。以上陋见,不知我兄以为如何?

此致

敬礼

钱三强

10月23日

10月27日 致急件信送国家自然科学奖励委员会主任武衡,就我国几项重大科学技术成果的授奖问题提出建议:

武衡同志:

根据你的意见,我院已布置各学部分头对各口初审的结果进行复审工作,请勿念,有何重大情况当再报告。

过去我曾向你和其他同志都提到过,世界各国对我国三十年来的重大成就差不多都一致的认为①原子弹、氢弹②导弹、卫星③石油地质(指大庆油田)④胰岛素的全人工合成是比较突出的。我曾委托当时的学部办公室懂地学的王玉春同志向各方面调查有关"石油地质理论"的工作的前后经过。她经一年多的工作,各方面得到的材料综合成附上的报告。我感到对各家还比较公平,特将"初稿"附上,请你看一看,若是可行,我们即请地学部、化学部、技术科学部等有关(学部)委员议论一下,看有哪些有不合事实处。将来他们讨论到最后阶段,希望你亲自参加一下,或听取一次汇报。如果一切都具备条件,我个人意见,这次可以评一个特等奖(用集体的名义也可以)。这样三十年四大成就有两个在我们自然科学奖金中得特等奖金,其他两个请国防部门考虑了。请看如何?

敬礼

钱三强

10月27日

(当日,武衡批:同意这个意见——引注)

11月4日 参加数学物理学部对中国科学院物理研究所的评议活动,就全所的发展重点和主要研究课题听取汇报,发表意见。参加评议活动的学部委员共24人。

11月15日 主持数学物理学部第三次常委会议,讨论《中国科学院1981—1985年科学事业发展计划纲要》,研究学部工作。

11月27日 出席中国科学技术大学研究生院首届毕业生典礼,并为首批毕业生颁发证书。共有530名研究生通过论文答辩,取得毕业资格。

12月21日 应约在北京同李政道单独叙谈，听取李对中国发展高能物理计划的介绍，发表了个人的一些意见，主要是应如何结合中国的实际和可能。

次日 李政道亲笔回信致谢：

很高兴昨天能畅谈。关于中美高能合作会议，我极希望中方能由您带队，然后文裕、洪元、家麟等可为成员。这样，效果可增几个数量级。

谢谢您对我的"高能计划意见书"提出的建议。已按照了您的意思修改了，并拟即呈给邓副主席、胡主席及赵总理。

1982年　六十九岁

1月8～9日 以中美高能物理联合委员会中方主席身份，在北京出席并主持中美高能物理联合委员会第三次会议。委员会批准"1982～1983年中美高能物理合作项目计划"，并代表中方在该计划书上签字，代表美方签字的是美方主席李斯。李政道、卢嘉锡等出席签字仪式。

△其间，在与李政道交谈中，得悉李有意促成在中国内地再版时任台湾"中央研究院"院长吴大猷《理论物理》系列教科书的愿望，如有可能李表示愿意积极促进。钱听后表示，如能这样做，对两岸学术交流定有积极影响作用，但鉴于现实情况，双方尚需做必要探讨，求得有实现的可能。钱对李表达的促进两岸学术交流的好意致以谢意。

1月15日 复香港中文大学校长马临信，同意担任该校1982年国际暑期物理讲习班咨询委员会委员。1月30日再接马临回信。信称：

1月15日手书诵悉。欣蒙允任敝校1982年国际暑期物理讲习班咨询委员会委员，深感荣幸。先生惠然应邀，匡助该培养科技人才的计划顺利推展，尤加强该讲习班以成功的信心。今后请益之处甚多，谨先布臆，敬致谢忱。

2月 《物理教学》是年第一期刊出钱三强于1981年9月写给该刊编辑部的一封信，并发了编者按语。钱信和编者按如下：

编者按：我刊收到钱三强同志的来信，他向我们指出了当前《物理教学》中存在的一个忽视科学史教学的倾向。我们认为这个问题很重要，并将来信刊登于下，以引起大家重视。在此，向钱三强同志对本刊的关心表示感谢。现决定从一九八二年第四期开始增辟"物理学家和物理学史"专栏，希望广大读者积极来稿，共同办好这一专栏。

《物理教学》编辑部：

今天读《物理教学》一九八一年第四期第四十四页的“物理之窗”栏，看到了以后，感觉非常之好，故特写此短信以表祝贺之意。

任何科学的新分支，从它的产生、发展到把它的道理弄清，都要经过不少曲折，有些还会由于“偶然”的遭遇而一时“蒙难”。而我们的教师们对青年进行教育的时候，常常是应用了经过几次(中、外人士)消化过的材料来讲的，或者经过抽象的理论分析表达出来的。这样的教育方法会使青年失去观察和实验的兴趣，容易发生误解，以为什么结论都可以用数学推导得出的。加之现在特别强调考试(当然考试比走后门要好得多!)，因而增加背书的倾向。这样的结果使青年们不了解科学本身是怎样来的，时间长了，待他们从事教学时，容易把科学作为一门死科学来教；从事研究工作时，思想也不够活泼(这正是今天我们科学界的一个弱点)。

这次你们在栏内写的几篇材料，比较生动活泼，表达出当时科学技术发展的过程。我曾在《自然》杂志创刊上说过，不但希望横的介绍多门学科知识，同时还希望介绍各门学科发展的历史，了解它的纵深。你们这期中《X射线的发展》就写得很活泼，使人有真实感。对青年(也包括教师和我们这些老头子)很有好处。希望你们今后在这方面写出更多更好的故事(其实是真的活的历史)，从长远来说，可能对我国科学发展大有作用。向你们祝贺，并且做出更大的成绩，为“四化”建设添砖加瓦。

此致

敬礼

钱三强

1981.9.18

2月22日 出席在北京友谊宾馆召开的中国科学院工作讨论会，并在会上作了题为“人生能有几次搏”的讲话，鼓励科技工作者像当年对待“两弹”的态度一样，为促进经济振兴作贡献。讲话内容如下：

根据胡耀邦同志对科学院工作的意见和赵紫阳总理在人大会议上的报告，我觉得问题已经很清楚了。今后相当长一段时间，我国经济发展各方面要求科学技术来解决一系列关键问题，但是我们一些产业部门的科学技术力量还不够或安排的不合理，因而近期、中期的问题需要科学院和各大学来共同协作攻关。

原来科学院的总体布局，是以应用和应用基础方面工作为主的，也就是以解决中期问题为主。现在看来由于现实的需要，为了早日获得经济效益，促进经济振兴，科学院应该转移一部分年富力强的力量来加强解决国家近期需要的工作，这是四化建设向我们提出的迫切要求。科学院自成立以来，经常在基础（原理性研究）、应用、尖端（新技术）三个范围的工作之间反复变动，但现在基础与应用的辩证关系大家都有更多体会了。从历史和现实的情况考虑，基础不能削弱，要稳定继续搞下去，但比例不能太大（比如10%～20%）。而对应用性的研究（包括发展研究）则要根据国家和社会的需要，在中期性的工作和近期的工作之间有所调整，要重视解决近期性的难题。

新中国成立以来，国家至少有两次对科学院提出过迫切要求。第一次是50年代末，由于当时面临的形势，"两弹"有关的工作要科学院协同二机部与七机部共同完成任务，因而科学院调动了二十几个所，几乎一半以上的力量来支持二机部与七机部的工作。结果自1960年起到十年大动乱期间，基本上满足了国家的需要。这是第一次科学院对国防尖端作出的贡献。当时多数工作是近期需要的，一年到两年内解决了多数问题，少数艰巨一些的工作需要四年左右才能解决。科学院所以能在1956年以后与国防部门共同打了几个硬仗，主要还是前十年期间有了一定的科学储备，打下基础（包括干部和物质条件），再加上周总理亲自抓紧领导工作，同时政治思想工作也比较有力，增强了精神力量。从基础性或学科性的工作转到应用性或任务性工作，不是轻而易举的，除了其它因素之外，要有急国家之所急的紧迫感，要有一定的觉悟。因而我觉得又红又专、"能文能武"，是对我们科学工作者的一个考验。在那个重要战役里大家一心一意，努力工作，终于取得了成功，为国家作出了应有的贡献，同时，科学技术水平也有了很大的提高。

我国全面开创社会主义建设新局面的时期到来了，现在国家又一次在更广泛的范围内向科学界（包括科学院）提出了新的要求。应该说这正是我们为国家为人民作出贡献、提高科学技术水平的大好机会，"人生能有几次搏"，现在正是广大科技工作者进行拼搏的时候。

现在我们的科学技术力量比50年代、60年代要壮大多了，门类也要齐全多了。在基础研究稳定发展的情况下，应用研究、发展研究方面应该发挥更大的作用，也可以发挥更大的作用。产业部门的研究机构，情况不完全一样，有的力量强些，有的力量弱些。因此我们应该像当年对待"两弹"工作的态度一样，积极地参加这场意义更深远、范围更大的战斗任务，合理调整我们的工作部署，积极承担国家中期和近期的任务，并与各方面联合起来进行技术攻关。当然，如何组织攻关，这是一个需要上级领导研究和合理部署的问题。希望能组成一个有实权的组织来协调各方面的力量，同时要进行政治思想工作，端正党风,端正学风,改变不利于合作的状况,使大家都感到心情舒畅,放心地去做近期与中期需要的工作。我相信,在我们优越的社会主义制度下,组织科学技术攻关是一定会成功的。

"人生能有几次搏",希望科学界(包括科学院),特别是年富力强的中年同志。在这次拼搏中大显身手,取得胜利,为我们国家四个现代化的伟大事业作出自己的贡献。

(按:这次工作讨论会,是在1981年12月赵紫阳写信给邓小平、胡耀邦,质疑中国科学院办院方针之后,根据胡耀邦、邓小平的指示召开的,旨在对科学院的工作方向和任务进行讨论和研究,统一认识。2月6日,胡耀邦约见李昌,对科学院的工作方向提出了以下五点意见:①基础研究要继续搞,不能削弱;②有一些老科学家长期从事某个专业方面的研究,有一定专长,搞了几十年,改变专业方向很难,可以继续从事他们熟悉的工作;③现在最主要的是要加强应用科学和技术的研究;④科技力量要组织起来攻关,要把基础研究、应用研究、发展工作和科技咨询、推广应用、产品研制串起来;⑤科学研究成果和科技的宣传要把好关。)

3月6日　在《光明日报》发表署名文章《不可忽视从科学技术史中吸取营养》,推荐申漳的《简明科学技术史话》一书。

我们党历来十分重视学习和研究历史。在当今科学技术日新月异、我国四化建设蓬勃发展的新时期,学点科学技术史,是我们每个干部胜任工作、适应形势的一个不可忽视的方面。近代科学的先驱者培根说得好:学史使人明智。科学技术史是一块蕴藏着巨大精神财富的宝地。如果我们都能重视这块宝地,从中吸取营养,我相信对各行各业的工作都会是大有益处的。但遗憾的是,过去我们出版的适合各方面干部阅读的科学技术史读物太少。最近,我看了青年出版社新出版的《简明科学技术史话》(申漳著,以下简称《史话》),觉得这是一本值得推荐的好书。它比较系统、全面地阐述了中外科学技术发展的历史,简单明了,通俗易懂,读起来使人感到不费力,不枯燥,"雅俗共赏",尤其适合各级干部阅读。

《史话》题材广,内容精。它采取自然科学与社会科学相结合的方法,介绍了在人类社会发展的各个历史时期里,对科学技术发展有过卓越贡献的埃及、巴比伦、希腊、中国、意大利、英国、法国、德国、美国等国家或地区的自然环境、经济、政治和文化等情况,以及不同的社会状况对科学技术所产生的不同的影响。对于人们感兴趣的一些问题,例如,古希腊为什么在世界科技发展史中占有特殊的地位,中国封建社会的集权制度对科学技术发展有什么影响，近代科学为什么在西方兴起等，本书在综合整理、分析、比较大量材料的基础上，对这些都做了言简意赅的介绍，从这些方面看，《史话》具有自己的特色。

《史话》分两大部分介绍一些重大科技成就产生的简单过程。前一部分以科学中心的转移为线索进行介绍，后一部分则以学科的产生、发展为主线进行介绍。它勾画了热力学、电学、化学、天文学、地质学、生物学、现代物理学及电子计算机、原子能、航空与航天技术等发展的轮廓。它不仅介绍学科的过去和现在，而且对某些学科（如粒子物理、分子生物学、计算机等）未来发展进行了展望。同时它对我国古代科学技术成就和近三十年来世界科学技术的新进展，也作了介绍，这是它比以往翻译出版的国外科学史著作更为优越之处。全书知识系统、条理清晰，给人以兴趣和启发。

《史话》具有新鲜活泼的特点，它打破一般科学史的惯例，把写人和写事结合起来，既写科学的发展史，又写科学家的成功之路。全书共介绍了几十位著名科学家的生平和他们所取得的重大科学成就。通过这些介绍，可以使人们清楚地了解到，科学的发展和科学家的成功，关键在于手脑并用，勤奋刻苦，敢于创新，善于创新。本书具有这一特点，有助于我们各级干部理解充分发挥人的创造性的重要意义，有助于在实际工作中重视培养和发掘人才，为四化建设服务。

为了引起读者对学习和探讨科学技术发展规律的兴趣，《史话》提出了大家关心的一些问题，并大胆地进行了分析、议论和评价。这些问题包括：中国古代科学技术兴衰的原因，世界科学发展中心的转移，重要科学家取得成功的道路，各学科之间的相互关系，现代科学所具有的特点，科学发展与哲学、生产、战争以及社会制度之间的相互作用，等等。尽管这些分析和议论还是粗浅的，有些见解也不一定成熟，但我认为其中确有一些有益的见解和值得研究的问题。希望大家展开讨论，百家争鸣，逐渐得出大多数人能接受的见解。

《史话》不可否认还存在一些不足，如有些描述显得粗糙，有些叙述不够严谨，有些议论不够妥当。但是作者申漳作为一个科学史研究的业余爱好者，又是第一次写这样的通俗读物，确实是下了很大的功夫的。希望这种努力能对我国科学史的研究和普及工作起到促进作用。

当我读完《史话》以后，又听说了一些关于本书作者申漳同志的情况。我觉得把这些情况顺便介绍给从事科学技术工作的同志，特别是青年科技人员和青年学生，可能也是有益的。

申漳是“文化大革命”前（一九六五年）毕业的理科大学生，他走上工作岗位后，曾先后投身到两项实验工作中，和同志们一起付出巨大努力。可是这两项实验都没有取得有意义的成果,用他自己的话说,重重地碰了两次壁,碰得疼了,被迫在选择新的前进方向之间,他冷静地想了想,开始思考一些问题。为了吸取前人的经验教训,避免自己今后工作中的盲目性,为了从"四人帮"所造成的思想混乱中看清事物的本来面目,他开始学习科学技术史。他发现通过这种学习,眼睛变得更亮,头脑变得更敏锐和更清醒。我希望现在和将来要从事科研工作的同志,不要再走他的老路,不要再付出巨大代价后才去学习科学技术史。要知道,懂得一点科学史,至少能使你在选择科研课题、掌握研究方向等方面变得更聪明一些。

《史话》出版于一九八一年。据说作者积累材料,酝酿构思却开始于十年动乱时期。那时,科学研究工作无法顺利进行,一些人忙于派系斗争,一些人不知道前途和方向在哪里,白白地失去了宝贵的时间。可是也确实有不少人在孜孜不倦地学习、探索和工作着。申漳就是在这种条件下,为了事业而顽强学习和奋斗的。他排除种种干扰,为编写《史话》打下了基础。事实又一次说明,不论条件多么恶劣,只要认清方向,勤奋学习,肯于钻研,并且坚持不懈,总是能为国家和人民做出有益的事情的。

最后,借推荐《史话》,我热忱希望广大干部同志和青年朋友,都注意从科学技术史这块宝地中吸取营养,增长才干和勇气,发扬艰苦奋斗和敢于创新的精神,为振兴中华做出自己的贡献。

我们中华民族是大有希望的。我国的科学技术事业在党的正确领导下,一定能取得更大成就。

3月16日 致信杨振宁,以老清华人的名义,推荐陈芒(清华校友陈篪之子)赴美研修凝聚态物理理论。信如下:

振宁教授:

十日前曾寄一信,想已收到。吴秀兰先生处,已由朱洪元先生去信邀请她到高能物理研究所参观与讲学。

现有一事奉托,不知有无困难。

北京大学1981年物理系毕业生陈芒(男),现在担任北京农业机械化学院助教,教普通物理,管学生作物理实验和负责改学生习题。他是福建福州人,生于1959年。他的父亲陈篪于解放前夕毕业于清华大学(我看见过,那时就是一个进步的好学生),曾任钢铁学院教授,对断裂力学有贡献,因患癌症死于1978年。在患病期间仍坚持工作,曾受到科学界的表扬。

陈芒在学校成绩优良,英语不错,喜欢凝聚态物理理论,他的先生北京大学杨立铭教授为他写了封推荐信，他希望能找一个到美国做研究生的机会，半时担任助教的工作得以维持生活，半时学习研究生的课程。不知你校可否找到这种进修的可能。如果你校有可能，那是最好了。若是你校有困难，可否请你代为向你认为其他合适大学推荐。

陈芒是个有希望的青年，他的父亲去世比较早，我们这些老清华的人，都非常同情他父亲的遭遇，因此愿意为他的孩子找到一个深造的机会。如果你能帮助他找到学习凝聚态物理理论的机会，我们将非常感谢你。

附上陈芒的学习成绩单，在北大学物理和数学的课程用书的单子和杨立铭教授的推荐信。希望得到你的答复。

钱三强上

1982年3月16日

3月20日　与卢嘉锡等陪同赵紫阳第一次会见李政道夫妇。赵谈了国务院的机构改革和国民经济开始好转。李介绍了曾经同周恩来总理谈过发展高能物理的重要性。送走李后，赵说：要从实践中摸索一些经验。有一条是肯定的，十年二十年里科学要做出些贡献。中国经济搞不上去，科研先行不了。印度的科学家为什么往美国跑？因为印度没有基础。

4月上旬　接李政道4月1日从纽约来信。为在祖国内地出版吴大猷的《理论物理》（七册）教科书事，李信中剪贴寄来吴就此接连给李写的三封信的有关内容。

2月25日，吴大猷给李政道信写道：

我也想念他们，但心情不好，不知和他们从何谈起。请你便中代表我告诉他们我的消息，并问候他们。

2月26日，吴大猷给李政道信中写道：

我的《理论物理》七本，如他们以为有用，我没有问题，排印错误甚多，我将在一套中尽我已发现的更正寄你。（如翻印则甚简单）你可以寄给他们。如你加一个"序"，或可作该书的介绍。书或可于旬日后更正后航寄你。

2月28日，吴大猷给李政道信中写道：

这几本书，你便中寄回去，他们如何用，都欢迎。如他们有些具体建议，我可以作些小规模的修改增加。

4月1日，李政道致钱三强信称：

刚返纽约。这次在北京能见多次，并蒙亲切招待，惠箬和我都很感谢。

中国高能物理所的体制改进,在国际科学界上均受到很大重视,都觉得现在目标更切实。深信在您的领导下,将很快会有成果的。

去年12月在北京曾和您谈过吴大猷先生的一套《理论物理》全集共七册,内容很精彩,亦可为国内同行教学和同学参考之用。当时您提议,如适合和吴先生同意,国内可翻印此集。12月返纽约后,我即写信问吴先生。这次返纽约后收到吴先生的回信,其中有关部分随信剪贴寄上。吴先生书的改正本亦另封转寄上(此处李注:故词不能达意。但由他连写三信,充分表示他对您和国内物理界同行和同学们的感情)。盼您决定如何处理后,请告诉我一声,以便转达吴先生。

5月1日　应浙江大学化工系七八届毕业班同学要求,题写毕业赠言:“愿你们作祖国四化建设的佼佼者!”随后收到该班全体同学回信。信中说:

我们召开了全班同学会议,会上宣读了钱校长的题词,同学们深受鼓舞,纷纷表示,决不辜负钱校长的期望,献身于祖国的四化。同时,我们为能得到钱校长的亲切勉励而感到无比高兴。

5月3日　获悉孔德学校时的好友李志中(戏称“大弱”)于公务中突患脑溢血在北京逝世,终年70岁。后参加于八宝山举行的追悼会。

(按:李1937年毕业于上海震旦大学医学院,曾赴延安任中央医院传染病科、化验室、医训部主任,后任卫生部生物制品检定所所长、卫生部生物制品委员会副主任委员等。)

5月5日　致信卢嘉锡并中国科学院党组,建议在中国内地影印出版吴大猷的《理论物理》(七册)教科书。几天后建议获得同意,尚需以中国科学院党组名义报中央书记处批。致中国科学院党组的建议信录后:

最近,接到李政道四月一日由美国寄出的信和七本吴大猷在美国写的、由台湾出版的《理论物理》书,现将原信与该书一并送上。

吴大猷是解放前同周培源同志一个时期在北京大学教理论物理的教授,一九四六年由蒋帮派赴美国考察原子能事业,曾与李政道、朱光亚同志一起去美。解放后,他担任过加拿大大学的理论物理教授,不断来往于台湾、美国、加拿大之间。现在是台湾中央研究院院士,在台湾学术界有较大影响。

一九八〇年广州粒子会议前,李政道曾建议邀请吴大猷来参加会议。当时院党组方毅和李昌同志曾为此事专门向中央作了请示。为了加强海内外的学术交流,扩大我对台湾的统战工作,中央领导同志很快表示,同意邀请吴大猷参加广州粒子物理会议,并请李政道向吴大猷转达此意，后来的正式邀请书也是由李政道转寄的，不巧，那个时期吴大猷正好在台湾，李只好将邀请书寄给了吴在美国的妻子处，结果，吴没有来，也没有音讯。

去年十二月，李政道在北京时又和我谈起吴大猷。他说，吴有一套《理论物理》全集，共七册，内容颇不错，可为国内同行和学生作教学、参考用。当时我曾表示，吴多年教理论物理，他的书如果对国内适用，他若愿意的话，我们也可考虑在国内翻印此书，为参考书用。

今年四月一日，李政道来信说，吴大猷于二月二十五、二十六和二十八日，接连三次写信给李，表示国内认为有用，如何用他都欢迎，并且希望李政道为他写个序，作为该书的出版介绍，他还将一套改正的样书寄给李，要他转寄给我们。

我收到李政道寄来的信和书后，曾与严济慈、周培源同志交换了意见，他们认为这部书是不错的，对国内学生作参考书是适用的。而且重要的是。吴多年来与我学术界没有来往，这次穿过李政道写信和寄书来，对台湾学术界的影响定会是很大的。

此事我也曾和院图书出版办公室商量过，他们认为，只要院领导商定，他们一定抓紧工作，作为一项重要任务完成。和外事局我也谈过，他们也认为，与吴大猷多年进行联系，都没有得到正面的信息，我们正好可以利用这个机会扩大对台的宣传工作，这也正是中央对台工作领导小组一再希望我院作的。

此事，前天也同胡永畅同志交谈过。

根据以上情况，为了扩大我对台湾的统战工作，我向党组建议：

1. 同意将吴大猷的七本书影印出版；

2. 请李政道写一个“序言”；

3. 书的原序中，有“民国六十六年元旦”字样，可改为公历“一九七七年元旦”；

4. 其它基本不改，争取早日出书。

如果党组认为可以，可考虑是否应向中央和有关领导部门报告请示？

年初起 受国家自然科学奖励委员会委托，组织中国科学院各学部对全国申请第二届自然科学奖的近200个项目，按学科领域分别进行复审，特别对一些重点项目（如大庆油田发现过程中的地球科学工作等），亲自组织专门调查研究，广泛听取意见，查阅历史档案，然后提请学部委员充分讨论，确定参选部门和主要贡献者。还多次主持讨论会、个别听汇报、接待反映意见者，几乎数月内未曾间断。

5月8日 参与签名倡议制定《首都科技工作者科学道德规范》,首都科学家和科技人士103人签名。5月25日,中国科协向各地转发该道德规范。

5月15日 根据中国科学院党组同意的5月5日信的内容,代表党组写成《关于翻印台湾学者吴大猷的理论物理教科书的请示》(严东生签发,于20日上报中央对台工作领导小组并中央书记处。中央书记处于6月24日批复同意)。

5月18日 致信杨振宁,请其联系并确定"凝聚态物理学术讨论会"华裔学者参加名单诸事:

振宁教授:

三月五日信谅已收到。

你去年十二月一日给方副总理的信,我们分头收到后在一定范围内进行了讨论,对你提出的加强发展性研究的重要性很受启发,但是如何进行这方面的工作,尚缺乏经验。为了响应你的建议,现在科学院决定提前召开凝聚态物理学术讨论会(本来想在一九八三年夏天开),定于今年末到明年初(1982年12月28日至1983年1月4日)开一个新学术讨论会。经研究,拟邀请20名以内的华裔学者(因会议使用中文)参加,现在想请您代我们联系并确定参加者名单,特别希望能邀请10名左右在几个有名的厂设研究所进行发展性研究的华裔科学技术专家,来介绍一下他们的经验与体会,这样我们可以学到最缺乏的经验。为了便于学者们的参加,我们准备把这个会叫作"凝聚态物理及其应用学术讨论会",同时我们也请一些在大学工作的华裔学者,使得学术空气活跃些。但是我们的主要目的是想请你代我们邀请一些你认为合适的科学技术专家来给我们一些启发,以便我们早一点改组我们的研究机构以适应国家的需要。

为了便于你挑选,我们提出一个初步的参考名单,由使馆转交你,谨供参考,最后名单由你全权确定,然后由国内发出正式邀请。关于华裔学者参加会议的费用,大致采取的原则是:国际旅费自理,国内费用由会议招待。

我记得你曾帮助香港中文大学今年暑期开一个以应用科学为主的讲习班,你还说过南朝鲜最近这方面也发展得不错。想来你对我院这次按你的建议而召开的会议一定能给以大力支持。如果你那时候有可能回来一下,我们将更为高兴。

等待你的回音。

钱三强

五月十八日

6月2~6日 出席并主持中国科学院数学、物理学学位工作座谈会,并在会上发表题为“依靠我国自己的力量培养人才”的讲话。他认为在我国实行学位制，应该看作是在人才培养上消除半封建半殖民地痕迹的一个内容，并就实行学位制的意义，我国学位制的特点，关于研究生的培养方式三个主题，阐述意见和主张：

> 讨论培养研究生的工作，在我国始于20多年前。自己培养研究生授予学位这个问题，实质上应看作是在人才培养上消除半封建半殖民地痕迹的一个内容。
>
> 实行学位制的意义
>
> 我们做学生的时候，大学老师差不多都是国外获得博士学位的。凡是在国外得了博士学位的回来一般都是教授，起码是副教授。但是很多在国内勤勤恳恳建立了实验室，教了不少学生，做了不少工作，对我们的科学教育事业作出了贡献的，却因为没有到过国外，多数只能是讲师，是副教授的很少。那时的这种现象说明了什么？说明我们的国家没有本事发展科学事业，要取得教授资格就得非出国不行。这就形成了教育与科学方面的崇洋思想，没有机会出国就“望洋兴叹”。不单在自然科学与社会科学方面有此现象，就是研究文史的人也有这种感觉。“五四”时期胡适就经常流露看不起刘半农，因为他自己是美国的博士，而刘半农当时是“土包子”。为了出口气，后来刘半农到法国学语言学，获得了文学博士。回国后胡适就不敢再看不起他了。那时中国老师的腰杆子要靠外国人给的文凭才能直起来，这说明了旧中国的可怜样。
>
> 建国后情况不同了。可是因为种种原因，学位的事情一拖再拖，一直没有搞成。打倒“四人帮”后，小平同志亲自抓科学和教育工作，使科学界、教育界迅速发生了重大变化，其中有几件重要大事。恢复学部、增补学部委员算一件；建立学位制也是一件大事。这些都是顺乎民心的工作。应该说，建国后5～10年间，不少单位就具有培养研究生和授予博士学位的水平，因为那时我们已开展了许多科学工作。在国防建设、经济建设、文化建设上，我们取得了不少成绩，说明我们的科学水平大大提高了。实际上，在1956年，我们第一次搞科学规划的时候，就具备了建立学位制的条件，可是这件事耽误了20年。
>
> 现在学位条例终于实行了。实行的过程总的成绩是好的。作为从旧中国过来的人，回想过去对比现在，这是科学界、教育界值得庆贺的事情。
>
> 学位问题，标志着这个国家能够自己培养在国际上被承认、有相

当水平的科学人才。建立硕士和博士学位后,虽然还不能说可以完全独立做研究工作,但有了一套做研究工作全过程的训练,具备做研究工作的条件了。得了硕士学位后,还是要在别人的领导下摸索一些研究工作的规律。有个别得硕士学位后就做了很好的研究工作,不过这是很少的。得了博士学位就做出很好的工作,在世界上也是不多见的。但这种培养过程还是必要的。如法国路易·德布罗意是量子力学的创始人之一,他得了博士学位若干年后,由于他的博士论文得了诺贝尔奖金,这种情况是极少的。完成这篇论文得到他的前辈郎之万的启发。路易·德布罗意那时不是刚毕业的大学生,他已做过几年的研究工作,博士论文做的时间比较长。因此把博士水平都说得那么高,看得十分神秘,是不符合实际的。有人认为得了博士学位就是一个大的质变,其实只是在量变过程中一次提高。我们现在有很多国内培养的助研、副研,也有已经提升为研究员的,他们不少人实际已达到了博士水平。还有,我们有的讲师在国内做十几年工作,由于自己的努力已达到了博士水平,但因国内没有自己的学位制,又缺乏实验条件,在"四人帮"横行时期,甚至连做研究工作都要受批评,潜力没有发挥出来。实行开放政策后,他们有机会到国外做研究工作,所以有的人在较短的时间内就作出了很好的博士论文,他的潜力得到了发挥。

现在我们自己建立了学位制,这对文化、教育、科学事业是具有很大意义的。我们授予博士学位的水平,应和其他国家基本上差不多,大体上以美、英、法、德、苏(副博士)、日本等几个科学比较发达的国家的平均水平为标准,在这件事上不能看不起自己,低了会受到人家的轻视。要完全消除外国人对我们的歧视,要使他们真正承认我们的水平,不是靠三五年的努力,而需要长期的实践。包括建设方面的实践,教育方面的实践,科学文化方面的实践,通过事实使他们非点头不可。严格要求并不等于脱离实际,既要严格要求,又不能过分,做起来要比较适当,有大体上可遵循的标准。

我国学位制的特点

我国是社会主义国家,我们培养研究生授予学位,要有我国自己的特点,要适合于中国的国情,要从实际出发。从为社会主义建设服务出发来建立学位制度,我们的特点应该是:(一)必须坚持社会主义方向。通过学位制度,促进又红又专人才的成长。要求申请学位者,必须拥护中国共产党,拥护社会主义制度。不但要具有应有的水平,而且要树立为社会主义建设服务,为人民服务的思想。这一点我们同资本主义国家是不同的。十年动乱,一些好的思想作风被破坏,随着对外交往增多,难免传入各式各样的“洋玩艺”,有些年轻人以为这就是现代化。现在各级领导强调加强思想政治工作,这是完全必要的。与国外交往时,资本主义会从各方面用思想和物质来腐蚀我们,我们有反腐蚀斗争的艰巨任务。反腐蚀斗争在建国初期做得很好。要年轻人懂得这些道理,要多唱一唱《社会主义好》,看一点建国前的有革命意义的戏与影片。我们要坚持学术水平,同时,我们的学位获得者要具有为社会主义服务,为人民服务的思想。如果没有树立为中华民族富强而献身的思想,这样的博士对国家是没有什么好处的。(二)必须强调理论与实际相结合的方针。各门学科的性质是不一样的。我们讲的理论联系实际,就是既要在本门学科的基础理论和专业知识以及技术上达到相当的水平,同时还需要具备解决实际问题的能力。有解决实际问题的能力,并不是说所有的人都一定要在具体工业产品上搞出什么东西,但第一,要有这种愿望;第二,凡国家有需要时,稍转一下就能为国家服务。华罗庚同志的精神是值得学习的,他有深厚的数学基础,但又能将数学应用到工厂、林区等方面,他走了20万公里,解决了很多实际问题,为国家创造了经济财富。在原子能研究所,当初国家决定搞原子弹的时候,有一批从事理论物理、实验物理和放射化学的同志,坚决服从国家的需要,一声不响地为国家作出贡献。这就是理论联系实际。(三)必须坚持质量,严格把关,但不要无限提高。我们刚建立学位制,一定要掌握好质量,要稍微严一点,松了以后再紧,就不那么容易了。我认为我们做到了这三点,我们的学位工作就比较合适了。

关于研究生的培养方式

我国研究生培养工作的历史不长,在研究生培养要求上各单位应当同步,当然方式可以有所不同。

研究生培养应逐渐脱离老师讲、学生听的“喂奶式”的教学法。如小孩刚开始长牙时,觉得咬东西不太舒服,还是吃奶方便,但是一旦长出了牙,就要让他练习着咬东西。我们学校的教学(当然不能否定过去17年的成绩和近年来教学工作的改善),注入式较重,小学、中学这样做还行,到了研究生阶段,不能总是喂奶式了。对研究生的培养好象小孩从吃奶过渡到用小牙咬东西。奶只有那么些养料,而后者的营养丰富多了。一个研究生将来或者留在研究所,或者分配到教学和工业、农业、医疗卫生等机构,总要逐渐独立做工作。要强调除了上课主要靠自学,而有些单位上课讲的非常周到,连一点一滴推导都说得清清楚楚。我听过一两次李政道教授讲课,所有基本概念讲得很清楚,有些推导就指出在某本书上。作为一个研究生,应该有这种学习能力。

外文要逐步提高,开始时至少能阅读,能阅读外文书籍杂志,使获得知识的能力迈进一大步。人家批评我们科学院的课讲得不如大学,这是可能的。大学里的教师教了多少年书,同一门课讲了多少遍。我们口才不如人家,是可以理解的。但我们也有长处,有华罗庚、彭桓武、吴文俊等同志亲自讲课,他们的研究工作各有专长,根据他们积累的经验讲授的课,和普通的教科书有所不同。我们要让研究生学会独立工作,将来做出创造性的工作。我们一方面希望工业部门重视科学研究,另一方面我们应该为工农业和其他部门培养一批懂科学研究工作和能联系实际的青年。所以不要总想把研究生留在自己的研究所里。科学院内也有些导师讲得很好,有些导师讲课内容系统性可能不如人家,但他们自己做过许多研究工作,对古典的可能强调得不够,但是他们懂得向前看,结合自己工作经验,可以讲出本学科的发展趋势。

各单位对研究生培养,总的要求应该是同步,但也可以各有特色,经过五年、十年的实践,不断改进,互相学习。将来应用部门可能用一些科学院的研究生,关键是我们要培养出既能动脑,又能动手解决实际问题,同时具有为人民服务思想的研究生。

我们应该鼓励研究生参加学术讨论会,知识就是这么积累起来的。我在法国学习时,当时很不强调研究生课程,只有一门课,伊莱娜·约里奥-居里夫人讲的《放射学》。除此以外,提倡自由听讲。巴黎第五区是文化区,在街上可以看到某某教授举办什么学术讲座的海报,鼓励青年自由听讲。科学院在中关村也可设个玻璃窗的海报栏,各研究所贴出学术活动的海报,鼓励青年去吸取营养。刚开始可能因听不懂会失望,但有些学生会渐渐由好奇到入门,使他逐渐增加知识面,懂得交叉学科的重要性。研究生要多学些计算技术,计算所、计算中心除了培训本单位的青年科技人员外,要为大家开设学术讲座和讨论会,甚至于让他们有动手的机会。这两个单位的科技人员各有所长,认真举办这些学术活动的效果可能比系统上课好。研究生的教学质量,不能只按一些杠杠去比,我们在课程的最低要求上,应与别的单位比得过,我们要开些课,发挥所长,广泛地开展学术活动,研究生不但参加本所的活动,还可以跨所,跨学部听讲,数学所的研究生也可以听生物学讲座,通过这些有效活动,我们培养的人就能早些具备独立思考能力。

这次会议的主要议题是讨论如何贯彻执行学位条例,制定硕士生培养方案,讨论博士生培养设想,交流各单位培养研究生授予学位工作的经验,探讨存在的问题。关于制定硕士生培养方案,开设课程是值得大家讨论的,但上课应因地制宜,不要一刀切。研究生应该得到广泛的知识,不受形式的限制。研究生的成长,有研究所的影响,如研究所学术气氛浓厚,经常举行学术讨论会,比上几门课的效果可能还好些。不是上几门课就能带好研究生的,研究生的培养要由导师根据他的实际情况,加以指点引导。大家要多讨论如何培养博士生,我认为对博士生,课程不是主要的,主要是做研究工作。给博士生上少量的课是必要的,但最好的培养方法,是让他们参加有国内外学者参加的讨论会。

科学界培养研究生授予学位是件新鲜事物,一定有经验不足之处,参加这次会议的同志,应该畅所欲言,这是会议成功的关键所在。特别是中年的同志更要敞开讲,你们有自己的风格,你们的经验更值得总结,学位工作这方兴未艾的事业将主要由你们继续做下去。

总之,我们很幸运,党中央和国务院让我们培养自己的硕士、博士了,我们将很光荣地承担起这个任务,我们不断总结经验,吸取别的单位的好经验,发扬我们的优势,创造我们的特点,我们一定会在这方面取得成绩的。我相信,培养自己的硕士与博士这件事,将在我国四个现代化建设过程中显示出重要作用。(原载《科学报》1982 年 479 期,引自《钱三强文选》,211~218 页)

6 月 10 日 致信绍兴娘舅徐世燕(徐为乃母之弟,年龄与钱相仿,儿时曾一起玩耍,数十年未曾见面,亦极少通信):

世燕舅:

接到你的信已有一年,我曾经生过一次较长时间的病,因此应回的信便放下了一年。

你的名字,我还有些印象,但是那时我们只有六七岁。我的父亲在抗日战争时期,拒受伪聘,在家中养病,但因高血压及心情不愉快,1939 年初就去世了。那时我刚到法国不到两年。我于 1948 年夏回国,秋回北京,母亲还在世,但是十年艰苦生活,使她苍老了不少!1949 年初正是北京将解放前夕,她也因心脏病去世了,我总算出国十一年后还能与母亲相聚半年,也算一件不容易的事了。

解放后,一直就在党的领导下从事科学院的改组工作和原子核科学的培养队伍的工作,1955 年毛主席亲自决定开展原子能的工作,在周总理亲自关怀下,一直到“文化大革命”,被戴上“资产阶级反动学校权威”的帽子,作为靶子被抛了出来。以后经过长期审查,没有什么问题,行政上被解放了。不久(六九年冬)即被送到陕西干校劳动了两年半,后因生了心脏病,由于周总理对老干部与老知识分子的关怀,我才回到北京养病,并且恢复了党籍,可是在"四人帮"掌握政权时,虽然名义上回到了科学院,但实质上做不了什么事情。一直到打倒"四人帮",才能在科学事业上做点事,浙大校长事也是这个时期产生的。但不久身体就有些欠佳,所以浙大就去过一次,以后就去不成了,现在领导上已同意我辞去浙大校长职务,只在科学院做些力所能及的事。按现在政策规定,我已到该退休之年,但还没有正式通知我们,所以还应该站好革命的最后一班岗。

从你信中知道你在这六十年中也经过了不少曲折,但解放后一直在银行工作为人民服务,这也是可喜的事。你有三儿一女,都已成家立业,晚景也可告慰了。我的爱人何泽慧现尚在科学方面工作,二女一男都到过农村锻炼三四年,后来被公社送上清华与北大上大学,现在都在科学院不同研究所做科学工作。男孩子考取了研究生,被送到美国去进修,大概两年后回来。

我们也总是十年不幸中侥幸的了,来日不多,但是能为国家人民做一些有益的事,总是努力去做。周总理教导我们"活到老,学到老,改造到老",我将终身按此教导执行,愿我们大家互勉。

此致

敬礼

甥　钱三强敬上

1982年6月10日

6月20日　中国科学学与科技政策研究会成立,被推选为该会首任理事长。1985年该研究会被接纳为中国科协会员。

6月23日　在中国科学院院部与严济慈、卢嘉锡、严东生一起会见到访的吴健雄、袁家骝夫妇,并在中国科学院大门口合影留念。

6月25～30日　被推为中国科学院的代表出席中央国家机关第五次党代表会议,为大会主席团成员,并当选为中央国家机关出席中国共产党第十二次全国代表大会代表。

6月29日　致电李政道,告知决定由科学出版社翻印出版吴大猷的全套(七本)《理论物理》教科书,邀请李为该书写一出版"序言"。信中请李政道转达,欢迎吴大猷教授在任何适当的时候和他认为方便的方式回祖国大陆讲学、访问和探亲。

7月8日　接读周培源主动写的对其《湍流理论》申请自然科学奖有关情况的说明信。读后,对其信中实事求是的态度和谦逊的风格甚感敬佩。正是这封信解决了评委会面临的一个难题,特别是作为学生钱三强心中的顾虑——北京大学对《湍流理论》申请的是一等奖,而评委会复审时建议授予二等奖。

周培源信附录于此:

三强同志:

我已收到关于召开自然科学奖励委员会会议的通知。由于八月份将举行第三届格拉斯曼广义相对论国际会议,还有许多准备工作要做,我自己的论文也尚未完成,需要抓紧时间进行计算和写作,所以我已写信给自然科学奖励委员会办公室请假,信中还附上了我对评选工作的一些意见,供讨论时参考。

下面想就我本人的项目(《湍流理论》)作几点说明:

1. 关于提出请奖的经过。这次请奖是由北京大学力学系流体力学教研室的同志主动提出的,事先我并不知道,后来还曾提出过不要申请的意见。但在北京大学审查同意上报后,我曾对上报材料作了一些修改。

2. 关于解放前的工作能否请奖问题。我记得在1956年提出的请奖项目几乎都是解放前的工作,所以实际上不存在解放前的工作能否请奖的问题。至于当时我为什么没提出申请,主要有两方面的原因:一是四十年代我的文章发表以后,国际上除1951年Rotta根据此文写了一篇文章以外,在相当长的一段时间内没有见到别的有关文章,说明工作的重要性在当时尚未被人认识。直到六七十年代高速电子计算机发展和使用以后,这项工作在国际上受到很大重视,发表了很多有关文章。解放后我的研究工作主要在均匀多向同性湍流理论方面。经过二十多年的努力,在说明和解释实验结果方面是目前国际上最好的。第二方面的原因是在1956年我主要忙于讨论别人的请奖项目。

3. 为什么在北京大学时不想申请。我主要是想把均匀多向性湍流与变通湍流结合起来("准相似性"),争取做一些工作,取得一些成果,所以曾考虑暂时不提出申请。

4. 北京大学力学系的同志是一直坚持要请奖的,因为北大在湍流方面已经建立了一定的研究条件,并有了一支较强的实验与理论队伍。所以现在我想,如果决定给奖,也是对这些同志的一种鼓励。

我个人认为,建议授予《湍流理论》二等奖是合适的,即使将来再做一些工作,并取得一些新的结果,我想也只是能授予二等奖,因为从大的原则来讲,这还在牛顿力学的范围之内,而不能算是重大的原则性的问题。

对授予王淦昌、陈景润同志的工作一等奖的建议,我认为是合适的。

预祝这次评奖工作圆满结束!

周培源

1982 年 7 月 8 日

7 月 12 日 接读丁肇中托中国科学院高能物理研究所从 CERN 回国人员带来的亲笔信(致钱三强和严东生),介绍其研究成果和未来计划,以及对中国科学院高能物理研究所、中国科学技术大学和其他大学参加其合作组的意见。丁肇中信附录于后:

(一)现在的研究结果。最近我们实验组发表了一个比较重要的研究成果(见附件),这个工作是第一次在高能实验上证明弱电相互作用,因此也是大统一的第一步。在这以前,其他组做过这方面的实验,但结果都不理想。我们这个实验结果在物理学界很受重视。许多中国同志参加了这个实验。

(二)DESY 的实验室。DESY 的 PETRA 对撞机将在今年 10 月提高能量,根据现有的理论推测,明后年内很可能会找到第六种层子,以及更重(要)的电子。我希望中国科学院高能所能继续维持每年至少派出四人到 DESY 我们组学习工作。新粒子发现后,中国科学院的贡献将明确地被公认。最近台湾报纸曾经访问我,他们提出关于我中断和中国科学院高能所合作的谣言,希望我发表意见,借此宣传。我没有回答。所以我想同高能所继续保持原状合作下去是非常重要的。

(三)中国参加 LEP 合作,组织实验组的问题。我上次在和您及李昌副院长讨论后,曾详细考虑过我认为最有效的合作办法是成立一个好的中国实验组,有计划、有组织、有系统地参加 LEP 合作。对这个中国实验组的建立,我有几点看法和建议。

(a)组成单位:中国科学院所属高能所、科技大学、上海硅酸盐所及其它有关大学。

(b)人员:应重质不重量。希望能和苏联实验组、荷兰实验组等别的国家水平不相上下。这些人员可以从上述组成单位挑选。其中应包括曾经在我这里工作过的、已经回国的优秀人员,以及将在 MIT 等处得到博士学位和以后继续学成归国的人员组成。

(c)保持和发扬优良传统。过去几年我每次回国时都一再呼吁,在我组里工作过的人回去后应尽可能集中在一起,这样才能发挥更好的作用,原因是我们组多年工作的习惯、方法、传统,和别的组都不一样，也许因为这个原因，我们组的实验结果一般比别的组好些和快些。我认为能够保持一个特别的传统，是很值得你们考虑的。

(d)近期目标。希望这个中国实验组将来能在LEP上做出世界水平的成果来。同时也希望他们能在中国的2.8GeV正负电子对撞机的第二个对撞点上能独立发挥作用，做出精巧的实验来。也希望中国的BGO晶体成为国际上有力的竞争者。

(e)领导。建议中国科学院统一领导，并且把这项国际合作当作科学院的一项重点任务，给以各种支持。高能所参加的人员成立一个研究室，例如由唐孝威教授来领导。

(四)关于选派人员到DESY、CERN工作和挑选博士研究生的问题。

(a)关于派到DESY的人选，我想请唐孝威教授负责选定，因为他对我们组的情况比较了解。同以往一样，每年派来的四个人，到DESY后将同上一批的四个人交接工作，上一批的人在一个月后再回国。

(b)关于我们在CERN的LEP工作，CERN的所长曾经和我讨论过西欧中心和中国科学院高能所签订协议的内容，希望高能所能在CERN的资助名额之内，送人到我们在LEP的组里工作。

(c)从各大学选学生到我们组学习并攻读博士学位的事，现在已经有了初步的基础。第一批选出的三名学生即将到我们组来。我认为，从长远看，训练这些特别好的学生，对中国科学发展是很重要的。我下次到中国，将到各大学对新的学生进行面试选拔。

(五)建议明年四月在中国开合作会议。我们的LEP合作组轮流在每个合作国家开合作组会议。所以我希望明年四月也能在中国开一个合作会议，参加的包括我们合作组中世界各国的22个大学和研究所的物理工作者，我希望这个会明年春天能在科技大学及高能所开，同时也希望去上海硅酸盐所参观和讨论落实中国实验组的具体合作项目和进度，例如能承担多少BGO和质量、价格等问题，以及VAX 11/780的进口等具体问题。

丁肇中

7-12-1982

7月14日 应约在《中国日报》(China Daily)法国国庆特刊发表署名文章(英文)，回顾中法两国科学合作和两国科学工作者的友谊。在特刊发表文章的国内人士还有黄镇、姚广、罗大纲、巴金；撰文的法国人士有当时的总理、法驻华大使及经济贸易、文化界人士。

7月31日 复信在美国的北京正负电子对撞机(BEPC)设计考察工作组(谢家麟、张厚英),对其6月28日和7月6日来信请示的各点做出回复:

你们少数同志到纽约的情况,得空时可以扼要报告一下。你们问有关SLAC二十五周年纪念事,及厚英同志回来时间问题,特向你们回答如下:

① 以我的名义打电报致贺。

② 李政道到SLAC时,希望总领事和你们多做工作,使与SLAC的合作比较更顺利与更方便些。

③ 总统顾问来时,可代方毅同志向他致意。谈有关两国对加速器的合作和出口器材许可证等问题,由领事、你们和李政道一起谈,用你们的口气,根据中美高能合作协议,尽量争取能做到的程度。

④ 厚英同志还是等与总统顾问谈过话后,代表团商定后再回国。务必使能解决的问题都落实。

⑤ 有关外汇问题,谷羽同志等正在努力解决,不久将另行告知。

望各位同志努力工作,同时注意身体健康。

其他有关马夏克等事,尚待院领导商定后再复。

(东生同志现不在京,故只由我一个人写这封信)

8月8日 李政道自美来信,详谈北京正负电子对撞机设计考察组在美工作情况,并就该项工程的管理问题,争取时间问题,以及今后与SLAC的联系等提出建议。(李信是写给钱三强和谷羽的,钱收到后批请严东生同志一阅。)

李政道信中所言如下:

关于北京正负电子加速器(BEPC)的设计,这次在SLAC是极有收获的,SLAC在百忙中,调动了很多人员,使BEPC的队伍,尤其是关于聚焦结构的设计和不稳定性上,学习了以前没有考虑到的,但是很必要的一些基本问题。同时,BEPC是中国自己设计,有其独立性和优越性,这一方面也是很为Panofsky和SLAC其他美国朋友们所钦佩的。在这一个半月中,通过共同工作后他们对于中国高能所的实力也有了新的估计、尊敬和信心。

BEPC来SLAC的队伍之努力工作精神,尤其是张厚英的虚心学习和实干态度,均是使SLAC工作人员们一致佩服的。想来你们知道这些好消息,也是会很高兴的。但是看将来,还是颇有问题的。

一、管理问题

管理方面必须以六年完成BEPC加速器和探测器的全部方案为大前提。对高能所内工厂和科技等工作人员必应有“建功需奖,犯过则罚”的措施。希望科学院能对张厚英和谢家麟,除给予全部支持外,并鼓励他们立即采取行动，以正队伍士气，以坚内部合作。

同时，请使他们能在调动人员上有很大的灵活性，由任务需要可流动性的调动工作人员。

管理问题不解决，BEPC 的成功是不可能的。

二、争取时间

目前对“争取时间”这方面，似尚欠努力，有时候因为小的经济问题的考虑，延迟了大的问题的决定，浪费了更多的消耗。

例如 VAX 11/780 的购买，今年三月就已公认是必要的，但是至今八月份，与公司商业上的合同尚未签定，因而向美国政府的 Export Licence 亦不能开始申请（为了后者，已做了很多工作，但因第一步尚未开始，故无法落实）。估计即使在最顺利的状况下，仅公事往来，由请求 Export Licence 至成功也需好几个月，这样因一迟再迟的时间上的浪费，会使产生更多人力财力上的浪费，很可能形成“因小失大”的风气，影响全部的成功。

计算机不过是一个局部的例子。这方面很希望科学院的领导们和张厚英有更密切的联系，使他有权能当机立断。

同样的，因为厚英不是物理学家，而有很多技术上的问题也是需要很快决定的，这必应由谢家麟能作主的。所以厚英必需相应的授权给家麟，使他也能当机立断，以争时间。

三、今后和 SLAC 的联系

这一点与厚英、家麟已详细讨论过，我们都共同认为高能所长期在 SLAC 除一位采购外，另有一位实验物理学家，他的任务是一方面参加科研工作，一方面做联系工作（如严武光以前和现在的责任相仿）。这是一件相当重要的任务，必须选一位对 SLAC 各方面已经相当熟悉的物理学家，才能称职。严武光在这方面的工作是很有成绩的。假使国内因其他需要调他回北京，他的继承者必应有同样的水平和能力，同时为了连续性，务请使他在严武光回国前到 SLAC。请立即决定人选，并请与 Panofsky 联系。

同时，在这一年内已可预计在加速器和探测器的科技问题上将有四五个有关键性的决定。最好在这些主要决定关节时，有适当的 SLAC 的专家在北京协助，这些安排，现在就宜布置（均请通知，或寄复本给我）。

四、同步辐射

建 BEPC 的另一目的，是应用其同步辐射，但对这一重大项目，请弗操之过急。第一步应先“教育”高能所内部：什么是同步辐射？如何应用？目前世界学术界有什么应用成果？

请千万不能忽略这一步教育的过程,务必由基础下手,会合实验物理、理论物理和工程界三方面共同学习、讨论和严格开课、讲学。估计组织学习班,至学习有小成,很可能需相当一段时间。

对同步辐射有正确了解后,才能对其将来的发展有切实的计划。在高能所建立同步辐射班子,可能需要选三四十位精干科学家,或宜以"二室"人员为主。

8月9日　会见并宴请美籍华裔学者陈树柏,题赠予《北京风光》画册一本,题词为:"共同努力,振兴中华。"

8月14日　致信SLAC潘诺夫斯基所长,对SLAC成立二十五周年表示祝贺,并期待中美业已开展的高能物理合作顺利如愿。

8月　根据李昌告知的中央人事安排组的酝酿意见,以个人名义急电我国驻美机构,请通知在美国的周光召尽速回国。接驻美机构回电(告周在日内瓦西欧核子研究中心)后,又急电我驻日内瓦机构,转告周务必立即回国,并在电文中加进一句暗示的话:"北京市党代会已经开过了。"(后周光召在中国共产党第十二次全国代表大会上当选为中央候补委员)

8月31日　再次致信李政道,询问6月29日信是否收到,希望见到关于国内翻印吴大猷《理论物理》教科书一事的回复。

9月上旬　参加中国共产党第十二次全国代表大会,并在小组会讨论邓小平的开幕词和胡耀邦的报告时发言,以科学技术落后情况下攻克"两弹"为例,表示对本世纪末实现工农业总产值翻两番的目标充满信心。发言内容摘刊于中央国家机关代表团(4组)简报第1期(1982年9月3日)。内容如下:

钱三强同志说,听了邓小平同志的开幕词和胡耀邦同志的报告,非常兴奋,对实现我国经济建设的总目标,到世纪末使全国工农业的年总产值翻两番,很有信心。我的信心是有科学根据和实践根据的。在五十、六十年代,我们搞"两弹"时,我国的科学技术力量比现在弱,条件比现在差。苏联专家撤退时说,留下的东西将成为一堆破铜烂铁。但是,我国的科技人员在党的领导下,在周总理和聂荣臻同志的组织和指挥下,同心协力,只用了四年时间,就解决了苏联一直向我们保密的、被他们称为"社会主义阵营安全的心脏"的同位素分离中的关键问题,使我国成为世界上除美国、苏联、法国以外,第四个依靠自己的力量解决了这个尖端技术问题的国家。我们从1949年开始培养原子核科学技术干部,到1964年第一颗原子弹爆炸,只用了十五年时间。我们从1955年开始搞空间科学技术,到1970年第一颗人造地球卫星上天,也只用了十五年时间。从现在到本世纪末还有十八年。而且我国现有的科学技术力量,要比五六十年代强得多,条件也比过去好得多，只要我们努力工作，完全能够实现耀邦同志报告中提出的这一宏伟目标。关键是要抓好思想工作，抓好领导工作，抓好组织工作。

9月23日 出席中国科学院学习中共十二大文件座谈会，作了题为“科学工作者要为现代化建设作出新的贡献”的发言。摘要如下：

我参加了具有重大历史意义的党的第十二次代表大会，受到了深刻的教育和巨大的鼓舞。

作为一个科学工作者，我对这次代表大会的一个突出印象是觉得把科学工作放在前所未有的重要地位。

耀邦同志在《政治报告》中强调科学技术现代化是四个现代化的关键，并把科学与教育作为本世纪实现我国经济建设战略目标的战略重点之一，又是精神文明建设的重要内容之一。这就赋予我国科学工作者一个伟大的历史使命。

在这次代表大会上，我们中国科学院与中国社会科学院的代表们在一起学习、交谈。我们谈到，我们原来是一个科学院，现在分成了两个院。但是，今天科学发展的趋势却是数学、自然科学与哲学、社会科学日益相互渗透，相互结合。《政治报告》中提到“必须加强经济科学和管理科学的研究和应用”。今天的科学事业，规模、经费与影响都空前巨大。要管理好现代的科学事业，不仅需要自然科学知识，也需要有经济科学与管理科学的知识。另一方面，我们今天的经济建设是要力求以现代的科学技术来装备的，我们建设社会主义的精神文明是以现代的科学文化知识为基础的。因此，我们发展今天的经济科学、管理科学以及其他社会科学，也必须熟悉现代的自然科学和技术。而且，经济科学、管理科学也在不断现代化，日益采用计算机、运筹学、系统分析等等现代工具与数学方法。又如心理学、经济地理学等学科，本身就是自然科学与社会科学的边缘学科。随着科学事业及其社会影响的日益扩展，以科学技术为对象的科学技术史、技术经济学等等都在迅速发展，受到各国学者的重视。而当代的重大社会问题，如人口、环境、能源、粮食等等问题本身，也必须从自然科学与社会科学两方面结合起来进行综合研究才能找到比较适当的解决办法。这些状况都说明了我们必须在今后加强数学、自然科学与哲学、社会科学(包括经济学)的结合与协作，使整个科学技术更加有效地服务于生产。

《政治报告》提出了“有计划地推进大规模的技术改造的任务”。技术改造、技术革新既是工厂企业部门和生产的任务，同时也是我们科技战线的任务。在西欧、美国、日本，许多工厂企业都有不同规模的工业研究实验室，致力于研究技术革新，有的也从事一部分应用科学研究与少量基础科学研究。在我国的科研体系中,工业研究实验室由于发展过程的历史原因,还是一个比较薄弱的环节。许多工厂企业还没有或很少专门从事开发研究、应用科学研究的研究实验室,有的工厂试验室在科研人力、经费与设备方面还十分不足。今后,我们要推广技术改造和技术革新,各工厂、企业与地方必须有计划有步骤地根据需要建立起适合于现实情况的不同规模的各种形式的工业研究实验室。为了较快获得经济效益与产生社会影响,我们中国科学院、产业部门研究院和高等院校也应当积极协助工厂企业建立工业研究实验条件,在这方面给予知识、技术、干部等方面的支援,以至组织力量帮助解决生产建设中的科技难题。

另一方面,科学院与生产部门的研究院在加强应用科学研究、重视基础科学研究的同时,也要考虑到我们国家的实际情况,对重大技术改造中的关键性难关,有的即使是开发研究也应当大力给予支援,协作攻关,并在协作攻关过程中,帮助工厂企业建立起自己的工业研究实验室,使我们逐渐形成一个基础科学研究、应用科学研究、开发研究与工业生产密切结合、相互联系的有机的科学研究与生产体系。

我回想起我们科学院过去在原子能事业方面和国防工业部门协作的往事。当时曾遇到一种金属材料的技术难关,外国对我们保密,我们就是通过科学院的冶金研究所、金属研究所、原子能研究所和冶金部的有关研究院大力协作,攻克了难关,保证了研制任务的完成。又如人工全合成牛胰岛素这项基础研究,我们也是通过生物化学研究所、北京大学和有机化学研究所密切协作,才取得了具有世界先进水平的成果。我们现在还十分怀念五十年代到六十年代中期周恩来总理、陈毅副总理、聂荣臻副总理对科学工作的关怀与领导,对协作攻关的关心与支持。

在十年浩劫中,我们的科学事业受到了极大的摧残。至今我们确实还面临着不少问题与困难。但是,不管怎样,我们现在的许多条件,不论是科研经费、人力和设备,比起五十年代来是大大地发展了。回想起1949年,我们几乎是从无到有地开始培养原子核科学人材、建立有关科研机构。但是到了1964年,我们就成功地爆炸了第一颗原子弹,其间不过十五年,而且两年零八个月后又研制成功氢弹,同时还发展了一支反应堆、高能物理、核物理与核技术应用队伍。在航天科技方面,我们也是从1955年开始培养人才、建立机构,到了1970年,就成功地发射了我国第一颗人造地球卫星。其间也不过十五年。在过去那么微薄的人力、物力条件下,我们在党和政府的领导下,下定决心,自力更生,成功地实现了我们的目标,为发展我们的国防力量作出了贡献。当然，过去对从单纯军用技术向军民兼用技术转移注意不够，军事科研成果没有充分发挥其效益，这些是需要加以改进的。

今天，我们有比过去雄厚得多的工业基础，有比以前多得多的科研经费，我们已培养出一大批又红又专的中青年科学研究人才，我们党又正确地总结了建国以来的经验教训，这次十二大又把科学技术提到前所未有的重要地位，因此我们完全有信心在中央大力加强对科学技术的领导的情况下，今后二十年一定能做出更多、更大、范围更广的贡献，完成我们中国科学工作者光荣伟大的历史使命。（文载《自然辩证法通讯》1982 年第 6 期）

9 月　出席中国科学院第二次科研管理学术讨论会，在会上作题为“科技工作者要关心国家的经济振兴”的演讲。全文录后：

党的十二大，是我们党的历史上一次具有非常重大意义的会议，将在我国社会主义现代化建设的伟大进程中产生深远影响。我作为一名科技工作者出席十二大，受到教育最深、鼓舞最大的，是我们党把科学技术提到了空前的高度，列为国家今后发展的战略重点，又作为精神文明建设的重要内容。十二大闭幕不久，党中央和国务院就着手抓科技工作，把科学技术进步作为振兴经济的一个战略问题，尖锐地提了出来，强调指出，搞现代化，振兴经济，翻两番，一定要依靠科学技术进步；科学技术工作要面向经济建设，科技工作者要投身到社会主义现代化建设的伟大实践中去，特别要投身到经济建设的实践中去。一个“依靠”，一个“面向”，是我们党对开创社会主义现代化建设新局面认识深刻、措施有力的一个标志，既抓住了我国经济建设的关键，又反映了科学技术发展的客观规律，同时也正确概括了经济建设和科技工作之间水乳交融的密切关系。这对于我们科技工作来说，不仅明确了一个根本的指导思想问题，而且为开创今后工作新局面提出了任务与要求。

科技工作面临的形势是十分喜人的，但也逼人。1978 年科学大会以来，我们常说，科学技术现代化是四个现代化的关键，科学技术应该走在生产建设的前面，现在真正到了落到实处的时候了，一个要科学技术、学科学技术、抓科学技术的热潮正在全国范围内掀起。在这种形势下，我们科学技术战线、科技工作者怎么办？简单回答就是一句话：面向经济建设。“面向经济建设”，既要明确无误地成为我们的指导思想，又要积极主动地把它变成我们的实际行动。这里有两层意思：第一层意思是，我们不能等着人家来“求援”，而要到经济建设的实践中去找课题；第二层意思是，要全部发挥自己的知识优势，勇挑重担,努力攻坚,为解决生产中的科技难题献智献力。只有这样,才能体现出科学技术在经济振兴中的战略地位。只有这样,才不辜负党、国家和人民的期望。科技工作为经济建设服务是具备了条件的。首先,从科技人员数量上,我们的队伍比过去庞大得多,特别是一大批又红又专的中青年科技人员,已经成为这支队伍的主力,他们活跃在各个学科的最前沿;其次,我们的学科领域比较齐全,而且具有一定的科学储备和解决问题的能力;第三,科学技术工作的物质条件,比过去有了显著的改善。有了这些条件,如果我们的组织工作、协调工作又做得好,作到“知人善任”,是不愁解决不了生产技术难题的。

科技工作者明确了“面向经济建设”的指导思想,就要把为经济建设服务当成“份内”的事,要处理好学科与任务之间的关系。现在有些同志过份强调自己学科的发展,而不大注意通过自己的工作去促进生产建设任务的完成,有些本来与生产实际联系很紧密的工作,也往往强调学科发展,忽视它的实际作用,这是不恰当的。要知道,把自己的学科看得过于重了,而且现在的学科划分又那样细、面那样窄,这对科学技术本身的发展和培养人才都不利。我们应该不断扩充和深化自己的知识,使自己既有探索自然规律的工作水平,又有解决实际问题的能力,也就是说既能认识自然,又能改造自然。这样能“文”能“武”的人才,才是开创社会主义现代化建设新局面迫切需要的。

科技工作者关心科学技术的发展是无可非议的。国家的科学技术比较落后,作为科学技术战线的每一个成员,心情都是不好受的,就像体育工作者看不到五星红旗在运动场上升起一样。在旧中国,大家都尝够了这种滋味。现在情况完全不同了。这正是大家关心并努力拼搏的结果。但是在进行社会主义现代化建设的今天,仅仅关心科学技术的发展不够了,还要关心国家的经济振兴。经济是基础,是大局。经济决定着科学发展的速度和规模。国家缺乏经济实力,即使很有意义的科学研究项目,也难以保证物质条件来开展,尤其现代科学技术的发展,愈来愈依靠现代化的研究手段,没有经济实力,要制备大型仪器设备就很难办到;这样,包括基础科学在内的科学技术要快点上去,全面繁荣,也是谈不上的。因此,科学技术为经济建设服务,不仅是为了实现翻两番的任务,而且也是为开创科技工作新局面所必需的。

科技工作的指导思想明确以后,接下来还有一系列问题需要解决,其中不少是属于管理科学范畴的。例如科研体制、选题、组织攻关、成果转让,以及考核、奖励等一系列管理政策和制度需要进一步调整和完善。我们现在的许多具体政策和规章制度,在鼓励科技人员到生产实际中去,为技术进步和提高经济效益作贡献方面还不够有力或不尽恰当。比如,奖励和定职称,要注意克服那种重理论轻应用,重学术轻贡献的倾向。无论奖励或定职称,不能只凭学历、资历和发表论文的篇数,而不考虑实际工作能力和为国家建设作的贡献。要区别情况,发挥所长,全面考核,各有侧重。干什么就考核什么,有些人应以贡献为主。当然,这些问题要解决好,需要调查研究,总结经验教训,更需要有自然科学和社会科学知识的综合指导,正如十二大报告中所强调的,"必须加强经济科学和管理科学的研究与应用"。加强这两方面的工作,对于确定正确的经营方针和管理政策,对于更有效地促进经济振兴和科技繁荣是有重要意义的。(原载《科学学与科学技术管理》,1983 年第 1 期,引自《钱三强文选》,187~189 页)

9 月 30 日 作为会议组织委员会副主席,同组织委员会主席周培源共同策划和组织的第三届格拉斯曼广义相对论国际会议在上海闭幕。有 27 个国家和地区的 180 余名外国学者和 100 余名中国学者参加会议,共有 202 名中外学者作学术报告,会议历时近一个月。本次会议由中国科学技术协会、中国物理学会引力与相对论天体物理学会、上海市科学技术协会和国际理论物理中心、意大利罗马大学联合主办。

10 月 4 日 接李政道从纽约寄来的 9 月 21 日信,及其同年 8 月撰写于瑞士日内瓦的吴大猷《理论物理》"序"。李信说:

上周末由日内瓦返纽约。次日吴大猷先生由伦敦飞来。您 6 月 29 日和 8 月 31 日写给我的信都给吴先生看了,他知道您和国内学术界对他的关怀、科学院和科学出版社对他《理论物理》全书的重视,深为感动,特嘱代致谢意。我写的序文附上。吴先生认为宜放在他原序的前面。吴先生对回国访问事,郑重的考虑了几天。决定月底返台后,向当地执政者提出,如有下文,再相互联系。

10 月 23 日 出席全国科学奖励大会。大会向评定的 124 项全国自然科学奖(其中李约瑟的《中国科学技术史》被评为自然科学奖一等奖)和 428 项国家发明奖颁奖。方毅在会上作题为"科学技术工作者的崇高职责"的讲话,赵紫阳作题为"经济振兴的一个战略问题"的报告。会后,接待《人民日报》记者专访,就这次评审自然科学奖的特点、意义和评审情况,发表个人感想。翌日,《人民日报》发表专访文章《社会主义科学事业的胜利——就颁发自然科学奖访著名科学家钱三强》。

10 月 24 日 《人民日报》专访全文(记者罗荣兴)附录如下:

全国自然科学奖恰好在党的十二大前后评选与颁发。这束科学园地献出的奇葩异卉,使人目迷五色。人们想透过那些难懂的科学术语,认识一下它的特点、意义和来龙去脉。我带着这一愿望,访问了自然科学奖励委员会副主任,著名科学家钱三强教授。

“又一次检阅我们的成果”

当我提出“怎样看自然科学奖”的问题时,钱三强同志谈到了1956年我国第一次颁发科学奖的情况。

1956年,我们党召开了八大,随着生产资料所有制的社会主义改造基本完成,社会主义建设全面开展起来,党中央召开了关于知识分子问题的会议,组织制订了“十二年科学发展规划”,部署向科学进军。第一次科学奖正是在这样的形势下颁发的。时隔26年,在全面开创社会主义现代化建设新局面,把科学当作经济发展的战略重点的今天,我们颁发第二次自然科学奖。钱三强同志说:“它的意义,放在历史的背景下,就显现出来了”。

他说:“对两次得奖的项目作一次对比,可以从中看出我国自然科学发展的脉络。”

建国初期,钱三强任中国科学院计划局副局长。回首当年,他感慨地说:“那时,真可以说是白手起家。旧中国只有寥寥几个研究所,大多数是外国文献中寻找课题,情况稍好的是地区性强的地质科学和生物科学。建国后的第二个月,在党中央关怀下,成立了中国科学院,并逐步开展结合我国经济建设的科研工作。这以后,一些在国外的爱国科学家也纷纷回国。到1956年,我们的力量初步集结起来,能够向科学进军了。这时颁发的科学奖,有两个特点,第一个特点,相当一批得奖项目是归国的科学家在国外时完成的。例如,钱学森的‘工程控制论’,华罗庚的‘典型域上的多元复变函数论’,吴文俊的‘示性类及示嵌类的研究’,都是这种情况。第二个特点,34个得奖项目中,约有一半是新中国成立后为满足经济建设的急需而完成的应用性成果。正是这样一些工作,后来发展成若干新的科学领域,有的带出了一大批年轻的科学工作者。”

说到今年的科学奖评选,钱三强兴奋起来。这位68岁的核物理专家,最近几个月把相当一部分精力放在这项工作上,对124个得奖项目,或多或少都有感情。他说:“26年中,虽然我们的科学事业经历了曲折,尤其是十年动乱使许多领域陷于停滞,然而,纵观我们的工作,检阅我们的成果,仍然取得了了不起的进步。这次科学奖,也有两个显著特点:一是获奖的项目,基本是我国科学家利用国内的条件,自力更生开展社会主义大协作完成的。其中,既有基础科学方面的重大贡献,也有对国民经济发展起重要作用而学术水平又很高的成果。二是这次得奖的项目，多半是在1956年至1966年十年中进行的，有的达到了当时国际上的先进水平。这说明只要政策对头，调配得当，我国科学赶上去不需要太长的时间。”

“我们有世界第一流的工作”

“这次获奖项目的学术水平如何？”

钱三强同志没有正面回答我提出的问题，却谈了这样一件事：“近几年，我出访了美、法、比、澳等6个科学较发达的国家。每当我表示要向他们学习时，外国科学界的朋友总是说，中国的科学技术，有些比较落后，但也有先进的，有世界上第一流的工作，比如原子弹和氢弹，导弹和人造卫星，人工全合成牛胰岛素，石油的理论、勘探和开发等。这些举世瞩目的成果，凡属于自然科学方面的贡献，这次都获得了一等奖。”

钱三强缓缓地说：“‘人工全合成牛胰岛素研究’的成功，是我们国家的一个骄傲。人工合成蛋白质是当代生命科学的前沿，多少发达国家的科学家都致力于这项工作，我们在1965年第一个获得人工全合成牛胰岛素结晶，它是世界上首次人工合成的蛋白质。其学术价值，是可以载入科学史册的。”

今年四月，我国24名地质学家联名为“大庆油田发现过程中的地球科学工作”申请自然科学奖。在评选会上，一致通过授予一等奖。谈到这项成果，钱三强同志站起来，打着手势：“中国到底有没有石油？美国、日本、苏联都先后来找过，找了几十年，找不到，因此得出结论：‘中国贫油’。我国几个不同的地质学派，都认为中国有油。他们分别从大地构造、地层、沉积和生油环境等方面对我国石油的分布和储集运移规律进行理论探讨，指出松辽平原可能有油，并作了大量地质调查和地球物理勘探工作。正是在科学研究的基础上党中央作出了将石油普查勘探工作的重点从西部转向东部的战略决策，终于发现了大庆油田。国内外学术界一致认为，大庆油田的发现，是中国现代地球科学发展的一个重要标志，是中国广大地学工作者密切联系国民经济开展研究，走自己的路，并作出杰出贡献的一个范例。”

这次获得一等奖的共8项，二等奖的40项，三等奖的49项，四等奖的27项。钱三强同志认为，这些项目，总起来看，都有相当水平，尤其是8个一等奖和部分二等奖项目，可以说是具有国际水平的。接着，我简要记下了他对其他几个重要项目的评价：

50年代末，我国物理学家王淦昌领导的一个小组利用设在外国的高能加速器，通过实验发现了“反西格马负超子”。这是世界上第一个发现的荷电反超子,是对粒子科学的一个贡献,得到国际上的公认。

"哥德巴赫猜想"的研究是前几年就宣传过的。科学家们认为,我国对"哥德巴赫猜想"这一数学难题研究的成果,是一批青年数学家集体攻坚取得的。陈景润获得了迄今世界上最好的结果,王元和潘承洞也作出了重大贡献。这次是三人共得这项一等奖。

化学家唐敖庆及其研究集体致力于"配位场理论"研究17年,对理论化学的这一前沿领域进行了系统的工作,使配位场理论更趋完善,更为广泛地应用到能谱计算中去,被国内外有关学者所采用。作为化学工作者,能创造性地运用艰深的数学工具,殊为不易。

《中国地质图类及亚洲地质图》包括了我国一系列综合性地质、矿产图件和亚洲地质图及说明书,是二十多年来全国地质部门几十个单位的广大地质工作者辛勤劳动的果实,是对国民经济、科研和教学有普遍意义的重要基础资料,有很大的科学价值和实用价值。

计算数学家冯康等同志的"有限元方法",是一种求解连续体偏微分方程的数值方法,为当代计算数学和计算力学的一项重要成就,在工程建设中有广泛的应用。我国的有限元方法是在解决重大工程中发展起来的。

工程热物理学家吴仲华等同志的"叶轮机械三元流动通用理论及其新发展"是一项有国际影响的成果。吴仲华同志是"三元流动理论"的创始人,西方有一些航空公司制造的发动机就是应用了他的理论设计的。这项工作又有了新的发展。

动物学家马世骏等研究掌握了东亚飞蝗的生理、生态学特殊性及其大发生规律,提出了预测预报和治理的方法。在我国历史上,蝗害与水、旱灾害在广大中原地区交错发生,是长期威胁农业生产和人民生活的三大自然灾害。这项成果为根治我国的蝗虫作出了重大贡献。

"我国科学工作有自己的优势"

钱三强同志是党的十二大代表,已有28年党龄了。他的父亲是五四新文化运动中的著名人物钱玄同。钱三强说:"中国人自己搞现代自然科学,是五四时期开始的。我国科学界历来不乏志士仁人,但在旧社会,有志难酬。只有在新中国建立以后,在中国共产党的领导下,我们的科学工作成为国家的一项事业,作为整个共产主义实践的一部分,才使科学的全面发展成为现实,才有今天这许多科学成就。现在我们评价这批自然科学奖项目,也很值得逐项考察一下,看看这些成果是怎样取得的,我们可以从中得到教益。"

钱三强讲了一个故事。我国人工全合成牛胰岛素的项目刚搞成的时候，有些外国科学家不相信，跑到中国来一看，承认了，但又些奇怪，问我们是怎么搞出来的。我们回答说，是中国科学院上海生物化学所、北京大学和中国科学院上海有机化学所的几十位科学工作者多年合作搞成的。这些外国人一听，感慨了，说拿一个一个科学家比，我们不比中国差，但中国能把不同单位的几十个科学家组织在一起干，在我们那里不容易做到。钱三强说："这就是中国科学的优势。这种优势，是我们优越的社会主义制度决定的，走的是我们自己的路。这次得奖的120多个项目，绝大多数是合作攻关的成果。这是集体主义的胜利，是社会主义协作的胜利。实践已经证明，在共产党领导下，只要把我们的科研力量组织起来，选准目标，我们有很强的攻坚能力，就有可能做到'后来者居上'。"

这次得奖的124项，包括数学、物理、化学、地学、生物学、技术科学6个方面。钱三强说："按其工作性质大体可以分为三类：一类是基础科学工作，一类是基础资料工作，一类是应用科学工作。密切结合生产实际的应用性科学工作约占全部项目的2/3，另两类工作中，大多数对生产实际也有指导意义。我们从事的是社会主义的科学事业，不是为了个人，而是为人民服务，为社会主义服务，为国民经济和国防建设服务。胡耀邦同志在十二大的报告中指出，必须加强应用科学的研究，重视基础科学的研究，并组织各方面的力量对关键性的科学研究项目进行攻关。我体会其基本精神，就是学科的发展要与关键性的'攻关'任务相结合。事实上，两者结合得好，出成果就快，转化为直接生产力的周期就短，对国民经济的促进就大。但是学科与任务相结合往往不是一件轻而易举的事，有一个急国家所急，努力为国民经济发展主动作贡献，适当调整自己的科研课题的问题。在这次评选的项目中，我们能找出许多这方面的例证。"

访问钱三强同志之前，我就听人说起一些科学家在这次评奖中主动谦让的事迹。如周培源同志，他的"湍流的基本理论研究"，北京大学请奖时提出评一等奖，学部复审时建议评二等。他致书钱三强同志恳切地表示，定二等是适当的。还有王淦昌同志，曾提出将他获得的一等奖降为二等奖。于是我问："有这样高风格的同志，这次评奖工作一定很顺利吧？"钱三强笑了："还算顺利。一方面有周培源、王淦昌这样的老科学家作榜样；另一方面，我国这几年恢复了各级学术领导机构，例如可以依靠学部来做工作，减少了许多扯皮现象。这次动员了全国上千名专家来参加评审，严格按照评选的程序进行。在最后审定阶段，苏步青、钱学森、冯德培、李薰等同志尤其表现出科学的公正的态度。当然，由于我国26年没有评科学奖了，这么多学科，这么多项目,一下子要评得完美无缺,人人都满意,不大容易,能有八九分的准确性就算不错了。”

1948年,在巴黎,中共旅欧支部书记刘宁一同志对钱三强说:祖国的解放不需要太久了,你回国加紧培养人才,迎接胜利吧。钱三强回到北平,满目疮痍,一年半后,他投身于在旧中国的废墟上建造社会主义科学大厦的宏伟事业。如今,也不过过了33年(除去十年动乱,实算20多年),钱三强同志从党的十二大会场上走出来,登上全国科学技术奖励大会的主席台。他说:“有党的领导,有优越的社会主义制度,沿着我们自己开辟的道路走下去,再过20年,十二大提出的战略目标一定能实现。”

11月初 接读华裔物理学家潘国驹10月26日信,其希望中国物理学家参加亚太物理学会(1983年6月12~18日,新加坡)并作演讲。11月9日,将潘信及所附第一轮会议通知批转中国科学院数学物理学部副主任马大猷、章综:“请学部有关同志抓一下。现已有理论物理所三人预备去。去一定要有比较好水平的文章。我初步看法,最好不超过十人,无论如何不要形成科学旅行。原子核理论明年在中国当有国际性会议,原则上最好不要重复报告。其他学科比如声学,若有可以拿出报告,有一篇也好,但最好已经在别处报告过的。”因出国名额指标遇到问题,亲自找院外事局朱永行面商,遂得以由原定三人改为十人与会。

11月9日 应邀出席中国科学技术促进发展中心、《人民日报》科教部和《光明日报》科学部联合举行的学习座谈会,并在会上作题为“搞科研要有点经济观点,搞经济要有科学眼光”的发言。23日,两报同时刊出钱三强发言摘要:

> 我们过去搞科研,有时暴露出一个缺点,就是少了一点经济观点。例如前几年搞的高能加速器计划过大,与我们的经济力量不相适应。现在的计划作了调整,规模小了,花钱少了,技术比原来的更进步了。同时,即使在搞这样的基础研究的时候,也尽量考虑到它的近期作用,我们的加速器方案中就有同步辐射的应用工作,预计用不了几年,许多应用研究甚至工业生产方面都会用得上。总之,不管搞什么科研都得有经济观点,一是要为提高经济效益服务,二是要最大限度地省钱,三是要尽可能地快一点起到“生财”的效果。
>
> 科学技术可以生财。搞经济的一定要有科学的眼光。现代西方一些大企业的资本家都懂得靠科学技术赚钱,他们在企业里集中了一批科技人员,专门搞应用研究和开发研究,许多研究成果是当作技术秘密加以保护的。50年代,我们从苏联引进一批工业设施,当时有一些工业部门没有组织研究、消化、吸收,而是测绘,搞翻版。当然,在当

时起了一定的积极作用，但也带来了一些消极的后果，即造成了我们一些部门不够懂得怎样发展自己的技术。现在仍有一些部门热衷于引进外国的成套设备，引进后只当成自己部门的东西，而不是组织全国各方面的力量来消化、吸收。这样做，将会影响国家的长远利益。我们要吸收以往的教训，引进一件消化一件，并加以改进，特别是从中学会独立发展自己的技术本领，这也是一种科学的眼光。

11月17日 前往医院向老同事数学家关肇直的遗体告别，并向其夫人刘翠娥表示慰问。关因病于11月12日逝世，享年63岁。

11月27日 《中国青年报》"科学技术进步是实现翻两番的关键——十二大确定的经济发展战略重点（专刊之三）"，刊发该报记者就青年读者感兴趣的几个问题访钱三强的谈话录，题为"寄希望于青年"。全文如下：

记者：在这次大会上，国务院领导同志说：搞现代化，振兴经济，翻两番，一定要靠科学技术进步；科学技术工作要面向经济建设。这些话，是对科技工作者们说的，也是对部长、省长、厂长、县长、厂长们说的。这些话，对一般有志于振兴经济的青年们是不是也有指导意义呢？我们很希望听听您的意见。

钱三强：要实现十二大提出的到本世纪末工农业年总产值翻两番，在很大程度上取决于现在这一代青年的理想、知识和实干精神。因为现在的青年到本世纪末，正是处在生命的黄金时期，论精力正旺盛，论思想正敏锐，开创社会主义现代化建设新局面的历史重任，很自然地落在他们肩上。而且，青年们能不能成就事业，有所作为，真正为国家为人民作出一番贡献来，关键也就在从今往后的十几二十年中。这个年龄阶段，按过去经验的总结，是属于事业上出成绩的最佳时期，所以应该说，实现翻两番，党、国家和人民寄厚望于经济战线和其他战线的同志，更寄厚望于这些战线的青年同志。

记者：那么，当前他们应当怎样去做呢？

钱三强：这要根据每一个人的具体情况而定。比如，对于那些正在从事或将要从事科学技术工作的青年同志，首先要明确树立起科技工作为经济建设服务的指导思想，同时还要有投身到社会主义现代化建设实践中去的实际行动，哪怕是在一个方面或一个环节上用自己的知识和钻研精神，去为推动生产技术进步，提高经济效益作出些成绩来。其次，要处理好任务与学科之间的辩证关系。50年代时，在中国科学院内曾提出过一个口号叫"任务带学科"，这个口号虽不完整，但据我的亲身体验，这个口号在为完成国家任务这方面起过积极作用。现在看来如果既提"任务带学科"，又提"学科促任务"，那就更确切了。

学科和任务间的关系是辩证的。要知道,把自己从事的学科看得过于重了,而且现在学科又分得那样窄那样细,这对科学技术本身的发展和培养人才都是不利的。再就是要不断扩充和深化自己的知识,使自己既有探索自然规律工作的水平,又有解决实际问题的能力,也就是说既能认识自然,又能改造自然。这种能"文"能"武"的人才,是社会主义现代化建设最需要的。

记者:目前在校青年学生应该怎样贯彻国务院领导同志讲话精神呢?

钱三强:国务院领导讲话对青年学生的指导意义是非常现实的。拿选择专业来说吧,就有一个如何使自己的志愿、兴趣同国家需要相结合的问题。要有意识地去选择那些经济建设急需,而目前技术力量最薄弱的专业。例如农业方面,能源方面,材料科学方面,还有轻工业方面等等。一位纺织部门的负责同志曾经对我说过,纺织行业很缺乏科技人才,据说纺织品染色这个不算太难的科技课题,由于没有专门人去研究,就一直成为问题,不仅影响经济效益,也影响纺织工业的发展。我们有志于振兴经济、繁荣科技的青年,应该积极地面向这些薄弱的、不易引起注意的,而国家又急切需要的生产领域,去贡献自己的聪明才智。再说,这些行业的发展里边,涉及很多的科学技术领域,在完成任务的过程中,一定会促进知识的丰富和学科的发展。那种认为解决经济建设和生产实践难题的工作,不是科学技术,只有写出论文,出版著作,发现定律才是科学技术的观点是非常片面的。我劝现在学习岗位上的青年们,不要抱着这种观点去选择专业和志愿。除了选择专业,在毕业分配上,也有一个考虑国家需要的问题。国家培养人才当然不能提倡"学非所用",但是所谓"专业对口"也不能绝对化。任何一个学科专业,课堂上教的与实际工作需要总是有差距的,百分之百的相符,是做不到的,而且任何一个人也不可能只靠学校学的那点知识就能胜任工作,无论大学毕业的或研究生毕业的,到工作岗位后都有个再学习的问题。事实上,在实际工作中,"改行"的事是经常发生的,是人人都会碰到的。因为任何事物都在发展变化,知识领域也不例外,不能把学得的知识一时没用上和实际需要的知识过去没有学过这种情况,统统称之为"学非所用","专业不对口"。记得50年代中期国家刚发展原子能时,十分缺乏有关的专业人才。但是在党的号召下,在国家需要面前,当时一批有志于事业的大学毕业和研究生毕业的青年同志,还有一些作过多年研究或教学工作的中年同志,愉快地放弃原来熟悉的专业和工作,服从国家需要,略为"改行",默默无闻地为发展我国原子能事业艰苦奋斗,勤奋钻研,结果任务完成得很出色,而且自己也都成长为某方面的业务骨干或领导了。

记者：我们记得，在建国初期，您曾是全国青联的副主席，您对青年一直是了解，是关心的。您还有什么要我们转达给青年读者吗？

钱三强：我想借用马克思的一段话，来与青年们共勉。马克思说："如果我们选择了最能为人类福利而劳动的职业，我们就不会为它的重负所压倒，因为这是为全人类所作的牺牲；那时我们感到的将不是一点点自私而可怜的欢乐，我们的幸福将属于千万人，我们的事业并不是显赫一时，但将永远存在；而面对我们的骨灰，高尚的人们将洒下热泪。"

记者：谢谢。

12月8日　出席由物理通报、数学通报、生物学通报、化学通报、诗刊社、人民音乐、北京首都剧场联合举办的"科学与文明"诗歌音乐会，并致词：

一九八二年即将过去。全国人民正满怀喜悦迎接新的一年。今天这个诗歌音乐会，既是对科学与文明的赞颂，又是首都科技界和文艺界的一次合作与团聚，借这个热烈团结的气氛，我首先向与会全体同志和全体演员同志致以亲切的问候。

科学是人类文明的一个重要组成部分。科学技术发展史贯穿于整个文明发展史。科学与文明有着密不可分的关系。……在我国，科学技术和两个文明建设，进入了一个新的发展阶段，党在期望着我们，国家在期望着我们，人民在期望着我们，我相信，广大科技工作者是决不会辜负历史的重托的，让我们同心协力，勇往直前，为我国经济振兴，科技繁荣，为我国物质文明和精神文明的高度发达而努力奋斗。

12月23日　在中国科学院科技干部职称工作会议上发表讲话，题为"由干部职称工作想到的"。摘要如下：

我只是来结合自己经历的事情随便谈点个人体会。

这几天，我认真学习了小平同志关于加强科技干部管理的讲话和聂总发表在《红旗》杂志上的文章，我觉得这些精神都深刻地总结了我国科技工作发展的经验，对科技界开创新局面有很重要的意义，也许由于自己经历的关系吧，读起来感到非常之亲切。

聂总说，我们的"自力更生"是逼出来的，这是千真万确的。就拿发展原子能事业来说，当初赫鲁晓夫片面撕毁协定，撤走专家，突如其来地对我们进行刁难和封锁，想置我们于死地。他们在临撤走的时候狠狠地说：你们看着吧，给你们留下的是一堆废铜烂铁！我们当时听了这话，真是气愤极了。我们还经历过解放初期的帝国主义的全面封锁,那时,我们要想买一个测量同位素用的计数器,虽然是个最普通的东西,就是买不到;还有核乳胶,别的国家都能成打成打地买,而我们中国人要购买,硬是不卖,你说这些事情气人不气人。可是光受气也不行啊,最要紧的是要争一口气。所以在当时我国的原子核科技工作,不管是搞实验的、工程的,还是搞理论的;无论是学校、科学院,还是其它各有关部门;不论是科技工作者,还是器材、后勤、行政人员,大家同心协力,不分这一行那一行,只要工作需要都愉快地一件一件干起来。那时的青年同志也是这样,根本不去考虑改行不改行,影响不影响出论文,只要国家需要,又使得上劲,就乐于承担,再艰苦也不怕。最近,召开物理学会,碰到了许多当时的青年同志,见了面,他们都很有感慨地说:正是当时那种被逼的形势,才把我们自力更生的劲头激发起来了。现在这些同志遍布全国,成了原子能科技工作的重要骨干和带头人,还有的当了院长、所长,有的做了系主任、室主任。有的一直坚持在新疆等地继续工作,作出了重要的贡献。那时真是劲往一处使,没有那么多门户观念、单位所有、部门所有等思想。当时我们要搞真空,没有真空泵,用外汇买,人家不卖给我们。这时,清华大学有一位讲师便自告奋勇说:我别无所长,只有普通物理的知识,你们需要不需要。我们同意请他来了,他勇敢地承担起真空工作,完成得很好。成为我国第一名真空专家,现在仍然在兰州工作。所以说,被"逼"是发展的一个动力。一争气就锻炼出了人才,就能出成果。就是被逼、受整的情况下,大家团结一致,大力协同,终于完全依靠中国人民自己的力量和智慧在一九六四年成功地爆炸了原子弹,并同时为研制氢弹从理论上作了重要科学储备,致使此后仅仅用了两年零八个月时间,又成功爆炸了氢弹。从原子弹到氢弹发展的速度在世界上几个核国家里头,我们是最快的。这里面有多少人为了国家、为了中华民族争气,硬是不顾一切地艰苦探索,辛勤奋斗,至今人们还不完全知道他们的名字,真正是无名英雄。因此说,当你感到形势逼人,工作中有一种紧迫感时,确有好处,可以振作精神搞工作。相反,如果觉得工作没有一点压力,总是无所谓,那就危险。现在党的十二大为我们确立了开创社会主义现代化建设的宏伟目标,到本世纪末二十年中我国工农业总产值要实现翻两番。振兴经济,实现翻两番,必须依靠科学技术进步,而且把这作为一个战略问题,一个长期的指导思想。现在真正进入了一个新时期,应该说,当前这种大好形势,对我们科学技术界是很逼人的,这次不像六十年代初期,只有原子能和航天事业两大项目,而是工、农、医各方面都需要搞上去,整个国民经济都要搞上去,面非常之广,要求非常之迫切,在这种情况底下,我们应该怎么办。

首先,我们要顾全大局,打破本位主义思想,不管作为哪级机构,特别是领导工作人员,脑子里应该装一本全国的账。对人的使用也应如此。不要觉得凡是我管辖范围的人,最好一个也不要离开我,大家窝在一起。要是这样的话,我们的科学技术发展就没什么希望。尤其管理干部的人,要有一种很高的姿态和气魄,舍得把最好、最顶用的人用到最需要、最关键的地方去,不分是你的还是我的。这样既解决了急需,为国家做出贡献,又能促使人才交流,人才成长。好的人才输送出去了,年轻些的就很快地自然成长起来了。前几年物理所有一个1964年物理系毕业的同志,因为解决两地关系调到宁波瓷厂当了技术员,由于他注意把过去学来的知识密切联系生产实际,到那个厂子短短两年时间就提高了天线磁棒质量,使产品开始出口。又过了三年,原来只有一二十个人的小组,发展成一个独立的宁波磁性材料厂,总产值和利润都接近翻了两番,他们生产的磁性材料在香港属于高级产品,他也当了技术副厂长。象这样的科技人员,在我们院内至少有成千,要不放出去,还不是“一条虫”!一到外边就成“一条龙”了。再说,如果我们还是继续只进不出,助研层的人将成为大肚子,再过几年,这批人又要向高研进军了,那时我们的人员结构就要变成倒三角,那问题就更严重了。培养干部应该是我院的重要任务,关键是要选好人才,大胆使用,而且要舍得给人。五十年代周总理亲自抓原子能时就是这样做的。他头一步就是选干部,他说,发展原子能必须首先有计划地、大批地培养千成上万的熟悉原子能科学技术的干部。那时候,各部门都无私地支持发展原子能事业,教育部从全国抽调一批三年级的物理系学生,集中到北京大学开办技术物理系,请什么人来办,也是周总理让我们点名,从各大学抽调,北京大学、浙江大学、吉林大学、复旦大学等都是二话不说,点谁就放谁。当时清华大学还自力更生地办起了一个工程物理系,为发展原子能工程培养干部。

第二,如何选干部,选什么样的干部。我说,选干部不一定非要选在某行某学科里面资格最老、名望最大的人不可。有名望固然不是坏事,但不能说名望不够高的人就不选拔。对人要全面衡量,主要有这么几点:第一,要能根据党的原则办事;第二,要能团结人;第三,应该有较强的业务水平和组织能力,对事物的判断比较正确,敢于处理问题;同时,还要有一个条件,就是年纪比较轻,要有较旺盛的精力。一个单位如果有了几个这样有本事的人,尽管起初也会遇到这样那样的困难,但总是有希望的,一定会把事情办好的。

第三,要正确考察干部,使用干部。小平同志说,对于那些真正有本事的人,在工资级别上可以破格提高。凡是人才(并不是所有知识分子都是人才),真正行的,要在物质待遇上予以提高。但是从干部本身来说,不应该去计较待遇,要一心用在工作上,真正发挥作用,作出贡献。怎样识别真正行的和有本事的人才,怎样避免奖而不当,这就要建立严格的考核制度,要建立科技人员的业务考核档案。任何一个重视科学技术的国家没有不搞这个的。大学里头也少不了这项工作。从大学毕业的成绩,老师的评语,原来担任什么工作,做出了什么成绩,一般评价怎样,有什么反对意见(主要指业务上),都要记载在案,不然你根据什么评价一个人的成就、贡献呢?凭什么定职称、考核干部呢?所以说抓科技干部职称工作,要靠不断积累。不搞这项工作,作为领导干部部门就必然面前一片黑,不要说全院的干部,就是对一个研究所、一个室里的干部也弄不清楚。过去提升职称,没有这些积累怎么办呢?那就只能让他作一个报告,大家提意见。万不得已的情况下这样作作可以,总不能老是这样凭一般印象,凭一个工作报告。职称工作中除了掌握好标准,还有一个考核内容的问题。前一段在这方面是有些问题的,这次会上大家也提出来了。今后我们在职称工作中不能重理论,轻实践;重学术水平,轻贡献;重研究,轻技术。应该坚持一条,即干什么考核什么。既要注意学术水平,也要看实际贡献。

职称工作,除了科技干部,还有管理部门、图书出版情报部门、仪器生产部门、后勤部门、行政部门、器材物资部门,这些都是整个科技工作的一部分,是不可缺少的。在这些部门工作的同志也有一个相应的职称问题。但要真正搞好,起促进作用,要认真调查研究,找出点道道来,订出具体考核办法。不光背诵某些现成的条条,还要考核工作态度,工作效率,要听取群众意见。这样的话,哪个人应该提,哪个人不应该提,就心中有数了。在有些单位风气不大正的情况下,对反映的意见也要有分析,真正各方面表现好的,就要主持正义,给以鼓励,只要持之有理,我想总会得到多数人赞成的。

专门召开科技干部职称工作会议,恐怕建院以来还是第一次。这次会议开得很好,我相信今后这方面的工作一定会搞得更好。(钱三强,《科坛漫话》,知识出版社,1984年,217~223页)

12月20~25日 在中国物理学会成立50周年之际,主持中国物理学会第三次全国代表大会,先后作关于修改会章的报告和大会总结报告,周培源作工作报告,钱临照作纪念中国物理学会50周年的报告。在第三届常务理事会第一次会议上,当选为第三届物理学会理事长,谢希德、洪朝生、周光召当选为副理事长,管惟炎为秘书长。

12月28日 主持"凝聚态物理及其应用"新年学术讨论会,宴请与会的海内外学者代表。参加讨论会的有来自美国的华裔华侨学者和国内学者共90余人。

1983年 七十岁

1月5日晚 中国科学院工作会议(在京西宾馆举行)期间,和其他院领导一起陪同胡耀邦等参观中国科学院科研成果展览交流会(民族文化宫)。参观过程中,胡耀邦等不时与陪同者谈话,强调科研工作和科研人员要面向四化建设,面向生产力的提高,为生产的发展服务;同时需要改革科技体制,解放思想,允许科技人员通过成果推广和技术转让来增加收入,要切实改善知识分子的待遇等。

翌日 中国科学院根据国务院值班室电话通知,将胡耀邦到院参观展览会的讲话记录上报。

中国科学院工作会议文件(二)"胡耀邦等党和国家领导人参观科学院科研成果展览交流会时的谈话"(根据记录整理,未经本人审阅——原文注)全文如下:

> 中国科学院科研成果展览交流会于一九八二年十一月二十七日至一九八三年一月八日在北京举行。展览会期间,党和国家领导人胡耀邦、万里、王震、韦国清、方毅、杨得志、余秋里、宋任穷、张廷发、倪志福、姚依林、陈慕华、邓力群、胡启立、郝建秀、薄一波、赛福鼎、胡厥文、班禅额尔德尼·确吉坚赞、张爱萍、黄华、张劲夫等同志参观了展览会。现将中央领导同志参观时的谈话,整理如下。
>
> 一
>
> 耀邦同志说:四个现代化的建设没有科学技术是不行的。要提倡科学研究工作和科研人员面向四化建设,面向生产力的提高。基础科学的研究应当重视,但是,当前整个科研工作的重点,应当放在加强应用研究上。不论基础研究或应用研究,都要按照各自学科的特点,尽可能地紧密结合四化建设,为生产的发展服务。应当向蒋筑英、罗健夫同志学习,我们需要千千万万活着的蒋筑英、罗健夫。让他们的精神激励我们,为把我国科学事业推向新的高峰努力奋斗。
>
> 耀邦同志说:到本世纪末工农业年总产值翻两番的目标是完全可以实现的。但要注意,不要前松后紧。前十年的一些重点工程,再也不能犹豫了,要抓紧时间啊!不能老是拖而不办,议而不决。后十年的国民经济发展速度要求相当高,平均每年要递增一千四百亿元。靠哪些得力措施?要开辟哪些新的生产和消费领域?这些都是新问题,

要认真考虑。希望你们也好好想想。

耀邦同志说:国务院成立了一个科技领导小组。你们有什么事情可以找他们,可以找方毅同志,方毅同志是内行。

耀邦同志说:现在科学院人不少,有近八万人,不知是否输送出去了一些?(方毅同志插话:他们正在准备搞一个人才流动的条例。)人才难以流动,主要是什么问题?科学院的人太多,挤在一起不能充分发挥作用。北京这里"龙"太多,发挥不了作用。科技人员下去,就成了"真龙",就会发挥作用。待遇上再高一些,总会有人去的。(方毅同志插话:要千方百计让人才流动起来,只要我们积极想办法,困难是能够克服的。比如襄樊我们就去了很多人,单半导体所就有八个人。)

耀邦同志说:搞四个现代化,应当把现代科学文化知识放在第一位,要重视科学,重视知识分子。过去挑选干部常常把有没有领导经验放在第一位,现在这种做法已经不符合时代的要求。今后挑选干部应当在注意革命化的前提下,把有没有现代科学文化知识放在第一位。四化建设需要大批有知识的科技人员担负各级领导职务。要采取自愿的原则,支持和鼓励科技人员到基层去,到中小城市或边疆去,担任地方和企业的领导工作,或兼任咨询和顾问工作。大批有现代科学文化知识的人担负了各级领导职务,我们的事业就大有希望。不这么搞,轻视知识分子的倾向就转变不过来。有个县十一个常委,没有一个中学生,最近提了两个大学生当副县长,却不让进常委,这是很成问题的。要解决轻视知识分子的问题,不能光喊房子、工资问题,首先要解决各级领导的思想问题。这是干部工作的新课题,靠老套套不行了。

耀邦同志说:中央的政策贯彻到底很不容易。例如农业生产责任制,搞了好几年,全国还有五分之一至六分之一的地方没有推开,估计这些地方要全部推开还得一年。正确对待知识分子的问题,去年才开始叫,也要一步步地来,不可操之过急。从一九八二年算起,大概也需要三五年时间。四化建设还有许多未被认识的必然王国,知识分子问题就是其中的一个。

耀邦同志说:你们科学院如果能够靠自己的收入,实现经费的部分自给,就比较主动了。这应该是个方向。当然,对于一些国家急需的重点项目,尖端技术,以及基础研究,国家还是要投资的,但你们还要主动找饭吃,自己搞收入。可以自办小工厂,也可以与工业部门联合,生产一些高水平的产品。不要什么都搞大厂,那种做法是走了弯路、吃了亏的。(方毅同志插话:这些路子一打开,办法多得很。还可以推广到大学和其他科研部门。)

耀邦同志说:农村有万元户,有的甚至不只是万元。听说匈牙利最富的农民的年收入,相当我们的一万八千元。我们农村照现在这样搞下去,再有七八年,有可能赶上欧洲一些中等发达国家的水平。目前工厂的经营管理办法不行,严重阻碍了生产力的发展,也要推行生产责任制,并且改革工资制度,实行职务工资和以生产经营好坏为转移的浮动工资。从事开发研究的科技人员,也可以考虑实行依靠成果推广和技术转让来确定收入的办法。(方毅同志说:目前在知识分子政策问题上,有许多东西应该解决。科技大学温元凯副教授说:"农民现在可以有万元户,为什么科学家就不可以通过智力劳动和技术转让来增加收入?"科学家现在工资很低,特别是中年科学家。)

耀邦同志说:应该允许科技人员通过成果推广和技术转让来增加收入。如果收入特别多,可以根据国家规定抽所得税。(方毅同志插话:科学院现在每年只有两三千万元的收入。仅有机硅一项成果,就为国家增加收入二十个亿。应该允许科学家多劳多得,这样才能把科学家的积极性更好地调动起来。上层建筑有不少问题急待解决,否则生产力不能得到彻底解放。农村实行的生产责任制,应向工厂、企业、科研以及各个部门推广。)科技人员的待遇太低,成天为生活奔波,怎么能安心搞科研?现在农民收入是大大增加了。科技人员也应该从成果推广和技术转让的所得中抽出一部分作为报酬和奖金,这条路一定要打通。

耀邦同志还关心地询问了高压钠灯是否已经推广,除垢剂贵不贵,大视场实体显微镜的价格,天花粉引产是否有副作用,保鲜袋的作用等问题。耀邦同志说:我们的材料还是非常薄弱的,比如风力发电,主要就是材料过不了关。现在许多东西,工艺上可以搞出来,但就解决不了材料问题,应该认真加以解决。

二

万里同志说:现在真正尊重知识分子的是农民,不是工人,也不是干部。你们科学院能不能组织些人下去,把为农业服务的科技人员分成两部分,其中一部分要下去,给农民当教员,教给农民科学技术。农业生产责任制搞起来以后,科技人员可以做的事情很多。要人尽其才,物尽其用。

在参观光纤通讯时,万里同志说:我们的通讯太落后了,能不能搞得快一些,要降低成本,搞得便宜一些。万里、宋任穷、张廷发、姚依林等同志还很有兴致地当场进行了多元逻辑电路三用电话试验。在参观高压钠灯时,万里同志建议在球场、马路都采用这种灯。当解说员说我们的光圆刻线机已达到世界水平时,万里同志说:真的达到国际水平了吗?可不要吹呀!据我了解,国内有些标准是定得很低的。在参观大视场实体显微镜和分子束外延设备时,万里同志问:能不能进行批量生产?(回答:能生产,但国内销路有限。)万里同志说:要争取达到世界先进水平,要想办法打入国际市场。万里同志详细地询问了保鲜技术的原理后说:要赶快搞,建立生产责任制之后,农副产品越来越多,保鲜是个大问题。一定要降低成本,保鲜袋要便宜,不要买一斤梨,保鲜袋比梨还贵。在参观人工养殖蚯蚓时,万里同志说:蚯蚓除改良土壤外,还可供作动物饲料,可以多搞一些。他指着官厅水库模型说:那里的工作,我抓了三年。那个地方六六六污染厉害,孩子上学打瞌睡,现在不知道怎么样了,要加强治理。当讲解员说我们将来要广泛采用色谱成果时,万里同志问:将来?什么时候的将来?(答:五年之内吧,万里同志对这一回答表示不太满意。)万里同志说:你们搞出许多有经济效益的东西,要加快推广。

万里同志说:蒋筑英能不能不死?太可惜了!太可惜了!对于这样的人才,一定要注意加以保护。

张廷发同志说:激光瞄准、激光炸弹、红外扫描,我们就缺这些东西。美国人的红外扫描很有水平,在森林中划根火柴都能知道,不知你们在电子方面有啥名堂,我们在这方面确实太落后了。当然,不能要求过高,激光炸弹目前搞还不太现实,但一定要搞,抓紧搞。现在不搞,什么时候搞?我有个想法,你们搞科学技术,不搞引进不行,我们的基础太差,速度慢。赵总理讲过这个问题,我们航天工业也是这样。在参观激光治癌时,张廷发同志指着一段解说词说:恶性肿瘤 50% 消失,比例很高,效果不错嘛!这时,有人把卢嘉锡院长介绍给张廷发同志,他很高兴地说:早就听说过,你是福建人,今天见到不胜荣幸之至。我们福建出人才呀。耀邦同志最近说过,我们福建是人才荟萃。在参观 757 大型计算机模型时,张廷发同志说:要重视计算机啊!我在北大西洋公约组织参观时,那里的指挥系统全是计算机。他说:我们从美国进口一台遥感设备,测距是 150 公里,分辨率是 0.3 米,我们能达到这个水平吗?当回答我们测距只有 30～40 公里,分辨率是 15 米时,张廷发同志说:希望你们加把劲,搞得快一点。我们中国人是很聪明的,有这个能力。我们等着你们搞出更先进的遥感仪器来,相信你们一定会搞出来。

姚依林同志详细询问了我国大规模集成电路的成品率后说:这个问题不过关不行。当他听说 757 大型计算机全是国内元件组装而成时说:全部用自己的元器件,这种做法值得研究。还是要进口一些关键的器件，这样速度会更快些。姚依林同志说：我国的合金钢要根据我国的资源情况进行发展。目前，我国在铬的冶炼、分离方面还没有突破，这是个大问题。在参观海洋资源时，姚依林同志说：发展海带生产很有前途。海带产量高是很好的，但如何把它搞得好吃，也是个问题，这有个培养新品种问题。当介绍全国能源消耗一览表时，姚依林同志对宋任穷同志说：他们搞得不错，很准确。姚依林同志仔细观看了二滩前期遥感的说明。他说：这个问题十分重要，是个很大的问题。他对遥感应用于博斯腾湖芦苇资源调查和核电站的选址工作十分赞赏，说：这是很好的工作。

薄一波同志听了解说员介绍氮分子激光器的性能和应用之后问解说员：你是参加此项研究工作的吗？（答：是的，我在物理所工作。）你今年多大岁数？（答：四十五岁。）哪个学校毕业？（答：北大物理系。）工作多久了，老婆孩子在哪儿？（答：工作二十个年头了，老婆也在物理所，两个孩子在北京上学。）孩子多大？（答：大的上高中，小的上初中。）工资多少？（答：六十二元。）薄一波同志对身边的钱三强同志说：怎么，这么少？有点不像话吧！关于改善中青年知识分子生活、工作条件等问题，中央近年来不断有所指示，小平、陈云同志都有过批示，而且带有紧迫感；国务院常务会议上赵总理也专门讲过解决中青年知识分子生活待遇问题，这应引起大家的注意。科学院是知识分子特别是中青年知识分子集中的地方，待遇如此之低，不像话。（钱答：是的，我们认为像他们这样的中年知识分子的工资该是一百五十元左右。）对，我同意你的意见，那怎么现在还这么少？（钱答：低工资的人太多，都长，国家受不了。）照顾到国家财政的困难是“顾全大局”，是对的。但照顾中青年知识分子的身体、生活，使他们为四化做出更多的贡献，则更是大局中之大局，没有中青年知识分子，能建成四化么?!中青年知识分子多是大好事，实际上我们的中青年知识分子是少了，而不是多了。真的中青年知识分子多了，又有什么关系，不好么?!（旁边的同志说：这次调资可以解决了。）可以长多少？（解说员：长两级，可以到七十八元。）长到七十八元，我看也不解决问题，太低了。（钱答：这有我们的责任。）不完全是你们的责任，是由于多年实行对知识分子“左”的政策造成的，臭老九嘛！但是，三中全会以后，中央就拨乱反正了么！（钱答：是的，我们向上反映了，但呼吁得不够。）不是呼吁的问题，要经常的如实的反映具体情况。我们的党中央，在三中全会以来拨乱反正中的最显著的成效之一，就是倾听群众意见；看准了的事，马上就做。关于这个问题，小平同志、陈云同志不是说了吗，党中央的政策是定了的嘛。但还是要不断如实地向有关领导部门反映情况,争取早日解决,这不是与中央对立,而正是与中央保持政治上的一致。薄一波同志又问解说员:现在住房怎么样?(答:一家四口人住一间,是集体宿舍。)怎么,才一间?!(答:科学院知识分子多,大家住房都很紧。)科学院知识分子多,就更应该重视解决他们的困难嘛,不能因为知识分子多就可以容忍这种状况。当然,目前国家还有困难,一下子提高很多还不可能,但总要认真解决嘛!科学院自已也要想点办法嘛!

韦国清同志说:科学院这几年发展很快嘛。科学技术要走在前面,前几年许多人还不理解,现在大家都看清楚了。

在参观声学部分时,韦国清、杨得志同志仔细听了汪德昭所长的介绍后说:水声研究很重要。你们在声呐方面的新技术一定要注意保密。这是国防项目,是我们的专利。韦国清同志对多元逻辑电路三用电话机很感兴趣,说:这在军事上很有用,保密性能好。

胡启立同志说:科学院在大规模集成电路研究方面进步是不小的,现在能搞到16K,这不错嘛。他说:最近哈尔滨从法国进口了海豚式飞机,发现飞机上用了大量高分子材料,外面包了一层碳素纤维复合材料,国内根本造不了。你们科学院有这个能力,应该挂起钩来,这是个大问题。胡启立同志一再询问水果保鲜袋生产能力如何,卖多少钱。他说:去年四川、福建大量橘子运不出去,保存不了,烂了,损失很大。是否可以把保鲜袋改成保鲜集装箱,便于运输?

倪志福同志说:科学技术就是要走在生产的前面,不管在哪个生产领域中都是如此。在参观锅炉除垢剂时,倪志福同志说:现在是不是已经推广?街上有没有卖的?要大量生产,家家户户都要用。科学院要多搞这样的副产品。要大搞太阳能、沼气,这样农民才有积极性。

郝建秀同志对氮化硅陶瓷用于刀具材料很感兴趣,她说:这东西是不是成本太高?如果把本成降下来就好了。在参观激光热处理技术时,郝建秀同志问:这项技术能否用在纺织工业的纱锭上?可不可以进行一下试验?对纺锭进行热处理是很需要的,用激光处理可以保证不变形,又可以提高耐磨率,这项技术我们很需要。在看丙纶纺丝降温及染色改进时,她说:这很重要。你们这个展览会的效果还是不错的,你们应该多进行宣传。今天时间太紧,我以后还要争取再来。当看到织布机墙板用胶粘剂粘接后寿命提高三四倍时,郝建秀同志高兴地说:这很好,回去叫部里的同志也来看看。对有机硅乳液整理,郝建秀同志问:价格是不是提高了?要想办法把价格降下来。她看到扫描电子显微镜时说:这种仪器轻工纺织也可以用,如果便宜的话,我们可以买。最后郝建秀同志说:看完以后印象很深刻,科学院做了不少工作，特别是激光、电子计算机诊病、自动绘图仪和遥感等，印象更深。

陈慕华同志听到用声呐探测鱼群，有一网打了42万斤时说，这办法很好，应当推广。同时也应考虑贮藏和运输问题。她说：南海人工养殖的珍珠很好。我在外地看到人工培育的珍珠质量不好，没有光泽，珠体不圆，串在一起就象一串大米花。她说：你们研究海洋农牧化很好。我在朝鲜元山市看到一种毛蟹（海生），壳不大，里面没有什么东西。可是两条腿很粗，一个不到手掌大的螃蟹就能剥出一碗肉来，而且味道鲜美。建议你们引进并研究培养繁殖。我在朝鲜时已向他们谈过。陈慕华同志说：希望科学家们能为我国水果的保鲜做些工作，包括保鲜、贮藏、运输等问题。这方面我们每年损失极大。另外，我国的水果有的退化了，如香蕉个小不甜，哈密瓜皮厚，白兰瓜也变种了。希望科学院在水果品种上下些功夫，解决问题。陈慕华同志看到计算机诊病、开药方时，高兴地说：这工作很有意义，我向你祝贺。对激光治癌，她说：一年的观察期还不够，还要多做。最后，陈慕华同志说：你们这次展出的内容真丰富！

1月8～12日 主持数学物理学部全体学部委员会议，并代表学部常委会作工作报告。

1月18日 写信给在美国学习的儿子思进，嘱咐将来做研究工作“要有股闯劲，也就是创新精神”，“要对社会做出有益贡献”。信如下：

思进：

我所希望于你的是，在这两年左右时间内把博士论文做完，赶快回来参加祖国的科学事业。做研究工作是一生的又一个新阶段的开始，不是没有困难的。你过去还是克服了不少困难，我相信这研究开始阶段的可能，你是能克服的。这里需要有股闯劲，也就是创新精神。同时要同国外和国内的老师和同行们经常请教和交流经验。

你这几年的环境是复杂的，但一定要相信祖国在十二大以后会比较快地复兴和发达起来。今天早晨国务院科技领导小组成立后召开了第一次大会，动员编制科技长远规划。我们经常回忆的五六十年代搞两弹的黄金时代，又将到来，并且针对国民经济发展，涉及面更广。到2000年以后，我国将在世界上进入比较先进的行列。这个日子的到来是经过多少人民100多年来受帝国主义的压迫后艰苦奋斗得来的，你祖父和我们这一代人都是在这场斗争中努力过的。近十多年来你们这一代受了不少委屈，但打倒“四人帮”以后，形势还是转得比较快，到2000年你大约五十岁，你是可以看到和参加到这个百年斗争的洪流中去的。你祖父和我们都是对社会做过一些有益的工作，虽有不少缺点,但是问心无愧的。希望你们也能做到问心无愧,并对社会做出有益贡献。……

3月6日 接读李政道从北京饭店送交的《设立科研流动站的初步建议》一文,其对"科研流动站"的目的、组织、经费等提出建议,设想"研究站将造成千余位青年科技工作者的必然流动性,而在这流动中可选拔人才,留精去芜"。

李政道来信及"建议"如下:

三强副院长:

附上一文尚祈指正。

专此敬祝

公安

政道

八三.三.六

目的:

1.近几年来国内派出留学生学科学的颇多。因出国时均皆年轻,得博士学位回来后,恐怕需要一段时间使他们了解国内现况,亦使国内研究院了解他们的情况,这样才可充分发挥他们的力量,"研究站"可帮助解决一部分这一类的问题。

2."研究站"亦可成为推动青年科技人员流动的永久方法之一(不仅是从国外回来的学生,也包括国内各研究院的毕业生及在各院的青年研究人员)。

组织:

1.在国内选若干(请参阅第四页)有实力的属科学院的研究院、属大学的研究院及属工业部门的研究院,各增设"科技研究流动站"(简称"研究站")。

2.每站的研究员任期为一年,成绩优良者或可延期一年,但总共不能超过二年。

3.各站的研究人数需固定,但不能太多,约十来位。

4.各研究站应充分利用所属研究机关的设备。

5.各研究员的科研专题必应有适当的自由权(大体而论,学理论的不妨可完全自定,学实验的宜与其所属研究院的科研题有关)。其科研成果为所属研究院的成果之一。

6.每研究员一年(或二年)任期完后必须离开研究站。因而产生的空额,可请新的研究员,这样就形成了必然的流动。

研究站的固定研究员人数必须每年严加保护，绝不能与所属研究所的其他研究人员的名额和位置相混。

经费：

因为每研究员仅需薪金，如无研究站他们亦需薪金，从国家整体来讲，有研究站和无研究站的费用基本上是一样的。

估计：

1. 科学院或可设四五十站，每站约10人。

2. 教育部或可选二十来所大学，每校选二三已有实力的科目各设一站，每站亦约十人。

3. 工业部门的研究院也可相应的设若干研究站。

李政道

一九八三年三月五日

（李注：研究站造成千余位青年科技工作者的必然流动性，而在这流动中可选拔人才，留精去芜。）

3月11日 根据国务院决定，国务院学位委员会进行调整，钱三强继任调整后的国务院学位委员会的副主任委员，胡乔木为主任委员，副主任委员还有何东昌、武衡、张光斗。15日，出席国务院学位委员会第四次会议，在会上作了题为“我国实行学位制顺乎人心”讲话。据《学位和研究生工作简报》第10期[①]载：

国务院学位委员会三月十五日召开了第四次会议。委员们在讨论一九八三年学位工作安排时，对如何进一步做好学位授予工作发表了很好的意见。

钱三强说了下面三点意见：

1. 粉碎“四人帮”，拨乱反正后，科学界有三件大事属于基本建设性的措施。一是科学院增补学部委员。经过二十多年，学部委员的年龄都比较大了，而且减员很多，要不要增补，实际上是要不要学术领导机构的问题。今后还要陆续增补一些优秀的中年科学家。这不是新事，但是件大事。二是建立我们自己的学位制度。自资本主义产生以来，学位就是所有近代国家（包括社会主义国家）教育和科学事业独立发展的一个标志。我国学位制的实行顺乎民心，对我国科学的发展肯定会起很大的推动作用。三是自然科学建立了奖励基金。五十年代

① 国务院学位委员会办公室、教育部研究生司编

曾奖励过一次,后来就中断了。这次开奖励大会,赵总理做了非常重要的报告,深刻阐明了科学技术发展的各项政策。我赞成首批授予学位开一次授予大会,要搞得隆重一些。胡耀邦同志在纪念马克思逝世一百周年大会上的讲话非常鼓舞人心,深刻地阐述了知识和知识分子的重要性。召开学位授予大会也是一次宣传科学技术,宣传知识和知识分子重要性的好机会,对我国科学、教育事业的发展会有很大的促进作用。

2.在职人员和同等学力者申请学位问题已经列入一九八三年工作计划,并力争一九八四年实施,这条非常好。在学校,在工厂,在研究所都有一大批有真才实学的科技人员。学位制度要有利于发现在职人员潜在的才能,有了这条规定,我们的博士就会很快地增加起来。希望能在一九八四年授予一批,发现一些优秀人才。可以肯定今后再出博士就不是十几个,而是几十个,上百个了。

3.学科、专业目录,这次修改得比较好。目录里列出了一些交叉学科,很有必要,比如,科学管理和自然科学史。在过去,我们脑子里只有纯科学的东西。第二次世界大战期间才逐步发展起来或叫科学管理学。理论性强一些的是科学学,实践性强一些的就是科学管理。美国在研制第一颗原子弹的过程中,重视了科学管理工作,提出管理科学的重要性。现在科学技术发展了,特别是经第二次世界大战后,自然科学和技术以及经济、哲学等学科之间都有交叉,逐步出现了对工业和科学技术的发展产生积极作用、具有很强的基础性和应用性的新学科。这次目录中加上管理科学,是很有预见性的,看起来是小事,但对将来的影响会很大。(会上发言的还有:季羡林、梅益、钱信忠、白寿彝、孙俊人、黄家驷、沈元、高景德、张光斗、钱学森)

(钱学森发言说:以前我曾在学位委员会上提出过,要开展学位研究,这个问题很重要。我们要培养高质量的硕士和博士,具体要求是什么,要根据我国的实际情况,外国的做法也可以参考。学位办公室要成为智囊、智力机构,要有个专门班子来研究学位和研究生工作。就象三强同志所说的、管理科学(我习惯称它为系统工程)这类软科学,不是光请专家议论一下就行了,要有个班子汇总情况,收集资料,提出办法。经过几上几下,意见才比较成熟。学位问题研究起来很复杂,千头万绪,涉及的问题很多。比如高等学校与科研机构联合培养研究生就涉及许多问题。还有象工程学位问题,如何培养出高质量的研究生等问题,都要研究。)

3月下旬 接受《经济日报》记者专访,就科学技术面向经济建设发表谈话。是月30日，该报发表专访文章，题为“科学技术要面向经济建设——访中国科学院副院长、著名核物理学家钱三强教授”。翌日，曼谷《新中原报》据中国新闻社电节转此文，题为“中国科学院(副)院长钱三强谈科研”。

《经济日报》3月30日刊文如下：

科学技术要面向经济建设，经济建设要依靠科学技术，这是振兴经济的一个战略问题。为此，我们访问了中国科学院副院长、著名核物理学家钱三强教授。

一开始，钱三强教授介绍了1959～1969年中国科学院接受国家任务、参加国防现代化建设的一段历史。当时，聂荣臻同志负责国家科委和国防科委的工作，要求中国科学院组织力量和国防工业部门一起，共同完成国防现代化装备的研制任务。那时，中国科学院只有四十多个研究所，为了完成这项任务，拿出了与此相关学科的二十多个研究所，即一半以上的科研力量，来协同国防工业部门攻关。经过这一场硬仗，促进了我们科学技术水平的提高，更重要的是造就了一批能文(学科研究工作)能武(为国家解决现实需要的科学技术问题)、又红又专的人才。

作了上述历史回顾之后，钱三强教授说，从大的方面来讲，新中国成立三十多年来，国家向中国科学院提过两次要求，一是1959～1960年开始的那一次，第二次就是现在中央提出的科学技术要面向经济建设，经济建设要依靠科学技术。中央领导同志明确要求科学院根据国家的急需，与其他部门的科技力量一起，协调一致地并肩作战。这是国家在更广泛的领域里，向科学院提出的殷切期望，也是在科学院工作的广大科技工作者，为国家为人民作出贡献，并在实践中提高科学技术水平的大好时机。如果这件事做好了，我们可为国家立大功。

学科与任务的关系，长期以来被科技界视为一个敏感的问题。一般来说，学科发展与任务攻关的关系处理好了，也就从理论和实践上解决了科学研究与经济建设的关系问题。钱三强教授对这一问题作了分析。他说，中国科学院过去提过一句口号叫“任务带学科”，我想应当补充一句“学科促任务”，这样比较完整一些，更符合学科与任务的辩证关系。钱三强教授认为，国家任务和科学家自选课题不一样，是硬碰硬的东西。一般来说，它是不能随便改变的，要求我们去努力适应国家需要。在实践中，就存在一个研究方向要根据任务或多或少要作些转移的问题。这种转移，既是为了完成国家任务的需要，也符合科学研究工作本身的发展规律。为了用事实说明这一见解，他向记者叙述了在核物理领域里，科学家们是怎样在不停地转变研究方向中探索前进的。英国物理学家卢瑟福,用放射性元素发出的α粒子轰击氮原子,获得了氧的同位素,第一次实现了元素的人工嬗变。德国的波特顺着卢瑟福的路子走。他用α粒子去打击铍,发现了比X射线的穿透力还强的射线。他的发现,又引起了别人跟着他转;约里奥-居里夫妇把研究方向转过来以后,比波特又有了新发展,他们观察到这种特殊射线能把质子碰撞出来,若是用γ线去解释,γ线的能力大得不可想象;卢瑟福有一个学生叫查德威克,他经常听到卢瑟福讲有可能存在一种粒子,质量与氢原子差不多,但不带电。带着这样的指导思想,他再去作类似约里奥-居里的试验,几个月就证明了这种特殊射线,就是卢瑟福所设想过重量与氢原子差不多,但不带电,这就是"中子"。另外一个例子,德国化学家哈恩和斯特拉斯曼在受到法国约里奥-居里夫人和南斯拉夫萨维奇的试验证明铀和钍在中子打击下,产生了一种非常象"镧"的放射性元素的启发,证明铀和钍受中分子打击产生了放射性"钡",终于发现了铀的裂变现象。

钱三强教授说,裂变的发现,意味着从原子核内部获取能量可能变成现实。也就是说,这一重大发现,使核物理研究从研究阶段,转向了实际应用的阶段。他指出,在这一科学史上的接力赛中,几乎所有的人,都把研究方向作过适时的转变,取得了不断发展。所以说,研究方向的"转",对科学家来说,是常有的事。

钱三强教授指出:历史上的、外国的科学家都能根据自己对于科学发展的洞察力来"转",我们为什么不能为适应国家急需、为面向经济建设,对科研工作的重点作一些转移呢?1959～1960年,当时原子能研究所从事理论物理研究的人,大多数都转向了原子弹、氢弹的工作,并出色地完成了党和人民的重托。可见,真正的"栋梁之材"是在结合解决国家重大科学技术任务中造就出来的。

钱三强教授最后对记者说,科学技术工作要转到面向经济建设的轨道上来,实际上存在一个觉悟问题,一个与党的事业同呼吸、共命运的问题。能否根据国家需要来接受任务,这对我们科技工作者是一个考验。承担国家硬任务,压力是大一点,但是,一个人总得要有一点压力,处理好了,压力就会转化为动力。为了实现经济建设的宏伟目标,我们应当勇挑重担,真心实意地、脚踏实地地去面向经济建设,为工矿企业的技术进步服务。

4月 受聘担任《自然辩证法百科全书》编委会顾问。受聘为顾问的还有史丹、卢嘉锡、李昌、陈珪如、钱学森、潘菽。于光远为编委会主任,副主任有邢贲思、李宝恒、何祚庥、赵中立、范岱年、查汝强、钟林、龚育之。

4 月 10 日 出席中国科学院管理科学工作会议，并就科技改革的形势、管理科学研究的意义，以及发展交叉学科等问题在会上作了报告。会议至 16 日结束。

4 月 11 日 应商务印书馆 1978 年年初和 1983 年 3 月两次约稿，为修订重版《居里夫人传》(艾芙·居里著)中译本作序。序文为：

当人们谈起近代科学的历史时，不能不联想到原子能时代的开创者之一——居里夫人。作为一位杰出的科学家，她一生中所作出的贡献卓越非凡，是世界上第一个两次诺贝尔奖获得者；作为一位伟大的女性，她赢得了世界人民的同情、支持和敬仰。

然而，居里夫人的一生，有成功也有磨难。

她出生于一个被沙俄占领的波兰教师家庭。民族的压迫，社会的冷遇，生活的贫困，激发了她的爱国热情和发奋精神，她决心努力学习，用知识武装自己。1891 年，她靠自己当家庭教师积攒下的钱，从华沙到法国巴黎大学求学。经过刻苦努力，三年中她先后获得了物理学和数学学士学位(Licence)，并取得进研究室工作的机会。1894 年，她结识了居里先生，为科学献身的理想，把他们永远联系在一起。

他们生活清贫，工作、学习都十分紧张。1896 年，在居里夫人分娩大女儿伊莱娜期间，法国亨利·柏克勒尔发现了铀的放射性。她怀着极大兴趣阅读了柏克勒尔的报告，开始系统地探索除铀以外，是否还有别的化学元素具有类似的放射性。于是她对当时已知的 80 种元素一一进行测试，先是发现已知元素钍和铀一样能放出射线，进而发现了两个比铀的放射性更强的新元素。居里夫人时刻不忘自己的祖国，她决定用波兰(Poland)命名第一个新发现的元素为“钋”(Polonium)，另一个新元素为“镭”。科学的攀登还有更艰巨的路程。他们要开始进一步的研究工作，但没有适用的实验室和缺乏其他的物质条件，仅仅在巴黎市立理化学校内找到一间上漏下潮的破旧棚子，略加修整后就成了他们的“实验室”。在这里，他们不但进行了大量、周密的科学研究，还要从事繁重的化学工艺的操作，从几十吨铀沥青矿废渣中进行无数次的溶解、蒸发、分离和提纯。经过整整四年的辛勤劳动，终于第一次提炼出了十分之一克多一点的纯氯化镭，并测定了镭的原子量。后来还第一次获得了金属镭。1903 年，巴黎大学授予居里夫人国家理学博士学位，又和居里先生、柏克勒尔一起获得了这一年的诺贝尔物理学奖。

磨难接踵而至。1906 年，居里先生因车祸不幸逝世。居里夫人尽管内心悲痛，却仍然以坚强的意志生活着，工作着，她继任了居里先生在巴黎大学的讲座,指导实验室工作,潜心研究着各种放射性元素;同时,她还完全担负起供养老居里先生和教育两个女儿的责任。

居里夫人成了世界公认的卓越科学家以后,还不断受到科学界顽固保守势力的冷遇和压抑。1911年,她接受朋友们的劝说,参加了法国科学院院士的竞选,结果却以一票之差落选。反对者所持理由之一是,女人不能成为科学院院士。然而公正的人们敬仰她,就在同年12月,她第二次获得了诺贝尔奖(化学奖);不久,法国医学科学院选她为院士。

科学不是为了个人荣誉,不是为了私利,而是为人类谋幸福。这是居里夫人和居里先生一贯遵循的原则。在他们发现镭后,为了使镭尽快地服务于人民,立即公开了提取镭的方法,拒绝申请专利权,尽管那时他们的生活还很艰难。在第一次世界大战期间,为了救护伤员,居里夫人把X射线设备装到汽车上,奔走在战场各处巡回医疗,挽救了大批受弹伤士兵的生命。她热爱人民,而对自己却想得极少。在她刚开始从事放射性研究时,由于不了解射线对人体的破坏作用,没有采取必要的防护措施;后来又长期在条件很差的环境里工作,致使有害物质严重危害了她的身体,得了恶性贫血病,就是在她生命垂危的时刻,她也没有因为一生的磨难和不幸遭遇,有过丝毫抱怨和遗憾。

使她兴奋的是,巴黎大学为她盖起了镭学研究所,东边是居里实验室,西边是研究射线对生物的作用的巴斯德实验室。在居里实验室这个名副其实的国际科学机构里,她每天指导各种有关物理与化学的研究工作。在她的指导下,居里实验室完成了有关放射性研究的论文达500篇以上,其中有许多是开创性的研究成果;最为突出,同时也是她最高兴的是,1934年她的长女伊莱娜和女婿约里奥发现了人工放射现象,并于1935年获得了诺贝尔化学奖。她的实验室培养了一批优秀的法国和外国的科学家,后来法国的学生们大多数成为法国原子能事业的骨干,现任法国原子能总署的高级专员泰雅克,就是其中的一个。

在了解了居里夫人的光辉一生以后,我们从中得到的教益和启迪是深刻而广泛的。第一,受压迫,处困境的人们,只要意志坚强,不畏艰难,勤奋学习,勇于攀登,胜利与成功之路是可以走通的。第二,要接受和支持新生事物,要用创新精神去从事科学研究和其他一切工作,并且要有百折不挠的毅力和勇气去完成它。第三,在科学的道路上,有时特别是妇女工作者,可能会遇到不应有的压抑和歧视,但只要有信心,有脚踏实地的忘我工作精神,保守的枷锁和禁锢,是可以打破的。第四，在科学研究和其他工作中，一定的物质条件是必要的，但是更重要的是要自己动手，自力更生地去创造条件，永远保持艰苦奋斗的精神。

我到法国去做研究工作时（1937 年），居里夫人已经去世。但我在居里实验室工作了 10 年，我的老师正是居里夫人的长女约里奥-居里夫人。她的简朴的生活，对虚荣的蔑视态度和对青年的热情关心与指导，以及研究室里的浓厚的学术和民主讨论的气氛等，都继承着居里夫人的优良传统，使我荣幸地，又是间接地受到了居里夫人的学术和品德的教育。

1978 年，我有机会重返阔别 30 年的巴黎，我怀着崇敬和激动的心情，参观了居里夫人和我的老师以及我本人工作过的实验室，那里的一切，几乎没有什么改变，只是当时的实验室现在成为纪念馆；在实验室的小花园里，伫立着两尊头像，一尊是居里夫人，一尊是居里先生；过去的“比埃尔·居里街”，现在改成“比埃尔和玛丽·居里街”；邻近的“先贤祠”(Panthèon)，埋葬着居里夫人的老朋友、进步的科学家佩韩和郎之万；居里夫妇和约里奥-居里夫妇，都静静地长眠于“梭镇”坟地。他们的生命停止了，然而，他们为人类创建的丰功伟绩，是永远不会磨灭的！

艾芙·居里为她的母亲撰写了这本言情并茂的传记，使后人得以了解这位伟大科学家自强不息的一生，我们应该深深感谢她的劳作。

4 月 28 日 列席中国科学院党组会议。在讨论物理所所长管惟炎所谓打击报复陈春先的新技术扩散小组和服务部问题时，发言说：

这件事作为经验教训相当典型。现在提倡改革，而我远远不够一个改革派，我自己认识不够。科学院以学科为主，结合经济建设，认识不足。现在是又要改革，如何改革，有不少新课题，要么成为保守派，要么成为风头派，都是不对的。我个人认为管和陈恰恰是两个极端，管对改革不大积极，而陈是积极的，但有些胡来。我认为不能各打五十大板，要站得高一点，把他们的优缺点都恰如其分非地总结出来。这样对物理所的工作也是有好处的。（中国科学院院档：1983－1－4）

5 月 12 日 在《人民日报》发表署名文章，谈怎样培养和选拔学术带头人和技术带头人，文题为“科技队伍建设的一个重要问题”：

科学技术工作要开创新局面，适应现代化建设的需要，一个很重要的问题，是要加强科技队伍的建设，努力培养和选拔学术带头人或技术带头人。

所谓“带头人”,并不一定是本门学科或本项工程技术里,年龄最老、威望最高的名人,但应该是有本事的人。本事就是:在学术上或技术上有一定造诣;有运用知识解决问题的能力;有干劲和创新精神;善于识人,用人,团结人。这样的带头人,研究所里需要,工厂企业里需要,大的科技攻关项目中同样需要。第六个五年计划中,国家围绕经济和社会发展的需要,对生产建设中带关键性的38个科技项目,列出了100个攻关课题。组织科技攻关,是当前一项很迫切的任务。如果每一个攻关项目,都选拔那么几个有本事的带头人,通过他们组织起一支科技骨干队伍,并且给予一定的人、财、物的支配权,开展社会主义大协作,那么,我们完全可以相信,攻关的效果和速度就一定能够大大提高。科学技术工作,不能靠人海战术,也不能靠拼财力、物力。一个单位,人多、钱多、设备条件好,不一定出的成果就多,科研水平就高,关键要看有没有一批有本事的带头人,要看人员的组合和使用是不是合理。

有本事的带头人从哪里来呢?靠培养,靠发现,靠实际锻炼。培养选拔人才,不是一件轻而易举的事,人才不是自然而然冒出来的;相反,往往会遇到传统观念和习惯势力的阻碍,例如资历、名气、威望等这类论资排辈的框框,就经常阻碍着人才的发现。只有坚持培养,突破禁锢,人才才能成长起来。记得20多年前,我国原子能事业起步不久,急需一位负责设计最后产品的科学技术领导人。当时任二机部部长的宋任穷同志要我推荐。经过酝酿,结果选中了一位中子物理研究室的副主任,他还属于当时科技界的“中”字辈,仅三十五六岁,论资历不那么深,论名气没有那么大。那么,为什么要选拔他,他有什么长处呢?第一,他具有较高的业务水平和判断事物的能力;第二,有较强的组织观念和科学组织能力;第三,能团结人,既与年长些的室主任合作得很好,又受到青年科技人员的尊重;因而他可以调动整个研究室的力量支持新成立的设计机构;第四,年富力强,精力旺盛。实践证明,他不仅把担子挑起来了,很好地完成了党和国家交给的任务,作出了重要贡献,而且现在已经成为我国国防科学技术工作的能干的组织者、领导者之一。现在他还不到60岁,还可以为发展科技事业和培养人才继续显身手。这是我了解并亲身经历过的一个例子。这个例子,既说明培养和选拔科学技术带头人的重要,同时也说明,选拔人才必须破除陈规旧习。

应该说,我们现在培养选拔学术带头人,更有条件了。实行了学位制,将对人才成长起重要促进作用。同时,另一个重要方面,在我们各个部门和各条战线,有一大批既有实际工作经验,又有一定学术水平的中年科技骨干，他们虽然没有获得学位，但按实际的能力和水平，并不亚于国外的博士；而且许多人已经独挡一面工作，做出了很好的成绩。他们完全有可能成为（或者实际上已成为）学术带头人，问题是要有人去了解、使用和选拔。为此，应当考虑经过一定的考核手续，授予他们相应的学位，希望有关部门抓紧制定并实施给在职人员授予学位的措施。

现在许多同志用人，喜欢用顺手的人。我觉得“顺”与“不顺”要作具体分析。不好好工作、故意扯皮闹纠纷，这样的人如不克服毛病是不好用的。但也有另外一种情况，有的人习惯于唯唯诺诺，见机行事，逢人便说好，专门搞关系学，而不用心钻研业务，不独立思考，工作中缺乏创新精神，这样的人，用起来是顺手，可并不是事业所需要的人才。优秀人才，首先具有一种事业责任感，他判断事情、发表意见，只是从对事业负责的态度出发，而不大考虑个人得失和人缘关系，因此，往往说话办事不那么“顺”。但是，使用这样的人，对工作很有利。这些人也可能有缺点和不足之处，因为从多年经验看，一个人的优点，往往同他的缺点联系着。比如，有创新精神、能干的人，往往喜欢发表见解，有朝气，这是优点；但如果过于坚持己见，不大考虑别人的意见，有时就显出固执或自傲，这就成了缺点。再好的人才，不论是在培养选拔过程中，还是已经成为“带头人”以后，都会有不足之处，关键是对他的优点和缺点、长处和短处，要做具体分析，要发扬他的优点，帮助他克服缺点。这就叫知人善任。

总之，培养选拔学术带头人或技术带头人，是加强科技队伍建设的一个重要问题，我衷心希望各个方面为他们的成长创造条件，让成千成万的优秀人才涌现出来，为开创社会主义现代化建设的新局面，发挥更大的聪明才智。

5月17日 应大百科全书出版社约稿，为《中国大事年鉴》（英文版）撰文《中国科技发展的新局面》。全文3000余字，主要介绍和阐述1978年全国科学大会以来，党和政府为发展科学技术所采取的一系列重大决策和措施，因而中国的科学技术事业进入了一个新的发展时期，出现了可喜的新局面；文章同时认为：从整体来说，我国的科学技术还比较落后，我们要不断地向国际先进水平学习，加强交流，互相促进，争取为人类进步做出更大贡献。

5月27日 出席国务院学位委员会和北京市在人民大会堂联合举行的中国首批博士学位证书授予大会，首批博士18名来自中国科学院等单位。硕士学位已授予两批，计14 815名。

6 月中 应《中学生数理化》杂志约稿，在该刊发表署名文章《要重视物理实验课》[①]。文章就为什么要重视物理实验课，物理实验课(及化学实验课等)对培养科学态度和科学作风起着重要作用，如何把物理实验课教好等问题，进行生动有趣的论述：

据说有些中学生不大重视物理实验课。我想出现这种情况的原因可能是多方面的，责任不完全在学生本人。虽然如此，我还是想就这个问题主要对中学生发表几点意见。

第一点，为什么应该重视物理实验课。大家都清楚的，学生在中学阶段学业上有两个方面的任务，一是打好基础，一是培养能力。这里讲的打好基础，按我理解是指包括物理在内的各门学科的基本知识，如基本概念、定律、原理和基本方法等。至于培养能力，那就内容更广了，有阅读能力，观察能力，分析能力，理解能力，综合能力，判断能力和动手能力等。打好基础和培养能力的任务，无论是对重点中学或一般中学，无论对程度较高些的同学或程度较低些的同学，都是共同的。因为中学结束后，继续升学也好，就业工作也好，都必须具备这两方面的条件，才能适应下一阶段学习和工作的要求。

要打好基础和培养能力，老师的讲授、启发和指导是重要的，但更重要的还是要靠学生自己努力，靠自己通过动脑动手去实现。而现在中学设置的物理实验课，正是起到促进动脑动手，手脑并用的作用。凡是参加过实验训练的同学，就能体会到，上好实验课往往是对获取知识的检查、督促和消化。比如你要动手做某项实验，首先必须弄懂指导这项实验的定律是什么，原理是怎样的；其次，你得要有正确的理解；要求再高一点，你对这些知识的来龙去脉，还应该条理比较清楚。如果不是这样，实验就很难进行，更不用说取得成功了。

当然，实验课还不只是对学过的知识起复习和检查作用，它还可以也一定会扩大知识范围，激起探求未知的兴趣。比如，你要是认真进行过惠斯通电桥实验，除了掌握测定方法外，还会接触到电桥的其他多种用途，觉得其中学问不少。所以说，物理学是一门从实验中发展起来，并以实验为基础的科学，实验不仅是形成概念、掌握规律的基础，同时又是培养应用规律解决实际问题的能力，开拓知识视野的重要手段。因此，重视物理实验课应该是理所当然的。

第二点，物理实验课(其他实验课如化学实验等也一样)还对培养科学态度和科学作风起着重要作用。这一点往往被人们忽视。中学

---

① 文载《中学生数理化》1983 年第 7 期

生可能对它比较生疏，不了解什么是科学态度和科学作风，它包括哪些内容。顾名思义解释，所谓科学态度就是对待科学的态度，所谓科学作风就是研究科学的作风。科学态度和科学作风，是一个人优良品德的重要组成部分。具体内容大致为：献身精神，创新精神，虚心客观的态度，严谨治学，实事求是等等。科学态度和科学作风是从小就要注意培养的，要长期坚持，将来一生中会产生多方面影响。中学阶段是一个非常关键时期，而直接参加实验训练正是培养科学态度和科学作风所不可缺少的。学生参加实验活动过程中，开始接触到自然现象、生产建设和现代科技技术发展的实际，由学习书本知识向运用书本知识过渡，因而对知识的独立性、准确性、灵活性等方面有了新的要求。正是这种锻炼的机会和方式，能比较有效地促使科学态度和科学作风的逐渐形成。

科学态度和科学作风对于一个人成就事业的重要性，丝毫不亚于他们的知识和能力，甚至可以说更重要。古今中外，凡是有成就、有建树的科学家，他们的科学态度和科学作风都是取得成功的重要条件。拿天文学家哥白尼来说吧，如果没有追求真理、严谨治学、勇于冲破神学禁锢的态度和作风，那么“日心说”就不可能出现。又如物理学家居里夫妇，正是由于他们具有不畏艰苦，献身科学，为人类谋幸福的科学态度和作风，忘我地长期坚持在极其简陋和困难的条件下进行科学研究，终于发现了放射性新元素钋和镭，并且拒绝接受专利，立即向全世界公布了提取镭的方法。

第三点，希望把物理实验课教得更好。据了解，虽然中学物理实验教学近年来有了可喜的改进与提高，但至今仍是一个薄弱环节。这里有历史的原因，认识的原因，仪器设备的原因和教师队伍方面的原因。此外，我觉得还有一个重要原因，可能存在我们一些教师的教学指导思想上，就是为了应付考试。有些外国人士说，外国学生要和中国学生比考试，是难以比得过的，总是中国学生要显出明显的优势；可是要考察知识的广度和灵活性，以及动手的能力，中国学生却显出一定劣势。按我看，考试成绩好不是坏事，不存在纠偏的问题，相反，应该努力发扬这个“优势”。但是，对于“劣势”确应有清醒的认识，引起各方面重视，并努力把劣势变成我们的优势。有什么办法呢？我看，解除怕影响考试的顾虑，加强实验物理教学是办法之一。

教好物理实验课，从当前情况看应着重解决好几方面的问题。首先，要端正教学指导思想，改变专门应付考试的被动状况，既关心学生当前的学习，更关心他们将来的发展。有一位中学物理特级教师，很注意全面培养学生。有一年他带毕业班，用了一个月时间来指导学生复习实验,结果高考没有出一道实验题,有人说他白费力了。这位教师却不后悔,说:我的教学不专门是应付考试的,是为了学生长远着想的。我认为这种思想是对头的。继续上学总是少数,多数青年将随着国家的需要,参加建设工作。多学习一点物理实验和化学实验,将对参加建设工作起很大作用。其次,要本着自力更生精神,带动学生一起解决一些必要的仪器设备,这样也可借以培养学生的动手能力,熟悉实验课目的有关情况。再就是,教师队伍也有一个提高实验技能的问题。去年,南京工学院和江苏物理学会通过联合举办中学物理实验学习班,对提高中学教师的实验技能,起到了很好的作用。这是提高中学物理实验教学水平的一种有效措施。

总之,加强中学物理实验的训练对增长知识和能力、培养科学态度以及对我国实现四个现代化都是一个很重要的措施。希望同学们、教师们和各级教育部门认真加强这个环节。

6月 《科学学研究》创刊,被推为该刊编委会顾问。

(按:陈益升回忆:起初,刊物拟名为《中国科学学》,三强先生认为刊名标志刊物性质和内容,我们的学术刊物不仅要反映中国的研究水平,而且要反映国外的研究进展,成为沟通中国与世界各国界学术交流的桥梁。鉴于三强先生的意见,刊物出版时定名为《科学学研究》。)

6月 应《光明日报》约稿,撰写文章畅谈聂荣臻领导科技工作的往事,题为"科技工作者的知心领导人——回顾聂荣臻同志领导科技工作的成功经验"文如:

在参加党的十二大会议期间,我们科学界、教育界、文化界的代表,曾经有机会在一起举行小组讨论会,会上大家畅谈十一届三中全会以来各条战线出现的大好形势,同时不约而同地回顾起十年动乱前,我国科学、文化、教育事业所经历的全面发展的重要时期,大家称之为"黄金时代"。那时正是聂荣臻同志主持我国的科学技术工作,他以卓越的领导艺术和指挥才能,组织广大科技工作者同心同德,团结奋战,克服困难,为我国科学技术的繁荣和发展,为科技队伍的成长和壮大,作出了杰出贡献。

我曾经在聂总领导下参加了原子能有关的工作。他无论在指导工作中,还是在贯彻执行党的方针政策上,或是对科技工作者的关心体贴方面,都使我受到很深教益和激励,至今回顾起来,仍然倍感亲切。我正是从聂总那里学到了一些领导艺术,增长了阅历,提高了处理问题的能力,这些都是我应该深切感谢他老人家的。

自力更生，大力协同，共同完成任务

一九五五年一月，中央决定开展原子能的工作。第二年，聂总就受命担当起主持全国科技工作的重任。当时，我国原子能的科技力量底子很薄，只有两支不大的队伍，一支是地质部的铀矿资源勘探队伍，另一支是中国科学院近代物理研究所的原子技术队伍。显然，仅仅凭这点力量要承担起发展原子能的重任是困难的。为了集中力量加速原子能事业的发展，国家新成立了第二机械工业部，并且由宋任穷同志担任二机部部长。宋部长也是一位很有经验，很有见识，有长者风度的领导者，又与聂总一直配合得很好。那时聂总既抓原子能，又抓航天技术，而更多侧重抓航天技术。就这样，我国的原子能和航天技术，刚一起步就有了坚强有力的领导。从那时起，我的主要工作随之转到了二机部，担任副部长；由我担任所长的中国科学院近代物理研究所也改由二机部和科学院双重（以二机部为主）领导，并改名为中国科学院原子能研究所。

正当工作开始进展的时候，赫鲁晓夫领导集团背信弃义，片面撕毁协定，全部撤走专家，连一张图纸也不给留下，想把新中国的尖端科学技术扼杀在摇篮里。他们临撤走时还狠狠冲着我们说：看你们去收拾这堆废铜烂铁吧。面对突如其来的困境，首先是我们的党中央和毛主席、周总理、还有聂总，向我们响亮地提出了一个振奋人心的口号——自力更生。聂总还鼓励我们要为国家争口气，一定要想方设法把原子弹搞出来。正是自力更生的口号极大地激发了全国科技工作者的奋斗精神，不管是搞实验的，搞工程的，还是搞理论的；无论是科学院、高等学校，还是其它有关工业和医药卫生部门，大家都同心协力，服从需要，分配到哪里去就到哪里去，需要干什么就干什么；还有那些从事组织管理和器材、后勤工作的同志，也都扭成一股劲，为自力更生发展我国的原子事业，勇挑重担，埋头苦干。由于聂总坚决贯彻中央的方针政策，又组织管理得好，因此，那时只有积极主动来争要任务的，却没有讨价还价，计较个人得失而不服从分配的。

当时，二机部的科学基础还不够宽广，干部、科学技术、设备都难以在短时间内补齐配套。在这种情况下，正是聂总经过考虑，决定调动在国内科学门类比较齐全的中国科学院的力量，来共同完成任务。郭沫若院长和张劲夫副院长等，也是很有风格，一切急国家之所急，不管人和物，只要能用得上的就全力支持。最后，科学院硬是调动了全部约一半以上的人力，投入到原子能和航天技术有关的项目（约各占一半），进行科学技术攻关。即使在当时任务紧迫的情况底下，聂总的眼光不只看到眼前任务的急需,而且还注意到加强科学储备的重要性,他运用"任务带学科"的说法,来表述当时的这种认识,兼顾两方面的发展。实践证明,在完成任务的过程中,一些新的学科逐渐建立起来了,科技队伍成长壮大了。从一九六〇年到一九六六年间,科学院在计算机、高压物理、稀土元素、分析化学、氟化学、离子交换树脂、萃取剂、金属材料、光学仪器和放射生物等方面作了许多扎实工作,为原子能事业作出了贡献。组织科技攻关这种方式,正是聂总领导科技工作的一种新创举,是他运用"集中兵力打歼灭战"的思想于科学技术工作的成功经验。他根据这种思想提出的原子能攻关方案,首先得到了周总理的支持,并且报告了毛主席,毛主席亲笔批示:大力协同办好这件事。

聂总抓完制订计划,紧接着就是狠抓计划的落实。仅中国科学院方面,在聂总的亲自过问下,很快就从组织领导到科研项目,从力量配备到仪器设备,都一一得到落实。院部成立了新技术局,由谷羽同志任局长,负责协调和保证物资供应工作;院党组还分工由裴丽生副院长、秦力生副秘书长分头出差全国各地,深入到有关研究所、研究室,以至研究组,同科技人员一起落实任务,检查工作。我当时兼任科学院副秘书长,也经常与裴、秦二位一起出差,遇有困难,能解决的就当场拍板解决,或与科技人员实事求是地商洽可行的技术指标;不能解决的问题就报告院党组,以至请示我们的"总后勤部长"聂总。而聂总最能理解科研人员的要求与苦衷,最了解科技工作的特点,因此,他对于下边提出的困难,总是千方百计地予以解决,有时甚至亲自出马。

就这样,经过一两年的扎扎实实工作,大部分一般性的科技课题基本上都攻下来了。但是也有一部分难题,进展比较困难。比如,有一个关键性的元件,当时只有美、苏、法三国独立解决,但都列为关系国家安全的核心机密严加封锁。我们的科技工作者进行艰苦探索,困难是不少的。聂总知道情况后,曾不止一次地过问该项工作,亲自给有关负责同志打招呼,要尽一切力量帮助解决困难,保证工作条件。经过科学院上海冶金研究所、沈阳金属研究所、原子能研究所和冶金部的有关研究院的共同努力,该元件终于在一九六四年通过技术鉴定,并且很快转入了生产,为我国独立自主发展原子能奠定了重要基础。

"要在国庆十五周年前后试验原子弹"

聂总作为一位出色的指挥者、领导者,工作中十分有条理,有预见。当原子能的有关工作大部分作出安排、原子弹设计基本走上轨道后，一九六〇年的一天，聂总亲自召集国防科委和二机部的负责人商议，要着手抓靶场的准备工作，靶场如何布置，要测试哪些数据，需要什么仪器设备，还有安全防护等等，都要一一进行研究落实。在许多准备工作中，当时最关键的一个问题，是要有几位又红又专的科技干部来筹划和组织各项工作。经过讨论，聂总最后果断地提出：我们一定要争取在国庆十五周年前后爆炸我国第一颗原子弹，至于人员选定，由钱三强同志负责点将，点到哪个单位的人，哪个单位都不能打折扣。对于这样的决策，我当时一方面感到鼓舞和光荣，另一方面也确有一种紧迫感，特别是让我"点将"，更是感到责任重大。会议结束后，我即根据聂总强调的精神，着手从德、才、组织能力和健康状况等方面来挑选人才，经过我多方商量和考察，不久便向国防科委提交了六位干部名单，并分别说明了推荐的理由。名单决定后，他们都先来到原子能研究所用一段时间熟悉情况，尔后，原子能所又不断给以技术、仪器等方面的培训与支持。经过二十多年的实际考验，这几位年青干部不仅出色地完成了任务，而且现在都已经成长为国防科技战线经验丰富、又红又专的重要骨干了。

一九六〇年，正当工作进入关键时刻，我国遭遇了经济上的暂时困难。正在这时，又是聂总鼓舞了大家的信心，记得他不止一次说过：你们只管放手工作，我来做你们的后勤部长。为了保证计划完成，聂总一方面从政治上、思想上关心科技工作者，鼓励大家正视困难，战胜困难；另一方面他亲自想方设法采取一系列措施提供后勤保证。他向海军求援给我们调来了鱼，从新疆、北京、广州军区等地给我们调来了肉，后来陆陆续续调来的还有黄豆、食油等。在这方面，王震同志对我们的支持也是很重要的。有一次，我曾到原子弹的设计机构吃过一顿午饭，亲口吃到了这些东西。据在第一线工作的同志反映，食物营养和后勤工作都得到了较好的保证，没有后顾之忧。这些调来的物资，不仅是增加了体质上的营养，更重要的是使广大科技人员感受到了党和政府的温暖，感受到社会主义制度下开展大协作的优越性。因此，尽管当时各方面困难不少，但大家精神振奋，情绪饱满，工作进展顺利。我想这正是当时主持科技工作的聂总重视知识分子，正确贯彻党的知识分子政策所起的重要作用。

一九六二年的广州会议，对于全国的知识分子来说，是永远不能忘怀的。周总理、陈毅副总理和聂荣臻副总理亲自主持了这次会议，并且都作了重要讲话。这些讲话，既正确体现了党的知识分子政策，又贴切人心，感人肺腑。特别是周总理委托陈毅同志取消资产阶级知识分子帽子的一番精彩讲话，至今记忆犹新。陈毅同志首先郑重地传达周总理的话说:你们是人民的知识分子,是革命知识分子,是为无产阶级服务的脑力劳动者,应该取消资产阶级知识分子的帽子。工人、农民、知识分子,是我们国家劳动人民中间的三个组成部分,他们是主人翁。他又强调说:"不能够经过了十二年的改造、考验,还把资产阶级知识分子这顶帽子戴在所有知识分子头上。"陈毅同志进一步透彻地说:"十二年的改造,十二年的考验,大家还是不抱怨,还是愿意跟着我们走,还是对共产党不丧失信心,这至少可以看出一个人的心。十年八年还不能考验一个人,十年八年十二年还不能鉴别一个人,共产党也太没有眼光了!""共产党不尊重文化,共产党不尊重知识,共产党不尊重科学这类话,不晓得是马克思讲过?是恩格斯讲过?还是列宁讲过?毛主席讲过?谁也没有讲过这个话。愚昧是个很大的敌人。帝国主义是个敌人,封建势力是个敌人,愚昧——几万万人没有知识,没有科学知识,也是很大的敌人。"(《知识分子问题文献选编》,人民出版社,240页——引者注)

听了这些讲话,所有参加会议的同志无不从心里感到温暖,感到高兴。会议结束那天,陶铸同志代表中南局和广东省为我们举行盛大招待会,科技界、教育界、文艺界的代表欢聚一堂,激情满怀。聂总让竺可桢同志和我在招待会上分别作发言。我当时还不到五十岁。聂总为什么点名让我发言呢?我理解他的意思是,自从赫鲁晓夫领导集团撤走专家,撕毁协定后,各界都很关心我国原子能工作的状况,我们依靠自己的力量能不能搞得成。这种关心,在广州会议期间也同样反映出来。因此,聂总让我发言,既代表中青年科学家,又可以讲讲大家关心的原子能工作,鼓一鼓劲。在我发言之前,聂总还特意鼓励我说:放开了讲。我发言首先介绍了在党中央直接关怀和领导下,全国大力协同开展原子能科技攻关的情况。最后我鼓起勇气说:在全国各工业部门、中国科学院和其他有关单位的协作下,我国一定能够通过自己的努力,在预定的时间内把原子弹搞出来。这句话刚一讲出来,全场响起热烈掌声。这件事使我受到一次很大鼓舞,我决心要更加努力地把工作抓紧抓好,不辜负党和人民寄予的期望。

科技工作者的知心领导人

正如聂总总结说的,贯彻落实知识分子政策,是会遇到阻力的,甚至要经历斗争的。那时候,在一些部门,一些地方,轻视知识,轻视科学技术,歧视知识分子的偏见是相当严重的。但是,聂总无论在会议上,或是在工作中,也不管人家怎么议论,他总是旗帜鲜明地为落实知识分子政策,发展科技工作大声疾呼,切实支持。甚至连具体工作安排都过问到。一九六三年夏当原子能工作大体安排就绪以后，我曾考虑可以离开工业部门回科学院工作，于是向聂总提出了这个要求，聂总表示不能同意，他说，等到原子弹试验成功以后，再谈工作问题。一九六四年十月十六日，我国第一颗原子弹爆炸成功，十月十八日我被派往河南参加“四清”。一九六五年夏回到北京后，我再次向郭沫若院长提出了回科学院工作的要求，郭老替我向聂总转达了我的要求，最后聂总决定让我抽出一半时间参加科学院的工作。

一九六五年，中国科学院学习聂总大力协同，开展协作攻关的方法，在理论物理和生物化学等基础科学方面也取得比较好的成绩。比如，一九八二年获得全国自然科学一等奖的人工全合成牛胰岛素和获得自然科学二等奖的强子结构的层子模型，都是那时取得的重要成果。特别是人工全合成牛胰岛素结晶的获得，是世界上第一个人工合成的蛋白质，它的结构，生物活力，物理化学性质，结晶形状，都和天然的牛胰岛素一样。但是，就是这项世界第一流的工作，也离不开聂总的正确领导和有力支持。当胰岛素研究项目确定不久，由于种种原因，又面临着下马的危险。聂总知道后，立即鼓励说：不能下马，要坚持下去，要发挥我们社会主义制度的优越性，齐心协力大协作。正是根据这种精神，中国科学院上海生物化学研究所、北京大学化学系和中国科学院上海有机化学研究所三四十位科学工作者，经过六年多的不懈努力，终于取得了成功。

一九七八年十二月，参加人工全合成牛胰岛素工作的同志，聚集北京进行全面的工作总结。在总结过程中，当大家满怀喜悦庆贺胜利的时候，与会的生物化学和有机化学工作者都不约而同地想到了聂总。他们说：要是能有机会见见聂总该多好啊！我当时在科学院的分工，是负责业务学术方面的工作，我参加了这次总结会议，当时我和大家的心情一样，也很想在迎接科学春天的日子里，见见知心的领导人聂总。聂总当时身体不大好，很少出来参加活动，但是一经联系，聂总很快就答应了大家的要求，原来他老人家也很想同大家见见面。十二月十四日下午，聂总不顾年迈体弱，来到了科学工作者中间，他和大家一一握手，还熟悉地叫出一些人的名字。聂总听了胰岛素工作总结的情况汇报，十分高兴地说：这是社会主义大协作的胜利啊！聂总还询问了国际国内胰岛素研究的新进展，他勉励大家说：我国的科技工作者在党的领导下，千万不要忘了自力更生，团结协作，有了这几条，我们就可以为祖国的四个现代化建设作出更大贡献。

自力更生，团结协作，这是我国发展科学技术的重要经验。我们一定要牢牢记取这些成功经验，并且把它传给我们的中青年同志，运用到今后发展科学技术的实践中去,使之发扬光大。这样,我们必定能够使我国的科学技术在完成新的历史时期的总任务中发挥出重大作用。

愿聂总多多保重身体,在国家重大事务中继续贡献出他的宝贵经验。(文载《聂荣臻同志和科技工作》,光明日报出版社,1984年)。

6月下旬 应邀向中央党校计划工作研究班作《当代科学技术发展的特点和趋势》的专题报告。

7月1日 列席中国科学院党组会议,讨论第五次学部委员大会的筹备问题。在讨论到70岁以上的学部委员不占名额,没有被选举权等问题时发言说:

今年超过70周岁的有163人,其中有的人健康是不行了,不能自理了,但还有些人不是这样,如严老、周老等人,如在规定中说他们不能当这个那个,从感情上说不过去,不占名额了,就是可有可无了。在国外有一种看法,好像院士多了,就不值钱了,所以总是控制在一定数量,死一个补一个。请海外华人担任学部委员,可能本人认为没什么,但已在外任院士的人,会不会感到学部委员低一格呢?我意见可以借此机会和社科院商量,搞院士制度。(中国科学院院档:1983-1-4)

但卢嘉锡等考虑院士问题比较复杂而决定搁置起来。

7月22日～8月1日 组织中国科学院、中国核学会和吉林大学在长春联合举办国际核力核多体夏季讲习班,参加讲习班的国内外学者100余人。讲习班结束后,与严济慈一起在北京会见并宴请应邀在讲习班作报告的各国科学家。

8月26日 再患心肌梗死,入住北京医院进行治疗。

12月21日 出席中国科学院数学研究所授予菲尔兹奖获得者、美籍华裔数学家丘成桐名誉教授称号仪式,并代表中国科学院宴请丘,席间进行广泛交谈。

1984年 七十一岁

1月5～12日 在北京出席中国科学院第五次学部委员大会。会后仍任副院长,兼数学物理学部主任,卢嘉锡为院长。此次学部大会明确,学部委员大会的职能由上次大会明确的“最高决策机构”改为“最高学术机构”,学部委员“是国家在科学技术方面的最高荣誉称号”。

1月21日 接李约瑟在接受中国驻英国大使代表中国科学技术奖励委员会向其颁发中国自然科学奖一等奖证书和奖金后,于1月9日发自英国剑桥的

信。李信译文(陈丹译)如下:

亲爱的钱三强:

您是我在中国科学技术(奖励)委员会中的最老的朋友,我感到我必须亲自致信于您,以此表达我最诚挚的谢意,感谢最近授予我的崇高荣誉。据我所知,我是历史上的第七人,同时也是第一位西方人,获得中国科学技术委员会授予的国家奖(一等奖)。我已经给武衡先生发了电报并写信,表达我的感激之情。

我真诚地希望您健康和活跃一如往昔。真高兴几天前我收到您的新年贺卡。我会永远记住我们1952年在朝鲜共同度过的那段时光。我相信您知道,《中国的科学与文明》(中文版译为《中国科学技术史》——引注)第四卷第一册是题献给你的,那是十年后的1962年,书的内容是中国物理学史。你可能还记得我在题词中称您为"当需要的时候就会出现的儒士和骑士",这是模仿了W.H.奥登(以当代社会和政治现实为题材,描写知识分子和社会公众关心的道德问题见长的英语诗人——引注)的诗句。如果我没有记错,这首诗是这样开头的:"'噢,你将去往何方?'儒士对骑士说……"当然,这里的儒士和骑士指的是对照的双方,一方是饱读诗书的学者,另一方是为拯救灾难和为人民幸福而积极投身于社会活动的学者。祝愿您那令人钦佩的事业久长!

李约瑟

1984.1.9

2月7日 出席中国科学院、中国科协和浙江大学在北京举行的竺可桢逝世10周年纪念会,并在会上代表中国科学院向首批获得"竺可桢野外科学工作奖"的38名科技工作者授奖。

2月10日 应新成立的中国国际文化出版公司邀聘,任该公司18名副董事长之一,其余副董事长分别为丁玲、贝时璋、戈宝权、冯亦代、司徒慧敏、许力以、刘尊棋、李慎之、吴仲华、邵宇、肖乾、周而复、赵寻、宦乡、高梁、康岱沙、钟沛璋,董事长为秦川。

2月中 因心脏病复发,再次入住北京医院治疗。7月康复出院。

4月5日 根据中共中央发出的调整中国科学院领导班子的通知,免去中国科学院副院长职务,同时免去副院长职务的还有胡克实、冯德培、叶笃正。新任院长仍为卢嘉锡,副院长为严东生、周光召、孙鸿烈。

7月28日 出席北京维护世界和平座谈会。在会上先后发言的有姬鹏飞、李一氓、宦乡、陶大镛、周光召、冯牧、孙平化、朱子奇、洪丝丝等。因为健康原因,经与主办机构联系,未安排发言。

9月24日 致信五弟德充,告知出院后身体情况和对过去经历的一些感想:

我出院已近三个月,身体比较稳定,体重没有涨,体力慢慢恢复,遵医嘱,六个月不参加正式工作,不开会或少开会,所以今年盛大的国庆纪念也就在电视中看看了。回想开国时期,我是每年都参加,现在应该是三十多岁的人去参加了,那时我也正好是不到四十。……其实我们那些人从学校出来哪一个是走笔直线的路呢。我最近也总结一下自己的一生的工作,十二年的专业工作(研究),以后三十六七年都是做组织工作,也就是科学管理工作。我在原子能所时,每年要对新入所的学生作一次报告,目的是讲"转行",根据需要转行,所以当时称我为"转行专家"。

9月25日 经国务院批准,全国自然科学名词审定委员会成立,被任命为该委员会首任主任委员。叶笃正等为副主任委员。

10月7日 出席北京正负电子对撞机国家实验室奠基典礼,并同出席典礼仪式的领导人邓小平、方毅,以及科学界人士严济慈、周培源、李政道、周光召等合影留念。

10月 亲自改定的第一本科学普及性文集《科坛漫话》由知识出版社出版,全书收入文章、讲话共40篇,计16万字,首印发行13 600册。在病中为该书写了自序:

经历十年动乱之后,我又重新回到了科学工作岗位。党的十一届三中全会,使我们国家的政治和经济生活发生了根本转折,同时也为我国的科学技术工作造成了全面发展的条件。科学的春天到来了!社会主义事业又开始进入了一个薪新的"黄金时代"!然而,百废待兴,时间紧迫。每一个有志于中华奋飞的儿女,必须以主人翁的态度,加倍努力,同心同德,肩负起时代的责任,为开创我国社会主义现代化建设的新局面作出自己的贡献。正是抱着这种心情,近些年来,我就与自己工作有关的问题,写了一些文字,作过一些讲话,发表过一些意见。这些东西,有的是对过去工作的回顾,有的是对某些问题的认识,有的涉及科学发展的历史,还有对青年朋友说的一些话。总起来看,虽然内容比较"杂",可是都还与科学工作有关系。

我们这一代从事科学工作的人,多少年来,一腔热情渴望着为祖国的强盛而施展抱负。然而,只是到了新中国诞生,受到中国共产党的启发、教育和信任,才真正实现了自己的夙愿。现在回忆起来,三十几年工作中,就我个人而言,既有成功的经验,也有不少教训。这些经验和教训,除了我本人在今后的工作中吸取它,想到或许对于现在正从事科学技术工作和科学技术管理工作，以及其它工作的中青年同志也有某些用处。因此，我谨以这本集子献给他们，献给日益繁荣的我国的科学技术事业。

这本集子的形成，首先应归功于良好的合作。这里特别要提到的，有本书的共同作者仓孝和、许良英、李佩珊、杜石然同志和我的兄长秉雄、兄弟德充以及何泽慧同志；还有的同志查找资料，润色文字，进行校订和推敲，付出了艰辛的劳动（如我的同事葛能全同志）；大百科全书出版社的领导和有关同志（特别是王樵裕同志等），给予了热情的支持。借此机会，谨向这本集子的所有合作者和支持者，致以诚挚的谢意。

集子发稿和付印过程中，恰遇我患病住院。我虽然坚持通读了全部稿件，并逐篇进行了某些必要的修改和订正，但限于精力和手头的资料，文中难免还有表述不当，用词不确切，以及材料不准确之处，敬希读者批评指正。

10月18日　与兄秉雄为《钱玄同年谱》[①]撰写跋：

在我们父亲去世后四十五年的今天，北京师范大学中文系教授曹述敬同志把他写的《钱玄同年谱》稿给我们看。我们读后，感到他收集父亲发表过的文章很多，有些文章是我们弟兄过去不知道的，因为用的是“笔名”。可是曹述敬同志多方面访寻，终于找出来了。他不但将父亲发表过的文章的题目和刊物的名称写出来，并且将有些文章从思想内容上，不离开作者当时所处的时代背景重点地加以分析，这种实事求是的态度，在党的十一届三中全会以后应该大力提倡，也是值得学习的。我们感谢他向今天的青年们介绍了父亲原来的思想面目所付出的辛勤劳动。

从《年谱》收集的文章的材料可以看出，父亲的一生经历了清朝末年、辛亥革命、民国初年袁世凯及北洋军阀当权等阶段。除辛亥革命外，那时的统治者都是借着孔子这块招牌来维持其反动的封建统治。要想推翻这种反动的封建统治，在思想上非进行一场文化革命不可，打倒“孔家店”这口号在五四前就是针对着腐败的政治提出来的，它向独夫民贼敲起了丧钟。五四运动以后，父亲的重点工作放在我国文字的改革上，如：办《国语周刊》，提倡简体字，制定国语罗马字，编纂辞书字典等；他还运用他对文字音韵学及经学的素养，探讨研究我国古今进步学者（如俞曲园、郭沫若、赵元任、顾颉刚等）的书籍，吸取其长处，

① 该书由曹述敬编著，齐鲁书社于1986年8月出版

逐渐形成他自己的学术观点。有人称他为“古今中外”派。父亲常说看了书之后,要用自己的理智来判断。他对学生们新的创见总是鼓励和支持的。这种治学的态度是难能可贵的。他特别强调“学以致用”,不赞成“为学术而学术”。他曾对三强说过:“北京师大的好学生,大多数是用功而不谋私利的,其中CY、CP比较多。”师大董鲁安先生从解放区回北平曾来看望父亲,董先生走后,父亲对我们说:“从解放区来的人,服装衣着显得艰苦朴素,精神焕发,干劲儿充沛,那真正是能为人民干事的人啊!”这都是他三十年代说过的话。

在一九三五年“一二·九”运动时,三强曾在十二月十六日(星期日)那天参加了中国共产党领导的反对冀察政务委员会成立的游行。在城外的清华大学、燕京大学等校的学生队伍因城门关闭进不了城,各校队伍在城外绕到西便门,冲开城门而进,和城内各校队伍汇合起来游行示威。这天午后傍晚时刻,三强把衣服略事整理回家,父亲很快地就看出三强不是往常星期六从清华大学回家的样子。他在谈话中非常关心这次示威运动的情况,最后用赞许的口吻对母亲讲:“他们干得对!”说话时就像他自己在五四那天同着学生游行队伍一齐前进时的精神一样。

一九五五年,毛泽东主席在中南海召开政治局会议,讨论开展原子能研究的问题,会后吃饭时,三强的座位和毛主席、彭真同志在同一个桌上。当时彭真同志问毛主席:“主席在北大时和钱三强同志的父亲见过面没有?”毛主席回答说:“没有见过,但知道他。我最近还读了他写的《新学伪经考序》,说有些古书是后人窜改过的。”《新学伪经考序》是父亲一九三一年写的比较长的一篇著作,他不受其师章太炎先生学说的限制,主张今后解“经”,应该以实事求是为鹄的,而绝对破除“师说”、“家法”这些分门别户的陋见。

总之,父亲不很懂外文,但旧学的根底比较好。他反对封建文化,反对帝国主义,参加了新文化运动和文字改革工作;并用比较进步的观点研究了经学。他虽然不如李大钊、陈独秀、鲁迅等为新民主主义革命作出了重要贡献,但和刘复等都是反帝反封建爱祖国的知识分子,对五四运动起了一定程度的先驱者的作用。人无完人,在革命刚开始时,说话过头一点,偏激一点是常有的,不可避免的。但他知错能改,有自我批评的精神。这在他的许多文章里都能看得出(《年谱》所介绍的文章里就有反映),也是我们所深切了解的。

北京师范大学在一九三三年曾对在校服务二十年以上的教职员赠送银盾一座,父亲得到的银盾上刻着“诲人不倦”四个字。他一生以“民主”和“科学”教育学生,主张向外国吸取进步的文化来改造我国封建文化，这在当时是有进步意义的。

在这《年谱》将要出版的时候，我们写了上述一点感想，并补充了一些资料，当作跋语。

一九八四年十月十八日写于北京

10月19日 致信葛能全，希望其赴成都参加中国科学院系统科研管理及政策研讨会时，增长才干，认识人员，提高国内外管理工作的知识。信中说：

听说你将于今日午后去南方开科学学与科研管理讨论会（名称也许不对）。我觉得这是一个很好的学习与调查研究的机会，领导上同意你去，我认为是件好事。希望今后你能在这方面增才干，认识人员，提高国内外管理工作的知识，最后能在走中国式道路上提高见解。总的仍是“古为今用，洋为中用”。希望你珍惜这次机会，扩大知识，增长才干。我院对科学管理中的理论性问题，重视不很够，特别在城市改革中，科学与教育又是重点之一，更应该懂得与经济改革的关系。总的来说，在领导工作（在院部）岗位应该懂得社会科学与自然科学的交叉面。祝你收获较大。

11月1日 出席在人民大会堂举行的中国科学院建院三十五周年庆祝会。方毅、胡乔木、胡启立、张劲夫先后讲话，盛赞中国科学院35年来取得的成就。

11月27日 给在美国的思进写信，信中写道：

看到你带回的照片很高兴，特别是你在Olympic会上挥五星红旗的那张（注：思进8月初在美国洛杉矶现场观看了1984年夏季奥运会的中美女排决赛，中国获胜后拍摄了他在体育馆里挥舞五星红旗的相片），更是让我们高兴。在国外，才更能显示对祖国的热爱。这是我们40年前的感觉，同时也是你现在的感觉，祖国的伟大就在于此。希望你一辈子都能保持这股劲头。

12月21日 在北京科学会堂出席杨振宁-米尔斯规范场理论学术会议开幕式。杨振宁、米尔斯、严济慈、周培源、王淦昌、张文裕、彭桓武等同时出席会议，周光召主持会议开幕式。

12月下旬 应核工业部安排，接待并宴请法国原子能委员会被称为“快中子堆之父”的乔治·万德里耶斯（G. Vendryes）。席间交谈中，万德里耶斯问到：中国从爆炸原子弹到爆炸氢弹时间那样快是什么原因？鉴于该问题当时的敏感性，钱三强于是原则地讲了主要是科学预见性和科学储备，以及正确处理了任务与学科的关系等。万德里耶斯接着讲道：当年中国爆炸第一颗氢弹的消息公布后，戴高乐知道后发火了，他把原子能总署的官员和为首的科学家叫到总统办公室质问,什么原因使法国的氢弹迟迟不能成功,而让中国人走在前面了……据说当时在场的人都难以回答总统的问题,因为他们也同样感到惊奇,解释不清是什么原因。还说,戴高乐为此发火拍了桌子。

1985 年　七十二岁

2 月 11 日　被聘任为中国科学院特邀顾问,同时被聘为特邀顾问的有叶笃正。

3 月 15 日　亲笔写信给中国科学院国际合作局五处张麟玉,请其核对去年 12 月接待法国外宾万德里耶斯时的谈话。信中说:

> 最近二机部的同志问起我。1984 年底或 1985 年初,有一个法国原子能总署的快堆方面负责人(人称他为"法国快中子堆之父")万德里耶斯先生(也许是 Vandryies,我记不清应如何拼了)来访问,我院由我代表院宴请,地点在北京烤鸭店(晚餐)。在吃饭过程中,我曾赞扬法国在快堆方面是走在世界的前列。他说中国的原子弹爆炸比法国晚,但氢弹爆炸却比法国快。当时戴高乐总统批评了他们。他想问一下,中国为什么氢弹作得这样快。我回答我们在研究设计原子弹的时候,同时就有人进行氢弹的原理的研究,等原子弹爆炸了以后,两支队伍一合并,很快就爆炸了氢弹。这里有个科学预见性,正确对待科学储备和任务的关系的问题。
>
> 这是根据我的回忆。
>
> 希望你能回忆一下(或查一下),他叫什么名字,外文怎样拼法,他来的时间,他那次由于什么原因到我国的,是法方派来的,还是我们邀请的。我与他的谈话内容大体是否有很大差误?
>
> 望能告诉我一下,写个材料交给我。多多麻烦。

3 月 18 日　接到中国科学院国际合作局五处赵文利写的关于万德里耶斯的情况及其谈话的证明:

> 钱三强先生:
>
> 有关您想查的法国原子能委员会被称为"快中子堆之父"的万德里耶斯先生的情况已经查到:他的名字全称为 Gèorges Vendryes,从 1983 年以后几乎每年都来华。您会见他那次系二机部请来的,为的是授予他"中国核学会荣誉会员"称号一事,当时是二机部外事局刘雪红同志陪同,该外宾目前不任主要工作了,仍然是 CEA 的 Conseiller。我院不是主接单位,仅仅由您和外事局李志毅同志见的他,张麟玉和吕蓓蕾当时全出差了。您和他吃饭时谈过的中国爆炸原子弹、氢弹的

事确实如您所回忆的。

3月29日 在《光明日报》发表署名文章——《推荐〈核反应堆动力学基础〉一书》①：

最近我看了原子能出版社1983年出版、黄祖洽著的《核反应堆动力学基础》，觉得这是一本值得推荐的好书。它既阐明了反应堆工作状态随时间变化的特点，也阐明了影响这些变化的种种因素；目的是对反应堆运行中可能出现的现象（特别是事故）进行预测和分析，为进一步探讨反应堆的最佳利用和控制问题提供必要的基础。这类知识对反应堆的研究设计人员是必不可少的，对核电站的管理、运行和安全防护人员也是非常需要的。

作者黄祖洽教授是中国科学院学部委员。他是随着新中国科学事业的发展，特别是50到60年代我国原子能事业的迅速发展而成长起来的新一代理论联系实际的理论物理学家，他为我国的国防建设和科学进步作出了贡献。本书值得称道的地方有下列各点：

一、取材新，内容具有特色。本书既概括了国外直到70年代末期的新成就，也反映了作者在若干问题上的独到见解和创造性工作。例如，第六章中结合时空动力学的阐述，介绍了作者在广义玻尔兹曼方程方面和考虑介质运动影响的中子输运方程方面的工作，使读者对核裂变反应堆动力学的物理基础知识更加深入，对于将来可能出现的裂变——聚变综合反应装置的动力学研究也不无裨益。

二、理论体系严密，物理图像清晰。本书涉及的专业范围广，收集的材料来自不同文献，但经过作者加工整理后，在理论体系上得到了统一，前后照应，层次分明，结构严谨，系统性强。在数学表达过程中，清楚地说明了物理图像；在讲述数学处理和计算方法时，仍是紧紧扣住了物理概念，避免了有些外国著作公式成堆，物理意义不明的毛病。

三、注意方法，便于实际应用。作者注意物理理论联系工程实际。在理论分析的同时，对数值计算方法也加以简明的阐述。书中的某些章节还附有手册性质的数据表和曲线图，便于参考使用。

过去我国出版的堆物理方面的书多为译著，本国著作很少。很多从事或从事过堆物理方面工作的专家学者看了本书后都认为，本书从理论水平和实用价值来看，可算是国内难得的一本好书。

4月8日 应约为全国理工农医经管类高等院校语言文学教学丛书的第

① 该书作为黄祖洽，由原子能出版社于1983年出版

一本教材——《中国古代文学》[1]撰写序言,全文录后:

现在理工农医经管类的高等院校纷纷开设语言文学方面的课程,这是一件令人高兴并值得赞助的好事。

我们正在建设具有中国特色的社会主义,我们又面临新的技术革命的挑战,需要大批优秀的科技人才和管理人才。他们不仅应当是一方面的专家,而且更应当是新事业的开拓者、创造者,有远大的理想,高尚的志趣,丰富的文化修养,合理的智能结构。在大学里,只攻数理化,只学单一的专业知识,就难以造就这样的人才。因此,要提倡理工农医经管类的大学生都学点人文科学,学点语言文学,并特别重视这方面应用能力的培养。

历史上杰出的科学家几乎都有较好的语言基础和文化修养。他们献身于事业的崇高精神,渊博的学识,以及分析能力、创造能力和运用语言表达复杂思维的能力,在一定程度上都得益于语言文学的学习。近几十年来,自然科学和社会科学的交叉、渗透日趋加强,边缘学科、新兴学科不断涌现。科技工作者、管理工作者更需要提高人文科学和语言文学的修养。因此高等院校必须解决好文理结合的问题,文科的学生要学点理工,理工科的学生要学点文史。

语言文学的课程,种类很多;非中文专业的学生不可能也不必要全都学。可以学一两门基础课程,再根据自己的需要或爱好选修几门其它课程。每门课程的教学内容、教材,也不要照搬中文专业的一套,要有自己的特点。我主张多开些选修课,编出具有特色的教材,老师讲个要点,让学生去自学,学得生动活泼,收到实效。现在齐鲁书社出版这套语言文学教学丛书,是一种很好的尝试,可以给大学生的学习提供很大方便。对于自学青年,如果他不想专攻中文专业而又愿意提高语言文学修养,这套丛书也是很适用的。

《中国古代文学》是这套丛书的第一部教材。中国古代文学中的名篇,都是艺术珍品,反映着我们国家悠久的历史和灿烂的文化,蕴含着中华民族优良的传统和高尚的精神。学习和欣赏这些作品,不仅能提高文学素养,了解我国文学概貌,更重要的是会加深爱国主义感情,振奋民族精神,陶冶高尚情操,激发反对压迫的斗志,树立美好的理想;同时也是一种美的享受和美的教育。我们这一辈人,曾经从中汲取过丰富的营养;今天的年轻同志,也应该继承这一宝贵的遗产,激励自己为促进中华各族人民的新的腾飞作出积极的贡献。

---

① 该书由马志杰主编,由齐鲁书社于1985年版

学习古代诗文，当然不是要大家在文字上刻意模仿，去写半文不白的东西。"五四"以来，我们就提倡写白话文，应该怎么想就怎么说，怎么说就怎么写。古代文学作品在叙事说理、表情达意上也有很多值得借鉴的地方，需要我们细细体会，恰当地运用到写作实践中去。

在教学方法上，我们要引导学生领会作品的思想内容，分析艺术上的得失，而不要死记硬背。教材内容量比较大，但不要什么都在课堂上讲。有的可以详讲、精讲，有的只需要略讲，还有很多完全不必讲，由学生自己去阅读。我想，学习其它课程，主要也应该在引导、启发上下功夫，不要什么都让学生背，什么都在课堂上讲。教育改革已经起步。我相信，不仅在教育体制的改革方面，在教学内容和教学方法的改革方面也一定会获得成功。

全国理工农医经管类高等院校语言文学教学丛书的第一本教材即将出版，同志们要我说几句话。我写了这篇序，表示祝贺。

4 月 17 日 出席由 17 个全国性的学会联合召开的全国交叉科学讨论会，并在会上发表了题为"迎接交叉科学的新时代"的演讲。5 月 17 日《光明日报》摘要刊发如下：

关于交叉科学，我主要谈以下两点：一是对当代交叉科学发展的估计；二是我国发展交叉学科的重点选择。

大家知道，进入本世纪以来，现代科学发生了伟大的革命。但是自本世纪中期以来，这场革命显现出了明显的"饱和现象"，比如核层次的研究、核裂变的应用，后来发展是比较缓慢了；还有受控热核反应、粒子物理研究等，虽然都有新的进展，没有停顿，但是发展速度确与本世纪中叶不同了。在这种情况下，人类强大的科学能力又不能弃置不用，于是就产生了一系列的交叉学科（边缘学科、横断学科、综合学科）。可以预料，在某种意义上说，本世纪末到下世纪初将是一个交叉科学时代。

我觉得，和 30 年代核物理形势一样，现在交叉科学也许同样正面临着一场突破。各门自然科学之间、自然科学与社会科学之间的交叉地带，一贯是新兴学科的生长点。到本世纪末，还将产生一系列的新生交叉学科。我看过赵红洲、蒋国华两位同志合写的一篇文章，叫做《科学发现的采掘模型》。在他俩提出的"层一级"坐标图上，有许多新的空白学科，犹如当初元素周期表上的空白元素一样。很可能在这些空白位置上，会涌现出许许多多的交叉学科，诸如社会数学、社会化学、社会物理学、社会生物学、社会医学、社会心理学、生产力经济学、科学社会史学、科学能力学、地震社会学、医学社会学、核社会学、人体科学、思维科学等等。随着上述这许许多多的新兴交叉学科的纷至沓来,必将使存在于自然科学与社会科学之间的宽阔鸿沟渐渐缩小,并终将形成列宁所预言的自然科学奔向社会科学的强大潮流。

科学学上有一个著名的原理,意思是说,科学的突破点,往往发生在社会需要和科学内在逻辑的交叉点上。如上所述,就是从科学发展内在逻辑上说的,即由于物理学前锋受阻,必然智力横向转移,或"回采"老的学科领域。这样便激发出一个又一个的交叉学科群。那么,什么是社会需要呢?显然,到本世纪末,我们的社会需要即"四化"建设的需要。从交叉科学来说,为了四个现代化,一方面需要发展大交叉的综合学科,诸如城市科学、海洋科学、能源科学、空间科学、生物技术与营养科学、农业系统工程科学等;另一方面,尤其需要发展与"四化"的战略、规划、管理和领导等有关的各交叉学科,诸如科学学、管理学、系统工程学、优选法、决策科学、城市科学、思维科学、事理学、领导科学等等。

(按:在4月17日全国交叉科学讨论会上讲话的还有:钱学森、钱伟长、马洪、汪德昭、沈元、吴良镛、龚育之等。讨论会共同认为,20世纪末到21世纪初将会出现一个交叉科学的兴盛时期。5月17日,《光明日报》同版刊载钱三强、钱学森、钱伟长的讲话摘要)

4月22~26日 以主任委员身份主持全国自然科学名词审定委员会成立大会。根据国务院批准的文件,宣布该委员会是全国统一科学技术名词术语的权威机构,其工作由中国科学院和国家科委代管。副主任委员有叶笃正、胡兆森、吴衍庆、王寿仁、戴合生、吴凤鸣。

5月20日 在法国驻华使馆接受马乐大使代表密特朗总统授予的"法兰西荣誉军团军官勋章"(因健康原因不能赴巴黎出席法国总统授勋章仪式)。参加授章仪式的有严济慈、汪德昭、卢嘉锡、周光召、彭桓武、何泽慧、戴传曾、章综、叶铭汉、胡启恒、彭士禄、周平等。

马乐大使首先代表法国政府致颂词,他先宣读约里奥-居里夫妇1948年共同签署的对钱三强的评语,而后致词说:

对您在近四十多年里为建立和发展中法核领域的合作所发挥的主要作用向您表示敬意。

教授先生,在您当时所处的年代,科学史翻开了新的一页。1940年在您被授予理学博士之前,您同伊莱娜与弗莱德里克·约里奥-居里的合作就获得成果,事实上您从事的通过用中子轰击铀和钍来获取放射性同位素以及它们的等同的β射线谱,说明了它们是同一种同位素的研究,支持了于1939年发现的核裂变的解释。由于您出色的工作，您被任命为法国国家科学研究中心、镭学研究所及法兰西学院核化学实验室的研究员。您通过对核物理及放射化学的研究，发现了一种铀的新裂变方式。这些研究使您和您的合作者提出了“铀的三分裂”的解释，并得到整个科学界的承认。

随后，您又被任命为国家科学研究中心的研究导师。您渊博的学术知识及研究成果使您在1946年荣获了法兰西科学院的亨利·德帕维尔奖。

从1948年到1952年期间，您一面在清华大学任教，一面为使您的国家具备科学振兴所必要的机构而呕心沥血地思考着如何取得进步和估计所要克服的困难。此时，您的职业又将您引上一条新的道路——组织者道路。您把自己的全部精力投到享有盛名的中国科学院的建立、组织和发展工作中，并为之作出贡献。您在核科学方面渊博的知识又使您积极地参加了中国核科学技术的发展工作。

您在中国科学院的职务不断地提高。1952年您担任计划局局长，1956年，被提升为科学院副秘书长直到1978年。

然而，科学研究仍是您关心的工作。近代物理所现已改名为原子能研究所，您从1951年到1978年一直是该所所长，这个研究所使您发挥了您所具有的研究人员的特殊素质。

我们知道，中国第一个核爆炸装置是在这个时期试验的，两年零八个月之后，中国又进行了氢弹试验。

在您担任所有这些高级职务的同时，1956年，您还被任命为二机部副部长。

您在科学院的作用和影响使您成为中国科学院的副院长，一直到1984年为止。

在接受法兰西荣誉军团军官勋章和法国总统签署的证书后，致了答词：

我有幸接受法兰西荣誉军团军官勋章感到十分高兴。刚才大使阁下代表法国总统授予我的荣誉，以及所讲的许多赞扬我的话，使我深受感动。这绝不仅仅是对我个人的鼓励，更重要的意义在于，我们能够有机会在一起回顾我们两国人民半个世纪以来的友好交往，回顾我们两国建交以来在各个领域的合作，尤其是表达我们推进这些合作的决心和信心。大使阁下刚才还宣读了我从法国返回祖国前夕，约里奥-居里夫妇写的一篇手稿，使我的思绪不禁又回到了我在法国度过的岁月。现在全世界都在纪念战胜法西斯四十周年。我不仅从两位教授那里接受核科技的指导和关怀，他们的爱国热忱、对中国人民反侵略斗争的同情与支持，以及他在保卫世界和平事业中所表现出来的胆略,都使我永远不能忘怀。

我认为,今天法国总统授予我的荣誉,绝不仅仅属于我个人,它属于我们两国的科学界。

今天,中法两国的友好合作,无论是内容还是规模,已经大大超过了我在法国的那个时期。今天,两国在科学技术以及各个领域的合作都在不断深入,不断扩大,前景十分光明。我在将近半个世纪以前就参与了这种合作,看到昔日播下的种子已果实累累。

我将是中法友好合作的忠实的促进派,我将为中法两国科学事业的发展,为两国的繁荣昌盛而继续努力,因为这是世界和平的需要,是人类幸福的需要。

5月21日 写信祝贺思进获得博士学位后毕业,鼓励他“不断加油,趁着年轻,为社会为国家多争口气”。信中写道,

你通过(博士论文)答辩后,19日正式毕业典礼举行了,我们全家向你正式的热烈祝贺。同学们去参加你的典礼,一定会把你终生难忘的日子的神情照下来,他们参加了也算代表我们参加了;若是董先生也参加了,那就更像我们参加了。墨西哥的同学或美国同学有他们的亲属远地而来,固然好,但我们事实上是来不了,你也可以谅解的。希望很快你能把护照(签证)办好,下面回来就容易了。我们过去都十一二年一出国就回不来,相对之下,你已经算幸运的了。知足者常乐。

你的博士论文的抄本已由航空工业部的同志用挂号方式寄来了,很巧就是19日收到。我们很高兴,并且也写信向他表示感谢了。

正好,昨天(20日)法国大使代表法国总统向我授予“荣誉军团军官”的勋章。严老、卢嘉锡、周光召、胡启恒、彭伯伯,还有核工业部、水电工业部副部长都参加了,妈妈也去了。所以这两天忙了一点,今天才给你写信祝贺毕业大典。祝你以后的事逐渐顺利解决。你论文中对我们全家都表示感谢,我们很感动。其实,我们觉得你的毅力还是我们非常高兴的。希望你不断地加油吧,趁着年轻为社会为国家多争口气!

5月24日 以理事长身份出席中国科学学与科技政策研究会第一届理事会第四次(扩大)会议,并在会上发表讲话。

几年来,科学学这门学科在我国得到了很大发展,为国家“四化”建设做出了一定的贡献,并且我们的研究会在组织上也已得到批准,加入了中国科学技术协会。这是我国科学学工作者共同努力的结果。

我记得,1979年科学学在国内刚刚起步的时候,一些同志对科学

学能不能算一门科学，抱有怀疑态度。那时候，中国科学院几位热心于科学学的同事让我出来讲话，我和李昌同志(当时他是中国科学院党组书记)商量以后，认为这是一门新兴的学科，应该支持，于光远同志也很支持。我们三人在第一次全国科学学学术讨论会上都讲了话。

经过五六年的实践，现在看来我们支持是应该的，做对了。当时只有几个人的小组，零零星星有点活动，可是现在全国已有十几个这方面的专门研究机构，创办了十几种杂志，刊物的发行量也非常可观。我收到的有关科学杂志，除了专业性的以外，很多都是科学学和科学管理方面的。有一套丛书叫《科技·经济·法律》，于光远同志和我都写了前言，最近开始出版。有关科学学的研究工作和著作也在不断增加。另外，还举办了不少培训班，对提高干部的管理水平帮助很大。一门新兴学科要真正得到社会的承认，必须依靠自己的工作。今天，我们之所以有这样一个局面，正是广大科学学工作者几年来共同努力的结果。

可不可以这样说，在我国，科学学从 1979 年到现在的 6 年中，算是经历了起步、取得社会承认的创业阶段。从现在起，科学学在我国将进入一个新的发展阶段。科学学作为一门学科，不仅要有理论研究，而且要有实践。我们科学学的理论研究要结合实际，要在结合实际的过程中发展自己的学科。近代科学史表明，一门学科的建立，大体上需要十年、十五年或更长的时间。那么，我们的科学学要把学科真正建立起来，也要经过一段时间的努力。为此，我提出两点建议请大家讨论。

第一，要加强科学学与科技政策的研究，建立具有中国特色的科学学体系。

科学学、科技管理、科技政策作为学科来说是国际性的，世界各国具有共同性。但是，由于各国国情不同，社会制度、文化传统、科学技术发展的历史状况不同，作为一门同时兼有自然科学和社会科学特征的科学学来说，学科的内容、观点、方法论等等，各国间的差别会是很大的。我的意见是，今后一个时期，我们固然要不断学习、吸收国外的经验，洋为中用，但是，重点应该放在建设具有中国特色的科学学体系方面，也就是说，要结合我们中国的实际，为社会主义现代化建设作出贡献。在这样原则下，是否可以研究下面几个方面的问题：

1. 研究近代、现代科学技术发展的基本规律和科学技术与社会经济发展的相互关系，以对整个科学技术发展的趋势有比较清楚的了解。

2. 从科学技术发展的一般规律出发，研究英国工业革命后法国、德国、美国、苏联、日本等国先后发展科学技术并促进经济发展而后来居上的历史经验。我们应该借鉴这些经验为我国科学技术发展和经济繁荣提出意见。

3. 研究我国历史上近代科学技术落后的原因和新中国成立后我国发展科学技术正反两方面的经验。

4. 研究适合我们中国社会发展的管理体系和管理方法。现在,真正实行科学管理并且管理比较得法的,还不是多数。目前正处在转折过程中,要使这个转折发展顺利,还需要做相当的工作。我们从事科学学工作的同志对此也负有一定的责任。

5. 加强科学学的基础性研究、基本资料的积累以及人才的培养。

这门学科已经逐渐被人们认识了、理解了。许多高等学校也开始办起了与科学学有关的各种专业。我们在这方面接着出来的人,应该对我国国家的事业起到应有的作用。

要建立中国科学学体系。我国从事科学学研究的同志应该和自然科学家、技术专家和社会科学家以及管理家们建立广泛的联系,进行密切的合作。

第二,要加强队伍的自身建设和团结协作。现在,我们科学学面临的形势很好,队伍越来越大。人多了以后,团结协作,政治思想工作应该及时跟上,这关系到我们这支队伍的素质问题。历史的经验是,在困难时候和创业阶段,队伍内部往往还能够保持团结和协作共事。可是当工作一旦取得成绩,条件得到改善以后,由于各种原因就可能发生分歧,而且互不相让。这样,团结的局面就会开始发生变化,以至把精力白白消耗掉。我提出这个问题,并不是说,我们队伍的团结现在有多大问题,只是希望能够引起大家注意。引起注意之后,那些可能发生的问题,才有可能避免,至少会使麻烦的事少一些。如果我们科学学的队伍不够团结,把注意力放在一些枝枝节节的小是小非上,势必影响我们胜利完成发展具有中国特色的科学学研究事业的根本任务。

7月7日　以家长名义偕何泽慧出席北京市六一幼儿园建园四十周年纪念会,并向校方和幼教员工祝贺与致谢。他们的三个子女都先后在该园接受学前教育。

7月12日　收到李政道致中央领导函的副本。其手函题为“对如何促进国民经济生产总值翻两番的一些简单想法”,阐述四点内容:一为中国的发展不能全仿效日本;二是翻两番必须依靠科技;三讲中国的优势在哪里;四是关于博士后流动站。择其二、三、四于后。

二、翻两番必须依靠科技

祖国的方针——发展国民经济要依靠科学技术——是极为正确的。问题是怎样去依靠科技和依靠什么样的科技呢？可能在翻两番中，第一番和第二番之间会有相当的差别。

1980 年祖国的工农业年总产值是约七千亿。本世纪末翻两番就要增加到二万八千亿左右。根据先进国家的经验，这样庞大的数目中间，必须有相当多的高技术产品，生产和市场是分不开的，要在这十五年中建立和发展如此大量的高技术，他的市场必然是国际性的。因此宜特别注意开拓国外市场，争取外汇的盈余。

从生产和市场的关系来看，祖国的第一番可以较大部分来自国内市场，较小部分来自国外市场。当然要做到这一点，也必需和日本同样地去靠科技提高生产品的质量，降低其成本，和加强工业上的组织和管理。

但是，如果想在本世纪末完成第二番的理想，势必要争取大量的国际市场。可是在目前，连争取上述的五亿美元的美国纺织品市场尚且不易，如何能争取这好几千亿美元的市场呢？仅是中国产品比外国成品质优价低，恐怕仍然不能使外销超过某一上限。因为各国为了保护本国产品，会对中国货加以限制，而这上限可能比祖国要翻两番的所需低得很多。

要翻这第二番必须有更强更精的科技队伍。一个可能性是最好能有多种前沿的而又有广大国外市场的高科技产品，唯中国能制而他国不能做。就像从五十年代到目前为止，美国几乎独占世界的计算机市场。可是要使将来有这可能性，必须现在继续重视和加强基础和应用基础科学，不能忽略这方面的投资，必需注意培养和发展这方面的人才。这方面的投资与应用开发的科技相比，量少而任远。可是祖国在这方面的投资，似乎比一般已发展的国家在比例上要少相当多。故绝对不能再减少。要实现翻两番，尚需适当地增加，便能和应用开发及生产共同发展，互相平衡结合。

三、中国的优势在哪里？

我对本世纪末翻两番是抱乐观态度的。因为明日的世界科技领袖将大部分是华人。

请问：本世纪末全世界各科技领域的领袖是从哪里来的？绝大多数是来自今日的各有关的研究院。在现在世界上各主要的科技研究院中，可以说前 1/4 成绩优秀的研究生基本上就组成了将来的科技中心领导人物。在目前这类的研究院以美国为主,而在美国其中优秀的研究生相当一部分是中国的留学生。

中国送出海外的留学生近万名。就拿其中一小部分物理学的同学来讲吧。通过CUSPEA现在在美国近五百位,今年八月又有一百多位要从国内去。这些CUSPEA同学分布在七十多个研究院,从事六十多项有关的基础和应用基础的研究,在这五年来,他们每一年,在每一个研究院中,每一项项目都是名列前茅的,其成绩已足可与中国运动员相比美。近三十年来,美国的半导体、集成电路、激光、新材料等产业中的重要领袖几乎都是受基础和应用基础科学培养出来,然后转移过去的。因此这些同学将来对祖国的经济发展、建设和科学的贡献,很可能会有决定性的重要意义。

若在中国内地的留学生外,再加上来自我国台湾、东南亚、和华裔的华人,现在在美国各与科技有关的研究院中,相当一大部分的优秀学生都是炎黄子孙。这表示用世界的立场来说,在本世纪末的科技领袖大部分将是华人。这已经是势所必然、不可否定,而必然形成的事实了。这是一个很重要的结论。问题是怎样可以吸引他们、加强民族思想。这是值得思考的,成则前途必然光明。

经验告诉我们,科学工作者大多数是在三十左右创造能力最强。得博士学位以后的学者,优秀者常是五年后可有小成,十年后或有大成。之后,虽然累积的知识更丰富,但开发新技术的能力往往逐渐下降。现在在海外的大批从事科研的留学生,他们在五年、十年后的成果在时间上刚好赶上配合本世纪末翻两番的重大任务。可是假使现在不积极开始努力吸引他们回来,那末这些成果可能留于海外,为他人所用。

因此,目前的主要问题之一,是如何能使他们为祖国出力为民族争光?如何能创造条件,使他们能充分发挥能力,积极参加实现“本世纪末翻两番”的理想?这是极为迫切的。

要吸引他们回国,必需一方面为他们制造良好的研究条件,使学有所用。一方面应稳定发展和提高国内现有的、高质量的基础科学和应用基础科学的研究。这双方的结合才可能成翻第二番的主要基础动力。

四、非常高兴在报上看到国务院已批准了博士后流动站和博士后科学基金。这对将来的发展可能有相当的重要性。为了使更好的实现,和其他各方面的配合,底下有一些建议:

(Ⅰ)为积极吸引留学生回国,博士后研究人员日常所需科研经费加上生活费用,由中央拨款,请确立为每人每年人民币一万二千元(请阅附录)。同时工资最好不要固定得太低、太死,应有相当的灵活性。

(Ⅱ)国家科学基金委员会必须(有)极浓厚的学术风气,必须有独立性。因此最好成为国家的一个独立机构,如计委、经委、科委、教委、科学院和其他部门。国家科学基金委员会的负责人必须是对基础科学和应用基础科学确有个人直接经验,并有充分全面了解的一流科学家。这样,加上独立性,才可保存其特出的学术风气,才能对各请求基金的项目有公正的评议和核准。

(Ⅲ)比较大规模的研究项目,必须有长期的计划,不宜用基金和合同方式。请仍依国家核准后,用拨款方法支持。例如设立在科学院和各大学中的开放性的国家实验室。

以上仅为局部性的一些建议。

7月13日 李政道在前日建议书之后写出附录一件(手写5页),副本同送钱三强阅知。附录写他为CUSPEA事,先后同邓小平等谈及的诸项建议并获赞成的情况,时间、经过均具说明。

9月10日 当首届教师节之际,应《教育报》约稿,于该报发表署名文章——《难忘的教诲 由衷的感谢》:

在第一届教师节到来之际,我以喜悦的心情向千千万万从事最光荣职业的老师们致以崇高的敬意和节日的祝贺!

在我们这个古老文明的国度里,素有尊师的传统。然而真正把尊师和重视教育工作紧密联系起来,并以之为国家以至全社会的头等重要事业切实加以提倡和实行,应该说是党的十一届三中全会以来实现历史性伟大转变的一个重要标志。这几年中,我有一个极为深刻的印象,就是邓小平同志一再向全党、全社会提出的"尊重知识,尊重人才"。正是这一思想逐渐被越来越多的人所理解,受到拥护,特别是党和国家为贯彻这一思想采取了一系列有效措施,一种可喜可赞的风气正在开始形成,因而教师节也得以应运而生。

尊重知识,尊重人才,必然联系到尊师。古人说过:"师者,传道授业解惑也。"如果用今天的话来解释,意思就是:老师是培养人的,是传授知识的,是人类灵魂的工程师。这不是一个抽象的定义,也不是一种人为的解释,事实正是如此。也许有的教师不曾意识到,在所有经历过求学生活的人中,他的最美好、最难忘的回忆里有重要一席是属于对老师的,而且这种感情不以时间的流逝而淡薄,不以环境的改变而改变。我本人就深有体会。

岁月流逝,时过境迁。几十年前的许多往事都已印象模糊了,惟独老师的指点和教诲,记忆犹新,如在眼前。拿我进大学前后一段情况来说吧,那是50多年前的事了,那时我还不到20岁,正在北京大学理科预科读书,本来我是想学电机工程的,但由于我到物理系本科去旁听了两位清华大学兼课老师吴有训先生和萨本栋先生的讲课,我的兴趣渐渐被物理吸引住了,于是立志学物理。后来我便报考了清华大学物理系,在吴先生、萨先生和叶企孙先生直接关怀下进行学习。

1933年,叶先生给我们讲授热力学。本来这门课较难懂,加之叶先生又是一口上海口音,而且还有点口吃。但他抓住要领,讲授得法,基本概念清晰,重要的原则有意识地重复,并且用实例来加以说明。叶先生讲课的特点,今天回忆起来,印象非常深刻,而且是值得我们学习的。

1935年,吴先生开了一堂"实验技术"选修课,我们班有五六个人参加了,我是其中之一。他手把手地教我们如何掌握烧玻璃的火候和吹玻璃的技术;后来他又指导我作毕业论文,内容是制作一个真空系统,试验金属钠对改善真空程度的影响。一次,当真空系统吹成刚抽真空时,因为玻璃结构机械应力不均匀,突然整个玻璃设备全部炸碎了,水银流了一地,我当时心里感到很紧张,可是吴先生没有责备,而是关心地让我赶紧打开窗户,以免水银蒸气中毒。隔了两天,他把我叫去,鼓励我再干,结果毕业论文的实验顺利完成了。后来我到法国从事原子核物理研究和进行放射化学工作时,正是由于吴先生实验技术课的锻炼,给我工作提供了很大方便。

吴先生、叶先生和萨先生都已经辞世了,我也成了70多岁的老人了。然而,在庆贺第一个教师节诞生的时候,首先使我想起的正是他们,还有我的小学的、中学的以及国内外指导我作研究工作的老师,我借此机会向他们表示深切的怀念,我由衷地感谢老师们的教诲和关怀。

10月初 接东北师范大学马列主义教研部函称:"拟编写《中国社会主义建设辞典》,其中有以您的名字为题的条目,请百忙中协助提供以下几方面的情况:①出生年月日及出生地。②有关读书、教学和科研的经历(包括所获学位、学衔等)。③科研成果(包括文章和著作)。④何时回国及回国后所任职务及工作。需在10月15日前提供以上情况。"10月7日钱三强将以上信函转交葛能全,并在信封上写明嘱办:"能全同志:有关我的材料,好像在你那里有,是否可复制一份送给东北师范大学马列主义教研部。由办公厅名义寄出即可以了。三强10月7日。"

10月9日 从北京寄给思进一枚"牛"年生肖纪念币,作为生日礼物,鼓励"一辈子发扬孺子牛的精神,给人给社会的多,取于社会的少,这样才是一个正直的人”。信中写道：

我们远距离也很难给你送什么有意义的东西，但是还送给你一个“牛”吧！因为今年是“牛”年，你正好今年得到 Ph. D.，这说明你是用了“牛”劲的。今年你又开始做 post - doctor 的工作，在新的领域，也需要“牛”劲才能有所得、有所发展的。更重要的是，中央的精神要我们长期做“孺子牛”。根据我们俩 50 年做科学工作的经验，“孺子牛”确是保证“出成果”、因而也是“出人才”的必需有的精神。愿你一辈子发扬孺子牛的精神，给人给社会的多，取于社会的少，这样才是一个正直的人。你的祖父是这样的人，我们也是学着做这样的人。

10 月上旬　在丹麦物理学家尼尔斯·玻尔诞辰 100 周年之际，发表署名文章《纪念尼尔斯·玻尔一百周年诞辰》，全面介绍玻尔的生平和学术成就。全文录后：

今年是伟大的丹麦物理学家尼尔斯·玻尔诞辰一百周年。

1885 年 10 月 7 日，玻尔出生于丹麦哥本哈根的一个知识分子家庭。他的父亲是丹麦皇家科学文学院的院士，是一位著名的生理学教授。玻尔和他的弟弟、著名的数学家哈·玻尔，自幼就受到家庭浓厚的科学、哲学、文学和艺术气氛的熏陶。

1911 年，玻尔获得哥本哈根大学的博士学位。同年 10 月，年青的博士来到英国剑桥大学卡文迪许实验室深造。第二年 3 月，他转到曼彻斯特大学。那里的实验室领导人是卢瑟福，他进行了一项开创原子时代的研究工作，即通过 α 粒子在原子上的大角度散射实验，证明原子的绝大部分质量是集中在一个极为微小的原子核中，它的尺度只有原子的万分之一。卢瑟福的发现和他实验室里关于放射性研究的最新进展，深深地吸引了玻尔，他很快就认识到卢瑟福所发现的原子结构会带来意义深远的物理学革命。

在本世纪的第一年，德国物理学家普朗克通过他对热辐射的研究指出，热辐射放出的能量是不连续的，只能以一份一份不连续的“能量子”的方式放出。1905 年，另一位德国物理学家爱因斯坦提出，光也是不连续的，它是由一个一个的“光量子”构成的。卢瑟福的发现使玻尔认识到，原子世界的奥秘和量子有密切的关系，牛顿力学和经典的电动力学是不适用于原子现象的。

为了证实这种想法，玻尔一头扎进卢瑟福的实验室里，不分昼夜地工作。他提出：元素的化学性质和物理性质，由原子核外的电子决定，而元素的放射性质则直接与原子核有关；放射性元素放出的 α 粒子及电子，来自原子核；原子所含的电子数目决定原子在周期表中的位置,也就是说,在决定原子的化学性质上,原子序数比原子量更根本。当时,在卢瑟福实验室中,分离放射性元素的失败使玻尔提出有些原子的电子数目相同,但原子核的质量不同,这些原子因而有着完全相同的化学性质,但有着不同的原子量。这种见解是如此新颖,一时连卢瑟福也接受不了。但不久实验证明玻尔的见解是正确的,玻尔提出的那些原子,后来被称为"同位素"。

与此同时,玻尔还用卢瑟福的原子模型分析了荷电粒子在通过物质时的行为,推导出它在物质里的射程与它的速度的关系。玻尔在推导过程中考虑是如此详尽,使量子力学建立后所作的更精确的推导只给出最小的修正。

1912 年 7 月,玻尔回到丹麦。在曼彻斯特停留的短短四个月中,他的工作成果是惊人的,但更重要的是通过这一阶段的研究,使他从经典电动力学不适用于原子领域这个观念向前跨出了关键的一大步,形成了把普朗克和爱因斯坦的量子理论用于决定原子状态的想法。

在上一个世纪的开头,人们就发现了太阳光谱里有着不连续的谱线,其后经过几十年的努力,物理学家证明了在不同的化合物的光谱中,都有着不连续的谱线,而且认识到这些谱线与化学元素的性质密切有关。到了上一世纪的后期,对不同元素数以千计的谱线的波长测量已极为准确。有些杰出的光谱学家如巴尔末和里德堡,正确的推测到这些谱线与元素的性质,特别是与它们在周期表中的位置密切有关。他们把繁多的光谱分成不同的系列,得到不同的经验公式来说明它们的波长关系,例如,对于氢原子,它的谱线频率可以用如下的经验公式写出:

$$v_{nm}=R\left(\frac{1}{n^2}-\frac{1}{m^2}\right)$$

其中 n,m 是整数,R 是一个常数(后来被称为里德堡常数)。不过很显然,在原子结构被发现之前,这些推测还只能停留在很初步的阶段。

玻尔正确地认识到光谱学所提供的正是原子结构的信息,特别是里德堡的经验公式为他提供了建立原子系统的量子理论的关键性的依据。经过几个月努力的探索,在 1913 年初玻尔提出了他著名的原子理论,这个理论的基本假设有两个:原子系统只能处在一系列能量分立的稳态上;原子系统可以从一个稳态跃迁到另外一个稳态上,这时伴随着光辐射量子的发射或吸收。

在经典物理学中,作变速运动的带电粒子由于放出光辐射而失去能量,这样一来,原子里围绕原子核运动的电子将不断地损失能量,亦即卢瑟福所建立的原子图像是不稳定的,但事实上却并非如此。玻尔理论的第一个假设,就是说普朗克所提出的能量量子化的概念,不但适用于热辐射,也适用于原子系统,原子里的电子,只能处在一系列能量分立的稳态中,处在一个稳态上的电子,不能像经典电动力学预期的那样,连续地放出光辐射。玻尔的第二个假设是,原子中的电子可以从一个稳态过渡到另外一个稳态,这个过程伴随着光的吸收或光的辐射,视这两个稳态的能量的相对大小而定,所放出的或吸收的光的频率由爱因斯坦的光量子能量与频率的关系公式给出。而且,为了说明原子的稳定性,原子必须存在一个能量最低的稳态。在玻尔的理论中,里德堡常数不再是一个经验常数,而是一个由电子的电荷和质量以及普朗克常数完全确定的数。

玻尔的理论随即在卢瑟福的实验室里接受了氦原子光谱实验的考验。当时新发现了一系列的谱线,发现者认为它们是氢原子发出的,但是和玻尔的理论不符;而玻尔指出这是氦发出的,而不是氢原子发出的。实验证明玻尔是正确的。这样,玻尔的理论随即被用于分析各种谱线,获得了巨大的成功。由于他对原子结构模型的研究,他获得了 1922 年的诺贝尔物理学奖。

尽管玻尔的理论系统地解决了复杂的光谱线之谜,但是他并没有停留在已取得的成就上,他清楚地意识到他的理论远不是一个完善的理论,还只是一个经典理论和量子理论的混合:在理论的两个基本假设中,稳态的性质由经典理论给出,而稳态之间的过渡性质则由量子理论所描述,他对此很不满意;而且由他的理论触发的一系列重要的实验(如原子的 X 光谱学实验,电子激发原子的实验,在电场里的光谱线实验等)结果,都要求理论进一步完善。摆在玻尔面前的是建立一个能在微观现象中描述量子过程的基本的力学。为此,玻尔提出他著名的"对应原理",寻求经典理论与新的量子理论对原子系统的描述的对应关系。按照对应原理,经典的辐射理论不但在具有很大量子数的稳态之间的量子跃迁这个极限情况下成立,而且在量子数不大的隐态之间的跃迁也应成立。虽然应用"对应原理"的论证得到很多重要的结果,但玻尔很清楚,他的理论还不是一个完整的理论。他曾经尝试过使量子跃迁理论与传统的经典理论框架相容,但是在 1924 年,他和他的合作者得出结论:这只有在原子这一层次上放弃能量和动量守恒定律才是可能的。他甚至提出,能量和动量守恒定律只有在统计意义下才是对的,对单个的原子过程可以不成立。但过了不久,康普顿的实验证明,对单个的原子过程,能量和动量守恒也是成立的。他认识到这个实验事实的正确性之后,在 1925 年 7 月指出:"经典电动力学所需的推广,要求对迄今为止人们探索到的对自然的描述来一次深刻的革命,对此必须有所准备。”

这次革命在几个月之内就发生了。这是由年轻的海森堡在玻尔的“对应原理”的思想引导下掀起的,其后经过玻恩、约当、狄拉克、薛定谔等许多物理学家的努力,一门描述原子现象的新的力学——量子力学建立起来了,这是玻尔一直在追求的。新力学要求有完全与经典力学不同的物理概念,它是在激烈的争论过程中从旧力学中脱胎而出的。在这个过程中,哥本哈根成为量子力学发展的最大的中心。从1916 年起,丹麦为玻尔建立起一个理论物理研究所,在他身旁聚集了一批出类拔萃的年轻物理学者,玻尔对他们的影响是很大的、深远的。他不但鼓舞和引导他们努力探索,而且在量子力学发展中的一系列关键问题上(如测不准关系、测量过程在微观描述中所起的作用等)也作出过重要的贡献。在确立微观现象与宏观现象的物理规律的本质上的差异方面,在建立新力学和哥本哈根解释的艰巨过程中,玻尔所起的指导性作用是会永远载入物理学史册的。此外,他还是新力学的强有力的辩护士,但这使他卷入一场与爱因斯坦毕生的学术争论中。物理学家为这场争论感到幸运,因为争论的每一个回合都使人们对量子力学的本质有更深入的了解。

30 年代是物理学变化急剧、新发现层出不穷的年代。原子核嬗变、中子、正电子、人工放射性,这些发现接连而来,把玻尔的注意力吸引到原子核物理上去。1936 年费米在罗马做的慢中子在原子核上的反应实验,引起全世界的注意。乍看起来,中子和质子的区别只在于质子带正电,而中子不带电,它们在原子核上的反应除了电的性质之外应当完全一样,但费米的实验结果却并非如此。在一系列的特定能量(共振能量)上,慢中子在原子核上有异常大的俘获几率。这个性质是质子和原子核的反应所没有的。

费米的实验引起玻尔巨大的兴趣,使他发展了复合原子核的理论。玻尔指出,原子核可以设想为一只浅碗,碗里装有许多小球,它们是质子和中子。中子和原子核的反应,相当于用一个小球来撞这碗里的小球,其结果是使得碗里的小球都动起来。如果撞入的小球速度很低,可想而知,结果是碗里的小球的速度都不够大,不能够逸出碗外,这时,碗里的小球就多了一个。这就是复合原子核的概念。不过这个复合的原子核是处在很高的激发态上(因为碗里所有的小球都在动)。实验上发现的共振能量实际上就是复合原子核的能级。一个原子核是不能长时间处在激发态上的,这些小球彼此撞来撞去,经过足够长的时间,便会有一个或几个小球集中了足够多的能量,获得足够大的速度，离开浅碗。这个图像和液体中的分子从液体中蒸发出来相仿。因此，原子核可以看作一颗液滴。从这个反应的图像出发，玻尔的研究取得很大的成功。不久，玻尔以他的理论扩充到另一种情况下的核反应过程——入射粒子能量较大，不形成复合原子核的“直接相互作用”过程，引入光学位势，得到很好的结果。

1938 年秋，法国的约里奥-居里夫人和南斯拉夫的萨维奇证明铀和钍被中子轰击后产生放射性镧的同位素。得到这个信息后，德国的哈恩(Hahn)和斯特拉兹曼(Strassmann)用很精确的方法于 1939 年底证明铀在慢中子的轰击后产生放射性钡的同位素。镧和钡都是元素周期表中靠中间的元素。这个新发现震动了科学界。在瑞典的两位科学家梅特纳和弗利胥经过详尽的分析后意识到，这只能是铀原子核的裂变，就是铀在慢中子的轰击下裂成质量和电荷大致相等的两片碎片，其中的一片就是钡，而且在裂变过程中放出巨大的能量。其后弗利胥在哥本哈根用实验证实这个观点：原子核是可以裂变的。玻尔马上认识到这个发现的极端重要性，很快地从复合原子核和原子核的液滴图像出发，结合统计物理的方法，建立起原子核裂变的理论。这又是一个开创性的工作。对后来原子能的应用所起的作用是十分重要的。

1943 年，在纳粹占领下的丹麦，玻尔面临作为人质被逮捕的危险，便不得不逃离丹麦，经过瑞典转去英国和美国，而且马上参加了制造原子弹的工作。在原子弹尚未试验之前，玻尔就看到原子武器可能给人类文明带来的灾难。他指出，如果原子能掌握在世界上爱好和平的国家手中，这种能量就会保障世界的持久和平；如果它被滥用，就会导致文明的毁灭。

战后，玻尔回到饱经劫难的丹麦，在他面前是一个满目疮痍的欧洲和分裂的世界。他为恢复丹麦的科学研究努力工作，为全世界和平利用原子能进行呼吁，为促进各国科学家之间的国际合作不断作出努力。他是目前欧洲最大规模的国际合作组织欧洲原子核研究中心(CERN)的发起人之一。这个中心的理论部，在日内瓦的总部建成之前，一直设在他的研究所里，搬走之后，在他的研究所里又成立了北欧国家的联合研究机构。

玻尔对中国的文化和中国人民一直有着深厚的感情，他的研究所徽章用的就是中国阴阳太极图案。1937 年夏天，玻尔夫妇和儿子汉斯来中国，访问了上海、杭州、南京、北平等地，在中央研究院、浙江大学、北京大学等单位作了关于原子和原子核的演讲。我那时刚从清华大学毕业不久，在北平研究院物理研究所工作，玻尔来参观物理研究所，又在北京大学演讲，对原子的结构和原子核的图像讲得深入浅出，深深地吸引了我们这些听众。他的关于复合核的概念对于我后来做有关裂变的工作有很大启发。当时吴有训先生陪同他们游览了明陵和八达岭长城。中国历史悠久的文化给他留下极深刻的印象。

玻尔研究所以促进国际学术交流和培养年青的科研人才为己任。在苏联建国后不久，玻尔就邀请了苏联的年青物理学家盖莫夫、朗道等去访问，这些人中有不少后来成为苏联物理学领域中的重要人物。这在苏联当时还处在孤立的状态下确是绝无仅有的。我国建国前，他的研究所里，陆续有一些中国的物理学者去访问，其中包括周培源、张宗燧、胡宁等。建国后，由于种种原因，他的研究所里一直没有来自新中国的物理学者，他对此深感遗憾。1960年在英国皇家学会成立三百周年纪念会上，吴有训见到玻尔，玻尔提起这件事，他当时还说："有些人想封锁中国，对于一个幅员辽阔、人口如此众多的国家，这是怎么可能的呢?"吴先生向他表示中国愿意接受丹麦方面的邀请。两年之后，玻尔邀请了我国在苏联联合原子核研究所工作的青年物理学者冼鼎昌到他的研究所工作。1962年底，我们邀请他的儿子奥格·玻尔来中国访问。奥格·玻尔当时主持玻尔研究所工作，他后来因原子核集体运动的研究而获诺贝尔物理学奖。在他访问期间，丹麦和中国达成一个长期学术交流的协议，这是我国和西方国家进行学术交流的第一个协议。这个协议开辟了两国物理学家学术交流的宽广的道路，一直继续到现在。

我们曾期待着玻尔能够重访中国，但是就在奥格·玻尔访华的日程结束即将启程离京的时刻，我突然得到玻尔逝世的消息。我随即赶到北京饭店，向奥格·玻尔表达了我国科学界对这位科学伟人逝世的深切哀悼。

继承玻尔的遗志，奥格·玻尔于1973年又来中国访问，作了非常精辟的关于原子核集体运动的学术报告；他的研究所陆续邀请我国十余名青年物理学者去工作，其中有冼鼎昌、杨福家、卓益忠、曾谨言等，对培养我国原子核物理骨干作出了贡献。

我十分满意地回顾这些年来中丹两国物理学者卓有成效的交流和合作，我预祝两国青年学者的学术交流取得更大的成绩，对科学的发展作出更大的贡献。(原载《物理》杂志，同年10月17日和10月25日，《人民日报》和《光明日报》先后摘要刊载)

10月9日 出席中国科学院在北京人民大会堂举行的京区学部委员、科学家从事科技、教育工作50周年庆祝会，并接受颁发的从事科技工作50年纪念证书，共有133位科学家获此证书。万里、李鹏、胡乔木等出席讲话，感谢科学家们为国家作出的贡献。在接到授证通知(9月18日)时，认为自己是1936年大学毕业，尚不够50年，不应接受此荣誉，先后两次写条子说明。

9月18日晨铅笔手写字条给葛能全：

能全同志：

我忽然悟到这次可能是把上海表扬五十年老科技人员的经验推广，这本身是件好事。正为其如此，恐怕我差一年而受奖励，就更成问题了(此句加了着重号提示——引注)。因此请你向领导上说明我不是五十年，今年不能受奖状。

同日，再致信葛能全：

接院“关于准备召开我院京区学部委员、科学家从事科技、教育五十周年庆祝会”的通知。我想弄清楚，我是否算在这类人里面，因为我是1936年大学毕业的，到今年只算毕业后49年，还不到五十年周年。因此，我想我不能算“从事科技、教育工作五十周年”的人。你上次谈话时提起过这事，现在通知已寄到我这里，因此我很迟疑。若被人知道了不够五十年，又要去参加庆祝并接受荣誉奖状，实在是太不合式了。因此请你澄清这件事的经过并且告诉我如何处理。照片一张送上，简介材料你那里有，是否由你交给值班室。

10月19日　致信胡乔木，代表中国物理学会等邀请其出席首都科学界纪念尼尔斯·玻尔诞辰100周年大会，并附去自己拟在主持纪念会时讲的主持词，以作为对会议及玻尔情况的介绍。

10月21日　接读胡乔木亲笔回信，胡在信中说明由于工作忙和对近代物理学过于外行，“务恳免此一举”。

胡乔木10月21日信附于此：

三强同志：

接获十九日来信并尊作(即拟讲的主持词——引注)，深以为感。玻尔诞生一百周年纪念是一件大事，我承邀出席当然应引以为荣。但一则工作太忙，很难抽出半天时间；二则我对近代物理学的发展过于外行，坐在这个纪念会的主席台上不但惶愧无地，且对己对人都有滑稽之感。我想科学界的纯学术性的纪念会实在完全没有必要找一个与科学无关的人(无论他有什么地位)参加，这种风气从根本上说来对科学的发展没有什么利益，国际科学界对此也不会有好的观感。由于上述，务恳免此一举。对于老朋友的要求加以拒绝，在我的感情上是很不好过的，希予格外鉴谅。

敬祝康健，并候泽慧同志安好。

胡乔木

十月二十一日

11月1日 主持首都科学界举行的尼尔斯·玻尔诞辰100周年纪念会，并代表中国物理学会(时为理事长)、中国化学会、中国核学会、中国光学会、中国生物物理学会、中国核物理学会、中国高能物理学会和北京物理学会等主办单位致主持词。周光召(物理学会副理事长)作题为"哥本哈根精神的启示——纪念伟大的丹麦物理学家尼尔斯·玻尔诞辰一百周年"的演讲。

所致主持词说：

尼尔斯·玻尔是本世纪最伟大的科学家之一，于1885年10月7日生在丹麦哥本哈根。他运用量子理论建立了原子结构模型，对复杂的光谱线的解释取得了极大的成功，于1922年获得了诺贝尔物理学奖。在他的组织与领导下，一代优秀物理学家集体地建立了描述微观世界规律的量子力学，对原子分子物理、固体物理、化学理论、原子核物理和分子生物学的发展起了促进作用，以玻尔为首的哥本哈根学派对量子力学的贡献，永远载入科学史册。他的原子核液滴模型和裂变理论对原子能的应用起了重要作用。在他的工作中，他始终贯彻了理论联系实际的精神。

玻尔热爱和平，主张科学为人类造福。为了反法西斯战争，他参与了在美国的原子弹制造工作。但在原子弹尚未试验以前，他就指出，如果原子能掌握在世界上爱好和平的人民手中，它就会保障世界的持久和平；如果它被滥用，就会导致文明的破坏。这种正义主张对现在的国际形势仍有现实意义。

玻尔的研究所以促进国际学术交流，培养各国年轻学者为己任。他反对封锁新中国的政策，促使丹麦和我国于1962年签订了中国与西方学术交流的第一个协议，为我国培养了一批科学骨干。玻尔在1937年，其子奥·玻尔在1962年和1973年相继访华讲学，促进了我国科学发展。今天玻尔研究所的赫尔斯金特教授专程前来北京，参加我们的纪念大会，再一次表示了我们之间的牢固的友谊，让我们对他表示热烈欢迎。

我们纪念玻尔对世界文明作出的划时代的贡献，和他在科学探索上一往无前、永不停顿的献身精神，不局限于已取得的成就而毕生保持科学研究青春，不断地作出一个又一个创造性的贡献的伟大人物，在科学史上也是不多见的。玻尔正是这样的伟大人物。我们纪念他明确表明科学家对社会的责任和在人才培养上的国际主义精神。他对中国人民的深厚友谊，在我国处于困难的时候他给予的支持和帮助，永远铭记在中国人民的心中。在我国，目前正处在大规模经济建设的时期，在信息科学、新型材料、生物工程、核能技术、激光技术等方面大力提倡学习玻尔的理论联系实际的精神，更有着特殊的意义。

11月25日 偕严济慈、汪德昭、吴文俊等，在北京会见并宴请到访的法国科学院院士、数学家H. 嘉当教授夫妇。

1986年 七十三岁

春 在出席全国政协会议时，与茅以升、侯祥麟、罗沛霖、徐驰、李苏、顾毓瑔等(共83人)联合署名提案《关于工程技术工作在国家事务中的地位》，呼吁重视工程技术工作，提高工程技术和工程师的地位和影响，建议建立国家最高工程技术的学术机构(即后来成立的中国工程院)。该提案由罗沛霖执笔。

4月8日 捎手写信给葛能全，托其联系《人民日报》或《光明日报》刊登与兄长秉雄为伯母单士厘的《受兹室诗稿》[①]合写的序。信录：

能全同志：

兹有一事相托。

我的伯母单士厘系《癸卯旅行记》和《归潜记》的作者(均系湖南人民出版社出版)，她的诗稿《受兹室诗稿》，湖南文艺出版社也预计于今年七月出版。

我哥哥和我去年为该书写了序，现在湖南文艺出版社编辑给我们来信，希望将我们的序能在北京的报刊上发表(该信附上)。

我过去曾为科学有关的文字在《人民日报》或《光明日报》刊载，你也帮了不少忙，但有关文学，诗，近代史方面工作从来没有写过文章，有关这方面的编辑同志也没有联系。你过去在文史方面写过不少作品，和他们可能有些联系。因此是否可以请你代为联系一下，有哪家报纸愿意登此文。若认为文字过长可以删短些。我把该稿复制了两份，现送上一份请阅，如有需要我可以把第二份送上。若是没有人愿登，也没有什么关系。(湖南新书目也附上)

此致

敬礼

三强

4月8日

① 《受兹室诗稿》由湖南文艺出版社于1986年出版

(按:经与《光明日报》文艺部黄永涛(南京大学中文系 1964 年毕业,曾是葛能全在中国科学院的同事)联系,该报同意刊钱序。黄 4 月 24 日回信葛称:"三强等同志的序文已排出,删节不多,就不再寄审清样了,计划近期刊出。附寄奉还,请收。文章发表时,我会给你们寄报,稿费寄何处,请示。")

《回忆伯母单士厘·代序》,全文如下:

《受兹室诗稿》的作者是我们的伯母单士厘。她生于一八五八年(清咸丰八年)卒于一九四五年,去世到现在已四十年了。她以亲手抄写的《诗稿》赠送罗守巽先生,此稿得以保存至今,尤其是经过"十年浩劫",实在是一件难得的事。现在陈鸿祥先生将它校点,湖南文艺出版社热诚接受出版,真是值得大家庆幸的事。我(秉雄)上小学以前,即一九一三年,曾在北京伯母家中生活过一年多的时间。她热爱我国的古典文学,喜读我国的历史书籍,勤于执笔写文章,每天必写日记。她的生活很有规律,每天早晨,不管冬夏,五点钟起床,点着灯吃早饭,饭后陪着伯父带我乘车去中央公园散步游玩。八时半回家,在她的书房里为我安排日程,常是拿出从国外带来的积木、画片等供我看着玩弄,每天教我识方块字,还教我读五言古诗。安排完,我就看她坐在书桌前打开书本翻阅,写文章,抄录书中有关的记载直到吃午饭。晚间天黑就睡觉。这虽然已事隔七十年,但每一回忆起来,仿佛离我不太远。在家里我叫她"大妈",如按年龄来说,可以说她祖母了,因她儿子们和我们的父亲(钱玄同,原名钱夏)年龄差不多。

伯母的弟弟单不厘先生,是研究我国历史和哲学的。他和我们的父亲,从一九〇六年在日本东京伯父家中相识后,很谈得来,是父亲青年到中年时期的好朋友,他们之间书信往来很多。单先生曾来北京,在大学中任教,我们见过他,是一位专心致志的学者,比父亲年纪大一些,在一九二九年病故。父亲曾写文章纪念他,题目是《亡友单不厘先生》。后来单先生的唯一幼子又病死,伯母心中很悲伤。

伯母是一位慈祥的老人,她对小辈非常爱护,并且善于引导。因为她在十九世纪末就带着她的两个儿子东渡到了日本去了,接受日本明治维新以后的新教育思想较早,并且很注意研究日本的儿童教育和女子教育,所以她平时经常说要启迪儿童的智慧,让他们爱学习。要学习,象以前那样关在书房里不让动,那是不行的。在过年过节或过生日的时候,伯父伯母有时乘马车来接我们弟兄到德国饭店去共吃西餐。一九四〇年端午节,伯母家宴,在饮酒时,她想起三强远在巴黎围城中,必然要受危困,写了忆三强诗,其中有这样几句:"不尽樽前酒(话),难忘海外孤。烽烟怜小阮,无计整归途。"那时她已是八十多岁的老人,从诗中可以看出她对小辈亲切的思念和关怀。

我们的伯父钱恂很早就在清季外交界工作,先后在我国驻伦敦、巴黎、柏林、彼得堡等使馆任职,最后任荷兰和意大利两国公使各一年。一九〇九年归国寄居在湖州陆家花园,次年春父亲从日本回到湖州,老兄弟两见面特别高兴。他们对于清政府的腐败都是切齿痛恨的,认为皇帝是要不得的,应该推翻;共和政体是天经地义,光复后必须采用它。后来在湖州响应革命号召、首举义旗的是我们的伯父。他几次出国,在国外二十多年,到过不少的国家,见闻较广,一八九六年就建议清政府派青年学生出国留学,学得先进国家的新知识新科学来改革我国清末腐朽的政治、经济和社会,要唤醒人民,不论男女一齐动手来干。他还经常谈起外国人如何珍惜时间勤奋做工,如何研究医学、注意卫生。父亲曾说,伯父一生做事,经过思考成熟后,认为应做的事总是一往直前地去干,不为流俗所限。自己的日常生活是比较俭朴的。这是伯父的工作和生活作风。

在辛亥革命前,伯父归国后,曾被湖州中学的沈校长约请去代理校长一个月。因沈校长慕伯父的名望,想借他的力量对湖州中学加以整顿。伯父进到学校就到教室中去听课,指出有的教师讲得不详细,有的教师讲课有错误的地方,大部分教师挨了批评。对英文教师的批评是发音不准确,英文教师就在当天晚上鼓动大家罢教。次日,伯父到校后知有教师罢教,嘱咐学监让学生照常上课,他找人来代课。据茅盾先生《我走过的道路》中记载:当时,代课教师中代国文的是我们的父亲,很受学生的欢迎。父亲教的文章有史可法的《答清摄政王书》,《太平天国檄文》,黄遵宪的《台湾行》,梁启超的《横渡太平洋长歌》。这些文章在当时是新颖的,有进步意义的,富有革命战斗性的。伯父认为选得好,一扫过去选文中的陈腐的气味。他们在湖州中学虽说仅仅只共事一个月,可以看出他们俩在教育思想上反封建的精神是一致的。一九一三年以后,他们俩都在北京,往来是经常的。伯父在家中请老朋友,如夏曾佑老人、张菊圃表兄等,父亲都被邀去座谈吃饭。记得章太炎先生被袁世凯囚禁在北京,伯父和父亲一同去探望他,并设法营救。

父亲自袁世凯称帝和张勋复辟之后,思想上受到很大的刺激。他看到民国建立后,而政权却又为北洋军阀所篡夺,仍然是民不聊生,丧权辱国,做帝国主义的走狗,心中非常气愤。他经过深思熟虑后,认为非搞一场思想革命不可,于是就投稿《新青年》杂志,以钱玄同的名字写文章参加了"新文化运动"。这事伯父不知道。有一天,伯父与单不庵先生谈起:"近来我看了一篇《儒林外史》的新序,写得很不错,署名钱玄同,何许人也?”单先生答说:“钱玄同就是钱夏”。伯父说:“这很好嘛!《儒林外史》这部书应该让青年人读读,这是一部旧时代读书人的辛酸遭遇的记载。”当然,由于他们两人的年龄、经历和所处的时代、环境不同,对于事物的看法和对问题认识的高度自然有所不同,但是他们俩的思想作风——反压迫,却有类似的地方。

以上是我们回忆伯母时,想起的几件有关琐事,作为纪念他老人家的一点献礼罢了。要想了解《诗稿》的内容,陈鸿祥先生有详细的介绍。

一九八五年六月十二日于北京

4月28日 偕何泽慧回母校清华大学参加校庆活动,同物理系八级同学毕业五十周年合影留念。返校并合影的同学有:王大珩、于光远、黄葳、杨龙生、谢毓章、许孝慰、黄瑾。

5月6日 捎手写条给葛能全:

能全同志:

有一事,请你帮助一下,不知可否?计算技术研究所不久即将举行建所三十周年。五六年四大紧急措施,计算所即是其中之一,并且对国家建设作了许多事,应该庆祝。不过,他们要求有点使我难于满足,他们希望我写“向世界先进水平进军”,但希望我要用毛笔写。我的毛笔字实在拿不出,因此是否请代劳一下,就用我的名字好了。你的中文字写得很好,只要是楷书就成了。不知此事是否得当,今晚我再打电话给你。(以后有些题字,可以用钢笔字的,我仍自己办理)

三强

5.6日

5月9日 葛能全复信:

三强同志

遵嘱写了几个字(向世界先进水平进军　纪念中国科学院计算技术研究所建所三十周年),送上。据我看,如可能还是您亲笔书写为好,因为这是用于永久性纪念册上,最好是真迹。

为了您能如愿,1. 我给打好了一张纸的格子,请一个字一个字写在格内,不论字体如何,总是真的,这本身就有纪念意义;2. 如写毛笔不习惯,据我了解,用您习惯用的粗碳水笔也是可以的。至于时间可不必着急,待您闲暇并有兴致的时候再命笔不迟。请酌。

5月11日 用粗碳水笔为中国科学院计算技术研究所建所三十周年题写祝词“向世界先进水平进军”。在将题词交葛能全转送时,同时附了两纸铅笔字条，说明自己不长于写毛笔字的原因。字条写道：

……但你又说最好自己写，并且可以用粗碳水笔写。这样我勇气又大了一些，试着写了。看来的确是不如毛笔写得好。现在送上，请你考虑，若是他们认为可对付，那就这样交差了。

总之，我父亲当初的（革命性）主张：白话，横写，自左到右，并且主张用钢笔写字。看来"五四"时期的主张可能过头了一点，但对我这个"五四"时期入小学的人，要改还是不容易的。当初他主张白话文，我出国考试时，戴传贤主张复古，一定要白话以外，还要作一篇文言文，结果成绩也受了一点的影响。优点和缺点在一个人身上常常是同时存在的，因情况条件不同，会表现结果不一样。这也是辩证法。今天不少场合要用毛笔，直行，自右至左。我的不适应也是很自然的。但我并不因此而教导孩子们应该走另一条路。路应该他们自己选。一笑

三强

5.11 日

5 月 26 日 出席在中国原子能科学研究院举行的北京国际串列物理讨论会。来自美国、英国、日本、丹麦及中国等 11 个国家和地区的 150 余位有关学者参加讨论会。时任中国原子能科学研究院院长王淦昌主持会议开幕式。

5 月底 6 月初 和王守武、林兰英、沈华生、陈肇博、黄敞联名写信给赵紫阳和国务委员张劲夫，对我国"七五"期间发展微电子事业提出建议①。

6 月 7 日 应约在中国科学院三里河办公室为《中学生物理》题写刊名，并为该刊创刊号撰写贺词，鼓励中学生对物理学的兴趣和钻研精神。

6 月 8 日 为中国科学院力学研究所建所三十周年题词庆贺：

在过去的 30 年中，中国科学院力学研究所为祖国的国防建设、经济建设和科研事业作出了卓有成效的贡献。希望今后百尺竿头再进一步，在为国家的经济振兴和推进科学技术的发展方面作出更大的成绩。

6 月 23～27 日 出席中国科学技术协会第三次全国代表大会，当选为全国委员（共 277 人）。周培源代表科协第二届委员会作了工作报告，胡启立代表党中央和国务院讲话。在 28 日举行的中国科协第三届全国委员会第一次全体会议上，当选为副主席，主席是钱学森。副主席还有王大珩、卢嘉锡、朱光亚、庄逢甘、吴阶平、何康、张维、林兰英、高镇宁、唐敖庆、曹天钦、裘维蕃、路甬祥。

6 月 29 日 接袁翰青来信并派员送交其与人合写的《约里奥-居里夫妇》传稿。数日内，悉心对传稿不准确和名词翻译有误之处做了订正，寄回袁处，并

① 国务院信访局 6 月 10 日函称，"建议"已刊登《信访简报》报送中央领导同志

附了情况说明信。袁翰青阅后于7月7日再回信钱三强：

> 您修改的《约里奥-居里夫妇》一文和您的来信，都已经收到了。感谢您费了相当多的时间，修改了这篇小传的主要部分。文中一部分照片是采用《化学元素的发现》一书，英文版的照片比中文版的照片要清楚得多。这篇文章可能先在《化学教育》上发表，也可能要等明年甚至后年《化学重要史实》出版时，才能发表。这篇文章发表的时候，在适当的地方，表示对您的感谢，希望能同意。

7月中 出席首都学术界为于光远举行的从事学术活动五十周年纪念会，并在会上作了回顾发言，生动地回忆了在清华大学物理系同学时的情景。

7月 出席中国科学技术协会组织的科技界青年学者座谈会，并在座谈会上作了回顾自己青年时代学习生活的主题演讲，回顾自己的小学、中学和大学生活，缅怀各个时期各科老师给予的教育和关爱。演讲经整理成文《锻炼身体 扩展视野 培养拼搏精神》(载《中国名人谈少儿时代:风雨年代》，北方妇女儿童出版社，1990年)，择其结语于此：

> 总结我青少年时期的生活与学习的经验，我觉得二十岁以前是一生中起重要作用的阶段。当时处在北洋军阀混战，生活在反对帝国主义、封建主义压迫的时期，因此产生了爱国主义思想，要求祖国富强的愿望促使我走上工业救国、科学救国的道路。父亲反帝反封建的思想正好指导着我前进，他提倡"学以致用"，反对"为学术而学术"，一直对我有深刻的影响。母亲的爱护与严格要求，使我懂得如何择友，如何作人，在一生曲折的道路上避免走入歧途。小学、中学(包括北大预科)的教育使我兴趣广泛，身体健康，不读死书，初步尝到拼搏精神的重要性，最后有指导地走上学科学技术的道路。老师们的辛勤劳动在我们这一代人中开花结果。饮水思源，我要向中小学时期的老师们致以衷心的感谢和美好的祝愿。正是在他们不断耕耘下，我们这一代才能发挥出一点应有的作用。在中国共产党的领导下，建立了"教师节"，这英明的决策是对我们广大老师最恰当的评价和鼓舞。
>
> 让我们高呼："教师万岁！""知识万岁！"

7月23日 致信负责北京正负电子对撞机建设的谷羽，就赵忠尧的"质子静电加速器"成果在1956年首届自然科学奖评奖时，因故错过机会这"多年存在我心里的事"，征询如何恰当处理。信如下：

> 谷羽同志：
>
> 我最近看到你们两期对撞机和同步辐射加速器的简报，非常之高兴，最近你们辛苦了，但是成果很好，中央很重视。希望你多保重身

体，作好领导小组的工作，同时做好“政委”的工作。

我最近“卧游”之余，想到一件事，也是多年存在我心里的事，现在请你考虑到底有没有用？时机是否恰当？

一九五六年科学奖金评奖时，赵忠尧先生的质子静电加速器（合作者有叶铭汉、徐建铭等十余人）曾被评为二等奖，我们大家都认为合适，但吴有训先生觉得“赵先生得二等奖不妥当，要得就应该是一等奖”，但奖金委员会不同意给予一等奖，最后吴先生和我商量是否可以抽出赵先生请奖的项目。从今天按原则办事，本来奖金应由奖金委员会投票通过，但吴先生先同我商量这事，我当时就说这事需要吴先生与赵先生商量是否抽出，最后吴与赵谈后就把请奖项目抽出了。吴先生的旧思想使得这事就这样处理了。

但从今天看，自己研制加速器，加速器并且已有推广的作用（有的工业部门已接产，对加速器的推广应用是很有价值的，应该鼓励）。现在科学技术又有多种，因此质子静电加速器的工作是否可以推荐给“技术奖”（或叫发明，技术改进奖?）的奖金委员会。过去“真空阀门”项目就是这样评上去的。“技术奖”接受和评定与科学奖有所不同，不限期限，一年中可以评一次或两次。

同样，“电子直线加速器”过去没有请过奖，现在是否可以同时请奖。

“质子直线”（加速器）也是在国内首次制成，是否等能量达到一定数量时，也可以请奖。

这样一个措施既可对“轻技术，重理论（重基础）”的倾向（或舆论）有所改进，同时可以鼓励凡是对国家作出贡献的，都应得到奖励。对你们抓的几个大项目也使工作人员得到鼓励。

这些看法，既有从全国角度出发，也有消除自己的内疚问题，因为那时我还是原子能研究所所长（或是近代物理研究所所长），我没有坚持原则，使得这件事情拖了三十年左右。

请你考虑这样作法是否应该，同时看时机是否合适。

你考虑成熟后，请与光召同志先商量一下，再作出决定。（此信最好不给人看，特别是赵先生，将来若是你们都同意，则可以在所内提出讨论）

至于宇宙线云南大云室的问题也可以顺便考虑，但这个问题与加速器略有不同（因为不能推广，但技术还是值得一提）。

匆此

钱三强

7月23日

7月28日 出席国务院学位委员会第七次会议。会议审核通过了第三批博士、硕士学位授予单位及学科、专业和博士生指导教师;讨论了学位委员会今后一年的工作要点。会议由主任委员胡乔木主持。

9月12日 在中国科学院三里河办公室接受中共中央文献研究室周恩来研究组二人访谈。7月28日中央文献研究室曾致函钱三强称:

> 我室正按照中央批准的工作规划,编写《周恩来年谱》和《周恩来传》,并着手进行周恩来经济思想研究。需要多方面了解周恩来同志领导我国革命和建设事业的情况和他的杰出贡献。您多年在周恩来同志领导下,从事国防尖端科学的研究和生产方面的领导工作,对周恩来同志关心和指导我国科学事业的发展,特别是关心和指导"两弹"的研制和生产的情况有较多的了解。我们拟请您在方便的时候向我们详细地介绍一下这方面的情况。谈话的时间和地点请您确定并通知我们。

访谈围绕中国研制原子弹的决策、人员培养、协调力量、普及知识、组织攻关及关心科技人员等,回顾周恩来杰出领导者的智慧和体察民情的朴实作风。访谈进行两个半小时。

9月19日 中国科学技术协会促进自然科学与社会科学联盟工作委员会在北京成立,兼任该委员会主任委员,于光远、钱伟长任委员会顾问。主持确定委员会的主要任务是:加强软科学、交叉科学、管理科学等方面的研究、宣传和培训活动,加强自然科学工作者和社会科学工作者的联系,为领导决策提供科学依据。

12月22日 在《人民日报》发表署名文章《推荐〈20世纪科学技术简史〉》。《20世纪科学技术简史》是分工主管图书情报出版工作期间,代表中国科学院下达的重点研究课题,由中国科学院自然科学史研究所24位各学科科学史家编写,许良英、李佩珊、张仲静统稿,于1985年6月由科学出版社出版。钱三强在推荐文章中写道:

> 本书有下列三点值得注意:
>
> 一、这本书集中而简明地介绍了科学技术在20世纪中的发展状况,而整个20世纪则是科学技术发展迅猛、成果辉煌的年代。现实生活中,我们都多少直接或者间接地感受到科学技术的发展对当代社会的冲击。如从整体上考察,就会毋庸置疑地得出这样一个结论:在20世纪中,科学技术已经成为对于人类历史发展前途和现代国家兴衰起决定作用的一种力量……
>
> 二、这本书在各章节中,介绍了各门学科知识积累的具体过程。在引言和结束语中,则从20世纪科学发展的总体上,总结了20世纪

科学的特点，探讨了科学发展的一些规律性问题。科学知识的积累、不同学科之间的交叉渗透和勇于创新的科学思想日益增长，是从内部推动科学发展的重要力量。20 世纪的生产发展空前迅速，为科学研究提供了雄厚的资金和高质量的实验装备，并且不断地向科学提出新课题和新任务，有力地促进了科学技术的发展。同时，由于生产上的各种新兴技术又无不来源于系统的、综合的科学研究。在发达国家中，生产部门不仅仅积极采用先进的科学研究成果，而且从本部门长远利益出发，都在大力支持基础研究和应用研究。总之，从基础研究、应用研究到技术革新或技术革命是一条长链，中间有着各种不可缺少的环节。这是一条不以人们的意志为转移的客观规律。《20 世纪科学技术简史》在这方面提供了不少资料，并且作了有力的论证。这些对我国有些政策的制定和科学技术工作的管理，具有重要的借鉴作用。目前在我国，虽然科学技术的重要性在社会上开始得到比较普遍的承认，但是怎样才符合科学发展的规律，才真正能够有效地促进生产和科学自身的发展，还是一个需要不断探索、实践和总结的问题。这本书当然不可能给出什么具体答案，然而都可以从他人的经验中提供一些有用的参考。

三、这本书的结束语，对在科学上实行学术自由和思想自由，以及在政治上怎样实行民主的有力保证等方面，作了比较详细的论述。我们在 1980 年 7 月为中央书记处开设“科学技术知识讲座”第一讲的讲稿中，曾提出“政治上的民主和学术上的百家争鸣是科学繁荣的必要保证”。今年 5 月以来，在纪念“双百”方针提出 30 周年的许多文章中，比较广泛而深入地探讨了这个问题。今年 8 月，万里同志发表了关于《决策民主化和科学化是政治体制改革的一个重要课题》的讲话，更有助于大胆探索、自由讨论气氛的形成。最近中共中央十二届六中全会通过的《关于社会主义精神文明建设指导方针的决议》，使社会主义的高度民主和学术、思想自由更得到有力的保证。当然要真正做到，并不是一件易事，尚需各方面努力促进。这本书的结束语列举了几件令人沉思的历史教训，并作了较深入的分析和论证，有助于我们理解这个问题的重要性和迫切性。……

当然，这本书也有不足之处，有的章节着力不够，内容较单薄，有的重要学科，如心理学还是空缺，也有的地方有一些错误。希望在再版时能得到改正。（《20 世纪科学技术简史》〈第二版〉，于 1999 年 9 月由科学出版社出版——引者注）

1987年　七十四岁

1月初　接受《北京日报》记者就如何认识和发展交叉科学进行的专访。1月9日,该报发表钱三强答记者问访谈录。其中:

记者:对交叉科学认识并不一致吧?不是有种说法吗,交叉学科总有点不正规。

钱三强:任何学科或理论的产生及其意义,都有一个为人们所认识的过程。譬如30年代末物理学发展的"核裂变"现象,初时不少人并未意识到其重要性,时仅一两年,全世界20几个实验室都对此进行反复实验,证明它释放出的能量比化学反应放出的能量要大百万倍左右。后来的原子能工业,就是在"核裂变"现象的基础上发展起来的。我觉得,和30年代末核物理形势一样,现在交叉科学同样面临着突破的形势。不论自然界或是人类社会,都是一个多层次、多结构、多序列的复杂的网络体系,对此进行系统、多层次、全方位的研究分析,就要我们采用多学科的理论和方法。不仅拍脑袋作决策不行,科学理论单一化也不够。对电的现象的研究,发展出电机工程和无线电,一进入工程阶段就不是单一学科的问题了。

记者:不少国家很重视交叉科学。日本设有野村战略研究所、三菱综合研究所等综合研究开发组织……我国交叉科学目前处于何种状况?

钱三强:如果套用舆论阶段和实体组织阶段概念的话,我认为我们现在可能是处于"过渡阶段"。完成这一阶段时间大概不会太快,需要在认识和实践间不断反馈中逐步发展。从观念上说,我们头脑中新旧两条思想轨道并存,考虑问题的思路,时而旧,时而新;或是虽知旧的不对,但不免受其影响。表现出来,一是对事物还不善于采取多学科的综合知识体系进行分析和论证;再有就是对交叉科学的作用和意义缺乏足够的重视。因此,应造成科学技术方面的舆论,动员各方面人员,其中包括领导、科学专业人员和组织工作人员,提高认识和素质,加快这方面的转变。

记者:万里同志在软科学座谈会上的讲话中指出,在我国,自然科学与社会科学之间的结合还存在许多问题。对此情况,您有什么考虑?

钱三强:长期以来人们形成一种认识:文理分家,还要分得十分清楚。这在现实生活中,几乎很难做到。譬如自然科学方面的研究所的体制，究竟是党委领导下的所长、党委书记分工负责制，还是所长负责制？这就涉及社会科学问题。推广和运用科研成果，也有社会科学问题。

过去的教育，过分强调“专”，“广博”不够。仿佛一个人学医就要搞一辈子医，学农就要搞农。其实可以多向培养。毕业后也可以搞管理工作。我们科技事业领导同志最近鼓励部分科技工作者做企业家，也说明这种迫切需要。

1月9日 在人民大会堂出席民间学术研究机构华夏研究院成立大会。此前曾与张友渔、钱学森、陈野苹、李锐、马洪、于光远等共同发起成立该研究院，其宗旨是：开发高智力、推动社会科学与自然科学的联盟和交叉，促进软科学研究，建立具有中国特色的现代思想库。

2月 与朱洪元合作完成《新中国原子核科学技术发展简史（1950—1985年）》一文（约16 000字）。该文后以“核科学及技术”为题收录于1994年出版的《当代中国丛书》中国科学院卷第六章第一节。此文系全面、真实记录中国核科技发展的权威文字，现详录如下：

钱、朱文开头语写道：

核科学是研究原子核以及物质的更深层次的存在形式的性质、内部结构、运动和转化现象，从而认识其基本规律。核技术则是应用核科学研究所发现的现象和规律及所发展的技术，解决技术问题。

科学实验在上世纪末开始接触到原子核现象。1939年发现核裂变。这一发现迅速导致原子弹、热核武器以及核潜艇的产生。所有这些，对国际局势都产生重大影响。与此同时，核电站在世界许多地方建立。假使可控热核反应的研究和发展取得成功，世界的能源问题将得到长远的解决。核技术在工业、农业、科学研究、医疗卫生、考古等方面也得到广泛的应用。

原子核研究产生了重大的社会影响，促进了原子核研究的进一步发展，在此基础上以及在宇宙线研究的基础上，开辟了关于物质更深层次的存在形式的研究领域：粒子物理学，亦称高能物理学。中国在核科学技术研究方面的发展，可以分为以下几个阶段：

一、艰苦奋斗的创业阶段

1949年以前，我国原子核科学的研究全靠科学工作者本人的努力，其研究的方向主要根据各人所长。30年代，赵忠尧（清华大学）、郑大章（前北平研究院镭学研究所）等在国内就开始了原子核物理和放射化学的研究工作。1949年中华人民共和国成立，不久中国科学院成立,从此我国的科学研究工作开始走向有计划地服务于国家建设的道路。中国科学院为改变旧科学机构重复、分散的局面,在组织统一的国家研究机构时,曾召开过一系列机构调整会议。物理方面科学家的意见赞成成立以原子核研究为主的近代物理研究所和以固体物理、光学和电学研究为主的应用物理研究所。……

这个阶段,近代物理研究所的工作分为五个组:1. 实验原子核物理;2. 放射化学;3. 宇宙线研究;4. 理论物理;5. 电子学。

……

经过五年奋斗的创业阶段,研究所经过探索、实践和讨论,对原子核科学的发展方向有了比较一致的认识。在实验原子核物理,特别是加速器和探测器的研制方面取得了较好的成绩。1956 年度颁发的中国科学院奖金(自然科学部分)中,何泽慧及合作者陆祖荫、孙汉城以"原子核乳胶制备过程的研究",戴传曾、李德平及合作者项志遴、唐孝威、李忠珍以"卤素计数管与强流管的制备和它们放电机制的研究"分别获得了三等奖。在放射化学、宇宙线方面打下了实验工作的基础,理论物理方面对培养干部作了扎实工作。当时国家还没有正式公布学位法,但是研究所高级研究人员对国外的学位水平是了解的。因而开始试行考"副博士水平"(苏联的副博士与欧美的博士水平类似)。每次考试都是请所内外有关专家参加,用无记名投票方式决定。1956~1957 年,黄祖洽、陆祖荫、于敏、肖振喜通过了"副博士水平"的考试,为以后科学技术干部的考核提供了经验。

二、大发展阶段

新中国在经过几年经济恢复之后,制订了第一个五年计划,为建设新中国制定了蓝图。物理研究所经过初期艰苦奋斗的创业阶段后,特别是在 1952 年制订研究所的第一个五年计划基础上,各方面的工作取得了一定的成效,在科学技术上、理论基础和物质条件方面,均为进一步开展原子核科学研究打下了初步基础。1954 年,地质部在综合找矿中已发现我国有铀矿资源。国际上美、苏、法等国准备在日内瓦召开原子能和平利用会议,苏联表示在促进原子能和平利用的研究方面,愿意给予其他国家科学技术上的帮助。

在这样的形势下,1955 年 1 月 14 日,周恩来总理向李四光、钱三强详细询问了我国核科学研究人员、设备和铀矿地质资源的情况,还认真、细致地了解了核反应堆、原子弹的原理和发展核能技术所需要的条件。薄一波、刘杰参加了谈话。周恩来告诉他们,不久中央要研究发展原子能事业问题,届时请他们带些铀矿石和简单的探测仪器,进行汇报和操作表演。

就在这次谈话后的第二天，即1955年1月15日，毛泽东主席在中南海主持召开中共中央书记处扩大会议。……

……毛泽东听完汇报后，十分高兴地向到会的人说："我们的国家，现在已经知道有铀矿，进一步勘探一定会找出更多的铀矿来。解放以来，我们也训练了一些人，科学研究也有了一定的基础，创造了一定的条件。过去几年其他事情很多，还来不及抓这件事。这件事总是要抓的。现在到时候了，该抓了。只要排上日程，认真抓一下，一定可以搞起来。"他还强调说："现在苏联对我们援助，我们一定要搞好！我们自己干，也一定能干好！我们只要有人，又有资源，什么奇迹都可以创造出来。"……

在中共中央作出发展原子能事业的决定后，我国核工业开始建设，核科学技术进入了大发展阶段。

……

1958年6月，重水反应堆、回旋加速器等设备建成，7月1日《人民日报》头版头条登载了胜利建成的消息，同时公布物理研究所改名为中国科学院原子能研究所，领导关系和领导成员不变。

至此，我国第一个综合性的原子核科学技术基地初步形成。……

这段时期，原子能研究所在下列方面开始发挥我国第一个核科学技术基地作用：

首先，科学和技术研究工作的面迅速扩充。1958年，原子能研究所成立时有10个科学技术单位，到1959年已经包括：低能核物理实验和理论、宇宙线、高能物理理论、加速器、探测器、核电子学和谱仪、反应堆设计、核物理、核工程技术、材料腐蚀、元件工艺、受控热核反应、计算数学、铀化学、分析化学、放射化学、放射生物学、同位素分离、同位素的制备和应用、卫生防护等研究技术单位22个，研究工作的水平在这一时期也迅速提高。

第二，遵照科学院"所办系"的方针，原子能所从1958年起，在中国科学院所属的中国科学技术大学负责开办近代物理和放射化学两个系。课程设置、教学、实验设备等完全由研究所负责。首届近代物理系由赵忠尧、郑林兼任正、副主任，放射化学系由杨承宗、苏振芳兼正副主任；教师都由研究所研究人员担任。这开创研究所办教育的先例，直接为研究工作培育人才，效果很好。

第三，积极培训同位素应用人才。研究所自1957年以后，由张家骅、肖伦等举办了七期同位素应用学习班，四期同位素仪表训练班，为全国各地培训人员近千名，他们中大多数成为我国同位素以及其他核技术应用工作的骨干。

第四,促进探测仪器国产化。研究所研制成功的计数管、定标器等辐射探测器的同时,与科学院光机所和上海电子管厂,特别是与地质部三局组建的仪器设计所密切合作,开始了核仪器国产化工作。

……

三、全面支持原子能工业阶段

1956年1月起,中共中央与苏共中央几经交涉,决定签订关于苏联在建立原子能工业方面提供技术援助的协定。但1959年6月,苏联拒绝提供原子弹模型和有关图纸资料;1960年8月,苏联撕毁协议,撤退专家,企图扼杀我国新生的原子能工业。对此,中共中央决定自力更生发展原子能事业,并调动各地区、各部门的力量,支持原子能科学的发展和工业的建立。作为中国第一个综合性的核科学技术的基地——原子能研究所转入为核工业服务的轨道,充分发挥了多学科综合性的优势,不仅承担了繁重的科技攻关和培训干部的任务,同时还选派和推荐成批的优秀科技干部,输送到核工业的有关院、所、厂,负起科技领导责任。苏联背信弃义,激发起广大科技人员强烈的爱国主义精神,对承担任务感到莫大光荣。当时原子能研究所主要作了下面几件工作:

(一)以王淦昌、彭桓武、朱光亚、邓稼先等为首的一批理论与实验物理优秀人才直接参加核武器的研制机构,从事研制工作。1964年10月16日,我国第一颗原子弹爆炸,我国便成为继美、苏、英、法以后第五个制成原子弹的国家。同时受二机部党组委托,1960年在所内,由钱三强组织黄祖洽、于敏等一批理论研究人员,开始做热核材料性能和热核反应机理的探索性研究,分析研究了基本现象和规律,探讨了不少关键性的概念,为氢弹研制作了一定理论准备。1965年年初,原子能所这部分干部中的31人(包括于敏和黄祖洽)合并到核武器研制机构。我国第一颗原子弹爆炸后仅两年零八个月就爆炸了氢弹,我国成为继美、苏、英以后第四个制成氢弹的国家,而且成为世界上从原子弹到氢弹发展最快的国家。之所以能有如此高速的进展,氢弹原理预研是其重要原因之一。经过这一实践过程,成长了一大批联系实际的理论物理与计算技术和爆轰科学技术的骨干。由于对国家作出重大贡献,1982年获得国家自然科学奖金两个一等奖。(1)彭桓武、邓稼先、周光召、于敏、周毓麟、黄祖洽、秦元勋、江泽培、何桂莲由于理论工作获得一等奖。(2)王淦昌、陈能宽、张兴钤、方正知、胡仁宇、陈希宜、经福谦、陶祖聪、张寿其、章冠人等由于爆轰实验工作获得一等奖。

(二)为了配合原子弹、氢弹设计的需要,应用核物理方面在何泽慧领导下,进行了裂变有关中子截面、中子能谱、氢与锂的各种同位素的反应截面等的测量和调研;胡仁宇、唐孝威、林传骝等参加了核武器研制机构,负责建立必要的测试设备;程开甲、董寿莘、孙瑞蕃、忻贤杰、陆祖荫、吕敏等参加了核试验科技基地的创建。他们都在生活困难的边远地区坚持工作,出色地完成了各自的任务,并培养了一批科技骨干。应用核物理方面的科技人员为原子弹、氢弹工作作出了贡献。

(三)为了核燃料的取得,1961 年前后,原子能所在二机部设计院、酒泉原子能联合企业的协助下,建成了六氟化铀简法生产装置,为兰州铀浓缩工厂提供了急需的六氟化铀原料,并为六氟化铀生产厂攻克技术难关,培训技术人员。同时研究所组织以吴征铠、王承书、钱皋韵为首的负责铀同位素分离的研究组和金星南领导的计算数学小组,协同负责铀同位素分离的理论、研究、实验和试制等工作,获得了气体扩散法的理论和实践经验。在钱三强的领导下,以钱皋韵为首的科技攻关小组,组织科学院(包括原子能所)和冶金部研究单位联合试制成功扩散分离膜,并开始批量生产,使我国成为继美、苏、法以后第四个解决了扩散分离膜制造的国家。由于这方面的贡献,于 1984 年和 1985 年获得了全国发明奖金。吴自良、邬世昌、金大康等 8 人由于甲种分离膜,获得了 1984 年全国发明奖金一等奖。葛昌纯、王恩珂等 23 人和钱皋韵、吴征铠等 5 人由于乙种分离膜,获得了 1984 年全国发明奖金二等奖。

在热核燃料方面,原子能所进行了一系列工作:研究所将刘允斌和轻同位素分离小组成员调到二机部包头核燃料元件厂,为该厂锂同位素分离生产线作出贡献。金星南等研究并掌握了锂同位素分离法的理论,解决了该厂锂同位素分离塔级联理论和计算问题。在肖伦领导下,孙懋怡等开展制备、提取、浓缩氚和关键设备生产的研究,为我国氚工厂的设计与生产提供了工艺和技术。这些工作为第一颗原子弹和氢弹所需要的核材料作了及时的科学支援,也为中国核燃料的发展奠定了良好的基础。

(四)反应堆科学技术的研究。自 1958 年建成研究性反应堆后,在实际工作的基础上,成长了一批反应堆研究设计的科技骨干。为了独立研究设计核潜艇动力堆及建造核燃料生产堆的需要,建立了核燃料元件、热工、水力等实验室和游泳池式研究试验堆。李毅、孟戈非负责组织连培生、籍孝宏、彭士禄、屈智潜、李林、张永禄、罗安仁、徐传效等参加实验室的建立和研究设计工作。1964 年,从原子能研究所分出成立了反应堆研究设计所。1965年后,二机部、海军、六机部等单位通力合作,在彭士禄、周圣洋、赵仁恺等具体领导下,于1970年4月上模式堆,同年12月核潜艇安全下水,从此我国掌握了核动力科学技术。这是继原子弹、氢弹以后我国原子能科学技术又一重大成就。随着一系列类型反应堆的建立,一大批科学技术骨干成长起来了,为进行核电站的设计建造打下了良好的基础。

(五)为了取得第二种核燃料——钚,1963年前,原子能所和二机部核工程研究设计院等单位,对苏联的沉淀法工艺进行消化、吸收与改进。1964年二机部组织以汪德熙为首的专家小组进行调查后,决定进行萃取法提取钚的研究。原子能所,清华大学,二机部核工程研究设计院,酒泉原子能联合企业后处理工厂,中国科学院化学所和应用化学所等单位联合攻关,成功地设计了萃取法流程。按新流程设计的工厂建成投产后,主工艺由三循环改为二循环,经济效益有了明显提高,同时提高了钚的产量和纯度。

(六)在贝时璋、梁超、李德平等领导下,有效地组织了核安全防护工作。另外,在肖伦等领导下,开展了较大规模的放射性同位素制备工作。

(七)在基础研究方面,1966年初,朱洪元、胡宁、何祚庥、戴元本等(原子能所,北京大学,数学研究所和中国科技大学)提出的强子结构的层子模型的研究取得重要成绩,获得1982年全国自然科学奖金二等奖,开辟了强子结构理论的研究领域。此外,在加速器研制、宇宙线、核物理和探测技术,等离子体科学技术、放射性同位素在农业、工业等方面的应用,也取得了进展。

(八)原子能所在大发展的基础上,加强科研管理,狠抓了质量与安全。强调敢于接受任务和严于尊重科学规律相结合,建立了良好的学风,培养提拔了大批干部。同时,根据工业发展的需要,输送成批的科技人才,起到了"老母鸡"的作用。据不完全统计,自1959年至1965年7月,共输送科技人员914人,其中正副研究员、正副总工程师28人,助理研究员、工程师147人,研究实习员、技术员712人。还为二机部各院、所、厂培训了1706名各种科技人员。

为了适应事业发展的需要,1963年增补了张文裕、汪德熙、何泽慧、马俭、刘书林、苏振芳为原子能研究所副所长。

这个阶段我国的各地方、各部门、各院校都对中国的原子能事业给以极大的支持。从科技干部的支援来说,主要有:北京大学选派曾参加杜布纳联合原子核研究所的优秀理论物理学家周光召参加核武器的研制机构的理论部工作;二机部从永利公司宁厂调来总工程师、化工专家姜圣阶和从北京石油学院调来化工专家曹本熹，加强了化学化工的领导力量；卫生部副部长钱信忠兼任二机部的副部长，有力地调动了医疗卫生方面力量支持原子能事业。

作为综合性科学技术基地的中国科学院，在副院长张劲夫全力支持下，除原子能研究所以外，调动了 20 多个研究所，约占全院 1/4 强的精锐力量作出贡献。

首先是科技专家和青年科技人员的抽调与兼职，其中主要有生物物理研究所所长贝时璋兼任核安全防护方面领导工作，力学研究所副所长郭永怀和物理研究所研究员陈能宽担任核武器研制机构的领导工作。金属研究所副所长张沛霖担任二机部的金属方面的专家，金属所的核燃料科技队伍近百人调给了二机部。

其次，体现“大力协同”的精神，广泛承担技术攻关任务。在计算机，金属材料，分析化学，核燃料生产及后处理，光学仪器，原子弹爆炸试验有关的地质、气象、放射性本底等工作，铀矿资源等方面分别作出了成绩，其中较突出的有：①采用国产元器件，科学院自行设计制造的“109 丙”大型计算机保证二机部使用，第一颗原子弹内爆分析及计算工作是在科学院完成的；②与科学院和冶金部有关研究单位合作，研制出合格的扩散分离膜，并组织批量生产，提供机组试验（冶金研究所吴自良、金大康等）；③为了达到核纯的要求，进行了大量的铀分析化学研究（长春应用化学研究所袁秀顺等）；④研制从铀矿浆直接吸附分离铀的特种树脂和建立日产 100 多公斤的生产装置；⑤研制铀矿浆胶悬状浮体处理用的凝聚剂和萃取工艺中的特种萃取剂，并进行批量生产（有机化学所袁承业等）；⑥核燃料后处理方面，科学院先为沉淀法流程提供大量工艺参数，后配合二机部、清华大学将萃取流程由三循环工艺改为二循环流程，为国家节约了投资，同时提高了钚的产量和纯度；⑦研制第一颗原子弹爆炸时用的高速摄影机（西安光机所龚祖同等）；⑧进行核爆炸前的地质、气象、放射性本底等工作和爆炸后的气体分析、放射性本底和污染观测等工作；⑨对秦岭地区铀矿资源进行评价。此外，在全氟润滑油、全氟密封圈、硼-10 同位素的分离、高能炸药等方面都作出了二机部需要的成果。这里值得注意的是，科学院不少研究所，特别是几个化学研究所，都对原子能事业作出了贡献。说明原子能事业是高度综合性的，需要各门科学技术支持，同时再一次显示出科学储备的重要性。科学院主持协作工作的有裴丽生副院长、秦力生副秘书长、新技术局谷羽等，二机部参与协作的有钱三强（兼科学院副秘书长）和科学技术局邓照明、魏兆麟、许淦等和卫生防护局邓启修等。协作是在互相支持、互相谅解下进行的。科学院参加协作的科技人员都以承担攻关任务而感到莫大的光荣。

60 年代全面贯彻自力更生的成功经验启示我们:

(1)要重视知识和自己的知识分子。我们团结使用旧中国留下来的、新中国成立后回国的留欧美的学者和留学生,培养了我国大批青年,使用了很多留苏、东欧的留学生,这些人员大都成为“两弹”攻关和核科学技术中的中坚力量。老、中、青三结合以中青为主,能力很强,可以作出与科学技术先进国家相比的重要成就。

(2)因陋就简,艰苦奋斗,建立试验室和中间工厂,使科技研究工作穿过中间试验的环节与生产一条龙地联系起来,在实践中培养造就了一大批科学技术骨干,把原子能事业扎扎实实地建立在新中国的土地上。

(3)辩证地认识学科与任务的关系,“学科促任务”和“任务带学科”,视条件情况的不同,可以有所侧重,但不能偏废。没有学科储备并不断创新,新技术是不可能实现的,传统工业也不能更新换代。

(4)有效的强有力的组织工作是实现国家重大科学技术事业的保证。60 年代若没有以周恩来总理为首的中共中央专门委员会的权力机构来领导,在短短 10 年中,实现原子弹、氢弹爆炸,核潜艇下水,导弹与人造卫星上天,是不可能的。

四、核科学技术研究发展的新阶段

原子弹、氢弹、导弹试验成功,卫星上天,核潜艇下水,标志我国工业科学技术的发展进入一个新阶段。与之相应,为核科学技术研究的发展也作了新的部署。原子能研究所一部(中关村部分)、兰州近代物理研究所和上海原子核研究所陆续划归中国科学院领导。中国科学院对核科学和技术的发展动向进行了研究分析,在此基础上,作了如下规划和安排。

在原子核物理实验研究方面,上海原子核研究所进一步开展利用质子束和轻离子束进行原子核物理研究,为此,将原有的 1.2 米的回旋加速器改建为等时性可变能量回旋加速器。此外还研制了端电压为 6～7.5MeV 的串列式静电加速器。兰州近代物理研究所主要开展重离子核物理的研究,已经将 1.5 米回旋加速器改装成为加速碳、氮、氧的重离子加速器,并用以进行了一批重离子核物理实验研究工作。该所此后以主要力量建造 6 米分离扇型重离子加速器。原子能研究所 1974 年开展了核数据评价工作,1985 年完成了《中国评价核数据库》,1986 年完成了端电压为 13MV 的串列静电加速器。

在高能物理实验研究方面,我国于 1965 年退出联合原子核研究所,决定建立我国自己的高能物理实验研究基地,但由于不久以后“文化大革命”开始而未能进行。在原子能研究所一部划归中国科学院领导以后,中国科学院于1973年决定以此为基础建立高能物理研究所,由张文裕任所长。曾决定建造一台高能质子加速器,1981年国民经济调整,决定缓建,经过调研、论证,于1983年决定建造一台每束能量为2.2GeV的正负电子对撞机和相应的谱仪以及计算中心,用以开展粲粒子和τ轻子等物理实验研究。现在大部分部件已研制成功,安装阶段已经开始。宇宙线研究工作继续进行,在西藏甘巴拉山海拔5500米处建立了高山乳胶室。此外还参与研制成功高空科学气球,用以发展宇宙线研究和开展X射线、γ射线天文学研究。

在受控热核反应和高温等离子体研究方面,早在1958年中国科学院原子能研究所二部和物理研究所就已经开始。后来,由于“文化大革命”而中断了这方面的研究工作。1974年,中国科学院决定进一步开展这方面的研究工作,研制产生高温等离子体的新装置。1978年,中国科学院等离子体研究所在合肥正式成立,强调要充分利用已有装置进行物理实验研究,明确物理研究方向,配备相应的诊断测试设备和数据采集系统。在进行实验研究的同时,现在正在研制新的中型托克马克装置。二机部西南物理研究所(即由原子能研究所二部迁去发展起来的)也在研制托克马克装置,与等离子体研究所互相补充与配合,为受控热核反应研究打下基础。

在核技术应用研究方面,上海原子核研究所、北京原子能研究所、北京高能物理研究所应用研究部、兰州近代物理研究所和中国科学技术大学,在原有研究工作的基础上,一方面扩大放射性同位素生产的品种、数量和应用工作的面,另一方面尽快掌握国际上出现的新方法和新技术,提高应用研究工作的水平,并开拓新的应用研究领域。高能物理研究所研制完成的能量为35MeV的质子直线加速器将用于缺中子同位素的制备。北京正负电子对撞机建成后将产生X波段的同步辐射;同时已决定在中国科学技术大学建造电子能量为800MeV的电子储存环,以产生真空紫外波段的同步辐射。工程正在进行中。这两个波段相互补充的同步辐射装置将充分加以利用,在从物理学、化学、生物学、地学到技术科学的广泛领域内,开展基础研究和应用研究。

在原子核物理理论和粒子物理理论研究方面,北京高能物理研究所、兰州近代物理研究所、上海原子核研究所和中国科学技术大学继续进行低能原子核物理理论和粒子物理理论研究,研究的面逐步扩充。此外,还开辟新的研究领域:高能核物理理论研究和重离子核物理理论研究。建国以来的科学研究实践,使更多人认识到理论物理研究的重要性,中国科学院于1978年决定在北京建立理论物理研究所,由彭桓武任所长;在1979年于武汉建立数学物理研究所,由李国平任所长。这两个新建立的研究所,都进行原子核物理理论、粒子物理理论和其他理论方面的研究。1984年底,原子能研究所改名为中国原子能科学研究院。

“文化大革命”曾经对中国的科学技术产生极大的破坏作用,现在“文化大革命”结束已将10年,经过努力,上述部署正在逐步实现,从而弥补了“文化大革命”所造成的创伤,并重新向国际先进水平迈进。

2月26日～3月3日 出席中国物理学会第四次全国代表大会,代表上届理事会作工作报告,并在本次大会上被选为名誉理事。黄昆当选为新一届物理学会理事长,谢希德、周光召、李寿枏、沈克琦、管惟炎为副理事长。

3月12日 在中国科学院1987年工作会议上作书面发言,强调“要舍得派出部分优秀干部负起开发的责任,应该鼓励一部分同志去作开拓型的企业家”。发言载于中国科学院工作会议“简报”:

在中国科学院1987年工作会议上,看到周光召院长的书面报告和听到他的扼要说明,听到了方毅同志讲话,并且得知中国科学院进一步改革的请示报告已得到批准。我作为科学院一个老兵,非常兴奋,深信我院新的领导班子将带领大家在中央方针的指导下,进行扎扎实实而富有成效的深刻改革,科学院将在这场改革中,得到新的发展,为我国经济和科技事业的振兴作出更大的贡献。

中央提出的科学技术要面向经济建设、经济建设要依靠科学技术的方针,阐明了科学技术与经济发展的相互依存、相互促进的辩证关系。这个方针无疑是正确的。但是,对我们每一个具体部门和每一个同志来说,原则上承认和理论上理解这个方针的正确性是不太困难的,而要真正认识到它的实质并亲自去贯彻实行就不是那么容易了。这里有一个改变我们习惯势力的问题。我过去也有过这样的经历,认为科学研究在实验室作出了成果,写成文章发表了就算完成任务了;至于它能否导致技术方面的进步或革新,这是别人去考虑做的事了。核物理发展到中子的发现和1938年底裂变的发现,不到几年就产生了原子能。原子能的实现,不论在哪个国家都是国家特殊的任务,需要调动各行各业的力量去支持,并且要有一定经济力量作后盾。我国1956年起几经交涉,终于决定与苏联签订在建立原子能工业方面提供技术援助的协定,但到1959年6月协议被撕毁了,眼看我国新生的原子能事业要遭到扼杀。这时周恩来总理、聂荣臻副总理根据毛泽东主席指示的“大力协同办好这件事”的精神，调动全国各地区、各部门、各院校的力量支持原子能事业。中国科学院原子能研究所承担了不少技术攻关任务。我们还“割爱”推荐所内外最优秀的中青年科学家王淦昌、彭桓武、朱光亚、邓稼先、周光召、于敏等去参加原子武器的研究设计机构，担负业务领导和尖端攻关任务。终于在 1964 年 10 月 16 日爆炸了第一颗原子弹，此后仅两年零八个月又日爆炸了氢弹，使我国成为从原子弹到氢弹发展速度最快的国家，增强了国防力量，提高了国际地位。当时科学院发挥了综合性科学研究中心的作用，调动了 20 多个研究所，约占全院四分之一强的精锐力量，有力地支援了原子能事业的发展，打了一场硬仗。这些事实证明我们科技队伍中的中青年骨干能力很强，足以担负起国家重要任务。问题是我们要舍得把最优秀人才送出去，让他们到生产部门负起重任，在实践中进一步增长才干，扩大视野，增强组织能力，这样就能达到出成果出人才的目的。

最近物理所在高临界温度超导体研究方面作出突出的成就，居于世界领先行列，这个工作可能将对电子、医学、材料、高能加速器、受控热核聚变、大功率电磁体等应用技术产生重大影响，国际竞争十分激烈，现在正是重要时刻，要考虑作出我国的策略。按我们习惯作法，是先抓紧研究，下一步再考虑可能的应用与开发性工作。这种作法对国际竞争十分不利。根据现代科学技术发展的特点和我国的实际情况，从现在起就应考虑它的应用与开发问题，并舍得派出优秀干部负起开发的责任，我们应该鼓励一部分同志去作开拓型的企业家。除此以外，北京大学、科技大学也许还有其他单位也在作类似工作，因而发挥我们社会主义制度的优越性，强调团结协作，避免不必要的重复，有效使用国内各单位的力量，使之成为一个有机整体，这也是一个亟须研究和解决的问题。

我完全同意周光召院长提出的科学院进一步改革的主要目标和任务。同意科学院党组关于加强社会主义精神文明建设的部署意见。祝愿我院在改革中迈出一大步！

4 月 14 日　接受李昌的建议，以中国科协促进自然科学与社会科学联盟委员会名义，主持“粮食与社会问题座谈会”。农业科学、自然科学和社会管理学者 20 余人出席座谈会，广泛讨论了中国的粮食问题及其与社会发展、经济体制的现实和面临的问题。

5 月 21 日　致信葛能全，就《经济日报》科技部记者（任欣发）采访后写的长篇报告文学稿（刊出时题目为“播春者之歌”）中的一些失实之处提出意见，嘱代为转告。手函如下：

能全同志:

任欣发同志的稿件,我看了一下。我看他是下了工夫的,你供给他的材料,他是充分利用了,并且作了一些调查。能在几次谈话后,写出这样一篇文章,我觉得是很成功的。请你向他表示祝贺,并代我致以谢意。

①他抓住了重点,刻画出了人的性格与走过道路的总线条。没有搞平铺直叙与繁琐哲学。

②他有些对我过奖了,"过"则"不实"。因此我提了一些"还我原来面貌"意见,多数已用铅笔改了。

另外重复的叙述过多了一点,我尽量给他简化些。有一些地方我也加了一点内容(比如58页、63页)特别是科学院的贡献。

现在送上,请你作为一个读者,有文字修养的又对我有所知的朋友,仔细推敲,看哪些地方说的不清,需要修改。你知道,我是不怕人改的,改的越多,文章更加会切合实际。所以请你仔细推敲后,再给我看一下。等任欣发同志回来时再送给他,请他作为文章作者再定案。

本星期日你若有空,是否可以看一下?

三强

5月21日

6月1日 复信中共中央文献研究室,就其5月27日函中要了解的1955年1月14日周恩来写给毛泽东的一封信中的有关情况作出回答。中央文献研究室5月27日函称:

目前我们正编辑《周恩来书信选集》,其中准备收入一封周恩来1955年1月14日写给毛泽东的信(见附信)。信中提到同李四光和您谈话的情况。现需向您了解:(一)当时您和李四光同主席、总理具体谈的什么问题?(二)您的生年、籍贯、当时任何职务?(三)信中提到的彭、彭、邓是否是彭德怀、彭真、邓小平?以上望能复函告诉我们,以便作出必要的注释说明。

为准确说明当时所任职务此项,曾函询葛能全:"其中有一个问题请你再查一下科学院年鉴(1954或1955年)我那时是'学术秘书长',还是'学术秘书处秘书长'?"

6月2日 主持全国自然科学名词审定委员会完成第一批科学名词——天文学名词审定工作,并以国家科委和中国科学院名义联名上报国务院《关于公布"天文学名词"的请示》。

国家科委和中国科学院请示附录于后:

根据国务院批准的国家科委、中国科学院《关于成立全国自然科学名词审定委员会的报告》及《关于全国自然科学名词审定委员会工作的请示》的精神，全国自然科学名词审定委员会已于一九八五年四月正式成立。

委员会由七十六位著名专家组成，钱三强同志任主任，国家科委、中国科学院、国家教委、国家科学基金会、中国科协、国家标准局各有一位同志任副主任。

两年来，自然科学名词审定工作取得了很大的进展。在各学会的支持下，已建立起数学、物理学、天文学、生物学、化学、地学、农学、医学及技术科学等二十七个分委员会，开展了本学科的名词审定工作。现在“天文学名词”已审定完毕。另有三分之一的学科基本完成初稿审定，正在全国范围内征求意见。预计三五年内，将完成二十七个学科第一批基本名词的审定工作，为我国自然科学名词的统一与规范化打下基础。

天文学是名词审定的试点学科。经过两年半的工作，专家们就天文学名词的选词原则、范围、审定程序、方法以及编排体例等进行过多次研究，对天文学名词草案做了几上几下的讨论，在取得一致意见的基础上，完成了第一批一千九百四十九条天文学专有名词术语的审定。现将已审定的第一批天文学专有名词报上(见附件)，请批准由委员会向全国公布执行。

为实现自然科学名词的统一和规范化，经委员会审定的名词术语必须具有权威性和约束力，在全国范围内，任何单位和个人均应遵照使用。考虑到“天文学名词”是首次审定公布的第一批科学名词，建议国务院批转各地区、各部门，请各科研、教学、生产、新闻出版等部门统一遵照使用。

为简化审批手续，今后其他学科经审定的名词术语，建议国务院授权全国自然科学名词审定委员会分批公布。

以上请示，如无不当，请批转各有关部门和单位执行。

6月29日　改定中央文献研究室周恩来研究组去年9月访谈整理的纪念周恩来一文，并手函葛能全送出留底。函称：

按电话中的了解，请把“周办”的稿子还给他们，并打电话与他们联系。这次稿子我改的内容不多，不过作为统一前后考虑，文字上作了一些改变。你上次提的意见大多数接受了，只有几处我觉得还是多写一点好，因此有的照改了一部分，有的不大改，有的还加上一点。

7月6日　以嘉宾身份在法国驻中国大使馆参加授予姜圣阶法国荣誉军

团骑士勋章仪式。

8月7日 同何泽慧在北京友谊宾馆宴请美籍华裔物理学家乔玲丽女士,周光召及夫人郑爱琴作陪。

下半年 在中国管理科学院成立(为荣誉院长)大会上发表题为"加强科学的预测与评论"的演讲,据记录稿摘其要点如下:

在当今交叉科学的时代,中国管理科学院将为我国新学科发展,提供一片肥沃的土壤,我祝贺它的诞生。

今年,是我国科学园地丰收的一年。我国科学工作者在低温超导领域所取得的突出成就就是代表。它说明,科学史上的重大成就,虽然与实验技术装备有关,但决定性的因素还是人,是科学家的创新精神和正确的研究方向。我国科学工作者用比较简陋的实验装备,做出世界一流的工作,是值得评论和总结的。

如同文艺评论之于文艺本身一样,科学评论是科学健康发展的指示器。我国科学界还不习惯必要的科学评论。在一些国家,科学研究中出现一些弄虚作假的现象,但在那里有科学评论,弄虚作假的丑闻可以揭穿。我国的现代科学还比较年轻,交叉科学研究就更年轻了。为了保证它的健康发展,必须加强科学评论工作。

还有一个重要工作,就是科学预测。当然,科学是创造性的工作,创造性工作本身是没有现成规律可循的。但是,科学研究又是人类认识自然界的活动(这里我专指自然科学),科学研究活动是有规律可循的。象我国科学工作者所做的"科学发现采掘模型",就是例子。这个工作在1980年发表时,就预言过凝聚态物理作为重要的"回采学科",应当投入较大力量。1983年,这一工作的主要作者应邀去美国讲学,又一次重申了这一预测,并且引起美国科学政策界的注意。

在科学学研究中,还有科学计量学也很重要。据报道,科学计量学研究的数据库SCI,已经为人们提供了包罗近4000种期刊和数以百万计的科学引文的网络。我们为什么不能利用这一成果,来改善我国科学成果的评价、科学基金的发放、科学技术职称的评定呢?有人告诉我,匈牙利的科学家们已经把科学计量指标,引入科研人员和科研成果的考核指标体系。据说实行的结果还不错,因为原来只能定性评价的"软指标",现在借助科学计量学变成了定量的"硬指标"。这是一个进步,它可以减弱"社会关系网"对同行评议制的作用。我建议,中国管理科学研究院应当积极开展科学计量学研究和科学预测工作。

几年前,我曾说过:"图书情报和仪器装备是科学研究的两张翅膀"。现在,我要再加上一尾翼,那就是科学预测和科学评论(科学评论在我国刚开始，如何进行尚需探索）。有了这个尾翼，科学大鸟才不致偏离正确的方向。

8月8日 改定并抄清《英汉辞海》“序”寄给国防工业出版社。寄出前，他写一字条交给秘书：“从‘文化大革命’后期，我即曾支持过王等工作，现在他们希望我为《英汉辞海》写一篇序。我请他们先写一个底子，我作了一些修改，现在送上寄出。”序为：

经过集体十年奋斗的《英汉辞海》终于出版了，这在我国文化史上是一件有重要意义的事情。它的问世，必将对我国科学文化事业的发展起到推动作用。

在我国向社会主义现代化全面进军的今天，各方面越来越需要查阅各种类型的工具书，尤其需要查阅那些收词全面、定义准确的权威性的工具书。《英汉辞海》全书4000万字，收词52万条，遍及500多个学科和专业，其融语言文字、自然科学、社会科学和文学艺术于一体，规模空前浩繁。《英汉辞海》所依据的主要蓝本《韦伯斯特第三版国际大辞典》和《牛津大辞典》是世界著名辞书。我国600多位专家、教授齐心协力，奋斗十年把它翻译出来，并参考其它200多部国外辞书加以订正、补充，增加了七万多词条、一千多万字的新内容，使它更能适应八十年代国内外科学、文化蓬勃发展的新形势的需要。

在《英汉辞海》正式出版之际，我向为本书做出贡献的各位专家、教授和朋友们表示衷心的祝贺与感谢，向艰苦奋斗十年，克服各种困难，最终获得成功的王同亿主编表示祝贺，同时向支持这一艰巨工作的有关部门和有关同志表示感谢，向国防工业出版社乐于承担繁重的印刷与出版任务的精神表示钦佩，感谢他们为我国的科学文化事业做了一件好事。

8月12日 接获国务院关于公布天文学名词问题的批复函，内容如下：

全国自然科学名词审定委员会是经国务院批准成立的。审定、公布各学科名词，是该委员会的职权范围，经其审定的自然科学名词具有权威性和约束力，全国各科研、教学、生产、经营、新闻出版等单位应遵照使用。天文学以及以后各学科经审定的自然科学名词，国务院授权该委员会自行公布。”

9月10日 应约为《科技·教育与社会进步丛书》作“序”，鼓励学术界积极开展科技与经济、社会相互作用的研究，迎接“知识爆炸”时代的发展步伐。该书由杨沛霆主编，吉林教育出版社出版。全序录后：

吉林教育出版社和北京科学学界的一些同志让我给《科技·教育与社会进步丛书》写几句话,我接受这个任务。我认为,出版这样一套丛书是很有意义的事情。

科技·教育与社会进步是目前国际上讨论的热门问题。第二次世界大战以后,科学技术发展突飞猛进,大量科技成果迅速转化为生产力,科学技术不仅推动着经济的大幅度增长,而且正在改变着社会的劳动结构和产业结构,影响着人们的生活和思维方式。由于科学技术对社会进步的影响如此深远,引起了世界各国的广泛重视,各国政府都把科学技术作为推动经济和社会发展的重要手段,各国学术界开展了科技与经济、社会相互作用的研究。同时,各国也很重视发展教育,以及研究教育与科技、社会进步的关系,因为无论是发展科学技术,还是推动社会进步,都需要有一大批有科学知识、有管理知识和有文化的人才,这样,培养人、教育人与尊重知识、尊重人才的问题也就提高到十分重要的位置。按一种时兴的说法,今天世界正处在“知识爆炸”的时代,新情况、新问题、新思潮不断涌现,新学科、交叉学科层出不穷,这里也有个加强研究、加强教育的问题,否则就不能把握时代的脉搏,跟不上发展的步伐。

当前,我国正在进行经济体制、科技体制和教育体制改革,其中科技和教育体制改革为科技界、教育界提出了许多研究课题,例如科学与社会、科技教育、人才培养、科技和教育的发展战略等等,都需要有关研究人员进行有理论有翔实材料的分析研究,有待于人们探索和解决。对这些理论问题和实际问题进行深入的研究和阐述,将会对科技体制和教育体制改革的深入发展起到促进作用。因此,出版这样一套丛书是很有必要的。

我衷心希望《科技·教育与社会进步丛书》能以马列主义为指导,运用唯物辩证法,注重理论联系实际的原则,借鉴国外有益的经验,密切结合中国的国情,写出一批有助于读者开拓视野,扩大知识,启迪思想的好书,为我国的社会主义现代化事业作出贡献。

9月中 应北京科学技术出版社之约,亲自将40年前用法文发表的《论铀核三分裂的机制》一文译成中文,并加了“作者后记”,一并收录于该社出版的《科技写作例文评析》一书。

9月15日 以全国自然科学名词审定委员会主任名义分别致信李鹏和宋健,邀请出席9月25日全国自然科学名词审定委员会工作会议开幕式,并发表讲话。

9月16日 致信中国科协主席钱学森,邀请其出席9月25日全国自然科学名词审定委员会工作会议开幕式。信为亲笔手写：

学森主席：

今天下午(会)我请假了，请原谅。

现在有件事请你在百忙中能给予支持。一九八五年四月国务院批准由中国科学院和国家科委牵头成立全国自然科学名词审定委员会，由国家教育委员会、中国科学技术协会、国家标准局、国家自然科学基金委员会分别委派了正副主任，负责领导委员会工作。委员会成立了29个分委员会，分委员会成员都是科协领导下各专门学会的成员。

经过两年多的工作，开始收到了成果，首次宣布天文学名词，预备九月二十五日召开名词委员会的工作会议，拟请严济慈、宋健、周光召等同志参加开幕式，并在会上宣读国务院授权委员会自行公布各学科名词的批复。

鉴于这次会议是开放政策实行后第一次公布专业名词，以后将成熟一个公布一个，因此这次会议开得比较隆重些，请各有关方面领导同志出席并讲话，以兹鼓励。

我兄过去对名词工作很关心，“航天”、“激光”等创造性名词常为科学界称道，同时又是科协主席，你的出席对各专门学会成员们一定会起到鼓舞作用。因此特邀请你九月二十五日能参加委员会工作会议的开幕式并作讲话。送上“国务院关于公布天文学名词问题的批复”影印本和拙作天文学名词的“序”，以资参考。

开会地点在远望楼，请帖随即发出。

此致

敬礼

钱三强

9月16日

9月17日 接李鹏复信(此信在9月25日会上宣读)，全文如下：

钱三强同志：

九月十五日来信收悉。

审定自然科学名词，统一科学技术术语，实现科技术语的规范化，以适应我国科学技术现代化的需要，这是一件很重要的事。因二十五日上午已安排会议，我不能前往参加开幕式，请予谅解，并向与会的同志表示问候，希审定自然科学名词的工作取得进展。

此致

敬礼

李鹏(签名)

9月24日 主持新闻发布会,宣布国务院授权全国自然科学名词审定委员会审定的科学名词中,第一批自然科学名词——"天文学名词"审定完毕,自即日起公布使用。首次公布的天文学名词共1956条。

9月25日 出席全国科学名词审定委员会工作会议开幕式,并作《努力实现我国科技名词术语的统一与规范》的报告。全文如下:

全国自然科学名词审定委员会成立以来,经过两年多的工作,科技名词术语审定工作取得了很大进展,其中第一批天文学名词审定工作完成。最近,国务院对公布天文学名词问题作了批复,指出:"全国自然科学名词审定委员会是经国务院批准成立的。审定、公布各学科名词,是该委员会的职权范围,经其审定的自然科学名词具有权威性和约束力,全国各科研、教学、生产、经营、新闻出生等单位应遵照使用。"这充分体现了国家对我国自然科学名词术语审定与统一工作的重视和关怀,标志着我国自然科学名词术语的审定工作进入了一个新的阶段。

统一科技名词术语,是一个国家发展科学技术所必需的基础条件之一。自然科学名词术语的审定与统一,对于四化建设,特别是科学技术现代化建设,有着十分重要的意义。世界经济发达国家都十分关心和重视科技名词术语的统一。

当今,世界科学技术突飞猛进,新科学、新理论、新技术、新方法不断涌现,科学知识的积累与传播,已成为革新与变革的直接力量。与此同时,相应地出现了大批作为信息载体的新的科技名词术语。科技名词术语必须是统一的,为大家所公认的。可是,我国目前自然科学名词术语还很不统一,其混乱状况对科研、生产、教学等工作十分不利,已引起了社会各方面的关注。特别是计算机技术的推广使用,对统一科技名词术语提出了更紧迫的要求。

根据上述需要,经国务院批准,于1985年4月正式成立了全国自然科学名词审定委员会。委员会的任务是确定工作方针,拟定科技名词术语审定工作计划、实施方案和步骤,组织审定自然科学名词术语,并予以公布。现在,审定的第一批天文学名词术语已经公布,其它学科的名词术语审定工作也已分别进入初审、二审、终审和上报阶段,待批准后将陆续公布。

统一我国科技名词术语,除了明瞭其重要意义、在组织上落实和逐步扩大审定范围外,还需建立和运用科学的审定原则和方法。科学知识是由大量科学概念构成的。名词术语是相应科学概念的命名。科技名词术语的审定,要贯彻科学性、系统性、单义性,并符合我国的语言特性。在进行科技名词术语审定时，还要注意到审定老的科技名词术语，与创立新的名词术语有共同点，也有差异处。新词的创立一定要严格遵循上述“四性”，态度要严肃，不要轻易遣词用字，以防不好再统一。对待已存在较长时间的名词术语，一方面要本着上述“四性”原则加以衡量，有的需要“正名”。如天文学常用词“多层球”，所表达的概念是无“层”的涵义，指的是按多方物态方程建立的恒星结构模型，修订为“多方球”，为其正了名。另一方面要充分注意到使用习惯，已“约定俗成”的名词术语，虽然定名并不很贴切，但大家都习惯了，换个新的，人们倒不认识了，反而不利于统一，故应沿用。如“机器人”、“控制论”这类名词术语，因已为大家所习用，有的差不多家喻户晓，虽未完全确切表达该概念的内涵，也不宜再改了。跨学科的名词术语，学科间要加强协调，一般是服从主科。而如一个科学概念在两个学科存在不同的名词术语，且都是“约定俗成”时，可按“一义多词”处理，即允许两个名词术语都存在。本来这是不符合术语学原则的，但考虑到历史因素，只好把它作为特殊例外情况对待，不过这种情况应是极个别的，不可多出现。

当遇到以外国自然科学家名字命名的术语时，外国科学家人名要根据“名从主人”、“约定俗成”、“服从主科”和“尊重规范”这四项原则，加以汉字音译。当某个外国科学家名字在不同学科均有出现时，要做好协调工作，以达统一。遇有外国地名时，要根据中国地名委员会制订的规范地名，加以统一表达。港、台地区的科技名词术语，由于历史的原因，与大陆地区的科技名词术语存在着差异，我们将逐步创造条件，通过学术交流，以期得以协调并达到统一。

统一我国科技名词术语是一项繁重的任务，需要较长的时间和过程才能逐步实现。随着科学技术的不断发展，科技名词术语的审定工作也需要不断发展、补充和完善。我们将本着实事求是的精神，严谨的科学态度，做好审定工作，成熟一批公布一批，提供各界使用。我们希望得到科技界、教育界、经济界、文化界、新闻出版界等各方面的支持和帮助，共同为早日实现我国科技名词术语的统一和规范化而努力奋斗。

会上，宣读了宋健写给全国自然科学名词审定委员会工作会议的信：

各位学长，

各位同志们：

全国自然科学名词审定委员会工作会议今天开幕，三强同志告诉我，参加这次会议的大多数是老一辈科学家和经验丰富的中年学者，这是科技工作者的一次盛会。我因国务院另有会议,只好写这封信向各位请假,并向与会的同志最后完成天文学名词规范的审定工作表示热烈祝贺。

几年前,国务院批准成立的全国自然科学名词审定委员会是统一科技名词术语的权威性机构。两年多来工作取得很大的进展。现已有29个学科的分委员会正在进行审定工作,其中天文学名词已审定完成,并在昨天的新闻发布会上正式公布,这是我们科学技术界的一桩大事,是值得庆贺的。

自然科学名词术语的审定与统一,对四化建设,特别是对科学技术现代化建设有着重要的意义。当代新技术革命蓬勃发展,在世界范围内兴起了信息技术、微电子技术、生物工程、海洋工程、宇航工程、核科学技术、能源技术、超导材料等前沿学科和高技术,在其发展与竞争时代里,对于具有独特语言文字体系的中国来说,术语的统一和规范化就更有着特殊的重要性。拿计算机技术的发展与广泛应用来说,科技术语的统一和规范化就是一个重要问题,否则计算机技术在语言文字的信息处理中就困难重重。据我所知,我国的科技术语还相当混乱,常常因使用表示同一概念的不同术语而引起争论,譬如物理学与数学交叉使用的矢量与向量,化学中的络合物与配位化合物,地理学中的副热带与亚热带等不胜枚举,甚至在生产、对外贸易、经济活动中由于术语内涵不一,理解不同而造成国家经济损失的事例也时有发生。同时,科技术语的规范化与标准化也正是当代蓬勃发展起来的一门新型学科——术语学的重要内容;规范化与标准化科技术语的现代化数据库,已经成为发达国家显示科技水平的重要标志。这是值得我们重视的。

正因为如此,国务院一直十分重视这项工作,曾三次转批中国科学院、国家科委关于全国自然科学名词审定委员会工作的报告,特别是今年八月十二日国务院对国家科委、中国科学院《关于公布天文学名词的请示》做了批复,明确指出对委员会审定过的自然科学名词具有权威性和约束力,全国各科研、教学、生产、经营、新闻出版等单位应遵照使用,并授权委员会对审定过的各学科名词术语分期分批予以公布。

自然科学名词术语的审定与统一和规范化,是一项学术性很强,而又争议较多的工作,希望在各学科名词术语的审定与统一过程中,充分发扬学术民主,贯彻百家争鸣的方针,广泛征求各方面专家的意见,集思广益,使这项工作更具有广泛的群众基础和严谨的科学性。

在人类自然科学发展史上有过光辉贡献的天文学,今天仍然不断以其惊人的发现，大胆的引人入胜的科学假设，严密的科学理论和方法，傲立于现代科学的前沿，鼓舞着千百万科学家的创新精神。规范化的天文学名词能首先出台是与该学科的历史地位极为相称的。我相信，在过去成绩的基础上，经过大家的继续努力，我国其它领域科技名词术语的统一和规范化一定能够早日实现。

祝大会圆满成功！

宋健(签名)

1987.9.22

10月5日 应约为《中国大百科全书》撰写“科学”条目。其为：

科学(science)，关于自然、社会和思维的知识体系，包括对各种自然现象、社会现象的观察、描述、分类、归纳和进行数据分析、数学演绎。它的任务是揭示事物发展的客观规律，探求真理，作为人们改造世界的指南。按传统分类法，科学分为自然科学和社会科学。随着社会、经济及科学自身的发展，现一般分为自然科学、社会科学和技术科学；也有按自然科学、社会科学、技术科学、数学科学、系统科学、思维科学和人体科学进行分类的；还有许多新的交叉科学不断出现。这都反映出人们在不同历史时期和根据不同情况及科学发展的内在特点对科学分类体系的不同认识。

科学同哲学和社会、经济有着密切联系。科学产生于古代社会生产和生活的实践需要，经过漫长的发展过程，在16～17世纪形成后，随而其活动的范围逐渐扩大和深化，并转化为生产力和对社会各方面产生巨大影响。

在科学发展的历史进程中，往往是积累时期和革命时期相互交替。科学革命往往导致社会生产、人们生活和科学结构、认识原则、范畴与方法以及科学组织形式的改变。人类历史上迄今发生过多次科学革命，在自然科学领域最具影响的是哥白尼的日心说对地心说的革命，标志着近代科学的创立；17世纪以牛顿力学为代表的革命，导致自然科学的对象、方法和作用的急剧变革；19世纪生物进化论、电磁感应规律和电磁波理论的发现，20世纪初以物理学革命为先导的自然科学各领域深刻而广泛的革命，造成了科学的鼎盛时代。在社会科学领域最有影响的是17～18世纪资产阶级在社会科学各领域对封建主义的革命；19世纪以马克思主义诞生为标志的社会科学发展中最深刻而广泛的革命。马克思主义哲学辩证唯物论对自然科学同样起着指导作用。

科学不断发展，永无止境。科学是全人类的共同财富。近代自然科学、技术科学和工业生产间的联系逐渐加强,新技术、高技术的建立来源于自然科学的突破。科学在人类的总思想体系中占有越来越重要的地位,起着改变历史进程的重要作用。

10月 第一批自然科学名词——《天文学名词》由科学出版社出版发行。为其撰写"序":

我国是一个历史悠久的文明古国,古代科学技术十分发达,在科学技术史上谱写过光辉的篇章。作为反映中国古代科学技术概念和有广泛的术语,在语言形式和结构上,早已形成了具有汉语特点的命名原则和方法。

中国科技术语,是以明确科学概念为基础,讲究"名副其实",具有单一的理性意义和感性色彩,是形式和意义相结合的语言符号,用来确切标记科学技术以及生产、生活的各种抽象概念,其结构主要是按照汉语的规律体现所指事物概念的特征,大部分术语都是呈单音节或双音节构成,简明扼要,而蓄意深切。这种声调语言,具有更高的保真能力,易于运用频谱分析进行鉴别与处理;汉字书写千姿百态,但总体上呈"两维"方形"矩阵",蕴藏各种不同信息密度。最近从500多种汉字编码设计方案中,反映出有传递信息量大的优势。一字一词或一词组都确切地反映概念的分化,原则,能清晰地区分出一事物与他事物的不同,表达出事物存在的专属性,具有明显的专业性,科学性和系统性。中国科技术语经过了几千年的演化和发展,继承和发扬了传统语言学的特点,以其独特的语言风格,挺立于世界语系之林。

在我国浩如湮海的古籍中,有着大量而丰富的科技术语记述,在与东西方文化交流历史中曾起过重要的桥梁作用。诸如宋代李时珍(1518—1593)的《本草纲目》在1590年刊行后传入日本,被各国誉为"东方医学巨典";再有宋应星(1587—1662)的《天工开物》被誉为"中国科学技术的百科全书",被译成日、英、德、法、俄等多种语言,在世界科学技术发展史上都占有重要地位。

我国与西方文化交流始于汉代,在唐代有较大的发展,而批量引进西方科学技术知识可追溯到元代(1206—1368),当时主要翻译介绍了欧洲的近代天文学、数学、力学、测量学以及机械学知识,创用了一批符合汉语构词习惯的科学技术名词术语。到了清代,1868年江南制造局增设翻译馆,有组织地翻译一批西方著述,书中创译了大量科技术语,涌现出一批西方论著的翻译家,他们发扬和继承了我国科学技术术语的优良传统,本着内涵语义概念,融汇外延特征反映出所指不同事物的属性及其间之关系,创用一批准确反映科学技术含义的术语，成为传播科学知识、交流思想的语言工具。其中许多术语沿用至今，对我国科学技术的发展起了启蒙作用。

1909年，成立了科学名词编订馆，这是我国第一个审定科学名词的统一机构。1918年中国科学社起草了科学名词审定草案并于1919年成立了科学名词审定委员会，1928年在大学院内成立了译名统一委员会。1932年成立了国立编译馆，聘请审定委员多人，专门成立名词统一机构，在当时教育部主持下，截至全国解放，拟订和审查了各学科名词草案，为我国科学技术术语的审定和统一奠定了基础。

新中国成立之后，国家深知自然科学名词在发展科学技术中的重要作用，中央人民政府政务院文化教育委员会于1950年4月6日决议成立了“科学名词统一工作委员会”，郭沫若为主任委员，下设自然科学、社会科学、医药卫生、艺术科学和时事五个组，中国科学院负责自然科学组，聘任一批著名科学家任委员；截至六十年代中期，审定和出版了各学科名词术语，为新中国成立后的学术交流和科学技术的发展起到了重要作用。正像郭沫若主任委员在“序”中所指，学术名词的统一“乃是一个独立自主国家在学术上所必须具备的条件，也是实现学术中国化的最起码的条件”。

根据国务院1978年批准的国家科委、中国科学院《关于成立全国自然科学名词审定委员会的报告》和1984年《关于全国自然科学名词审定委员会工作的请示报告》精神，决定由中国科学院牵头，国家科委、教育部、中国科协、国家标准局、国家自然科学基金委员会共同组成委员会的领导机构。委员会于1985年4月正式成立，聘请我国各学科著名科学家为全国委员。

委员会的任务是“确定工作方针，拟订全国自然科学名词统一工作计划实施方案和步骤，负责审定自然科学各学科名词术语的统一名称，并予以公布施行”。

两年多来，全国委员会工作取得了很大的进展。在各学会的协作下，成立起各个学科的分委员会，拥有一支由专家、学者组成的审定队伍，通过实践，取得了科技术语审定中的造词范围和审定程序等的经验，初步形成了科技名词审定原则与方法，逐步建立起符合我国语言规律、以汉字为主的名词术语审定体系。

这次自然科学名词术语审定工作是在全国统筹规划下进行的，其特点是：①国务院授权委员会对审定过的各学科名词术语具有权威性和约束力，并采取分期分批公布的形式，科研、教学、生产，以及新闻出版部门应遵照使用；②以汉语术语为主，附以相应的英文；③处在信息发达时代的今天，科技术语的审定必须建立在当代术语学的理论与方法的基础上。

自然科学名词术语的统一,是发展科学技术的基础性工作,对我国社会主义现代化建设,特别是对科学技术现代化越发显示出其重要性和紧迫性。在科学知识的传播,新学科的开拓,新理论概念的引进,国内外学术交流,科技图书文献的编纂,出版和检索,科技情报传递,计算技术在科技信息交流上的应用等方面都是不可缺少的,正像国务委员方毅同志在致全国自然科学名词审定委员会成立大会的贺词中指出:"自然科学名词审定是我国科技工作中的一项极为重要的基础性工作。尽快实现科学技术名词的标准化、规范化,逐步建立具有我国特色的术语数据库,是发展科学技术,提高全民族科学文化水平的迫切需要和广大科技工作者的共同愿望。"

当然,自然科学名词术语的统一也是一项极为艰巨的学术性工作,需要有较长的时间过程,不能操之过急,我们已取得的工作进展,仅是个良好开端,从国家交给的任务来说,我们是任重道远。我们要准确地运用国务院授予的权威性和约束力的重托,更重要的是要通过我们坚持不懈的努力,用我们高质量的工作取得学术界的承认。我们今后的工作方向,继续以依靠各学会、各有关学术团体,以及广大科学技术工作者的支持,贯彻"百家争鸣"的方针,使审定工作逐步建立在当代术语学的理论与方法的基础上。

委员会审定公布的各学科名词术语,尽管在各有关学科专家中多次推敲,反复讨论,甚或在全国范围内征询过意见,进行过修改,但,正是由于这项工作的性质所限,仍会有不同争议。我们相信通过学术界、经济技术界和管理科学界的专家们共同讨论与研究,我国科学技术名词术语的统一和规范化,必将随着我国科学技术现代化建设进程而实现。

11月17日 接读杨振宁纽约来信。信中称:"看见《科学报》10月27日关于你的文章,对你的贡献有了多一些了解,谨致敬意并祝健康!"

12月1日 和李昌、于光远、石山、卢良恕、李宝恒联名上书赵紫阳并中央政治局常委(抄送中央书记处、万里、田纪云、陈云、薄一波、宋任穷、李铁映、宋平),提出《关于深入改革农业和粮食管理体制的建议》,率先提出发展农业一靠政策、二靠科学、三靠投入、四靠管理的论点,并发表六点具体建议。建议书写道:

经过认真学习十三大文件和联系实际的反复思考,我们认为,要贯彻执行十三大的战略部署,实现全面发展农业和更多增产粮食,必须深入改革经济领导体制。……因此,发展农业是否可说是要一靠政策，二靠科学，三靠投入，四靠管理？从当前来说，主要是深化农村经济管理体制的改革，以促进农业的健康发展。农村经济体制可分两个方面：一方面是农村基层的经济营运体制，这几年来实行家庭联产承包责任制，已收到举世瞩目的巨大成效，但还需要继续完善；另一方面是从中央、省、市（地）到县的农村经济领导体制，未经改革，同发展商品经济和农村现代化的要求极不适应。特别需要指出的是近几年来粮食生产处于停滞状态，供求矛盾突出，资源破坏严重未能制止，如果不对农村经济体制深入改革，到 1990 年和本世纪末跨上粮食总产九千亿斤和一万亿斤的两个台阶，将是十分困难的。

我国农业特别是粮食生产和经营领导体制的弊端在于：中央和地方政府多部门自上而下的行政管理，这样，一、有关政令和人、财、物往往是条条下达，条块分割，不能形成经常的统一而强有力的领导，对反馈的信息不能作出及时的处理。二、粮食的生产和经营仍然是在一定程度的指令性计划下，产供销分割，收购价格低，农民积极性不高，不能形成一个具有活力的粮食产业。三、在各部门高度集中行政管理体制下，地方各级政府在粮食问题上存有吃大锅饭的心理，不少地方认为生产粮食以自给为标准、缺乏增产商品粮食的动力，耕地面积减少未能制止，粮食增产的潜力发挥不出来。四、农业和粮食生产、经营体系缺乏对科技人员的吸引力，不能在整体和各分支系统上使科技和生产相结合，同时由于经费短缺，不少地方的农业科技系统还有网破、线断、人散的现象。

我们觉得，采用系统分析的方法来剖析，农业和粮食生产、经营应该是一个巨大的复合社会系统工程，就是说，它应是一个按经济规律办事的，使粮食供应和社会需求平衡的经济系统工程，也是一个运用科学技术解决生产问题的科技系统工程，还是一个保证不同层次地区范围粮食供应和调节的管理系统工程。当前粮食问题的关键，在于我们虽有规模盛大的粮食生产和经营部门，但却没有形成由政府间接管理为主的完整的粮食社会系统工程。

我们建议中央本着十三大加速改革的精神，下决心对农业领导体制进行改革，建立一个由政府间接管理为主、按经济规律办事、依靠科学技术进步、发挥基层集体和农民积极性、能够全面发展农业和增产粮食的复合社会工程系统。为此：

第一，成立国家、省、市（地）和县的统一管理农村经济和粮食的产、供、销结合，投入、产业协调的农业（或农村）经济委员会，从而改变领导多头、管理被动的局面，发挥农业和粮食生产经营体系的整体功能。……

第二，粮权下放，分区包干，加强地方的责任。……

第三，建立国家和地方的粮食(或农业)生产经营公司，有效使用国家和地方的粮食(或农业的)投资和贷款，负责经营粮食收购、贮存、加工、销售及进出口业务。公司由国家和地方投资，自主经营，自负盈亏，所得利润，用于扶持粮食的扩大再生产。

第四，帮助基层健全双层经营的体制。……

第五，建立和健全农业生产和科技相结合的体制。……要树立用科学技术和科学管理振兴农业的观念，并建立相应体制，聘用不同级别的长期或短期的、专职或兼职的城市科技人员，担负农村发展咨询、科技服务等工作，并为他们创造与其它行业科技人员同等生活待遇。……

第六，实行农业和粮食生产决策的民主化、科学化。农业和粮食生产经营涉及社会科学、自然科学的广泛领域，为使决策科学化，避免失误，各级政府应吸收并采纳社会科学、自然科学工作者和实际工作者的建议和意见。为此建议中央、省、自治区、市(地)、县的有关社会科学自然科学工作者和实际工作者联合组成综合研究农业和粮食发展的咨询组织，在每年一度的政府年末农村工作会议前，听取政府对农业和粮食工作的报告，并将建议和意见汇报给同级政府。

(此建议书，首先由赵紫阳批语："请纪云、润生同志阅。此系一重要建议，并涉及机构设置，可否组织一些同志研究一下其利弊和可行性。"12月15日，杜润生受委托将六人的建议书分送有关方面和有关人员参阅并请准备意见，参加座谈讨论。)

12月2日 接读中国管理科学研究院赵红洲、蒋国华联名来信。信中称：9月从美国人R. K. Wilcox所著《Japan's Secret War》(1985年)一书中获得一个"震惊人"的资料，即日本在投降前夕研制并成功地试爆了一颗原子弹。是在朝鲜靠近兴南(Konan)的一个山洞里进行的，时间是1945年8月12日。看过来信钱三强讲：这件事情难以令人置信。据了解当时日本的科学技术水平和具有的物质条件、能力还达不到这种程度。有野心和是否有能力，这是两件事情。并让秘书转告赵、蒋，要多做冷静分析。

12月 为《台声》期刊题新年寄语："两岸学者携起手来，为振兴中华科学技术而共同努力。"发表于《台声》1988年第1期。

1988年 七十五岁

1月9日 出席中共中央书记处农村政策研究室受中央委托召开的"关于

深入改革农业和粮食管理体制建议座谈会”。座谈讨论钱三强等六人1987年12月1日就此提出的建议。会议由农村政策研究室主任由杜润生主持，其首先传达中央领导人对六人建议书的批语，希望对此认真研究，提出意见，报请中央决策参考。另五位建议人李昌、于光远、卢良恕、石山、李宝恒等也应邀出席座谈会。

3月4日 出席在人民大会堂举行的“周恩来研究学术讨论会”，并就周恩来领导科学技术工作，尊重和关心知识分子成长进步讲了个人亲身感受。

3月5日 为纪念周恩来诞辰九十周年，撰写回忆文章《新中国原子核科学技术事业的领导者》(约6500字)。文章刊于中央文献出版社出版的《不尽的思念》一书，《红旗》杂志1988年第5期全文转载。摘录其中部分内容于此：

（一）

当我还在法国留学和从事科学研究的时候，就听到不少关于周恩来和邓小平、陈毅、李富春、聂荣臻等同志在法国勤工俭学，胸怀大志，从事拯救危难中国的事迹。正是这些事迹的熏陶，使我对中国共产党产生了钦佩、信任和景仰的感情。

我第一次见到周恩来是北平解放不久，在北京饭店举行的一次会议上。他向各界人士作形势报告，手无片纸，而所举的各项数据准确无误；他精力充沛，襟怀坦诚，语言亲切、中肯，侃侃而谈三四个钟头，全场听众的心自始至终紧紧地被吸引住。我是有生以来第一次听到这样引人入胜、令人信服的报告，留下的印象极为深刻。今日回想起来，周恩来同志的言谈举止依然历历在目。

一九四九年二月底，当时住在北京饭店的丁瓒同志电话通知我，党中央决定派一个代表团到法国巴黎去参加保卫世界和平大会，团长是郭沫若，团员包括各方面人士四十余人，他和我也在团员之列，要我协助办理出国事务。丁是中国科学工作者协会的会员，我是世界科学工作者协会会员，我们互相知名但未见过面。我那时回国半年多，在北平研究院原子学研究所工作并在清华大学任教，正着手培训原子核科学干部和筹备建立实验室，但物质上困难很大，很想借到巴黎开会的机会，托我在法国的老师约里奥-居里教授帮助定购中型回旋加速器的电磁铁和其它一些仪器、图书、资料等。我把这个想法向丁瓒谈了，但又有些后悔，因为战争还在继续，国家经济和人民生活还很困难，要拿出外汇购置仪器图书实非易事。他说可以反映一下我的要求。不料，几天过后，中共中央统战部部长李维汉同志在怀仁堂附近一间小房子里约见我。他对我说：“你想趁开保卫世界和平大会的机会，定购一些研究原子核科学需要的器材，中央很支持。你提的预算二十万美元的数目，可能不是一次能用完；北平刚刚解放，国家经济还需要恢复，因此这次预备先在代表团带的费用中支付五万美元，以后再陆续支付。中央对发展原子核科学很重视，希望你们好好筹划。代表团秘书长是刘宁一同志，你过去很熟悉，这次需要支付款项时和他商量办理即可。”听到这个传达，我当时心里真是暖乎乎的。有这样为民族、为事业着想的党和领导干部，中国新兴科学的发展定会大有希望！后来才知道，党中央作出这样的决定，是由于周恩来同志起了重要作用。(1949年3月22日，周恩来在西柏坡亲自签发北平文管会的电报批准钱三强带外汇购置仪器设备一事，钱三强生前不知晓，因档案尚未解密——引注)

代表团乘火车到达莫斯科，在向法国使馆办理到巴黎去的签证时，结果被拒绝入境。戴高乐政府反对苏联、中国、东欧等国家的代表去巴黎开保卫世界和平大会。苏联方面及时和法国的约里奥-居里(世界和大主席)等联系，决定在巴黎和布拉格同时举行大会，一个会议两个会场，重要发言两个会场都能听到。4月20日大会开会时，约里奥-居里对法国当局不给签证的作法首先提出抗议，他还讲出“真理旅行不需要签证”的警句，全场为之热烈鼓掌。4月24日正在开会过程中，忽然传来中国人民解放军解放南京的消息，顿时会场充满了欢呼声、掌声，互相握手拥抱，表示祝贺。这时主席台前几个外国代表把我国代表丁瓒抬起来向空中抛举，大会气氛达到了高潮。中国人民为保卫世界和平作出了重要贡献。

在当时形势下，原以为能去巴黎见到约里奥-居里的计划不能实现了。经过与刘宁一同志商量，在代表团款项中取出中央批准的经费的十分之一(即5000美元)，托来布拉格开会的一位有身份的法国代表，带给了约里奥-居里。后来从法国和英国回国的我国核科学家即用这笔经费购买了仪器和图书带回国内。原来预计定购回旋加速器电磁铁的计划没有能够实现。

从布拉格回到北京后，丁瓒告诉我，中央研究院和北平研究院的研究机构重复，人力分散，要我趁筹备自然科学工作者会议的机会，注意了解到会的各位科学家的专长、成就和学术见解，以供新的政治协商会议提出组织、调整全国统一的科学研究机构方案时参考。

建国伊始，周恩来就十分重视国家科学技术的发展。郭沫若被任命为政务院文化教育委员会主任兼中国科学院院长。一九五〇年，郭沫若主任根据政务院决定，就中国科学院基本任务发出指示，其要点可概括为：①确立科学研究为人民服务的观点；强调科学研究的计划性与集体性，建立各学科之间的有机联系。②组织研究人员进行政治学习，使他们能掌握马列主义的观点和方法；与各大学联系，互相协作，统筹专门人才的培训；号召海外的科学人才返回祖国，为祖国服务。③调整与充实科学研究机构，把彼此独立、性质相同的机构合并起来，并逐步加以充实；征求财经部门的意见，按国家当前建设的需要，选定研究重点，解决实际问题；有计划有步骤地建立并发展国家建设需要而目前尚无基础的学科的科学研究。

根据这些指示的精神和中央关于合理布局的原则，科学院副院长兼计划局局长竺可桢、副局长钱三强曾经召开过八次科学家座谈会，就各学科研究机构的调整提出方案，最后形成北京以数理科学和社会科学为重点，上海以化学、生物科学为重点，南京以地学、天文学为重点，东北以技术科学为重点的布局，逐步调整实施。自此，中国的科学技术开始走上了有计划地为国家建设服务的道路。

一九五一年底，周恩来同志亲自处理美国在朝鲜和中国东北进行细菌战问题，并决定由中国保卫世界和平大会主席郭沫若向世界和平理事会提出派遣科学家代表团到朝鲜和中国进行调查。一九五二年世界和平理事会在挪威奥斯陆举行特别会议，经过激烈的斗争，在会议主席约里奥-居里等的正义呼声下，终于通过决议，成立了“调查在朝鲜和中国细菌战事实国际科学委员会”。委员会由英、法、意、苏联、巴西、瑞典等国科学家组成，我国卫生部门和科学院也组织了有关专家进行配合。委员们到北京后，周恩来同志指定廖承志同志负责这个委员会的一切工作，还委派我担任委员会和我国科学家之间的联络员。在严酷的战争气氛中，委员们和中朝两国的专家为了和平事业不顾个人安危进行了实地调查，最后得出美国确实在朝鲜和我国东北地区进行了细菌战的结论，并向全世界予以公布，激发了世界爱好和平人们的义愤，有力地打击了侵略战争行为。调查结束后，周恩来陪同毛泽东在北京中南海接见了委员会成员，对他们主持正义，坚持实事求是的态度表示赞赏和感谢。我在这场斗争中受到了实际锻炼，政治觉悟有了明显提高，我由衷地感谢周恩来总理给了我锻炼的好机会，给了我许多亲切有益的教诲。一年多后，我光荣地参加了中国共产党。

一九五三年科学院决定组织访苏代表团，主要任务是考察苏联如何组织和领导科学研究工作，了解苏联科学的现状及其发展方向，并就中苏两国科学合作问题交换意见。这件事的前前后后都受到周恩来总理的亲切而翔实的过问。代表团的组织工作是由中央宣传部副部长胡乔木同志负责的，由即将到职的科学院副院长、党组书记张稼夫同志任代表团支部书记，我任团长，武衡同志任秘书长。代表团由

26人组成,包括了数理化、生物、地学、农业、医学、工程、历史、语言、教育等十九个学科的专家。我们在苏联期间正遇上斯大林逝世,周恩来总理率领党政代表团也来到莫斯科。就在这十分繁忙而短暂的时间里,他还认真听取我们代表团的情况汇报,并给以指示和具体帮助。由于他和李富春同志(陪同赴苏)的关照,我有机会参观了一些核科学的研究机构和培养干部的专门院系。当时,苏联把这方面的工作列为保密范围。引导参观和洽谈合作问题,都由苏联物理研究所所长斯柯贝尔琴院士直接和我用法语进行的,不用翻译。斯柯贝尔琴青年时期曾在法国居里实验室工作过,懂法语。交谈中我曾试探苏联能否提供一台中型回旋加速器和一座实验性反应堆。他的回答是回旋加速器的技术已较成熟,通过外交途径,苏联可以提供;实验性反应堆现在还不能提供,将来提供的可能性是有的。

代表团回国后进行了系统的汇报,并向科学界介绍了有关情况,如半导体研究等。周恩来同志对这些情况十分重视,并结合我国实际对科学院提出采取一些相应的调整措施,如进行遴选学部委员的工作,成立数理化、生物地学、技术科学和社会科学四个学部,分别负责领导本学部的各研究所。同时建立奖励制度,并颁发了第一次全国自然科学奖金等等。

(二)

周恩来同志大力支持发展新兴科学,特别是原子核科学,对发展我国科学技术,真可以说是关怀备至。中国科学院成立后,以原北平研究院原子学研究所和中央研究院物理研究所原子核物理部分为基础,组建了近代物理研究所。其主要任务是研究原子核物理和放射化学,开展原子核科学技术的基础工作,为原子能的应用作准备。……

经过几年的艰苦创业,在理论基础、培养人才和物质条件方面为进一步发展原子核科学研究打下了初步基础。一九五四年地质部在综合找矿中发现了铀矿资源。国际上准备在日内瓦召开原子能和平利用会议,苏联表示愿意对其他国家给予科学技术上的援助。在这样的形势下,一九五五年一月十四日,周恩来同志亲自召见李四光和我,询问了我国核科学研究人员和设备、资源等情况,还详细了解了核反应堆和原子弹的原理以及发展核能技术所需要的条件等。薄一波、刘杰同志参加了这次谈话。周总理告诉我们,中央要讨论发展原子能问题,届时要我们带着铀矿石和简单探测仪器,进行汇报并操作表演。第二天即一月十五日,毛泽东主席在中南海主持召开了中央书记处扩大会议,出席会议的有刘少奇、周恩来、朱德、陈云、彭真、邓小平、李富春、薄一波等。根据周恩来同志会前的嘱咐,我们用铀矿标本和探测器进行现场表演,当盖革计数器接近铀矿石发出嘎嘎响声时,大家都高兴地笑了。接着毛泽东同志询问了发展原子能事业的有关问题,周恩来坐在他的身旁,一边插话补充情况,一边提醒我们抓住重点,讲得尽可能详细和通俗一些。听完汇报后,毛泽东主席十分高兴地说:"我们国家现在已经找到铀矿,进一步勘探一定会找出更多的矿床。解放以来,我们训练了一些人,科学研究有了一定基础,创造了一定的条件。过去几年你们也经常反映,但其它事情很多,来不及抓这件事。这件事总是要抓的。现在到时候了,该抓了。只要排上日程,认真抓一下,一定可以搞起来。"他还强调说:"现在苏联对我们援助,我们一定要搞好!我们自己干,也一定能干好!我们只要有人,又有资源,什么奇迹都可以创造出来!"会上毛泽东主席问到原子核内部组成情况,从哲学角度考虑,提出中子、质子也是可分的观点。周恩来总理特别强调说,对人才培养需要大力加强。这是一次对我国核科学技术研究和核工业建设具有重大历史意义的会议。

在我国当时的情况下,发展原子能事业自然不是一件容易的事,科学技术力量、设备条件、组织协调等方面都有不少困难。然而这一切困难,周恩来都想到了,并且在会后立即扎扎实实地组织抓了下面几件事:

1. 加速培养专业人才,开办技术物理系和工程物理系。根据我们的建议,周恩来总理决定调浙江大学的胡济民、北京大学的虞福春、东北人民大学的朱光亚、上海复旦大学卢鹤绂到北京大学创办技术物理系,学生从各校物理系三年级学生中择优选拔,人数为100人,教学用的仪器设备由(近代)物理研究所帮助解决,并且在所内挂了"六组"的名义,便于取用器材,教学和生活用房由科学院负责修建。紧接着,清华大学自告奋勇办起了工程物理系,由何东昌任系主任。这样从一九五六年夏起,每年有约100名学生毕业,从一九六〇年起每年毕业生达到200名。一九五八年聂荣臻同志提议,并在周恩来同志的支持下,科学院创办了中国科技大学,采取所系结合的办校方针,由(近代)物理研究所负责办近代物理系和近代化学系。事实证明,这一决策具有深远的战略意义。

2. 及时统筹调整留学人员的专业,以济急需。周恩来亲自指派教育部主管留学生工作的同志带着留学生名册找到科学院干部局郁文同志,要他和我们商量考虑在派到苏联和东欧学习理工科的学生中,挑选一些适合转方向的留学生转到原子能有关专业。最后我们选定了三百余名,他们后来都在原子能事业所需的反应堆、核化学和化工、铀矿地质等方面发挥了骨干作用。这项工作完全是周恩来总理替我们谋划安排的,同样具有战略意义。

3. 周恩来总理指示我们要重视宣传工作。他说,我们党的机构有两个部,即宣传部和组织部,我们历来是宣传先行,然后组织落实。发展原子能的重要意义只有少数人知道还不够,要让大家都知道,特别要让党中央、国务院、军委的负责同志知道。同时还叮嘱我们,宣传不仅要重视科学性,而且要通俗易懂,不能尽说行话。根据他的指示,由我先在宣讲团试讲并作示范表演,大家提出修改意见后,再次试讲,最后由宣讲团成员分头去宣讲。结果使更多的人懂得了发展原子能事业的重要性,造成一个全党全民关心原子能气氛。

4. 周恩来总理强调要加强党的领导。他决定由军委政治部选派有大学毕业文化水平的政治工作干部李毅同志担任研究所的副所长,并选派了三个办公室的主任、副主任,加强了研究所工作人员对马列主义、毛泽东思想的学习,提倡艰苦奋斗、勤俭建国作风,这对贯彻上级领导的决定和保密工作起了积极作用。

为了加强对原子能事业的领导,一九五五年七月中共中央指定陈云、聂荣臻、薄一波组成三人领导小组。一九五六年十一月国务院成立以宋任穷为部长,刘杰、袁成隆、刘伟、雷荣天、钱三强为副部长的第三机械工业部(一九五八年以后改名为第二机构工业部),具体负责实施我国原子能事业的建设和发展工作。同时科学院系统为核科学技术的发展,成立了以李四光和吴有训分别为主任委员的原子核科学委员会和同位素应用委员会。从此我国原子能事业进入了大发展阶段。

3月4日 出席由中国科学技术协会和国家经济委员会联合举行的全国“讲理想、比贡献”竞赛表彰大会,并就经济建设必须依靠科学技术的问题发表意见,强调企业要有眼光,要重视技术开发。讲话由中国科学技术协会调研室整理,刊于是年《科协情况》(第六期),全文如下:

建议大中型企业应提取销售额中
更多的资金进行技术开发工作

在最近召开的全国“讲理想、比贡献”竞赛表彰会上,中国科协副主席钱三强就经济建设必须依靠科学技术的问题谈了一些意见。

钱三强同志说:科技工作的首要任务是振兴国民经济,而工农业生产是国家财富的主要支柱,因此工农业产品数量和质量的提高,都必须依靠科技的进步,必须大力开展技术开发工作。我国解放前工业十分落后。50年代,苏联向我国提供了156项基础工业的援助,使我们的工业有了较合理的布局,初步奠定了自己的工业基础。这些项目的设计、设备和技术大都是成套进口的,在建设过程中,我们较快地掌握了这些技术,缩短了我国同当时一些先进国家在技术方面的差距,如苏联50年代初提供给我们的技术很多是他们40年代末的成熟技术。这些建设项目推动了我国工业的迅速发展,它的积极作用是十分明显的。但还应当看到,因为来得容易,也确实潜伏了一些消极的因素,如我们没有像苏联那样在革命成功后从西方学到工业自我发展之道,在科学技术上产生了依赖心理,总想伸手向人家要技术,而没有下大力去培养自己的技术开发队伍,提高自己的技术开发能力。在产品数量不够时,不是依靠技术进步提高劳动生产率,增加产品数量,而是搞翻版政策,再仿造去建一个厂。因此,就出现了许多工业产品30年一贯制的不应有的现象,又重新拉大了我们同一些先进工业国家在经济技术上的差距。所以有些外国人说你们今后跟我们的差别是等距离的差别。这些都表明技术开发工作关系着企业的盛衰和存亡,必须高度重视。

钱三强同志说,在资本主义国家,资本家为了他们本身的利益都非常重视产品的质量和产品的不断更新,重视技术开发工作。如美国王安公司的总经理王安自己就长期担任新产品的研究设计工作,平时工作忙就星期天加班,他们的副经理就专门负责技术开发工作,从而使自己的产品始终保持竞争力,去开拓市场。苏联在十月革命后,列宁就认识到西方科学技术的重要性,他们在经济十分困难的条件下,还采取高价聘请的办法,请德国大工厂退休的开发部门的科技专家担任技术指导,使苏联的技术水平提高很快,在二次大战后逐步迈进工业先进国的行列。

钱三强同志说,我们引进外国的项目,除保证其正常运转外,首先要消化、吸收这些项目的设计原理与工艺,做到懂得人家为什么这样设计,也就是说要"知其所以然"。其次就要考虑改进革新,从局部到整体。改进革新就需要进行科学技术工作,多数是利用或借鉴已知的技术,逐步进入专门的创造性的研究阶段,使得这个行业在自己的土地上生根发芽,以至达到技术革命的目标,并能在国际上与工业先进国家进行竞争。

钱三强同志最后说,在美国、日本等国,技术开发的经费是靠企业自己想办法,一般是从企业的销售额中提取一定比例的资金作为技术开发经费。企业的技术开发能力越强,技术进步就越快,企业的竞争力就越强。美国一些大企业,如广播器材公司,提取销售额的8%,支持它的技术开发中心;日本的一些大公司则是提取销售额的10%,支持它的技术开发中心;而我们的技术开发经费目前只占销售额的1%,这样势必会拖企业发展的后腿。因此我建议:根据不同的情况,大中型企业应从销售额中提取5%到10%的经费,支持技术开发工作,以提高企业的技术开发能力,从而使我们的企业更好地承担起推进传统产业革命和赶上世界新技术革命的双重任务。

3月30日 应约为《中国大百科全书》撰写"科学学"条目:

科学学(science of sciences),研究科学的职能和科学的发展规律,科学活动的结构和动态,科学和社会其它物质、精神生活领域之间的关系的学科,是自然科学和社会科学综合产生的新兴交叉学科。科学学的研究始于20世纪20年代。1925年波兰学者F. 兹纳涅茨基(1882—1958)最先提出"科学学"一词,1939年美国科学家J. 贝尔纳(1901—1971)出版《科学的社会功能》,成为科学学的奠基性著作。60年代形成为独立的研究领域,此后科学学得到迅速发展,到80年代全世界成立专门研究机构有500多个。科学学的研究范围大致如下:①研究自然科学在人类历史发展中的地位和作用,在各个历史阶段科学发展的规律性。②研究现代科学知识体系,探索科学体系的结构、科学理论与实验、科学与技术的关系。③研究自然科学的社会形成过程,包括科学研究体制、结构和组织形式,科研队伍的素质、构成和人员培养,科学发展规划与政策,科技情报系统等。④研究科研活动的最优化管理。⑤研究科学与教育的关系。⑥研究科研活动的认识规律、心理规律、社会规律和计量方法等。科学学的研究成果为科技政策的制定和科学研究的组织管理提供最佳化的理论和方法。

5月2日 我国第一批(3人)实验核物理学博士研究生,在上海复旦大学物理二系通过论文答辩取得博士学位之际,接到该研究生导师杨福家的亲笔信:

尊敬的钱三强教授:

最近,我们自己培养的首批实验核物理博士生在我校获博士学位。在此时刻,我们想到了您——我国的实验核物理的开拓者。特致此函,向您致意,并附上消息两则。我还常记得25年前赴丹麦前夕您在中关村一座大楼内对我的教益,它常常鼓励我的工作与学习。在健康条件许可下,欢迎您与何先生能光临上海参观指导。

5月中 根据中国科协第三次全体委员会的精神,主持中国科协促进自然科学与社会科学联盟工作委员会制定《"科学与文化论坛"大纲》,计划于1988年5月起设立"科学与文化论坛",每季度举行一次,分别与社会科学界、文化界、教育界有影响的学者联合探讨科学与文化在社会主义现代化建设中的地位和作用问题。

该大纲初步提出拟讨论的五个问题：

> 一、科学与文化。讨论科学技术与文化的关系，文化事业在整个社会主义建设中的地位和作用，以及我国的文化发展战略等问题；
>
> 二、科学技术与教育；
>
> 三、企业文化；
>
> 四、现代科学技术与马克思主义；
>
> 五、新技术革命与二十一世纪的中国和世界。

该大纲提出，于1989年5月召开"科学与文化学术讨论会"，纪念"五四"运动七十周年，出版《科学与文化论丛》(同时出英文版)。

5月25日 倡议举办并以中国科协促进自然科学与社会科学联盟工作委员会主任名义，在北京人民大会堂云南厅主持"科学与文化论坛"第一次会议。该论坛旨在全面探讨科学与文化的关系，呼吁全社会发扬科学精神，提倡科学道德，讲求科学方法，以推进社会主义改革和建设事业。与会者有科学界、文化艺术界、教育界的学者、官员近三十人。

首先发表主旨演讲：

> 今天，中国科学技术协会促进自然科学与社会科学联盟工作委员会请大家来开会，专门讨论"科学与文化"问题。
>
> 现代科学技术是物质文明建设的强大动力，对整个的人类社会发展起着巨大的推动作用，社会生产力的发展，劳动生产率的提高，国家的富强，人民物质文化的改善，都离不开现代科学技术，都有赖于科学技术的进步，这一点已经得到了广泛的承认。
>
> 现代科学技术又是当代人类文化的重要组成部分，是代表一个民族文明水平的重要标志，作为一个观念形态和知识体系，对人们的精神生活，包括价值观念、行为准则、伦理道德、文化形式和理论思维，都有深刻的影响，因此，现代科学技术也是精神文明建设的重要基石，这一点还需要引起全社会的高度重视。
>
> 精神文明建设，包括思想道德建设和教育科学文化建设两个方面，渗透在整个物质文明建设之中，体现在社会生活的各个方面，都必须以现代科学技术为基础。
>
> 在深化改革的新时期里，迫切需要建设有利于改革和开放的新观念和新理论，以促进社会主义商品经济的蓬勃发展，为物质文明建设提供精神动力和智力支柱，并为物质文明建设的正确发展方向提供科学的理论指南。

为了保证社会主义现代化建设事业的顺利进展,我们要善于正确把握物质文明建设和精神文明建设的辩证关系,坚持两个文明一起抓,在运用行政手段、经济手段、法律手段的同时,还要注意运用文化手段,高度重视文化建设,思想建设,采取切实有效的措施,努力提高整个中华民族的思想道德素质和科学文化素质。

我们科技工作者应当以身作则,在全社会发扬科学精神,提倡科学道德,讲求科学方法,积极倡导"献身、创新、求实、协作"的科学精神和"坚持真理、诚实劳动、亲贤爱才、密切合作"的科学道德,以及辩证唯物主义的科学方法,为两个文明建设作出我们应有的贡献。

为了发挥科学技术在精神文明建设中的作用,促进社会主义文化事业的发展,我们计划从1988年5月起设立"科学与文化论坛",每个季度举行一次,分别与文学艺术界、哲学界、社会科学界、教育界、新闻出版界有影响的学者联合探讨科学与文化、科技与教育、企业文化与农村文化、现代科学技术与马克思主义、新技术革命与21世纪的中国和世界等问题。设立"科学与文化论坛"的目的是要充分认识文化事业在整个社会主义现代化建设中的地位和作用,制定社会主义文化发展战略;充分认识科学技术在文化建设中的重要作用,确立包括科技与教育、社会科学和文化艺术在内的新文化观念,提高全社会的科学文化素质;充分认识科技在文化建设中的特殊作用,把科技知识的传播同思想道德教育结合起来,把数以百万的科协成员变成精神文明建设的一支生力军。在"科学与文化论坛"的基础上,拟在1989年5月召开"科学与文化学术讨论会",以纪念"五四"运动70周年,并且出版《科学与文化论丛》。

今天,我们举办第一次"科学与文化论坛",旨在探讨科学与文化的关系;呼吁全社会发扬科学精神,提倡科学道德,讲求科学方法,以推进社会主义改革和建设事业。

在第一次"科学与文化论坛"会上发言的,还有钱学森(《论文化》)、于光远(《讨论科学和文化问题的开场锣鼓》)、龚育之(《科学·文化·"杜亚泉现象"》)、高占祥(《文化对经济发展的先导性》)、朱丽兰(《"大科学"需要"大文化"》)、郑必坚(《文化是"综合国力"极为重要的组成部分》)、李德伦(《让我们的人民以更高的精神境界去从事现代化建设》)、胡亚东(《既要创造更多的科研成果也要为人类的文化进步做出贡献》)、吴祖强(《深刻认识文化在国家发展中的作用》)、刘道玉(《科学文化也是硬任务》)、何祚庥等。

7月中 听取自然科学与社会科学联盟工作委员会办公室关于第二次"科学与文化论坛"筹备情况汇报,计划讨论科学技术与教育问题,并已对目前学校中新的“读书无用论”现状作了调查分析，对厂矿开展业余教育的经验作了总结。但鉴于教育问题较为复杂，经与钱学森商议，决定暂缓讨论此问题。

7月13日 约见中国作家协会副主席冯牧和作协常务书记唐达成，商定由中国科协和中国作协联合举行“科学与文化论坛”第二次会议，讨论以下六个方面的问题：①两个文明一起抓的问题；②“德先生”和“赛先生”关系问题；③社会科学与自然科学关系问题；④经济与文化关系问题；⑤硬科学与软科学关系问题；⑥知识分子发扬“献身、创新、求实、协作”精神问题。在商谈时钱三强特别强调：“要使全社会了解到精神文明和物质文明是一个互补关系，辩证关系，尤其要使领导决策层能深刻认识这一点。”

8月13日 偕沈克琦、董纯才等出席《物理通报》在北京举行的中学生物理教材改革试验研讨会，会后参观教材改革成果展览，听取在全国26省市进行教材改革试验的情况介绍。

9月6日 会见并宴请核工业部邀请来华访问的法国原子能委员会主席顾问、快中子堆专家乔治·万德里耶斯和夫人，进行了友好交谈。

9月10日 与唐达成共同主持由中国科协、中国文联、中国作协在人民大会堂吉林厅联合举行的第二次“科学与文化论坛”。出席会议的有自然科学、社会科学和文学艺术、新闻出版界人士50余人。首先以“携手合作，共同发展”为题发言，唐达成、冯至、于光远、夏衍、任继愈、陈荒煤、戴晴、刘心武、刘梦溪、王梓坤、黎先耀、戈扬、高镇宁等先后在会上发言，鲍昌、赵士林、王绶琯、中杰英、罗艺平、陶世龙、姚蜀平等作书面发言。

钱三强的发言如下(摘要)：

> 列宁说过，自然科学奔向社会科学的趋势是不可阻挡的时代潮流。中国科协“三大”时成立了“促进自然科学和社会科学联盟委员会”，从事两大学科联合探讨重大社会问题的工作，促进交叉学科的发展。社会科学界也曾提出要与自然科学联合。现在，我们又同文学艺术界和其他文化领域的同志一起，共同讨论科学与文化问题，这是我们两大学科联合在新的形势下的新发展。
>
> 过去，文艺界和其它文化界的同志对科学技术界的事情不太了解，联系不够密切。我们搞硬科学的人，主要从事具体科学技术的研究和参加物质文明建设，对社会科学、软科学、文化领域和精神文明建设也了解不多。现在越来越多的事实表明，没有软科学，硬科学就不能顺利发展；文化教育事业不发展，文盲增加，科学技术上不去，经济建设很难搞好；没有文化观念的变革，改革事业很难进行下去。因此，改革和实践尖锐地提出了确立文化意识，重视运用文化手段，发展文化教育事业的问题。

"五四"在中华民族的危急关头请来了"德"、"赛"两先生,倡导民主和科学,这是对中国封建传统思想的很大冲击。现在社会主义初级阶段的现实再次告诉我们,没有科学文化素养,民主是很难实现的。从这个意义上说,我们讨论科学和文化问题,很可能成为一种新的启蒙,促进社会新的觉醒。(引自《自然辩证法报》,1988年10月4日,第1版)

9月 应约为《超剂量受照人员临床案例选编》一书作"序"。该书由核工业部安全防护卫生局主编。

9月20日 接邓稼先(1986年故)夫人许鹿希电话,问当时为何推荐邓稼先到核武器研究所。回答说:当时主要考虑了几点,一是专业要对口,核物理专业,要有一定业务水平和科研能力;二是名气不能太大,以便于和苏联专家相处;三是要有在国外学习和工作经历,了解国外情况,懂英文,也要懂俄文,能同洋人直接打交道;再就是政治条件要好,觉悟高,可靠。

10月5日 与李昌、于光远联名发起,邀请科学界、教育界、经济界和社会科学界有关人士在北京科学会堂举行社会发展问题座谈会。主题是面对科学技术新的突破和世界性改革的潮流,在世纪之交加强社会发展研究的重要性及现实意义。

10月24日 和中国科学院其他领导一起陪同邓小平等党和国家领导人参观北京正负电子对撞机国家实验室,看望参加工程建设的人员。在周光召、李政道汇报对撞机工程建设情况后,邓小平发表讲话说:任何时候,中国都必须发展自己的高科技,在世界高科技领域占有一席之地。我们不仅要搞加速器,还要参与其他高科技领域的发展。此前即10月16日,中国第一座高能加速器——北京正负电子对撞机首次对撞成功。

11月6日 和何泽慧携外孙和外孙女往北京中山公园赏菊,并应新华社摄影记者杨武敏之约,在中山公园拍照若干。

11月15日 主持"科学与文化论坛"第三次会议,讨论重点是关于当前农村文化现状及面临的问题。首先致词指出:现在一些地区经济发展起来了,但封建迷信很严重,有的人不是把钱用来扩大再生产,而是挥霍浪费;要把发展农村文化事业、提高农民素质,看作是建设富裕而文明的新农村的首要任务;要在几亿文盲的农村实现现代化是不可能的。

《人民日报》11月17日以"'科学与文化论坛'痛陈发展农村文化紧迫感商品经济面临传统势力侵扰"为标题,作了如下报道:

(本报讯)在已经达到温饱型和较富裕型的农村地区,商品经济的发展正在遭受封建习惯势力的袭击。11月15日在北京举行的"科学与文化论坛"第三次会议上,各界人士的发言都流露出对当前农村文化发展的忧虑和紧迫感。

中央农村政策研究室石山通过调查材料分析道:在未达温饱型的农村地区,目前面临着资源破坏、生产条件恶化,以及文盲多、地方病多、痴呆儿童多等问题,发展生产困难重重,特别需要科学技术的支持。而在摆脱了贫困的农村地区,诸如修庙造坟、大办红白喜事、赌博挥霍、贩卖妇女等封建余孽重新滋生。只有新思想、新文化的进军才能走出这种双重困境。

农业部白鹤文从另一个角度指出:科学文化的传播和推广应用正受到农民文化素质低的制约。据不完全统计:我国平均每1万农业人口中只有农业技术人员6.6人,平均每7000亩耕地上只有专业人员1人。而且,农村劳动力的文化素质呈下降趋势。就此,全国妇联的邹士明条陈了当前农村妇女文盲情况及儿童辍学现象,用一句话概括了当前农村文化的困境:"党的政策送钱财,没有技术拿不来"。

中国科协副主席钱三强说:要在几亿文盲的农村实现现代化是不可能的。现在一些地区经济发展起来了,但封建迷信很严重,有的人不是把钱用来扩大再生产,而是挥霍浪费。要把发展农村文化事业、提高农民素质看作建设富裕而文明的新农村的首要任务。

与会人士特别提出加强对农村科学文化的投入,中央农村政研室的王郁昭具体呼吁抓好以下三件事:大力发展农村基础教育,加强培训农村科技文化队伍,以小集镇为依托建设农村文化中心。这次会议由中国科协促进自然科学与社会科学联盟委员会举办。

11月17日 在中国科学院院部会见法国马赛大学高能物理学家欧贝尔教授,并就当前高能物理的研究进展听取其情况介绍。

12月 出席中国核学会在北京举行的"核裂变现象发现50周年纪念会",并作了《我对五十年前发现核裂变现象前后的一些回忆》的演讲。全文为亲笔手抄稿,内容如下:

第一次世界大战结束后,英国卢瑟福和他的同事们用镭和它的子体放出的最快的α射线去打击较轻的元素氮,发现氮核变成了氧核,放出了质子,成功打开了人工改造原子核的大门。这种现象叫做原子核的"人工嬗变",是一九一九年发现的。

从一九三〇年到一九三二年,经过曲折的过程发现中子(英国查德威克)和一九三四年发现人工放射(性)(法国约里奥-居里夫妇),为人工改变原子核创造了有利的条件。中子提供了改变原子核的新的有力武器,人工放射提供了察觉原子核改变的灵敏手段,这样就使以后短短几年中,加快速度有系统地研究各种元素受到中子打击后所引起的变化。

一九三四年意大利理论物理学家费米和几个实验物理和化学的同事共同进行了系统的用中子打击原子核的科学实验,一九三九年初公布了全部实验结果。从理论上考虑,中子与原子核间没有静电排斥力,慢一点的中子进到原子核中后,与核内的粒子碰撞的次数多,因而改变原子核的可能性也应该大些。后来的实验证明,这种理论预测是符合实际的。理论物理工作者与实验物理工作者有意识的、集体的合作,这是第一次很有成效的实践。自此以后,这类合作的事例越来越多了。

费米他们用慢中子把从轻到重的(包括最重的元素钍和铀)几十种在实验室找得到的元素,在几个月的时间内都作了实验,证明每一种元素被慢中子打击后都改变了原子核性质,变成有放射性的原子核,并且找到一个普遍规律,即:每种元素若只有一种同位素,则只找到一种有放射性的核;若是有两种同位素,就找到两种放射性的核。放射性核的品种是由同位素的数目决定的。它的解释是:中子碰到原子核后,即被原子核捕获变成了一个新的原子核,这个新核不稳定,核中的一个中子放出一个电子,自己转变为质子,那个电子被我们探测出来了。新原子核的质量比原来的核多出一个质子的质量,带电量也增加了一个(即原子序数提高了一位)。在这普遍规律中找到了两个例外:重元素钍只有一种同位素(232),铀只有两种同位素(235和238,同位素234太少了,可以不计),但是实验结果表示从钍中找到了一种以上的放射性物质,从铀中找到了两种以上的放射性物质。反复的实验证明这些结果是对的,事实上放射性物质的品种还要更多。

这些结果引起法国约里奥-居里夫人伊莱娜·居里等和德国的哈恩等注意。他们都是有经验的放射化学家,比费米组内的化学家对放射性物质更为熟练。他们开始都受费米预测的约束,希望得到比原来元素重、原子核带电量更多的元素。在铀的情况下,就是希望得到“超铀元素”——也就是说自然界不存在的比铀更重、在周期表上比第92号元素位置更高的新元素。最后伊莱娜·居里与南斯拉夫的萨维奇合作找到中子打击铀或钍后,能产生同一种化学性质类似“镧”(第57号元素)的放射性物质,它放射出β射线,半衰期为3.5小时;哈恩和斯特拉斯曼找到中子打击铀能产生化学性质类似“钡”(第56号元素)的放射性物质,也放出β射线。中子打击钍与铀可以产生同样一种新同位素,是已知规律所预料不到的。镧与钡都是周期表中比较靠中间的元素,而不是预期的超铀元素的性质,当时科学界(1935～1938年)对这些实验结果感到困惑。当时哈恩等曾有过这种设想:铀受中子打击后先放出α粒子变为钍(235),它不稳定又放出α粒子变为镭(231),镭(231)不稳定放出β射线自己变为第89号元素锕(231)的新同位素,它又放出β射线。在这样设想下,由于镭与钡、锕与镧在化学性质上有相似的地方,因而可以用镭来解释类似钡的放射物,用锕来解释类似镧的放射物。这种设想虽然与超铀元素的想法不完全一样,但指导思想仍有相似之处,即新元素应该是重元素附近的元素。

在这里,我们特别要提到,1935年费米公布了中子打击铀得到"超铀元素"的消息后不久,德国女化学家"铼"(第75号元素)的共同发现者诺达克夫人曾经在《论第93号元素》一文中说:"当中子打击重元素,可以设想这些重元素分裂为几个大的碎片(它们是已知元素的同位素),而不是形成重元素附近的元素。"她也和同事们做过实验,表示费米的"超铀元素"的设想基本上不适当。哈恩对她的意见没有认真考虑。

类似钡与镧的放射物到底是什么?是钡还是镭?是镧还是锕?这是解决矛盾的关键。

1938年秋,伊莱娜·居里与萨维奇证明半衰期为3.5小时的放射物是镧不是锕,但没有提出解释的方案。当时我正在居里实验室工作,我记得1938年暑假后第一次学术讨论会上,伊莱娜·居里教授很幽默地笑着说:"我今天讲的问题,我相信你们开始听了或者还清楚。听了以后,可能和我一样,反而糊涂起来了。"也就是说,实验证明肯定不能用"超铀元素"来作解释,但真正的机制还没有考虑成熟。今天看来,她已经向正确解答迈进了一大步。

斯特拉斯曼看到伊莱娜·居里和萨维奇的科学报告后,立即跑去告诉哈恩,哈恩知道这个消息后,觉是法国的实验结果与他以前的设想有矛盾,与斯特拉斯曼一起加紧工作。经过严格的化学工作,证明他们的类似镭的同位素实质上就是钡,并证明居里和萨维奇的工作是正确的。于1938年底宣布:"作为化学家,我们应该说这些新元素是钡(第56号元素)、镧(第57号元素)、铈(第58号元素)等,而不是镭(第88号元素)、锕(第89号元素)、钍(第90号元素)等。但是作为与原子核物理有密切联系的放射化学家,我们还不能迈出这违反了原子核物理的已知的规律的一步。"由此可见,在旧规律框框的影响下,对新事物的认识是多么困难啊!但是在铁的事实面前,旧的观念是保不住的。

哈恩在公布前把这一结果写信到瑞典,告诉他的长期合作者实验物理学家梅特纳女士(她因是犹太族,被希特勒驱逐出德国)。梅特纳与她在丹麦玻尔研究所工作的侄子弗里胥在瑞典过圣诞节时一齐热烈地讨论了哈恩得到的结果,很快就利用玻尔的核液滴模型,从物理概念上为这新现象给出了一个清晰合理的解释:铀、钍核受中子打击后分裂为大小差不多的两个碎片,分裂方式(即两个碎片重量的比例)不完全一样,产生了多种原子核,这些核都有放射性,钡、镧等就是其中的一部分。梅特纳与弗里胥借用生物学中细胞分裂的概念,把这种核现象称之为"裂变"(fission)。铀裂变的一种方式和钍裂变的另一种方式,可以产生同样的裂变碎片,因而可以得到同样一种物质,从而顺理成章地解释了伊莱娜·居里等由中子打击钍与铀得到同一的β射线半衰期为3.5小时的镧的同位素。

裂变现象发现以后,很快世界上十个左右实验室用不同的物理方法证明铀受到慢中子打击后确实是分为两个核向相反方向飞开,并且和理论预期的很接近,放出很大能量,比过去已知的原子核嬗变放出的能量大几十倍。在法国,一九三九年一月伊莱娜·居里教授要我和她合作一个实验,由她制备钍与铀受中子打击后产生的镧的放射源,我用云雾室作二者β射线能谱,最后证明在实验误差内,二者β射线谱是等同的,间接支持了最近出现的裂变概念。同时,法兰西学院原子核化学实验室的约里奥教授利用他自己设计制造的可变压力云雾室,把一层涂有氧化铀薄层的纸片放在云雾室内壁上,中子源放在外面。他原来估计大约三千次云雾室膨胀可能观察到一次裂变现象,结果到九百零二次膨胀就观察到一个裂变碎片的痕迹,它比α射线的游离度强的多,痕迹也粗的多,尾端还有碰撞的痕迹。这是一张证实铀核裂变的直观的照片。

在研究铀受中子打击时,原来人们期望得到超铀元素,经过曲折复杂的过程才发现了裂变现象。那么是不是就没有超铀元素了呢?毛泽东同志曾说过:"在注意到一种主要倾向的时候,也要注意到可能掩盖的另一种倾向。"实际上中子打击铀主要是产生了裂变,但也产生了超铀元素,不过它在大量的裂变产物的放射性中不容易察觉罢了。一九四〇年英国的麦克米伦等用中子打击很薄的氧化铀层,发生裂变的核都向两面飞走了,但氧化铀层上还带放射性。进一步研究知道它是由于这样方式产生的:铀(238)被中子打击后,先形成一种新的铀同位素(239),它以半衰期为23分钟的方式衰变,放出一个中子,自己变成一个新的第93号元素(即第一次发现真的超铀元素)叫"镎"。镎(239)本身又不稳定,再放出一个电子,半衰期是2.3日,变成了另一种新的第94号元素,叫"钚(239)"。钚(239)有相对的稳定性,它放α射线,半衰期很长,有两万四千年。钚(239)是在一九四一年被美国的西博格等发现的。后来证明钚(239)若是再受中子打击,它又可以产生裂变现象，也放出巨大的能量。

裂变的发现给人们提供了放出巨大能量的可能性。超铀元素的发现，产生了自然界不存在的元素，特别是其中有相对稳定性的钚的产生，为人们提供了新的重要的可裂变物质。但如何把释放巨大能量的可能性变成现实性，还需要探索。

根据当时对原子核的知识，可以把一个重原子核比作一个水珠，铀核的分裂可以比作一个水珠分裂成两个小水珠。水珠分裂时可能溅出几个小水点来，原子核分裂时溅出的东西应该是本来就存在于原子核里面的东西——那就是质子和中子，在这样一个唯物主义的指导思想下，约里奥和在美国的费米等在前后几天内用不同方法去探测铀裂变时是否能放出中子。结果证明确实能放出中子，并且每次裂变放出中子的数目是两个到三个。这个重要发现使人们看到：解放原子核能的钥匙已经找到。这是一九三九年春天的事。

我们只要想一下，就很容易明白，如果一个中子打进铀核使它分裂，又能放出两三个中子来，那么由于这两三个中子有可能继续引起其它铀核的分裂，所以就有可能产生更多的中子，引起更多铀原子核的分裂……。这种过程反复进行下去，就正如军火库中一个炮弹的爆炸引起其它炮弹爆炸一样，可以使大量的铀在不太长的时间里连续分裂而放出大量能量。

在这个时候，科学实验又告诉人们，铀的两种同位素(235 和 238)中，铀(235)受到任何能量中子的打击都能产生裂变，而铀(238)必须受到快中子的打击方能裂变，受到慢中子的打击不产生裂变。在这些实验基础上，约里奥和费米等用不同的方式设计实验装置，最后得到同一结论，即：中子通过重水或石墨减低速度以后让它去打击铀(235)，放出两个到三个中子。最初产生的中子速度很快，让它慢下来，再使它有机会去破裂铀(235)。实验结果告诉人们，原来射进去一个中子，最后在铀和石墨(或重水)作成的实能装置外面可以找到略为多于一个中子。这就是说中子在这装置中产生了链式反应(即不断分裂铀的过程)。这是一九三九年夏天的事。铀原子核链式反应的发现，奠定了使用原子核能的科学基础，一九四〇年以后在欧洲因第二次世界大战的战火漫延，核科学研究已无法进行。费米等一大批欧洲科学家迁移到美国，一九四二年在芝加哥大学的运动场上搭起临时工作需要的厂房，在费米指导下实现了第一个实验性的“石墨-铀反应堆”，使人类走进使用原子能的时代。

1989年　七十六岁

1月24日　以促进自然科学与社会科学联盟委员会主任署名,向60余位有关人士,发出举行"科学与文化论坛"第四次会议的邀请通知:

> 发展教育事业、提高全民族的文化素质,为21世纪我国科技、经济与社会协调发展培养合格的人才,是我国在世纪之交面临的重大任务,也是社会各界关心的重大问题。"科学与文化论坛"第四次会议决定邀请知名人士探讨教育改革的指导思想、战略目标以及教育内容、体制、方法等问题。会议定于1989年2月11日上午8时半在友谊宾馆内科学会堂210室召开。请您准时到会发表意见和建议,并将发言的内容写好书面材料,以便印发简报。

2月11日　主持"科学与文化论坛"第四次会议(40余人出席)。在作简单开场白讲话后,围绕着教育问题,钱学森、高镇宁、丁石孙、李宝恒、陈难先、何祚庥、童大林、康明、李昌、于光远、许嘉璐、朱厚泽、张维、王梓坤等先后发了言。刘盛纲未能到京出席会议,特从成都电子科技大学致信以为书面发言。

刘盛纲信如下:

> 尊敬的三强先生:
>
> 我本应遵先生所嘱赴京出席会议,几经努力,终因工作不能脱身,深表歉意。谨奉此书并真挚祝愿会议完满成功!
>
> 七十年前,"五四"运动以"民主"和"科学"两面大旗唤起了民众,这场伟大的思想解放运动震撼了旧中国,推动了中国民主主义革命,在我国现代史上写下了光辉的一页。
>
> 今天,我们正在具有中国特色的革命路上探索和前进。由于中国经历了几千年的封建历史,旧制度、旧思想、旧伦理的大量沉积,使当前我国的实际情况距"民主"和"科学"还有很大差距。
>
> 回顾历史,我们付出了巨大的代价才取得今天的成绩,应当特别珍惜;此外,我们的道路相当地曲折和坎坷,政治体制改革,决策民主化、科学化的任务尚很艰巨;在科技兴国、教育立国、民主治国、提高民族素质、振奋民族精神方面还有着漫长的路程。因此,继承和发扬"五四"传统,有着重大的现实意义。
>
> 对先生来说,我只是一个晚辈学生,但也已在教育战线上工作了三十几年,对于教育事业的感情很深,对其发展特别关注,在教育受到冲击的今天尤为担忧。当前教育经费紧缺,老师待遇过低,新的"读书无用论"日益流行。这些问题严重地危害着教育事业。但是这些还只

是事物的一面。问题的本质是，我们还缺乏成熟的教育理论，教育立法或者尚未制定，或者未能真正执行。三十几年来，教育因为政治影响而进进退退，左右摇摆，导致实践中问题成堆，深负人民厚望。

古今中外，民族兴衰，教育为本。为了避免民族素质的大滑坡，为祖国造就合格公民的教育，应确立为教育的基本方针。振兴中华，要依靠科学，发展科学的根本之路在于教育。我们应尽快把发展教育真正列于战略首要位置。

钱老和您倡导的"科学与文化论坛"，已在国内引起很大的反响，衷心祝愿这朵瑰丽的鲜花开得更加茂盛，在我国的科学与民主进程上，起更大的促进作用！

刘盛纲

1989年4月1日

4月19日 应《科技日报》约稿，撰文回顾胡耀邦在担任中国科学院领导工作期间的事迹，以沉痛悼念他逝世。

4月20日 主持中国科协纪念五四运动七十周年座谈会暨"科学与文化论坛"第五次会议。

《人民日报》4月21日头版报道此次会议：

"他（钱三强——引注）首先提议全体起立，为伟大的改革家胡耀邦同志的逝世默哀"。与会人士纷纷缅怀胡耀邦的民主精神，称颂他为一位伟大的马克思主义者。

中国科协常委、中宣部副部长龚育之作了题为"悼念耀邦同志，发扬五四精神"的发言。他指出，胡耀邦作为一个伟大的马克思主义者，不仅对科学事业十分重视，对于科学精神更为重视。十一届三中全会以后，由胡耀邦参与领导的关于真理标准的讨论，把科学精神和反对盲从迷信用于对待马克思主义者本身。真理标准讨论恢复了马克思主义本来面目，胡耀邦在这方面所做的重大贡献是不可磨灭的。

国务院经济技术社会发展研究中心副总干事长吴明瑜指出，邓小平与胡耀邦无疑是当代新启蒙运动和思想解放运动的杰出代表与伟大旗手。他说："胡耀邦是具有现代意识的共产党人。他能珍视世界一切优秀文化。他始终贯彻双百方针，平易近人，从不以领导者自居。"

当前与今后如何将五四运动倡导的民主科学精神真正发扬光大，也是中心话题之一。

中国科学院副院长胡启恒认为，民主的气氛，自由发表意见的环境，是发扬科学精神必须要有的保障。为了追求客观真理，绝对需要一种言者无罪的民主环境。

国家科委副主任朱丽兰则认为,对于各种人,其必须具有的科学精神应当各有重点。对于决策者来说,首先应当做到观念正确,制定战略政策及其程序的正确。跟着感觉走,一事无成,跟着科学走,才能成功。

著名科学家张光斗也指出,民主就是人民群众都能当家作主。过去常说下级需服从上级,应当补充一条,上级必须集中下级的正确意见,并与下级可以互相制约。不能少数人说了算,要有很好的民主体制。在今天会上发言的还有钱学森、李昌、高镇宁、于光远、裘维蕃、温济泽、于维栋、沈元、赵忠贤等。

会议最后　以主持者名义发表总结性演讲,题为"科学·民主·现代化——纪念五四运动70周年"。5月3日《科技日报》刊发演讲摘要如下:

70年前,在中华民族处在危亡之际,北京的青年学生发起了反对帝国主义和封建主义的伟大爱国革命运动。陈独秀主编的《新青年》杂志,首先提出"科学"和"民主"的口号,反对旧道德、旧文化,提倡新道德、新文化。"五四"是反对封建文化的新文化运动,也是新民主主义革命的伟大思想启蒙运动。70年后的今天,中华民族处在现代化的征途上,需要更高地举起科学和民主的旗帜,进行新的思想启蒙,以促进社会主义新的觉醒。

现代化是全国人民共同奋斗的目标。决策的科学化和民主化对推进现代化建设事业有重要作用。现代化的建设和改革需要科学精神、科学知识和科学方法,以便实事求是地按照客观规律建设我们的国家。70年前提出科学的口号是非常正确的。但是,那个时代科学对社会发展的作用还没有像今天看得这样清楚。战后科学技术特别是高技术对社会发展的作用是不容置疑的。现在的问题是,要创造科学技术进步的良好的社会环境,建立科学技术和社会相互促进、共同发展的机制。我们需要科学的思想方式和工作方式,需要适应时代潮流的现代意识、现代知识和现代文化观念,更要有决胜的胆略和气概去从事现代化建设。新中国成立40年来,在科学上尽管我们取得了原子弹爆炸、卫星上天等高科技方面的巨大成就,但另一方面,就在前不久宣布我国大陆人口已达到11亿,并且其中有2亿4千多万文盲,这也是事实。列宁认为,一个文盲充斥的国家是建不成共产主义的。我们要大力发展科学文化事业,用科学技术推进现代化,更要用科学精神推进改革事业,因为僵化的体制不改革,科学技术成果就难以转化为生产力,教育也难以发挥作用。

科学离不开民主。民主调动了人民群众进行现代化建设的积极性。我们讲民主，就要树立人的主体意识，坚持独立自主、平等竞争的原则，使现代化建设充满活力，生机盎然。在民主方面尽管我们已经摧毁了长达两千多年的封建专制制度，但是革除封建专制意识的任务远没有完成。当前我们要坚决地推进政治体制改革，建设和完善社会主义的民主政治。科学素质低，民主意识差，是我国现代化面临的最大困难，科技兴国、教育立国和民主治国是摆脱困难的重要途径。

在封建文化的背景中没有民主可言，也谈不到近代意义的科学。没有文化观念的变革，就谈不上发展现代意义的科学和民主，建设社会主义商品经济新秩序的任务也无法完成，其他改革事业很难进行下去。当前改革和建设的形势尖锐地提出确立现代文化意识，重视运用文化手段，发展文化教育事业等重大课题。我们呼吁制定全面的文化发展战略，提高全民族的文化素质，以促进自然科学和社会科学两条战线相互配合、相互促进、群策群力、共同创建两个文明所需要的中国新文化，同时重建和发扬我国各民族固有的艰苦奋斗的优良传统和爱国主义精神。

教育是提高文化素质、发展科学和民主精神的基础。解决教育问题的关键在于提高知识分子的物质待遇和社会地位，切实做到尊重知识、尊重人才。这不是知识分子个人的贫、富、荣、辱问题，而是关系到尊重知识和人才的社会导向问题。现在社会上存在的弃学、厌学、封建迷信、吃喝嫖赌、贪污腐化等不正之风，都是脑体倒挂、轻视知识、蔑视人才的必然结果。

文化教育事业的发展，科学精神的发扬，民主局面的形成，现代化建设的进行，都需要安定团结的社会环境。我们要提倡献身、创新、求实、协作的科学精神，加强法制建设，发扬民主精神，进一步促进社会的团结和进步。

我们正处在世纪之交。世界形势正在发生深刻的变化，缓和取代紧张，对话取代对抗，相互理解取代相互斗争。人类在政治上从专制走向民主；经济上从贫穷走向富裕；文化上从落后走向进步。社会主义开放改革的潮流不可逆转，进一步实现科学化民主化的趋势不可逆转，现代化的历史进程不可逆转，中华民族必将昂首阔步进入21世纪，在高科技各方面在世界上占有一席之地。

（按“科学与文化论坛”原本计划继续举行，准备讨论的主题有：“对中西文化传统的认识和两种文化的关系”；“探讨文化在企业发展中的作用”；“农村文明建设倡导科学的生活方式”；“科学与二十一世纪的中国和世界”；“科学与时代精神"等,后因故未再举行。)

5月9日和16日 两次接受中国原子能科学研究院(即原原子能研究所)军工史办公室王甘棠等专访。同年8月末,根据谈话录音整理成《十五年的回顾》初稿(并加了节题),黄胜年稍作修改后,由钱三强修改定稿。全文照录于下:

十五年的回顾

钱三强

征集军工史料的工作很有意义。不过许多记忆已经淡薄了,也不一定准确,只能说个大体的轮廓。

党的英明领导 精英荟萃

首先要说明,我对军工,没有直接的贡献。不能说你是原子能研究所所长又是二机部副部长,就什么事情都与你有关系了。我在部里分管的科技、安全防护以及出版等方面的工作。那时重大问题都在部党组讨论决定,作为党组成员我努力贯彻执行。

原子能研究所为我国核军工科研开展了大量工作,做出了重要贡献,起到了基地作用,曾被誉为"原子能事业的老母鸡"。许多同志,包括老一辈和中青年,先后在不同的岗位上做出了自己的宝贵贡献。我虽然不能一一提及,但党和人民是不会忘记他们的,历史是不会忘记他们的。

自从中国科学院近代物理研究所(后来改名为原子能研究所)成立之后的十五年,特别是后十年,是我国核科学技术蓬勃发展并取得成就的重要时期。党中央对发展我国原子核科学技术一直是非常重视和支持的。还在解放初期,郭沫若先生组团出席在巴黎召开的世界和平大会,党组织派我参加代表团工作,我就产生了一个念头,想顺便在国外买些科研器材(因为当时帝国主义封锁,国内有钱无处买到有关科研器材)。那时主要想定购一台中型回旋加速器的电磁铁,以备建立回旋加速器开展核物理研究,大约需20万美元。这在当时是一个很大的数字。可是提出后我又很后悔,因为当时国内解放战争尚未结束,财政很紧,恐怕让中央为难了。没想到,过了一个星期,中央统战部部长李维汉同志通知我去见他。我是骑自行车到中南海的,里面是旧房子,没有修,但打扫得挺干净。他告诉我,中央非常赞成我的建议,说是不是先拨给五万美元,如能联系上订货,二十万美元继续拨款。要我去找代表团秘书长刘宁一同志,用款时就由代表团经费中支付。我和刘宁一同志在法国时就认识。我听了李维汉同志讲话后，心情真是万分高兴。共产党的领导干部自己吃小米粥和粗粮(我也去吃过一两回)，穿的也很朴素，但为发展原子核科学竟这样舍得花钱。我觉得共产党领导一定能成大业，这件事使我很受感动。过去虽然对共产党有一定认识，不过主要还是理性认识，这次是真正的感性认识。可惜的是，事情没有完全办成。当时法国政府不给共产党国家的代表签证，世界和平大会被迫分别在巴黎和布拉格两个会场同时举行，用无线电传播。那边约里奥-居里先生在演说中说到“真理的旅行不需要签证”时，两个会场同时热烈鼓掌。四月二十四日南京解放的消息传到后，会场简直乱了套，拥抱的、欢呼的，热烈得不得了，这为“和大”的成功起了很大的作用。只有在现场才能真实地体会到中国革命胜利的国际意义。因为我不能前往巴黎了，经领导同意，将这些钱的十分之一(五千美元)，托有外交护照的法国代表带给约里奥-居里先生。当时约里奥-居里的处境比较困难，他是法共党员，戴高乐政府监视他的行动，特别是在世界和平大会期间。他不得不把带去的钱藏在自己家庭的砖洞里，因为潮湿，过不久却发霉了。后来通过中共旅法支部请在英国和法国即将回国的杨澄中和杨承宗两个买了些器材、图书带回来。这说明党中央对发展原子核科学技术是有远见卓识的。事后知道这次拨款主要是由于周恩来同志非常关怀与支持原子核科学，中央才作了决定的。

建国后，开始组建中国科学院。在筹备政协工作期间，我在自然科学工作者代表大会筹备会中认识了不少各专业的科学家。一九四九年十月一日中华人民共和国成立，十一月一日中国科学院成立了。当时院部一厅三局，即办公厅、联络局、编译局、计划局。我担任计划局副局长，局长由竺可桢副院长兼任。关于科学研究工作，除已有基础以外，强调原子核科学、实验生物和力学、计算数学等新兴学科，其中原子核科学占首位。那时国外原子弹早已爆炸，我们重视这方面工作是很自然的。

要做这件事，最重要的是人。那时我还不知道“人的因素第一”这句话。在解放前，中国就有一些人在这方面工作，有的在国外，有的在国内。就以国民党时期的中央研究院、北平研究院、清华和北大(为例)，都是各搞各的，人力分散，相互之间的学术讨论还可以，联合起来做点事就推不动了。只是在解放后，在党的领导下，优秀人才走到一起来了，可说是精英荟萃。我回国时(1948 年秋)，北京除了何泽慧和我以外，就没有几个人了。那时我在清华大学教书，带研究生，兼北平研究院原子学研究所所长；何泽慧任原子学研究所研究员，在辅仁大学兼课。北京解放后,彭桓武先生通过我党地下工作者的安排,从云南取道香港来到清华大学任教,根据我在法国的经验,懂得理论物理对原子核科学的重要性,我们在欧洲时就有这种了解,回国有条件时一起干。王淦昌先生,我过去知其名并不认识,是在政协筹备期间召开全国自然科学工作者协会筹备会上见到的,觉得他很有见解,建立近代物理研究所时,经竺可桢副院长的同意,我写信邀请他从浙江大学来京共事。后来又陆续从国外回来一批热爱新中国的科学家,他们中有赵忠尧(我以前在清华读书时的先生)、杨澄中、杨承宗、肖健、戴传曾、郭挺章、朱洪元、金星南、邓稼先等,再后来又有梅镇岳、谢家麟、范新弼、丁渝、张家骅、李整武、郑林生、肖伦、冯锡章(璋)、张文裕、王承书、汪德昭等。先后在他们指导下,成长了一批中青年。例如彭桓武指导周光召的研究工作,我的研究生黄祖洽理论基础很好,由于我社会工作忙,也请彭桓武负责指导。最初,国家每年分配十个左右大学生,于敏就是第一批来所的,合聘研究员胡宁指导他的研究工作。当时实验条件很艰难,但是人心齐,得到延安"自己动手,丰衣足食"自力更生精神的启发,从制作仪器入手,使核物理实验在中国生根。

一九五五年一月十四日,周恩来总理约李四光和我汇报,(薄一波和刘杰在座)询问原子核科研进展和铀地质资源情况。第二天,毛泽东主席主持召开了中共中央书记处扩大会议,我也参加了。毛主席说:"解放以来,我们也训练了一些人,科学研究也有了一定基础,创造了一定条件。现在苏联对我们援助,我们一定要搞好。我们自己干,也一定能干好。"会议决定全面发展原子能事业,我们很受鼓舞。一九五五年一月十五日,对我国原子能事业是有重要纪念意义的日子。

一九五六年,原子能的和平利用(实际上是以军为主)被列入"一九五六—一九六七年全国科学技术发展远景规划"中六大重点项目之首,后来又成立了核工业部,开始叫三机部,后来又改名为二机部。这就使我们的核科学技术研究工作进一步纳入了应用轨道。当时利用苏联援助做了两件事:一方面,选派业务骨干组团到苏联实习培训;另一方面,与蒋南翔同志一起,在苏联与东欧国家留学生中挑选了300多名相近专业的人转到学原子能有关的专业。后来中苏关系恶化,苏联撤走专家,依赖思想靠不住了,逼着我们全面起用自己的知识分子。这期间,在中央的大力支持下,根据专业的空缺,又从全国有关单位选调了一批优秀的专家学者充实科研队伍。归纳起来说,这支科研队伍大体来自三个方面:一是原子能所培养成长起来的,包括从国外回来到所的科学家;二是通过苏联援助培训或转过来的;三是从国内有关单位选调来的。组成这样一支专业比较齐全、训练有素的科研队伍，没有党的英明领导，没有正确的方针政策是办不到的。当然，这支队伍还应包括协作单位的科研力量，这是不可忽视的一个重要方面。

关于教育，解决后继有人的问题，我们与高教部合作，也做了适时的安排。例如北大成立技术物理系，从各校抽调高年级学生，赢得了时间。后来清华成立了工程物理系，科技大学由原子能所办核物理与放射化学两个系。后来复旦大学等也开办了有关的系和专业。这些布局较好地解决了科技研究人员的来源问题。

以学科促任务　根深叶茂

核科学技术，在军事上是敏感领域。我们在一九五五年以前，还没有这方面的任务，主要做学科研究，进行学科储备。一九五五年党中央决定全面发展原子能事业，建立和发展我国的原子能工业，原子能所应用学科研究扩展了。但武器研究主要还是靠苏联。一九五九年六月以后苏联撕毁了国防新技术的协定，我们被迫地非走自力更生的道路不可了。当时提出了"以任务带学科"的口号。这是对的，起了很大作用。现在回想起来，这还不够全面，一方面要以任务带学科，另一方面要以学科促任务，两者是相辅相成的。

所谓学科，就是基础研究。进行基础研究才能根深叶茂。学科研究，往往没有明确的近期应用目标，但做下去，深入了，掌握了知识和技术，有了一定基础，具备了一定条件，任务来时就能承担。我这里只举出理论组作为例子。我最早提出建立一个理论组(后来在原子能所发展成四室)，在当时并不是没有争议的。我们把它保留了，发展了，看起来是做对了，还算有点预见。当初理论组的一班人，在我国核军工专业都起了非常重要的作用可以说个个精英。最早转过去的是邓稼先，一九五八年我们推荐他到苏联学习，当时政治条件要求很严，他是党员，又年轻，职位太高的也不合适。据他回来说，苏方限制也很严，范围限得很窄。后来酝酿训练一批人，考虑到另外选一地址不容易，是不是就放在原子能所里边，倒是我提出不合适，所里苏联各行业专家很多，依靠他们还行，瞒着他们不容易。于是选择了花园村，这就是九院的前身。后来，朱光亚、彭桓武、周光召过去了，黄祖洽两边各半，何祚庥过去了后来又回来了。

大约是一九六〇年，刘杰问我，四〇一(即原子能所)还有没有余力，我说除了彭、邓、周之外，还有一些。他说九院忙着搞原子弹的研究、设计，氢弹是不是在这边先行一步，并要我亲自抓一下。开始我抓黄祖洽,他两边(九院、原子能所)跑,互通情况有好处;第二名就是于敏了,他在核反应理论方面很有造就;还有朱洪元、何祚庥。于是成立了氢弹理论研究组。还有一些年轻人也参加了。朱洪元家住中关村,每周来一次。当时正是国内经济困难时期,他从家里带饭盒吃午饭。为解决复杂的数学方面的问题,我找到华罗庚先生,他说这类工作我一定干。说明老一代人为党的事业忠心耿耿。关于锂同位素分离的工作,我曾找过两个人,由于不同的原因没有成功,只好动用老理论组的最后一员,就是金星南。他当时对这方面的工作也不熟悉,可硬是接下来了。他带一批人把苏联的设计消化后,又在理论上提高了,解决了一些数学问题。有关氢弹研究设计问题,一九六四年原子弹爆炸后,九院就由周光召等开始氢弹研究设计,一九六五年于敏等氢弹预研组与九院氢弹有关组合并后,九院有关氢弹研究设计工作很快地发展起来。

世界几个有核国家,从第一颗原子弹爆炸到第一颗氢弹爆炸,苏联最快,用了四年,英国用了四年七个月,美国用了七年四个月,法国用了八年六个月,而我们只用了两年八个月。这说明我们的基础研究扎实,氢弹理论预研先行一步,赢得了时间。此外,与核理论基础研究与氢弹理论探索研究的同时,长期的核物理(包括中子物理与裂变物理)实验和关键核截面数据的测量、轻核反应实验研究等,也为核武器的研制提供了技术储备,并完成了许多应急任务。

以任务带学科　大力协同

核武器的机理、路数,大体上是知道的,例如核反应、材料、化学、化工等,但爆轰出中子没有实践过。我去找钱学森,他说要么我来。我知道他有一大摊子,更重要,怎么能行,于是他推荐郭永怀,郭当时是力学所的副所长。我找他商量,他说为这事,无条件地服从需要。于是他来了,这一摊子就搭起来了。

在实验方面,最早转到核武器所的,我们推荐了朱光亚,他是二室副主任,何泽慧也是副主任,他们一个在前方,一个在后方,二室等于九院的后方基地,包括人员、器材,那边要什么,他们一碰头就办了。后来王淦昌与彭桓武同志到那边担任领导职务。关于点火中子源,那边有个专门委员会,有彭桓武、朱光亚、何泽慧、黄祖洽、胡仁宇等。开始说用钋(Po)源,我把从法国带回来的RaD原材料交给了王方定。那是我在居里实验室用残渣废料制作的,保存了十多年,还没有衰变完,用它可以作钋中子源。后来改用氘化铀,王方定等四个小组,他们在简陋的工棚里干出来了。这里还有六室和实验工厂的一些同志加工合作，共同完成。

在放射化学方面，五十年代已注意到应用研究，有一点底子。放射化学的一个部分，由杨承宗先生带到五所，他们也承担了一些任务。放射化工则由汪德熙、肖伦他们干起来了。

关于核燃料，浓缩铀的分离技术，这一关非闯不可。一九五八年，根据周恩来总理的倡导，开展"大家办原子能科学"的宣传活动，我有机会到全国各地看看，看这里有点什么，那里在干什么，当然有时也出出主意。不过提出每省一堆一器的设想是超越了实际可能。在复旦大学看到吴征铠，我们是同龄人，讨论之后，他很有一股子劲，愿意试试。后来请他来所主持615室的工作。又从十四室把王承书、钱皋韵也转过来，一起解决分离理论与技术。当时，分离膜是扩散设备的关键部件，有两块苏联的样品，锁在我的办公室里，保密保得很厉害。其实，给内行看一下比不看大不一样。当时那块样品还很厚。这项技术关终于在中国科学院、冶金部等有关研究单位的大力协同下攻克了，研制成功多种分离膜供扩散厂使用。同时，也为我国浓缩铀工厂培训了理论骨干。至于六氟化铀，是当时所内最紧急任务，所谓"重中之重"、"急中之急"，同时也是一项生产任务，要为浓缩铀工厂提供足够的合格产品。在吴征铠、汪德熙指导下，以土法上马，先后建立了615乙和615丙两个实验室，按时拿出了合格产品，这正是为第一颗原子弹所需浓缩铀的原料。同时为生产厂培训了干部。说615室是中国铀研究和六氟化铀研制的摇篮是恰当的。

关于材料，我们自己的力量单薄，当时点到了陈能宽、张沛霖。我去找科学院张劲夫同志，那时聂荣臻同志已打了招呼，所以办起来很顺利。陈能宽是物理所的研究员，先报到后办手续。劲夫同志还向冶金所党委作说服工作，不仅张沛霖来了，还带了一大批人来，这个摊子也搭起来了。此外，还开展了许多协作项目，在毛主席"大力协同"号召下，到处开绿灯。

最后，各方面都差不多了，聂老帅主持会议，商定组建21所，那时称靶场，搞热测试。我记得参加会议的还有张爱萍、张震寰等，最后决定由程开甲牵头，并由哈工大出三人，四〇一所出三人，我们商定一、二、三室各抽一人，这就是忻贤杰、陆祖荫、吕敏。他们一过去，架子就搭起来了，后来又下达了许多测试分析任务。

还有潜艇动力堆，最初也是在四〇一所打的底子。朱光亚本来是侧重这方面的，后来彭士禄从苏联回来，我们占反应堆的便宜，有一大批人。当时决定与海军合作，在四〇一大院南边盖了实验室，因为有人，有基础，进展很快。后来困难时期经费也困难，重点忙武器，决定核潜艇计划暂缓,我传达部里的决定时,很多同志想不通。后来变来变去还是这批人干出来了。

何泽慧带领一批人在中子实验测量方面做了不少工作,验证了设计时用得到的重要数据,并为热测试提供了若干方法和仪器刻度,另有专门介绍,我这里就不多说了。

我想,就是上述几个关键问题吧,只要有了人,有一定的技术储备,学科研究又有一定深度,以任务带学科,又以学科促任务,全国大力协同,这样就赢得了原子能事业的蓬勃发展。

再说一遍,对这件事,我没有直接的贡献。我这十五年主要做了组织工作,如果说有一点作用的话,那就是把合适的人推荐到适当的岗位上,就叫作"知人善任"吧。

7 月 所著《重原子核三分裂与四分裂的发现》,由科学技术文献出版社列入"名家科普丛书"出版。全书分为:一、预备知识。其中内容包括:微观世界,径迹探测器,云室,气泡室,原子核乳胶,固体核径迹探测器各节。二、第二次世界大战期间的居里实验室。其中内容包括:居里实验室,弗莱德里克·约里奥和伊莱娜·居里,中子的发现,人工放射性的发现,我在居里实验室的前几年,来到里昂各节。三、从两分裂到三分裂——新现象的发现。其中内容包括:何泽慧和她发现的科学珍闻,一张"三分裂"照片,原子核裂变的发展史,链式反映的可能性,自发裂变,我们的初步实验各节。四、三分裂与四分裂——疑问与结论。其中内容包括:需要澄清的问题,三分裂研究的深入和问题的答案,与别人工作的比较,四分裂各节。五、历史的检验——40 年后的回顾。摘录该书"结束语"于后:

这本小书写到这里,本来应该搁笔了。但是,我觉得似乎意犹未尽,还想稍稍添加几句。

半个世纪以来,对于裂变本身的研究不但一直没有停滞过,而且确实像一个发掘不完的宝库似的,辛勤的探索者不断有新的收获。这也从一个小小的侧面说明了,科学是不断发展的,对事物本质的探索永远没有尽头;需要一代又一代科学工作者的努力,要有新鲜血液不断来补充这支队伍,把科学事业推向一个又一个新的高峰。

科学发现需要胆识,科学发现更需要勤奋。我们所知道的(有些有亲身的接触,有些只有间接的了解)几乎所有有所成就的科学工作者,不论中外,都是十分勤奋的。他们把全身心放在科学工作上;在紧要关头,更是达到了废寝忘食的程度。只有胆识而没有勤奋的工作,我想是很难有成绩的;反过来,只有勤奋而缺乏胆识,则可能只有较小的成果而难以有重大的突破,甚至会让重要发现从自己手中白白溜走。

科学需要积累,科学需要合作。所谓积累,一方面是历史的积累。每一项新的研究,都要在前人工作的基础上进行,不彻底了解本领域内已经弄清楚和尚未弄清楚的问题,就像盲人骑瞎马一样,是不行的。另一方面是个人的积累。从一个科学上的新手成长为成熟的、有经验的研究工作者,不但要有知识的积累,更重要的是要有多方面实践的锻炼。我自己深有体会,有没有后面这一种积累是大不一样的。积累是纵向的,合作则是横向的。科学合作是国际性的。科学没有国界,科学属于全人类。重大的科学工作,总是一个集体型的工作,需走许多弯曲的道路,需要许多国家的科学家们一棒接一棒地把科学工作推向前进,没有不成功的尝试,成功的结果也得不出来。因此,最后的成功总是包括过去不成功者的努力。至于在共同从事一项课题的小集体中,更加需要意见的一致和配合的默契。这决不是说不能有争论,科学上不同意见的争论不但无害,而且必不可少。在激烈的辩论中往往会出现新思想的闪光。但争论应是为了弄清问题,为了更好地进行工作,摩擦和内耗是要不得的,精诚团结与协作才真正能做出有意义的工作,越是有重大意义的工作,越要提倡"大力协同"的精神。

科学研究要有好的传统。或许,科学界最重要的好传统就是:学术与道德的统一。善良、正直、谦逊、实事求是、永远进取与创新、热忱帮助年青一代、热爱祖国、关心人类的前途等,这些就是一个优秀的科学工作者的基本品质。这也是我从弗莱德里克·约里奥和伊莱娜·居里两位导师那里得到的最重要的基本教益。顺便说一句,我国历代的学者大都也具有高尚的品德,从来是讲究道德与文章并重,而且道德先于文章的。我觉得在这一点上,东、西方文化传统是类似的。

最后,做科学工作需要献身精神。有志于从事科学研究的人们,不独要摒弃金钱和名誉的追求,把自己的全部精力都用在真理的探索上,牺牲掉许多常人物质生活上的享受和"幸福",而且有时还要冒生命的危险。布鲁诺由于坚持真理而被烧死,高士其为研究病菌而终生残废,原子核科学的先驱者们身体受到放射性的损害,这是大家所熟知的。……我国的许多原子核事业工作者,长期在条件十分恶劣的环境中艰苦奋斗,甘当无名英雄,即使在十年动乱中受到了骇人听闻的迫害和摧残(这一点迄今鲜为人知),仍然义无反顾,甘心为祖国的繁荣强盛而继续在艰苦条件下奋斗下去。我认为这种牺牲精神是值得人们敬佩和学习的。

科学技术的发展进程,具有巨大的"加速度",确实是越来越快了。

现在一年的工作，抵得上过去几年，甚至几十年。尽管如此，从长远来看，近代科学还只有短短几百年的历史，人类可能还处于“蒙昧时代”(多少年后的子孙们大概会这样看待我们今天的时代吧)。今后的发展肯定会远远超过以往。不知有多少新现象、新事物等待着人们去发现、去创造、去应用。年青的朋友们，世界是属于你们的，科学是属于你们的，美好的未来要由你们去实现。愿你们努力奋斗！(钱三强，《重原子核三分裂与四分裂的发现》，89～93页)

8月12日 复信杨福家，同意应邀担任《核技术》(英文版)——*Nuclear Science and Techniques* 的顾问编委。该刊于1990年第一季度出版创刊号。

8月 应约撰写《中国科学院和我国原子核科学技术》一文[①]，文中对中国科学院组织各方面力量和设备参加中国原子核科学技术的创建和发展所作出的重要贡献，作了较详细回顾。

9月15日 根据中国科学技术协会和北京市科学技术协会组织的“庆祝建国四十周年科技报告会”的系列安排，在北京市第27中学(即原孔德学校)作首场报告，主题是：新中国原子核科学技术发展的一些回顾。

9月21日 出席中国科学技术协会召开的“发扬科学精神，献身科技兴国”专题座谈会。王方定、方守贤分别就自力更生发展原子能事业和建造高能加速器作专题发言。

9月27日 为庆祝新中国成立四十周年，接受中国国际广播电台专访，畅谈新中国自力更生发展科学技术的亲身经历和体会：

新中国成立40年了。我很高兴。在新中国成立后的第二个月成立了中国科学院。我们走了自力更生、艰苦奋斗的创业道路。从三个方面聚集人才：尽量争取在国内的科学家、教师和科技人员来研究所工作；争取在国外的科学家和留学生回国工作。周总理问我，我国核科学研究情况和存在问题，我说人员不够是主要问题，当时每年只给我们分配10名新的毕业生，我说要比这多10倍的人员才行。周总理记下了这个意见，并马上采取了有力的措施。

另外困难的是经费少，西方国家对我又实行禁运，我们用解放区“自己动手，丰衣足食”的经验指导科研，艰苦创业，自己动手制造设备。事实证明，这样对培养年轻的科技工作者大有好处。

1960年党中央决定自力更生发展核工业，调动各地区、各部门以及中国科学院的力量，由以学科促任务，转变到以任务带学科，服从生产第一线的需要，激起了广大科技人员强烈的爱国主义精神，发奋图

① 文载《中国科学院院刊》1989年第3期

强地投入工作。这些成就，大大地加强了军威与国威，提高了民族自尊心和自信心。

回忆建国以后，热爱祖国的知识分子在中国共产党的领导下，团结起来，使我国的科技事业在10～15年内得到了迅速发展。使在国外的科学家和留学生看到了中华民族的希望所在和走社会主义道路的重要性。这些宝贵经验至今仍有现实意义。

青年是祖国未来的栋梁，我们欢迎广大海外华侨、华人朋友们一起关心我们社会主义中国的发展。

10月 应《当代学科分支(英汉双向检索)》(原书名《英汉学科词库》)编委会邀约，为该书撰写序言(该书由蒋丽金等各学科专家50余人分科审校定稿，拟于来年春节前后出版)。序言为：

当代科学技术日新月异的发展，促使科学领域中的许多学科相互渗透、相互结合，不断产生出许多新的学科。可以预料，在某种意义上说，本世纪末到下一个世纪初，将是一个交叉科学蓬勃发展的年代。这是当代科学技术发展的必然趋势，也是科学技术发展的主流。

编者们把多年积累的各个学科名称以及与其密切有关的词汇编成了《当代学科分支(英汉双向检索)》，并筹划出版各学科发展史等著作，全面介绍各学科内容，这是一件很有意义的工作，这些书的出版，一定能对科学技术事业的发展起到促进作用。

我衷心地祝愿《当代学科分支(英汉双向检索)》能成为广大读者的良师益友。

11月13日 偕王大珩等出席中国科学院北京天文台兴隆观测站2.16米光学望远镜落成典礼。该天文望远镜时为远东地区最大的光学望远镜，为我国自行研制。

11月28日 出席全国政协妇女青年委员会和教育文化委员会联合举行的座谈会，并在会上作发扬爱国主义精神和优秀文化传统，转变社会风气，在国家强盛的最大利益下实现"自我价值"的发言。"发言要点"系23日写成，其为：

在全国范围内的"扫黄"工作实行后，社会风气一定将有一个重要转变。

在科学技术方面，我们应该继续发扬爱国主义和为科学献身的光荣传统。今年9月21日中国科协曾召开"发扬科学精神，献身科技兴国"专题座谈会，会上中国原子能研究院科技委主任王方定说，谈到优良传统，一定要有自我牺牲的精神，也就是说"献身"精神。当时为了贯彻中央独立自主、自力更生发展原子能的指示精神，他放弃了手头上的工作,改作原子弹的中子引爆的工作,困难很大。他们小组十几个青年人团结一致,在简陋的实验设备和比较强的放射性条件下,及时完成了任务,为国家作出重要贡献。在现在,这种自我牺牲的精神,被有些青年人的"自我实现"口号代替了。他向他现在领导的青年科学工作者讲这些20年前的事时,有一个青年就说,你们也实现了"自我的价值",可是你们是为了国家的强盛,在最大利益下面实现了"自我",这比我们有些人为了个人利益而奋斗要崇高得多。

中国科学院高能物理研究所所长方守贤介绍了建造正负电子对撞机的成功经验,展现了当年发展原子弹、氢弹和核潜艇的优良传统在80年代发扬光大。这项具有世界先进水平的高能加速器,所以能够做到建造速度快(仅4年时间),投资比国外同类装置节省50%以上,并且一次达到设计性能指标,首先是运用了系统工程,实行强有力的集中领导,做到了岗位责任制和民主集中制相结合,方案、任务经过讨论决定后一般不再作无休止的争论。其次,是有一支不为名、不为利,能为社会主义事业献身的科技骨干队伍。第三,是发扬了自力更生、艰苦奋斗的精神。

参加座谈会的人担忧并不约而同地谈到,这些年来面对"一切向钱看"、"能挣会花"、"高消费"等不良风气,腐蚀了部分青年;科技队伍面临缺乏正确的思想意识、坚持艰苦奋斗、勤俭建国的精神,这种"危机",我们要百倍警惕。(据自存手写复印稿)

12月15日 应清华大学共青团委员会的邀请,向全校学生干部和有关专业的学生作报告,主讲关于知识分子如何正确成长及应具备的素质,同时展望科学技术发展前景。

1990年 七十七岁

1月 《裂变之光——记钱三强》(作者王春江)由中国青年出版社出版。随后,上海《文汇报》、《北京晚报》分别连载。

春节前夕 同周光召、孙鸿烈、胡启恒一起到聂荣臻住地,看望这位科技界的老领导并致新春祝福。

2月16日 以中国科学院学部委员名义致信国家自然科学基金委员会,推荐董光璧主持的《中国近现代科学技术史》[①]编写工作,请该会给以基金资助(2月4日董光璧致信称:"钱老:您一贯鼓励和支持我们的科学史研究,这次申

---

① 《中国近代科学技术史》由湖南教育出版社于1997年出版

请《中国近现代科学技术史》研究基金又得借助您的威望，恳请您为我们的申请赐一推荐意见。”钱读董信后批：“我认为科学史所决定编写《中国近现代科学技术史》是件有意义的事，我们应该给以支持。推荐意见可用信纸打字，我签字盖章送出。”）。推荐信写道：

国家自然科学基金委员会：

中国近现代科学技术史研究起步较晚，难度也较大，但又是一项十分紧迫的任务。据悉，台湾已决定今年八月在台召开“中国近代科学技术史国际会议”，国内外十分关注我们的工作。系统地总结中国科学技术发展的成就和经验教训，可以为我国建设有中国特色的社会主义现代化，特别是科学技术现代化建设，提供有益的历史借鉴。

中国科学院自然科学史研究所已有的研究为进一步的系统研究打下了基础。该所责成董光璧同志主持编写《中国近现代科学技术史》是及时的。参加编写的是我国有经验的学者与业务骨干，他们计划的内容、做法和进度是可行的。我希望你委员会能给予资助，使得该所这项有意义的工作得以实现。

钱三强（中国科学院学部委员）

1990.2.16 日

2月28日 和李觉、姜圣阶、王淦昌联名上书江泽民、李鹏，就如何把发展我国核电事业纳入国民经济整体发展规划，切切实实进行研究和落实，使它为解决21世纪中国能源问题作贡献提出建议。信中写道：

我们四人虽都已高龄，但作为第一代核武器（两弹一艇）的参与者，有一件事情一直放心不下，就是如何把发展我国核电事业纳入国民经济整体发展规划之中，切切实实地进行研究和落实，使它能为解决下一世纪中国能源问题作出积极贡献。这样一个带有战略性的问题，是业务部门，特别是在当前资金平衡比较困难的情况下，所难以考虑的。为此，我们冒昧地直接给你们写信。

为了实现党的十三大提出的我国经济建设发展战略“三步曲”，有效地解决好能源问题，显然极为重要。但单靠增加燃煤发电，不改变能源结构，看来是不行了。这不仅是因为由此带来的交通运输紧张和严重的环境污染难以解决。而且所需原煤产量的缺口也很大。特别是到下一世纪中叶，预测能源需求要超过40亿吨标煤，那时水电几乎开发完毕，煤炭最大可能约产30亿吨原煤，这一大的缺口，除了依靠核电，没有别的出路。

我国早在60年代初就提出过建设核电站的设想，进入70年代，当我国核潜艇动力装置建成后,周总理又曾多次指示,我国要发展核电,并且亲自审核了“728”(即现在秦山一期)工程的建设方案,由于“四人帮”的干扰,工程几上几下。十一届三中全会后,中央重视交通能源等基础工业的发展,秦山、大亚湾核电站相继开始建设。但直到目前核电尚无长远的发展规划,又无稳定的资金渠道。秦山二期工程已批准立项3年,但由于资金不落实,至今尚未动工。如此情况,怎能仰仗其对我国的经济发展作必要的贡献呢?更使我们担忧的是,近期如不利用已有的核科技队伍,通过核电工程培养新人,到“八五”后期,就会出现人才断层,将丧失发展核电的良机。基于以上考虑,我们建议:

一、发展核电一定要有战略决心和长远打算,及早制订我国核电发展中长规划,并纳入国家“八五”、“九五”计划。根据我们同国内专家们共同探讨,核电发展大体可设想为:第一步,本世纪内必须千方百计确保建成600万千瓦核电站,为掌握核电技术和解决东部地区缺能问题发挥积极作用;第二步,到2015年争取建成3000万千瓦核电站,这将有效地弥补能源缺额;第三步,到2050年核发电量争取达到全国总发电量的20%以上。同时跟踪世界高技术发展,积极开发快堆和核聚变技术。

二、尽快落实核电发展资金,建立稳定的核电建设资金渠道。我国核电建设步履艰难的根本原因是,核电建设缺乏正常的资金渠道。在国家预算内资金中,没有核电的位置。秦山一期和二期的建设资金靠贡献油基金支撑,这条渠道实际上难以兑现。我们认为,在核电起步阶段,国家投资应起主渠道作用。据测算,到本世纪末建成600万千瓦核电站,除地方集资和利用外资外,国家需要投资约150亿元,每年平均15亿元左右。当前国家财政比较困难,我们初步考虑,核电建设资金可由以下几个渠道解决:

1. 在国家预算内能源建设资金中划定一个适当比例,用于核电建设;

2. 落实贡献油的资金渠道,并在“八五”期间予以保留;

3. 国家拟新征电力建设基金,归中央支配。建议从中划定适当比例用于核电建设;

4. 从国家新征的投资方向税中划出一部分作为核电建设基金。

3月12日 经过党员重新登记学习,写出个人总结材料交给组织关系所在的中国科学院办公厅秘书处支部,向党组织申请重新登记。亲笔撰写并抄清的个人总结是:

通过这次党员重新登记阶段的学习，我的思想认识过程可分为下列三个阶段：

1. 从旧民主主义的“科学救国”阶段进入到初级社会主义阶段。我自幼成长在半封建半殖民地的旧中国，推翻帝国主义的压迫，使中国能独立富强的思想意识很强烈；受孙中山的建国方略的影响，自1928年起“工业救国”、“科学救国”思想占了主导地位。1937年我到法国学习，受到华侨中有传统进步思想的影响(周恩来、邓小平、陈毅、李富春、聂荣臻、蔡畅等曾在法国勤工俭学并且建立中国共产党、青年团)，同情和支持中国共产党办的“救国时报”，反对国民党的“三民导报”。同时也受到法国导师约里奥-居里夫妇的进步思想的影响。1945年冬经过中共驻法支部的安排，在英国见到邓发同志，了解到延安大生产运动中“自己动手，丰衣足食”的精神，并且看到毛主席《论联合政府》。1948年中共驻欧代表刘宁一知道我预备回国，告我回国后先训练一批青年，二年后就能解放北平。

1948年秋，我来到国民党统治下的北平后，一心想发展我国的原子核物理学，曾去说服清华、北大和北平研究院的负责人，希望得到支持，进行合作，但他们都不同意，使我大失所望。可是到1949年初，中共中央决定组织代表团参加保卫世界和平大会，我只是向具体组团同志提出建议，借此机会到法国托约里奥-居里帮助定购仪器设备，中央领导知道后立即同意先拨5万美金，并且告诉我周恩来同志对新兴科学非常重视。对比之下，我深深感到共产党真正是为人民利益和国家繁荣富强着想的，在共产党领导下中国的科学事业一定大有希望。

1949～1954年，党中央特别是周恩来同志给我多次机会扩大视野，参加和大的会议和工作；1952年参加调查在朝鲜和中国细菌战事实国际科学委员会的工作，给了我很大教育，在残酷的事实面前，正直的科学家们都证实美国进行了细菌战，有力地支持了正义。从这里我体会到在科学问题上还有立场问题。因此我1952年底提出入党的要求，1954年1月科学院党支部批准我入党。

2. 在原子核科学技术和原子能事业上，认识到人的重要性；自力更生、艰苦奋斗、无私奉献、大力协同的社会主义集体主义精神无比强大；组织工作与业务工作之间、任务与学科之间的辩证关系，视条件不同可以有所侧重，但不能偏废(1950～1976年)。

原子核科学技术解放后就受到党中央、周恩来同志的重视，经过5年左右，我们团结了从欧美回国的学者约30人，培养了100多名青年干部，自己动手制造仪器设备。1955年中央作出决定要发展原子能事业时，又选拔了300多名留苏和东欧的学生，每年从北京大学、清华大学、中国科技大学的技术物理系、工程物理系、近代物理和近代化学系毕业生300人从事理论、实验和工程技术工作。1959年6月苏联政府撕毁合同，撤退专家，使多年来受欺辱的中国人民，激发出强烈的爱国主义精神，个人兴趣服从国家需要，凝聚成不可阻挡的力量。经过5年的努力，于1964年10月爆炸了我国第一颗原子弹，两年零八个月后又爆炸了氢弹，1970年底核潜艇下水，提高了我国的国际地位。正如聂荣臻同志回忆录中写的："事情总是一分为二的，苏联撤走专家，迫使我们更快地在独立自主、自力更生道路上进入科研攻关新阶段，并获得了良好效果，这是我们科研史一个重大转折点。"大批科技工作者通过实践，提高觉悟，走上又红又专的道路，既出成果又出了人才。

我作为这场实践中的一员，尽管肩负的任务很重，遇到困难也很多，但想到自己不单是一个科学工作者，而是共产党员，我没有任何理由不响应党中央的号召，为新中国的科学事业特别是自己专长的原子核科学事业奉献出一切！再说多少年来所盼望的中国人扬眉吐气的这一天，终于在共产党的英明领导下，经过我们共同努力实现了，我感到无比幸运！

3. 党的十一届三中全会带来了科学的春天(1976～1990年)。自1976年我的党组织关系回到科学院以后，正赶上十一届三中全会提出了"一个中心，两个基本点"的基本路线。我参与科学院的领导工作，先后率团出访澳大利亚、罗马尼亚、南斯拉夫、法国、比利时、荷兰以及美国，既开阔了眼界，看到了自己的差距，进一步体会到党中央提出改革开放的英明正确；同时也认识到外国再好的经验也只能作为参考，不能机械地搬用，应时时注意结合我国具体情况去学习国外的科学技术和经验，为我所用。而且我体会到，在新的形势下提倡艰苦奋斗、自力更生和大力协同精神，十分必要，我还在许多讲话和文章中宣传这种思想。我认为这些是党领导科学工作的成功经验，必须发扬下去。

1985年的心脏病后，担任院的特邀顾问，同时担任全国政协常委和中国科协副主席。1989年北京发生动乱期间，由于自己的经历和长期接受党的教育，我始终认为中国只有在共产党领导下走社会主义道路才有出路，才有安全的环境，否则将四分五裂，重新沦为殖民地半殖民地，这是历史证明了的。……

在最近复杂国际条件下，我国的安定团结尤其重要，只要及时改进作风，并切实坚持实事求是，继续提倡自力更生、艰苦朴素的作风，我国一定能在以江泽民同志为首的党中央领导下，稳步地在20世纪后十年发展壮大。我对此坚信不疑。

我决心继续坚决为共产主义事业努力奋斗，坚决执行党的基本路线，自觉遵守党的纪律，并向党组织申请重新登记。请组织审查监督。

3月26日 江泽民就钱三强、李觉、姜圣阶、王淦昌四人联名信给李鹏写批语：

李鹏同志：

此信来了多时，由于忙于召开六中全会和去朝鲜未能及时转给你，可否请批转有关部门研究，然后给这四位专家一个回复。请酌。

江泽民

5月初 接到李鹏4月30日复信：

三强、李觉、圣阶、淦昌同志：

来信已收到，你们为我国两弹一艇的发展倾注了自己的心血，为我国核能事业的发展作出了贡献，现在虽然年事已高，却一如既往地关心国家核事业的发展，提出了很好的建议，在此向你们表示感谢。把核事业纳入国民经济发展规划，落实资金，使核电在下一世纪为我国国民经济的发展作出积极贡献确实是一个具有战略意义的重要问题。我曾提出制定我国核电发展规划的要求，邹家华同志去年也指示核电办牵头编制我国核电发展规划，核电办为此组织了有关部委组成核电规划起草领导小组，征求有关省市意见，还组织专家进行专题研究，核电发展所需资金是研究重点之一。今年3月15日国务院核电领导小组全体会议已经确定把核电纳入国家国民经济发展规划。我相信经过我们大家共同努力，核电发展中的问题是能够得到妥善解决的。再一次谢谢你们对国家核电事业的关心。祝你们身体健康！

李鹏

4月30日

5月起 参加全国政协"知识分子政策问题专题研讨组"，并任副组长，组长为钱正英，副组长还有张文寿、谢华。研讨组由教文、医卫体、经济、科技、提案等委员会的16名全国政协委员组成。该组根据全国政协七届三次会议上委员们的意见，经李先念、王任重批准成立。开始到中国科学院的研究机构、在京的高等学校进行调研，听取意见，了解目前知识分子政策的有关情况和问题。

5月7日 就科技界普遍关注的又中断10年之久的增选学部委员问题，通过钱正英致信李鹏，恳切陈辞，吁请批准并立即着手增选学部委员。钱三强信全文如下：

李鹏总理：

我以科技界一个老兵的名义给您写这封信，反映科技界普遍关心的一个问题。上月全国政协会议上和近日参加钱正英副主席主持的关于知识分子政策问题专题组讨论,许多政协委员对我国人才“断层”问题深表关切和担忧。人才断层不仅表现在中层,还表现在高层,例如代表我国最高学术荣誉称号的中国科学院学部委员,也面临这种状况。

据我所知,1955年建立学部时,学部委员年龄不过四五十岁,在科学技术各个领域都起着带头人作用,在他们的影响和带领下,特别是党中央和国务院的关怀和正确领导,广大科技人员团结奋斗,自力更生,打破了国际上的封锁,克服了重重困难,攻克了一道道难关。比如我国原子核科学技术得以从无到有迅速发展,有关的学部委员,不论是科学院系统的、国防系统的,还是工业部门、教育部门、卫生部门的,都自觉响应“大力协同”的号召,服从需要,长期奋斗在一线,发挥了重要作用。

但是,目前学部委员的现状却大为不同了。据了解,现有学部委员的平均年龄超过了75岁,322位学部委员中50岁以下的竟无一人,60岁以下的也仅有十几人。虽然大家具有强烈的爱国热情,都很想再为科技繁荣、祖国富强多出把力,多数人毕竟年事已高,力难从心。我们自己也常常为此感到焦急,希望能尽快改变这种“断层”状况。从多方面情况考虑,目前改变这种状况的办法,增选学部委员是比较可行的。尽管在实行学部委员制度和建立院士制度问题上,学术界内部有些不同意见(有关方面还组织过专门调研),但针对目前实行院士制度条件、时机尚不成熟的情况下,大家都认为应立即着手增选学部委员,使其年轻化,是当务之急。同时还可以进行院士制度的研究工作。

增选学部委员不仅有迫切需要和普遍要求,而且也完全具备条件。党的十一届三中全会以来,我国科学技术各个领域,全国各条战线,国家许多重大工程建设中,都涌现出一大批有学术造诣、有突出成就、有奉献精神的优秀中青年科学技术专家,他们在人民群众中和知识分子中有着很大影响。可以相信,把这批优秀专家增选进学部,不仅可以大大增强学部工作活力,解决“断层”问题,有利于促进科学技术面向经济建设;同时也会进一步激励和团结广大科技人员同心同德,为社会主义现代化建设努力奋斗。

根据世界科技发展趋势和我国国民经济发展的急需,我认为,强调对技术科学的重视是非常必要的,因此我建议在增选学部委员时,应适当扩大技术科学部学部委员的增选名额。据了解,中国科学院也有这种考虑。

以上如有不当,请批评指正。

钱三强

1990年5月7日

5月 出席中国科学院原子能研究所(后改名中国原子能科学研究院)建所四十周年纪念会,并为新建成的冷中子源剪彩。

5月 《钱三强科普著作选集》由上海教育出版社出版。全书共收入各时期的文章、演讲等33篇,约18万字。

6月2日 李鹏接阅钱三强5月7日信后,就增选学部委员问题约请中国科学院院长周光召和钱正英到中南海办公室听取情况汇报,同意以中国科学院名义向国务院写增选学部委员的报告正式报批。

6月3日 偕何泽慧出席北京"六一"幼儿园成立四十五周年纪念会,向该园老师员工表示感谢。其儿孙两代五人受教于该园。

6月9日 应约为《茅以升纪念文集》题词:"以辛勤的劳动和丰富的创造,为同时代人作出榜样。谨以此纪念茅老,怀念茅老!"同时,在给茅以升子女信中写道:"茅老对我来说是长辈,他的榜样对我教育很大,因此我以晚辈的名义恭写了题词。我将不断遵循他给我们做出的榜样,为我国社会主义现代化做出应作的工作。"

6月10日 应约为中国人民大学附中校庆四十年画册题词:"人才苗圃四十年,大树参天举目见,附言寄语表厚望,中华振兴志愈坚。"

6月 在中国科学院院部(三里河)办公室接待《神州学人》杂志记者专访,就展望中国科学技术发展前景发表谈话。这次访谈后以"中国要在世界高科技领域占有一席之地"为题,发表于该刊1990年7月号。

6月18日 在北京政协礼堂第三会议室出席"知识分子政策问题专题研讨组"全体会议,讨论参与代中央提出的《中共中央、国务院关于进一步加强和改进知识分子工作的通知》(送审稿)。于6月16日接读该通知,共有九部分内容。

通知(送审稿)要点如下:

(一)进一步加强和改进知识分子工作,是关系到社会主义现代化建设和改革前途的大事,全党必须高度重视,把它放到重要日程上来。

(二)坚持党对我国知识分子队伍的基本估计和基本政策,是加强和改进知识分子工作的根本立足点。

(三)正确理解"知识分子是工人阶级的一部分",是把握党的知识分子政策,做好知识分子工作的关键。

(四)能不能充分发挥广大知识分子的积极性和创造性,充分发挥他们在现代化建设和改革开放中的重要作用,是检验和考核各级党委和政府工作的重要方面。

(五)从中央到地方都要本着积极负责的态度,层层想办法,办实事,努力改善知识分子的生活条件。

(1)党中央和国务院已决定对有突出贡献的部分专家、学者较大幅度地提高工资待遇,有关部门应抓紧实施。各地方还可以根据自己的实际情况,参照办理。

(2)人事、劳动部门要会同教育、科技、文化、卫生等部门在总结工资改革经验基础上,研究提出体现不同行业劳动特点和适当提高脑力劳动报酬的新的工资制度方案。要通过依法限制过高收入和取缔非法收入等措施,努力纠正社会不公,更好地贯彻按劳分配原则。

(3)抓紧研究解决职称工作中存在的某些突出问题,调整有关政策,完善有关制度,使评聘工作尽快纳入经常化轨道。

(4)党中央和国务院已决定立即进行增补中国科学院学部委员的工作,同时要建立正常的增补制度。恢复对学部委员的交通补助费制度。

(5)党中央和国务院决定在亚运会结束后将部分亚运村建筑改作有突出贡献的专家公寓,并将逐年拨出专款用于解决知识分子的住房建设问题。各地方、各部门都应在近期内着重研究一次知识分子在生活上的突出问题,特别是住房、医疗等问题。

(6)继续倡导教育、科技、文化、卫生事业面向经济建设和为社会发展服务,同时对各部门、各单位的“创收”问题进行一次认真检查,堵塞漏洞,克服弊端,提出改进的政策措施。

(六)积极引导广大知识分子走同实践相结合、同工农相结合的道路,帮助他们健康成长。

(七)引导广大知识分子充分认识反对资产阶级自由化的意义,自觉地把这一斗争长期不懈地坚持下去。

(八)坚定不移地贯彻执行“百花齐放,百家争鸣”的方针,为繁荣和发展科学文化事业创造良好的环境。

为了更好地贯彻“双百”方针,要十分注意区分两类不同性质的矛盾,区分学术行为和政治行为,把握好政策界限。

(1)不要把不同学术艺术流派、不同学术艺术观点的争鸣与政治上的原则是非之争简单地混同起来。学术上的研究和争鸣,文艺创作中不同形式、不同风格的探讨,享有充分的自由。进行政治宣传,必须遵守政治生活的准则。学术行为和政治行为都必须在宪法和法律的范围内进行。

(2)继续鼓励知识分子研究我国建设和改革中的现实问题,研究国外的情况和介绍国外先进的东西。鼓励他们解放思想、畅所欲言,努力创造一种勇于探讨和创新的活跃气氛。

(3)在学术探讨中出现某种失误是难以避免的。要把这种失误同坚持资产阶级自由化立场和鼓吹自由化思潮严格区别开来。在政治错误中也要区分是一时思想认识的偏差，还是一贯坚持错误立场。

(4)要积极倡导开展学术艺术批评和反批评。这种批评应当是充分说理的和富有建设性的，应当有利于增进不同学术艺术观点之间的相互了解、相互借鉴，有利于澄清是非和共同提高，力戒简单和粗暴的做法。科学文化领域的学术是非，最终要靠实践来评判，决不要用行政命令的办法武断地作结论。

(九)各级领导干部要不断提高领导水平，同知识分子广交朋友，把党的各项知识分子政策落到实处。

6月下旬 应邀担任"全国国防建设征文"评委会副主任，主任为秦基伟，副主任还有韩怀智、于永波、李九龙、叶正大。开展该项活动的目的是：赞颂我国国防建设取得的巨大成就，宣传新时期国防建设的方针、原则和国防现代化知识。北京有52家报刊、电台、电视台联合举办征文活动，一年后将进行评选和颁奖。

6月22日 为山西省科学技术协会主办的《科学之友》杂志创刊十周年题词致贺。题词内容为高尔基语录："人的知识愈广，人本身也愈臻完善。"

7月12日 出席全国政协科技委员会第七次主任会议，并就政协科技委的工作和当前科技工作的有关问题发言，指出：现在一要稳定形势，二要解决经济上的迫切问题，一些主管部门对长远问题考虑得不够，在工作上，也不像当年周总理、聂帅管科技时安排得那么好。那时是全面安排，重点使用力量，把"两弹"搞了出来。那时科委的服务观念很强，一心一意为科技服务。现在很多人眼睛向上。应有一个机构考虑长远发展问题，能对若干个部门的问题统筹考虑，统筹安排。在会上发言的还有钱学森、张维、侯祥麟，鲍奕珊主持会议。

8月14日、15日 作为特邀代表(特邀代表还有钱学森、王淦昌，代表20余人)出席江泽民在中南海主持的科学家座谈会，并在15日的座谈会上就重视农业科学技术，建设物质文明和精神文明的新型农村问题作发言，讲到：

学习了科委的国家中长期科学技术发展纲领，发展重点第一项就是农业科学技术，表明国家对农业科学技术的重视。昨天卢良恕同志发言中说到我国人口占世界人口的22%，但耕地面积只占世界总耕地的7%，同时人口数量还在增长中。因此应以科学技术和现代化工业为支柱，建立现代化的农业生产技术体系，大幅度提高土地利用率、劳动生产率和产品商品率，把传统农业转变到以现代科学技术为基础的现代农业上来。我们必须加强农业科研、教育和农业技术培训和推广工作。

这些工作都需要人去作。让我们看看解放以来教育的情况。在中小学教育方面,不论是城市或农村,首先应该强调德智体美劳并重发展,不能只强调智育。据我所知,大城市的小学中,孩子们生物知识学得很少;中学强调国文、外语、数学与物理,其次是化学,但生物教员配备不齐;考大学时,报考工科、理科的多,报考文、法科的少,报考农林科学的也比较少(农业人口多的地区,情况我不够清楚)。事实上形成农林科技队伍比较小,跟不上发展的需要。

为了使农业科技在农村扎根,我们应当鼓励专业队伍(科研机构、大专院校、与农业有关的科技人员)下乡找问题,把改良品种、合理施肥、除病虫害等阶段的措施教给农民,并长期和他们合作。为了充分调动当地各方面的积极性,支持长期性农(林、牧、副、渔)业科技工作,当地的各专门学会的会员(绝大多数有大专文化水平)和科普团体的成员会同农村中学的学生与农民组成当地的"科技兴农"的集体,有远见的地方领导机构(地、县、乡)很可能希望各学会的联合会和科普团体对当地科技兴农提出咨询意见或提出联合行动的要求。

农业科学是应用性的科学,它的基础是生命科学。育成一个新品种,周期约为7或8年,培育动物新品种需要时间更长。我国杂交水稻在世界上处于领先地位,治理蝗虫、螟虫等农作物病虫害的工作,也居于世界领先地位。40年来我们在农牧业方面取得了辉煌成就,这是与我国生命科学的优良传统分不开的。

通过上述科技兴农集体一类的安排,经过较长时间的实践,当地的中学生(或职业中学的学生)、农民的科学技术水平和文化素养会逐渐提高,地方工业和企业,保健事业(包括计划生育)和破除封建迷信等将取得进展。物质文明与精神文明将同时得到发展,地方办教育将得到支持。一场有领导的科技兴农的群众运动将在我国兴起!一批具有中国特色的社会主义新农村将出现在本世纪末或下世纪初!(中共中央办公厅调研室编,《新科技革命的趋势和对策》,法律出版社,1991年)

8月 应《中国与世界画报》社约请为该刊题词:"希望办好中国与世界画报,及时宣传第十一届亚运会,促进国际间的交流。"

8月31日 出席全国政协科学技术委员会第七次全体会议,审议多次参与讨论提出的《把依靠科技发展国民经济作为一项基本国策——科技在世界和我国社会经济发展中的地位与作用》,会议原则通过,修改后提交第五次常委专题座谈会文件。文件内容为:前言。一、我国经济发展的成就很大,但问题也不少,主要是质量低、效益差。二、外延式增长已经难以为继,90年代的成功取决于我们能否真正转向依靠科学技术发展经济的内涵式道路。三、进一步认识科学技术是第一生产力这一科学论断的深刻含义，把依靠科学技术发展国民经济作为一项基本国策确定下来。四、切实改进政府工作，科学地做出重大决策和制定重要的政策，保证依靠科学技术发展我国经济这一基本国策得到真正的贯彻。五、几点建议。

9月7日 出席钱正英主持的全国政协“知识分子政策问题专题研讨组”各小组组长会议，并作发言。“全国政协专门委员会简报”(1990年，第89期)报道了钱三强发言要点：

1. 关键是把知识分子政策落到实处

钱三强委员说，最近参加了一系列关于知识分子问题的会议，总的印象应该说是很好的，对知识分子问题，多年没有这么重视过，但关键是落到实处。对此有点担心，在处理中央和地方关系方面，往往强调了这一面，忽视了另一面，当前主要是地方分散主义比较厉害，因为强调放权，地方有很多权力。一些经济政策的规定，地方所得不少，有些事情地方要办，还是可以有钱办的。江总书记在京西宾馆召开的第二次座谈会上讲话中谈到教育和科技经费要高于国家财政收入的增长速度，但是能否办得到？最近报上宣传大工程、大项目很多，是否预示许多在“八五”期间都要上，然而所有这些大项目是否都是急需的？我想，只要少上或缓上一两个，省一点点下来，如有的大公路一段就要好几亿元，省下来投入教育与科技，那情况就要好得多。

2. 发展科技事业，必须摆正自力更生与引进的关系，真正依靠自己的知识分子

由于没有处理好自力更生与引进的关系，我们吃了大亏的。对此，各级领导是否清楚？一定要正确处理自力更生与引进的关系问题，看来领导还没有下定这个决心。现在有关领导人常常谈到“两弹”(原子弹、导弹)、“一星”(人造卫星)，但说句实话，“两弹”是在人家不给的情况下逼上来的。在组织工作方面，周总理、聂老总做了不少工作，周总理更是花了很大心血。周总理主动问我们：“你们的主要障碍是什么？”我说：“是人，人不够。”没想到不到一星期，教育部人事局的同志给我们送来了一份两千多人的名单让我们挑，并说不管被挑上的人在什么地方都可以提出来要，结果我们挑了三百多人。总理还说，在人的方面要自己想办法，问我们有什么主意，我们说办学校。很快定下来，在北大办了技术物理系，在清华办了工程物理系，两个学校每年各培养出一百人，所里也培养人，一年也是一百人，这样每年可出三百多人。现在这个领域在一些地方和部门当家的，也就是这批人。

3. 要加强思想政治工作，树立决心改变落后状况把工业化水平

搞上去的思想

搞“两弹”的时候，人家逼我们，条件很艰苦，又遇到自然灾害。可是，硬是一点点干起来。当时老老少少都这么干，年轻人看见老家伙这么干，他们也跟着这么干，什么条件也不提。可是，现在的年轻人感受到引进的“好处”，再要他们这么干还行不行呢？这就要靠加强思想政治工作。现在思想政治工作没有人抓或很少人抓。现在中青年这一代人对我们的事业也寄予希望，不过，他们对搞技术开发公司更热心，因为这样个人的收入要高得多。要求入党的人还不少，但占的比例小了。要加强思想政治工作，使他们树立起决心改变落后状况把工业化水平搞上去的思想。

4. 要克服短期行为

现在有的部门一作大报告，讲的都是已经在做的工作，把远期的东西疏忽了，在领导同志——各层领导的脑子里，短期的东西占了非常重要的地位。眼前的事情当然要抓，但心里要有远期目标，许多长远的事情，是必须从眼前抓起的。

另外，还有一点，就是关于国营企业提取产品销售总额的1%作为开发新技术新产品的问题，资本主义国家在这方面确实是花了本钱的，比如德国、美国、日本等，在这方面的投入是相当大的，(吴武封委员插话说，按日本人的观点，2%以下没有竞争力，5%有一定竞争力，8%～10%才能使自己的产品在竞争中立于不败之地)我们在石油、化工方面，做得相当不错了，但也不到2%，据有的政协委员告诉我，就是推不动。对这个问题的认识不够，其实这是企业发展的致命的问题。

9月16日 应画家黄胄邀请，偕学部委员彭桓武、王淦昌、周光召、朱光亚、马大猷、林兰英、郭慕孙、徐冠仁，以及何鲁丽等，往黄胄的北京西山画室出席“清秋书画欣赏会”，并品尝北京饭店专供的自助午餐。科学与艺术交融，欢愉非常。

9月26日 国务院第69次常务会议，讨论通过中国科学院、国家科委联合上报的关于增选中国科学院学部委员的报告，批准此次在全国范围增选200名左右新的学部委员，并决定此后实行两年一次的正常增选学部委员制度，从而结束了学部委员增选工作又停顿10年的状况，并且从此进入学部工作正常化、规范化的轨道。

10月1日 应约在香港《紫荆》杂志创刊号发表署名文章《中国原子核科学发展的片段回忆》，全文约10 000字，以自己的亲历，首次记述了中国原子核科学发展的主要历程。共分四部分：一、我同原子核科学“结缘”；二、希望从这

里萌生;三、最高决策;四、严峻考验。此文刊出并转载后,在海外华人中颇受好评。摘录文中三、四节于后:

最高决策

众所周知,中国古代科学技术有过举世公认的辉煌成就。可是到了近代,中国科学技术却大大落后了,而许多新兴学科,特别是实验性很强的如原子核科学等,几乎是空白。1949 年以前,虽然北平研究院有一个原子学研究所,中央研究院物理研究所内也设有核物理部分,但是论其当时的工作条件、人员情况,真可以说是徒有其名。以北平研究院原子学研究所为例,全所只有 5 个人,除了我当时兼任所长,还有研究员何泽慧,以外有一名助理员、一名事务员。所址一部分在东皇城根一处四合院内。当局每月拨给的全部经费,只够买十几只真空管;实验室内空空荡荡,仪器设备奇缺,我们只好骑着自行车大街小巷跑旧货摊、废品站。我们曾经从天桥拍卖行买回一台旧车床,自己制作一些简单仪器。

据我所知,1949 年以前,中国的其他科学领域也都如此,都是科学家个人凭着为国家富强的热情和献身科学的精神,在经费拮据、人员不足、手段落后和社会变乱无常的困难条件下,自发地做些力所能及的工作,因而长期形成中国科学研究的两大致命弱点:一是缺乏计划性,谁也没有长期准备;二是彼此缺乏了解,互不联系,难于进行集体合作。

1949 年 11 月,中国科学院成立后,在政府的有力支持下,立即着手改变以往的状况,使科学能够真正服务于国家的工业、农业、国防建设、保健和人民的文化生活。周恩来总理特别指示,要发展新兴学科,如原子核科学、实验生物学等。不久,第一个名副其实的原子核科学研究机构——中国科学院近代物理研究所(后改名为原子能研究所),在原北平研究院原子学研究所和中研院物理研究所原子核物理部分的基础上建立了,先是吴有训兼任所长,我任副所长;一年后,我任所长,王淦昌、彭桓武任副所长。研究内容包括:实验原子核物理、放射化学、宇宙线研究、理论物理、电子学等。仅两三年时间,一大批有造诣、有理想、有实干精神的原子核科学家,从美国、英国、法国、德国、东欧和国内有关大学、研究单位纷纷来到所里,真可谓群贤毕至,少长咸集,组成了中国原子核科学的研究中心。经费条件情况也大有改观,仅 1950 年,由于周恩来总理的亲自关怀,政府在财力非常困难的情况下,仍然按预算拨给中国科学院人民币 287.2 万元,而原子核科学得到了重点支持。

然而,就整体而言,到底基础薄弱,物质条件尚差,还有外部的压力和封锁……。中国原子核科学事业,如何根据自己的国情国力发展,确实需要有一个正确的决策。

……

1955年1月15日,毛泽东主持中央书记处扩大会议,讨论发展原子能问题。听完汇报后,他点燃一支烟,开始作总结性讲话:"我们的国家现在已经知道有铀矿,进一步勘探,一定会找出更多的铀矿来。我们也训练了一些人,科学研究也有了一定的基础,创造了一定条件。过去几年,其他事情很多,还来不及抓这件事。这件事总是要抓的。现在到时候了,该抓了。只要排上日程,认真抓一下,一定可以搞起来。"

"你们看怎么样?"毛泽东看了看大家,接着强调说:"现在苏联对我们援助,我们一定要搞好。我们自己干,也一定能干好!我们只要有人,又有资源,什么奇迹都可以创造出来。"

……

最后,毛泽东举起酒杯站起来,大声说:"为我国原子能事业的发展,大家共同干杯!"

是不是凡属大政治家都很快地对重大科学问题有远见,能及早把目光投向未来呢?

在美国就曾经有过这样一个事例。那是第二次世界大战正炮火连天,而原子核科学不断有突破性进展的时候,一位原本抱着和平主义立场的物理学家爱因斯坦(A. Einstein),出于对希特勒摧毁文明的憎恨和担忧,为西拉德(L. Szilard)等人所劝服,于1939年8月2日上书罗斯福(F. D. Roosevelt)总统,提请注意核物理学的最新发展,指明核裂变所提供的一种危险的军事潜力,并警告他,德国可能正在发展这种潜力,美国政府必须迅速采取行动,防止德国首先掌握原子弹。

起初,罗斯福对此事并未加以特别重视。尽管罗斯福10月19日给爱因斯坦回信中,提到要任命一个委员会"详细研究你的关于铀元素的建议的可能性",但是事情仍然进行得很缓慢。西拉德只好再次说服爱因斯坦于1940年3月给罗斯福写了第二封信。

与此同时,帮助爱因斯坦转交信件的经济学家、罗斯福的好友萨克斯(Sachs)趁总统用早餐的时间,给他讲述了拿破仑因拒绝科学家建造动力船队的建议,无法渡过英吉利海峡,未能征服英国,结果腹背受敌,饮恨终身。罗斯福从这一教训和科学家的再三提醒中受到启发,决心投入大量人力物力,终于最先制造出反应堆和原子弹。

我们中国的原子核科学家,在这方面应该说一直是幸运的。国家最高层不单有果断决策，实行决策的条件、措施，也都在周恩来的运筹之中。

初时，技术力量不够，周恩来亲自决定从在苏联和东欧的留学生中抽调三百余名专业接近的学生转学与原子能有关的专业；他批准在北京大学建立技术物理系，从全国各大学物理系抽调一批学生转来专攻原子核科学；不久，清华大学工程物理系也应运而生。周总理及时提醒我们，要注意做好宣传工作，特别是向各级领导作宣传。于是中国科学院组织了北京的有关专家，组成原子能科学技术宣讲团，到各地进行科普讲座；出版了《原子能通俗讲话》，发行 20 万份……。就这样，许多办不到的事办成了，难以出现的奇迹出现了。

严峻考验

50 年代末 60 年代初，天灾人祸同时重重地撞击着中国大地。对于中国的原子能事业来说，那是一个卡脖子的年代。

当我们自身的教训还没有来得及总结、清理，标榜“无私援助”的“老大哥”却在这时真的变了心。

1959 年 6 月 20 日苏共中央来信，拒绝提供原子弹教学模型和有关技术资料。8 月 23 日，苏联又单方面终止两国签订的国防新技术协定，撤走全部专家，甚至连一张纸片都不留下，还讥讽说：“离开外界的帮助，中国 20 年也搞不出原子弹。就守着这堆废铜烂铁吧。”

作为一个有爱国心的知识分子，此时此刻的心情是什么滋味！我很清楚，这对于中国原子核科学事业，以至于中国历史，将意味着什么。前面有道道难关，而只要有一道攻克不下，千军万马都会搁浅。真是这样的话，造成经济损失且不说，中华民族的自立精神将又一次受到莫大创伤。

其实，一年前即 1958 年 5 月 16 日，毛泽东曾在第二机械工业部(即后来的核工业部)的一个报告上批示：“尊重苏联同志，刻苦虚心学习。但又一定要破除迷信，打倒贾桂！贾桂(即奴才)是谁也看不起的。”

京剧《法门寺》中的贾桂，奴颜婢膝，别人让他坐，他说站惯了。在以往的中国，不乏其人，不乏其事，因此世界列强可以为所欲为，欺辱中国，藐视中国人。

但是，历史的进步是客观存在。中国已经改朝换代了。尊严和骨气，再也不是埋在地层深处的矿物。

“自己动手，从头做起，准备用八年时间，拿出自己的原子弹！”毛泽东 1960 年 7 月 18 日在北戴河会议上再次发出号召，“要下决心搞尖端技术。赫鲁晓夫不给我们尖端技术,极好!如果给了,这个账是很难算的。"

疾风识劲草,岁寒知松柏。在正确的决策之下,原子能战线上的科学技术人员、领导干部和工人、解放军,不论男女老少,个个精神抖擞,投入依靠自己的力量发展核科学的伟大事业。

为了记住那个撕毁合同的日子,我国第一颗原子弹的工程代号,定为"596"。

以王淦昌、彭桓武、郭永怀、朱光亚、邓稼先等为首的一批理论与实验物理的优秀科学家,从中国科学院和高等学校调到核武器的研究机构,直接承担起各个环节上的攻坚任务。

苏联专家撤走后,周光召立即把在苏联杜布纳联合原子核研究所工作的部分中国专家召集到一起,进行讨论:离开外国人的帮助,中国依靠自己的力量能不能研制成原子弹?回答是肯定的。二十几人联名向国内写信,"请缨"回国参战。周光召回国后任核武器研究所理论部副主任,邓稼先为主任。

人马调齐,工作配套,各路研制进展神速。

有一种扩散分离膜,是铀235生产中最关键、最机密的部件,苏联人称它是他们"社会主义安全的心脏",从不让中国科学家接近;就是参观学习,也只许站在离得老远的地方望一眼。我们原子能所为此组织了攻关小组,以学术秘书钱皋韵牵头,联合中国科学院、冶金部和复旦大学等几个研究单位,经过四年努力,研制成功合格的扩散分离膜,并开始批量生产,使我国成为继美、苏、法之后,第四个能制造扩散分离膜的国家。

中国科学院计算技术研究所研制成我国第一台大型通用计算机——109丙机,成功地承担了第一颗原子弹内爆分析和计算工作。

原子能研究所及时组织了于敏、黄祖洽等青年理论物理学家,在进行原子弹研制的同时,开展了氢弹原理的预研工作;核武器研制进入决定阶段后,于敏、黄祖洽等30余人合并到武器研究所,加快了氢弹研制的速度,创造出了从原子弹到氢弹进程上的奇迹!

所有这些工作的成功,都离不开周恩来和聂荣臻的直接领导与指挥,离不开全国上下左右大力协同的奋斗精神。

真是"山重水复疑无路,柳暗花明又一村。"遮盖在中国大地上的乌云吹散了,心头的疑团解开了,曾经以为是艰难困苦的关头,却成了中国人干得最欢、最带劲、最舒坦的"黄金时代"。道理就是这样简单明白:受制于人的地方越少,获得的东西就越多。

当1964年10月16日我国西部上空腾升起第一朵蘑菇云的时

候，有些外国人还不以为然，以为只不过是一个低水平的玩艺儿，直到他们对大气中的飘浮物进行分析后，才感到了惊讶。

仅仅间隔两年零八个月，我国第一颗氢弹爆炸了，成为世界上从原子弹到氢弹发展最快的国家，这回又有人说啦："中国人真神！"其实也不神，正确的理解应该是，中国人并不笨。外国人能够做到的，中国人经过努力，也能够做到！

10月22日 香港《大公报》发表署名张觅之《重视科学珍惜人才——读〈紫荆〉钱三强回忆文章有感》文，全文如下：

自然科学家常常写出很好的文章，《紫荆》创刊号发表钱三强所撰写的《中国原子核科学发展的片段回忆》，就是一篇精彩之作。

我喜欢看回忆录，因为它可以补历史的遗漏，断世俗的讹传，足以发人深省；不过，有的回忆录就有点失实、夸张，甚至成为自我表现的工具，这就不算佳作了。钱三强的这一篇，朴实无华，通过对往事的缕述，道出了科学与建国、政治与科学等重大问题的一些真义，寓意深刻，自然属于上品。

即使你喜欢猎奇，这篇文章大抵也不会使你失望。你想知道解放初期在国家经济处于十分困难的条件下，钱三强竟能获准从国库中提出一笔发霉的美钞到外国购买原子核科学研究的仪器和图书的过程吗？你想知道当年在科学家爱因斯坦推动美国总统罗斯福研制世界上第一颗原子弹的内情吗？你想知道一九五五年一月十五日中共中央召开(书记处——引注)扩大会议专门研究发展我国原子能的事情吗？你想知道我国第一颗原子弹的工程代号定为"596"的来龙去脉吗？你想知道我国成功爆炸原子弹和氢弹的"秘诀"吗？请你细读这一篇文章吧。当然，文章的吸引力并不限于它对某些鲜为人知的事绩的描述，更使人回味的是整篇文章所透发的真知灼见。

作者是一位杰出的科学家，曾在法国长期从事原子核科学研究工作，成绩斐然，荣获国际(法国科学院——引注)物理学奖。正是在这个时刻，他和夫人何泽慧更想念自己的祖国，他们放弃了外国优裕的工作条件，毅然返国效劳。他们夫妇俩的想法是："虽然科学没有国界，科学家却是有祖国的。祖国再穷，是自己的；而且正因为她贫穷落后，更需要我们去努力改变她的面貌。"建国初期，海外有那么多的学者从四面八方回国服务，不幸的是，"文化大革命"伤了知识分子的心，引起人才外流。读了钱先生的文章，不但使人清晰地看到中国知识分子赤热的心，更理解到奉行正确的知识分子政策的重要性和必要性。

解放初期，国家对知识分子是比较信任和器重的，像钱三强那样的杰出专家、学者因而能充分发挥其才智,在艰难的环境里创造出光辉的业绩。打破这种信任的是“文化大革命”时期掀起的极“左”思潮,它片面地看待知识分子,往往把知识分子政治上、思想上的敏锐性和性格上爱发议论的敢言精神当作叛逆性而加以打击,甚而乱扣帽子,上纲上线,置诸死地而后快。这是对知识分子面貌的严重歪曲。毫无疑问,只有端正对知识分子的认识,掌握知识分子的特点,善于贯彻知识分子政策,才能把知识分子的积极性和创造性调动起来。

发展科学技术,除了需要发挥知识分子的潜能之外,还有赖于政治家的高瞻远瞩和果断决策,这是文章给我们的另一个重要的启示。从一九四九年初中央领导人为了发展原子能不惜清查国库动用美钞,到五十年代末六十年代初集中人力物力冲破苏联抵制和国内经济困难制成核武器,无一不显示当年我国领导人的远见卓识,钱先生认为这是我国原子核科学家的幸运。

11月5日起 《人民日报》(海外版)分两次全文转载香港《紫荆》杂志的《中国原子核科学发展的片段回忆》,加了编者按语,并且刊出文章作者钱三强的近影照片。

11月24日 曾多次参与全国政协知识政策问题专题研讨组调研、讨论,经反复修改形成《关于改进科技人员工作和生活条件的建议》,并经李先念同意由王任重签发,以中共全国政协党组名义上报党中央。报告分为:一、坚持自力更生为主方针,重视发挥本国科技人员作用;二、增加科技投入,为科技人员献身四化创造更多、更好的工作条件;三、贯彻按劳分配原则,切实改善科技人员的生活待遇(其中有住房方面、工资方面、医疗保健方面);四、通过试点,推动全局。报告建议首先在中国科学院、中国医学科学院、中国农业科学院及北京大学、清华大学、复旦大学、上海交通大学、西安交通大学等进行试点,通过试点示范在全国推广。

12月7日 接读卢良恕信,信中建议发起建立水稻科学发展基金,希望钱三强能作为此项建议的发起人。对此欣然同意,并于10日复信卢。该项基金发起人还有金善宝、王淦昌、何康、沈祖伦等。

12月27日 以中国科学院院史文物资料征集委员会主任身份出席该委员会成立首次会议,并结合亲身经历就院史资料征集和研究谈个人感想。详录于后:

这次院里边决定让我担任这个工作,起初我觉得有点困难,事后一想我还是应该担任。为什么呢?大概今天在座的,从院成立起就参加工作的,恐怕我还是其中的少数人之一,因此我来作这方面的工作是义不容辞的。

40多年来，作为国家在自然科学方面的最高学术机构和全国自然科学的综合研究中心，中国科学院经历了从诞生到发展、壮大的过程，在这个期间，科学院和我们国家的命运紧密地联系在一起，既为我国的国民经济和国防建设作出了重要贡献，推动了科学技术事业的发展，取得了许多宝贵的经验；同时也有许多教训值得吸取，因此把这段历史记录下来，编写一部翔实可信的院史，对于全院的同志了解院情、总结过去的经验，指导今天的工作；对于中青年同志进行艰苦创业、献身科学事业的教育；对于向国内社会各界介绍科学院，取得更加广泛的理解和支持；对于开展与国际科学界的交流和合作，都具有重要的意义。

写史首先要征集资料，在这方面，《当代中国》（中国科学院卷）编辑部和《中国科学院四十年》（画册）编辑部的同志们已经作了大量的工作。当然，对于编写院史来说还很不够，现在正是科学院进行新老交替的时期，许多建院初期的老科学家、老领导还健在，又有一大批在各个不同时期在不同的岗位上工作过的同志，这就为院史资料的征集研究和编写提供了极有利的条件，因此这项工作必须抓紧时间进行。

院史文物资料征集委员会的任务不仅仅是征集资料，要在征集资料的基础上进行重要资料和史实的鉴定、研究，最后编写出一部院史。编写院史最重要的是准确、客观。作为中国科学院这样一个最高学术机构的历史，更应该做到准确、客观，要经得起历史的检验。院里的领导让我担任院史文物资料征集委员会的主任，我作为建院初期就在科学院工作的一个老科学工作者，感到既有义务也应该为此尽一点力量，但是具体工作还是要靠在座的各位。办公室已经起草了一个工作计划，供大家讨论，希望大家发挥积极性、主动性，调动各方面的积极性，共同完成这个历史的任务。

下面结合我自己的亲身经历，从院史的角度谈几点感想。

我算是建院初期到科学院，并且现在还在科学院的一个人，当然，今天在座的也许还有，但那时比较年轻。当时建院的条件，那时的指导思想，跟科学院后来的发展是有一定联系的。从世界各国的科学院来说，大体上有两大类，一类是荣誉性质的，就是那些在教育界、科学界各方面有造就的人，他们被选出来做院士，由他们组成科学院。如美国的国家科学院等，都是没有研究机构的科学院。这大体上也可说是英美派的，因为这是从英国皇家学会发展过来的。第二类是有实体的科学院，如苏联的科学院，革命以前就有，即彼得堡皇家科学院。后来苏联革命成功之后，列宁看得非常清楚，要从俄国的老底子出发，真正地全面实现工业化，使工业发展起来，就应该向那个时候已经能够在世界上站得住的几个大公司学习，比如说荷兰的菲利普公司、德国的西门子公司等等，要把他们的经验吸收过来。这些大公司里边都有工业实验室，即技术开发部门，他们是在任何时候都非得维持下来不可，这样可以使它们的产品不断地在世界上领先，为公司赚钱。列宁看到这一点，就把在这些单位告老退休的人员请到苏联，在苏联人自己还吃黑面包的时候，给这些人以很好的待遇。我们1953年访问苏联时，他们介绍经验，说他们自己吃黑面包，却把鱼子酱等好食品供那些人吃，让他们愿意把好的经验讲出来。这样一来，使苏联的工业逐渐发展起来，苏联初期的工业原来并不特别发达的，后来苏联能够把第二次世界大战坚持下来，与列宁的这些作法很有关系。要不然它的工业水平是不会上得太快的。他们拼命抓工业实验室的工作。

再看看法国。1666年法国成立了世界上最早的皇家科学院，开始实体性机构。法国大革命时被关闭了。后来重组法国科学院时，变成了没有实体的荣誉性机构。到了30年代初，法国组成一个左派联合内阁，有一个进步的化学家叫贝兰(Perrin)，他看到法国科学院没有实体是非常吃亏的，所以就组织了法国科学研究中心(CNRS)，有点像苏联的科学院了。我记得我去法国的时候(1937年)，法国科研中心已在几个地方设了几个研究所，到我回来的时候，差不多有十年的功夫，它的研究所的数目和规模越来越大。大型综合性的任务，需要多种学科组织起来工作的时候，就从法国科研中心发展出来，成立国家的独立机构。约里奥-居里也是继承了这一套的作法，我回国的时候，他们正在组织原子能委员会，完全是按照法国科研中心的作法。不过他们是独立的，直属政府。所以看起来有实体的科学研究机构，是以落后到先进，能够赶上去，在国际上是一条基本经验。

再回来看我们中国，我们在建国之初倒并不是有意识地这么干。不过当时已经有了最初由蔡元培创建的中央研究院。我们国家搞研究院这套体系，大概是从中央研究院开始的。那是1928年。第二年，李石曾主要是组织在法国、比利时等国留过学的人组建了一个北平研究院。两院在一定程度上是并行的，下设研究所也多是南北平行对应的。可以这样说，假如说中央研究院是以留学英美的学者为主，那么北平研究院就是以留法的学者为主。我们的严老当初就是在上海担任大同大学教授，后来到北平担任北平研究院物理研究所的所长，又兼镭学研究所所长。

解放后，中国科学院主要在这两个机构的基础上改组成立。我们当时就搞了点在现在看起来是胆子太大的措施。那是做了一番调查研究，像原来中央研究院的院士，北平研究院学术会议的会员和其他科学界知名人士发了通知，请他们推荐，在他那个学科里边，哪几个人是最孚众望的。当时我们在计划局做这件事，郭院长和党组都非常支持这一做法。经过调研之后，就采取了现在看来是非常“愣”的办法。比方说在上海中央研究院的化学所和北平研究院的化学所，再加上药物研究所，大家讨论起来，觉得有机化学的学科庄长恭先生是最好的，我们就请庄长恭出面组织这方面的工作。中国科学院初期研究所的调查就是这样搞成的。结果上海以冶金、生物学和有机化学的研究为主；南京是地学、气象学、天文为主；技术科学放在东北，开始是长春和大连两个研究所。长春应化所是解放以来工作一直比较突出的，现在在院里的王佛松同志也是那边过来的。那时社会科学也在科学院里边，所以北京以社会科学、数理和新兴的科学为主。当时新兴的科学，一个是放在原子核科学上，一个就想放在力学和计算数学上。当时计算数学刚刚开始搞，想把计算数学同力学放在一起，可以担任这方面领导工作的，一个是周培源先生，一个是钱伟长先生，他们当时都在清华大学，一个是副校长，一个是教务长，都忙得很，他们也腾不出精力担任科学院的工作。所以，直到钱学森同志回来以后，1956 年才正式成立力学研究所。

那时比较“愣”的办法，现在看起来是有点不谨慎，留下了科学界一些不团结的现象。比如搬家问题。吴学周是很不错的，但总的来说比庄长恭在化学界的影响略差些，后来就定下，他的专长是物理化学，物理化学搬到长春去，长春搞应用的非常多，真正有点基础科学底子的人不多。所以就请吴学周到长春去担任应化所的所长。他迫于那个形势，就去了，去了之后对那个所的成立是起了好的作用。可是这个搬家确实引起了若干人的意见。现在看起来这个措施是不谨慎。当时是革命形势，要服从国家的需要，心里不满意也得干。后来新的党组书记张稼夫同志一来，就比较合理化一点了，受到科学界的好评。

第二点我想说的是，要注重依靠我们自己的科学家。这话说出来，可能有人不大爱听，不过现在我觉得有这个机会还是要说。事实上解放初期我们有了重工业一百五十六项，苏联帮助我们的确为我们的基础工业打下了很好的基础。应该说他们给我们的东西当时是相当先进的，是 40 年代末 50 年代初的水平，所以那时说是“无私的援助”。当然说是“无私”，他们并不是白送的，他们要我们的鸡蛋、肉类，各种矿产等，我们是跟他们交换的；但那时作为科学技术，对我们的帮助的确称得上是无私的。现在的美国、日本等与我们交换，情况就不同了。可是我们搞引进的人，主持和执行引进的人，对于工业化怎么办就不大熟悉，他们也不大知道苏联是怎么从落后变过来的，所以抓一百五十六项后,要科学院去帮助解决的问题,或者是吸收我们参加引进工作的就很少很少。后来的结果是,当时管引进的人主要是拿过来,觉得这个便宜,脑子里觉得拿过来是最主要的最好的办法。一直到 1957 年左右,由聂老总带着陈赓和宋任穷两位领导同志到苏联去谈判,那时谈判就是国防新技术协定,当时他们定下来什么呢?导弹方面我不太清楚,原子能方面我记得非常清楚,当时就说是给我们一个原子弹的教学模型。哪个国家会把最先进的技术放到教学上去呢?所以这个水平显得是很初级的了。可是即便是这样水平的东西也一直不给。两年以后就讲明不给了。我们原子弹的代号"596"就是纪念他们 1959 年 6 月决定不给的。他们的专家撤走了,那时中央开会,毛主席、周总理和各位领导同志下了决心,要依靠自己的知识分子。所以我说,今天这话也可能说得过头一点,真正我们国家除了少数基础科学的发展,比如像我们人工合成胰岛素这样的工作之外,作为对国防建设和经济建设有重要关系的工作,依靠自己的知识分子,是在受了挫折之后才下决心的。下了这个决心之后的一段历史,今天在座的人也已经知道不少了。最后要解决这个问题,由二机部统抓,他们在采矿方面还是有点底子的,但是涉及矿物方面的鉴定啦、分析啦,他们就不够了。我们的应化所当时有相当的一部分力量是放到这个上面去的。

一百五十六项进来的时候,我们去苏联参观看到人家在拼命搞半导体,研究所搞,学校里也搞;莫斯科搞,与我们交界的那几个加盟共和国也在那儿搞。我们感觉这是一个新的动向,回来后除了向院里讲了这方面的情况之外,还找当时一位机械工业部的副部长,我就跟他讲这个动向。他说:这一套不忙,现在我们制造真空管还没过关,等到真空管过关了,他们那边半导体研究发展到工业生产时,那时我们再跟他们"要"好了。好像"要"是自然的,好像那边这个"老大哥"是一辈子希望你越长越强的老大哥,这个想法显然是错误的。当时搞的第一汽车制造厂,后来大家有一个普遍的说法,说他是"三十年一贯制",就是把人家苏联那个大车子模仿来了就一直不变。这种作风在我们接受了苏联援助的那些大厂子,有的一直到现在也还不能完全改掉。

所以我们说自力更生,以依靠自己的知识分子为主,来解决国内的科学技术发展的问题,我们真正认识到这个问题,是在我们受逼的时候,逼得我们不能不这样干的时候。不过这么一干倒是显出来了,我们自己的知识分子是能干的。解放以后,到 1960 年左右,知识分子数量相当的不少。一部分是从国外回来的,一部分是派到苏联东欧留学回来的,还有更大的一部分是我们自己培养出来的。所以我现在讲，人才首先要有人，有了人才可以选拔出自己的人才来。受逼是一件难受的事情，但是要是下定决心，结果最后表示我们中国的知识分子是有能力来解决难题的。能树立这个思想，确实是从"两弹"开始的。现在小平同志强调"科学技术是第一生产力"，是抓到了关键。回忆起来，还是像周恩来、陈毅、聂荣臻同志等一代老革命家，他们到过外国，知道人家的工业社会是怎么发展起来的。所以领导干部自己的知识水平，自己的修养、自己的经历还是非常重要的。

第三就是我们好多事情一阵风。最明显的是选举学部委员，1955年打个底子，1957年增补了一次，之后，直到1980年才又增补一次。在座的顾德欢同志，那时我们在一块搞学部委员增补的工作，那时叫学部办公室，现在看起来，也是一次就完了。那次完了以后，一直到今年，经过相当多的曲折，才算定下来。这次定，当然很不错了，最大的好处就是把它制度化了。哪一个国家都是制度化的，即使由于战争的关系暂时停一停，后来都是拼命补，苏联是这样，法国是这样，美国也是这样。只有我们老在那儿等，我们国家的好多事情都是"脉冲式"，猛一下子来了，完了之后下面怎么样就不管了。这种"脉冲"的方式使我们的科学事业受了很大损失。当然，我们愣头愣脑的工作也算是一个"脉冲式"，后来的"脉冲式"的影响面就更广了。

征集院史资料，编写院史，要把大家发动起来。最初的科学院，只是围绕着北京、上海、东北这几个地方，后来布局的点就多了。今天在座的有分院来的老同志，他们那边起来的情况，他们的经验，是我过去知道不多的，因为我后来已不在院里担任具体的工作了。我想，应该把他们的经验加进来，这样，我们的院史会搞得更确切。我们写院史，跟各个方面交叉的内容非常之多，你让人家去写，人家愿意写的时候才给你写上，不愿意写的时候，我们也无可奈何。就算都写了吧，也是东一点，西一点，拢不起来。所以真正要把科学院这些年里重点的那几个大方面都包括进来，还是非得自己下决心动手写不可，我们自己写，可以征求有关方面的意见。这样的话，我想，有一个组织关系的问题，可能也有个编辑之间的关系问题，如前后怎么接手，这个我就不知道了。我讲这一点，就是希望效率要高一点。搞院史算作院里的一点工作，院部一定要负责，不然的话，东推西推，使我们在院里作行政工作的感到挺麻烦。牵涉面广，意见也多，统一也不容易，遇到难办的事，就一声不响地溜过去了。希望我们院里面作为一个真正的全国性的科学院，这方面的工作还得抓得好一些。

最后我再说一点。最近有一本书叫《大漠深处》，还有一本叫《科研与革命》，外国人写的，国内已翻译出来了。《大漠深处》看起来是美国情报机构的人,找了个懂中文的助手,他们凑起来写的。其中有些东西是他们猜想的,还有些事是我们也不知道的,当然也不见得每件事情我们都应该知道。从这上面来看,他们对我们发展的内情掌握不少,我觉得我们是应该警惕的。《科研与革命》这本书在某种程度上,说明我们社会主义制度能够使后来者赶上去,只要组织得好。

我想我今天就拉拉杂杂地讲这么一些。我是服从组织决定,将来应该我做的事,我一定尽量去做。谢谢大家。(载《院史资料与研究》,1991年第1期(试刊))

1991年　七十八岁

1月初　出席全国政协分子政策问题专题研讨组全体会议,总结该组半年来的工作。会议由组长钱正英主持。1月18日政协专门委员会简报(第2期)以“知识分子政策问题专辑之六”作内部报道。简报称:

专题组就落实我国知识分子尤其是科技界知识分子政策中存在的问题及其解决办法等进行了较为广泛深入的调查和研讨。专题组确定“以小促大,以虚带实”的方针,调研过程中既从宏观高度着眼,就贯彻落实知识分子政策的大政方针问题进行深入探讨,提出意见和建议,又注意随时解决调研过程中遇到的一些具体问题,大小结合,虚实相生。工作期间,专题组约请中组部、劳动部、人事部、财政部、国家计委等单位的领导同志介绍知识分子政策落实情况。专题组成员深入实地调查了科技人员的工作和生活条件,重点了解了清华大学、中科院、中国医科院,听取了中国农科院、北京大学、复旦大学、

上海交通大学、西安交通大学的情况汇报。多次约请各方面的政协委员和有关专家、学者座谈讨论。在调查研究的基础上,集思广益,形成了《关于改进科技人员工作和生活条件的建议》。经全国政协党组讨论同意,作为党组的报告上送中央。

《关于改进科技人员工作和生活条件的建议》指出,进一步落实党的知识分子政策是当前一项十分重要紧迫的工作,任务非常艰巨,各级党政部门应坚持自力更生为主方针,重视发挥本国科技人员的作用;增加科技投入,为科技人员献身四化创造更多、更好的工作条件;贯彻按劳分配原则,切实改善科技人员的住房条件和工资医疗待遇。建议中央近期内通过试点,推动全局,以昭示贯彻落实知识分子政策的决心。

会上,钱正英副主席说,通过大家的努力,我们完成了《关于改进

科技人员工作和生活条件的建议》，先念、任重同志对《建议》非常重视，在建议上报中央的同时，分别写信给江泽民、李鹏同志，建议中央直接听取我们的调查汇报，并认真研究一下落实知识分子政策问题。《建议》的完成只是我们这个小组工作的一个阶段。落实知识分子政策，还有许多工作要做，我们还要继续努力。请同志们考虑一下，我们下一步如何开展工作。

与会委员们认为，《关于改进科技人员工作和生活条件的建议》，实事求是地反映了问题，认认真真地提出建议，起到了政治协商，民主监督的作用。

钱三强副组长说，在正英同志领导下，我们小组在工作上以小促大，虚实结合，工作方针正确，方法对头，取得了较好的效果。专题组今后的工作任务还很重，中央对我们的报告意见如何，我们下一步还要研究哪些问题，我们都要好好考虑。

严庆汉委员说，我们这次做了一件实事。我感到要真正办成一件事情，是非常难的。我们应该有锲而不舍的精神，不见成果不收兵。

1月12日 偕钱临照同车前往国家民族事务委员会出席“当代中华科技英才丛书”首发式。该丛书由广西科学技术出版社出版。

1月18日 偕何泽慧出席在北京友谊宾馆苏园举行的“严济慈从事科教工作63年暨90寿辰庆祝宴会”，席间，就1936年在北平研究院物理研究所受严济慈指导开始科学研究工作，作回顾发言，并向严老亲切握手致谢。席间发言的还有周光召、钱学森、王大珩等。

2月3日 主持中国科学技术讲学团年会，并在会上发表讲话，强调向全社会普及科学技术知识的重要性、迫切性。讲学团由中国科协发起，有近300名热心社会事业的教师和科技工作者参加，其任务是利用多学科优势，通过讲学活动，承担起广泛的教育培训任务，为不断完善科技人员和管理干部的知识结构服务。

3月4日 改定《中国科学技术专家传略》总序并署名。该书由中国科学技术协会编纂，分工学、农学、医学、理学四编，每编设若干卷，以翔实可靠的材料、通俗生动的文字，准确精练地介绍我国近现代著名科技专家，力求文献性、学术性、思想性、可读性的统一。序为：

在中国古代科学技术发展的历史上，曾经出现过不少卓越的科学家和技术专家。他们所创造的辉煌成就，不论在科学或是技术方面都对世界文明发展做出过杰出的贡献，使中华民族毫无愧色地屹立于世界民族之林。例如，火药、指南针、造纸和印刷术的发明和西传，促进了近代欧洲的社会变革和科技发展，以至整个人类社会的进步。

但是,从15世纪起,由于中国的封建社会进入晚期,日趋腐朽没落,严重地束缚了生产力的发展,使中国长期居于世界领先地位的科学技术停滞、落后了。近代科学技术在资本主义的欧洲兴起。1840年,资本主义列强乘坐坚船,使用利炮,轰开了古老中国的大门,清王朝丧权辱国,中国逐步沦为半殖民地、半封建社会。

近代中国的历史是一部在苦难中求生路的奋斗史。鸦片战争的耻辱唤醒了中国的知识界,不少正直的知识分子和爱国的仁人志士,抱着"科学救国"的美好愿望,为了探求民族富强之路,进行了艰苦卓绝的奋斗。他们有的长年战斗在祖国科研、教学岗位上,为振兴科学而呕心沥血;有的漂洋过海到西方和日本学习科学技术,为着祖国的昌盛而献身科学、刻苦求知,学成之后重返故里,引进了大量西方近代的科学和技术,传播了先进的科学思想和科学方法。在当时的条件下,他们回国之后大多在高等院校任教,传授知识,培育人才,开拓科技研究领域,筹建科学研究机构,组织学术团体,出版学术刊物,辛勤耕耘于教育与科研领域,为振兴中华而不遗余力。让我们永远记住他们——鸦片战争以来祖国科学技术事业开拓者们的功勋;永远不要忘记他们在艰难的岁月里,为祖国所做的奉献和牺牲。

历史的事实告诉我们,科学技术不仅可以创造新的生产力,而且是推动社会、经济发展的重要力量。中华人民共和国成立之后,尽管我国的科技事业和祖国的命运一样,经历了不平坦的路程,但在中国共产党的领导下,广大科技工作者始终顽强奋斗、执著追求,在国防建设、经济建设、基础科学和当代各主要科学技术领域里都取得了举世瞩目的成就,为社会主义现代化建设奠定了重要基础,为祖国争得了荣誉,提高了我国的国际地位。一代又一代的科学技术专家,接过前辈爱国主义和科学精神的火炬,成长起来了。他们没有辜负人民的期望,为我国科技事业的发展做出了巨大贡献。

在这场科技长征之中,不少科技专家表现出了高贵的品质。有的终生严谨治学、着力创造;有的用自己的身体来进行病毒试验;有的在临终前还继续写作科技论著;有的一生节衣缩食,却将巨款捐赠学会,作为培养青年的奖学金。他们用生命谱写了中华民族的科学文化史。他们在威武壮丽的科技事业里,留下了可歌可泣的事迹,不愧是共和国的栋梁,代表了有着悠久文明史的中华民族的精神。

为了填补中国近、现代科学技术史的空白,宣传"尊重知识、尊重人才",弘扬中国科技专家"献身、创新、求实、协作"的高尚情操和科学精神,中国科学技术协会于1986年6月在第三次代表大会上决定编纂出版《中国科学技术专家传略》。

这是一部以介绍中国近、现代科技人物为主线，反映中国科技发展进程的史实性文献。其目的是为中国著名科技专家立传，记载他们的生平及其对祖国乃至对人类科学技术、经济和社会发展做出的贡献，为中国科技史的研究提供史实，并从中总结经验与教训。因此，它是一项需要长期坚持的、具有历史意义的工作。只有持之以恒，不断积累，方可形成一部反映中国近、现代科学技术发展史实的、综合的、系统的、具有权威性的文献。它的编纂方针是运用历史唯物主义的观点，坚持实事求是的原则，以翔实可靠的材料、通俗生动的文字，准确简练地介绍我国近、现代著名科技专家，力求文献性、学术性、思想性、可读性的统一。主要读者对象为科技领导工作者、科技工作者、科技史研究工作者、高等院校师生。

这是一部在中国科学技术协会主持下，组织数以千计的专家、学者撰写编纂的大型文献。编纂机构由总编纂委员会、学科(各编)编纂委员会、分支学科(各卷)编纂委员会(或编写组)组成。参加各级编纂委员会工作的有中国著名的科技专家200余人。凡在学科创建、科技领域开拓、理论研究、应用技术的发明创造和推广普及、重点项目的设计施工、科技人才培养等方面做出重要贡献的中国近、现代科技专家，经分支学科编纂委员会提名并通过，征求有关学会的意见，由学科编纂委员会审定资格后列选入传。

《中国科学技术专家传略》分工学、农学、医学、理学四编。工学编分为：力学、机械、交通、航空航天、电子电工、能源、化工、冶金、自动化及仪器仪表、土木建筑、纺织、轻工等12卷；农学编分为：作物、植物保护、林业、养殖、园艺、土壤、综合等7卷；医学编分为：基础医学、临床医学、预防医学、中医、药学等5卷；理学编分为：数学、物理学、天文学、化学、地学、生物学等6卷。

编纂出版《中国科学技术专家传略》也是进行爱国主义教育、加强社会主义精神文明建设的一种重要形式。中国科学技术协会是科技工作者之家，为我们的科技专家立传，义不容辞。应当把我们这个“大家庭”中代表人物的业绩和品德记载下来，延续下去，达到激励来者之目的。因此，这也是中国科学技术协会的一件重要工作。

世界近百年的历史教育了中国人民：一个没有现代科学技术意识和实力的民族，永远不能自立于世界民族之林。我们殷切期望从事科学技术工作的后来者，继先驱之足迹，扬民族之文明，前赴后继，青出于蓝而胜于蓝，为振兴中华奋斗不懈。

钱三强

1991年3月4日

3月 接受浙江科学技术出版社拟出版“中国著名科学家文选”计划，开始为《钱三强文选》做文字资料和历史照片准备，经常到办公室或写条给协助做准备工作的葛能全交代有关事宜。

5月 在中国科学技术协会第四次全国代表大会上当选为中国科协名誉主席。

6月12日 在中国科学院办公室接受中央电视台记者采访，并拍摄人物画面，以备“七一”纪念节目用。

6月30日 应中共中央办公厅调研室约稿，几经修改完成《世界高新技术的发展及其对我国的挑战的几点认识》一文，全文共约5000字①。7月3日寄交抄清稿时手书回函致中共中央办公厅调研室：

> 接你们5月30日信，要我写一篇“世界高新技术的发展及其对我国的挑战”。我感到题目太大，因此写了一篇“世界高新技术的发展及其对我国的挑战的几点认识”送上请斧正。你们原来要6月15日前交稿，因事比较多，身体又不大好，所以6月30日定稿，请原谅为荷。

择录《世界高新技术的发展及其对我国的挑战的几点认识》二、三节：

(二)

> 科技实力已成为当今衡量一个国家的综合国力的重要标志，谁具有高科技的优势，谁就将占有政治、经济、军事发展的主动权。正是从这样的重要性和紧迫性出发，我国科学家王大珩、王淦昌、陈芳允、杨家墀在1986年3月3日联合向中央提出了“关于跟踪世界战略性高技术发展”的建议。这个建议得到了党中央的高度重视和大力支持。同年3月5日，邓小平同志对此作了重要批示，在党中央的亲自部署下，原国务院科技领导小组组织了全国200多位专家、学者，召开了一系列会议，草拟了我国“高技术研究发展计划纲要”。也就是后来在全国组织实施的“863高技术研究计划”。
>
> 高技术包括很广阔的领域。根据我国的国情和国力，不可能在高技术的各个领域全面出击，只能是有重点地选择若干对国家今后发展最紧迫、最有影响的领域进行攻关。因此，“863高技术研究计划”确立的指导思想为：瞄准前沿，积极跟踪，有限目标，重点突出。根据这样的原则，经过充分讨论和调研，确定了7个高技术领域为今后发展重点，即生物技术、航天技术、信息技术、激光技术、自动化技术、能源技术和新材料领域。在以上7个领域又都有明确的奋斗目标，那

① 该文后收入《新技术革命的趋势和对策》一书，由法律出版社于1991年9月出版

就是：

在生物技术方面，要研制出高产、优质、抗逆的动植物新品种，如创造出比现在杂交水稻单产还要提高20%的水稻新品种；提供能有效防治肝火、心血管疾病、癌症的疫苗和药物。

在航天技术方面，研究发展性能先进的大型运载火箭及天地往返运输系统；研究载人空间站及其应用。

在信息技术方面，要研究制出具有和谐人机环境、满足多领域智能应用需要的智能计算机系统；研究为光通信、光计算服务的光电子器件及集成技术。

在激光技术领域，研究高性能、高质量的激光技术，以带动等离子体、新材料、激光光谱学等技术科学的发展，扩大激光在生产中的应用。

在自动化领域，针对多品种、小批量、高效率、高质量、更新换代快的现代生产的需要，发展新一代自动化技术——计算机集成制造技术；研制出能精密作业、水下作业、在恶劣环境作业的智能机器人。

在能源技术领域，开发比现在火电提高热能转换率20%的替代污染燃煤磁流体发电技术，建成万千瓦级试验电站；开展能大幅度提高核燃料利用率的先进核反应堆研究，建成工程性反应堆。

在新材料领域，为国家高技术计划各相关领域提供关键材料，如为下世纪初信息技术服务的新型光电信息材料，用于动力装置的耐高温、耐冲刷、高韧性复合材料，用于航天技术的耐腐蚀、重量轻结构材料和某些功能材料等。

计划制订了，而且很鼓舞，然而要使计划得以实现，那是更为艰巨的工作。根据以往的经验，实施计划，首先必须有强有力的组织领导和统一协调。这本来是我国社会主义制度优越性所具有的。但在当前情况下，我国科学技术多头、分散的状况是比较严重的，需形成全国统一的意志，大力协同，协调作战不是太容易。正如聂帅最近讲到的，我们科技力量不小，问题是要有一个坚强的领导，用现代化的方法进行组织，使这支巨大力量发挥作用。聂帅的话是非常正确的，对实施"863计划"也是有指导意义的。其次，必须要有配套的政策措施，特别是人才的培养和交流方面。当今世界科技和经济竞争，实质上是人才的竞争。我国的科技队伍无论是数量上还是质量上，都比以往有了很大的提高，但同国外情况和我国现代化建设的需要相比，还是远远不够。对于科技人才，既要下大力培养，合理使用，还要作好对优秀人才的吸引工作。因为任何一个国家都不可能拥有所需要的全部人才，在这些方面，都需要有配套的政策和措施。

随着“863计划”的开展,国家科委又适时提出了以发展高技术产业为目标的“火炬”计划,一大批“863计划”的阶段性成果被开发成高技术产品,有的已列入“火炬”计划进行工业性生产。可以相信,有了切实可行的计划,又有坚强有力的领导,组织又得法,政策措施跟得上,我国高技术发展,一定会迎头赶上,大有可为的。

(三)

欧洲的文艺复兴运动,造成了近代科学技术迅速发展的环境条件。牛顿(1642—1727年)等促进了机械、土木建筑、交通运输等工程技术的发展。瓦特(1736—1819年)等促进了蒸汽机以及内燃机的发展。法拉第(1791—1867年)等发现电磁感应(磁铁同导线相对运动时,导线中有电流产生)现象为发电机打下基础,打开了电力时代的大门。麦克斯韦(1831—1879年)接受法拉第的思想,并且用数学语言把它表述出来,于1864年把全部电磁现象归结为一组数学方程,这些方程可以推论出,自然界存在着电磁波,其传播速度同光速一样。电磁波存在的预言,直至1888年才由德国青年物理学家赫兹(1857～1894年)用实验证实,预示了无线电通讯的可能。这样,人类历史上就开始了将电用于动力、照明、通讯为基础的现代文明生活。从本世纪40年代到50年代由于出现原子能、电子计算机和空间技术,开始了影响极其深远的全面技术革命,它正在向深度和广度两个方面继续发展。

1939年德国哈恩和斯特拉斯曼发现铀原子核在中子打击下可以分为两个原子核的现象(即“裂变”),导致原子能工业的快速发展。美国于1945年在日本投下了两颗原子弹,引起国际广泛注意。

当今蓬勃兴起的世界新技术革命,使科学技术空前广泛地深入到社会的各个领域,导致生产力的巨大飞跃,引起世界社会、经济形势的深刻变化。现代科学技术在我国起步较晚,但新中国成立后的四十几年中,我国的科技事业取得了举世瞩目的成就。以原子核科学技术的发展为例,解放前这方面的科技人员寥寥无几。1948年我从法国回国后,想开展这方面的工作,就先着手训练青年,因为一切事情都要有人去作,同时也没有起码的设备条件。1949年初当时的北平得到和平解放,2月我即准备参加保卫世界和平大会。行前我向组织上提出要求借出国机会请求拨一批外汇以备购置开展原子核研究的仪器设备。中央讨论后决定拨款五万元美金,由代表团经费中拨付,当时统战部部长李维汉告诉我,中央讨论时,周恩来同志支持发展新兴科学技术。1955年初,中央书记处扩大会议讨论发展原子能事业时,周恩来总理就强调了队伍的重要性,很快决定在北京大学办起技术物理系,不久又在清华大学办起工程物理系;以后聂荣臻元帅开办科技大学时又办起了原子核物理与放射化学系。每年三个大学毕业300人。我们对学生强调学习延安的“自己动手,丰衣足食”的艰苦奋斗的精神。另外,周总理还决定由留苏、东欧留学生中转300余人学原子能有关专业。这些人和从美国、西欧回来的学者和留学生30余人,以及每年原子核专业和其它一般专业的大学毕业生数百人,成为中国原子能工业,研究和教育的科技骨干,对我国原子能事业起了重要作用。

最近(6月14日)新华社记者写了访问聂荣臻元帅的报道“一位老共产党员的夙愿——聂荣臻同志谈科技兴国”,我看了以后,很受感动。周总理和聂帅领导我国科学技术工作的10年间,正是依靠自力更生,开创了科技工作的黄金时代。聂帅说:“我们讲自力更生,并不是闭关自守。我们要积极地从国外引进新技术、新设备、购买专利。一切对我们有用的东西都要学,拿来为我们现代化服务。过去是这样,现在搞改革开放,可以引进更多先进的科学技术,这是毫无疑问的。不过要懂得,那些最先进的东西,人家是绝不会给我们的,较先进的东西,我们也无力都买。总之,我们是不能用钱从国外买来一个现代化的。……过去在那样困难的条件下,我们依靠自己的力量,组织队伍,组建机构,全国大协作,刻苦攻关,认真落实知识分子政策,充分调动他们的积极性,还不是很快就把‘两弹’的尖端技术堡垒攻下来了吗?当然,这是在当时历史条件下的成功经验。现在情况变了,做法有所不同。但我想,自力更生,艰苦奋斗,科学求是,大力协同,无私奉献,这些基本原则,是不会变,也是不应该变的。今天这样好的条件,自力更生,科技兴国就更不成问题了。所以我总是讲,要自力更生,要着眼于发展自己的科学技术,提高全民族的科学文化水平。”

有一个好的尊重知识,尊重人才的社会环境,是发展科学技术必不可少的条件。对于这一点,聂帅讲得很透彻,他说:“是否尊重知识、尊重人才,是衡量社会进步水平的标准之一。科技人员是新的生产力的开拓者,充分调动他们的积极性、能动性和创造性是发展生产力的前提。”他又说:“轻视知识、轻视科学、歧视知识分子的偏见,是愚昧和落后的表现,作为旧社会的一种遗产,在我国社会上有很深的影响,在我们党内也有反映。”他希望全社会树立起尊重知识、尊重科学、尊重知识分子的新道德、新风尚,真正实现周总理生前提出的“结成工人、农民、知识分子的兄弟联盟”的遗愿。这应当成为社会主义精神文明建设的一项重要内容。这是人民利益的根本所在,是我们国家的希望所在,也是实现社会主义现代化建设第二步战略目标的关键所在。

我国的科学技术正肩负着既要推进传统产业技术改造,又要迎头赶上世界新技术革命的双重任务,既要解决好经济建设主战场的需要,也要为长远发展打好基础,注意科学积累,增强发展后劲。由于科学技术发展的连续性和自身的内在规律,我们对目前尚不能肯定它的实际应用价值的基础研究,从国际间竞争激烈的形势考虑,也应该给予一定支持。在这方面虽然我们有自然科学基金或其它基金的支持,但总的来说,是大大地不够。因此我们要特别对一些国家级的研究机构和高等学校,给以支持,使他们具备发挥作用的工作(设备)条件和生活(医疗)条件,这样不但国内科技人员能更好地施展才华,在国外的青年留学生和外籍华裔学者也会更多地回国服务。

科学无国界,但科学家是有祖国的!

7月9日 出席在人民大会堂小礼堂举行的"全国国防建设征文"颁奖大会,并向优胜者颁奖。计收到应征文章8663篇,择优发表1902篇,经推荐、评议,评出一等奖20篇,二等奖50篇,三等奖80篇。

8月12日 回信北京市乒乓球协会副主席刘梦梅,告知早年学生时期参加乒乓球比赛及取得名次的情况。全信刊于《北京体育志》(北京出版社,2004年)并写有"编者按",一并录后:

钱三强同志谈北京早期乒乓球活动的一封信

(编者按:因编修北京体育志,老体育工作者、北京市乒乓球协会副主席刘梦梅先生,就北京早期乒乓球的有关情况,请教于曾在20年代北京市第一次乒乓球比赛中获得男子第四名的世界著名科学家钱三强同志,得到其热心答复。)

梦梅同志:

接到你六月九日信,现复于下。

①解放前1925年左右当时基督教青年会(米市大街)有乒乓球设备并组织活动,那时有些中学开始打乒乓球,如汇文中学等。

②北河沿孔德学校(孔德是法国实证主义哲学家的姓,该校解放后改名为北京二十七中学)中学化学教员张定钊,曾在日本学习过,乒乓球打得相当好,课余时候,在风雨操场与学生们打乒乓球,引起打乒乓球兴趣,男同学与女同学都在打。

③北京市第一次乒乓球比赛是1928年冬在米市大街青年会举行,男子取四名:

第一名　周丰一(孔德)

第二名　傅洵克(青年会)

第三名　金国光(孔德)

第四名　钱三强(孔德)

女子取二名:

第一名　金琼英(孔德)

第二名　陶凯孙(孔德)

这些情况已过了六十多年,记忆不清了,可能有错误,比如男子第二名傅洵克(青年会),姓傅大概不会错,但"洵克"两字就不清了。决赛有可能在欧美同学会举行。

以上情况谨供参考。

解放后,我国成为乒乓球的大国,又有乒乓球运动协会的成立,我相信我们一定能不断听到我国健儿在乒乓球比赛中取得优胜的消息。

匆此即颂

暑安

钱三强敬上

1991.8.12

8月19日　应约在《新闻出版报》"科学家谈科技出版"专栏发表署名文章《当前需要科技书刊出版有个大发展》。文中提出建议:首先,出版工作要为科学技术转化为生产力服好务;其次,要精心组织出版好基础理论研究方面的图书期刊;第三,做好科学普及与科技宣传工作,增强全民族的科技意识。全文录后:

当前需要科技书刊出版有个大发展

邓小平同志提出的"科学技术是生产力,而且是第一生产力"的思想,不断深入人心。当前,党内党外,举国上下关心科学技术发展的大气候正在形成。《新闻出版报》的同志约我谈谈科技书刊的出版如何适应我国科学技术发展的需要,对此我很有兴趣。

科技书刊,是科学研究的先行官。古代兵书上有一句名言,叫做"兵马未动,粮草先行"。用这个道理来说明科学研究和技术发展与科学书刊的关系,我看是最恰当不过了。我们每开展一项科学研究,推广一项新技术,很自然地一开始就要掌握和分析以书刊为主的情报资料,了解国内外已取得的成果、研究水平和发展动向,然后确定搞什么课题,主攻哪些关键。科学技术发展的关键,在于选准方向,确定好课题;而课题是否选得准,又取决于对科技书刊的掌握和分析是否准确可靠。如果不掌握必要的科技书刊,就情况不明,难下决心,甚至会出现选定过时的课题,确定错误的方向,重复别人已做过的工作,从而造成人力、物力、财力的浪费。随着科研的逐步深入,科技书刊与资料也在不断积累,不断丰富,又进一步给科学研究提供了给养。而科研工作取得的新成果,往往又会以书刊形式发表,成为后人科研工作的基础。在整个科研过程中,科研人员是离不开科技书刊的。因此,科技书刊的出版工作应成为整个科研工作的一个组成部分。再从另一个角度讲,科技书刊的出版工作只有紧紧与科研工作相结合,才能得到发展,才能充分发挥其作用。

科技书刊,是科学技术转化为生产力的催化剂。科技书刊在科学技术和知识转化为现实的生产力的过程中,起着桥梁与中介的作用。科研成果或生产技术在以出版物形式发表以前,只能在狭小的范围内传播与使用,其影响小、范围窄、速度慢,而一旦以出版物形式发表,则会在时间与空间上广为传播。从空间上讲,它可以超越国界,在世界范围内产生影响,并被众多的人使用;从时间上讲,它可以影响一代又一代人,并传之久远。

90年代我国科技的发展状况,在相当大的程度上将会制约着我国经济建设和社会的发展。各行各业的工作与科技发展息息相连,科学技术发展了,可以一荣俱荣,科学技术进展缓慢,则一损百损。而科技书刊的出版工作,对于科学技术的发展,起着十分关键的促进作用。那么,科技出版工作可以在哪些方面更充分地发挥作用呢?我认为:

首先,出版工作要为科学技术转化为生产力服好务。促进经济发展是科技工作的主战场,出版工作在这方面是大有可为的。比如在"星火计划"、"燎原计划"、"科技成果重点推广计划"、"技术改造计划"等一系列科技计划中,出版界都可以主动、积极地参与,并充分发挥其作用,为这些计划的实施出好相应的丛书或小册子。这类图书应简明实用、通俗易懂、价格低廉,使读者买得起、用得上。为农民出的科技图书,还应考虑到我国幅员辽阔,要根据不同的自然环境,出版适合不同地区的情况的图书。科技期刊要跟踪这些计划,及时介绍新情况、新进展、新经验,并发表新成果,总结经验教训。

在发展高技术及其产业方面,如"863计划"、"火炬计划"等科技计划中,出版界一方面要为这些计划的实施,及时翻译或出版有关资料,介绍国内外的新情况、新进展,为计划的实施提供情报。同时,要把计划实施过程中取得的经验、成果,进行总结推广。要约请参与上述计划的科学家积极撰写论文与专著,使他们的经验和成果在更大的范围内产生影响,成为社会的财富。我接触到的不少人员,对此是很有兴趣的。

其次,要精心组织出版好基础理论研究方面的图书期刊。基础理论研究成果,是科学技术转化为生产力之源。基础理论研究上去了,实用科技的发展才有根。如果我们不能在基础理论的科学研究方面走在世界前列,像我们这样的大国在国际上的地位就不会很高,我们科技进步的步子就迈不大,经济建设和社会发展就会受到制约。过去我们之所以能在薄弱的技术基础上搞出原子弹、氢弹、人造卫星,重要因素之一是我们有一批掌握基础科学理论的优秀科学家。从另一个角度讲,世界各国对高科技都是保密的,直接获取它在正常情况下是很难办到的。但是,对基础理论的研究是难以封锁与禁运的。从总体上讲,也只有掌握基础理论,才能掌握与运用高、新科学技术。在基础理论研究方面,出版工作是可以大显身手的。

有一个大的政策我们可以研究。我国的现有国力决定我们不可能在基础科学的研究上全面展开。因此,出版工作应设法弥补这方面的不足,除了可以在选定的重点研究项目上作出规划,努力配合做好工作外,对那些我们暂时无力投入人力、物力、财力的基础科学研究的某些方面,则可以注意收集、整理出版好有关的图书、期刊,跟踪世界科技发展的动向,不致使我们在这些方面的情报资料留下真空与断层。在这方面花点钱是值得的,这项工作做好了对今后的科技发展功德无量。也许我们今天感觉不到,但后人是会感谢我们的。

第三,做好科学普及与科技宣传工作,增强全民族的科技意识。要努力出好从少儿到不同年龄层次的人需要的科普读物,从小开始灌输"科技兴国"的思想。希望每行每业都出一两本书,让文化水平中等的读者都可以看懂,要让他们读了这一两本书,就可以对这个行业发展的状况大体有所了解。而且,这些书最好能从文字上作到雅俗共赏,不要行话太多,以此进一步推动学科技、用科技的热潮,使我们的民族成为懂科学、尊重科学、热爱科学的民族。

出版为科技发展服务,还应当注意两个问题:一是出版业自身的现代化;一是出版是一项文化事业,社会各方面要为出版业的发展创造良好的环境。

科技竞争是时间与速度的竞争。出版物能否及时反映与介绍最新的科研成果和动态,对科技的发展关系甚大。要使出版物能及时反映当今世界最新科研成果,出版业要用现代科技武装起来。一方面要用先进的科学技术与装备促进传统印刷业的改造与进步,使之适应科技发展对出版业的要求;另一方面,对正在发生的出版形式的技术变革要加以研究。电子计算机的广泛使用与现代通讯的发展,正在使出版业发生巨大的变化。电子出版物的数量在欧美与日本正在迅速增加。现在一些重要的科技期刊、辞典、年鉴、文献目录在一些国家已用电子出版物出版。比如,著名的美国的《科学》杂志今年已用电子出版物与印刷文本两种形式同时出版,电子版《科学》的信息大大多于印刷文本。英国著名的《简氏年鉴》也已用印刷版与(CD-ROM)(可读光盘)两种形式出版。80年代末,欧美已有800多部电子出版物投放市场,其销售量每年都在成倍增长。电子出版物的出现,使文献的整理大为简便,信息量大幅度增加,检索速度大大加快。这无疑对科技的发展起了积极的推动作用。对此,我们应认真研究,提出对策。

现在,我国每年出版科技图书1.8万种,科技期刊3100多种,与10年前相比,出版业有了长足的进步。但是,科技图书出版难、科技书刊出版亏损大的状况还十分严重。社会各方面要为科技出版的发展提供条件,财政、税收、邮电、工商等各有关方面要继续为科技出版提供优惠。解决科技书刊出版难的一个重点对策,是将科技书刊的出版列入相应的科研规划与计划,成为科学研究与技术推广的一个组成部分,在科研立项时就要考虑将出版方面的经费列支。另一方面要保证图书馆和情报所的购书经费,使科技书刊有最基本的订户。此外,还可考虑吸收企业、团体甚至个人的赞助,筹集各种类型的科技学术出版基金,为科技书刊的出版提供条件。

夏 在中关村寓所接待到访的清华大学教授郭奕玲等,谈物理学史的研究和教学。当得知物理学史课题申请不到科学基金,建立不起研究室,没有条件招研究生,出书太难,大家为此而苦闷心急时,对郭奕玲说:

你们的情况我能理解。打一个比方,就好像一个通道,这个通道本来就很窄,可是大家偏偏都要从这个通道走,这就必然造成拥挤,有的人就可能通不过。通不过并不等于他过不去。他可以找其它的途径,也许可以达到同样的目标。况且,很重要的是今天总的形势,是允许大家找路子,而不是像二三十年前那样什么都卡死了。开物理学史选修课是件有意义的事。每学期开两门课,每门课二百多学生,两门课五百人,一年就上千人听讲,十年该是上万人。清华大学的学生大多是很优秀的,如果这一万人里有百分之几由于受到你的启发以后成为栋梁之才,对国家的贡献该有多大啊!(郭奕玲、沈慧君,《怀念钱三强先生》,载《现代物理知识》9卷1期,1997年)

8~9月间 值思进偕妻和子女回国探亲,祖孙三代第一次(也是唯一的一次)团聚,心情欢愉。其时正改写全国政协科技委员会关于改善知识分子待遇的文件,冒着酷暑天气,在儿孙就寝后多次工作到深夜两三点钟。

9月6日 在北京劳动人民文化宫1991年北京图书节上参加"世界原子弹氢弹秘史丛书首发式",并做主旨发言,介绍世界核武器发展史。

9月 为了准备浙江科学技术出版社拟出版《钱三强文选》的重要历史资料(撰写“大事纪要”用),在查无档案记录的情况下,经过回忆亲笔写下1950年中国科学院近代物理研究所成立时约里奥-居里夫妇分别发来的祝贺电报:

为科学服务,科学为人民服务—祝贺中国科学院近代物理研究所的成就

弗·约里奥-居里

致中国科学院近代物理研究所,它将发展新中国的放射性科学

伊·约里奥-居里

10月10日 为《科研组织行为学》一书改定序言稿。该书经国家科委教材编审委员会选定为全国科技领导干部培训基本教材。

10月17日 接受中央电视台采访,就党中央、国务院和中央军委授予钱学森杰出贡献科学家称号发表谈话,表示祝贺。谈话于当晚新闻联播中播出。

10月22日 为《少年科学文库》改定代序稿《致21世纪的主人》。序中衷心希望全国少年儿童知难而进、锲而不舍,从书本、从实践中吸取现代科学知识的丰富营养,当好21世纪的主人。

11月初 几经修改定稿《我国核科学技术早期发展的回顾》一文(该文拟收入“中国核军事工业史料”丛书)。全文约13 000字,分为:一、我国核科学的萌生极其艰难的历程;二、艰苦创业,让核科学在中国的土地上扎根;三、与中央决策有关的几件事;四、为发展核事业推荐人才;五、组织全国大协作。

定稿前,曾将文稿送给朱光亚,并附信请其对1946年国民政府军政部约见吴大猷、曾昭抡、华罗庚等拟筹组研制原子弹的机构,派李政道、朱光亚、唐敖庆等赴美学习考察一节进行订正。朱光亚审阅后于11月12日亲笔回信,说明情况并作了补正。朱光亚回信如下:

三强主席:

1946年赴美时,助手六人只选了五人,徐贤修是华先生到美国后过了一段时间才选定的,后来我一直未见过徐贤修先生。

王瑞駪(不是“端”,是“瑞”)是先到Washington大学,获博士学位后到Yale大学;以后又转往纽约州立大学,是该大学设立的Einstein讲座教授第二批五位中的一位(杨振宁是第一批五位中的一位)。王瑞駪先生现仍在Buffalo的纽约州立大学(State University of New York at Buffalo)。据唐敖庆先生告诉我,他1985年赴美访问时曾到Buffalo见到王瑞駪,王在分子生物学方面是很有成就的。也曾多次希望他回国参观访问,但由于这样那样的原因一直未能实现。

孙本旺到美国后在纽约大学,1949年12月回国后到武汉大学任

教授,1952年转到哈军工,以后是长沙工学院(国防科大前身)、国防科大,1979年任国防科大副校长兼系统工程系主任。1983年年底因身体不好免职(届时已年过七旬),1984年7月病故(胃癌)。孙本旺先生曾任第三届全国人大代表(1962～1965)、全国政协委员(1959～1962,1976～1984)。

以上是我了解的情况,特向您报告。

致

敬礼

朱光亚

12/11-91

11月12日 接读中国世界观察研究所所长童大林信函和附寄的有关该所的材料,同意接受聘请,担任该所顾问。顾问还有卢嘉锡、任仲夷、安志文、伍修权、费孝通、杜润生、汪道涵、陈翰生、夏衍、项南、唐克、黄华、薛暮桥。该所的主要任务是:运用自然科学与社会科学相结合的方式,观察研究全球的政治、经济、科学、技术、文化、教育、社会和生态环境等各领域的新趋势、新问题,并致力于促进全球合作事业。

11月13日 接读钱学森亲笔信谈两个科学名词的建议。信写道:

钱三强同志:

我写此信还有一个目的,因您主管科学名词的审定,有两个词,不知是否已正式定了。一个是mesoscopic,一个是nanotechnology,前者有译为"介观"的,后者未见有译名。我以为"介观"是直译,介乎宏观与微观之间吧;但从字面看,未明确"介"于那两"观"之间。所以我建议mesoscopic在汉语中用"细观",从"宏"到"细",再到"微",不是更带中国味儿吗?nanotechnology可直接用字头"nano"已定为"纤"这一点,译名为"纤技术"。这两个词在今后高技术发展中是重要的,我希望我们要把汉语名词定得妥当些。我的意见不知是否妥当,请您考虑。

11月 在中共中央宣传部举行的"科学技术是第一生产力"座谈会上作书面发言。发言题目为"要解决科技转变为生产力的一系列复杂问题"。

11月 得知于光远同住北京医院要做手术,遂往病房探望。老同学相见都在病中,又有医嘱不能多说话避免情绪激动,少顷离去。此乃二人最后一次见面。

11月下旬 接到周培源、王蒂徵赠送的《周培源王蒂徵收藏古代书画选》一册,从头至尾一一欣赏后,深有感触,认为周老在"爱护国家文物、艺术归于人民"方面,又是老师。

12月17日 应中国科协聘请，担任“促进自然科学与社会科学协同专门委员会”顾问。同时聘为顾问的还有钱伟长、于光远、李昌、邢贲思、汝信。该委员会主任委员为龚育之。

12月底 在医院接读宋健亲笔信及附寄的美籍华裔学者朱传榘对自然科学名词的一项建议和《外交史资料》(第10期)。

宋健信附于后：

钱老：

美籍华裔科学家朱传榘先生近年多次到京，疏通中美关系，为此他做出了不懈的努力，SRI(Stanford Research International)与中国科学界的联系始终未断。他对中国文字改革十分关切，提出了一项重要建议：新出现的自然科学名词，可直接用拉丁文使用(或用英文)，而不必再造氘、氚、镨、鲁之类的新字，等等。因您是中国自然科学名词委员会主席，故将朱先生来信和马宾同志的信转呈于您，可否请批转名词委员会诸君研究决策？

朱先生的建议，我也曾亲聆到林家翘先生类似论述。后知国内科学界各有异议。但视世界潮流，如日本、苏联、西欧，均以原名音译推广，颇成时髦。不知可循否？或者，凡科学论著，如强子、胶子之类可否提倡中文名词后(用括号)注以原文名称？这对今后几十年的改革开放政策，或有策应之效，对后来人的中西交流或可创造更好的环境，请判决。

另，近读外交部一些同志写的纪念陈毅同志的文章，敬送一阅。其中第14页有一段精彩的关于红与专的论述。使我回想起，您六十年代曾阐明过的“红专矢量论”，那是绝对的正确，有如初等代数定理之再造。皇天后土，永无可能反顾。这与陈毅同志的论点不谋而合，是“英雄之见略同”。我不猜想您曾与他“同筹”过。可惜我并未拜读过大作，仅从文革大字报中得知一二。如原作能再布，必成历史杰作。元旦将至，时值寒冬，至望为国珍摄。敬颂先生并泽慧师母大安。

宋健

1991年12月25日

1992年 七十九岁

年初 出院后着手撰写庆贺周培源九十寿辰的文章，其间找过何祚庥等商议，自己几次修改后定稿，并抄清交付“国际流体力学和理论物理科学讨论会”组织委员会,文稿于同年 3 月由该组织委员会编刊于周培源教授九十寿辰纪念文集《科学巨匠　师表流芳》一书(中国科学技术出版社出版),文题为“记周培源老师几件事以志应向老师学习的精神——祝贺周老九十寿辰”。全文如下:

记周培源老师几件事以志应向老师学习的精神
——祝贺周老九十寿辰

(一)

我在清华大学读书的时候(1932～1936 年),物理系的教授有叶企孙、吴有训、萨本栋、周培源、赵忠尧等,在当时国内大学中,老师队伍比较强,并且每位教授不单教课并且还进行研究工作,这在当时是比较少见的。我们到四年级时(1935 年)除了少量课以外,学生都努力做毕业论文,它的水平大致与现在硕士论文相当。我们班十人,多数是做实验物理的,只有郁钟正(现在改用于光远名)是学理论物理的,他的导师就是周培源先生,做的论文是关于爱因斯坦相对论有关的问题。周先生到清华后,指导过王竹溪、张宗燧、彭桓武、林家翘等做过研究工作,他是我国理论物理与力学的重要创始人之一。

1946 年夏在英国剑桥大学召开的基本粒子会议上,我见到从英国、美国、加拿大来参加会议的我国的物理界人士:周培源、吴大猷、彭桓武、胡宁、胡济民、梅镇岳等。在那个会上,何泽慧应邀做在德国波特教授实验室进行的《正电子与负电子弹性碰撞》的实验报告。周先生希望我回国到清华任教并开展核物理方面的研究工作,不久清华就汇来回国旅费。紧接着北平研究院副院长李书华到巴黎参加联合国教科文会议,提出要我和泽慧到北平研究院工作。1948 年夏,我们完成了铀核三分裂和四分裂工作后,回国到北平。1949 年初,北平解放后不久,我很快被派出参加以郭沫若为团长的保卫世界和平大会。回国后,即参加科学院的筹备工作。清华大学原来是想自己建立原子核物理实验室的。解放后清华大学思想进步的校务副主任委员周培源先生坚决支持全国先成立中国科学院的核科学中心,校务主任委员叶企孙和另一位副主任委员吴晗也同意这个意见,因而清华大学物理系老师、研究生:彭桓武(教授兼任近代物理研究所研究员)、金建中、李德平、黄祖洽、陆祖荫等都集中到科学院近代物理研究所。周先生在近代物理研究所成立时期,促成清华、北平研究院、中央研究院和浙江大学的合作。这是“全国一盘棋”的思想,在解放初期是难能可贵的,对我国较快地发展核科学起了促进作用。

（二）

解放后，中国物理学会召开会员代表大会，周先生被选为理事长，我为副理事长，应用物理研究所副所长施汝为担任秘书长。除按期召开常委会外，日常工作经常由周先生和我一同到施汝为家中商定。当时原子核物理、原子物理与分子物理之间，提高与普及之间，基础与应用之间，研究所与大学之间的关系，处理得还是比较好的。这个班子一直维持到1982年，施汝为后来被选为常务副理事长。由于周先生德高望重，物理学界的团结是比较好的，业务发展速度也是比较快的。

（三）

在新中国诞生的时候，国内的粒子物理工作屈指可数，研究工作主要是沿着当时国际上流行的方向进行的。毛泽东主席1955年1月15日在一次中央书记处扩大会议上提出中子、质子、电子也是可分的观点，1965年《红旗》杂志刊载了日本学者坂田昌一的《新基本粒子观的对话》，这鼓励了一些国内粒子物理理论研究人员去学习方法论，并用之于分析粒子物理实验结果和探讨粒子物理理论发展。他们（主要是原子能研究所、北京大学、科学院数学研究所的理论工作者）组织起来，共同努力，协作攻关，每周碰头，分工研究。经过九个月的努力，提出了强子结构的“层子模型”。为什么要将组成强子的成份称为“层子”，是想强调这样的观点：即层子也不过是物质结构的无限层次中一个层次而已。工作的成果曾经在北京科学讨论会1966年暑期物理讨论会上报告过。周培源先生那时是以北京大学副校长、中国科学技术协会副主席身份主持暑期讨论会。从1971年开始，杨振宁教授多次来华讲学，对于国内开展规范场的研究工作起了推动作用；1972年开始，李政道教授也多次来华讲学，对于国内开展孤粒子与口袋模型的研究产生了影响，周先生在北京大学接待了他们并主持了他们的报告会。

（四）

1976年秋一个夜晚，周先生和夫人王蒂徵突然来访，周先生长长地叹了口气说：“这些日子真苦闷，心里有话不能说。”周师母说：“你这位老师快憋死了，今晚一定要我陪他到这儿来，现在只有和你这样的老朋友还能说几句话。”周老说了下面一系列的话：“我是研究理论物理的，他们（指造反派）却要立竿见影，要做出东西能跳能叫的，如果都这样要求，世界上就不可能有爱因斯坦，不可能有玻尔了。有的同志一气之下干脆放弃了理论研究,参加手工操作去了,这等于放弃了基础。50年代周总理领导我们搞12年科学规划时说:要结合实际,但也要有打基础的科学。这些年来,我们亲眼看到理论物理学所发挥的巨大作用。为什么1964年我们的原子弹能够上天,我们的氢弹能够那么快的爆炸?如果建国初期我们不建立理论物理组,没有彭桓武、邓稼先、周光召、于敏、黄祖洽等这些有才华的科学家埋头苦干,那会是什么样子啊!1962年广州会议,周总理为知识分子脱帽加冕,那可看出他的卓识远见。有了总理和聂荣臻元帅的领导,才能把今天和明天结合起来呀!有一次总理很客气地找我说'周老我来将你一军,有人不重视理论物理,你能不能写一篇文章,讲讲理论物理的重要性。'我找了几位党员又有理论物理修养的,进行多次讨论,写出文章在报纸上发表了,公认是有水平的。现在也要批,他们是想陷害总理呀!我们总不能睁着眼睛说瞎话。我七十多了,你也六十多了,我们总不能说瞎话呀。"

彭桓武是周老的好学生。周老说:"1947年他去云南大学教书,那是熊庆来校长请他,尊重他;1949年他来北京,因为你了解他,尊重他。这些年,他工作得十分出色,许多人都佩服他,称他是个奇才,解决数学难题的本领也很强,与同事的关系也处得很好,这次运动也冲击了他,这样搞下去,对谁有好处!"最后周老说:"物极必反,现在作恶已经到头了。总有一天党的正确领导会树立起来的。"一个星期以后"四人帮"被粉碎的消息突然传来,我高兴得老泪满面,跨上自行车,来敲周先生的门,周老几乎跳起来迎接我:"这场恶梦总算过去了!"王蒂徵师母说:"你看你这位老师前几天那个样,今天是这个样,简直发疯了!"周老和我互祝保重,还想再为祖国做些工作。

(五)

阻碍国内科学发展的障碍终于被拔除,在中国物理学会领导下,在黄山、庐山、桂林召开大会和座谈会,讨论粒子物理理论,周先生在这里起了积极推动作用。在李政道、杨振宁两教授支持下,中国科学院、高等教育部和中国科学技术协会联合发起于1980年1月份在广东从化召开"广州理论粒子物理会议"。到会的有海外华裔粒子物理理论学家(包括港澳)50余人,共撰写论文40余篇。国内研究所与各大学的研究人员约百余人,共撰写论文80余篇,周培源先生以中国科学院副院长的名义致开幕词,提出会议主要目的是交流理论粒子物理新成果,包括强子结构与强相互作用现象,规范场论与量子色动力学,大统一理论和重力,宇宙学等。希望海内外学者共同提高,促使中国理论粒子物理水平提高。在会议过程中有朱洪元代表胡宁、何祚庥、戴元本等39人的集体报告《层子模型的回顾》,李政道的《量子色动力学与强子口袋模型》,彭桓武的《衰减中的谐振子的量子力学的处理》,吴大俊的《量子场论与统计物理》,李华钟等人的《关于古典规范场论若干研究》,颜东茂的《新粒子》,姚若鹏的《因子化与重正化群》,周光召的《论封闭时间路程格林函数方法》,华家熙的《强子唯象学》,陈匡武的《带颜色的化学与强子软过程》,徐一鸿的《重子数的不守恒》,杨振宁与邹祖德的《强子碰撞的几何模型》,章义朋的《大统一理论的总结》,何祚庥与阮图南的《复合粒子的量子场论》等。除理论工作外,丁肇中小组的代表还报告了《高能正负电子对碰撞束流的物理》,霍安祥做了《宇宙线高能现象的研究》的报告等。会议的第一天李政道教授登上主席台说:"对国内现在的发展,感到高兴和骄傲。国内是主流,海外仅是一个支流……"会议刚开一半,杨振宁教授很动感情地说:"初唐时期,在南昌曾有一次盛会,诗人王勃在《滕王阁序》中使用'物华天宝'、'人杰地灵'描写当时中国的潜力……,我希望这次会议能为发掘这无比潜力做出少许贡献。"会议期间,代表们参观了原子能研究所,还到西安、上海、桂林等地参观,一路上写诗,对对子,在中国对外交流史上也是很有意义的事。到北京后,受到邓小平同志的接见与宴请,李、杨分别坐在小平同志两侧。李、杨认为国内的强子结构的层子模型与美国研究的夸克模型很类似。小平同志问:"我们中青年科学工作者怎么样,他们的水平、素质与先进国家相比如何,希望听听你们实事求是的评价。"杨教授说:"国内有一批40多岁的科学家,他们能力很强。"这时小平同志要亲自见见这批中青年科学家。当介绍到49岁的周光召时,我介绍他是我国新一代科学家中的佼佼者时,李政道立即接着说:"他不仅是在他这一行业中的国内佼佼者,在我们所从事的行业中——在粒子物理的领域内他也是佼佼者。"

小平同志感到欣喜与兴奋,举杯说:"你们辛苦了,你们为国家为人民做出了贡献,我敬你们一杯酒!预祝你们继续攀登高峰,把失去的时间抢回来。"广州会议打开了对外开放的大门。不久小平同志提出更加鼓舞人心的号召:世界上许多国家都在制订实施高科技发展计划,下个世纪将是高科技的世纪,任何时候,中国都必须发展自己的高科技,在世界高科技领域占有一席之地。高科技的发展和成就,反映了一个国家和民族的能力,也是国家兴旺发达的标志。以后的事实证实,小平同志的预言在一步步地实现。

(六)

1991年11月25日,我突然接到周老和王蒂徵师母合赠给的一本画册《周培源王蒂徵收藏古代书画选》。这是他们两位合作所做出的对新中国文化艺术事业的一贡献。

周老是物理学家,王蒂徵是教育家。在他们给我的信中写道:"我们夫妇自50年代初期至60年代中期利用我们工资所余,收集了一部分失散在民间的古代书画。并于1988年将145件藏品捐赠给无锡博物馆,愿其为弘扬祖国传统文化,使更多的书画爱好者欣赏发挥更大的作用。"这一"书画选"便是从145件藏品中挑选出更高水平的75件精品。

著名社会活动家、文化艺术鉴赏家赵朴初先生在《序》中写道:"周培源教授、王蒂徵女士鉴藏古书画是从本世纪50年代初开始的。他们于科研、教学等公务之暇,雅好祖国书法、绘画艺术。贤伉俪黾勉同心,完全依靠自己的束脩所入和法眼鉴识,从流散在社会上的真赝古书画中,甄别拣选、披沙拣金、日积月累,庋藏了一大批精湛的古代书法绘画艺术品。伉俪之间的品评探讨,朋友同好的参详决疑,成为他们业余文化生活中的一大乐趣。"

女儿周如苹在《写在前面的话》中写道:"父亲、母亲收集这些古代书画,全部是靠他们自己的工资收入。其实按他们当时的收入,生活可以安排得相当舒适,但他们一贯省吃俭用,从不浪费。……三年自然灾害时期,母亲为了省下钱来收集古代书画,始终不肯拿出更多的钱来购买食品,以致于成为当时北大、清华唯一由于缺乏营养而患浮肿病的教授夫人。"

怎样评价他们两位老人在艺术收藏上的贡献?赵朴初先生写道:"两位先生的藏品,仅从目录上看,已觉宝光熠熠,满目生辉。作品的时代包括元、明、清三代,尤以明清时期的书法名画为主,可以说,几乎包括了明清时期所有主要的书法、流派及其代表作家的真迹。如'浙派'、'吴门画派'、'清四高僧'、'清四王'的作品,在藏画中都应有尽有。几位大书法家如祝允明、徐文长、董其昌、王铎、傅青山、邓石如的书作,流光溢彩,各极其致。其中,明代大书法家祝允明为大画家陈道复写的《草书唐宋词卷》、黄道周在南昌被捕时写的家书字幅,清代肖像画名家禹之鼎的《王原祁肖像图》、高凤翰右手致残前画的《草堂艺菊图》等,并具有独特的史料价值。藏品中有不少是传世很少的名家之作。如明初画家徐贲(幼文)的《峰下醉吟图》,干笔淡墨,自然厚重,风格源出于董源,并吸收黄公望、王蒙笔意,为其代表作。徐贲画传世绝少，此件极为难得。天全翁徐有贞，为明代“吴门书派”的前辈，祝允明幼从其学，卓然成家。他的《草书词翰卷》凡90余行，近500余字，洋洋洒洒，龙飞凤舞，骨力嶙峋，风神潇洒，别有新意。徐氏书作，传世不过三四件，且字体不多，难以反映其书体艺术全貌。此卷书体丰富，乃其卒前一年所书的力作。仅此两例，已足以看出周、王两位先生高超的审美情趣和独具慧眼的鉴定水平。”

许多著名书画家和书画鉴赏家，包括他们的好友张奚若、邓以蛰(邓石如曾孙、北大教授)等人经常去他家里鉴赏。在鉴定他们所捐赠的这批古书画的过程中，许多著名书画鉴定家称赞说：“这是国内一处尚未被发现的古代书画艺术宝库！”

周培源教授是我从事物理学学习的老师。但是在我看到这一“书画选”以后，深感周老在“爱护国家文物、艺术归于人民”的问题上，就又是我的老师。我一直认为周老一生有两大贡献：一是培养了一大批优秀物理学家；二是积极捍卫世界和平事业，是我国少有的和平老人。但是，当我看到了这一“书画选”以后，深感周老和王蒂徵师母还有一大贡献，那就是“艺术归于人民”，而这是节衣缩食结出的硕果。

2月下旬 在办公室接待时任中国原子能科学研究院院长孙祖训，同意所提出版“钱三强论文选集”的建议。随后组成筹备小组，由张玉台、孙祖训负责商有关方面组成编委会，周光召为编委会主任，钱皋韵为副主任，编委有于敏、方守贤、孙祖训、李德平、何祚庥、胡仁宇、黄胜年、黄祖洽、章综、彭桓武。编辑班子由中国原子能科学研究院徐文镐等负责。《钱三强论文选集》于1993年10月由科学出版社出版。

2月底 给思进写信，启发他在参加集体性质的“大科学”工作中，注意了解“个体”和“集体”的意义。信中写道：

你搞的是“大科学”的部分工作，因此几十人甚至上百人共同署名的工作也成为习惯了。但自己的工作部分仍是很重要的，因为缺了它，整体工作的意义也会变得小了。这确实需要更多地了解“个体”和“集体”的意义。希望你与各国合作者们的关系搞得顺利些。

3月5日 接李政道亲笔信。信称：

今年五月中旬吴大猷先生应我邀请将由台北到北京参加亚太-美国超级超导对撞机国际合作会议。这不但是海峡两岸关系的一大突破，也是使中国物理学界老前辈能有一次难得的聚会。我拟于五月二十一日下午三时在北京中国高等科学技术中心(CCAST)举办一次座谈聚会，请几位老前辈讲讲中国近代物理学发展的历史，以纪念这一盛会。晚上CCAST将在中山公园举办一个招待会,海峡两岸和海外几代物理学家可欢聚一堂,实乃一大佳事。极盼您能给予支持,并届时光临。

3月上旬 从何祚庥电话首先得知,随而到中国科学院机要室借阅刊载《邓小平在武昌、深圳、珠海、上海等地的谈话要点》(1992年1月18日～2月21日)的中共中央文件,谈话要点共有六部分约七千余字。其中第三部分邓小平讲到:

> 经济发展得快一点,必须依靠科技和教育。我说科学技术是第一生产力。近一二十年,世界科学技术发展得多快啊!高科技领域的一个突破,带动一批产业的发展。我们自己这几年,离开科学技术能增长得这么快吗?要提倡科学,靠科学才有希望。近十几年来我国科技进步不小,希望在九十年代,进步得更快。每一行都树立一个明确的战略目标,一定要打赢。高科技领域,中国也要在世界占有一席之地。我是个外行,但我要感谢科技工作者为国家作出的贡献和争得的荣誉。大家要记住那个年代,钱学森、李四光、钱三强那一批老科学家,在那么困难的条件下,把"两弹一星"和好多高科技搞起来。应该说,现在的科学家更幸福,因此对他们的要求会更多。我说过,知识分子是工人阶级的一部分。老科学家、中年科学家很重要,青年科学家也很重要。希望所有出国学习的人回来。不管他们过去的政治态度怎么样,都可以回来,回来后妥善安排。这个政策不能变。告诉他们,要做出贡献,还是回国好。希望大家通力合作,为加快发展我国科技和教育事业多做实事。搞科技,越高越好,越新越好。越高越新,我们也就越高兴。不只我们高兴,人民高兴,国家高兴。对我们的国家要爱,要让我们的国家发达起来。

读后深有感触,请秘书代办借阅手续后把文件带回办公室再仔细阅读学习。

3月末 接国家自然科学基金委员会主任张存浩信函,接受担任"科学基金制的完善与发展国际讨论会顾问委员会顾问"的聘请。该讨论会定于同年10月26～31日在北京举行,会议使用世界银行特别贷款。张存浩任讨论会主席,宋健为名誉主席。

4月16日 以中国科协名誉主席名义,在北京人民大会堂江苏厅宴请英国皇家学会会长迈克尔·阿蒂耶爵士率领的英国皇家学会代表团,并致欢迎词。代表团先后参访了国家自然科学基金委员会、中国科学院、中国医学科学院,以及天津、桂林、西安、上海等地。出席宴会作陪的有高镇宁、胡亚美等。

4月20～25日 出席中国科学院第六次学部委员大会,被选为大会主席团成员。参加对中国科学院学部主席团和数学物理学部常务委员会的投票选举。

4月22日 应约同意在香港《文汇报》“中华风采”专栏作报道。题目是“钱三强——原子世界60年”,文字报道稿由葛能全撰写,同时选刊10幅历史照片。

4月23日 经过采访和摄制,中央电视台在“神州风采”栏目对钱三强作专题报道。

5月中 审阅葛能全为《钱三强文选》编写的“钱三强大事年表”(后刊出改为“重要活动记事”),就此写条给葛:“能全同志:你的长稿我看了一遍,对我帮助大,从中看到不少内容。我希望你作为有空时,晚上睡觉前及时写一点,积少成多。三强”

5月27日 在三里河中国科学院办公室面嘱葛能全,将其1946年出席英国剑桥国际基本粒子与低温会议时,同吴大猷、周培源、彭桓武、胡宁、胡济民、梅镇岳、何泽慧的合影照片洗印放大,以便月底在北京面见吴大猷时当面赠予留念。后因突发心脏病没有出席海内外物理学家聚会,故赠吴大猷照片未能如愿。

5月28日 在寓中准备缅怀聂荣臻(于5月14日逝世)领导中国科技工作和关怀科技工作者的发言稿,直至深夜还向葛能全电话询问当年上海市那位主要负责人名字,说是很熟悉的名字一下子怎么也想不起来了。

5月29日上午 出席由国家科委、国防科工委、中国科学院和中国科协在北京人民大会堂海南厅联合举行的“首都科技界缅怀敬爱的聂荣臻同志座谈会”,以连夜撰写的稿子——“科技工作者的知心领导人”在座谈会上发言,情真意切回顾那个年代,几度哽咽。自25日接通知邀请发言起集中精力写稿,身心劳累,发言时心情激动,回家后颇觉不适,当晚彻夜难眠。

5月30日晨 紧急前往北京医院检查身体,随即住院观察。午后在医院发生心力衰竭,经抢救,病情暂时缓解,但仍处于危重之中。

是日 秘书接李政道信:

> 三强先生:中国科学院和中国科协请我协助朱光亚先生主持5月31日的中国当代物理学家联谊座谈。为了保护您和其他老前辈的健康,座谈总时间只能限于70分钟,因此需要把发言集中在几个问题上。为方便您准备,附上拟请您回答的问题(请不超过四五分钟),盼能略作准备,则不胜感激。

附回答的问题如下:

> 三强先生,您在1948年回国时,国内的核科学几乎是一片空白,但很快地发展起来,很希望您谈一谈核科学人才的培养是怎样起步

的?

(遵照医嘱,此信未送阅)

6月24日 在医院发生第二次心力衰竭,经抢救后得以暂时缓解。

6月26日 再一次发生心力衰竭,经抢救得到缓解,但病情十分危重。北京医院已发出病情危重报告。

6月27日晚 再次发生心力衰竭,经抢救无效,于28日0时28分在北京医院逝世。约1小时后,中共中央书记处候补书记、中央办公厅主任温家宝,获报后迅即赶往医院,在钱三强遗体前沉痛默哀。

6月29日 法国原子能总署高级专员泰雅克,获悉钱三强逝世的消息后,给中国科学院院长发来唁信。

泰雅克的唁信附录于此:

尊敬的院长先生:

我刚刚得到钱三强教授去世的消息,法国电视台播发了对他的哀悼与致敬。我感到非常的悲痛,因为钱三强是我的老朋友,我们的关系可以追溯到久远的年代,那时我们一起在伊莱娜和弗莱德里克·约里奥-居里指导下工作。1991年3月我们在北京重逢,非常激动,那时我受到中国科学技术委员会的邀请。

钱三强是一位卓越的学者,他对人热情,忠于友谊。他为中国的科学争得荣誉。他领导中国原子能研究所27年,无论是对基础研究还是核技术,他的工作都是决定性的。

在他任中国科学院领导者期间,他全力支持中国科学院与法国原子能总署的科技合作。这项始于1979年的合作对双方都是富有成效的。

他非常有才华,同时又有尊严,有高尚的情操,大度,谦虚不张扬,典雅。对我以及对那些曾经有幸与他接近的人,钱三强教授的人品都是一个典范。他是一个伟大的人,他通过在中国完成的事业而服务于人类。

院长先生,请接受我的敬意。

泰雅克教授

7月2日19时 中央电视台新闻联播节目播报钱三强逝世的消息和照片,文字标题为"我国原子能科学事业的创始人、杰出的科学家钱三强同志在北京逝世",同时播发其生平。

7月3日 江泽民亲自打电话给何泽慧,对钱三强的逝世致以深切哀悼,说钱三强同志对国家原子能科学技术做出重大贡献,成绩卓著,后人不会忘记他的。

同日 《人民日报》头版发表钱三强逝世消息,标题为"深受人民尊敬和爱戴的杰出科学家钱三强同志逝世”,配发照片。首都各大报均刊发新华社报道钱三强逝世的通稿,配发照片和生平。《科技日报》、《中国科学报》同时刊发由葛能全、黄胜年撰写的《钱三强传略》。

7月4日 千余各界人士(原定300人)在八宝山革命公墓礼堂举行向钱三强遗体告别。

Δ遗体火化后,一部分骨灰安放于八宝山革命公墓第一室;一部分骨灰安葬于北京房山坨里中国原子能科学研究院内树林处,其上为1993年10月塑造的钱三强半身铜像,以纪念这位中国原子能科学研究院的创建者;另一部分骨灰安葬于北京福田公墓其父母墓穴旁,大理石墓盖上镌刻父亲钱玄同1933年勉书的“从牛到爱”。

7月11日《人民日报》发表周光召的署名文章《钱三强与中国科学院——缅怀尊敬的钱三强同志》。全文分六部分:为组建中国科学院竭尽心力;创建和领导学部工作;建立原子核研究基地,吸引大批科技人才;倡导基础理论研究,精心组织重大攻关任务;推动粒子物理理论探讨工作;积极开拓各种国际学术交流渠道。

7月13日 美国《时代》周刊(第140卷第2期)“里程碑”栏目编发钱三强逝世的简讯。

美国《时代》周刊简讯:

> 钱三强,79岁,帮助中国发展原子弹和氢弹的原子物理学家,在北京逝世。钱三强的父亲是领导了1919年“五四运动”的学者。他为中国培养了一代原子物理学家。逝世前他一直是中国政府的科学顾问。

7月 王大珩撰写《忆三强,我的挚友》诗(刊于《清华校友通讯丛书》复26册)。

王大珩原诗及注:

幼自更名志气先① 人道少年非等闲
四载清华攻“牛爱”② 一朝出国成大贤
纷纭战火历辛苦 难得何姐结良缘
诚赞华夏有居里 铀核三分创新篇
祖国革命换人间 英才驰骋有地天
计穷顽敌施细菌 敢邀正义揭凶焰
两研纵横继往业 一院科学展宏颜
原子大事奠基业 春雷一声秉穹轩③
十年动乱耐磨炼 响应改革志趣坚
霞光照晚红灼灼 赢得国际好名衔
须知继业满桃李 荣哉奋拓半百年
相识七旬称莫逆④ 哀悼挚友痛心弦

①三强幼时与我在孔德小学同学,他原名"秉穹",后来自己改名"三强",用以自勉,可见从小志气不凡。

②1932年进入清华大学物理系,他的父亲是国内知名的国学家钱玄同教授,为他写了横幅"从牛到爱","牛"指牛顿,"爱"指爱因斯坦,这横幅随三强所在悬挂不离,自学校宿舍,至国外,至回国后各居处。

③三强是我国公认的原子能科学事业的创始人和奠基人。1964年10月,我国第一颗原子弹爆炸,核爆蘑菇云冲上云霄,举世震惊。当时张爱萍副总长是总指挥,把这场试验誉为春雷。"……秉穹……"如上述,引入了三强的原名。

④我与三强相处,主要在大学学习及国外留学时期,他对于革命形势的理解,处世为人,以及从事科学的风格,身体力行,对我有着深厚的感受和影响。尤其是新中国成立前夕,是三强他提出了要及时回国,目睹一下当时社会的混乱与腐败,人民处于水深火热中的情况,设身处地受到一次反面的教育来迎接新中国的到来。我们约好几乎同时回国。这就使我们从感情上认识到没有共产党就没有新中国,激发着热爱党、热爱新中国、热爱社会主义的热忱,竭诚发挥我们学有所用和智能,为社会的昌盛多做贡献。

7月 何泽慧接顾毓琇发自美国的唁电。

顾毓琇唁电:

惊闻三强教授谢世,不胜哀悼!回忆1946(四十六年前)在巴黎与贤梁孟晤叙,甚为亲切。本来5月31日本人参加现代物理学术座谈会,首席有三强座位,但因病未能出席,心窃忧之。

三强教授对科学造诣对国家贡献,将永垂史乘,为国争光,可无遗憾,且将为后起者之模范也!

顾毓琇

1992年7月27日于美国

8月9日 彭桓武撰写悼诗四首《送别钱三强》(刊于《清华校友通讯丛书》复26册)。

一、八宝灵堂送别哀,徐行无语思低徊。
人民站起新时代,科学还需指点才。

二、遍国贤才不断求,知人善任预为谋。
顺从需要多方面,组织科研一统筹。

三、各路英雄同会战,八方协作善为媒。
喜传捷报春雷响,请进花厅酒一杯。

四、科学为人民幸福,核能促世界和平。

忠心遵照党领导，服务竭诚终此生。

彭桓武为修改诗中“助”为“促”致葛能全手函：

小葛：您好！

前定稿四首诗中，第四首第二句“核能助世界和平”中第三字“助”，经友人（于敏）指点，似用“促”字更为有力，更符合钱公主动积极风格。兹特函知，如有可能，送排前或校对中（指浙江科学技术出版社拟出版《钱三强文选》后附录彭诗——引注），请酌情更改“助”为“促”为感！

顺候

春日安好愉快！

彭桓武

1993.2.28

谱 后

1993 年 6 月 28 日 《中国科学报》发表张劲夫亲笔撰写的挽钱三强逝世周年文——《怀念钱三强同志》。

全文如下：

怀念钱三强同志

1956 年春我到科学院工作后，得知钱三强同志是一位著名的核物理学家，正为筹划发展我国原子能科学事业去苏联访问。他回国后和我一见面，就向我提出意见：这次十二年科学规划，为什么只提了"四项紧急措施"，而未对原子能科研也提出紧急措施呢？我向他解释说：原子能科研工作，毛主席亲自关怀，曾约你和李四光副院长谈过，早已是国务院要抓的专项大事，保密性又强，这次就未再提了。他立即表示理解。他这时虽仍是科学院近代物理研究所所长，但已参加二机部的领导工作，主要任务是在筹建苏联援助我们的重水型实验性反应堆和直径 1.2 米的回旋加速器，要在房山县坨里建立一个新的研究实验基地，而他当时关心的是要吸纳一批人才。和三强同志一见面，就留给我很深的印象：事业心很强，性格非常坦率，心里有什么意见，就毫无保留地当面提出来。

在我和三强同志多年接触中，留给我难忘的印象，有以下几点：

一是，他不仅是一位有很高学术成就的科学家，而且是一位具有杰出才能的科研事业的组织家。最突出的事例，是在我到科学院前，三强同志对科学院的建院工作，尤其是在成立学部委员制度方面，组建、调整研究机构方面做了许多切实而有成效的工作。以后他任近代物理研究所所长，不仅将建国初期的人数不多的一个研究组，很快建成一个人才济济的研究所，而且后来又成为规模很大的原子能研究所，由二机部和科学院双重领导。三强同志对协调部院之间的合作，起了很好的桥梁作用。三强同志由于本身是一位有很高成就的科学家，而又具有知人善任的优点，因此，他不仅能从科学院内、高等院校等各方面吸纳人才，而且对所吸纳的人才，能以无私大度的胸怀，安排得各得其所，发挥所长。他从不以领导者自居，没有官气，总是以同志、朋友的身份和人相处。为人热情，到哪里都使人感到温暖。他善于理解专家、学者的特点，结合实际贯彻党的知识分子政策。经过多年的不懈努力，使原子能研究所成为我国第一个综合性的核科学技术研究基地。二机部的各有关厂、矿所需的科技人才，经过这里实习培养后，成了各方面的科研中坚，因此，原子能研究所又是一个名副其实的我国原子能事业的人才培养基地。

这个强大的研究集体，为我国原子能事业做出多方面的贡献，三强同志在其中起了关键性的作用。

三强同志作为科研事业的杰出组织家，还表现在他对科研选题的决策，能照顾全面，并且有远见。如他对课题安排既重视实验工作，又重视理论工作。他本人在实验物理方面，具有独到的特长，取得高水平的成就，发现铀核三分裂和四分裂现象，但他又很重视理论工作。在他主持近代物理研究所工作时，有五个重要的研究组，其中一个就是理论物理组，请彭桓武、朱洪元等我国杰出的理论物理学家主其事。以后在主持原子能研究所工作时，又受二机部委托，适时组织一批理论物理学家，开始对热核反应机理进行探索性研究，为氢弹研制做了一定的理论准备。这是使我国成为世界上从原子弹到氢弹发展速度最快的国家的一个重要原因。在60年代中期，三强同志积极支持我国粒子物理理论工作者，从事基本粒子结构问题的研究，提出“层子模型”的思想，受到国际物理学界的重视，并得到这一领域工作者的普遍承认。每当我们总结“任务带学科”的经验时，三强同志总是补充提出：“学科也可带任务”，两方面都提到才较全面。他的意见是对的，我们都是赞成的。三强同志当时参与国家最重大的原子弹研制任务，亲自组织有关单位的专家攻克一个个技术难关，而他能在这时，具有远见，作出必要的理论研究安排，这是很难得的。

二是，他不仅是一位著名的科学家，同时又是一位社会活动家、政治家，是一位具备又红又专的领导干部。他在清华大学读书时，即具有强烈的爱国思想，与进步同学于光远等是好友，靠拢中共地下党组织。到法国留学后，他的导师约里奥-居里夫妇，是进步学者，又受到熏陶。他自己又主动和法国中共地下党接近，因此，他的政治倾向，日益靠近中国共产党。在1948年全国解放前夕，主动放弃在国外的优越工作条件、生活条件，回到国内，并拒绝国民党要他去南京的要挟，坚持到北平清华大学任教，不久即迎来了北平和平解放。当1949年中国科学院建立后，他即到科学院工作。于1954年入党，担任科学院的学术秘书长。在当时,像他这样著名的科学家成为共产党员是不多的,是很难得的。说明他的革命思想日益有所提高,政治上不断在进步,成为新中国建国初期一名杰出的红色科学家。随着新中国革命与建设事业的日益发展,他肩负的担子日益加重,他总是能做到以其所长,贡献于国家。需要他做什么,他就做什么,表现了一位革命知识分子热爱祖国、热爱人民、热爱社会主义的奉献精神。尤其值得一提的,他在培养年青一代成为又红又专的人才方面,做了杰出的工作。如对年青科技人员,他常以自己的亲身体会,用数学模式,讲红与专的关系,这就是他的著名的"红专矢量论",对青年人的启发帮助很大。比之我们这些不懂科学只讲政治概念的人,更具有说服力,更受青年人欢迎。

在我和三强同志多年接触中,还感到他具有独特的个性:心热口直,刚正不阿。对人满腔热情,又具有爽朗的性格。因此,他和人谈话,在会议上发表意见,非常直率,内心有什么就说什么。他遇事独立思考,不赶表面潮流,坚持实事求是的科学态度,兢兢业业地工作。他的这些优点,充分反映他的品德是高尚的。他始终保持正直学者的本色,是一位学者型的领导干部。有时可能有点书生气,但较之官僚气要好得多,这是使我从内心油然产生一种感情,觉得他既可亲又可敬。

三强同志对我国的科学事业,尤其是对原子能事业,做出过多方面的贡献。是一位难得的又红又专的科学家,我们的革命、建设事业,是多么需要这样的科学家呀。在得知他逝世的噩耗后,我很悲痛。他一生所奉献于祖国、人民的业绩是永在的,他的高尚品德,是永远值得我们学习的。我和他的许多战友、朋友一样,永远在怀念他。

同年 3 月 17 日　张劲夫致何泽慧信:

泽慧先生:

小女培华转达先生要我写点有关纪念三强同志的文章,这是我应该做的,我自己也有这一愿望。只是近年身体不大好,记忆力又差,勉力写了两千多字,作为对老友的追念。自觉内容不够充实,文字表达也不够好,请你审定。如觉可用,可否请彭桓武同志、葛能全同志帮助修改润色,然后再请你审定。顺问近安!

张劲夫

一九九三年三月十七日

是年 10 月　在中国原子能科学研究院举行"钱三强诞辰 80 周年暨《钱三强论文选集》出版纪念会",宋任穷、周光召、刘杰、蒋心雄、于光远、王大珩、朱光亚、汪德昭、于敏、黄祖洽、陈能宽、李林、胡济民、陈佳洱、何祚庥、冼鼎昌、黄胜年、钱皋韵、吕敏、方守贤等出席。

彭桓武在纪念会上发表题为“谈谈我对钱三强先生组织领导我国科技工作的几点认识”的演讲(《彭桓武诗文集》,68～72 页)。全文如下:

领导要我在这会上代表科学家讲话,可能是因为我和三强较熟,在他领导下共事多年,对他应该有较深了解。今年六月二十八日《中国科学报》登载了我去年送别钱三强后写的四首诗,概述了三强对我国的科学事业,包括开发原子能的科学技术在内的巨大促进。近日我翻阅他的一本集子[①]《科坛漫话》,看到多处证实我对三强的认识,并使它更确切。今天讲话仍是沿着我那四首诗的思路,做番推敲和注释,不妥当处请指正。

三强讲:“我回国 33 年了,干了些什么事呢? 不就是科学研究的管理,参与决策和组织领导工作么!”(第 170 页)正是由于他在科学研究方面的高深造诣(他在巴黎已经带研究生)和他本人的政治思想表现(他回国前已与中国共产党人士有接触),所以解放后三强在中华人民共和国政府中的第一项工作任务便是与丁瓒同志一起筹备科学院的组建。我记得三强谈过用中国人民科学院还是用中国科学院名称的考虑,也知道他支持贝时璋教授的成立实验生物所的建议并很欣赏贝教授的数理化与生物学渗透的看法。在物理方面,在我国抗日战争这几年,国际上发生了一件大事,即原子核裂变的发现和由此引起的开发原子能,首先是美国在日本扔了原子弹。所以在调整原中央研究院和北平研究院的物理机构,成立中国科学院的应用物理所和近代物理所时,在人员上对后者特别加强,取得清华大学和浙江大学的积极支援,形成原子核方面的全国一盘棋的集中格局。当然,组建科学院还包括许多其他方面的机构,如应用化学所和仪器馆等等。我认为,无论对科学院或对近代物理所,在筹建或成立以后[②],三强总是从全国科学整体发展的角度考虑,同时特别加强其中某些新生领域或重要部分。面支持点,点带动面,有面有点,点面结合,这是三强同志组织领导工作的一个重要特点。

我《送别钱三强》的第一首诗:

八宝灵堂送别哀,徐行无语思低徊。
人民站起新时代,科学还需指点才。

其中后两句对三强的赞扬便从这里开始[③]。

第二首和第三首更具体地描述:

遍国贤才不断求,知人善任预为谋。
顺从需要多方面,组织科研一统筹。

各路英雄同会战，八方协作善为媒。

喜传捷报春雷响，请进花厅酒一杯。

由于他有亲身经历和体会，三强在求才，育才，用才方面做得很出色，有特点。他自己专长实验物理，注意实验技术和自己动手搞仪器设备，但也能用理论思维分析他的实验，认识到理论物理的重要作用。他还学会用化学方法制备放射源的操作。在延聘人才时他注意吸收各方面有专长者，又注意学有经验者与年轻有为者配合，既便利培养，也增强工作效率。必要时还借助外单位的指导力量，或聘部分时间兼职④，或全时兼职一段时期⑤。另外，发挥个人优点并指示钻研方向⑥，也是他育才工作中的一个特点。诗中"知人善任"指此⑦。至于用才，三强讲："要顾全大局，打破本位主义思想，……，舍得把最好，最顶用的人用到最需要，最关键的地方去，不分是你的还是我的。这样既解决了急需，为国家作出贡献，又能使人员交流，人才成长。好的人才输送出去了，年轻的很快也自然成长起来了。"(见第 219 页)在原子能所听他这样讲不止一次，还有个割韭菜的生动比喻。事实上他也是这样做的⑧。三强还重视预为谋，即事先的计划和准备。他讲："在论述如何取得战争胜利的时候，毛主席曾经引用过一句古人的话'凡事预则立，不预则废'，无论办什么事情，有事先的计划和准备，就能成功；如果没有事先的计划和准备，就要失败。科学研究对工业生产来说就有个'预'的关系。"(第 167 页)其实，成立近代物理所就是为开发原子能做准备，很多人包括我从一开始便明白这点。他也把这准备叫科学储备。说："经过五六年的在原子核科学方面的准备，有了一批有训练的人和自力更生造了一批设备，地质方面发现了一批铀矿，也就是说有了一定的科学储备，才能开动原子能的工业。……。这个阶段是科学研究促进了工业，学科促进了任务。等到工业逐渐展开，特别是有人背信弃义，撕毁协议以后，不少工业上需要解决的问题，国内许多研究单位分头担负了不少责任，仅科学院就以四分之一以上的人力、物力支援了这方面的工作。那时是任务带学科，工业的需要刺激了科学研究。"(第 165～166 页)三强是以二机部副部长兼中国科学院副秘书长和原子能所所长的身份参与各协作项目的具体组织工作的⑨。看来协议撕毁才促进我国科学和核工业的结合，是值得给撕毁协议者颁发一吨重的大勋章的。第三首诗的后两句则用艺术手法表现胜利并暗示了周总理对三强工作的承认。

在最后一首诗中，我试图反映三强在做组织领导工作时内心的信念。诗为：

科学为人民幸福，"核能"促世界和平。
忠心遵照党领导，服务竭诚终此生。

科学为人类谋幸福[10]是纯洁正直的科学家现在信奉的准则。第三次世界大战迄今未发生，有许多人以核威慑均势解释。世界和平大会主席约里奥-居里（也是三强在巴黎的老师）曾托杨承宗回国时带口信说，中国要反对原子弹须先有原子弹。于敏将我诗稿中"助"字改为"促"字，认为这样才符合三强同志的想法和个性。在"科坛漫话"序中三强写道："我们这一代从事科学工作的人，多少年来，一腔热情渴望着为祖国的强盛而施展抱负。然而，只是到了新中国诞生，受到中国共产党的启发、教育和信任，才真正实现了自己的夙愿。"（第Ⅴ页）在科学家中，三强入党较早[11]，当时形势要求他在组织领导工作与个人科研工作之间进行选择。正像他1982年接见记者时说："我想借用马克思的一段话，来与青年们共勉。马克思说：'如果我们选择了最能为人类福利而劳动的职业，我们就不会为它的重负所压倒，因为这是为全人类所作的牺牲；那时我们感到的将不是一点点自私而可怜的欢乐，我们的幸福将属于千万人，我们的事业并不是显赫一时，但将永远存在，而面对我们的骨灰，高尚的人们将洒下热泪'。"（第264页）我想，正是这些信念，使他选择了前者，忠心遵照党领导，热情积极地工作，在党领导和科学家之间架起了很好的桥梁。使许多科学家及大批青年的创造性得到发挥，直到夺取集体的胜利。

在结束时请允许我读一遍钱三强先生一九九一年一月给中国物理学会六十周年纪念的题词："希望在基础研究，开发科学技术与生产工艺的链条上接合得更好，为经济、国防、文化建设作出更大贡献。希望在培养青年，科学普及，理论联系实际[12]，发展交叉科学等方面，工作作得更好，使得大批青年的独创性得到更好的发挥。"通过我们大家的努力工作，使他这多方面的希望得到这些进展，不是对钱三强先生最好的纪念吗！

谢谢大家的耐心。

附注：

①钱三强著，《科坛漫话》，知识出版社，1984年。正文及附注中引用页码时皆指此书。

②作为一例，1952年将电子学筹备处（陈芳允负责）和电子计算机研制小组（原属数学所）合并到近代物理所因而改名为物理所，使在器材供应上得到方便。这两组连同原来的核电子学小组构成物理所的电子学大组，陈芳允为大组组长，并兼核电子学小组组长。原来核电子学小组副组长忻贤杰仍旧。

③当时钱三强担任科学院计划局副局长(局长竺可桢)兼近代物理所副所长(所长吴有训)后任所长。

④例如贝时璋,王竹溪、吴乾章、刘静宜。

⑤例如陈芳允。1956年订规划后,并来的两个小组又分出去参加新建的电子所和计算所。

⑥例如1953年钱三强让黄祖洽向中子输运应用理论发展。

⑦"再好的人才,不论是在培养选拔过程中,还是已经成为'带头人'以后,都会有不足之处,关键是对他的优点和缺点,长处和短处,要做具体分析,发扬他的优点,帮助他克服缺点。这就叫知人善任。"

⑧例如邓稼先、卢竹轩。

⑨协作单位也包括其他工业部门和高等学校。例如冶金部的研究院(第17页提及)。清华大学与原子能所协作实验改换了核工厂的一个落后的工艺设计。

⑩三强为《居里夫人》再版写的序中写道:"科学不是为了个人荣誉,不是为了私利,而是为人类谋幸福。这是居里夫人和居里先生一贯遵循的原则。"(第51页)在这序中,他还提到妇女科学工作者有时会遇到不应有的压抑和歧视。我认为三强在领导原子能所时是注意到这点的。如何泽慧、李林、刘静宜、王承书都是室领导,秦苏云、朱培基也是室负责人。

⑪"1954年1月26日,我被光荣地批准入党了"。(第27页)

⑫"各门学科的性质是不一样的。我们讲的理论联系实际,就是既要在本门学科的基础理论和专业知识以及技术上达到相当的水平,同时还要具备能解决实际问题的能力。有解决实际问题的能力,并不是说所有的人都一定要在具体工业产品上搞出什么东西,但第一,要有这种愿望,第二,凡是国家有需要时,稍转一下就能为国家服务。华罗庚同志的精神是值得学习的。他有深厚的数学基础,但又能将数学应用到工厂,林区等方面。他走了二十万公里,解决了很多实际问题,为国家创造了经济财富。在原子能研究所,当初国家决定搞原子弹的时候,有一批从事理论物理,实验物理和放射化学的同志,坚决服从国家的需要,一声不响地为国家做出了贡献。这就是理论联系实际。"(第188—189页)晚年时我听三强说起金星南也联系过轻同位素分离的实际工作。

周光召为《钱三强论文选集》作序全文如下:

今年10月16日,是杰出的科学家、我国原子能科学事业的创始人、中国科学院学部委员钱三强先生诞辰80周年。一年多以前,作为他的学生,我们本准备届时庆贺一下的,没想到他在去年6月28日突然病逝,现在出版这本科学论文集,是一个纪念,也可以寄托大家的哀思。

1913年,钱先生出生在一个进步文化人家庭。父亲钱玄同,是五四新文化运动的倡导者之一。钱先生自幼就受到良好的教育和爱国进步思想的熏陶。1936年他从清华大学物理系毕业后,到北平研究院物理研究所工作。本书第一篇文章《铷分子的带光谱与解离能》,就是他在所长严济慈先生指导与合作下完成的第一个实验研究工作。

1937 年夏，钱先生考取了公费留法，到巴黎镭学研究所，在弗莱德里克·约里奥和依莱娜·居里两位先生指导下，从事原子核物理的研究。在法国经历了第二次世界大战，直到 1948 年回国。这 11 年，是钱先生一生中个人研究成果最丰硕的年代，收入本书的论文，绝大多数属于这个时期。从研究内容等方面看，还可以第二次世界大战结束的 1945 年为界，划分成前 8 年和后 3 年两个阶段。

从前 8 年的近 30 篇文章，本书读者至少能得到一个深刻的印象，那就是钱先生工作的勤奋。在不算太长的时间内，做了那么多的实验，涉及到那么多方面的原子核物理问题，而且大多做出了第一流的成绩。例如，1939 年《铀和钍产生的稀土放射性同位素辐射的比较》这一工作，是与依莱娜·居里合作的。他们的实验证明，铀和钍受中子照射后产生的镧 β 放射性是相同的。也就是说，不同的裂变方式能得到同样的产物，这对于那时刚提出不久的裂变概念，是一个很好的支持。又如，在天然放射性的低能 γ 射线方面，他们用巧妙而简明的方法，解出了复杂的谱线，定出能量和绝对强度，弄清了不少问题，其中，《Ac 和 AcK 的 γ 射线》一文更为重要。因为 AcK 就是由这篇文章的另一作者发现的新元素钫的同位素 Fr－223。又如，《中速和低速电子的射程-能量关系》仔细研究了电子径迹末端的弯曲，给出了 50KeV 以下的电子能量-射程关系，既对实验工作者有参考价值，也是对 Bethe 理论的很好检验。还有，像 α 能谱的精细结构，核能级，内转换，放射性物质的反冲扩散，等等，这些当年核物理领域的前沿问题，钱先生都作了研究，并都有自己的贡献。

应该指出，以上研究工作，是在极为困难的情况下完成的，当钱先生离开北京时，抗日战争就在国内展开了。不久，父亲钱玄同由于忧愤过度而逝世。再后，第二次世界大战全面爆发，巴黎沦为德占区，钱先生长期处于报国无门、有家不能归的状况，作为一个热血青年，他的心境，是可以想象的。可是就是这样，在实验室里，钱先生依然无休止地勤奋工作，工作在世界物理科学的最前沿。甚至 1942 年，欲寻求回国，但因战争受阻，滞留在里昂，临时在里昂大学任教，即或这样，他在科研上依然没有停步，本论文集中就有两项工作是在那里做的。其中之一“用照象乳胶记录带电粒子”，应该说是早期探索研制原子核乳胶的较好工作之一，没过几年，这一新型探测器就得到了广泛的应用。

第二次世界大战结束后，何泽慧先生从德国到达巴黎，从此两位先生在一起并肩工作。钱先生后 3 年的科学研究也进入了一个更高的阶段，这就是原子核三分裂和四分裂的发现。关于这件事，本书有十多篇论文,其中最重要的两篇,有钱先生自己的汉语译文。前几年钱先生还专门写过一本科普小册子,读者可以直接从原文了解详细情况。我在这里只强调以下几点:①当年,与两位先生的发现几乎同时,英、美、加三国也有人看到铀核的三分裂径迹,但只作了简单的观察,工作没有深入,轻易地把这一现象放过去了。还有人(如英国费瑟,他是卢瑟福的学生)认为只是α粒子,其机制是二次发射,不是三分裂。而钱先生他们却抓住不放,把实验深入下去,尽可能把问题彻底弄清。在大量细致的实验测量基础上,进行分析计算,得出质量、动能和角分布等数据,综合起来,结合理论考虑,令人信服地证实了三分裂新现象的存在。②有一些问题限于实验条件,是当年不可能解决的,但钱先生和何先生作了预言,这些预言,经过几十年,主要是60—70年代用新的实验手段半导体探测器完成的大批工作都得到了证实。③三分裂的发现,不仅深化了人们对裂变反应的认识,而且由于它是研究断裂点特性的一种有效的、直接的探针,在裂变机理研究中有独特作用,所以,几十年来不断有人进行实验和理论的探讨,迄今为止,它仍然是核裂变领域中的一个研究对象。

11年的成就是辉煌的。可以设想,如果在实验室里继续潜心研究下去,钱先生在后半生肯定还会有很多的成果,还会有重要的发现。要是那样的话,现在这本论文集,也就会厚得多,但是,钱先生却选择了另外一条道路。

两位先生决心为祖国的科学事业而献身,1948年夏他俩放弃国外优越的工作条件和优厚的待遇,毅然回国。新中国成立后,为了振兴中华,钱先生服从组织安排,牺牲了个人在科学上要有更多更高发现的追求,全身心地投入科学组织管理工作。

他从一开始就参加中国科学院的组建工作,并长期参与领导,为科学院的发展、各个不同时期重大问题的决策、为国家重大攻关任务和国防建设组织和调动院的力量,还有,在加强学术领导,创建和发展学部工作,开展国际交流等许多方面,钱先生做了大量、卓有成效的工作,他辛勤操劳了几十年,真是呕心沥血。还应该指出,钱先生在科学界(包括国际科学界)做了许多团结人的工作,起了非常好的作用。

钱先生在我国原子能事业方面的功绩,是众所共知的。从近代物理研究所时期,钱先生就求贤若渴,广揽人才,知人善任,一心要让"原子能科学在中国生根",为此,他筚路蓝缕,带领大家一步一步艰辛创业。后来,长期由他担任所长的这个研究所,终于逐渐发展成为综合性的核科学技术研究基地,在我国原子能事业发展过程中,在技术基础与人才培养两个方面,起了极为重要的作用。

在我国核工业建设全面展开之后，调兵遣将，规划安排，钱先生挑起的担子就更重了。他的精湛的科学知识和远见卓识，他的杰出的组织工作才能，在事业中发挥了“不可替代”的作用。这里特别要提到的，就是他对青年的关心与信任，在对青年科技工作者教育与培养方面，他在强调钻研业务的同时，特别重视思想品德要求，他一再告诫大家不能追逐名利，要服从国家需要。正是在一代像他那样的老科学家的带领和影响下，我国的原子能科技工作者不怕艰苦，默默拼搏，终于做出了使全体中国人民扬眉吐气的光辉业绩。

钱先生为人坦诚、刚直，不迎合潮流，对于不尊重客观事实的情况，大胆直言，从不苟同，即使个人遇到压力。因而在那不正常的岁月里，他曾不止一次受到不公正对待，然而他对真理坚信不移，对事业执着追求，从不懈怠。粉碎“四人帮”后，尽管他身体不太好，仍然不辞辛苦，忘我工作，活跃在科学舞台上。如重建科学院学部，为国际学术交流开拓新路，推动科技改革和新的研究领域的发展，对国家重大科技、经济、社会问题组织讨论，提出建议，等等。一直工作到他最后的那些日子里。

彭桓武先生在悼念钱先生时写了这样的诗句：“人民站起新时代，科学还需指点才。”钱三强先生正是这样一位掌握全局、运筹帷幄的指点之才，他无愧于这个时代。在科学界，他是这个时代的代表，同时，他又是时代的楷模。这并不只是由于他在原子核物理上的重要发现和做出了饮誉海内外的光辉业绩，而且还因为，他全部科学生涯中贯穿着的深厚的爱国主义和崇高品格。熟悉钱先生的人，不会忘记他那宽阔的胸怀，勇挑重担的气魄，杰出的组织才能，甘为人梯的精神，谦逊朴实的作风，以及只求奉献不求索取的高风亮节。在钱先生身上，科学和道德达到了高度的统一。正是因为这样，钱三强先生才受到广大青年学生的仰慕，科学工作者的爱戴和全国人民的普遍尊敬。

1999 年 5 月 6 日　《人民日报》、《光明日报》和《科学时报》，刊载张劲夫的署名文章《请历史记住他们——关于中国科学院与“两弹一星”的回忆》。文章共三部分，即“中国科学院与原子弹”；“中国科学院与导弹”；“中国科学院与人造卫星”。摘录文中有关钱三强的内容于后：

自力更生为主争取外援为辅

我们搞原子弹，怎样贯彻自力更生为主、争取外援为辅的方针？

自力更生为主，就是主要靠我国自己的力量开展科研。当时研究核科学与核技术的力量主要集中在中国科学院原子能研究所，还有一些分散在中国科学院的20多个研究所和其他部门的研究机构与大专院校。争取外援为辅，主要是苏联答应帮助我们在北京某地建一个7000千瓦的实验性原子能反应堆。这个反应堆全部归我们管。此外，在另一个地方建一个浓缩铀工厂，造原子弹的关键原料是浓缩铀。制造原子弹的原料是铀-235。一天，毛主席找到地质学家李四光，他当时是地质部部长，也是中国科学院副院长。毛主席问："中国有没有造原子弹用的铀矿石？"李四光说："有！但是，一般的天然铀矿石，能作为原子弹原料的成分只含千分之几。"要从矿石里把这千分之几的铀提出来，再浓缩成为原子弹的原料，最重要的是要搞浓缩铀工厂。

宋任穷到科学院搬兵

为了搞原子弹，中央专门成立了二机部，宋任穷任部长。他比我大四五岁，我叫他宋大哥。我们在安徽一起工作过几个月，那是在百万大军过长江的时候，中央决定成立安徽省委，他当省委书记兼省政府主席，我当省政府副主席。

我到科学院工作后的一天，宋大哥打电话说要到我家拜访我。我说："你不要来，我去，你是大哥呀。"他说："不行。我一定去你那儿！"因为搞原子弹，自力更生为主，主要靠科学院原子能研究所，为了工作的方便，中央决定把这个所整建制交给二机部，但是对外还叫中国科学院原子能研究所，名义上由科学院和二机部双重领导。由于研制原子弹的任务繁重，科研力量不够，于是对任务作了分解，除了原子能所承担较大一块任务外，很多重要任务还要由科学院的各研究所来承担。当然，二机部也找中央各部来承担一些任务。不过，那时中央各部的研究机构刚刚建立不久，科技力量不强，有的能承担，有的承担不了，任务还是落在科学院肩上。原子能所整建制转到二机部后，骨干力量还不够，还要科学院支持，我们又从其他所调给他们一批科技骨干。

宋大哥光顾寒舍，就是要来谈科学院怎么支持二机部，帮助二机部的。他紧紧握住我的手说："劲夫，这个事太重要了，你要帮助哇！其他部门我也希望他们来支持，主要靠科学院哪！"我说没有问题。这是中央的任务，是国家的任务，也是科学院的任务。第一我把原子能研究所全部交给你，对外叫双重领导，对内全部给你，你怎么样用，怎么样安排工作使用干部我不管。另外，科学院其他各研究所凡是能承担二机部的研究任务的，我们都无条件地承担；如果骨干力量不够，还需要调一些人去，我们再想办法。譬如，邓稼先是学物理的，从美国留学回来，是科学院数理化学部的学术秘书。吴有训副院长兼数理化学部的主任，日常工作就靠邓稼先负责，这个同志你要我也给你，学术秘书我再另找。邓稼先这个同志非常好，他整天身上背着一个布书包，步行上下班。我们到科学院首先靠一批学术秘书，他是主要的。这样一些人，我们想办法努力动员他们有的到二机部去，有的在原所承担任务。

原子能所“出嫁”不离家

科学院原子能所建在中关村，是当时中关村建筑最好的楼。原子能所交给二机部以后，由苏联援助建实验性原子能反应堆。原子能所分为两部分，大部分人迁到实验性原子能反应堆那里。当时科学院搞原子能的有两个姓杨的科学家：一个杨承宗，从法国留学回来的；一个杨澄中，从英国留学回来的。他俩的名字有些音同字不同。为了区别，我们叫他们“法杨”、“英杨”。“法杨”是搞放射化学的，当时放射化学很关键。我们最重要的措施是把杨承宗等一批科学家调到原子能所原子能反应堆那里去（“英杨”杨澄中留在科学院兰州近代物理所负责配合原子能所工作）。原子能所的另外一部分人留在中关村搞理论工作。原子能所交给二机部后，我给他们打招呼说，以后科学院开会你们就不要来了，你们到二机部开会去。他们党委书记、所长却每次都要参加科学院的会，因为我们当时研究科学政策、科学家政策、知识分子政策问题很多，他们非常愿意听，一定要参加我们的会。当时，科学院很有吸引力。还从大学调去的化学家汪德熙也到了二机部。

钱三强是原子能所所长。他受命到苏联谈判，因涉及问题太多，也不知道去过多少次。当时，虽然口头上讲中苏友谊牢不可破，但实际上苏联在军事高技术方面，对我们是有戒心的。连聂老总、宋任穷同志去参观，都只能在厂房、车间外面，透过玻璃窗看，不让进车间里看。所以，即使在当时，事实也已教育我们只能自力更生为主，争取外援为辅。

科学家可爱的书生气

宋大哥来访以后，钱三强从苏联访问回来了。三强没调二机部以前，当过科学院的学术秘书长。科学院代表团第一次访问苏联，他是代表团团长。

钱三强是著名核物理学家，我说他有书生气，是因为这么一件事：三强访问苏联回来很快就找到我。他来的时候气鼓鼓的，说：“张副院长，我对你有意见！”我说：“什么意见？”他说：“对你们的科学规划有意见。你搞了一个‘四项紧急措施’，怎么没有原子能措施？这是非常重要的事情啊,你怎么没有搞哇!"

我说:"三强,你冷静冷静。"他带着一股气对我提意见,很直爽,没有拐弯抹角。我很欣赏他这个态度。我又说,"你先等一等,听我给你讲一讲。原子能的事,是搞原子弹哪。这是国家最绝密的大事,是毛主席过问的大事啊!另外要搞绝密的单独规划。不能在这么多人中讨论这个规划。你认为没有列入紧急措施就是不重视,不支持了吗?"他当时最关心的是想从科学院调些人去,怕我们不重视,不愿意给人。我说:"只要我们能做到的,尽量支持你,你这个原子能研究是中央任务,是第一位的任务,比'四项紧急措施'还要重。'四项紧急措施'是为你服务的啊!"

我这一讲,他说:"我懂了,我懂了。"

支持钱三强点将调兵

钱三强说:"我还想从科学院调几个人。"我问:"哪几个人?"他说,除原子能所的科技专家外,我还要更多的人。因为还要成立核武器研究所(后来的九院)搞设计,我没有人不行。另外,还要搞电子显微镜的人,仪器要大大加强,才能承担原子弹研制任务。当时,搞电子显微镜的,科学院只有李四光的女儿李林。三强说:"我想调李林。"李林当时在上海冶金陶瓷所,掌握一台电子显微镜。我说你调李林,李四光先生会高兴的。他就这么一个女儿,老两口在北京。但是,她丈夫邹承鲁先生在上海生化所,留美回来学生物化学的。李林我可以给你,我另外培养搞电子显微镜的,先为你服务,把李林调给你。问题是我还要把她的家庭工作做好。我要和邹承鲁谈好,我亲自与他谈。不然夫妻俩分开,不好嘛。我说,先让他在上海安心工作,科学院已决定由贝时璋先生在北京开展生物物理研究,将来请他到贝老那里工作,夫妻团聚。这既是国家需要,也照顾了他们家庭,这样把邹承鲁谈通了。不然,谈翻了,不好办哪!科学院有很多科学家自尊心很强,要尊重他,让他发挥所长,邹承鲁这个人非常好。后来贝时璋先生开辟生物物理研究工作,正式请他来了,这正是他的长处,后来做了很出色的工作。

三强又要求调科学院的学术秘书邓稼先同志去,我说可以。邓稼先去了,我们另外找学术秘书。科学院能做学术秘书的人有很多,对稼先同志来说当学术秘书也没有充分发挥他的所长。后来,稼先同志去,在原子弹与氢弹的研制中起了很大作用。

三强又将科学院的王承书调到二机部,她工作很出色,作出了重要贡献。

另外,我对三强说科学院的院刊编辑汪容自己提出愿意去搞原子能研究,编辑院刊他是主角,我另外找人来编。他后来到原子能所理论组彭桓武那里,搞核物理理论研究。

后来,三强说,我还想要些人,最重要的是要科学院沈阳金属所的副所长张沛霖,我也同意他带一批人去了。张沛霖的功劳是把铀变成金属。氟化铀原来是气体。要把它变成反应堆元件需做大量的工作,这是沈阳金属所承担的;张沛霖对金属锆有研究,他后来当了总工程师。我当时对三强说,你有任务尽量让我们各所承担。这之后的第二年、第三年,我都请三强同志和副院长裴丽生同志,专门到各个所一项一项地检查二机部研究工作的落实情况。

三强后来又找我说,科研任务还需要很多仪器,特别是光学仪器,例如高速摄影,还要调科学院的一些人去。我说这个问题科学院要研究,要和长春光机所王大珩先生商量,他是所长。后来决定让副所长龚祖同带一批科技人员到西安建立西安光机分所,主要为二机部的工作服务。因为二机部好多工作单位在西北一带,实验基地也在西北某地,要什么仪器,提出来让西安光机所研究,而且要他们制造出来。后来在全国成立了好几个光机分所,对"两弹一星"的研制成功起的作用很大。三强提出的要求,我们科学院几乎全部答应了。三强虽然在二机部工作,家还住在科学院中关村14号楼,条件不错,他夫妻俩都满意。他开始每天遇事就找我。他找我,我就见他、支持他,他不断地提要求、调人,要研制新东西等等,我们就积极地支持和承担任务,帮助他解决问题。

攻克"三大技术难关"

搞原子弹,最重要的问题是浓缩铀的提炼问题,矿石里能提出的天然铀,同位素235含量只有千分之几。此外铀的提炼也很重要。所以,化学方面的科研任务很重。当时科学院有四个最知名的化学研究所都有优秀科学家担任所长,号称"四大家族":一个是上海有机所庄长恭老先生;一个是长春应化所的吴学周先生;还有北京化学所的柳大纲先生。此外,大连化学物理所也是非常强的,那里有张大煜先生。我对三强说,科学院几个化学所承担你的任务,哪个所能够承担什么任务你都清楚,让哪个所承担什么任务你提出来,我们安排,都选最好的人为你做工作。

当时上海有机所只有研究力量没有生产力量,不能够提供产品。我到科学院以后,让各所建立小工厂,上海市委还送给我们若干小厂,给研究所当实验工厂。而且,还选最好的老师傅,我从铁道部吕正操部长那里请来了许多老工人，很不错。我说你铁道部有几千人的机车车辆厂，选一批最好的工人老师傅，来支援科学院吧，我们各个研究所里也搞附属工厂。我们需要的仪器设备不自己搞不行。要建立研究室，要研制设备。有的买得到，有的买不到，要自己做。另外，还有很多非标准设备，科研人员设计图纸，让工厂做才行。所以，我们从铁道部选了不少老师傅。我在北京中关村专门召开老工人会，我说你们是金手艺，手是金的，能做出好多好东西！老工人听了非常高兴。另外，从部队技术兵种的复员兵中，挑选了数千名有技术的战士当工人，他们起了很大作用。

1960年，苏联单方面撕毁协议撤退专家。当时受影响最大的是浓缩铀厂，关键材料苏联不给了，整个厂就停顿了。最紧迫的关键技术问题有三个：

第一是氟油。苏联专家一走，浓缩铀厂因为没有氟油停工了。科学院以上海有机化学所为主，其它所配合，终于研究出来自已的氟油，并把上海一个小厂要了过来。这个厂有个工人当厂长叫杨庆年，很能干。他不但配合研究室把氟油研制出来了，而且在他的厂生产，保证了供应。这个厂的总工程师顾子恺也有贡献。当时，石油部还不能生产一些特种油品和石化产品，就靠上海有机所生产。氟油我们自已能够供应，浓缩铀厂的机器就又能运转了。那个小厂，我去看了多次。我看那个厂长有培养前途，就给他连提3级。为什么提3级呢？他当时是20级，提3级，够17级。17级就能够参加17级以上干部会议，那时候重要的事都是先开17级以上干部会议，各所都这是这样的。然后，再向党员传达。当时边伯明当所党委书记，人不错，很开明。那时，我们院研究所的党委书记、所长都很好。老边说："张副院长的话，我们照办。"结果别的人对我有意见，怎么给一个工人连提3级？我说他有功！

第二是"真空阀门"。没有"真空阀门"，原子弹的气体原料就不能一步一步浓缩，然后把铀—235浓缩起来。那个时候，苏联"真空阀门"不给了。没有"真空阀门"，我们生产不出浓缩铀。科学院的上海冶金陶瓷所，当时已经分成两个所：一个是冶金所，吴自良任副所长；一个是把陶瓷研究部分改为硅酸盐所，严东生任所长。还有沈阳金属研究所最强的科学家李薰、师昌绪，再有张沛霖副所长。我们科学院主要依靠上海冶金所、沈阳金属所，苏联专家没撤走前，我们已经开展研究了。这就叫两手准备，自力更生为主，争取外援为辅。早就想到万一他不给怎么办？在上海冶金所集中力量攻这个关，搞"真空阀门"。结果这个关攻破了！攻克这个项目，除科学院金属所、冶金所外，还有复旦大学、上海有条件的工厂等。这样，我们的浓缩铀厂才能生产。这时宋任穷调走了,刘杰同志当二机部部长。他一见我的面,双手紧紧地握着我的手说:“感谢你呀!我的工厂能生产了!”当时,刘杰非常激动地感谢我们,帮助他解决了关键问题。这项成果在原子弹爆炸成功以后得了特等奖。所幸的是,这些我们早就有准备了,是钱三强出的题目,出题目很重要。

第三是高能炸药。原子弹怎么引爆?需要引爆装置。普通炸药不行,要高能炸药。科学院大连化学物理研究所,到甘肃某地建立一个分所,主要搞高能炸药,专家主要有于永忠等。有了高能炸药,才能做高能的引爆。上海有机化学所的黄耀曾带着一些人支援。还有五机部的一个所,也去人参加。他们合作又把高能炸药研制出来了。

最后,是我们中国第一颗原子弹爆炸的现场观测,主要是科学院地球物理研究所、力学所、物理所、声学所、光机所等承担的任务,与核试验基地研究所共同商定各个类型的15项测量技术方案,都是我们自已制造的仪器,各所派技术骨干到现场参加核爆试验,全部按时完成了任务。还有其他所,在现场做了很多试验,当时其他部门也参加做试验,但大部分现场试验和观测是科学院完成的。

钱三强功不可没

我国研制原子弹和氢弹,三强起了重要作用,功不可没。早在1960年,原子能所就成立了“中子物理领导小组”,由所长钱三强主持,组织黄祖洽、于敏等开始做基础研究,为后来的氢弹研制作准备。研制氢弹工作主要是于敏他们做的,方案是于敏提的,也得过大奖,但题目是刘杰与三强商量后提出的,组织安排这些题目起了作用。原子弹爆炸以后还要搞氢弹,而中国从原子弹到氢弹只有两年零八个月。1964年爆炸了原子弹,1967年就爆炸了氢弹。这个科研理论方案和课题是三强很早就提出来的。有人总认为三强自已没参加具体的研究工作,我则认为如果没有他做学术组织工作,如果不是他十分内行地及早提出这些方案与课题,你怎么赶上和超过别人。他早就出了题目,我们早就动手了,早就把方案搞出来了。当然,原子弹和氢弹的设计主要靠二机部核武器研究所的出色工作,使我们中国从原子弹到氢弹的过程,在全世界来讲,也是时间最短的。二机部是制造核武器的主管部门,除从科学院调去一批专家外,还从一些高等院校调去朱光亚、周光召等科学家,他们作出了重要贡献。

在原子弹研制过程中三强最感谢的就是科学院提供的计算机,对二机部帮助很大。所以,我当时说如果没有“四项紧急措施”、没有那几项最重要的技术配合,单独搞原子弹是不行的。我们科学院早在

1958年8月1日就研制成功第一台计算机。要我去讲话,我给它一个提法,叫做“有了——中国有了计算机了!”第一台计算机是电子管的,老实讲是按苏联的图纸搞的,是最低级最原始的,一秒钟才运算几十次,但总算有了嘛。接着,我们自行研制第二台,1959年9月,104机出来了,也是电子管的,每秒一万次,当时就起了很大作用,主要为二机部核武器研究所服务。这个所即后来的九院是搞设计的,那个计算量太大了,没有这个计算机,几年也算不出来。再过一段,第二代计算机出来了,晶体管的,科学院半导体所搞的。从美国回来搞半导体材料的林兰英和科学家王守武、工程师王守觉两兄弟,是他们做的工作。第二代计算机,每秒数十万次,为氢弹的研制做了贡献。所以,三强一见面,就感谢科学院的计算机。

三强去世后我写了一篇文章纪念他,特别怀念他做了许多学术组织工作,比如说要科学院各个所来配合承担任务,你选什么任务,他能提出题目来,请你承担,他懂,他在法国跟着约里奥-居里做研究工作,发现过原子核三分裂现象,组织能力也比较强。但是正如前边所说,有一点书生气,人很直爽,有意见就提。他是科学家,当了二机部副部长,这样的待遇是不多的。我讲了他的优点,也讲了他的弱点,但我要说:“书生气比官僚气要好得多!”

1999年9月18日 中共中央、国务院、中央军委做出决定,追授钱三强“两弹一星功勋奖章”。被授予“两弹一星功勋奖章”的共23人,他们是(以姓氏笔画为序)于敏、王大珩、王希季、朱光亚、孙家栋、任新民、吴自良、陈芳允、陈能宽、杨嘉墀、周光召、钱学森、屠守锷、黄纬禄、程开甲、彭桓武和已故王淦昌、邓稼先、赵九章、姚桐斌、钱骥、钱三强、郭永怀。决定指出:“这23位科技专家是人民共和国的功臣,是老一辈科技工作者的杰出代表,是新一代科技工作者的光辉榜样。”

2003年10月17日(因16日诞辰日恰逢中国首次发射载人〈杨利伟〉飞船,故改为17日) 中国科学院、中国科学技术协会、中国物理学会在北京举行钱三强90诞辰座谈会暨“钱三强星”命名仪式。由何泽慧接受证书。

国家天文台施密特CCD小行星项目组1998年10月16日于兴隆发现的小行星1998UO8,获得国际永久编号第25240号,经国际天文学联合会小天体提名委员会批准,国际天文学联合会《小行星通报》第49676号通知国际社会,正式命名为:钱三强星。2003年9月10日钱三强星运行图和第 49676 号《小行星通报》(影印件)附于后：

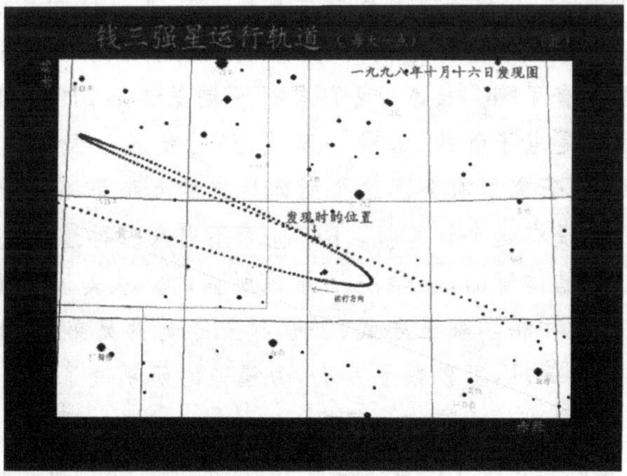

NEW NAME OF MINOR PLANET.

(25240)Qiansanqiang=1998 UO_8

Discovered 1998 Oct.16 by the Beijing Schmidt CCD Asteroid Program at Xinglong.

Sanqiang Qian(1913~1992) was a nuclear scientist and member of the Chinese Academy of Sciences. He is one of the founders of China's atomic energy program.

(25240)钱三强＝1998UO_8

国家天文台施密特 CCD 小行星项目组 1998 年 10 月 16 日于兴隆发现。

钱三强(1913~1992)是核物理学家，中国科学院院士，中国原子能科学事业的奠基人之一。

(小行星通报，第 49676 号;2003 年 9 月 10 日)

主要引征文献

钱三强论著及报刊、档案资料

[1]钱三强．科坛漫话．北京:知识出版社．1984年．

[2]钱三强．重原子核三分裂与四分裂的发现．北京:科学技术文献出版社．1989年．

[3]钱三强．钱三强科普著作选集．上海:上海教育出版社．1990年．

[4]钱三强．钱三强论文选集．北京:科学出版社．1993年．

[5]钱三强．钱三强文选．杭州:浙江科学技术出版社．1994年．

[6]钱三强．锻炼身体　扩展视野　培养拼搏精神(发表时,编辑将标题简化为“拼搏”)//北京大学中国名人丛书编委会．中国名人谈少儿时代:风雨年代．长春:北方妇女儿童出版社．1990年．

[7]钱三强．世界高新技术的发展及其对我国的挑战的几点认识//新技术革命的趋势和对策，北京:法律出版社．1991年．

[8]钱三强．重视农业科学技术,建设物质文明和精神文明的新型农村问题的发言(1990年8月15日)//中共中央办公厅调研室．新科技革命的趋势和对策．北京:法律出版社．1991年．

[9]钱三强．致葛庭燧信和致《留美学生通讯》(纽约)编者信//清华大学校友总会．清华校友通讯丛书(第七辑)．北京:清华大学出版社．2001年．

[10]钱三强．记周培源老师几件事以志应向老师学习的精神——祝贺周老九十寿辰//国际流体力学和理论物理科学讨论会组织委员会．科学巨匠　师表流芳．北京:中国科学技术出版社．1992年．

[11]钱三强同志谈北京早期乒乓球活动的一封信．1991年8月12日//张明义．北京志·体育卷．北京出版社．2004年．

[12]钱三强．《居里夫人》传中译修订本序//艾芙·居里．居里夫人传．左明彻译,北京:商务印书馆．1984年．

[13]钱三强．《现代科学技术词典》序//现代科学技术词典．上海:上海科学技术出版社．1980年．

[14]钱三强．《中国古代文学》序言//马志杰．中国古代文学．济南:齐鲁书社．1985年．

[15]钱三强．《天文学名词》序//天文学名词审定委员会．天文学名词．北京:科学出版社．1987年．

[16]钱三强．《英汉辞海》序//王同亿．英汉辞海．北京:国防工业出版社．1987年．

[17]钱三强．《科技·教育与社会进步丛书》序// 科技·教育与社会进步丛书．长春:吉林

教育出版社．1989 年．
[18]钱三强．《中国科学技术专家传略》总序// 中国科学技术协会．中国科学技术专家传略．北京：中国科学技术出版社．1991 年．
[19]钱秉雄，钱三强．《钱玄同年谱》跋//曹述敬．钱玄同年谱．济南：齐鲁书社．1986 年．
[20]钱秉雄，钱三强．回忆伯母单士厘・代序//单士厘．《受兹室诗稿》，长沙：湖南文艺出版社．1986 年．

[21]钱三强．中国原子核科学发展片断回忆．紫荆．创刊号．1990 年．
[22]钱三强．欧洲研究组织的新动向．科学，第 30 期第 10 卷．1948 年．
[23]钱三强．从国际科学工作者的集体研究精神看中国的科学家和工程师．工程界，第 3 期第 8 卷．1948 年．
[24]钱三强．苏联的大学教育与科学研究(张和生记录)．新建设，第 1 卷第 6 期．1949 年．
[25]钱三强．中国近代科学概况．科学通报，第 7 期．1953 年．
[26]钱三强．向苏联学习，更有效地为祖国服务．中国青年，第 21 期．1953 年．
[27]钱三强．对于苏联物理学的认识和体会．物理通报，第 1 期．1954 年．
[28]钱三强．人类进入了原子时代．中国青年，第 16 期．1954 年．
[29]钱三强．为什么我们要反对使用原子武器．中国青年，第 4 期．1954 年．
[30]钱三强．我国原子能的和平利用正在大踏步迈进．原子能科学技术，第 1 期．1959 年．
[31]钱三强．悼念杰出的苏联原子能科学家库尔恰托夫院士．原子能科学技术，第 3 期．1960 年．
[32]钱三强．毛主席指引我们不断攀登科学技术高峰．原子能科学技术，第 8 期．1977 年．
[33]钱三强．迎接科学的春天．自然杂志，创刊号．1978 年．
[34]钱三强．谈谈科学普及工作．科普创作，试刊第 1 期．1979 年．
[35]钱三强．同心同德搞好教学和科研．人民教育，第 8 期．1979 年．
[36]钱三强．大家都来重视和关心图书情报工作．图书情报工作，第 1 期．1980 年．
[37]钱三强．《天体物理学报》发刊词．天体物理学报，第 1 期．1981 年．
[38]钱三强．图书情报工作必须现代化．计算机与图书馆，第 1 期．1981 年．
[39]钱三强．掌握科研管理的客观规律　建立中国特色的管理科学．《科研管理》，第 1 期．1982 年．
[40]钱三强．谈谈科学学和科学管理．自然辩证法通讯，第 1 期．1982 年．
[41]钱三强．致《物理教学》编辑部的信．第 1 期．1982 年．
[42]钱三强．科学工作者要为现代化建设作出新的贡献．自然辩证法通讯，第 6 期．1982 年．
[43]钱三强．要重视物理实验课．中学生数理化，第 7 期．1983 年．
[44]钱三强．纪念尼尔斯・玻尔一百周年诞辰．物理，第 4 期．1986 年．
[45]钱三强．新中国原子核科学技术事业的领导者．红旗，第 5 期．1988 年．
[46]钱三强．中国科学院和我国原子核科学技术．中国科学院院刊，第 3 期．1989 年．
[47]钱三强，邓稼先，李寿枬．哀悼郭挺章同志．科学通报，第 4 期．1957 年．
[48]钱三强，何泽慧．关于文字改革的一封信．文字改革，第 3 期．1961 年．

[49]钱三强．重视应用科学，加强基础研究——谈谈实现科学技术现代化的几个问题．北

京科技报.1978年12月29日.
[50]钱三强.同青年科学爱好者谈谈心.南方日报.1979年1月8日.
[51]钱三强.浅谈学习与创新.体育报.1979年2月2日.
[52]钱三强.既能动脑又能动手.中国青年报.1979年10月4日.
[53]钱三强.我国现代科学技术的组织者、领导者——缅怀周总理对我国科学技术事业的关怀和对科技工作者的教诲.人民日报.1979年3月10日.
[54]钱三强.写给故乡的话.浙江日报.1981年1月18日.
[55]钱三强.不可忽视从科学技术史中吸取营养.光明日报.1982年3月6日.
[56]钱三强.搞科研要有点经济观点,搞经济要有科学眼光.人民日报.1982年11月23日.
[57]钱三强.寄希望于青年.中国青年报.1982年11月27日.
[58]钱三强.推荐《核反应堆动力学基础》一书.光明日报.1985年3月29日.
[59]钱三强.迎接交叉科学的新时代.光明日报.1985年5月17日.
[60]钱三强.难忘的教诲 由衷的感谢.教育报.1985年9月10日.
[61]钱三强.推荐《20世纪科学技术简史》.人民日报.1986年12月22日.
[62]钱三强.科学·民主·现代化——纪念五四运动70周年.科技日报.1989年5月3日.
[63]钱三强.当前需要科技书刊出版有个大发展.新闻出版报.1991年8月19日.

[64]钱三强.自传,中央组织部钱三强档案.1953年2月20日.
[65]中国科学院关于访苏代表团工作的报告//中国科学院办公厅,中国科学院资料汇编(1949～1954).
[66]中国科学院史料汇编.1950年.
[67]中国科学院档案(油印本).1950年2月1日.
[68]行政工作会议记录(摘要).院档办永50-39.
[69]中国科学院史事汇要.1951年.
[70]关于参加联合原子核研究所的报告.中国科学院办公厅.中国科学院年报.1957年.
[71]在八大会议上的发言草稿.1956年9月.
[72]推荐周光召参加核武器研究的电报.二机部档案.1961年11月25日.
[73]"百家争鸣"座谈会简报稿.1975年.
[74]关于"百家争鸣"问题(修订稿).1975年11月.
[75]访澳感想——在北京市国内外科技水平与发展动向报告会上的演讲(记录打印稿).1977年9月28日.
[76]钱三强同志与朔佩尔教授谈话主要内容(记录整理稿).1977年11月.
[77]在"四个现代化宣讲报告会"上的报告.外交部政治部《学习动态》,第13期.1978年11月20日.
[78]在"生物学未来"学术讨论会上的讲话,1979年8月27日,1979年9月2日.
[79]我的检查.1972年8月10日.引自二机部《关于钱三强同志情况的报告及附件》,1977年6月29日.
[80]纠正我讲话中的一个错误,1977年2月23日.
[81]科学技术发展的简况——在中央书记处学习会议上的讲稿.1980年7月24日.

[82]人生能有几次搏——在中国科学院工作讨论会上的发言,1982 年 2 月 22 日.
[83]在法国驻华使馆接受马乐大使代表密特朗总统授予的"法兰西荣誉军团军官勋章"的答词.1985 年 5 月 20 日.
[84]在中国科学学与科技政策研究会第一届理事会第四次(扩大)会议上的讲话.1985 年 5 月 24 日.
[85]首都科学界尼尔斯·玻尔诞辰 100 周年纪念会主持词.1985 年 11 月 1 日.
[86]在中国科学院 1987 年工作会议上的书面发言.1987 年 3 月 12 日.
[87]在全国政协妇女青年委员会和教育文化委员会联合举行的座谈会上的讲话(手稿).1989 年 11 月 28 日.
[88]庆祝新中国成立 40 周年,接受中国国际广播电台专访.1989 年 9 月 27 日.
[89]努力实现我国科技名词术语的统一与规范——全国科学名词审定委员会工作会议开幕式上的报告.1987 年 9 月 25 日.
[90]在"科学与文化论坛"第一次会议上的主旨演讲.1988 年 5 月 25 日.
[91]在 "科学与文化论坛" 第二次会议上的讲话. 1988 年 9 月 10 日.
[92]在 "科学与文化论坛" 第三次会议上的讲话.1988 年 11 月 15 日.
[93]加强科学的预测与评论——在中国管理科学院成立(为荣誉院长)大会上的演讲(记录稿). 1987 年 8 月.
[94]同李昌、于光远、石山、卢良恕、李宝恒联名提出《关于深入改革农业和粮食管理体制的建议》,1987 年 12 月 1 日.
[95]建议大中型企业应提取销售额中更多的资金进行技术开发工作.科协情况.第 6 期.1988 年.
[96]我对五十年前发现核裂变现象前后的一些回忆——在中国核学会在北京举行的"核裂变现象发现 50 周年纪念会"上的演讲(手稿).1988 年 12 月.
[97]十五年的回顾(录音整理稿).1989 年 8 月.
[98]在全国政协"知识分子政策问题专题研讨组"各小组组长会议的发言.全国政协专门委员会简报,第 89 期.1990 年.
[99]在中国科学院院史文物资料征集委员会第一次会议上的讲话.院史资料与研究.第 1 期(试刊).1991 年.
[100]筹建科学院前后我参与的一些事情.院史资料与研究.第 4 期.1991 年.
[101]自力更生、大力协同发展尖端技术——应中央文献研究室编辑出版《回忆毛泽东》多卷本文集约稿(手抄稿),1991 年 3 月.
[102]《广州粒子物理理论讨论会论文集》前言.1980 年 3 月.
[103]《北京国际核物理冬季讲习班文集》序.1981 年 3 月.
[104]《当代学科分支(英汉双向检索)》序.1989 年 10 月.

[105]致何怡贞信.1945 年 9 月 10 日.
[106]致梅贻琦信.1947 年 2 月 1 日,1948 年 3 月 7 日.清华大学档案馆.
[107]致约里奥-居里夫妇信.1949 年 12 月 3 日.法国巴黎居里与约里奥-居里博物馆
[108]致杨振宁信(电).1957 年 11 月 1 日,1978 年 11 月 6 日,1978 年 12 月 7 日,1979 年 9 月,1980 年 10 月,1980 年 11 月 26 日,1982 年 3 月 16 日,1982 年 5 月 18 日.
[109]致李政道信(电).1957 年 11 月 1 日,1979 年 9 月.

[110]致何泽慧信．1969年11月1日，11月10日．
[111]钱三强、何泽慧致钱思进信．1970年4月5日，1970年6月26日，1971年10月3日，1983年1月18日，1984年11月27日，1985年5月21日，1985年10月9日，1992年2月．
[112]致钱德充信：1970年9月26日，1970年10月16日，1973年9月18日，1974年9月30日，1975年9月8日，1980年9月24日．
[113]钱三强、何泽慧致钱祖同、钱祖蕙信．1970年5月24日．
[114]致萨维奇信．1978年5月30日．
[115]致李昌信．1978年11月16日，1980年8月14日．
[116]致方毅、蒋南翔、李昌信．1978年12月7日．
[117]致方毅信．1979年5月28日，1979年9月26日，1980年5月20日．
[118]为简化高龄学部委员祝寿纪念形式致李昌、胡克实、郁文、秦力生信．1981年9月17日．
[119]致钱临照信．1981年10月23日．
[120]建议在大陆影印出版吴大猷的《理论物理》（七册）教科书致卢嘉锡并科学院党组信．1982年5月5日．
[121]致徐世燕信．1982年6月10日．
[122]就支持筹建东亚科学图书馆致中国科学院党组信．1981年9月16日．
[123]就我国几项重大科学技术成果的授奖问题致武衡信．1981年10月27日．
[124]致北京正负电子对撞机（BEPC）设计考察工作组谢家麟、张厚英信．1982年7月31日．
[125]致葛能全信．1984年10月19日，1985年9月18日，1986年4月8日，1986年5月6日，1986年5月11日，1987年5月21日，1987年6月29日．
[126]致张麟玉信．1985年3月15日．
[127]致谷羽信．1986年7月26日．
[128]推荐《中国近现代科学技术史》参加国家自然科学基金评选信．1990年2月16日．
[129]就增选学部委员致李鹏信．1990年5月7日．
[130]同李觉、姜圣阶、王淦昌就发展我国核电事业联名致江泽民、李鹏信．1990年2月28日．
[131]（中国科学院）院档：1978－1－5，1979－36－2，1979－4－83，1983－1－4．

其他引征文献及报刊、档案资料

[1]钱恂．吴兴钱氏家乘（共分三卷，藏于国家图书馆）．1921年．
[2]钱氏家乘，民国十六年铅印本共十二卷，六册，后有多种抽印本．1921年．
[3]鲁迅．呐喊．北京：北京新潮社．1923年．
[4]鲁迅．且介亭杂文二集．上海：三闲书屋．1937年．
[5]张炯．向着光明的中国前进——记核物理学家钱三强// 科学的春天．北京：北京出版社．1979年．
[6]莫里斯·戈德史密斯．约里奥-居里传．施莘译，北京：原子能出版社．1982年．
[7]中共中央组织部．知识分子问题文献选编．北京：人民出版社．1983年．
[8]聂荣臻同志和科技工作．光明日报出版社．1984年．

[9]唐振常．蔡元培传．上海:上海人民出版社．1985 年．
[10]曹述敬．钱玄同年谱．济南:齐鲁书社．1986 年．
[11]尚明轩．宋庆龄年谱．北京:中国社会科学出版社．1986 年．
[12]卜庆华．郭沫若研究札记．长沙:湖南大学出版社．1986 年．
[13]竺可桢．竺可桢日记．北京:科学出版社．1989 年．
[14]郭奕玲．伟大的发现——钱三强的回忆．北京科学技术出版社．1989 年．
[15]王春江．裂变之光——记钱三强．北京:中国青年出版社．1990 年．
[16]顾廷龙．清代硃卷集成,台北:成文出版有限公司．1992 年．
[17]中国科学院学部联合办公室．中国科学院院士自述．上海:上海教育出版社．1996 年．
[18]耿云志，欧阳哲生．胡适书信集．北京:北京大学出版社．1996 年．
[19]陈培仲,胡世均．程砚秋传．石家庄:河北教育出版社．1996 年．
[20]王淦昌．无尽的追忆．长沙:湖南少年儿童出版社．1997 年．
[21]沈永宝．钱玄同印象．上海:学林出版社．1997 年．
[22]黎锦熙．钱玄同先生传．1939 年．//沈永宝．钱玄同印象．上海:学林出版社．1997 年．
[23]魏建功．回忆敬爱的老师钱玄同先生．国文月刊，第 41 期．1946 年．//沈永宝．钱玄同印象．上海:学林出版社．1997 年．
[24]力平．周恩来年谱 1898—1949(修订本)．北京:中央文献出版社．2007 年．
[25]金冲及．周恩来传 1998—1949．中央文献出版社．1998 年
[26]金冲及．周恩来传 1949—1976．中央文献出版社．1998 年
[27]赵春生．周恩来文化文选．中央文献出版社．1998 年．
[28]宗诚．风雨人生——丁玲传．北京:中国文联出版公司．1998 年．
[29]张之洞．张之洞全集(第 2 册)．石家庄:河北人民出版．1998 年．
[30]钱玄同．钱玄同五四时期言论集．上海:东方出版中心．1998 年．
[31]周均伦．聂荣臻年谱．北京:人民出版社．1999 年．
[32]周光召．大协作和科学精神是成功的关键．// 周继武，杨新之．请历史记住他们——中国科学家与“两弹一星”．广州:暨南大学出版社．1999 年．
[33]杨步伟．杂记赵家．北京:中国文献出版社．1999 年．
[34]严济慈．严济慈文选．上海:上海教育出版社．2000 年．
[35]彭桓武．彭桓武诗文集．北京:北京大学出版．2001 年．
[36]宋健．“两弹一星”元勋传．北京:清华大学出版社．2001 年．
[37]葛能全．钱三强年谱．济南:山东友谊出版社．2002 年．
[38]玛丽·居里．居里夫人自传．杨建邺译,哈尔滨:哈尔滨出版社．2004 年．
[39]王大珩．忆三强,我的挚友．清华校友通讯丛书(复 26 册)．北京:清华大学出版社．1992 年．
[40]周光召．《钱三强论文选集》序// 钱三强．钱三强论文选集．北京:科学出版社．1993 年．
[41]邓小平．邓小平文选(第二卷)．北京:人民出版社．1994 年．
[42]胡仁宇．根深叶茂　功业长存——怀念我国原子能科学技术队伍的创业者钱三强先生//钱三强．钱三强文选．杭州:浙江科学技术出版社．1994 年．
[43]张劲夫．中国科学家与“两弹一星”//周继武，杨新之．请历史记住他们——中国科学家与“两弹一星”．广东:暨南大学出版社．1999 年．

[44]胡适．胡适口述自传．唐德刚译注．广西:广西师范大学出版社．2005 年．
[45]王甘棠，孙汉城．核世纪风云录——中国核科学史话．北京:科学出版社．2006 年．
[46]钱秉雄．片断的回忆——忆父亲钱玄同// 钱理群等．我的父辈与北京大学．北京:北京大学出版社．2006 年．
[47]吴艳等．中苏两国科学院科学合作资料选辑．济南:山东教育出版社．2008 年．
[48]邱巍．吴兴钱家．杭州:浙江大学出版社．2009 年．
[49]任继愈．中国藏书楼．沈阳:辽宁人民出版社．2010 年．
[50]薛攀皋．科苑前尘往事．北京:科学出版社．2011 年．
[51]苏华，张济．何澄．山西:三晋出版社．2011 年．
[52]岳南．南渡北归．长沙:湖南文艺出版社．2011 年．
[53]杨承宗．从居里实验室走来——杨承宗口述自传．长沙:湖南教育出版社．2012 年．

[54]钱玄同．我所希望于孔德学校者．北京孔德学校旬刊，第6 期．1925 年 6 月 16 日．
[55]郭沫若．把粉碎美国细菌战作为基点而再努力．科学通报·反细菌战特刊．1952 年．
[56]于有海．中央书记处的同志听课侧记．半月谈，第 7 期．1980 年．
[57]王振基．里昂中法大学生活的回忆．北京工业学院院刊专辑——中法大学校友专刊．1986 年．
[58]何祚庥．回忆三强同志在原子能科学技术中的重大贡献．自然辩证法研究，第 8 卷第 8 期．1992 年．
[59]于光远．告别三强．自然辩证法研究，第 8 卷第 8 期．1992 年．
[60]周恩来．在国务院第 4 次全体会议上的讲话记录．党的文献．第 3 期．1994 年．
[61]杨桢．纪念钱三强老师——1994 年 1 月 11 日高能所纪念四位前辈会上的讲话．现代物理知识，第 4 期．1994 年．
[62]郭奕玲，沈慧君．怀念钱三强先生．现代物理知识．第 9 卷第 1 期．1997 年．
[63]刘思源．钱玄同自撰年谱．鲁迅研究月刊，第 5 期．1999 年．
[64]樊洪业．黄宗甄访谈录．中国科技史料，第 4 期．2000 年．
[65]张柏春，张久春．苏联援华项目中的技术转移．中共党史资料，第1 期．2004 年．
[66]朱华．为共和国建国作出杰出贡献的李维汉．2009 年 10 月 21 日．
[67]叶笃正．乒乓球桌旁友谊决定一生事业．水木清华，第 9 期．2012 年．

[68]张劲夫．怀念钱三强同志．中国科学报．1993 年 6 月 28 日．
[69]张劲夫．请历史记住他们——关于中国科学院与“两弹一星”的回忆．科学时报．1999 年 5 月 6 日．
[70]于光远．从《钱三强传》想到的．科学时报．2003 年 12 月 11 日．
[71]黄祖洽．清华园的四年．科学时报．2011 年 4 月 1 日．

[72]孟雨 1950 年 1 月 9 日、1954 年 1 月 26 日，于光远 1953 年 4 月 7 日，袁葆华 1953 年 6 月 11 日关于钱三强的有关证明材料．中国科学院档案．
[73]二机部．关于钱三强的材料综合．1966 年．
[74]原子能研究所．红专小报 1966 年 6 月 28 日、1966 年 7 月 1 日、1966 年 7 月 5 日．
[75]丁瓒．谈钱三强(记录稿)．1967 年 8 月 22 日．

[76]二机部，审查钱三强揭发材料，1969 年．
[77]丁肇中参观原子能研究所并进行学术座谈．中国科学院接待小组“情况简报”第五期，1975 年 12 月 12 日．
[78]基本粒子座谈会“会议简报”．1977 年 8 月．
[79]杨振宁对我国科研事业提出的两点总的看法和八条具体建议．中国科学院办公室《情况汇报》第 94 期．1977 年 9 月 19 日．
[80]钱学森、朱光亚同志关于科学院长远规划的一次谈话（记录整理稿），1977 年 5 月．
[81]奥地利科学家代表团参观原子能研究所，《情况简报》第三期，1977 年 3 月 5 日．
[82]邓副主席会见美籍高能加速器专家邓昌黎一家的谈话记要．1977 年 10 月 20 日．中国科学院办公室印发．
[83]对钱三强校长来校后的一些反映．浙江大学《简报》．1978 年第 10 期
[84]华国锋接见李政道一家谈话记录摘要（科学院外事局整理打印稿）．1979 年 5 月．
[85]广州粒子物理理论讨论会简报．中国科学院学部办公室档案 80－36－12.
[86]中国科学院、中国社会科学院代表团访美报告．1980 年 12 月．
[87]曹天钦赴港参加为李约瑟筹募东亚科学史基金会活动的情况汇报．1981 年 10 月 17 日．
[88]胡耀邦等党和国家领导人参观科学院科研成果展览交流会时的谈话（根据记录整理，未经本人审阅）．中国科学院工作会议文件（二）．1983 年 1 月．
[89]中国原子能科学研究院大事记．1991 年．
[90]简焯坡．往事片断——从北平研究院到中国科学院．院史资料与研究．第 2 期．1991 年．
[91]何祚庥．层子模型建立的前前后后．院史资料与研究．第 6 期．1994 年．
[92]未湮没的径迹——黄胜年自述油印本，1998 年．
[93]丁大钊，周德邻，蔡敦九，谢滋．钱三强先生指导我们进行轻核反应实验研究——献给钱三强先生诞辰九十周年．2003 年．
[94]黄祖洽，于敏，何祚庥．关于氢弹理论预研工作的回忆（手抄稿）．
[95]陆祖荫．亲历我国第一次核试验（手抄稿）．

[96]钱玄同致钱三强信．1938 年．
[97]G. P. 汤姆逊 1945 年 6 月 4 日和伊莱娜 1945 年 6 月 12 日关于钱三强的通信．法国巴黎居里与约里奥-居里博物馆．
[98]梅贻琦致钱三强信．1947 年 5 月 19 日．
[99]梅贻琦、叶企孙关于邀请钱三强任清华大学教授的有关信电（1947 年）．清华大学档案馆．
[100]美国大使馆 1948 年 7 月 19 日查询函及萨本栋致梅贻琦、胡适信．清华大学档案馆．
[101]郭沫若致钱三强信．1952 年 5 月 21 日．
[102]郭沫若致约里奥-居里信．1956 年 3 月 28 日，法国巴黎居里与约里奥-居里博物馆．
[103]戴文赛致钱三强信．1977 年 3 月 1 日．
[104]杨福家致钱三强信．1977 年 5 月 27 日［附美国固体物理访华代表团“对我国大学教育和科学研究的一些议论”（打字油印稿）］
[105]杨振宁致钱三强信（电）．1978 年 11 月 27 日，1980 年 10 月，1987 年 11 月 17 日．
[106]周光召致钱三强信．1980 年 9 月 12 日，1980 年 10 月 8 日．
[107]李昌致方毅信．1980 年 11 月 30 日．

[108]李昌致钱三强信．1980年8月15日,1981年9月22日．
[109]李政道致钱三强信．1981年12月21日,1982年4月1日,1982年8月8日,1982年9月21日,1992年3月5日．
[110]李政道致中央领导函副本．1985年7月12日．
[111]周培源致钱三强信．1982年7月8日．
[112]丁肇中致钱三强信．1982年7月12日．
[113]李约瑟致钱三强信．1984年1月9日．
[114]赵文利致钱三强信．1985年3月18日．
[115]马乐大使代表密特朗总统在法国驻华使馆授予钱三强"法兰西荣誉军团军官勋章"时的致词．1985年5月20日．
[116]胡乔木致钱三强信．1985年10月21日．
[117]葛能全致钱三强信．1986年5月9日．
[118]周丰一致钱三强信．1987年3月19日．
[119]李鹏致钱三强信．1987年9月17日,1990年4月30日(致钱三强、李觉、姜圣阶、王淦昌)．
[120]宋健致全国自然科学名词审定委员会工作会议信．1987年9月22日．
[121]宋健致钱三强信．1991年12月25日．
[122]刘盛纲致钱三强信．1989年2月．
[123]朱光亚致钱三强信．1991年11月12日．
[124]宋守信致何泽慧信．1992年7月9日．
[125]彭桓武致葛能全信．1993年2月28日．
[126]北京晨报．1937年5月12日．
[127]中国新闻报．1948年9月．
[128]新华社"新闻公报",1967年6月17日．
[129]新华社《参考资料》．1967年6月19日下午版．
[130]人民日报．1956年1月30日,1964年10月17日,1981年5月21日,1982年10月23日,1988年11月17日,1989年4月21日．
[131]中国青年报．1962年7月5日．
[132]北京晚报．1981年5月20日．
[133]中国日报(CHIAN DAILY)．1982年7月14日．
[134]经济日报．1983年3月30日．
[135]北京日报．1987年1月9日．
[136]科技日报．1989年5月3日．
[137]大公报．1990年10月22日．
[138]科学时报．2004年10月29日．
[139]解放日报．2007年11月21日．
[140]新民晚报．2012年6月14日．

钱三强科学论文目录

[1]Band spectra and energy of dissociation of the Rubidium molecule(铷分子的带光谱与离解能).

Ny Tsi-Ze and Tsien San-Tsiang(Institute of Physics, National Academy of Peiping, Peiping, China). Phys. Rev. ,1937,52. 91 (1936 年在清华大学物理系毕业后,于北平研究院物理研究所,在严济慈先生指导与合作下完成的第一个实验研究工作).

[2]Sur les groupes de protons émis lors de bombardement de substances hydrogènèes par les rayons α(含氢物质在 α 粒子轰击下所产生的质子群).

Tsien San-Tsiang. C. R. Acad. Sc. ,1939. 208,1302. (1937 年留法,在巴黎镭学研究所,此为博士论文的简报)

[3] Comparaison du rayonnement des isotopes radioactifs des terres rares formès dans e'uranium et le thorium(铀和钍产生的稀土放射性同位素辐射的比较).

Irène Curie et Tsien San-Tsiang(Institut du Radium de Paris). J. de Phys. ,1939, Serie Ⅶ,10,495(是与伊莱娜·居里合作的。实验证明铀和钍受中子照射后产生的镧 β 放射性是相同的,对那时提出不久的裂变概念是一个很好的支持).

[4]Les groupes de protons émis lors du bombardement des substances hydrogènèes par les rayons α du polomium. I(含氢物质在 Po-α 粒子轰击下所产生的质子群).

Tsien San-Tsiang(Laboratoire Curie, Institut du Radium). J. de Phys. ,1940, Serie Ⅷ,1, 1-11. (是巴黎镭学研究所居里实验室作的博士论文的第一部分).

[5]Les groupes de protons émis lors du bombardement des substances hydrogènèes par les rayons α du polonium. Ⅱ(含氢物质在 Po-α 粒子轰击下所产生的质子群).

Tsien San-Tsiang(Laboratoire Curie, Institut du Radium). J. de phys. , 1940, Serie Ⅷ, 1,103. (是在巴黎镭学研究所居里实验室作的博士论文的第二部分).

[6]Sur le rayonnement γ du radiothorium(射钍的 γ 射线).

Jean Surugue et Tsien San-Tsiang, prèsentèe par M. Charles Maurain, C. R. Acad. Sc. , 1941,213,172.

[7]Sur la diffusion et la nature du recul radioactif(放射反冲的扩散及其本性).

C. Chamiè et Tsien San-Tsiang(Institut du Radium). J. de Phys. 1941, Serie Ⅷ,2,46.

[8]Intensitè des rayons γ mous du radioactinium(射锕的 γ 射线强度).

Tsien San-Tsiang(Laboratoire Curie de l'Institut du Radium). J. de Phys. ,1942, Serie Ⅷ,3,1. 用了简明而巧妙的方法,确定 γ 射线的能量(±2KeV).

[9]Nuclear Levels of the Compound Li_5(Li_5 复合核能级).

G. Beck et Tsien San-Tsiang(Institut de physique Gènèrale de la Facultè des Sciences de Lyon). Phys. Rev. ,1942,61,379.

[10]Collision de la particule α et du proton et structure du noyau compose $^5_3$Li(α 粒子同质子的碰撞与$^5_3$Li 复合核能级).

Guido Beck et Tsien San-Tsiang(Facultè des Sciences de Lyon et Institut du Radium de Paris). Cahiers de Phys. ,1942,No. 8,19.

[11]L' enregistrement des particules ionisantes par l' èmulsion photographique(用照相乳胶记录带电粒子).

Tsien San-Tsiang et Pierre Cüer. Société Françaies de physique, Résumés des communications faites en séances(Section de Lyon),Reunion du Mercredi 9 décembre 1942. Cahiers de phys. ,1943,No. 14,61.(是在里昂时期所做的早期探索核乳胶探测粒子的较好工作).

[12]Sur la complexité du rayonnement γ du RaD(RaDγ 射线的复杂性).

Tsien San-Tsiang. C. R. Acad. Sc. ,1943,216,765.

[13]Sur le rayonnement γ de l'actinium et de l'actinium K(Ac 和 Ack 的 γ 射线).

Marcel Lecoin,Marguerite Perey et Tsien San-Tsiang. C. R. Acad. Sc. ,1943,217,146.

[14]Intensitè absolue des ólectrons de conversion de RaD(RaD 的内转换电子的绝对强度)

Ouang Te-Tchao. Jeansurugue et Tsien San-Tsiang. C. R. Acad. Sc. ,1943,217,535.

[15]Intensitè des rayons γ mous et des rayons X de fluorescence de RaB+RaC(RaB+RaC 的软 γ 射线与 X 荧光的强度).

Tsien San-Tsiang. C. R. Acad. Sc. ,1943,217,599.

[16]Intensitè des rayons γ mous et des rayons X de fluorescence de Rac et ses derives(射锕及其子代的 γ 射线与 X 荧光的强度).

Tsien San-Tsiang. C. R. Acad. Sc. ,1943. 217,685.

[17]Intensitè des rayons γ du radium D(RaDγ 射线强度).

Tsien San-Tsiang. C. R. Acad. Sc. ,1944,218,503.

[18]Les caractèristiques du noyau composè$^5_3$Li et la resonance mixte($^5_3$Li 复合核的特性).

Tsien San-Tsiang. C. R. Acad. Sc. ,1944,218,996.

[19]Relation entre le parcours et l'ènergie des èlectrons de vitesses moyennes et faibles(中速与低速电子的射程-能量关系).

Tsien San-Tsiang. Annales de Physique,1944,19,327.

[20]Sur le rayonnement gamma de l'actinium et de l'actinium K(Ac 和 AcK 的 γ 射线).

Marcel Lecoin, Marguerite perey et Tsien San-Tsiang (Institut du Radium,Paris). Cahiers de physique,1944,No. 26,10.

[21]Le spectre L de fluorescence du RaD(RaD 的荧光 L 谱线).

Marcel Frilley et Tsien San-Tsiang. C. R. Acad. Sc. ,1945,220,144.

[22]Parcours des rayons a de l'ionium(镓 α 射线的射程).

Irène Curie et S. T. Tsien. J. de Phys. ,1945,Série Ⅷ,6,162.

[23]Sur les photoelectrons des rayons γ de RaD(RaDγ 射线的光电子).

Tsien San-Tsiang et Claude Marty. C. R. Acad. Sc. ,1945,220,688.

[24]Sur l' existence des rayons γ de très faibles énergies du radium D(RaD 的极低能 γ 射线的存在).

Tsien San-Tsiang et Claude Marty. C. R. Acad. Sc. ,1945,221,177.

[25]The γ-rays of Radium D(RaD 的 γ 射线).

Tsien San-Tsiang(Laboratorie Curie,Institut du Radium,and Laboratoire de Chimie Nucleaire du Collège de France,Paris,France). Phys. Rev. ,1946,69,38.

[26]Fine Structure of the α-rays from Protactinium(镤 α 射线的精细结构).

Tsien San-Tsiang (Laboratoire de Chimie Nucleaire du College de France, Paris, France). M. Bachelet,and G. Bouissières(Laboratorie Curie de l'Institut du Radium,Paris, France). Phys. Rev. ,1946,69,39.

[27]Parcours et structure fine des rayons a du protactinium(镤 α 射线的射程与精细结构).

Tsien San-Tsiang(Laboratoire de Chimie Nuclèaire du Collèg de France). M. Bachelet et G. Bouissieres(Laboratorie Curie de 1'Institut du Radium). J. de Phys. 1946,Serie Ⅷ, 7,167.

[28] Étalonnage d' une nouvelle plaque photographique pour la mesure des parcours des rayons α(为测量 α 射线射程用的新型照相乳胶片的刻度).

Tsien San-Tsiang, Raynond Chastel, Henriette Faraggi et Leopold Vignèron. C. R. Acad. Sc. ,1946,223,571.

[29]Sur la tripartition de l' uranium provoquèe par la capture d' un neutron(俘获中子引起的铀的三分裂).

Tsien San-Tsiang,Raymond Chastel,Ho Zah-wei et Lèopold Vigneron. C. R. Acad. Sc. , 1946,223,986.

[30]Preuve expèrimentale de la quadripartition de l'uranium(铀的四分裂的实验证据).

Ho Zah-wei,Tsien San-Tsiang,Lèopold Vigneron et Raymond Chastel. C. R. Acad. Sc. , 1946,223,1119.

[31]Quelques anomalies liées a la conversion interne des rayons γ(γ 射线内转换的一些反常现象).

M. Frilley,J. Surugue et Tsien San-Tsiang. J. de Phys. ,1946,Série Ⅷ,7,350.

[32]Un nouveau mode d' explosion de L' uranium(铀裂变的新模式).

Tsien San-Tsiang. Atomes,1947,No. 10,23.

[33]Énergies et fréquencies des phènomènes de tripartition et quadripartition de l'uranium (铀三分裂与四分裂现象的能量与几率).

Tsien San-Tsiang, Ho Zah-Wei, Raymond Chastel et Lèopold Vigneron, Prèsentèe par M. Frèdèric Joliot. C. R. Acad. Sc. ,1947,224,272.

[34]On the New Fission Processes of Uranium Nuclei(铀核的新的裂变过程).

Tsien San-Tsiang,Ho Zah-Wei. R. Chastel,and L. Vigneron(Laboratoire de Chimie Nuclèaire du Collège de France,Paris,France). Phys. Rev. ,1947,71,382.

[35]Sur e' ènergie de fission du thorium(钍的裂变能量).

Tsien Szn-Tsiang,Ho Zan-Wei et H. Faraggi,transmise par Frèdèric Joliot. C. R. Acad. Sc.,1947,224,825.

[36]Sur le mècanisme de la tripartition de e'uranium(铀三分裂的机制).

Tsien San-Tsiang,prèsentèe par Frèdèric Joliot. C. R. Acad. Sc.,1947,224,1056.

[37]Ternary and Quaternary Fission of Uranium Nuclei(铀核的三分裂与四分裂).

Tsien San-Tsiang,Ho Zah-Wei,L. Vigneron and R. Chastel(Laboratoire de Chimie Nucleaire,Collège de France,Paris),Nature,1947,159,773.

[38]Sur les particules légéres èmises en connection avec les fragments de fission du thorium(与钍裂变碎片伴随发射的轻粒子).

Tsien San-Tsiang et Henriette Faraggi,prèsentèe par Frèdéric Joliot. C. R. Acad. Sc.,1947,225,294.

[39]Nouveaux modes de fission de 1'uranium tripartition et quadripartition(铀裂变的新模式——三分裂与四分裂).

Tsien San-Tsiang, Ho Zah-Wei. R. Chastel et L. Vigneron (Laboratoire de Chimie Nuclèaire du Collège de France). J. de Phys.,1947,Série Ⅷ,8,165,200.

[40]Sur l' estimation rapide des ènergies d' èlecttons de vitesses moyennes et faibles(中速与低速电子能量的快速估计).

Tsien San-Tsiang,C. Marty et B. Dreyfus [Laboratoire de Chinie Nuclèaire. Collège de France(Paris)]. J. de Phys.,1947,Série Ⅷ,8,269.

[41]On the Tripartition of Heavy Elements(重元素的三分裂).

Tsien San-Tsiang(Laboratoire de Chimie Nuclèaire,Collège de France,Paris,France). Phys. Rev.,1947,72,1257.

[42]Sur la bipartition et la tripartition des éléments lourds(重元素的两分裂与三分裂).

Tsien San-Tsiang(Maitre de Recherches au Laboratoire de Chimie nuclèaire du Collège de France). J. de Phys.,1948,Série Ⅷ,9,27.

人名索引(以关系直接者为主)

A

B

C

D

G

J

K

L

Q

R

S

Y

后　　记

编辑钱三强先生的年谱，始于20世纪80年代后期。那时，浙江科学技术出版社准备出钱先生的文选，计划附录钱先生的较详年表，于是开始做这件事。1994年《钱三强文选》出版，书后所附钱先生的“重要活动纪事”（约5万字），即为《钱三强年谱》（2002年山东友谊出版社出版）和本书的初始文字。

钱先生生前对编辑他的年谱非常重视。记得他审阅“重要活动纪事”初稿时，正值他第二次复发心脏病住北京医院治疗，因医嘱不让多说话，他便写条子表达意见；后来修改定稿时出了医院，他风趣说“解放”了，经常约谈或写条子交替进行。他写来条子或面谈，多是介绍他记忆的事情的经过，有时提出一些可查找的线索；他还在家里亲自翻箱倒柜搜集资料，分门别类地整理好装进信袋里，为的是使事情尽可能不发生差错和遗漏。例如，新中国成立前后，他先后三次陪同郭沫若、宋庆龄出席“世界人民保卫和平大会”和一次出席理事会执行局特别会议的情况，是他亲笔写给的参考提纲，其中对各次会议的时间、地点、主题及陪同人员都作了较为准确的追述。又如，1950年新中国建立第一个原子核科学研究机构——中国科学院近代物理研究所，那时在西方全面封锁中，有唯一的两位西方科学家、诺贝尔奖得主弗莱德里克·约里奥和伊莱娜·居里（即约里奥-居里夫妇），从巴黎分别发来电报祝贺中国发展核科学事业。对这件事，许多人未能忘怀，但电报内容无从查考了，是钱先生回忆后在1992年初留下了珍贵的手写文字，使得这一重要历史事件没有出现空白。

我知道，钱先生每补征一段历史，都很伤神费脑，原因就如何泽慧先生在《钱三强文选》代序中所说：“也许是做科学工作养成的习惯，三强一向注意对第一手资料的积累。他过去很喜欢写日记，许多经历的重要事件，他都如实记录下来，仅新中国成立后到60年代中，就记了厚厚十几本。可是，在‘文化大革命’那黑白颠倒的年代，三强的这些本子被原二机部的造反派统统抄走了，我们曾多次吁请归还这些日记本，却至今不明下落。否则，三强在准备本文选过程中，不致那样伤神费脑。”

实事求是，是钱先生为人做事最看重的原则。凡有关于他的文字，他能见得到的，总是把符合实际作为第一要求。80年代末，有位记者写了钱先生一篇长文，尽管钱先生认为这位记者写的文章“抓住了重点，没有搞平铺直叙的烦琐哲学”，给予肯定，但对文中一些不够实事求是之处，表示了明确而不容商量的态度：“他（指记者）有些对我过奖了，‘过’则‘不实’。因此我提了一些‘还我原来面貌’的意见，多数已用铅笔改了。”钱先生“还我原来面貌”的冀望，笔者是最先也是最多的领教者，三十余年来，每涉笔钱先生的文字，从不敢淡忘；近数年做《钱三强年谱长编》的编辑工作，更是事事以其为警，诚恐无意间犯了“不实”之过，不好向钱先生和历史作出交代。

钱三强先生出生于文化世家，启蒙于“五四”新文化教育，是一位执著追求科学、奋力祖国强盛的科学家。由于他的经历、所处的特殊环境和地位，以及个人性格等因素，他在那段中国科学技术事业发展进程中，常常充当起一个特殊角色，其影响所及深层而多样，遭遇的事情当然也不少。《钱三强年谱长编》记录下的，是那个时代的这样一个钱三强，是钱三强所历经的那样一个时代。

本书编辑过程中，得到的帮助很多。首先要提到的是何泽慧先生，她生前曾经无数次同我谈钱先生，谈他们对科学的共同追求；钱德充先生在九十一岁高龄再次接受专访，谈他知道的三哥；钱祖玄、钱民协、钱思进，以及钱祖同、葛运培提供了许多信札、照片等宝贵资料；我的同事陈丹自编辑钱先生的“重要活动纪事”起，就帮助收集和打印材料，他为本书所做的这方面的工作，更是量大而且具有建设性，起到的帮助作用很大；樊洪业先生、王扬宗先生提供了许多好建议、重要线索和资料，颇有启发；曹效业同志和中国科学院学部工作局的领导及李鹏飞、徐雁龙等同志，还有科学出版社特别是本书的责任编辑，为本书的及时出版给予了有力支持。谨向所有提供帮助的前辈和朋友致以诚挚的谢意。

本书最终写成和问世，已临近钱三强先生百年诞辰之时，谨以此书作为共同献给钱先生的一份纪念吧。

虽然笔者努力使这本年谱没有错误，可是限于能力，又因为搜集材料的某些局限性等，书中难免存在瑕疵，敬请读者给予批评指正。

葛能全

2013 年 5 月于中关村